Henry A. Kissinger

Die Vernunft der Nationen

Stockholm

weden

Ostsee

Moskau

Wolga

KAISERREICH
RUSSLAND

GR. PREUSSEN

Weichsel

Warschau

Don

Troppau
1820

SERTUM

ÖSTERREICH

Wien
14/15

Pest

Moldau

Krim

KGR. UNGARN

ch
21

Walachei
Bukarest

Schwarzes Meer

Bosnien

Serbien

Montenegro

Osmanisches Reich

Konstantinopel

Anatolien

ider Sizilien

Athen

Zypern

Kreta

Mittelmeer

Henry A. Kissinger

# Die Vernunft der Nationen

## Über das Wesen der Außenpolitik

Siedler

# Inhalt

*Den Männern und Frauen
im Auswärtigen Dienst der Vereinigten Staaten gewidmet,
die der amerikanischen Diplomatie
mit ihrem Beruf und ihrer Berufung
wertvolle Dienste erweisen*

Kapitel 1

# Die neue Weltordnung

Jedes Jahrhundert scheint, gleichsam einem Naturgesetz folgend, ein Land hervorzubringen, das die Macht, den Willen, den intellektuellen und den moralischen Impetus hat, das internationale System nach seinen Wertvorstellungen zu gestalten. Im siebzehnten Jahrhundert entstand in Frankreich unter Kardinal Richelieu das moderne Konzept internationaler Beziehungen, ein Konzept, das auf dem Nationalstaat gründete und von nationalem Interesse als oberstem Ziel getragen war. Im achtzehnten Jahrhundert entwickelte sich in Großbritannien die Idee des Gleichgewichts der Kräfte, die für Europas Diplomatie in den nächsten zweihundert Jahren ausschlaggebend sein sollte. Im neunzehnten Jahrhundert stellte Metternichs Österreich das Europäische Konzert wieder her, und Deutschland, das es unter Bismarck erneut zerstörte, verwandelte die europäische Diplomatie in ein kaltblütiges machtpolitisches Spiel.

Kein Land hat die internationalen Beziehungen des zwanzigsten Jahrhunderts so entscheidend und gleichzeitig so ambivalent beeinflußt wie die Vereinigten Staaten. Kein Land hat so sehr wie Amerika darauf gepocht, daß Eingriffe in die innenpolitischen Angelegenheiten anderer Staaten unzulässig seien, und keines hat sich leidenschaftlicher für die Allgemeingültigkeit seiner eigenen Wertvorstellungen eingesetzt. Kein Land ist in seiner alltäglichen diplomatischen Praxis pragmatischer vorgegangen oder hat seine historisch bedingten moralischen Überzeugungen mit solch ideologischer Konsequenz verfolgt. Kein Land hat sich stärker gegen ein Engagement im Ausland gesträubt und ist dabei gleichzeitig so weitreichende und revolutionär neue Bündnisse und Verpflichtungen eingegangen.

Die Einzigartigkeit, die die Vereinigten Staaten im Laufe ihrer Geschichte für sich in Anspruch genommen haben, führte zu zwei widersprüchlichen außenpolitischen Maximen: Erstens könne Amerika seinen Werten am besten Rechnung tragen, indem es die Demokratie im eigenen Land vervollkommne und dadurch dem Rest der Menschheit als Leitstern diene; zweitens komme ihm aufgrund dieser Wertvorstellungen die Verpflichtung zu, diese im Kreuzzug um die Welt zu tragen. Hin- und hergerissen zwischen der Sehnsucht nach einer intakten Vergangenheit und dem Streben nach einer perfekten Zukunft, schwankte Amerikas Denken zwischen Isolationismus und Pflichtgefühl. Zumindest für die Zeit nach dem Zweiten Weltkrieg gilt, daß die Realität der gegenseitigen Abhängigkeit die Oberhand gewonnen hat.

Beiden Denkrichtungen – Amerika als Leitstern und Amerika als Kreuz-ritter – gilt eine von Demokratie getragene, globale Weltordnung mit freiem Handel und international gültigen Gesetzen als normal. Freilich hat dergleichen zu keiner Zeit in der Geschichte existiert, weshalb die Vorstellung anderen Völkern häufig als utopisch, wenn nicht gar als naiv erscheint. Indessen konnte die im Ausland vorherrschende Skepsis weder den Idealismus eines Woodrow Wilson, Franklin Roosevelt oder Ronald Reagan noch irgendeines anderen amerikanischen Präsidenten des zwanzigsten Jahrhunderts trüben. Wenn überhaupt irgend etwas Amerika je anspornte, dann war es der Glaube, daß die Geschichte überwunden werden könne und die Welt, falls sie wirklich Frieden wollte, nur die moralischen Grundsätze der Vereinigten Staaten anzuwenden brauche.

Beide Denkschulen resultierten aus besonderen Erfahrungen der USA. Natürlich hat es auch andere Republiken gegeben; doch keine war je bewußt in der Absicht geschaffen worden, den Gedanken der Freiheit zu verteidigen. In keinem anderen Land hatte sich die Bevölkerung dazu entschlossen, auf einen neuen Kontinent zuzusteuern und dessen Wildheit um der Freiheit und des allgemeinen Wohlstandes willen zu bändigen. So erscheinen die beiden Ansätze, der isolationistische und der missionarische, oberflächlich betrachtet zwar widersprüchlich, spiegeln aber die gemeinsame und allem zugrundeliegende Überzeugung wider, daß die Vereinigten Staaten das beste Regierungssystem der Welt besitzen und der Rest der Welt in Frieden und Wohlstand leben könnte, wenn er nur seine traditionelle Diplomatie aufgeben und Amerikas Ehrfurcht vor internationalem Recht und Demokratie nacheifern würde.

Amerikas Weg durch die internationale Politik war ein Triumph des Glaubens über die Erfahrung. Seit die Vereinigten Staaten 1917 in die Arena der Weltpolitik eingezogen waren, besaßen sie eine derart überwältigende Stärke und waren von der Richtigkeit ihrer Ideale so sehr durchdrungen, daß die wichtigsten internationalen Abkommen dieses Jahrhunderts stets Ausdruck amerikanischer Wertvorstellungen waren – vom Völkerbund und dem Kellogg-Pakt bis hin zur Charta der Vereinten Nationen und der Schlußakte von Helsinki. Der Zusammenbruch des Kommunismus in der Sowjetunion hat zwar den Beweis für die Richtigkeit dieser Ideale erbracht, zwang die Vereinigten Staaten jedoch paradoxerweise zugleich dazu, genau jener Welt ins Auge zu blicken, der sie im Laufe ihrer Geschichte immer wieder zu entfliehen versucht haben. Die neue Weltordnung, die heute im Entstehen begriffen ist, wird begleitet von einem Wiederaufflammen des Nationalismus. Seit jeher haben die Nationen häufiger Eigeninteressen als erhabene Prinzipien verfolgt und häufiger miteinander gestritten als zusammengearbeitet. Kaum etwas weist darauf hin, daß sich diese seit Menschengedenken bestehenden Verhaltensmuster geändert haben oder daß dies in den nächsten Jahrzehnten geschehen könnte.

*Neu* an der entstehenden Weltordnung ist, daß die Vereinigten Staaten sich zum ersten Mal weder aus der Welt zurückziehen noch sie beherrschen können. Amerika kann sein im Laufe der Geschichte entwickeltes Rollenverständnis nicht einfach ablegen und würde dies auch nicht wollen. Als es die internationale Arena betrat, war das Land jung und stark und wollte die Welt nach seinen Vorstellungen von einer internationalen Ordnung gestalten. Als der Zweite Weltkrieg zu Ende ging, waren die Vereinigten Staaten so mächtig (zeitweise lag ihr Anteil an der Weltproduktion bei etwa fünfunddreißig Prozent), daß es beinahe so aussah, als würden sie die Welt nun nach ihren Vorstellungen formen.

John F. Kennedy äußerte 1961 vertraulich, die USA seien stark genug, für die Wahrung der Freiheit »jeden Preis zu zahlen und jede Last zu tragen«. Dreißig Jahre später jedoch sind die Vereinigten Staaten noch weniger als zuvor in der Lage, auf der unmittelbaren Realisierung all ihrer Wünsche zu bestehen. Auch andere Nationen haben den Status von Großmächten erlangt. Amerikas Schwierigkeiten bestehen heute darin, daß es Ziele schrittweise angehen und dabei seine Wertvorstellungen und seine geopolitischen Zwänge gleichermaßen berücksichtigen muß. Einer dieser Zwänge besteht darin, die Vorstellungen mehrerer vergleichbar starker Staaten irgendwie zur Deckung zu bringen und die Weltordnung auf einer Art Gleichgewicht aufzubauen – ein Gedanke, der den Vereinigten Staaten noch nie besonders behagte.

Als Amerikas außenpolitisches Denken und Europas diplomatische Traditionen 1919 bei der Pariser Friedenskonferenz aufeinandertrafen, traten die unterschiedlichen historischen Erfahrungen auf dramatische Weise zutage. Ziel der europäischen Staatslenker war es, dem bereits bestehenden System mit den ihnen vertrauten Methoden zu neuem Glanz zu verhelfen. Die amerikanischen Friedensstifter glaubten hingegen, nicht unlösbare geopolitische Konflikte seien für den Ausbruch des Ersten Weltkrieges verantwortlich, sondern grundsätzliche Mängel im Umgang der europäischen Staaten untereinander. In seinen berühmten »Vierzehn Punkten« verkündete Woodrow Wilson den Europäern, das internationale Gebäude solle von jetzt an nicht auf einem Gleichgewicht der Kräfte, sondern auf der Selbstbestimmung der Völker aufgebaut werden, ihre Sicherheit solle nicht von Militärbündnissen abhängen, sondern kollektiver Natur sein, und ihre Diplomatie solle nicht mehr im geheimen von Fachleuten betrieben werden, sondern auf der Basis »offener, öffentlich erreichter Abkommen«. Wilson war weniger deshalb nach Paris gekommen, um die Bedingungen für die Beendigung eines Krieges oder für die Wiederherstellung der bestehenden Weltordnung zu erörtern. Vielmehr wollte er die gesamten internationalen Beziehungen ganz anders gestalten, als sie zuvor fast dreihundert Jahre lang gehandhabt worden waren.

Denn das System des Gleichgewichts der Kräfte ist von dem Zeitpunkt an für Europas Querelen verantwortlich gemacht worden, da sich die Amerikaner mit Fragen der Außenpolitik beschäftigt haben. Und seit sich Europa zum ersten Mal mit amerikanischer Außenpolitik auseinandersetzen mußte, blickten seine Regierenden mißtrauisch auf den globalen Reformauftrag, den die Amerikaner sich selber zugewiesen hatten. Beide Seiten taten so, als hätte die andere ihren diplomatischen Verhaltensmodus frei gewählt und als hätte sie sich – wenn sie klüger oder weniger kriegslüstern gewesen wäre – auch für irgendeine andere, angenehmere Methode entscheiden können.

Genaugenommen waren Amerikas wie auch Europas außenpolitische Ansätze jedoch ein Produkt der spezifischen Situation der jeweiligen Kontinente. Die amerikanischen Siedler fanden einen nahezu leeren Erdteil vor, der durch zwei riesige Weltmeere vor räuberischen Einfällen anderer Mächte gefeit und von schwachen Nachbarn umgeben war. Da keine weitere Macht auf dem amerikanischen Kontinent so stark war, daß die Vereinigten Staaten dazu ein Gegengewicht hätten bilden müssen, würden sie sich selbst dann nicht die Schwierigkeit aufgebürdet haben, ein Gleichgewicht herzustellen, wenn ihre Regierung sich für den bizarren Gedanken begeistert hätte, europäische Bedingungen auf ein Volk zu übertragen, das der Alten Welt gerade erst den Rücken zugekehrt hatte. Fast einhundertfünfzig Jahre lang blieb Amerika von den Sicherheitsängsten, die die europäischen Staaten quälten, verschont. Als diese dann doch auf die USA übergriffen, beteiligten sie sich an zwei Weltkriegen, die von europäischen Staaten initiiert worden waren. In beiden Kriegen war das Gleichgewicht der Kräfte bei Amerikas Kriegseintritt bereits nicht mehr funktionstüchtig. Es war eine paradoxe Situation: Eben jenes Gleichgewicht der Kräfte, das die meisten Amerikaner tief verachteten, gewährleistete ihre Sicherheit, solange es planmäßig funktionierte, und sein Zusammenbruch zog sie in die internationale Politik hinein.

Die europäischen Staaten hingegen hatten sich weder aus angeborener Streitsucht noch aus einer besonderen Vorliebe für Intrigen für das Gleichgewicht der Kräfte zur Regulierung ihrer Beziehungen entschieden. Während Amerika aufgrund seines einzigartigen Sicherheitsempfindens den Schwerpunkt auf Demokratie und internationales Recht legte, war Europas Diplomatie durch eine Schule höchst rauher Umgangsformen gegangen. Ihr höchstes Ziel, die mittelalterliche Vision eines universellen Reiches, war nicht in Erfüllung gegangen. Aus der Asche dieses alten Traums war eine Unmenge mehr oder weniger gleichstarker Staaten entstanden. Ist eine unter solchen Umständen gebildete Staatengruppe dann zum Umgang miteinander gezwungen, so kann es nur zwei Möglichkeiten geben: Entweder wird ein Staat so stark, daß er alle anderen beherrschen und ein Reich gründen kann, oder kein Staat ist mächtig genug, dieses Ziel zu erreichen. Im letzteren Fall werden die Ansprüche des aggressivsten Mitglieds der internationalen Gemeinschaft durch einen Zusammenschluß der anderen in Schach gehalten, mit anderen Worten: durch das Wirken eines Kräftegleichgewichts.

Das System des Kräftegleichgewichts zielte nie darauf, Krisen oder gar Kriege zu verhindern. Wenn es richtig funktionierte, dann konnte mit seiner Hilfe sowohl die Herrschaft eines Staates über andere als auch das Ausmaß eines Konflikts in Grenzen gehalten werden. Es wirkte weniger auf Frieden als auf Stabilität und Mäßigung hin. Per definitionem kann ein Gleichgewicht der Kräfte nicht alle Mitglieder eines internationalen Systems vollständig zufriedenstellen; es funktioniert dann am besten, wenn die Unzufriedenheit so gering gehalten werden kann, daß die benachteiligte Partei nicht versucht, die internationale Ordnung umzustürzen.

Die Theoretiker des Kräftegleichgewichts erwecken häufig den Eindruck, ihr System sei die natürliche Form internationaler Beziehungen. Doch tatsächlich hat es ein echtes Gleichgewicht der Kräfte in der Geschichte der Menschheit nur sehr selten gegeben. Weder auf dem amerikanischen Kontinent noch auf dem Gebiet des heutigen China, wo vor über zweitausend Jahren die sogenannte »Periode der Streitenden Reiche« zu Ende ging, waren solche Systeme bekannt. Für den größten Teil der Menschheit und in den längsten Epochen der Geschichte war das Reich die typische Herrschaftsform. Für Reiche aber ist es nicht von Interesse, in eine Weltordnung eingebunden zu sein, denn sie wollen die Weltordnung *sein*; ein Gleichgewicht der Kräfte brauchen sie deshalb nicht. Auf dieser Basis haben die Vereinigten Staaten auf dem amerikanischen Kontinent und China über weite Teile seiner Geschichte hinweg in Asien Außenpolitik betrieben.

Die einzigen Beispiele für funktionierende Gleichgewichtssysteme des Abendlandes waren die Stadtstaaten Griechenlands in der Antike und Italiens zur Zeit der Renaissance; außerdem die europäische Staatenformation, die nach dem Westfälischen Frieden von 1648 entstand. All diese Gebilde zeichneten sich dadurch aus, daß sie eine unumstößliche Tatsache, nämlich die Existenz einer gewissen Anzahl im wesentlichen gleichstarker Staaten, zum Leitprinzip der Weltordnung erhoben.

Intellektuell betrachtet, spiegelt die Idee vom Gleichgewicht der Kräfte die Überzeugungen aller bedeutenden politischen Denker der Aufklärung wider. Ihrer Ansicht nach funktionierte das Universum, einschließlich der Politik, nach rationalen Prinzipien, die sich gegenseitig ausglichen. Scheinbar zufällige Taten vernünftiger Männer seien in ihrer Gesamtheit ein Beitrag zum Allgemeinwohl, obgleich der Beweis für diese Hypothese in den hundert Jahren nach dem Dreißigjährigen Krieg, die fast durchgängig mit Konflikten belastet waren, nie erbracht wurde.

In seinem Werk *The Wealth of Nations* von 1776 behauptete Adam Smith, eine »unsichtbare Hand« filtere allgemeinen wirtschaftlichen Wohlstand aus selbstsüchtigen wirtschaftlichen Einzelhandlungen heraus. Madison argumentierte in den »Federalist Papers«, in einer entsprechend großen Republik würden die einzelnen politischen »Splittergruppen«, die ihre Eigeninteressen egoistisch verfolgten, durch eine Art Automatismus eine zweckmäßige innerstaatliche Harmonie schaffen. Die von Montesquieu entwickelten Konzepte von Gewaltenteilung, Kontrolle und Ausgleich (»checks and balances«), die in der amerikanischen Verfassung ihren Niederschlag finden, spiegeln dieselbe Anschauung wider. Ziel der Gewaltenteilung war es nicht, eine auf Harmonie gegründete Regierungsform zu schaffen, sondern Tyrannei zu verhindern, wobei jede staatliche Teilgewalt bei der Umsetzung ihrer eigenen Interessen maßhalten und somit dem Gemeinwohl dienen sollte. Dieselben Prinzipien wurden auf die internationale Ebene übertragen. Selbst wenn jeder Staat seine eigenen, egoistischen Interessen verfolgte, leistete er demnach einen Beitrag zum Fortschritt, so als garantiere eine »unsichtbare Hand«, daß die Handlungsfreiheit eines jeden Staates dem Wohl aller diene.

Über ein Jahrhundert schien es, als habe sich diese Erwartung erfüllt. Nach den Erschütterungen durch die französische Revolution und die Napoleonischen Kriege stellten Europas Staatslenker das Gleichgewicht der Kräfte während des Wiener Kongresses von 1815 wieder her und zügelten das brutale Vertrauen in Macht, indem sie versuchten, weltpolitisches Verhalten durch moralische und gesetzliche Verpflichtungen zu mäßigen. Doch als das neunzehnte Jahrhundert zu Ende ging, war das europäische System des Gleichgewichts der Kräfte zu den Grundsätzen der Machtpolitik zurückgekehrt, und zwar unter bedeutend unbarmherzigeren Umständen. Den Gegner in die Knie zu zwingen, entwickelte sich zu einer Art diplomatischen Standardmethode. Das führte zu einer Kraftprobe nach der anderen. Schließlich kam es 1914 zu einer Krise, in der sich niemand mehr zurückhielt. Nach den verheerenden Auswirkungen des Ersten Weltkrieges gelang es Europa nie wieder, seine Führungsrolle in der Welt zurückzugewinnen; diese übernahmen nun die Vereinigten Staaten. Doch schon bald machte Woodrow Wilson deutlich, daß sein Land nicht nach europäischen Regeln spielen würde.

Zu keinem Zeitpunkt seiner Geschichte hat Amerika sich je an einem System des Kräftegleichgewichts beteiligt. Zwar hat es vor den beiden Weltkriegen vom Funktionieren dieses Systems profitiert, war jedoch nie in dessen Manöver involviert und gönnte sich sogar den Luxus, es je nach Belieben zu verurteilen. Während des Kalten Krieges waren die Vereinigten Staaten in einen ideologischen, politischen und strategischen Kampf mit der Sowjetunion verstrickt, in dem die beiden Supermächte nach völlig anderen Prinzipien als denen des Gleichgewichts der Kräfte handelten. In einer von zwei Blöcken dominierten Welt ist die These, daß Konflikte dem Allgemeinwohl dienlich seien, kaum zu rechtfertigen; jeder Gewinn für die eine Seite ist ein Verlust für die andere. Was die Amerikaner im Kalten Krieg erreichten, war im Grunde ein Sieg ohne Krieg – ein Sieg, der ihnen nun die Pflicht auferlegt hat, sich mit dem von George Bernard Shaw folgendermaßen beschriebenen Dilemma auseinanderzusetzen: »Im Leben gibt es zwei Tragödien. Die eine besteht darin, seinen Herzenswunsch aufgeben zu müssen. Die andere darin, ihn erfüllt zu bekommen.«

Amerikanischen Regierungen erschienen die eigenen Wertvorstellungen so selbstverständlich, daß es ihnen überhaupt nicht in den Sinn kam, anderen könnten sie revolutionär oder verwirrend vorkommen. Kein anderes Volk hat je behauptet, ethische Verhaltensregeln seien auf internationales Verhalten ebenso anzuwenden wie auf individuelles, ein Gedanke, der Richelieus »Raison d'état« absolut zuwiderläuft. In den Vereinigten Staaten war man der Meinung, die Verhinderung eines Krieges sei ebenso eine rechtliche wie eine diplomatische Herausforderung; man wollte sich nicht dem Wandel als solchem widersetzen, sondern der Methode des Wandels, insbesondere der Anwendung von Gewalt. Ein Bismarck oder Disraeli hätten die Hypothese, Außenpolitik habe eher mit Methode als mit Inhalten zu tun, verspottet – vorausgesetzt, sie hätten sie überhaupt verstanden. Kein Staat hat sich jemals die moralischen Anforderungen auferlegt, die Amerika auf sich nahm. Und keine Gesellschaft hat sich so gemartert angesichts der enormen Kluft, die zwischen ihren – per definitionem absoluten – moralischen Werten und den Unzulänglichkeiten im jeweiligen Anwendungsfall lag. Während des Kalten Krieges erwies sich der außenpolitische Ansatz Washingtons angesichts der bestehenden Herausforderung als bemerkenswert geeignet. Es gab einen tiefen ideologischen Konflikt; und nur *ein* Land, die Vereinigten Staaten, besaß die volle Bandbreite von politischen, wirtschaftlichen und militärischen Mitteln, um zur Verteidigung der nicht-kommunistischen Welt zu schreiten. Ein Staat, der in einer solchen Position ist, kann auf seinen Ansichten bestehen und häufig Probleme vermeiden, mit denen die Staatsmänner weniger gut ausgestatteter Länder konfrontiert sind: Diese nämlich werden durch die Begrenzung ihrer Mittel dazu gezwungen, weniger ehrgeizige Ziele zu verfolgen, als sie eigentlich möchten, und diese Ziele aufgrund der äußeren Umstände auch nur schrittweise anzusteuern.

Während des Kalten Krieges hatten traditionelle Machtkonzepte keinerlei Geltung mehr. Ein Großteil der Geschichte war von einem Zusammenspiel militärischer, politischer und wirtschaftlicher Stärke geprägt worden, Faktoren, die sich im allgemeinen symmetrisch zueinander verhielten. Während des Kalten Krieges entwickelten sich die einzelnen Machtelemente vollkommen unterschiedlich. Die ehemalige Sowjetunion war militärisch eine Supermacht, wirtschaftlich ein Zwerg. Genausogut aber war es möglich, daß ein wirtschaftlicher Riese militärisch völlig unbedeutend war, so zum Beispiel Japan.

Nach dem Kalten Krieg entwickeln sich die einzelnen Elemente vermutlich wieder konformer und symmetrischer. Die militärische Macht der Vereinigten Staaten wird nach und nach relativ abnehmen. Die Tatsache, daß es keine eindeutigen Feindbilder mehr gibt, wird zu innenpolitischem Druck auf die Regierung führen, die Mittel des Verteidigungshaushalts auf andere, wichtigere Gebiete zu verlagern, ein Prozeß, der bereits begonnen hat. Wenn eine einzige, klar definierbare Bedrohung nicht mehr existiert und jedes Land seine Gefahren von seiner nationalen Warte aus wahrnimmt, werden sich auch die Völker, die es sich bisher unter Amerikas Fittichen bequem gemacht haben, dazu gezwungen sehen, selber mehr Verantwortung für ihre eigene Sicherheit zu übernehmen. Daher wird sich das Funktionieren der neuen internationalen Ordnung sogar im militärischen Bereich auf ein Gleichgewicht zubewegen, auch wenn bis dahin noch einige Jahrzehnte verstreichen werden. In der Wirtschaft werden sich diese Tendenzen noch deutlicher abzeichnen, da Amerikas Vorherrschaft hier bereits zu wanken beginnt und auf diesem Gebiet leichter herausgefordert werden kann.

Das internationale System des einundzwanzigsten Jahrhunderts wird von einem scheinbaren Widerspruch bestimmt sein: Auf der einen Seite steht Zersplitterung, auf der anderen eine wachsende Globalisierung. Auf der Ebene zwischenstaatlicher Beziehungen wird die neue Weltordnung mehr Ähnlichkeit mit dem europäischen Staatengebilde des achtzehnten und neunzehnten Jahrhunderts als mit den starren Mustern des Kalten Krieges haben. Mindestens sechs Großmächte werden dazugehören: die Vereinigten Staaten, Europa, China, Japan, Rußland, wahrscheinlich auch Indien und eine Vielzahl mittelgroßer und kleinerer Staaten. Zugleich werden die internationalen Beziehungen zum ersten Mal wirklich globaler Art sein. Kommunikation ist heutzutage eine Sache von Augenblicken; die Weltwirtschaft funktioniert auf allen Kontinenten gleichzeitig. Es sind eine ganze Reihe von Fragen aufgetaucht, die nur noch auf weltweiter Ebene gelöst werden können, etwa die weitere Verbreitung der Atomtechnologien, Fragen des Umweltschutzes, der Bevölkerungsexplosion und gegenseitiger wirtschaftlicher Abhängigkeit.

Für die Vereinigten Staaten wird es eine völlig neue Erfahrung sein, die verschiedenen Wertvorstellungen und die noch unterschiedlicheren historischen Erfahrungen von Ländern mit gleichgroßer Bedeutung miteinander in Einklang zu bringen. Dies bedeutet eine grundlegende Abwendung von der Isolation des letzten Jahrhunderts oder der De-facto-Hegemonie des Kaltes Krieges – ein Entwicklungsprozeß, der in diesem Buch dargestellt werden soll. Aber auch die anderen Großmächte stehen heute dem Problem gegenüber, sich der entstehenden Weltordnung anpassen zu müssen.

Europa, der einzige Teil der heutigen Welt, in dem jemals ein Vielstaatensystem bestanden hat, erfand die Begriffe des Nationalstaats, der Souveränität und des Gleichgewichts der Kräfte. Nahezu drei Jahrhunderte lang haben diese Ideen das internationale Geschehen bestimmt. Doch keines der europäischen Länder, in denen die »Raison d'état« früher einmal Anwendung fand, ist heute stark genug, in der entstehenden Weltordnung eine Führungsposition zu übernehmen. Sie versuchen, diese relative Schwäche durch die Schaffung eines geeinten Europas zu kompensieren, was einen Großteil ihrer Kräfte verschlingt. Doch selbst wenn dieses Unternehmen Erfolg haben sollte, so werden sie nicht automatisch Verhaltensmaßregeln für ein geeintes Europa in der Welt zur Hand haben, da eine solche politische Konstruktion zuvor noch nie existiert hat.

Rußland war im Lauf seiner Geschichte immer ein Sonderfall. Es trat erst sehr spät auf die europäische Bühne, lange nachdem Frankreich und Großbritannien sich konsolidiert hatten, und keiner der traditionellen Grundsätze europäischer Diplomatie schien auf seine Lage anwendbar zu sein. Daß Rußland an drei verschiedene Kulturräume – an Europa, Asien und die islamische Welt – grenzte, spiegelte sich auch in der kulturellen Vielfalt seiner Bevölkerung wider. Folglich war Rußland nie ein Nationalstaat im europäischen Sinn. In dem Maße, wie die russischen Herrscher angrenzende Gebiete annektierten, änderte sich die Form des im Vergleich zu allen anderen europäischen Ländern riesigen russischen Weltreichs. Darüber hinaus wirkte sich jede neue Eroberung auf das Wesen des Staates aus, weil immer wieder völlig andere, widerspenstige, nicht-russische Volksgruppen einverleibt wurden. Das ist einer der Gründe, weshalb Rußland sich zum Unterhalt gigantischer Armeen verpflichtet fühlte, die in keinem plausiblen Verhältnis zur Bedrohung seiner äußeren Sicherheit standen.

Hin- und hergerissen zwischen panikartiger Unsicherheit und Bekehrungseifer, zwischen den Forderungen Europas und den Versuchungen Asiens, hat das russische Reich zwar im europäischen Gleichgewicht immer eine Rolle gespielt, doch nie mit Leib und Seele dazugehört. In den Köpfen russischer Herrscher verschmolzen Eroberungs- und Sicherheitsdenken: Seit dem Wiener Kongreß hat das russische Reich seine Streitkräfte häufiger auf ausländischem Boden stationiert als irgendeine andere Großmacht. Wissenschaftler erklären den russischen Expansionsdrang oft als Folge eines Unsicherheitsgefühls. Russische Schriftsteller haben Rußlands Drang nach außen weitaus häufiger als messianischen Auftrag gerechtfertigt. Rußland bewies auf seinem Vormarsch nur selten ein Gespür für Grenzen; wurden seine Pläne durchkreuzt, so zog es sich meistens mürrisch und grollend zurück. Nahezu während seiner gesamten Geschichte hielt sich das Land in Bereitschaft.

Die Grenzen, innerhalb derer das postkommunistische Rußland heute besteht, haben in seiner Geschichte noch nie existiert. Ebenso wie Europa wird es einen Großteil seiner Kraft darauf verwenden müssen, eine neue Identität zu finden. Wird es versuchen, zu einem historischen Rhythmus zurückzukehren und das verlorene Weltreich wiederherzustellen? Wird es seinen Schwerpunkt weiter nach Osten verlagern, sich aktiver an Asiens Diplomatie beteiligen? Nach welchen Prinzipien und Methoden wird es auf die Unruhen an seinen Grenzen, insbesondere im krisengeschüttelten Nahen Osten, reagieren? Rußland wird für die Weltordnung immer von Bedeutung sein und in dem Tumult, der unweigerlich mit der Beantwortung dieser Fragen verbunden ist, eine potentielle Gefahr für sie darstellen.

Auch für China ist die jetzige Weltordnung eine völlig neue Erfahrung. In seiner zweitausendjährigen Geschichte wurden die einzelnen Teile des chinesischen Weltreichs immer zentral von einem Kaiser regiert. Natürlich geriet diese Herrschaft zeitweilig ins Wanken, und auch China wurde nicht seltener von Kriegen heimgesucht als Europa. Da diese jedoch im allgemeinen von Mitstreitern um die Kaiserwürde ausgetragen wurden, ähnelten sie eher einem Bürgerkrieg als internationalen Kriegen und führten früher oder später ausnahmslos zum Entstehen irgendeiner neuen Zentralmacht.

Bis zum neunzehnten Jahrhundert war keiner der Nachbarn Chinas in der Lage, dessen Vorherrschaft in Frage zu stellen. Eine solche Situation galt als völlig abwegig. Eroberer von außen stürzten chinesische Dynastien, wurden dann aber von der chinesischen Kultur aufgesogen, so daß sie schließlich selber die Traditionen des Reichs der Mitte fortsetzten. Das Konzept souveräner Gleichheit von Staaten war in China unbekannt: Außenstehende wurden als Barbaren betrachtet und auf einen untergeordneten Status verwiesen; so wurde auch im achtzehnten Jahrhundert der erste britische Abgesandte in Peking empfangen. China erachtete es zwar unter seiner Würde, Botschafter ins Ausland zu entsenden, war sich aber nicht zu schade, weiter entfernte Barbaren zu benutzen, um die Barbaren in der Nähe zu bezwingen. Gleichwohl war diese Verfahrensweise eher eine Strategie für Notlagen als ein tagtäglich funktionierendes System wie das europäische Gleichgewicht der Kräfte, und so entstanden keine dauerhaften diplomatischen Strukturen, wie sie für Europa charakteristisch waren. Nachdem China im neunzehnten Jahrhundert durch den europäischen Kolonialismus gedemütigt worden war, gelangte es erst kürzlich – lange nach dem Zweiten Weltkrieg – wieder zu Bedeutung, und zwar dieses Mal in einer geschichtlich einmaligen multipolaren Welt.

Auch Japan hatte sich vollkommen gegen Kontakte zur Außenwelt abgeschottet. Fünfhundert Jahre lang, bis 1854 die zwangsweise Öffnung durch Commodore Matthew Perry erfolgte, hatte das Land noch nicht einmal daran gedacht, die Barbaren – wie die Chinesen – gegeneinander auszuspielen oder tributäre Verhältnisse einzuführen. Abgeschnitten von der Außenwelt, pflegte es stolz seine einzigartigen Bräuche, befriedigte seine militärische Tradition in Bürgerkriegen und gründete seine Binnenstrukturen auf die Überzeugung, seine einzigartige Kultur sei gegen äußere Einflüsse immun, über sie erhaben und würde sie letztlich eher besiegen als absorbieren.

Während des Kalten Krieges, als die größte Bedrohung der Sicherheit von der Sowjetunion ausging, identifizierte Japan sich außenpolitisch mit den Tausende von Kilometern entfernten Vereinigten Staaten. Die neue Weltordnung mit ihren zahlreichen Schwierigkeiten wird mit größter Wahrscheinlichkeit ein Land mit so stolzer Vergangenheit zu einer Überprüfung seiner Einstellung zwingen. Ist es noch richtig, sein Vertrauen in einen einzigen Verbündeten zu setzen? Japan wird auf das Gleichgewicht der Kräfte in Asien vermutlich wesentlich sensibler reagieren, als es Amerika möglich ist; denn die Vereinigten Staaten schauen in einem ganz anderen Teil der Welt in gleich drei Richtungen – über den Atlantik, über den Pazifik und nach Süd-amerika. China, Korea und Südostasien werden für Japan eine ganz andere Bedeutung als für die Vereinigten Staaten bekommen und eine autonomere und selbstsichere japanische Außenpolitik bewirken.

Was Indien betrifft, das gegenwärtig in Südasien zu einer Großmacht auf-steigt, so ist dessen Außenpolitik in vielerlei Hinsicht der letzte Überrest der Blütezeit des europäischen Imperialismus, durchsetzt mit den Traditionen einer alten Kultur. Vor der Ankunft der Briten war der indische Subkonti-nent Jahrtausende lang nicht als politische Einheit regiert worden. Die Kolonialisierung wurde mit geringem militärischem Aufwand erreicht, da die lokale Bevölkerung diese zuerst lediglich als Nachfolgeerscheinung einer ganzen Reihe von Eroberungen betrachtete. Nach der Einführung einer einheitlichen Herrschaft wurde das britische Empire dann durch genau die Wertvorstellungen untergraben, die es selbst nach Indien gebracht hatte: die Volksregierung und den kulturellen Nationalismus. Doch als Nationalstaat ist Indien ein Neuling. Vom Kampf um die Ernäh-rung seiner riesigen Bevölkerung völlig in Anspruch genommen, beteiligte es sich während des Kalten Krieges nur ganz am Rande an der Bewegung bündnisfreier Staaten. Jetzt dagegen ist es aufgerufen, in der internationalen Politik eine seiner Größe entsprechende Rolle zu spielen.

Somit hat tatsächlich keines der bedeutenden Länder, die gegenwärtig die neue Weltordnung aufbauen müssen, irgendeine Erfahrung mit dem entstehenden Vielstaatensystem machen können. Mehr noch: Noch nie zuvor mußten in die Gestaltung einer neuen Weltordnung so unterschiedli-che Vorstellungen einfließen, und noch nie zuvor hatte eine Weltordnung eine so globale Dimension. Keine der früheren Ordnungen mußte die Attri-bute des historischen Systems des Gleichgewichts der Kräfte mit den Anfor-derungen einer weltweiten demokratischen Öffentlichkeit und den rasan-ten technologischen Entwicklungen der Gegenwart verbinden.

Rückblickend scheinen sich alle internationalen Systeme unweigerlich symmetrisch entwickelt zu haben. Sind sie einmal eingeführt, kann man sich nur schwer vorstellen, wie die Geschichte im Falle anderer Entschei-dungen verlaufen wäre, oder daß andere Entscheidungen tatsächlich mög-lich gewesen wären. Steckt eine internationale Ordnung noch in den Kin-derschuhen, stehen ihr viele Türen offen. Doch mit jeder Entscheidung wird die Zahl der verbleibenden Alternativen geringer. Da zunehmende Kompliziertheit meistens abnehmende Flexibilität zur Folge hat, sind die anfänglichen Entscheidungen wegweisend. Ob eine internationale Ord-nung, wie sie sich beispielsweise aus dem Wiener Kongreß ergab, relativ sta-bil ist oder ob sie wie im Anschluß an den Westfälischen Frieden und den Versailler Vertrag auf tönernen Füßen steht, hängt davon ab, wieweit sie das Sicherheitsbedürfnis der betroffenen Gesellschaften mit deren Verständnis von richtigem politischem Handeln in Einklang zu bringen vermag.

Die beiden stabilsten internationalen Systeme – das des Wiener Kongresses und das nach dem Zweiten Weltkrieg von den Vereinigten Staaten bestimmte – verfolgten vorteilhafterweise einheitliche Auffassungen. In Wien waren Aristokraten am Werk, die gleiche Wertvorstellungen besaßen und sich in grundlegenden Fragen einig waren. Die amerikanischen Politiker, die die Welt nach dem Krieg gestalteten, entstammten einer intellektuellen Tradition von ungewöhnlicher Kohärenz und Vitalität. Die nun entstehende Ordnung indessen muß von Staatsmännern aufgebaut werden, die extrem unterschiedliche Kulturen vertreten. Sie stehen an der Spitze riesiger bürokratischer Ungetüme, die so komplex sind, daß Politiker häufig all ihre Kräfte im Dienst dieser Verwaltungsmaschinerie verbrauchen, anstatt sie zur Festlegung von Zielen zu nutzen. In Spitzenpositionen gelangen sie aufgrund von Qualitätsmerkmalen, die man zum Regieren nicht unbedingt benötigt und die sich zum Aufbau einer internationalen Ordnung sogar noch weniger eignen. Das einzig verfügbare Vielstaatenmodell, von westlichen Gesellschaften aufgebaut, wird überdies von vielen der nun Beteiligten möglicherweise abgelehnt werden.

Der Aufstieg und Niedergang der früheren, auf Vielstaatlichkeit beruhenden Weltordnungen – vom Westfälischen Frieden bis in unsere Zeit – ist die einzige Erfahrung, auf die man zurückgreifen kann, wenn man nachvollziehen will, mit welchen Schwierigkeiten Staatsmänner heute konfrontiert sind. Die Geschichtswissenschaft verfügt über kein Handbuch, das gleichsam automatisch für jeden Fall zu Rat gezogen werden kann; aus der Geschichte lernt man durch Analogien, die Schlüsse auf die möglichen Konsequenzen in vergleichbaren Situationen zulassen. Jede Generation muß für sich entscheiden, welche Umstände tatsächlich vergleichbar sind.

Intellektuelle analysieren die Wirkungsweisen internationaler Systeme; Staatsmänner schaffen sie. Zwischen der Sicht eines Experten und der eines Staatsmannes besteht ein enormer Unterschied. Während der Wissenschaftler selber zu entscheiden vermag, welches Problem er näher untersuchen möchte, werden dem Staatsmann die Probleme aufgebürdet. Der Wissenschaftler kann sich denkbar viel Zeit lassen, um zu einer klaren Schlußfolgerung zu gelangen; für den Staatsmann ist der zeitliche Druck die überwältigende Herausforderung. Der Wissenschaftler geht keine Risiken ein: Erweisen seine Schlußfolgerungen sich als falsch, so kann er die nächste Abhandlung schreiben. Der Staatsmann hat nur einen Versuch, seine Fehler können nicht ungeschehen gemacht werden. Dem Wissenschaftler stehen alle Fakten zur Verfügung; beurteilt wird er nach seiner geistigen Leistung. Der Staatsmann muß auf der Grundlage von Einschätzungen handeln, für die es zum jeweiligen Zeitpunkt keine Beweise gibt; ihn wird die Geschichte zum einen danach beurteilen, wie klug er den vermeintlichen Wandel vollzogen, vor allen Dingen aber danach, wie gut er den Frieden bewahrt hat. Daher kann eine Untersuchung der Frage, wie Staatsmänner das Problem der »Weltordnung« in Angriff genommen haben – was funktionierte oder nicht und warum –, keine fertigen Lösungen bieten, möglicherweise allerdings einige Denkanstöße.

Kapitel 2

# Der Wendepunkt:
# Theodore Roosevelt oder
# Woodrow Wilson

*Theodore Roosevelt, Woodrow Wilson*

Bis zum Anfang dieses Jahrhunderts überwogen in der amerikanischen Außenpolitik isolationistische Tendenzen. Dann aber führten zwei Faktoren dazu, daß Amerika mit der internationalen Entwicklung in Berührung kam, ein Prozeß, der durch zwei Präsidentschaften von zentraler Bedeutung markiert wurde: derjenigen Theodore Roosevelts und derjenigen Woodrow Wilsons. Diese Männer standen an der Spitze der Vereinigten Staaten, als die internationalen Angelegenheiten eine zögerliche Nation in ihre Strudel zogen, und beide erkannten, daß Amerika von nun an eine entscheidende Rolle im Weltgeschehen würde spielen müssen, wenngleich sie das Heraustreten aus der Isolation auf gegensätzliche Weise begründeten.

Roosevelt war ein versierter Analytiker des Gleichgewichts der Kräfte. Er bestand darauf, daß sein Land Verantwortung im Weltgeschehen übernehmen müsse, weil das nationale Interesse dies erforderlich mache und weil, darüber hinaus, ein internationales Gleichgewicht ohne Mitwirken der USA nicht mehr vorstellbar sei. Wilsons Überlegungen hingegen trugen messianische Züge. Amerikas Verpflichtung, so meinte er, bestehe nicht gegenüber dem Gleichgewicht der Kräfte, sondern in der Verbreitung seiner Grundsätze in der Welt, und so übernahmen die Vereinigten Staaten unter Wilson denn auch eine Schlüsselposition in der Weltpolitik. Seitdem waren vom nordamerikanischen Kontinent Grundsätze zu vernehmen, die zwar für Amerikaner kaum mehr als Binsenwahrheiten darstellten, in den Augen der Diplomaten der Alten Welt aber gleichwohl einen revolutionären Aufbruch signalisierten: Der Friede hänge von der Verbreitung der Demokratie, nicht vom Gleichgewicht der Kräfte ab; Staaten seien nach denselben ethischen Kriterien zu beurteilen wie Individuen; außerdem sei es von nationalem Interesse, sich einem weltweit gültigen Rechtssystem anzuschließen.

Den Veteranen der europäischen Diplomatie, deren Maxime bis dato eben jene »balance of power« gewesen war, erschienen Wilsons Ansichten über die eigentlich moralischen Fundamente der Außenpolitik befremdlich, wenn nicht gar heuchlerisch. Dennoch waren sie von Bestand, während die Vorbehalte vieler Zeitgenossen von der Geschichte übergangen worden sind. Wilson bleibt der geistige Vater jener Vision einer universalen Weltordnung, eines Völkerbundes, der den Frieden nicht mittels Bündnissen, sondern auf der Grundlage kollektiver Sicherheit bewahren sollte. Und obgleich er sein eigenes Land nicht vom Nutzen der Weltinstitution überzeugen konnte: Seine Gedanken überdauerten. Vor allem seinem Idealismus und den davon ausgehenden Impulsen ist es zu verdanken, daß sich die amerikanische Außenpolitik vorwärtsbewegt hat und dies auch heute noch tut.

Amerikas einzigartige Haltung zur internationalen Politik entstand indessen nicht auf einen Schlag, auch nicht als eine Folge stiller Eingebungen. In den ersten Jahren der jungen Republik war die Außenpolitik in der Tat kaum mehr als das Spiegelbild eines nationalen Interesses, das auf größere Unabhängigkeit zielte. Solange die europäischen Staaten in Kämpfe untereinander verstrickt waren, konnten sie Amerika nicht ernsthaft bedrohen, und so zeigten sich die Gründerväter der Neuen Welt nur allzugern bereit, sich das verschmähte Gleichgewicht der Kräfte zunutze zu machen. Mit bemerkenswertem Geschick manövrierte man zwischen Frankreich und Großbritannien hin und her, nicht nur um die eigene Unabhängigkeit zu bewahren, sondern auch um die Grenzen des jungen Staates zu erweitern. Da man beabsichtigte, keine der beiden Seiten in den französischen Revolutionskriegen einen entscheidenden Sieg davontragen zu lassen, erklärte man sich für neutral, und Jefferson bezeichnete die Napoleonischen Kriege als Wettstreit zwischen dem Tyrannen zu Lande – Frankreich – und dem Tyrannen zur See – England.[1] Mit anderen Worten: Für ihn standen beide Parteien in ethischer Hinsicht auf einer Stufe. Darin lag eine Vorform von Bündnisfreiheit, und die junge Nation gelangte – ähnlich wie viele andere aufstrebende Staaten – zu der Einsicht, daß Neutralität als Verhandlungsinstrument durchaus nützlich sein kann.

Gleichzeitig wiesen die Vereinigten Staaten die Methoden der Alten Welt nicht so weit von sich, daß sie auf eine Ausweitung ihres Territoriums verzichtet hätten. Vielmehr bemühte man sich von Anfang an mit außerordentlicher Zielstrebigkeit, die Einflußsphäre der USA auf den gesamten amerikanischen Kontinent auszudehnen. Nach 1794 wurden in einer Reihe von Verträgen die Grenzen zu Kanada und Florida zugunsten Amerikas festgelegt, der Mississippi für den amerikanischen Handel geöffnet und die wirtschaftlichen Interessen des Landes in Britisch-Westindien begründet. Der Höhepunkt dieser Entwicklung war im Jahre 1803 mit dem Kauf von Louisiana erreicht, durch den die junge Nation ein riesiges Gebiet westlich des Mississippi sowie Ansprüche auf spanisches Territorium in Florida und Texas erhielt. Das war der erste Schritt auf dem Weg zur Großmacht.

Der französische Kaiser, der Louisiana verkaufte, hieß Napoleon Bonaparte. Seine Erklärung für diese recht einseitige Maßnahme entsprang ganz der Tradition der Alten Welt: »Dieser territoriale Zuwachs bekräftigt für immer die Macht der Vereinigten Staaten, und ich habe gerade England einen Rivalen zur See verschafft, der früher oder später dessen Stolz zu Fall bringen wird.«[2] Doch den amerikanischen Staatsmännern war es gleichgültig, mit welchen Begründungen Frankreich den Verkauf seiner Besitzungen rechtfertigte; ihnen schien die Mißbilligung der europäischen Machtpolitik durchaus mit der Ausdehnung ihres Hoheitsgebietes vereinbar: Amerikas Vorstoß nach Westen betrachteten sie keineswegs als eine außenpolitische, vielmehr als eine interne Angelegenheit.

In diesem Geist prangerte James Madison den Krieg als »Keim« allen Übels an, als Vorläufer von Steuern und Armeen und all der »Instrumente, durch die viele von wenigen beherrscht werden«[3], was seinen Nachfolger, James Monroe, nicht daran hinderte, die Expansion gen Westen mit dem Argument zu verteidigen, sie sei notwendig, um aus Amerika eine Groß-macht zu machen:»Es muß allen klar sein: Je weiter die Expansion vorange-trieben wird – vorausgesetzt, sie geht nicht über das rechte Maß hinaus -, desto größer wird die Handlungsfreiheit beider Regierungen [der Staats- und der Bundesregierung] sein, desto vollkommener deren Sicherheit und desto größer wird, was alles andere anbelangt, der Nutzen für das gesamte amerikanische Volk sein. Das Ausmaß ihres Territoriums, ob es klein oder groß ist, verleiht einer Nation ihre charakteristischen Merkmale. Es bestimmt die Größe ihrer Reichtümer, ihrer Bevölkerung, ihrer physischen Kraft. Und dies macht, mit einem Wort, den Unterschied zwischen einer großen und einer kleinen Macht aus.«[4] Doch auch wenn sie gelegentlich Methoden europäischer Machtpolitik anwandten, hielten die politischen Führer des neuen Staates stets an jenen Prinzipien fest, die ihr Land so außergewöhnlich gemacht hatten. Um Bedrohungen ihrer Staaten bereits im Keim zu ersticken, trugen die europäischen Mächte ungezählte Kriege aus. So war es eine Kombination von Stärke und Distanz, die Amerika zu der Überzeugung gelangen ließ, jede kritische Lage sei auch dann noch zu bewältigen, *nachdem* sie sich manifestiert habe. Während die europäischen Staaten aufgrund ihres wesentlich geringeren Spielraums fortwährend Koalitionen bildeten, um einer *möglichen* Veränderung vorzubeugen, lag Amerika so weit entfernt, so abseits, daß es sich auf Interventionen beschränken konnte, wenn eine Veränderung *tatsächlich* erfolgt war.

Vor dem Hintergrund dieser geopolitischen Überlegungen warnte George Washington vor »verwickelten« Bündnissen, ganz gleich, aus wel-chen Gründen diese sich auch anbieten mochten.»Es wäre unklug«, so lau-teten seine Worte,»angesichts der üblichen Wechselfälle seiner [Europas] Politik oder der üblichen, aus seinen Freundschaften oder Feindschaften resultierenden Verbindungen und Zusammenstöße unnatürliche Verbin-dungen einzugehen. Unsere abgesonderte Lage verlangt und ermöglicht es, einen anderen Kurs einzuschlagen.«[5] Die neue Nation behandelte Washingtons Ratschlag allerdings nicht als Einschätzung der geopolitischen Lage, sondern als eine Art moralische Maxime. Da man in Amerika gleich-sam die Wiege der Freiheit sah, hielt man es nur für natürlich, seine gesi-cherte Position im Schutz zweier Weltmeere als göttliche Vorsehung zu ver-stehen, seine Taten als Konsequenz einer höheren Moral zu begreifen. Daß die USA – im Gegensatz zu allen anderen Staaten – über einen immensen

28

Sicherheitsspielraum verfügten, ließ man augenscheinlich einfach außer acht.

So kam es, daß ein wesentliches Merkmal früher amerikanischer Außenpolitik in der Überzeugung bestand, die fortwährenden europäischen Kriege seien das Ergebnis einer zynischen Diplomatie. Während die europäischen Staatsmänner ihr internationales System auf den Gedanken gründeten, daß Eintracht sich gewissermaßen von selbst ergebe, wenn man die verschiedenen Interessen nur ihren Wettstreit austragen lasse, schwebte ihren amerikanischen Kollegen eine Welt vor, in der Staaten als kooperierende Partner, nicht als mißtrauische Rivalen handeln würden. Die amerikanischen Führer wiesen die alte Vorstellung zurück, das moralische Verhalten eines Staates solle mit anderen Maßstäben bewertet werden als das moralische Verhalten von Individuen. Nach Jefferson konnte es »nur eine ethische Ordnung für Menschen und Staaten [geben]: nämlich dankbar und unter allen Umständen pflichttreu, offen und großzügig zu sein und dadurch auf lange Sicht die Interessen beider Seiten zu fördern«.[6]

Dieser rechtschaffene Tonfall, der europäischen Politikern damals sicherlich befremdlich klang, war Ausdruck der Tatsache, daß Amerika nicht nur gegen jene alten Gesetzeszwänge, die es an sein Mutterland banden, sondern ganz allgemein gegen Europas Ordnung und Werte rebellierte. Daß es dort häufig zu Kriegen kam, schrieb man in den USA der Vorherrschaft von Regierungsinstitutionen zu, die Freiheit und Menschenwürde verneinten. »So wie der Krieg zum System der alten Regierungsformen gehört«, bemerkte Thomas Paine, »so hat auch die Erbitterung der Nationen gegeneinander keine andere Quelle als die Politik ihrer Regierungen, welche diese Bitterkeit erregt, um den Geist des Systems zu erhalten. Der Mensch ist von Natur nicht der Feind des Menschen; er wird es nur durch ein falsches Regierungssystem.«[7]

Die Vorstellung, Frieden hänge vor allem von der Existenz demokratischer Institutionen ab, bildet auch heute noch einen Grundpfeiler des politischen Denkens der Amerikaner. Eine in den Staaten weitverbreitete Anschauung hat immer nachdrücklich behauptet, daß Demokratien keine Kriege gegeneinander führten. Ähnliches gelte für Republiken. Einer der Gegner einer ähnlichen Hypothese – sie besagte, Republiken seien friedfertiger als andere Regierungsformen – war Alexander Hamilton: »Sparta, Athen, Rom und Karthago waren Republiken: Zwei von ihnen, Athen und Karthago, waren Handelsrepubliken. Dennoch waren sie ebenso häufig wie die benachbarten Monarchien der damaligen Zeit in Angriffs- und Verteidigungskriege verwickelt [...]. In der britischen Regierung bilden die Volksvertreter einen Zweig der Legislative. Jahrhundertelang bestand das vorrangige Ziel jenes Landes darin, Handel zu treiben; nichtsdestoweniger gibt es nur wenige andere Staaten, die häufiger an Kriegen beteiligt waren...«[8] Allerdings vertrat Hamilton nur eine unbedeutende Minderheit. Die überwältigende Mehrheit der amerikanischen Staatsmänner war damals wie heute davon überzeugt, daß Amerika verpflichtet sei, seine Werte als Beitrag zum Weltfrieden zu propagieren. Und damals wie heute entzündeten sich Streitigkeiten in diesem Punkt vor allem an der Frage, wie dergleichen zu bewerkstelligen sei. Sollte Amerika die Verbreitung freiheitlicher Rechte als wichtigstes außenpolitisches Ziel fördern? Sollte es sich darauf beschränken, allein durch sein Vorbild Einfluß zu nehmen?

In den frühen Tagen der Republik vertrat man vorwiegend die Ansicht, daß die entstehende Nation der Sache der Demokratie am besten diene, wenn sie ihre hohen Werte im eigenen Land verwirkliche. Thomas Jefferson sagte dazu, daß »eine rechtschaffene und solide republikanische Regierung« in Amerika allen anderen Völkern der Welt »als angesehenes Mahnmal und Vorbild« gelten könne.[9] Ein Jahr später griff er das Thema noch einmal auf. Amerika, so formulierte er, handele gleichsam »für die gesamte Menschheit«: »…die Umstände, die anderen verwehrt, uns jedoch vergönnt sind, haben uns die Pflicht auferlegt, zu beweisen, wie groß das Ausmaß an Freiheit und Selbstverwaltung sein darf, das eine Gesellschaft ihren einzelnen Mitgliedern zugestehen kann.«[10] Aus der Betonung, die die führenden Persönlichkeiten des Landes auf die ethischen Grundfesten ihrer Haltung und auf die Bedeutung Amerikas als eines Symbols der Freiheit legten, resultierte eine rigorose Ablehnung der zentralen Überzeugungen der europäischen Diplomatie: daß das Kräftegleichgewicht aus dem Wettbewerb eigennütziger Interessen heraus eine grundsätzliche Harmonie gewinne und daß sicherheitspolitische Erwägungen schwerer als der Kodex der bürgerlichen Gesellschaft wögen, mit anderen Worten: daß die Ziele des Staates seine Mittel rechtfertigten.

Diese Ideen, bis dahin ohne Beispiel, wurden von einem Land vorgebracht, das im neunzehnten Jahrhundert in voller Blüte stand, dessen Institutionen funktionierten und dessen Werte eingelöst wurden. Man war sich keiner Diskrepanz zwischen seinen erhabenen Prinzipien und den Notwendigkeiten des Alltags bewußt. Doch mit der Zeit führte der Umstand, daß man sich auf die Moral als Instrument zur Beilegung internationaler Auseinandersetzungen berief, zu einer eigentümlichen Ambivalenz und einer für Amerika typischen Angst. Falls man tatsächlich dazu verpflichtet war, sich auf außenpolitischem Gebiet mit ebensolcher Geradlinigkeit zu bewegen wie im persönlichen Leben, mit welchen Kategorien sollte man dann Amerikas Sicherheit analysieren, welchen Rang ihr beimessen? Bedeutete dies nicht im äußersten Fall, daß der eigene Fortbestand der Moral untergeordnet werden mußte? Oder war Amerikas Einstehen für freiheitliche Rechte so eng mit einem Zuwachs an Freiheit verknüpft, daß selbst eigennützige Taten gleichsam automatisch einen moralischen Glanz erhielten? Und wenn dies zutraf, wo lag dann der Unterschied zu jener europäischen Auffassung der »Raison d'état«, derzufolge das Wirken eines Staates allein an seinem Erfolg gemessen werden konnte?

Robert Tucker und David Hendrickson haben diese Ambivalenz in der politischen Vorstellungswelt Amerikas brillant erörtert: »Das Dilemma der Staatskunst Jeffersons lag in seinem Verzicht auf Mittel, auf die sich die Staaten zur Wahrung ihrer Sicherheit und zur Verwirklichung ihrer ehrgeizigen Ziele in letzter Instanz immer verlassen hatten, zugleich aber in seiner Abneigung, auf jene Ambitionen zu verzichten, die normalerweise zum Einsatz dieser Mittel führten. Anders gesagt, er wollte für Amerika beides erreichen: Es sollte die Früchte der Macht genießen können, ohne jene Folgen zu tragen, die üblicherweise nun einmal durch Machtausübung entstehen.«[11]

Bis zum heutigen Tag zählt der Streit um diese beiden Ansätze zu den Hauptthemen amerikanischer Außenpolitik. Was die Anfänge des Landes betrifft, so fand man im Jahre 1820 einen Kompromiß, der es bis nach dem Zweiten Weltkrieg ermöglichte, beide Wege zu verbinden: Was auf der anderen Seite des Pazifiks und des Atlantiks vor sich ging, wurde weiterhin als das verwerfliche Ergebnis einer Politik des Kräftegleichgewichts angeprangert, die eigene Expansion in ganz Nordamerika hingegen als »manifest destiny«, als »offenkundige Bestimmung« betrachtet.

Bis zur Jahrhundertwende stellte sich die Außenpolitik der USA daher in ihren Grundsätzen verhältnismäßig einfach dar: Die »offenkundige Bestimmung« des Landes sollte erfüllt werden, während man sich von Verwicklungen in Übersee fernhielt. Selbstverständlich schätzte man demokratische Regierungen, enthielt sich aber jeglicher Anstrengungen, um seinen Vorlieben Geltung zu verschaffen. John Quincy Adams, damals Außenminister, faßte diese Einstellung im Jahre 1821 zusammen: »Wo auch immer das Banner der Freiheit und Unabhängigkeit entfaltet worden ist oder werden soll, dort wird es [Amerika] im Herzen, in seinen Segenssprüchen und Gebeten verweilen. Aber es trachtet nicht danach, in die Fremde zu ziehen, um Ungeheuer zu vernichten. Es befürwortet Freiheit und Unabhängigkeit für alle. Es verficht und erkämpft sie jedoch nur für sich selbst.«[12]

Die Kehrseite dieser Zurückhaltung war die Entscheidung, die europäische Machtpolitik aus der westlichen Hemisphäre fernzuhalten - nötigenfalls sogar mit den Methoden europäischer Machtpolitik. Die Monroe-Doktrin, die dergleichen propagierte, entstand anläßlich des Versuchs der Heiligen Allianz - Preußens, Rußlands und Österreichs -, eine in Spanien im Jahre 1823 ausgebrochene Revolution niederzuschlagen. Großbritannien, das Einmischungen in die inneren Angelegenheiten eines Staates im Prinzip ablehnend gegenüberstand, war ebensowenig gewillt, den Vorstoß der Heiligen Allianz in die westliche Hemisphäre hinzunehmen.

Der britische Außenminister George Canning wandte sich damals an die Vereinigten Staaten. Er schlug ein gemeinsames Vorgehen vor, um die spanischen Kolonien auf dem amerikanischen Kontinent nicht in Reichweite der Heiligen Allianz gelangen zu lassen. Ungeachtet der Vorkommnisse in Spanien wollte er sicherstellen, daß keine europäische Macht Lateinamerika kontrollierte; denn ein seiner Kolonien beraubtes Spanien, so argumentierte Canning, stellte kaum eine verlockende Beute dar. Das spreche gegen eine Intervention oder mache sie sogar gänzlich uninteressant. John Quincy Adams konnte Großbritanniens Haltung zwar nachvollziehen, blieb aber den britischen Beweggründen gegenüber argwöhnisch. Nach der Besetzung Washingtons durch die Briten im Jahre 1812 war es noch zu früh, Vertrauen in eine Zusammenarbeit mit dem ehemaligen Mutterland zu setzen. Daher drängte Adams Präsident Monroe, Europa nunmehr von weiteren kolonialistischen Bestrebungen in Nord- und Südamerika auszuschließen und dies als einseitigen Beschluß Amerikas zu verkünden.

Die 1823 proklamierte Monroe-Doktrin verwandelte den Ozean, der die Vereinigten Staaten von Europa trennte, in einen unüberwindlichen Graben. Bis zu diesem Zeitpunkt hatte die Hauptregel amerikanischer Außenpolitik darin bestanden, sich nicht in die europäischen Machtkämpfe verwickeln zu lassen; jetzt ging man einen Schritt weiter, indem man verkündete, Europa dürfe sich nicht in amerikanische Angelegenheiten einmischen. Und in der Tat ging Monroes Vorstellung, was unter amerikanischen Angelegenheiten zu verstehen sei, sehr weit. Sie umfaßte die gesamte westliche Hemisphäre.

Indessen beschränkte die Doktrin sich nicht auf die Verkündung von Prinzipien. Zugleich enthielt sie eine wagemutige Warnung an die europäischen Mächte, die neue Nation werde nicht vor einem Krieg zurückschrekken, um die Unverletzbarkeit der westlichen Hemisphäre aufrechtzuerhalten. Man erklärte, die Vereinigten Staaten würden jede Ausdehnung einer europäischen Macht »auf irgendeinen Teil dieser Hemisphäre als friedens- und sicherheitsgefährdend einstufen«.[13] Schließlich verkündete Präsident Monroe – entschieden und doch nüchterner und expliziter, als sein Außenminister es zwei Jahre zuvor getan hatte –, daß umgekehrt auch Amerika sich keinesfalls in europäische Streitigkeiten einschalten werde: »An Kriegen zwischen europäischen Mächten, die deren Angelegenheiten untereinander betreffen, haben wir uns nie beteiligt, und dies vertrüge sich auch nicht mit unserer Politik.«[14]

Im selben Augenblick, in dem man Europa den Rücken kehrte, verschaffte man sich also freie Hand für eine Expansion in der westlichen Hemisphäre. Geschützt durch die Monroe-Doktrin, konnten die USA politische Ziele verfolgen, die von den kühnsten Träumen eines europäischen Monarchen nicht weit entfernt waren: Steigerung von Handel und Einfluß, Aneignung neuer Territorien, mit einem Wort: Man wollte sich in eine Großmacht verwandeln, ohne sich den Erfordernissen der europäischen Machtpolitik unterwerfen zu müssen. Dabei kollidierten das Streben nach Expansion und die Überzeugung, im Gegensatz zu den europäischen Staaten ein nach hohen Prinzipien handelndes Land zu sein, merkwürdigerweise nicht. Nie sah man in der Expansion einen eigentlich außenpolitischen Vorgang, und so konnte Amerika ohne schlechtes Gewissen seine

Stärke einsetzen, um die Oberhand über die Indianer, über Mexiko, über Texas zu erlangen. In aller Kürze: Die amerikanische Außenpolitik bestand darin, keine zu betreiben.

Ähnlich wie Napoleon nach dem Verkauf von Louisiana konnte Canning sich zu Recht rühmen, er habe die Neue Welt dazu gebracht, das Gleichgewicht der Alten wiederherzustellen. Denn Großbritannien gab zu verstehen, daß es der Monroe-Doktrin mit Hilfe der Royal Navy Rückendeckung geben werde. Amerika wollte jedoch das europäische Gleichgewicht nur insoweit wiederherstellen, als sich die Heilige Allianz aus der westlichen Hemisphäre heraushalten sollte; im übrigen sollte sich die Balance der europäischen Mächte selbst und ohne die Beteiligung Amerikas erhalten.

Im weiteren Verlauf des neunzehnten Jahrhunderts wurde die amerikanische Außenpolitik vor allem von dem Bestreben bestimmt, die Anwendungsmöglichkeiten der Monroe-Doktrin auszudehnen. Im Jahre 1823 hatte sie den europäischen Staaten eine Warnung sein sollen. Doch als sie hundert Jahre alt geworden war, war sie in ihrer Anwendung Schritt für Schritt ausgeweitet worden, um Amerikas Hegemonie im westlichen Teil der Welt zu begründen. 1845 hielt Präsident Polk die Einverleibung von Texas für eine schlichte Notwendigkeit. Er wollte vermeiden, daß ein unabhängiger Staat »Verbündeter oder Kolonie einer fremden, mächtigeren Nation« werden könne und damit die Sicherheit Amerikas bedrohe.[15] Die Monroe-Doktrin rechtfertigte mithin eine amerikanische Intervention, und zwar nicht nur gegen eine bestehende Bedrohung, sondern gegen jedwede Möglichkeit offener Herausforderung. Dies entsprach genau der europäischen Diplomatie des Kräftegleichgewichts.

Der Bürgerkrieg unterbrach den amerikanischen Expansionsdrang für kurze Zeit. Washingtons wichtigstes außenpolitisches Anliegen bestand nun darin, die Anerkennung der Konföderation durch die Staaten Europas zu verhindern, immer von der Furcht bewegt, auf nordamerikanischem Boden könne ein mehrstaatliches System und damit ein machtpolitisches Gleichgewicht europäischen Zuschnitts entstehen. Doch 1868 bezog sich Präsident Andrew Johnson erneut auf die Grundformel der Monroe-Doktrin, als es um den Kauf von Alaska ging:»Solange sich diese Gebiete im Besitz oder unter der Kontrolle fremder Mächte befinden, wird das Wachstum der Vereinigten Staaten behindert, ihr Einfluß beeinträchtigt. Ständige Revolution und Anarchie dort wären gleichermaßen schädlich.«[16]

Zugleich geschah etwas weitaus Bedeutenderes, ein Vorgang, der das Vordringen quer durch den amerikanischen Kontinent an Tragweite in vielerlei Hinsicht übertraf, wenngleich die sogenannten Großmächte anfangs davon so gut wie nichts bemerkten: Ein neues Mitglied trat ihrer Runde bei. Die Vereinigten Staaten waren zur mächtigsten Nation der Welt aufgestiegen. Im Jahre 1885 überflügelten sie Großbritannien, das damals die führende Industrienation war, in der Industrieproduktion; um die Jahrhundertwende war der Energieverbrauch in den USA höher als in Deutschland, Frankreich, Österreich-Ungarn, Rußland, Japan und Italien zusammen.[17] In der Zeit zwischen dem Bürgerkrieg und der Jahrhundertwende stieg die amerikanische Kohleförderung um 800 Prozent, die Herstellung von Stahlschienen um 523 Prozent, der Ausbau des Schienennetzes um 567 Prozent und die Weizenernte um 256 Prozent. Die Einwanderungsquote trug zur Verdoppelung der Bevölkerungszahl bei, und der Wachstumsprozeß zeigte unverändert eine steigende Tendenz.

Kein anderes Land hat jemals einen so starken Machtzuwachs verzeichnet, ohne den Versuch zu unternehmen, diesen auf internationaler Ebene geltend zu machen. Gleichwohl besteht kein Zweifel, daß diese Versuchung auch für Amerikas Führungsspitze bestand. Präsident Andrew Johnsons Außenminister Seward träumte von einem Weltreich, das Kanada sowie große Teile Mexikos umfassen und bis weit in den Pazifik reichen sollte; die Regierung Grant strebte nach dem Anschluß der Dominikanischen Republik, liebäugelte mit der Erwerbung Kubas – alles Bestrebungen, die bei den zeitgenössischen europäischen Führern wie Disraeli oder Bismarck auf Verständnis, ja Zustimmung gestoßen wären.

Doch der amerikanische Senat richtete sich weiterhin strikt auf innenpolitische Prioritäten und wirkte allen Expansionsabsichten entgegen. Die Stärke von Armee und Marine wurde gering gehalten. 1890 stand die amerikanische Armee an Größe und Schlagkraft nach Bulgarien auf Platz vierzehn in der Welt, und die Marine war schwächer als Italiens Kriegsflotte, obwohl die Industrie der Vereinigten Staaten dreizehnmal stärker als die Italiens war. Amerika nahm nicht an internationalen Konferenzen teil und wurde demzufolge auch fernerhin wie eine zweitrangige Macht behandelt. Als die Türkei 1880 die Anzahl ihrer diplomatischen Vertretungen reduzierte, wurden die Botschaften in Schweden, Belgien, den Niederlanden und den Vereinigten Staaten aufgelöst. Zur gleichen Zeit bekundete ein deutscher Diplomat in Madrid, er stimme sogar einer Gehaltskürzung zu, wenn man ihn nur nicht nach Washington versetze.[18]

Ist jedoch ein Staat einmal so stark geworden wie die USA nach dem Bürgerkrieg, wird er kaum davon abzuhalten sein, die gewonnene Macht früher oder später nicht doch in eine gewichtige Position auf internationaler Ebene umzusetzen. So kam es, daß Amerika in den achtziger Jahren des letzten Jahrhunderts mit dem Aufbau seiner Navy begann, die noch 1880 kleiner als die Chiles, Brasiliens und Argentiniens gewesen war: 1889 drängte Marineminister Benjamin Tracy zur Bildung einer Kriegsflotte. Der Marinehistoriker Alfred Thayer Mahan sollte das Konzept dafür erstellen.[19]

Zwar wurde man durch die britische Kriegsmarine vor den Raubzügen europäischer Mächte geschützt. Doch die amerikanischen Politiker glaubten nur wenig an Londons Beschützerrolle. Während des neunzehnten Jahrhunderts galt Großbritannien den Amerikanern sogar als die gefährlichste Bedrohung ihrer Interessen und die britischen Seestreitkräfte als die stärkste strategische Gefahr. Deshalb ist es kaum verwunderlich, daß die USA – als sie nun ihre Muskeln spielen ließen – danach trachteten, den britischen Einfluß in der westlichen Hemisphäre zunichte zu machen, pikanterweise unter Berufung auf die Monroe-Doktrin – jenes Dokument, zu dessen Entstehung Großbritannien beigetragen hatte.

Bei Herausforderungen übte man sich keineswegs in Zurückhaltung. Außenminister Richard Olney griff 1895 erneut auf Grundsätze der Monroe-Doktrin zurück, um London vor jeglicher Unausgewogenheit der Kräfte zu warnen.»Heutzutage üben die Vereinigten Staaten praktisch die unumschränkte Herrschaft über diesen Kontinent aus«, so schrieb er,»und ihr Wille ist den Untertanen Befehl, auf die sich die Wirksamkeit ihres Gesetzes erstreckt.«Aufgrund seiner»unendlichen Reichtümer und seiner isolierten Position hat Amerika die Situation fest in der Hand und ist durch keine andere Macht verwundbar.«[20] Auch hier wurde noch einmal deutlich, daß der Verzicht auf Machtpolitik nicht für die westliche Hemisphäre galt. Schon 1902 versagte sich Großbritannien deshalb jeglichen Anspruch, in Mittelamerika eine wichtige Rolle zu spielen.

In der westlichen Hemisphäre im unbestrittenen Besitz einer Vorrangstellung, wagten sich die Vereinigten Staaten nun auf internationalem Terrain weiter vor. Nachdem sie sich über den gesamten Kontinent hinweg ausgebreitet hatten, ihre Vormachtstellung von Küste zu Küste gefestigt war, verfügten sie über die Art von Einfluß, die das Land – ungeachtet seiner eigentlichen Vorstellungen – unweigerlich zu einem Faktor von internationaler Bedeutung machte. Auch wenn in den Staaten weiterhin betont wurde, die Maximen der eigenen Außenpolitik dienten als»Leitstern« für die übrige Menschheit, kam doch damals unzweifelhaft ein Verständnis dafür auf, daß es dem Land nunmehr zustehe, zu tagespolitischen Themen Stellung zu nehmen, und daß man nicht erst auf die Demokratisierung des Erdballs zu warten brauche, um sich an der Gestaltung der Weltordnung zu beteiligen.

Niemand brachte diese Überlegungen besser auf den Begriff als Theodore Roosevelt. Er war der erste amerikanische Präsident, der das Land nachdrücklich auf die Pflicht hinwies, seinen Einfluß weltweit geltend zu machen und Beziehungen zum Rest der Welt zu unterhalten – im eigenen Interesse. Wie seine Vorgänger von Amerikas nutzbringender Rolle überzeugt, vertrat Roosevelt freilich anders als diese die Auffassung, die USA besäßen durchaus außenpolitische Interessen, die weit über den Vorsatz hinausgingen, heikle oder gefährliche Situationen abzuwenden. Er ging davon aus, daß die Vereinigten Staaten eine Macht wie jede andere darstellten, keineswegs aber eine einzigartige Verkörperung der Tugend. Sollten ihre Interessen mit denen anderer Staaten kollidieren, so sollten sie ihre Stärke einsetzen, um zu obsiegen.

Die Neubestimmung der amerikanischen Außenpolitik geschah diesmal auf der Grundlage einer weitgehenden Interpretation der Monroe-Doktrin.

Im Einklang mit den imperialistischen Anschauungen der Zeit, leitete Roosevelt als »logische Folgerung« aus der Doktrin am 6. Dezember 1904 ein allgemeines Interventionsrecht der »zivilisierten Nationen« ab, das in der westlichen Halbkugel allerdings lediglich die Vereinigten Staaten wahrnehmen dürften: »Ihr Bekenntnis zur Monroe-Doktrin könnte die Vereinigten Staaten in der westlichen Hemisphäre dazu zwingen, bei offenkundigen Fällen von Fehlverhalten oder Machtverfall – wenn auch widerwillig – als internationale Polizeimacht aufzutreten.«[21]

Den Worten waren Taten vorausgegangen. Im Jahre 1902 hatte Amerika Haiti gezwungen, seine Schulden bei den europäischen Banken zu begleichen. 1903 hatte es Unruhen in Panama zu einem Aufstand entfacht, und nachdem Washington auf beiden Seiten des späteren Panamakanals eine Kanalzone eingerichtet hatte, konnte sich die Bevölkerung mit Unterstützung der USA die Unabhängigkeit von Kolumbien erkämpfen. 1906 besetzten amerikanische Truppen Kuba, 1905 stellten die Vereinigten Staaten die Dominikanische Republik unter finanzielle Kontrolle.

Für Roosevelt gehörte diese Außenpolitik der Stärke zu der Rolle, die Amerika hinfort auf globaler Ebene spielen sollte. Die beiden Ozeane, die den Kontinent umgaben, waren längst nicht mehr groß genug, um ihn vom Rest der Welt zu isolieren, ein Gedanke, den der Präsident 1902 in einer Erklärung vor dem Kongreß zum Ausdruck brachte: »Mehr und mehr verpflichten die wachsende gegenseitige Abhängigkeit und die Komplexität der internationalen politischen und wirtschaftlichen Beziehungen alle zivilisierten, friedfertigen Mächte dazu, für eine richtige Gestaltung der Weltpolitik zu sorgen.«[22]

Historisch gesehen, ist Roosevelts Ansatz zur Gestaltung internationaler Beziehungen einzigartig. Kein anderer Präsident definierte die globale Rolle der Vereinigten Staaten so ausschließlich aus dem Blickwinkel des nationalen Interesses, kein anderer identifizierte das nationale Interesse so weitgehend mit dem Gleichgewicht der Kräfte. Roosevelt teilte die Einstellung seiner Landsleute, Amerika sei für die Welt die größte Hoffnung. Im Gegensatz zu den meisten von ihnen vermochte er sich jedoch nicht vorzustellen, daß der Friede lediglich dadurch bewahrt und Amerikas Schicksalsbestimmung nur dadurch erfüllt werde, daß man nach bürgerlichen Tugenden lebte. Sein Verständnis von einer Weltordnung kam dem Palmerstons oder Disraelis sehr viel näher als dem Thomas Jeffersons.

Wenn immer es gilt, die Kluft zwischen der Zukunft eines Volkes und dessen gegenwärtigen Erfahrungen zu überbrücken, übernimmt ein Präsident, der seinen Aufgaben gewachsen ist, auch eine pädagogische Aufgabe. Auf sein Volk, das in dem Bewußtsein großgeworden war, daß der Friede unter den Nationen ein normaler Zustand sei, daß zwischen persönlicher und öffentlicher Moral kein Unterschied bestehe und daß Amerika gegen die Umwälzungen, welche die übrige Welt in Mitleidenschaft ziehen, gefeit sei, wirkte Roosevelts Doktrin zweifellos energisch, denn sie verkehrte jede dieser Vorstellungen in ihr Gegenteil. Für Roosevelt bedeutete das internationale Geschehen Kampf. Darwins Theorie, nach welcher nur der Stärkere überlebt, hielt er für einen besseren Wegweiser durch die Geschichte als jede persönliche Moral. In seinen Augen konnten sich die Sanftmütigen die Erde nur dann untertan machen, wenn sie stark waren; aber Amerika war nicht irgendein belangloses Land, sondern eine Großmacht, wahrscheinlich die größte überhaupt. Er hoffte, daß es seiner Präsidentschaft bestimmt sei, die USA auf die weltpolitische Bühne zu führen und das zwanzigste Jahrhundert so zu formen, wie Großbritannien das neunzehnte Jahrhundert geformt hatte, als ein Land, das seine ungeheuren Kräfte ebenso klug wie maßvoll eingesetzt hatte, um der Sache der Stabilität, des Friedens, des Fortschritts zu dienen.

Roosevelt hatte nichts übrig für all die frommen Gedanken, die Amerikas außenpolitische Haltung gewöhnlich bestimmen. Desgleichen stellte er die Wirksamkeit internationaler Gesetzgebung mit der Begründung in Abrede, was eine Nation nicht mit eigener Kraft zu schützen vermöge, könne auch durch keine internationale Gemeinschaft gesichert werden. Außerdem sprach er sich gegen die Abrüstung aus, ein Thema, das damals international zunehmend an Bedeutung gewann:»Da es bisher nicht den Anschein hat, daß sich irgendeine Art internationaler Macht bildet [...], die Fehlverhalten wirksam eindämmen kann, wäre es für eine große und freie Nation sowohl dumm als auch verhängnisvoll, sich jener Stärke zu berauben, mit der sie ihre eigenen Rechte schützen und in außergewöhnlichen Fällen auch für die Rechte anderer eintreten kann. Nichts würde das Unrecht mehr fördern [...], als wenn die freien und aufgeklärten Völker [...] bewußt ihrer Macht entsagten und zugleich dem Despotismus und der Barbarei ihre Waffen ließen.«[23] Als sich die Diskussion der Frage einer Weltregierung zuwandte, reagierte Roosevelt noch ablehnender:»Wilsons und Bryans Einstellung, überspannten Friedensverträgen, unhaltbaren Versprechen und allen möglichen anderen Papierfetzen ohne eine wirksame Absicherung zu vertrauen, halte ich für verabscheuungswürdig. Für eine Nation und für die Welt ist es mit Blick auf die Außenpolitik entschieden besser, sich in die Tradition Friedrichs des Großen und Bismarcks einzureihen, als die Bryansche oder Bryan-Wilsonsche Auffassung als Staatsmeinung zu vertreten [...]. Eine kraftlose, nicht durch Macht abgesicherte Rechtschaffenheit ist ebenso verdammenswert oder sogar noch verdammenswerter als Macht ohne Rechtschaffenheit.«[24]

In einer von Macht bestimmten Welt, so glaubte Roosevelt, mußte sich die natürliche Ordnung der Dinge in einem Konzept von»Einflußsphären« widerspiegeln, das bestimmten Staaten eine übergeordnete Funktion in bestimmten großen Regionen zusprach – wie in der westlichen Hemisphäre den Vereinigten Staaten und auf dem indischen Subkontinent den Briten. Aus ähnlichen Überlegungen heraus fand sich Roosevelt 1908 mit der Besetzung Koreas durch Japan ab, da die japanisch-koreanischen Beziehungen, so glaubte er, durch die Macht des jeweiligen Landes, nicht durch vertragliche Vorkehrungen oder internationales Recht geprägt werden müßten: »Korea steht Japan zweifelsohne zu. Natürlich ist vertraglich feierlich vereinbart worden, daß Korea unabhängig bleiben soll. Aber Korea selber war zu hilflos, um diesen Vertrag geltend machen zu können. Daher stand außer Frage, daß irgendein anderes Land versuchen würde, das für die Koreaner zu tun, wozu sie selbst vollkommen unfähig waren.«[25]

Angesichts dieser durchaus »europäischen« Ansichten überrascht es nicht, daß Roosevelt sich mit so viel Einsatz, so viel praktischer Intelligenz daranmachte, ein globales Gleichgewicht der Kräfte zu errichten; nach ihm gelang dies, mit Ausnahme Richard Nixons, keinem anderen amerikanischen Präsidenten. Er erwartete, daß sich die Dinge in Europa von selbst regeln würden. Allerdings ließ er keinen Zweifel daran, daß er – sollte sich sein Urteil als falsch erweisen – sein Land dazu bewegen würde, einen Ausgleich wiederherzustellen. Als er mit der Zeit erkannte, daß Deutschland zu einer Bedrohung des europäischen Gleichgewichts würde, verband er daher das nationale Interesse der Vereinigten Staaten mit dem Großbritanniens und Frankreichs.

Dies zeigte sich im Jahre 1906. Während der Konferenz von Algeciras sollte über die Zukunft Marokkos entschieden werden. Deutschland bestand auf einer »offenen Tür«, um einer französischen Vorherrschaft zuvorzukommen; es drängte darauf, einen amerikanischen Repräsentanten hinzuzuziehen, weil es glaubte, Amerika unterhalte dort wichtige Handelsinteressen. Der amerikanische Konsul in Marokko nahm tatsächlich an der Zusammenkunft teil, reagierte für die Deutschen aber enttäuschend. Roosevelt ordnete die handelspolitischen Interessen der USA, die in dieser Hinsicht ohnehin eher unerheblich waren, seiner Sicht der geopolitischen Lage unter. Auf dem Höhepunkt der Marokkokrise schrieb Henry Cabot Lodge an Roosevelt: »Frankreich sollte auf unserer und Englands Seite stehen [...]. Dies wäre ein wirtschaftlich und politisch vernünftiges Arrangement.«[26]

In Asien wiederum sorgte sich Roosevelt um die russischen Ambitionen, weshalb er Japan, Rußlands Hauptrivalen, hofierte. »Es gibt kein anderes Land in der Welt, das in dem Maße wie Rußland das Schicksal der kommenden Jahre in der Hand hält«[27], bemerkte er einmal. Geschützt durch ein Bündnis mit Großbritannien, hatte Japan 1904 Rußland angegriffen; Roosevelt verkündete daraufhin Amerikas Neutralität, tendierte jedoch aus geopolitischen Gründen zur japanischen Seite. Ein Sieg der Russen, argumentierte er, sei ein »schwerer Schlag für die Zivilisation«.[28] Und als Japan die russische Flotte zerstörte, äußerte er frohlockend: »Ich war über Japans Sieg sehr erfreut. Denn Japan hält sich an unsere Spielregeln.«[29]

Roosevelt wollte Rußland zurückdrängen, ohne es vollständig aus dem System des Gleichgewichts der Kräfte zu entfernen. Nach den Maximen der »balance of power« hätte eine übermäßige Schwächung Rußlands ja lediglich dazu geführt, die russische Bedrohung durch eine japanische zu ersetzen. Instinktiv spürte Roosevelt, daß es für die USA am günstigsten sei, wenn Rußland»Japan Auge in Auge gegenüberstehe, so daß jeder gezwungen sei, auf den anderen mäßigend einzuwirken.«[30] So bewegte ihn geopolitischer Realismus, nicht etwa hochtrabender Altruismus, als er die beiden kriegführenden Mächte aufforderte, ihre Vertreter zu seinem Haus an der Oyster Bay zu entsenden. Ein Friedensvertrag wurde ausgearbeitet, der Japans Sieg in Grenzen halten und das Gleichgewicht im Fernen Osten sicherstellen sollte – eine Leistung, für die Roosevelt später als erster Präsident der Vereinigten Staaten mit dem Friedensnobelpreis ausgezeichnet wurde.

Jahre später, als die Deutschen 1914 in Belgien und Luxemburg einmarschierten, betrachtete Roosevelt, der nun nicht mehr Präsident war, die Entwicklung anfangs eher nüchtern, obwohl hinsichtlich dieser beiden Länder eine eklatante Verletzung der Neutralitätsverträge vorlag.»Was die Verletzung oder Mißachtung der Verträge betrifft«, meinte er,»so ergreife ich weder für die einen noch für die anderen Partei. Wenn Giganten in einem tödlichen Kampf miteinander ringen und hin und her taumeln, so wird sicherlich jeder niedergetrampelt, der den beiden gewaltigen, sich quälenden Kämpfern in die Quere kommt, es sei denn, dies wäre für die Kämpfenden selbst zu gefährlich.«[31] Einige Monate nach Ausbruch des Krieges revidierte er sein Urteil jedoch, auch wenn er bezeichnenderweise nicht über den unrechtmäßigen Einmarsch der Deutschen, vielmehr über die daraus resultierende Bedrohung des Gleichgewichts besorgt war:»Glauben Sie nicht«, schrieb er,»daß Deutschland, falls es den Krieg gewinnt, die englische Flotte vernichtet und das britische Empire zerstört, innerhalb von ein oder zwei Jahren darauf bestehen wird, in Mittel- und Südamerika die Vorherrschaft zu übernehmen?«[32]

Roosevelt drängte zu massiver Aufrüstung, um die Tripelentente Englands, Rußlands und Frankreichs stärken zu können. Ein Sieg der Deutschen war in seinen Augen ebenso denkbar wie für die Vereinigten Staaten gefährlich. Denn mit einem Triumph der Mittelmächte wäre der Schutz durch die britische Marine entfallen; der deutsche Imperialismus hätte ungehindert in die westliche Hemisphäre einsickern können.

Daß Roosevelt aber eine britische Kontrolle über den Atlantik für sicherer hielt als eine deutsche, hing mit wenig greifbaren und von Machterwägungen gänzlich unbeeinflußten Faktoren zusammen: kulturellen Affinitäten und geschichtlichen Erfahrungen. Zwischen England und Amerika existierten in dieser Hinsicht enge Bande, für die es in den deutsch-amerikanischen Beziehungen kein Pendant gab. Darüber hinaus fanden die Vereinten Staaten, an die britische Vorherrschaft zur See ohnehin gewohnt, Gefallen an der Vorstellung, England nicht länger expansionistischer Pläne in Richtung Amerika verdächtigen zu müssen. Gegenüber Deutschland hegte man indessen durchaus böse Vorahnungen. Bereits am 3. Oktober 1914 schrieb Roosevelt an den britischen Botschafter in Washington (wobei er tunlichst nicht mehr auf sein anfängliches Urteil zurückkam, es sei unvermeidbar gewesen, daß Deutschland Belgiens Neutralität mißachtet hatte): »Wäre ich Präsident gewesen, dann wäre ich am dreißigsten oder einunddreißigsten Juli [gegen Deutschland] zur Tat geschritten.«[33] Einen Monat später räumte er in einem Brief an Rudyard Kipling die Schwierigkeit ein, Amerikas Kampfkraft auf der Basis seiner Überzeugungen in den europäischen Krieg zu werfen. Sein Volk sei nicht bereit, sich auf einen so deutlich machtpolitisch orientierten Kurs einzulassen: »Wenn ich all das befürworten würde, was ich selbst glaube, so würde ich für unser Volk nicht viel erreichen, weil es mir nicht folgen würde. Unser Volk ist kurzsichtig und versteht nichts von internationalen Belangen. Ihr Volk war kurzsichtig, aber nicht so kurzsichtig wie unseres in diesen Angelegenheiten.«[34]

Hätte Amerikas Außenpolitik mit Theodore Roosevelt seinen Höhepunkt erreicht, so wäre darin vermutlich der Abschluß einer Entwicklung gesehen worden, die auf eine Anpassung traditioneller Prinzipien europäischer Staatskunst an die Situation Amerikas hinauslief. Roosevelt wäre der Präsident geworden, in dessen Amtszeit die Vereinigten Staaten nach der Etablierung ihrer Vormachtstellung auf dem amerikanischen Kontinent allmählich ihren Einfluß als Weltmacht geltend gemacht hätten. Aber die außenpolitischen Konzepte der USA fanden in Roosevelt eben keinen Abschluß, nicht nur aus äußeren, sondern auch aus inneren Gründen: Ein Staatsoberhaupt, das sein Handeln nur am Erfahrungsschatz seines Volkes orientiert, verdammt sich zur Stagnation; ein Präsident, der die Erfahrungen seines Volkes hinter sich läßt, geht das Risiko der Isolation ein. Und Amerika war weder durch seine Erfahrungen noch durch seine politischmoralischen Werte auf jene Aufgabe vorbereitet, die Roosevelt ihm zugedacht hatte.

Es zählt zu den Ironien der Geschichte, daß Amerika dann doch noch zu Roosevelts Lebzeiten die Rolle übernahm, die dieser sich erhofft hatte – allerdings im Namen von Prinzipien, die Roosevelt verspottete, und unter der Führung eines Präsidenten, den er verachtete. Woodrow Wilson beharrte auf der traditionellen amerikanischen Sonderstellung innerhalb der internationalen Politik. Es war Wilson, der die Grundlagen für jene Doktrin schuf, von welcher die amerikanische Außenpolitik später dominiert werden sollte – eine Denkschule, deren Inhalte Roosevelt bestenfalls als belanglos, im schlimmsten Falle aber als schädlich betrachtete.

Sieht man die Dinge unter dem Gesichtspunkt altbewährter diplomatischer und staatsmännischer Prinzipien, dann konnte Roosevelt in diesem Fall sicherlich die weitaus besseren Argumente vorweisen. Dennoch war es Wilson, der sich durchsetzte. Roosevelt wird heute wegen seiner politischen Errungenschaften und praktischen Leistungen gerühmt, Wilson prägte Amerikas Denken. Roosevelt hatte begriffen, wie unter den Nationen, die zu seiner Zeit das Weltgeschehen bestimmten, internationale Politik betrieben wurde: Kein anderer amerikanischer Präsident besaß einen so ausgeprägten Sinn für das Funktionieren der internationalen Systeme. Und doch war es Wilson, der erkannte, welche Kraft Amerika antrieb. Am wichtigsten war vermutlich einfach der Umstand, daß Amerika sich nicht als eine Nation unter vielen verstand; ihm fehlten nicht nur die theoretischen, sondern auch die praktischen Grundlagen für eine Diplomatie europäischer Art, die aus einer moralisch neutralen Haltung heraus die variierenden Machtkonstellationen fortwährend neu zu gestalten suchte, mit dem einzigen Ziel, ein sich ständig verschiebendes Gleichgewicht zu bewahren. Doch trotz aller Umstände und aller Lehren, die seine Machtpolitik ihm einbrachte, blieb das amerikanische Volk fest davon überzeugt, daß es eben deshalb so außergewöhnlich sei, weil es für die Freiheit eintrete und sie in die Tat umsetzte.

Die Amerikaner waren nur dann zu großen Entschlüssen zu bewegen, wenn man ihnen Ziele oder Wunschbilder präsentierte, die mit ihrer Selbstwahrnehmung als einer außergewöhnlichen Nation übereinstimmten. So sehr Roosevelt daher von der Funktionsweise der Großmachtdiplomatie auch angetan sein mochte, es mißlang ihm, seine Landsleute davon zu überzeugen, daß man in den Ersten Weltkrieg eintreten müsse. Wilson wiederum versuchte seinem Volk mit Argumenten von einer solchen moralischen Abstraktheit auf die Sprünge zu helfen, daß gelegentlich selbst ausländische Politiker Mühe hatten, seinen Überlegungen zu folgen.

Gleichwohl war Wilsons Leistung erstaunlich. Er wies machtpolitisches Denken zurück, wußte jedoch genau, wie das amerikanische Volk zu motivieren war. Als Gelehrter, der eher spät zur Politik gekommen und lediglich aufgrund einer Spaltung in der Republikanischen Partei zwischen Taft und Roosevelt Präsident geworden war, hatte er erkannt, daß Amerikas instinktives Streben nach Isolation nur überwunden werden konnte, wenn man an seinen Glauben an die Außerordentlichkeit seiner Ideale appellierte. So führte er ein isolationistisches Land schrittweise in den Krieg, nicht ohne sich zuvor leidenschaftlich für Neutralität ausgesprochen und damit bewiesen zu haben, wie sehr seine Regierung sich in den Dienst des Friedens stellte. Selbstsüchtigen nationalen Interessen abschwörend, behauptete er allen Ernstes, Amerika habe bei alledem keinen anderen Vorteil im Sinn als die Verwirklichung seiner Prinzipien.

In seiner ersten Ansprache zur Lage der Nation vom 2. Dezember 1913 legte er die Grundzüge dessen dar, was später als Wilsonianismus bekannt wurde. Weltweit geltendes Recht und nicht Gleichgewicht, nationale Vertrauenswürdigkeit und nicht nationale Selbstbehauptung, so sagte er, seien die Grundlagen einer internationalen Ordnung. Nachdrücklich drang er auf die Ratifizierung verschiedener Schlichtungsverträge, mit der Begründung, daß internationale Streitigkeiten zukünftig nicht mehr durch Gewaltanwendung, sondern durch für beide Seiten bindende Kompromisse beigelegt werden müßten:»Es gibt nur eine mögliche Richtlinie, nach der Kontroversen zwischen den Vereinigten Staaten und anderen Nationen geklärt werden können. Sie besteht aus zwei Elementen: unserer Ehre einerseits, unserer Verpflichtung gegenüber dem Frieden in der Welt andererseits. Es sollte mithin ein leichtes sein, die Schaffung neuer vertraglicher Verpflichtungen sowie die Auslegungen bereits übernommener zu bewältigen.«[35]

Nichts verdroß Roosevelt mehr als hochtrabende Prinzipien, die sich weder auf Stärke noch auf den Willen stützen konnten, sie Wirklichkeit werden zu lassen. Einem Freund schrieb er: »Wenn ich zwischen einer eisenharten und einer kraftlosen Politik zu wählen hätte [...], ich wäre für eine eisenharte Politik. Auf lange Sicht gesehen ist dies nicht nur für unser Land, sondern auch für die Welt besser.«[36]

Dennoch erschien der Vorschlag Roosevelts, auf den Krieg in Europa mit einer Erhöhung der Verteidigungsausgaben zu reagieren, Wilson nicht sinnvoll. Noch in seiner zweiten Ansprache zur Lage der Nation am 8. Dezember 1914 – der Krieg wütete bereits seit vier Monaten – widersetzte er sich einer amerikanischen Aufrüstung, weil dies bedeutet hätte,»daß wir unsere Selbstbeherrschung verloren haben«, und zwar infolge eines Krieges,»dessen Ursachen uns nicht berühren können, ja der uns gerade Gelegenheit zu selbstlosen Freundschaftsdiensten gibt...«[37]

In Wilsons Augen hing Amerikas Einfluß von seiner Selbstlosigkeit ab: Amerika mußte sich zurückhalten, so argumentierte er, damit es am Ende als glaubwürdiger Richter zwischen die Kriegsparteien treten könne, während Roosevelt meinte, der Krieg und insbesondere ein deutscher Sieg werde letztlich auch Amerikas Sicherheit bedrohen. Daher bestand Wilson auf der grundsätzlichen Unparteilichkeit seines Landes, das nach seinem Willen zu einem späteren Zeitpunkt als Vermittler auftreten sollte: Da die Vereinigten Staaten an höhere Werte als das Gleichgewicht der Kräfte glaubten, liefere ihnen der Krieg in Europa nun die Gelegenheit, Anhänger für einen neuen, besseren Ansatz der internationalen Politik zu gewinnen.

Roosevelt mokierte sich über solche Ideen. Er warf Wilson vor, isolationistische Gefühle zu schüren, um 1916 wiedergewählt zu werden. Tatsächlich praktizierte Wilson mit seiner Politik jedoch genau das Gegenteil von Isolationismus. Er proklamierte ja keineswegs, Amerika solle sich zurückziehen, vielmehr vertrat er die weltweite Gültigkeit seiner Wertvorstellungen und Amerikas Verpflichtung, diese zu verbreiten. Dergestalt bestätigte er noch einmal jene politischen Grundsätze, von denen die Vereinigten Staaten sich seit Jefferson hatten leiten lassen, stellte sie allerdings zugleich in den Dienst einer Kreuzzugs-Ideologie. Die Prinzipien, seien sie politischer, seien sie moralischer Natur, die dabei zur Anwendung kamen, lassen sich folgendermaßen zusammenfassen:

– Amerikas besonderer Auftrag geht über das diplomatische Tagesgeschäft hinaus und verpflichtet es, dem Rest der Menschheit als Leitstern der Freiheit zu dienen;

42

– die Außenpolitik demokratischer Staaten ist moralisch höher zu bewerten, da das Volk dort von Natur aus friedliebender ist;
– an die Außenpolitik sollten dieselben Maßstäbe angelegt werden wie an die persönliche Moral;
– der Staat hat nicht das Recht, für sich selbst eine andere Moral zu beanspruchen.

Wilson verlieh diesen allgemeinen Aussagen eine weltweite Dimension: »Wir sind unfähig, vor der Macht irgendeiner Nation Furcht zu empfinden. Wir sind auf keinen Wettbewerb im Handel und ebensowenig auf irgendeine andere friedliche Errungenschaft eifersüchtig. Wir wollen unser eigenes Leben nach unserem Willen leben, wir wollen aber auch andere leben lassen. Wir sind die aufrichtigen Freunde aller Völker der Welt, weil wir Niemanden bedrohen, Niemandes Besitz begehren und Niemanden vernichten wollen.«[38]

Noch nie zuvor hatte ein Land seinen internationalen Führungsanspruch auf Nächstenliebe und Uneigennützigkeit gegründet. Alle anderen Nationen wollten danach beurteilt werden, wieweit ihre eigenen Interessen mit denen anderer Gesellschaften vereinbar waren, während alle amerikanischen Präsidenten – von Woodrow Wilson bis George Bush – sich auf die selbstlose Grundhaltung ihres Landes als unersetzliches Attribut ihrer Führungsrolle berufen haben. Weder Wilson noch seine Nachfolger waren deshalb zu dem Eingeständnis bereit, daß Amerikas Anspruch auf Altruismus in den Augen ausländischer, weniger von »hehren« Prinzipien durchdrungener Führer zumindest von einer Aura der Unberechenbarkeit umgeben war. Während das nationale Interesse immer mehr oder weniger kalkulierbar bleibt, hängt Altruismus schließlich stets von der Definition desjenigen ab, der ihn praktiziert.

Wilson hingegen deutete das altruistische Wesen der amerikanischen Gesellschaft als Beweis göttlichen Wohlgefallens: »Es war, als ob durch Gottes Vorsehung ein ganzes Festland unbenutzt auf ein friedliches Volk gewartet hätte, das Freiheit und Menschenrechte mehr als alles andere liebte und dort einen selbstlosen Staat errichtete.«[39]

Die Behauptung, amerikanische Zielsetzungen seien Ausdruck einer schicksalhaften Bestimmung, implizierte allerdings zugleich eine globale Rolle für Amerika. Dies ging entschieden über alles hinaus, was Roosevelt angestrebt hatte. Roosevelt wollte nur das Gleichgewicht der Kräfte verbessern und Amerika, seinem wachsenden Gewicht entsprechend, darin zur Geltung bringen. Nach seinem Verständnis waren die Vereinigten Staaten eines von vielen Ländern, mächtiger zwar als die meisten anderen und zu einer Elitegruppe von Großmächten gehörend, doch letzten Endes auch den historischen Grundregeln des Gleichgewichts unterworfen. Wilson wiederum führte Amerika in eine Ära, in der solche Erwägungen vollkommen abwegig erschienen. Da er den Gedanken des Gleichgewichts verachtete, betonte er nachdrücklich, Amerikas Rolle bestehe nicht darin,»unsere Selbstsucht, sondern unsere Größe zu beweisen«.[40] Folglich hatte Amerika nicht das Recht, seine Werte für sich zu behalten.

Bereits 1915 formulierte Wilson denn auch die unerhörte Doktrin, Amerikas Sicherheit sei untrennbar mit der Sicherheit der *gesamten* Menschheit verbunden, eine Auffassung, die zuletzt darauf hinauslief, daß es von nun an Pflicht der USA sei, sich *überall* in der Welt der Aggression entgegenzustellen:»Aber gerade weil wir unbelästigte Entwicklung und ungestörte Verfügung über unser eigenes Leben nach unseren eigenen Grundsätzen von Recht und Freiheit fordern, weisen wir Angriffsgedanken, die uns selbst fremd sind, zurück, von welcher Seite sie auch kommen mögen. Wir bestehen auf Sicherheit in der Verfolgung unserer selbstgewählten Richtlinien staatlicher Entwicklung. Wir tun mehr als das: Wir fordern sie auch für andere. Wir beschränken unsere Begeisterung für persönliche Freiheit und eine freie staatliche Entwicklung nicht auf Zufälligkeiten und die Bewegungen der Geschehnisse, die uns selbst berühren. Wir empfinden sie vielmehr überall da, wo ein Volk auf diesen schwierigen Pfaden der Unabhängigkeit und des Rechts zu wandeln sucht.«[41] Das war eine schlechthin allumfassende Mission. Sie stellt den Vorläufer jener Eindämmungspolitik dar, die sich nach dem Zweiten Weltkrieg entwickeln sollte.

Nie hätte Roosevelt sich einen solchen Gefühlsausbruch gestattet. Aber schließlich war er der kriegerische Staatsmann, Wilson der prophetische Priester. Staatsmänner, auch Krieger konzentrieren sich auf die Welt, in der sie leben. Propheten wollen ihre»wahre Welt« erst ins Leben rufen.

Was als Beteuerung der Neutralität Amerikas begonnen hatte, formte Wilson bald in eine Reihe von Vorschlägen um, welche die Grundlage für einen weltweiten Kreuzzug bildeten. Aus Wilsons Sicht bestand zwischen Amerikas Freiheit und der Freiheit der Welt kein grundlegender Unterschied, und da er beweisen wollte, daß seine Zeit an der Universität, in der er sich vorwiegend mit haarspalterischen Interpretationen beschäftigt hatte, nicht vertan war, entwickelte er eine außergewöhnliche Auslegung dessen, was George Washington mit seiner Warnung vor Verwicklungen in fremde Angelegenheiten tatsächlich gemeint hatte. Er verlieh dem Begriff»fremd« eine Bedeutung, die den ersten Präsidenten der USA sicher verwundert hätte. Wilson zufolge hatte Washington die Auffassung vertreten, Amerika dürfe sich nicht für die Absichten anderer einspannen lassen; daran aber schloß er die Folgerung an, daß nichts, was die Menschheit betreffe,»...uns fremd oder gleichgültig sein kann«.[42] Fortan hatte Amerika eine Art Freibrief, sich im Ausland einzumischen.

Welch ungewöhnlicher Einfall, aus der Warnung des Gründervaters vor Einflußnahme im Ausland eine Rechtfertigung weltweiter Interventionen abzuleiten! Welch Paradox, eine Neutralitätsphilosophie zu ersinnen, die eine Verwicklung in Kriege unabwendbar machte! Durch seine Vision von

44

einer besseren Welt geleitet, führte Wilson sein Land einerseits an den Weltkrieg heran, belebte aber andererseits auf fast unglaubliche Weise die Lebenskraft und den Idealismus der Amerikaner. Nach einem hundertjährigen »Winterschlaf« war Amerika bereit, in die internationale Arena einzuziehen, und die Dynamik, die es bei diesem Vorhaben entwickelte – es war die ungestüme Einsatzbereitschaft des Arglosen –, blieb seinen erfahreneren Partnern völlig fremd. Die europäische Diplomatie, verhärtet und nach den vielen Prüfungen der Geschichte gedemütigt, sah die Ereignisse gleichsam durch ein Prisma zerstobener Träume, großer, zunichte gewordener Hoffnungen und Ideale, die durch Kurzsichtigkeit entwertet worden waren. Amerika kannte solche Erfahrungen nicht. Es wußte nichts von Zwängen, die wenn nicht ein Ende der Geschichte, dann doch deren Belanglosigkeit bedeuteten. So begann es, seine bislang einzigartigen Werte in allgemeingültige, überall anwendbare Prinzipien umzuwandeln. Dadurch sah sich Wilson in die Lage versetzt, zumindest zeitweilig die dem amerikanischen Selbstverständnis immanente Spannung zwischen dem sicherheitsbewußten und dem unbefleckten Amerika zu überwinden. Eine Verwicklung in den Ersten Weltkrieg konnte man nur vertreten, wenn man sich dabei nicht allein für eigene Ziele, sondern vor allem für die Völker der Welt einsetzte, wenn man seine Rolle als Kreuzritter der Freiheit überall auf der Erde spielte.

Deutschlands Ankündigung des uneingeschränkten U-Bootkrieges und die Versenkung der *Lusitania* waren die unmittelbaren Gründe für die Kriegserklärung der USA. Und doch rechtfertigte Wilson diesen Schritt nicht mit konkreten Anschuldigungen. Die Interessen des eigenen Landes waren unbedeutend; die Verletzung der belgischen Neutralität und das Gleichgewicht der Kräfte hatten nichts damit zu tun. Vielmehr gab es moralische Gründe für diesen Krieg, dessen primäres Ziel eine neue und gerechtere Weltordnung sein sollte.

»Es ist furchterregend«, meinte Wilson in seiner Rede zur Kriegserklärung, »dieses große und friedliche Volk in den Krieg zu führen, in den schrecklichsten und furchtbarsten aller Kriege, in dem die Zivilisation selbst auf dem Spiel zu stehen scheint. Aber das Recht ist kostbarer als der Friede, und wir werden für die Güter kämpfen, die unserem Herzen stets am teuersten gewesen sind: für die Demokratie, für das politische Recht aller derer, die einer Obrigkeit untertan sind, für die Rechte und Freiheiten kleinerer Nationen und für jene allgemeine Herrschaft des Rechts, ausgeübt durch Übereinstimmung in einem freien Volk, die allen Nationen Frieden und Sicherheit bringen und die Welt endlich frei machen soll.«[43]

In einem zur Verbreitung solcher Prinzipien geführten Krieg konnte es keine Kompromisse geben. Das einzig vertretbare Ziel war der totale Sieg. Roosevelt hätte Amerikas Ziele mit einiger Sicherheit im politischen und strategischen Bereich angesiedelt; Wilson aber hob Amerikas diesbezügliches Desinteresse hervor und definierte seine Absichten in rein moralischen Kategorien.

In seinen Augen war der Krieg nicht die Konsequenz kollidierender nationaler Interessen, sondern von Deutschlands grundlosem Angriff auf die Weltordnung. Genaugenommen war nicht einmal die deutsche Nation die wirkliche Schuldige, sondern der deutsche Kaiser. In seiner auf eine Kriegserklärung drängenden Rede argumentierte Wilson: »Mit dem deutschen Volke haben wir keinen Streit; wir hegen kein anderes Gefühl ihm gegenüber als das der Sympathie und Freundschaft. Nicht auf seinen Antrieb hat die deutsche Regierung diesen Krieg unternommen. Auch nicht mit seinem Vorwissen oder mit seiner Billigung. Der Entschluß zu diesem Kriege ist zustande gekommen, wie das in der unseligen alten Zeit zu geschehen pflegte, als die Völker noch nirgends von ihren Herrschern befragt, als Kriege im Interesse von Dynastien geführt wurden...«[44]

Obgleich Kaiser Wilhelm II. lange Zeit als die schießwütigste Figur auf der europäischen Bühne betrachtet worden war, hatte sich nie ein europäischer Staatsmann dafür ausgesprochen, ihn abzusetzen. Niemand hatte den Sturz des Kaisers und seiner Dynastie als Schlüssel zum Frieden in Europa gesehen. Nachdem aber die Frage einmal aufgeworfen worden war, wie es mit dem innenpolitischen Gefüge Deutschlands bestellt sei, konnte der Krieg nicht mehr mit einem Kompromiß zwischen den gegensätzlichen Interessen beendet werden, wie Roosevelt ihn zehn Jahre zuvor zwischen Japan und Rußland erzielt hatte. Am 22. Januar 1917 – Amerika war noch nicht in den Krieg eingetreten – verkündete der Präsident, sein Ziel sei ein »Frieden ohne Sieg«.[45] Was Wilson beim Kriegseintritt aber tatsächlich vorschlug, war ein Friede, der sich nur durch einen totalen Sieg erreichen ließ.

Schon bald wurden Wilsons Thesen einhellig akzeptiert. Sogar ein so erfahrener Mann wie der spätere Präsident Herbert Hoover begann zu glauben, daß die deutsche Herrscherklasse an und für sich bösartig sei; eine Bemerkung von ihm besagte, sie sauge »anderen Völkern das Lebensblut« aus.[46] Jacob Schurman, der Präsident der Cornell University, faßte die damalige Stimmung in Worte, als er den Weltkrieg als einen Kampf zwischen dem »himmlischen Königreich« und dem »Königreich der Hunnen« bezeichnete, »wo Gewalt und Schreckensherrschaft regieren«.[47]

Dennoch konnte der Untergang eines einzigen Herrscherhauses kaum all das bewirken, worauf die schönen Reden des amerikanischen Präsidenten abzielten. Nicht nur Deutschland, sondern auch alle anderen Nationen sollten nun demokratiefähig gemacht werden, denn der Frieden werde »eine Genossenschaft demokratischer Nationen« erfordern.[48] In einer anderen Rede ging Wilson sogar noch weiter. Amerikas Macht werde schrumpfen, sagte er, wenn die Vereinigten Staaten die Freiheit nicht über den gesamten Erdball verbreiteten: »Wir gründeten unseren Staat, um die Menschen frei zu machen, und diesen Gedanken und Willen beschränkten wir nicht auf Amerika. Jetzt wollen wir es ausführen. Täten wir das nicht, so wäre Amerikas Ruf vorbei und all seine Macht vernichtet.«[49]

Am detailliertesten aber brachte Wilson seine Kriegsziele in den Vierzehn Punkten zum Ausdruck (siehe Kapitel 9), und seine historische Leistung bleibt in der Erkenntnis bestehen, daß die Amerikaner keine größeren internationalen Verpflichtungen übernehmen können, wenn diese nicht mit den moralischen Maximen ihrer Geschichte übereinstimmen. Daß er die Tragödien der Historie als Verirrungen oder als Folge der Bösartigkeit und Kurzsichtigkeit einzelner Führer abtat, daß er als objektive Friedensgrundlage einzig und allein die Macht der öffentlichen Meinung und die Verbreitung demokratischer Rechte gelten ließ – eben dies war die Ursache seines Untergangs. Später sollte er die europäischen Staaten zu einem Schritt auffordern, dem sie unmittelbar nach einem Krieg, der sie ihrer letzten Kräftereserven beraubt hatte, weder gedanklich noch historisch gewachsen waren.

Dreihundert Jahre lang hatten die Staaten Europas ihre Weltordnung auf einen Ausgleich nationaler Interessen gestützt und ihre Außenpolitik aus einem grundlegenden Sicherheitsbedürfnis heraus betrieben. Jetzt forderte Wilson sie auf, moralische Überzeugungen zum Fundament ihrer Außenpolitik zu machen, sicherheitspolitische Aspekte dagegen als mehr oder weniger zweitrangig einzustufen oder überhaupt nicht in Erwägung zu ziehen. Für solche Politik fehlte in Europa jedoch die Vorstellungskraft. Zudem blieb abzuwarten, ob das aus seiner hundertjährigen Isolation gerade erst erwachte Amerika die von Wilson vertretene Beteiligung an den internationalen Angelegenheiten auch wirklich mittragen konnte.

Amerika stand damals an einem Wendepunkt. Und es war Wilson allein, der das Land dorthin geführt hatte. Wilson gehört zu den seltenen politischen Führern, die den Verlauf der Geschichte ihres Landes tatsächlich verändert haben. Hätten Roosevelts Vorstellungen 1912 die Oberhand gewonnen, dann wäre die Frage der Kriegsziele sicherlich im Licht amerikanischer Interessen beantwortet worden. Roosevelt hätte Amerikas Kriegsbeitritt mit der These gerechtfertigt – die er auch tatsächlich vorbrachte –, daß die Mittelmächte den Krieg gewinnen und Amerikas Sicherheit früher oder später bedrohen würden, falls dieses nicht der Tripelentente beiträte. Definiert man das nationale Interesse der USA so, dann wäre das Land mit der Zeit dazu gezwungen worden, weltpolitisch ähnlich zu verfahren wie Großbritannien gegenüber den anderen europäischen Ländern. Dreihundert Jahre lang waren britische Regierungen von der Annahme ausgegangen, daß in einer Situation, in welcher die Reichtümer Europas unter die Verfügungsgewalt einer einzigen, alles dominierenden Macht fallen würden, diese Macht Großbritanniens Vorherrschaft zur See unweigerlich bedrohen und seine Unabhängigkeit in Frage stellen müßte.

Geopolitisch gesehen, lassen sich die Vereinigten Staaten durchaus als Insel vor der eurasischen Küste betrachten. Folgt man dieser Überlegung, dann konnte Amerika sich eigentlich nur verpflichtet fühlen, gegen die Beherrschung Europas und Asiens durch welche Macht auch immer, auf jeden Fall aber gegen die Kontrolle *beider* Kontinente durch ein und dieselbe Macht Widerstand zu leisten. Entsprechend wäre die Tatsache, daß Deutschland seinen geopolitischen Wirkungskreis ausgedehnt hatte, der wichtigste *casus belli* gewesen, nicht aber der Umstand, daß es sich moralischer Vergehen schuldig gemacht hatte.

Doch ein solcher, auf den politischen Maximen der Alten Welt basierender Ansatz lief den von Wilson erweckten Emotionen von Grund auf zuwider, und dies ist auch heute noch so. Nicht einmal Roosevelt hätte die von ihm befürwortete Machtpolitik jetzt noch durchführen können, obschon er in diesem Glauben starb. Außerdem hatte Wilson bereits vor Amerikas Eintritt in den Krieg klargestellt, er werde sich gegen jeglichen Versuch wehren, die Nachkriegsordnung auf den altbewährten Prinzipien internationaler Politik aufzubauen. Für ihn lagen die Ursachen des Krieges nicht nur in der Verderbtheit der deutschen Führung, sondern ebenso in der Unzulänglichkeit des Systems des Kräftegleichgewichts.

Am 22. Januar 1917 übte Wilson denn auch an der Weltordnung der Vorkriegszeit scharfe Kritik. Er prangerte sie als System »organisierter Rivalitäten« an: »Die Frage, welche über den Weltfrieden und die Weltpolitik der ganzen Zukunft zu entscheiden hat, ist diese: Ist der gegenwärtige Krieg ein Kampf für einen gerechten und sicheren Frieden oder bloß für ein neues Gleichgewicht? [...] Was uns not tut, ist nicht ein Gleichgewicht der Macht, sondern eine gemeinsame Ausübung der Macht, nicht eine Organisation gegenseitiger Nebenbuhlerschaft, sondern die Organisation eines allen Völkern gemeinsamen Friedens.«[50] Unter einer »gemeinsamen Ausübung der Macht« verstand Wilson dabei ein vollkommen neues Konzept, das später unter der Bezeichnung »kollektive Sicherheit« bekannt wurde. Es hatte bereits in dem Briten William Gladstone einen Vordenker besessen. Doch dessen Entwurf kollektiver Sicherheit, im Jahre 1880 entstanden, hatte sich als Totgeburt erwiesen (siehe Kapitel 6).

In der Überzeugung, alle Länder der Welt seien gleichermaßen am Frieden interessiert und würden daher gemeinsam gegen jeden Störenfried vorgehen, schlug Wilson nun vor, die Weltordnung durch den moralischen Konsens aller friedliebenden Völker zu verteidigen: »Dies ist ein Zeitalter, in dem die Moral des nationalen Eigennutzes, von dem die Volksvertreter einst geleitet waren, abgelehnt wird. Die Forderung lautet nun, einer neuen Ordnung den Weg zu ebnen, in der nur gefragt wird: ›Ist es richtig?‹, ›Ist es gerecht?‹, ›Ist es im Interesse der Menschheit?‹«[51]

Um diesen Konsens institutionell zu verankern, schlug Wilson den Völkerbund vor, eine typisch amerikanische Institution. Unter der Schirmherrschaft der Weltorganisation sollten die Macht der Moral und die Waffengewalt dem Gebot der öffentlichen Meinung weichen. Noch immer betonte Wilson, es wäre nie zum Krieg gekommen, wenn die Öffentlichkeit entsprechend informiert gewesen wäre. Dabei verschwieg er allerdings, mit welch leidenschaftlichen Jubelrufen, mit welcher Erleichterung der Kriegsausbruch in *allen* Hauptstädten Europas, auch in denen des demokratischen Großbritannien und Frankreich, begrüßt worden war. Seiner Meinung nach mußten im internationalen System mindestens zwei Veränderungen erfolgen, falls seine Pläne sich durchsetzen sollten: die Einführung demokratischer Regierungen in aller Welt und die Entwicklung einer »neuen und besseren Diplomatie«, gegründet auf »demselben hohen Ehrenkodex, den wir von Einzelpersonen verlangen«.[52]

Als Voraussetzung für den Frieden präsentierte Wilson 1918 schließlich ein revolutionäres, atemberaubend ehrgeiziges Ziel, nämlich die »Vernichtung jeder willkürlichen Macht, wo immer sie sei, die für sich, im geheimen und nach eigenem Gutdünken den Frieden der Welt stören kann, oder – wenn sie zur Zeit noch nicht vernichtet werden kann – zum wenigsten ihre Beschneidung zur tatsächlichen Machtlosigkeit«.[53] Am 14. Februar 1919 sagte der Präsident vor der Friedenskonferenz, ganz dieser Auffassung entsprechend, ein solchermaßen handelnder und von solchen Prinzipien erfüllter Völkerbund könne Krisen ohne Kriege lösen: »...durch dieses Instrument [den Völkervertrag] verlassen wir uns ganz und gar auf eine große Kraft, auf die moralische Kraft der Weltöffentlichkeit, auf ihren läuternden, klärenden und starken Einfluß [...], damit das, was durch Feuer zerstört wird, durch ein überwältigendes Feuer, das in der gesamten Welt als allgemeine Verurteilung auflodert, ganz und gar ausgelöscht wird.«[54]

Die Wahrung des Friedens sollte, kurz gesagt, nicht mehr dem traditionellen Machtkalkül entspringen, sondern einem weltweiten, durch die Schaffung eines Überwachungsmechanismus abgesicherten Konsens. Ein weltweiter Zusammenschluß im wesentlichen demokratischer Staaten sollte als eine Art »Treuhänder des Friedens« agieren. Sowohl das Gleichgewicht der Kräfte als auch die Bündnissysteme sollten dadurch ersetzt werden. Nie zuvor hatte eine Nation so hochtrabend anmutende Vorstellungen geäußert – von deren Umsetzung ganz zu schweigen. Doch unter dem amerikanischen Idealismus verwandelten sich diese Ideen zu einer vertrauten Strömung im außenpolitischen Denken der Nation, weshalb jeder amerikanische Präsident bis heute Wilsons Thema auf seine Weise variiert hat. Häufig befaßten sich Debatten mit der Frage, ob man bei der Verwirklichung von Wilsons Idealen (die bald so sehr zum Allgemeingut geworden waren, daß man sie gar nicht mehr mit ihm in Verbindung brachte) nicht möglicherweise versagt habe. Die wichtigere Frage, ob solche Gedanken überhaupt eine angemessene Orientierungshilfe waren, um den mitunter brutalen Herausforderungen des Weltgeschehens begegnen zu können, trat demgegenüber zurück. Drei Generationen lang sind Wilsons Kritiker seinen Analysen und Bewertungen mit äußerster Schärfe entgegengetreten. Gleichwohl bildeten diese die ganze Zeit über das Fundament für die außenpolitische Konzeption der USA.

Doch Wilsons Verknüpfung von Macht und Prinzipien bereitete zugleich die Szene für einen jahrzehntelangen Widerstreit, welcher das amerikanische Selbstbewußtsein selber betraf. Es hatte schließlich die Aussöhnung zwischen seinen Prinzipien und den Erfordernissen der Realität zu bewältigen. Sollte das Prinzip kollektiver Sicherheit funktionieren, mußten alle Nationen in ihrer Bewertung jedweden Angriffs zu demselben Ergebnis kommen *und* bereit sein, bei dessen Bekämpfung dieselben Risiken einzugehen. Etwas Ähnliches hatte es bisher noch nicht gegeben, und in der gesamten Geschichte des Völkerbundes und der Vereinten Nationen sollte dergleichen auch nie vorkommen. Ein solcher Konsens ist ja nur dann möglich, wenn alle oder fast alle Staaten direkt von überwältigenden Bedrohungen betroffen sind, wie es während der beiden Weltkriege und (auf regionaler Ebene) auch während des Kalten Krieges der Fall war. In den allermeisten Fällen indessen – insbesondere in den komplizierten Fällen – sind sich die Staaten der Welt entweder über die Art der Bedrohung oder über die Größe des Opfers uneins, das sie bringen müßten, um ihr entgegenzutreten; dies gilt sowohl für Italiens Angriff auf Abessinien im Jahre 1935 als auch für die seit 1992 anhaltende Krise in Bosnien. So war es immer: Sobald es darum ging, bestimmte Ziele zu erreichen oder bestehendes Unrecht zu beseitigen, erwies es sich als zunehmend schwierig, zu einem weltweiten Konsens zu gelangen. Seltsamerweise haben all diese Probleme in der Zeit nach dem Kalten Krieg noch zugenommen. Es gab mehr Lippenbekenntnisse zur Demokratie als je zuvor.

Daneben brachte der Wilsonianismus noch einen weiteren Bruch in der amerikanischen Einstellung zu den internationalen Angelegenheiten ans Licht. Hatte Amerika überhaupt Sicherheitsinteressen zu verteidigen (sieht man einmal von den Methoden ab, mit denen diese herausgefordert wurden)? Oder sollte das Land sich nur solchen Veränderungen widersetzen, die man ohne Zögern als unrechtmäßig bezeichnen konnte? Sollte es sich um die Tatsache sorgen, *daß* es immer wieder zu internationalen Veränderungen kam, oder nur um die Art und Weise, *wie* diese entstanden? Sollte es geopolitische Grundsätze generell ablehnen, oder sollten diese im Sinne amerikanischer Wertvorstellungen neu interpretiert werden? Und falls die Prinzipien kollidierten, welche von ihnen würden sich durchsetzen?

In der Nachfolge des Wilsonianismus hat sich Amerika in erster Linie den Methoden widersetzt, mit denen Veränderungen herbeigeführt werden sollten. Strategische Interessen der USA waren es nicht wert, verteidigt zu werden, solange ihre Infragestellung auf der Grundlage eindeutig rechtmäßiger Methoden geschah. Noch im Golfkrieg hat Präsident Bush betont, er kämpfe in erster Linie nicht um die lebenswichtige Ölversorgung, er widersetze sich vielmehr der Aggression. Und während des Kalten Krieges betraf manche inneramerikanische Diskussion die Frage, ob Amerika mit all seinen Fehlern überhaupt das moralische Recht habe, als Organisator des Widerstandes gegen die sowjetische Bedrohung aufzutreten.

Theodore Roosevelt hätte keine Schwierigkeit gehabt, diese Fragen zu

50

beantworten. Die Hypothese, daß Staaten Bedrohungen einstimmig bewerten oder gemeinsam auf sie reagieren würden, stellte schlicht eine Negation all dessen dar, wozu er sich bekannte. Er konnte sich keine Weltorganisation vorstellen, die für Opfer *und* Aggressor einen gleichrangigen Platz vorsah. Im November 1918 schrieb er:»Ich bin für einen solchen Völkerbund, vorausgesetzt, wir erwarten nicht zuviel davon [...]. Ich bin nicht bereit, die Rolle zu übernehmen, die Äsop als lächerliches Beispiel anführte, als er davon erzählte, wie Wölfe und Schafe sich einigten, die Waffen niederzulegen, die Schafe die Wachhunde als Beweis ihres guten Glaubens wegschickten und von den Wölfen sogleich gefressen wurden.«[55] Einen Monat später schrieb er an den Senator von Pennsylvania, Philander C. Knox:»Der Völkerbund mag vielleicht etwas Gutes bewirken. Aber je pompöser er ist und je mehr er vorgibt zu erreichen, desto weniger wird ihm tatsächlich gelingen. Die Diskussionen darum entbehren nicht jenes Hauchs grimmigen Humors, mit dem schon vor hundert Jahren über die Heilige Allianz gesprochen wurde, die in erster Linie auf eine dauerhafte Erhaltung des Friedens abzielte. Der Zar Alexander spielte bei dieser besonderen Bewegung vor einem Jahrhundert übrigens den Präsidenten Wilson.«[56] Roosevelts Auffassung nach konnten nur Schwärmer, Träumer oder Intellektuelle die Ansicht vertreten, der Frieden liege in der Natur des Menschen und könne durch einen selbstlosen Konsens erhalten werden. Für ihn bestand kein Zweifel daran, daß Frieden an sich zerbrechlich war und daher nur durch unentwegte Wachsamkeit, mit den Waffen des Stärkeren und durch Bündnisse Gleichgesinnter bewahrt werden konnte.

Aber Roosevelt war entweder ein Jahrhundert zu früh oder ein Jahrhundert zu spät geboren worden. Mit seinem Tod im Jahr 1919 gerieten seine Theorien zur internationalen Politik in Vergessenheit; seither hat sich keine große Strömung im außenpolitischen Denken Amerikas mehr auf ihn berufen. Auf der anderen Seite ist es sicherlich Wilsons intellektuellem Erfolg zuzuschreiben, daß sich sogar Richard Nixon, dessen Außenpolitik in vielerlei Hinsicht wahrhaftig von Roosevelts Maximen geprägt war, in erster Linie als Anhänger des Wilsonschen Internationalismus bezeichnete und im Kabinettsaal ein Portrait aufhängte, das den Präsidenten zu Kriegszeiten zeigte.

Daß der Völkerbund in Amerika nicht auf Zustimmung stieß, lag daran, daß das Land noch nicht reif für eine weltumspannende Rolle war. Dennoch war Wilsons geistiger Sieg fruchtbarer, als jeder politische Erfolg es hätte sein können. Wann immer die Vereinigten Staaten sich mit der Schaffung einer neuen Weltordnung auseinandersetzten, beriefen sie sich in der einen oder anderen Weise auf Woodrow Wilsons Lehre. Als sie etwa nach dem Zweiten Weltkrieg am Aufbau der Vereinten Nationen mitwirkten, besannen sie sich auf die Grundsätze des Völkerbundes in der Hoffnung, durch Übereinstimmung zwischen den Siegermächten Frieden zu schaffen. Als diese Hoffnung erlosch, läutete Amerika den Kalten Krieg ein – aber nicht als einen Konflikt zwischen zwei Supermächten, sondern als moralischen Kampf für die Sache der Demokratie. Und nach dem Zusammenbruch des Kommunismus beriefen sich beide amerikanischen Regierungen, die des Republikaners Bush wie die des Demokraten Clinton, auf Wilsons Idee, der Weg zum Frieden führe über kollektive Sicherheit, er sei von der Verbreitung demokratischer Institutionen in der ganzen Welt nicht zu trennen.

So verkörpert der Wilsonianismus Amerikas Dilemma auf der Weltbühne: In gewisser Hinsicht war die amerikanische Ideologie revolutionär; was jedoch ihre inneren Strukturen anging, so glauben die Amerikaner immer, man sollte mit dem Status quo zufrieden sein. Stets haben sie dazu geneigt, in außenpolitischen Auseinandersetzungen einen Kampf zwischen Gut und Böse zu sehen, und im allgemeinen fühlten sie sich mit Kompromissen, Teilerfolgen oder wenig überzeugenden Ergebnissen wenig wohl. Daß Amerika vor weitreichenden weltpolitischen Veränderungen zurückschreckte, hat ihm deshalb wiederholt den Ruf eingebracht, es wolle nur seinen territorialen, manchmal auch seinen politischen Status quo verteidigen.

Aber Amerika vertraute auf die Kraft des Rechtes. So fiel es ihm schwer, seinen Glauben an einen friedlichen Wandel mit der Erkenntnis in Einklang zu bringen, daß fast alle größeren geschichtlichen Veränderungen Gewalt und Aufstände mit sich brachten. Es hielt an der Auffassung fest, man müsse seine Ideale in der übrigen, weniger vom Glück gesegneten Welt durchsetzen, immer im Verein mit jenen Staaten, die einen engeren Überlebensspielraum, begrenztere Ziele und geringeres Selbstvertrauen hatten. Und gleichwohl hat Amerika standgehalten. Nach dem Ende des Zweiten Weltkriegs ist die Welt weitgehend nach seinem Bild gestaltet worden, so daß es letzten Endes als Leitstern und Hoffnungsträger doch genau die Rolle gespielt hat, für die Wilson es auserwählt hatte.

## Kapitel 3

# Das Gleichgewicht der Kräfte
# als Faktum:
# Richelieu, Wilhelm von Oranien
# und Pitt

*Armand-Jean du Plessis Richelieu, Wilhelm III. von Oranien*

Was Historiker heute als das System des Gleichgewichts der Kräfte bezeichnen, entstand im siebzehnten Jahrhundert mit dem endgültigen Zusammenbruch mittelalterlicher Bestrebungen nach Universalität. Die mittelalterliche Auffassung von der Ordnung der Welt war eine Mischung aus den Traditionen des Römischen Reiches und denen der katholischen Kirche. Die Welt wurde als Spiegelbild des Himmels verstanden: Genauso, wie ein Gott im Himmel herrschte, sollte *ein* Kaiser über die säkulare Welt, *ein* Papst über die Weltkirche herrschen. In diesem Geist wurden die Feudalstaaten in Deutschland und Norditalien dem Kaiser des Heiligen Römischen Reiches untergeordnet. Bis ins siebzehnte Jahrhundert hinein besaß dieses Reich die Voraussetzungen, um Europa zu beherrschen. Frankreich, dessen Grenze weit westlich des Rheins verlief, und Großbritannien waren Randstaaten. Wäre es dem Kaiser des Heiligen Römischen Reiches je gelungen, alle Gebiete, die formal seiner Jurisdiktion unterstanden, seinem Machtbereich wirklich einzufügen, hätten die Beziehungen der westeuropäischen Staaten zu ihm sich ähnlich dargestellt wie die der Nachbarn Chinas zum Reich der Mitte, wobei Frankreich mit Vietnam oder Korea zu vergleichen gewesen wäre und Großbritannien mit Japan.

Doch über weite Epochen des Mittelalters hinweg gelang es dem Kaiser des Heiligen Römischen Reiches nicht, einen solchen Grad an Zentralgewalt zu erreichen. Ein Grund dafür lag im Fehlen geeigneter Transport- und Kommunikationssysteme: Es war kaum möglich, ausgedehnte Gebiete miteinander zu verknüpfen. Aber weitaus wichtiger war, daß im Heiligen Römischen Reich die Macht der Kirche von der Regierungsgewalt getrennt war; anders als einem Pharao oder einem Cäsar wurden dem Kaiser keine göttlichen Eigenschaften zugeschrieben. Überall außerhalb Westeuropas, selbst in christlich-orthodox regierten Gebieten, waren Religion und Regierung dergestalt vereint, daß die Vergabe von Schlüsselstellungen jeweils in die Zuständigkeit der weltlichen Macht fiel. Kirchliche Behörden verfügten dort weder über die Mittel noch über die Autorität, jene autonome Stellung für sich zu beanspruchen, die vom Christentum des Westens eingefordert wurde.

In Europa schuf der stets mögliche und gelegentlich tatsächlich eintretende Konflikt zwischen Papst und Kaiser schließlich die Bedingungen für die konstitutionelle Regierungsform und die Gewaltenteilung die Grundlagen der modernen Demokratie. Jeder Konflikt ermöglichte es den verschiedenen Feudalherren, ihre Autonomie zu vergrößern, indem sie die beiden widerstreitenden Parteien gegeneinander ausspielten, und das Ergebnis war ein zersplittertes Europa: ein wahrer Flickenteppich von Fürstentümern, Ländern, Städten, geistlichen Herrschaften. Obwohl die Feudalherren dem Kaiser Treue schuldeten, handelten sie in Wirklichkeit nach eigenem Gutdünken. Unterschiedliche Herrscherhäuser beanspruchten die Kaiserkrone; die Zentralgewalt verschwand nahezu. Die Kaiser hielten zwar die alte Vision von der Weltherrschaft aufrecht, konnten sie jedoch nicht verwirklichen. Frankreich, Großbritannien und Spanien, am Rand Europas gelegen, akzeptierten die Autorität des Heiligen Römischen Reiches ebenfalls nicht, auch wenn sie weiterhin der Weltkirche angehörten.

Die Situation änderte sich erst mit dem Auftreten der Habsburger. Seit dem fünfzehnten Jahrhundert hatten sie ihren Anspruch auf die Kaiserwürde nahezu ohne Unterbrechung geltend gemacht. Als es ihnen gelang, durch eine kluge Heiratspolitik auch noch die spanische Krone mit ihren ausgedehnten Besitzungen zu erlangen, konnte der Kaiser des Heiligen Römischen Reiches erstmals wieder den Versuch wagen, seine universellen Ansprüche in ein politisches System zu betten. In der ersten Hälfte des sechzehnten Jahrhunderts stellte Karl V. die Zentralgewalt wieder her, und dies bis zu einem Grad, daß ein aus den heutigen Gebieten Deutschlands, Österreichs, Norditaliens, der Tschechischen Republik, der Slowakei, Ungarns, Ostfrankreichs, Belgiens und der Niederlande bestehendes mitteleuropäisches Reich möglich wurde – eine potentiell so beherrschende Gruppierung, daß die Entstehung eines europäischen Kräftegleichgewichts verhindert wurde.

Genau zu jenem Zeitpunkt jedoch machte die Schwächung des Papsttums, ausgelöst durch die Wirkungen der Reformation, die Aussicht auf ein europäisches Hegemonialreich zunichte. Ein mächtiger Papst war dem Kaiser stets ein Dorn im Auge und zudem ein ernstzunehmender Rivale gewesen. Doch auch während seines Niedergangs im sechzehnten Jahrhundert erwies sich das Papsttum für die Reichsidee als verderblich. Die Kaiser sahen sich als Gottes Sachwalter auf Erden und wollten auch von anderen so gesehen werden. Im siebzehnten Jahrhundert indessen galt der Kaiser in protestantischen Ländern allmählich weniger als Gottes Sachwalter denn als Wiener Kriegsherr, der an einen dekadenten Papst gebunden war. So verlieh die Reformation den widerspenstigen Fürsten sowohl im kirchlichen wie im weltlichen Bereich eine neue Handlungsfreiheit. Ihr Bruch mit Rom war ein Bruch mit der kirchlichen Universalität; ihr Kampf mit dem Habsburger Kaiser zeigte, daß die Fürsten Reichstreue nicht mehr als religiöse Pflicht begriffen.

Als die Idee der Einheit scheiterte, benötigten die in Europa entstehenden Staaten ein Prinzip – einerseits um ihren Abfall vom Glauben zu rechtfertigen, andererseits um ihre Beziehungen untereinander zu regeln. Sie fanden es in der Idee der Staatsräson und des Gleichgewichts der Kräfte. Jeder war vom anderen abhängig. »Raison d'état« bedeutete, daß das Wohl des Staates und dessen Mehrung jedes Mittel rechtfertige; das nationale Interesse verdrängte die mittelalterliche Vorstellung einer universellen Moral. Das Gleichgewicht der Kräfte ersetzte die Sehnsucht nach einer weltumfassenden Monarchie durch den Trost, daß jeder Staat bei der Verfolgung seiner eigennützigen Interessen irgendwie zur Sicherheit und zum Fortschritt aller Staaten beitrage.

Die früheste und umfassendste Formulierung des neuen Gedankens kam aus Frankreich, einem der ersten Nationalstaaten in Europa. Frankreich hätte gewiß am meisten verloren, wenn das Heilige Römische Reich wiedererstanden wäre, weil es – um einen modernen Begriff zu gebrauchen – dadurch Gefahr gelaufen wäre, »finnlandisiert« zu werden. Als die religiösen Zwänge schwächer wurden, begann man in Frankreich, sich die Rivalitäten zunutze zu machen, die die Reformation unter den Nachbarn erzeugt hatte. Die französischen Herrscher erkannten, daß die Schwächung des Heiligen Römischen Reiches (und mehr noch dessen Aufspaltung) die Sicherheit ihres Landes förderte und ihm, bei einigem Glück, erlauben würden, sich nach Osten auszudehnen.

Die Hauptperson in der französischen Politik war eine außergewöhnliche Figur, ein Kirchenfürst, Kardinal Richelieu, Erster Minister Frankreichs von 1624 bis 1642. Auf die Nachricht von Richelieus Tod 1642 soll Papst Urban VIII. gesagt haben: »Wenn es Gott gibt, wird Kardinal de Richelieu viel zu büßen haben. Wenn nicht [...], nun, dann hatte er ein erfolgreiches Leben.«[1] Dieser Nachruf hätte dem Staatsmann, der durch die Mißachtung, ja Übertretung der elementaren Gebote der Gottesfurcht gewaltige Erfolge errungen hatte, ohne Zweifel gefallen.

Wenige politische Persönlichkeiten können einen prägenderen Einfluß auf die Geschichte für sich in Anspruch nehmen als Richelieu. Er war der Vater der modernen Staatsform; er verbreitete die Idee der Staatsräson und setzte sie zum Nutzen seines eigenen Landes rücksichtslos in die Tat um. Unter seiner Ägide trat die »Raison d'etat« als Handlungsprinzip französischer Politik an die Stelle der mittelalterlichen Vorstellung von allgemein gültigen moralischen Werten. Richelieu, der versucht hatte, die Vorherrschaft der Habsburger in Europa zu verhindern, hinterließ ein Erbe, das seine Nachfolger in den kommenden zwei Jahrhunderten dazu verleitete, nun umgekehrt eine französische Vorherrschaft in Europa zu begründen. Aus dem Scheitern dieser Bestrebungen entstand schließlich ein Gleichgewicht der Kräfte, zunächst als Faktum, dann als System zur Regelung der internationalen Beziehungen.

Richelieu trat sein Amt 1624 an, zu einer Zeit, als der Kaiser des Heiligen Römischen Reiches, der Habsburger Ferdinand II., gerade den Versuch unternahm, die katholische Universalität wiederzubeleben, den Protestantismus auszulöschen und die kaiserliche Herrschaft über die Fürsten Mitteleuropas zu begründen. Dieser Prozeß – die Gegenreformation – führte zum Dreißigjährigen Krieg, der 1618 in Mitteleuropa ausbrach. Er muß zu den gewalttätigsten, brutalsten und zerstörerischsten Kriegen der Geschichte gezählt werden.

Das deutschsprachige Gebiet in Mitteleuropa, größtenteils dem Heiligen Römischen Reich zugehörend, war 1618 in zwei bewaffnete Lager geteilt, das protestantische und das katholische. Der Funke, der den Krieg auslöste, entstand in Prag: Binnen kurzem war ganz Deutschland in den Konflikt verwickelt. Und während das Land allmählich ausblutete, wurden seine Fürstentümer leichte Beute für Eindringlinge. Bald bahnten sich dänische und schwedische Armeen ihren Weg durch Mitteleuropa, schließlich stürzte sich auch die französische Armee ins Kampfgetümmel. Als der Krieg 1648 endete, war Mitteleuropa verwüstet. Deutschland hatte fast ein Drittel seiner Bevölkerung verloren.

Als Kirchenfürst hätte Richelieu Ferdinands Bestrebung, den rechten katholischen Glauben wiederherzustellen, begrüßen müssen. Doch in Richelieus Augen überragte das nationale Interesse religiöse Ziele. Seine Stellung als Kardinal hielt ihn nicht davon ab, in dem Versuch der Habsburger, den Katholizismus wieder durchzusetzen, eine geopolitische Bedrohung für Frankreichs Sicherheit zu sehen. Daß Österreich die Vorherrschaft in Mitteleuropa anstrebte, war, so glaubte er, kein religiöser Akt, sondern ein politisches Manöver, mit dem Frankreich auf einen Status zweiter Klasse reduziert werden sollte.

Richelieus Befürchtung war nicht unbegründet. Ein Blick auf die damalige Landkarte Europas zeigt, daß Frankreich auf allen Seiten von habsburgischem Territorium umgeben war: von Spanien im Süden, den norditalienischen Stadtstaaten – meist unter spanischer Herrschaft – im Südosten, von der ebenfalls unter spanischer Kontrolle stehenden Freigrafschaft Burgunds im Osten und den Spanischen Niederlanden im Norden. Die wenigen Grenzen, die nicht von den spanischen Habsburgern beherrscht wurden, waren dem österreichischen Zweig der Familie untertan. Das Herzogtum Lothringen schuldete ebenso wie strategisch wichtige kaiserliche Besitzungen entlang des Rheins im heutigen Elsaß Ferdinand die Treue. Wäre auch Norddeutschland an die Habsburger gefallen, wäre Frankreich gegenüber dem Heiligen Römischen Reich in eine bedrohlich schwache Position geraten.

Richelieu schöpfte wenig Trost aus der Tatsache, daß Spanien und Österreich mit Frankreich den katholischen Glauben teilten. Im Gegenteil: Ein Sieg der Gegenreformation war genau das, was er zu verhindern entschlossen war. Im Verfolg dessen, was man heute nationale Sicherheitsinteressen nennen würde und damals – zum ersten Mal – als Staatsräson bezeichnete, war der Kardinal bereit, die Partei der protestantischen Fürsten zu ergreifen und der Spaltung der Weltkirche Vorschub zu leisten.

Hätten die Habsburger Kaiser sich nach denselben Regeln verhalten, hätten sie die entstehende Welt der Staatsräson durchschaut, dann wäre ihnen bewußt geworden, wie günstig ihre Aussichten waren, das zu erreichen, was Richelieu am meisten fürchtete – nämlich die Vorherrschaft Österreichs und die Etablierung des Heiligen Römischen Reiches als führender Macht auf dem Kontinent. Statt dessen profitierten die Feinde der Habsburger über Jahrhunderte hinweg von der Unfähigkeit des Hauses, sich taktischen Notwendigkeiten anzupassen oder sich abzeichnende Tendenzen auch nur zu erkennen. Die Habsburger Herrscher waren Männer mit Grundsätzen. Sie gaben niemals ihre Überzeugungen preis, es sei denn unter dem Zwang einer Niederlage. So waren sie zu Beginn dieser politischen Odyssee den Machenschaften des skrupellosen Kardinals wehrlos ausgeliefert.

Kaiser Ferdinand II., Richelieus Gegenspieler, hatte damals sicher noch nie von Staatsräson gehört. Er hätte sie wahrscheinlich als Blasphemie verworfen. Er sah seinen weltlichen Auftrag darin, Gottes Willen auszuführen, und betonte stets das »Heilig« in seinem Titel. Niemals hätte er eingestanden, daß göttliche Ziele anders als mit moralischen Mitteln zu erreichen seien. Ebensowenig wäre es ihm in den Sinn gekommen, mit den protestantischen Schweden oder den moslemischen Türken Verträge zu schließen, Schritte, die für den Kardinal ganz selbstverständlich waren. Ferdinands Berater, der Jesuit Wilhelm Lamormaini, faßte die Ansichten des Kaisers so zusammen: »Die falsche und verschlagene Politica, deren sich dieser Zeit etliche gebrauchen, schlosse er zuvörderst aus von der Weisheit. Er hielt dafür, diejenigen könnten nicht verständig handeln, die da mit Betrug umgehen und die sich Gottes und der Religion mißbrauchen: eine große Thorheit sei, daß man die Königreiche, so von Gott allein gegeben werden, vermeine mit denjenigen Mitteln zu befestigen, welche Gott hasset.«[2]

Für einen Herrscher, der sich solch absoluten Werten verpflichtet fühlte, war es unmöglich, einen Kompromiß einzugehen, sei es auch nur, um die eigene Verhandlungsposition zu sichern. Im Jahre 1596, damals noch Erzherzog, erklärte Ferdinand: »Ich werde eher das Leben lassen als in Dingen, welche die Religion betreffen, den Sektierern etwas nachgeben.«[3] Diesen Grundsätzen wurde er gewiß gerecht – zum Schaden seines Reiches. Da dessen Wohlergehen ihm jedoch weniger am Herzen lag als die Befolgung des göttlichen Willens, wie er ihn verstand, sah er sich verpflichtet, den Protestantismus zu vernichten, obwohl eine gütliche Einigung ohne Frage für beide Seiten von größtem Vorteil gewesen wäre. Heute würden wir sagen: Er war ein Fanatiker. Für Ferdinand war der Staat dazu da, der Religion zu dienen, nicht umgekehrt: »Nicht immer darf man in den Angelegenheiten derselben [der Herrschaft], welche in so hohem Maße für unseren heiligen Glauben entscheidend sind, auf menschliche Erwägungen Rücksicht nehmen, sondern muß mehr auf den gebenedeiten Gott hoffen und auf ihn einzig vertrauen.«[4]

Doch für Richelieu war Ferdinands Glaube eine strategische Chance.

Obwohl »als Privatmann« religiös, betrachtete er seine Pflichten als Minister aus einer völlig weltlichen Sicht. Das Seelenheil mag sein persönliches Ziel gewesen sein, für den Staatsmann war es unerheblich. »Der Mensch ist unsterblich, sein Seelenheil liegt im Jenseits«, sagte er einmal. »Der Staat besitzt keine Unsterblichkeit, sein Heil ist jetzt oder nie.«[5] Mit anderen Worten: Staaten wird es nicht gutgeschrieben, wenn sie tun, was recht ist. Sie werden nur dafür belohnt, daß sie stark genug sind, um zu tun, was nötig ist.

Richelieu hätte sich niemals erlaubt, die Gelegenheit verstreichen zu lassen, die sich Ferdinand 1629 – im elften Jahr des Krieges – bot. Die protestantischen Fürsten waren bereit, die politische Vorherrschaft der Habsburger zu akzeptieren, vorausgesetzt, sie blieben frei in der Wahl ihrer Religion und behielten überdies die kirchlichen Besitzungen, die sie während der Reformation von der katholischen Kirche übernommen hatten. Aber Ferdinand wollte seinen vermeintlich religiösen Auftrag nicht den politischen Erfordernissen unterordnen. Indem er verwarf, was ein großartiger Triumph und die Existenzgarantie für sein Reich gewesen wäre, fixierte er sich auf die Auslöschung der protestantischen Ketzerei. Er erließ das Restitutionsedikt, das von den protestantischen Fürsten die Herausgabe allen Besitzes verlangte, den sie sich von der Kirche seit 1555 angeeignet hatten. Es war ein Triumph des Eifers über die Zweckmäßigkeit. Ein klassischer Fall: Der Glaube fegt Überlegungen des politischen Eigeninteresses hinweg. Das verlängerte den Kampf bis zum bitteren Ende.

Als sich die Gelegenheit schließlich bot, sorgte Richelieu um so entschlossener dafür, daß der Krieg nicht endete, bevor Mitteleuropa ausgeblutet war. Auch in der Innenpolitik schob er religiöse Skrupel beiseite. Im Gnadenerlaß von Alais von 1629 gewährte er den französischen Protestanten genau die Religionsfreiheit, die der Kaiser den deutschen Fürsten verweigerte. Nachdem er sein Land vor den inneren Unruhen bewahrt hatte, die das übrige Mitteleuropa spalteten, konzentrierte der Kardinal sich darauf, Ferdinands religiösen Eifer zum Vorteil der nationalen Ziele Frankreichs zu nutzen.

Die Unfähigkeit des Kaisers, die politischen Interessen des Reiches zu erkennen, ja seine Weigerung, eine solche Vorstellung überhaupt gelten zu lassen, bot Frankreichs Erstem Minister die Gelegenheit, die protestantischen deutschen Fürsten gegen den Kaiser des Heiligen Römischen Reiches ideell und materiell zu unterstützen. So zeigten sich ein französischer Kardinal und sein katholischer König Ludwig XIII. in einer höchst ungewöhnlichen Rolle: Sie wurden Verteidiger der protestantischen Fürsten gegen die Zentralisierungsbestrebungen des Kaisers. Daß ein Kirchenfürst den protestantischen König von Schweden, Gustav Adolf, im Krieg gegen den Kaiser des Heiligen Römischen Reiches unterstützte, zog ebenso revolutionäre Folgen nach sich wie einhundertfünfzig Jahre später die Umwälzungen der Französischen Revolution.

In einer Epoche, die noch immer von religiösem Eifertum und ideologi-

schem Fanatismus beherrscht war, fiel eine leidenschaftlose, von moralischen Imperativen befreite Außenpolitik auf wie ein schneebedeckter Gipfel in der Wüste. Richelieus Ziel war es, einer Situation ein Ende zu bereiten,
die er als Einkreisung Frankreichs betrachtete. Er wollte die Habsburger
schwächen und die Entstehung einer Großmacht an den französischen
Grenzen verhindern, insbesondere an der Grenze zu Deutschland. Bündnisse hatten allein ein Kriterium zu erfüllen: Sie mußten Frankreichs Interessen dienen.

So schloß Richelieu Allianzen, zunächst mit den protestantischen Staaten, am Ende sogar mit dem muslimischen Osmanischen Reich. Um die
kriegführenden Parteien zu schwächen und den Krieg zu verlängern, unterstützte er die Feinde seiner Feinde, bestach, förderte Aufstände, bot eine
Fülle an dynastischen und rechtlichen Argumenten auf. Er war darin so
erfolgreich, daß der Krieg, der 1618 begonnen hatte, sich drei Jahrzehnte
lang hinzog.

Und während Deutschland verwüstet wurde, hielt sich Frankreich bis
1635 von direkten Eingriffen zurück. Zu diesem Zeitpunkt schien schiere
Entkräftung erneut ein Ende der Feindseligkeiten durch einen Kompromißfrieden anzuzeigen. Richelieu jedoch hatte kein Interesse an Kompromissen, solange nicht der französische König mindestens ebenso mächtig
geworden war wie der Habsburger Rivale. Um dieses Ziel zu erreichen,
überzeugte Richelieu seinen Souverän noch im siebzehnten Jahr des Krieges von der Notwendigkeit, sich auf der Seite der protestantischen Fürsten
an den Händeln zu beteiligen – gerechtfertigt nur durch die Gelegenheit,
Frankreichs wachsende Rolle im Spiel der europäischen Mächte zu nutzen:
»Es ist ein Zeichen ungewöhnlicher Voraussicht und klarer politischer
Erkenntnis, wenn man zehn Jahre lang alle Feinde des Staates Eurer Majestät einzig mit der Hand in der Geldbörse festgehalten hat, ohne selbst zu
den Waffen zu greifen, immer nur durch das Mittel einer Allianzpolitik, um
in den offenen Krieg erst jetzt einzutreten, wenn unsere Alliierten nicht
mehr genügen. Dies beweist, daß eine richtige Beurteilung aller Faktoren
vorhanden war und vor allem das Entscheidende: jederzeit der nötige Mut
zum Zeitgewinn.«[6]

Der Erfolg einer Politik der Staatsräson hängt vor allem von der Fähigkeit
ab, die Kräfteverhältnisse einzuschätzen. Allgemeingültige Werte definieren sich danach, wie sie empfunden werden, bedürfen nicht der immer
neuen Deutung; ständige Neuinterpretation ist, im Gegenteil, sogar unvereinbar mit ihnen. Die Grenzen der Macht zu bestimmen, erfordert eine
Mischung aus Erfahrung, Einsicht und ständiger Anpassung an die Sachlage. In der Theorie sollte das Gleichgewicht der Kräfte durchaus berechenbar sein; in der Praxis hingegen hat sich dies als überaus schwierig erwiesen.
Noch komplizierter ist es, die eigenen Berechnungen mit denen anderer
Staaten in Einklang zu bringen (was die Voraussetzung für das Funktionieren eines Kräftegleichgewichts ist). Ein Übereinkommen über die Natur des

Gleichgewichts der Kräfte kann nur durch unablässigen Konflikt erzielt werden.

Richelieu hegte keine Zweifel an seiner Fähigkeit, die Herausforderung zu bestehen. Nicht zuletzt war er von der Möglichkeit überzeugt, Mittel und Ziele mit nahezu mathematischer Genauigkeit zueinander in Beziehung zu setzen. »Die Logik«, so schrieb er in seinem *Politischen Testament*, »verlangt das Vorhandensein einer geometrischen Proportion zwischen dem, was stützt, und dem, was gestützt werden muß.«[7] Das Schicksal hatte ihn zum Kirchenfürsten gemacht; seine Überzeugung versetzte ihn in die intellektuelle Gesellschaft von Rationalisten wie Descartes und Spinoza, die der Meinung waren, das menschliche Handeln könne wissenschaftlich kartiert werden. Der richtige Augenblick ermöglichte es ihm schließlich, die internationale Ordnung zum denkbar größten Vorteil seines Landes umzugestalten. Und dies eine Mal traf die Selbsteinschätzung eines Staatsmannes zu. Richelieu hatte eine exakte Vorstellung von seinen Zielen, aber er – und seine Ideen – hätten sich nicht behauptet, wäre er nicht in der Lage gewesen, seine Taktik mit seiner Strategie zu verzahnen.

Eine so neuartige und kaltblütige Denkweise konnte nicht ungehindert zum Erfolg führen. So beherrschend die Doktrin vom Gleichgewicht der Kräfte später werden sollte, so tief verletzte sie die universalistische Tradition, die auf dem Primat moralischer Gesetze beruhte. Kritik konnte daher nicht ausbleiben. Eine der eindrucksvollsten stammt von dem berühmten Gelehrten Jansenius. Er griff eine Politik an, die sich von allen moralischen Verankerungen losgerissen hatte: »Glauben Sie wohl, daß ein weltlicher, vergänglicher Staat schwerer wiege als Religion und Kirche? Sollte der Allerchristlichste König glauben, daß es in der Leitung und Verwaltung seines Reiches nichts gäbe, was ihn verpflichtet, jenes seines Herrn Jesus Christus auszudehnen und zu beschützen? Würde er Gott zu sagen wagen: Laß deine Macht und Herrlichkeit und die Religion, die die Menschen dich anbeten lehrt, verloren sein und zugrunde gehen, wenn nur mein Staat sicher ist und frei von Gefahren.«[8] Letzteres war genau das, was Richelieu seinen Zeitgenossen und – bei allem, was wir wissen – seinem Gott sagte. Es war kennzeichnend für die von ihm initiierte Revolution, daß das, was seine Kritiker für eine *reductio ad absurdum* hielten – eine so unmoralische und gefährliche Behauptung, daß diese sich selbst widerlegte –, in Wirklichkeit eine präzise Zusammenfassung der Denkweise Richelieus war. Als des Königs Erster Minister subsumierte er Religion und Moral unter seinen Leitstern, die »Raison d'état«.

Richelieus Verteidiger bewiesen, wie gut sie die zynischen Methoden des Meisters verinnerlicht hatten, indem sie die Beweisführung ihrer Kritiker gegen diese selber kehrten. Eine Politik des nationalen Eigeninteresses, so argumentierten sie, stelle das höchste moralische Gesetz dar. Mithin seien es die Kritiker Richelieus, die ethische Prinzipien verletzten, nicht aber der Kardinal.

Daniel Priezac, einem der königlichen Verwaltung nahestehenden Gelehrten, war es vorbehalten, den Kritikern zu entgegnen, und dies aller Wahrscheinlichkeit nach in Richelieus Auftrag. In klassisch machiavellistischer Art griff Priezac den Vorwurf auf, Richelieu begehe eine Todsünde, indem er eine Politik verfolge, die die Verbreitung der Ketzerei begünstige. Viel eher, so machte er geltend, stehe das Seelenheil der Kritiker selber auf dem Spiel. Weil Frankreich die reinste und ergebenste unter den europäischen katholischen Mächten sei, diene Richelieu nicht nur den Interessen Frankreichs, sondern gleichermaßen auch den Interessen der katholischen Religion.

Priezac erklärte nicht, wie er zu dem Schluß gelangt war, daß Frankreich mit einem so einmaligen religiösen Auftrag betraut sei. Es ergab sich jedoch aus seiner Prämisse, daß die Stärkung des französischen Staates mit dem Wohl der katholischen Kirche übereinstimme; deshalb sei Richelieus Politik in hohem Maße moralisch. In der Tat stellte die habsburgische Einkreisung eine so große Gefahr für die Sicherheit Frankreichs dar, daß sie gebrochen werden mußte, und es spielte keine Rolle, welche Methoden der französische König im Verfolg dieser höchst moralischen Zielsetzung anwandte. »Er sucht Frieden mit den Mitteln des Krieges«, schrieb Priezac, »und wenn bei solcher Kriegsführung sich etwas ereignet, das seinen Wünschen zuwiderläuft, so ist es nicht ein Verbrechen des Willens, sondern der Notwendigkeit, deren Gesetze überaus rauh und deren Gebote überaus grausam sind [...]. Ein Krieg ist gerecht, wenn die Absicht, die ihn zu führen verursacht, gerecht ist [...]. Der Wille ist daher das Hauptelement, das es zu erwägen gilt, nicht der Weg [...]. Wer die Schuldigen töten will, vergießt bisweilen ohne Fehl das Blut der Unschuldigen.«[9] Um es ungeschminkt zu sagen: Der Zweck heiligt die Mittel.

In seiner Erwiderung auf Priezacs Argumentation bezichtigte ein anderer Kritiker Richelieus, Mathieu de Morgues, den Kardinal, die Religion zu manipulieren, »wie Euer Lehrmeister Machiavelli es am Beispiel der alten Römer zeigte. Ihr erklärt sie und formt sie und verfahrt mit ihr, daß sie dem Fortgang Eurer Pläne hilfreich ist.«[10] Doch de Morgues' Kritik, eindrucksvoll wie die des Jansenius, war auch ebenso wirkungslos. Richelieu war tatsächlich der Manipulator, als der er beschrieben wurde, er benutzte die Religion genau in der hier behaupteten Weise. Er hätte ohne Zweifel erwidert, er habe die Welt lediglich so analysiert, wie sie sei, nicht viel anders als Machiavelli. Und wie Machiavelli hätte er wohl einer Welt größeren moralischen Feingefühls den Vorzug gegeben, wäre er nicht überzeugt gewesen, die Geschichte werde sein Wirken als Staatsmann nur danach beurteilen, wie gut er die Bedingungen und Umstände genutzt habe, die zu bewältigen waren. In der Tat: Wenn bei der Bewertung eines Staatsmannes die Erreichung der selbstgesetzten Ziele ein Kriterium ist, so muß Richelieu als eine der fruchtbarsten Figuren der modernen Geschichte gelten. Indem er eine Welt hinterließ, die sich von Grund auf von derjenigen unterschied, die er vorgefunden hatte, war er unbestritten der Initiator jener Politik, nach der Frankreich sich in den folgenden drei Jahrhunderten richten sollte.

Frankreich wurde das führende Land in Europa und dehnte sein Territorium gewaltig aus. In dem Jahrhundert nach dem Ende des Dreißigjährigen Krieges, besiegelt durch den Westfälischen Frieden von 1648, entwickelte sich die Lehre von der Staatsräson zum Leitprinzip der europäischen Diplomatie. Weder der Respekt, den Staatsmänner späterer Jahrhunderte gegenüber Richelieu empfanden, noch das Vergessen, dem sein Gegenspieler Ferdinand II. anheimfiel, hätten den Kardinal, der sich niemals – auch was ihn selbst betraf – Illusionen hingab, überrascht. »Wer Macht hat«, schrieb er in seinem *Politischen Testament*, »hat in Staatsangelegenheiten oft auch das Recht. Der Schwache wird sich immer schwer davor bewahren können, nach dem Urteil des größten Teils der Welt Unrecht zu haben.«[11] Eine Maxime, die in den vergangenen Jahrhunderten kaum widerlegt worden ist.

Richelieus Einwirken auf die Geschichte Mitteleuropas war die Kehrseite der Leistungen, die er zugunsten Frankreichs vollbrachte. Er fürchtete ein vereintes Mitteleuropa und verhinderte sein Entstehen. Die deutsche Einheit hat er wohl um etwa zwei Jahrhunderte verzögert. Die Anfangsphase des Dreißigjährigen Krieges kann als Versuch der Habsburger gesehen werden, als dynastische Vollender der deutschen Einheit aufzutreten, ebenso wie England unter einer normannischen Dynastie zum Nationalstaat geworden war und wie die Franzosen unter den Capets ihrem Beispiel wenige Jahrhunderte später folgten. Doch Richelieu vereitelte diese Entwicklung. In der Folge wurde das Heilige Römische Reich im Westfälischen Frieden von 1648 unter mehr als dreihundert Souveränen aufgeteilt, von denen jeder eine unabhängige Außenpolitik betreiben konnte. Deutschland gelang es nicht, ein Nationalstaat zu werden. Zerstückelt und von kleinlichen dynastischen Streitigkeiten aufgezehrt, kehrte es sich nach innen. Das Ergebnis dieser Vorgänge war, daß Deutschland keine nationale politische Kultur entwickelte, sondern in einem engstirnigem Provinzialismus erstarrte. Erst im späten neunzehnten Jahrhundert konnte es sich davon lösen, zu jener Zeit, da Bismarck es vereinte. Deutschland wurde zum Schlachtfeld der meisten europäischen Kriege, nicht wenige davon durch Frankreich ausgelöst, und versäumte die erste Welle der europäischen Kolonisation in Übersee. Und als das Land sich schließlich vereinigte, fiel ihm die Definition seines nationalen Interesses so schwer, daß es im Verlauf dieses Prozesses die schlimmsten Tragödien dieses Jahrhunderts bewirkte.

Aber es ist nicht selten eine Strafe, wenn Wünsche sich im Übermaß erfüllen. Der Kardinal glaubte, daß ein Erfolg der Gegenreformation Frankreich zum Anhängsel eines zunehmend zentralistischen Heiligen Römischen Reiches machen würde. Dies traf mit einiger Sicherheit zu, vor allem wenn man wie Richelieu davon ausging, daß das Zeitalter des Nationalstaates gekommen sei. Aber während die Nemesis des Wilsonschen Idealismus die Kluft zwischen dessen Beteuerungen und der Wirklichkeit ist, ist die Nemesis der »Raison d'état« übermäßige Ausdehnung – es sei denn, die politische Leitung liege in den Händen eines Meisters, und vielleicht auch dann noch.

Richelieus Konzept der Staatsräson mangelte es an Selbstbeschränkung. Wie weit mußte man gehen, bis den Interessen des Staates Genüge getan war? Wie viele Kriege waren erforderlich, um absolute Sicherheit zu gewährleisten? Wilsons Proklamation einer uneigennützigen Politik geriet ständig in Gefahr, die Interessen des Staates zu vernachlässigen. Richelieus politische Prinzipien hingegen konnten zu selbstzerstörerischen Gewalttaten führen, und genau dies sollte in Frankreich eintreten, nachdem Ludwig XIV. den Thron bestiegen hatte.

Der Kardinal hatte den französischen Herrschern einen starken Staat hinterlassen: Frankreich sah sich einem schwachen, geteilten Deutschland und einem dekadenten Spanien gegenüber. Doch Sicherheit allein genügte dem Seelenfrieden Ludwigs XIV. nicht, er sah in ihr nur die Gelegenheit zu Eroberungen. Übereifrig auf das Konzept der Staatsräson konzentriert, setzte er das gesamte Europa in Alarmbereitschaft und provozierte eine antifranzösische Koalition, die zuletzt alle seine Pläne zerstörte.

Dennoch war Frankreich nach Richelieu zweihundert Jahre lang das einflußreichste Land in Europa, und bis auf den heutigen Tag ist es ein maßgeblicher Faktor der internationalen Politik geblieben. Wenige Staatsmänner können vergleichbare Leistungen für sich in Anspruch nehmen. Doch Richelieu hatte seine größten Erfolge, als er der *einzige* Staatsmann war, der sich von den religiösen und moralischen Beschränkungen des Mittelalters löste. Deshalb war es nahezu unvermeidlich, daß seine Nachfolger sich vor die schwere Aufgabe gestellt sahen, ein System zu lenken, in dem auch die meisten anderen Staaten nach den Prämissen des Kardinals handelten. Frankreich büßte den Vorteil ein, Feinde zu haben, deren Taten von moralischen Erwägungen beengt waren. Sobald alle Staaten nach denselben Regeln spielten, wurde es weitaus schwieriger, Gewinne zu erzielen.

Die Staatsräson brachte Frankreich viel Ruhm ein, lief jedoch auf eine Art politische Tretmühle hinaus. Sie bedeutete endlose Anstrengungen: Frankreichs Grenzen waren nach außen zu verschieben, das Land wollte zum Schiedsrichter der Konflikte unter den deutschen Staaten werden und Mitteleuropa beherrschen. Diese Bestrebungen erschöpften Frankreich so sehr, daß es am Ende nicht mehr in der Lage war, Europa nach seinen Vorstellungen zu formen.

Die »Raison d'état« lieferte ein Grundprinzip für die Politik einzelner Staaten, bleibt aber die Antwort auf die Herausforderung der »Weltordnung« schuldig. Sie kann zum Streben nach Vorherrschaft führen oder zur Errichtung eines Gleichgewichts; nur selten freilich erwächst ein Gleichgewicht, verfolgt man dieses Ziel bewußt. Für gewöhnlich resultiert es vielmehr aus einem Prozeß, in dessen Verlauf die Versuche eines bestimmten

Landes, die Vorherrschaft zu erlangen, vereitelt werden. Das europäische Gleichgewicht der Kräfte etwa ging aus Bemühungen hervor, Frankreich in Schach zu halten.

Infolge der von Richelieu geprägten Politik waren die Staaten nicht länger von einem Moralkodex eingeengt. Wenn das Wohl des Staates den höchsten Wert darstellte, war es die Pflicht des Herrschers, seinen Ruhm zu mehren und zu fördern. Der Stärkere strebte nach Vorherrschaft; die Schwächeren wehrten sich, indem sie Koalitionen schlossen, um ihre Kraft gemeinsam einzusetzen. Wenn die Koalition schlagkräftig genug war, um den Angreifer in Schach zu halten, ergab sich ein Gleichgewicht der Kräfte; andernfalls gelangte ein Land zur Vorherrschaft. Das Ergebnis stand nicht von vornherein fest und wurde deshalb durch häufige Kriege auf die Probe gestellt. Anfangs hätte das Resultat ebensogut ein deutsches oder französisches Imperium wie ein Gleichgewicht der Kräfte sein können. Aus diesem Grund dauerte es mehr als hundert Jahre, bis sich eine europäische Ordnung konstituierte, die ausdrücklich auf dem Gleichgewicht der Kräfte basierte. Zunächst ähnelte diese eher einem der nicht immer ergründbaren Zufälle des Lebens und erschien ganz und gar nicht als ein Ziel internationaler Politik.

Merkwürdigerweise vertraten die Philosophen jener Zeit eine gänzlich andere Auffassung. Geprägt vom Geist der Aufklärung, spiegelten ihre Anschauungen jene Überzeugung des achtzehnten Jahrhunderts wider, nach welcher aus dem Zusammenprall widerstreitender Interessen unweigerlich Harmonie und Gerechtigkeit hervorgeht: Die Idee des Gleichgewichts war einfach eine Fortentwicklung traditioneller Erkenntnisse. Ihr primäres Ziel bestand darin, die Vorherrschaft eines Staates zu verhindern und die internationale Ordnung zu bewahren; es bestand nicht in der Verhinderung von Konflikten, sondern in deren Begrenzung. Aus der Sicht der Realisten des achtzehnten Jahrhunderts war die Ausmerzung des Konflikts – oder des Machtstrebens oder der Habgier – ein utopisches Ziel. Die Lösung fand sich vielmehr in der Nutzbarmachung oder im Ausgleich der der menschlichen Natur innewohnenden Schwächen, um dergestalt möglichst dauerhafte Ergebnisse zu erreichen. In der Vorstellung der Philosophen der Aufklärung war das internationale System Teil eines Universums, das wie ein großes Uhrwerk funktionierte, nie stillstehend und unaufhaltsam auf eine bessere Welt hin ausgerichtet. Voltaire schrieb 1751 vom »christlichen Europa«, das lange »... eine Art große, in mehrere Staaten aufgeteilte Republik [gewesen sei], von denen die einen monarchisch, die anderen gemischt waren [...], die aber alle miteinander übereinstimmten [...], alle öffentlichen Rechte und in der Politik dieselben Grundsätze hatten, wie sie in anderen Teilen der Welt unbekannt waren. Diese Staaten waren sich vor allem einig in der klugen Politik, untereinander soweit wie möglich ein Gleichgewicht der Kräfte zu wahren.«[12]

Auch Montesquieu griff dieses Thema auf. Für ihn gewann das Gleichgewicht der Kräfte Einheit aus der Verschiedenheit: »Der Stand der Dinge in Europa ist der, daß alle Staaten voneinander abhängen [...]. Europa ist ein einzelner Staat, der aus verschiedenen Provinzen besteht.«[13] Als diese Zeilen geschrieben wurden, hatte das achtzehnte Jahrhundert bereits zwei Kriege um die spanische Erbfolge, einen Krieg um die polnische Erbfolge und eine Reihe von Kriegen um die österreichische Erbfolge erdulden müssen.

Ähnlichen Gedanken wie Montesquieu verhaftet, schrieb der Geschichtsphilosoph Emmerick de Vattel 1758, im zweiten Jahr des Siebenjährigen Krieges, daß».... die ständige Folge von Verhandlungen aus dem heutigen Europa eine Art Republik [macht], deren unabhängige, aber durch die Gemeinsamkeit der Interessen verbundene Mitglieder zur Aufrechterhaltung von Ordnung und Freiheit zusammenwirken. Daraus ist das berühmte Prinzip des politischen Gleichgewichts oder des Gleichgewichts der Mächte entstanden. Man versteht darunter eine Ordnung der Dinge, die jede Macht daran hindern soll, die absolute Vorherrschaft zu erlangen und den anderen ihren Willen aufzuzwingen.«[14]

Doch die Philosophen verwechselten das Ergebnis mit der Absicht. Im Laufe des achtzehnten Jahrhunderts führten Europas Fürsten ungezählte Kriege, in deren Verlauf nichts darauf hindeutete, daß sie auf diesem Weg einen allgemeinen Ordnungsgedanken zu verwirklichen suchten. Denn genau in dem Augenblick, da die internationalen Beziehungen auf Macht statt auf transzendentalen Begründungen zu beruhen begannen, traten so viele Faktoren zutage, daß alle denkbaren Berechnungen hoffnungslos kompliziert wurden.

Die verschiedenen Dynastien konzentrierten sich daher darauf, ihre Sicherheit durch territoriale Expansion zu erhöhen. Dabei kam es zu dramatischen Machtverschiebungen. Spanien und Schweden sanken auf einen Status zweiter Klasse herab. Polen begann seinem Untergang entgegenzutreiben. Rußland (das am Westfälischen Frieden noch nicht einmal teilgenommen hatte) und Preußen (das dabei eine unbedeutende Rolle gespielt hatte) entwickelten sich zu Großmächten. Es ist schon schwer genug, das Gleichgewicht der Kräfte zu analysieren, wenn seine Zusammensetzung vergleichsweise unveränderlich ist. Wenn aber die relative Stärke der jeweiligen Mächte sich ständig verändert, wird die Aufgabe nahezu unerfüllbar.

Das nach dem Dreißigjährigen Krieg in Mitteleuropa entstandene Vakuum verleitete die einzelnen Staaten zu ständigen Übergriffen auf die benachbarten Territorien: Vom Westen her drängte Frankreich, Rußland war im Osten auf dem Vormarsch, Preußen breitete sich im Zentrum des Kontinents aus. Keines der Schlüsselländer auf dem Kontinent fühlte sich indes dem von den Philosophen gepriesenen Kräftegleichgewicht verpflichtet. Im Gegenteil: Jeder der Monarchen glaubte, daß die Stärkung der eigenen Herrschaft den denkbar größten Beitrag zum allgemeinen Frieden darstelle, und überließ es der allgegenwärtigen unsichtbaren Hand, seine Anstrengungen zu rechtfertigen, ohne seine Ambitionen zu beschränken.

Drastisch kam das Wesen der Staatsräson als Grenznutzen-Rechnung in den Überlegungen Friedrichs des Großen zum Ausdruck, als dieser über die Inbesitznahme des zuvor zu Österreich gehörenden Schlesiens räsonierte. Trotz Preußens bis dahin freundschaftlicher Beziehungen zu diesem Staat und der Tatsache, daß Preußen vertraglich verpflichtet war, Österreichs territoriale Integrität zu respektieren, kalkulierte er kühl: »Die Überlegenheit unserer Truppen über die unserer Nachbarn, die Schnelligkeit, mit der wir sie in Aktion setzen können, und generell der Vorteil, in dem wir uns gegenüber unseren Nachbarn befinden, könnte kaum besser sein und verleiht uns in einer Ausnahmesituation wie dieser eine unendliche Überlegenheit über die anderen europäischen Mächte. [...] England und Frankreich sind verfeindet; wenn Frankreich sich in die Reichsangelegenheiten einmischt, so würde England das niemals hinnehmen können, und somit wird der Antagonismus dieser beiden Parteien mir immer die Möglichkeit zu einer guten Allianz bieten. England wird keinen Grund haben, meine Erwerbung Schlesiens übelzunehmen – denn es würde dadurch keinen Schaden erleiden – [sondern] darf sich, im Gegenteil, beim gegenwärtigen Stande seiner Angelegenheiten, die Allianzen erheischt, Vorteile davon erwarten. Holland wird [unseren Schritt] mit Gleichgültigkeit quittieren, und dies um so mehr, als wir den Amsterdamer Kaufleuten ihre auf Schlesien [als Pfand] gewährten Anleihen garantieren werden. Wenn wir mit England und Holland nicht handelseinig werden, dann sicherlich mit Frankreich, das im übrigen unsere Pläne nicht wird durchkreuzen können und die Demütigung und Schwächung des Kaiserhauses mit einem gut Teil Genugtuung betrachten wird. [...] Bleibt niemand außer Rußland, der uns Schwierigkeiten machen könnte. Solange die Kaiserin lebt [...], müssen wir unter die hohen Herren des Staatsrats Geschenke streuen, mit denen wir sie zu einem uns genehmen Denken veranlassen werden. Falls die Kaiserin stirbt, werden die Russen so sehr mit ihren inneren Angelegenheiten beschäftigt sein, daß sie nicht die Zeit haben werden, an die äußeren zu denken.«[15] Friedrich betrachtete internationale Angelegenheiten wie eine Schachpartie. Das einzige Hindernis, das er bei seinen Zielsetzungen anerkannte, war der eventuelle Widerstand stärkerer Mächte; moralische Skrupel spielten bei ihm keine Rolle. Bei seiner Analyse wog er Risiken gegen Nutzen ab: Wenn er Schlesien eroberte, würden andere Staaten dann Vergeltungsmaßnahmen ergreifen oder einen Ausgleich fordern?

Friedrich löste diese »Rechenaufgabe« zu seinen Gunsten. Die Eroberung Schlesiens legte den Grundstein für den Großmachtstatus Preußens, löste aber zugleich eine Reihe von Kriegen aus, als andere Staaten versuchten, sich an dem neuen Mitspieler zu messen. Im ersten dieser Kriege, dem Österreichischen Erbfolgekrieg von 1740 bis 1748, standen Frankreich, Spanien, Bayern und Sachsen (das 1743 die Seiten wechselte) an der Seite Preußens, während Großbritannien Österreich unterstützte. Schon im nächsten, dem Siebenjährigen Krieg von 1756 bis 1763, waren die Rollen vertauscht.

Jetzt schlossen Rußland, Frankreich, Sachsen und Schweden sich Österreich an, während Großbritannien und Hannover sich auf Preußens Seite schlugen. Auch hier war der Seitenwechsel schlicht das Ergebnis von Berechnungen eines momentanen Nutzens und bestimmter Vorteile, nicht das einer übergeordneten Theorie internationaler Ordnung.

Und doch entstand aus dieser Mischung von Anarchie und Plünderei, in der jeder Staat zielstrebig die eigene Macht auszudehnen suchte, so etwas wie Gleichgewicht – nicht dank irgendeiner Form von Selbstbeschränkung, sondern allein aufgrund der Tatsache, daß kein Staat, auch Frankreich nicht, stark genug war, um anderen seinen Willen endgültig aufzuzwingen und ein Imperium zu gründen. Denn immer dann, wenn ein Staat zu stark zu werden drohte, formierten sich seine Nachbarn zu einer Koalition.

Dennoch führten die fortgesetzten Kriege nicht zu den enormen Verwüstungen, welche die Religionskriege angerichtet hatten. Paradoxerweise waren die absolutistischen Herrscher des achtzehnten Jahrhunderts weniger in der Lage, die für einen Krieg notwendigen Kräftereserven zu mobilisieren, als ihre Vorgänger zu einer Zeit, da Religion oder die Ideologie volkstümlicher Herrschaft noch die Emotionen erregen konnten. Sie wurden durch Traditionen, vielleicht auch durch ihre eigene Unsicherheit davon abgehalten, Einkommenssteuern oder andere Abgaben zu erheben. So blieb der Teil des Volksvermögens, der der Finanzierung der Kriegsführung diente, begrenzt.

Vor allem aber wurde die »balance of power« durch das Auftreten eines Staates gestärkt – wenn nicht überhaupt organisiert –, dessen Außenpolitik sich ausdrücklich der Aufrechterhaltung des Gleichgewichts verschrieben hatte. England war nicht fester Bestandteil des Systems. Aber es warf sein Gewicht, je nach den Erfordernissen, zugunsten der schwächeren, gefährdeteren Seite in die Waagschale, um das Gleichgewicht wiederherzustellen. Der Urheber dieser Politik war König Wilhelm III., ein gebürtiger Holländer. In seinem Vaterland hatte er unter den Machtbestrebungen des französischen Sonnenkönigs gelitten; als er König von England wurde, schmiedete er Koalitionen, um nun seinerseits Ludwig XIV. einen Strich durch die Rechnung zu machen.

England war das einzige europäische Land, das nicht aus Staatsräson auf Expansion in Europa angewiesen war. Die britischen Herrscher sahen, im Gegenteil, ihr nationales Interesse gerade in der Wahrung des europäischen Gleichgewichts: Ihr Land war das einzige, das für sich nicht mehr erstrebte, als die Vorherrschaft einer einzelnen Macht in Europa zu verhindern. Daher standen sie für jedes Staatenbündnis zur Verfügung, das einem solchen Versuch entgegenwirkte.

Die vielzitierte »balance of power« entstand so schrittweise durch wechselnde Koalitionen unter britischer Ägide, immer gegen französische Versuche gerichtet, Europa zu beherrschen. Diese Dynamik bildete im Grunde den Motor aller Kriege des achtzehnten Jahrhunderts. Jede britisch geführte Koalition gegen eine französische Vorherrschaft kämpfte im Namen eben jener Freiheiten, auf die als erster Richelieu sich im Falle Deutschlands gegen die Habsburger berufen hatte. Eine Balance der widerstreitenden Mächte kam schließlich nur deshalb zustande, weil die Nationen, die sich der französischen Vorherrschaft widersetzten, zu stark waren, um überwältigt zu werden. Außerdem hatten eineinhalb Jahrhunderte Expansionismus Frankreichs Mittel zunehmend aufgezehrt. Großbritanniens Rolle als ausgleichende Macht war Ausdruck einer geopolitischen Tatsache. Der Fortbestand der relativ kleinen Insel vor Europas Küste war nur gesichert, solange die Mobilisierung aller Kräftereserven des Kontinents unter einem einzigen Herrscher verhindert werden konnte. Andernfalls hätte England – in seiner Ausdehnung vor dem Anschluß mit Schottland im Jahre 1707 – wesentlich geringere Mittel, auch weniger Einwohner besessen als der mächtige Konkurrent und wäre früher oder später einem kontinentalen Reich auf Gedeih und Verderb ausgeliefert gewesen.

Englands »glorious revolution« von 1688 war der Auslöser der unmittelbaren Konfrontation mit Ludwig XIV. Im Zuge des Umsturzes war der katholische König Jakob II. entthront worden. Bei der Suche nach einem protestantischen Ersatz vom Kontinent war die Wahl auf Wilhelm von Oranien, Statthalter der Niederlande, gefallen, der sich durch seine Heirat mit Maria, der Schwester des gestürzten Königs, einen gewissen Anspruch auf den britischen Thron erworben hatte.

Mit Wilhelm importierte England nicht nur einen neuen König, sondern auch einen ständigen Krieg gegen Ludwig XIV. um das spätere Belgien, ein Territorium mit wichtigen Befestigungen und Häfen, die gefährlich nahe an der britischen Küste lagen. Doch nicht allein England war bedroht. Wäre es Ludwig XIV. gelungen, diese Festungen zu besetzen, wäre es auch um die Unabhängigkeit der Niederlande geschehen gewesen. Die Chancen einer französischen Vorherrschaft in Europa hätten sich zugleich vervielfacht. So erklärt sich der Entschluß Wilhelms, englische Truppen zur Verteidigung des späteren Belgiens auf den Kontinent zu entsenden. Dies war übrigens ein Vorläufer der britischen Entscheidung von 1914, für Belgien zu kämpfen, nachdem die Deutschen es besetzt hatten.

Von nun an sollte Wilhelm eine Art Speerspitze im Kampf gegen Ludwig XIV. bilden. Klein, bucklig und asthmatisch, erschien er auf den ersten Blick nicht als der Mann, der den Sonnenkönig demütigen sollte. Aber der Prinz von Oranien besaß einen eisernen Willen, gepaart mit außerordentlicher geistiger Beweglichkeit. Er war – wohl ganz zu Recht – der festen Überzeugung, daß der Fortbestand Englands auf dem Spiel stehe, wenn man es dem mächtigsten Herrscher in Europa erlaubte, die Spanischen Niederlande (das heutige Belgien) zu erobern. Eine Koalition war notwendig, die in der Lage sein würde, den französischen König im Zaum zu halten, nicht um einer abstrakten Theorie vom Gleichgewicht der Kräfte willen, sondern zum

Schutz der Unabhängigkeit der Niederlande und Englands. Wilhelm erkannte, daß die Absichten Ludwigs XIV., Spanien und seine Besitzungen zu erobern, Frankreich zu einer Supermacht machen würde, einer Macht, die nicht einmal mehr durch eine Koalition von Staaten herauszufordern wäre. Um dieser Gefahr zu begegnen, suchte Wilhelm eilig nach Partnern. Schweden, Spanien, Savoyen, der österreichische Kaiser, Sachsen und die Republik der Niederlande bildeten mit England die Große Allianz. Es war der größte gegen eine einzelne Macht gerichtete Zusammenschluß, den Europa je gesehen hatte. Ein Vierteljahrhundert lang, von 1688 bis 1713, führte Ludwig XIV. nahezu ununterbrochen Kriege gegen diese Koalition. Zuletzt setzte das energisch vertretene Eigeninteresse der anderen europäischen Staaten der französischen Staatsräson Grenzen. Frankreich blieb der stärkste Staat in Europa, übernahm jedoch nicht die Vorherrschaft.

Wilhelms Gegnerschaft zu Ludwig XIV. war weder persönlicher Natur, noch beruhte sie auf einer antifranzösischen Haltung. Sie spiegelte vielmehr lediglich seine kühle Einschätzung der Macht und des grenzenlosen Ehrgeizes des Sonnenkönigs wider. Hätte er in den Jahren nach 1550 gelebt, als die Habsburger die Vorherrschaft zu erlangen drohten, so vertraute Wilhelm einem Adjutanten an, wäre er »ebensosehr ein Franzose« gewesen, wie er jetzt »ein Spanier sei«[16]. Diese Worte waren der Vorläufer einer Antwort, die Winston Churchill in den dreißiger Jahren auf den Vorwurf gab, er sei antideutsch: »Wenn die Verhältnisse umgekehrt lägen, könnten wir ebensogut deutschfreundlich und antifranzösisch sein.«[17]

Wilhelm war durchaus zu Verhandlungen mit Ludwig bereit, als er glaubte, damit die Situation stabilisieren zu können. Die Rechnung war einfach: England mußte versuchen, Habsburger und Bourbonen ungefähr im Gleichgewicht zu halten, so daß der jeweils Schwächere mit britischer Hilfe das Gleichgewicht Europas wahren würde. Seit Richelieu war Österreich die schwächere Seite gewesen. Deshalb hatte Großbritannien sich mit den Habsburgern gegen den französischen Expansionismus verbündet.

Gleichwohl behagte der Gedanke, stets die Rolle der ausgleichenden Kraft zu übernehmen, der britischen Öffentlichkeit anfangs durchaus nicht. Im späten siebzehnten Jahrhundert war die öffentliche Meinung in Großbritannien isolationistisch eingestellt, ähnlich der Amerikas zwei Jahrhunderte später. Man habe doch immer noch Zeit genug, einer Bedrohung zu widerstehen, so wurde argumentiert, wenn diese sich tatsächlich einstelle. Es sei nicht nötig, gegen mutmaßliche Gefahren zu kämpfen, die auf *möglichen* späteren Aktionen eines *möglichen* Kontrahenten beruhten.

Wilhelms Rolle gleicht der Theodore Roosevelts im Amerika des frühen 20. Jahrhunderts: Beide versuchten, eine im wesentlichen isolationistisch eingestellte Bevölkerung davon zu überzeugen, daß ihre Sicherheit von der Beteiligung am Gleichgewicht der Kräfte auf einem anderen Kontinent abhinge. Wilhelm erwies sich darin als erfolgreicher denn Roosevelt;

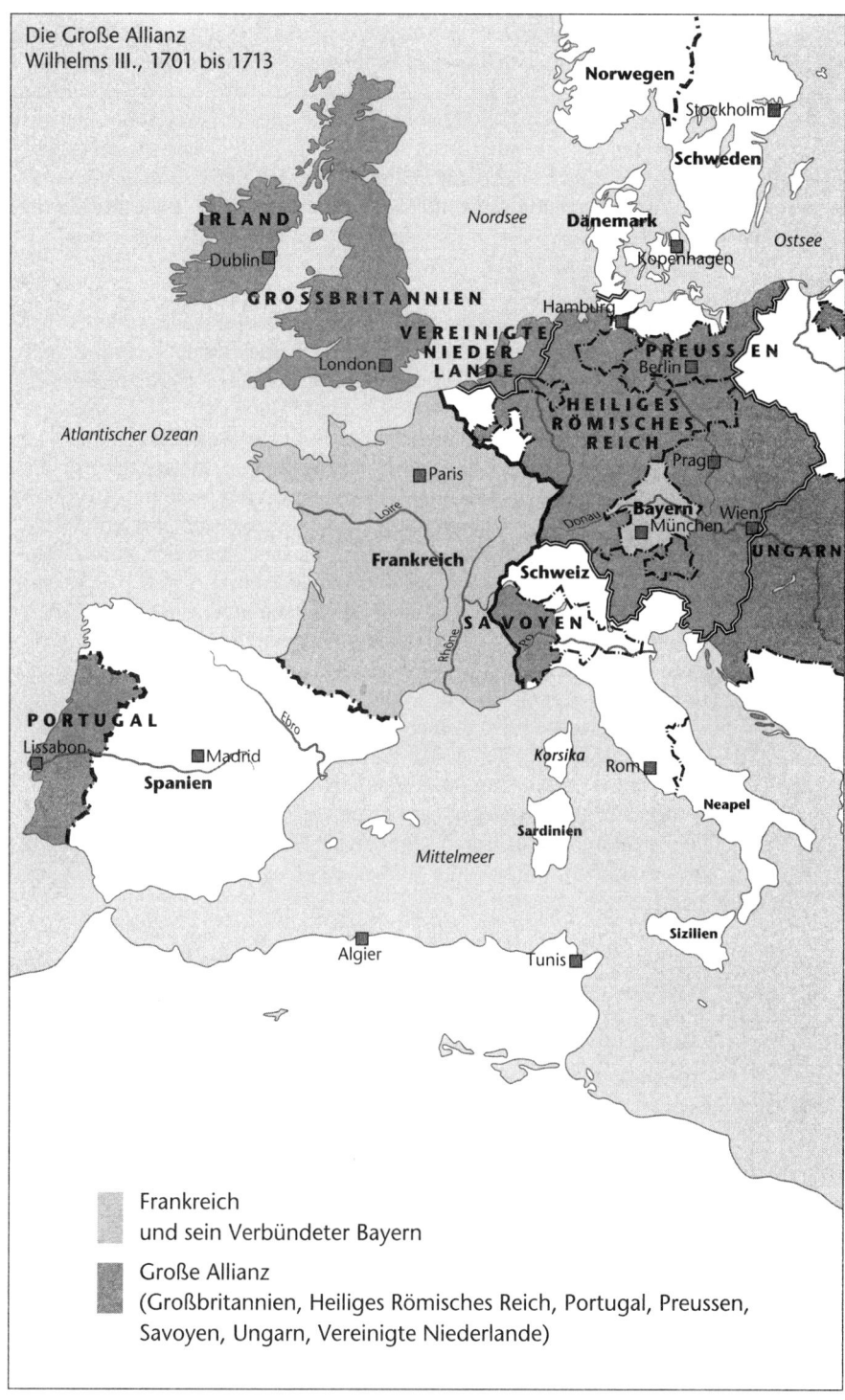

Die Große Allianz
Wilhelms III., 1701 bis 1713

Norwegen

Stockholm

Schweden

Nordsee

Dänemark

Ostsee

IRLAND

Kopenhagen

Dublin

Hamburg

GROSSBRITANNIEN

VEREINIGTE
NIEDER-
LANDE

PREUSSEN

Berlin

London

HEILIGES
RÖMISCHES
REICH

Atlantischer Ozean

Prag

Paris

Donau

Bayern
München

Wien

Loire

UNGARN

Frankreich

Schweiz

Rhône

SAVOYEN

Po

PORTUGAL

Ebro

Lissabon

Korsika

Rom

Madrid

Neapel

Spanien

Sardinien

Mittelmeer

Sizilien

Algier

Tunis

Frankreich
und sein Verbündeter Bayern

Große Allianz
(Großbritannien, Heiliges Römisches Reich, Portugal, Preussen,
Savoyen, Ungarn, Vereinigte Niederlande)

zumindest wurde seine Denkweise rascher akzeptiert. So schrieb nur zwanzig Jahre nach Wilhelms Tod ›The Craftsman‹, eigentlich eine oppositionelle Zeitung, die »balance of power« sei eines »der immerwährenden Urprinzipien britischer Politik«, weil ein friedliches Europa für das Gedeihen einer handeltreibenden Insel so wesentlich sei. Daher müsse es das beständige Bemühen der britischen Regierung sein, den Frieden zu bewahren oder, wo er von anderen gebrochen oder gestört werde, wiederherzustellen.[18]

Das Einvernehmen über die Bedeutung des Gleichgewichts verhinderte freilich nicht heftige Debatten über die beste Strategie zur Durchsetzung dieser Politik. Die beiden unterschiedlichen Auffassungen repräsentierten zugleich die beiden großen politischen Parteien im Parlament, und auf verblüffende Weise ähnelten die Differenzen den Meinungsverschiedenheiten in den Vereinigten Staaten nach den beiden Weltkriegen. Die Liberalen argumentierten, Großbritannien solle sich nur einmischen, wenn das Gleichgewicht wirklich bedroht werde, und auch dann nur so lange, bis die Bedrohung gebannt sei. Die Konservativen waren der Meinung, Großbritanniens Hauptaufgabe bestehe darin, das Gleichgewicht der Kräfte zu *gestalten*, nicht nur zu schützen. Aus Sicht der Liberalen blieb genug Zeit, einen Überfall auf Belgien und die Niederlande abzuwehren, sobald er tatsächlich erfolgt sei; die Konservativen hingegen meinten, eine Politik des Abwartens und Zusehens erlaube einem Angreifer, das Gleichgewicht in irreparablem Maße zu stören. Wenn also Großbritannien Kampfhandlungen in Dover zu vermeiden wünsche, müsse es Interventionen am Rhein Widerstand leisten oder wo immer sonst in Europa das Gleichgewicht der Kräfte bedroht scheine. Betrachteten die Liberalen Bündnisse lediglich als zeitlich begrenzte Maßnahmen, die zu beenden seien, sobald ein Sieg die Frage nach dem gemeinsamen Ziel aufwerfe, so drängten die Konservativen auf eine britische Beteiligung an langfristigen Kooperationsabkommen, die es Großbritannien ermöglichen sollten, das Geschehen zu beeinflussen und den Frieden zu sichern.

John Carteret, Earl of Granville, konservativer Außenminister von 1742 bis 1744, setzte sich beredt für ein ständiges Engagement in Europa ein. Er prangerte die Bereitschaft der Liberalen an, »alle Schwierigkeiten und Erschütterungen auf dem Kontinent zu ignorieren, nicht um unsere eigene Insel frei von Feinden zu sehen, sondern um unseren Handel und unsere Genüsse zu pflegen und, anstatt Gefahren in fremden Ländern sorgsam zu beobachten, in Sicherheit zu schlafen, bis wir von einem Alarm an unseren Küsten geweckt werden.« Großbritannien müsse sich aber den sicherheitspolitischen Realitäten stellen, indem es die Habsburger als Gegengewicht zu Frankreich unterstütze. »Denn wenn der französische Monarch sich erst von einem Rivalen auf jenem Kontinent befreit sähe, würde er in aller Sicherheit auf seinen Eroberungen sitzen. Er mag dann seine Garnisonen reduzieren, seine Festungen aufgeben und seine Truppen entlassen; aber

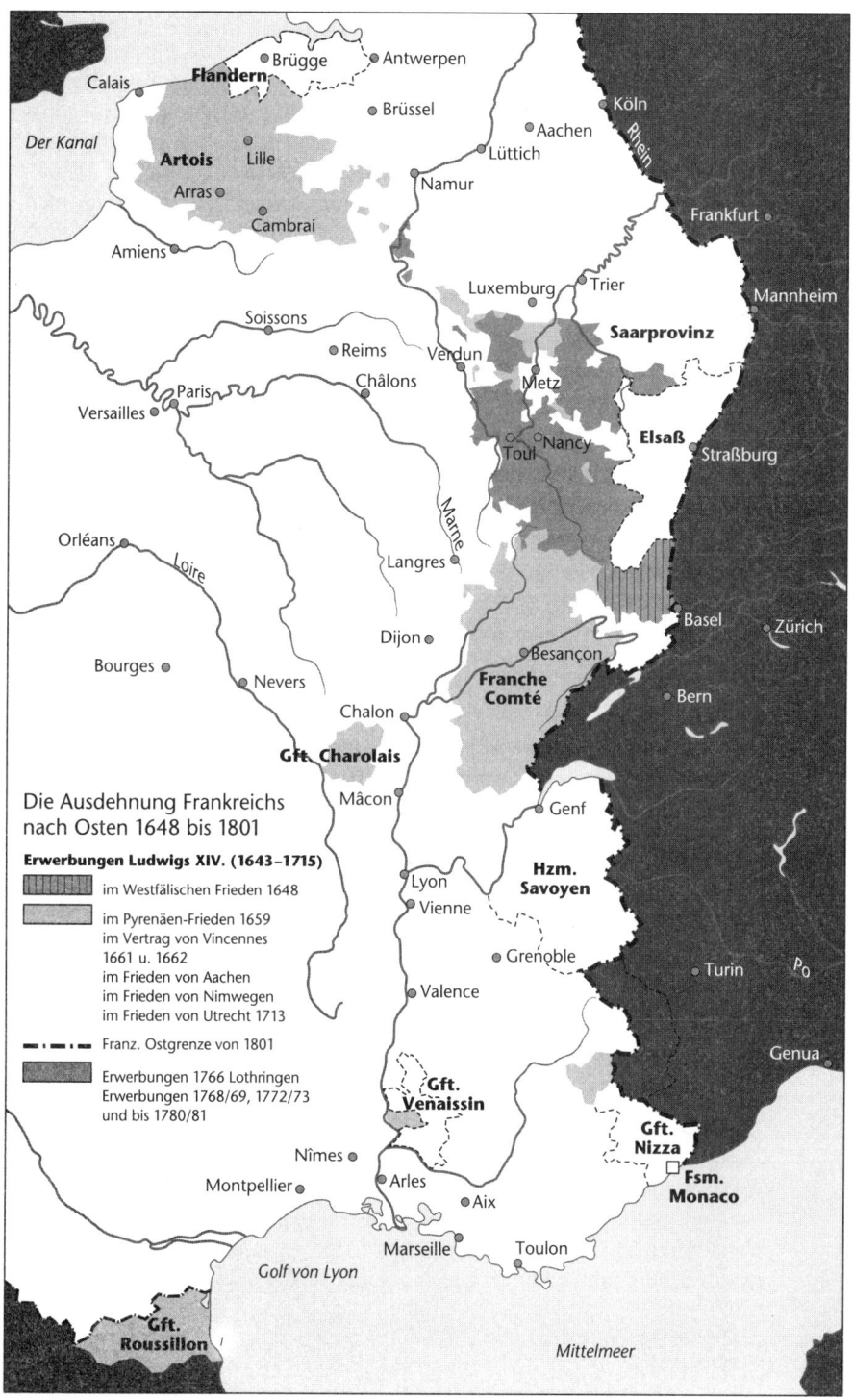

Die Ausdehnung Frankreichs
nach Osten 1648 bis 1801

**Erwerbungen Ludwigs XIV. (1643–1715)**

im Westfälischen Frieden 1648
im Pyrenäen-Frieden 1659
im Vertrag von Vincennes
1661 u. 1662
im Frieden von Aachen
im Frieden von Nimwegen
im Frieden von Utrecht 1713

Franz. Ostgrenze von 1801

Erwerbungen 1766 Lothringen
Erwerbungen 1768/69, 1772/73
und bis 1780/81

Calais
Der Kanal
Brügge
Antwerpen
**Flandern**
Brüssel
Köln
Rhein
**Artois** Lille
Aachen
Arras
Lüttich
Namur
Amiens
Cambrai
Frankfurt
Mannheim
Soissons
Luxemburg
Trier
**Saarprovinz**
Reims
Verdun
Châlons
Metz
Paris
Versailles
Toul
Nancy
**Elsaß**
Straßburg
Orléans
Loire
Langres
Marne
Dijon
Besançon
Basel
Zürich
Bourges
Nevers
Chalon
**Franche
Comté**
Bern
**Gft. Charolais**
Mâcon
Genf
Lyon
**Hzm.
Savoyen**
Vienne
Grenoble
Turin
Po
Valence
Genua
**Gft.
Venaissin**
**Gft.
Nizza**
**Fsm.
Monaco**
Nîmes
Montpellier
Arles
Aix
Marseille
Toulon
Golf von Lyon
**Gft.
Roussillon**
Mittelmeer

jener Schatz, der jetzt die Ebenen mit Soldaten füllt, würde bald für Absichten benützt, die unserem Land gefährlicher wären [...]. Deshalb müssen wir das Haus Österreich unterstützen, das die einzige Macht ist, die als Gegengewicht zu den Fürsten der Familie Bourbon taugt.«[19]

Der Unterschied zwischen den außenpolitischen Ansätzen der Konservativen und der Liberalen war praktischer, nicht philosophischer, er war taktischer, nicht strategischer Natur. Er zeigt, wie unterschiedlich die einzelnen Parteien Großbritanniens Verwundbarkeit einschätzten. Die liberale Politik des Abwartens ließ die Überzeugung erkennen, daß Großbritanniens Sicherheitsspielraum in der Tat weit reiche. Die Konservativen empfanden die Lage als bedenklicher. Fast genau dieselben Argumente sollten im zwanzigsten Jahrhundert die amerikanischen Isolationisten von den amerikanischen Globalisten trennen. Weder britische Herrscher im achtzehnten und neunzehnten Jahrhundert noch amerikanische Staatsmänner im zwanzigsten haben es leicht gehabt, ihre Bürgerschaft davon zu überzeugen, daß Sicherheit nicht auf Isolation, sondern auf beständigem Engagement beruht.

Aber in beiden Staaten trat regelmäßig eine Führungspersönlichkeit auf, die ihr Volk nachdrücklich auf die Notwendigkeit internationaler Beteiligung hinwies. Wilson rief den Völkerbund ins Leben; Carteret liebäugelte mit dauerhaftem Einsatz auf dem Kontinent; Castlereagh, Außenminister von 1812 bis 1821, befürwortete ein System europäischer Kongresse; William Gladstone, Premierminister in den achtziger Jahren des letzten Jahrhunderts, trat mit einem ersten System kollektiver Sicherheit hervor. Am Ende scheiterten all ihre Appelle. Bis zum Zweiten Weltkrieg erkannten die englische wie die amerikanische Öffentlichkeit ihre tödliche Bedrohung erst, als diese für alle sichtbar geworden war.

So wurde Großbritannien, zunächst durch Unterlassung, später durch bewußte Strategie, zum Hüter des europäischen Gleichgewichts. Ohne Großbritanniens hartnäckiges Engagement hätte Frankreich im achtzehnten oder neunzehnten Jahrhundert mit hoher Wahrscheinlichkeit die Vorherrschaft in Europa erlangt. Im zwanzigsten Jahrhundert wäre dies vermutlich Deutschland gelungen. In diesem Sinn konnte Churchill später zu Recht behaupten, Großbritannien habe »die Freiheit Europas« bewahrt.[20]

Zu Beginn des neunzehnten Jahrhunderts verlieh Großbritannien der Verteidigung des Gleichgewichts eine klare Form. Bis dahin hatte es seine Politik eher pragmatisch betrieben. Es hatte sich, sobald der konkrete Fall eintrat, jedem Land widersetzt, das das Gleichgewicht bedrohte – im achtzehnten Jahrhundert ausnahmslos Frankreich. Kriege endeten mit Kompromissen, die in der Regel die Macht Frankreichs unwesentlich stärkten, sein eigentliches Ziel – die Vorherrschaft – aber verhinderten.

Frankreich lieferte den Anlaß zur ersten genauen Darstellung dessen, was Großbritannien unter Gleichgewicht verstand. Nach eineinhalb Jahr-

74

hunderten Hegemoniebestrebungen im Zeichen der Staatsräson war Paris nach der Revolution zu früheren Auffassungen von Universalität zurückgekehrt. Sein Expansionsdrang berief sich nicht mehr auf die »Raison d'état«, erst recht nicht auf den Ruhm seiner gestürzten Könige. Die Revolutionskriege gegen den Rest Europas wurden nun geführt, um die Revolution zu bewahren und die republikanischen Ideale überall in Europa durchzusetzen. Wieder einmal drohte ein übermächtiges Frankreich die Vorherrschaft über Europa zu erringen. Heere Wehrpflichtiger, von ideologischer Leidenschaft beflügelt, stürmten im Namen der allgemein gültigen Prinzipien von Freiheit, Gleichheit, Brüderlichkeit quer durch Europa voran. Unter Napoleon hätten sie fast eine europäische Staatengemeinschaft mit Frankreich als Zentrum errichtet. Bis 1804 hatten französische Armeen die Rheinbundstaaten etabliert, Preußen auf den Stand einer zweitrangigen Macht reduziert, Österreich erheblich geschwächt. Nur Rußland stand zwischen Napoleon und der Vormachtstellung Frankreichs in Europa.

Doch Rußland rief bereits damals jene zwiespältigen Reaktionen hervor – teils Hoffnung, teils Angst –, die bis heute sein Los geblieben sind. Zu Beginn des achtzehnten Jahrhunderts war die russische Grenze am Dnjepr verlaufen; ein Jahrhundert später reichte sie bis an die fast sechshundert Kilometer weiter westlich gelegene Weichsel. Zu Beginn des achtzehnten Jahrhunderts hatte Rußland bei Poltawa, tief in der heutigen Ukraine, gegen Schweden um seine nackte Existenz gekämpft. Fünfzig Jahre später nahm es am Siebenjährigen Krieg teil, und seine Truppen standen vor Berlin. Zum Ende des Jahrhunderts sollte es bei der Teilung Polens die Hauptrolle spielen.

Rußlands schiere physische Kraft erschien angesichts der gnadenlosen Autokratie seiner nationalen Institutionen als höchst verhängnisvoll. Der russische Absolutismus wurde weder durch Überlieferung noch durch eine ihn tragende, unabhängige Aristokratie gemildert. In Rußland hing alles von der Laune des Zaren ab. Die russische Außenpolitik konnte, je nach Stimmungslage des Herrschers, von Liberalismus auf Konservatismus umschwenken. Im Innern jedoch wurde niemals der Versuch einer Liberalisierung unternommen.

1804 trat der sprunghafte Zar Alexander I. mit einem für die Zeit ungewöhnlichen Vorschlag an den britischen Premierminister William Pitt d.J., Napoleons unerbittlichsten Feind, heran. Beeinflußt von den Philosophen der Aufklärung, betrachtete Alexander I. sich als moralisches Gewissen Europas und befand sich in der Schlußphase seiner »Vernarrtheit« in liberale Institutionen. In dieser geistigen Verfassung konfrontierte er Pitt mit einem vagen Schema zur Sicherung des Weltfriedens. Er schlug vor, alle Staaten sollten ihre Verfassungen mit dem Ziel reformieren, die Feudalherrschaft zu beenden und eine konstitutionelle Staatsform einzuführen. In der Folge mußten die derart reformierten Staaten der Anwendung von Gewalt abschwören und sich statt dessen verpflichten, ihre Meinungsverschiedenheiten untereinander schiedsrichterlich entscheiden zu lassen. So wurde ausgerechnet der russische Autokrat zum Wegbereiter der Wilsonschen Idee, die Existenz liberaler Institutionen sei die Voraussetzung für den Frieden – obwohl Alexander selbst nie so weit ging, diesen Reformen auch im Zarenreich zur Geltung zu verhelfen. Im Gegensatz zu seinen außenpolitischen Richtungswechseln blieb er in der Innenpolitik konsequent: Im Innern wurde niemals der Versuch einer Liberalisierung unternommen. Und nach wenigen Jahren war er auch außenpolitisch wieder auf die extrem konservative Seite des politischen Spektrums gewechselt.

Pitts Lage gegenüber Alexander ist vergleichbar mit der Churchills gegenüber Stalin fast einhundertfünfzig Jahre später. Er war verzweifelt auf russische Unterstützung angewiesen. Anders war es kaum denkbar, Napoleon zu schlagen. Andererseits hatte Pitt, genau wie später Churchill, wenig Interesse daran, ein dominierendes Land durch ein anderes zu ersetzen und Rußland die Rolle des Schiedsrichters zu überlassen. Vor allem war es dem Premierminister aufgrund innenpolitischer Vorgaben nicht möglich, sein Land zu verpflichten, den Frieden auf eine politische und soziale Reform Europas zu stützen. Nie zuvor hatte Großbritannien Krieg aus solchem Anlaß geführt. Denn das britische Volk fühlte sich nicht durch soziale und politische Umstürze auf dem Kontinent bedroht, sondern ausschließlich durch eine Veränderung des Gleichgewichts der Kräfte.

Pitts Antwort an Alexander I. berücksichtigte all diese Elemente. Er überging den russischen Aufruf zur politischen Reform Europas und umriß statt dessen den Plan eines Kräftegleichgewichts, das den Frieden erhalten sollte. Erstmals seit dem Westfälischen Frieden vor eineinhalb Jahrhunderten wurde nun eine allgemeine europäische Regelung ins Auge gefaßt. Und zum ersten Mal überhaupt sollte diese auf den Prinzipien des Gleichgewichts beruhen.

Pitt sah die Hauptursache aller Instabilität in der Schwäche Mitteleuropas. Wiederholt hatte diese französische Übergriffe und Vormachtswünsche herausgefordert. Er war freilich zu höflich und zu sehr auf russische Hilfe aus, um darauf hinzuweisen, daß ein Mitteleuropa, das stark genug wäre, französischem Druck standzuhalten, auch in der Lage sei, russische Expansionsbestrebungen zu vereiteln. Eine europäische Regelung müsse, so führte er aus, damit beginnen, Frankreich seine gesamten nachrevolutionären Eroberungen abzunehmen und gleichzeitig die Unabhängigkeit Belgiens und der Niederlande wiederherzustellen. So wurden geschickterweise vorrangige britische Belange Verhandlungsgrundlage bei der Schaffung eines europäischen Sicherheitssystems.[21]

Eine Verminderung des französischen Übergewichts, so Pitt weiter, bliebe jedoch ohne Nutzen, wenn die etwa dreihundert deutschen Kleinstaaten Frankreich weiterhin zum Eingreifen provozierten. Um solche Ambitionen zu durchkreuzen, sei es erforderlich, im Zentrum Europas durch Zusammenlegung der dreihundert Fürstentümer zu größeren Einheiten »große Massen« zu schaffen. Einige der Staaten, die sich Frankreich angeschlossen hatten oder schmachvoll zusammengebrochen waren, sollten mit Preußen und Österreich zusammengehen; aus anderen müßten größere Gebilde neu geschaffen werden.

Pitt vermied jeden Hinweis auf eine europäische Regierung. Statt dessen schlug er vor, Großbritannien, Preußen, Österreich und Rußland sollten die neue Gebietseinteilung in Europa durch ein gegen französische Übergriffe gerichtetes immerwährendes Bündnis garantieren – so wie Franklin D. Roosevelt später versuchte, die internationale Ordnung nach dem Zweiten Weltkrieg auf eine Allianz gegen Deutschland und Japan zu gründen. Weder Großbritannien zur Zeit Napoleons noch Amerika im Zweiten Weltkrieg konnten sich vorstellen, daß die größte Bedrohung für den Frieden künftig weniger von dem besiegten Gegner als vom augenblicklichen Verbündeten ausgehen würde. Die Angst vor Napoleon läßt sich daran messen, daß ein britischer Premierminister etwas gutzuheißen bereit war, was bis dahin von seinem Land unnachgiebig abgelehnt worden war: ein beständiges Engagement auf dem Kontinent. Daß er überdies die taktische Beweglichkeit seines Landes freiwillig beeinträchtigte, indem er bei seiner Politik von der Existenz eines ständigen Feindes ausging, sagt ein übriges.

Man sieht: Die Entstehung des europäischen Kräftegleichgewichts im siebzehnten Jahrhundert weist einige interessante Parallelen zur Welt nach dem Kalten Krieg auf. Damals wie heute brachte der Zusammenbruch der Weltordnung zahlreiche Staaten hervor, die, ungehindert durch übergeordnete Grundsätze, ihre nationalen Interessen verfolgten. Damals wie heute suchten diejenigen Staaten, welche die internationale Ordnung zu gewährleisten imstande waren, tastend nach einer Definition ihrer internationalen Rolle. Damals entschied man sich, die eigene Politik ausschließlich auf die Wahrung nationaler Interessen zu stützen, man setzte Vertrauen in die sogenannte »unsichtbare Hand«. Heute stellt sich die Frage, ob die Welt nach dem Kalten Krieg ein Prinzip zu finden vermag, um Machthunger und Eigennutz entgegenzutreten. Natürlich tritt ein Gleichgewicht der Kräfte de facto immer dann ein, wenn mehrere Staaten aufeinander einwirken. Es fragt sich jedoch, ob die Aufrechterhaltung des internationalen Systems Resultat eines bewußten Plans sein kann oder ob sie Ergebnis einer Periode des Kräftemessens sein wird.

Als die Napoleonischen Kriege zu Ende gingen, war Europa das einzige Mal in seiner Geschichte bereit, eine internationale Ordnung zu entwerfen, die auf den Grundsätzen des Gleichgewichts der Kräfte beruhen sollte. Aus den Kriegen des achtzehnten und frühen neunzehnten Jahrhunderts hatten die Staaten die Lehre gezogen, daß jenes Gleichgewicht nicht denen überlassen werden dürfe, die beim Zusammenprall der europäischen Staaten übrig geblieben waren. Pitts Plan war der Entwurf einer territorialen Regelung, welche die Schwächen der Weltordnung des achtzehnten Jahrhunderts korrigierte. Aber seine Verbündeten auf dem Kontinent hatten noch eine weitere Lektion gelernt.

Macht läßt sich zu schwer einschätzen, und die Bereitschaft, sie zu verteidigen, variiert zu stark, als daß sie als verläßlicher Wegweiser zu einer internationalen Ordnung betrachtet werden dürfte. Gleichgewicht funktioniert dann am besten, wenn es durch eine Verständigung auf gemeinsame Werte gestützt wird. Die »balance of power« hemmt lediglich die *Fähigkeit*, die internationale Ordnung umzustürzen; eine Verständigung auf gemeinsame Werte hemmt auch noch den *Wunsch*, dies zu tun. Macht ohne Legitimität fordert Kraftproben heraus, Legitimität ohne Macht verleitet zu hohlen Posen.

In der Kombination dieser Elemente lagen Aufgabe und Erfolg des Wiener Kongresses. Er schuf ein Jahrhundert internationaler Ordnung, das von keinem größeren Krieg mehr unterbrochen wurde.

## Kapitel 4

# Das Europäische Konzert: Großbritannien, Österreich und Rußland

*Wiener Kongreß 1814-1815*

Schon im September 1814, als Napoleon noch auf Elba sein erstes Exil ertragen mußte, versammelten sich die Sieger in Wien, um die Welt nach Kriegsende neu zu gestalten. Napoleon entkam von der Insel; bei Waterloo erlebte er bald seine endgültige Niederlage. Doch der Kongreß tagte weiter. In der Zwischenzeit nämlich war die Notwendigkeit, die internationale Ordnung wiederherzustellen, noch dringlicher geworden. Fürst Metternich fungierte als Unterhändler für Österreich. Gleichwohl war der österreichische Kaiser nie weit vom Geschehen entfernt, da der Kongreß ja in Wien zusammentraf. Der König von Preußen entsandte den Fürsten Hardenberg; König Ludwig XVIII., nach Frankreich zurückgerufen, schickte Talleyrand, der damit für sich in Anspruch nehmen konnte, seit den Jahren vor der Revolution jedem französischen Herrscher gedient zu haben. Zar Alexander I. kam persönlich. Er wollte diesen russischen Ehrenplatz keinem anderen überlassen. Im Auftrag Großbritanniens verhandelte Außenminister Lord Castlereagh.

Diesen fünf Männern gelang, was sie sich vorgenommen hatten. Nach dem Wiener Kongreß erlebte Europa seine bis dahin längste Friedensperiode. Erst nach fast vierzig Jahren brach erneut Krieg zwischen den Großmächten aus, doch selbst nach dem Ende dieser Streitigkeiten, des Krimkriegs von 1853 bis 1856, vergingen noch einmal rund sechzig Jahre ohne größere gesamteuropäische Konflikte. Die Wiener Schlußakte ähnelte dem Pitt-Plan so stark, daß Castlereagh, als er sie dem Parlament unterbreitete, den Entwurf der ursprünglichen britischen Vorstellungen beifügte, um das Ausmaß seines Verhandlungserfolges zu verdeutlichen.

Paradoxerweise stützte sich die neue Ordnung, die sich viel ausdrücklicher und entschiedener auf das Prinzip des Gleichgewichts berief als alle anderen vor ihr, am wenigsten auf Macht. Das lag zum Teil in der Gestaltung des Gleichgewichts begründet: Es wurde so gut austariert, daß es nur durch enorme Anstrengungen hätte zerstört werden können. Doch wichtiger war, daß die Staaten des Kontinents durch gemeinsame Wertvorstellungen miteinander verknüpft wurden. Das Stichwort hieß »Legitimität«. Auf dem Wiener Kongreß setzte sich die Auffassung durch, daß ein Staat sich selbst, seine Herrschaftsgewalt und seine Handlungen durch gemeinsame Grundwerte legitimieren muß. Rein formelle Gesetzmäßigkeit oder faktische Stärke allein reichten als Rechtfertigung nicht mehr aus. In diesem Sinne gab es in der in Wien geschaffenen internationalen Ordnung nicht nur ein Kräftegleichgewicht, sondern auch einen »moralischen« Einklang. Macht und Legitimität sollten grundsätzlich miteinander übereinstimmen.

Wie ein Volk die Rechtmäßigkeit einer bestimmten Weltordnung bewertet, hängt ebensosehr von seinen jeweiligen nationalen Institutionen wie von der Einschätzung taktischer außenpolitischer Ziele ab. Insofern bedeutet die Vergleichbarkeit innerer Institutionen eine Stärkung des Friedens. Wilson griff später Metternichs Ideen in diesem Sinn auf; beide sahen in gemeinsamen Vorstellungen von Werten und Normen die Vorbedingung für den Bestand einer internationalen Ordnung. Die Übereinstimmung endete allerdings bei ihrer Auffassung darüber, was legitim sei.

Aus heutiger Sicht erwies es sich als überraschend einfach, die neue Ordnung auszubalancieren. Der Wiener Kongreß folgte dem Pitt-Plan wie dem Bauplan eines Architekten. Unberührt vom Gedanken nationaler Selbstbestimmung, ließ man das Ziel der ethnischen Homogenität bei der Bildung neuer Staaten aus den von Napoleon zurückeroberten Gebieten vollkommen außer acht. Österreich gewann in Italien an Einfluß, Preußen in Deutschland. Die Republik Holland erhielt die Niederlande (den größten Teil des heutigen Belgiens). Frankreich mußte sich hinter die »alten«, vorrevolutionären Grenzen zurückziehen. Rußland wurde der Kern Polens zugesprochen. Großbritannien beschränkte seine territorialen Ansprüche auf das Kap der Guten Hoffnung an der Südspitze Afrikas und verzichtete auf Gebietsgewinne in Europa.

Nach britischen Vorstellungen war die Qualität der neu ausbalancierten Ordnung davon abhängig, ob die verschiedenen Nationen die ihnen zugedachten Rollen im Gesamtplan auch angemessen ausfüllen konnten. Ähnlich beurteilten übrigens die USA ihre Verbündeten nach dem Zweiten Weltkrieg, und beide Nachkriegsordnungen glichen sich auch darin, daß sie sich schließlich durch Bündnispartner herausgefordert sahen. Die Erklärung dafür ist einfach: Staaten definieren sich nicht nur als Rädchen in einem Sicherheitssystem. Sicherheit ermöglicht ihre Existenz, aber sie ist nie ihr einziges, nicht einmal ihr vorrangiges Ziel.

Österreich und Preußen begriffen sich ebensowenig wie später Frankreich bloß als Mitglieder einer »großen Gemeinschaft«. Das umfassende Gleichgewicht der Kräfte bedeutete für Wien und Berlin im Grunde wenig, wenn es nicht gleichzeitig ihr eigenes, komplexes Verhältnis regelte und ihrer historischen Rolle gerecht würde.

Nachdem der habsburgische Versuch, die maßgebliche Vormacht Mitteleuropas zu werden, im Dreißigjährigen Krieg gescheitert war, hatte Österreich seinen Anspruch auf ganz Deutschland aufgegeben: 1806 war das Heilige Römische Reich Deutscher Nation endgültig aufgelöst worden. Dennoch sah Österreich sich noch immer als *primus inter pares* und blieb fest entschlossen, jeden anderen deutschen Staat, insbesondere Preußen, davon abzuhalten, die Führungsrolle zu übernehmen.

Für diese Wachsamkeit gab es gute Gründe. Seit Friedrich der Große Schlesien erobert hatte, forderte Preußen Österreich heraus. Durch diplomatische Rücksichtslosigkeit, militärisches Geschick und eine ausgeprägte Disziplin hatte sich Preußen im Verlauf eines Jahrhunderts von einer zweitrangigen Macht im öden Norddeutschland zu einem Staat entwickelt, dessen militärische Bedeutung längst an die größerer Mächte heranreichte. Anfang des neunzehnten Jahrhunderts erstreckte sich sein merkwürdig zerrissenes Staatsgebiet vom teilweise polnischen Osten über Norddeutschland bis zum römisch-katholisch geprägten Rheinland, das vom eigentlichen preußischen Kernland durch das Königreich Hannover geographisch getrennt war.

Solche territoriale Zerrissenheit verlangte nach einem überwältigenden Staatsbewußtsein. Für die europäische Stabilität war indessen nicht nur das Verhältnis zwischen Österreich und Preußen, es waren auch deren Beziehungen zu den deutschen Staaten von zentraler Bedeutung. Tatsächlich hatte ja, zumindest seit dem Dreißigjährigen Krieg, die Teilung Deutschlands in Klein- und Kleinststaaten Europa stets mit demselben Dilemma konfrontiert: Wann immer Deutschland schwach und geteilt war, verleitete es seine Nachbarn, vornehmlich Frankreich, zur Expansion. Zugleich aber löste der Gedanke an eine deutsche Einheit bei den Nachbarn stets Schrecken aus, und das gilt bis heute. Richelieus Furcht, ein vereinigtes Deutschland könnte den Kontinent mit der Zeit dominieren und Frankreich überwältigen, wurde von einem britischen Beobachter schon 1609 vorweggenommen: »Was Deutschland anbetrifft: Wenn es ganz und gar von einer einzigen Monarchie abhinge, wäre dies schrecklich für den Rest.«[1] Kurz: Für den europäischen Frieden war Deutschland entweder zu schwach oder zu stark.

Die Architekten des Wiener Kongresses erkannten, daß sie die von Richelieu geschaffene Staatenordnung zerstören mußten, um die Stabilität in Mitteleuropa zu sichern. Richelieu hatte einst eine schwache, zergliederte Mitte des Kontinents gewollt und damit Frankreich in die ständige Versuchung gebracht, in Mitteleuropa einzufallen, es gewissermaßen in ein Spielfeld der französischen Armee zu verwandeln. Deshalb kam es in Wien darauf an, Deutschland zu konsolidieren – ohne es freilich zu vereinen. Die führenden Staaten blieben Österreich und Preußen; ihnen folgte eine Anzahl mittelgroßer Länder wie Bayern, Württemberg oder Sachsen, die vergrößert und gestärkt wurden. Man reduzierte die Zahl der dreihundert deutschen Staaten aus vornapoleonischer Zeit auf neununddreißig und schloß diese im Deutschen Bund zusammen, der es den Einzelstaaten ermöglichte, sich gemeinsam gegen Aggressionen zur Wehr zu setzen. Schon bald erwies diese Organisation sich als eine geniale Konstruktion: zu stark, um von Frankreich angegriffen werden zu können, zugleich aber zu schwach und dezentralisiert, um eine Bedrohung für die Nachbarn darzustellen. Preußens militärische Überlegenheit wurde innerhalb des Bundes durch Österreichs höheres Ansehen ausgeglichen. Der Bundeszweck lag darin, eine deutsche Vereinigung zu verhindern, die Herrschaft der vielen deutschen Fürsten und Monarchen zu bewahren und französischen Übergriffen vorzubeugen. In all diesen Punkten war der Deutsche Bund bewundernswert erfolgreich.

Bei einem Friedensabkommen muß es den Siegern gelingen, gegenüber den Unterlegenen von der für den Sieg entscheidenden Unnachgiebigkeit zu jenem Grad an Versöhnung zu gelangen, ohne welchen ein dauerhafter Frieden nicht denkbar ist. Ein von Strafe geprägter Friede belastet die internationale Ordnung, denn er weist den von den Anstrengungen des Krieges erschöpften Siegern die schwierige Aufgabe zu, den Druck auf einen Besiegten aufrechtzuerhalten, der alles daransetzt, ein derartiges Abkommen zu unterlaufen. Zudem wird jedes andere Land, das einen Groll gegen den oder die Sieger hegt, mit ziemlicher Wahrscheinlichkeit Beistand bei den Besiegten finden.

Nicht alle, aber manche dieser Fehler haben später den Versailler Vertrag geprägt. Die Siegermächte des Wiener Kongresses begingen solche Fehler nicht, ebensowenig wie die Sieger des Zweiten Weltkriegs. Es war keineswegs eine einfache Aufgabe, sich Frankreich gegenüber großzügig zu zeigen, nachdem es mehr als anderthalb Jahrhunderte lang versucht hatte, Europa zu beherrschen. An die fünfundzwanzig Jahre hatten seine Armeen in den Nachbarländern gestanden. Trotzdem erkannten die Staatsmänner in Wien, daß die Sicherheit Europas durch ein einigermaßen zufriedengestelltes Frankreich eher gewährleistet sei als durch einen gedemütigten Verlierer. So nahm man Frankreich seine Eroberungen, garantierte ihm jedoch seine vorrevolutionären Grenzen, selbst wenn diese ein erheblich größeres Territorium umfaßten als einst unter Richelieu. Castlereagh, Außenminister Englands, der unversöhnlichste Widersacher Napoleons, richtete folgenden Appell an die Teilnehmer des Kongresses: »Die fortdauernden Übergriffe Frankreichs könnten, zweifelsohne, Europa heute zu dessen Zerschlagung bewegen [...]. Aber lassen wir die Verbündeten die erneute Chance ergreifen, diesen Frieden, dessen alle europäischen Mächte so sehr bedürfen, sicherzustellen, nicht ohne zu versichern, daß sie, sollte er gebrochen werden, erneut zu den Waffen greifen werden – nicht nur aus überlegener Position heraus, sondern auch mit jener moralischen Kraft, die allein einen solchen Bund zusammenzuhalten vermag.«[2]

In der Überzeugung, daß alle Nationen sich ihrer Eigeninteressen hinreichend bewußt seien, um diese im Fall einer Herausforderung auch zu verteidigen, hätte Großbritannien vermutlich auf weitere Abkommen verzichtet. Aus britischer Sicht waren formale Abmachungen nicht erforderlich. Doch nachdem sie über eineinhalb Jahrhundert fast unablässig ein Kriegsschauplatz gewesen waren, bestanden die Staaten Mitteleuropas auf verbindlichen Garantien.

Insbesondere Wien sah sich Gefahren gegenüber, die für London kaum nachvollziehbar waren. Als von Relikten des Mittelalters geprägter Vielvöl-kerstaat fühlte man sich durch die anwachsenden liberalen und nationalen Strömungen in seiner Existenz bedroht und versuchte, durch massive Maß-nahmen den erwarteten Machtproben zuvorzukommen. Metternichs Ver-handlungserfolg in Wien bestand nun darin, die Hauptstützen des neuen Gleichgewichts dazu zu bewegen, ihre Meinungsverschiedenheiten gewissen gemeinsamen Prinzipien unterzuordnen. Er stand nicht allein mit diesen Absichten. Die Notwendigkeit, die europäische Ordnung durch Zwangsmaßnahmen gegen neue politische Strömungen abzusichern, sah auch Talleyrand:»Wenn das Minimum beständiger Kräfte dem Maximum aggressiver Kräfte entsprechen würde, dann bestünde ein echtes Gleichge-wicht. Doch die gegenwärtige Situation erlaubt allein ein Gleichgewicht, das künstlich und unsicher und nur so lange von Bestand ist, wie bestimmte große Staaten vom Geist der Mäßigung und der Gerechtigkeit beseelt sind.«[3]

So kam zweierlei zusammen: das auf Macht gegründete Gleichgewicht der Kräfte auf der einen Seite, das gemeinsame Verständnis von staatlicher Legitimität auf der anderen. Beides fand nach dem Wiener Kongreß in zwei Abkommen Ausdruck, welche die Zukunft des Kontinents nicht wenig beeinflussen sollten: in der Quadrupelallianz, die sich aus Großbritannien, Preußen, Österreich und Rußland zusammensetzte, und in der Heiligen Allianz der drei sogenannten östlichen Monarchien Preußen, Österreich und Rußland. Erstere war vornehmlich gegen Frankreich gerichtet, das man im frühen neunzehnten Jahrhundert ähnlich beurteilte wie Deutschland im zwanzigsten: als eine chronisch aggressive, von Natur aus destabilisierende Macht. Folglich schmiedeten die in Wien versammelten Staatsmänner die Quadrupelallianz, um jegliche aggressive Neigungen Frankreichs militä-risch bereits im Keim ersticken zu können. Hätten die 1918 in Versailles zusammengekommenen Siegermächte einen ähnlichen Bund geschlossen, wäre der Welt der Zweite Weltkrieg möglicherweise erspart geblieben.

Bei der Heiligen Allianz ging es um etwas gänzlich anderes. Seit Ferdi-nand II. fast zwei Jahrhunderte zuvor auf den Thron des Heiligen Römi-schen Reiches verzichtet hatte, hatte Europa ein derartiges Abkommen nicht mehr erlebt. Der Vorschlag kam vom Zaren, der von seiner selbstauf-erlegten Mission, das internationale System»aufzupolieren« und die daran Beteiligten zu reformieren, nicht lassen konnte. Den von Petersburg vorge-schlagenen Kreuzzug für liberale Verfassungen hatte Pitt 1804 vereitelt; im Jahre 1815 jedoch konnte man sich dem siegestrunkenen Alexander nicht nochmals verweigern – ungeachtet der Tatsache, daß er diesmal das Gegen-teil dessen verfolgte, was er elf Jahre zuvor vertreten hatte. Nun befand sich Alexander ganz im Bann der Religion und konservativer Werte und propa-gierte eine umfassende Reform des internationalen Systems auf der Grund-lage der Behauptung,»daß der Kurs, den die Mächte *früher* in ihren gegen-seitigen Beziehungen eingeschlagen hatten, *von Grund auf geändert* und *dringend* durch eine Ordnung ersetzt werden muß, die sich einzig auf die erhabenen Wahrheiten gründet, welche uns die ewige Religion des göttlichen Heilands lehrt.«[4] Der österreichische Kaiser fragte im Scherz, ob er diese Gedanken im Ministerrat oder im Beichtstuhl besprechen sollte. Zugleich aber wußte er, daß er am Kreuzzug des Zaren keinesfalls teilnehmen konnte. Ebensowenig allerdings durfte er Alexander durch seine Absage einen Vorwand geben, sein Vorhaben allein durchzuführen. Dann nämlich hätte sich Österreich ohne Verbündete mit den liberalen und nationalen Strömungen der Zeit auseinandersetzen müssen, und so verwandelte Metternich den Entwurf des Zaren in das, was schließlich als Heilige Allianz bekannt wurde: Der Erhalt des europäischen Status quo wurde zum religiösen Imperativ erklärt, dem sich die Signatarstaaten verpflichteten. Zum ersten Mal in der Neueren Geschichte hatten die europäischen Mächte eine gemeinsame Mission übernommen.

Ein britischer Staatsmann konnte sich unmöglich auf ein Unternehmen einlassen, das die Einmischung in die inneren Angelegenheiten anderer Staaten zur Pflicht machte. Castlereagh bezeichnete die Allianz denn auch als »gewaltige Glaubensschwärmerei und Unsinn«.[5] Für Metternich hingegen stellte sie eine Möglichkeit dar, den Zaren an die Aufrechterhaltung der legitimen Herrschaft zu binden und ihn, noch wichtiger, davon abzuhalten, einseitig seinen missionarischen Eingebungen zu folgen. Die Heilige Allianz führte die konservativen Monarchen in ihrem Kampf gegen die Revolution zusammen – aus diesem Grund werden die folgenden zwei Jahrzehnte auch als Epoche der »Reaktion« bezeichnet –, aber sie verpflichtete sie zugleich auf ein gemeinsames Handeln und räumte Österreich dadurch eine Art Vetorecht gegen die abenteuerlichen Vorhaben des überaktiven russischen Verbündeten ein. Das sogenannte »Konzert der Mächte« sah vor, daß die gleichrangigen Nationen ihre Angelegenheiten auf eine Weise regelten, die umfassende Stabilität durch Konsens gewährleistete.

Überdies stellte die Heilige Allianz den originellsten Teil der Ergebnisse des Wiener Kongresses dar. Ihr erhabener Name hat die Aufmerksamkeit von ihrer tatsächlichen Bedeutung abgelenkt, die darin bestand, das Verhältnis der Großmächte um ein Element moralisch intendierter Beschränkung zu ergänzen. Deren ureigenes Interesse am Erhalt jener nationalen Institutionen, die die Napoleonischen Kriege überdauert hatten, veranlaßte sie dazu, Konflikte zu vermeiden, die noch im vorangegangenen Jahrhundert ganz selbstverständlich ausgetragen worden wären.

Doch es wäre zu einfach, in vergleichbaren nationalen Institutionen schon die Garantie für ein friedliches Gleichgewicht der Kräfte zu sehen. Im achtzehnten Jahrhundert regierten alle Herrscher Kontinentaleuropas von Gottes Gnaden; ihre nationalen Institutionen waren also überaus kompatibel. Und trotzdem waren sie von der Dauerhaftigkeit ihrer Herrschaft überzeugt und führten ständig Kriege gegeneinander, aus dem einfachen Grund, weil sie ihre nationalen Institutionen für unerschütterlich hielten.

Woodrow Wilson war nicht der erste, der glaubte, daß die innere Beschaffenheit eines Staates dessen Verhalten auf internationaler Ebene bestimme. Bereits Metternich, allerdings auf der Grundlage gänzlich anderer Prämissen, war der gleichen Überzeugung. Während für Wilson Demokratien ihrem Wesen nach friedliebend und vernunftorientiert waren, betrachtete Metternich sie als gefährlich, ja als unberechenbar. Als ein Zeuge des Leidens, welches das republikanische Frankreich über Europa gebracht hatte, setzte er Frieden mit legitimer, das heißt mit monarchischer Herrschaft gleich und erwartete von den gekrönten Häuptern der alten Monarchien, daß sie den Frieden, zumindest aber die Grundstruktur internationaler Beziehungen bewahrten. Dergestalt wurde das Legitimitätsprinzip zu dem Stoff, durch den die internationale Ordnung zusammengehalten wurde.

Der Unterschied zwischen den Auffassungen Wilsons und Metternichs über innerstaatliche Gerechtigkeit und internationale Ordnung ist von fundamentaler Bedeutung für das Verständnis der gegensätzlichen Auffassungen Amerikas und Europas. Wilson kämpfte für Prinzipien, die er für revolutionär und neu erachtete; Metternich versuchte Werte zu institutionalisieren, die er als historisch gewachsen begriff. Wilson, Präsident eines Landes, das in dem Bewußtsein errungener Freiheit geschaffen wurde, war überzeugt, daß demokratische Werte durch Gesetzgebung entstehen, um sodann ihren Ausdruck in weltumfassenden Institutionen zu finden. Metternich repräsentierte einen historisch gewachsenen Staat, dessen institutionelle Strukturen sich nur graduell, ja fast unmerklich weiterentwickelt hatten, und so glaubte er nicht daran, daß Legitimität mittels Gesetzgebung geschaffen werden könnte. »Rechtmäßigkeit« lag für ihn einfach in der Natur der Dinge. Ob sie durch Gesetze oder Verfassungen bekräftigt wurde, war in seinen Augen im wesentlichen eine technische Angelegenheit, welche die Frage, ob damit Freiheit erreicht wurde, überhaupt nicht berührte. Metternich hielt es für paradox, Rechte zu garantieren. »Die Ursache«, sagte er, »ist einfach die, daß Dinge, die ihrer Natur gemäß von selbst verstanden werden, die ihnen angehörige Kraft verlieren, wenn sie in die Form willkürlicher Anordnungen gekleidet werden! [...] Irrtümlich angefaßte Gegenstände für die Gesetzgebung führen zur Beschränkung, wenn nicht gar zur vollständigen Annullierung des Gegenstandes, welcher der Operation unterzogen wird.«[6]

Natürlich erwuchsen einige von Metternichs Maximen aus dem eigennützigen Bestreben, die Gebräuche des österreichischen Kaiserreiches, das zur Anpassung an neu entstehende Ordnungen unfähig war, vernunftgemäß zu begründen. Zugleich aber spiegelten sie die rationalistische Überzeugung, der zufolge Gesetze und Rechte auf natürliche Weise gegeben sind und sich nicht mittels Befehlen herstellen lassen. Die Erfahrung, die ihn dabei bestimmte, war die der Französischen Revolution, die mit der Proklamation der Menschenrechte begonnen und mit der Schreckensherrschaft geendet hatte. Wilson dagegen ging von einer weitaus positiveren nationalen Erfahrung aus, die sich – fünfzehn Jahre vor dem Aufstieg des modernen Totalitarismus – Verirrungen des Volkswillens nicht vorstellen konnte.

In der Zeit nach dem Wiener Kongreß spielte Metternich die entscheidende Rolle bei der Lenkung des internationalen Systems und bei der Auslegung der Prinzipien der Heiligen Allianz. Er übernahm diese Rolle freilich gezwungenermaßen. Schließlich war Österreich jedwedem Ansturm unmittelbar ausgesetzt; außerdem zeigten sich seine inneren Strukturen den nationalen und liberalen Entwicklungen immer weniger gewachsen. In Deutschland wurde Österreichs Position durch Preußen bedroht, auf dem Balkan wurde Rußland zum Konkurrenten. Und schließlich war da noch immer Frankreich, das an Richelieus Vermächtnis in Mitteleuropa anknüpfte. Metternich wußte, daß sein Land sich verausgaben würde, sollten sich aus diesen Gefährdungen Machtkämpfe entwickeln, und zwar ganz unabhängig von deren Ausgang. Seine Politik bestand deshalb darin, Krisen entweder zu vermeiden, indem er einen moralischen Konsens schuf, oder sie doch wenigstens abzuwehren, indem er jene Nationen diskret seiner Unterstützung versicherte, welche die Hauptlast einer Konfrontation zu tragen bereit waren: also Großbritannien gegenüber Frankreich an der Kanalküste, Großbritannien und Frankreich gegenüber Rußland auf dem Balkan und die kleineren Staaten gegenüber Preußen in Deutschland.

Metternich kamen herausragende diplomatische Fertigkeiten zugute. Altbekannte diplomatische Wahrheiten vermochte er mit leichter Hand in anwendbare außenpolitische Prinzipien umzusetzen; ihm gelang es, die zwei engsten Verbündeten Österreichs, von denen jeder zugleich eine geopolitische Bedrohung des Kaiserreichs darstellte, davon zu überzeugen, daß die von einer Revolution ausgehende ideologische Gefahr größer sei als alle strategischen Möglichkeiten, die sich durch einen solchen Umsturz ergeben könnten. Hätte Preußen versucht, sich den deutschen Nationalismus zunutze zu machen, hätte es Österreichs Vorrangstellung in Deutschland bereits eine Generation vor Bismarck gefährden können. Hätten Alexander I. und Nikolaus I. ausschließlich Rußlands geopolitische Möglichkeiten im Auge gehabt, dann hätten sie aus dem Zerfall des Osmanischen Reiches bei weitem entschiedener Kapital geschlagen, zum Schaden Österreichs – was ihre Nachfolger später auch taten. Beide Mächte verzichteten jedoch darauf, ihre Möglichkeiten auszuschöpfen, weil dies der Aufrechterhaltung des Status quo widersprochen hätte. Das »System Metternich« hauchte Österreich, das nach dem Ansturm Napoleons scheinbar auf dem Totenbett lag, noch einmal neues Leben ein und sicherte ihm über ein weiteres Jahrhundert hinweg die Existenz.

Der Mann, der all dies zuwege brachte, hatte Österreich bis zu seinem dreizehnten Lebensjahr noch nicht einmal besucht.[7] Der Vater von Klemens Fürst Metternich war Generalgouverneur in den österreichischen Niederlanden und Vertreter der Wiener Interessen im Rheinland gewesen.

Kosmopolitisch veranlagt, fühlte sich Metternich in der französischen Sprache weit mehr zu Hause als in der deutschen. »Für lange Zeit«, schrieb er 1824 an Wellington, »hat Europa für mich die Eigenschaft eines Vaterlandes gehabt.«[8] Zeitgenössische Widersacher bespöttelten seine rechthaberischen Maximen und seine geschliffenen Epigramme. Doch Voltaire oder Kant hätten seine Ansichten durchaus verstanden. Vom Rationalismus der Aufklärung tief geprägt, sah sich Metternich in eine revolutionäre Auseinandersetzung hineingezogen, die seinem Temperament gänzlich fremd war, als er sich als der Erste Minister eines gleichsam von allen Seiten belagerten Staates wiederfand, dessen Strukturen er nicht verändern konnte.

Nüchternheit im Geist und Mäßigung hinsichtlich der Ziele charakterisierten Metternichs Stil. »Nur wenig geben wir auf abstrakte Ideen«, schrieb er, »die Dinge akzeptieren wir, wie sie sind, und wir unternehmen alles, was in unseren Möglichkeiten steht, um uns gegen die Vorspiegelung falscher Tatsachen zu schützen.«[9] Und ein anderes Mal bemerkte er: »Durch bei ihrer näheren Prüfung sich in Dunst auflösende Worte, als da sind: die Verbreitung der Zivilisation, [...] ist nichts Faßbares gesagt.«[10]

So vermied er es stets, sich von Gefühlen hinreißen zu lassen. Von dem Augenblick an, da Napoleon in Rußland besiegt worden war, und noch bevor die russischen Truppen Mitteleuropa erreicht hatten, betrachtete er das russische Zarenreich als potentielle Bedrohung. Seine Haltung war genau das Gegenteil von jener Position, die die westlichen Demokratien später in einer vergleichbaren Situation gegenüber der Sowjetunion während des Zweiten Weltkriegs einnahmen. Während Österreichs Nachbarn sich auf die Befreiung von der französischen Herrschaft konzentrierten, suchte Metternich das Überleben Österreichs zu sichern, wobei er die österreichische Teilnahme an der antinapoleonischen Koalition von Kriegszielen abhängig machte, die den Bestand des geschwächten Kaiserreichs über den Krieg hinaus garantieren sollten. Wie Castlereagh und Pitt überzeugt, daß ein starkes Mitteleuropa Voraussetzung europäischer Stabilität sei, überdies aber entschlossen, ein Kräftemessen wenn möglich zu vermeiden, bemühte er sich einerseits um einen moderaten Stil, behielt andererseits jedoch den Machtzuwachs Frankreichs und Rußlands im Auge: »Die Haltung der europäischen Mächte unterscheidet sich je nach ihrer geographischen Situation. Frankreich wie Rußland haben nur eine Grenze, und diese ist kaum überwindbar. Der Rhein mit seinen dreifachen Festungslinien sichert den Frieden [...] Frankreichs; seine unwirtliche Umgebung macht den Njemen zu einer nicht weniger sicheren Grenze für Rußland. Österreich und Preußen hingegen sehen sich auf allen Seiten Angriffen durch die ihnen benachbarten Mächte ausgesetzt. Ständig bedroht von der Übermacht dieser beiden Mächte, können Österreich und Preußen nur durch eine kluge und maßvolle Politik, nur durch gutwillige Beziehungen untereinander und zu ihren Nachbarn Frieden finden...«[11]

Obgleich Österreich auf Rußland als Partner gegen Frankreich angewiesen war, behandelte es seinen sprunghaften Verbündeten mit einiger Vorsicht, insbesondere im Hinblick auf die kämpferischen Neigungen des Zaren, von dem Talleyrand meinte, daß er nicht umsonst der Sohn von Zar Paul, dem Verrückten, sei. Und auch Metternich beschrieb Alexander I. als eine »sonderbare Mischung von männlichen Vorzügen und weiblichen Schwächen. In seinem Charakter fand sich weder genug Stärke für einen wahren Ehrgeiz, noch genug Schwäche für bloße Eitelkeit.«[12]

Für Metternich indes bestand das Problem nicht vordringlich in der Notwendigkeit, sich der Angriffslust Rußlands entgegenzustellen – ein Unterfangen, das die Kräfte Österreichs ohne Zweifel überstiegen hätte. Wichtiger war in seinen Augen, mäßigend auf die Ambitionen des Zaren einzuwirken. »Alexander wünscht sich den Frieden der Welt«, berichtete ein österreichischer Diplomat, »doch nicht um des Friedens und seiner Segnungen willen, sondern um seiner selbst willen; nicht bedingungslos, sondern mit geheimen Vorbehalten: er muß der Gebieter über seinen Frieden bleiben; von ihm müssen der Friede und das Glück der Welt ausgehen, und ganz Europa muß anerkennen, daß dieser Friede sein Werk ist, daß er von seinem Wohlwollen abhängt und von seinen Launen beeinträchtigt werden kann.«[13] Und über die Frage, wie ein ruheloses, unstetes und zudringliches Rußland zu zügeln sei, waren Metternich und Castlereagh unterschiedlicher Meinung. Als Außenminister einer Inselmacht war Castlereagh nur bereit, sich offenkundigen Angriffshandlungen entgegenzustellen, und auch das lediglich dann, wenn Akte der Aggression das Gleichgewicht wirklich in Gefahr brachten. Metternichs Staat hingegen lag in der Mitte des Kontinents; er konnte derartige Risiken nicht eingehen. Gerade weil Metternich Alexander so sehr mißtraute, hielt er engen Kontakt mit ihm und konzentrierte sich darauf, den Gefahren bereits im Vorfeld entgegenzutreten. »Wenn ein Kanonenschuß fällt«, schrieb er, »entweicht uns der Kaiser an der Spitze oder im Gefolge seines Heeres, und dann gibt es keine Grenze mehr für seine Pläne und für das, was er für seine, dort oben geschriebenen Geschicke hält.«[14]

Um Alexander in seinem Eifer zu dämpfen, verfolgte Metternich eine Doppelstrategie. Unter seiner Führung zählte Österreich zu den Vorkämpfern gegen den Nationalismus, obwohl er gleichzeitig unnachgiebig verhinderte, daß es sich zu sehr exponierte oder gar durch unilaterale Verpflichtungen band. Noch weniger war er geneigt, andere zu solchen Schritten zu ermutigen, auch weil er fürchtete, daß sich der missionarische Eifer Rußlands in Expansionismus wandeln könnte. Für Metternich war Mäßigung philosophische Tugend und praktische Notwendigkeit zugleich. In seinen Instruktionen an einen Botschafter schrieb er einmal: »Es kommt heute sicher mehr darauf an, Ansprüche anderer zu entfernen als eigene geltend zu machen [...]. Bei einem solchen Benehmen ist vorzusehen, daß die meisten Bundesglieder sich schon durch unsere Anspruchslosigkeit zu uns hingezogen fühlen und unsere Ratschläge nicht nur annehmen, sondern in den meisten Fällen selbst nachsuchen werden.«[15] Das war eine Devise, die sich vor allem auf die Politik St. Petersburgs bezog. Sooft wie möglich versuchte Metternich deshalb, auf die kämpferischen Pläne des Zaren mäßigend einzuwirken, indem er diesen in zeitraubende Konsultationen verwickelte und seine Absichten auf das beschränkte, was den Rahmen des europäischen Konsenses nicht sprengte.

Die zweite Stoßrichtung der Strategie Metternichs zielte auf die Einigkeit der Konservativen. Wann immer Handeln unvermeidlich wurde, suchte Metternich wie ein Jongleur die verschiedenen Interessen auszugleichen: »Österreich betrachtet alles ausschließlich im Hinblick auf die Sache; Rußland scheint vor allem die Form zu wollen, und England will die Sache ohne die Form.« Die *Unmöglichkeiten* Englands mit den *Formen* Rußlands zu versöhnen, dahin ging sein Bemühen.[16]

So verdankte es Österreich Metternichs Geschick, daß es über eine Generation den Verlauf der europäischen Dinge zu kontrollieren vermochte: Er machte sich Rußland, das er fürchtete, mittels konservativer Einigkeit zum Partner und versicherte sich gleichzeitig Großbritanniens, um Bedrohungen des Gleichgewichts zu begegnen. Die Folgen unabwendbarer Veränderungen wurden dadurch allerdings nur verzögert. Und dennoch ist es keine geringe Leistung, einen historisch gewachsenen, aber anachronistisch gewordenen Staat über ein Jahrhundert hinweg zu bewahren.

Je stärker sich Metternich indessen dem Zaren annäherte, desto mehr setzte er seine Beziehungen zu Großbritannien aufs Spiel. Und je mehr er dies tat, desto enger konnte der Zar ihn wiederum an sich binden, da Metternich vermeiden mußte, in die Isolation zu geraten. Aus der Sicht des österreichischen Außenministers wäre es daher fraglos am besten und einfachsten gewesen, beides zu haben: die britische Unterstützung zum Erhalt des territorialen Gleichgewichts, die russische zur Unterdrückung innerer Umwälzungen, anders gesagt, die Quadrupelallianz für die geopolitische Sicherheit, die Heilige Allianz für die innere Stabilität.

Doch je mehr die Erinnerung an Napoleon verblaßte, desto komplizierter wurde es, diese Kombination aufrechtzuerhalten. Mehr und mehr wuchsen die Bündnisse zu einem System kollektiver Sicherheit, zu einer »europäischen Regierung« zusammen, wodurch sich Großbritannien jedoch nur um so stärker gezwungen fühlte, wieder eigene Wege zu gehen. Und je mehr Großbritannien sich zurückzog, desto abhängiger wiederum – und folglich auch rigider hinsichtlich der Verteidigung seiner konservativen Werte – wurde Österreich von Rußland. Es war ein Teufelskreis entstanden, der kaum zu durchbrechen war.

Wie verständnisvoll Castlereagh Österreichs Problemen auch gegenübergestanden haben mag, er konnte Großbritannien nicht dazu bewegen, sich rein potentiellen Gefahren zu widmen: »Sollte das territoriale Gleichgewicht Europas gestört werden«, bemerkte er, »kann es [Großbritannien] wirkungsvoll intervenieren. Aber es wird die letzte Regierung in Europa sein, von der man erwarten kann und die es wagen wird, sich wegen eines strittigen Punktes von abstraktem Charakter zu gefährden [...]. Man wird erkennen, daß wir zur Stelle sein werden, wenn eine konkrete Gefahr das System Europas bedroht; aber dieser Staat kann nicht und will nicht aufgrund theoretischer und spekulativer Vorsichtsmaßregeln handeln.«[17] Für Metternich hingegen bestand die Crux gerade darin, daß er als praktisches Problem betrachten mußte, was Großbritannien lediglich als abstraktes ansah. Das Gleichgewicht der Kräfte blieb labil und mit ihm die Situation Österreichs, für das innere Aufstände eine eminente Gefahr bedeuteten.

Um diese prinzipiellen Meinungsverschiedenheiten abzumildern, schlug Castlereagh regelmäßige Zusammenkünfte der Außenminister vor. Dort sollte die europäische Situation besprochen werden. Mit Hilfe dieses »Kongreßsystems« versuchte man, Einigkeit über die wichtigsten Streitfragen zu erlangen und den Weg zu gemeinsamem, multilateralem Handeln zu ebnen. Großbritannien allerdings hegte gegenüber diesem System einer »europäischen Regierung« Vorbehalte: Allzu nahe schien man damit jenem vereinten Europa zu kommen, dem das Land sich stets hartnäckig widersetzt hatte. Das britische Kabinett ließ diese Haltung schon bei der ersten Konferenz, dem Kongreß von Aachen von 1818, recht deutlich erkennen. Castlereagh wurde mit außerordentlich einschränkenden Vorgaben entsandt: »Wir stimmen«, so lautete der britische Standpunkt, »bei dieser Gelegenheit, wenngleich nicht ohne Schwierigkeiten, einer allgemeinen Erklärung zu, indem wir [den kleineren Mächten] versichern, daß [...] regelmäßige Zusammenkünfte [...] auf einen Gegenstand, oder [...] zumindest auf eine Macht, Frankreich, beschränkt bleiben müssen, und keine Verpflichtung zum Eingreifen in irgendeiner Form nach sich ziehen dürfen, wenn das Völkerrecht ein Eingreifen nicht rechtfertigt [...]. Unsere Politik hat nie darin bestanden einzugreifen, es sei denn im Falle außergewöhnlich kritischer Situationen, und dann mit nachdrücklicher Kraft.«[18] Großbritannien wollte Frankreich in Schach halten. Alles aber, was darüber hinausging, stieß in London auf Befürchtungen – vor Verwicklungen auf dem Kontinent einerseits, vor einem vereinten Europa andererseits.

Lediglich bei einer Gelegenheit sah Großbritannien keinen Widerspruch zwischen der Kongreßdiplomatie und den eigenen Vorstellungen. Während des griechischen Unabhängigkeitskrieges von 1821 deutete London den Wunsch des Zaren, die christliche Bevölkerung des zusammenbrechenden Osmanischen Reiches zu schützen, als einen ersten Schritt zur Eroberung Ägyptens. Hier standen britische strategische Interessen auf dem Spiel, und Castlereagh zögerte nicht, an den Zaren im Namen eben jener alliierten Eintracht zu appellieren, die er bislang auf die Zügelung Frankreichs zu beschränken versucht hatte. Charakteristischerweise entwickelte er dabei eine Unterscheidung zwischen theoretischen und praktischen Problemen, wie sie nur in Großbritannien formuliert werden konnte: »Die türkische Frage ist von gänzlich anderem Charakter und eine, die wir in England nicht theoretisch, sondern praktisch sehen...«[19] Doch Castlereaghs Appell an die Allianz verdeutlichte vor allem, wie brüchig dieser Bund war. Eine Allianz, in der ein Partner nichts anderes als seine strategischen Interessen verfolgt, bedeutet für deren Mitglieder keinen Gewinn an Sicherheit. Zweifellos schöpfte Metternich Trost aus Castlereaghs offensichtlicher Sympathie für seine Ziele und sogar für das Kongreßsystem selbst. »Castlereagh«, sagte er, »ist einem großen Musikliebhaber beim Besuch einer Kirche vergleichbar; er möchte applaudieren, traut es sich aber nicht.«[20] Wenn aber nicht einmal die britischen Staatsmänner, deren Einstellung noch am ehesten europäisch zu nennen war, dem applaudieren mochten, woran sie doch ganz offensichtlich glaubten, dann war Großbritanniens Rolle im Europäischen Konzert zur Wirkungslosigkeit verurteilt.

Castlereaghs Bestrebungen, Großbritannien an einem System europäischer Kongresse zu beteiligen, gingen – ähnlich wie die Bemühungen Wilsons ein Jahrhundert später – weit über das hinaus, was die parlamentarischen Institutionen Großbritanniens unter strategischen, politischen oder philosophischen Gesichtspunkten tolerieren konnten. Wie später Wilson davon überzeugt, daß man die Gefahr einer neuen Aggression am besten durch ständige Mitgliedschaft in einer Art europäischem Forum vermeiden konnte, verstand Castlereagh Europa besser als die meisten seiner britischen Zeitgenossen und wußte, daß das gerade geschaffene Gleichgewicht sorgfältiger Pflege bedurfte. Und nicht nur das: Er glaubte fest, für die europäischen Fragen eine Lösung gefunden zu haben, die Großbritannien mittragen konnte, da sie über beratende Zusammenkünfte der vier Siegermächte nicht hinausging und keine Verpflichtungen enthielt.

Doch für das britische Kabinett hatten schon beratende Zusammenkünfte zu sehr den Geschmack einer europäischen Regierung, und in der Tat gelang es dem Kongreßsystem nie, auch nur die ersten Hürden auf jenem Weg zu nehmen, den man ursprünglich hatte beschreiten wollen. Nachdem Castlereagh 1818 an der ersten Konferenz in Aachen teilgenommen hatte, auf der Frankreich zum Kongreßsystem zugelassen wurde, stieg Großbritannien aus. Das Kabinett weigerte sich, Castlereagh zu weiteren europäischen Kongressen zu entsenden, die in der Folge in Troppau (1820), in Laibach (1821) und in Verona (1822) stattfanden. Man blieb dem Kongreßsystem gegenüber reserviert, auch wenn der eigene Außenminister es erdacht hatte, so wie sich ein Jahrhundert später die Vereinigten Staaten dem von Wilson initiierten Völkerbund fernhielten. Hier wie dort scheiterte der Versuch von Staatsmännern der jeweils mächtigsten Staaten, ein allgemeines System kollektiver Sicherheit zu schaffen, an innenpolitischen Hemmnissen und historischen Traditionen.

Das Problem und sein Fortwirken in der Geschichte ist leicht umrissen: Wilson wie Castlereagh waren überzeugt, daß die nach einem katastrophalen Krieg errichtete internationale Ordnung nur durch die aktive Teilnahme aller wichtigen Mitglieder der internationalen Gemeinschaft zu schützen sei. Für beide konnte es allein *kollektive* Sicherheit geben; eine durch Bestrafung zum Opfer erniedrigte Nation würde letzten Endes alle zu Opfern machen. Nur auf der Basis eines festgefügten Sicherheitsbegriffes, so meinten sie, hätten alle Staaten ein gemeinsames Interesse, Aggressionen abzuwehren oder – noch besser – von vornherein zu verhindern.

Der schwache Punkt aller kollektiven Sicherheit ist indessen, daß Interessen nur selten deckungsgleich sind, daß Sicherheit nur selten umfassend ist. Die Mitglieder eines umfassenden Systems kollektiver Sicherheit werden deshalb eher darin übereinstimmen, nichts zu unternehmen, als sich auf ein gemeinsames Vorgehen einigen; sie werden entweder durch großartige Reden zusammengehalten oder aber den Austritt des mächtigsten Mitgliedes erleben, das sich am sichersten fühlt und so am wenigsten auf das System angewiesen ist. Das war auch bei Wilson und Castlereagh der Fall. Die Länder, die sie vertraten, fühlten sich von vorhersehbaren Gefahren nicht bedroht und glaubten, auch allein damit zurechtzukommen oder, falls notwendig, im letzten Augenblick Verbündete finden zu können. Teilnahme am Völkerbund oder am europäischen Kongreßsystem bedeutete in ihren Augen nichts als eine Steigerung der Risiken, und dies ohne jeden Zuwachs an Sicherheit.

Und doch gab es einen großen Unterschied zwischen den beiden angelsächsischen Staatsmännern. Castlereagh befand sich nicht nur im Widerspruch zu seinen Zeitgenossen, sondern auch zur modernen britischen Außenpolitik. Er hat kein Vermächtnis hinterlassen; kein britischer Staatsmann hat seine Politik fortgesetzt oder wenigstens als Modell benutzt. Wilson hingegen reagierte nicht nur auf eine im Grundsatz vorhandene amerikanische Bereitschaft, sondern führte diese auch auf ein neues und höheres Niveau. Alle seine Nachfolger sind bis zu einem gewissen Grad »Wilsonianer« gewesen, und die gesamte amerikanische Außenpolitik ist seitdem durch seine Maximen geprägt.

Am Ende sah sich Castlereagh zwischen seinen eigenen Überzeugungen und den innerpolitischen Zwängen ausweglos gefangen. »Sir«, sagte er bei seiner letzten Unterredung mit dem König, »man muß Europa Lebewohl sagen. Nur Sie und ich kennen es; nach mir wird niemand mehr die Probleme des Festlandes verstehen.«[21] Vier Tage darauf beging er Selbstmord.

Je abhängiger Österreich von Rußland wurde, desto dringlicher stellte sich für Metternich die Frage, wie lange der Appell an konservative Prinzipien den Zaren wohl noch davon abhalten würde, seine Möglichkeiten auf dem Balkan und an den Rändern Europas auszuschöpfen. Tatsächlich gelang es dem österreichischen Außenminister noch fast drei Jahrzehnte lang, das Spiel der europäischen Mächte in der Balance zu halten – drei Jahrzehnte, in denen er sich mit Revolutionen in Neapel, Spanien und Griechenland auseinandersetzen mußte. Doch Metternich blieb Herr der Situation; mit

Erfolg hielt er den konservativen Konsens aufrecht und verhinderte eine russische Intervention auf dem Balkan.

Die »Orientalische Frage« allerdings konnte auf diese Weise nicht gelöst werden. Im wesentlichen aus Unabhängigkeitskämpfen auf dem Balkan resultierend, die aufflammten, als die unterschiedlichen Nationalitäten sich von der türkischen Herrschaft zu befreien suchten, stellte die scheinbar ferne Entwicklung das »System Metternichs« vor ein ernstes Problem. Schließlich war es gerade an der Aufrechterhaltung des Status quo interessiert, und Unabhängigkeitsbewegungen, die sich heute gegen die Türkei richteten, konnten sich morgen ebensogut gegen Österreich wenden. Hinzu kam, daß der Zar, der sich so lautstark zum Legitimitätsprinzip bekannt hatte, zugleich am deutlichsten auf Intervention drängte – wobei niemand, erst recht nicht in London oder Wien, daran glaubte, daß der russische Herrscher den Status quo bewahren würde, wenn er seine Armeen erst einmal in Marsch gesetzt hätte.

Das gemeinsame Interesse an den osmanischen Gebieten führte für eine gewisse Zeit sogar zu herzlichen Beziehungen zwischen Österreich und Großbritannien. Zwar kümmerten sich die Engländer nur wenig um Einzelfragen, die den Balkan betrafen, doch ein russisches Vordringen zum Bosporus wurde als Bedrohung der britischen Interessen im Mittelmeerraum aufgefaßt und traf auf hartnäckigen Widerstand. Metternich beteiligte sich nicht direkt an diesen Bemühungen. Er begrüßte sie auch keineswegs. Vorsichtig und mit Vorliebe im verborgenen agierend – er betonte die Einheit Europas wie die Notwendigkeit, den Status quo zu bewahren, umschmeichelte die Russen, aber auch die Briten –, vermochte er es, seinem Land die russische Option unverändert offenzuhalten. Andere Staaten mußten es auf sich nehmen, den russischen Expansionismus aufzuhalten.

Als Metternich 1848 von der politischen Bühne vertrieben wurde, war auch das Ende all jener heiklen Bemühungen gekommen, mit denen Österreich die Übereinstimmung der konservativen Interessen in eigenem Sinn zu nutzen gewußt hatte. Das Prinzip der Legitimität konnte den geopolitischen Niedergang Österreichs, auch die zunehmende Unangemessenheit seiner inneren Strukturen mit den vorherrschenden nationalen Entwicklungen nicht unbegrenzt kompensieren. Doch die Essenz der Staatskunst liegt in der Nuance. Metternich hatte mit der »Orientalischen Frage« noch umzugehen vermocht; seine Nachfolger dagegen waren nicht mehr in der Lage, das überlebte Kaiserreich an die sich ändernden Bedingungen der europäischen Politik anzupassen. Sich dem allgemeinen Trend zur Machtpolitik anschließend, verwarfen sie das Konzept der Legitimität, das vier Jahrzehnte zuvor in Wien seinen Ursprung genommen hatte. Die Zerstörung der internationalen Ordnung nahm ihren Lauf.

Das Europäische Konzert zerbrach schließlich 1854 über der »Orientalischen Frage«. Erstmals seit den Tagen Napoleons befanden sich die Großmächte wieder im Krieg gegeneinander. Ironischerweise wurde dieser Waffengang – der Krimkrieg, der von den Historikern seit langem als sinnlose und absolut vermeidbare Angelegenheit beurteilt wird – nicht von Rußland, Großbritannien oder Österreich heraufbeschworen, von keinem der Länder also, die auf dem Balkan weitreichende Interessen verfolgten, sondern von Frankreich.

Im Jahre 1852 erreichte Napoleon III., gerade durch einen Staatsstreich an die Macht gekommen, daß der türkische Sultan ihm den Beinamen »Beschützer der Christenheit im Osmanischen Reich« garantierte. Diesen Titel hatte sich bislang der russische Zar vorbehalten. In seiner Empörung forderte Nikolaus I. für sich einen ebenbürtigen Status und stellte dem Sultan ein Ultimatum. Als der türkische Herrscher darauf nicht einging, brach Rußland die diplomatischen Beziehungen ab.

Lord Henry Palmerston, ein Mann, der die englische Außenpolitik in der Mitte des neunzehnten Jahrhunderts prägte und gegenüber Rußland ein nahezu krankhaftes Mißtrauen empfand, drang darauf, die britische Kriegsmarine in das Krisengebiet vor den Dardanellen zu entsenden. Der Zar reagierte noch ganz im Geist des von Metternich initiierten Systems: »Sie alle vier zusammen«, bemerkte er mit Blick auf die übrigen Großmächte, »könnten mir wohl Befehle erteilen, aber dieser Fall wird nie eintreten. Ich kann mich auf Berlin und Wien verlassen.«[22] Seine Kaltblütigkeit unter Beweis stellend, ordnete er die Besetzung der Fürstentümer Moldau und Walachei an.

Österreich, das in einem Krieg am meisten zu verlieren hatte, schlug die nächstliegende Lösung vor: Frankreich und Rußland sollten als gemeinsame Beschützer der Christen im osmanischen Reich auftreten. Palmerston, mit dem Vorschlag ebensowenig einverstanden wie mit der entstandenen Situation, entsandte daraufhin die britische Kriegsmarine zum Eingang des Schwarzen Meeres, um Großbritanniens Verhandlungsposition zu stärken. Die Türkei, derart ermutigt, erklärte Rußland den Krieg. Großbritannien und Frankreich unterstützten ihre Position.

So entwickelten sich die Dinge, bis sie binnen kurzem nicht mehr umkehrbar waren. Doch die wahren Ursachen des Krieges lagen tiefer: Religiöse Ansprüche verdeckten lediglich politisch-strategische Absichten. Nikolaus verfolgte den alten russischen Traum, den Bosporus mitsamt Konstantinopel und den Dardanellen in russische Hand zu bekommen, um sich so den Zugang zum Mittelmeer zu sichern. Für Napoleon III. eröffnete sich in der Orientalischen Krise eine Gelegenheit, Frankreichs Isolation zu beenden und die Heilige Allianz zu entzweien, indem er Rußland schwächte. Und Palmerston suchte schlicht einen Anlaß, Rußlands Vorstoß zu den Meerengen ein für allemal ein Ende zu setzen.

Als die Streitigkeiten schließlich zum Ausbruch kamen, drangen britische Kriegsschiffe unverzüglich ins Schwarze Meer vor. Sie hatte Ordre erhalten, die russische Schwarzmeerflotte zu vernichten. Zugleich landete ein anglo-französischer Verband auf der Krim, um die Flottenbasis von Sewastopol einzunehmen.

Diese Ereignisse erschwerten die Lage Wiens. Man legte Wert auf die traditionelle Freundschaft mit Rußland, fürchtete aber, daß Rußlands Vormarsch auf dem Balkan Unruhen unter der slawischen Bevölkerung des Kaiserreichs mit sich bringen könne. Noch mehr war man in Sorge, daß die österreichisch-russische Allianz in der Krim-Angelegenheit Frankreich den Vorwand liefern könne, Österreichs Territorien in Italien anzugreifen. Zunächst erklärte Österreich seine Neutralität: In Wien steuerte man einen zurückhaltenden Kurs. Im ganzen jedoch vertrat Österreichs neuer Außenminister, Graf Buol, die Auffassung, daß Untätigkeit allzu nervenaufreibend und die französische Bedrohung in Italien allzu beunruhigend sei. Als die britischen und französischen Truppen Sewastopol belagerten, entschied sich Österreich deshalb, Frankreich entgegenzukommen. Man stellte dem russischen Herrscher ein Ultimatum, sich aus den Donaufürstentümern Moldau und Walachei zurückzuziehen. Das entschied den Krieg. Alles sprach jetzt gegen St. Petersburg. Österreichs Votum hatte den Ausschlag gegeben – so sah es zumindest der Zar.

Mit diesem Schritt opferte Österreich seine Freundschaft mit Rußland, die seit den Tagen Bonapartes Bestand gehabt hatte. Es war Leichtfertigkeit, gesteigert durch Panik, die Metternichs Nachfolger veranlaßt hatte, das Vermächtnis der konservativen Gemeinschaft aufzugeben. Was ihr zugrunde lag, war mit beträchtlicher Sorgfalt und Umsicht, gelegentlich auch unter schmerzlichen Bedingungen, über eine ganze Generation hin zusammengetragen worden. Jetzt war die Politik der »balance of power«, waren ihre Möglichkeiten wie ihre Voraussetzungen verspielt. Denn in dem Augenblick, da Österreich sich von den Fesseln gemeinsamer Werte löste, setzte es auch Rußland frei, das nun seine eigene Politik vorantreiben konnte, die ausschließlich auf geopolitischen Gesichtspunkten beruhte. Die Richtung dieses Kurses aber war kaum zu verkennen. Über kurz oder lang würden St. Petersburg und Wien auf dem Balkan kollidieren.

Das System des Wiener Kongresses hatte über fünfzig Jahre lang funktioniert, weil die drei Ostmächte – Preußen, Rußland, Österreich – ihre Einheit als fundamentale Barriere gegen revolutionäres Chaos und gegen die Beherrschung Europas durch Frankreich begriffen hatten. Doch im Verlauf des Krimkrieges manövrierte sich Österreich – »das europäische Oberhaus«, wie Talleyrand es einmal genannt hatte – in eine unsichere Allianz mit Napoleon III., dem daran gelegen war, den Einfluß Wiens in Italien zu schwächen, und mit Großbritannien, das an einer Einmischung in die europäischen Angelegenheiten nicht interessiert war.

Auf diese Weise verschaffte Österreich seinen ehemaligen Partnern in der Heiligen Allianz eine neue Freiheit. Jetzt konnten sie ihre eigenen, kaum noch kaschierten Interessen verfolgen. Es zahlte einen hohen Preis: Preußen gegenüber mit dem Rückzug aus Deutschland, Rußland gegenüber mit wachsenden Feindseligkeiten auf dem Balkan, die am Ende nicht nur zum Ausbruch des Ersten Weltkrieges beitrugen, sondern auch zu Österreichs endgültigem Zusammenbruch führten.

Als man in Wien mit den Realitäten der Machtpolitik konfrontiert wurde, erkannte man nicht, daß das Heil Österreichs ausschließlich in der Bindung an das Legitimitätsprinzip gelegen hatte – in nichts anderem. Das Konzept der »Reaktion«, die Übereinstimmung in konservativen Interessen, war über nationale Grenzen hinweggegangen; schon dadurch hatte es alle Konfrontationen abschwächen können, die aufgrund von Machtpolitik zu entstehen drohten. Der Nationalismus hingegen bewirkte das Gegenteil. Er betonte das nationale Interesse, förderte Rivalitäten, erhöhte die Risiken für alle Beteiligten. Österreich stürzte sich jetzt in eine Auseinandersetzung, die es unmöglich gewinnen konnte.

Fünf Jahre nach Ende des Krimkriegs mußte Österreich sich aus Italien zurückziehen, weil Frankreich die italienische Nationalstaatsbildung unterstützte, Rußland sie zumindest duldete – Rahmenbedingungen, die zuvor unvorstellbar gewesen wären. Weitere fünf Jahre später sollte Bismarck Österreich in einem Krieg um die Vorherrschaft in Deutschland besiegen. Erneut sahen Rußland und Frankreich zu, und auch diese Konstellation wäre zwanzig Jahre zuvor ohne jeden Zweifel undenkbar gewesen. Fortan sollte sich die europäische Diplomatie weniger auf gemeinsame Werte als auf nackte Gewalt stützen. Der Frieden hatte noch weitere fünfzig Jahre lang Bestand. Aber mit jedem Jahrzehnt vervielfachten sich die Spannungen, steigerte sich der Rüstungswettlauf.

Großbritannien allerdings profitierte von der neuen, von Machtpolitik geprägten Ordnung Europas. Hinsichtlich seiner eigenen Sicherheit hatte es sich nie auf das Kongreßsystem verlassen; für britische Politiker waren die sich wandelnden Formen der internationalen Beziehungen daher ein durchaus vertrautes Geschäft. Im Verlauf des neunzehnten Jahrhunderts entwickelte sich ihr Land zur Vormacht in Europa. Stark genug, um allein bestehen zu können, verfügte es außerdem über den Vorteil geographischer Isolation und wurde von inneren Unruhen auf dem Kontinent nicht berührt. Zugleich war es durch eine stabile Führung begünstigt, die stets nur das nationale Interesse im Auge hatte.

Castlereaghs Nachfolger verstanden den Kontinent nicht annähernd so gut wie er. Was sie besaßen, war ein sicheres Gefühl für die Essenz ihres nationalen Interesses, das sie mit außergewöhnlicher Geschicklichkeit und Ausdauer verfolgten. George Canning, Castlereaghs unmittelbarer Amtsnachfolger, verlor keine Zeit: Er beseitigte die letzten Bande, mit denen Castlereagh seinen (wenngleich eingeschränkten) Einfluß im europäischen Kongreßsystem aufrechterhalten hatte. Bereits 1821, ein Jahr bevor er Außenminister wurde, hatte Canning eine Politik der »Neutralität in Worten und Taten« gefordert.[23]

»Laßt uns nicht«, sagte er, »der törichten und romantischen Vorstellung nachhängen, wir allein könnten Europa erneuern.«[24] Und später, kurz nach seiner Ernennung, ließ er keinen Zweifel daran, daß sein Leitprinzip allein von den Interessen seines Landes bestimmt würde und daß dies sich nach seiner Einschätzung nicht mit einem ständigen Engagement in Europa vereinbaren ließ: »So eng wir auch mit dem europäischen System verbunden sind, folgt daraus doch nicht, daß wir aufgerufen sind, uns mit rastloser und aufdringlicher Aktivität bei jeder Gelegenheit in die Belange der uns umgebenden Nationen einzumischen.«[25] Mit anderen Worten: Großbritannien würde sich – je nach Lage der Dinge und nur von seinen nationalen Anliegen gelenkt – das Recht vorbehalten, einen eigenen Kurs zu steuern. Es war eine Politik, die Verbündete zu reinem Hilfspersonal degradierte oder ganz und gar überflüssig machte.

Palmerston wirkte in dieser Richtung fort. 1856, also gut fünfundzwanzig Jahre später, äußerte er sich zum nationalen Interesse wie folgt: »Wenn Leute mich nach dem fragen [...], was man Politik nennt, so kann die Antwort nur heißen, daß wir das im Auge haben, was wir für das Beste halten, und zwar bei jeder sich bietenden Gelegenheit, und daß wir die Interessen unseres Landes zum Leitprinzip erheben.«[26] Und auch ein halbes Jahrhundert später sollte die offizielle Darstellung britischer Außenpolitik hinsichtlich ihrer definitorischen Präzision nicht wesentlich gewonnen haben, wie folgende Bemerkung des damaligen Außenministers Sir Edward Grey zeigt: »Britische Außenminister haben sich von dem leiten lassen, was jeweils im unmittelbaren Interesse dieses Landes zu liegen schien, ohne daß sie umständliche Überlegungen für die Zukunft angestellt hätten.«[27]

In den meisten anderen Staaten hätte man derart tautologische Verlautbarungen für lächerlich gehalten: Wir tun das Beste, weil wir es für das Beste halten. In Großbritannien hingegen sah man sie als erhellend an; nur selten wurde der Ruf laut, die vielverwendete Phrase des »nationalen Interesses« genauer zu bestimmen. »Wir haben keine Verbündeten auf Ewigkeit, und wir haben keine dauerhaften Feinde«, erklärte Palmerston. Großbritannien bedurfte keiner formalen Strategie. Seine Staatsmänner verstanden sich so gut auf das britische Interesse, hatten es derart verinnerlicht, daß sie spontan auf jede neu entstehende Situation reagieren und sich sicher sein konnten, daß die Öffentlichkeit sich ihnen anschließen würde. Mit den Worten Palmerstons: »Unsere Interessen sind immerwährend. Und diese Interessen zu beachten, ist unsere Pflicht.«[28]

Britische Politiker waren sich wahrscheinlich sehr viel eher im klaren darüber, was man *nicht* zu verteidigen bereit war, als daß sie einen *casus belli* im voraus als solchen zu erkennen vermocht hätten. Noch zurückhaltender waren sie in der Formulierung positiver Ziele, vielleicht deshalb, weil sie mit dem Status quo recht zufrieden waren. Überzeugt davon, daß sie das Anliegen ihres Landes im Krisenfall klar erkennen würden, sahen sie zu weiteren Ausführungen keine Notwendigkeit. Sie zogen es vor, konkrete Fälle abzuwarten, eine Haltung, die die Staaten des Kontinents unmöglich einnehmen konnten. Sie nämlich *waren* diese aktuellen Fälle selber.

In einer Hinsicht übrigens war die britische Auffassung von Sicherheit derjenigen der amerikanischen Isolationisten nicht unähnlich: In London wie in Washington sah man sich gegen jede Gefahr gefeit, es sei denn, es handelte sich um katastrophale Umwälzungen. Um so mehr unterschieden sich Großbritannien und Amerika im Hinblick auf ihr Verhältnis zum Frieden und zu innerstaatlichen Strukturen. Anders als die Amerikaner begriffen die Politiker in London, daß die Verbreitung repräsentativer Institutionen noch keineswegs ein Schlüsselmoment für den Frieden sei; sie waren auch nicht über das Vorhandensein unterschiedlicher staatlicher Strukturen in Europa beunruhigt. In diesem Sinne setzte Palmerston 1841 dem britischen Botschafter in St. Petersburg auseinander, welchen Situationen Großbritannien mit Waffengewalt entgegentreten würde und warum es sich rein inneren Veränderungen nicht widersetzte: »Eines der grundlegenden Prinzipien«, so schrieb er, »das die Regierung Ihrer Majestät als Richtlinie für ihre Haltung bei der Handhabung der Beziehungen zwischen England und anderen Staaten verfolgt zu sehen wünscht, besteht darin, daß Veränderungen, für die fremde Nationen sich hinsichtlich ihrer inneren Beschaffenheit und Regierungsform entscheiden mögen, als Angelegenheiten betrachtet werden sollten, bei denen England kein Recht hat, mit Waffengewalt einzugreifen [...]. Doch etwas ganz anderes ist der Versuch einer Nation, Territorium zu erobern und in Besitz zu nehmen, das einer anderen Nation gehört. Denn ein solcher Versuch führt zu einer Störung des bestehenden Gleichgewichts der Kräfte, und mit einer Veränderung in der relativen Stärke der Staaten mag für andere Mächte eine Gefahr entstehen. Mithin wird sich die britische Regierung jegliche Freiheit vorbehalten, derartigen Versuchen entgegenzutreten.«[29]

So waren die britischen Minister ohne Ausnahme vor allem daran interessiert, die Handlungsfreiheit ihres Landes zu bewahren. Das war ein Grundsatz, den noch dreißig Jahre später Gladstone in einem Brief an Königin Victoria bestätigte: »England sollte die Mittel vollständig in der Hand behalten, seine Verpflichtungen gegenüber anderen Staaten nach den sich ergebenden Tatsachen zu richten; es sollte die Freiheit seiner Wahl nicht vorher blockieren oder einengen durch Erklärungen an andere Mächte – seien sie in deren wirklichem oder vermeintlichem Interesse –, die diese Mächte selbst zu interpretieren beanspruchen könnten.«[30] Indem man dergestalt auf dem Prinzip der Handlungsfreiheit bestand, lehnte man in der Regel alle Veränderungen ab, die das Thema der kollektiven Sicherheit betrafen. Das, was später unter »splendid isolation« bekannt wurde, Großbritanniens Bündnisfreiheit, reflektierte diese Überzeugung: Bei Allianzen hatte das Land mehr zu verlieren als zu gewinnen, eine Position, die nur für ein Land in Frage kam, das ohne Bündnispartner zu überleben vermochte und in dem die Menschen davon überzeugt waren, daß jegliche extreme oder bedrohliche Situation die potentiellen Bündnispartner noch stärker treffen würde. Großbritanniens Rolle als Garant des europäischen Gleichgewichts verschaffte ihm alle Optionen, die seine politische Führung anstrebte.

Überdies schloß die »splendid isolation« nicht aus, daß man unter besonderen Umständen durchaus zeitlich bedingte Vereinbarungen mit anderen Staaten einging. Als Seemacht ohne großes stehendes Heer gelegentlich gezwungen, mit Verbündeten auf dem Festland zu kooperieren, neigten die Briten stets dazu, sich in der Wahl ihrer Partner erst festzulegen, wenn es unumgänglich war. In diesen Fällen zeigte man sich bemerkenswert unberührt von früheren Animositäten. So drohte Palmerston im Jahre 1830, als sich die Abspaltung Belgiens von Holland vollzog, den Franzosen zunächst mit Krieg, falls sie den Versuch machen sollten, den neuen Staat zu dominieren, bot dann aber wenige Jahre später eine britisch-französische Zusammenarbeit an, um die Unabhängigkeit Belgiens zu garantieren. »England«, bemerkte er, »kann seine Ziele auf dem Kontinent allein nicht erreichen. Es muß Verbündete haben, derer es sich als Instrumente bedienen kann.«[31]

Großbritanniens verschiedene Ad-hoc-Verbündete verfolgten indes natürlich auch eigene Ziele, und in der Regel schlossen diese eine Ausdehnung ihres Einflusses oder Territoriums ein. Sooft die Bündnispartner jedoch über das hinausgingen, was England für angemessen hielt, wechselte es die Seiten oder rief zur Verteidigung des Gleichgewichts neue Koalitionen ins Leben. Seine unsentimentale Hartnäckigkeit und egozentrische Entschiedenheit trugen ihm das Epitheton »perfides Albion« ein. Tatsächlich: Diese Form der Diplomatie mag nicht gerade eine vornehme Haltung widerspiegeln. Gleichwohl hat sie den Frieden Europas bewahrt, besonders nachdem das von Metternich geschaffene System zu zerfallen begann.

Das neunzehnte Jahrhundert markierte den Höhepunkt des britischen Einflusses. Großbritannien war selbstbewußt, und es hatte allen Grund dazu. Es war die führende Industrienation; seine Kriegsflotte beherrschte die Meere. In einem Zeitalter innerer Unruhen entwickelte sich seine Innenpolitik bemerkenswert friedlich, und als sich die zentralen außenpolitischen Probleme des neunzehnten Jahrhunderts artikulierten – Einmischung oder Nichteinmischung, Verteidigung des Status quo oder Anpassung an Veränderungen –, war die britische Position stark genug, um sich jeder Verpflichtung oder dogmatischen Bindung zu entziehen. Im Krieg um die Unabhängigkeit Griechenlands in den zwanziger Jahren des neunzehnten Jahrhunderts sympathisierte man mit den Unabhängigkeitsbestrebungen nur so lange, wie dies die eigene Position im östlichen Mittelmeerraum nicht gefährdete, und stärkte den russischen Einfluß. 1840 hingegen griff man ein, um Rußland im Zaum zu halten; man wollte den Status quo im Osmanischen Reich schließlich aufrechterhalten. Auch während der ungarischen

Revolution von 1848 begrüßte Großbritannien, obwohl formal Nicht-Interventionist, die Wiederherstellung der alten Lage durch Rußland. Und als sich Italien in den fünfziger Jahren des neunzehnten Jahrhunderts gegen die Herrschaft der Habsburger erhob, äußerte man in London zwar Sympathien, griff jedoch nicht ein. Um das Gleichgewicht der Kräfte zu verteidigen, verfolgte man weder einen Kurs strikter Einmischung noch kategorischer Nicht-Einmischung; man war weder ein Bollwerk der Wiener Ordnung noch eine revisionistische Macht. Der Stil war erbarmungslos pragmatisch. Und die Briten waren stolz darauf.

Doch jede pragmatische Politik – ja gerade eine pragmatische Politik – bedarf fester Prinzipien, um ihre taktischen Vorzüge nicht zu einem zufallsbedingten Rundumschlag verkommen zu lassen. Im Fall der britischen Außenpolitik hieß das über Jahrhundert hinweg, ob eingestanden oder nicht, daß man das europäische Gleichgewicht in jedem Fall aufrechterhalten, also den Schwächeren gegen den Stärkeren unterstützen mußte. Die Entschiedenheit zum Beispiel, mit der man die Beneluxländer nicht in die Hände einer Großmacht geraten ließ, blieb zwischen der Regierungszeit Wilhelms III. von Oranien und dem Ausbruch des Ersten Weltkriegs unverändert. Auch Disraeli bestätigte dies 1870:»Es war immer die Auffassung der Regierung dieses Landes, daß es im Interesse Englands liegt, wenn die Staaten an der europäischen Küste zwischen Dünkirchen und Ostende bis hin zu den Nordseeinseln im Besitz freier und prosperierender Gesellschaften sind, die ihre Kräfte zum Wohle des Friedens anwenden, die sich ihrer freiheitlichen Rechte erfreuen und jenen Handelstätigkeiten nachgehen, die zur Kultur der Menschheit beitragen. Diese Staaten sollten nicht unter der Herrschaft einer militärischen Großmacht stehen.«[32] Schon die Tatsache, daß Berlin überrascht war, als Großbritannien nach der deutschen Invasion in Belgien mit einer Kriegserklärung reagierte, zeigt daher, wie tief Deutschland in die Isolation geraten war.

Im achtzehnten Jahrhundert hatten Marlborough, Carteret und Pitt mehrere Schlachten ausgefochten, um Österreich vor Frankreich zu schützen, und bis weit ins neunzehnte Jahrhundert hinein galt der Erhalt Österreichs als wichtiges Ziel britischer Politik. Zu diesem Zeitpunkt war Österreich freilich von französischen Aggressionen im Grunde nicht mehr bedroht; trotzdem blieb es – angesichts des russischen Vordringens in Richtung Bosporus und Dardanellen – für Großbritannien auch weiterhin ein nützliches Gegengewicht. Als die Revolution von 1848 dann den Zerfall des Kaiserreichs einzuleiten drohte, schrieb Palmerston:»Im Zentrum Europas steht Österreich als Barriere gegen Übergriffe von der einen und Invasionen von der anderen Seite. Die politische Unabhängigkeit und Freiheit Europas ist meines Erachtens mit dem Erhalt und der Unversehrtheit Österreichs als europäischer Großmacht verknüpft; aus diesem Grunde muß alles, was durch unmittelbare und selbst durch mittelbare Ereignisse dazu führt,

Österreich zu schwächen oder es sogar von der Position einer Großmacht auf diejenige eines zweitrangigen Staates herabzudrücken, großes Unheil für Europa bedeuten. Ein Unheil, das jeder Engländer mißbilligen und verhüten sollte.«[33] Nach 1848 verlor Österreich an Macht. Seine Politik wurde zunehmend unberechenbarer. London hatte nun ein neues Hauptziel: Es galt, Rußland von der Besetzung der Dardanellen abzuhalten. Die österreichisch-russischen Feindseligkeiten allerdings resultierten weitgehend aus Absichten, die Petersburg gegenüber den slawischen Provinzen Österreichs hegte; diese aber waren für Großbritannien nicht ernsthaft von Belang, während die Frage, wer die Meerengen kontrollierte, wiederum nicht zu den lebenswichtigen Interessen der Wiener Regierung zählte. Österreich verlor deshalb aus britischer Sicht als Gegengewicht zu Rußland an Bedeutung, und so griff Großbritannien nicht ein, als Österreich in Italien von Piemont geschlagen wurde, und auch nicht, als dieser Niederlage Ende der sechziger Jahre die gegen Preußen folgte. Nach der Jahrhundertwende verkehrten sich dann die Dinge. Erstmals sollte die Angst vor Deutschland die britische Politik bestimmen, und Österreich, Deutschlands Verbündeter, spielte in den britischen Überlegungen jetzt die Rolle des Widersachers.

Im neunzehnten Jahrhundert hätte kaum jemand ein Bündnis zwischen Großbritannien und dem zaristischen Rußland für möglich gehalten. Palmerston glaubte, Rußland verfolge »einen Kurs genereller Aggression nach allen Seiten, was teilweise mit dem Charakter des Zaren [Nikolaus], teilweise mit dem vorherrschenden Regierungssystem zusammenhängt«.[34] Noch fünfundzwanzig Jahre später vertrat Lord Clarendon dieselbe Ansicht, indem er den Krimkrieg als »einen Kampf der Zivilisation gegen die Barbarei« bezeichnete.[35] Die britischen Außenminister waren fast das gesamte 19. Jahrhundert lang darauf aus, dem russischen Expansionsdrang in Richtung Persien, Konstantinopel und Indien Einhalt zu gebieten. Erst nach der Jahrhundertwende, nach einigen Jahrzehnten kriegerischer und unsensibler deutscher Politik, sahen die Briten in Deutschland das größte Sicherheitsrisiko.

Britische Regierungen wechselten weitaus häufiger als diejenigen der sogenannten Ostmächte. Keine der maßgeblichen Persönlichkeiten des Landes – Palmerston, Gladstone, Disraeli – kam in den Genuß ununterbrochener Amtszeiten wie etwa Metternich, Nikolaus I. oder Bismarck. Trotzdem verfolgte die britische Politik ihre Ziele mit außerordentlicher Beständigkeit, was unter anderem im repräsentativen Charakter seiner politischen Institutionen begründet ist.

Seit 1700 spielte die öffentliche Meinung eine wichtige Rolle in der britischen Außenpolitik. In keinem anderen Staat im Europa des achtzehnten Jahrhunderts gab es »oppositionelle« Standpunkte über Ziel und Taktik der Außenpolitik; in Großbritannien waren sie Bestandteil des Systems. Im achtzehnten Jahrhundert vertraten die Konservativen für gewöhnlich die außenpolitischen Ansichten des Königs, der zur Einmischung auf dem Festland neigte; die Liberalen hingegen, etwa Sir Robert Walpole, zogen es vor, eine gewisse Zurückhaltung gegenüber Streitigkeiten auf dem Kontinent zu üben, um statt dessen mehr Gewicht auf die Expansion in Übersee zu legen. Im neunzehnten Jahrhundert tauschten beide Parteien die Rollen. Liberale wie Palmerston traten für eine aktive Außenpolitik ein, während Lord Derby oder der Marquis von Salisbury sich vor außenpolitischen Komplikationen hüteten. Radikale Politiker, zum Beispiel Richard Cobden, verbündeten sich mit den Konservativen und plädierten ebenfalls für eine Haltung der Nicht-Einmischung.

Da sich die Außenpolitik des Landes aus offenen Diskussionen entwickelte, bewies die britische Öffentlichkeit in Kriegszeiten einen außerordentlich starken Zusammenhalt. Die Kehrseite einer so offensichtlich parteiorientierten Außenpolitik bestand in der Gefahr plötzlicher Revisionen, wenn ein Premierminister ersetzt wurde; doch die Beispiele dafür sind rar. Zu ihnen zählt, daß die Unterstützung der Türkei durch Großbritannien in den siebziger Jahren des achtzehnten Jahrhunderts ein abruptes Ende nahm, weil Gladstone, der moralische Einwände gegen die Türken geltend machte, Disraeli bei der Wahl von 1880 schlug.

Großbritannien betrachtete seine repräsentative Regierungsform immer als einzigartig. Daher spielten in der am nationalen Interesse orientierten britischen Außenpolitik ideologische Gesichtspunkte keine Rolle. Wann immer das Land Sympathien für eine Revolution bekundete, etwa 1848 in Italien, geschah dies vor allem aus praktischen Erwägungen. Palmerston zitierte Canning mit dem Satz: »Diejenigen, die sich dem Fortschritt in den Weg gestellt haben, weil er zugleich Neuerung bedeutet, werden irgendwann einmal gezwungen sein, eine Neuerung zu akzeptieren, die kein Fortschritt mehr ist.«[36] Doch dies war als Ratschlag, nicht als Aufruf zur Verbreitung britischer Werte und Institutionen gemeint. Während des gesamten neunzehnten Jahrhunderts beurteilte Großbritannien andere Staaten allein auf der Grundlage der diplomatischen Beziehungen; deren innerstaatliche Organisation dagegen war, von dem kurzen Zwischenspiel Gladstones abgesehen, für die britische Diplomatie zu keinem Zeitpunkt ausschlaggebend.

Auch hier ist der Vergleich mit Amerika aufschlußreich. Denn obwohl beide, das Großbritannien des neunzehnten und die USA des zwanzigsten Jahrhunderts, einer dauernden Verwicklung in internationale Angelegenheiten zurückhaltend gegenüberstanden, unterschied sich die britische Variante des Isolationismus deutlich von der amerikanischen. Die Vereinigten Staaten sahen in ihren demokratischen Strukturen ein Beispiel für alle Welt; Großbritannien betrachtete seine parlamentarischen Institutionen als einzigartig und bar jeden Nutzens für andere Gesellschaften. In den USA war man der Überzeugung, die Verbreitung der Demokratie sei Voraussetzung für einen dauerhaften Frieden. Großbritannien indessen mochte zwar bestimmte innenpolitische Systeme bevorzugen, wäre aber niemals ein Risiko eingegangen, um diese zu fördern. Das zeigte sich auch im Jahre 1848. Damals ordnete Palmerston alle britischen Befürchtungen, die französische Monarchie könne untergehen und einem neuen Bonaparte zum Aufstieg verhelfen, folgendem sachlichen Grundsatz unter:»Es ist das unabänderliche Prinzip der britischen Regierung, das Recht eines jeden Staates anzuerkennen, selbst zu entscheiden, welche die für ihn am besten geeignetste Regierungsform sei.«[37]

Palmerston bestimmte fast dreißig Jahre lang mit geringen Unterbrechungen die britische Außenpolitik. Seinen pragmatisch orientierten Stil charakterisierte Metternich 1841 mit einer Mischung aus Zynismus und Bewunderung:»Was aber will Lord Palmerston? Er will Frankreich die Macht Englands spüren lassen, indem er ihm beweist, daß die ägyptische Angelegenheit nur dann beendet sein wird, wenn er das wünscht, ohne daß Frankreich irgendein Recht hat, Maßnahmen zu ergreifen. Den zwei deutschen Mächten will er beweisen, daß er nicht auf sie angewiesen ist, sondern daß Rußlands Hilfe England genügt. Er will Rußland in Schach halten und es in seinem Gefolge mit sich ziehen, indem es sich seine ständige Furcht zunutze macht, daß England sich Frankreich wieder annähern könnte.«[38]

Metternichs Beschreibung, obschon auf die Spitze getrieben, war nicht falsch; so nämlich verstand man in London tatsächlich das Gleichgewicht der Kräfte. Diese Politik besaß unleugbare Vorzüge: sie ermöglichte es den Briten, im neunzehnten Jahrhundert nur einen einzigen und relativ kurzen Krieg gegen eine andere Großmacht auskämpfen zu müssen: den Krimkrieg. Gerade dieser Krieg allerdings besiegelte den Zerfall der alten Ordnung und führte zum Zusammenbruch der Heiligen Allianz, auch wenn das bei Kriegsausbruch niemand beabsichtigte. Mit dem Verlust der Übereinstimmung unter den drei östlichen Herrschern Europas verschwand auch das moralische Element der Mäßigung aus der europäischen Diplomatie, und es vergingen fünfzehn unruhige Jahre, bevor in Europa ein neues und sehr viel instabileres Gleichgewicht entstand.

## Kapitel 5

# Zwei Revolutionäre:
# Napoleon III. und
# Otto von Bismarck

*Otto von Bismarck, Napoleon III.*

Der Zusammenbruch des Metternichschen Systems nach dem Krimkrieg brachte zwei konfliktreiche Jahrzehnte hervor. Es kam zum italienischen Befreiungskrieg von 1859, zum Krieg um Schleswig-Holstein von 1864, zum deutsch-deutschen Krieg von 1866 und zum Deutsch-Französischen Krieg von 1870. Als alles vorüber war, hatte sich in Europa ein neues Kräftegleichgewicht etabliert. Frankreich, das an drei der vier Kriege teilgenommen und den vierten unterstützt hatte, hatte seine Vormachtstellung an Deutschland verloren. Vor allem aber waren die moralischen Einschränkungen des Metternichschen Systems verschwunden; ein neuer Begriff für eine radikale Politik des Kräftegleichgewichts stand für den Umbruch jener Epoche: Die deutsche Realpolitik hatte die französische Staatsräson ersetzt, wenn auch nur als politische Formel.

Die neue europäische Ordnung war das Werk zweier Männer, die nicht unterschiedlicher hätten sein können, Kaiser Napoleon III. und Otto von Bismarck. Beide ignorierten Metternichs alte Grundregeln: daß die Herrschaft der legitimen gekrönten Häupter der europäischen Staaten im Interesse der Stabilität zu erhalten, daß die nationalen und liberalen Bewegungen zu unterdrücken und, vor allem, daß die Beziehungen zwischen den Staaten durch einen Konsens unter gleichgesinnten Herrschern zu bewahren seien. Und beide gründeten ihr Handeln auf Realpolitik, auf die Vorstellung also, daß die Beziehungen unter den Staaten von nichts als Macht bestimmt seien und nur der Mächtigste bestehen könne.

Napoleon III., Neffe des großen Bonaparte, war in seiner Jugend ein Mitglied italienischer Geheimbünde gewesen, die gegen die österreichische Dominanz in Italien gekämpft hatten. 1848 ergriff er mit einem Staatsstreich die Macht und ließ sich 1852 nach einem Plebiszit zum Kaiser ausrufen. Otto von Bismarck war Sproß einer alten preußischen Familie und leidenschaftlicher Gegner der Revolution von 1848. Im Jahre 1862 wurde er Ministerpräsident, allerdings nur deshalb, weil der preußische König keine andere Möglichkeit sah, eine in bezug auf Militärausgaben und Heeresreform entstandene Pattsituation gegenüber dem Parlament zu überwinden.

Gemeinsam gelang es Napoleon III. und Bismarck, das System des Wiener Kongresses zunichte zu machen, vor allem aber jene Selbstbeschränkung zu beenden, die aus einem gemeinsamen Glauben an konservative

Werte resultiert hatte. Nicht anders als der Eiserne Kanzler nämlich sah auch der französische Kaiser, daß die Ordnung, die Metternich 1815 in Wien geschaffen hatte, seine Interessen beeinträchtigte; schließlich war diese ja in der erklärten Absicht geschaffen worden, Frankreich im Zaum zu halten. Und obschon Napoleon III. ohne Frage nicht größenwahnsinnige Absichten wie sein Onkel hegte, war er doch der Ansicht, daß Frankreich das Recht habe, sich gelegentlich neue Gebiete einzuverleiben. Ein einiges Europa sollte ihm dabei nicht im Wege stehen. Bismarck hingegen lehnte Metternichs Werk ab, weil es Preußen blockiert und im Deutschen Bund zum Juniorpartner Österreichs degradiert hatte. Überzeugt, daß der Deutsche Bund nur deshalb so viele kleine souveräne Staaten umfaßte, weil Preußen Ketten angelegt werden sollten, meinte er, das Wiener System müsse zerstört werden, wenn Preußen seine Bestimmung erfüllen und Deutschland einen solle.

Indessen gelangte nur einer der beiden Revolutionäre ans Ziel seiner Politik. Napoleon scheiterte; er brachte kaum etwas von dem zustande, was er sich vorgenommen hatte. Während er sich für den Zerstörer des Metternichschen Systems und den Initiator des europäischen Nationalismus hielt, stürzte er die europäische Diplomatie in Wahrheit in einen Aufruhr, von dem Frankreich nicht im geringsten profitierte. Es waren ganz andere Nationen, die aus der Unruhe Nutzen ziehen sollten. So ermöglichte Napoleon die Vereinigung Italiens und leistete, ohne es zu wollen, der deutschen Einigung Vorschub, zwei Ereignisse, die Frankreich geopolitisch schwächten und die traditionelle Grundlage des französischen Einflusses in Mitteleuropa zerstörten. Wenn es auch Frankreichs Möglichkeiten auf lange Sicht ohnehin überfordert hätte, auch nur einen der beiden Prozesse aufzuhalten, so trug Napoleons sprunghafte Politik doch dazu bei, die Entwicklungen noch zu beschleunigen. Zugleich büßte Frankreich die Fähigkeit ein, die neue internationale Ordnung in einer Weise mitzugestalten, die den französischen Interessen entsprochen hätte. Napoleon versuchte Metternichs Erbe zu zerschlagen, weil er – was in mancher Hinsicht gewiß zutraf – der Auffassung war, sein Land werde dadurch isoliert. Doch als Napoleons Herrschaft 1871 zu Ende ging, war die Isolation, in der Frankreich sich befand, noch weitaus größer als zu Metternichs Zeiten.

Bismarcks Hinterlassenschaft unterschied sich davon vollständig. Wenige Staatsmänner haben den Lauf der Geschichte so deutlich verändert wie er. Bevor Bismarck sein Amt antrat, ging man davon aus, daß die deutsche Einheit durch eine parlamentarisch-konstitutionelle Regierung zustande kommen werde, wie sie die Revolution von 1848 hervorgebracht hatte. Fünf Jahre später befand sich Bismarck tatsächlich bereits auf dem besten Weg, das Problem der deutschen Einigung, das viele Generationen von Deutschen beschäftigt hatte, zu lösen. Aber er tat dies keineswegs in einem demokratisch-konstitutionellen Prozeß, sondern auf der Grundlage der preußischen Vormachtpolitik.

Bismarcks Vorgehen hat zu keinem Zeitpunkt die Billigung der maßgeblichen politischen Kräfte gefunden. Den Konservativen zu demokratisch, den Liberalen zu autoritär, den Legitimisten zu machtorientiert, war das neue Deutschland auf ein politisches Genie zugeschnitten, das sich vorgenommen hatte, die von ihm entfesselten Kräfte, auswärtige wie innere, zu dirigieren, indem es ihre Gegensätze manipulierte – eine Aufgabe, die Bismarck meisterte, die über das Leistungsvermögen seiner Nachfolger jedoch weit hinausging.

Zu Lebzeiten wurde Napoleon III. die »Sphinx der Tuilerien« genannt, weil man glaubte, er brüte gewaltige Pläne aus, die sich erst nach und nach entfalten würden. Man hielt ihn für ebenso undurchschaubar wie schlau, weil er Frankreichs Isolation unter dem Wiener System beendet und mit dem Krimkrieg den Zerfall der Heiligen Allianz ausgelöst hatte. Nur ein führender europäischer Staatsmann durchschaute ihn von Anfang an – Otto von Bismarck. In den fünfziger Jahren des neunzehnten Jahrhunderts hatte seine reichlich spöttische Charakterisierung Napoleons gelautet: »Seine Intelligenz wird auf Kosten seiner Sentimentalität überschätzt.«

Napoleon III. litt, nicht anders als sein Onkel, unter seiner wenig standesgemäßen Herkunft, und obwohl er sich für einen Revolutionär hielt, sehnte er sich danach, von den rechtmäßigen Königen Europas akzeptiert zu werden. Gewiß: Hätte die Heilige Allianz noch die Kraft ihrer ursprünglichen Überzeugungen besessen, hätte sie versucht, die republikanischen Institutionen zu stürzen, die 1848 in Frankreich an die Stelle der Monarchie getreten waren. Die blutigen Exzesse der Französischen Revolution waren noch lebhaft in Erinnerung, nicht weniger allerdings die Tatsache, daß fremde Einmischung der Grund dafür war, daß sich die französischen Revolutionstruppen im Jahre 1792 wie entfesselt auf die Länder Europas gestürzt hatten. Und eben jene Angst vor Einmischung hatte wiederum die Abneigung des republikanischen Frankreich begründet, seine Revolution nach außen zu tragen.

Angesichts dieser Hemmnisse rangen sich die konservativen Mächte widerwillig zur Anerkennung der Republik durch, die ab Ende 1849 von Louis Napoleon als gewähltem Präsidenten, 1852 schließlich von diesem als Kaiser Napoleon »III.« regiert wurde, nachdem er durch Putsch das in der Verfassung festgeschriebene Verbot der Wiederwahl gekippt hatte. Als er sich nun zum Kaiser ausgerufen hatte, stellte sich die Frage seiner internationalen Anerkennung, da der Wiener Kongreß die Familie Bonaparte ausdrücklich vom Thron verbannt hatte.

Als erstes Land erkannte ihn nun Österreich an. Der österreichische Botschafter in Paris, Baron Hübner, berichtete von einem typisch zynischen Kommentar seines Chefs, Fürst Schwarzenberg, vom 31. Dezember 1851, der das Ende der Ära Metternich unterstrich. »Die Zeit der Prinzipien ist vorbei.«[1] Napoleons nächste Sorge war, ob die anderen Monarchen ihn mit dem unter ihnen gebräuchlichen »Bruder« titulieren oder eine geringere Form der Anrede wählen würden. Schließlich übernahmen der österreichische und der preußische Monarch die von Napoleon bevorzugte Form. Nur Zar Nikolaus I. blieb unnachgiebig. Er weigerte sich, über die Anrede »Freund« hinauszugehen, womit er, gemessen an seinen Ansichten von Revolutionären, Napoleon ohne Zweifel für übergebührlich belohnt ansah. Hübner berichtet von den verletzten Gefühlen in den Tuilerien: »Man hat das Gefühl, von den alten Kontinentalhöfen verschmäht zu sein. Dies ist der Wurm, der am Herzen des Kaisers Napoleon nagt.«[2] Ganz gleich ob dieses Naserümpfen eine Tatsache, ob es nur Einbildung war, jedenfalls zeigte es die zwischen Napoleon und den anderen Monarchen bestehende Kluft, eine der psychologischen Wurzeln jener rücksichtslosen und unbarmherzigen Angriffe, mit denen Napoleon der europäischen Diplomatie später zusetzen sollte.

Der Widerspruch in Napoleons Leben lag darin, daß er für die Innenpolitik, die ihn langweilte, viel kompetenter als für die Außenpolitik war, für die es ihm an Mut und Scharfblick mangelte. Sooft er für einen kurzen Augenblick seine selbstauferlegte revolutionäre Mission unterbrach und innehielt, leistete er einen großen Beitrag zur Entwicklung seines Landes: Er brachte die industrielle Revolution nach Frankreich, und seine Förderung großer Kreditanstalten spielte eine maßgebliche Rolle für die wirtschaftliche Entwicklung des Landes. Daneben sorgte er dafür, daß Paris ein grandioses, fortschrittliches Erscheinungsbild erhielt, denn im frühen neunzehnten Jahrhundert war die französische Kapitale noch eine altmodische Stadt mit engen, gewundenen Gäßchen gewesen. Napoleon übertrug einem seiner engsten Berater, dem Baron Haussmann, die Verantwortung und die finanziellen Möglichkeiten, eine moderne Stadt mit breiten Boulevards, großen öffentlichen Gebäuden, überwältigenden Panoramen zu schaffen. Daß ein Zweck jener breiten Straßen darin bestand, gutes Schußfeld zu schaffen, um revolutionärem Aufruhr vorzubeugen, schmälert die Großartigkeit und die Dauerhaftigkeit dieser Leistung nicht.

Aber Napoleons wahre Leidenschaft war die Außenpolitik. Sie erfüllte ihn mit widerstreitenden Gefühlen. Einerseits erkannte er, daß er sein Bedürfnis nach Legitimität niemals würde befriedigen können; denn die Legitimität eines Monarchen ist nun einmal durch Geburt erworbenes Recht, das nicht verliehen werden kann. Andererseits wollte er nicht als Legitimist in die Geschichte eingehen. Er war ein italienischer Carbonare gewesen, ein Freiheitskämpfer, und sah sich als Verfechter des Rechts auf nationale Selbstbestimmung. Gleichwohl widerstrebte es ihm, große Risiken einzugehen. Seine Ziele waren die Aufhebung der territorialen Regelungen des Wiener Kongresses und die Änderung des Staatengefüges, auf dem sie beruhten. Doch erkannte er nicht, daß am Ende eines solchen Prozesses ein vereintes Deutschland stehen würde, das französischen Vormachtsansprüchen in Mitteleuropa ein für allemal ein Ende bereiten würde.

Die Sprunghaftigkeit seiner Politik war auch ein Reflex seiner persönlichen Gespaltenheit. Voller Mißtrauen gegenüber seinen monarchischen »Brüdern«, sah sich Napoleon gezwungen, auf die öffentliche Meinung zu bauen, und seine Politik schwankte je nach seiner Einschätzung dessen, was ihm zum Erhalt seiner Popularität notwendig schien. Im Jahre 1857 erstattete der allgegenwärtige Baron Hübner dem österreichischen Kaiser Bericht: »In seinen [Napoleons] Augen«, so schrieb er, ist »seine auswärtige Politik nur das Instrument, dessen er sich bedien[t], um seine Herrschaft in Frankreich zu sichern, seinen Thron zu befestigen, seine Dynastie zu gründen. Sollten die Dinge in Frankreich schlecht gehen, würde er vor keinem Mittel, vor keiner Kombination, welche sich eignet, um sich im Lande populär zu machen, zurückschrecken.«[3]

Mit der Zeit blockierte sich Napoleon mehr und mehr durch Krisen, die er selber verursacht hatte. Es fehlte ihm etwas wie ein innerer Kompaß, der ihn auf Kurs gehalten hätte. Wiederholt fachte er eine Krise an, erst in Italien, darauf in Polen, zuletzt in Deutschland, um dann doch vor den Konsequenzen zurückzuschrecken. Er besaß den Ehrgeiz seines Onkels, aber nicht dessen Verve, dessen Genie oder, was dies angeht, dessen rohe Gewaltsamkeit. Er unterstützte den italienischen Nationalismus, solange sich dieser auf Norditalien beschränkte, er trat für die polnische Unabhängigkeit ein, solange damit kein Kriegsrisiko verbunden war. Als es jedoch zum deutschdeutschen Krieg kam, wußte er nicht, auf welche Seite er setzen sollte. Napoleon, der mit einem länger andauernden Konflikt gerechnet hatte, wandte sich mit der lächerlichen Forderung an den Sieger Preußen, ihn für seine Unfähigkeit, den Sieger auszumachen, zu belohnen.

Was Napoleons Stil am meisten entsprach, war ein europäischer Kongreß, der die Landkarte Europas neu zeichnen würde; dort hoffte er bei geringem Risiko glänzen zu können. Trotzdem besaß er keine genaue Vorstellung davon, wie diese neuen Grenzen verlaufen sollten. Keine andere Großmacht war bereit, ein solches Theater zu veranstalten, nur um Napoleons innenpolitischen Bedürfnissen entgegenzukommen: Welche Nation würde jemals einer Veränderung ihrer Grenzen – schon gar zu ihren eigenen Ungunsten – zustimmen, bestünde dazu nicht eine zwingende Notwendigkeit? Der einzige Kongreß, dem Napoleon schließlich vorstand – es war der Pariser Kongreß, der den Krimkrieg beendete –, hat die Landkarte Europas nicht neu gestaltet; er bestätigte lediglich das Kriegsergebnis. Rußland wurde untersagt, im Schwarzen Meer eine Flotte zu unterhalten; es verlor dadurch die Fähigkeit, sich gegen einen weiteren britischen Angriff zu verteidigen. Außerdem wurde der Zar gezwungen, Bessarabien und das Gebiet um Kars an der Ostküste des Schwarzen Meeres an die Türkei zurückzugeben. Schließlich mußte er auf seinen Anspruch als Schutzherr der Christen im Osmanischen Reich verzichten, der die unmittelbare Kriegsursache dargestellt hatte. So symbolisierte der Pariser Kongreß zwar das Zerbrechen der Heiligen Allianz. Aber keiner der Teilnehmer war zu einer Revision der Grenzen in Europa bereit.

Napoleon gelang es nie, den von ihm so sehnlich gewünschten Kongreß zur Neugestaltung der europäischen Landkarte einzuberufen, und zwar aus einem Grund, der ihm vom britischen Botschafter, Lord Clarendon, in aller Offenheit dargelegt wurde: Ein Land, das große Veränderungen anstrebt, ohne zu großen Risiken bereit zu sein, verurteilt sich zur Wirkungslosigkeit: »Ich sah, daß der Gedanke an einen europäischen Kongreß im Kaiser keimt, und mit ihm die Arrondierung der französischen Grenze, die Aufhebung überholter Verträge und andere etwa notwendige Umbildungen. Ich entwarf aus dem Stegreif einen Katalog der Gefahren und Probleme, die ein solcher Kongreß nach sich zöge, wenn seine Entscheidungen nicht einstimmig getroffen würden, was wahrscheinlich sei, oder eine oder zwei der stärksten Mächte für ihre Ziele zum Krieg bereit wären.«[4]

Palmerston faßte Napoleons staatsmännische Fähigkeiten bei Gelegenheit denn auch mit den folgenden, verächtlichen Worten zusammen: »Die Ideen vermehrten sich in seinem Kopf wie Kaninchen in einem Stall.«[5] Ärgerlicher war jedoch, daß diese Ideen keinen Bezug zu einem übergeordneten Konzept hatten. Nach dem Zusammenbruch des Metternichschen Systems hatte Frankreich im Grunde nur zwei strategische Optionen: Es konnte der Politik Richelieus folgen und danach trachten, daß Mitteleuropa geteilt blieb, eine Möglichkeit, die von Napoleon die Zurückstellung seiner revolutionären Überzeugungen verlangt hätte, zumindest innerhalb Deutschlands, und dies zugunsten der legitimen Herrscher, die darauf bedacht waren, die Teilung Mitteleuropas aufrechtzuerhalten. Es konnte sich aber auch, wie unter Napoleon I., an die Spitze eines republikanischen Kreuzzuges setzen, um dadurch die Dankbarkeit nationalistischer Gruppierungen und vielleicht sogar die politische Führungsrolle in Europa zu erlangen.

Zum Schaden seines Landes verfolgte Napoleon beide Strategien gleichzeitig. Er blieb ein Befürworter der nationalen Selbstbestimmung, offenkundig blind gegenüber dem geopolitischen Risiko, das Frankreich in Mitteleuropa aus dieser Haltung erwuchs. Er setzte sich für die Revolution in Polen ein, versagte ihr allerdings seine Unterstützung, sobald er mit deren Folgen konfrontiert wurde. Er widersetzte sich den Wiener Abkommen, in welchen er einen Affront gegen Frankreich sah, ohne rechtzeitig zu erkennen, daß die Weltordnung von Wien auch seinem Land die denkbar beste Sicherheitsgarantie bot.

Denn der Deutsche Bund war so angelegt, daß er nur angesichts einer erdrückenden Gefahr von außen als Einheit handeln konnte. Seinen Mitgliedsstaaten war es ausdrücklich untersagt, sich in offensiver Absicht zusammenzuschließen; freilich wären sie auch niemals imstande gewesen, sich auf eine Angriffsstrategie zu einigen, was sich nicht zuletzt daran zeigte, daß dieses Thema während des fünfzigjährigen Bestehens des Deutschen Bundes niemals auch nur angeschnitten wurde. Solange die Wiener Schlußakte unangetastet Bestand hatte, blieb aller Wahrscheinlichkeit nach auch

Frankreichs Rhein-Grenze unverletzt. Nach deren Zusammenbruch hingegen, der durch Napoleons III. Politik überhaupt erst möglich geworden war, erwies sich diese Grenze ein ganzes Jahrhundert lang immer wieder als gefährdet. Napoleon III. hat dies nie erkannt, obwohl es doch für die Sicherheit seines Landes von wesentlicher, ja entscheidender Bedeutung war. Noch beim Ausbruch des deutsch-deutschen Krieges im Jahre 1866 schrieb er an den Kaiser Franz Joseph:»Ich muß bekennen, daß ich nicht ohne eine gewisse Genugtuung Zeuge der Auflösung des Deutschen Bundes geworden bin, der doch hauptsächlich gegen Frankreich ins Leben gerufen wurde.«[6] Der Habsburger antwortete wesentlich scharfsichtiger:»Der Deutsche Bund, der aus rein defensiven Beweggründen geschlossen wurde, hat in dem halben Jahrhundert seines Bestehens seinen Nachbarn niemals Anlaß zur Beunruhigung gegeben.«[7] Die Alternative zum Deutschen Bund war nicht Richelieus zersplittertes Mitteleuropa, sondern ein vereinigtes Deutschland, dessen Bevölkerung diejenige Frankreichs zahlenmäßig überstieg und das in seiner industriellen Leistungsfähigkeit kurz davor stand, Frankreich zu übertreffen. Indem er das Ergebnis des Wiener Kongresses attackierte, machte Napoleon folglich aus einem defensiv konzipierten Hemmnis nationaler Politik eine potentielle Gefahr für Frankreichs Sicherheit.

Als Staatsmann erweist sich, wer im Strudel taktischer Entscheidungen die wahrhaft langfristigen Interessen seines Landes zu erkennen und eine geeignete Strategie zu ihrer Wahrung zu entwickeln vermag. Napoleon III. hätte den Beifall genießen können, den man ihm für seine kluge Taktik während des Krimkrieges zollte (bei der ihm die österreichische Kurzsichtigkeit zugute gekommen war), oder in den vermehrten diplomatischen Optionen Bestätigung finden können, die sich seitdem vor ihm auftaten. Frankreichs Interesse hätte darin bestehen können, sich eng an Österreich und Großbritannien zu halten, jene beiden Länder, die den Erhalt der gegebenen territorialen Regelungen in Mitteleuropa mit der größten Wahrscheinlichkeit unterstützen würden. Die Politik des Kaisers war jedoch in hohem Maße bestimmt von seiner unsteten Natur. Als einem Bonaparte war ihm bei der Zusammenarbeit mit Österreich nie wohl, was immer die Staatsräson auch gebot, und im Jahre 1858 sagte er denn auch zu einem piemontesischen Diplomaten:»Österreich ist ein Kabinett, gegen das ich immer, und bis heute, die lebhafteste Abneigung verspürte.«[8] Revolutionäre Neigung veranlaßte ihn, 1859 mit Österreich wegen Italien einen Krieg zu beginnen. Er stieß Großbritannien vor den Kopf, indem er nach diesem Krieg Savoyen und Nizza annektierte und unaufhörlich Vorschläge für einen europäischen Kongreß zur Neuregelung der Grenzen unterbreitete. Um seine Isolation komplett zu machen, opferte er die Möglichkeit, ein Bündnis mit Rußland zu schließen, indem er 1863 die polnische Revolution unterstützte. Er hatte die europäische Diplomatie unter dem Banner der nationalen Selbstbestimmung in Bewegung gebracht: Doch nun, da mit Hilfe einer von ihm eifrig geförderten Unruhe ein deutscher Nationalstaat Gestalt annahm, der das Ende der französischen Vorherrschaft in Europa bedeuten sollte, fand er sich plötzlich allein gelassen.

Seinen ersten Schritt nach dem Krimkrieg tat der Kaiser 1859 in Italien, nicht einmal drei Jahre nach dem Pariser Friedenskongreß. Niemand hatte damit gerechnet, daß Napoleon auf jenes Ziel seiner Jugend zurückkommen würde, Norditalien von österreichischer Herrschaft zu befreien. Schließlich hätte Frankreich von einem solchen Abenteuer wenig zu erwarten gehabt. Wäre es gelungen, dann wäre ein Staat entstanden, der geopolitisch in der Lage gewesen wäre, eine der traditionellen Routen für eine Invasion nach Frankreich zu blockieren; wäre es aber mißlungen, dann wäre die Demütigung nur noch größer gewesen, gerade weil es sich um ein so vages Ziel handelte. Doch ob mit oder ohne Erfolg: Französische Truppen in Italien würden in ganz Europa Irritation auslösen.

Aus all diesen Gründen war der britische Botschafter Lord Henry Cowley überzeugt, ein französischer Krieg in Italien liege außerhalb jeder Wahrscheinlichkeit. Es sei ganz einfach nicht im Interesse Napoleons, einen Krieg zu führen, zitierte Hübner den englischen Botschafter:»Das Bündnis mit England, obgleich für einen Moment erschüttert und noch immer ein wenig erschlafft, bildet doch noch fortwährend die Basis der Politik Napoleons III.«[9] Etwa drei Jahrzehnte später hingegen schrieb Hübner:»Wir alle konnten schwer begreifen, daß dieser auf den Gipfel der menschlichen Ehren gelangte Mann, außer er wäre von Wahnsinn, vom Wahnsinn des Spielers befallen, ernstlich daran denken könne, sich ohne jedweden verständlichen Grund von neuem in Abenteuer einzulassen.«[10] Napoleon jedoch überraschte alle Diplomaten mit Ausnahme Bismarcks, der einen französischen Krieg gegen Österreich vorausgesagt und als Mittel zur Schwächung der österreichischen Position in Deutschland sogar erhofft hatte.

Im Juli 1858 verständigte sich Napoleon insgeheim mit Camillo Cavour, dem Ministerpräsidenten Sardinien-Piemonts, des stärksten der italienischen Staaten, auf einen gemeinsamen Krieg gegen Österreich. Das war ein rein machiavellistischer Schritt, mit dem Cavour Norditalien einigen, Napoleon aber von Piemont Nizza und Savoyen erhalten sollte. Im Mai 1859 war ein geeigneter Vorwand gefunden. Das Haus Habsburg, von jeher mit schwachen Nerven ausgestattet, ließ sich durch piemontesische Störmanöver zur Kriegserklärung provozieren, worauf Napoleon äußerte, daß dies auf eine Kriegserklärung an Frankreich hinauslaufe, und seine Armeen nach Italien in Marsch setzte.

Wenn die Franzosen zu Napoleons III. Zeiten von der Konsolidierung der Nationalstaaten als»Welle der Zukunft« sprachen, dachten sie seltsamerweise zuerst an Italien, nicht an das wesentlich stärkere Deutschland. Sie empfanden Sympathie und kulturelle Nähe zu Italien, und eben daran mangelte es ihnen gegenüber ihrem Nachbarn im Osten. Hinzu kam, daß der mächtige wirtschaftliche Aufschwung, der Deutschland an die Spitze der europäischen Mächte tragen sollte, gerade erst begann; so war noch nicht offensichtlich, daß Italien weniger mächtig sein würde als Deutschland. Preußens Behutsamkeit während des Krimkrieges bestärkte Napoleon in seiner Ansicht, Preußen sei unter den Großmächten die schwächste und ohne russische Hilfe zu keiner Demonstration der Stärke fähig. Demnach mußte ein Krieg in Italien, der Österreichs Einfluß minderte, auch die Stärke seines gefährlichsten deutschen Gegenspielers verringern, Frankreichs Bedeutung in Italien jedoch stärken – eine krasse Fehleinschätzung nach allen Richtungen.

Napoleon standen zwei gegensätzliche Optionen offen. Im besten Fall konnte er den europäischen Staatsmann spielen: Norditalien würde das österreichische Joch abwerfen; die europäischen Mächte würden unter Napoleons Schirmherrschaft zu einem Kongreß zusammentreffen, um sich auf jene umfassenden Gebietsrevisionen zu einigen, die dem französischen Staatsoberhaupt bei der Pariser Konferenz versagt geblieben waren. Im schlimmsten Fall würde der Krieg eine Pattsituation schaffen. Doch auch dann könnte Napoleon immerhin noch in der Rolle des machiavellistischen Meisters der Staatsräson erscheinen und – als Gegenleistung für die Beendigung des Krieges – von Österreich und auf Kosten Piemonts gewisse Vorteile erlangen.

Napoleon strebte beide Ziele gleichzeitig an. Die französische Armee siegte bei Magenta und Solferino, entfesselte aber in Deutschland eine derart antifranzösische Stimmung, daß es eine Zeitlang so aussah, als ob die kleineren deutschen Länder, einen neuerlichen Ansturm Napoleons fürchtend, auf eine preußische Intervention auf seiten Österreichs drängen würden. Aufgerüttelt durch dieses erste Anzeichen eines deutschen Nationalismus und erschüttert durch seine Eindrücke vom Schlachtfeld bei Solferino, schloß Napoleon mit Österreich am 11. Juli 1859 in Villafranca einen Waffenstillstand, ohne sich auch nur die Mühe einer Mitteilung an seine piemontesischen Verbündeten zu machen.

Doch Napoleon III. hatte nicht nur seine Ziele verfehlt, er hatte auch noch die Situation seines Landes im internationalen Kräftespiel geschwächt. Von nun an gingen die italienischen Nationalisten mit den Prinzipien, für die Napoleon eingetreten war, in einer Weise aufs Ganze, wie dieser es nicht im entferntesten erwartet hatte. Napoleons Vorstellung von der Schaffung eines Satelliten mittlerer Größe, eingefügt in ein aus etwa fünf Staaten bestehendes Italien, hatte zur Verärgerung Piemonts geführt. Dort dachte man nun nicht mehr daran, seine nationale Mission unerfüllt zu lassen. Österreich hielt ebenso hartnäckig an Venetien fest, wie Napoleon auf einer Rückgabe an Italien beharrte. Damit schuf er einen weiteren unlösbaren Streitpunkt, ohne daß französische Interessen erkennbar berührt gewesen wären. Großbritannien sah in der Annexion von Savoyen und Nizza den

Beginn einer neuen Phase napoleonischer Eroberungen, weshalb es alle Initiativen ablehnte, die zu jener europäischen Konferenz führen sollten, von der Napoleon träumte. Währenddessen erblickten deutsche Nationalisten in der Ruhelosigkeit des ganzen Kontinents die Gelegenheit, ihre eigenen Hoffnungen voranzubringen. Napoleons III. Verhalten während des polnischen Aufstandes von 1863 beschleunigte seinen Weg in die Isolation. Als er die Bonapartesche Tradition der Freundschaft mit Polen wiederbelebte, versuchte er zunächst, Rußland zu Zugeständnissen an seine rebellischen Untertanen zu überreden. Aber der Zar wollte davon nichts wissen. Dann suchte er Großbritannien für eine gemeinsame Anstrengung zu gewinnen, doch Palmerston war vor dem quecksilbrigen französischen Kaiser viel zu sehr auf der Hut. Schließlich unterbreitete er Österreich den Vorschlag, es solle seine polnischen Provinzen an einen noch gar nicht existierenden polnischen Staat sowie Venetien an Italien abgeben und sich dafür in Schlesien und auf dem Balkan schadlos halten. Österreich, das damit de facto aufgefordert wurde, einen Krieg mit Preußen und Rußland zu riskieren, nur um an seinen Grenzen einen französischen Satelliten entstehen zu sehen, hielt von dem Vorschlag wenig.

Leichtsinn ist für einen Staatsmann eine kostspielige Schwäche, und der Preis dafür muß am Ende immer bezahlt werden. Handlungen, aus der Stimmung des Augenblicks heraus unternommen und bar jeglicher übergeordneten Strategie, können niemals von dauerhaftem Bestand sein. Unter Napoleon verlor Frankreich jene Kontrolle über die innenpolitischen Vorgänge in Deutschland, die seit Richelieu ein Grundpfeiler französischer Politik gewesen war. Der Kardinal hatte ein schwaches Mitteleuropa gleichsam als Schlüssel zu Frankreichs Sicherheit verstanden. Getrieben von maßlosem Ehrgeiz und Gier nach Ruhm, konzentrierte sich Napoleons III. Politik hingegen auf die europäische Peripherie, denn nur dort waren bei geringem Einsatz Gewinne zu erzielen. Als der Schwerpunkt europäischer Politik sich jedoch nach Deutschland verlagerte, sah Frankreich sich allein.

Der verhängnisvolle Augenblick kam 1864. Zum ersten Mal seit dem Wiener Kongreß störten Österreich und Preußen den Frieden Europas, und zwar um eines deutschen Zieles willen. Sie führten Krieg gegen eine nichtdeutsche Macht. Streitpunkt war die Zukunft der Herzogtümer Schleswig und Holstein, die der dänischen Krone unterstanden, wobei Holstein zugleich aber auch Mitglied des Deutschen Bundes war und zwischen beiden ein uralter standesrechtlicher Zusammenhalt bestand. Der Tod des dänischen Herrschers hatte ein Gewirr politischer, dynastischer und nationaler Streitfragen aufgeworfen, die Palmerston zu dem Ausspruch veranlaßten, nur drei Personen hätten die Sache je verstanden: Von diesen sei eine tot, die zweite im Irrenhaus, und die dritte sei er, aber er habe alles vergessen.

Der Gegenstand des Streits war weit weniger wichtig als die Tatsache, daß die beiden deutschen Schlüsselstaaten sich zum Krieg gegen das kleine Dänemark zusammengetan hatten. So stellte sich heraus, daß Deutschland doch zur Offensive fähig war und daß die beiden deutschen Großmächte die Maschinerie des Bundes, sollte sich diese als zu schwerfällig erweisen, ganz einfach ignorieren konnten.

Gemäß den Traditionen der Ordnung des Wiener Kongresses hätten die europäischen Mächte sich zu diesem Zeitpunkt zu einer Konferenz versammeln müssen, um den Status quo ante annähernd wiederherzustellen. Doch der Kontinent war in Unordnung geraten, was vor allem Folge der Aktionen des französischen Kaisers war. Rußland war nicht bereit, sich die beiden Länder zum Feind zu machen, die sich schließlich zurückgehalten hatten, während es den polnischen Aufstand niederkämpfte. Großbritannien fühlte sich angesichts des Angriffes gegen Dänemark unbehaglich, hätte zu einer Intervention aber eines Verbündeten auf dem Kontinent bedurft. Frankreich, sein einzig möglicher Partner, flößte wenig Vertrauen ein.

Geschichte, Ideologie und die »Raison d'état« hätten Napoleon warnen müssen, daß die Ereignisse bald eine Eigendynamik entwickeln würden. Doch Napoleon war hin- und hergerissen zwischen den Prinzipien einer traditionellen Außenpolitik, die auf den Fortbestand eines geteilten Deutschlands gerichtet war, und der Unterstützung des Nationalitätsprinzips, das ihn in seiner Jugend begeistert hatte. An seinen Botschafter in London, La Tour d'Auvergne, schrieb der französische Außenminister Drouyn de Lhuys: »Wir stehen zwischen den Rechten eines Landes, dem seit langem unser Wohlwollen gilt, und den Sehnsüchten des deutschen Volkes, die wir ebenfalls in Betracht zu ziehen haben. Deshalb müssen wir mit einem höheren Maß an Umsicht handeln, als England dies tut.«[11]

Doch Staatsmänner müssen Verantwortung auf sich nehmen. Sie müssen verwickelte Situationen lösen und dürfen sie nicht nur betrachten: Umsicht wird leicht zum Alibi für Untätigkeit. Frankreich war zu der Überzeugung gelangt, es sei weise, nichts zu unternehmen. So versetzte es Preußen und Österreich in die Lage, die Zukunft der Elb-Herzogtümer zu besiegeln. Sie trennten Schleswig-Holstein von Dänemark ab und besetzten es gemeinsam, ein Vorgang, der unter dem Metternichschen System undenkbar gewesen wäre. So sah sich Napoleon plötzlich mit einem wahren Alptraum konfrontiert, der sich abzeichnenden Einheit Deutschlands, einem Alptraum, dem er ein Jahrzehnt lang nur aus dem Weg gegangen war, statt ihn zu verhindern.

Bismarck hatte nicht vor, die Führungsrolle in Deutschland aufzuteilen. Er zog aus dem gemeinsamen Krieg um Schleswig-Holstein Vorteile, durch welche die Geschehnisse, von österreichischer Seite aus betrachtet, wie ein Fortgang jener endlos scheinenden Serie grober Fehler aussahen, die über ein Jahrzehnt hinweg Österreichs Politik markiert hatte. Der Grund dafür war stets derselbe gewesen: Beschwichtigung eines selbsternannten Gegners durch das Angebot der Zusammenarbeit. Diese Strategie funktionierte gegenüber Preußen nicht besser, als sie es während des Krimkrieges zehn Jahre zuvor gegenüber Frankreich getan hatte. Weit entfernt davon, Entlastung mit sich zu bringen, schuf der gemeinsame Sieg über Dänemark einen neuen und für Österreich höchst bedrohlichen Unruheherd. Plötzlich sollte Österreich die Elb-Herzogtümer gemeinsam mit einem preußischen Verbündeten verwalten, dessen Ministerpräsident entschlossen war, die Gelegenheit dazu zu nutzen, die lange ersehnte Kraftprobe herbeizuführen, und dies auf einem Gebiet, das Hunderte von Kilometern von österreichischem Boden entfernt lag und an Preußen grenzte.

Als die Spannung stieg, trat Napoleons widersinnige Haltung noch deutlicher zutage. Er fürchtete die deutsche Einigung, sympathisierte zugleich mit dem deutschen Nationalismus und suchte nun verzweifelt nach einem Ausweg aus diesem Zwiespalt. In Preußen sah er den wahren deutschen Nationalstaat. »Preußen verkörpert«, so schrieb er 1860, »die deutsche Nationalität, die religiöse Erneuerung, den Fortschritt im Handel, die liberal verfaßte Regierungsform. Es ist die größte der wirklich deutschen Monarchien; es hat mehr Gewissensfreiheit, mehr Aufklärung, gewährt mehr politische Rechte als die meisten anderen deutschen Länder.«[12] Bismarck hätte jedes Wort unterschrieben. Doch während Napoleons Bejahung der einzigartigen Stellung Preußens in Bismarcks Augen den Schlüssel zum schließlichen Triumph darstellte, bildete sie für den französischen Kaiser eine weitere Ausrede für seine lähmende Untätigkeit. Unentschlossenheit als politisches Geschick ausgebend, ermutigte er zu einem deutsch-deutschen Krieg, wobei er bis zu einem gewissen Grad wohl tatsächlich der Überzeugung war, Preußen werde diesen Krieg verlieren. Zu Alexandre Walewski, seinem vormaligen Außenminister, sagte er im Dezember 1865: »Glauben Sie mir, lieber Freund, der Krieg zwischen Österreich und Preußen stellt eine jener unverhofften Eventualitäten dar, die uns mehr als nur einen Vorteil verschaffen können.«[13] Doch während mit französischer Unterstützung alles auf eine militärische Auseinandersetzung zutrieb, schien sich Napoleon zu keiner Zeit zu fragen, warum Bismarck eigentlich so sehr zum Krieg entschlossen war, wenn als sicher gelten mußte, daß Preußen der Verlierer sein werde.

Vier Monate bevor der Krieg begann, brach Napoleon sein Schweigen. Er drängte regelrecht zum Krieg, als er im Februar 1866 zu dem preußischen Botschafter in Paris, Graf von der Goltz, sagte: »Ich bitte Sie, dem König von Preußen zu sagen, daß er stets auf meine Freundschaft zählen kann. Im Falle eines Konflikts zwischen Preußen und Österreich werde ich absolute Neutralität wahren. Ich wünsche die Vereinigung der Herzogtümer [Schleswig und Holstein] mit Preußen [...]. Sollte der Kampf ein jetzt noch nicht absehbares Ausmaß annehmen, bin ich überzeugt, allemal ein Abkommen mit Preußen erreichen zu können, dessen Interessen sich in einer Vielzahl von

Fragen mit denen Frankreichs decken, während ich keinen Turf sehe, über das ich mich mit Österreich einigen könnte.«[14]

Was erwartete Napoleon tatsächlich? War er von der Wahrscheinlichkeit einer Pattsituation überzeugt, die seine Verhandlungsposition verbessern würde? Ohne Zweifel rechnete er mit preußischen Zugeständnissen als Entgelt für seine Neutralität. Bismarck durchschaute dieses Spiel und bot – für den Fall, daß Napoleon tatsächlich neutral bliebe – eine wohlwollende Haltung gegenüber der Einverleibung Belgiens durch Frankreich an, was überdies vorteilhafte Verwicklungen zwischen Frankreich und Großbritannien mit sich bringen würde. Vermutlich nahm Napoleon dieses Angebot nicht besonders ernst. Er setzte ja auf Preußens Niederlage; seine Schritte waren eher darauf gerichtet, Preußen auf Kriegskurs zu halten. Einige Jahre später räumte Graf Armand, engster Berater des französischen Außenministers, denn auch ein:»Die einzige Besorgnis, die wir im Auswärtigen Ministerium damals hatten, war die, daß Preußen zu sehr geschlagen und ecrasiert werden möchte, und wir waren fest entschlossen, dies durch rechtzeitige Intervention zu verhindern. Der Kaiser wollte Preußen schlagen lassen, dann intervenieren und ein Deutschland nach seiner Phantasie konstruieren.«[15]

Napoleon schwebte wohl eine Neuauflage der Politik Richelieus vor. Von Preußen erhoffte er sich, daß es Frankreich für die Befreiung aus der Niederlage einen Ausgleich im Westen anbieten werde. Venetien sollte an Italien fallen, und eine neue deutsche Regelung sollte auf die Schaffung eines Norddeutschen Bundes unter preußischer Führung sowie eines süddeutschen Zusammenschlusses mit französischer und österreichischer Unterstützung hinauslaufen. Doch anders als der Kardinal, der Kräfteverhältnisse einzuschätzen wußte und für seine Überzeugungen entschlossen kämpfte, war Napoleon weder zu dem einen noch zu dem anderen in der Lage.

Napoleon zögerte. Er hoffte auf eine Wende, die ihm die Erfüllung seiner Wünsche ohne jedes Risiko präsentieren würde. Sein Plan lief, wie immer, auf eine europäische Konferenz zur Abwehr der Kriegsgefahr hinaus. Doch die anderen Mächte, allzu vertraut mit Napoleons Absichten und voller Skepsis, verweigerten ihre Teilnahme. Wohin er sich auch wandte, überall begegnete er derselben Schwierigkeit: Er konnte den Status quo verteidigen, indem er aufhörte, für das Nationalitätsprinzip einzutreten, oder er konnte zum Revisionismus anspornen und dabei die nationalen Interessen Frankreichs, wie sie von jeher verstanden wurden, aufs Spiel setzen. Er suchte seine Zuflucht zu Anspielungen auf gewisse »Kompensationen«, ohne genau zu sagen, worin diese bestehen sollten, was Bismarck zu der Überzeugung gelangen ließ, die französische Neutralität sei eine Frage des Preises, nicht des Prinzips. »Die einzige Schwierigkeit«, schrieb Goltz damals an den preußischen Ministerpräsidenten, »welche der Kaiser in einem gemeinsamen Auftreten Preußens, Frankreichs und Italiens auf einem Kongreß findet, besteht in dem Mangel eines Frankreich anzubietenden Kompensationsobjekts. Man weiß, was wir wollen, man weiß, was Italien will, der Kaiser kann aber nicht sagen, was er für Frankreich will, und wir können ihm keinen Vorschlag in dieser Beziehung machen.«[16] Großbritannien machte seine Teilnahme an einer Konferenz davon abhängig, daß Frankreich zuvor dem Status quo zustimmte. Doch statt auf diesen Vorschlag einzugehen und die staatliche Ordnung Deutschlands, die Frankreich viel zu verdanken hatte, der aber auch Frankreich seine Sicherheit verdankte, kurzentschlossen gutzuheißen, machte Napoleon einen Rückzieher. Er bestand darauf, daß es zur Erhaltung des Friedens notwendig sei, die nationalen Leidenschaften zu berücksichtigen.[17]

Kurz: Napoleon war gewillt, sich auf die beträchtlichen Risiken eines Krieges zwischen Österreich und Preußen einzulassen, dessen Ergebnis ein geeintes Deutschland sein könnte, nur um in Italien, das keine echten französischen Interessen berührte, irgendeine unsichere Beute zu machen, und um in Westeuropa Ziele zu verfolgen, vor deren genauer Definition er sich scheute. Aber in Bismarck hatte er es mit einem Meister zu tun. Der Preuße kannte die Macht des Faktischen, er durchschaute die kosmetischen Manöver, mit denen Napoleon sich hervortat, und nutzte sie für seine eigenen Ziele.

Es gab führende französische Politiker, die durchaus begriffen, welche Risiken Napoleon einging. Sie erkannten, daß die sogenannte Kompensation, auf die Napoleon es abgesehen hatte, keine grundlegenden französischen Interessen berührte. In einer brillanten Rede am 3. Mai 1866 sagte Adolphe Thiers, ein eingefleischter republikanischer Gegenspieler Napoleons und nachmaliger Präsident Frankreichs, mit bestechendem Weitblick voraus, daß Preußen bald die dominierende Macht in Deutschland sein werde:»Man wird das Reich Karls V. wiederkehren sehen, das einst in Wien residierte und nun in Berlin, nahe unserer Grenze, residieren und auf diese Druck ausüben wird [...]. Sie haben ein Recht, gegen diese Politik im Namen der Interessen Frankreichs Widerstand zu leisten, denn Frankreich ist zu wichtig, als daß es durch eine solche Revolution nicht schwer bedroht würde. Und wenn es nun seit zweihundert Jahren kämpft [...], um diesen Koloß zu zerstören, ist es dann bereit zuzusehen, wie er sich vor seinen, Frankreichs, Augen wieder aufrichtet?!«[18] Thiers argumentierte, daß Frankreich angesichts dieser Lage nicht mit Napoleon vagen Träumen nachhängen dürfe, sondern eine klare Politik gegen Preußen verfolgen müsse, unter dem Vorwand, die Unabhängigkeit der deutschen Länder schützen zu wollen – die alte Richelieu-Formel. Frankreich, so behauptete er, habe das Recht, der deutschen Einigung Widerstand entgegenzusetzen,»erstens im Namen der Unabhängigkeit der deutschen Länder [...], zweitens im Namen seiner eigenen Unabhängigkeit und schließlich im Namen des europäischen Gleichgewichts, das im Interesse aller liegt, im Interesse der Menschheit [...]. Heute versucht man, den Begriff›europäisches Gleichgewicht‹ zu verhöhnen [...]. Aber was ist denn das europäische Gleichgewicht? Es ist die Unabhängigkeit Europas.«[19]

Indessen war es bereits zu spät, um den Krieg zwischen Preußen und Österreich noch abzuwenden. Thiers lag mit seiner Analyse genau richtig; nur hätten die Voraussetzungen für eine solche Politik ein Jahrzehnt eher geschaffen werden müssen. Doch selbst wenn die ernste Warnung, daß Frankreich eine Niederlage Österreichs oder die Zerstörung traditionsreicher Staaten wie des Königreichs Hannover nicht zulassen werde, Bismarck noch Einhalt hätte gebieten können: Napoleon verwarf diesen Kurs. Er glaubte fest, Österreich werde den Krieg gewinnen. Zudem fand er offenbar Vergnügen daran, die Wiener Schlußakte zunichte zu machen und so – unter Mißachtung der historischen nationalen Interessen Frankreichs – der Bonaparteschen Tradition gerecht zu werden. Drei Tage später erwiderte er Thiers:»Ich verachte jene Verträge von 1815, welche manche in unseren Tagen zur einzigen Grundlage unserer Politik machen möchten.«[20]

Einen Monat nach Thiers' Rede befanden sich Preußen und Österreich im Krieg. Entgegen allen französischen Erwartungen siegte Preußen schnell und entscheidend. Nach den Regeln Richelieuscher Diplomatie hätte Napoleon dem Verlierer beistehen und einen derartig eindeutigen Sieg verhindern müssen. Napoleon dagegen zögerte. Er tat nichts weiter, als ein Armeekorps zur»Beobachtung« an den Rhein zu entsenden. Bismarck warf ihm einen Brocken hin, indem er ihn den Frieden vermitteln ließ; daß Frankreich hinsichtlich der deutschen Frage zunehmend an Einfluß verlor, konnte mit dieser leeren Geste gleichwohl nicht verborgen werden. Im Prager Frieden vom August 1866 wurde Österreich zum Abzug aus Deutschland gezwungen, und sein formeller Einfluß in anderen deutschen Ländern wurde beendet. Zwei Länder, Hannover und Hessen-Kassel, die im Krieg auf der Seite Österreichs gekämpft hatten, wurden von Preußen annektiert, ebenso Schleswig, Holstein und die Freie Reichsstadt Frankfurt. Mit der Absetzung von Herrscherhäusern gab Bismarck deutlich zu erkennen, daß er den Legitimitätsgedanken als Leitprinzip der internationalen Ordnung aufgegeben hatte.

Die norddeutschen Länder, die ihre Unabhängigkeit behielten, wurden Bismarcks neuer Schöpfung einverleibt, dem Norddeutschen Bund. Sie waren in zahlreichen Angelegenheiten, von der Handelsgesetzgebung bis zur Außenpolitik, der preußischen Führung unterworfen. Die süddeutschen Länder Bayern, Baden und Württemberg durften ihre Selbständigkeit um den Preis von Verträgen mit Preußen behalten, durch die sie gezwungen waren, ihre Streitkräfte im Fall eines Krieges mit einer auswärtigen Macht dem preußischem Oberkommando zu unterstellen. Die Einigung Deutschlands war nur noch eine Krise weit entfernt.

Napoleon III. hatte sein Land in eine Sackgasse manövriert, aus der es nicht mehr herausfand. Zu spät bemühte er sich um ein Bündnis mit Österreich, das er mit militärischer Gewalt aus Italien, durch unbeirrbare Neutralität aus Deutschland hinausgeworfen hatte. Doch Österreich hatte das

Interesse an der Rückgewinnung beider Positionen verloren. Es konzentrierte sich zunächst auf den Neuaufbau seines Reiches, auf die Etablierung jener Doppelmonarchie, deren Hauptstädte Wien und Budapest werden sollten, sowie auf sein Engagement auf dem Balkan. Großbritannien war wegen Frankreichs Absichten in Luxemburg und Belgien verärgert. Und Rußland verzieh Napoleon nie sein Verhalten in der Polenfrage. Jetzt war Frankreich gezwungen, dem Zusammenbruch seiner historischen Vormachtstellung allein entgegenzutreiben. Je hoffnungsloser seine Lage wurde, desto entschlossener versuchte Napoleon III., durch fintenreiche Initiativen Boden zurückzugewinnen – wie ein Spieler, der nach jedem verlorenen Spiel den Einsatz verdoppelt. Bismarck hatte Napoleon die Neutralität im österreichisch-preußischen Krieg schmackhaft gemacht, indem er ihm mit territorialen Gewinnen winkte, zunächst in Belgien, dann in Luxemburg. Diese Aussichten verflüchtigten sich jedoch, sobald Napoleon ihrer habhaft zu werden suchte. Er wollte seine »Entschädigung« ausgehändigt bekommen, doch Bismarck sah keinen Grund mehr, Risiken einzugehen, nachdem er die Früchte der französischen Unentschlossenheit bereits geerntet hatte.

Gedemütigt durch diese Demonstration seiner Ohnmacht, vor allem aber besorgt wegen eines sich immer deutlicher abzeichnenden Verfalls des europäischen Gleichgewichts, der sich zweifelsohne zuungunsten Frankreichs auswirkte, suchte Napoleon seine Fehleinschätzungen wettzumachen, indem er die Nachfolge auf den spanischen Thron zum Streitfall machte. Er verlangte vom preußischen König eine Zusicherung: Kein Fürst des Hauses Hohenzollern werde den vakant gewordenen Thron anstreben. Auch dabei handelte es sich freilich nur um eine leere Geste, mit der bestenfalls ein Prestigeerfolg zu erzielen war. Von Bedeutung für die Machtverhältnisse in Mitteleuropa war dergleichen nicht.

Niemand hat Bismarck an diplomatischer Beweglichkeit je übertroffen. Es war einer seiner listigsten Schachzüge, daß er sich Napoleons Gebaren zunutze machte und den Franzosen dazu brachte, 1870 den Krieg gegen Preußen zu erklären. Die französische Forderung, der preußische König solle dafür sorgen, daß kein Mitglied seiner Familie nach der spanischen Krone trachte, war in der Tat eine Provokation. Doch Wilhelm, würdevoll und bejahrt, geriet keineswegs in Wut, sondern wies – geduldig und unter Wahrung der Umgangsformen – den französischen Botschafter zurück, als dieser geschickt wurde, um seine Einwilligung entgegenzunehmen. Der König ließ seine Ansichten über die Angelegenheit an Bismarck übermitteln; der nahm eine Feder zur Hand und schrieb das Telegramm um, wobei er all jene nachsichtig-höflichen Formulierungen eliminierte, mit denen der König dem französischen Botschafter geantwortet hatte.[21] Dann griff Bismarck, seiner Zeit ein gutes Stück voraus, zu einem Mittel, das die Staatsmänner späterer Generationen zu einer wahren Kunst steigern sollten: Er ließ die ganze Sache an die Presse durchsickern. Die von Bismarck umgeschriebene Version des Telegramms, die sogenannte Emser Depesche, klang wie ein königlicher Rüffel an Frankreich. Die erzürnte französische Öffentlichkeit forderte Krieg, und den gewährte Napoleon seinen Untertanen auch.

Preußen erzielte mit der Unterstützung aller anderen deutschen Länder einen raschen und umfassenden Sieg. Der Weg zur Vollendung der Einheit Deutschlands war nun frei. Die Kaiserproklamation fand am 18. Januar 1871 statt – taktloserweise ausgerechnet im Spiegelsaal von Versailles.

Napoleon hatte die von ihm angestrebte Revolution erreicht, wenngleich ihre Folgen ziemlich genau das Gegenteil dessen waren, was er beabsichtigt hatte. Die Landkarte Europas war in der Tat neu gezeichnet worden; aber die dabei entstandenen Konstellationen hatten den Einfluß Frankreichs in irreparablem Ausmaß geschwächt, ohne Napoleon den ersehnten Ruhm zu bringen.

Ein Staatsmann besteht seine Feuerprobe, wenn er Kräfteverhältnisse richtig einzuschätzen und bei der Verwirklichung langfristiger Ziele zu berücksichtigen versteht. Napoleon III. bestand diese Probe nicht. Seine Außenpolitik scheiterte keineswegs an einem Mangel an Ideen, sondern weil er unfähig war, die Überfülle seiner Einfälle zu ordnen oder zur Realität in Beziehung zu setzen. Nie verfolgte er einzelne politische Leitgedanken; vielmehr trieb ihn ein ganzes Gespinst von Zielen, von denen einige sich grundsätzlich widersprachen. Als es in seinem politischen Wirken zur entscheidenden Krise kam, machten sich die verschiedenen Impulse gegenseitig zunichte.

Napoleon sah im Metternichschen System eine Demütigung Frankreichs und eine Behinderung seiner Absichten – nicht mehr. Es gelang ihm, die Heilige Allianz zu zerschlagen, indem er während des Krimkrieges einen Keil zwischen Österreich und Rußland trieb. Aber er wußte mit dem Triumph nichts anzufangen. Von 1853 bis 1871, im Grunde also fast seine gesamte Regierungszeit hindurch, herrschten in Europa vergleichsweise chaotische Verhältnisse: Eine neue Ordnung entstand. Am Ende dieser Phase war Deutschland die stärkste Macht auf dem Kontinent. Legitimität, das Prinzip, das die konservativen Herrscher verbunden und die Härte des Gleichgewichtssystems in den Jahren Metternichs gemildert hatte, verkam zum hohlen Schlagwort, und Napoleon selber hatte zu diesen Entwicklungen beigetragen: In Überschätzung der Stärke Frankreichs unterstützte er jeden Aufstand, immer überzeugt, ihn zum Vorteil seines Landes nutzen zu können.

Schließlich kam es so weit, daß die internationale Politik vor allem auf purer Gewalt basierte. Und in einer solchen Welt tat sich eine innere Kluft auf zwischen Frankreichs Selbstverständnis als der führenden Nation Europas und seiner Fähigkeit, diesem Bild zu entsprechen – eine Kluft, die der französischen Politik bis auf den heutigen Tag geschadet hat. Zur Zeit Napoleons III. trat sie in dem Unvermögen zutage, die französischen Vorschläge für eine Konferenz zur Neuordnung Europas in die Tat umzusetzen. Immer wieder rief Napoleon zu Zusammenkünften auf: nach dem Krimkrieg im Jahre 1856, vor dem italienischen Krieg im Jahre 1859, während des Polen-Aufstands 1863, während des deutsch-dänischen Krieges 1864, vor dem deutsch-deutschen Krieg im Jahre 1866. Stets war er bestrebt, am Konferenztisch jene Grenzrevisionen zu erreichen, für die er ein militärisches Risiko nicht einzugehen bereit war. Darin lag das Problem: Einerseits war er nicht stark genug, um auf seiner Forderung bestehen zu können, und andererseits waren seine Pläne zu radikal, um allgemeine Zustimmung zu erzielen.

Die Neigung Frankreichs, sich mit Ländern zusammenzuschließen, die bereit sind, einen französischen Führungsanspruch zu akzeptieren, ist seit dem Krimkrieg ein konstantes Element der französischen Außenpolitik. Weil Frankreich in einem Bündnis mit Großbritannien, Deutschland, Rußland oder den Vereinigten Staaten nicht dominieren konnte und weil ein untergeordneter Status unvereinbar schien mit seinen Vorstellungen von nationaler Größe und seinem nahezu messianischen Anspruch, hat das Land immer wieder Pakte mit weniger starken Mächten angestrebt – mit Sardinien-Piemont, Rumänien und den deutschen Mittelstaaten im neunzehnten Jahrhundert, mit der Tschechoslowakei, Jugoslawien und Rumänien zwischen den Weltkriegen.

Dieselbe Haltung ließe sich in der französischen Außenpolitik der Ära nach de Gaulle feststellen. Obwohl seit dem Deutsch-Französischen Krieg über hundert Jahre vergangen waren, erwies sich ein mächtiges Deutschland noch immer als der Alptraum Frankreichs. Frankreich war mutig genug, sich für Freundschaft mit dem gefürchteten und bewunderten Nachbarn zu entscheiden; trotzdem hätte die geopolitische Logik enge Bindungen mit den Vereinigten Staaten nahegelegt, und sei es nur, um über eine zusätzliche Option zu verfügen. Doch der französische Stolz verbot diesen Schritt, was zu einer mitunter phantastisch anmutenden Suche nach Zusammenschlüssen führte – gelegentlich schienen diese geradezu beliebig zu sein –, um mit Hilfe eines europäischen Konsortiums ein Gegengewicht zu den Vereinigten Staaten zu schaffen, selbst auf die Gefahr hin, daß Deutschland am Ende dominierte. In jüngster Zeit ist Frankreich manchmal als eine Art »parlamentarische Opposition« gegen die amerikanische Führungsrolle aufgetreten. Es hat versucht, die Europäische Gemeinschaft zu einer weltweit einflußreichen Alternative umzuformen, es hat erneut Verbindungen mit Staaten hergestellt, unter denen es die führende Rolle spielen konnte oder dies zumindest glaubte.

Nach Napoleon III. hat Frankreich die Kraft gefehlt, die universalistischen Bestrebungen, die das Erbe der Französischen Revolution darstellen, politisch durchzusetzen. Es gelang nicht mehr, ein angemessenen Betätigungsfeld für solchen missionarischen Eifer zu finden. So tut sich das Land nun schon seit mehr als einem Jahrhundert schwer, die Tatsache zu akzeptieren, daß die objektiven Bedingungen für die von Richelieu errichtete Vormachtstellung endgültig entfallen sind, nachdem in ganz Europa eine nationalstaatliche Konsolidierung eingetreten ist.

Viel von dem stachligen Stil der französischen Diplomatie ging daher auf die Versuche seiner führenden Politiker zurück, die Rolle eines Zentrums der europäischen Politik auch weiterhin zu übernehmen, und dies in einem Umfeld, das solchen Bestrebungen immer weniger Raum bietet. Es ist eine ironische Wendung: Ausgerechnet die Nation, die als Erfinderin der Staatsräson gilt, mußte sich den größten Teil eines Jahrhunderts damit beschäftigen, ihre Bestrebungen an ihre Fähigkeiten anzupassen.

Die von Napoleon III. begonnene Zerstörung des Wiener Systems wurde von Bismarck vollendet. Otto von Bismarck, als erzkonservativer Gegner der liberalen Revolution von 1848 zu politischer Berühmtheit gelangt, kann gleichwohl für sich in Anspruch nehmen, im Deutschen Reich das allgemeine, gleiche und geheime Wahlrecht erstmals in Europa eingeführt zu haben, zusammen mit dem umfassendsten System der sozialen Sicherung, das die Welt in den nächsten sechzig Jahren sehen sollte. Bismarck wehrte sich 1848 energisch gegen die Entscheidung des gewählten Parlaments, die deutsche Kaiserkrone dem König von Preußen anzubieten. Doch gut zwei Jahrzehnte später sollte er diese Kaiserkrone einem preußischen König verschaffen, nachdem der Prozeß der Einigung der deutschen Nation abgeschlossen war – einer Einigung, die auf dem Widerstand gegen liberale Grundsätze und auf Preußens Fähigkeit beruhte, seinen Willen mit Gewalt durchzusetzen.

Diese beachtliche Leistung führte dazu, daß die internationale Ordnung in das hemmungslose Konkurrenzdenken des achtzehnten Jahrhunderts zurückfiel, jetzt freilich – aufgrund der industriellen Entwicklung und der gesteigerten Möglichkeiten, riesige nationale Kräftereserven zu mobilisieren – unter weitaus gefährlicheren Rahmenbedingungen. Von Einigkeit unter den gekrönten Häuptern, von Eintracht unter den alten Nationen Europas war längst nicht mehr die Rede. Im Zuge der Realpolitik Bismarcks wurde Außenpolitik zu einem ständigen Kräftemessen.

Die Leistungen Bismarcks waren ebenso außergewöhnlich wie seine Persönlichkeit. Der Mann von »Blut und Eisen« schrieb Prosa von seltener Klarheit und Schönheit, liebte die Poesie, übertrug seitenweise Byron-Zitate in sein Tagebuch. Der Staatsmann, der die Realpolitik rühmte, besaß einen ausgeprägten Sinn für Proportionen, der es ihm ermöglichte, Kraft in Selbstbeherrschung zu verwandeln.

Was ist ein Revolutionär? Gäbe es eine endgültige Antwort auf diese Frage, hätten nur wenige Revolutionäre jemals Erfolg gehabt. Denn Revolutionäre beginnen ihr Werk fast immer von einer Position kräftemäßiger Unterlegenheit aus; sie setzen sich durch, weil das etablierte System die eigene Verwundbarkeit nicht zu begreifen vermag – vor allem dann, wenn die revolutionäre Herausforderung nicht mit einem Marsch auf die Bastille anhebt, sondern im Gewande des Konservatismus auftritt. Wenige Institutionen vermögen sich ja vor jenen zu schützen, die den Eindruck erwecken, sie wollten sie bewahren.

So war es auch im Falle Otto von Bismarcks. Sein Leben begann in der Blütezeit des Metternichschen Systems, in einer Welt, die sich politisch vor allem auf drei Elemente stützte: das europäische Kräftegleichgewicht, das innerdeutsche Gleichgewicht zwischen Österreich und Preußen und ein System von Bündnissen, die auf einer Übereinstimmung in konservativen Werten beruhten. Nach dem Wiener Kongreß blieben die internationalen Spannungen eine Generation lang unerheblich, weil alle größeren Staaten ein Interesse am Überleben des anderen verspürten und weil die sogenannten östlichen Monarchien – Preußen, Österreich, Rußland – sich gemeinsamen Werten verpflichtet fühlten.

Bismarck stellte all dies in Frage.[22] Seiner Überzeugung nach war Preußen zum stärksten deutschen Staat geworden. Auch die Heilige Allianz als Bindeglied nach Rußland benötigte es nun nicht mehr. Seines Erachtens würden die gemeinsamen nationalen Interessen ein ausreichendes Band abgeben; preußische Realpolitik sollte konservative Geschlossenheit ersetzen. Zumal in Österreich sah Bismarck ein Hindernis für Preußens deutschen Auftrag, nicht einen Partner, und im Gegensatz zu nahezu allen seinen Zeitgenossen – ausgenommen vielleicht Cavour – betrachtete er Napoleons diplomatische Rastlosigkeit eher als strategische Chance denn als Gefahr.

Bereits 1850 hielt er eine Rede, in der er die Binsenweisheit attackierte, die deutsche Einheit erfordere die Einsetzung parlamentarischer Institutionen. Seine konservativen Anhänger erkannten zunächst nicht, daß das, was sie da hörten, vor allem eine Herausforderung der konservativen Prämissen des Metternichschen Systems bedeutete: »Die preußische Ehre«, so sagte Bismarck, »besteht nach meiner Überzeugung nicht darin, daß Preußen überall in Deutschland den Don Quichotte spiele für gekränkte Kammercelebritäten, welche ihre lokale Verfassung für gefährdet halten. Ich suche die preußische Ehre darin, daß Preußen vor Allem sich von jener schmachvollen Verbindung mit der Demokratie entfernt halte, daß Preußen in der vorliegenden wie in allen Fragen nicht zugebe, daß in Deutschland etwas geschehe ohne Preußens Einwilligung...«[23] Oberflächlich betrachtet, war dieser Angriff auf den Liberalismus eine Anwendung der Metternichschen Maximen. Wer jedoch genau hinhörte, bemerkte einen gravierenden Unterschied in der politischen Gewichtung. Das System Metternichs beruhte auf der Voraussetzung, daß Preußen und Österreich sich gemeinsam konservativen Institutionen verpflichtet fühlten, daß sie aufeinander angewiesen waren, um der liberal-demokratischen Tendenzen Herr zu werden. Bismarck gab nun zu erkennen, daß Preußen seine Prioritäten auch einseitig durchsetzen könne, ohne außenpolitische Bindung an Österreich oder einen anderen konservativen Staat, und daß es keine Bündnisse benötige, um mit innenpolitischen Unruhen fertig zu werden. Die Habsburger sahen sich in Bismarck derselben Herausforderung gegenüber, mit der Richelieu sie schon einmal konfrontiert hatte: eine von jeglichem Wertesystem, ausgenommen den Ruhm des Staates, losgelöste Politik. Und damals wie jetzt wußten sie nicht, wie sie damit umgehen sollten. Mit welchen Mitteln aber sollte Preußen im Zentrum des Kontinents ganz allein Realpolitik betreiben? Nach 1815 war seine Außenpolitik im wesentlichen ein Festhalten an der Heiligen Allianz gewesen, ein Festhalten um nahezu jeden Preis. Bismarcks Lösung des Problems war das genaue Gegenteil: Jetzt waren Bündnisse und Beziehungen in alle Richtungen zu entwickeln, auf daß Preußen jeder der konkurrierenden Parteien stets näherstünde als diese sich untereinander. So sollte ein Zustand scheinbarer Isolation das Land in die Lage versetzen, das Engagement der anderen Mächte zu manipulieren und seine Unterstützung an den Meistbietenden zu verkaufen.

In Bismarcks Augen war Preußens Ausgangssituation für die Realisierung einer solchen Politik stark, weil es außer der Verbesserung seiner eigenen Position innerhalb Deutschlands nur wenige außenpolitische Interessen verfolgte. Bei jeder anderen Macht waren die Konstellationen komplizierter: Großbritannien mußte sich nicht nur um sein Empire, sondern um das europäische Gleichgewicht insgesamt Sorgen machen; Rußland drängte gleichzeitig nach Osteuropa, Asien und ins Osmanische Reich; Frankreich hatte die Neugründung seines Staates zu bewältigen, besaß außerdem Ambitionen in Italien und war in ein Abenteuer in Mexiko verstrickt; Österreich war um Italien und den Balkan sowie um seine Führungsrolle im Deutschen Bund besorgt. Weil Preußens Politik sich so sehr auf Deutschland konzentrierte, gab es keine größeren Mißhelligkeiten mit anderen Mächten, abgesehen von Österreich, wobei man allerdings hinzufügen muß, daß selbst diese Probleme damals eigentlich nur in Bismarcks Kopf existierten.

»Blockfreiheit«, um einen modernen Begriff zu verwenden, war die praktische Entsprechung zu Bismarcks Politik, preußische Kooperationsbereitschaft zu verkaufen: »Die dermalige Situation [empfiehlt] uns grade, unsre Politik, *vor* einer deutlicheren Erkennbarkeit der Absichten der anderen Mächte, *nicht* durch Entschlüsse oder gar Versprechungen festzulegen [...]. Wir vermögen es nicht, die gegenseitigen Beziehungen der übrigen Großmächte zueinander nach unsrer Wahl zu gestalten, aber wir können uns die Freiheit bewahren, die Gestaltungen, welche sich ohne unser Zutun und vielleicht gegen unsre Wünsche entwickeln, nach den Anforderungen unsrer Sicherheit und unsrer Interessen zu benutzen. Unsre Beziehungen zu Rußland, England und Österreich sind von der Art, daß sie kein Hindernis für eine Annäherung an jede dieser Mächte bieten [...]. In Betreff Frankreichs [kann] nur eine sorgfältige Pflege unsrer Beziehungen uns die Fähigkeit bewahren, nach Umständen ebenso leicht mit Frankreich zu gehen, als mit jeder der drei Genannten Mächte. [...] Man mag es beklagen, daß es so steht, aber Thatsachen lassen sich nicht ändern, nur benutzen.«[24] Der Satz, Tatsachen seien dazu da, um genutzt zu werden, deutete die Bereitschaft an, Ideologien als Ballast über Bord zu werfen, damit Preußen sich mit jedem Land verbünden könnte, das seinen Interessen nutzte – wie immer es um dessen innere Strukturen auch bestellt sein mochte. Das bedeutete die Rückkehr zu den Prinzipien Richelieus, der sich, obwohl ein Mann der Kirche, dem katholischen Kaiser des Heiligen Römischen Reiches widersetzt hatte, sooft die Interessen Frankreichs dies erforderlich machten. Ähnlich schied Bismarck, obwohl seiner persönlichen Überzeugung nach konservativ, immer dann aus der Gesellschaft seiner konservativen Mentoren, wenn deren legitimistische Grundsätze die Handlungsfreiheit Preußens einzuengen drohten.

Diese unausgesprochene Meinungsverschiedenheit führte 1856 zu einer Krise. Bismarck, zu jener Zeit preußischer Botschafter beim Deutschen Bund, machte den Vorschlag, Preußen solle mehr Verhandlungsbereitschaft gegenüber Napoleon III. zeigen, der in den Augen preußischer Konservativer schlicht ein Usurpator der Rechte des legitimen Königs war. Bismarcks konservative Anhängerschaft, die seiner Karriere als Diplomat Starthilfe gegeben und sie gefördert hatte, glaubte dergleichen nicht hinnehmen zu dürfen. Sie nahm seine Auffassungen, die damals in ersten Umrissen deutlich wurden, mit derselben empörten Ungläubigkeit auf, der Richelieu zweihundert Jahre zuvor begegnet war, als er die revolutionäre These vertrat, daß die »Raison d'état« der Religion vorstehe, oder auf die in unseren Tagen die Entspannungspolitik Richard Nixons gegenüber der Sowjetunion stieß. Für Konservative bedeutete Napoleon III. die Gefahr eines neuen französischen Expansionismus. Außerdem versinnbildlichte Napoleon, was noch wichtiger war, die verhaßten Prinzipien der Revolution.

Bismarck diskutierte über die konservative Deutung Napoleons ebensowenig, wie Nixon die konservative Interpretation kommunistischer Motive zur Streitfrage machte. Er sah in dem rastlosen französischen Herrscher – wie der amerikanische Präsident in der altersschwachen sowjetischen Führungsschicht (siehe Kapitel 28) – ebenso eine Chance wie eine Gefahr. In seinen Augen war Preußen für Expansionismus oder Revolution weniger anfällig als Österreich. Auch teilte er nicht die vorherrschende Ansicht über Napoleons Verschlagenheit; voll Herablassung bemerkte er, die Fähigkeit, andere zu bewundern, sei nicht der ausgeprägteste seiner Charakterzüge. Je mehr Österreich Napoleon III. fürchtete, desto mehr Zugeständnisse würde es an Preußen machen müssen, desto größer würde mithin auch Preußens diplomatische Beweglichkeit.

Die Gründe für Bismarcks Bruch mit den Konservativen ähnelten weitgehend denen für Richelieus Streit mit seinen klerikalen Kritikern. Der Unterschied besteht lediglich darin, daß die preußischen Konservativen auf allgemeingültigen politischen, kaum auf allgemeingültigen religiösen Prinzipien bestanden. Bismarck vertrat die Ansicht, Macht legitimiere sich selbst, die Konservativen argumentierten, Legitimität stelle einen Wert jenseits aller Machtkalkulationen dar. Bismarck war der Meinung, eine zutreffende Machteinschätzung impliziere eine Doktrin der Selbstbegrenzung, die Konservativen beharrten darauf, daß letztlich nur moralische Grundsätze die Machtansprüche begrenzen könnten.

Diese Kontroverse rief in den späten fünfziger Jahren des neunzehnten Jahrhunderts einen scharfen Briefwechsel zwischen Bismarck und seinem alten Mentor Leopold von Gerlach hervor, dem Militäradjutanten des preußischen Königs, dem Bismarck alles verdankte: sein erstes Amt im diplomatischen Dienst, seinen Zugang zum Hof, seine gesamte Karriere. Der Briefwechsel hatte begonnen, als Bismarck an Gerlach die Empfehlung gab, Preußen solle sich gegenüber Frankreich diplomatische Optionen schaffen, und in einem Begleitschreiben Nützlichkeit über Prinzipien stellte:»Ich kann mich der mathematischen Logik der Tatsachen nicht erwehren, sie bringt mich zu der Überzeugung, daß Österreich unser Freund nicht sein kann und will. Bei der Bahn, auf welche die österreichische Monarchie gesetzt ist, kann es für Österreich nur eine Frage der Zeit und der Opportunität sein, wann es den entscheidenden Versuch machen will, uns die Sehnen durchzuschneiden...«[25] Gerlach vermochte die Behauptung nicht zu akzeptieren, daß ein strategischer Vorteil die Aufgabe eines Grundsatzes rechtfertige, schon gar nicht, wenn es um einen Bonaparte ging. Er drang darauf, Preußen solle sich um eine Annäherung zwischen Österreich und Rußland bemühen, es solle die Heilige Allianz erneuern, um Frankreichs Isolation zu bekräftigen – was nichts anderes bedeutete als eine Rückkehr zum Metternichschen System.[26]

Noch viel weniger begreiflich war für Gerlach ein weiterer Vorschlag Bismarcks. Der wollte Napoleon zu den Manövern eines preußischen Armeekorps einladen, und zwar mit der Begründung, daß»dieser Beweis guten Einvernehmens mit Frankreich [...] unsern Einfluß in allen diplomatischen Vorkommnissen wirksam erhöhen« würde.[27] Das rief bei Gerlach einen regelrechten Wutausbruch hervor:»Wie kann ein Mann von Ihrem Geist das Prinzip einem vereinzelten Manne, wie dieser Louis Napoleon ist, opfern.[...] er ist und bleibt unser natürlicher Feind...«[28] Hätte Gerlach Bismarcks zynische Randbemerkung gesehen –»Wenn auch!« -, er hätte sich den nächsten Brief wohl gespart, in dem er jene antirevolutionären Grundsätze wiederholte, die ihn bewogen hatten, die Heilige Allianz zu unterstützen und Bismarcks junge Karriere zu fördern.

»Mein politisches Prinzip ist und bleibt der Kampf gegen die Revolution. Sie werden Bonaparte nicht davon überzeugen, daß er nicht auf der Seite der Revolution steht. Er will auch nirgends anders stehen, denn er hat davon seine entschiedenen Vorteile. [...] Wenn aber mein Prinzip wie das des

Gegensatzes gegen die Revolution ein richtiges ist [...], so muß man es auch in der Praxis festhalten.«[29] Doch Bismarck verweigerte Gerlach nicht deshalb die Zustimmung, weil er ihn, wie dieser annahm, nicht verstand, sondern weil er ihn nur allzu gut verstand. Für Bismarck war Realpolitik auf Beweglichkeit angewiesen, auf die Fähigkeit, jede sich bietende Option ohne weltanschauliche Einengung auszunutzen. Genau wie Richelieus Parteigänger es getan hatten, lenkte deshalb auch Bismarck den Gedankenaustausch auf das eine Prinzip, das er und Gerlach gemeinsam anerkannten. Indem er auf die überragende Bedeutung des preußischen Patriotismus verwies, konnte er Gerlach in die Enge treiben. Gerlachs Beharren auf der Einheit des konservativen Interesses war Bismarck zufolge mit der Loyalität gegenüber dem eigenen Land unvereinbar:»Frankreich interessiert mich nur insoweit, als es auf die Lage meines Vaterlandes reagiert, und wir können Politik nur mit dem Frankreich treiben, welches vorhanden ist [...]. Ich kann als Romantiker eine Thräne für sein [Heinrichs V., bourbonischer Thronprätendent] Schicksal haben, als Diplomat würde ich sein Diener sein, wenn ich Franzose wäre, so aber zählt mir Frankreich, ohne Rücksicht auf die jeweilige Person an seiner Spitze, nur als ein Stein, und zwar ein unvermeidlicher in dem Schachspiel der Politik, ein Spiel, in welchem ich nur *meinem* Könige und *meinem* Lande zu dienen Beruf habe. Sympathien und Antipathien in Betreff auswärtiger Mächte und Personen vermag ich vor meinem Pflichtgefühl im auswärtigen Dienste meines Landes nicht zu rechtfertigen [...], es ist darin der Embryo der Untreue gegen den Herrn oder das Land, dem man dient.«[30]

Was sollte ein alter Preuße auf die Behauptung schon antworten, daß preußischer Patriotismus vor dem Legitimitätsprinzip rangieren sollte? Und was auf den Satz, das Vertrauen auf eine internationale Einigkeit über konservative Werte komme illoyalem Verhalten gleich, nur weil die Rahmenbedingungen sich geändert hatten? Unerbittlich verbaute Bismarck jeden intellektuellen Fluchtweg, indem er Gerlachs Argument, gerade das Legitimitätsprinzip liege im nationalen Interesse, gerade deshalb müsse Napoleon als Preußens ständiger Feind angesehen werden, vorwegnahm und widerlegte.

»Ich könnte das bestreiten«, schrieb er an seinen alten Mentor.»Aber ich will das auf sich beruhn lassen und annehmen, Ihr Satz wäre richtig, so kann ich es auch dann noch nicht für politisch halten, unsre Befürchtungen schon im Frieden von Anderen und von Frankreich selbst erkennen zu lassen, sondern finde es, bis der von Ihnen vorhergesehene Bruch wirklich eintritt, immer noch nützlich, die Leute glauben zu lassen [...], daß die Spannung gegen Frankreich nicht ein organischer Fehler, eine angeborene schwache Seite unsrer Natur ist...«[31] Mit anderen Worten: Das nationale Interesse Preußens erforderte, sich die Option einer Übereinkunft mit Frankreich offenzuhalten. Die Verhandlungsposition eines Landes hängt schließlich immer von den Optionen ab, über die es in den Augen anderer Staaten verfügt. Je mehr Optionen ein Land vergibt, desto berechenbarer wird es daher für seine Gegner.

1860 kam es unwiderruflich zum Bruch zwischen Gerlach und Bismarck. Es ging um die Frage, welche Haltung Preußen gegenüber dem österreichisch-französischen Krieg um Italien einnehmen sollte. Für Gerlach waren damit alle Zweifel beseitigt, daß Napoleons wahres Ziel in der Vorbereitung militärischer Überfälle im Stil des ersten bestand. Aus diesem Grund drang er darauf, Preußen solle Österreich unterstützen. Doch Bismarck sah nur die sich bietende Gelegenheit. Sollte Österreich gezwungen sein, sich aus Italien zurückzuziehen, dann konnte dies ebensogut als Vorspiel für seine Vertreibung aus Deutschland dienen.

Die Überzeugungen der Metternich-Generation bedeuteten für Bismarck kaum mehr als eine gefährliche Einschränkung seiner Politik.»Mit meinem eignen Lehnsherrn«, so schrieb er,»stehe ich und falle ich, auch wenn er meines Erachtens sich thöricht zu Grunde richtete, aber Frankreich bleibt für mich Frankreich, mag Louis Nap[oleon] oder Ludwig der Heilige dort regiren, und Oestreich bleibt mir *Ausland* [...]. Ich weiß, daß Sie mir darauf antworten, es sei das nicht auseinanderzuhalten, und wohlverstandene Preußische Politik erfordre auch aus Zweckmäßigkeitsrücksicht Keuschheit in auswärtigen Beziehungen. Vom Standpunkte der politischen Nützlichkeit läßt sich hierüber discutieren; wie Sie aber den Unterschied stellen zwischen Recht und Revolution, Christenthum und Unglauben, Gott und Teufel, so kann ich nicht mit Ihnen discutieren, sondern einfach sagen, ich bin nicht Ihrer Meinung, und Sie richten in mir, was nicht Ihres Gerichts ist.«[32]

Dieses bittere Glaubensbekenntnis war die praktische Entsprechung zu Richelieus Behauptung, der Mensch müsse sich, da die Seele unsterblich sei, dem Urteil Gottes unterwerfen; Staaten dagegen, die nun einmal sterblich seien, könnten nur nach ihrem Funktionieren beurteilt werden. Bismarck wies Gerlachs moralische Ansichten nicht zurück, solange es sich um das persönliche Credo seines Mentors handelte, doch lehnte er ihre Relevanz für die Staatskunst ab. Deshalb bestand der letzte Kontakt zwischen den Freunden von einst in einem Brief Bismarcks, der den Unterschied zwischen persönlichen Überzeugungen und Realpolitik unmißverständlich zum Ausdruck brachte:»Ich habe weder den Königlichen Dienst noch eigne Ehre in demselben [...] gesucht, und der Gott, der mich unerwartet hineingesetzt hat, wird mir auch lieber den Weg hinauszeigen, als meine Seele darin verderben lassen [...]. Ich müßte die Dauer und den Werth dieses Lebens sonderbar überschätzen [...], wenn ich mir nicht gegenwärtig halten wollte, daß es nach dreißig Jahren, und vielleicht sehr viel früher, ohne alle Bedeutung für mich ist, welche politische Erfolge ich oder mein Vaterland in Europa erreicht haben. Ich kann sogar den Gedanken, daß Rechberg [der österreichische Außenminister] und andere *ungläubige Jesuiten* über die Altsächsische Mark [...] mit Römisch-Slawischem Bonapartismus und blühender Corruption absolut herrschen sollten [...], ausdenken [...]. Ich bin ein Kind andrer Zeiten als Sie, aber ein ebenso ehrliches der meinigen, wie Sie der Ihrigen.«[33] Das war eine unheimliche Vorahnung des Schicksals, das Preußen ein Jahrhundert später erleiden sollte. Der Mann, dem Bismarck seine Karriere verdankte, antwortete darauf nicht mehr.

Bismarck war in der Tat das Kind einer anderen Epoche als sein einstiger Förderer Gerlach. Bismarck gehörte dem Zeitalter der Realpolitik an; sein Mentor war von der Epoche Metternichs geprägt. Das Metternichsche System hatte das Weltbild des achtzehnten Jahrhunderts widergespiegelt: das Universum als großes Uhrwerk mit komplizierten ineinandergreifenden Bestandteilen, wo die Zerstörung eines einzigen Teils auch das Zusammenwirken der anderen Teile durcheinanderbringt. Bismarck hingegen verkörperte das neue Zeitalter in Wissenschaft und Politik. Er verstand die Welt nicht als mechanisches Gleichgewichtssystem, sondern sah in ihr, gleichsam in Vorwegnahme moderner Erkenntnisse, ein System im Fluß befindlicher Teilchen, deren wechselseitige Einwirkungen das erzeugen, was man als Realität begreift. Wissenschaftsphilosophisch verwandt war dieser Betrachtungsweise auch Darwins Evolutionstheorie, die vom Überleben des Angepaßtesten ausgeht.

Von solchen Überzeugungen geleitet, verkündete Bismarck die Bedingtheit *aller* Anschauungen, selbst des Glaubens an die Beständigkeit des eigenen Landes. In seiner Welt war es die Pflicht des Staatsmanns, Ideen als Kräfte im Verhältnis zu allen anderen entscheidungsrelevanten Kräften zu bewerten. Die verschiedenen Elemente dieses Systems mußten danach beurteilt werden, wie gut sie dem nationalen Interesse dienten, nicht nach vorgefaßten Doktrinen.

Dennoch, so hartgesotten Bismarcks Anschauungen damals auch erschienen sein mögen: Sie waren auf einen Glaubenssatz gegründet, der ebenso unbeweisbar blieb wie die Prämissen Gerlachs. Eine sorgfältige Analyse der gegebenen Umstände, so könnte man diesen Satz formulieren, muß alle Staatsmänner notwendigerweise zu denselben Schlußfolgerungen führen. Wie es für Gerlach undenkbar war, daß das Prinzip der Legitimität mehr als eine einzige Deutung zulassen könne, überstieg es Bismarcks Vorstellungsvermögen, daß Staatsmänner sich in der Bestimmung des nationalen Interesses unterscheiden könnten. Dank seiner ausgeprägten Fähigkeit, die Nuancen der Macht und deren Verästelungen zu begreifen, war es Bismarck zeit seines Lebens möglich, die philosophischen Zwänge des Metternichschen Systems durch eine Politik der Selbstbeschränkung zu ersetzen. Weil diese Nuancen für Bismarcks Nachfolger und Nachahmer nicht mehr in gleicher Weise selbstverständlich waren, führte die allzu wörtliche Anwendung der Realpolitik zu einer übermäßigen Abhängigkeit von den Fakten der militärischen Stärke und von dort weiter zu einem Rüstungswettlauf und zu zwei Weltkriegen.

Erfolg ist schwer zu definieren, so schwer, daß Staatsmänner in ihrem Streben danach gemeinhin nur selten bedenken, daß jeder Erfolg auch mit Rückschlägen verbunden ist. So konzentrierte Bismarck seine Kräfte am Anfang seiner Laufbahn hauptsächlich auf die Anwendung der Realpolitik zur Zerstörung der von ihm vorgefundenen, durchaus von den Prinzipien Metternichs beherrschten Weltordnung. Zu diesem Zweck mußte Preußen von der Vorstellung abgebracht werden, die österreichische Führungsrolle in Deutschland sei für seine Sicherheit und für die Bewahrung konservativer Werte lebenswichtig. Sosehr dies nämlich für die Zeit des Wiener Kongresses gegolten hatte: Mitte des neunzehnten Jahrhunderts brauchte Preußen das Bündnis mit Österreich nicht mehr, um seine innenpolitische Stabilität oder die Ruhe in Europa zu bewahren. Ja, nach Bismarcks Ansicht war die Allianz mit Wien nicht mehr als eine Illusion, vor allem dazu angetan, sein Land in seiner eigentlichen Mission zu behindern: der Einigung Deutschlands.

Für Bismarck war die Geschichte voll von Beweisen, die Preußens Anspruch auf die Führungsrolle in Deutschland stützten. Preußen war nicht nur irgendeines von mehreren deutschen Ländern. Wie immer es um seine konservative Innenpolitik stand, sie konnte dem nationalen Glanz nichts anhaben, den Preußen sich durch seine gewaltigen Opfer in den Befreiungskriegen gegen Napoleon erworben hatte. Es war, als ob allein seine Umrisse – eine Reihe seltsam geformter Enklaven, die sich über die Norddeutsche Ebene von der Weichsel bis über den Rhein erstreckten – das Land dazu bestimmt hätten, sich an die Spitze der deutschen Einigungsbewegung zu stellen, und dies selbst in den Augen der Liberalen.

Bismarck bezweifelte die landläufige Meinung, die Nationalismus mit Liberalismus gleichsetzte, zumindest aber die Ansicht, daß die deutsche Einheit nur durch liberale Institutionen verwirklicht werden könne:»Preußen ist keineswegs durch Liberalismus und Freigeisterei groß geworden«, so formulierte er,»sondern durch eine Reihe von kräftigen, entschlossenen und weisen Regenten, welche die militärischen und finanziellen Kräfte des Staates sorgfältig pflegten und schonten, sie aber auch in eigner, selbstherrschender Hand zusammenhielten, um sie mit rücksichtslosem Muthe in die Waagschale der europäischen Politik zu werfen, sobald sich ein günstiger Moment dazu darbot.«[34]

Er verließ sich nicht auf konservative Grundsätze, sondern auf die Einmaligkeit preußischer Institutionen; er gründete Preußens Führungsanspruch in Deutschland auf Preußens Stärke, nicht so sehr auf allgemeingültige Werte. In seinen Augen waren die preußischen Institutionen gegenüber äußeren Einflüssen so unempfindlich, daß das Land die demokratischen Strömungen der Epoche als außenpolitische Instrumente nutzen konnte, indem es damit drohte, sich im Innern auf eine Förderung der Meinungsfreiheit einzulassen. Dabei spielte es keine Rolle, daß kein preußischer König eine solche Politik je praktiziert hatte:»Die Sicherheit, daß S. M. der

König von Preußen auch dann noch Herr im Lande bleibe, wenn das gesamte stehende Heer aus demselben herausgezogen würde, teilt kein anderer kontinentaler Staat und namentlich kein deutscher mit Preußen; auf ihr aber beruht die Möglichkeit, einer den Anforderungen der heutigen Zeit zusagenden Entwicklung des öffentlichen Lebens näher zu treten, als andere Staaten können. [...] Die königliche Gewalt ruht in Preußen auf so sichern Grundlagen, daß die Regierung sich ohne Gefahr durch eine belebtere Tätigkeit der Landesvertretung sehr wirksame Mittel der Aktion auf die deutschen Verhältnisse schaffen kann.«[35] Bismarck verwarf die Metternichsche Ansicht, daß das gemeinsame Wissen, von innen her verwundbar zu sein, eine enge Zusammenarbeit zwischen Rußland, Österreich und Preußen erfordere. Genau das Gegenteil sei der Fall. Da Preußen durch keinen Aufruhr bedroht sei, könne sein innerer Zusammenhalt zur Unterminierung der Wiener Schlußakte dienen, indem man andere Mächte, insbesondere Österreich, durch eine Politik in Gefahr brachte, welche innere Unruhe förderte. Für Bismarck machte die Stärke der preußischen Regierungs-, Militär- und Finanzorgane den Weg frei für die Führungsrolle Preußens in Deutschland.

Nachdem er 1851 zum Gesandten Preußens beim Deutschen Bundestag in Frankfurt und 1859 zum Gesandten in St. Petersburg ernannt worden war, hatte Bismarck eine Position erlangt, von der aus er seine Politik verfechten konnte. Seine Berichte, glänzend formuliert und von bemerkenswerter Konsequenz, drängten auf eine Außenpolitik, die weder auf Gefühlsregungen noch auf Legitimität, sondern auf einer zutreffenden Einschätzung der Machtverhältnisse beruhten. Damit kehrte er zur Tradition eines Ludwig XIV. und Friedrich des Großen zurück.»Nur keine sentimentalen Bündnisse«, schrieb Bismarck, »bei denen das Bewußtsein der guten That den Lohn edler Aufopferung zu bilden hat.«[36] Und ein andermal, nicht weniger deutlich: »Die Interessen des Vaterlandes dem eigenen Gefühl von Liebe oder Haß gegen Fremde unterzuordnen, dazu hat meiner Ansicht nach selbst der König nicht das Recht.«[37]

So gab es für Bismarcks Außenpolitik geradezu wissenschaftliche Grundlagen, durch welche sich das nationale Interesse nach objektiven Kriterien analysieren ließ. In dieser Sichtweise mußte Österreich vom Bruderland zum Ausland, vor allem jedoch zum Hindernis für Preußens rechtmäßigen Platz in Deutschland werden:»Unsere Politik hat keinen anderen Exercierplatz als Deutschland, schon unserer geographischen Verwachsenheit wegen, und gerade diesen glaubt Österreich dringend für sich zu gebrauchen [...] Wir athmen einer dem anderen die Luft vor dem Munde forth [...], das halte ich für eine unignorierbare Thatsache, wie unwillkommen sie auch sein mag.«[38]

Friedrich Wilhelm IV., der erste preußische König, dem Bismarck als Botschafter diente, war noch hin- und hergerissen zwischen Gerlachs legitimistisch-konservativer Haltung und den Möglichkeiten, die sich ihm durch

Bismarcks Realpolitik boten. Bismarck betonte, daß die Rücksichtnahme seines Königs auf die traditionelle Vormacht in Deutschland die preußische Politik keineswegs behindern müsse. Da Österreich eine preußische Vorherrschaft in Deutschland niemals hinnehmen würde, bestand Bismarcks Strategie darin, Österreich zu schwächen, wann immer sich eine Gelegenheit dazu bot. Im Jahre 1854, während des Krimkrieges, drang er darauf, daß Preußen sich Österreichs Bruch mit Rußland zunutze machen und das Land, das ja unverändert Preußens Partner in der Heiligen Allianz war, angreifen solle. Er gab dafür keine bessere Rechtfertigung als die Gunst der Stunde. »Könnte man es dahin bringen«, so heißt es in einem Brief an Gerlach aus jenem Jahr, »daß in Wien ein Angriff Preußens auf Österreich nicht als etwas unter allen Umständen außer Berechnung liegendes betrachtet würde, so bekämen wir bald vernünftige Dinge von dort zu hören. [Wir müssen] bald und unvermuthet in Östreich einrücken, während Böhmen leer von Truppen ist...«[39] Fünf Jahre später – es war 1859, und Österreich führte Krieg gegen Frankreich und Piemont – nahm Bismarck dieses Thema erneut auf: »Die gegenwärtige Situation hat wieder einmal das große Los für uns im Topf falls wir den Krieg Oestreichs mit Frankreich sich scharf einfressen lassen, und dann mit unsern ganzen Armeen nach Süden aufbrechen, die Gränzpfähle im Tornister mitnehmen und sie entweder am Bodensee oder da, wo das protestantische Bekenntniß aufhört vorzuwiegen, wieder einschlagen.«[40] Metternich wäre über solche Auffassungen entsetzt gewesen. Friedrich der Große dagegen hätte einem Schüler, der das bei der Eroberung Schlesiens angewandte Grundprinzip so klug auf seine Zeit zu übertragen wußte, Beifall gezollt.

Bismarck unterwarf das europäische Kräftegleichgewicht derselben kaltblütigen, relativistischen Analyse, mit der er auch die innere Situation Deutschlands bewertete. Auf der Höhe des Krimkrieges skizzierte er drei preußische Optionen. Erneut finden sich die entscheidenden Formulierungen in einem Brief an Gerlach: »Drohen können wir 1., mit Anschluß an Rußland, und es ist Unsinn, immerfort zu schwören, daß wir nie mit Rußland gehen würden; wenns auch wahr wäre, so müßte man doch die Möglichkeit behalten, damit zu drohen. 2. mit Baseler Politik, Frankreich in die Arme werfen, und uns auf Kosten perfider Bundesgenossen zu entschädigen. 3. und das ängstigt sie am meisten, mit einem Kabinettswechsel nach links hin, wo wir dann bald so westmächtlich sein würden, daß Österreich distancirt, und vergeblich bestrebt wäre, uns am Rockschoß zu halten.«[41] In dem Brief waren noch drei weitere, gleichwertige Möglichkeiten aufgeführt: ein Bündnis mit Rußland gegen Frankreich – vermutlich auf der Basis gemeinsamer konservativer Interessen –, ein Abkommen mit Österreich gegen die zweitrangigen deutschen Staaten – und vermutlich gegen Rußland – sowie ein Umschwenken hin zum Liberalismus im Innern, ein Gedanke, der – vermutlich im Bündnis mit Frankreich – gegen Österreich und Rußland zielte.

Wie Richelieu fühlte Bismarck sich in der Wahl seiner Bündnispartner frei, war er doch offensichtlich bereit, mit Rußland, Österreich oder Frankreich zusammenzugehen. Die Entscheidung sollte ganz davon abhängen, welche Wahl dem nationalen Interesse Preußens am besten zu dienen vermochte. Obwohl ein erbitterter Gegner Österreichs, war Bismarck bereit, ein Abkommen mit Wien ins Auge zu fassen, sollte er auf diesem Weg einen angemessenen Gewinn innerhalb Deutschlands erzielen. Und obwohl in innenpolitischen Angelegenheiten unzweifelhaft erzkonservativ, sah er kein Problem darin, einen Schwenk nach links zu machen, solange dies seinen außenpolitischen Zwecken dienlich war. Auch die Innenpolitik war, so gesehen, ein Werkzeug der Realpolitik.

Versuche, das Gleichgewicht der Kräfte zu zerstören, gab es auch in der Blütezeit des von Metternich geschaffenen Systems. Aber damals wäre alles unternommen worden, um die Veränderungen durch einen europäischen Konsens zu legitimieren. Man suchte Regelungen mittels europäischer Konferenzen zu erreichen, weniger durch eine Außenpolitik der Drohung und Gegendrohung, und Bismarck wäre der letzte gewesen, der die Wirksamkeit des moralischen Konsenses bestritten hätte. Doch für ihn lag darin nur eines von vielen Elementen der Macht. Und die Stabilität der internationalen Ordnung hing genau von diesem feinen Unterschied ab. Druck auszuüben, um Veränderungen zu erreichen, eingeschlossen die Weigerung, Bekenntnisse zu bestehenden vertraglichen Bindungen oder gemeinsamen Werten abzugeben – das war nichts anderes als eine »diplomatische« Revolution. Macht war zum einzigen Kriterium der Politik geworden. Nun waren früher oder später alle Nationen gezwungen, den Rüstungswettlauf zu beschleunigen und eine Außenpolitik der Konfrontation zu betreiben.

Bismarcks Ansichten blieben so lange rein akademisch, als das Schlüsselelement des Systems des Wiener Kongresses – die Einigkeit zwischen den Höfen Preußens, Österreichs und Rußlands – intakt war und Preußen es von sich aus nicht wagte, die Übereinstimmung zu zerstören. Als die Heilige Allianz jedoch zerbrach, unerwartet und ziemlich rasch nach dem Krimkrieg, weil Österreich jene geschickt-anonyme Vorgehensweise aufgab, mit der Metternich Krisen abgewehrt hatte und Wien eine Zeit langen Zögerns beendet hatte, indem es die Partei der Feinde Rußlands ergriff, war sich Bismarck sofort über die neue Lage im klaren. »Der Tag der Abrechnung«, sagte er, »bleibt nicht aus, wenn auch einige Jahre darüber hingehn.«[42]

Eines der wichtigsten Dokumente zum Krimkrieg ist jene Schrift Bismarcks, welche die Situation bei Beendigung des Krieges im Jahre 1856 analysiert. Bezeichnenderweise geht Bismarck darin von absoluter Flexibilität in der diplomatischen Vorgehensweise aus, die alle Skrupel beiseite schieben kann, wenn sich nur günstige Gelegenheiten bieten. Die deutsche Geschichtsschreibung hat Bismarcks Depesche zutreffend als »Prachtbericht« bezeichnet. Sie enthielt eine gedrängte Darstellung der Realpolitik, viel zu gewagt für den Adressaten, den preußischen Ministerpräsidenten

Otto von Manteuffel, dessen zahlreiche Randbemerkungen darauf hinweisen, daß er keineswegs überzeugt worden war.

Bismarck leitete den Bericht mit einer Darlegung jener außerordentlich guten Position ein, in der sich Napoleon III. am Ende des Krimkrieges befand. Deshalb, so notierte er, würden nun alle Länder Europas die Freundschaft Frankreichs suchen, und keines von ihnen mit größerer Erfolgsaussicht als Rußland:»Eine nähere Verbindung Frankreichs mit Rußland [...] ist gegenwärtig zu natürlich, als daß man sie nicht erwarten sollte. [...] Bisher hat die Festigkeit der heiligen Allianz und die Abneigung des Kaisers Nikolaus beide in der Entfremdung voneinander erhalten [...]. Nachdem die Orleans beseitigt, der Kaiser Nikolaus todt und die heilige Allianz von Oestreich gesprengt ist, sehe ich nichts, was den natürlichen Zug beider Staaten zu einander hemmen sollte...«[43]

Bismarck sagte voraus, daß Österreich sich nun in eine Falle manövrieren werde, aus der es nicht mehr entrinnen könne: Es werde mit dem Zaren um die Wette nach Paris laufen. Um die Unterstützung seiner Armee zurückzugewinnen, brauche Napoleon einen Streitfall, der ihm jederzeit»eine nicht allzu muthwillige und ungerechte Veranlassung zu Händeln liefern kann. Hierzu eignet sich die italiänische Frage jetzt vorzugsweise. Die Krankheit der dortigen Zustände, der Ehrgeiz Sardiniens, die buonapartischen und muratischen Reminiscenzen [...] bieten [...] vielseitige Anknüpfungspuncte, der Haß gegen die Fürsten und die Östreicher ebnet ihm die Wege...«[44] Genau das trat drei Jahre später ein.

Wie sollte Preußen, konfrontiert mit einer ebenso stillschweigenden wie unvermeidbaren Zusammenarbeit zwischen Frankreich und Rußland und der Wahrscheinlichkeit eines französisch-österreichischen Konflikts, sich in diesem Augenblick verhalten? Nach Maßgabe des Metternichschen Systems hätte es sein Bündnis mit dem konservativen Österreich enger knüpfen, den Deutschen Bund stärken, enge Beziehungen zu Großbritannien herstellen und Rußland nach Möglichkeit Napoleon abspenstig machen müssen. Alle diese Optionen wurden von Bismarck der Reihe nach abgelehnt. Großbritanniens Landstreitkräfte wären als Beistand gegen ein französisch-russisches Bündnis zu unbedeutend gewesen; am Ende hätten Österreich und Preußen die Hauptlast des Kampfes zu tragen gehabt. Auch der Deutsche Bund konnte nicht zur Verstärkung beitragen.

»Auf der Basis von Rußland, Österreich und Preußen«, schrieb Bismarck an Manteuffel am 26. April 1856,»würde der Bund so ziemlich zusammenhalten, weil er an den schließlichen Sieg der ersteren, mit oder ohne Mittelstaaten glaubte; in einem so fraglichen Falle aber, wie ein Krieg nach Osten und Westen zugleich, würden die Fürsten, *au fur et à mesure* daß sie nicht in der Gewalt unsrer Bajonette wären, sich durch Neutralitätsverträge sichern, wenn sie nicht gegen uns im Felde erscheinen.«[45]

Österreich, obschon seit einer Generation Preußens Hauptverbündeter, war nunmehr in Bismarcks Augen ein eher unpassender Bündnispartner geworden. Noch mehr: Es stellte das Haupthindernis für Preußens Wachstum dar. »Nach der Wiener Politik ist einmal Deutschland zu eng für uns beide; so lange ein ehrliches Arrangement über den Einfluß eines jeden in Deutschland nicht getroffen und ausgeführt ist, pflügen wir beide denselben streitigen Acker, und so lange bleibt Österreich der einzige Staat, an dem wir nachhaltig verlieren und von dem wir nachhaltig gewinnen können.«[46] Um welchen Aspekt internationaler Beziehungen es in Bismarcks Erwägungen also auch immer ging, er entschied ihn mit dem Argument, daß Preußen die Bundesbande zu Österreich durchtrennen, daß es seinen Kurs ändern müsse, um den einstigen Verbündeten bei jeder Gelegenheit zu schwächen: »Wenn Österreich ein Pferd von vorne aufzäumt, zäumen wir eines von hinten auf.«[47]

Der Ruin stabiler internationaler Systeme liegt zumeist in der Unfähigkeit, tödliche Herausforderungen zu erkennen. Der wunde Punkt aller Revolutionäre ist ihre Überzeugung, sie könnten die Vorteile ihrer Vision mit den besten Seiten dessen kombinieren, was sie sich zu stürzen bemühen. Die Kräfte indessen, die durch eine Revolution entfesselt werden, entwickeln eine Eigendynamik, und die auf diese Weise angestoßenen Prozesse lassen sich kaum von den Proklamationen ihrer Verfechter bestimmen.

So war es auch bei Bismarck. Im Jahre 1866, vier Jahre nach seinem Amtsantritt als Regierungschef, beseitigte er das österreichische Hindernis, das ihm den Weg zur deutschen Einheit verstellte. Er setzte dabei seinen eigenen, ein Jahrzehnt zurückliegenden Ratschlag in die Tat um. Mit den bereits erwähnten drei Kriegen verdrängte er Österreich aus Deutschland und zerstörte außerdem die noch nachklingenden Richelieu-Illusionen der Franzosen.

Das neue, vereinte Deutschland verkörperte keineswegs die Ideale jener zwei Generationen, die in Deutschland den Aufbau eines demokratisch-konstitutionellen Staates angestrebt hatten. Eigentlich spiegelte es nichts wider, was ehedem für die deutsche Denkweise typisch gewesen war, denn es war ja eher durch einen diplomatischen Pakt unter deutschen Souveränen als durch den Ausdruck des Volkswillens zustande gekommen. Seine Legitimität beruhte auf Macht, nicht auf dem Prinzip der nationalen Selbstbestimmung. Und obwohl Bismarck zuwege brachte, was er sich vorgenommen hatte, war es gerade die Größe seines Triumphes, welche die Zukunft Deutschlands, ja der ganzen europäischen Ordnung belastete. Fest steht: Er war ebenso maßvoll bei der Beendigung seiner Kriege wie er bei ihrer Vorbereitung skrupellos gewesen war. Sobald Deutschland in den Grenzen bestand, die er für seine Sicherheit als lebensnotwendig erachtete, betrieb Bismarck eine kluge und auf Stabilisierung bedachte Außenpolitik. Zwei Jahrzehnte lang handhabte er die Geschäfte und Interessen Europas meisterhaft, immer auf der Grundlage der Realpolitik und zum Nutzen des europäischen Friedens.

Doch die einmal beschworenen Geister ließen sich nicht durch Zauber vertreiben. Deutschlands Einigung war das Ergebnis einer Diplomatie, die ein unendliches Maß an Anpassungsfähigkeit voraussetzte, und doch hat gerade der Erfolg dieser Politik das internationale System seiner Beweglichkeit beraubt. Nun gab es noch weniger Beteiligte. Und immer, wenn die Zahl der Mitspieler schrumpft, nehmen auch die Möglichkeiten ab, Korrekturen anzubringen. Das neue internationale System enthielt weniger, zugleich aber auch gewichtigere Komponenten, wodurch es schwierig wurde, ein allgemein akzeptables Gleichgewicht auszuhandeln und – ohne ständiges Kräftemessen – zu halten.

Diese strukturellen Probleme wurden noch vergrößert durch das Ausmaß des preußischen Sieges von 1870 und durch die Art des Friedens, der den Krieg beendete. Die deutsche Annexion von Elsaß-Lothringen machte Frankreich zum unversöhnlichen Gegner, was für Deutschland jede diplomatische Option gegenüber Frankreich ausschloß.

In den fünfziger Jahren des Jahrhunderts hatte Bismarck die französische Option noch für so wesentlich gehalten, daß er für ihre Durchsetzung seine Freundschaft mit Gerlach geopfert hatte. Nach der Einverleibung von Elsaß-Lothringen wuchs sich die französische Feindschaft zum »organischen Fehler unserer Natur« aus, vor dem Bismarck so beharrlich warnte. Dies machte die im »Prachtbericht« dargelegte Taktik unmöglich, sich abseits zu halten, bis die anderen Mächte ihre Verpflichtungen eingegangen waren, um anschließend Preußens Unterstützung an den Meistbietenden zu verkaufen.

Als Einheit hatte der Deutsche Bund nur dann erfolgreich auftreten können, wenn er sich Gefahren gegenübersah, die so erdrückend schienen, daß sie die Rivalitäten unter seinen Einzelstaaten unbedeutend machten. Gemeinsames Handeln im offensiven Sinn war aufgrund der Bundesstruktur unmöglich. Tatsächlich war deren Unzulänglichkeit einer der Gründe gewesen, weshalb Bismarck darauf bestanden hatte, die deutsche Einigung solle sich unter preußischer Führerschaft vollziehen. Doch er bezahlte auch einen Preis für dieses neue Arrangement. Sobald Deutschland sich vom potentiellen Opfer ausländischer Aggressionen zu einer Bedrohung des europäischen Gleichgewichts gewandelt hatte, wurde ein Zusammenschluß aller anderen Staaten Europas gegen Deutschland, einst nichts als ferne Eventualität, zur realen Möglichkeit.

Diese Bedrohung wiederum verschaffte einer deutschen Politik Auftrieb, die den Kontinent bald in zwei Lager spalten sollte. Der europäische Staatsmann, der am schnellsten begriff, wie sich die deutsche Einigung auswirken würde, war Benjamin Disraeli. Er stand kurz davor, britischer Premierminister zu werden, als er 1871 über den französisch-preußischen Krieg schrieb: »Dieser Krieg stellt die Deutsche Revolution dar, ein größeres politisches Ereignis als die Französische Revolution im letzten Jahrhundert. [...] Kein einziges Prinzip der Regelung unserer auswärtigen Angelegenheiten, wie sie noch bis vor einem halben Jahr von allen Staatsmännern als Richtlinie akzeptiert wurde, existiert mehr [...]. Das Kräftegleichgewicht ist gänzlich zerstört.«[48]

Solange Bismarck am Ruder war, wurden diese Dilemmata durch eine ebenso umständliche wie subtile Diplomatie verborgen. Auf lange Sicht jedoch war es gerade die Komplexität der Bismarckschen Arrangements, die ihnen zum Verhängnis wurde. Disraeli lag richtig mit seiner Einschätzung. Bismarck hatte die Landkarte Europas und das Muster der internationalen Beziehungen neu gestaltet, aber er war am Ende nicht in der Lage, Vorgaben so fest zu verankern, daß sich seine Nachfolger daran hätten orientieren können. Sobald sich die Neuartigkeit seiner Taktik abgenutzt hatte, suchten seine Nachfolger und Rivalen Sicherheit in immer größeren Waffenarsenalen, weil sie nicht länger allein den immateriellen Werten der Diplomatie vertrauen mochten. Die Unfähigkeit des Eisernen Kanzlers, seine Politik zu institutionalisieren, zwang Deutschland in eine diplomatische Tretmühle, der es zunächst nur durch ein Wettrüsten, dann nur durch einen Krieg entrinnen konnte.

Auch innenpolitisch gelang es Bismarck nicht, seinen Nachfolgern Gegebenheiten zu hinterlassen, nach denen sie sich hätten richten können. Dieselben Eigenschaften, die aus Bismarck zu Lebzeiten einen einzigartigen Politiker hatten werden lassen, erzeugten nun einen Mythos, der Mißverständnisse unvermeidlich machte. Seine Landsleute erinnerten sich nur noch der drei Kriege, welche die deutsche Einigung herbeigeführt hatten. Die mühevolle Vorarbeit und maßvolle Beherrschung hingegen, die nötig gewesen waren, um die Ernte einzuholen, vergaßen sie. Ihnen kam es auf Machtentfaltung an. Die feinsinnige Analyse, auf der die Machtpolitik beruhte, vermochten sie nicht nachzuvollziehen.

Die Verfassung, die Bismarck für Deutschland entworfen hatte, vermischte diese Tendenzen miteinander. Obwohl der Reichstag – übrigens erstmals in Europa – auf der Grundlage des allgemeinen Wahlrechts gewählt wurde, kontrollierte er nicht die Regierung, die nur vom Kaiser ernannt und abberufen werden konnte. Der Reichskanzler unterhielt engere Verbindungen zu Kaiser und Reichstag als diese unter sich. Deshalb konnte er beide – in Grenzen jedenfalls – gegeneinander ausspielen, so wie er es in seiner Außenpolitik auch mit fremden Mächten tat. Keiner von Bismarcks Nachfolgern besaß hierzu das Geschick oder den Wagemut. Die Folge war, daß ein Nationalismus ohne den Sauerteig der Demokratie im wachsenden Maße chauvinistische Züge annahm und eine Demokratie ohne Verantwortlichkeit immer steriler und lebloser wurde. Was an seinem Leben – auch im politischen Bereich – am wesentlichsten und charakteristischsten war, hat daher vielleicht der Eiserne Kanzler am besten selber dargestellt, als er in einem Brief an seine zukünftige Frau schrieb:»Das Irdisch Imponierende und Ergreifende [...] steht immer in Verwandtschaft mit dem gefallnen Engel, der schön ist, aber ohne Frieden, groß in seinen Plänen und Anstrengungen, aber ohne Gelingen, stolz und traurig.«[49]

Die beiden Revolutionäre, die am Beginn des modernen europäischen Staatensystems standen, verkörpern bereits viele der Probleme, die auch unsere Zeit bestimmen. Napoleon III., der zögerliche Revolutionär, repräsentiert die Tendenz, Politik auf Öffentlichkeitsarbeit zu reduzieren; Bismarck, der konservative Revolutionär, spiegelt die Neigung wider, Politik mit der Analyse von Machtverhältnissen gleichzusetzen. Napoleon hegte revolutionäre Vorstellungen, schreckte indes vor ihren Folgen zurück. Seine Jugend hatte er – wie wir es nennen würden – in Protesthaltung verbracht, doch es gelang ihm nie, den Abgrund zu überbrücken, der zwischen der Formulierung eines Gedankens und seiner Verwirklichung besteht. Seine Außenpolitik betrieb er ganz im Stile mancher heutiger Politiker, die ihre Erfolge an der Reaktion in den Abendnachrichten messen, und genau wie sie machte sich Napoleon zum Gefangenen von rein taktischen, auf kurzfristige Zielsetzungen und schnelle Erfolge konzentrierten Verfahrensweisen; genau wie sie suchte auch er sein Publikum zu beeindrucken, indem er kritische Situationen, die er selber inszenierte, um daraus Kapital zu schlagen, maßlos dramatisierte. So kam es, daß er im Laufe der Zeit begann, Außenpolitik mit dem Armefuchteln eines Zauberkünstlers zu verwechseln. Letzten Endes bestimmt schließlich die Realität und nicht der Bekanntheitsgrad, ob eine Führungspersönlichkeit von Bedeutung ist.

Keine Öffentlichkeit wird über längere Zeit einen Politiker akzeptieren, der Unsicherheiten zeigt und nur die Symptome von Krisen erkennt, nicht aber langfristige Entwicklungen. Gerade dies ist ja seine Aufgabe: Er muß handeln, vertrauend auf sein Urteil, auf seine Einsicht in die Frage, wohin sich die Dinge entwickeln und wie sie zu handhaben sind. Gelingt ihm das nicht, werden sich die Krisen vermehren, was nichts anderes bedeutet, als daß ein Führer die Kontrolle über die Ereignisse verloren hat. Napoleon III. entpuppt sich so als Vorläufer eines merkwürdigen modernen Phänomens: jenes Typus von Politiker, der verzweifelt herauszufinden versucht, was die Öffentlichkeit will, am Ende aber gerade deshalb von ihr zurückgewiesen, vielleicht sogar verachtet wird.

Bismarck mangelte es nicht an der Fähigkeit, nach eigenen Maßstäben zu handeln. Brillant analysierte er Preußens Ausgangssituation und die darin liegenden Möglichkeiten. Alles fügte er so fest zusammen, daß das von ihm geschaffene Deutschland die Niederlagen in zwei Weltkriegen, zwei Besetzungen und eine zwei Generationen dauernde Teilung überstand. Sein Fehler war, daß er sein Volk einer Politik überantwortete, die nur dann hätte fortgeführt werden können, wenn er in jeder Generation Nachfolger von ähnlicher Geisteskraft und Durchsetzungsfähigkeit gefunden hätte. Damit aber war nicht zu rechnen. Gerade die Strukturen des kaiserlichen Deutschland wirkten gegen eine solche Möglichkeit. Insofern hat Bismarck nicht nur die Saat für die großen Erfolge seines Landes, sondern auch für die deutschen Tragödien des zwanzigsten Jahrhunderts gelegt. »Man nascht nicht ungestraft vom Baume der Unsterblichkeit«[50], schrieb Bismarcks Freund von Roon.

140

Es war die Tragödie Napoleons III., daß seine Ambitionen seine Fähigkeiten überstiegen. Bismarcks Tragödie war es, daß seine Fähigkeiten die Kraft seines Landes überstiegen, sich diese zu eigen zu machen. Das Vermächtnis, das Napoleon seinem Land hinterließ, war die strategische Lähmung; das Vermächtnis Bismarcks war eine einzigartige Überforderung.

## Kapitel 6

# Die Realpolitik
# tritt auf der Stelle

*Fürst Gortschakow und Benjamin Disraeli im Gespräch*
*auf dem Berliner Kongreß 1878*

Realpolitik – eine Außenpolitik also, die auf Machterwägungen und nationalen Interessen beruht – führte zur Einheit Deutschlands. Der Zusammenschluß hatte indes zur Folge, daß die Realpolitik sich von nun an auf der Stelle bewegte. Denn praktische Umsetzung von Realpolitik vermeidet Rüstungswettlauf und Krieg nur so lange, wie die mächtigeren Mitwirkenden des internationalen Systems die Freiheit haben, ihre Beziehungen nach Maßgabe sich ändernder Rahmenbedingungen abzustimmen; nur so lange, wie sie von einem System gemeinsamer Werte gezügelt werden – oder beide Bedingungen zutreffen.

Deutschland entwickelte sich zum stärksten Staat auf dem Kontinent, und mit jedem Jahrzehnt wuchs seine Macht weiter, wodurch die europäische Diplomatie in grundlegender Weise verändert wurde. Seit der Entstehung des modernen Staatensystems zu Zeiten Richelieus hatten die Staaten an den Rändern Europas – Großbritannien, Frankreich und Rußland – Druck auf Mitteleuropa ausgeübt. Nun war Mitteleuropa erstmals stark genug, um gegen die Peripherie zu drängen. Wie würde Europa mit dem neuen Giganten in seiner Mitte zurechtkommen?

Die geographischen Gegebenheiten hatten ein unlösbares Problem geschaffen. Den traditionellen Grundsätzen der Realpolitik zufolge konnten europäische Koalitionen nun nur noch dem Zweck dienen, Deutschlands zunehmender Macht zu begegnen. Und da Deutschland in der Mitte des Kontinents lag, war es ständig mit der Gefahr eines – so nannte es Bismarck – »cauchemar des coalitions« konfrontiert: dem Alptraum, von feindlichen Koalitionen eingeschlossen zu werden. Doch sobald Deutschland versuchte, sich gegen ein Bündnis all seiner westlichen wie östlichen Nachbarn zugleich zu schützen, mußte es individuellen Druck ausüben, was wiederum das Entstehen von Koalitionen beschleunigte. So wurden *self-fullfilling prophecies* zum Bestandteil jenes internationalen Systems, das man noch immer als das Europäische Konzert der Mächte bezeichnete, obgleich es in zunehmendem Maße von zwei gewaltigen Rivalitäten zerrissen wurde: von den Ressentiments zwischen Frankreich und Deutschland einerseits, von der Feindschaft zwischen dem österreichisch-ungarischen und dem russischen Kaiserreich andererseits.

Was Frankreich und Deutschland anging, so hatte Preußens überlegener Sieg von 1870 bei den Franzosen einen ständigen Wunsch nach Revanche hervorgerufen. Die Annektion von Elsaß-Lothringen stand dabei im Mittelpunkt. Doch der Groll vermischte sich bald mit Furcht, denn die französische Staatsführung begann zu erkennen, daß der Krieg von 1870/71 das Ende der langen Ära französischer Vorherrschaft und eine unwiderruflich veränderte Verteilung des internationalen Einflusses zur Folge hatte. Das System Richelieus, der die verschiedenen deutschen Staaten in einem zerissenen Europa gegeneinander ausgespielt hatte, war nicht mehr anzuwenden. Fast fünfzig Jahre lang sublimierte Frankreich, hin- und hergerissen zwischen Erinnerung und Wunschdenken, von nun an seine Enttäuschung, indem es zielstrebig die Rückgewinnung Elsaß-Lothringens verfolgte, ohne zu berücksichtigen, daß selbst ein Erfolg dieser Bemühungen bloß zu einer Ehrenrettung führen würde. Strategisch kam jede Änderung zu spät: Frankreich allein war nicht mehr stark genug, um Deutschland erfolgreich Widerstand zu leisten; von jetzt an war es auf Partner angewiesen. Aus diesem Grund war Paris fast immer bereit, sich mit jedem Feind Deutschlands zu verbünden.

Auch der zweite europäische Konflikt, derjenige zwischen dem österreichisch-ungarischen Kaiserreich und Rußland, resultierte aus dem deutschen Zusammenschluß. Nachdem Bismarck 1862 preußischer Ministerpräsident geworden war, hatte er den österreichischen Botschafter aufgefordert, seinem Kaiser einen verblüffenden Vorschlag zu überbringen: Österreich, Zentrum des alten Heiligen Römischen Reiches, sollte seinen Schwerpunkt nach Budapest verlegen. Dem Botschafter erschien dieser Gedanke so grotesk, daß er ihn in seinem Bericht einer nervlichen Überlastung Bismarcks zuschrieb. Doch nachdem Österreich 1866 im Kampf um die deutsche Vorherrschaft besiegt worden war, blieb ihm keine andere Wahl, als sich den Wünschen Bismarcks zu beugen. Nach dem sogenannten »Ausgleich« von 1867 zwischen Österreich und Ungarn, der die nationalen Konflikte im Vielvölkerstaat entschärfen sollte, wurde Budapest ein gleichberechtigter, gelegentlich sogar dominierender Partner in der neugeschaffenen k.u.k-Monarchie.

Nach dem Scheitern der großdeutschen Lösung blieb dem österreichisch-ungarischen Kaiserreich nur die Möglichkeit, nach Osten hin zu expandieren. Österreich hatte sich an der Kolonialisierung in Übersee nicht beteiligt, und so hatten seine Führer ihren Ehrgeiz auf den slawisch besiedelten Balkan gerichtet, als sei dieser eine gleichsam natürliche Arena für die geopolitischen Ambitionen ihres Landes. Der Konflikt mit Rußland war in einer solchen Politik bereits angelegt.

Der gesunde Menschenverstand hätte Wien davor warnen müssen, derartige Entwicklungen zu provozieren. Aber gesunder Menschenverstand war dort nicht gerade im Überfluß vorhanden, und in Budapest schon gar nicht. Chauvinistischer Nationalismus überwog. Die Regierungen steuerten weiterhin einen Kurs, durch welchen die Donaumonarchie seit dem Rücktritt Metternichs zunehmend isoliert worden war: Untätigkeit im eigenen Land, hysterische Anfälle in der Außenpolitik.

Deutschland verfolgte auf dem Balkan keine nationalen Interessen, während der Erhalt des österreichisch-ungarischen Kaiserreiches durchaus in seiner Absicht lag. Mit einem Zusammenbruch der Doppelmonarchie nämlich hätte Bismarcks gesamte Deutschlandpolitik auf dem Spiel gestanden: Der deutschsprachige und katholische Teil Österreich-Ungarns hätte versucht, sich an Deutschland anzuschließen und damit die Vorrangstellung des protestantischen Preußen gefährdet, um die Bismarck so hartnäckig bemüht war. Außerdem hätte der Zerfall Österreichs Deutschland seines einzigen verläßlichen Bundesgenossen beraubt. Doch wenn Bismarck auf der einen Seite Österreich erhalten wollte, so hatte er auf der anderen Seite nicht das Bedürfnis, Rußland herauszufordern. So ergab sich für ihn nun erstmals eine Herausforderung, der er über ein paar Jahrzehnte hinweg zwar ausweichen, der er jedoch nie ganz gerecht werden konnte.

Die Situation wurde noch verwickelter durch die Lage des Osmanischen Reiches: Es wand sich, nach jahrzehntelangen Krisen, in Todeskrämpfen, und die Frage seiner Aufteilung führte wiederholt zu Zusammenstößen zwischen den Großmächten. Bei einer Kombination von fünf Spielern, sagte Bismarck einmal, sei es immer erstrebenswert, auf der Seite der drei zu stehen. Aber von den fünf europäischen Großmächten war Frankreich den Deutschen feindlich gesinnt, Großbritannien getreu seiner Politik der Bündnisfreiheit nicht verfügbar und Rußland aufgrund seines Konfliktes mit Österreich ein unsicherer Partner. Deutschland hätte also eine Allianz mit Rußland und Österreich eingehen müssen, um einen solchen Dreierbund zu erreichen. Nur ein Staatsmann, der über Bismarcks Willensstärke und Fähigkeiten verfügte, konnte auf derart riskante Weise kalkulieren. So wurde die Beziehung zwischen Deutschland und Rußland zu einem Schlüssel für den Frieden Europas.

Es lag noch nicht lange zurück, daß Rußland die europäische Bühne betreten hatte. Seitdem allerdings hatte es sich mit erstaunlicher Schnelligkeit eine dominierende Position erobert. Beim Westfälischen Frieden von 1648 war es noch nicht für bedeutend genug erachtet worden, um an den Verhandlungen beteiligt zu werden. Hundert Jahre später entwickelte es sich zu einem aktiven Teilnehmer an jedem bedeutenden Krieg in Europa. Schon Mitte des achtzehnten Jahrhunderts erfüllte Rußland westliche Beobachter mitunter mit einem unbehaglichen Gefühl. Im Jahre 1762 berichtete der französische *chargé d'affaires* in St. Petersburg: »Wird man Rußlands Ambitionen nicht entgegentreten, so werden die Auswirkungen für die benachbarten Mächte fatal sein [...]. Ich weiß, daß man das Ausmaß russischer Stärke nicht an seiner räumlichen Ausdehnung messen sollte, und daß seine Vorherrschaft über Territorien im Osten mehr ein eindrucksvolles Phantom als eine Quelle wirklicher Stärke darstellt. Aber ich habe zugleich den Verdacht, eine Nation, die angesichts der Rauheit ihres einheimischen Klimas besser als jede andere geeignet ist, den Unwägbarkeiten der Jahreszeiten die

Stirn zu bieten, die an sklavischen Gehorsam gewöhnt ist, die zum Leben wenig benötigt und somit in der Lage ist, einen Feldzug zu unternehmen, der wenig kosten wird [...], nun, eine solche Nation, befürchte ich, wird mit einiger Wahrscheinlichkeit auf Eroberungen aus sein...«[1]

Als dann der Wiener Kongreß zusammentrat, war Rußland die vermutlich mächtigste Nation auf dem Kontinent. Mitte des zwanzigsten Jahrhunderts stellte es dann neben Amerika die einzige globale Supermacht dar, bis es vierzig Jahre später implodierte und in nur wenigen Monaten viele seiner in den vergangenen zwei Jahrhunderten hinzugewonnenen Territorien verlor.

Der absolute Charakter zaristischer Macht versetzte die russischen Herrscher in die Lage, ihre Außenpolitik nicht nur willkürlich, sondern geradezu exzentrisch zu betreiben. In den gerade einmal sechs Jahren zwischen 1756 und 1762 trat Rußland auf der Seite Österreichs in den Siebenjährigen Krieg ein, besetzte Preußen, wechselte nach dem Tod der Zarin Elisabeth im Januar 1762 auf die Seite Preußens über und zog sich in die Neutralität zurück, als Katharina die Große im Juli 1762 ihren Gatten Peter III. beseitigte. Und fünfzig Jahre später sollte Metternich darauf hinweisen, daß Alexander I. keine einzige seiner Überzeugungen länger als fünf Jahre aufrechterhalten habe. Metternichs Berater, Friedrich von Gentz, beschrieb die Haltung des Zaren folgendermaßen:»Keines der Hindernisse, die sich anderen Souveränen entgegenstellen und sie einschränken – Gewaltenteilung, Verfassungssysteme, öffentliche Meinung usw. – besteht für den Kaiser von Rußland. Was er in der Nacht träumt, kann er am nächsten Morgen in die Tat umsetzen.«[2]

Ein Paradox war Rußlands wohl bezeichnendster politischer Zug: Immer in Kriege verwickelt und nach allen Seiten expandierend, fühlte es sich gleichwohl unausgesetzt bedroht. Je vielfältiger das Reich wurde, je mehr Nationalitäten und ethnische Gruppen es umfaßte, desto verletzlicher fühlte es sich, was in dem Bedürfnis Ausdruck fand, die unterschiedlichen Nationalitäten von ihren Nachbarn zu isolieren. Um ihre Herrschaft aufrechtzuerhalten und die Spannungen zwischen den Völkern des Reiches zu überwinden, beschworen alle russischen Herrscher den Mythos einer ungeheuren Bedrohung von außen herauf, ein Bewußtsein, dem mit der Zeit die Realität entsprechen und das der Stabilität Europas zum Verhängnis werden sollte.

Als Rußland von Moskau aus langsam in alle Richtungen vordrang – nach Mitteleuropa, zur Pazifikküste, nach Zentralasien –, eskalierte sein Sicherheitsstreben in einem Expansionismus um seiner selbst willen.»Die in ihrem Ursprung defensiven Kriege«, beschrieb der russische Historiker Wasilij Kliutschewskij jenen Prozeß,»entwickelten sich mit der Zeit, für die Moskauer Politiker unmerklich und unabsichtlich, zu Aggressionskriegen, zu einer direkten Fortführung der Vereinigungspolitik der alten Dynastien vor den Romanows, zu einem Kampf um russische Territorien, die niemals zum Fürstentum Moskau gehört hatten.«[3] Allmählich wurde Rußland für alle Staaten an seinen weitläufigen Grenzen zu einer Bedrohung. Es erweiterte seine Grenzen unerbittlich. Und immer wieder geschah dies, wie gesagt, auf der Grundlage rein defensiver Motive. Fürst Potemkin beispielsweise (zu Berühmtheit gelangt durch die Errichtung vorgetäuschter Dörfer entlang der Reiserouten der Zarin) rechtfertigte die Eroberung der in türkischer Hand befindlichen Krim im Jahre 1776 mit der verständlichen Begründung, dies verbessere Rußlands Möglichkeiten, sein Reich zu verteidigen.[4] Im Jahre 1864 war Rußlands Sicherheit jedoch gleichbedeutend mit beständiger Expansion geworden. Der damalige Vizekanzler und Außenminister Fürst Alexander Michailowitsch Gortschakow erklärte das russische Vordringen in Zentralasien mit der Pflicht, seine Grenzen zu befrieden – und zwar mittels purer Gewalt:»Die Situation Rußlands in Zentralasien ähnelt derjenigen aller zivilisierten Staaten, die mit halbwilden Nomadenstämmen ohne festgefügte soziale Struktur in Berührung kommen. In derartigen Fällen erfordern die Interessen der Grenzsicherung und der Handelsbeziehungen stets die Ausübung einer gewissen Autorität über die Nachbarn [...]. Der Staat muß somit eine Entscheidung treffen: Entweder setzt er seinen ständigen Bemühungen ein Ende und verdammt seine Grenzen zu unaufhörlicher Unruhe, [...] oder er dringt weiter und weiter in das Herz der wilden Länder vor [...], wobei die größte Schwierigkeit darin besteht, wieder anzuhalten.«[5] Als die Sowjetunion 1979 in Afghanistan einmarschierte, erinnerten sich viele Historiker an diese Formulierung.

Paradoxerweise konnte das europäische Gleichgewicht in den vergangenen zweihundert Jahren bei verschiedenen Gelegenheiten vor allem durch russische Anstrengungen gewahrt werden. Ohne Rußland wäre es zum Beispiel Napoleon und Hitler mit einiger Wahrscheinlichkeit gelungen, ihre Weltreiche zu errichten. Das janusköpfige Riesenreich bedeutete nicht nur eine Bedrohung der »balance of power«, sondern war zugleich eines der Schlüsselelemente, die zu deren Erhalt notwendig waren; es war von grundlegender Bedeutung für das Gleichgewicht, und doch war es nicht gänzlich Bestandteil desselben.

Über weite Zeiträume seiner Geschichte akzeptierte Rußland nur Beschränkungen, die ihm von der Außenwelt auferlegt wurden, und auch diese nur widerwillig. Dennoch gab es Perioden, besonders die vierzig Jahre nach dem Ende der Napoleonischen Kriege, in denen Rußland keinen eigenen Nutzen aus seiner ungeheuren Macht zog, sondern sich ganz in den Dienst des Schutzes konservativer Werte in Mittel- und Westeuropa stellte.

Doch selbst wenn Rußland die Prinzipien der Legitimität verteidigte, war seine Haltung messianischer – und damit imperialistischer – als die anderer konservativer Höfe. Während westeuropäische Konservative sich über Weltanschauungen definierten, die von einem starken Moment der Selbstbeherrschung geprägt waren, stellten russische Staatsmänner sich gewissermaßen in den Dienst von Kreuzzügen. Die Zaren, weder bereit noch genötigt, sich mit einer Herausforderung ihrer Legitimität praktisch auseinanderzusetzen, hielten republikanische Bewegungen schlichtweg für unmoralisch. Als Befürworter der Einigkeit auf der Grundlage konservativer Werte waren sie, zumindest bis zum Krimkrieg, zudem geneigt, Legitimität einzusetzen, um die eigene Einflußsphäre zu erweitern, was Nikolaus I. den Beinamen eines »Polizisten Europas« einbrachte. Im Jahre 1818, als die Heilige Allianz auf ihrem Höhepunkt war, schrieb Metternichs Berater Friedrich von Gentz über Alexander I.: »Der Kaiser Alexander ist, trotz all des Eifers und des Enthusiasmus, den er durchweg für die Heilige Allianz zeigt, der Souverän, der ohne große Schwierigkeiten auch ohne sie zurechtkommen könnte [...]. Für ihn bedeutet die Heilige Allianz nur ein Utensil, mit dem er in allgemeinen Angelegenheiten seinen Einfluß geltend macht, der im Vordergrund seiner Ambitionen steht [...]. Sein Interesse am Erhalt dieses Systems ist nicht etwa, wie dies für Österreich, Preußen oder Großbritannien gilt, ein Interesse, das auf einer Zwangslage basiert; es ist ein freies und berechnendes Interesse, dem er aufgrund der Position, in der er sich befindet, entsagen kann, sobald ein anderes System ihm größere Vorteile anbieten sollte.«[6]

Nicht anders als die Amerikaner glaubten die Russen, einen außergewöhnlichen Staat geschaffen zu haben. Rußlands Expansion nach Zentralasien, in deren Verlauf es nur mit Nomadenstämmen oder Feudalgesellschaften aneinandergeriet, trug in mancher Hinsicht ähnliche Züge wie Amerikas Vordringen nach Westen, und die russische Rechtfertigung dieser Politik, ganz im Einklang mit den oben zitierten Sätzen Gortschakows stehend, wies Parallelen zu der Art und Weise auf, in der die Amerikaner ihre »manifest destiny« erklärten. Doch während Amerikas Gefühl von Einzigartigkeit auf Freiheit gegründet war, resultierte dasjenige Rußlands aus der Erfahrung gemeinsamen Leidens: Die Werte Amerikas konnte jedermann teilen; diejenigen Rußlands standen nur der russischen Nation zur Verfügung, wobei selbst viele nicht-russische Untertanen der Zaren gänzlich davon ausgeschlossen blieben. Amerikas besondere geopolitische Lage legte dem Land einen isolationistischen Standpunkt nahe; Rußlands isolierte Lage dagegen weckte missionarische Empfindungen, die nicht selten zu militärischen Abenteuern führten.

Michail Katkow, ein russischer nationalistischer Publizist, definierte gegen Ende des neunzehnten Jahrhunderts den Unterschied zwischen westlichen und russischen Werten wie folgt: »Alles dort basiert auf vertraglich festgelegten Beziehungen, und hier basiert alles auf Glauben; dieser Gegensatz wurde ursprünglich durch die unterschiedlichen Positionen bestimmt, die Kirchen im Westen und im Osten einnahmen. Dort existiert eine im Grundsatz duale Autorität, hier aber nur eine einzige.«[7]

Den angeblichen Altruismus der russischen Nation haben russischnationalistisch und panslawisch gesinnte Intellektuelle immer auf den orthodoxen Glauben zurückgeführt. Der große Romancier und leidenschaftliche Nationalist Fjodor Dostojewski beispielsweise sah im russischen Altruismus eine Verpflichtung, die slawischen Völker von der Fremdherrschaft zu befreien und sich zu diesem Zweck, wenn notwendig, selbst gegen das gesamte westliche Europa zu stellen. Während des russisch-türkischen Krieges von 1877 schrieb Dostojewski: »Fragt die Menschen; fragt die Soldaten! Warum erheben sie sich? Warum ziehen sie in den Krieg, und was erhoffen sie sich davon? Geschlossen werden sie euch antworten, daß sie gehen, um Christus zu dienen und ihre unterdrückten Brüder zu befreien [...]. Wir werden über ihre gemeinschaftliche Eintracht wachen, ihre Freiheit und Unabhängigkeit beschützen, und sei es gegen das gesamte Europa.«[8]

Ganz anders als die Staaten Westeuropas, die es gleichzeitig bewunderte, verachtete und beneidete, sah Rußland sich selbst – um es zugespitzt zu formulieren – eher als einen »Auftrag«, weniger als einen Staat: als ein Gebilde jenseits geopolitischer Maßstäbe also, vorangetrieben vom Glauben, zusammengehalten von Waffen. Auch Dostojewski wollte die Rolle Rußlands deshalb keineswegs darauf beschränken, seine slawischen Brüder zu befreien, es sollte zudem über deren Eintracht wachen, ein Unterfangen, dem sicherlich gute Absichten zugrunde lagen, das jedoch allzuleicht in Bevormundung umschlagen konnte. Für Katkow war Rußland das dritte Rom: »Der russische Zar ist mehr als nur der Erbe seiner Vorfahren; er ist der Nachfolger der Caesaren des Oströmischen Reiches, der Begründer der Kirche und ihrer Konzile, die das wahre Bekenntnis zum christlichen Glauben begründeten. Mit dem Fall von Byzanz erhob sich Moskau, und die Erhabenheit Rußlands nahm ihren Anfang.«[9] Dieses leidenschaftliche Sendungsbewußtsein übertrug man nach der Revolution auf die Kommunistische Internationale.

Der Widerspruch der russischen Geschichte liegt in der ständigen Ambivalenz zwischen messianischem Drang und einem tiefverwurzelten Gefühl der Unsicherheit. Auf der Stufe seiner höchsten Verirrung erzeugte dieser Zwiespalt immer wieder die Befürchtung, das Imperium werde in sich zusammenfallen, falls es nicht weiter expandiere. Wenn Rußland also bei der Teilung Polens als bestimmende Kraft agierte, so tat es das zum einen aus Sicherheitserwägungen, zum anderen wegen der für das achtzehnte Jahrhundert typischen Tendenz zu territorialer Ausdehnung. Ein Jahrhundert später wurde dieser Eroberung dann eine ganz neue Bedeutung verliehen. Rotislaw Andrejewitsch Fadjejew, ein panslawistisch orientierter Offizier, schrieb 1869 in seinem einflußreichen Essay *Ansichten zur Ostfrage*, daß Rußland seinen Marsch nach Westen fortsetzen müsse, um seine Eroberungen zu schützen: »Der historische Aufbruch Rußlands vom Dnjepr zur Weichsel [gemeint ist die Teilung Polens] war eine Kriegserklärung an Europa, das in einen Teil des Kontinents vorgedrungen war, der ihm nicht gehörte. Nun steht Rußland mitten zwischen den feindlichen Linien – doch das ist nur ein vorübergehender Zustand: Entweder muß es den Feind zurückschlagen, oder seine Position aufgeben [...], entweder muß es seine Vorherrschaft bis an das Adriatische Meer ausdehnen oder sich wieder hinter den Dnjepr zurückziehen.«[10] Fadjejews Analayse unterschied sich erstaunlich wenig von Auffassungen, die George F. Kennan später aus der Sicht der Gegenseite in seinem grundlegenden Artikel über die Ursachen der sowjetischen Haltung äußerte. Die Sowjetunion, so Kennan, werde in sich zusammenfallen, wenn sie das Ziel ihrer expansionistischen Bestrebungen nicht erreiche.[11]

Rußlands erhabenes Selbstverständnis wurde von der übrigen Welt indessen kaum anerkannt. Sieht man einmal von seinen außerordentlichen Leistungen auf den Gebieten der Literatur und Musik ab, entwickelte sich das Land, was seine eroberten Völker anbelangt, nie zu einem kulturellen Magneten, wie dies bei den Mutterländern anderer Kolonialmächte der Fall war. Ebensowenig wurde das russische Imperium als ein System mit Modellcharakter betrachtet, weder von anderen Gesellschaften noch von seinem eigenen Volk. Für die Außenwelt in erster Linie eine Art Urgewalt, blieb Rußland eine mysteriöse, vorwärtsdrängende Erscheinung, die es zu fürchten galt und der man nur durch Einbindung oder durch Konfrontation begegnen konnte.

Metternich hatte den Weg der Einbindung beschritten, und für die Dauer einer Generation war er damit weitgehend erfolgreich gewesen. Doch nach dem Zusammenschluß Deutschlands, nach der nationalen Einheit Italiens hatten die bedeutenden ideologischen Prozesse aus der ersten Hälfte des neunzehnten Jahrhunderts ihre einigende Kraft verloren. Nationalismus und revolutionär-republikanische Gesinnung galten nicht länger als eine Bedrohung der europäischen Ordnung. Während der Nationalismus sich zum vorherrschenden strukturierenden Prinzip der europäischen Politik entwickelte, sahen die gekrönten Häupter Rußlands, Preußens und Österreichs daher zunehmend weniger Notwendigkeit, sich zu einer gemeinsamen Verteidigung des Legitimitätsprinzips zusammenzuschließen.

Metternich hatte etwas erreicht, das einer europäischen Regierung sehr nahe kam: Die Herrscher Europas begriffen ihre Einigkeit in Prinzipien als ein Bollwerk gegen Revolutionen. Doch in den siebziger Jahren des neunzehnten Jahrhunderts hatte sich entweder die Angst vor einer Revolution gelegt, oder die einzelnen Regierungen glaubten, diese auch ohne Hilfe von außen niederhalten zu können. Damals lag die Hinrichtung Ludwigs XVI. zwei Generationen zurück. Die liberalen Revolutionen von 1848 waren bewältigt; Frankreich hatte, obgleich eine Republik, seinen bekehrenden Eifer aufgegeben. Nun gab es keine gemeinsamen weltanschaulichen Bande mehr, die den sich verschärfenden Konflikten zwischen Rußland und Österreich angesichts der Balkan-Frage oder zwischen Deutschland und Frankreich im Hinblick auf Elsaß-Lothringen Einhalt geboten hätten.

Die Großmächte betrachteten sich nicht mehr als Partner mit einem gemeinsamen Ziel, sondern als Rivalen. Konfrontation entwickelte sich zur üblichen diplomatischen Verfahrensweise.

Früher hatte Großbritannien Zurückhaltung fördern können, indem es als ausgleichende Macht innerhalb des Systems des europäischen Gleichgewichts auftrat. Auch jetzt wäre unter allen großen europäischen Staaten nur Großbritannien in der Lage gewesen, eine Diplomatie des Gleichgewichts zu betreiben, die nicht von unüberwindlichen Animositäten behindert wurde. Doch war sich das Land unsicher, wo die zentrale Bedrohung lag, und es sollte mehrere Jahrzehnte dauern, bis es seine Orientierung wiedergewann.

Das aus dem Wiener Kongreß hervorgegangene System, mit dem man in London vertraut war, hatte sich in der zweiten Hälfte des neunzehnten Jahrhunderts radikal verändert. Das vereinigte Deutschland war stark genug, um Europa allein zu beherrschen, eine Lage, der Großbritannien in der Vergangenheit stets mit allen Mitteln entgegengetreten war. Jetzt hingegen sahen die meisten britischen Staatsmänner, Disraeli ausgenommen, keinen Grund mehr, sich einem Prozeß nationaler Konsolidierung zu widersetzen, den britische Staatsmänner über Jahrzehnte hin begrüßt hatten, zumal die Zuspitzung dieser Entwicklung als das Resultat eines Krieges erschien, bei dem Frankreich, formal gesehen, der Aggressor gewesen war.

Großbritanniens außenpolitische Haltung hatte sich mittlerweile dahin entwickelt, daß es nur im Falle eines tatsächlichen Angriffs auf das Gleichgewicht zu intervenieren bereit war, nicht aber bereits gegen die Möglichkeit eines solchen Angriffs. Das zeigte sich auch jetzt. Und da es Jahrzehnte dauerte, bis die Bedrohung des europäischen Gleichgewichts durch Deutschland offenbar wurde, richtete man in London in Angelegenheiten der Außenpolitik sein Augenmerk für den Rest des Jahrhunderts auf Frankreich, dessen Interessen in Übersee mit denjenigen Großbritanniens kollidierten, sowie auf Rußlands Vorstöße zu den Meerengen, nach Persien, Indien und später auch nach China.

Alle diese Streitfragen hatten einen kolonialpolitischen Hintergrund. Im Hinblick auf die europäische Diplomatie, die bereits die Krisen und Kriege des zwanzigsten Jahrhunderts ausbrütete, praktizierte England weiterhin die Politik der »splendid isolation«.

Bismarck war bis 1890 die bestimmende Figur der europäischen Diplomatie. Er wollte Frieden für sein Land und drängte nicht auf Konfrontationen. Doch angesichts fehlender moralischer Bande zwischen den europäischen Staaten stand er vor einer wahren Herkulesaufgabe. Er mußte verhindern, daß Rußland und Österreich in das Lager Frankreichs überwechselten, und zu diesem Zweck war es erforderlich, die Infragestellung legitimer russischer Zielsetzungen durch Österreich zu verhindern und andererseits Rußland davon abzuhalten, das österreichisch-ungarische Kaiserreich zu unterminieren. Bismarck war auf gute Beziehungen zu Petersburg angewiesen, durfte sich dabei allerdings England nicht zum Feind machen, das ein wachsames Auge auf die russischen Absichten in bezug auf Konstantinopel und Indien hatte.

Selbst ein Genie wie Bismarck konnte einen so waghalsigen Balanceakt nicht auf Dauer durchhalten, denn die Spannungen, denen das internationale System ausgesetzt war, ließen sich mit der Zeit kaum noch bewältigen. Dennoch praktizierte er in den fast zwanzig Jahren seiner Amtszeit als Kanzler des neuen Reichs jene von ihm gepredigte Realpolitik mit solcher Mäßigung und Geschicklichkeit, daß das Gleichgewicht der Kräfte zu keinem Zeitpunkt zusammenbrach.

Bismarcks Ziel war es, keiner anderen Macht – das unversöhnliche Frankreich ausgenommen – Grund zu geben, einem gegen Deutschland gerichteten Bündnis beizutreten. Das vereinigte Land sei »gesättigt« und habe keine weiteren territorialen Absichten, beteuerte er und versicherte Rußland auf diesem Wege, daß man auf dem Balkan keine Interessen verfolge. Der Balkan, so Bismarck, sei nicht die Knochen eines einzigen pommerschen Grenadiers wert. Auf dem Kontinent vermied er zugleich alles, was in London Besorgnis um das Gleichgewicht hätte auslösen können. Zudem hielt er Deutschland aus dem Wettlauf um Kolonien heraus. »Ihre Karte von Afrika ist ja sehr schön, aber meine Karte von Afrika liegt in Europa. Hier liegt Rußland und hier liegt Frankreich, und wir sind in der Mitte. Das ist meine Karte von Afrika«, so lautete Bismarcks Entgegnung auf einen Befürworter deutscher kolonialer Aktivitäten. Und doch sollte ihn seine eigene Innenpolitik später dazu zwingen, diesen Ratschlag nicht konsequent zu verfolgen.

Aber Beruhigungsversuche allein reichten nicht mehr aus. Was Deutschland benötigte, war eine Allianz mit Rußland *und* Österreich, so unwahrscheinlich dies zunächst auch erscheinen mochte. Tatsächlich schmiedete Bismarck 1873 ein solches Bündnis, das erste sogenannte Dreikaiserbündnis. Der Pakt, der die Eintracht der drei konservativen Höfe ausdrücklich bestätigte, ähnelte Metternichs Heiliger Allianz sehr. Hatte Bismarck plötzlich eine Neigung für das von Metternich geschaffene System entwickelt, an dessen Zerstörung ihm doch früher so viel gelegen war? Die Zeiten hatten sich geändert, nicht zum wenigsten durch Bismarcks eigene Erfolge. Selbst wenn sich Deutschland, Rußland und Österreich in Metternichscher Manier verpflichteten, bei der Unterbindung subversiver Tendenzen in ihren Einflußsphären zusammenzuarbeiten, genügte die gemeinsame Abneigung gegenüber politisch-radikalen Strömungen nicht mehr, um die drei Kaiserhäuser zusammenzuhalten, zumal alle Beteiligten sich sicher waren, innere Unruhen auch ohne fremde Hilfe in den Griff zu bekommen.

Es lag Jahre zurück, daß Bismarck sich von seinen legitimistischen Überzeugungen getrennt hatte. Obwohl seine Korrespondenz mit Gerlach (vgl. Kapitel 5) noch nicht publik gemacht worden war, waren die ihr zugrundeliegenden Standpunkte allgemein bekannt. Während seiner gesamten Karriere hatte er realpolitische Prinzipien vertreten, und so war es ihm kaum möglich, sein Umschwenken zum Legitimitätsprinzip glaubwürdig zu machen. Auch die zunehmend schärfere geopolitische Konkurrenz zwischen Rußland und Österreich überschattete die Einigkeit der konservativen Herrscherhäuser: Beide Staaten wollten aus dem Zerfall des Osmanischen Reiches auf dem Balkan Beute schlagen. Der Panslawismus und die im Grunde überholte Einstellung zum Expansionismus trugen auf russischer Seite zu einer waghalsigen Balkan-Politik bei.

Nackte Furcht war es, die im österreichisch-ungarischen Kaiserreich ähnliche Standpunkte nach sich zog. Während also auf dem Papier eine Allianz zwischen dem deutschen Kaiser und seinen konservativen »Brüdern« in Petersburg und Wien existierte, lag dieses Paar in Wirklichkeit in anhaltenden Zwistigkeiten. Die Schwierigkeit, mit zwei Partnern zurechtzukommen, die sich gegenseitig als tödliche Bedrohung wahrnahmen, sollte das Bündnissystem Bismarcks für die ganze restliche Dauer seiner Kanzlerschaft stören.

Schon das erste Dreikaiserbündnis lehrte Bismarck, daß er die Kräfte, die er gerufen hatte, nicht mehr zu beherrschen vermochte, indem er an die moralischen Grundsätze Österreichs und Rußlands appellierte. Einflußnahme konnte hinfort nur noch gelingen, wenn er das Gewicht auf Macht und Eigeninteresse legte – auf Realpolitik also.

Vor allem zwei Ereignisse demonstrierten dies. Das erste trat im Jahre 1875 in Form einer Kriegspsychose ein, die am 8. April vom Leitartikel der regierungsnahen Berliner »Post« ausgelöst worden war. Er trug die Überschrift »Ist Krieg in Sicht?« und war eine Reaktion auf den Anstieg des französischen Militärhaushaltes und den Ankauf einer großen Anzahl von Pferden durch die französischen Militärs. Es ist gut möglich, daß der Artikel auf Veranlassung Bismarcks erschien, ohne daß dieser weitere Absichten damit verfolgt hätte; denn es folgten weder eine deutsche Teilmobilmachung noch bedrohliche Truppenbewegungen.

Die Abwendung einer nicht-existenten Bedrohung ist immer eine naheliegende Möglichkeit, das Ansehen eines Staates zu vergrößern. Geschickte Reaktionen der französischen Diplomatie riefen den Eindruck hervor, als plane Deutschland einen militärischen Erstschlag. Das französische Außenministerium verbreitete das Gerücht, der Zar habe in einer Unterredung mit dem französischen Botschafter angedeutet, er wolle Frankreich in einem französisch-deutschen Konflikt unterstützen; Großbritannien, das auf die Gefahr einer Beherrschung Europas durch eine einzige Macht stets empfindlich reagierte, begann sich zu regen. Premierminister Disraeli instruierte seinen Außenminister, Lord Derby, sich mit dem Plan einer Einschüchterung Berlins an den russischen Kanzler Michail D. Gortschakow zu wenden. »Mein Eindruck ist«, so schrieb Derby, »daß wir eine konzertierte Bewegung schaffen sollten, um den Frieden Europas zu erhalten, wie es Lord Palmerston tat, als er, Frankreichs Pläne durchkreuzend, die Ägypter aus Syrien vertrieb. Es wäre ein Bündnis zwischen uns und Rußland für diesen speziellen Zweck denkbar. Andere Mächte, wie Österreich und vielleicht Italien, könnten eingeladen werden, beizutreten...«[12] Daß Disraeli, der Rußlands Machtbestrebungen argwöhnisch gegenüberstand, sogar auf die Möglichkeit einer anglo-russischen Allianz hinwies, verdeutlicht, wie ernst er die Aussicht auf eine deutsche Vorherrschaft in Westeuropa nahm. Die Kriegspsychose flaute jedoch ebenso schnell wieder ab, wie sie aufgeflammt war. Disraelis Plan wurde nie auf seine Tauglichkeit geprüft. Aber auch wenn die Reaktion des Premierministers Bismarck nicht in Einzelheiten bekannt wurde: der Reichskanzler war zu klug, um die Besorgnis der Engländer nicht zu spüren.

George Kennan hat gezeigt[13], daß diese Krise sehr viel weniger bedeutend war, als die heftigen Reaktionen der öffentlichen Meinung nahezulegen schienen. Bismarck hatte nicht die Absicht, nach der Demütigung Frankreichs jetzt schon wieder in den Krieg zu ziehen, obgleich er keineswegs etwas dagegen hatte, bei Frankreich genau diesen Eindruck zu erwecken, falls man ihn zu sehr reizen sollte. Alexander II. seinerseits war nicht bereit, ein republikanisches Frankreich zu garantieren, auch wenn es ihn nicht störte, diese Option gegenüber Bismarck anzudeuten.[14] Disraeli reagierte also auf etwas, was zu diesem Zeitpunkt nichts als ein Hirngespinst war. Doch überzeugte die Kombination von britischer Besorgnis, französischer Taktiererei und russischer Ambivalenz Bismarck davon, daß nur eine aktive Politik das Zustandekommen jener Koalition abwenden konnte, die sich eine Generation später als Tripelentente gegen Deutschland formieren sollte.

Der zweite Konflikt verdiente seine Bezeichnung. Er trat in Gestalt einer weiteren Balkankrise auf und machte unmißverständlich klar, daß weltanschauliche Bande das Dreikaiserbündnis nicht mehr zusammenhalten konnten, wenn nationale Interessen dem entgegenstanden. Er enthüllte überdies eine Grundproblematik, die schließlich Bismarcks europäische Ordnung zunichte machen und Europa in den Ersten Weltkrieg stürzen sollte, so daß er an dieser Stelle genauer untersucht werden soll.

Die seit dem Krimkrieg ruhende Balkanfrage bestimmte erneut die internationale Tagesordnung. Alles begann mit einer langen Reihe komplizierter Mißverständnisse, die sich mit dem Voranschreiten des Jahrhunderts ebenso schablonenhaft entwickeln sollten wie die Stücke im japanischen Kabukitheater. Irgendein absurder oder zufälliger Vorfall sollte dann die Krise auslösen: Rußland würde drohen, England seine Kriegsflotte auf den Weg schicken; Rußland würde einen Teil des osmanischen Balkans besetzen und diese Eroberung als eine Art Pfand betrachten; sodann müßten Verhandlungen aufgenommen werden, in deren Verlauf Rußland seine Forderungen zurückschrauben würde, und dann, genau zu diesem Zeitpunkt, würde die ganze Angelegenheit explodieren.

1876 rebellierten die seit Jahrhunderten unter türkischer Herrschaft lebenden Bulgaren. Andere Balkanvölker folgten ihrem Beispiel. Die Türkei reagierte mit entsetzlicher Brutalität, und das von panslawistischen Empfindungen aufgewühlte Rußland drohte mit Intervention. Die Reaktion St. Petersburgs beschwor in London das vertraute Schreckgespenst eines russischen Trachtens nach den Meerengen herauf. Seit Canning hatten britische Staatsmänner die Maxime befolgt, daß Rußland, wenn es Konstantinopel kontrollierte, auch den östlichen Mittelmeerraum und den Nahen Osten beherrschen und mithin Großbritanniens Position in Ägypten gefährden würde. Aus diesem Grund, so die britische Schlußfolgerung, mußte das Osmanische Reich, so dekadent und hinfällig es auch sein mochte, erhalten werden – selbst auf das Risiko eines Kriegs mit Rußland hin.

Diese Lage der Dinge stellte Bismarck vor ein schweres Problem. Ein russischer Vorstoß, der geeignet war, eine militärische Reaktion Großbritanniens zu provozieren, würde mit einiger Wahrscheinlichkeit auch Österreich dazu bewegen, in den Kampf zu ziehen. Und wenn Deutschland gezwungen worden wäre, sich zwischen Österreich und Rußland zu entscheiden, hätte dies die Außenpolitik Bismarcks mitsamt dem Dreikaiserbündnis zunichte gemacht. Was auch immer geschehen mochte: Bismarck konnte dem Risiko, sich entweder Rußland oder Österreich zum Feind zu machen und zudem den Zorn aller beteiligten Parteien auf sich zu ziehen, nur entgegentreten, indem er eine neutrale Haltung einnahm. »Wir haben stets vermieden«, sagte er 1878 vor dem Reichstag, »wenn Meinungsverschiedenheiten zwischen Österreich und Rußland waren, eine Majorität von Zweien gegen Eines zu bilden, indem wir bestimmt für Einen Partei nahmen...«[15]

Diese Zurückhaltung war typisch für Bismarck. Sie umschrieb allerdings zugleich das Dilemma seiner Politik, das sich mit der Verschärfung der Krise noch weiter zuspitzte. Bismarcks erster Schritt bestand darin, das Dreikaiserbündnis nach Möglichkeit zusammenzuhalten, indem man sich auf eine gemeinsame Position einigte. Anfang 1876 arbeitete man deshalb in Berlin eine Denkschrift aus, in der man die Türkei vor einer weiteren Repressionspolitik warnte. Dies schien zu implizieren, daß Rußland auf dem Balkan unter bestimmten Bedingungen zugunsten des Gleichgewichts intervenieren würde, ganz ähnlich wie die Metternichschen Kongresse von Verona, Laibach und Troppau eine europäische Macht bestimmt hatten, welche die Entscheidungen in die Tat umsetzen sollte.

Und doch gab es, was derartige Aktionen anging, einen beträchtlichen Unterschied. Zu Metternichs Zeiten war Castlereagh britischer Außenminister. Er stand Interventionen der Heiligen Allianz wohlwollend gegenüber, obwohl Großbritannien selber die Teilnahme verweigerte. Nun war Disraeli Premierminister, und er betrachtete die »Berliner Denkschrift« als einen ersten Schritt zur Zerlegung des Osmanischen Reiches unter Ausschluß Großbritanniens. Allzusehr war sie in seinen Augen von Hegemonialansprüchen in Europa geprägt, denen sich Großbritannien über Jahrhunderte widersetzt hatte. Gegenüber Peter Andrejewitsch Schuwalow, dem russischen Botschafter in London, beschwerte sich Disraeli:»Mit England ist man umgegangen, als handele es sich um Montenegro oder Bosnien.«[16] Und an Lady Bradford schrieb er:»Hier herrscht kein Gleichgewicht, und wenn wir keine besonderen Anstrengungen machen, um mit den drei Nordmächten zu gehen, können sie ohne uns handeln, was für einen Staat wie England nicht erfreulich ist.«[17] Hätte die von St. Petersburg, Berlin und Wien zur Schau getragene Einigkeit wirklich bestanden, so wäre es für Großbritannien schwierig geworden, sich einmal getroffenen Entscheidungen entgegenzustellen. London, so schien es, hätte keine andere Wahl gehabt, als sich den drei Kaiserreichen anzuschließen, während Rußland die Türkei angriff.

Doch Disraeli, der ganz in der Tradition Palmerstons stand, entschied sich dafür, die Muskeln spielen zu lassen. Er beorderte die britische Flotte ins östliche Mittelmeer, um seiner pro-türkischen Haltung Ausdruck zu verleihen und dafür zu sorgen, daß die Türkei weiterhin fest blieb. Die Risse, die der Dreikaiserbund aufwies, sollten so erweitert werden, kalkulierte er. Gegenüber Königin Victoria erklärte der Premierminister, der nicht gerade für übertriebene Zurückhaltung bekannt war, er habe das Bündnis zwischen Deutschen, Österreichern und Russen auseinandergebracht. Das Dreikaiserbündnis, glaubte er,»ist faktisch erloschen, ebenso erloschen wie das römische Triumvirat.«[18]

Benjamin Disraeli war eine der merkwürdigsten und außergewöhnlichsten Persönlichkeiten, die je an der Spitze einer britischen Regierung standen. Als er 1868 erfuhr, daß er zum Premierminister ernannt werden würde, triumphierte er:»Hurra, Hurra, ich habe schwindelnde Höhen erklommen!« Ganz anders sein ständiger Widersacher William Ewart Gladstone. Als dieser noch im selben Jahr aufgefordert wurde, Disraeli nachzufolgen, verfaßte er zunächst eine weitschweifige Betrachtung über die Verpflichtungen der Macht und seine heiligen Pflichten gegenüber Gott. Sie schloß auch ein Gebet ein, der Allmächtige möge ihn mit der Kraft versehen, welche die schweren Verpflichtungen seines Amtes erforderten.

Diese Äußerungen jener beiden großen Männer, die die britische Politik in der zweiten Hälfte des neunzehnten Jahrhunderts bestimmt haben, fangen die Gegensätze ihrer Persönlichkeiten ein: Disraeli war eine auffallende Erscheinung, brillant und lebhaft, Gladstone gelehrt, fromm, würdevoll. Es entbehrt nicht der Ironie, daß gerade die viktorianischen Konservativen (die sich aus Landadel und frommen anglikanischen Aristokratenfamilien zusammensetzten) sich den brillanten jüdischen Abenteurer zum Führer erkoren, daß die Partei der *insider* schlechthin jemanden ganz weit nach vorn schickte, der zu den Außenseitern schlechthin zählte. Und ein Jahrhundert darauf sollten es wiederum die scheinbar so schwerfällig-borierten Konservativen und nicht etwa die selbstbewußt-progressive Labour-

Partei sein, die Margaret Thatcher in ihr Amt einsetzten, die Tochter eines Gemüsehändlers, die sich als Großbritanniens erster weiblicher Premierminister zu einer bemerkenswerten Führungspersönlichkeit entwickelte. Disraelis Karriere war ausgesprochen untypisch verlaufen. Als Romancier verkörperte er weit mehr den Literaten als den Politiker. Eigentlich schien es wahrscheinlich, daß er sein Leben als glänzender Schriftsteller und gewandter Redner beenden würde, nicht aber als eine der schöpferischsten Figuren in der britischen Politik des neunzehnten Jahrhunderts. Wie Bismarck war auch er der Überzeugung, daß die Mehrheit seiner Landsleute konservativ wählen würde. 1867 sorgte er deshalb für die Erhöhung der Anzahl der Wahlberechtigten.

Als Führer der Konservativen prägte Disraeli eine neue Form des Imperialismus, die sich von dem grundsätzlich kommerziell orientierten Expansionismus unterschied, den Großbritannien seit dem siebzehnten Jahrhundert verfolgt hatte und mit dem es, wie man einmal gemeint hat, in einem Anfall von Geistesabwesenheit ein Weltreich errichtete. Ein Imperium war für Disraeli keine wirtschaftliche, sondern eine innere Notwendigkeit, eine Voraussetzung für das Prestige seines Landes.»Die Bedeutung dieser Frage darf nicht unterschätzt werden«, erklärte er 1872 in seiner berühmten Crystal Palace-Rede.»Es geht darum, ob Sie mit einem behaglichen England zufrieden sind, das nach kontinentalen Prinzipien geformt und gestaltet ist und zur gegebenen Zeit seinem unausweichlichen Schicksal begegnet, oder ob Sie ein bedeutender Staat sein wollen – ein Staat, in dem Ihre Söhne, wenn sie es zu etwas bringen, überragende Positionen erreichen können und nicht nur die Wertschätzung ihrer Landsleute erfahren, sondern die Hochachtung der Welt.«[19] Wenn Disraeli an derartigen Überzeugungen festhalten wollte, dann mußte er sich der Bedrohung des Osmanischen Reiches entgegenstellen. Die Vorgaben des Dreikaiserbündnisses konnte er schon im Namen des europäischen Gleichgewichts nicht akzeptieren; doch vor allem Rußland, dem Herausforderer Englands auf dem Balkan, mußte er sich widersetzen.

Die Vorstellung, Rußland mache den Briten ihre weltbeherrschende Stellung streitig, hatte sich im Verlauf des neunzehnten Jahrhunderts immer mehr durchgesetzt. Großbritannien sah sich und seine überseeischen Interessen von einer russischen Zangenbewegung bedroht, deren eine Spitze auf Konstantinopel, deren andere zunächst auf Zentralasien, dann auf Indien zielte. Im Verlauf seiner Durchdringung Zentralasiens nach 1850 hatte Rußland ein Eroberungssystem entwickelt, an dessen schematischem Ablauf sich auch in der Zukunft nichts mehr ändern sollte. Das Opfer befand sich immer so weit vom Zentrum bedeutsamerer Entwicklungen entfernt, daß nur wenige westliche Staaten überhaupt eine genaue Vorstellung davon hatten, was sich da tat. Dabei ließ sich weiterhin die Auffassung verbreiten, der Zar sei in Wirklichkeit ein gütiger Mensch; nur die ihm untergebenen Völker seien kampfeslustig. So wurden räumliche Entfernung und Informationsmängel zu Werkzeugen russischer Diplomatie.

Unter den europäischen Mächten besaß nur London Interessen in Zentralasien. Als die russische Expansion weiter und weiter nach Osten in Richtung Indien vordrang, wurde der englische Protest wiederholt von Gortschakow abgewehrt, der freilich oft selber nicht wußte, was die russischen Armeen gerade unternahmen. Lord Augustus Loftus, britischer Botschafter in St. Petersburg, mutmaßte, daß der Druck Rußlands auf Indien »ursprünglich nicht vom Souverän ausging, obgleich er ein absolutistischer Monarch ist, sondern von der bestimmenden Rolle, die die Militärverwaltung spielt. Wo ein gewaltiges stehendes Heer unterhalten wird, da besteht auch die unbedingte Notwendigkeit, Beschäftigung für die Soldaten zu finden [...]. Wenn man mit einer Folge von Eroberungen beginnt, wie das in Zentralasien der Fall ist, so führt die Aneignung eines Territoriums zur Aneignung des nächsten, und die Schwierigkeit besteht darin, zum Halten zu kommen.«[20] Bei dieser Beobachtung handelte es sich um kaum mehr als um eine Wiederholung von Gortschakows Worten (vgl. S. 148). Doch interessierte es das britische Kabinett nicht besonders, ob Rußland Indien aus imperialistischen Motiven bedrohte oder weil sich irgendwo eine Kraft verselbständigt hatte und außer Kontrolle geraten war.

Ständig drangen russische Truppen tiefer in das Herz Zentralasiens vor, woraufhin Großbritannien Erklärungen forderte und Versicherungen erhielt, der Zar habe nicht die Absicht, auch nur einen Quadratmeter Land zu annektieren. Zunächst wirkten solche besänftigenden Worte beruhigend. Doch nach weiteren russischen Vorstößen sollte die Streitfrage unvermeidlich wiederaufgenommen werden. Um ein Beispiel zu nennen: Nachdem die russische Armee 1868 Samarkand im heutigen Usbekistan eingenommen hatte, teilte Gortschakow dem britischen Botschafter Sir Andrew Buchanan mit, »daß die russische Regierung nicht nur nicht die Absicht hatte, diese Stadt einzunehmen, sondern dies sogar zutiefst bedaure und versichere, daß man die Stadt nicht auf Dauer halten wolle.«[21] Aber Samarkand blieb bis zum Zusammenbruch der Sowjetunion ein Jahrhundert später unter russischer Herrschaft.

Dasselbe Spiel wiederholte sich 1872 etwa tausend Kilometer weiter südöstlich mit dem Fürstentum Khiva an der Grenze zu Afghanistan. Graf Schuwalow, der Adjutant des Zaren, wurde nach London entsandt, um den Engländern zu versichern, daß Rußland keineswegs beabsichtige, zusätzliche Territorien in Zentralasien zu annektieren: »Es lag nicht nur nicht in der Absicht des Kaisers, von Khiva Besitz zu ergreifen, es waren sogar eindeutige Befehle vorbereitet worden, dies zu verhindern, und es sind Anweisungen gegeben worden, daß die eingetretenen Umstände nicht dergestalt sein sollen, daß sie zu einer dauerhaften Besetzung Khivas führen.«[22] Kaum waren diese Zusicherungen überbracht worden, traf die Nachricht ein, der russische General Kaufmann habe Khiva unterworfen und Friedensbedingungen diktiert, die in einem heftigen Gegensatz zu den Behauptungen Schuwalows standen.

Im Jahre 1875 wurden diese Methoden auf Kokand angewandt, ein weiteres Fürstentum an der afghanischen Grenze. Bei dieser Gelegenheit fühlte sich Gortschakow verpflichtet, die Diskrepanz zwischen Rußlands Zusicherungen und seinen tatsächlichen Aktivitäten zu rechtfertigen. Findig wie er war, dachte er sich eine noch nie dagewesene Unterscheidung zwischen unilateralen Zusicherungen (die, seiner Definition zufolge, nicht bindend waren) und formalen, bilateralen Verpflichtungen aus.»Das Kabinett in London«, schrieb er in einer Note,»scheint angesichts der Tatsache, daß wir ihm bei mehreren Gelegenheiten freiwillig und in freundschaftlicher Form unsere Standpunkte bezüglich Zentralasiens und insbesondere unseren festen Vorsatz, keine Politik der Eroberung oder Annektierung zu betreiben, dargelegt haben, zu der Überzeugung gelangt zu sein, wir seien in dieser Angelegenheit und England gegenüber bindende Verpflichtungen eingegangen.«[23] Mit anderen Worten: Rußland bestand weiterhin darauf, in Zentralasien freie Hand zu haben, sich seine Grenzen selbst zu setzen und sich nicht einmal von seinen früheren Zusicherungen binden zu lassen.

Als sich der Vormarsch auf Konstantinopel abzeichnete, war Disraeli nicht mehr bereit, eine weitere Wiederholung der Prozedur zu dulden. Er bestärkte die Türken darin, die Berliner Denkschrift abzulehnen und ihre Raubzüge auf dem Balkan fortzusetzen. Doch trotz dieser Demonstration britischer Entschlossenheit befand sich Disraeli unter schwerem innenpolitischem Druck. Die Türken hatten mit ihren Grausamkeiten die öffentliche Meinung gegen sich aufgebracht, Gladstone wetterte gegen die Amoralität von Disraelis Außenpolitik. Daher sah sich der Premierminister schließlich gezwungen, dem Londoner Protokoll von 1877 beizutreten: Er schloß sich den drei Kaiserreichen an und rief die Türkei dazu auf, das Schlachten zu beenden und die Verwaltungsstrukturen in der Region zu reformieren. Der Sultan indessen war überzeugt davon, daß Disraeli auf seiner Seite stand, und wies das Dokument zurück. Rußlands Antwort war die Kriegserklärung.

Für einen Augenblick schien es, als habe St. Petersburg das diplomatische Spiel gewonnen. Nicht nur die beiden anderen Kaiserreiche stärkten ihm den Rücken, sondern auch Frankreich. Hinzu kam, daß Rußland starke Unterstützung durch die öffentliche Meinung in Großbritannien erhielt. Disraelis Hände waren gebunden. Wenn er auf der Seite der Türkei in einen Krieg eintrat, dann war es nur zu wahrscheinlich, daß darüber seine eigene Regierung zu Fall kam.

Doch wie in vielen der vorangegangenen Krisen überreizten die russischen Führer ihre Karten. Angeführt von dem brillanten, aber rücksichtslosen General und Diplomaten Nikolai Pawlowitsch Ignatjew, drangen ihre Truppen bis vor die Tore Konstantinopels vor. Österreich begann seine Unterstützung des Feldzugs zu überdenken. Disraeli verlegte britische Kriegsschiffe in die Dardanellen. Und Ignatjew schockierte ganz Europa, indem er die Bedingungen des Vorfriedens von San Stefano verkündete, der die Türkei weitgehend schwächen und ein »Großbulgarien« schaffen sollte. Dieser bis an das Mittelmeer reichende Staat würde, so nahm man allgemein an, von Rußland kontrolliert werden.

Seit 1815 war im europäischen Denken der Grundsatz fest verankert, daß das Geschick des Osmanischen Reiches nur vom Europäischen Konzert im ganzen, nicht aber von einer einzelnen Macht bestimmt werden dürfe, am allerwenigsten von Rußland. Da beschwor der Vorfrieden von San Stefano erneut das Schreckgespenst einer russischen Beherrschung der Meerengen und der Balkanslawen herauf, ersteres für Großbritannien, letzteres für Österreich inakzeptabel. London und Wien erklärten den Vertrag sofort für unannehmbar. So befand sich Disraeli plötzlich nicht mehr in einer isolierten Position. Für die russische Führung bedeuteten seine nächsten Schritte ein Wiederaufleben der Koalition des Krimkriegs. Als der britische Außenminister Lord Robert Arthur Talbot Salisbury sein berühmtes Memorandum vom April 1878 herausgab und darlegte, warum der Frieden von San Stefano revidiert werden mußte, stimmte dem sogar Schuwalow, der russische Botschafter in London und langjährige Rivale Ignatjews, zu. Sollte der Zar Konstantinopel besetzen lassen, drohte Großbritannien mit Krieg, und Österreich schloß sich an, sollte sich Rußland die Überreste des Balkans einverleiben.

Bismarcks sorgsam gepflegtes Drei-Kaiser-Abkommen stand nach diesen Ereignissen kurz vor dem Zusammenbruch. Bis dahin hatte der deutsche Reichskanzler sich außerordentlich vorsichtig verhalten. Im August 1876, ein Jahr bevor russische Armeen »für die Sache der Orthodoxie und des Slawentums« in die Türkei einmarschierten, hatte Gortschakow ihm vorgeschlagen, die Deutschen sollten als Gastgeber eines Kongresses zur Lösung der Balkankrise fungieren. Während Metternich oder Napoleon III. eine solche Gelegenheit, als oberste Vermittler innerhalb des Europäischen Konzerts aufzutreten, sofort beim Schopf ergriffen hätten, zeigte sich Bismarck jedoch zurückhaltend, weil er glaubte, daß ein Kongreß nur die latenten Meinungsverschiedenheiten innerhalb des Drei-Kaiser-Abkommens ans Tageslicht bringen würde. Alle Teilnehmer, auch Großbritannien, würden, so äußerte er sich vertraulich, »mit Ressentiments gegen Deutschland von einem solchen Kongreß zurückkehren, ›weil keiner so von uns unterstützt worden [ist], wie er es erwartete.‹«[24] Zudem hielt es Bismarck für unklug, Disraeli und Gortschakow zusammenzubringen, diese »beiden gleichermaßen gefährlich eitlen Minister«.[25]

Als indessen deutlicher wurde, daß sich auf dem Balkan ein europäischer Krieg vorbereitete, organisierte Bismarck doch zögernd einen Kongreß in Berlin, der einzigen Hauptstadt, in der die russische Führung zu erscheinen bereit war. Noch immer allerdings zog er es vor, seine Distanz gegenüber den diplomatischen Tagesgeschäften zu wahren, weshalb er den österreichi-

schen Außenminister Andrássy dazu brachte, die Einladungen zu verschik-
ken.

Der Kongreß sollte am 13. Juni 1878 zusammentreten. Doch bevor es
dazu kam, hatten Großbritannien und Rußland mit einer am 30. Mai 1878
unterzeichneten Vereinbarung zwischen Salisbury und dem neuen Außenminister Schuwalow die wichtigsten Streitpunkte bereits geklärt. Das mit
dem Frieden von San Stefano geschaffene »Großbulgarien« wurde durch
drei neue Gebilde ersetzt: einen deutlich kleineren, unabhängigen Staat
Bulgarien; einen autonomen, unter türkischer Oberhoheit stehenden Staat
Ostrumelien, dessen Administration gleichwohl von einer europäischen
Kommission – einer Vorläuferin der Vereinten Nationen und deren frieden-
stiftenden Maßnahmen – kontrolliert werden sollte, und den Rest Bulgariens, der unter türkische Herrschaft zurückfiel. Rußlands Territorialgewinne
in Armenien wurden beschnitten. In geheimen Zusatzvereinbarungen ver-
sprach Großbritannien gegenüber Österreich, daß es dessen Besetzung von
Bosnien und der Herzegowina unterstützen werde, und versicherte dem
Sultan, daß es Garantien für die asiatische Türkei übernehmen wolle. Im
Gegenzug gestattete der Sultan Großbritannien die Nutzung Zyperns als
Flottenstützpunkt.

Als der Berliner Kongreß zusammentrat, war die Kriegsgefahr, die Bismarck zur Rolle des Gastgebers bewogen hatte, weitgehend gebannt. Die
Hauptfunktion des Kongresses bestand nun darin, die Zustimmung Europas zu den bereits ausgehandelten Vereinbarungen einzuholen. Es scheint
fraglich, ob Bismarck sich darauf eingelassen hätte, die naturgemäß riskante
Rolle eines Vermittlers zu übernehmen, wenn er dieses Resultat vorausgesehen hätte. Andererseits ist es ziemlich wahrscheinlich, daß nur das Bevor-
stehen der Zusammenkunft Rußland und England dazu bewogen hat, sich
gesondert und schnell zu einigen. Man wollte Erfolge, die man viel besser in
direkter Verhandlung erreichen konnte, nicht den Unwägbarkeiten eines
europäischen Kongresses aussetzen.

Es ist nicht gerade eine großartige Leistung, die Details einer bereits
beschlossenen Vereinbarung auszuarbeiten. Alle Großmächte bis auf
Großbritannien waren in Berlin durch ihre Außenminister vertreten. Disraeli wollte die recht sichere Aussicht auf einen bedeutenden diplomatischen Erfolg nicht Lord Salisbury allein überlassen, und so nahmen – zum
ersten Mal in der Geschichte des Landes – sowohl der Premierminister als
auch der Außenminister an einem internationalen Kongreß außerhalb der
Britischen Inseln teil. Gortschakow, bejahrt und eitel, der schon ein halbes
Jahrhundert zuvor mit Metternich bei den Kongressen von Laibach und
Verona verhandelt hatte, erkor den Berliner Kongreß für seinen letzten Auf-
tritt auf der internationalen Bühne. »Ich möchte nicht wie eine qualmende
Lampe ausgelöscht werden. Ich möchte untergehen wie ein Stern.« So seine
Worte beim Eintreffen in Berlin.[26]

Als Bismarck gebeten wurde, sich zu den Schwerpunkten des Kongresses zu äußern, gab er diese Frage an Disraeli, an »den alten Juden«[27] weiter, dem er stets mit Achtung begegnete. Mit der Zeit bewunderten die beiden Männer einander, auch wenn ihre Herkunft nicht unterschiedlicher hätte sein können. Beide hatten sich der Realpolitik verschrieben, beide verabscheuten moralistische Heucheleien. Die religiösen Untertöne in den Äußerungen Gladstones – eines Mannes, den sie gleichermaßen haßten – hielten sie für reinsten Humbug. Weder Bismarck noch Disraeli besaßen besondere Sympathien für die Balkanslawen, in ihren Augen waren diese nur chronische und gewalttätige Störenfriede; beide neigten zu beißenden, zynischen Scherzen, weitgehenden Verallgemeinerungen, sarkastischen Sticheleien; und beide fanden übertriebene Detailgenauigkeit langweilig, weshalb sie es vorzogen, politische Probleme mit beherzten, dramatischen Manövern anzugehen.

Disraeli war vermutlich der einzige Staatsmann, der jemals die Oberhand über Bismarck gewann. Zum Berliner Kongreß kam er unangreifbar, in der Position desjenigen, der seine Ziele bereits erreicht hat – eine Verhandlungsposition, wie sie auch Castlereagh beim Wiener Kongreß und Stalin nach dem Zweiten Weltkrieg zugute kam. Die noch offenen Punkte betrafen Einzelheiten, etwa die Frage, wie die zwischen Großbritannien und Rußland getroffenen Vereinbarungen realisiert werden sollten, sowie das eigentlich eher technisch-militärische Problem, ob die Türkei oder das neugeschaffene Bulgarien die Balkanpässe kontrollieren sollte. Die strategische Aufgabe bestand während des Kongresses für Disraeli darin, Rußland in seiner Verärgerung darüber, daß es einige seiner Eroberungen wieder herausgeben mußte, so weit wie möglich von Großbritannien abzulenken.

Disraeli war erfolgreich, weil Bismarcks Lage äußerst kompliziert war. Der Kanzler verfolgte auf dem Balkan keine deutschen Interessen, und abgesehen davon, daß es einen Krieg zwischen Österreich und Rußland um nahezu jeden Preis zu vermeiden galt, setzte er, was die strittigen Punkte anbelangte, im wesentlichen keine eigenen Prioritäten. Seine Rolle beschrieb er als die des »ehrlichen Maklers«. Während des Kongresses leitete er fast jede seiner Stellungnahmen mit den Worten ein: »L'Allemagne, qui n'est liée par aucun intérêt directe dans les affaires d'Orient...«[28]

Obgleich Bismarck das Spiel, das hier gespielt wurde, meisterlich beherrschte, schien es ihm mitunter, als sei er in einem Alptraum gefangen. Es war, als sehe er eine Gefahr auf sich zukommen, die abzuwenden unmöglich war. Als man ihn im Reichstag drängte, einen energischeren Standpunkt einzunehmen, erwiderte er, daß er gerade dies vermeiden wolle, und verwies auf die Risiken des Vermittelns. Er bezog sich dabei auf einen Vorfall aus dem Jahr 1851, als Zar Nikolaus I. zwischen Österreich und Preußen trat, und zwar auf seiten Österreichs: »Ich erinnere«, so führte Bismarck aus, »an die Verhandlungen von Olmütz. Da hat Kaiser Nicolaus die Rolle gespielt, die der Herr Vorredner Deutschland zumuthet; er ist gekommen und hat gesagt: ›Auf den Ersten, der hier schießt, schieße ich‹, und in Folge dessen kam der Friede zu Stande. Zu wessen Vortheil, zu wessen Nachtheil, politisch berechnet, das gehört der Geschichte an, das will ich hier nicht discutiren. Ich frage bloß: Ist diese Rolle, die er dort gespielt hat, dem Kaiser Nicolaus auf einer von beiden Seiten gedankt worden? Bei uns in Preußen ganz gewiß nicht! [...] Ist es dem Kaiser Nicolaus von Österreich gedankt worden? Drei Jahre darauf war der Krimkrieg, und ich brauche ein Weiteres nicht zu sagen.«[29] Ebensowenig, hätte er hinzufügen können, hielt die Intervention des Zaren die Preußen davon ab, vierzehn Jahre später den Norddeutschen Bund herbeizuführen. Denn darin bestand bereits im Jahr 1851 die tatsächliche Streitfrage.

Bismarck reizte seine Karten aus, so gut es ihm möglich war. In Angelegenheiten, die die östlichen Teile des Balkans betrafen (wie etwa die Annektierung von Bessarabien), stärkte er Rußland den Rücken, während er Österreich in den Fragen unterstützte, die den westlichen Teil betrafen (beispielsweise die Besetzung Bosniens und der Herzegowina). Nur in einem Punkt stellte er sich gegen Petersburg. Als Disraeli drohte, den Kongreß zu verlassen, wenn man der Türkei nicht die Bergpässe an der Grenze zu Bulgarien belasse, legte sich Bismarck beim Zaren direkt ins Mittel, um dessen Unterhändler Schuwalow auszuspielen.

Auf diese Weise vermied Bismarck jene Entfremdung gegenüber Rußland, die Österreich nach dem Krimkrieg ereilt hatte. Ganz unbeschadet ging er aus der Angelegenheit dennoch nicht hervor: Russische Hofkreise fühlten sich um einen Sieg betrogen. Es mochte vorkommen, daß man in Petersburg territoriale Gewinne aus legitimistischen Erwägungen zurückstellte, wie es Alexander I. im griechischen Unabhängigkeitskrieg nach 1821 oder Nikolaus I. während der 1848er Revolutionen getan hatten; niemals aber gab Rußland elementare Ziele auf oder akzeptierte einen Kompromiß. Gebot man dem russischen Expansionismus Einhalt, hatte dies meist langanhaltende Verstimmungen zur Folge.

So machte Rußland nach dem Berliner Kongreß das Europäische Konzert und nicht etwa den eigenen, weit übertriebenen Ehrgeiz dafür verantwortlich, daß es nicht alle seine Ziele erreicht hatte. Sein Groll richtete sich allerdings nicht gegen Disraeli, der die Koalition gegen Rußland zustande gebracht und mit Krieg gedroht hatte. Er ging gegen Bismarck, der den Kongreß dirigieren mußte, damit eine Konfrontation vermieden werden konnte. An britischen Widerstand hatte Rußland sich gewöhnt; daß aber die Rolle des »ehrlichen Maklers« von einem traditionellen Bündnispartner wie Deutschland übernommen wurde, erschien den Panslawisten als Beleidigung. Die nationalistisch orientierte Presse im Zarenreich bezeichnete den Kongreß denn auch als »europäische Koalition gegen Rußland unter der Führung des Fürsten Bismarck«[30]. Der deutsche Kanzler wurde zum Sündenbock dafür, daß Rußland bei der Umsetzung übertriebener Zielvorstellungen gescheitert war.

Peter Andrejewitsch Schuwalow, der als russischer Chefunterhändler in

Berlin genau wußte, was wirklich vorgefallen war, faßte nach dem Kongreß die Standpunkte Rußlands zusammen:»Man läßt lieber das Volk in dem Wahn, daß die Interessen Rußlands durch die Schuld einiger fremder Mächte schwer geschädigt sind, und leistet damit der verderblichen Agitation Vorschub. Den Frieden will freilich jeder, der Zustand des Landes verlangt ihn dringend; aber gleichzeitig soll der Effekt des Mißvergnügens, das allein die Fehler der eigenen Politik hervorgerufen haben, nach außen abgelenkt werden.«[31] Doch Schuwalows Sätze spiegelten keineswegs die russische öffentliche Meinung wider. Obgleich der Zar selber nicht so viel aufs Spiel setzen wollte wie die chauvinistische Presse oder die radikalen Panslawisten, konnte auch er sich nicht mit den Ergebnissen des Kongresses anfreunden. In den nächsten Jahrzehnten sollte die Perfidie Berlins Hauptthema manch eines politischen Schriftstücks in Rußland werden, darunter einige, die direkt aus der Zeit vor Ausbruch des Ersten Weltkrieges datieren. Das auf der Einigkeit konservativer Monarchen beruhende Drei-Kaiser-Abkommen ließ sich nicht länger aufrechterhalten. Wenn es in internationalen Angelegenheiten weiterhin eine verbindende Kraft geben sollte, konnte diese nur in der Realpolitik bestehen.

In den fünfziger Jahren des neunzehnten Jahrhunderts hatte Bismarck eine Linie vertreten, die im Grunde die kontinentale Entsprechung zu Großbritanniens Politik der»splendid isolation«darstellte. Er plädierte dafür, Verwicklungen fernzubleiben, bis Preußen sich schließlich auf jene Seite stellen konnte, die seinem nationalen Interesse zum jeweiligen Zeitpunkt am besten zu dienen schien. Dergestalt vermied es feste Bündnisse, die seine Handlungsfreiheit beschränkt hätten; vor allem aber verfügte es über sehr viel mehr Optionen als irgendein potentieller Rivale. In den siebziger Jahren versuchte Bismarck dann, die Einheit Deutschlands zu konsolidieren, indem er zu dem traditionellen Bündnis mit Österreich und Rußland zurückkehrte. In den achtziger Jahren jedoch trat eine unvorhergesehene Situation ein: Deutschland war zu stark, um sich ständig abseits des Geschehens halten zu können. Damit konnte es unter Umständen das gesamte Europa gegen sich aufbringen. Aber ebensowenig durfte es sich länger auf die traditionelle, fast selbstverständlich eintretende Unterstützung durch Rußland verlassen. Deutschland war ein Gigant, der Freunde brauchte.

Bismarck überwand dieses Dilemma, indem er sich vollständig von seiner außenpolitischen Vorgehensweise der früheren Jahre löste. Wenn er das Gleichgewicht der Kräfte nicht mehr dadurch handhaben konnte, daß er weniger Verpflichtungen als jeder potentielle Gegenspieler hatte, so würde er hinfort eben *mehr* Verbindlichkeiten gegenüber *mehr* Ländern eingehen als jeder denkbare Widersacher, um so je nach Erfordernis der Lage unter den Bündnispartnern wählen zu können. Er opferte die Manövrierfähigkeit, die seine Diplomatie in den vergangenen zwanzig Jahren charakterisiert hatte. Statt dessen begann er, ein geschickt angelegtes System von Bündnissen aufzubauen. Dieses sollte auf der einen Seite mögliche Gegner am Zusammenschluß hindern, auf der anderen aber auch den politischen Partnern keinen Blankoscheck ausstellen. So war Deutschland bei jeder von Bismarcks manchmal widersprüchlichen Koalitionen seinen Partnern enger verbunden, als diese unter sich; denn Bismarck behielt sich hinsichtlich gemeinsamer Aktionen stets ein Veto vor und hinsichtlich unabhängiger Aktionen stets eine Option offen. Über ein Jahrzehnt hinweg konnte er solche Verträge mit den Gegnern seiner Verbündeten erfolgreich aufrechterhalten, konnte so Spannungen auf allen Seiten vermindern.

Bismarck leitete seine neue Politik 1879 durch ein Bündnis mit Österreich ein. Um die Verstimmung Petersburgs nach dem Berliner Kongreß wissend, hoffte er nun, eine Barriere gegen den fortgesetzten russischen Expansionismus errichten zu können. Zugleich sicherte er sich ein Vetorecht gegen die österreichische Politik auf dem Balkan, indem er jede Bereitschaft von sich wies, sich von Wien als Rückendeckung für eine Bedrohung Rußlands benutzen zu lassen. Als Lord Salisbury mit großer Herzlichkeit den österreichisch-deutschen Zweibund als »gute und erfreuliche Neuigkeit« begrüßte, war Bismarck klar, daß er mit seinen gegen den russischen Expansionismus gerichteten Bestrebungen nicht allein dastand.

Zweifellos erwartete Salisbury, daß ein durch Deutschland gestärktes Österreich seinem Land die Bürde abnehmen würde, dem auf die türkischen Meerengen gerichteten russischen Machtwillen entgegenzuwirken. Doch es war keineswegs Bismarcks Sache, Schlachten im nationalen Interesse anderer Staaten auszufechten, am wenigsten auf dem Balkan, gegen den er eine tiefe Abneigung hegte. »Man muß diesen Schafsdieben klar zu verstehen geben«, polterte er bei Gelegenheit, »daß die europäischen Regierungen es nicht nötig haben, sich für ihre Lüste und Rivalitäten einspannen zu lassen«.[32] Diese warnenden Worte sollten seine Nachfolger unglücklicherweise und zum Schaden des Friedens vergessen.

Wenn Bismarck vorschlug, Rußland auf dem Balkan in Schach zu halten, so wollte er dies durch Bündnisse, nicht durch Konfrontation erreichen. Der Zar war angesichts der Aussicht, in die Isolation zu geraten, stutzig geworden. Für ihn galt Großbritannien noch immer als Rußlands Hauptwidersacher, und Frankreich schien ihm zu schwach, vor allem aber zu republikanisch, um als geeigneter Verbündeter dienen zu können. So stimmte er einer Wiederbelebung des Drei-Kaiser-Abkommens zu, diesmal auf der Grundlage der Realpolitik.

Der Nutzen, den eine Allianz mit seinem Hauptgegner bringen sollte, war dem österreichischen Kaiser nicht sofort verständlich. Er hätte eine Verbindung mit Großbritannien entschieden vorgezogen. Mit London teilte er schließlich das Interesse, Rußlands Vordringen zu den türkischen Meerengen zu blockieren; doch Disraelis Niederlage im Jahre 1880 und Gladstones Machtergreifung setzten den Aussichten darauf ein Ende. Großbritanniens Beteiligung an einem pro-türkischen und anti-russischen Bündnis – und sei sie auch nur indirekt – war außer Reichweite gerückt.

Das Dreikaiserbündnis gab sich, als es 1881 geschlossen wurde, nicht mehr – wie das Drei-Kaiser-Abkommen von 1873 – den Anschein einer gemeinsamen moralischen Grundlage. Er erfüllte die Voraussetzungen der Realpolitik: Die Unterzeichner verpflichteten sich zu wohlwollender Neutralität, falls einer von ihnen in einen Krieg mit einem vierten Staat verwikkelt werden sollte, Rußland etwa in einen Krieg gegen Großbritannien, Deutschland in einen Krieg gegen Frankreich. Berlin schützte sich auf diese Weise gegen einen Zweifrontenkrieg, Petersburg gegen ein Wiederaufleben der Krim-Koalition aus Großbritannien, Frankreich und Österreich. Deutschlands Verpflichtung dagegen, Österreich gegen Angriffe zu verteidigen, konnte bestehenbleiben. Die Verantwortung für die Niederhaltung des russischen Expansionismus auf dem Balkan wurde Großbritannien aufgebürdet, denn für Österreich war es – zumindest auf dem Papier – ausgeschlossen, einer gegen den Zaren gerichteten Koalition beizutreten. Indem er diese sich teilweise gegenseitig aufhebenden Bündnisse ausbalancierte, gelang es Bismarck, sich noch einmal annähernd jene Handlungsfreiheit zu sichern, die er bereits in der Phase diplomatischer Zurückhaltung besessen hatte. Vor allem aber hatte er allem entgegengewirkt, was aus einer regionalen Krise einen europäischen Krieg hätte entstehen lassen können.

1882, ein Jahr nach dem zweiten Dreikaiserbündnis, warf Bismarck sein Netz sogar noch weiter aus. Er verstärkte den Zweibund mit Österreich durch die Hinzuziehung Italiens. Italien hatte im allgemeinen Distanz zur mitteleuropäischen Diplomatie gewahrt, widersetzte sich allerdings der Eroberung Tunesiens durch Frankreich, das damit den eigenen Interessen Italiens in Nordafrika zuvorkam. Zudem glaubte der unsichere italienische Monarch, es sei besser, dem aufkommenden republikanischen Ansturm durch eine Demonstration von Großmachtdiplomatie zu begegnen. Österreich wiederum verlangte nach zusätzlichen Sicherheiten für den Fall, daß der Dreibund sich als unfähig erweisen sollte, Rußland in seine Schranken zu weisen. Mit der Errichtung des neuen Dreibundes verpflichteten sich Deutschland und Österreich außerdem zu gegenseitiger Hilfe bei einem französischen Angriff, während sich Italien gegenüber Österreich-Ungarn bei einem Krieg gegen Rußland zur Neutralität verpflichtete; österreichische Befürchtungen vor einem Zweifrontenkrieg waren auf diese Weise beseitigt. Im Jahre 1887 ermutigte Bismarck seine Bündnispartner schließlich dazu, mit Großbritannien das sogenannte Mittelmeer-Abkommen zu schließen, in dem die Parteien übereinkamen, den Status quo im Mittelmeerraum gemeinschaftlich aufrechtzuerhalten.

Bismarcks Diplomatie löste eine Reihe ineinander verflochtener, teils konkurrierender, teils sich überlappender Allianzen aus. Sie schützten Österreich vor russischen Angriffen, Rußland vor österreichischer Abenteuerlust, Deutschland vor Einkreisung und bewogen schließlich England dazu, einem russischen Vorstoß im Mittelmeerraum zu begegnen. Um

Gefährdungen dieses komplizierten Systems zu verhindern, tat Bismarck was immer er konnte, um französische Ansprüche zu befriedigen. Allein Elsaß-Lothringen war von diesen Bemühungen ausgenommen. Er ermutigte Paris in seiner kolonialen Expansion, zum Teil um französische Energien aus Mitteleuropa abzuziehen, mehr aber noch, um es mit seinen kolonialistischen Konkurrenten, insbesondere Großbritannien, in Streitigkeiten zu verwickeln. Über ein Jahrzehnt lang ging diese Rechnung auf. Fast gerieten Frankreich und Großbritannien über Ägypten aneinander. Über Tunesien in Konflikt gekommen, entfernten sich Frankreich und Italien voneinander. Immer darauf bedacht, einen Konflikt mit den Briten zu vermeiden, scheute Bismarck die koloniale Expansion bis Mitte der achtziger Jahre und beschränkte Deutschlands Außenpolitik auf das europäische Festland, wo es ihm auf die Aufrechterhaltung des Status quo ankam.

Doch die Anforderungen, die die Realpolitik stellte, waren letzten Endes zu kompliziert, als daß man sie auf lange Sicht hätte erfüllen können. Mit der Zeit war der Konflikt zwischen Rußland und Österreich nicht mehr kontrollierbar. Ein realpolitisches Gleichgewicht der Kräfte hätte den Balkan in ein österreichisches und ein russisches Einflußgebiet aufteilen müssen; selbst in den autokratischsten Staaten allerdings war die öffentliche Meinung zu sehr entflammt, als daß eine solche Politik noch möglich gewesen wäre. Einflußsphären, welche die slawische Bevölkerung Österreich überließen, konnte Rußland nicht billigen. Österreich seinerseits würde eine Stärkung dessen, was es für Rußlands slawische »Kolonien« auf dem Balkan hielt, nicht akzeptieren.

Bismarcks Kabinettsdiplomatie, im Stil des achtzehnten Jahrhunderts betrieben, ließ sich mit einer Epoche, in der die Stimmung der Massen zunehmend wichtiger wurde, nicht mehr vereinbaren. Die parlamentarischen Regierungen Großbritanniens und Frankreichs reagierten ganz selbstverständlich auf die öffentliche Meinung. In Frankreich hatte dies einen wachsenden Druck hinsichtlich der Wiedergewinnung von Elsaß-Lothringen zur Folge. Doch das bemerkenswerteste Beispiel für die neuartige und entscheidende Rolle der Öffentlichkeit lieferte Großbritannien, als Gladstone bei der Wahl von 1880 Disraeli schlug. Es war der einzige Wahlkampf in Großbritannien, der von außenpolitischen Themen weitgehend beherrscht wurde. Danach wurde Disraelis Balkanpolitik vollständig revidiert.

Gladstone, vielleicht die wichtigste Persönlichkeit in der britischen Politik des neunzehnten Jahrhunderts, handhabe Außenpolitik in ähnlicher Weise wie die Amerikaner nach Wilson. Er bewertete sie aufgrund moralischer, nicht etwa aufgrund geopolitischer Kriterien und meinte, daß die nationalen Bestrebungen der Bulgaren in der Tat gerechtfertigt seien; als christliche Brudernation schulde Großbritannien ihnen Unterstützung gegen die muslimischen Türken. Die Türken sollten, so Gladstone, durch eine Koalition von Mächten zur Räson gebracht werden, die sodann die Verantwortung für die Verwaltung Bulgariens übernähmen. Damit nahm er ein Konzept vorweg, das erst unter Präsident Wilson als Prinzip kollektiver Sicherheit bekannt wurde. Europa sollte gemeinsam handeln, anderenfalls würde Großbritannien gar nicht handeln.»Alles muß – und kann überhaupt nur – durch Sicherheit geschehen, durch gemeinsames Handeln der Mächte Europas«, äußerte Gladstone schon 1876 in einer Rede.»Ihre Macht ist groß; von grundlegender Bedeutung aber ist vor allem, daß Herz und Seele Europas in dieser Sache eins sein sollten. Ich muß jetzt nur von den sechs sprechen, die wir Großmächte nennen, von Rußland, Deutschland, Österreich, Frankreich, England und Italien. Ihrer aller Eintracht ist nicht nur wichtig, sie ist geradezu unerläßlich für umfassenden Erfolg und Zufriedenheit.«[33]

Gegen Disraelis geopolitische Orientierung initiierte Gladstone 1880 die »Midlothian Campaign«, so benannt nach einer im Südosten Schottlands gelegenen Grafschaft. Die erste Provinzkampagne in der Geschichte überhaupt wurde zum Wendepunkt, zum ersten Wahlkampf, in dem außenpolitische Streitfragen direkt dem Volk vorgelegt wurden. So konnte Gladstone in hohem Alter plötzlich als Redner Erfolge erzielen. Er verkündete, moralische Grundsätze seien die einzig mögliche Basis für eine solide Außenpolitik, und bestand darauf, daß christliche Demut und nicht das Gleichgewicht der Kräfte, daß die Beachtung der Menschenrechte und nicht des nationalen Interesses die Leitsterne britischer Außenpolitik sein müßten. Auf einer Veranstaltung erklärte er:»Vergessen Sie nicht, daß die Unverletzlichkeit des Lebens in den Bergdörfern Afghanistans vor dem Allmächtigen ebensowenig angetastet werden darf wie diejenige Ihres eigenen Lebens. Vergessen Sie nicht, daß Er, der Sie als Menschengeschöpfe mit demselben Fleisch und Blut vereint, Sie auch durch das Gebot der Nächstenliebe verbunden hat [...], dem die Grenzen der christlichen Zivilisation keine Schranken setzen dürfen.«[34]

Gladstone bahnte den Weg, dem später Wilson mit seiner Forderung folgen sollte, es dürfe kein Unterschied zwischen der moralischen Haltung des Individuums und der moralischen Haltung des Staates bestehen. Wie Wilson glaubte auch Gladstone einen globalen Trend zu friedlichen und von der Weltöffentlichkeit überwachten Veränderungen entdeckt zu haben:»Es ist sicher, daß ein neues Völkerrecht nach und nach ins Bewußtsein dringt und das Denken der Welt beeinflußt; ein Völkerrecht, das Unabhängigkeit anerkennt; das Aggression mißbilligt; das die friedliche, nicht die blutige Beilegung von Auseinandersetzungen bevorzugt; das auf dauerhafte, nicht auf zeitweilige Regelungen zielt; das vor allem die Urteilskraft der zivilisierten Menschheit als Tribunal höchster Autorität anerkennt.«[35]

Dies hätte wortwörtlich von Wilson stammen können, und das, was Gladstone damit meinte, ähnelte dem Völkerbund Wilsons in der Tat sehr. Als er 1879 eine Unterscheidung zwischen seiner und der Politik Disraelis traf, betonte Gladstone, er praktiziere nicht das Gleichgewicht der Kräfte, sondern bemühe sich darum,»die europäischen Mächte in Eintracht zusammenzuhalten. Aber warum? Hält man sie in Eintracht zusammen, so neutralisiert und zügelt und bindet man die eigennützigen Ziele eines jeden [...]. Gemeinsames Handeln ist für eigennützige Ziele verhängnisvoll.«[36] Natürlich aber resultierten die zunehmenden Spannungen gerade aus der Unmöglichkeit, alle europäischen Nationen zusammenzuhalten. Es gab kaum Anzeichen für die Annahme, der Streit zwischen Frankreich und Deutschland oder zwischen Österreich und Rußland könne beigelegt werden. Auch die Frage der Zukunft Bulgariens trug dazu mit Sicherheit nicht bei.

Kein britischer Premierminister vor Gladstone hatte sich eines solchen rhetorischen Repertoires bedient. Castlereagh hatte das Europäische Konzert als Instrument benutzt, um die Wiener Vereinbarungen durchzusetzen. Palmerston hatte es als Werkzeug gesehen, um das Gleichgewicht der Kräfte aufrechtzuerhalten. Gladstone war weit davon entfernt, das Europäische Konzert als Mittel zur Stärkung des Status quo zu begreifen. Im Gegenteil: Er wies ihm die revolutionäre Rolle zu, eine gänzlich neue Weltordnung herbeizuführen. Doch derartige Vorstellungen sollten erst eine Generation später wieder zum Leben erweckt werden.

Für Bismarck gab es kaum etwas Hassenswerteres als derartige Standpunkte. Es ist deshalb keine Überraschung, daß die beiden großen Gestalten sich gegenseitig aufrichtig verabscheuten. Bismarcks Einstellung gegenüber Gladstone glich derjenigen Theodore Roosevelts gegenüber Wilson; den großen viktorianischen Staatsmann hielt er für einen Schwindler und für eine Bedrohung. In einem Schreiben von 1883 an den deutschen Kaiser bemerkte der »Eiserne Kanzler«:»Unsere Aufgabe würde eine leichtere sein, wenn in England nicht die Rasse großer Staatsmänner früherer Zeiten, welche Sinn und Verständnis für europäische Politik hatten, scheinbar vollständig ausgestorben wäre. Mit einem so unfähigen Politiker, wie Gladstone, der nichts als ein großer Redner ist, läßt sich keine Politik treiben, bei welcher England mit Sicherheit in Rechnung gezogen werden könnte.«[37] Gladstone, der Bismarck als »Inkarnation des Bösen« bezeichnete, äußerte seine Ansichten sehr viel direkter.[38]

Gladstones außenpolitische Vorstellungen führten ähnlich wie diejenigen Wilsons paradoxerweise dazu, daß beider Anhänger sich aus den globalen Angelegenheiten zurückzogen, statt sich verstärkt daran zu beteiligen. Auf der Ebene der Tagesdiplomatie bewirkte die Machtergreifung Gladstones keine große Veränderung in der britischen Kolonialpolitik, weder in Ägypten noch östlich von Suez. Aber sie hinderte Großbritannien daran, als Faktor auf dem Balkan und für das europäische Gleichgewicht im allgemeinen aufzutreten.

Gladstones zweite Amtszeit von 1880 bis 1885 hatte somit die widersinnige Auswirkung, daß sie Bismarck, dem moderatesten Staatsmann auf dem

Festland, das Sicherheitsnetz entzog, ähnlich wie Cannings Rückzug aus den europäischen Angelegenheiten Metternich in die Arme des Zaren getrieben hatte. Solange die Standpunkte Palmerstons und Disraelis noch die britische Außenpolitik bestimmt hatten, konnte Großbritannien die letzte Rettung bedeuten, wenn Rußland auf dem Balkan oder bei seinen Vorstößen nach Konstantinopel zu weit ging. Diese Garantie endete mit Gladstone. Bismarck wurde dadurch in diplomatischer Hinsicht zunehmend abhängiger von den schon damals eher anachronistischen Beziehungen zu Rußland und Österreich.

Die drei Kaiserstaaten, ehemals Bollwerk des Konservatismus, erwiesen sich in gewissem Betracht sogar als anfälliger gegenüber einer nationalistisch gesinnten öffentlichen Meinung als die parlamentarischen Systeme. Deutschlands innere Struktur war von Bismarck so gestaltet worden, daß er die Maxime seiner Gleichgewichtsdiplomatie immer auf sie anwenden konnte. Zugleich aber lud die Situation zur Demagogie ein. Obwohl auch der Reichstag auf Grundlage des demokratischsten europäischen Wahlrechts gewählt wurde, ernannte der Kaiser die deutschen Regierungen: Dem Kaiser, nicht dem Reichstag waren sie verantwortlich.

Von Verantwortung weit entfernt, konnten sich die Reichstagsabgeordneten also einer Rhetorik hingeben, die aufs Äußerste ging. Und die Tatsache, daß der Militärhaushalt stets für einen Zeitraum von fünf Jahren verabschiedet wurde, verleitete die Regierung dazu, im Verlauf des jeweils entscheidenden fünften Jahres Krisen herbeizureden. Doch hätte sich unter den gegebenen Bedingungen mit der Zeit gut eine konstitutionelle Monarchie, auch eine dem Parlament verantwortliche Regierung entwickeln können. Während der entscheidenden Entwicklungsjahre des neuen Deutschland waren die Regierungen allerdings höchst empfänglich für nationalistische Propaganda. Nur allzu gern erfanden sie äußere Gefahren, um ihre Wählerschaft um sich zu sammeln.

Die russische Außenpolitik litt damals unter der fanatischen Propaganda der Panslawisten. Ihr Hauptthema war der Ruf nach einer aggressiven Politik auf dem Balkan und der entscheidenden Auseinandersetzung mit Deutschland. Im Jahre 1879, gegen Ende der Herrschaft Alexanders II., erklärte ein russischer Beamter dem österreichischen Botschafter in St. Petersburg:»Es ist leider wahr, man *fürchtet* sich bei uns vor der ›nationalen Presse‹ [...]. Es ist eben die nationale Fahne, die sie [die Presse] aufgesteckt haben, welche sie schützt und ihr mächtige Stützen verschafft. Seitdem die nationale Strömung so in den Vordergrund getreten ist, und namentlich in der Kriegsfrage [gegen die Türkei] gegen allen besseren Rath [...] die Oberhand behalten hat, ist die sogenannte Nationalpartei [...] eine wahre Macht geworden, um so mehr, als die gesamte Armee dazugehört...«[39] Österreich, der zweite Vielvölkerstaat, befand sich in einer ähnlichen Lage.

Unter diesen Umständen wurde es für Bismarck immer schwieriger, seinen Balanceakt weiterzuführen. Im Jahre 1881 bestieg ein neuer Zar den

Thron. Alexander III. ließ sich nicht von einer konservativen Ideologie hemmen, wie es sein Großvater, Nikolaus I., getan hatte, oder von persönlichen Zuneigungen zu dem bejahrten deutschen Kaiser wie sein Vater, Alexander II. Indolent und autokratisch, mißtraute er Bismarcks Politik, zum Teil ganz einfach deshalb, weil sie zu kompliziert war, als daß er sie hätte verstehen können. Bei einer Gelegenheit sagte er sogar, jedesmal wenn er Bismarck in einer Meldung erwähnt sehe, setze er ein Kreuz neben seinen Namen.

Die Bulgarienkrise von 1886 ließ alle diese Spannungen zum Ausbruch kommen. Eine weitere Revolte brachte Großbulgarien hervor, von Rußland noch ein Jahrzehnt zuvor leidenschaftlich herbeigewünscht, von Großbritannien und Österreich gefürchtet. Hier zeigte sich, wie die Geschichte beständig gehegte Erwartungen zunichte machen kann. Das neue Bulgarien, weit davon entfernt, unter russische Vorherrschaft zu geraten, wurde unter einem deutschen Fürsten geeint. Der Hof von St. Petersburg machte Bismarck für etwas verantwortlich, was der deutsche Kanzler selbst entschieden lieber vermieden hätte. Der Zar war außer sich; die Panslawisten, die in jedem dunklen Winkel westlich der Weichsel konspirative Zusammenkünfte witterten, verbreiteten das Gerücht, Bismarck stecke hinter einem teuflischen anti-russischen Komplott. In dieser Atmosphäre weigerte sich der verärgerte Alexander 1887, das Dreikaiserbündnis zu erneuern.

Bismarck war jedoch noch nicht bereit, seine russische Option aufzugeben. Überließ man Rußland seinem eigenen Willen, würde es, so wußte er, früher oder später ein Bündnis mit Frankreich ansteuern. Doch unter den Bedingungen der achtziger Jahre, als sich London und St. Petersburg ständig am Rande eines Krieges befanden, mußte ein solcher Kurs die russische Bedrohung gegenüber Deutschland verstärken, ohne die Vorbehalte von seiten Großbritanniens aus dem Weg zu räumen. Gerade weil Gladstone nun nicht mehr im Amt war, gab es für Deutschland noch immer die britische Option. In jedem Fall konnte Alexander mit gutem Grund bezweifeln, daß Frankreich wegen der Balkanangelegenheiten das Risiko eines Krieges eingehen würde. Mit anderen Worten: Die russisch-deutschen Verbindungspunkte spiegelten eine höchst reale Annäherung nationaler Interessen wider und nicht einfach Bismarcks Vorlieben, auch wenn diese gemeinsamen Interessen ohne sein diplomatisches Geschick niemals ihren formalen Ausdruck gefunden hätten.

Bismarck ersann nun den sogenannten Rückversicherungsvertrag, der seine letzte große Leistung darstellen sollte. Deutschland und Rußland versprachen einander gegenseitige Neutralität im Fall eines Krieges mit einer dritten Macht, es sei denn, Deutschland griffe Frankreich oder Rußland Österreich an. Theoretisch waren Rußland und Deutschland jetzt gegen einen Zweifrontenkrieg geschützt, vorausgesetzt, sie blieben in der Defensive. Und doch hing sehr viel davon ab, wie der Angreifer definiert wurde, besonders nachdem der Mobilisierungsfall zunehmend mit einer Kriegserklärung gleichgesetzt wurde (siehe Kapitel 8). Da man sich diese Frage nie gestellt hatte, besaß der Vertrag von vornherein offensichtlich Mängel. Sein Nutzen wurde zusätzlich dadurch gemindert, daß der Zar auf Geheimhaltung bestand.

Die Modalitäten der Geheimhaltung veranschaulichen drastisch den Konflikt zwischen den Erfordernissen der Kabinettsdiplomatie und den Geboten einer zunehmend demokratisierten Außenpolitik. Die Angelegenheiten waren so komplex geworden, daß innerhalb des geheimen Rückversicherungsvertrages zwei besondere Geheimhaltungsstufen existierten. Die zweite Ebene bestand aus einer streng vertraulichen Zusatzvereinbarung, in der Bismarck versprach, einem russischen Versuch zur Eroberung Konstantinopels nicht im Weg zu stehen. Im übrigen werde er dazu beitragen, den russischen Einfluß auf dem Balkan zu stärken. Das waren Zusicherungen, die Österreich, Deutschlands Verbündeten, nicht gerade erfreuten, ganz zu schweigen von Großbritannien. Andererseits wäre Bismarck sicherlich nicht unglücklich gewesen, hätten sich Großbritannien und Rußland über der Zukunft der türkischen Meerengen entzweit.

Trotz dieser komplexen Verwicklungen konnte der Rückversicherungsvertrag die unersetzliche Verbindung zwischen St. Petersburg und Berlin gewährleisten. Er beruhigte St. Petersburg insofern, als Deutschland, obgleich es die Unverletzlichkeit des österreichisch-ungarischen Reiches verteidigen mußte, dessen Expansion auf Kosten Rußlands nicht unterstützen würde. Auf diese Weise hatte Deutschland die Möglichkeit, eine französisch-russische Allianz zu verhindern oder doch hinauszuzögern.

Daß Bismarck das komplizierte System seiner Außenpolitik in den Dienst maßvoller Beschränkung und der Bewahrung des Friedens gestellt hatte, zeigt seine Reaktion auf das Verhalten der deutschen Militärführung im Jahre 1887: Man drang auf einen Präventivkrieg gegen Rußland, nachdem das Dreikaiserbündnis zerbrochen war. In einer Rede vor dem Reichstag bereitete Bismarck allen derartigen Spekulationen ein Ende. »Der Friede mit Rußland«, so sagte er, »wird unsererseits nicht gestört werden, und daß man uns von russischer Seite angreifen wird, glaube ich nicht. Ich glaube auch nicht, daß man von russischer Seite nach Bündnissen sucht, um in Verbindung mit Anderen uns anzugreifen, oder daß man von Schwierigkeiten, die wir auf anderer Seite haben könnten, den Gebrauch machen würde, uns mit Leichtigkeit anzugreifen.«[40]

Und doch stand den Balancekünsten des Kanzlers trotz Geschicklichkeit und maßvoller Vorgehensweise das sichere Ende bevor. Die sich überlappenden Allianzen sollten maßvolle Beschränkung sicherstellen. Statt dessen führten sie zu gegenseitigem Argwohn, während der zunehmende Einfluß der öffentlichen Meinung die Flexibilität aller Beteiligten verringerte.

Wie geschickt Bismarcks Diplomatie daher auch immer gewesen sein mag, das hohe Maß an Manipulationen bewies, welchen Belastungen das europäische Gleichgewicht durch ein vereintes Deutschland ausgesetzt war: Auch als »der Lotse noch an Bord« war, erfüllte das kaiserliche Deutschland seine Nachbarn bereits mit Unruhe. Tatsächlich zeigten Bismarcks politische Aktivitäten, die eigentlich eine Beruhigung herbeiführen sollten, mit der Zeit merkwürdig verwirrende Auswirkungen. Das hing zum Teil auch damit zusammen, daß die Zeitgenossen Schwierigkeiten hatten, die zunehmende Kompliziertheit dieser Politik zu verstehen. In der Furcht, ausmanövriert zu werden, neigten sie dazu, ihre Einsätze zu sichern. Das aber schränkte zugleich ihre Beweglichkeit ein, und damit die Grundvoraussetzung jeder Realpolitik mit dem Ziel der Konfliktvermeidung.

Obgleich Bismarcks diplomatischer Stil gegen Ende seiner Amtszeit wohl anachronistisch geworden war, war es keineswegs unvermeidlich, daß er von einem blinden Rüstungswettlauf und von unbeweglichen Allianzen ersetzt wurde, die viel eher in die Zeit des Kalten Krieges zu passen scheinen als zum traditionellen Gleichgewicht der Kräfte. Fast zwanzig Jahre lang konnte Bismark durch Mäßigung und außenpolitische Beweglichkeit den Frieden bewahren, konnte internationale Spannungen niedrighalten. Doch dafür zahlte er den Preis falschverstandener Größe: Seine Nachfolger und Möchtegern-Nachahmer hatten von seinem Beispiel nichts gelernt. Sie füllten die Waffenarsenale bis zum Bersten und begannen einen Krieg, der zum Selbstmord der europäischen Zivilisation führen sollte.

1890 hatte sich das Konzept des Kräftegleichgewichts erschöpft. Es war vor allem durch die Vielzahl von Staaten notwendig geworden, die aus den Trümmern des Reichs hervorgegangen waren. Im achtzehnten Jahrhundert führte die Weiterentwicklung und logische Folge des Kräftegleichgewichts, der Gedanke der Staatsräson, zu einer Vielzahl von Kriegen, deren primäre Funktion darin bestand, das Entstehen einer vorherrschenden Macht, das Wiederaufleben eines großen europäischen Reiches zu verhindern. Das Gleichgewicht der Kräfte hatte die Freiheit der Staaten bewahren können, nicht aber den Frieden Europas.

Die Politik des Gleichgewichts erlebte ihren Höhepunkt in den vierzig Jahren nach den Napoleonischen Kriegen. Damals funktionierte sie reibungslos, einerseits weil die »balance of power« aus wohlerwogenen Gründen darauf angelegt worden war, einen Zustand der Ausgewogenheit zu stabilisieren, andererseits weil sie durch gemeinsame Werte gestützt wurde, zumindest von seiten der konservativen Höfe. Nach dem Krimkrieg wurde das Gefühl für diese gemeinsamen Werte allmählich untergraben. Für die europäischen Angelegenheiten galten jetzt wieder die Bedingungen des achtzehnten Jahrhunderts, die angesichts der modernen Technologien und des zunehmenden Einflusses der öffentlichen Meinung jedoch neue Gefahren in sich bargen. Sogar despotische Staaten waren nun in der Lage, an ihre Bevölkerung zu appellieren, indem sie eine Gefahr von außen heraufbeschworen; Bedrohungsängste ersetzten einen demokratischen Konsens.

Die nationale Konsolidierung der europäischen Staaten minderte mit der Anzahl der Spieler auch die Möglichkeiten, anstelle reiner Machtentfaltung neue diplomatische Kombinationen zu setzen. Zugleich zerstörte der Zerfall gemeinsamer Legitimitätsmaßstäbe jene Zurückhaltung in außenpolitischen Fragen, die letzten Endes aus moralischen Erwägungen resultierte.

Trotz Amerikas historisch begründeter Abneigung gegen das Gleichgewicht der Kräfte kann die amerikanische Außenpolitik nach dem Kalten Krieg manche wichtige Lehre aus dem hier dargelegten Abschnitt der Geschichte ziehen. Heute ist Amerika zum ersten Mal Teil eines internationalen Systems, in dem es das stärkste Land ist. Doch auch wenn es in militärischer Hinsicht eine Supermacht darstellt, kann Amerika seinen Willen nicht länger anderen diktieren. Weder seine Kräfte noch seine Ideologie sind auf imperialistische Ambitionen gerichtet, und die Atomwaffen, mit denen die USA in militärischer Hinsicht eine entscheidende Position einzunehmen scheinen, führen zuletzt – da auch andere Staaten sie besitzen – zu einem Ausgleich der effektiven Stärke.

So finden sich die Vereinigten Staaten in mancher Hinsicht in einer Welt wieder, die zahlreiche Ähnlichkeiten mit dem Europa des neunzehnten Jahrhunderts aufweist, wenngleich in globalem Ausmaß, und man kann nur hoffen, daß etwas entsteht, das in seinen Wirkungen dem System Metternichs entspricht und durch gemeinsame Wertmaßstäbe ein Gleichgewicht der Kräfte hervorbringt. In unserem Zeitalter aber können diese Wertmaßstäbe nur demokratische sein.

Metternich mußte sein Legitimitätsprinzip nicht schaffen; im wesentlichen existierte es bereits. In unserer heutigen Welt hingegen ist Demokratie keineswegs überall verbreitet, und wo sie verkündet wird, wird sie nicht notwendigerweise in angemessener Weise definiert. Für die Vereinigten Staaten ist es gleichwohl vernünftig, Gleichgewicht durch moralischen Konsens zu stützen und – um den eigenen Grundsätzen gerecht zu werden – weltweit eine Verpflichtung zur Demokratie darin einzuschließen. Dabei sollte man jedoch nicht das Risiko eingehen, die Analyse des Kräftegleichgewichts zu vernachlässigen. Das Streben nach einem moralischen Konsens ist zum Scheitern verurteilt, wenn dabei das Gleichgewicht zerstört wird.

Sollte sich indessen ein auf einer neuen Legitimität beruhendes System als unerreichbar erweisen, so wird Amerika lernen müssen, in einem System des Gleichgewichts der Kräfte zu operieren, ob ein solcher Kurs ihm zusagt oder nicht. Im neunzehnten Jahrhundert gab es zwei Modelle für das Kräftegleichgewicht: das britische Modell, das für den Weg Palmerstons und Disraelis stand, und Bismarcks Modell. Die britische Vorgehensweise bestand darin, so lange zu warten, bis das Gleichgewicht unmittelbar bedroht war, und erst dann, immer auf seiten des Schwächeren, einzugreifen. Bismarck versuchte, Bedrohungen bereits im Entstehungsprozeß zu verhindern, indem er durch die Errichtung sich überlappender Bündnissysteme möglichst enge Verbindungen zu möglichst vielen Parteien suchte und den daraus resultierenden Einfluß geltend machte, um mäßigend auf die Kontrahenten und deren Zielsetzungen einzuwirken.

Im Lichte der Erfahrungen, welche die USA mit Deutschland während der beiden Weltkriege gemacht haben, mag es merkwürdig erscheinen, daß gerade Bismarcks Art der Gleichgewichtsdiplomatie der traditionellen amerikanischen Haltung in internationalen Angelegenheiten wahrscheinlich sehr nahe kommt. Die Methode Palmerstons und Disraelis erfordert disziplinierte Zurückhaltung bei Kontroversen und ein unbarmherziges Engagement bei tatsächlichen Bedrohungen. Kontroversen und Bedrohungen dürfen danach fast ausschließlich unter dem Gesichtspunkt des Kräftegleichgewichts bewertet werden. Doch für Amerika wäre es vermutlich schwierig, Zurückhaltung oder Härte konsequent zu praktizieren, ganz zu schweigen davon, daß es kaum bereit wäre, die internationalen Entwicklungen ausschließlich unter dem Gesichtspunkt von Stärke zu bewerten.

In den letzten Jahren seiner Amtszeit suchte Bismarck den Machtfaktor von vornherein zu begrenzen, indem er mit den verschiedenen Staatengruppen Übereinstimmungen in den Zielsetzungen anstrebte. In einer Welt, in der alle voneinander abhängig sind, dürfte es den USA manches Problem bereiten, Großbritanniens Politik der »splendid isolation« zu wiederholen. Aber ebenso unwahrscheinlich ist, daß ihnen gelingen wird, ein umfassendes Sicherheitssystem zu begründen, das sich auf alle Teile der Welt gleichermaßen anwenden läßt. Die wahrscheinlichste – und konstruktivste – Lösung besteht wohl auch hier in sich überlappenden Bündnissystemen, von denen sich die einen auf Sicherheit, andere auf wirtschaftliche Beziehungen richten. Die Herausforderung für Amerika wird darin bestehen, auf Grund der eigenen Wertmaßstäbe Zielsetzungen zu formulieren, die gleichwohl all die verschiedenen Kombinationen zusammenhalten (siehe Kapitel 31).

Ende des neunzehnten Jahrhunderts waren beide Ansätze der Außenpolitik in Auflösung begriffen. Großbritannien fühlte sich nicht mehr so überlegen, daß es seine Isolierung hätte riskieren wollen. Und Bismarck wurde von einem jungen und ungeduldigen Kaiser aus dem Amt entlassen, der sich selber die nicht gerade bescheidene Aufgabe stellte, die Politik des Meisters zu verbessern.

Das Gleichgewicht der Kräfte wurde in der Folge immer starrer. Europa eilte einer Katastrophe entgegen, die niemand für möglich hielt und deren Auswirkungen gerade deshalb um so verheerender waren.

## Kapitel 7

# Die politische Untergangsmaschinerie:
## Europäische Diplomatie
## vor dem Ersten Weltkrieg

*Nikolaus II. und Wilhelm II.*
*am 5. August 1907 an Bord der S.M.S. »Deutschland«*

Die Stimme des Europäischen Konzerts, das den Frieden ein Jahrhundert lang bewahrt hatte, war 1910 praktisch verstummt. Die Großmächte hatten sich in blindem Leichtsinn in einen bipolaren Kampf gestürzt, der am Ende in der Bildung zweier Machtblöcke erstarrte und damit das Muster des Kalten Krieges um fünfzig Jahre vorwegnahm. Und doch gab es einen bedeutenden Unterschied. Im Zeitalter der Nuklearwaffen bestand eines der zentralen, wenn nicht gar das wichtigste Ziel der Außenpolitik darin, einen Krieg zu vermeiden. Zu Beginn des zwanzigsten Jahrhunderts hingegen schien es noch möglich, Kriege mit einer gewissen Unbedenklichkeit zu beginnen, und mancher europäische Kopf war sogar der Auffassung, das in periodischen Abständen vergossene Blut habe eine kathartische Wirkung. Die grauenhafte Realität des Ersten Weltkrieges sollte solch naive Überlegungen Lügen strafen.

Jahrzehntelang haben die Historiker darüber debattiert, wer für den Ausbruch des Ersten Weltkrieges zur Verantwortung zu ziehen sei. Doch es ist kaum möglich, ein einzelnes Land als alleinigen Verursacher dieses verheerenden Zusammenstoßes auszumachen. Jede Großmacht trug ihr Maß an Kurzsichtigkeit und Verantwortungslosigkeit dazu bei, und dies mit einer Unbekümmertheit, die man sich später, als die Katastrophe in das kollektive Bewußtsein eingedrungen war, kaum noch vorstellen konnte. Der Vorgang erinnerte an Pascals Warnung aus den *Pensées*:»Wir rennen unbekümmert in den Abgrund, nachdem wir irgend etwas vor uns hingestellt haben, das uns hindern soll, ihn zu sehen.«

Das Ausmaß der Schuld war immens. Die europäischen Nationen gingen vom Gleichgewicht der Kräfte in einen Rüstungswettlauf über, ohne zu begreifen, daß moderne Technologie und die Einberufung aller verfügbaren Männer einen allgemeinen Krieg zur größten Bedrohung ihrer Sicherheit und der gesamten europäischen Zivilisation machen würden. Zwar trugen die einzelnen europäischen Länder aufgrund ihrer Politik allesamt zu dieser Katastrophe bei; doch waren es Deutschland und Rußland, die auch den letzten Rest maßvoller Beschränkung beseitigten.

Während des deutschen Einigungsprozesses war kaum berücksichtigt worden, wie sich das Entstehen des neuen, machtvollen Landes auf das Gleichgewicht der Kräfte auswirken würde. Zweihundert Jahre lang war Deutschland in den europäischen Kriegen Opfer, nicht Anstifter gewesen. Im Drei-ßigjährigen Krieg hatte es schätzungsweise dreißig Prozent seiner Gesamt-bevölkerung verloren, und alle entscheidenden Schlachten in den dynasti-schen Auseinandersetzungen des achtzehnten Jahrhunderts und in den napoleonischen Kriegen waren auf deutschem Boden ausgetragen worden. Daher war es fast unvermeidlich, daß ein geeintes Deutschland sich darum bemühen würde, eine Wiederholung solcher Tragödien zu verhindern. Ver-meidbar allerdings wäre gewesen, daß der neue deutsche Staat dieses Unter-fangen weitgehend als militärisches Problem in Angriff nahm und daß deut-sche Diplomaten nach Bismarck ihre Außenpolitik mittels Einschüchte-rung und Anmaßung betrieben. Im Gegenteil: Um weiterhin Bestandteil des Europäischen Konzerts sein zu können, hätte Deutschland sich in man-chen außenpolitischen Angelegenheiten nun gerade zurückhalten müs-sen.[1] Nach Bismarcks Tod jedoch war »Mäßigung« die Eigenschaft, an der es dem Deutschen Reich am meisten mangelte.

Der Grund, aus dem deutsche Staatsmänner fast eine Art Obsession für die Gewalt zu hegen schienen, lag darin, daß es der deutschen Politik, ganz im Gegensatz zu der anderer Nationalstaaten, an einer übergreifenden Idee fehlte. Bismarcks Lebenswerk hatte keines der Ideale vermitteln können, durch welche die übrigen modernen Nationalstaaten geprägt worden waren: etwa die Hervorhebung traditioneller Freiheiten wie in Großbritan-nien, den universellen Freiheitsgedanken wie in Frankreich oder auch nur jenen harmlos anmutenden universalistischen Imperialismus wie in Öster-reich. Strenggenommen verfolgte Bismarcks Deutschland überhaupt keine nationalstaatlichen Bestrebungen, da es die österreichischen Deutschen bewußt ausgeschlossen hatte: Das Reich, in mancher Hinsicht ein eher künstliches Gebilde, war in erster Linie ein Großpreußen, dessen Hauptziel darin bestand, seine Machtposition zu festigen.

Hinzu kam, diese Schwächen ergänzend oder verstärkend, etwas ande-res: Auf den Deutschen lastete die Erinnerung, allzu lange als Europas größ-tes Schlachtfeld hergehalten zu haben. Das provozierte in ihnen ein tiefsit-zendes Gefühl der Unsicherheit. Obschon die stärkste Macht Europas, fühl-ten sich die deutschen Machthaber noch immer bedroht, und zwar auf eine unbestimmte, kaum rational begründbare Weise, wie ihr Drang zu fortwäh-render militärischer Bereitschaft und ihre kriegerische Rhetorik bewiesen. Deutsche Militärstrategen gingen stets davon aus, *alle* ihre Nachbarn gleich-zeitig bekämpfen zu müssen. Und indem sie sich auf ein Schreckensszena-rio von gewaltigem Ausmaß vorbereiteten, trugen sie dazu bei, daß es sich eines Tages auch bewahrheitete.

Ein Deutsches Reich, stark genug, um eine aus all seinen Nachbarn beste-hende Allianz zu besiegen, war offensichtlich erst recht in der Lage, diese auch einzeln zu überwältigen. Angesichts eines solchen militärischen Kolosses schlossen sich Deutschlands Nachbarn in defensiver Absicht immer enger zusammen, so daß schließlich eine Art Umkehreffekt eintrat:

Deutschlands Streben nach Sicherheit war zur Ursache für seine Unsicherheit geworden.

Eine umsichtige, maßvolle Politik hätte die herannahende Gefahr vermutlich aufhalten, vielleicht sogar abwenden können. Aber Bismarcks Nachfolger distanzierten sich von dessen zurückhaltender Vorgehensweise. Mehr und mehr verließen sie sich auf bloße Stärke, getreu der Devise, daß Deutschland im Rahmen europäischer Außenpolitik nicht Amboß, sondern Hammer sein müsse. Fast schien es so, als habe das Land so viel Energie darauf verwandt, seine nationale Souveränität zu erreichen, daß ihm Zeit für die Besinnung darauf fehlte, welchen Zielen der neue Staat eigentlich dienen solle. So ist es dem kaiserlichen Deutschland nie gelungen, ein Konzept seiner nationalen Interessen auszuarbeiten. Beeinflußt von Stimmungen, außerdem behindert durch einen außergewöhnlichen Mangel an außenpolitischem Einfühlungsvermögen, verbanden seine Machthaber nach Bismarck Trotz mit Unentschiedenheit. Dadurch manövrierten sie ihr Land erst in die Isolation, dann in den Krieg.

Bismarck hatte viel Mühe darauf verwandt, das Bild deutscher Übermacht herunterzuspielen. Mit Hilfe seines komplizierten Bündnissystems hielt er die Partner Deutschlands im Zaume und verhinderte, daß ihre ständig divergierenden Ziele zum Ausbruch eines Krieges führten. Für eine so komplexe und subtile Strategie fehlte seinen Nachfolgern die Geduld. Nach dem Tod Wilhelms I. im Jahr 1888 regierte sein Sohn Friedrich III., dessen Liberalismus beim Kanzler stets große Befürchtungen geweckt hatte, nur drei Monate, dann starb er an Kehlkopfkrebs. Nach ihm bestieg Wilhelm II. den Thron. Sein theatralisches Benehmen erregte das ungute Gefühl, der Herrscher der mächtigsten europäischen Nation sei unreif und unberechenbar. Psychologen haben Wilhelms ständige Großsprecherei damit erklärt, daß der Monarch die Tatsache zu kompensieren suchte, mit einem mißgebildeten Arm geboren worden zu sein – ein schwerer Schlag für einen Hohenzollern. Im Jahre 1890 dann entließ der ungestüme junge Kaiser Bismarck: Im Schatten einer so überragenden Figur vermochte er nicht zu regieren.

Für den europäischen Frieden sollte von nun an das Diplomatieverständnis des jungen Kaisers zentrale Bedeutung erlangen. Das erfaßte auch Winston Churchill, als er in der ihm eigenen Ironie Wilhelms Charakter folgendermaßen beschrieb: »Nur herumstolzieren und posieren und mit dem Säbel in der Scheide rasseln. Alles, was er wollte, war, sich wie Napoleon vorzukommen und ihm zu gleichen, ohne seine Schlachten schlagen zu müssen. Mit weniger wäre er nicht durchgekommen. Wenn man auf dem Gipfel eines Vulkans sitzt, ist das mindeste, was man tun kann, daß man raucht. Also rauchte er. Eine Wolkensäule bei Tag und ein Feuerstrahl bei Nacht – so erschien er allen, die aus der Ferne herüberblickten; und langsam, aber sicher fanden sich besorgte Beobachter zusammen und vereinigten sich zu ihrem gegenseitigen Schutz. [...] Hinter all diesen Gebärden steckte jedoch ein ganz gewöhnlicher, eitler, aber insgesamt wohlmeinender Mann, der hoffte, sich als zweiten Friedrich den Großen ausgeben zu können.«[2]

Am meisten war dem Kaiser daran gelegen, daß Deutschlands Bedeutung, mehr noch aber seine Macht anerkannt wurden. Er versuchte etwas zu betreiben, was er und seine Umgebung als »Weltpolitik« bezeichneten, ohne diesen Begriff und dessen Bezug zu Deutschlands Interessen jemals zu definieren. Was steckte hinter all dem? Nichts als ein intellektuelles Vakuum: Die pompöse Sprache kaschierte innere Leere; gewaltige Schlagworte verdeckten Ängstlichkeit und vollkommene Orientierungslosigkeit. Überheblichkeit, gepaart mit unentschlossenem Handeln – darin spiegelte sich das Vermächtnis deutscher Provinzialität aus zwei Jahrhunderten wider. Und doch wäre es, selbst wenn die Deutschen ihre Politik umsichtig und verantwortungsbewußt betrieben hätten, eine nahezu beängstigende Aufgabe gewesen, den deutschen Koloß in das bestehende internationale Gefüge hineinzuzwängen. Eine explosive Mischung unterschiedlichster Persönlichkeiten und innenpolitischer Wertvorstellungen verhinderte einen solchen Kurs. Sie führte zu einer kopflosen Außenpolitik, die Deutschland genau das bescheren sollte, wovor es sich immer am meisten gefürchtet hatte.

In den zwanzig Jahren nach Bismarcks Entlassung bewirkte Deutschland tiefgreifende Veränderungen in den verschiedenen Bündnissen. 1898 hatten Frankreich und Großbritannien kurz vor einem Krieg um Ägypten gestanden, und fast das gesamte neunzehnte Jahrhundert über waren die Animositäten zwischen Großbritannien und Rußland fester Bestandteil der internationalen Beziehungen gewesen. Mehrfach hatte London nach Verbündeten gegen Rußland Ausschau gehalten, darunter auch Deutschland, bevor es sich schließlich auf Japan verlegte. Niemand hätte gedacht, daß Großbritannien, Frankreich und Rußland möglicherweise einmal auf derselben Seite stehen würden. Aber eben das war nur zehn Jahre nach Bismarcks Sturz unter dem Einfluß einer hartnäckigen und bedrohlichen deutschen Diplomatie der Fall.

In Berlin schien man nicht zu begreifen, was vor sich ging: daß man in dem Maße, in dem man die eigene Macht stärkte, auch die im Gegenzug entstehenden Koalitionen und damit letztlich die Aufrüstung förderte. Deutschlands Machthaber waren lediglich verärgert über den Widerwillen anderer Länder, sich mit dem ihrer Meinung nach stärksten Land Europas zu verbünden. Ihnen erschien Einschüchterung als das beste Mittel, den Nachbarn zugleich deren begrenzte Stärke und die Vorzüge deutscher Freundschaft näherzubringen. Ihre Annäherungsversuche, laut und herablassend, zeigten jedoch alles andere als die gewünschte Wirkung; denn es gibt in der Diplomatie keine Abkürzungswege zur Vorherrschaft. Die einzige Straße, die dorthin führt, ist der Krieg. Doch die provinzielle deutsche Führung der Epoche nach Bismarck begriff dies erst, als es bereits zu spät war, um die Weltkatastrophe noch zu vermeiden.

Seltsamerweise wurde lange Zeit nicht das kaiserliche Deutschland, sondern Rußland als die größte Gefahr für den europäischen Frieden betrachtet. Palmerston und später auch Disraeli waren überzeugt, die Russen wollten bis nach Ägypten und Indien vordringen. 1913 hatte sich die Furcht vor einem Einfall russischer »Horden« sogar auf die deutsche Führung übertragen, was in beträchtlichem Maße zu deren Entscheidung beitrug, im Jahr darauf die schicksalhafte Kraftprobe zu forcieren.

Indessen gab es für diese Befürchtung kaum eindeutige Gründe. Die Behauptungen des deutschen militärischen Geheimdienstes, St. Petersburg bereite einen Krieg tatsächlich vor, waren so zutreffend wie belanglos. Alle Länder, gleich welchen Bündnissen sie angehörten, waren von den neuen Militär- und Transporttechnologien wie von einem Fieber gepackt; alle beschäftigten sich ständig mit militärischen Vorbereitungen, die in keinem Verhältnis zu irgendeinem der strittigen Punkte standen. Aber gerade weil, aller Aufgeregtheit zum Trotz, nichts davon mit irgendeinem angebbaren Ziel in Zusammenhang gebracht werden konnte, wurde jeder Hinweis, jedes Zeichen als Vorbote gewaltiger, wenn auch verschwommener Absichten gedeutet. »Von allen preußischen Nachbarn ist das russische Kaiserreich sowohl wegen seiner Stärke als auch wegen seiner Position am gefährlichsten«, hatte Friedrich der Große gesagt.[3] Es war bezeichnend, daß Fürst Bernhard von Bülow, Reichskanzler von 1900 bis 1909, diese Ansicht ausdrücklich teilte.

Europa empfand Rußlands enorme Größe als unheimlich. Natürlich suchten alle europäischen Länder vergeblich, durch Drohungen und Gegendrohungen Machtzuwächse zu erzielen; aber Rußland schien zur Expansion geradezu verdammt zu sein und betrieb diese nach ganz eigenen Rhythmus, dem nur durch überlegene Macht, gewöhnlich also durch den Krieg, Einhalt geboten werden konnte. Während der zahlreichen Krisen schienen vernünftige Lösungen für Rußland häufig in Reichweite zu liegen, nicht wenige davon bedeutend vorteilhafter als das letzten Endes Erreichte. Dennoch zog man in St. Petersburg das Risiko einer Niederlage einem Kompromiß stets vor, sowohl im Krimkrieg (1853-56) wie in den Balkan-Kriegen (1875-78), vor allem jedoch im russisch-japanischen Krieg (1904/ 05). Dies war auch darin begründet, daß Rußland ebenso zu Europa wie zu Asien gehörte. Im Westen war es Teil des Europäischen Konzerts und verhielt sich nach den komplizierten Regeln des Gleichgewichts; selbst dort aber reagierte die russische Führung im allgemeinen ungehalten, wenn an das Kräftegleichgewicht appelliert wurde, und war nur allzugern zu einer Kriegserklärung bereit, falls ihre Ansprüche nicht erfüllt wurden. In Zentralasien hingegen hatte es Rußland mit schwachen Gegnern zu tun, für die das Prinzip des Gleichgewichts nicht galt. In Sibirien beispielsweise konnte es, ähnlich wie die Vereinigten Staaten, einen nahezu unbewohnten Erdteil in Besitz nehmen, allerdings nur so lange, bis es auf Japan stieß.

In den europäischen Gremien schenkte St. Petersburg den Überlegungen zum Gleichgewicht zwar Gehör, blieb ihnen jedoch nicht immer treu. Die europäischen Staaten waren von jeher der Ansicht gewesen, das Schicksal der Türkei und des Balkans müsse durch das Europäische Konzert geklärt werden. Gleichwohl wollte Rußland die Frage stets einseitig und mit Gewalt in Angriff nehmen: im Jahre 1829 anläßlich des Vertrages von Adrianopel, 1833 beim Vertrag von Hunkjar-Skelessi, 1853 während des Türkeikonflikts und 1875 bis 1878 sowie 1885 in den Balkankriegen. Daher erwartete es von Europa Nachlässigkeit und Wegsehen und fühlte sich ungerecht behandelt, wenn dem nicht entsprochen wurde.

Nach dem Zweiten Weltkrieg stand dergleichen neuerlich zur Debatte. Die westlichen Alliierten vertraten die Auffassung, die Zukunft Osteuropas betreffe Europa als Ganzes. Stalin dagegen betonte nachdrücklich, Osteuropa, insbesondere Polen, läge innerhalb der sowjetischen Interessensphäre; seine Zukunft sei deshalb ohne die westlichen Demokratien zu klären. Das war gute zaristische Tradition.

So bildeten sich zwangsläufig Koalitionen westlicher Staaten, um dem militärischen Vorwärtsdrang Petersburgs Einhalt zu gebieten. Auf seinem Vormarsch bewies Rußland nur selten ein Gefühl für die eigenen Grenzen. Durchkreuzte jemand seine Pläne, suchte es sich bei der ersten Gelegenheit zu rächen – an England, das es fast über das gesamte neunzehnte Jahrhundert zu seinen Feinden zählte, an Österreich nach dem Krimkrieg, an Deutschland nach dem Berliner Kongreß, an den Vereinigten Staaten während des Kalten Krieges. Es bleibt abzuwarten, wie das neue, nach-sowjetische Rußland, sobald es den Schock des Niederganges verwunden hat, auf den Zusammenbruch des historischen Weltreiches und seiner Satellitenstaaten reagieren wird.

Doch wie gesagt: In Asien wurde Rußlands »Sendungsbewußtsein« durch politische oder geographische Hindernisse nur wenig gebremst. Im gesamten achtzehnten Jahrhundert und nahezu das ganze neunzehnte Jahrhundert hindurch stand das Zarenreich im Fernen Osten allein auf weiter Flur. Als erstes europäisches Land knüpfte es Kontakte zu Japan, als erstes schloß es ein Abkommen mit China. Diese Vorstöße, von einer relativ geringen Anzahl von Siedlern und militärischen Abenteurern betrieben, provozierten keine Konflikte mit europäischen Mächten, und die sporadischen Auseinandersetzungen Petersburgs mit China waren ebenfalls eher zweitrangig. Als Gegenleistung für die Unterstützung des Zaren gegen kriegführende Stämme trat China im achtzehnten und neunzehnten Jahrhundert weite Teile seines Territoriums an die russische Regierung ab; so leistete es einer Reihe recht unausgewogener Verträge Vorschub, die später von allen chinesischen Regierungen, besonders von den kommunistischen, verurteilt wurden. Charakteristischerweise schienen Rußlands Ambitionen in Asien mit jeder neuen Eroberung zu wachsen. 1903 schrieb der Finanzminister und Vertraute des Zaren, Sergej Witte, an Nikolaus II.: »Angesichts unserer riesigen Grenze zu China und unserer außergewöhnlich günstigen Lage ist es nur eine Frage der Zeit, bis Rußland einen beträchtlichen Teil des Kaiserreichs China für sich vereinnahmen wird.«[4] Befangen in der Auffassung, daß der Ferne Osten wie das Osmanische Reich ihre eigene Angelegenheit sei, glaubten die russischen Machthaber, daß der Rest der Welt nicht das Recht besitze, hier einzugreifen. Zeitweise erfolgte der zaristische Vormarsch sogar an allen Fronten gleichzeitig. Häufiger jedoch kam es zu einem Wechselspiel zwischen Vorstoß und Rückzug, je nach Lage der Risiken.

Die Politik des russischen Kaiserreichs spiegelte dessen innere Spaltung wider. Das Auswärtige Amt war der Staatskanzlei unterstellt und wurde von unabhängigen, vorwiegend westlich orientierten Beamten geleitet.[5] Viele von ihnen waren Deutschstämmige aus dem Baltikum, die Rußland als einen europäischen Staat betrachteten, dessen Handlungen im Hinblick auf das Europäische Konzert konzipiert werden sollten. Indes lag die Staatskanzlei in ständigem Wettstreit mit dem Asienministerium, das, gleichfalls unabhängig, für die Politik im Osmanischen Reich, auf dem Balkan und im Fernen Osten verantwortlich war.

Im Gegensatz zur Staatskanzlei verstand das Asienministerium sich nicht als Teil des Europäischen Konzerts. Die europäischen Staaten stellten für die Verwirklichung seiner Pläne nur ein Hindernis dar; die Folge davon war, daß das Ministerium sie kurzerhand nicht beachtete. Wann immer sich eine Möglichkeit bot, versuchte das Asienministerium, Rußlands Zielsetzungen durch einseitige Verträge oder Kriege zu erreichen, ohne sich mit den europäischen Mächten zu beraten. Da Europa aber darauf bestand, Fragen hinsichtlich des Balkans und des Osmanischen Reichs gemeinsam zu klären, ergaben sich unvermeidlich Konflikte.

Schon immer betrieb Rußland seine Expansion teils defensiv, teils offensiv. Das machte es in aller Regel schwer, seine Beweggründe nachzuvollziehen. Diese Unklarheit wiederum führte dazu, daß im Westen noch während der Sowjet-Ära Debatten über Rußlands tatsächliche Absichten geführt wurden. Eine der Ursachen für diese latenten Verständnisschwierigkeiten war, daß die Regierungen in Petersburg und Moskau – selbst während des Kommunismus – mehr mit einer autokratischen Monarchie des achtzehnten Jahrhunderts als mit einer Supermacht des zwanzigsten Jahrhunderts gemein hatten, und es ist bezeichnend, daß weder das kaiserliche noch das kommunistische Rußland jemals einen bedeutenden Außenminister hervorgebracht hat: Nesselrode, Gortschakow, Giers, Lamsdorff oder gar Gromyko waren zwar ohne Ausnahme hervorragende und fähige Politiker, besaßen jedoch für die Umsetzung einer langfristig angelegten Politik nicht genügend Autorität. Kaum mehr als die Diener eines launischen, leicht erregbaren Autokraten, mußten sie für ihre Pläne meistens gegen eine Unzahl vorrangiger innenpolitischer Angelegenheiten kämpfen, und zumal das kaiserliche Rußland besaß nie einen Bismarck oder Salisbury oder Roosevelt, kurzum: keinen tatkräftigen Minister mit Exekutivbefugnissen in allen außenpolitischen Fragen. Überdies kollidierte die Exekutivgewalt des Zaren häufig mit dessen Vorstellungen von Selbstherrschertum. So verließ Alexander III. unmittelbar nach der Unterzeichnung des Rückversicherungsvertrages, also in einer für die russische Außenpolitik äußerst entscheidenden Phase, St. Petersburg von Juli bis Oktober 1887 für ganze vier Monate, um segeln zu gehen, Manöver zu beobachten und seine angeheirateten Verwandten in Dänemark zu besuchen. Da der einzige wirkliche Entscheidungsträger außer Reichweite war, geriet Rußlands Außenpolitik daraufhin ins Schlingern. Hinzu kam die von den Militärs geschürte nationalistische Agitation: Militärische Abenteurer, etwa General Kaufmann in Zentralasien, schenkten den Außenministern nur wenig Beachtung. Vermutlich sagte Gortschakow die Wahrheit, als er dem britischen Botschafter in jener bereits im vergangenen Kapitel erwähnten Unterredung erzählte, wie wenig er von den Vorgängen in Zentralasien wisse.

Während der Regierungszeit Nikolaus II. von 1894 bis 1917 sollte Rußland jedoch für seine institutionellen Mängel bezahlen müssen. Zuerst führte der Zar sein Land in einen verheerenden Krieg gegen Japan. Dann machte er es zum Gefangenen eines Bündnissystems, das einen Krieg mit Deutschland nahezu unausweichlich machte. Die soziale wie die politische Struktur des auf Expansion fixierten und somit von fortwährenden außenpolitischen Konflikten bedrängten Landes war brüchig geworden. Schon die Niederlage im russisch-japanischen Krieg von 1905 hätte als Warnung dienen müssen: Es war höchste Zeit, die innenpolitische Lage zu konsolidieren, wie der große Reformer Petr Stolypin es denn auch forderte. Doch obwohl Rußland dringend eine Atempause nötig gehabt hätte, stürzte es sich abermals in ein außenpolitisches Abenteuer, indem es erneut – die in Asien erlittene Schmach hatte tiefe Wunden hinterlassen – seinen panslawistischen Traum belebte und zu einem Schlag gegen Konstantinopel ausholte. Dieses Mal allerdings geriet die Aktion außer Kontrolle.

Paradoxerweise brachte der Expansionismus Rußland ab einem gewissen Punkt keinen Machtzuwachs mehr. Im Gegenteil: Er führte den Niedergang herbei. Während Rußland im Jahre 1849 noch weitgehend als stärkste Nation Europas betrachtet wurde, mußte es siebzig Jahre später, nach dem Zusammenbruch des Zarismus, von seiner Rolle als Großmacht zeitweise zurücktreten. Zwischen 1848 und 1914 war es in acht Kriege verwickelt, die keine Kolonialkriege waren, weit mehr als jede andere Großmacht. Mit Ausnahme der Intervention in Ungarn von 1849 galt für sie alle, daß die dem

Zarenreich entstehenden finanziellen und politischen Kosten jeden möglichen Gewinn bei weitem überstiegen. Und obwohl jeder dieser Konflikte seinen Tribut forderte, fuhr St. Petersburg fort, Großmachtstatus mit Expansion gleichzusetzen, in einem sonderbaren Hunger nach Land, das es im Grunde gar nicht brauchte und im übrigen auch nicht »verdauen« konnte. Sergej Witte, der enge Berater Zar Nikolaus' II., versprach seinem Herrscher, »Rußland werde von den Küsten des Pazifiks und den Höhen des Himalayas aus nicht nur über Asiens, sondern auch über Europas Angelegenheiten bestimmen«.[6] Dabei hätte eine forcierte wirtschaftliche, soziale und politische Entwicklung den Großmachtstatus des Landes im Industriezeitalter weitaus günstiger beeinflußt als ein Satellitenstaat Bulgarien oder ein Protektorat in Korea.

Indes erkannten nur wenige russische Politiker mit Gortschakow, daß »mit einer territorialen Vergrößerung eine wachsende Schwächung« einherging.[7] Ihre Einsichten konnten die russische Eroberungsmanie nicht dämpfen. Die Geschichte hat dann gezeigt, daß noch das kommunistische Weltreich vorwiegend an denselben Fehlern zugrunde gegangen ist wie das Zarenreich. Die Sowjetunion hätte nach dem Zweiten Weltkrieg sehr viel besser daran getan, innerhalb ihrer Grenzen zu bleiben und zu den sogenannten Satellitenstaaten ähnliche Beziehungen aufzubauen wie zu Finnland.

Geraten zwei Kolosse – ein ungestümes Deutschland, ein riesiges Rußland – in der Mitte eines Kontinents aneinander, so ist ein Konflikt fast immer unausweichlich, und zwar ganz ungeachtet der Tatsache, daß Deutschland in einem Krieg mit Rußland nichts zu gewinnen, Rußland dagegen alles zu verlieren hatte. Um so mehr hing daher von jenem Land ab, das während des neunzehnten Jahrhunderts seine ausgleichende Rolle innerhalb Europas mit soviel Geschick und Zurückhaltung gespielt hatte.

1890 war der Begriff »splendid isolation« noch eine exakte Umschreibung für Großbritanniens außenpolitischen Ansatz. Viele Briten rühmten ihr Land stolz als »ausgleichendes Element« Europas, dessen Gewicht jede der von den Kontinentalmächten gebildeten Koalitionen davon abhalten könne, eine Vorrangstellung zu erobern. Eine Verwicklung in diese Bündnisse widerstrebte den britischen Staatsmännern traditionell fast ebenso wie den amerikanischen Isolationisten. Dennoch sollten nur fünfundzwanzig Jahre später Engländer zu Hunderttausenden auf den Schlachtfeldern Flanderns sterben.

Zwischen 1890 und 1914 trat in der britischen Außenpolitik ein bemerkenswerter Wandel ein. Und seltsamerweise verkörperte gerade der Mann, der Großbritannien durch den ersten Abschnitt dieses Übergangsstadiums führte, den Inbegriff britischer Traditionen, auch in der Außenpolitik: Der Marquis of Salisbury war ein exzellenter Kenner der Lage. Sproß des altehrwürdigen Adelsgeschlechts der Cecils, galt er als *grand seigneur*, dessen Vorfahren höchste Ministerämter unter den britischen Königen von Königin Elisabeth I. bis hin zu König Edward VII. bekleidet hatten. Letzterer, König zwischen 1900 und 1910, beklagte sich, wie man weiß, gelegentlich darüber, in welch herablassendem Ton Salisbury mit ihm sprach.

Salisburys politische Karriere war genau so mühelos, wie sie von Anfang an vorgezeichnet war. Nach Abschluß seines Studiums am Christ Church College in Oxford unternahm er in jungen Jahren eine Europareise, verlieh seinem Französisch den letzten Schliff, traf sich mit Staatsoberhäuptern. Im Alter von achtundvierzig Jahren wurde er dann, nachdem er seinem Land als Vizekönig von Indien gedient hatte, von Disraeli zum Außenminister berufen und spielte während des Berliner Kongresses, wo ihm ein Großteil der tagtäglichen Detailverhandlungen oblag, eine bedeutende Rolle. Nach Disraelis Tod übernahm er die Führung der Tories und war – bis auf Gladstones letzte Regierungsperiode zwischen 1892 und 1895 – in den letzten fünfzehn Jahren des neunzehnten Jahrhunderts die herausragende Figur der britischen Politik.

In gewisser Hinsicht war Salisburys Stellung der von George Bush nicht unähnlich, obwohl ersterer das höchste Staatsamt länger innehatte. Beide standen für eine Welt, die zum Zeitpunkt ihres Amtsantrittes schon nicht mehr existierte, auch wenn sie sich dieser Tatsache nicht bewußt waren, und beide hinterließen den Eindruck, daß sie mit ihrem Erbe umzugehen wüßten. Bushs Weltanschauung war durch den Kalten Krieg geprägt worden, in dem er als Politiker bekannt geworden war. Auf dem Höhepunkt seiner Macht war er jedoch gezwungen, den Zerfall der alten bipolaren Welt zu bewältigen. Salisbury hatte seine prägenden Erfahrungen in der Palmerston-Ära gemacht, die von Großbritanniens beispielloser Macht in Übersee und einer halsstarrigen britisch-russischen Rivalität gekennzeichnet war; diese Gegebenheiten aber neigten sich, auch hier, während der Amtszeit des Premiers deutlich dem Ende zu.

Der Regierung Salisbury kam die Aufgabe zu, Großbritanniens beginnendem Niedergang entgegenzuwirken. Die wirtschaftliche Macht der Insel, noch vor kurzem in fast jeder Hinsicht außerordentlich, war von Deutschland zurückgedrängt worden. Rußland und Frankreich hatten ihre imperialen Positionen ausgebaut; beide forderten das britische Empire nun fast überall heraus. Obwohl noch immer im Besitz der alten Führungsposition, verlor das Land allmählich die Vormachtstellung, die es noch um die Mitte des neunzehnten Jahrhunderts besessen hatte. Und genau wie Bush geschickt versuchte, Unvorhergesehenes wieder ins rechte Lot zu bringen, erkannte auch die britische Führung um 1890 die Notwendigkeit, ihre traditionelle Politik den neuen Gegebenheiten anzupassen.

Selbst in seiner äußeren Erscheinung verkörperte Lord Salisbury, übergewichtig und zerknittert, weit eher die britische Zufriedenheit mit dem Status quo als dessen Erneuerung. Mit der »splendid isolation«, einem von ihm geprägten Begriff, schien er, jedenfalls auf den ersten Blick, zu versprechen, daß er die traditionelle Politik seines Landes fortsetzen werde: den harten Kurs gegenüber anderen Weltmächten in der Überseepolitik und eine vorsichtige Beteiligung an kontinentalen Bündnissen, die sich auf Fälle beschränkte, in denen ein Aggressor davon abgehalten werden mußte, das kontinentale Gleichgewicht zu stören. Für Salisbury bedeutete Großbritanniens Insellage, daß er eine aktive Außenpolitik auf den Weltmeeren betreiben mußte und sich nicht in die althergebrachten europäischen Bündnisse verwickeln lassen durfte. »Wir sind nun einmal Fische«, meinte er dazu.

Dennoch mußte Salisbury schließlich einsehen, daß das gigantische britische Empire im Nahen und Fernen Osten von Rußland und in Afrika von Frankreich unter Druck gesetzt wurde. Selbst Deutschland hatte sich zur Kolonialmacht aufgeschwungen. Zwar trugen Frankreich, Deutschland, Rußland untereinander häufig Auseinandersetzungen auf europäischer Ebene aus, doch alle drei gemeinsam kollidierten mit Großbritannien in den Überseegebieten. Schließlich besaß das British Empire nicht nur Indien, Kanada und weite Teile Afrikas; es wollte auch andere ausgedehnte Gebiete unbedingt unter seiner Kontrolle wissen – wenn auch nicht, um sie direkt zu beherrschen. Aber aus strategischen Gründen mochte man sie auch nicht in die Hände anderer Mächte fallen lassen. Salisbury nannte diesen Anspruch »eine Art Stempel auf ein Gebiet, das, sollte es auseinanderfallen, England keiner anderen Macht überlassen« würde[8]: Er dachte an den Persischen Golf, China, die Türkei, Marokko. Zwischen 1890 und 1900 trug sein Land überdies zahlreiche Konflikte mit Rußland aus, wobei es um Afghanistan, die türkischen Meerengen und Nordchina ging. Und auch mit Frankreich kam es, wegen Ägypten und Marokko, zu Streitigkeiten.

Durch die Mittelmeervereinbarung von 1887 verband sich Großbritannien indirekt mit dem aus Deutschland, Österreich-Ungarn und Italien bestehenden Dreibund. Man hegte die Hoffnung, Italien und Österreich würden London gegenüber Frankreich in Nordafrika und gegenüber Rußland auf dem Balkan Hilfestellung leisten. Doch die Mittelmeervereinbarung erwies sich lediglich als ein Notbehelf.

Wie aber stand es um Deutschland? Nach dem Verlust seines Meisterstrategen wußte das deutsche Kaiserreich nicht, was es mit seinen Möglichkeiten anfangen sollte. Überzeugt, Rußland und Großbritannien seien verzweifelt auf Deutschland angewiesen, meinte man in Berlin, mit beiden hart verhandeln zu können, ohne dabei die Inhalte der Unterredungen näher zu spezifizieren oder gar zu bedenken, daß man Rußland und Großbritannien auf diese Weise vielleicht näher zusammenbrachte. Als die Forderung, entweder alles oder nichts zu akzeptieren, abgelehnt wurde, zog sich die deutsche Führung gleichsam beleidigt zurück. Kurz darauf schlug ihre Haltung in Trotz um. All das stand in krassem Gegensatz zur Vorgehensweise Frankreichs, das auf Bedächtigkeit, auf schrittweisen Fortschritt setzte. Die Franzosen ließen zwanzig Jahre verstreichen, bis sie Rußland, und weitere fünfzehn, bis sie Großbritannien ein Abkommen anboten. So zeichnete sich das

Kommende bereits ab: Wenngleich Deutschland in der Zeit nach Bismarck allerhand Aufsehen erregte, war seine Außenpolitik doch ungeheuer dilettantisch und kurzsichtig, ja sogar ängstlich, sobald man sich den Konfrontationen gegenübersah, die man selbst provoziert hatte.

Bereits 1890 schlug Wilhelm II. diplomatisch einen schicksalhaften Weg ein, indem er – kurz nach der Amtsentlassung Bismarcks – das Angebot des Zaren ablehnte, den Rückversicherungsvertrag um drei weitere Jahre zu verlängern. Auf diese Weise entzog er Bismarcks sorgsam eingefädeltem Bündnissytem das vielleicht wichtigste Element. Der Kaiser und seine Berater hatten sich von drei Überlegungen leiten lassen: Erstens wollten sie ihre Politik so »einfach und transparent« wie möglich gestalten (Admiral von Caprivi, der neue Reichskanzler, gestand einmal ein, er besitze einfach nicht Bismarcks Fähigkeit, mit acht Bällen auf einmal zu jonglieren); zweitens wollten sie Österreich beschwichtigen, indem sie dem Zustandekommen eines deutsch-österreichischen Bündnisses Priorität einräumten; und zuletzt betrachteten sie den Rückversicherungsvertrag als Hindernis auf dem Weg zur Verwirklichung ihres erklärten Ziels: Sie wollten ein Bündnis mit Großbritannien erreichen.

Jede dieser Überlegungen bewies Mangel an weltpolitischem Verständnis. Deutschlands geographische Lage, auch seine Geschichte waren kompliziert genug; eine »einfache« Politik konnte der Vielzahl von Aspekten deshalb schwerlich gerecht werden. Gerade jenes Element von Uneindeutigkeit, das in einem Vertrag mit Rußland *und* einer Allianz mit Österreich lag, hatte Bismarck zwanzig Jahre lang in die Lage versetzt, als Vermittler zwischen österreichischen Befürchtungen und russischen Ambitionen zu agieren, ohne mit einem der beiden Partner brechen zu müssen oder die ständig schwelenden Balkankrisen zum Ausbruch kommen zu lassen. Die Beendigung des Rückversicherungsvertrages kehrte die Dinge um: In dem Maße, wie Deutschlands mögliche Alternativen schwanden, wurde Österreichs Abenteuerlust gestärkt. Der russische Außenminister Nikolai de Giers erfaßte die Lage sofort, als er bemerkte: »Durch die Lösung unseres Vertrages [des Rückversicherungsvertrages] ist Wien von der weisen und wohlmeinenden, aber strengen Kontrolle des Fürsten Bismarck befreit worden.«[9]

Die Nichtverlängerung des Rückversicherungsvertrages führte indessen nicht nur dazu, daß Deutschland gegenüber Österreich an Einfluß verlor: Der Vorgang steigerte auch Rußlands Ängste. Daß man in Berlin augenscheinlich auf Wien vertraute, wurde in St. Petersburg als Bereitschaft gedeutet, Österreich auf dem Balkan zu unterstützen, einer Region, in der Deutschland vorher keine Interessen geltend gemacht hatte. Angesichts dieser Lage entschloß sich Rußland, nach einem Gegengewicht zu suchen – eine Rolle, an der Frankreich brennend interessiert war.

Als Deutschland unmittelbar nach diesen Vorkommnissen auch noch ein

Kolonialabkommen mit Großbritannien abschloß, intensivierte Rußland seine Avancen gegenüber Frankreich. Salisbury erwarb von Deutschland die Nilquellen sowie Gebiete in Ostafrika einschließlich Sansibars; als Gegenleistung erhielt Deutschland den sogenannten Caprivi-Streifen, einen relativ belanglosen Landstrich zwischen Südwestafrika und dem Sambesifluß, sowie die Nordseeinsel Helgoland, der man strategischen Wert zumaß.

Für beide Seiten war dies kein übler Tausch, obwohl sich die Angelegenheit später als das erste einer ganzen Reihe von Mißverständnissen erweisen sollte. London sah in dem Abkommen vornehmlich ein Mittel zur Regelung seiner Kolonialprobleme in Afrika, Berlin betrachtete es als Vorstufe zu einem deutsch-englischen Bündnis, und Rußland deutete es sogar als Englands ersten Schritt in Richtung auf den Dreibund. Daher berichtete Baron Staal, der russische Botschafter in Berlin, mit Besorgnis von diesem Abkommen zwischen Deutschland, dem historischen Freund seines Landes, und Großbritannien, seinem traditionellen Feind: »Wenn man an einem Punkt des Erdballs durch zahlreiche Interessen und positive Verpflichtungen miteinander verbunden ist, so ist es fast sicher, daß man bei allen wichtigen Fragen, die im internationalen Bereich aufkommen könnten, vereint vorgeht [...]. Die Entente mit Deutschland ist praktisch vollzogen. Das muß sich auf Englands Beziehungen zu den anderen Mächten des Dreibundes auswirken.«[10] Bismarcks Koalitionsalptraum war Wirklichkeit geworden: Das Ende des Rückversicherungsvertrages hatte einer russisch-französischen Allianz den Weg geebnet.

In Deutschland freilich glaubte man fest, daß Frankreich und Rußland niemals ein Bündnis eingehen würden. Rußland, so rechnete man, sei nicht daran interessiert, für Elsaß-Lothringen zu kämpfen, während Frankreich nicht für die Balkanslawen kämpfen würde. Auch dies, so sollte sich zeigen, war eine krasse Fehleinschätzung. Denn nachdem Deutschland sich unwiderruflich auf die Seite Österreichs gestellt hatte, waren Frankreich und Rußland, so unterschiedlich ihre Beweggründe auch sein mochten, aufeinander angewiesen, weil keines der beiden Länder seine strategischen Vorhaben ohne einen Sieg über Deutschland, zumindest nicht ohne dessen Schwächung, verwirklichen konnte. Frankreich brauchte dabei Rußlands Unterstützung: Deutschland würde ohne Krieg niemals auf Elsaß-Lothringen verzichten. Rußland wiederum wußte, daß es die slawischen Gebiete der Donaumonarchie ohne einen Sieg über Österreich nicht würde übernehmen können, und gerade dagegen hatte Wilhelm II. mit seiner Weigerung, den Rückversicherungsvertrag zu erneuern, eindeutigen Widerstand signalisiert. Ohne Frankreichs Unterstützung aber hatte auch Rußland gegen Deutschland keine Chance.

Bereits ein Jahr später, 1891, hatten Frankreich und Rußland die Entente cordiale unterzeichnet, mit der sie sich gegenseitige diplomatische Unterstützung zusicherten. Warnend bemerkte der russische Außenminister

Giers damals, das Abkommen werde das grundlegende Problem – daß nicht Deutschland, sondern Großbritannien Rußlands Hauptgegner sei – nicht lösen. Und da Frankreich in jener Zeit verzweifelt darum bemüht war, aus jener Isolation auszubrechen, zu der Bismarck es verdammt hatte, willigte es in eine Erweiterung des französisch-russischen Abkommens ein: Sie garantierte Rußland auch im Falle eines Kolonialkonfliktes mit Großbritannien seine diplomatische Unterstützung.

Die französische Staatsführung betrachtete diese anti-britische Klausel als günstigen Preis für ein Bündnis, das sich gut in eine anti-deutsche Koalition verwandeln ließ. Also bemühte sich Paris, die Entente zu einem Militärbündnis zu erweitern. Während aber die russischen Nationalisten sich für einen solchen Militärpakt aussprachen, um die Zersplitterung des österreichischen Kaiserreiches zu beschleunigen, reagierten die russischen Traditionalisten eher besorgt. Giers' Nachfolger, Graf Wladimir Lamsdorff, schrieb Anfang Februar 1892 in sein Tagebuch:»Sie [die Franzosen] schikken sich auch an, uns mit Vorschlägen zu einem Abkommen über gemeinsames militärisches Vorgehen im Falle eines Angriffs von dritter Seite zu bestürmen [...]. Aber wozu eine gute Sache übertreiben? Wir brauchen Ruhe und Frieden angesichts der Hungersnöte, des unbefriedigenden Zustandes unserer Finanzen, der Unvollständigkeit unseres Rüstungsprogramms, des desperaten Zustands unseres Transportsystems und schließlich der wiederauflebenden Aktivitäten im Lager der Nihilisten.«[11] Am Ende konnte sich die französische Regierung gegen Lamsdorffs Zweifel durchsetzen, falls nicht der Zar selber die Angelegenheit regelte. 1892 wurde eine Militärkonvention unterzeichnet, in der Frankreich zusagte, Rußland im Falle eines deutschen oder deutsch-österreichischen Angriffs Hilfe zu leisten. Dafür würde St. Petersburg Frankreich unterstützen, falls es von Deutschland oder von diesem und Italien angegriffen würde. War das französisch-russische Abkommen von 1891 ein diplomatisches, gegen Großbritannien wie gegen Deutschland einsetzbares Instrument gewesen, so zielte das neue Militärabkommen allein gegen Berlin. Das Bündnis, von George Kennan als»schicksalhafte Allianz« bezeichnet (die Entente von 1891 zwischen Frankreich und Rußland, der 1892 die Militärkonvention folgte), bildete gewissermaßen die Wasserscheide auf Europas Weg in den Krieg.

Es bedeutete schließlich nicht weniger als den Anfang vom Ende des Kräftegleichgewichts. Denn die»balance of power« funktioniert am besten, wenn mindestens eine der folgenden Voraussetzungen zutrifft: Erstens muß jede Nation das Recht haben, sich je nach Erfordernis der Umstände mit einer anderen Nation zu verbünden. Während des achtzehnten Jahrhunderts wurde das Gleichgewicht durch sich ständig ändernde Zusammenschlüsse reguliert, und bis 1890 traf dies auch auf die Ära Bismarck zu. Zweitens: Im Falle fester Bündnisse muß es eine ausgleichende dritte Macht geben, die darauf achtet, daß keine der Koalitionen die Oberhand gewinnt, eine Situation, die nach dem französisch-russischen Vertrag eintrat, als Großbritannien, von allen Seiten umworben, seine ausgleichende Funktion noch wahrnahm. Wenn dagegen – und das ist eine dritte Möglichkeit – nur feste Bündnisse existieren, ein ausgleichender Faktor jedoch fehlt, dann sollte der Zusammenhalt innerhalb der Bündnisse relativ schwach ausgeprägt sein, damit bei strittigen Fragen Kompromisse oder doch Änderungen in der Bündniszusammensetzung möglich sind.

Trifft keine dieser Voraussetzungen zu, verliert die Diplomatie an Beweglichkeit. Es kommt dann zu einem Nullsummenspiel, bei dem eine Seite den Gewinn der anderen unweigerlich als eigene Niederlage auffaßt; Rüstungswettlauf und zunehmende Spannungen sind die Konsequenzen. Und eben dieser Zustand kennzeichnete die Situation in Europa, nachdem Großbritannien dem französisch-russischen Abkommen beigetreten war. Daraus entstand die Tripelentente von 1908.

Der Kalte Krieg sollte später von ähnlichen Schwierigkeiten bestimmt sein. Doch im Gegensatz zur Lage nach dem Zweiten Weltkrieg erstarrte die internationale Ordnung nach 1891 nicht nach einer einzigen Herausforderung. Es dauerte fünfzehn Jahre, bevor auch das letzte jener drei Elemente, die Flexibilität begünstigen, zerstört war, und erst nach dem Zustandekommen der Tripelallianz büßte das Gleichgewicht der Kräfte seine Funktionstüchtigkeit endgültig ein. Machtkämpfe waren von da an nicht mehr die Ausnahme, sondern die Regel. Diplomatie, versteht man sie als Kunst des Kompromisses, hatte aufgehört zu existieren. Es war nur eine Frage der Zeit, bis irgendeine Krise den Lauf der Dinge außer Kontrolle geraten ließ.

Als Frankreich und Rußland sich 1891 gegen Deutschland zusammenschlossen, war es Berlin noch immer nicht gelungen, das von Wilhelm II. ersehnte, doch völlig undenkbare Bündnis mit Großbritannien zustande zu bringen. Das Kolonialabkommen von 1890 führte nicht zu der Allianz, vor der sich der russische Botschafter so gefürchtet hatte. Das war zu Teilen der britischen Innenpolitik zuzuschreiben: Als Gladstone 1892 zum letzten Mal in sein Amt zurückkehrte, versetzte er dem schwachen Selbstbewußtsein des deutschen Kaisers einen herben Schlag: Er weigerte sich, irgendeine Vereinbarung mit dem selbstherrlichen Deutschland oder mit Österreich einzugehen.

Der eigentliche Grund für das Scheitern der zahlreichen Versuche, ein deutsch-britisches Bündnis zu schaffen, bestand allerdings darin, daß die deutsche Führung nicht nur der traditionellen britischen Außenpolitik, sondern auch den Erfordernissen ihrer eigenen Sicherheit mit beharrlichem Unverständnis begegnete. Einhundertfünfzig Jahre lang hatte Großbritannien es abgelehnt, zeitlich unbegrenzte Militärbündnisse einzugehen. Nie waren seine Militärabkommen anders als hinsichtlich definierbarer, eindeutig bestehender Gefahren entstanden, nie hatte es sich zu mehr als entente-artigen Übereinkünften verpflichtet, durch welche sich auf diplomatischer Ebene Fragen erörtern ließen, die für beide Seiten von Interesse waren. In gewisser Hinsicht war die britische Definition einer Entente tautologisch, denn London würde natürlich nur dann kooperieren, wenn es das wirklich wollte. Doch eine Entente, die ja immer auch moralische und psychologische Bindungen einschloß, bekräftigte die Annahme – wenn nicht gar die rechtliche Verpflichtung –, daß man im Krisenfall gemeinsam vorgehen werde. Und schließlich würde eine vertragliche Übereinkunft mit Deutschland die Entfremdung zwischen Großbritannien auf der einen und Frankreich sowie Rußland auf der anderen Seite verfestigen, zumindest aber den Prozeß ihrer Annäherung äußerst kompliziert machen.

Deutschland lehnte ein derart informelles Vorgehen ab. Unverändert hielt Wilhelm II. an dem fest, was er als »Allianz nach kontinentaler Art« bezeichnete. »Wünsche England Verbündete oder Helfer«, sagte er 1895, »so müsse es von seiner Politik der freien Hand abgehen und den Betroffenen nach kontinentaler Art Garantien oder Verträge geben.«[12] Doch was meinte der Kaiser mit einer Garantie nach kontinentaler Art? Nach seiner fast hundertjährigen »splendid isolation« war Großbritannien fraglos nicht gewillt, Europa und insbesondere Deutschland gegenüber, das sich gerade zur stärksten Nation des Kontinents entwickelte, genau jene ständige Verpflichtung einzugehen, die es hundertfünfzig Jahre lang so konsequent vermieden hatte. Außerdem war die deutsche Forderung nach einer formalen Garantie Großbritanniens auch ganz sinnlos, da das Kaiserreich selbst stark genug war, jeden potentiellen Gegner innerhalb Europas niederzuschlagen, solange Großbritannien nicht dessen Partei ergriff. Besser wäre es gewesen, Berlin hätte Großbritannien gebeten, in einem europäischen Krieg nicht als Verbündeter, sondern – im gegenseitigen Interesse – als neutrales Land aufzutreten, und dazu hätte eine entente-ähnliche Vereinbarung völlig ausgereicht. Da Deutschland von Großbritannien aber das forderte, was es nicht brauchte, und ihm anbot, was es nicht wollte (nämlich eine kompromißlose Verpflichtung zur Verteidigung des britischen Empire), geriet es bei den Briten in den Verdacht, es strebe im Grunde genommen nach der Weltherrschaft.

Die Ungeduld der Deutschen verstärkte die Vorbehalte der Briten. Allmählich kamen ihnen massive Zweifel, wie dieser unbelehrbare Bittsteller einzuschätzen sei. »Ich verschließe mich den ungeduldigen Anerbietungen meiner deutschen Freunde nur ungern«, schrieb Salisbury. »Doch es wäre unklug, sich jetzt zu sehr von ihrem Rat leiten zu lassen. Ihr Achitophel [Bismarck] ist nicht mehr da. Sie sind jetzt wesentlich angenehmere und bequemere Verhandlungspartner; aber man vermißt den außerordentlichen Scharfsinn des alten Mannes.«[13]

Doch die Lage in Deutschland krankte nicht nur am Fehlen Bismarcks. Während die deutsche Führung ausdrücklich nach Bündnissen verlangte, forderte die deutsche Öffentlichkeit eine noch anmaßendere Außenpolitik. Nur die Sozialdemokraten hielten sich eine Zeitlang zurück; erst zuletzt erlagen auch sie der öffentlichen Meinung und unterstützten die deutsche

Kriegserklärung von 1914. Die deutsche Führungsschicht hatte keinerlei Erfahrung mit europäischer Diplomatie, noch weniger freilich mit jener »Weltpolitik«, auf der sie so lautstark insistierte. So sollte den preußischen Junkern, die ihren Staat an die Spitze Deutschlands gebracht hatten, später die gesamte Schmach für zwei Weltkriege aufgebürdet werden, insbesondere von den Vereinigten Staaten. Tatsächlich aber stellten sie die gesellschaftliche Schicht dar, welche die geringste Verantwortung für die Maßlosigkeit der deutschen Außenpolitik zu tragen hatte. Gerade die Junker vermochten durchaus, sich auf die kontinentale Politik einzustimmen; wofür sie hingegen kaum Interesse zeigten, waren die Ereignisse außerhalb Europas. Die Triebfeder der nationalistischen Agitation aber war in der neuen Klasse der Industriellen und in der wachsenden Gruppe der Akademiker zu suchen. Anders als in Frankreich und Großbritannien gab es für diese Leute im deutschen Kaiserreich kaum ein parlamentarisches Gegengewicht, und während in den westlichen Demokratien die parlamentarischen Institutionen dafür sorgten, daß starke nationalistische Strömungen kanalisiert wurden, suchten sich diese in Deutschland durch außerparlamentarische Interessengruppen Gehör zu verschaffen.

Denn so autokratisch Deutschland auch regiert wurde: Seine Politiker reagierten überaus empfindlich auf die öffentliche Meinung. Die nationalistischen Gruppen wiederum, von denen diese bestimmt wurde, sahen in der Diplomatie und in den internationalen Beziehungen offenbar eher sportliche Ereignisse. Sie drängten die Regierung ohne Unterlaß, eine härtere Gangart einzuschlagen und die territoriale Expansion weiter voranzutreiben; sie forderten mehr Kolonien, ein noch stärkeres Heer, eine noch größere Marine. Das tägliche Geben und Nehmen des diplomatischen Geschäfts oder auch nur das geringste Zugeständnis von deutscher Seite betrachteten sie als ungeheuerliche Erniedrigung. Kurt von Riezler, persönlicher Referent Bethmann Hollwegs zur Zeit der Kriegserklärung, bemerkte treffend: »Die Gefahr eines Krieges ergibt sich heutzutage aus der internationalen Politik jener Länder, in denen sich eine schwache Regierung starken nationalistischen Bewegungen gegenübersieht.«[14]

Von diesen politischen Stimmungen getragen, leistete sich der deutsche Kaiser einen weiteren diplomatischen Fauxpas, als er die Option auf ein Bündnis mit Großbritannien – zumindest für den Rest des Jahrhunderts – endgültig verspielte. Gemeint ist die sogenannte Krüger-Depesche. 1896 hatte ein gewisser Colonel Jameson vor dem Hintergrund britischer Kolonialinteressen und mit Unterstützung von Cecil Rhodes die unabhängigen Burenstaaten im südafrikanischen Transvaal überfallen. Der Überfall, der sich als absoluter Fehlschlag entpuppte, brachte die Regierung Salisbury, die eine direkte Beteiligung daran zurückwies, in eine peinliche Lage. Die deutsche Presse reagierte schadenfroh und versetzte den ohnehin schon gedemütigten Briten noch einen zusätzlichen Schlag. Friedrich von Holstein, die »graue Eminenz« des Auswärtigen Amtes, sah in dem Desaster eine willkommene Gelegenheit, den Briten zu demonstrieren, welche Vorteile ein wohlgesonnenes Deutschland für sie haben könnte, indem er ihnen ganz einfach vor Augen führte, wie unangenehm es als Gegner sei. Dem Kaiser selber erschien die Sache eine willkommene Gelegenheit, um zu brillieren. Kurz nach Neujahr 1896 sandte er dem Burenpräsidenten Paul Krüger ein Telegramm, in dem er ihn dazu beglückwünschte, die »Angriffe von außen« abgewehrt zu haben. Das war für die Briten nicht nur ein Schlag in das Gesicht, sondern etwas wie eine Andeutung düsterer Absichten. Sollte Deutschland versuchen, in der britischen Einflußsphäre ein Protektorat zu errichten? In Wirklichkeit war die Krüger-Depesche weder Ausdruck kolonialer noch außenpolitischer Bestrebungen, sondern kaum mehr als ein Werbetrick, der seinen Zweck allerdings voll und ganz erfüllte. »Nichts, was die Regierung jahrelang getan hat«, schrieb die liberale ›Allgemeine Zeitung‹ am 5. Januar desselben Jahres, »hat uns so große Genugtuung verschafft [...]. Damit sprechen wir dem deutschen Volk aus der Seele.«[15]

Deutschlands Kurzsichtigkeit, sein Mangel an psychologischem Einfühlungsvermögen beschleunigten den Prozeß, der nun einsetzte. Da sie auf gutwilligem Wege kein Bündnis mit Großbritannien erreicht hatten, glaubten der Kaiser und seine Berater, daß eine kleine Demonstration deutschen Unmuts vielleicht die überzeugendere Vorgehensweise sei. Man hätte wissen sollen, daß sich in der gesamten britischen Geschichte kein Hinweis darauf findet, daß Großbritannien sich irgendwann einmal hätte einschüchtern lassen.

Was zuerst als Schikane gedacht war, um den Wert einer Freundschaft mit Deutschland zu unterstreichen, entwickelte sich mit der Zeit zu einer echten militärischen Kampfansage. Nichts hätte Großbritannien wirkungsvoller in einen unerbittlichen Feind verwandeln können als die Bedrohung seiner Vorherrschaft zur See. Genau das aber taten die Deutschen, anscheinend ohne Bewußtsein dafür, daß sie einen Herausforderungskurs ohne Umkehrmöglichkeit einschlugen.

Um 1890 wuchs in Deutschland der innenpolitische Druck, eine möglichst starke Flotte aufzubauen. An der Spitze der immer zahlreicher werdenden Interessengruppen stand der Deutsche Flottenverein, dem Industrielle und Marineoffiziere angehörten. An der Aufrechterhaltung der deutsch-britischen Spannungen begreiflicherweise interessiert, um den Ausbau der Marine zu rechtfertigen, behandelten sie die Krüger-Depesche wie auch jeden anderen Streitpunkt, durch welchen ein Konflikt mit Großbritannien in Reichweite rückte (etwa im Hinblick auf den Status Samoas, den Grenzverlauf im Sudan oder die Zukunft der portugiesischen Kolonien), als ein Geschenk des Himmels.

So ergab sich ein Teufelskreis, der zuletzt in der Konfrontation gipfelte. Um des Privilegs willen, eine Flotte aufbauen zu können, die in dem nachfolgenden Weltkrieg nur einmal, und zwar erfolglos, gegen die britische Flotte zum Einsatz kam – es handelte sich um die Schlacht am Skagerrak –, hatte Deutschland am Ende auch Großbritannien zu seinem Gegner gemacht.

Wie auch immer Großbritannien zu dem prahlerischen Auftreten Wilhelms II. stand: Londons Verärgerung änderte nichts an der Tatsache, daß andere Mächte ihm zu jener Zeit mehr zu schaffen machten. In Ägypten wurde es von Frankreich unter Druck gesetzt, in Zentralasien von Rußland herausgefordert. Was sollte geschehen, falls Rußland und Frankreich sich entschließen sollten, gemeinsame Sache zu machen, um in Afrika, Afghanistan und China Druck auszuüben? Was wäre, wenn die Deutschen sich mit ihnen zu einem Angriff auf das Empire in Südafrika zusammenschlössen? Führende britische Politiker begannen allmählich zu zweifeln, ob sie mit der»splendid isolation« noch immer eine angemessene Außenpolitik verfolgten.

Der wichtigste und wortgewaltigste Fürsprecher dieser Gruppe war Kolonialminister Joseph Chamberlain, der um eine ganze Generation jünger als Salisbury war. Mit seiner Forderung nach einem Bündnis – vorzugsweise mit den Deutschen – schien er die Politik des zwanzigsten Jahrhunderts zu verkörpern, während Salisbury sich auch weiterhin streng an die isolationistischen Grundsätze des vergangenen Jahrhunderts hielt. Im November 1899 verlangte Chamberlain in einer bedeutenden Rede nach einem»teutonischen« Bündnis, bestehend aus Großbritannien, Deutschland und den Vereinigten Staaten.[16] Er war von seinem Plan so erfüllt, daß er ihn dem Deutschen Reich ohne Salisburys Zustimmung unterbreitete. Berlin strebte noch bessere Bedingungen an und zeigte sich zurückhaltend. Blind für die Tatsache, daß solche Bedingungen im Ernstfall irrelevant waren, begriff es nicht, daß im Falle eines Krieges auf dem europäischen Festland einzig und allein die Neutralität der Briten zählen würde.

Im Oktober 1900 legte Salisbury sein Amt als Außenminister aus gesundheitlichen Gründen nieder, blieb aber weiterhin Premierminister. Sein Nachfolger im Außenministerium war Lord Lansdowne, der wie Chamberlain der Meinung war, daß Großbritannien seine Sicherheit nicht weiter durch die»splendid isolation« erhalten könne. Doch auch Lansdowne brachte keinen Konsens für ein weitreichendes und offizielles Bündnis mit Deutschland zustande, da das Kabinett nicht bereit war, über eine ententeähnliche Vereinbarung hinauszugehen. Zustimmung erhielt Landsdowne lediglich für»eine Übereinkunft bezüglich jener Politik, die sie [die britische und die deutsche Regierung] in bestimmten Fragen oder in bestimmten Teilen der Welt verfolgen, an welchen sie gleichermaßen interessiert sind«.[17] Dies war mehr oder weniger dieselbe Formulierung, die einige Jahre später zur Entente Cordiale mit Frankreich führen sollte. Übrigens reichte sie aus, um Großbritannien auf der Seite Frankreichs in den Weltkrieg eintreten zu lassen.

Auch dieses Mal schlug Deutschland ein handfestes Angebot zugunsten eines augenscheinlich unerreichbaren Zieles aus. Der neue Reichskanzler,

Fürst von Bülow, wollte kein entente-artiges Abkommen mit Großbritannien. Er sorgte sich mehr um die öffentliche Meinung als um weltpolitische Perspektiven und war vor allem daran interessiert, den Reichstag für eine Vergrößerung der deutschen Kriegsmarine zu gewinnen, eine Absicht, die nun einmal prononciert gegen London gerichtet war. Nur wenn die Briten dem aus Deutschland, Österreich und Italien bestehenden Dreibund beiträten, so Bülow, würde er das Flottenprogramm aufgeben. Salisbury lehnte ab, entweder alles oder nichts zu erhalten, und so verlief auch der dritte Anlauf, zu deutsch-englischen Vereinbarungen zu kommen, im Sande.

Die prinzipielle Unvereinbarkeit der außenpolitischen Vorstellungen Deutschlands und Großbritanniens zeigte sich in der Art, wie die Regierungschefs das Scheitern ihres Vorhabens erklärten. Bülow, ungeheuer erregt, warf den Briten provinzielles Denken vor, wobei er geflissentlich ignorierte, daß Großbritannien bereits mehr als ein Jahrhundert vor der deutschen Einigung eine weltweite Außenpolitik betrieben hatte:»Die englischen Politiker wissen nur wenig über das kontinentale Europa. Vom kontinentalen Standpunkt aus betrachtet wissen sie so viel darüber wie wir über die Vorstellungen Perus oder Siams. Mit ihrem selbstbewußten Geltungsbedürfnis und ihrem gewissermaßen blinden Vertrauen sind sie naiv. Es fällt ihnen schwer, anderen wirklich schlechte Absichten zuzutrauen. Sie sind sehr ruhig, sehr phlegmatisch und sehr optimistisch...«[18]

Salisbury hingegen erteilte seinem rastlosen, sich in vage Verlautbarungen flüchtenden Gesprächspartner eine Lektion in raffinierter strategischer Analyse, als er ihm kurz darauf seine Antwort gab. Er zitierte die taktlose Anmerkung des deutschen Botschafters Graf Hatzfeld in London, der verkündet hatte, Großbritannien sei auf ein Bündnis mit Deutschland angewiesen, um aus seiner gefährlichen Isolation ausbrechen zu können. Dazu schrieb er:»Die Verpflichtung, die deutsche und österreichische Grenze gegen Rußland zu verteidigen, ist belastender, als *die britischen Inseln* gegen Frankreich zu verteidigen. Graf Hatzfeld tut so, als bedeute unsere ›Isolation‹ eine ernsthafte Gefahr für uns. *Haben wir diese Gefahr jemals wirklich gespürt?* Wären wir im Revolutionskrieg unterlegen, so wäre unser Niedergang nicht unserer Isolation zuzuschreiben gewesen. Wir hatten viele Verbündete; aber sie hätten uns nicht gerettet, hätte der französische Kaiser den Ärmelkanal beherrscht. Außer während seiner [Napoleons] Herrschaft waren wir nie in Gefahr, und daher können wir unmöglich beurteilen, ob die ›Isolation‹, unter der wir angeblich leiden, tatsächlich gefährliche Elemente enthält oder nicht. Es wäre kaum empfehlenswert, neue, äußerst belastende Verpflichtungen einzugehen, um uns gegen eine Gefahr zu wappnen, *an deren Existenz wir aus geschichtlichen Gründen gar nicht glauben.*«[19]

Großbritannien und Deutschland besaßen schlicht zu wenig gemeinsame Interessen, als daß ein formales, umfassendes Bündnis gerechtfertigt gewesen wäre. Die Briten befürchteten, daß sich ihr potentieller Verbündeter eines nahen Tages in eben jene Vormacht verwandeln würde, gegen die sie sich schon immer gewehrt hatten. Deutschland behagte es nicht, London bei Problemen wie der Bedrohung Indiens helfen zu müssen, die aus seiner Sicht schon immer nur nebensächlich gewesen waren. Und letztlich war Berlin auch einfach zu arrogant, um den Nutzen britischer Neutralität honorieren zu können.

Der nächste Schritt des britischen Außenministers zeigte denn auch, wie sehr sich die deutsche Führung überschätzt hatte. Als Großbritannien durch Lansdowne 1902 als erstes europäisches Land im außereuropäischen Rahmen nach Unterstützung suchte und eine Allianz mit Japan schloß, reagierte Europa verblüfft. London und Tokio einigten sich darauf, neutral zu bleiben, falls einer von beiden mit *einer* anderen Macht in einen Krieg um China oder Korea verwickelt würde. Sollte einer der beiden Unterzeichnerstaaten hingegen von *zwei* Gegnern angegriffen werden, so war der andere verpflichtet, seinem Partner zu Hilfe zu eilen. Da das Bündnis nur greifen würde, wenn Japan zwei Gegnern ausgeliefert war, verfügte Großbritannien endlich über einen Verbündeten, der entschlossen schien, Rußland im Zaum zu halten, ohne den Versuch zu machen, Großbritannien in Verwicklungen mit Dritten zu verstricken. Zudem befand sich dieser Partner im Fernen Osten und damit in einem für Großbritannien strategisch interessanteren Bereich, als es die deutsch-russische Grenze war. Japan wiederum war vor Frankreich sicher, das ohne diese Allianz möglicherweise versucht hätte, sich einen Krieg zunutze zu machen, um seine Forderung nach russischer Unterstützung zu untermauern. Von nun an war Großbritannien an Deutschland als strategischem Partner kaum noch interessiert. Im Gegenteil: Mehr und mehr betrachtete es das Kaiserreich als geopolitische Bedrohung.

Selbst 1912 wäre noch Gelegenheit gewesen, die deutsch-englischen Spannungen beizulegen. Großbritannien entsandte Lord Richard Burdon Haldane, den ersten Lord der Admiralität, zu Entspannungsgesprächen nach Berlin. Er hatte Anweisung, mit Deutschland zu einer gütlichen Einigung zu kommen. »Falls eine der beiden ehrenwerten Verhandlungsparteien«, so lautete das Angebot, »in einen Krieg verwickelt wird, in dem sie nicht als Aggressor betrachtet werden kann, wird die andere gegenüber der in Krieg verwickelten Macht zumindest wohlwollende Neutralität bewahren.«[20] Der Kaiser bestand jedoch darauf, England müsse Neutralität auch für den Fall zusichern, »daß Deutschland ein Krieg aufgezwungen werde«[21], was in britischen Ohren bereits fast wie eine Forderung klang: als habe Großbritannien sich abseits zu halten, falls Deutschland einen Präventivkrieg gegen Rußland oder Frankreich vom Zaun bräche. So weigerte sich London, die Formulierung des Kaisers zu akzeptieren, der Gleiches mit Gleichem vergalt und den deutschen Marinegesetzentwurf vorantrieb. Haldane mußte mit leeren Händen nach London zurückkehren.

Wilhelm II. hatte noch immer nicht begriffen, daß Großbritannien zu mehr als einem stillschweigenden Abkommen – und mehr brauchte Deutschland nicht von ihm – keinesfalls bereit war. »Wenn England uns nur seine Hand in Gnaden zu reichen beabsichtigt unter dem Hinweis, wir müßten unsere Flotte einschränken«, schrieb er, »so ist das eine bodenlose Unverschämtheit, die eine schwere Insulte für das deutsche Volk und seinen Kaiser in sich schließt, die *a limine* vom Botschafter abgewiesen werden muß.«[22] Mehr denn je davon überzeugt, er könne England durch seine Einschüchterungstaktik zu einem offiziellen Bündnis bewegen, rühmte sich der Kaiser, er »habe den Engländern gezeigt, daß sie, wenn sie an unsere Rüstung tasten, auf Granit beißen, und dadurch vielleicht ihren Haß vermehrt, aber ihren Respekt erworben, der sie in gegebener Zeit zur Fortsetzung hoffentlich in bescheidenerem Ton geführter Verhandlungen mit günstigem Ausgang veranlassen wird.«[23]

Durch sein ebenso kopfloses wie gebieterisches Drängen nach einem Bündnis erreichte der Kaiser am Ende lediglich, daß man in Großbritannien argwöhnisch wurde. Das deutsche Marineprogramm, auch die anti-britischen Machenschaften während des Burenkrieges von 1899 bis 1902 führten zu einer gründlichen Neubewertung der Lage im britischen Auswärtigen Amt. Einhundertfünfzig Jahre lang hatte man in London Frankreich als die größte Gefahr für das europäische Gleichgewicht betrachtet und sich ihm mit deutscher Unterstützung, meist im Verbund mit Österreich, gelegentlich aber auch mit Preußen, entgegengestellt. Jetzt sah man das Empire am stärksten durch Rußland bedroht. Aber nach dem Bündnis mit Japan überdachte Großbritannien seine historischen Prioritäten. 1903 unternahm es gezielte Anstrengungen zur Regelung noch offenstehender Kolonialprobleme mit Frankreich, die schließlich 1904 in der sogenannten Entente Cordiale gipfelten, einem Abkommen über genau jene inoffizielle Zusammenarbeit, die Deutschland stets abgelehnt hatte. Schon kurz darauf begann Großbritannien zu überprüfen, ob ein ähnliches Arrangement auch mit Rußland möglich sei.

Da die Entente Cordiale formal ein Kolonialabkommen war, brach sie nicht mit der britischen Tradition der »splendid isolation«. Dennoch gab Großbritannien in der Praxis seine Rolle als ausgleichendes Moment auf; nunmehr war es einem der beiden sich gegenüberstehenden Bündnisse verpflichtet. Während der Entente-Verhandlungen im Juli 1903 wandte sich ein Vertreter Frankreichs in London an Lord Lansdowne mit dem Vorschlag, Frankreich würde alles in seiner Macht Stehende tun, um den russischen Druck auf London zu mildern, wenn die Briten einem Bündnis beiträten. Als Lansdowne die Überlegungen des Franzosen zusammenfaßte, schrieb er: »Deutschland stellt die ernsthafteste Bedrohung für den Frieden in Europa dar, und eine gute Verständigung zwischen Frankreich und England ist die einzige Möglichkeit, Deutschlands Plänen entgegenzutreten. Falls aber eine solche Verständigung erreicht werden kann, ist England sicher der Meinung, Frankreich könne auf Rußland einen gesunden Einfluß ausüben und uns daher von vielen Sorgen mit jenem Land befreien.«[24] Innerhalb von zehn Jahren wurde Rußland, vormals durch den Rückversicherungsvertrag an Deutschland gebunden, zum militärischen Verbündeten Frankreichs, während Großbritannien sich nach allem Hin und Her mit Berlin dem diplomatischen Lager Frankreichs anschloß. Deutschland hatte das Meisterstück vollbracht, sich selbst zu isolieren und drei vormals verfeindete Nationen zu einer Allianz gegen sich zusammenzubringen.

Ein Staatsmann, der die nahende Gefahr erkennt, muß eine grundsätzliche Entscheidung treffen. Ist er der Meinung, die Bedrohung wird mit der Zeit größer, muß er sie bereits im Keim zu ersticken suchen; kommt er aber zu dem Schluß, daß die lauernde Gefahr aus einem zufälligen oder unbeabsichtigten Zusammentreffen von Umständen erwachsen ist, so ist er meist besser beraten, wenn er abwartet und die Zeit das Ihre tun läßt. Zweihundert Jahre zuvor hatte Richelieu erkannt, daß Frankreich von feindlichen Mächten umzingelt zu werden drohte. Mehr noch: Das erklärte Ziel seiner Politik bestand darin, das Eintreten dieses Falles zu verhindern. Und doch begriff Richelieu zugleich sehr gut, aus welchen Komponenten die Gefahr sich zusammensetzte, weshalb er entschied, daß voreiliges Handeln Frankreichs Nachbarn nur zu einem Zusammenschluß bewegen würde. Die Zeit zu seinem Verbündeten machend, wartete er, bis die schwelenden Unstimmigkeiten unter seinen Feinden zum Ausbruch gelangten. Erst dann ließ er Frankreich am Kampf teilnehmen.

Wilhelm II. und seine Berater besaßen weder Geduld noch Scharfsinn genug für eine solche Politik, und dies, obwohl die Länder, von denen Deutschland sich bedroht fühlte, wirklich alles andere als natürliche Verbündete waren. Deutschland reagierte auf die drohende Umzingelung, indem es gerade jene Art von Diplomatie verstärkte, die sein strategisches Dilemma verursacht hatte. Um die noch junge Entente Cordiale zu spalten, suchte es nach einem Vorwand, der Frankreich vor eine Kraftprobe stellen und zeigen würde, daß die Unterstützung der Briten entweder illusorisch oder aber wirkungslos war.

In Marokko bot sich die Gelegenheit zur Machtprobe. Nicht nur, daß Deutschland dort beträchtliche Handelsinteressen hatte; Frankreichs Pläne verletzten überdies einen bestehenden Vertrag über die Unabhängigkeit des Landes. Während einer Seereise im März des Jahres 1905 beschloß der Kaiser, seine Absicht in die Tat umzusetzen. In Tanger erklärte er Deutschlands Entschlossenheit, Marokkos Unabhängigkeit aufrechtzuerhalten. Die deutsche Staatsführung setzte zum einen darauf, daß die Vereinigten Staaten, Italien und Österreich ihre Politik der Offenen Tür unterstützen würden. Zum anderen hoffte sie, daß Rußland infolge des russisch-japanischen Krieges keine aktive Politik betreiben könnte und Großbritannien schließlich nur froh wäre, seiner Verpflichtung gegenüber Frankreich auf einer internationalen Konferenz enthoben zu werden. Doch jede dieser Vermutungen erwies sich als falsch: Die Angst vor Deutschland machte alle anderen Überlegungen zunichte. So kam es, daß Großbritannien Frankreich angesichts dieser ersten Bedrohung der Entente Cordiale seine volle Unterstützung zusicherte und Deutschlands Aufruf zu einer Konferenz erst dann folgen wollte, wenn auch Paris sie akzeptiert hatte. Österreich und Italien freilich nahmen, mit einem heraufziehenden Krieg konfrontiert, eine vorsichtige Haltung ein. Gleichwohl setzte die deutsche Führung in diesem Streit viel Prestige aufs Spiel, da sie der Ansicht war, jedes Ergebnis unterhalb eines diplomatischen, die Entente schwächenden Sieges sei verhängnisvoll.

Das Talent des Kaisers hatte stets darin gelegen, eine Krise zu beginnen, keineswegs jedoch darin, sie wieder zu beenden. Dramatische Zusammenstöße fand er aufregend, für ausgedehnte Konfrontationen dagegen besaß er nicht die Nerven. Wilhelm II. und seine Berater hatten mit ihrer Einschätzung, Frankreich sei zu einem Krieg nicht bereit, durchaus recht gehabt. Es zeigte sich allerdings, daß auch sie selber nicht dazu bereit waren. Alles, was sie erreichten, war die Entlassung des französischen Außenministers Delcassé; doch dies war ein fadenscheiniger Sieg, da Delcassé bald wieder in einer anderen Position auftauchte und nun eine sogar noch wichtigere Rolle in der französischen Politik spielte. Was die Kontroverse selbst betraf, so ließen sich die deutschen Machthaber, denen der zu ihren prahlerischen Phrasen passende Mut anscheinend fehlte, mit einer für sechs Monate später geplanten Konferenz im spanischen Algeciras abspeisen. Droht ein Land jedoch zuerst mit Krieg, um dann wegen einer später stattfindenden Konferenz sofort nachzugeben, verliert seine Drohung unweigerlich an Glaubwürdigkeit. So war es auch rund fünfzig Jahre später, als die westlichen Demokratien Chruschtschows Berlin-Ultimatum auf dieselbe Weise entschärften.

Wie sehr Deutschland in die Isolation geraten war, zeigte sich endgültig im Januar 1906 bei der Eröffnung der Konferenz von Algeciras. Edward Grey, der Außenminister der gerade gewählten liberalen Regierung, warnte den deutschen Botschafter, Großbritannien werde im Kriegsfall auf seiten Frankreichs stehen: »Sollte Deutschland Frankreich infolge unseres Marokko-Abkommens angreifen, so wäre Großbritanniens Öffentlichkeit darüber derart empört, daß keine britische Regierung neutral bleiben könnte...«[25]

Da die deutsche Führung, von Emotionen beherrscht, wie sie nun einmal war, langfristige Ziele nicht festzusetzen vermochte, wurde die Konferenz von Algeciras für sie zur diplomatischen Katastrophe. Nicht nur die Vereinigten Staaten, auch Italien, Rußland und Großbritannien weigerten sich, für Deutschland Partei zu ergreifen. So endete die erste Marokko-Krise ganz anders, als die deutschen Machthaber es sich erhofft hatten: Statt zum Scheitern der Entente Cordiale zu führen, leitete die Konferenz die militärische Zusammenarbeit zwischen Frankreich und Großbritannien ein und verlieh der anglo-russischen Entente von 1907 den entscheidenden Anstoß. Nach Algeciras willigte Großbritannien in die militärische Kooperation mit jener europäischen Macht ein, die es lange Zeit gemieden hatte. Die Befehlshaber der britischen und der französischen Marine nahmen Gespräche auf. Es war ein Neubeginn, den das britische Kabinett nicht ohne Schwierigkeiten vollzog. Im November 1912 schrieb Grey an Paul Cambon, den französischen Botschafter in London: »Wir haben vereinbart, daß Expertengespräche weder eine Verpflichtung beinhalten noch als solche betrachtet werden sollten, die beide Regierungen in einem unvorhergesehenen Fall, der noch nicht entstanden ist und hoffentlich nicht entstehen wird, zum Handeln zwingt.«[26]

Das war nichts anderes als die traditionelle britische Vorbehaltsklausel. Man wollte sich rechtlich nicht auf bestimmte Umstände festlegen lassen, unter denen ein militärisches Eingreifen hätte eingefordert werden können. Paris akzeptierte dieses Zugeständnis an die britischen parlamentarischen Kontrollinstanzen. Es war überzeugt, daß man innerhalb der Militärstäbe schon zu konkreteren Vereinbarungen kommen werde, was immer die juristischen Verpflichtungen auch besagen mochten. Kurz: Während sich die Deutschen fünfzehn Jahre lang geweigert hatten, Großbritannien einen vergleichbaren Spielraum zuzugestehen, konnte Frankreich, politisch diesmal entschieden scharfsinniger, mit den Bedenken der Briten leben, weil es fest an eine moralische Verpflichtung glaubte, die in Krisenzeiten zum Tragen kommen werde.

Nicht anders als die britisch-französische Entente begann auch die Vereinbarung zwischen Briten und Russen als Kolonialabkommen. Großbritannien und Rußland hatten ihre Streitigkeiten im Laufe der Jahre beigelegt. Als Japan Rußland 1905 besiegte, waren dessen Ambitionen im Fernen Osten endgültig zunichte gemacht. Im Sommer 1907 räumte London den Russen daraufhin aus Sicherheitsgründen großzügige Konditionen in Afghanistan und Persien ein und teilte Persien in drei Interessenbereiche auf, von denen St. Petersburg den Norden erhielt, während die Mitte für neutral erklärt wurde und Großbritannien die Vorherrschaft über den Süden beanspruchte. Afghanistan wurde ganz dem britischen Einflußbereich zugeteilt. Noch zehn Jahre zuvor waren die britisch-russischen Beziehungen empfindlich gestört gewesen, und zwar wegen Auseinandersetzungen, bei denen es um rund ein Drittel der Erde ging, von Konstantinopel bis nach Korea. Jetzt trat eine Entspannungsphase ein. Und wie groß die britischen Befürchtungen bezüglich Deutschlands wirklich waren, bewies die Tatsache, daß Großbritannien nun, um die angestrebte russisch-britische Kooperation zu sichern, erstmals bereit war, Rußland nicht mehr um jeden Preis von den türkischen Meerengen fernzuhalten. Außenminister Grey bemerkte dazu: »Gute Beziehungen zu Rußland bedeuten, daß wir von unserer bisherigen Politik, die Meerengen zu blockieren und bei jeder Konferenz der Großmächte unser Gewicht gegen Rußland einzubringen, Abstand nehmen müssen.«[27]

Einige Historiker[28] behaupten, die Tripelentente sei eigentlich aus zwei gescheiterten Kolonialabkommen hervorgegangen, und Großbritannien habe gar nicht Deutschland einkreisen, sondern nur das Empire schützen wollen. Einen Gegenbeweis liefert das sogenannte Crowe-Memorandum. Es läßt keinen Zweifel daran, daß Großbritannien sich der Tripelentente anschloß, um sich dem befürchteten deutschen Streben nach Weltherrschaft entgegenzustellen. Am 1. Januar 1907 erklärte Sir Eyre Crowe, damals einer der hervorragendsten Analytiker im britischen Außenministerium, warum eine Einigung mit Deutschland aus seiner Sicht unmöglich und eine Entente mit Frankreich die einzige Alternative sei. Dieses Memorandum besaß eine analytische Qualität, die von entsprechenden deutschen Dokumenten aus der Zeit nach Bismarck nie erreicht wurde. Jetzt war, überspitzt gesagt, ein Kampf zwischen Strategie und nackter Gewalt entstanden. Und solange zwischen zwei Parteien keine großen Unterschiede im Kräfteverhältnis existieren, gewinnt der Stratege meist die Oberhand, weil er seine Aktivitäten planen kann, während sein Gegner improvisieren muß.

Crowe gab durchaus zu, daß Großbritannien mit Frankreich wie mit Rußland beträchtliche Meinungsverschiedenheiten habe, war aber gleichwohl der Ansicht, daß ein Kompromiß möglich sei, da es um definierbare und mithin begrenzte Zielsetzungen ging. Die deutsche Außenpolitik indessen schien ihm auch deshalb bedrohlich, weil sich hinter den nicht enden wollenden weltpolitischen Herausforderungen, die so riesige Gebiete wie Südafrika, Marokko und den Nahen Osten betrafen, keine rationale Grundlage erkennen ließ. Hinzu kam, daß Deutschlands Streben nach Seemacht »unvereinbar mit dem Fortbestand des britischen Weltreiches« war. »Sollte ein einziger Staat«, schrieb Crowe, »gleichzeitig die größte Militärmacht und die größte Seemacht sein, würde dies die Welt dazu zwingen, sich zur Befreiung von solch einem Schreckgespenst zusammenzuschließen.«[29] Getreu der realpolitischen Überzeugung, nicht Absichtserklärungen, sondern konkrete Gegebenheiten seien ausschlaggebend für Stabilität, gab Crowe zu bedenken, Deutschlands Ziele seien im Grunde genommen unbedeutend; was zähle, seien seine Fähigkeiten. Dazu stellte er zwei Hypothesen auf: »Entweder zielt Deutschland definitiv auf eine allgemeine politische Hegemonie und Vorherrschaft zur See und bedroht so die Unabhängigkeit seiner Nachbarn und letztlich Englands Existenz. Oder aber Deutschland denkt mangels solch klar umrissener Zielsetzungen momentan lediglich daran, seine rechtmäßige Stellung und seinen Einfluß als eine der führenden Mächte im Völkerrat zu nutzen, und versucht, seinen Außenhandel zu fördern, die Vorzüge der deutschen Kultur zu verbreiten, das Ausmaß seiner nationalen Energie zu erhöhen und überall in der Welt neue deutsche Interessen zu schaffen, wann immer und wo immer sich eine friedliche Gelegenheit dazu bietet.« Trotzdem zog Crowe den Sinn derartiger Unterscheidungen in Zweifel, da sie angesichts der Versuchungen, die sich Deutschland mit zunehmender Macht eröffneten, gegenstandslos würden. »Es ist klar«, fuhr er fort, »daß das zweite Schema [eine halb-unabhängige, teilweise durch die Staatskunst getragene Entwicklung] zu jedem Zeitpunkt mit dem ersten, bewußt geplanten Schema verschmelzen kann. Falls das Entwicklungsschema jemals realisiert werden sollte, würde zudem die Deutschland dadurch zukommende Stellung eindeutig eine ebenso schreckliche Bedrohung für den Rest der Welt darstellen wie jede andere ›vorsätzliche‹ Stellungnahme.«[30] Obwohl das Crowe-Memorandum vordergründig nur eine Verständigung mit Deutschland ablehnte, war die eigentliche Zielrichtung nun klar: Sollte Berlin sich in seinen außenpolitischen Zielen nicht endlich mäßigen, würde Großbritannien sich mit einiger Sicherheit Rußland und Frankreich anschließen, um Deutschland in die Schranken zu weisen. Dabei würde es, soviel war gewiß, dieselbe unerbittliche Zielstrebigkeit an den Tag legen, mit der es in den vergangenen Jahrhunderten französische und spanische Absichten zunichte gemacht hatte.

Großbritannien wollte einen weiteren Zuwachs deutscher Stärke also nicht unterstützen. In diesem Sinne reagierte Grey 1909 auch auf das deutsche Angebot, den Aufbau der Kriegsflotte zu *verlangsamen* – nicht aber zu stoppen –, falls Großbritannien sich in einem Krieg der Deutschen gegen Frankreich und Rußland neutral verhalten würde. Das vorgeschlagene Abkommen, so Grey,»wird dazu dienen, in Europa eine deutsche Hegemonie zu errichten, und es wird nicht lange von Bestand sein, wenn es diesen Zweck einmal erfüllt hat. Es ist in der Tat eine Aufforderung, Deutschland dabei zu helfen, in Europa ein Komplott zu schmieden, das gegen uns gerichtet werden kann, wann immer es ihm in den Sinn kommt [...]. Nachdem wir die anderen Mächte Deutschland geopfert haben, werden wir schließlich selber angegriffen.«[31]

Die Gründung der Tripelentente verwandelte das Katz-und-Maus-Spiel, das Deutschland und Großbritannien im letzten Jahrzehnt des alten Jahrhunderts gespielt hatten, in tödlichen Ernst. Es entwickelte sich ein Kampf zwischen zwei Mächten, deren eine sich am Status quo orientierte, während die andere nach Veränderungen im Gleichgewicht der Kräfte strebte. Flexibles diplomatisches Handeln war längst nicht mehr möglich, und so konnten Veränderungen im Gleichgewicht nur noch erreicht werden, indem man die Waffenbestände weiter aufstockte oder indem man siegreich aus einem Krieg hervorging.

Im Unterschied zu späteren Zeiten fürchteten sich die beiden Allianzen, die sich mit stetig wachsendem Mißtrauen beobachteten, nicht vor einem Krieg. Die Mächte sorgten sich entschieden mehr um die Stabilität ihrer Bündnisse als um die Vermeidung des entscheidenden Zusammenstoßes, und so beherrschte Konfrontation den diplomatischen Umgangston.

Dennoch gab es noch eine Chance, die Katastrophe zu verhindern. Zwischen den Bündnissen existierten kaum Streitpunkte, die einen Krieg wirklich gerechtfertigt hätten. Kein Partner der Tripelentente wäre in den Krieg gezogen, um Frankreich bei der Wiedergewinnung Elsaß-Lothringens zu helfen; auch war es höchst unwahrscheinlich, daß Deutschland – trotz seiner überspannten Gemütsverfassung – einen österreichischen Angriffskrieg auf dem Balkan unterstützen würde. Eine Politik der Mäßigung hätte den Krieg verzögern und zu einer Auflösung der unnatürlichen Allianzen führen können – zumal der Tripelentente, die sich in erster Linie aus Furcht vor Deutschland gebildet hatte.

Um 1910 waren anstelle des Gleichgewichts der Kräfte zwei feindliche Bündnisse getreten, deren Unbeweglichkeit der Leichtfertigkeit, die diese überhaupt erst hatte entstehen lassen, in nichts nachstand. Rußland war an Serbien gebunden, in dem es von nationalistischen oder sogar terroristischen Splittergruppen nur so wimmelte und das sich keinerlei Sorgen um die Risiken eines Krieges machte: Es hatte nichts zu verlieren. Frankreich hatte Rußland, das nach dem russisch-japanischen Krieg um die Wiederherstellung seiner Selbstachtung rang, eine Art Freibrief ausgestellt. Ähnlich verhielt sich Deutschland gegenüber Österreich, das seine slawischen Provinzen verzweifelt gegen serbische Agitation zu schützen suchte, die wiederum durch Rußland unterstützt wurde. Die europäischen Staaten hatten sich in die Abhängigkeit von den Wirren des Balkan begeben. Weit davon entfernt, weltpolitisch nur begrenzt verantwortungsbewußte Nationen in die Schranken zu weisen, ließen sie sich von der Wahnvorstellung leiten, ihre rastlosen Partner würden die Bündnisse wieder verlassen, wenn man ihnen nicht nachgebe. In den wenigen Jahren bis zum Ausbruch des Ersten Weltkriegs konnten Krisen zwar noch geregelt werden; aber mit jeder von ihnen rückte die unvermeidliche Auseinandersetzung näher. Die deutsche Reaktion auf die Tripelentente enthüllte eine zwanghafte Neigung, denselben Fehler immer wieder zu begehen. Auf jedes Problem wurde mit einer Art Potenznachweis reagiert, um zu zeigen, daß Deutschland entschlossen und kraftvoll handle, während es seinen Gegnern an Entscheidungskraft wie an Stärke mangele. Doch jede neue Herausforderung stärkte nur die Bande, die die Tripelentente zusammenhielten.

Im Jahre 1908 wurde Bosnien-Herzegowina von einer internationalen Krise heimgesucht, auf die es sich an dieser Stelle einzugehen lohnt, da sie auf anschauliche Weise die Neigung der Geschichte zu Wiederholungen illustriert. Bosnien-Herzegowina war schon immer ein europäisches Waisenkind. Während des Berliner Kongresses hatte man es einem unbestimmten Schicksal überlassen, da niemand wirklich wußte, was man damit anfangen sollte. Ein Niemandsland zwischen dem Osmanischen und dem Habsburger Reich, war das Gebiet mit seinem Gemisch aus katholischer, orthodoxer und muslimischer Religion, seinen kroatischen, serbischen und muslimischen Bevölkerungsgruppen nie souverän gewesen, ja es hatte sich nicht einmal selbst verwalten können, zumal es nur dann regierbar schien, wenn man von keiner dieser Gruppen verlangte, sich einer anderen zu unterwerfen. Über dreißig Jahre befand sich Bosnien-Herzegowina unter türkischer Oberhoheit, österreichischem Schutz und genoß regionale Autonomie,

Europa am Vorabend
des Ersten Weltkriegs 1914

Norwegen

IRLAND

Nordsee

Dänemark
Kopenhagen

Dublin

GROSSBRITANNIEN

Niederlande
Amsterdam

Hamburg

DEUTSCHES

London

Brüssel
Belgien

Atlantischer Ozean

Luxemburg

Paris

Rhein

Donau

München

Loire

FRANKREICH

Zürich
Schweiz

Po

Mailand

Andorra

Marseille

Ebro

ITALIEN

Portugal

Korsika

Lissabon

Madrid

Rom

Spanien

Sardinien

Mittelmeer

Gibraltar brit.

Tanger

Algier

Tunis

Er-Rif

Algerien

Marokko

Tunesien

Tripelentente (Frankreich, Großbritannien, Rußland)

Dreibund (Deutsches Reich, Italien, Österreich-Ungarn)

ohne daß dieses multinationale Arrangement, das die Frage nach der Souveränität immer offengelassen hatte, ernsthaft bedroht worden wäre. Immer hatte Österreich Annexionsbestrebungen zurückgestellt, abgeschreckt durch die Leidenschaften, die das Zusammenleben des Völkergemisches kennzeichneten. In der Tat besaß Österreich ja wie kein zweiter europäischer Staat Erfahrungen darin, mit welchen Mitteln man das Chaos regiert; aber die bosnische Situation war selbst für Österreich zu verwickelt, zu explosiv. Als Wien sich dann doch zur Annektierung entschloß, stand nicht eine zusammenhängende politische Lösung für Bosnien-Herzegowina, sondern der ersehnte Sieg über Serbien (und damit indirekt über Rußland) im Vordergrund. Die Folge dieses Vorgehens war, daß das empfindliche Gleichgewicht unwiderruflich ins Wanken geriet.

Drei Generationen später, 1992, sollten vor dem Hintergrund vergleichbarer Streitfragen dieselben alten Emotionen ausbrechen und das Entsetzen und die Verständnislosigkeit der ganzen Welt hervorrufen – wenn man von den beteiligten Fanatikern selber und von denjenigen absieht, die sich mit der wechselhaften Geschichte des Gebietes auskennen. Wieder verwandelte ein plötzlicher Regierungswechsel Bosnien-Herzegowina in einen Hexenkessel. Denn von dem Augenblick an, da Bosnien seine Unabhängigkeit erklärte, fielen alle Nationalitäten im Kampf um die Vorherrschaft übereinander her, und die Serben beglichen dabei in besonders brutaler und inhumaner Weise alte Rechnungen.

1908 aber versuchte Österreich, aus der Lage Rußlands, das durch den russisch-japanischen Krieg erheblich geschwächt war, Profit zu schlagen. Leichtfertigerweise machte Wien sich zu diesem Zweck ein dreißig Jahre altes, während des Berliner Kongresses geschlossenes Geheimabkommen zunutze, in dem die Annexion Bosnien-Herzegowinas durch Österreich vereinbart worden war. Die Doppelmonarchie, bislang mit einer De-facto-Herrschaft zufrieden, da man keine weiteren slawischen Untertanen wollte, revidierte nun diese Entscheidung. Man meinte, das unter dem Einfluß serbischer Agitation befindliche Kaiserreich sei vom Zerfall bedroht und müsse einen Erfolg vorweisen, um seine Vorherrschaft auf dem Balkan zu untermauern. Doch während der vergangenen drei Jahrzehnte hatte Rußland seine dominierende Stellung in Bulgarien verloren, das Dreikaiserbündnis war gescheitert. Im Grunde war St. Petersburg zu Recht empört, daß Wien sich nun auf das veraltete Abkommen berief, um ein Gebiet zu erhalten, das mit militärischer Hilfe Rußlands befreit worden war.

Allerdings ist Empörung allein kein Garant für Erfolg, insbesondere dann nicht, wenn der Anlaß und Gegenstand dieser Empörung den Trumpf bereits in der Hand hält. Zum ersten Mal stellte Deutschland sich eindeutig hinter Österreich. Klar gab man zu verstehen, daß man sogar einen europäischen Krieg riskieren würde. Als Berlin dann Rußland und Serbien auch noch ganz offiziell bat, der Annexion durch Österreich zuzustimmen, wurde die Lage noch angespannter. Dem Zarenreich blieb keine andere

Wahl, als die Erniedrigung hinzunehmen: Großbritannien und Frankreich waren zu diesem Zeitpunkt noch nicht bereit, wegen der Balkanproblematik einen Krieg zu beginnen, und Rußland selber war so unmittelbar nach dem russisch-japanischen Krieg und dazu ohne Verbündete noch nicht wieder in der Lage.

Deutschland stellte sich mit diesem Schritt den Russen in einer Region in den Weg, an der es zuvor kein besonderes Interesse bezeugt hatte. Im Gegenteil: Ehemals hatte Rußland hier sogar auf Deutschland zählen können, um Österreichs Ambitionen unter Kontrolle zu halten. Jetzt änderte Berlin seine Haltung, ein Schritt, der sich schon bald nicht nur als leichtsinnig, sondern als eklatanter Fehler erwies. Erst fünfzig Jahre zuvor hatte Bismarck prophezeit, daß Rußland Österreich die Erniedrigung im Krimkrieg nie verzeihen werde. Nun begingen die Deutschen den gleichen Fehler wie damals die Habsburger und trugen dazu bei, daß die bereits beim Berliner Kongreß aufgetretene Entfremdung zwischen Rußland und Deutschland sich weiter vertiefte.

Ein großes Land zu demütigen, ohne es gleichzeitig zu schwächen, ist immer ein gefährliches Unterfangen. Während Berlin der Ansicht war, es demonstriere St. Petersburg seine überaus große Verständigungsbereitschaft, war man dort fest entschlossen, sich nicht noch einmal überrumpeln zu lassen. So begannen die beiden großen europäischen Kontinentalmächte ein riskantes Spiel, vergleichbar einer Mutprobe, bei der zwei Fahrer mit ihren Fahrzeugen aufeinander zurasen: beide hoffend, der andere werde im letzten Moment schon noch ausweichen, selber aber entschlossen, die stärkeren Nerven zu beweisen. Dieses Spiel wurde in Europa vor 1914 leider allzuoft gespielt. Jedesmal, wenn eine Kollision gerade noch einmal vermieden worden war, glaubte man, daß das Spiel letztlich doch weniger gefährlich sei als gedacht, wobei man freilich vergaß, daß ein einziger Fehlschlag unwiderruflich die Katastrophe auslösen mußte.

Als wollte Deutschland absolut sichergehen, die gegnerische Allianz durch jeden nur denkbaren Fehler auch wirklich zusammenzubringen, wandte es sich nun Frankreich zu. 1911 reagierten die Franzosen, die in Marokko tatsächlich ein Protektorat errichtet hatten, auf die dortigen Unruhen mit der Entsendung von Truppen nach Fes, eine eindeutige Verletzung des Abkommens von Algeciras. Der darauf folgende »Panthersprung nach Agadir«, die Entsendung des gleichnamigen Kanonenbootes in die marokkanische Hafenstadt, wurde von der deutschen nationalistischen Presse mit wilden Beifallstürmen begrüßt. »Hurra! Eine Tat!« schrieb die ›Rheinisch-Westfälische Zeitung‹ am 2. Juli 1891. »Endlich wird gehandelt. Eine befreiende Tat, welche die Wolken des Pessimismus überall vertreiben muß!«[32] Die ›Münchener Neuesten Nachrichten‹ empfahlen, die Regierung solle mit aller Energie durchhalten, »selbst wenn Folgen aus ihrem Handeln entständen, die heute noch nicht zu übersehen sind.«[33] Das waren klare Worte: Im Grunde genommen forderte die Zeitung die Regierung dazu auf, wegen Marokko einen Krieg zu riskieren.

Die großspurig als»Panthersprung« bezeichnete Aktion endete nicht anders als vorausgegangene Bemühungen des Reichs, seiner Isolation ein Ende zu machen. Wieder einmal schienen Deutschland und Frankreich nur allzugern zum Krieg bereit, wenngleich die deutschen Zielsetzungen diesmal fast noch verschwommener waren als zuvor. Nach welchen Erfolgen trachtete man eigentlich? Nach einem Hafen in Marokko? Nach einem Abschnitt der marokkanischen Atlantikküste? Oder nach kolonialen Gewinnen? Berlin wollte Paris einschüchtern, soviel war gewiß. Doch schien es erneut nicht fähig, diese Zielsetzung in einer geeigneten Weise durchzusetzen.

Dieses Mal unterstützte Großbritannien die Franzosen noch entschiedener als 1906. Der Meinungsumschwung in der britischen Öffentlichkeit kommt deutlich in der Haltung des damaligen Schatzkanzlers David Lloyd George zum Ausdruck, der den Ruf eines Pazifisten und Verfechters guter Beziehungen zu Deutschland genoß. Diesmal hielt er jedoch eine Rede, die eine unmißverständliche Warnung enthielt:»Wenn wir gezwungenermaßen in eine Lage geraten, in welcher der Friede nur durch das Aufgeben unserer wichtigen und vorteilhaften, in vielen Jahrhunderten durch heldenhafte Taten und durch große Leistungen errungenen Stellung bewahrt werden könnte [...], dann würde ich nachdrücklich betonen, daß ein Friede zu diesem Preis für ein großes Land wie das unsere eine unerträgliche Erniedrigung wäre.«[34]

Und sogar Österreich zeigte seinem Verbündeten jetzt die kalte Schulter, da es keinen Grund sah, seine Existenz für ein Abenteuer in Nordafrika aufs Spiel zu setzen. Deutschland gab sich geschlagen und begnügte sich mit einem wertlosen Landstrich in Zentralafrika. Die deutsche Presse stöhnte angesichts dieser Transaktion:»Wegen ein paar Sümpfen im Kongo haben wir praktisch einen Weltkrieg riskiert«, schrieb das ›Berliner Tageblatt‹ am 3. November 1911.[35] Denn nicht der Wert der Neuerwerbung war zu kritisieren, sondern der Mangel an politischer Klugheit, der darin bestand, alle paar Jahre einem anderen Land mit Krieg zu drohen, ohne dafür sinnvolle Ziele formulieren zu können.

Indessen waren nicht nur die Taktiken der Deutschen mittlerweile schematisch geworden, sondern auch die Reaktionen in London und Paris. 1912 nahmen Briten, Franzosen und Russen Gespräche auf der Ebene der Generalstäbe auf, deren Bedeutung nur pro forma durch das inzwischen übliche Dementi Großbritanniens geschmälert wurde, die Unterredungen besäßen keinerlei rechtliche Verbindlichkeit. Schließlich stand diese Einschränkung in direktem Widerspruch zu dem englisch-französischen Marineabkommen desselben Jahres, dem zufolge die französische Flotte ins Mittelmeer entsandt, den Briten hingegen die Verteidigung der französischen Atlantikküste überantwortet wurde. Zwei Jahre später berief man sich auf dieses Abkommen, um Großbritannien zum Eintritt in den Ersten Weltkrieg zu bewegen, da Frankreich – so jedenfalls wurde behauptet – im Vertrauen auf britische Unterstützung seine Küste am Ärmelkanal schutzlos gelassen hatte. (1940, wiederum achtundzwanzig Jahre später, würde Großbritannien aufgrund eines ähnlichen Abkommens mit den Vereinigten Staaten seine Pazifikflotte in den Atlantik schicken, um nun seinerseits auf die Vereinigten Staaten moralischen Druck auszuüben, sie sollten Großbritanniens schutzlose Besitzungen in Asien vor einem Angriff der Japaner bewahren.) Doch zurück zur Vorkriegszeit. 1913 trieb die deutsche Staatsführung die wachsende Entfremdung zwischen dem Kaiser- und dem Zarenreich mit einem weiteren launenhaften und sinnlosen Manöver auf die Spitze. Diesmal stimmte Deutschland einer Umstrukturierung der türkischen Armee zu. Man schickte einen General nach Konstantinopel, der dort das Oberkommando übernehmen sollte. Wilhelm II., von dem Wunsch beseelt, diesem bedrohlichen Schritt noch zusätzlich Dramatik zu verleihen, schwang anläßlich der Entsendung der Militärberater auch noch hochtrabende Reden, in denen er seiner Hoffnung Ausdruck gab, daß »die deutsche Fahne schon bald über den Befestigungsanlagen des Bosporus wehen wird«.[36]

Kaum etwas hätte Rußland mehr in Rage bringen können als dieser deutsche Versuch, die türkischen Meerengen, die Europa dem Zaren ein Jahrhundert lang verwehrt hatte, seinerseits in die Hand zu bekommen. Man hätte sich vielleicht noch damit abgefunden, die Dardanellen einem schwachen Land wie der osmanischen Türkei zu überlassen, einem Land also, das man zweifellos jederzeit hätte zwingen können, russische Schiffe passieren zu lassen. Die Herrschaft einer anderen Großmacht aber konnte man nicht akzeptieren. Im Dezember 1913 schrieb der russische Außenminister Sergej Sasonow an den Zaren: »Überließe man die Meerengen einem mächtigen Staat, käme dies einer Unterordnung der gesamten wirtschaftlichen Entwicklung Südrußlands unter diesen gleich.«[37] Nikolaus II. teilte daraufhin dem britischen Botschafter mit, daß Deutschland in Konstantinopel nach einer Stellung trachte, die es ihm erlaube, Rußland im Schwarzen Meer vollständig einzuschließen. Sollte es versuchen, diese Politik in die Tat umzusetzen, so würde er sich ihr mit aller Macht entgegenstellen, selbst wenn ein Krieg die einzige Alternative sei.[38]

Zwar konnte die deutsche Regierung den deutschen Oberbefehlshaber des türkischen Heeres aus Konstantinopel zurückbeordern, ohne das Gesicht zu verlieren (sie beförderte ihn zum Feldmarschall, was nach deutscher Heerestradition bedeutete, daß er keine Kampftruppen mehr befehligen durfte). Doch der entstandene Schaden war irreparabel. Rußland erkannte, daß die deutsche Unterstützung Österreichs im Falle Bosnien-Herzegowinas nicht zufällig zustande gekommen war. Der Kaiser, der die Entwicklung als Herausforderung seiner Männlichkeit verstand, teilte am 25. Februar 1914 seinem Reichskanzler mit: »Die russisch-preußischen Beziehungen sind ein für alle Male tot! Wir sind Feinde geworden!«[39] Ein halbes Jahr später brach der Erste Weltkrieg aus.

In den letzten Vorkriegsjahren hatte sich ein internationales System herausgebildet, das in seiner auf Konfrontation fixierten Unbeweglichkeit Parallelen zum Kalten Krieg aufwies, jedenfalls auf den ersten Blick. Tatsächlich jedoch war die Weltordnung in den Jahren vor Ausbruch des Ersten Weltkrieges viel unberechenbarer als während des Kalten Krieges. Da im Atomzeitalter nur die Vereinigten Staaten und die Sowjetunion über die technischen Möglichkeiten verfügten, einen weltweiten Krieg zu inszenieren, und da ein solcher Krieg vermutlich das Leben der gesamten Menschheit bedroht hätte, wagte es keine der beiden Supermächte, ein derart furchteinflößendes Machtinstrument an einen Verbündeten abzutreten, mochte er ihnen auch noch so nahestehen. Vor dem Ersten Weltkrieg war die Situation ganz anders: Jedes Mitglied der beiden großen Bündnisse war nicht nur in der Lage, einen Krieg zu beginnen, sondern konnte auch seine Verbündeten zur Unterstützung erpressen.

Eine Zeitlang waren dem Bündnissystem noch selbst gewisse Einschränkungen inhärent. Frankreich bremste Rußland bei Konflikten, die sich in erster Linie auf Österreich bezogen; Deutschland wirkte in ähnlicher Weise auf Österreich ein. 1908 gab Paris während der Bosnien-Krise zu erkennen, daß es wegen des Balkans keinen Krieg beginnen werde. Während der Marokko-Krise von 1911 wurde dem Ministerpräsidenten Caillaux von den Russen unmißverständlich mitgeteilt, daß ein Versuch Frankreichs, eine Kolonialkrise mit Gewalt zu lösen, keine Unterstützung fände. Noch 1912, während des Balkankrieges, machte Deutschland Österreich darauf aufmerksam, daß es nur begrenzt Hilfe leisten werde, und Großbritannien drängte St. Petersburg, sein Verhalten gegenüber dem unbeständigen und unberechenbaren, von Serbien angeführten Balkanbund zu mäßigen. Auf der Londoner Konferenz von 1913 schließlich trug Großbritannien dazu bei, Albaniens Anschluß an Serbien, der für Österreich unerträglich gewesen wäre, zu vereiteln.

Auf der Londoner Konferenz gelang es zum letzten Mal, die angespannte Lage im Rahmen der geltenden internationalen Ordnung zu entschärfen. Während Serbien die nur geringe russische Unterstützung bemängelte, ärgerte Rußland sich über Großbritanniens Rolle als unparteiischer Schlichter und über Frankreichs Weigerung, einen Krieg zu beginnen. Österreich, das durch den russischen und südslawischen Druck auseinanderzubrechen drohte, war bestürzt, daß es von Deutschland nicht nachhaltiger unterstützt wurde. Während Serbien, Rußland und Österreich von ihren Verbündeten überzeugendere Hilfe erwarteten, mußten Frankreich, Großbritannien und Deutschland um den Verlust ihrer Partner bangen, sollten sie diesen in der nächsten Krise nicht nachdrücklicher zur Seite stehen.

Danach schien jede Großmacht urplötzlich von panischer Angst ergriffen. Es war fast so, als ließe eine versöhnliche Haltung jeden schwach und unzuverlässig erscheinen, als veranlasse sie die Partner, angesichts feindlicher Koalitionen eigene Wege zu beschreiten. Die Länder gingen enorm hohe Risiken ein, die weder durch ihre historisch begründeten Interessen noch durch langfristige Strategieziele zu rechtfertigen waren. Richelieus Maxime, die Mittel müßten dem Zweck entsprechen, fand keine Beachtung mehr. Deutschland schien willens, den Weltkrieg zu wagen, nur um zu demonstrieren, daß es Wiens Südslawienpolitik unterstütze, obwohl deutsche Interessen davon überhaupt nicht berührt waren. Rußland wiederum nahm einen tödlichen Konflikt mit Deutschland in Kauf, um als standhafter Verbündeter Serbiens zu erscheinen. Dabei gab es zwischen Rußland und Deutschland selbst gar keine größere Auseinandersetzung; beide Länder trugen den Konflikt nur stellvertretend für ihre Verbündeten aus.

1912 teilte der neue französische Präsident Raymond Poincaré dem russischen Botschafter im Hinblick auf den Balkan mit:»Falls Rußland in den Krieg zieht, tut Frankreich dies auch, weil wir wissen, daß Deutschland in dieser Frage hinter Österreich steht.«[40] Frohlockend berichtete der russische Botschafter dem Zaren über»eine völlig neue französische Sicht«, derzufolge»Österreichs Gebietsansprüche das allgemeine europäische Gleichgewicht und daher auch Frankreichs Interessen bedrohen«.[41] Noch im gleichen Jahr schrieb der britische Unterstaatssekretär im Auswärtigen Amt, Sir Arthur Nicholson, dem britischen Botschafter in St. Petersburg:»Ich weiß nicht, wie lange wir den augenblicklichen politischen Seiltanz noch weitertreiben können, ohne schließlich doch den einen oder anderen definitiven Kurs verfolgen zu müssen. Mich quält dieselbe Angst wie Sie – daß Rußland unserer müde wird und mit Deutschland einen Handel eingeht.«[42]

Das Versprechen des Kaisers von 1913, Deutschland werde Österreich bei der nächsten Krise nötigenfalls in den Krieg folgen, war allerdings an Leichtsinn kaum noch zu übertreffen. Am 7. Juli 1914 skizzierte der Reichskanzler die Politik, die kaum vier Wochen später tatsächlich zum Krieg führen sollte:»Reden wir ihnen [den Österreichern] zu, so sagen sie, wir hätten sie hineingestoßen; raten wir ab, so heißt es, wir hätten sie im Stich gelassen. Dann nähern sie sich den Westmächten, deren Arme offenstehen, und wir verlieren den letzten mäßigen Bundesgenossen.«[43]

Welchen konkreten Nutzen Deutschland aber aus einem solchen Bündnis überhaupt ziehen konnte, blieb offen. Außerdem würde Österreich sich wohl kaum in eine Gemeinschaft mit Rußland begeben, das seine Position im Balkan ja mit allen Mitteln zu untergraben suchte. Kurz, die Aufrechterhaltung der Bündnisse hatte sich als Ziel verselbständigt. In der Geschichte waren Bündnisse immer zur Stärkung eines Landes im Kriegsfall gebildet worden. In der Epoche vor dem Ausbruch des Ersten Weltkriegs jedoch war die Stärkung der Bündnisse selber das Hauptmotiv für den Krieg.

Die Machthaber aller großen Länder hatten einfach aus den Augen verloren, welche Folgen mit der Technologie, die sie mittlerweile in ihren Händen hielten, und den Bündnissen, die sie so fieberhaft schmiedeten, einhergingen. Die hohen Verluste während des noch gar nicht weit zurückliegenden amerikanischen Bürgerkrieges ignorierend, gingen sie von einer kurzen, aber entscheidenden Auseinandersetzung aus. Kein einziges Mal kam ihnen in den Sinn, die gesamte Zivilisation könne auf dem Spiel stehen, weil sie es versäumt hatten, ihre Bündnisse in lebensfähige politische Zielsetzungen einzubinden. Tatsächlich aber verfolgte jedes Bündnis zu viele Eigeninteressen, als daß die traditionelle Diplomatie des Europäischen Konzerts noch hätte greifen können. Ohne sich dessen bewußt zu sein, hatten die Großmächte eine diplomatische Untergangsmaschinerie in Gang gesetzt.

## Kapitel 8

# Dem Verderben entgegen:
# Die militärische Untergangsmaschinerie

*Paul von Hindenburg, Wilhelm II. und Erich Ludendorff*

Was am Ausbruch des Ersten Weltkriegs am meisten erstaunt, ist kaum der Umstand, daß diese globale Katastrophe letzten Endes durch eine Krise ausgelöst wurde, die um so vieles harmloser war als all die bereits überwundenen Krisen. Erstaunlich ist vielmehr, daß es so lange dauerte, bis es dazu kam.

Die Konfrontation zwischen Deutschland und Österreich-Ungarn auf der einen und der Tripelentente auf der anderen Seite hatte sich bis 1914 zu tödlicher Auswegslosigkeit entwickelt. Die Staatsmänner aller bedeutenden Nationen hatten dazu beigetragen, jenen diplomatischen Automatismus in Gang zu setzen, der zum Untergang führen sollte, indem er Krise auf Krise folgen ließ, jede schwieriger als die vorangegangene. Die Militärführer hatten die Lage noch verschärft. Sie entwickelten strategische Planungen, die für politische Entscheidungen nicht genügend Zeit übrigließen. Doch während militärische Pläne stets auf Schnelligkeit basieren, ist das diplomatische Räderwerk herkömmlicherweise eher geruhsam. Unter dem Zeitdruck, der sich damals auf allen Seiten geltend machte, war eine Entschärfung der Lage daher nicht mehr möglich, und verschlimmernd kam noch hinzu, daß die Strategen die Politiker nicht ausreichend über die möglichen Folgen ihrer Pläne und Vorhaben informierten.

Tatsächlich wurden die militärischen Planungen unabhängig vom politischen Entscheidungsprozeß vorangetrieben. Der erste Schritt in diese Richtung wurde bereits 1892 während der Verhandlungen über eine französisch-russische Militärkonvention getan. Bis zu diesem Zeitpunkt war in Bündnisverhandlungen vor allen Dingen die Frage entscheidend gewesen, welche spezifischen Aktionen des Gegners die Verbündeten dazu zwingen würden, einen Krieg zu führen, und fast immer traf der *casus belli* dann ein, wenn eine bestimmte Partei mit Feindseligkeiten bereits begonnen hatte. Im Mai 1892 aber schickte der russische Unterhändler, Generaladjutant Nikolaj Nikolajewitsch Obrutschew, einen Brief an seinen Außenminister, Nikolaj Karlowitsch de Giers, in welchem er darlegte, daß sich die herkömmliche Methode, einen *casus belli* zu definieren, angesichts der modernen Technik als überholt erwiesen habe. Von Bedeutung sei von nun an die Frage, wer zuerst mobilisiere, nicht mehr, wer den ersten Schuß abgebe: »Die Mobilmachung läßt sich nicht mehr als friedlicher Akt betrachten. Sie ist vielmehr ein höchst entscheidender kriegerischer Akt.«[1] Wer die Mobilmachung hinauszögerte, würde mithin den Beistand seiner Verbündeten verlieren. Er würde dem Feind Gelegenheit geben, seine Gegner der Reihe nach zu schlagen.

Die Notwendigkeit einer zeitgleichen Mobilmachung aller Verbündeten setzte sich in den Köpfen der europäischen Staatsmänner fest. Hinfort bildete sie das Fundament aller formellen diplomatischen Verpflichtungen. Der Zweck eines Bündnisses bestand jetzt nicht mehr darin, Beistand zu garantieren, *nachdem* ein Krieg ausgebrochen war, sondern in dem Versprechen, sofort mobil zu machen, sobald der Gegner es tat – oder besser noch früher. Das hatte weitreichende Konsequenzen. Denn bei derartig konstruierten Allianzen konnten Drohungen, die auf einer Mobilmachung basierten, nicht mehr zurückgenommen werden, da es verhängnisvoller war, eine Mobilmachung abzubrechen, als sie gar nicht erst zu beginnen. Sollte eine Seite aber innehalten, während die andere mit der Mobilmachung fortfuhr, dann mußte erstere mit jedem verstreichenden Tag in eine ungünstigere Lage geraten. Und selbst wenn beide Seiten sich um eine Zurücknahme der Mobilmachung bemühen sollten, waren die technischen Schwierigkeiten so groß, daß der in Gang gesetzte Prozeß mit einiger Wahrscheinlichkeit abgeschlossen wäre, bevor die Diplomaten sich über Modalitäten hätten einigen können.

War dieser Weg einmal beschritten, dann war die Feststellung des *casus belli* de facto jeglicher politischen Kontrolle entzogen. Jede Krise, welcher Art sie auch sei, besaß von nun an gewissermaßen einen eingebauten Kriegsmotor. Jeder Krieg tendierte von sich aus zur Eskalation: Zwangsläufig bezog er alle Parteien ein.

Obrutschew war weit davon entfernt, diese Aussicht zu bedauern; vielmehr begrüßte er sie enthusiastisch. Ein regionaler Konflikt war das letzte, was er wollte, denn könnte sich Deutschland aus einem Krieg zwischen Rußland und Österreich heraushalten, würde es zu guter Letzt vielleicht noch als Sieger hervorgehen und die Bedingungen für einen Frieden diktieren. Genau das nämlich hatte – in Obrutschews Augen jedenfalls -Bismarck während des Berliner Kongresses getan. »Weniger als andere Länder«, schrieb er in dem Memorandum an Giers, »kann unsere Diplomatie auf einen isolierten Konflikt Rußlands beispielsweise mit Deutschland, mit Österreich oder mit der Türkei allein hoffen. Der Berliner Kongreß hat uns in dieser Hinsicht ausreichend belehrt und uns gezeigt, wen wir als unseren gefährlichsten Feind anzusehen haben: den, der sich mit uns direkt im Kampf befindet, oder den, der auf unsere Schwächung wartet, um uns dann die Friedensbedingungen zu diktieren?«[2]

Obrutschew zufolge mußte es darum im Interesse Rußlands liegen, sicherzustellen, daß ein Krieg sich zu einem umfassenden Konflikt entwickelte.

Der Nutzen eines gut ausgearbeiteten Bündnisses mit Frankreich würde für das Zarenreich darin bestehen, der Möglichkeit eines regionalen Konfliktes vorzubeugen. »Zu Anfang eines jeden europäischen Krieges«, fuhr Obrutschew in seinem Memorandum fort, »ist es für die Diplomaten stets eine große Versuchung, den Konflikt zu lokalisieren und seine Auswirkungen soweit wie möglich einzugrenzen. Doch in der gegenwärtigen hochgerüsteten und politisch angespannten Lage Kontinentaleuropas muß Rußland jeder Lokalisierung des Krieges mit besonderer Skepsis begegnen, da sie nicht nur für diejenigen unserer Feinde, die noch zögern und sich noch nicht erklärt haben, sondern auch für schwankende Verbündete eine unnötige Stärkung ihrer Position bedeuten würde.«[3] Mit anderen Worten: Ein Verteidigungskrieg mit beschränkten Zielsetzungen widersprach geradezu dem nationalen Interesse Rußlands. Jeder Krieg mußte ein totaler sein, und die Militärstrategen waren nicht bereit, ihrer politischen Führung andere Optionen zuzugestehen: »Sobald wir in einen Krieg hineingezogen worden sind, können wir ihn auf keine andere Weise als unter Aufbietung aller unserer Kräfte und gegen unsere beiden Nachbarn führen. Angesichts der Bereitschaft ganzer Völker, bewaffnet in den Krieg zu ziehen, ist kein anderer Krieg als einer von höchst entscheidender Art vorstellbar – ein Krieg, der auf lange Zeit hin die politische Stellung der europäischen Mächte untereinander festlegen würde, vor allem die Rußlands und Deutschlands.«[4]

So war es nicht weniger folgerichtig als grotesk, daß es der russische Generalstab vorzog, Deutschland und Österreich nicht nacheinander, sondern *gleichzeitig* anzugreifen. Ein militärisches Bündnis, das Obrutschews Vorstellungen berücksichtigte, wurde am 4. Januar 1894 unterzeichnet. Dabei verpflichteten sich Frankreich und Rußland, gemeinsam mobilzumachen, sollte irgendeine Mittelmacht aus welchem Grunde auch immer seine Truppen mobilisieren. Die Untergangsautomatik war komplett. Um Beispiele zu nennen: Sollte das mit Deutschland verbündete Italien wegen Savoyen gegen Frankreich mobilmachen, hätte Rußland gegen Deutschland mobilmachen müssen. Hätte Österreich die Mobilmachung gegen Serbien ausgerufen, wäre Frankreich verpflichtet gewesen, gegen Deutschland zu mobilisieren. Und da so gut wie sicher war, daß zu irgendeinem Zeitpunkt irgendeine Nation aus irgendeinem Grund die Mobilmachung anordnen würde, war es nur noch eine Frage der Zeit, bis ein europaweiter Krieg ausbrechen würde. Die Mobilmachung *einer* Großmacht genügte, um die Katastrophe *für alle* in Gang zu setzen.

Zumindest Zar Alexander III. begriff, daß es in diesem Spiel um allerhöchste Einsätze ging. Als Giers ihn fragte: »Aber was würden wir damit gewinnen, daß wir Frankreich bei der Vernichtung Deutschlands helfen würden?« entgegnete er: »Ja, was denn wohl? Was wir damit gewinnen würden, wäre, daß Deutschland in seiner jetzigen Gestalt verschwinden würde. Es würde in eine Anzahl kleiner, schwacher Staaten zerfallen, so wie es einmal war.«[5] Die deutschen Kriegsziele waren ebenso unklar. Das Gleichgewicht, in der Vergangenheit oft beschworen, hatte sich in einen Kampf auf Leben und Tod verwandelt, ohne daß auch nur einer der daran beteiligten

Staatsmänner hätte erklären können, welche Gründe einen derartigen Nihilismus rechtfertigten oder welchen politischen Zielen eine solche Feuersbrunst dienen sollte.

Was die russischen Strategen als Theorie formulierten, setzte der deutsche Generalstab bereits in operative Planungen um, und zwar fast zeitgleich mit den französisch-russischen Verhandlungen. Mit deutscher Gründlichkeit entwickelten die kaiserlichen Generäle ihr Mobilmachungskonzept bis zur letzten Konsequenz. Der Chef des deutschen Generalstabs, Alfred Graf von Schlieffen, hegte für dergleichen Pläne dieselbe Obsession wie seine russischen und französischen Gegner. Doch während die französisch-russische Partei sich noch damit aufhielt, die Mobilmachungsverpflichtungen zu definieren, war der Deutsche schon dabei, seine Absichten in die Tat umzusetzen.

Schlieffen war nicht willens, auch nur Details den launenhaften politischen Einflüssen zu überlassen. Er suchte nach einem narrensicheren Plan, um der gefürchteten Einkreisung Deutschlands zu entkommen. Aber ähnlich wie Bismarcks Nachfolger mit dessen komplexem diplomatischem System gebrochen hatten, warf Schlieffen die strategischen Konzepte Helmuth von Moltkes über Bord, die immerhin die drei schnellen militärischen Erfolge Bismarcks zwischen 1864 und 1870 ermöglicht hatten.

Moltke hatte ein Strategie entworfen, die im Falle feindlicher Koalitionen – Bismarcks größte Befürchtung – stets den Weg einer politischen Lösung offenließ. Sollte es aber zu einem Zweifrontenkrieg kommen, beabsichtigte Moltke, die deutsche Armee zu mehr oder weniger gleichen Teilen auf den Osten und den Westen zu verteilen und sich an beiden Fronten in die Defensive zu begeben. Frankreichs Hauptziel war es, Elsaß-Lothringen zurückzugewinnen, und so würde es mit aller Wahrscheinlichkeit dort angreifen; konnte Deutschland eine solche Offensive indessen erfolgreich zurückschlagen, wäre Paris gezwungen, einen Kompromißfrieden zu erwägen. Insbesondere hatte Moltke davor gewarnt, militärische Operationen bis nach Paris auszudehnen. Allzu klar hatte der Deutsch-Französische Krieg gezeigt, wie schwierig sich ein Frieden aushandeln ließ, während man die Hauptstadt des Gegners belagerte.

Dieselbe Strategie hatte Moltke für die Ostfront vorgeschlagen. Es galt, einen russischen Angriff zurückzudrängen, dann nachzustoßen, die russische Armee bis zu einem strategisch wichtigen Punkt zurückzuwerfen und anschließend einen Kompromißfrieden anzubieten. Die militärischen Verbände, die den ersten Sieg errungen hätten, wären danach verfügbar, um die Truppen an der anderen Front zu verstärken. Die Ausmaße des Krieges, die Opfer und die Möglichkeit zu politischen Lösungen sollten so in einer Art Gleichgewicht gehalten werden.[6]

Diese Strategie war maßvoll und vorsichtig. Im ganzen überließ sie die militärische Initiative Deutschlands Feinden und orientierte sich eher an politischen Kompromissen als an einem totalen Sieg. Schlieffen hingegen war entschlossen, den Verlierer in die bedingungslose Kapitulation zu treiben. Er erarbeitete Pläne für einen schnellen entscheidenden Sieg an *einer* Front, um sodann die gesamte deutsche Streitmacht gegen den anderen Feind zu werfen. Dadurch sollten an beiden Fronten deutliche Ergebnisse erzielt werden. Da einem schnellen Schlag im Osten die Schwerfälligkeit der russischen Mobilmachung, die nach seinen Berechnungen sechs Wochen in Anspruch nehmen würde, sowie die Weite des russischen Territoriums entgegenstanden, hielt Schlieffen dafür, zunächst die französische Armee zu schlagen, und zwar noch bevor die russische vollständig mobilisiert war. Um die starken französischen Befestigungen an der Grenze zu Deutschland zu umgehen, kam er auf die Idee, seine Truppen unter Verletzung der belgischen Neutralität durch Belgien marschieren zu lassen. Er wollte Paris einnehmen, wollte der französischen Armee in den Rücken fallen und sie in ihren eigenen Befestigungen entlang der deutschen Grenze einschließen. Im Osten sollte Deutschland unterdessen in der Defensive bleiben.

Der schon 1892 entworfene Plan war ebenso brillant wie leichtfertig. Ein Minimum an geschichtlichem Wissen hätte Schliefen daran erinnern müssen, daß Großbritannien im Falle einer Besetzung Belgiens ohne jede Frage in den Krieg eintreten würde – ein Faktum, das den Kaiser und seinen Generalstab vollkommen zu überraschen schien, als es tatsächlich eintrat. Noch unverständlicher aber war, daß die deutsche Führung den Briten auch in den folgenden zwei Dekaden unzählige Vorschläge machte, um sich in einem europäischen Krieg britischer Unterstützung, zumindest aber wohlwollender Neutralität zu versichern. Angesichts der deutschen Militärstrategie entbehrten diese Versuche ja jeglicher Grundlage: Für kaum eine andere Sache hatte Großbritannien so unbeirrbar, so unerbittlich gekämpft wie für die Unabhängigkeit der Beneluxstaaten. Schließlich aber, und das war vielleicht das Merkwürdigste an all den deutschen Planungen, berücksichtigte der Schlieffen-Plan den Fall des Scheiterns nicht. Sollte Deutschland die französische Armee nicht besiegen können – was durchaus möglich war, da die Franzosen ihre Straßen und Eisenbahnrouten benutzen konnten, die von Paris aus in alle Richtungen führten, während die deutsche Armee zu Fuß und in einem großen Bogen durch ein verwüstetes Land marschieren mußte –, hätte der deutsche Generalstab am Ende vermutlich doch auf Moltkes Strategie der Defensive an zwei Fronten zurückgreifen müssen. Zu diesem Zeitpunkt wäre durch die Besetzung Belgiens die Möglichkeit eines politischen Kompromisses jedoch bereits verspielt gewesen. Bismarcks Außenpolitik hatte die Vermeidung eines Krieges an zwei Fronten zum Ziel gehabt, Moltkes Strategie war bemüht, einen solchen zumindest zu begrenzen. Schlieffen aber bestand geradezu auf einen Zweifrontenkrieg mit allem, was dazugehörte. Er hatte den düsteren Zweifel Bismarcks:»Was, wenn es einen Zweifrontenkrieg gibt?« in die Frage verwandelt:»Was, wenn es keinen Zweifrontenkrieg gibt?« Selbst wenn Frankreich im Fall eines Balkankrieges zunächst seine Neutralität erklären sollte, drohte Deutschland ja noch immer die Gefahr einer französischen Kriegserklärung, *nachdem* die russische Mobilmachung abgeschlossen war. Daran hatte Obrutschew keinen Zweifel gelassen. Ignorierte Deutschland andererseits ein Neutralitätsangebot Frankreichs, so würde es durch den Schlieffen-Plan in die unangenehme Lage gebracht, ein friedliches Belgien angreifen zu müssen, um ein friedliches Frankreich zu bezwingen. Schlieffen brauchte also einen Grund, um Frankreich auch dann angreifen zu können, wenn es sich ruhig verhalten sollte. Er lieferte ihn mit Hilfe einer geradezu absurden Definition dessen, was Deutschland unter französischer Neutralität zu verstehen bereit war: Man würde Frankreichs Neutralität nur dann anerkennen, wenn dieses Deutschland eine seiner größeren Befestigungen überlassen würde, anders gesagt: wenn es sich Deutschlands Gnade auslieferte und auf seine Position als Großmacht verzichtete.

Verworrene politische Bündnisse, haarsträubende militärische Strategien. Beides zusammen bildete ein Gemisch, das ein Blutbad unabwendbar machte. Das Gleichgewicht der Kräfte hatte selbst den letzten Anschein jener Flexibilität verloren, die es im achtzehnten und neunzehnten Jahrhundert geprägt hatte. Der Schlieffen-Plan garantierte, daß ein Krieg, wo immer er auch ausbrechen mochte – und es schien so gut wie sicher, daß es auf dem Balkan sein würde –, zuerst im Westen und zwischen Staaten ausgefochten würde, die im Rahmen der eigentlichen Krise so gut wie keine Interessen verfolgten. Militärische Strategien waren an die Stelle von Außenpolitik getreten, und diese Strategien erlaubten nur einen einzigen Wurf der Würfel. Es fällt schwer, sich einen technokratischeren und gedankenloseren Weg in die Katastrophe vorzustellen.

Obgleich die Strategen beider Seiten sich von einem unbegrenzten Krieg nicht abbringen ließen, blieben sie doch merkwürdig still, was die politischen Folgen jener militärischen Technik betraf, deren Entwicklung sie immer weiter vorantrieben. Wie würde Europa nach einem Krieg von diesen Ausmaßen aussehen? Konnte es überhaupt Veränderungen geben, die ein solches Gemetzel rechtfertigten? Es existierte keine einzige Forderung Rußlands an Deutschland, keine einzige Forderung Deutschlands an Rußland, die von Bedeutung und damit einen regionalen Konflikt wert gewesen wäre – von einem europaweiten Krieg ganz zu schweigen.

Die Diplomaten verhielten sich still, erwiesen sich als unfähig, die politischen Auswirkungen dieser Zeitbombe zu begreifen, steckten aber auch voll Angst, es angesichts der vorherrschenden nationalistischen Strömungen mit dem militärischen Establishment aufzunehmen. Eine beinahe konspirative Stille verhinderte, daß die führenden Politiker aller bedeutenden Nationen auf solchen militärischen Plänen bestanden, die eine Berücksichtigung von politischen Zielsetzungen gewährleistet hätten.

Bis heute besitzt der Gedanke an die Unbeschwertheit, mit der die europäischen Staaten diesen verhängnisvollen Kurs einschlugen, etwas fast

Unheimliches. Überraschend wenig warnende Stimmen wurden laut. Pjotr Durnowo, früherer Innenminister Rußlands und Mitglied des Staatsrates, war eine der ehrenvollen Ausnahmen. Im Februar 1914, sechs Monate vor Kriegsausbruch, prophezeite er dem Zaren in einem Memorandum:»Die Hauptlast des Kriegs werden zweifellos wir zu tragen haben, da England zu einer umfassenden Beteiligung an einem Kontinentalkrieg kaum in der Lage ist, während das militärisch schwache Frankreich sich angesichts der enormen Kriegsverluste, die aufgrund der heutigen Militärtechnik zu erwarten sind, vermutlich ausschließlich auf defensive Taktiken beschränken wird. Die Rolle des Rammbocks, der eine Bresche ins Zentrum der deutschen Verteidigung schlägt, wird uns zukommen.«[7]

Durnowos Urteil zufolge wären derartige Opfer vergeblich: Rußland, diesmal auf seiten seines traditionellen Widersachers Großbritannien, würde schwerlich in der Lage sein, London dauerhafte Gebietsgewinne abzutrotzen. Aber selbst wenn Großbritannien territoriale Gewinne St. Petersburgs in Mitteleuropa anerkannte, würde schon ein zusätzliches Stück von Polen die starken zentrifugalen Tendenzen innerhalb des russischen Reiches weiter verstärken. Allein durch diesen Gebietsgewinn wäre die ukrainische Bevölkerung so angewachsen, daß laut Durnowo Forderungen nach einer unabhängigen Ukraine die logische Folge wären. Aus diesem Grund mußte sogar ein Sieg paradoxerweise so starke ethnische Umwälzungen mit sich bringen, daß das Zarenreich früher oder später auf Kleinrußland reduziert werden würde.

Und selbst wenn St. Petersburg die Eroberung der Meerengen, sein jahrhundertealtes Ziel, durchsetzen sollte, wäre der Gewinn kaum von Nutzen. »Es würde uns nicht einmal einen Durchlaß zum offenen Meer in die Hand geben«, erläuterte Durnowo, »denn hinter ihnen [den Meerengen] liegt ein Seegebiet, das fast vollständig aus Hoheitsgewässern besteht, ein mit unzähligen Inseln übersätes Meer, wo die britische Kriegsmarine keine Schwierigkeit hätte, ungeachtet der türkischen Meerengen all unsere Zugänge und Ausgänge zu blockieren.«[8] Das war ein einfacher geopolitischer Sachverhalt. Warum er drei Generationen lang den Russen in ihrem Wunsch, Konstantinopel zu erobern, und den Briten in ihren Versuchen, dies zu verhindern, verborgen geblieben war, wird wohl ein Geheimnis bleiben.

Der wirtschaftliche Nutzen eines Krieges, so Durnowo weiter, werde sogar noch geringer sein. In jedem Fall würden die Kosten den möglichen Ertrag weit übersteigen. Ein deutscher Sieg konnte die russische Wirtschaft nur zerstören, während ein russischer Sieg die deutsche Wirtschaft so auszehren mußte, daß nichts für Reparationen übrigbliebe, ganz unabhängig davon, wer als Sieger aus diesem Krieg hervorging. »Es kann mit Sicherheit kein Zweifel daran bestehen, daß der Krieg Ausgaben erforderlich macht, die Rußlands begrenzte finanzielle Reserven übersteigen«, schrieb Durnowo. »Wir müssen uns wegen Krediten an verbündete und neutrale Staaten wenden, aber man wird uns diese sicherlich nicht umsonst gewähren. Es ist sinnlos, zum gegenwärtigen Zeitpunkt zu erörtern, was geschehen wird, wenn der Krieg vernichtend für uns endet. Die finanziellen und wirtschaftlichen Konsequenzen einer Niederlage sind nicht kalkulierbar und nicht einmal voraussehbar, aber sie werden zweifellos die totale Zerschlagung unserer gesamten Volkswirtschaft bewirken. Doch selbst ein Sieg verspricht außerordentlich ungünstige finanzielle Aussichten; ein gänzlich ruiniertes Deutschland wird nicht in der Lage sein, uns für die entstandenen Kosten Kompensation zu leisten. Ein von englischen Interessen diktierter Friedensvertrag wird Deutschland die Möglichkeit zu genügender wirtschaftlicher Gesundung verweigern, so daß es sogar für einen langen Zeitraum nach dem Krieg nicht in der Lage sein wird, unsere Kriegskosten zu decken.«[9]

Doch Durnowos stärkstes Argument gegen einen Krieg war zweifellos seine Voraussicht, daß dieser unvermeidlich zu sozialen Umwälzungen führen mußte, und zwar zunächst im besiegten Land. Von dort würden die Veränderungen jedoch auch auf die Siegermacht überspringen: »Es ist unsere feste, auf dem langen und sorgfältigen Studium aller zeitgenössischen subversiven Tendenzen basierende Überzeugung, daß im besiegten Land unvermeidlich eine soziale Revolution ausbrechen muß, die sich, was in der Natur der Sache liegt, auf das Land des Siegers ausbreiten wird.«[10]

Nichts deutet darauf hin, daß der Zar dieses Memorandum, das seine Dynastie hätte retten können, zu Gesicht bekam. Und aus keiner der anderen europäischen Hauptstädte ist eine vergleichbare Analyse bekannt. Am nächsten kommen den Überlegungen Durnowos noch einige wenige kurze Kommentare Bethmann Hollwegs, des Reichskanzlers, der Deutschland in den Krieg führte. Im Jahre 1913, viel zu spät bereits, formulierte er ziemlich genau, warum die deutsche Außenpolitik für die anderen Nationen des Kontinents so außergewöhnlich beunruhigend war: »Alle reizen und sich allen in den Weg stellen und keinen dabei wirklich schwächen. Grund: Planlosigkeit, Bedürfnis kleiner Prestigeerfolge und Rücksicht auf jede Strömung der öffentlichen Meinung.«[11] Im selben Jahr stellte er auch eine Maxime auf, die sein Land hätte retten können, hätte man sie zwanzig Jahre früher in die Praxis umgesetzt: »Wir müssen Frankreich durch eine behutsame Politik gegenüber Rußland und England in Schach halten. Natürlich wird dies unseren Chauvinisten nicht gefallen und ist unpopulär. Aber für Deutschland sehe ich in der nahen Zukunft keine Alternative.«[12] Als diese Zeilen geschrieben wurden, stürzte Europa bereits seinem Verderben entgegen.

Am 28. Juni 1914 mußte der habsburgische Thronfolger Franz Ferdinand für die Unbesonnenheit, mit der Österreich 1908 Bosnien-Herzegowina annektiert hatte, mit dem Leben bezahlen. Nicht einmal die Art und Weise seiner Ermordung war dazu angetan, ein Zeichen gegen jene eigenartige Mischung aus Tragik und Absurdität zu setzen, die den Zerfall der k.u.k.-Monarchie kennzeichnete. Der erste Versuch des jungen serbischen Terroristen Gavrilo Princip, Franz Ferdinand bei seiner Ankunft in Sarajevo zu ermorden, schlug fehl. Statt dessen verwundete er den Fahrer des erzherzoglichen Fahrzeugs. Franz Ferdinand und seine Frau, in der Residenz des Gouverneurs eingetroffen, tadelten die österreichischen Verwaltungsbeamten für ihre Unachtsamkeit; dann beschlossen sie, das Opfer im Krankenhaus zu besuchen. Der neue Fahrer bog falsch ab und hielt, als er auf der Straße wenden mußte, direkt vor dem völlig verblüfften Attentäter, der seine Enttäuschung über den mißlungenen Mordversuch gerade in einem Straßencafé zu ertränken versuchte. Angesichts dieser Situation, in der sich ihm seine Opfer geradezu auslieferten, versagte der Mörder kein zweites Mal.

Da die Gattin des Erzherzogs nicht von königlicher Abstammung war, wohnte keiner der europäischen Herrscher dem Begräbnis bei. Hätten sich die gekrönten Staatsoberhäupter bei dieser Beisetzung versammelt und die Gelegenheit zum Meinungsaustausch wahrgenommen, sie hätten wohl sehr viel mehr gezögert, nur wenige Wochen später in einen Krieg einzutreten, dessen Anlaß nicht mehr als ein terroristisches Komplott gewesen war.

Doch vermutlich hätte nichts Wien davon abhalten können, die Zündschnur in Brand zu setzen, die der deutsche Kaiser seinem Nachbarn kurz darauf in die Hand gab. Er erinnerte sich an sein ein Jahr zuvor gegebenes Versprechen, Österreich in der nächsten Krise zu unterstützen, und lud den österreichischen Botschafter am 5. Juli zum Essen ein. Dabei mahnte er umgehende Aktionen gegen Serbien an. Am 6. Juli bestätigte Bethmann Hollweg das Versprechen des Kaisers gegenüber dem österreichischen Botschafter Szögyény. Dieser berichtete nach Wien: »Unser Verhältnis zu Serbien betreffend stehe die deutsche Regierung auf dem Standpunkt, daß wir beurteilen müßten, was zu geschehen habe, um dieses Verhältnis zu klären; wir könnten hiebei – wie auch immer unsere Entscheidung ausfallen möge – mit Sicherheit darauf rechnen, daß Deutschland als Bundesgenosse und Freund der Monarchie hinter ihr stehe.«[13]

Endlich war Österreich im Besitz des Freibriefes, um den es sich so lange bemüht hatte. Zudem verfügte es jetzt über einen Anlaß, ihn auch einzusetzen. Unsensibel wie immer, reiste Wilhelm II. zu einer Kreuzfahrt in die norwegischen Fjorde ab. Bis heute ist unklar, was genau er beabsichtigte; doch offensichtlich erwartete er keinen europäischen Krieg. Der Kaiser und sein Kanzler rechneten wohl damit, daß Rußland, für einen Krieg noch nicht gerüstet, genau wie 1908 lediglich zusehen würde, wie Serbien erniedrigt wurde. Jedenfalls glaubten sie, der Zeitpunkt für eine entscheidende Auseinandersetzung mit Rußland sei günstiger als jeder spätere.

Die deutsche Führung erzielte damit sozusagen den Rekord hinsichtlich psychologischer Fehleinschätzungen von potentiellen Gegnern. Noch immer war sie von der Richtigkeit ihrer Überlegungen ebenso überzeugt wie Jahre zuvor, als sie sich bemühte, Großbritannien durch den Aufbau einer starken Kriegsmarine in ein Bündnis zu zwingen, oder wie damals, als sie Frankreich zu isolieren suchte, indem sie Marokko mit Krieg drohte.

Ausgehend von der Annahme, ein österreichischer Erfolg werde die wachsende Einkreisung lockern und Rußlands Erwartungen an die Tripelentente enttäuschen, ignorierte man Frankreich, das Berlin als unversöhnlichen politischen Gegner betrachtete, und versuchte, eine Vermittlung seitens Großbritanniens zu umgehen, da man fürchtete, dies könne einen deutschen Triumph vereiteln. Man war überzeugt, daß die Briten in einem Krieg, sollte er wider Erwarten ausbrechen, entweder neutral bleiben oder aber zu spät intervenieren würden.

Doch Sergej Sasonow, russischer Außenminister zum Zeitpunkt des Kriegsausbruchs, stellte klar, warum sich Rußland diesmal nicht zurückhalten würde:»Über Österreichs Gefühle uns gegenüber konnten wir uns seit den Tagen des Krimkrieges keinen Irrtümern hingeben. Seit es den Weg der Besitzergreifungen auf dem Balkan eingeschlagen hatte, durch die es den schwankenden Bau seiner widersinnigen Staatlichkeit zu stützen hoffte, nahmen seine Beziehungen zu uns einen immer weniger freundlichen Charakter an. Mit dieser Unannehmlichkeit konnten wir uns so lange abfinden, als nicht klar war, daß die Balkanpolitik Österreich-Ungarns die Sympathie Deutschlands besaß und von Berlin aus offen gefördert wurde.«[14]

Rußland merkte, daß es einer Entwicklung Widerstand entgegensetzen mußte, die es als deutsches Manöver begriff: In der Absicht, die russische Position unter den slawischen Völkern zu zerstören, demütigte Deutschland Serbien, Rußlands verläßlichsten Verbündeten in dieser Region. »Es war klar«, schrieb Sasonow,»daß wir es hier nicht mit dem schlecht überdachten Unternehmen eines kurzsichtigen österreichischen Ministers zu tun hatten, einem Unternehmen, das dieser auf eigene Gefahr und Verantwortlichkeit begonnen hatte, sondern mit einem sorgfältig vorbereiteten Plan, zu dem man rechtzeitig die Zustimmung der deutschen Regierung erhalten hatte. Ohne deren Unterstützung hätte Österreich-Ungarn wohl nicht gewagt, zur Ausführung seiner Vorhaben zu schreiten.«[15]

Ein anderer russischer Diplomat schrieb später – und übrigens nicht ohne Nostalgie – über den Unterschied zwischen dem Deutschland Bismarcks und dem des Kaisers: »Der große Krieg war die unvermeidliche Konsequenz der Ermutigung Österreichs durch Deutschland, mit dem Vormarsch in den Balkan fortzufahren. Diese Politik ging mit dem bombastischen alldeutschen Gedanken eines germanisierten Mitteleuropas Hand in Hand. In den Tagen Bismarcks wäre so etwas nie geschehen. Was nun geschah, war das Resultat Deutschlands ungewöhnlicher Bestrebungen, weit größere Aufgaben als diejenigen Bismarcks in Angriff zu nehmen – ohne einen Bismarck.«[16*]

---

* Den russischen Memoirenveröffentlichungen muß man mit einem gewissem Vorbehalt begegnen. Die Russen haben immer versucht, die ganze Verantwortung für diesen Krieg auf Deutschlands Schultern zu laden. Besonders Sasonow gebührt

Gleichwohl erwiesen die russischen Diplomaten den Deutschen zuviel der Ehre: Der Kaiser und seine Berater verfügten 1914 ebensowenig über einen langfristigen Plan wie während der vorangegangenen Krisen. Die durch das Attentat auf den Erzherzog ausgelöste Entwicklung geriet völlig außer Kontrolle. Statt ein langfristiges und alle Interessen einbeziehendes Gesamtkonzept ins Auge zu fassen, konzentrierten sich die europäischen Staatsmänner nur noch darauf, ihren Bündnisverpflichtungen nachzukommen, und waren zum Rückzug nicht mehr bereit. Was Europa fehlte, war ein umfassendes politisches Wertesystem, das die Mächte miteinander verbunden hätte, vergleichbar etwa mit dem Wiener Kongreßsystem oder der kaltblütigen diplomatischen Flexibilität Bismarckscher Realpolitik. Der Erste Weltkrieg brach nicht aus, weil Staaten ein Abkommen verletzt hätten. Er entstand, weil sie ihre Verpflichtungen peinlich genau erfüllten.

Das vielleicht Merkwürdigste an der Entstehungsgeschichte des Ersten Weltkriegs war, daß zunächst gar nichts geschah. Österreich, seinen Handlungsmaximen getreu, zögerte – auch deshalb, weil Wien Zeit benötigte, um die Widerstände des ungarischen Ministerpräsidenten Graf Stefan Tisza zu überwinden, der sich scheute, das Reich aufs Spiel zu setzen. Als er schließlich nachgab, stellte Wien am 23. Juli Serbien ein Ultimatum mit einer Frist von achtundvierzig Stunden, mit voller Absicht derart unannehmbar formuliert, daß man sich einer Zurückweisung sicher sein konnte. Doch die Verzögerung kostete Österreich einen psychologischen Vorteil: Die Empörung, die sich nach der Ermordung des Erzherzogs auf dem ganzen Kontinent breitgemacht hatte, verebbte wieder oder nahm jedenfalls ab.

In einem dem Legitimitätsprinzip verpflichteten Europa hätte Rußland österreichische Vergeltungsmaßnahmen gegen einen Staat wie Serbien, der für die Ermordung eines Prinzen und direkten Thronfolgers Österreichs verantwortlich war, zweifellos gebilligt. Doch 1914 besaß das Legitimitätsprinzip keine bindende Kraft mehr. Rußlands Wohlwollen gegenüber seinem Verbündeten wog nun schwerer als seine Entrüstung über die Ermordung Franz Ferdinands.

Während des gesamten Monats, der dem Attentat folgte, betrieb Wien eine höchst gemächliche Diplomatie. Und dann, innerhalb weniger Tage, wurde die Katastrophe mit wahnwitzig anmutender Geschwindigkeit eingeleitet. Das österreichische Ultimatum entzog die Ereignisse der europäischen Kontrolle; danach war gewissermaßen jedes Land in der Lage, das unwiderrufliche Rennen um Mobilmachung auszulösen. Ironischerweise wurde der Prozeß ausgerechnet von jenem Staat in Bewegung gesetzt, für welchen Zeitpläne zur Mobilmachung völlig unwichtig waren: Unter allen Großmächten war allein Österreich altmodisch genug, um das Moment der

jedoch ein Teil der Schuld, denn ganz zweifellos zählte er zur Partei der Kriegsbefürworter, die auf eine Generalmobilmachung drängte, auch wenn seine umfassende Analyse von einigem Wert ist.

Schnelligkeit und des zeitlichen Disponierens bei seinen militärischen Vorbereitungen ganz außer acht zu lassen.

Für die österreichische Kriegsplanung war es kaum von Bedeutung, in welcher Woche der Krieg beginnen würde, solange seine Armeen überhaupt gegen Serbien kämpfen konnten. Man hatte Serbien das Ultimatum in der Absicht gestellt, etwaige Vermittlungsversuche zu verhindern, nicht aber um militärische Operationen zu beschleunigen. Außerdem bedeutete die österreichische Mobilmachung für andere Staaten keine unmittelbare Bedrohung. Man wußte, daß sie einen ganzen Monat in Anspruch nehmen würde.

So wurde die Kriegsmaschinerie von einem Staat in Gang gesetzt, dessen Armee erst in den Kampf eintrat, nachdem die großen Schlachten im Westen bereits geschlagen waren. Denn paradoxerweise waren gerade die Staaten, die in diesem Juli 1914 politische Motive für den Krieg hatten, nicht an starre Mobilmachungspläne gebunden, während Nationen wie etwa Deutschland und Rußland an den ihren festhielten, obwohl der Krieg gar nicht in ihrem politischen Interesse lag. Großbritannien, das Land, das noch am ehesten die Kette der Ereignisse hätte unterbrechen können, zögerte. Britische Interessen wurden von der Balkankrise so gut wie nicht berührt, auch wenn London am Erhalt der Tripelentente sehr wohl gelegen war. Hätte Großbritannien seine Absichten eindeutig erklärt, hätte es Deutschland klar zu verstehen gegeben, daß es auf seiten der Tripelentente in einen Krieg eintreten würde, dann hätte man den Kaiser möglicherweise von seinem Konfrontationskurs abbringen können. So sah es zumindest Sasonow, als er Jahre später schrieb: »Ich kann hierbei nicht unterlassen, der Überzeugung Ausdruck zu geben, daß Sir Edward Grey, wenn er im Jahre 1914 rechtzeitig eine unzweideutige Erklärung der Solidarität Englands mit Rußland und Frankreich abgegeben hätte – worum ich ihn dringend bat – die Menschheit vor dem schrecklichen Zusammenbruch bewahrt hätte, dessen Folgen den Bestand der europäischen Zivilisation in höchstem Maße gefährdet haben.«[17]

Doch Großbritanniens Haltung war widersprüchlich. Die britische Regierung wollte weder die Tripelentente durch zögerliche Unterstützung aufs Spiel setzen noch Deutschland drohen. Dergestalt hoffte man, sich die Option eines Vermittlungsversuches im rechten Moment offenzuhalten. Zugleich saß man zwischen allen Stühlen. Noch am 11. Juni 1914, etwas mehr als zwei Wochen vor der Ermordung des österreichischen Thronfolgers, hatte Grey dem Unterhaus versichert, für Großbritannien gebe es keinerlei vertragliche Verpflichtungen, auf der Seite Rußlands und Frankreichs in einen Krieg einzutreten: »Wenn ein Krieg zwischen den europäischen Mächten ausbricht, gibt es keinerlei geheime Übereinkünfte, die die Regierung oder das Parlament darin einschränken oder gar hindern zu entscheiden, ob oder ob nicht Großbritannien an einem Krieg teilnehmen sollte...«[18]

Rechtlich gesehen traf dies sicherlich zu. Doch es galt auch eine moralische, wenngleich wenig greifbare Dimension zu berücksichtigen. Die französische Kriegsmarine befand sich aufgrund bestimmter Flottenabkommen mit Großbritannien im Mittelmeer, was bedeutete, daß die Küste Nordfrankreichs, sollten sich die Briten aus einem Krieg heraushalten, deutschen Kriegsschiffen offenstand. Als sich die Krise verschärfte, gab Bethmann Hollweg sein Wort, die deutsche Marine nicht gegen Frankreich einzusetzen, falls Großbritannien Neutralität verspräche. Grey wies diesen Handel aus demselben Grund zurück, aus dem er bereits das deutsche Angebot von 1909 ausgeschlagen hatte, als man bei britischer Neutralität Bereitschaft gezeigt hatte, den Aufbau der deutschen Marine zu verlangsamen: Er fürchtete, daß bei einer derartigen Vereinbarung Großbritannien nach einer Niederlage Frankreichs der deutschen Gnade ausgeliefert wäre. »Sie müssen den deutschen Kanzler davon in Kenntnis setzen«, schrieb er an den britischen Botschafter in Berlin, »daß sein Vorschlag, uns unter diesen Bedingungen an eine Neutralität zu binden, nicht für einen Moment in Erwägung gezogen werden kann. Für uns würde ein solcher Handel mit Deutschland auf Kosten Frankreichs eine Schande bedeuten, von der sich der gute Ruf unseres Landes niemals erholen könnte. Auch bittet uns, was die Neutralität Belgiens anbetrifft, der Kanzler tatsächlich, jegliche Verpflichtungen und jedes Interesse aufzugeben. Auch einen solchen Handel können wir nicht in Erwägung ziehen.«[19]

Grey war zwischen dem Druck der öffentlichen Meinung und der traditionellen britischen Außenpolitik gefangen. Auf der einen Seite schien angesichts des allgemeinen Widerwillens, über die Balkan-Streitfragen in den Krieg zu ziehen, Mäßigung angeraten. Sollte aber Frankreich besiegt werden oder das Vertrauen in die Allianz mit Großbritannien verlieren, so gelangte Deutschland in eben jene überlegene Position, welche die Briten immer verhindern wollten. Insofern war es nur allzu wahrscheinlich, daß England, um einen militärischen Zusammenbruch Frankreichs zu verhindern, schließlich doch in den Krieg eintrat, und dies auch dann, wenn Deutschland nicht in Belgien einfiel und wenn es einige Zeit dauern würde, bis man die Unterstützung der öffentlichen Meinung in England erreichte. In der Zwischenzeit hätte Großbritannien durchaus einen Vermittlungsversuch unternehmen können. Aber Deutschlands Entscheidung, einen der fundamentalen Grundsätze britischer Außenpolitik herauszufordern – nämlich daß die Beneluxstaaten nicht in die Hände einer Großmacht fallen durften –, genügte bereits, um britische Zweifel zu zerstreuen, und garantierte überdies, daß der Krieg nicht mit einem Kompromiß enden würde.

Grey vermied es, sich in diesem frühen Stadium der Krise auf eine Seite zu schlagen. In der Hoffnung, als Unparteiischer doch noch eine Lösung herbeiführen zu können, wartete er ab. Erfahrungen der Vergangenheit unterstützten diese Strategie durchaus: In den letzten zwanzig Jahren hatten zunehmende internationale Spannungen stets zu Konferenzen geführt.

Allerdings war es bei keiner der vorangegangenen Krisen zu einer Mobilmachung gekommen; nun dagegen befanden sich alle Großmächte kurz vor der Mobilmachung, und es stand nicht mehr genügend Zeit zur Verfügung, um die herkömmlichen diplomatischen Schritte einzuleiten. So konnte das britische Kabinett während der entscheidenden sechsundneunzig Stunden, in denen die Mobilmachungszeitpläne jegliche politischen Manöver zunichte machten, de facto nur noch den Standpunkt eines Zuschauers einnehmen.

Rußland fühlte sich durch das österreichische Ultimatum gleichsam mit dem Rücken an die Wand gedrängt, und das zu einer Zeit, da es bereits glaubte, übel ausgenutzt worden zu sein. Bulgarien, dessen Befreiung von türkischer Herrschaft Rußland mehrere Kriege gekostet hatte, näherte sich Deutschland an. Österreich, das Bosnien-Herzegowina schon annektiert hatte, schien über Serbien, den letzten bedeutenden Verbündeten Rußlands auf dem Balkan, ein Protektorat errichten zu wollen. Und schließlich mußte sich St. Petersburg angesichts der deutschen Bemühungen um Konstantinopel fragen, ob das Zeitalter des Panslawismus nicht in einer teutonischen Vorherrschaft über all jene Gebiete enden werde, die man im Verlauf eines ganzen Jahrhunderts zu erobern versucht hatte.

Trotzdem war Zar Nikolaus II. keineswegs auf eine alles entscheidende Auseinandersetzung aus. Während einer Zusammenkunft mit seinen Ministern am 24. Juli prüfte er die russischen Optionen. »Für die Welt wäre ein Krieg verhängnisvoll, und bricht er einmal aus, so wird es schwer sein, ihn zu beenden«, übermittelt Peter Bark, der damalige Finanzminister, die Einschätzung des Herrschers. »Der deutsche Kaiser«, notierte er außerdem, »hat ihm [dem Zaren] wiederholt versichert, es sei sein ehrlicher Wunsch, den Frieden Europas zu wahren.« Sodann erinnerte der Zar die Minister »an die loyale Haltung des deutschen Kaisers während des russisch-japanischen Krieges und der inneren Unruhen, die Rußland danach erfahren mußte«.[20]

Dem widersprach Aleksander Kriwoschein, der mächtige Landwirtschaftsminister. Er betonte, daß die freundlichen Briefe des Kaisers an seinen Neffen, den Zaren, Deutschland während der Bosnienkrise von 1908 nicht davon abgehalten hatten, St. Petersburg unter Druck zu setzen (und demonstrierte mit diesen Worten die fast chronische Weigerung Rußlands, eine erlittene Kränkung zu vergessen). Aus diesem Grunde »werden öffentliche Meinung und Parlament kaum verstehen können, warum die Kaiserliche Regierung in einem so kritischen und Rußlands vitale Interessen betreffenden Augenblick zögert, unerschrocken zu handeln [...]. Unsere übertrieben vorsichtigen Standpunkte haben unglücklicherweise nicht dazu beigetragen, die mitteleuropäischen Mächte zu besänftigen.«[21] Kriwoscheins Argumentation wurde von einer Depesche des russischen Botschafters in Sofia gestützt: Sollte Rußland sich zurückhalten, werde sein Ansehen in der slawischen Welt und auf dem Balkan unwiederbringlich dahinschwinden.[22]

Regierende sind stets durch Argumente verletzbar, die ihren Mut in Frage stellen, und so ließ auch der Zar schließlich alle Bedenken fallen. Er entschied sich für die Unterstützung Serbiens, mochte dies auch ein Kriegsrisiko bedeuten. Allerdings unterließ er es, die Mobilmachung anzuordnen. Als Serbien am 25. Juli unerwartet verbindlich auf das österreichische Ultimatum reagierte – es akzeptierte bis auf eine Ausnahme alle Forderungen –, glaubte Wilhelm II., der gerade von seiner Kreuzfahrt zurückgekehrt war, die Krise sei überwunden. Doch er unterschätzte die Entschiedenheit, mit der Wien die angebotene Unterstützung einzufordern gedachte. Vor allem aber hatte er vergessen – wenn er es überhaupt je wußte –, daß diplomatische Gespräche angesichts der Mobilmachungs-Zeitpläne der Großmächte bereits keine Aussicht auf Erfolg mehr besaßen.

Obgleich es vor dem 12. August zu militärischen Aktionen gar nicht in der Lage war, erklärte Österreich bereits am 28. Juli Serbien den Krieg. Am selben Tag ordnete der Zar die Teilmobilmachung gegen Österreich an. Erstaunt stellte er fest, daß der einzige Plan, den sein Generalstab bereithielt, eine Generalmobilmachung gegen Deutschland *und* Österreich vorsah – und das, obwohl nur Österreich den russischen Interessen auf dem Balkan wirklich im Wege stand und ein regional begrenzter österreichisch-russischer Konflikt seit Jahren zum Lehrstoff russischer Militärakademien gezählt hatte. Der russische Außenminister übermittelte in Unkenntnis der Realitäten am 28. Juli sogar folgende Versicherung nach Berlin: »Ich dankte dem Grafen Pourtalès [dem deutschen Botschafter] und sagte ihm, daß durch den Ukas über die Mobilisierung unserer vier südlichen Militärbezirke keine Entschließung über Angriffsmaßnahmen gegen Österreich-Ungarn getroffen sei und daß unsere Mobilisierung sich erkläre durch die Mobilisierung des größten Teils der österreichisch-ungarischen Armee.«[23]

Die russischen Militärführer, ausnahmslos Anhänger der Theorien Obrutschews, waren über die Entscheidung des Zaren entsetzt. Sie befürworteten die Generalmobilmachung und einen Krieg mit Deutschland, das bislang noch keine militärischen Schritte unternommen hatte. Einer der führenden Generäle sagte zu Sasonow: »Der Krieg ist unvermeidlich geworden, und wir laufen Gefahr, diesen zu verlieren, bevor wir überhaupt Zeit haben, Ernst zu machen.«[24]

Reagierte der Zar in den Augen seiner Generäle zu zögerlich, so handelte er aus der Sicht des deutschen Generalstabs zu entschieden. Alle deutschen Strategien waren darauf gerichtet, Frankreich innerhalb von sechs Wochen außer Gefecht zu setzen und sich dann gegen Rußland zu wenden, das seine Mobilmachung zu diesem Zeitpunkt – so rechnete man – noch immer nicht vollständig abgeschlossen haben würde. Die russische Mobilmachung (und selbst Teilmobilmachung) brachte den deutschen Zeitplan jedoch in arge Bedrängnis und verminderte die von Beginn an geringen Chancen auf einen Sieg Berlins bereits im Vorfeld. Entsprechend forderte Deutschland am 29. Juli Rußland auf, seine Mobilmachung abzubrechen; andernfalls müsse man umgehend damit folgen. Es war jedermann klar, daß eine deutsche Mobilisierung Krieg bedeutete.

Der Zar war zu schwach, um nachgeben zu können. Eine Aufhebung der Teilmobilmachung hätte die gesamte russische Militärmaschinerie ins Chaos gestürzt, und der Widerstand seiner Generäle überzeugte ihn, daß die Würfel gefallen seien. Am 30. Juli ordnete Nikolaus die Generalmobilmachung an. Am 31. Juli forderte Berlin ein weiteres Mal die Beendigung der russischen Mobilmachung. Als dieses Ersuchen ignoriert wurde, erklärte Deutschland Rußland den Krieg. All dies geschah, ohne daß es auch nur zu einem einzigen ernsthaften Austauch zwischen St. Petersburg und Berlin auf politischer Ebene gekommen wäre, vor allem aber ohne eine greifbare Kontroverse zwischen beiden Mächten.

Nun sah sich Deutschland dem Problem gegenüber, daß seine Strategie eigentlich einen sofortigen Angriff gegen Frankreich vorsah. Paris aber hatte sich im Verlauf der Krise bisher ruhig verhalten. Die Franzosen hatten die kompromißlose Haltung des Zaren begrüßt und ihn ihrer uneingeschränkten Unterstützung versichert; mehr war jedoch nicht geschehen. Endlich begriff Wilhelm II., wohin ihn zwanzig Jahre Effekthascherei gebracht hatten. Er bemühte sich noch, seine Mobilmachung statt gegen Frankreich gegen Rußland zu wenden, doch sein Versuch, das militärische Geschehen zu lenken, erwies sich als ebenso vergeblich wie der des Zaren. Der deutsche Generalstab war, ähnlich wie der russische, nicht bereit, die Planungen von zwanzig Jahren über Bord zu werfen; außerdem verfügten weder die deutschen noch die russischen Militärs über einen Alternativplan. Obwohl der Kaiser wie der Zar diesen Krieg nicht wollten, wußte keiner von beiden, wie er ihn verhindern sollte: der Zar nicht, weil er es nicht bei einer Teilmobilmachung belassen durfte, der Kaiser nicht, weil er davon abgehalten wurde, nur gegen Rußland mobilzumachen. Beiden machte die Militärmaschinerie, zu deren Errichtung sie selbst beigetragen hatten, einen Strich durch die Rechnung. Einmal in Bewegung gesetzt, war diese Maschinerie nicht mehr zu stoppen.

Am 1. August richtete Deutschland an Frankreich die Anfrage, ob es beabsichtige, neutral zu bleiben. Im Falle einer Zustimmung wollte Deutschland die Festungen Verdun und Toulon als Unterpfand für sein Vertrauen fordern. Paris antwortete wenig deutlich, daß es in Übereinstimmung mit seinen nationalen Interessen handeln werde. Eigentlich gab es auch zwischen Frankreich und Deutschland ja keinen rechten Kriegsgrund; während der Balkankrise war Frankreich schließlich nur als Zuschauer aufgetreten. Doch auch in diesem Fall erwiesen sich die Mobilmachungs-Zeitpläne als die treibende Kraft. Aufgrund irgendwelcher Grenzverletzungen erklärte Deutschland Frankreich am 3. August den Krieg. Noch am selben Tag fielen deutsche Truppen in Belgien ein, so wie es der Schlieffen-Plan vorsah. Am nächsten Tag, dem 4. August, erklärte Großbritannien Deutschland den Krieg, was niemanden außer der deutschen Führung überraschte.

Den Großmächten war es gelungen, einen Konflikt von unzweifelhaft minderem Rang, die Balkankrise, in einen Weltkrieg zu verwandeln. Der Streit um Bosnien und Serbien führte zu einer Invasion in Belgien, am anderen Ende Europas. Das wiederum brachte den Kriegseintritt Großbritanniens. Viel zu spät begriff Deutschland, daß durch Krieg keine Sicherheit zu gewinnen war, daß es sich mit dem Wunsch nach einem schnellen und entscheidenden Sieg nur einen kräftezehrenden Abnutzungskrieg eingehandelt hatte. Die Umsetzung des Schlieffen-Planes machte alle Hoffnungen auf britische Neutralität zunichte, ohne daß es dem Deutschen Reich gelang, die französische Armee zu vernichten – und gerade dies war angesichts der vielen Risiken das vorrangige Ziel gewesen. Entgegen seinen Plänen blieb Deutschlands Offensive im Westen stecken. Dagegen gewann es die defensive Schlacht an der Ostfront, ganz wie Helmuth Graf Moltke es vorausgesehen hatte. Zuletzt sah es sich gezwungen, auch im Westen auf Moltkes defensive Strategie zurückzugreifen. Zu diesem Zeitpunkt hatte es sich bereits einer Taktik verschrieben, die für jenen politischen Kompromiß, der zum Frieden hätte führen können, keinen Raum mehr ließ. So benutzte man Moltkes Strategie, ohne deren Grundvoraussetzung gewährleisten zu können.

Das Europäische Konzert hatte kläglich versagt, weil die politische Führungsebene nicht zum Zuge kam. Man hatte nicht einmal mehr versucht, einen wie auch immer gearteten europäischen Kongreß einzuberufen, ein Verfahren, das fast während des gesamten neunzehnten Jahrhunderts wenigstens zu einer Periode der Beruhigung, wenn nicht zu einer konkreten Lösung geführt hatte. Die europäischen Staatsmänner hatten für jede Eventualität vorgesorgt, nur nicht für die zeitlichen Voraussetzungen, durch welche diplomatische Schlichtungsversuche möglich geworden wären. Und sie hatten Bismarcks Diktum vergessen, das besagte:»Wehe dem Führer, dessen Argumente am Ende eines Krieges nicht mehr ebenso plausibel sind wie zu Beginn.«

Die Ereignisse nahmen ihren Lauf. Es gab zwanzig Millionen Tote. Österreich-Ungarn verschwand von der Landkarte, und drei der vier Dynastien, die den Krieg begonnen hatten, wurden gestürzt. Allein das britische Königshaus bestand weiterhin. Am Ende freilich konnte sich niemand mehr so genau erinnern, was den Flächenbrand eigentlich ausgelöst hatte. Alles, was man wußte, war: Aus der Asche, die durch jene monumentalen Torheiten enstanden war, mußte man nun ein neues europäisches System errichten, auch wenn man sich, hilflos und erschöpft nach jahrelangem Blutbad, kaum noch vorzustellen vermochte, wie dies gelingen sollte.

# Kapitel 9

# Diplomatie im neuen Gewande:
# Wilson
# und der Versailler Vertrag

*David Lloyd George, Vittorio Orlando,*
*Georges Benjamin Clemenceau und Woodrow Wilson*

Am 11. November 1918 verkündete der britische Premierminister David Lloyd George den Waffenstillstand zwischen Deutschland und den alliierten Mächten mit folgenden Worten: »Ich hoffe, wir dürfen sagen, daß nun, an diesem schicksalhaften Morgen, alle Kriege ein Ende gefunden haben.«[1] Tatsächlich war Europa kaum zwei Jahrzehnte von einem noch verheerenderen Krieg entfernt. Während dieses Ersten Weltkrieges war nichts annähernd so verlaufen, wie man es geplant hatte. Unvermeidlich war es deshalb, daß die Hoffnungen auf Frieden ebenso enttäuscht wurden wie zuvor die Erwartungen, mit denen sich die Nationen selbst in die Katastrophe gestürzt hatten. Alle waren von einem kurzen Krieg ausgegangen. Alle wollten die Friedensbestimmungen durch eine diplomatische Zusammenkunft regeln lassen, ganz in der Tradition jener Kongresse, auf denen man auch im vorausgegangenen Jahrhundert die europäischen Konflikte beigelegt hatte. Doch als die Verluste größer wurden, gewannen die im Vorfeld aufgetretenen politischen Streitfragen – die Konkurrenz um die Vorherrschaft auf dem Balkan, um den Besitz Elsaß-Lothringens und der Flottenwettlauf – immer mehr an Gewicht. In wachsendem Maße suchten die Nationen die Schuld für ihr Leid jetzt in der angeblich tiefverwurzelten Verderbtheit ihrer Feinde; mehr und mehr waren sie auch überzeugt, daß ein Kompromiß keinen echten Frieden bringen konnte. Der Feind mußte total vernichtet, der Krieg bis zur völligen Erschöpfung geführt werden.

Hätten sich die Regierenden Europas an die Verfahrensweisen der internationalen Vorkriegsordnung gehalten, dann wäre bereits im Frühjahr 1915 ein Kompromiß möglich gewesen. Auf allen Seiten hatten die Offensiven einen blutigen Verlauf genommen, an sämtlichen Fronten herrschte Stillstand. Aber während in den Wochen vor Ausbruch des Krieges der Automatismus der Mobilmachung alle diplomatischen Bemühungen unterbunden hatte, stand nun das Ausmaß der Opfer einem annehmbaren Kompromiß im Weg. Die einzelnen Regierungen stellten immer zahlreichere und immer unannehmbarere Bedingungen. Dadurch bewiesen sie erneut nicht nur jene Inkompetenz und Verantwortungslosigkeit, aufgrund derer sie in diesen Krieg hineingerutscht waren; sie zerstörten zudem eine Weltordnung, die fast einhundert Jahre lang das Zusammenleben ihrer Nationen geregelt hatte.

Im Winter 1914/1915 bestand zwischen Militärstrategie und Außenpolitik keinerlei Verbindung mehr. Keine der kriegführenden Mächte wagte es, die Möglichkeiten eines Kompromißfriedens zu sondieren. Frankreich würde den Konflikt nicht beilegen, ohne Elsaß-Lothringen zurückerhalten zu haben; Deutschland würde keinen Frieden in Erwägung ziehen, der die Forderung nach Aufgabe eroberter Territorien beinhaltete. Nachdem sie einmal den Weg militärischer Auseinandersetzung beschritten hatten, entwickelten die Staatsführungen geradezu eine Obsession für den Brudermord, zugleich erbittert und angestachelt angesichts der fortschreitenden Vernichtung einer ganzen Generation junger Männer. Am Ende wollte man den Sieg nur noch um seiner selbst willen erkämpfen, ungeachtet all der Trümmer, auf denen der Triumph errichtet sein würde. Man leitete Offensiven ein, die sich nur als mörderisch bezeichnen lassen. Sie vermochten am militärischen Stillstand nichts zu ändern, führten aber zu Verlusten, wie man sie sich vor dem Aufkommen moderner Militärtechnologie niemals hätte vorstellen können. Die Versuche, neue Verbündete zu gewinnen, blockierten jegliche andere Politik. Jeder weitere Verbündete nämlich – Italien und Rumänien auf alliierter Seite, Bulgarien auf seiten der Mittelmächte – forderte seinen Anteil an der erhofften Kriegsbeute und zerstörte so auch noch jenen letzten Rest von Bewegungsfreiheit, der den Diplomaten möglicherweise noch verblieben wäre.

Unter diesen Umständen nahmen die Friedensbedingungen einen fast nihilistischen Charakter an. Mit dem aristokratischen, gleichsam verschwörerischen Stil der Diplomatie des neunzehnten Jahrhunderts war im Zeitalter der Massenmobilisierung kein Staat mehr zu machen. Besonders die Alliierten suchten ihren Kampf nunmehr in moralische Schlagworte zu kleiden:»ein Krieg, der alle Kriege beenden wird« oder»die Welt für die Demokratie sicher machen« – eine Entwicklung, die sich nach dem Kriegseintritt Amerikas verstärkte. Die erste dieser beiden Formeln war nicht nur verständlich, sie war verheißungsvoll. Über ein Jahrtausend hatte man sich in unterschiedlichen Konstellationen bekämpft; jetzt wollte man dauerhaften Frieden. Die praktische Umsetzung dieses Wunsches mußte freilich die vollständige Entwaffnung Deutschlands bedeuten. Die zweite Formel sprach von der Verbreitung von Demokratie und zielte auf die Zerstörung der innerstaatlichen Strukturen Deutschlands und Österreichs. Beide alliierten Kriegsparolen beinhalteten mithin einen Kampf bis zum Ende.

Großbritannien, das während der Napoleonischen Kriege mit dem Pitt-Plan noch nach einem Entwurf für ein europäisches Gleichgewicht gesucht hatte, verhärtete sich nun in absolutem, unnachgiebigem Siegeswillen. Die Demütigung des Gegners sollte gründlich sein. Als Deutschland im Dezember 1914 andeutete, es werde sich im Austausch gegen Belgisch-Kongo aus Belgien zurückziehen, wurde dies von Grey mit dem Argument zurückgewiesen, die Alliierten müßten sich »gegen zukünftige Angriffe Deutschlands absichern«.[2]

Der Kommentar des Außenministers markierte eine veränderte britische Haltung. Bis kurz vor Ausbruch des Krieges hatte London seine Sicherheit mit der europäischen »balance of power« gleichgesetzt, die es durch Unterstützung der jeweils schwächeren Seite gegen die stärkere stabilisierte. Als der Krieg näher rückte, fühlte es sich in dieser Rolle zunehmend unbehaglicher. Die Briten erkannten, daß Deutschlands Macht die aller übrigen Kontinentstaaten überragte; nun meinte man, nicht länger die traditionelle Zurückhaltung üben zu können. Eine bloße Rückkehr zum *status quo ante* hätte die grundlegende hegemoniale Bedrohung durch das deutsche Kaiserreich ja nicht gemindert, demnach durfte Großbritannien einen Kompromiß nicht mehr akzeptieren. Es bestand auf eigenen »Garantien«, die auf ein dauerhaft geschwächtes Deutschland und – vor allem – auf eine drastische Reduzierung der deutschen Hochseeflotte hinausliefen, Bedingungen, die Deutschland niemals hinnehmen konnte, es sei denn im Fall einer totalen Niederlage.

Die Kriegsziele der Deutschen waren eher von geopolitischen Erwägungen geprägt und sehr viel präziser. Mit der für die Politik des Kaiserreiches charakteristischen Anmaßung forderte die Regierung etwas, was einer bedingungslosen Kapitulation ihrer Gegner gleichkam. Im Westen beanspruchte sie das nordfranzösische Kohlerevier sowie die militärische Kontrolle über Belgien einschließlich des Hafens von Antwerpen, was eine erbitterte britische Feindschaft geradezu unumgänglich machte. Im Osten formulierte Deutschland nur formale, Polen betreffende Bedingungen, das es – laut eines Versprechens vom 5. November 1916 – zu »einem unabhängigen Staat mit einer erblichen und konstitutionellen Monarchie«[3] machen wollte. Die Deutschen verbanden mit dem Versprechen polnischer Unabhängigkeit die Hoffnung, polnische Freiwillige für fünfzehn Divisionen heranziehen zu können. Als es soweit war, meldeten sich jedoch nur dreitausend Rekruten.[4] Nach dem Sieg über Rußland diktierte das Deutsche Reich diesem im März 1918 den Frieden von Brest-Litowsk, annektierte ein Drittel vom europäischen Territorium des Zarenreichs und stellte die Ukraine unter ein Protektorat. Damit war endlich klar, was Berlin unter Weltpolitik verstand: Man entschied sich für Hegemonie, zumindest in Europa.

Der Erste Weltkrieg begann als typischer Kabinettskrieg. Diplomatische Noten gingen von Botschaft zu Botschaft, Telegramme wurden noch auf dem Weg zu den Kampfhandlungen zwischen den souveränen Monarchen ausgetauscht. Doch nachdem der Krieg einmal erklärt worden war und sich die Straßen der europäischen Hauptstädte mit jubelnden Menschenmengen füllten, handelte es sich nicht länger um einen Konflikt zwischen Staatskanzleien. Jetzt ging es um einen Kampf der Massen. Schon nach den ersten zwei Kriegsjahren stellten alle Seiten Bedingungen, die mit Gleichgewichtsvorstellungen nichts mehr gemein hatten.

Für alle Beteiligten aber war es undenkbar, daß alle gleichzeitig gewinnen und verlieren würden: daß Deutschland Rußland besiegen und Frankreich wie England ernstlich schwächen würde, daß die westlichen Alliierten schließlich – mit Hilfe der Vereinigten Staaten – doch noch als Sieger über Deutschland hervorgehen sollten. Die Folge der Napoleonischen Kriege war ein Jahrhundert des Friedens gewesen, beruhend auf einem ausbalancierten europäischen System und gemeinsamen Werten. Die unmittelbaren Nachwirkungen des Ersten Weltkriegs waren soziale Umwälzungen, ideologische Konflikte und ein weiterer Weltkrieg.

Der Enthusiasmus, der den Anfang des Krieges prägte, wich nach nicht allzu langer Zeit. Allmählich begriff man in allen Ländern, daß die europäischen Staatsmänner nur zur Anzettelung des Krieges, nicht aber zu seiner Beendigung fähig zu sein schienen. In dem Sog, der nun entstand, wurden die Herrscherhäuser im Osten, deren Einigkeit einst den Frieden Europas aufrechterhalten hatte, hinweggefegt. Die Donaumonarchie ging unter. Das Zarenreich wurde von den Bolschewiken übernommen; es trat für zwei Jahrzehnte an die Peripherie Europas zurück. Deutschland wurde von Niederlage, Revolution, Inflation, wirtschaftlicher Depression und schließlich von einer Diktatur zugrunde gerichtet. Auch Frankreich und Großbritannien konnten aus dem geschwächten Zustand ihrer Feinde keinen Nutzen ziehen. Sie hatten, wie alle anderen auch, die besten jungen Männer für den Frieden geopfert. Doch dieser Frieden machte den Feind geopolitisch stärker als zuvor.

Ehe die Dimension des weitgehend selbstverschuldeten Debakels in vollem Ausmaß sichtbar werden konnte, erschien ein neuer Mitspieler auf der Bühne, um dem Europäischen Konzert ein für allemal ein Ende zu machen. Ringsum gab es nach dem drei Jahre währenden Blutbad nur Trümmer und Desillusionierung. Jetzt betraten die Vereinigten Staaten die von Trümmern übersäte Arena der internationalen Beziehungen mit einem Selbstvertrauen, einer Kraft und einem Idealismus, die für ihre erschöpften Verbündeten unverständlich waren.

Durch den Eintritt der USA in den Krieg wurde erstmals ein totaler Sieg technisch möglich – allerdings für Ziele, die in kaum einem Bezug zu der Weltordnung standen, die Europa über drei Jahrhunderte gekannt hatte und für deren Erhalt es diesen Krieg womöglich überhaupt nur begonnen hatte. Dem Gleichgewicht der Kräfte standen die Amerikaner geringschätzig gegenüber. Washington betrachtete statt dessen Demokratie, kollektive Sicherheit und Selbstbestimmung als Kriterien für die Bestandssicherung einer internationalen Ordnung. Davon war bislang keine der europäischen Übereinkünfte zusammengehalten worden.

In den Augen der Amerikaner stellte die Differenz zwischen ihrem und dem europäischen Denken nur eine Bestätigung ihrer Ansichten dar. Wilson proklamierte eine radikale Abkehr von den Regeln und den Erfahrungen der Alten Welt. Seine Vorstellung von einer Weltordnung erwuchs aus dem Vertrauen auf die im Grunde friedfertige Natur des Menschen und eine der Welt zugrundeliegende Harmonie. Daraus ergab sich, daß demokratische Nationen per definitionem friedfertig waren: Völker, deren Selbstbestimmungsrecht gesichert war, konnten keinen Anlaß haben, Kriege zu beginnen oder andere Völker zu unterdrücken. Hätten alle Völker der Erde erst einmal die Segnungen des Friedens und der Demokratie kennengelernt, würden sie sich sicherlich vereint erheben, um diese Ziele zu verteidigen. Europäische Politiker dachten nicht in solchen Kategorien. Weder ihre innerstaatlichen Institutionen noch ihre internationalen Ordnungen stützten sich auf politische Theorien, die das Gute im Menschen voraussetzten. Sie waren, im Gegenteil, errichtet worden, um die erwiesene Selbstsucht des Menschen in den Dienst einer höheren Gottheit zu stellen. Die europäische Diplomatie basierte nicht auf der Annahme von der friedliebenden Natur von Menschen und Staaten, sondern auf deren Neigung zu Krieg und Gewalt, die man entweder bekämpfen oder doch einschränken mußte. Bündnisse entstanden, um spezielle, genau definierbare Zielsetzungen zu verfolgen, nicht zur Verteidigung eines abstrakten Friedens.

Wilsons Grundsätze von Selbstbestimmung und kollektiver Sicherheit führten die Diplomaten des alten Kontinents auf völlig unbekanntes Terrain. Alle europäischen Abkommen waren davon ausgegangen, man könne Grenzen berichtigen, um ein Kräftegleichgewicht zu schaffen, und in jedem Fall genossen die Erfordernisse dieser Balance Vorrang gegenüber den Wünschen der betroffenen Bevölkerung. Das – und nichts anderes – hatte Pitt unter den »großen Massen« verstanden, die Frankreich nach dem Ende der Napoleonischen Kriege in Schach halten sollten.

Das gesamte neunzehnte Jahrhundert über widersetzten sich zum Beispiel Großbritannien und Österreich einer Zerstörung des Osmanischen Reiches in der Überzeugung, daß die daraus hervorgehenden kleinen Nationen die internationale Ordnung zu Fall bringen würden. Ihrer Einschätzung nach konnte die Unerfahrenheit jener kleinen Nationen die ständigen Rivalitäten unter den verschiedenen Volksgruppen nur verschärfen, während ihre relative Schwäche gleichzeitig Übergriffe der Großmächte provozieren mußte. Deshalb hatten kleinere Staaten ihre nationalen Ambitionen den übergeordneten Interessen des Friedens zu unterstellen. Zugleich wurde im Namen des Gleichgewichts Frankreich gehindert, sich den wallonischen Teil Belgiens einzuverleiben, und Deutschland wurde abgehalten, sich mit Österreich zu vereinen (wobei Bismarck seine eigenen Gründe hatte, die Union mit Österreich auszuschlagen).

Wilson wies diesen Ansatz als Ganzes zurück – eine Einstellung, die auch die Vereinigten Staaten seitdem verfolgt haben. Aus amerikanischer Sicht verursachte nicht Selbstbestimmung Kriege, sondern der Mangel daran. Nicht das fehlende Gleichgewicht der Kräfte führte zu Instabilität, sondern gerade das Trachten danach. Wilson schlug eine Friedensordnung nach den Prinzipien kollektiver Sicherheit vor, da ein allgemeingültiges und juristisch fixiertes Konzept von dem, was man unter Frieden versteht, für die Sicherheit der Welt viel entscheidender sei als die bloße Verteidigung nationaler Interessen und nationaler Sicherheit. Die Frage, wann ein Frieden tatsächlich verletzt worden ist und wann nicht, konnte demnach nur eine internationale Organisation klären. Wilson favorisierte als solches Gremium den Völkerbund.

Erstaunlicherweise wurde die Idee einer solchen Institution dann aber nicht in Washington, sondern in London geboren, der Bastion einer am Gleichgewicht orientierten Diplomatie schlechthin. Allerdings dachten die Briten dabei weniger an das Fundament einer neuen Weltordnung. Sie suchten nach plausiblen Gründen, um die USA zum Kriegseintritt zu bewegen. Da dieser Krieg ausschließlich zwischen den Mächten der alten Ordnung geführt wurde, die USA also gar nicht davon berührt waren, bedurfte es dafür schon eines attraktiven Grundes. Im September 1915 schrieb Außenminister Grey an Oberst E. M. House, einen Vertrauten Wilsons, und unterbreitete ihm einen Vorschlag, den der idealistische amerikanische Präsident – so hoffte Grey – kaum ablehnen konnte.

Bis zu welchem Grade, ließ Grey anfragen, sei der Präsident an einem Völkerbund interessiert, dessen Aufgabe in der Durchsetzung von Abrüstungsmaßnahmen und in der friedlichen Beilegung von Streitfragen bestehe? »Ist der Präsident geneigt, einen Völkerbund vorzuschlagen, der seine Mitglieder verpflichtet, gegen jede Macht aufzutreten, die einen Vertrag bricht [...] oder die sich im Falle eines Streites weigert, andere Mittel der Austragung zu wählen als den Krieg?«[5]

Vor dem Hintergrund traditioneller britischer Außenpolitik war dieser Vorschlag revolutionär; schließlich hatte Großbritannien zweihundert Jahre lang konsequent darauf geachtet, die Dauer der von ihm eingegangenen Bündnisse selber zu bestimmen. Plötzlich sollte es Gefallen an zeitlich unbegrenzten Verpflichtungen globalen Ausmaßes gefunden haben? Nur aufgrund der Entschlossenheit, die unmittelbare Bedrohung durch Deutschland abzuwenden, konnte sich ausgerechnet der britische Außenminister überwinden, eine umfassende Doktrin kollektiver Sicherheit zu vertreten. Jedes Mitglied der von ihm vorgeschlagenen Weltorganisation würde sich verpflichten müssen, jeglicher Aggression, ganz gleich wo und von wem sie ausginge, entgegenzutreten und die Nationen zu bestrafen, die eine friedliche Beilegung von Streitfällen ablehnten.

Grey wußte, mit wem er es zu tun hatte. Von Jugend an hatte Wilson die föderative Struktur Amerikas als Modell für ein etwaiges »Parlament der Menschheit« betrachtet, und schon zu Beginn seiner Präsidentschaft war er den Möglichkeiten eines panamerikanischen Paktes nachgegangen, der die gesamte westliche Hemisphäre umspannen sollte. Grey war also kaum überrascht – wenn auch sicherlich befriedigt –, als er eine prompte Antwort erhielt, in der Wilson diesen (aus heutiger Sicht einigermaßen durchsichtigen) Vorschlag aufgriff.

Der Briefwechsel zwischen den beiden Männern kann vielleicht als früheste Demonstration jenes »besonderen angelsächsischen Verhältnisses« gelten, aufgrund dessen Großbritannien noch lange nach seinem Untergang als Weltmacht in Washington einen außergewöhnlichen Einfluß genoß. Die gemeinsame Sprache und das gemeinsame kulturelle Erbe in Verbindung mit einem ausgeprägten Feingefühl trugen dazu bei, daß die Briten ihre Ideen so unmerklich in den amerikanischen Entscheidungsprozeß einfließen lassen konnten, daß die Amerikaner schließlich glaubten, diese stammten von George Washington selber. Auch Wilson war, als er im Mai 1916 zum erstenmal sein Konzept einer Welt-Organisation vorstellte, fest davon überzeugt, dies sei seine eigene Idee. Und in gewisser Hinsicht war sie das auch, denn Grey hatte dem amerikanischen Präsidenten seine Vorschläge ja nur unterbreitet, um dessen Interesse zu wecken.

So war der Völkerbund, wie auch immer seine Entstehung beurteilt werden mag, ein zutiefst amerikanisches Konzept. Wilson propagierte »eine allgemeine Verbindung der Staaten zu dem Zweck, die Sicherheit der Hauptseewege für den gemeinsamen und unbehinderten Gebrauch aller Nationen der Welt unverletzt aufrechtzuerhalten und jede Kriegserklärung zu verhindern, die Verträge verletzt oder ohne vorherige Warnung und Vorlage ihrer Gründe vor der öffentlichen Meinung der Welt erfolgt.»Das«, so schrieb er,»wäre eine tatsächliche Gewähr für Unversehrtheit und politische Unabhängigkeit.«[6]

Anfangs allerdings nahm Wilson von einer Teilnahme der Vereinigten Staaten an diesem »allumfassenden Zusammenschluß der Nationen« Abstand: Teilnahme wäre ja gleichbedeutend mit einem Kriegseintritt der USA gewesen. Dann aber, im Januar 1917, befürwortete er – überraschenderweise unter Berufung auf die Monroe-Doktrin – eine amerikanische Mitgliedschaft. Er sagte:»Ich möchte, um mich so auszudrücken, vorschlagen, daß sich die Völker einmütig die Doktrin des Präsidenten Monroe als Doktrin der Welt zu eigen machen: daß kein Volk danach streben sollte, seine Regierungsform auf irgendein anderes Volk oder eine andere Nation auszudehnen [...], daß alle Nationen hinfort komplizierte Bündnisse vermeiden, die sie in einen Wettstreit um die Macht verstricken könnten.«[7]

In Mexiko war man sicherlich erstaunt, als man erfuhr, daß ausgerechnet der Präsident eines Landes, das im neunzehnten Jahrhundert ein Drittel des mexikanischen Territoriums an sich gerissen und nur ein Jahr zuvor seine Truppen erneut dorthin entsandt hatte, nun die Monroe-Doktrin als eine Garantie für territoriale Unversehrtheit der Bruderstaaten und als ein klassisches Beispiel für internationale Kooperation präsentierte.

Bei allem Idealismus war Wilson allerdings realistisch genug zu wissen, daß er allein mit schönen Worten seine Ansichten in Europa kaum würde durchsetzen können. Er zeigte sich durchaus vorbereitet, moralische Argumente auch mit dem nötigen Druck zu verbinden. Kurz nachdem Amerika im April 1917 in den Krieg eingetreten war, schrieb er an Oberst House:

»Wenn der Krieg vorbei ist, können wir sie zwingen, sich unserer Denkungs-
weise anzuschließen, denn bis dahin werden sie nicht nur in finanzieller
Hinsicht von uns abhängig sein.«[8] In der Zwischenzeit überlegten manche
der Verbündeten hin und her, wie sie auf die Wilsonschen Vorschläge reagieren sollten. Selbst wenn sie sich nicht dazu durchringen konnten, Standpunkte anzuerkennen, die all ihren Traditionen widersprachen – ihre
Abhängigkeit von den USA hielt sie ab, ihre Vorbehalte zu äußern.

Ende Oktober 1917 schickte Wilson seinen Berater E.M. House nach
Europa. Er sollte die Alliierten auffordern, ihre Kriegsziele zu formulieren,
und sich dafür einsetzen, daß auch die erklärten Ziele Wilsons in diese
Dokumente eingingen: Frieden ohne Annexionen oder Reparationsforderungen unter Aufsicht einer Weltorganisation. Allerdings hielt sich Wilson
mehrere Monate lang mit seinen Ansichten zurück. Wie er House gegenüber erklärte, befürchtete er, Frankreich und Italien könnten gegen öffentlich geäußerte Zweifel an der Rechtmäßigkeit ihrer territorialen Forderungen Einwände erheben.[9]

Zwei Monate später, am 8. Januar 1918, wurde Wilson wieder tätig. In
einer denkwürdigen Rede, niveauvoll und eloquent, unterbreitete er dem
vollzählig versammelten Kongreß die amerikanischen Kriegsziele, die er in
zwei Teile mit insgesamt vierzehn Punkten gliederte. Acht Punkte galten als
unverrückbar; sie sollten in jedem Fall in die Tat umgesetzt werden. Dazu
zählten offene Diplomatie (statt der bisher betriebenen Geheimdiplomatie), freier Zugang zu den Meeren, Rüstungsbegrenzung, Handelsfreiheit,
gerechte Regelung kolonialer Ansprüche, Wiederherstellung der belgischen Souveränität, Räumung der besetzten Gebiete Rußlands und, gewissermaßen als Krönung, die Errichtung des Völkerbundes.

Die verbliebenen sechs Punkte, darunter auch das Selbstbestimmungsrecht, erklärte Wilson für erstrebenswert, aber nicht für unerläßlich.
Erstaunlicherweise wurde auch die Rückgabe Elsaß-Lothringens an Frankreich dieser Kategorie zugerechnet, und das, obwohl gerade die grimmige
Entschlossenheit, diese Gebiete zurückzuerobern, die französische Politik
mehr als fünfzig Jahre lang bestimmt und auch während des Krieges trotz
unglaublicher Opfer psychologisch gestützt hatte.

Zu den sechs »wünschenswerten« Zielen rechneten die Autonomie für
die Minderheiten des österreichisch-ungarischen und des Osmanischen
Reiches, die »Berichtigung« der Grenzen Italiens nach dem nationalen
Prinzip, die Räumung des Balkans, die Internationalisierung der Dardanellen und die Schaffung eines unabhängigen Polens mit Zugang zum Meer. Es
blieb offen, ob diese sechs Bedingungen Gegenstand eines Kompromisses
sein konnten. In jedem Fall zeigten sich hier die ersten Brüche in der »moralischen Symmetrie« des Wilsonschen Entwurfs: Polens Zugang zum Meer
und der italienische Grenzverlauf berührten das Selbstbestimmungsrecht
der Völker. Sie hätten demnach nicht Verhandlungsmasse sein dürfen.

Wilson beendete seine Rede mit einem an Deutschland gerichteten Appell, der bereits von jenem Geist der Aussöhnung getragen war, der die amerikanische Haltung zu der neuen internationalen Ordnung insgesamt prägen sollte. »Wir neiden ihm [Deutschland] keine Errungenschaft oder Auszeichnung in Wissenschaft oder friedlicher Unternehmung, wie sie seine Geschichte so glänzend und beneidenswert gemacht haben«, sagte Wilson. »Wir wollen ihm kein Unrecht tun oder auf irgendeine Weise seinen rechtmäßigen Einfluß und seine Macht beschränken. Wir wollen Deutschland weder mit den Waffen noch durch feindselige Handelsübereinkommen bekämpfen, wenn es bereit ist, sich mit uns und den anderen friedliebenden Völkern der Welt auf Verträge der Gerechtigkeit, des Rechts und der Billigkeit zu einigen. Wir wünschen ihm nur einen gleichberechtigten Platz unter den Völkern der Welt, [...] nicht einen Herrscherplatz.«[10]

Niemals zuvor waren so revolutionäre Ziele mit so wenigen praktischen Richtlinien zur Debatte gestellt worden. Wie nämlich die Vision einer Welt, die statt auf Macht auf Prinzipien, statt auf Interessen auf Gesetzen beruhen sollte, durchzusetzen und zu schützen sei, ließ Wilson weitgehend offen. Darüber hinaus sollte die neue Weltordnung für Sieger und Besiegte gleichermaßen gelten. Wilson propagierte also nicht weniger als einen »Frieden ohne Sieg«, mit anderen Worten: eine totale Umkehr der historischen Erfahrung und der Handlungsmuster der europäischen Großmächte. Dies symbolisierte auch die Art, in der er die Rolle der Vereinigten Staaten in diesem Krieg beschrieb. Obwohl die USA auf »einer Seite« eines der furchtbarsten Kriege in der Geschichte mitkämpften, mochte Wilson den Begriff »Verbündeter« nicht.

Der amerikanische Präsident handelte, als sei er der Hauptvermittler. Er wollte damit offensichtlich zu verstehen geben, daß dieser Krieg nicht geführt wurde, um eine Reihe bestimmter Ziele zu erreichen, sondern um auf seiten Deutschlands eine bestimmte Haltung zu erwecken. Für ihn ging es um Bekehrung, nicht um Geopolitik.

In einer Ansprache in der Londoner Guildhall vom 28. Dezember 1918 – das Waffenstillstandsabkommen war bereits unterzeichnet – verurteilte Wilson ausdrücklich das Gleichgewicht der Kräfte. Es sei instabil und basiere hauptsächlich auf »eifersüchtiger Wachsamkeit und Unvereinbarkeit von Interessen«. »Sie [die alliierten Soldaten] kämpften, um die alte Ordnung zu beseitigen und eine neue zu begründen«, führte er aus. »Der Kern und das Wesen der alten Ordnung aber war jener schwankende Zustand, den wir das Gleichgewicht der Mächte zu nennen pflegen; ein Zustand, bei dem das Gleichgewicht dadurch hergestellt wurde, daß man ein Schwert in die eine oder die andere Waagschale warf; ein Zustand, der abhängig war von dem schwankenden Gleichgewicht wetteifernder Interessen [...]. Die Männer, die in diesem Krieg mitgekämpft haben, gehörten freien Nationen an und waren entschlossen, mit diesem Zustand ein für alle Mal aufzuräumen.«[11]

Wilsons Einschätzungen hinsichtlich der europäischen Nationen und des von ihnen angerichteten Schlamassels waren durchaus zutreffend. Und doch war es weniger das Gleichgewicht der Kräfte selber als vielmehr Europas Abkehr davon, die das Debakel des Ersten Weltkrieges ausgelöst hatte. Das historisch gewachsene Gleichgewicht war von den Staaten des Vorkriegseuropas schlicht mißachtet worden; auf die von Zeit zu Zeit notwendigen Berichtigungen, mit denen man kriegerische Auseinandersetzungen lange hatte vermeiden können, hatte man verzichtet. So schuf man eine bipolare Welt, die im Grunde noch weniger politischen Spielraum ließ als später die des Kalten Krieges, weil man damals noch nicht durch die Gefahren des Atomzeitalters gebremst wurde.

Wilson erkannte manche der zentralen Herausforderungen des zwanzigsten Jahrhunderts mit ungewöhnlicher Genauigkeit. Das gilt vor allem für die Frage, wie Macht in den Dienst des Friedens zu stellen sei. Doch seine Lösungsvorschläge verschlimmerten die Probleme nur allzuoft, weil er für ihre Vielschichtigkeit kein Auge besaß. Nach seinem Verständnis führte neben wirtschaftlichen Beweggründen in erster Linie Fremdbestimmung zu einer unheilvollen Konkurrenzsituation zwischen Staaten. Dabei übersah er, daß es in der Geschichte auch andere Motive gab, die mindestens ebensooft Konflikte ausgelöst hatten, etwa den Wunsch nach territorialer Ausdehnung oder auch einfach Überspanntheiten eines Herrschers oder einer herrschenden Klasse. Wilson hingegen blieb zeit seines Lebens der festen Überzeugung, daß die Einführung der Demokratie und die Durchsetzung des Selbstbestimmungsrechts der Völker jegliche Konfliktsituation entschärfen und ihrer zentralen Motive berauben würde. Da er für die Länder der Welt insgesamt kein höheres Ziel erblicken konnte als kollektive Sicherheit, setzte er ohne zu zögern eine allgemeine Bereitschaft voraus, sich gegen Aggression, Ungerechtigkeit, auch gegen übertriebenen Egoismus zusammenzuschließen. Doch die Bereitschaft allein, so Wilson, reiche nicht aus. Mindestens ebenso wichtig sei es, Rechtsgleichheit unter den einzelnen Staaten zu schaffen. Nur so sei der Frieden zwischen Nationen unterschiedlicher Macht und Stärke in einem System kollektiver Sicherheit aufrechtzuerhalten.»Das Recht aller, nicht einzelner, muß auf der Stärke der Völker ruhen, von deren Einvernehmen der Frieden abhängen wird«, erklärte Wilson Anfang 1917 vor dem amerikanischen Senat.»Dabei kann es natürlich keine Gleichheit des Gebietes und der Machtmittel geben wie überhaupt keine Gleichheit, die nicht aus der friedlichen und gesetzlichen Entwicklung der Völker selbst herrührt; aber niemand verlangt und erwartet mehr als eine Gleichheit der Rechte. Die Menschheit sehnt sich heute nach der Freiheit des Lebens, nicht nach einem Gleichgewicht der Mächte.«[12] Wilson schlug also eine Weltordnung vor, in der Widerstand gegen Aggression auf moralischen und nicht auf geopolitischen Erwägungen basieren sollte. Entscheidend war der Rechts- oder Unrechtscharakter einer Handlung, nicht der Grad der zugrundeliegenden Bedrohung.

Die Verbündeten der USA setzten wenig Hoffnung in die neue Ordnung. Seit Jahrhunderten vertraut mit den Methoden, durch die man ein auf Macht basierendes Gleichgewicht zu handhaben hat, glaubten sie nicht, daß irgend jemand ein Gleichgewicht auf der Grundlage moralischer Gebote je einschätzen könnte. Doch zum Widerspruch fühlten sie sich damals zu schwach, um so mehr, als sie amerikanische Unterstützung bitter nötig hatten.

Vor dem Kriegseintritt der Vereinigten Staaten riskierten die europäischen Demokratien keinen öffentlichen Zweifel an Wilsons Plan. Statt dessen bemühten sie sich, Wilson zu gewinnen, indem sie sich seinen Ideen anpaßten. Und als Amerika dann in den Krieg eintrat, befanden sie sich in der Tat in einer verzweifelten Situation: Selbst die vereinten Streitkräfte Großbritanniens, Frankreichs und Rußlands schienen nicht auszureichen, um Deutschland niederzuzwingen. Überdies fürchteten sie, die russische Revolution noch in frischer Erinnerung tragend, daß der Kriegseintritt der USA lediglich die Niederlage Rußlands würde ausgleichen können, ohne die entscheidende Wende herbeizuführen. Und zuletzt hatte der Friede von Brest-Litowsk gezeigt, welches Schicksal das Kaiserreich für die Verlierer vorsah. So hielt die Angst vor einem deutschen Sieg Großbritannien und Frankreich davon ab, offensive Kriegsziele mit ihrem transatlantischen Partner, der voller Ideale zu stecken schien, überhaupt zu diskutieren.

Nach dem Waffenstillstand befanden sich die Alliierten in einer geeigneteren Position, um ihre Vorbehalte zu formulieren. Es wäre nicht das erste Mal gewesen, daß ein europäisches Bündnis nach einem Sieg überfordert wurde oder sogar auseinanderbrach (auch der Wiener Kongreß hatte eine Phase durchlaufen, in der die Sieger sich gegenseitig mit Krieg drohten). Doch die Sieger des Ersten Weltkrieges, noch immer empfindlich geschwächt, waren auch jetzt noch zu stark auf die USA angewiesen, als daß sie einen kritischen Dialog oder gar eine Ablehnung der Friedensvereinbarung hätten riskieren können. Dies galt insbesondere für Frankreich, das sich in einer tragischen Lage befand. Mehr als zwei Jahrhunderte lang hatte es um die Vorherrschaft in Europa gekämpft; jetzt traute es sich nicht einmal mehr zu, die Sicherheit seiner Grenzen gegen einen besiegten Feind zu gewährleisten. Die französische Regierung spürte, daß es die Kräfte ihres verwüsteten Gemeinwesens überstieg, Deutschland in Schach zu halten. Der Krieg hatte die Nation erschöpft. Der Frieden schien alle Symptome einer weiteren Katastrophe in sich zu bergen: Nach dem Kampf ums Überleben rang die Nation nun um ihre Identität. In dieser Situation konnte Frankreich es nicht riskieren, auf sich allein gestellt zu bleiben, auch wenn sein mächtigster Verbündeter vorschlug, den Frieden auf Prinzipien zu gründen, die elementare Fragen der Sicherheit in eine Art Gerichtsverfahren verwandelten.

Der Sieg bescherte Frankreich eine bittere Wahrheit. Fast ein Jahrhundert lang, so begriff man damals, hatte Paris von seinem Kapital gezehrt.

Jetzt konnte es die Kosten der Revanche nicht bezahlen. Allein die Franzosen konnten wirklich ermessen, wie schwach sie im Vergleich zu Deutschland geworden waren, obgleich niemand bereit war, ihnen zu glauben, am allerwenigsten die Amerikaner. So begann noch am Vorabend des Sieges ein französisch-amerikanischer Dialog, der den Prozeß der Demoralisierung in Frankreich beschleunigte. Paris verbarg – ähnlich wie später Israel in vergleichbaren Situationen – seine Verletzlichkeit hinter einer abweisenden Haltung, seine allmählich einsetzende Panik hinter Kompromißlosigkeit, und damit befand es sich – auch dies eine Analogie zu Israel – in der ständigen Gefahr, in die Isolation zu geraten.

Auch wenn die Verbündeten die französischen Ängste als übertrieben abtaten: Schon die Zahlen sprachen für sich. Im Jahr 1880 stellten die Franzosen noch 15,7 Prozent der europäischen Bevölkerung. Schon 1900 betrug ihr Anteil nur noch 9,7 Prozent. 1920 zählte Frankreich 41, Deutschland 65 Millionen Einwohner, was den französischen Staatsmann Briand veranlaßte, den Kritikern seiner Versöhnungspolitik gegenüber Deutschland in der zweiten Hälfte der zwanziger Jahre zu entgegnen, er betreibe lediglich eine der französischen Geburtenrate angemessene Außenpolitik.

In wirtschaftlicher Hinsicht war der Niedergang sogar noch dramatischer. 1850 war Frankreich auf dem Kontinent die einzige industrialisierte Nation von Bedeutung gewesen. Schon 1880 übertraf die deutsche Produktion von Stahl, Kohle und Eisen diejenige Frankreichs, und 1913 produzierte man in Frankreich nur noch 41 Millionen Tonnen Kohle, während es in Deutschland 279 Millionen waren. Gegen Ende der dreißiger Jahre hatte sich das ungleiche Verhältnis weiter verschlechtert: Auf 47 Millionen Tonnen in Frankreich kamen 351 Millionen in Deutschland.[13]

Die relative Stärke, die dem besiegten Feind auch nach der Niederlage noch erhalten blieb, kennzeichnet den grundlegenden Unterschied zwischen den internationalen Ordnungen nach dem Wiener Kongreß und dem Versailler Vertrag. Eine starke Koalition hatte Napoleon geschlagen; eine ebenso starke Koalition war notwendig gewesen, um das kaiserliche Deutschland zu besiegen. Selbst nach ihrer Niederlage blieben beide Mächte – Frankreich im Jahre 1815, Deutschland 1918 – weiterhin stark genug, um einen, vielleicht sogar zwei der gegnerischen Koalitionspartner zu bezwingen. Doch während die Friedensstifter von 1815 geeint blieben und sich zur Quadrupelallianz, zu einer überaus starken, aus vier Mächten bestehenden Koalition formierten, die jegliche revisionistischen Träume Frankreichs im Keim erstickte, zerbrach das Bündnis der Alliierten nach Versailles wieder. Die Vereinigten Staaten und die Sowjetunion zogen sich aus Europa zurück, Großbritannien verhielt sich gegenüber Frankreich höchst ambivalent. Deutschland profitierte von dieser Situation.

Erst damals setzte sich in Frankreich die Erkenntnis durch, daß die Niederlage im Krieg von 1870/71 kein Zufall gewesen war. Die einzige Möglichkeit, nun – durch den Krieg erschöpft und ohne alliierte Unterstützung – ein

Gleichgewicht gegenüber dem östlichen Nachbarn zu erreichen, hätte darin bestanden, Deutschland in seine verschiedenen Länder aufzuteilen, indem man etwa zum Deutschen Bund zurückkehrte. Tatsächlich verfolgte Frankreich dieses Ziel. Es sicherte sich in Versailles die wirtschaftliche Nutzung der Saarbergwerke, förderte separatistische Bestrebungen im Rheinland und besetzte 1923 schließlich das Ruhrgebiet.

Doch einer Zergliederung Deutschlands standen zwei Hindernisse im Weg. Zum einen hatte Bismarck das Land zu fest zusammengefügt: Der deutsche Nationalstaat, den er geeint hatte, sollte zwei Weltkriege überstehen; er sollte, trotz der französischen Besetzung des Ruhrgebiets von 1923 und trotz der Gründung eines sowjetischen Satellitenstaates in Ostdeutschland gegen Ende der vierziger Jahre bis zum heutigen Tag verschmolzen bleiben. Als 1989 die Berliner Mauer fiel, spielte der französische Ministerpräsident Mitterrand für kurze Zeit mit dem Gedanken, die deutsche Wiedervereinigung zusammen mit Präsident Gorbatschow zu verhindern. Doch Gorbatschow war zu sehr von innenpolitischen Problemen in Anspruch genommen, als daß er ein solches Abenteuer noch gewagt hätte, und Frankreich war 1990 – wie 1918 – nicht stark genug, um den Versuch allein zu unternehmen.

Doch selbst wenn Frankreich 1918 einer solchen Aufgabe gewachsen gewesen wäre, hätten seine Verbündeten, allen voran die USA, eine derart krasse Verletzung des nationalen Selbstbestimmungsrechts wohl kaum toleriert. Dennoch bestand Wilson nicht auf einem Frieden der Versöhnung um jeden Preis. Am Ende schlug er, um den französischen Wünschen entgegenzukommen, einige Strafmaßnahmen vor, die dem in den Vierzehn Punkten ursprünglich zugesagten »Frieden ohne Sieg« strenggenommen widersprachen.

Der Versuch, den amerikanischen Idealismus mit den Alpträumen Frankreichs in Einklang zu bringen, schien die menschliche Erfindungsgabe zu überfordern. Um den Völkerbund unter allen Umständen durchzusetzen, nahm Wilson etliche Abwandlungen seiner Vierzehn Punkte hin, immer in der Hoffnung, der Völkerbund werde die nach dem Friedensvertrag verbliebenen Unstimmigkeiten eines Tages bereinigen. Frankreich erklärte sich mit weit weniger Strafmaßnahmen einverstanden, als den eigenen Opfern eigentlich angemessen gewesen wären, und hoffte seinerseits, auf diese Weise die Vereinigten Staaten langfristig auf den Schutz seiner Sicherheit verpflichten zu können. Letzten Endes erreichte kein Land seine Ziele: Deutschland war mit seinen Gegnern nicht versöhnt, die Sicherheit Frankreichs war nicht hergestellt, und die Vereinigten Staaten ratifizierten den Völkerbundvertrag nicht.

Wilson war die herausragende Persönlichkeit der Friedenskonferenz, die zwischen dem Januar und dem Juni 1919 in Paris zusammentrat. Viele seiner Berater hatten ihn vor der Teilnahme gewarnt. Zu einer Zeit, da man nach

Europa noch per Schiff reiste, bedeutete sein Entschluß eine monatelange Abwesenheit aus Washington, und genau dies sollte sich ein amerikanischer Präsident nicht erlauben. Tatsächlich schwächte die lange Abwesenheit den Präsidenten denn auch im Kongreß, und so bezahlte er für die Ratifizierung des Friedensvertrages einen hohen Preis. Doch von den Komplikationen in Washington einmal ganz abgesehen, sollten Staatsoberhäupter es stets vermeiden, sich persönlich mit den Details von Verhandlungen zu beschäftigen. Gezwungen, sich mit einer Fülle einzelner Punkte auseinanderzusetzen, lassen sie sich durch Sachfragen ablenken, deren Bewältigung sie besser ihren Mitarbeitern übertrügen, statt sich auf jene Kernfragen zu konzentrieren, die nur sie selber klären können. Erschwerend kommt hinzu, daß nur Menschen mit einem ausgeprägten Selbstbewußtsein und einiger Selbstbezogenheit das höchste Staatsamt erreichen; gerade dann aber sind Kompromisse schwierig, und ein Stillstand bedeutet Gefahr. Allzuoft hängt ja der innenpolitische Rückhalt eines Verhandlungsführers von einem zumindest scheinbaren Erfolg ab, und so konzentrieren sich die Verhandlungspartner in den meisten Fällen darauf, Meinungsverschiedenheiten beizulegen, während das eigentliche Problem umgangen wird.

Eben diese Zwänge wurden Wilson in Paris zum Verhängnis. Mit jedem weiteren Monat verstrickte er sich tiefer in Feilschereien um Details, für die er sich nie zuvor interessieren mußte. Je länger er in Paris blieb, desto deutlicher überlagerte das dringende Gefühl, die Angelegenheit zu einem Ende bringen zu müssen, seine ursprüngliche Vision einer vollkommen neuen Weltordnung. Dem Prozeß der Verhandlungen entsprach das Ergebnis. Nachdem man unverhältnismäßig viel Zeit damit zugebracht hatte, territoriale Fragen zu klären, erschien der Völkerbund mehr und mehr als eine Art *deus ex machina*, der später die sich stetig verbreiternde Kluft zwischen den moralischen Zielen Wilsons und den konkreten Vertragsbestimmungen schließen sollte.

Der Waliser David Lloyd George, der Großbritannien vertrat, hatte noch kurz vor der Friedenskonferenz verkündet, er werde »Deutschland wie eine Zitrone ausquetschen«. Doch als er sich einem ganz und gar nicht kleinlauten Deutschland und einem gereizten Frankreich gegenüber sah, richtete er seine Aufmerksamkeit darauf, zwischen Wilson und Clemenceau zu vermitteln. Schließlich erklärte auch er sich mit den vereinbarten Strafmaßnahmen einverstanden, indem er den Völkerbund als die Institution beschwor, die alle Ungerechtigkeiten später korrigieren werde.

Für die französischen Standpunkte trat der kampferprobte und bejahrte Georges Clemenceau ein. Der »Tiger«, wie er in Frankreich genannt wurde, hatte mehrere Jahrzehnte innenpolitischer Auseinandersetzungen – vom Sturz Napoleons III. bis zur Rehabilitierung des Hauptmann Dreyfus – miterlebt und mitgestaltet. Doch für die Pariser Konferenz hatte er sich ein Ziel gesetzt, das selbst für seine außergewöhnlichen Talente zu hoch gesteckt war. Der von ihm betriebene Versuch, nicht nur Bismarcks Werk zu zerstören, sondern auch eine an die Zeiten Richelieus erinnernde Vormachtstellung Frankreichs auf dem Kontinent wiederherzustellen, überstieg die Toleranzgrenze des internationalen Systems ebenso wie die Leistungsfähigkeit der französischen Gesellschaft. Niemand konnte die Uhr einfach um einhundertfünfzig Jahre zurückdrehen: So teilte keine der anderen Nationen Frankreichs Zielsetzungen oder verstand sie auch nur. Das Los Clemenceaus war Enttäuschung über Frankreichs fortschreitende Demoralisierung.

Der letzte der »Großen Vier« war der italienische Ministerpräsident Vittorio Orlando. Obwohl er eine gute Figur abgab, geriet er häufig in den Schatten seines energiegeladenen Außenministers Sidney Sonnino. Bald war klar, daß die italienischen Unterhändler nur nach Paris gekommen waren, um ihre Kriegsbeute einzufordern; für die Gestaltung einer neuen Weltordnung interessierten sie sich nicht. Die Alliierten hatten Italien erst zum Kriegseintritt bewegen können, nachdem sie ihm im Londoner Vertrag von 1915 Südtirol und die Küste Dalmatiens zugesagt hatten. Doch in Südtirol lebten vor allem Deutsch-Österreicher, an der Küste Dalmatiens hauptsächlich Slawen, so daß sich Italiens Forderungen in einem direkten Widerspruch zum Prinzip der nationalen Selbstbestimmung befanden. Doch Orlando und Sonnino blockierten die Konferenz so lange, bis man Südtirol Italien überließ, Dalmatien allerdings nicht. Dieser »Kompromiß« zeigte, daß die Vierzehn Punkte keineswegs unverrückbar waren. Er öffnete die Schleusen für verschiedene andere Änderungen, die in ihrer Gesamtheit dem anfangs maßgeblichen Selbstbestimmungsrecht der Völker entgegenliefen, ohne daß dadurch das alte Gleichgewicht der Kräfte stabilisiert oder ein neues geschaffen worden wäre.

An der Pariser Friedenskonferenz waren, im Gegensatz zum Wiener Kongreß, die Besiegten nicht beteiligt. Während der monatelangen Verhandlungen herrschte bei den Deutschen völlige Ungewißheit über den Ausgang der Konferenz. Zeit genug, um Illusionen wachzurufen. Wilsons Vierzehn Punkte waren allgemein bekannt, und obwohl die eigenen Friedensbedingungen äußerst brutal gewesen wären, wiegte Deutschland sich in dem Glauben, daß die Entscheidungen der Alliierten zu guter Letzt relativ glimpflich ausfallen würden. Als die Friedensstifter dann ihr Werk im Juni 1919 der Weltöffentlichkeit präsentierten, wirkten die Vereinbarungen wie ein Schock. In den kommenden zwei Jahrzehnten versuchten die Deutschen daher systematisch, den Versailler Vertrag zu unterminieren.

Die Sowjetunion, die man zu den Verhandlungen ebenfalls nicht eingeladen hatte, attackierte das gesamte Unternehmen mit der Begründung, es handele sich um eine kapitalistische Orgie von Staaten, deren eigentliches Ziel nur darin bestehe, in den russischen Bürgerkrieg einzugreifen. So kam es, daß an dem Friedensabkommen nach einem Krieg, der alle Kriege beenden sollte, Deutschland und Rußland, die zwei stärksten Nationen, nicht beteiligt wurden, obwohl in ihnen gut die Hälfte der europäischen Bevölkerung lebte und sie über das bei weitem größte Militärpotential verfügten. Allein diese Tatsache hätte ausgereicht, die Versailler Übereinkunft zum Scheitern zu verurteilen.

Eine wirkliche Annäherung an die Probleme wurde schon durch die Art der Verhandlungsführung verhindert. Die Großen Vier – Wilson, Clemenceau, Lloyd George und Orlando – waren zwar die bestimmenden Persönlichkeiten. Aber anders als die Minister auf dem Wiener Kongreß waren sie nicht in der Lage, den Verlauf der Konferenz zu lenken. Die Verhandlungspartner in Wien hatten sich vor allem auf ein neues Gleichgewicht der Kräfte konzentriert, das durch den Pitt-Plan vorgezeichnet war. Die Staatsmänner in Paris hingegen wurden ständig von einer fast endlos scheinenden Kette von Nebensächlichkeiten abgelenkt.

Zur Pariser Friedenskonferenz waren siebenundzwanzig Staaten eingeladen. Ursprünglich als Forum für die Völker der Welt gedacht, endete die Konferenz auch aus diesem Grund in einem allgemeinen Gerangel. Dies wurde in gewissem Grade durch die Struktur der Konferenz selbst provoziert. Die hochrangigste der unzähligen Kommissionen und Arbeitsgruppen, aus denen die Konferenz sich zusammensetzte, war der Oberste Rat, bestehend aus den Regierungschefs Großbritanniens, Frankreichs, Italiens und der Vereinigten Staaten. Daneben gab es den Fünferrat – Oberster Rat plus japanischer Regierungschef – und einen Zehnerrat, der aus dem Fünferrat sowie den jeweiligen Außenministern gebildet wurde. Die Delegierten der kleineren Staaten waren berechtigt, sich wegen ihrer unterschiedlichen Belange an die höherrangigen Gremien zu wenden. Das unterstrich zwar den demokratischen Charakter der Konferenz, erwies sich aber als ausgesprochen zeitraubend.

Da man sich vor Beginn der Konferenz nicht auf eine Tagesordnung verständigen konnte, trafen die Delegierten in Paris ein, ohne zu wissen, in welcher Reihenfolge die einzelnen Themen verhandelt werden sollten. Die Folge war, daß sich die Konferenz schließlich aus achtundfünfzig verschiedenen Ausschüssen zusammensetzte, von denen sich die meisten mit territorialen Fragen befaßten. Für jedes Land wurde ein eigener Ausschuß eingerichtet. Außerdem gab es Arbeitsgruppen, die sich mit den Fragen von Kriegsschuld, Kriegsverbrechen, Reparationen, Häfen, Wasserstraßen, Eisenbahnlinien, Arbeit und schließlich mit dem Völkerbund beschäftigten. Insgesamt hatten die Mitglieder der Ausschüsse 1.646 Sitzungen hinter sich zu bringen.

Endlose Diskussionen über Nebensächlichkeiten überlagerten die zentrale Tatsache: Sollte der Frieden dauerhaft sein, mußte das Vertragswerk in ein umfassendes Konzept eingebettet werden, das vor allem auch eine langfristige Perspektive für die zukünftige Rolle Deutschlands enthielt. Eigentlich sollte das auf der Grundlage der von den Amerikanern eingebrachten Prinzipien geschehen: kollektive Sicherheit und nationale Selbstbestimmung. Tatsächlich entwickelten sich in wachsendem Maße Differenzen. Hier stand das amerikanische Konzept einer internationalen Ordnung, dort das europäische, insbesondere das französische. Daraus erwuchsen die wirklichen – und in der Tat unlösbaren – Streitfragen der Konferenz. Wilson beispielsweise wies die Vorstellung zurück, internationale Konflikte seien strukturell bedingt. Da er das Streben nach Harmonie für ein naturgegebenes Bedürfnis hielt, rang er um die Institutionen, die den Irrglauben beseitigen würden, man müsse immer von kollidierenden Interessen ausgehen. Auf diese Weise, so sagte er, ließe sich dem allen zugrundeliegenden, weltweiten Gemeinschaftsgefühl zum Durchbruch verhelfen.

Frankreich, Schauplatz vieler europäischer Kriege und selber Teilnehmer einer ganzen Reihe weiterer, ließ sich nicht davon überzeugen, daß es plötzlich keine kollidierenden nationalen Interessen mehr geben sollte. Wo hatte jene verschwommene Harmonie denn je existiert, die der Menschheit bislang verborgen geblieben war? Zwei Besetzungen durch Deutschland im Verlauf von nur fünfzig Jahren hatten eine tiefsitzende Angst vor weiteren Eroberungsversuchen geweckt. Clemenceau blieb deshalb gar nichts anderes übrig, als greifbare Sicherheitsgarantien zu verlangen und die moralische Besserung der Menschheit anderen zu überlassen. Doch greifbare Garantien konnten nur zweierlei bedeuten: entweder eine beträchtliche Schwächung Deutschlands oder eine verbindliche Zusicherung, daß die anderen Nationen – allen voran die Vereinigten Staaten – im Fall eines weiteren Krieges Frankreich unterstützen würden.

Da eine Zerstückelung Deutschlands auf den Widerstand der USA traf, die französische Regierung sich aber auf einen verschwommenen Begriff von kollektiver Sicherheit auch nicht einlassen konnte, blieb nur eine Möglichkeit, wenn man die Probleme Frankreichs lösen wollte: Amerika und Großbritannien mußten sich verpflichten, Frankreich im Verteidigungsfall beizustehen. Aber genau dies verweigerten die beiden angelsächsischen Länder. Von da an konnte Clemenceau nur noch für einen Notbehelf plädieren. Die USA waren durch ihre geographische Lage geschützt, und die Auslieferung der deutschen Flotte sicherte den Briten wieder die Kontrolle der Meere. Nur von der Siegermacht Frankreich verlangte man, es solle seine Sicherheit in die Hände der Weltöffentlichkeit legen. André Tardieu, einer der französischen Hauptunterhändler, schlug eine deutsch-französische Sicherheitszone vor: »Für Frankreich ist es, genau wie für Großbritannien und für die Vereinigten Staaten, notwendig, sich eine Sicherheitszone zu schaffen [...]. Eine solche Zone errichten die seefahrenden Mächte durch ihre Flotten sowie durch die Auflösung der deutschen Flotte. Eine solche Zone muß sich Frankreich, dem der Atlantische Ozean keinen Schutz bietet und das nicht in der Lage ist, Millionen kriegsgeübter Deutscher auszuschalten, mit dem Rhein und einer alliierten Besetzung dieses Flusses schaffen.«[14]

Indessen kollidierte diese Forderung mit der Überzeugung des amerikanischen Präsidenten, daß »ein Frieden unter solchen Bedingungen all dem widerspricht, wofür wir eingetreten sind.«[15] Mit dem Argument, daß die Loslösung des Rheinlandes von Deutschland und die Stationierung alliierter Truppen einen permanenten Groll auf deutscher Seite schürten, wandte sich die amerikanische Delegation gegen den Vorschlag Tardieus. Philip Kerr, einer der britischen Delegierten, teilte den Franzosen mit, Großbritannien sehe einen unabhängigen Rheinstaat »als Quelle von Komplikationen und Nachteilen [...]. Wenn lokale Konflikte ausbrechen, wohin werden sie führen? Wenn sich aus diesen Konflikten ein Krieg ergibt, so werden weder England noch seine Dominions jenes tiefe Gefühl der Solidarität mit Frankreich verspüren, das sie im letzten Krieg beseelt hat.«[16]

Doch Paris sorgte sich weit weniger um deutsche Stimmungslagen als um die militärische und wirtschaftliche Stärke, die der besiegte Feind noch immer besaß. Tardieu beharrte auf seinem Standpunkt: »Sie sagen, daß England es nicht schätzt, englische Truppen außerhalb Englands einzusetzen«, entgegnete er. »Das ist eine Frage der Fakten. England hat ständig Truppen in Indien und Ägypten. Warum? Weil es weiß, daß seine Grenze nicht vor Dover liegt [...]. *Uns aufzufordern, die Besetzung aufzugeben, kommt einer Aufforderung an England und die Vereinigten Staaten gleich, ihre Kriegsflotten zu versenken.*«[17] Die Situation war festgefahren. Entweder man gewährte Frankreich einen Puffer, oder man gab ihm eine andere Sicherheitsgarantie, vorzugsweise in Form einer Allianz mit Großbritannien und den Vereinigten Staaten. Würde irgendein Konzept kollektiver Sicherheit ihm ähnlichen Schutz bieten können wie ein herkömmliches Bündnis, dann wäre Frankreich auch dazu bereit – Hauptsache, es blieb nicht isoliert.

In dem Wunsch, den Völkerbund endlich durchzusetzen, stellte Wilson gelegentlich Theorien auf, die bei den Franzosen Hoffnungen weckten. Bei verschiedenen Gelegenheiten beschrieb er den Völkerbund als ein internationales Tribunal, das Streitfragen entscheiden, Grenzverläufe ändern, den internationalen Beziehungen die dringend benötigte Elastizität verschaffen sollte. Während der Schiffsreise nach Paris im Dezember 1918 notierte einer seiner Berater, Dr. Isaiah Bowman, in einem Memorandum: »Was den Völkerbund anbetreffe, so schließe dieser politische Unabhängigkeit und Gebietsunversehrtheit in sich, erlaube aber auch die spätere Änderung von Bestimmungen und Grenzen, wenn deren Ungerechtigkeit oder wenn Abweichungen von den ursprünglichen Voraussetzungen nachgewiesen werden können. Solche Änderungen ließen sich leichter vornehmen, wenn die leidenschaftliche Erregung nachgelassen habe und die Dinge mehr im Licht der Gerechtigkeit als im Geist einer Friedenskonferenz nach Abschluß eines langen Krieges betrachtet würden [...]. Das Gegenteil eines solchen Kurses sei die Aufrechterhaltung der Idee der Großmächte und des Gleichgewichts der Mächte: Eine solche Idee habe immer nur Angriffslust, Selbstsucht und Krieg hervorgebracht...«[18] Nach der Plenarsitzung vom 14. Februar 1919, in der Wilson die Grundsätze seines Völkerbundes enthüllte, gebrauchte er seiner Frau gegenüber fast dieselben Worte:»Das ist unser erster Schritt nach vorne. Jetzt erkenne ich mehr denn je zuvor, daß der Völkerbund, besteht er erst einmal, über die Fehler richten und sie korrigieren kann, die in dem Vertrag, den wir nun auszuhandeln versuchen, unvermeidlich enthalten sind.«[19] Wilson faßte für den Völkerbund zwei Aufgaben ins Auge. Er sollte zum einen den Frieden stärken, zum anderen die durch ihn entstandenen Ungerechtigkeiten korrigieren. Gleichwohl hatte Wilson größere Zweifel an seinem Konzept, als er zugab. Es ließ sich nicht ein einziges Beispiel in der Geschichte Europas finden, daß Grenzänderungen aufgrund von Appellen an die Gerechtigkeit oder in einem rein rechtlichen Verfahren vorgenommen worden wären; nahezu ausnahmslos waren Grenzverläufe im Namen des nationalen Interesses militärisch verschoben oder verteidigt worden. Außerdem war Wilson sich darüber im klaren, daß das amerikanische Volk weit davon entfernt war, militärische Verpflichtungen einzugehen, um etwa die Bestimmungen des Versailler Vertrags zu verteidigen. Doch noch weniger als die Rolle einer»Weltpolizei« würde es eine Weltregierung akzeptieren, und darauf liefen Wilsons Vorstellungen letzten Endes hinaus.

Wilson versuchte dieses Problem zu umschiffen, indem er die Weltöffentlichkeit als letzte Sanktion gegen Aggression bezeichnete, den Gedanken einer Weltregierung oder von militärischer Gewalt indes zurückstellte. Schon das Bowman-Memorandum hatte hierzu bemerkt:»Zur Erhaltung der Disziplin gebe es eine Alternative zum Kriege, nämlich den Boykott. Alle Handelsmöglichkeiten, einschließlich der Post- und Kabelverbindungen, könnten einem Staate unterbunden werden, der sich einer Übeltat schuldig gemacht habe.«[20] Kein europäischer Staat hatte die Effektivität solcher Mechanismen je feststellen können, keiner ließ sich auch von ihrer Durchführbarkeit überzeugen. In jedem Fall erwartete man zuviel von Frankreich, das für das schiere Überleben fast seine gesamten Kräfte verbraucht hatte. Wozu dann all die Opfer? Nur um sich nun mit einem Vakuum in Osteuropa und einem deutschen Nachbarn konfrontiert zu sehen, dessen gegenwärtige Stärke die eigene bei weitem überragte?

Aus französischer Sicht konnte der Völkerbund demzufolge nur einen Zweck haben: die Bereitstellung militärischer Hilfe gegen Deutschland, sollte sich dies eines Tages als notwendig erweisen. So konnte sich die französische Regierung jedenfalls nicht dazu durchringen, Vertrauen in jene grundlegende Prämisse kollektiver Sicherheit zu setzen: daß alle Nationen eine Bedrohung einmütig bewerten und gemeinsam Entscheidungen darüber treffen würden, wie ihr entgegenzuwirken sei. Sollte das Konzept nämlich fehlschlagen, konnten die Vereinigten Staaten – und vielleicht auch Großbritannien – sich zur Not auch allein verteidigen. Für Paris hingegen gab es keine Hintertür. Seine Entscheidungen mußten sich schon beim ersten Mal als richtig erweisen; denn eine militärische Konfrontation würde Frankreich ohne Verbündete vermutlich kaum überleben. Aus diesem

Grund brauchte Clemenceau Garantien, die auf die besondere französische Situation zugeschnitten waren. Doch gerade das wurde ihm von der amerikanischen Delegation hartnäckig verweigert.

Wilsons mangelnde Bereitschaft, sich zu mehr als zu einer Erklärung von Grundsätzen zu verpflichten, erscheint angesichts des auf ihm lastenden innenpolitischen Drucks verständlich. Gleichwohl nährte er damit die bösen Vorahnungen Frankreichs. Nie haben die Vereinigten Staaten gezögert, die Monroe-Doktrin, deren Modellcharakter für die neue internationale Ordnung Wilson ständig betonte, auch mit Gewalt durchzusetzen. Als es jedoch um die Gefährdung der europäischen Stabilität ging, reagierte Amerika zimperlich. Bedeutete dies nicht, daß sich das Sicherheitsinteresse Amerikas mehr auf den amerikanischen Doppelkontinent als auf das europäische Gleichgewicht richtete? Um einer solchen Unterscheidung zuvorzukommen, übte Léon Bourgeois, der französische Repräsentant in dem betreffenden Ausschuß, Druck auf die anderen Staaten aus. Er plädierte dafür, daß im Rahmen des Völkerbundes eine internationale Streitmacht oder ein anderer Mechanismus geschaffen werde, der automatisch wirksam werden sollte, falls Deutschland den Versailler Vertrag verletzte. Nur daran war Frankreich schließlich interessiert.

Für einen flüchtigen Moment schien Wilson den Vorschlag gutzuheißen: Er bezeichnete den Bund als einen Garanten für die »berechtigten Gebietsansprüche der Nationen der Welt«[21]. In der amerikanischen Delegation hingegen war man entsetzt. Man wußte, daß der Senat ein Abkommen über ein stehendes internationales Heer oder eine ständige militärische Verpflichtung niemals ratifizieren würde, und einer der Berater Wilsons behauptete sogar, daß eine Bestimmung, die den Einsatz von Gewalt zur Beendigung von Aggressionen zur Bedingung erhebe, verfassungswidrig sei: »Ein grundlegender Einwand gegen eine solche Bestimmung«, bemerkte er, »besteht darin, daß sie, ist sie in einem Vertrag mit den Vereinigten Staaten enthalten, unwirksam ist, da gemäß der Verfassung nur der Kongreß das Recht zur Kriegserklärung hat. Ein Krieg, der sich [...] automatisch ergibt, weil dies einer der erwähnten Vertragsbestimmungen entspricht, ist jedoch kein Krieg, der vom Kongreß erklärt wurde.«[22] Wörtlich genommen hieß das, daß ein Bündnis mit den Vereinigten Staaten niemals bindend sein konnte.

Wilson zog sich umgehend auf die ursprüngliche Doktrin der kollektiven Sicherheit zurück. Den französischen Vorschlag zurückweisend, erklärte er, es bestehe keine Notwendigkeit für ein ständiges Instrumentarium von Zwangsmaßnahmen, da der Völkerbund an sich genüge, um auf der ganzen Welt ein überwältigendes Vertrauen zu schaffen. »Die einzige Methode«, behauptete er, »besteht im Vertrauen auf den guten Glauben der Nationen, die dem Völkerbund angehören [...]. Kommt Gefahr, so kommen auch wir; doch Sie [Frankreich] müssen uns vertrauen.«[23] Vertrauen allerdings ist unter Diplomaten aus guten Gründen Mangelware.

Die Überzeugungskraft der amerikanischen Argumente lag vornehmlich in dem Fehlen einer Alternative. Ganz gleich, wie zweifelhaft die Verpflichtungen des Völkerbundes auch sein mochten, sie waren besser als gar keine.

Auf eben diesen Sachverhalt wies Lord Cecil, einer der britischen Delegierten, Léon Bourgeois hin, als er sagte: »Amerika profitiert nicht vom Völkerbund; es könnte die europäischen Angelegenheiten ihrem Schicksal überlassen und sich um sich selbst kümmern. Das Angebot, das Amerika gemacht hat, bedeutet praktisch ein Geschenk an Frankreich.«[24]

Zuletzt fügte sich Frankreich und stimmte der Tautologie in Artikel 10 des Völkerbunds zu: »Die Bundesmitglieder verpflichten sich, die territoriale Unversehrtheit und die gegenwärtige politische Unabhängigkeit aller Bundesmitglieder zu achten und gegen jeden Angriff von außen her zu wahren. Im Fall eines Angriffs, einer Bedrohung oder einer Angriffsgefahr trifft der Rat die zur Durchführung geeigneten Sicherheitsmaßnahmen.«[25] Dies besagte nichts anderes, als daß der Völkerbund sich in einem Notfall auf die Maßnahmen einigen würde, auf die er sich einigen konnte. Das war natürlich genau das, was die Nationen der Welt auch ohne einen Vertrag getan hätten, und eben diese Rahmenbedingungen hatten herkömmliche Bündnissysteme vermieden, indem sie den Bündnisfall genau definierten. Ein französisches Memorandum unterstrich denn auch barsch die Unzulänglichkeit der vorgeschlagenen Sicherheitsvorkehrungen des Bundes: »Nimmt man einmal an, es hätte anstelle des defensiven militärischen Abkommens – in der Tat ein sehr begrenztes Abkommen –, das 1914 zwischen Großbritannien und Frankreich bestand, keine anderen Verpflichtungen zwischen diesen beiden Ländern gegeben als die allgemein gehaltenen Abmachungen, wie sie der Vertrag für den Völkerbund beinhaltet, so wäre die britische Intervention viel langsamer erfolgt und ein deutscher Sieg sicher gewesen. Unter den gegenwärtigen Bedingungen glauben wir, daß die Hilfe, die der Vertrag vorsieht, zu spät kommen würde.«[26]

Als offenkundig wurde, daß die Amerikaner nicht bereit waren, konkrete Sicherheitsvorkehrungen in den Vertrag aufzunehmen, versuchte Frankreich erneut, die Konferenz zu einer deutlichen Schwächung Deutschlands zu bewegen. Es schlug einen unabhängigen Rheinstaat als demilitarisierte Pufferzone vor und bot als eine Art »Anreiz«, die Bevölkerung der Region von Reparationsleistungen zu befreien. Als die Vereinigten Staaten und Großbritannien sich auch dagegen sträubten, beharrte Frankreich darauf, daß das Rheinland zumindest so lange von Deutschland abgetrennt bleiben müsse, bis die Institutionen des Völkerbundes einschließlich der vorgesehenen Zwangsmaßnahmen erprobt seien.

Um Frankreich zu beschwichtigen, offerierten Wilson und Lloyd George als Ersatz für die Aufsplitterung Deutschlands ein neues Abkommen. Darin garantierten sie die Bestimmungen des Versailler Vertrages und kamen überein, militärische Schritte für den Fall einzuleiten, daß Deutschland den Versailler Vertrag bräche. Das erinnerte in mancher Hinsicht an Vereinbarungen, welche die damaligen Alliierten beim Wiener Kongreß eingegangen waren, um sich vor Frankreich zu schützen. Und doch bestand ein wichtiger Unterschied: Nach den Napoleonischen Kriegen hatte man aufrichtig nach einer Möglichkeit gesucht, sich gegen den besiegten Gegner abzusichern; nach dem Ersten Weltkrieg hingegen nahmen Großbritannien und die Vereinigten Staaten die von Frankreich beschworene deutsche Bedrohung nicht wirklich ernst. So boten sie ihre Garantie an, ohne von deren Notwendigkeit wirklich überzeugt oder auch nur entschlossen zu sein, ihr Versprechen in die Tat umzusetzen. Der französische Verhandlungsführer allerdings jubilierte. Er bezeichnete die britische Garantie als »beispiellos«. Großbritannien, so behauptete er, sei mitunter zwar zeitlich begrenzten Abkommen beigetreten, aber nie zuvor eine langfristige Verpflichtung eingegangen: »Gelegentlich hat es Hilfe geleistet, doch niemals hat es sich im voraus an ein derartiges Versprechen gebunden.«[27] Das angekündigte amerikanische Engagement, so fuhr er fort, sei angesichts der isolationistischen Tradition dieses Landes ebenso sensationell.[28]

Fixiert auf formale Garantien, übersahen die französischen Delegierten die taktischen Gesichtspunkte dieser »beispiellosen« angelsächsischen Entscheidungen. In der Außenpolitik hat der Begriff »beispiellos« ja stets einen zweifelhaften Beigeschmack: Statt die tatsächliche Bedeutung einer Neuerung in präzisen Worten festzuhalten, umschreibt man diese in Begriffen der Geschichte, der landesüblichen Institutionen, der Geographie sogar. Hätte Tardieu die Reaktion der amerikanischen Delegation gekannt, hätte er gewußt, wie dürftig die in Vorschlag gebrachte Garantie in Wahrheit war. Wilsons Berater standen ihrem Chef in einmütiger Opposition gegenüber. Hatte man nicht eine neue Form der Diplomatie geschaffen, um gerade diese Art nationaler Verpflichtungen zu beseitigen? Hatte Amerika einen Krieg geführt, um dann doch nur in einem herkömmlichen Bündnis zu enden? In seinem Tagebuch vermerkte House: »Mir fiel ein, daß ich die Aufmerksamkeit des Präsidenten auf die einem solchen Vertrag innewohnenden Gefahren lenken sollte. Unter anderem könnte dieser ja als ein wider den Völkerbund gerichteter Schlag angesehen werden. Vom Völkerbund wird vorausgesetzt, daß er gerade das tut, was der Vertrag vorschlägt. Wenn es aber für die Staaten notwendig ist, solche Verträge zu schließen, wozu dann der Völkerbund?«[29] Die Frage war berechtigt. Wenn der Völkerbund tatsächlich das leistete, was er versprach, so erübrigte sich die Garantie; war eine Garantie aber unerläßlich, wurde der Bund seinen Anforderungen offenbar nicht gerecht: Alle Konzepte für die Nachkriegszeit wären unter diesen Umständen zweifelhaft geworden.

Die Isolationisten im Washingtoner Senat erwogen noch andere Bedenken. Ihnen ging es weniger um den Widerspruch zwischen Sicherheitsgarantien und Völkerbund als um die verschlagenen Europäer, die Amerika in das Netz ihrer ebenso korrupten wie althergebrachten Beziehungen zu lokken suchten. Die Garantie war nur von kurzer Dauer. Die Weigerung des Senats, den Vertrag von Versailles zu ratifizieren, entzog ihr die Grundlage. Großbritannien nutzte dies eilig als Vorwand, um seine Verpflichtungen ebenfalls aufzukündigen.

Frankreich hatte zugunsten einer flüchtigen Sicherheitsgarantie auf seine langfristigen Ziele verzichtet. Am Ende entstand aus der Vielzahl der gegenläufigen Entwicklungen der Versailler Vertrag, benannt nach dem Schloß von Versailles, in dessen Spiegelsaal er unterzeichnet wurde. Im selben Saal war fünfzig Jahre zuvor taktloserweise das Deutsche Kaiserreich ausgerufen worden, und so beantwortete man eine offenkundige Beleidigung mit einer unnötigen Erniedrigung, zumal das Werk, das man zuwege gebracht hatte, keineswegs dazu angetan war, die internationale Situation zu entschärfen. Zu sehr Strafe, um versöhnlich zu stimmen, und zu milde, um das Wiedererstarken Deutschlands zu verhindern, zwang der Versailler Vertrag die erschöpften Demokratien zu ständiger Wachsamkeit. Von nun an mußten sie sich ohne Unterlaß gegen einen revisionistischen Besiegten behaupten.

Ungeachtet der Vierzehn Punkte sah der Vertrag Strafen in territorialer, wirtschaftlicher und militärischer Hinsicht vor. Deutschland mußte dreizehn Prozent seines Vorkriegsterritoriums abtreten. Das wirtschaftlich bedeutsame Oberschlesien ging an das neugeschaffene Polen, das mit dem Hafen Gdingen auch einen Zugang zur Ostsee erhielt. Dabei entstand der »polnische Korridor«, der Ostpreußen vom eigentlichen deutschen Reichsgebiet trennte. Das kleine Gebiet Eupen-Malmedy ging an Belgien, Elsaß-Lothringen zurück an Frankreich.

Daneben verlor Deutschland sämtliche Kolonien. Erneut führte der rechtliche Status dieser Gebiete zu einem Streit, diesmal zwischen den Vereinigten Staaten auf der einen und Frankreich, Großbritannien und Japan auf der anderen Seite, da letztere das deutsche Territorium zu übernehmen wünschten. Wilson dagegen betrachtete die direkte Übertragung der Kolonien an die Siegermächte als Verletzung des Selbstbestimmungsrechts der Völker, und so einigte man sich schließlich auf das sogenannte Mandatsprinzip, was nicht weniger erfindungsreich als scheinheilig war. Genau wie die ehemaligen osmanischen Territorien im Mittleren Osten wurden die deutschen Kolonien den verschiedenen Siegermächten übertragen, die, unter der Oberaufsicht des Völkerbundes, das »Mandat« erhielten, die Unabhängigkeit der betroffenen Länder in die Wege zu leiten. Allerdings wurde niemals genau definiert, was dieses Mandat eigentlich beinhaltete. Die betreffenden Mandatsgebiete erreichten ihre Unabhängigkeit nicht schneller als andere Kolonien.

Die in Versailles festgelegten militärischen Beschränkungen reduzierten die deutsche Armee auf einhunderttausend Freiwillige, die deutsche Flotte auf sechs Kreuzer und einige wenige kleinere Schiffe. Der Besitz von Angriffswaffen wie Unterseebooten, Flugzeugen, Panzern oder schwerer

Artillerie wurde den Deutschen untersagt, der deutsche Generalstab aufgelöst. Überwacht wurde die Entwaffnung durch eine eigens gegründete alliierte Militärkontrollkommission, die jedoch nur mit unbestimmten Befugnissen ausgestattet war.

Trotz Lloyd Georges Wahlversprechen, man werde Deutschland »ausquetschen«, wußten auch die Alliierten, daß das Land in der Mitte Europas, sollte es wirtschaftlich zugrunde gerichtet werden, Ausgangspunkt einer Wirtschaftskrise sein konnte, von der auch ihre eigenen Staaten nicht verschont bleiben würden. Bei den siegestrunkenen Massen aber stießen die Warnungen der Wirtschaftswissenschaftler kaum auf Interesse: Briten und Franzosen forderten, Deutschland habe die Zivilbevölkerungen für alle Verluste zu entschädigen. Wider besseres Wissen stimmte Wilson schließlich einer Bestimmung zu, die Deutschland nicht nur verpflichtete, die Renten von Kriegsopfern, sondern auch die finanzielle Unterstützung von deren Familien zu übernehmen. Derartige Auflagen hatte es nie zuvor gegeben; kein europäischer Friedensvertrag war jemals mit einer solchen Klausel ausgestattet gewesen. Allerdings war mit den Forderungen keine konkrete Summe verbunden: Sie sollte einer späteren Festlegung vorbehalten bleiben. Auch dies sorgte für endlose Kontroversen.

Darüber hinaus mußte Deutschland sofort fünf Milliarden Dollar zahlen, in bar oder in Naturalien. Frankreich sollte große Mengen Kohle als Kompensation für die während der deutschen Besatzung angerichtete Zerstörung der ostfranzösischen Kohlereviere erhalten. Um Großbritannien für die von deutschen Unterseebooten versenkten Schiffe zu entschädigen, wurde ihm ein Großteil der deutschen Handelsflotte zugesprochen. Außerdem wurden Deutschlands Devisenreserven, die sich insgesamt auf sieben Milliarden Dollar beliefen, zusammen mit vielen deutschen Patenten beschlagnahmt (dank des Versailler Vertrages ist Bayer Aspirin ein amerikanisches, kein deutsches Produkt). Die großen deutschen Ströme wurden internationalisiert, die Zollhoheit des Landes eingeschränkt.

Diese Bedingungen waren für die neue internationale Ordnung nicht besonders hilfreich. Im Gegenteil: Sie belasteten sie von Anfang an. Als sich die Sieger in Paris versammelten, proklamierten sie eine neue geschichtliche Ära – nicht viel davon war geblieben. Getrieben von dem Wunsch, all das zu vermeiden, was man für die Fehler des Wiener Kongresses hielt, beauftragte die britische Delegation sogar den namhaften Historiker Sir Charles Webster, die Abmachungen von 1815 für den Kongreß zu analysieren.[30] Doch was so hoffnungsvoll begonnen hatte, endete in einem zerbrechlichen Kompromiß zwischen amerikanischem Utopismus und europäischer Paranoia: zu sehr von Bedingungen eingeschränkt, um den Erwartungen des ersteren zu genügen, zu zögerlich, um die Ängste letzterer besänftigen zu können. Eine internationale Ordnung, die nur durch Stärke aufrechtzuerhalten ist, bleibt unsicher, insbesondere dann, wenn nicht einmal die Staaten, denen die Durchsetzung dieser Ordnung obliegt – im Jahre 1919 Großbritannien und Frankreich –, sich untereinander einig sind.

Schnell wurde offenkundig, daß das Prinzip der nationalen Selbstbestimmung keinesfalls so eindeutig angewandt werden konnte, wie Wilson es sich in den Vierzehn Punkten vorgestellt hatte. Dies galt für allem für die Nachfolgestaaten Österreich-Ungarns. In der Tschechoslowakei lebten nach der Neuordnung drei Millionen Deutsche, eine Million Ungarn und eine halbe Million Polen; bei einer Gesamtbevölkerung von fünfzehn Millionen stellten sie fast ein Drittel der dort beheimateten Menschen. Und auch unter Tschechen und Slowaken herrschten Rivalitäten. Die Slowaken standen nie vorbehaltlos zu einem von Tschechen dominierten Staat, weshalb sie – zum ersten Mal 1939, dann aber auch 1992 – einen eigenen Staat gründeten. Das neue Jugoslawien wurde den Wünschen der südslawischen Intellektuellen gerecht. Viel mehr gelang nicht. Zudem bedingte die Staatsgründung die Überschreitung einer Trennlinie, die für die ganze europäische Geschichte charakteristisch gewesen war: Zwischen dem West- und dem Oströmischen Reich, zwischen dem katholischen und dem orthodoxen Glauben, zwischen lateinischer und kyrillischer Schrift hatte diese Linie seit Jahrhunderten die Grenze markiert. Sie verlief ungefähr zwischen Kroatien und Serbien, zwischen Regionen also, die in ihrer ganzen verwickelten Geschichte nie zur selben politischen Einheit gehört hatten. Die Rechnung dafür wurde nach 1941 in einem mörderischen Bürgerkrieg präsentiert, der 1991 ein weiteres Mal ausbrechen sollte.

Rumänien wurden Millionen von Ungarn, Polen Millionen von Deutschen und die Kontrolle über den polnischen Korridor zugesprochen. Doch am Ende dieser im Namen der Selbstbestimmung vorgenommenen Umwälzungen lebten fast ebenso viele Menschen unter fremder Herrschaft wie in den Tagen der Donaumonarchie, mit dem Unterschied allerdings, daß sie nun unter noch mehr und noch schwächere Nationalstaaten verteilt worden waren, von denen nicht wenige untereinander zerstritten waren und so die Stabilität des neuen Europa von Anfang an untergruben.

Zu spät erkannte Lloyd George die Gefahren, welche die siegreichen Alliierten heraufbeschworen hatten.»Ich kann mir keinen stärkeren Grund für zukünftige Kriege vorstellen«, schrieb er in einem Memorandum vom 25. März 1919 an Wilson,»als wenn das deutsche Volk, das sich ohne Zweifel als eine der kräftigsten und machtvollsten Rassen in der Welt erwiesen hat, von einer Anzahl kleiner Staaten umschlossen würde, von denen viele aus Völkern gebildet sind, die vorher nie selbständig eine dauerhafte Regierung errichtet haben, deren jedes aber breite Massen Deutscher umfaßt, die nach einer Wiedervereinigung mit ihrem Geburtslande lechzen.«[31] Doch zu diesem Zeitpunkt war die Konferenz bereits zu weit vorangeschritten, als daß man noch andere Wege hätte einschlagen können. Abgesehen davon gab es, seit man das Gleichgewicht der Kräfte verworfen hatte, kein alternatives Organisationsprinzip mehr.

258

Später sollten eine Reihe deutscher Politiker behaupten, man habe ihr Land durch die Vierzehn Punkte in den Waffenstillstand gelockt; tatsächlich aber seien die Vierzehn Punkte später systematisch verletzt worden. Das war natürlich nichts als selbstmitleidiger Unsinn. Berlin hatte die Vierzehn Punkte so lange ignoriert, wie es glaubte, den Krieg gewinnen zu können, und noch nach ihrer Proklamation hatte man Rußland den wahrhaft karthagischen Frieden von Brest-Litowsk aufgezwungen, der jedes einzelne der Wilsonschen Prinzipien verletzte. Daß Deutschland den Krieg schließlich doch beendete, war reines Kalkül: Nachdem amerikanische Truppen eingegriffen hatten, war die Niederlage nur noch eine Frage der Zeit. Als Deutschland um einen Waffenstillstand bat, stand es am Rand der Erschöpfung. Seine Verteidigungslinien brachen zusammen. Alliierte Truppen standen kurz davor, auf deutsches Territorium vorzudringen. In Wahrheit waren es nur Wilsons Prinzipien, die Deutschland noch drakonischere Strafen ersparten.

Interessanter ist da schon die Ansicht einiger Historiker, die behaupten, daß die Weigerung der USA, dem Völkerbund beizutreten, den Versailler Vertrag zum Scheitern verurteilt habe. In der Tat: Der Umstand, daß die USA weder den Versailler Vertrag noch die Garantie der französischen Grenzen ratifizierten, trug mit Sicherheit zur Demoralisierung Frankreichs bei. Blickt man aber auf die isolationistische Stimmung in den Vereinigten Staaten, so hätte eine amerikanische Mitgliedschaft im Völkerbund oder die Ratifizierung der Garantien aller Voraussicht nach keinen bedeutenden Unterschied gemacht. Amerika hätte in jedem Fall einen Weg gefunden, sich aus militärischen Auseinandersetzungen in Europa herauszuhalten. Wahrscheinlich hätte man sich, nicht anders als Großbritannien in den dreißiger Jahren, eine Definition von Aggression zurechtgelegt, die auf den krisenreichen östlichen Teil Europas nicht anzuwenden gewesen wäre.

Für das Debakel des Versailler Vertrages gab es strukturelle Gründe. Das halbe Jahrhundert relativen Friedens, das dem Wiener Kongreß gefolgt war, hatte sich auf drei Säulen gestützt: auf die Aussöhnung mit Frankreich, auf das Gleichgewicht der Kräfte, auf einen gemeinsamen Begriff von Legitimität. Natürlich hatte der versöhnliche Wiener Friede allein den französischen Revisionismus nicht verhindert. Doch Frankreich wußte, daß die Quadrupelallianz und die Heilige Allianz sich jederzeit zu einer überlegenen Macht vereinen konnten. Expansionistische Politik wäre also mit enormen Risiken verbunden gewesen. Zugleich gaben die periodisch einberufenen europäischen Kongresse Paris Gelegenheit, als gleichberechtigter Partner im Europäischen Konzert mitzuwirken. Zuletzt und vor allem jedoch teilten die Großmächte, zumindest eine Zeitlang, allgemeine Wertvorstellungen, so daß bestehende Unzufriedenheiten nie zum Versuch Anlaß gaben, die internationale Ordnung zu stürzen.

Der Versailler Vertrag erfüllte keine dieser Bedingungen. Seine Bestimmungen waren zu drückend, um zur Aussöhnung zu führen, und nicht rigoros genug, um eine dauerhafte Unterwerfung zu gewährleisten. Andererseits war es wahrhaftig nicht leicht, den Mittelweg zwischen Aussöhnung und Unterwerfung zu finden, zumal das Deutsche Reich schon vor dem Krieg die damals bestehende Weltordnung als unannehmbare Einengung empfunden hatte. Kaum wahrscheinlich also, daß es sich mit Gegebenheiten abfinden würde, die aus seiner Niederlage entstanden waren.

Im Prinzip besaß Frankreich drei strategische Möglichkeiten. Es konnte eine anti-deutsche Koalition ins Leben rufen; es konnte auf die Teilung Deutschlands dringen; es konnte sich mit Deutschland aussöhnen. Aber alle Versuche, ein Bündnis zu schmieden, scheiterten, weil Rußland nicht mehr Bestandteil des europäischen Systems war und die Vereinigten Staaten sich dem französischen Ansinnen nicht nur widersetzten, sondern auch noch die Aufteilung Deutschlands verhinderten. Gerade auf sie aber mußte sich Frankreich im Notfall verlassen. Und für eine Aussöhnung mit Deutschland war es einerseits zu früh, andererseits zu spät: zu spät, weil sich die Vorstellung von einer Versöhnung nicht mit dem Geist des Versailler Vertrages vertrug, zu früh, weil die Menschen in Frankreich noch nicht so weit waren.

Es war fast ein Paradox: Entgegen seinen ursprünglichen Absichten vergrößerte der Versailler Vertrag ungeachtet der gegen Deutschland verhängten Strafen dessen strategischen Vorteil und erhöhte gleichzeitig Frankreichs Verletzlichkeit. Vor dem Krieg hatte man sich in Berlin westwärts wie ostwärts starken Nachbarn gegenübergesehen. Man konnte in keine Richtung expandieren, ohne direkt mit einer Großmacht in Konflikt zu geraten, mit Frankreich, Österreich-Ungarn oder Rußland. Nach dem Versailler Vertrag gab es im Osten kein Gegengewicht zu Deutschland mehr. Frankreich war geschwächt, die Donaumonarchie zerschlagen, Rußland mit seinen eigenen Problemen beschäftigt. Und so bestand schlicht keine Möglichkeit mehr, ein irgendwie geartetes Gleichgewicht der Kräfte wiederherzustellen, insbesondere weil auch die angelsächsischen Mächte nicht willens waren, die Versailler Übereinkünfte zu garantieren.

Schon 1916 sah der britische Außenminister Lord Balfour einen Teil jener Gefahren vorher, die Europa drohten. Ein unabhängiges Polen, warnte er, könne dazu führen, daß Frankreich in einem weiteren Krieg schutzlos sei: »Wenn Polen [...] ein unabhängiges Königreich würde, dann könnte es nur zu einem Pufferstaat zwischen Rußland und Deutschland werden. Dies aber würde bedeuten, daß Frankreich im nächsten Krieg Deutschland gänzlich ausgeliefert wäre, weil Rußland ihm nicht ohne Verletzung der Neutralität Polens zu Hilfe kommen kann.«[32] Eben dieser Fall trat 1939 ein. Um die Deutschen unter Kontrolle zu halten, war Frankreich auf einen Verbündeten im Osten angewiesen; so konnte es Deutschland im Fall des Falles einen Zweifrontenkrieg aufzwingen. Polen kam als Verbündeter nicht in Frage, allein die Sowjetunion wäre stark genug gewesen, die Rolle zu übernehmen. Da Polen aber zwischen der Sowjetunion und Deutschland lag, hätte erstere Polen überrollen müssen, um letzteres unter Druck zu setzen.

Da die Sowjetunion als Verbündeter nicht zur Verfügung stand, verlegte Frankreich sich darauf, die neuen Staaten zu stärken, um so zumindest die Illusion einer Zwei-Fronten-Bedrohung Deutschlands zu erzeugen. Es unterstützte die neuen osteuropäischen Staaten in ihren Versuchen, dem Deutschen Reich und dem, was von Ungarn übriggeblieben war, mehr Gebiete abzuringen; dabei konnten die gerade gegründeten Staaten unmöglich die Rolle übernehmen, die zuvor Österreich und Rußland gespielt hatten. Nicht allein, daß sie viel zu schwach dazu waren. Sie wurden außerdem zu sehr von internen Konflikten und gegenseitigen Rivalitäten in Anspruch genommen, um für eine solche Funktion in Frage zu kommen. Schon bald wurden sie von der wiedererstarkenden Sowjetunion bedroht, die ihrerseits die im Krieg erlittenen Gebietsverluste ausgleichen wollte.

So lastete die Verantwortung für stabile Verhältnisse innerhalb des Kontinents wieder allein auf Frankreich. Es hatte der vereinten Kräfte der USA, Großbritanniens, Frankreichs und Rußlands bedurft, um Deutschland niederzuwerfen. Doch Amerika hatte sich erneut in den Isolationismus zurückgezogen, und das ehemalige Rußland, von einem revolutionären Drama überrascht, war mit sich selbst beschäftigt. Überdies wurde es durch den aus kleinen osteuropäischen Staaten bestehenden *cordon sanitaire*, der einer direkten russischen Unterstützung Frankreichs im Wege stand, vom übrigen Europa abgetrennt. Frankreich hätte also, um den Frieden zu sichern, die Rolle einer europäischen Polizeimacht übernehmen müssen. Gerade dem aber war das Land, im Stich gelassen von den angelsächsischen Großmächten, nicht mehr gewachsen.

Doch die gefährlichste Schwäche der Versailler Übereinkünfte war eine ideologische und psychologische. Die auf dem Wiener Kongreß geschaffene Weltordnung war durch die sogenannte »Reaktion«, die Übereinstimmung in konservativen Werten, zusammengehalten worden, und eben dieser an konservativ geprägter Stabilität orientierten Haltung hatte das außenpolitische Diktum der »balance of power« entsprochen. Internationale wie innerstaatliche Bedingungen wurden gleichermaßen als *legitim* empfunden und dementsprechend gestützt, während das Versailler Abkommen in dieser Hinsicht eine Totgeburt war: Die ihm zugrundeliegenden Werte kollidierten mit dem interventionistischen Charakter der Initiativen, die zu seiner Durchsetzung nötig gewesen wären. Da kein Staat alle Bestimmungen des Vertrages für gerechtfertigt hielt, war auch keiner bereit, ihn mit aller Macht zu verteidigen.

Der Erste Weltkrieg war ausgetragen worden, um dem ungezügelten Machtwillen des Deutschen Reichs Einhalt zu gebieten. Schon im Vorfeld, noch mehr aber im Verlauf des Krieges hatte Deutschland die Weltöffentlichkeit in einem Maße erzürnt, das einen Versöhnungsfrieden im Grunde unmöglich machte. Auf der anderen Seite erlaubten die Prinzipien Wilsons keine wirkliche Bestrafung Deutschlands, keinen Frieden, der Sieg und Niederlage widerspiegelte: Im Vordergrund des Abkommens sollte eine von allen Beteiligten geteilte Auffassung von Gerechtigkeit stehen, kein Machtkalkül. Es war eine Außenpolitik auf der Grundlage abstrakter Prinzipien. Das forderte seinen Preis: Man war nicht mehr in der Lage, Entscheidungen individuell zu gewichten, denn die Grundsätze des Vertrags galten für alle oder für keinen. Die Staatsmänner in Versailles waren nicht gewillt, die Macht Deutschlands mit dem umfassenden Recht des Siegers einzuschränken, wiesen aber auch die Konstruktion eines Kräftegleichgewichts als Sicherheitskonzept zurück, gezwungen oder von sich aus bereit, die deutsche Entwaffnung als ersten Schritt eines umfassenden Abrüstungsplanes, die Reparation als Buße für die Schuld am Krieg selbst zu rechtfertigen.

Indem die Alliierten die deutsche Entwaffnung zum Bestandteil eines rüstungspolitischen Gesamtkonzeptes machten, beraubten sie sich des psychologischen Vorteils, als Sieger Beschränkungen durchsetzen zu können. Von Anfang an konnte Deutschland geltend machen – und tat es auch -, daß es benachteiligt worden sei. Es erhob die Forderung, daß man ihm im Sinn der Gleichbehandlung die Wiederbewaffnung gestatte oder wenigstens die anderen Nationen bis zu einem Gleichstand abrüsteten. Anders gesagt: Die Abrüstungsklauseln mußten entweder zur Abrüstung Frankreichs oder zur Wiederbewaffnung Deutschlands führen. In keinem der beiden Fälle aber wäre Frankreich stark genug gewesen, um Osteuropa oder auch nur, auf längere Sicht, sich selbst zu verteidigen. Mit der Zeit führten die Abrüstungsbestimmungen des Versailler Vertrags deshalb nicht nur zur Schwächung der Besiegten, sondern auch der Sieger.

Ähnliche Probleme warf das Prinzip der nationalen Selbstbestimmung auf. Das im Vertrag ausgesprochene Vereinigungsverbot für Österreich und Deutschland widersprach dem ebenso wie die Existenz der deutschen Minderheiten in der Tschechoslowakei und – wenn auch in geringerem Ausmaß – in Polen. Dem deutschen Irredentismus, das heißt dem Wunsch nach staatlichem Anschluß an das Mutterland, wurde durch die moralisch formulierten Prinzipien des Versailler Vertrags nur Vorschub geleistet, und die europäischen Demokratien fühlten sich an der Entwicklung sogar mitschuldig.

Der größte Fluch des Versailler Vertrages aber war der Artikel 231, der die Kriegsschuldfrage regelte. Er besagte, daß die Verantwortung für den Ausbruch des Ersten Weltkrieges allein bei Deutschland liege, und erhob schwere moralische Anschuldigungen. Die meisten der gegen Deutschland verhängten wirtschaftlichen, militärischen und politischen Strafmaßnahmen basierten auf der Behauptung, die Schuld für die Katastrophe habe ausschließlich Deutschland zu tragen.

Die Friedensstifter des achtzehnten Jahrhunderts hätten »Kriegsschuldklauseln« als absurd abgetan. In ihren Augen waren Kriege zwar amoralisch, aber angesichts kollidierender Interessen schlechterdings unvermeidlich. In den Friedensschlüssen, die die Kriege des achtzehnten Jahrhunderts beendet hatten, zahlten die Verlierer ihren Preis, ohne daß dabei moralische Fragen ins Spiel gebracht worden wären. Wilson und die Versailler Friedensstifter hingegen suchten die Ursache für den Ersten Weltkrieg im Bösen schlechthin. Und das Böse forderte Bestrafung.

Als der Haß sich verflüchtigte, begannen aufmerksame Beobachter zu erkennen, daß die Ursachen für diesen Krieg weitaus komplizierter waren. Zweifellos gebührte Deutschland ein großer Teil der Verantwortung. Trotzdem: War es gerechtfertigt, Strafmaßnahmen nur gegen Deutschland zu verhängen? Wurde der Artikel 231 dem Sachverhalt wirklich gerecht? Nachdem diese Frage einmal aufgekommen war, erlahmte der Wille, die gegen Deutschland verhängten Strafmaßnahmen in aller Härte durchzusetzen. Die Schöpfer des Friedens fragten sich, ob ihr Werk wirklich gerecht war. Deutschland zeigte in dieser Angelegenheit wenig Verantwortungsbewußtsein: In der öffentlichen Diskussion wurde der Artikel 231 nur als »Kriegsschuldlüge« behandelt. Auf diese wie auf jene Weise aber trat zutage, daß sich das traditionelle Gleichgewicht der Kräfte in Europa nicht durch ein moralisches Gleichgewicht ersetzen ließ.

Was waren die Folgen? Die Sieger wollten Deutschland physisch schwächen; statt dessen hatten sie es geopolitisch gestärkt. Was die Beherrschung Europas anging, befand sich das Land nach Versailles in einer weitaus besseren Lage als vor dem Krieg: Sobald es die Fesseln der Entwaffnungsbestimmungen abgeworfen haben würde – und das war nur eine Frage der Zeit –, mußte es in der europäischen Politik eine stärkere Rolle denn je zuvor spielen. Harold Nicholson bemerkte resigniert: »Wir kamen voller Vertrauen nach Paris, daß eine neue Weltordnung geschaffen werden würde. Wir verließen es in der Überzeugung, daß die neue Ordnung die alte nur zerrüttet hat.«[33]

## Kapitel 10

# Das Dilemma
# der Sieger

*Unterzeichnung des Friedensvertrages am 28. Juni 1919*
*im Spiegelsaal des Versailler Schlosses durch die deutsche Delegation*

Die Überwachung des Versailler Vertrags stützte sich auf zwei Konzepte, die sich gegenseitig ausschlossen und somit fehlschlugen: das eine, weil es sich als zu summarisch erwies, das andere, weil es nur mit Widerwillen zustande gekommen war. Der Entwurf eines Systems kollektiver Sicherheit blieb zu allgemein formuliert, um auf die aktuelle friedensbedrohende Situation anwendbar zu sein, und das informelle französisch-englische Kooperationsabkommen, das es ersetzte, war in den meisten Fällen zu dürftig und uneindeutig, um größeren Herausforderungen durch Deutschland begegnen zu können.

Kaum vier Jahre vergingen, bis die beiden Verlierermächte des Ersten Weltkrieges, Deutschland und Rußland, in Rapallo zusammentrafen. Die dort vereinbarte Zusammenarbeit, die sich laufend intensivieren sollte, zählte zu den folgenreichsten Auswirkungen des Versailler Vertrages – eine Entwicklung, die die Demokratien anfangs nicht wahrnahmen, weil sie mit ihrer eigenen Demoralisierung beschäftigt waren.

Nach dem Ende des Ersten Weltkrieges schien die herkömmliche Debatte über die Rolle von Moral und Interesse in internationalen Angelegenheiten zu einem endgültigen Ergebnis gelangt zu sein. »Recht« und »Moral« schienen sich als Leitbegriffe internationaler Politik durchgesetzt zu haben. Unter dem Schock der Katastrophe hofften viele auf eine bessere Welt, die nach Möglichkeit frei von jener Art Realpolitik sein sollte, die die Jugend einer ganzen Generation verschlungen hatte.

Die Vereinigten Staaten trieben diesen Prozeß voran. Daran änderte auch ihr Rückzug in den Isolationismus nichts. Denn Europa schlug, auch ohne die USA, den Weg ein, den Wilson vorgezeichnet hatte, und versuchte, Stabilität nicht mehr über den traditionellen europäischen Ansatz mit Hilfe eines Allianz- und Gleichgewichtssystems zu erreichen, sondern mittels kollektiver Sicherheit.

Das war Wilsons Vermächtnis. Im amerikanischen Sprachgebrauch wurde es später üblich, Bündnisse, an denen die USA teilnahmen – etwa die NATO –, stets als Instrumente der kollektiven Sicherheit zu bezeichnen. Das allerdings verwischt die ursprüngliche Bedeutung. Denn die Konzepte von Bündnissen und von kollektiver Sicherheit sind alles andere als identisch; vielmehr bezeichnen sie Gegenpole im sicherheitspolitischen Denken.

Bündnisse richteten sich traditionellerweise gegen bestimmte Bedrohungen: Sie brachten genau definierte Verpflichtungen für eine Gruppe von Staaten mit sich, die durch gemeinsame nationale Interessen oder wechselseitige Sicherheitsbelange aneinander gebunden waren. Kollektive Sicherheit dagegen benennt keine bestimmte Bedrohung, erlaubt keine Unterschiede zugunsten einer einzelnen Nation und benachteiligt niemanden. Theoretisch soll ein solches System *jeder* Bedrohung des Friedens begegnen, ganz gleich, von wem diese ausgeht und gegen wen sie gerichtet ist. Allianzen gehen immer von einem genau bezeichneten potentiellen Gegner aus; kollektive Sicherheit verteidigt das internationale Recht an und für sich und bemüht sich um eine Aufrechterhaltung, vergleichbar dem Gerichtssystem eines einzelnen Staates, das das nationale Strafrecht durchsetzt.

Weitere Unterschiede kommen hinzu. In einem Bündnis tritt der *casus belli* dann ein, wenn die Interessen oder die Sicherheit seiner Mitglieder angegriffen werden. In einem System kollektiver Sicherheit ergibt sich der *casus belli,* wenn das Prinzip der »friedlichen« Beilegung von Streitfällen verletzt wird; dies nämlich wird als gemeinsames Interesse allen Völker dieser Welt unterstellt. Art und Einsatz der Gegenmaßnahmen werden von Fall zu Fall von einer wechselnden Gruppe von Staaten, die ein gemeinsames Interesse an der Erhaltung des Friedens verbindet, neu entschieden.

Der Zweck eines Bündnisses besteht darin, für seine Mitglieder Verpflichtungen zu schaffen, die sowohl kalkulierbarer als auch präziser sind als eine Analyse der jeweiligen nationalen Interessen. Kollektive Sicherheit funktioniert auf die entgegengesetzte Weise. Sie überläßt die Anwendung der völkerrechtlichen Prinzipien einer Staatengemeinschaft, die diese in jeder Situation neu interpretieren muß. Dadurch räumt sie, ohne es eigentlich zu wollen, der augenblicklichen Stimmung und damit dem nationalen Eigensinn einen großen Wert ein.

Kollektive Sicherheit trägt zur Sicherheit nur bei, sofern alle Nationen – zumindest alle, die für eine kollektive Verteidigung von Bedeutung sind – nahezu identische Ansichten über die Art der Herausforderung haben und bereit sind, Gewalt oder Sanktionen ausschließlich nach Maßgabe des jeweiligen Falles anzuwenden, ungeachtet ihrer möglichen eigenen Interessen. Nur unter diesen Voraussetzungen kann eine Weltorganisation Strafmaßnahmen verhängen oder als Schiedsrichter in internationalen Angelegenheiten tätig werden. Und in diesem Sinne wollte auch Wilson die Funktion kollektiver Sicherheit verstanden wissen, als sich im September 1918 das Ende des Krieges abzeichnete. »Nationale Ziele sind immer mehr in den Hintergrund, und das gemeinsame Ziel der aufgeklärten Menschheit ist an ihre Stelle getreten«, sagte er damals. »Die Gedanken einfacher Menschen sind überall einfacher, gerader und einheitlicher geworden als die verbildeter Politiker, die noch immer unter dem Eindruck stehen, daß sie ein Spiel der Macht um hohe Einsätze spielen.«[1]

Allein diese wenigen Worte spiegeln den grundlegenden Unterschied zwischen den Wilsonschen und den europäischen Erklärungen hinsichtlich der Ursachen internationaler Konflikte wider. Die Diplomatie europäischen Stils ging davon aus, daß nationale Interessen im internationalen Rahmen tendenziell zu Zusammenstößen führen, und begriff sich selbst als Mittel, diese beizulegen. Wilsons Überzeugung nach resultierte internationale Zwietracht jedoch aus einem »getrübten Wahrnehmungsvermögen«; sie bedeutete nicht, daß Interessen wirklich kollidierten. Die Realpolitik überträgt den Staatsmännern die schwierige Aufgabe, die eigenen Interessen mit den allgemeinen abzustimmen; Wilson zufolge müssen Staatsmänner allgemeingültige Prinzipien auf spezifische Fälle anwenden. Mehr noch: Aus seiner Sicht sind in den meisten Fällen gerade die Staatsmänner die Ursache für einen Konflikt, weil sie das natürliche Bedürfnis des Menschen nach Harmonie durch abstruse und eigennützige Überlegungen verzerren.

Wilsons Erwartungen wurden in Versailles von den meisten Staatsmännern enttäuscht. Fast ohne Ausnahme beharrten sie auf ihren nationalen Interessen. Die Verteidigung der gemeinsamen Ziele überließen sie dem amerikanischen Präsidenten, dessen Land (zumindest im europäischen Sinne) bei den territorialen Fragen des Friedensschlusses praktisch keine eigenen Interessen verfolgte. Es liegt in der Natur des Propheten, daß er seine Anstrengungen angesichts von Schwierigkeiten eher verdoppelt, und auch die Hindernisse, auf die Wilson in Versailles traf, ließen den amerikanischen Präsidenten an der Durchführbarkeit der neuen Ordnung zu keinem Zeitpunkt zweifeln. Im Gegenteil: All dies verstärkte seinen Glauben an ihre Notwendigkeit. Und er war sicher, daß der Völkerbund und das Gewicht der Weltöffentlichkeit die zahlreichen Bestimmungen des Vertrages, die von seinen Prinzipien abwichen, korrigieren würden.

Tatsächlich blieben die von Wilson propagierten Ideale auf die öffentliche Meinung nicht ohne Wirkung. Besonders eindrucksvoll läßt sich die von ihnen ausgehende politische und moralische Kraft an der Entwicklung in Großbritannien, ehemals Geburtsstätte der europäischen Gleichgewichtsidee, ablesen. So erklärte der offizielle britische Kommentar zum Völkerbundvertrag:»Die äußerste und wirkungsvollste Sanktion muß die öffentliche Meinung der zivilisierten Welt sein.«[2] Oder, wie Lord Cecil vor dem Unterhaus argumentierte:»... die öffentliche Meinung ist es, auf die wir uns verlassen [...], und wenn wir uns darin irren, so stimmt die ganze Sache nicht.«[3]

Es scheint wenig wahrscheinlich, daß die Nachfahren Pitts, Cannings, Palmerstons und Disraelis von selbst zu solchen Schlußfolgerungen gekommen sind. Zunächst paßten sie sich lediglich Wilsons Politik an, um die Unterstützung der Vereinigten Staaten im Krieg sicherzustellen. Doch mit der Zeit nahmen die Prinzipien Wilsons auch in Großbritannien die öffentliche Meinung für sich ein, und schon in den zwanziger und dreißiger

Jahren verteidigte Großbritannien das System kollektiver Sicherheit nicht mehr länger nur aus taktischen Überlegungen. Die Lehre Wilsons hatte eine echte Umkehr bewirkt.

Letzten Endes scheiterte die kollektive Sicherheit an ihrer wichtigsten Prämisse: der Annahme, daß alle Nationen ein gleich starkes Interesse daran hätten, Aggressionen abzuwehren, daß alle bereit seien, dafür dasselbe Risiko einzugehen. Die Erfahrung hat gezeigt, wie verfehlt diese Einschätzung war. Kein Akt der Aggression, in den eine Großmacht verwickelt war, ist je durch einen Appell an das Prinzip kollektiver Sicherheit beendet worden. Entweder weigerte sich die Völkergemeinschaft, die Aggression als solche zu bezeichnen, oder sie war sich über die angemessenen Sanktionen uneins. Und wenn doch einmal Sanktionen verhängt wurden, reflektierten diese nahezu unvermeidlich den kleinsten gemeinsamen Nenner und brachten mehr Schaden als Nutzen.

Als 1932 Japan die Mandschurei eroberte, verfügte der Völkerbund noch nicht über Sanktionsmechanismen. Als er 1935 mit der italienischen Aggression gegen Abessinien konfrontiert wurde, erarbeitete er zwar einen solchen Mechanismus und stimmte auch für die Anwendung von Sanktionen, ging dabei aber – getreu der Parole »alle Sanktionen außer Krieg« – nicht über ein Ölembargo gegen Italien hinaus. Und nach dem zwangsweisen Anschluß Österreichs an Deutschland im Frühjahr 1938 sowie dem deutschen Einmarsch in die Tschechoslowakei im Herbst desselben Jahres erfolgte überhaupt keine Reaktion. Zum letzten Mal wurde der Völkerbund schließlich – Deutschland, Japan und Italien waren schon nicht mehr in ihm vertreten – tätig, als er die Sowjetunion nach deren Angriff auf Finnland im Jahre 1939 ausschloß. Die Sowjets freilich beeindruckte dies nicht im mindesten.

Während des Kalten Krieges demonstrierten die Vereinten Nationen in allen Fällen, in denen Großmächte ihre Gegner bedrängten, einen ähnlichen Mangel an Durchschlagskraft. Wiederholt wurden wirkungsvolle Maßnahmen verhindert, sei es durch ein kommunistisches Veto im Sicherheitsrat, sei es durch die ablehnende Haltung kleinerer Staaten, die nicht bereit waren, Risiken angesichts von Streitfragen einzugehen, die sie nicht zu betreffen schienen. Während der Berlin-Krisen wie während der sowjetischen Interventionen in Ungarn, der Tschechoslowakei und in Afghanistan handelten die Vereinten Nationen entweder fruchtlos oder blieben passiv, gleichsam wie Zuschauer. Sie spielten keine Rolle während der Kuba-Krise, bis die beiden Supermächte einer Einigung zustimmten. Im Fall der Aggression Nordkoreas von 1950 konnten die Vereinigten Staaten nur deshalb mit einiger Aussicht auf Erfolg die Vereinten Nationen anrufen, weil der sowjetische Vertreter den Sicherheitsrat boykottierte und die Generalversammlung noch von Staaten dominiert wurde, denen daran lag, die USA gegen die sowjetische Bedrohung in Europa zu gewinnen. Unbestreitbar ist, daß die Vereinten Nationen einen praktischen Versammlungsort für Diplomaten und ein nützliches Forum für notwendigen Meinungsaustausch darstellten; außerdem übernahmen sie wichtige technische Funktionen. Doch wann immer es um jene grundlegende Prämisse kollektiver Sicherheit ging, nach der es gilt, Krieg zu vermeiden und sich gegen Aggressionen gemeinsam zur Wehr zu setzen, haben sie versagt.

Selbst nach dem Kalten Krieg war es nicht anders. Während des Golf-kriegs von 1991 stimmten die Vereinten Nationen den amerikanischen Aktionen zwar zu, dennoch kann der Widerstand gegen die irakische Aggression kaum als Anwendung der Doktrin kollektiver Sicherheit bezeichnet werden: Noch bevor ein internationaler Konsens erreicht war, setzten die Vereinigten Staaten von sich aus eine große Expeditionsstreit-macht in Bewegung. Andere Staaten konnten nur noch Einfluß nehmen, indem sie sich an dieser Aktion beteiligten, die genaugenommen eine rein amerikanische war; das Risiko eines Konfliktes konnten sie durch ihr Veto nicht mehr verhindern. Hinzu kam, daß die ständigen Mitglieder des UN-Sicherheitsrates, alarmiert durch Instabilität in der Sowjetunion und in China, bemüht waren, sich das Wohlwollen der Amerikaner zu erhalten. Im Golfkrieg ersetzte die kollektive Sicherheit also gerade nicht die einseitige Führung durch die Vereinigten Staaten. Sie kleidete sie nur in eine andere Form.

Natürlich verfügte man in jenen unschuldigen Tagen, als das Konzept der kollektiven Sicherheit erstmals in die Diplomatie eingeführt wurde, noch nicht über diese Erfahrungen. Die Staatsmänner der Versailler Friedensord-nung hatten sich gerade erst halb davon überzeugen lassen, daß Aufrüstung die Ursache von Spannungen, nicht deren Folge sei. Ebenso zögernd began-nen sie zu glauben, daß guter Wille und nicht etwa das die traditionelle Diplomatie kennzeichnende Mißtrauen internationale Konflikte ausrotten könne. Doch trotz ihrer emotionalen Erschöpfung nach diesem Krieg hät-ten sie erkennen müssen, daß eine so umfassende Doktrin kollektiver Sicherheit – selbst nach Überwindung anderer Barrieren – so lange nicht funktionieren würde, wie drei der mächtigsten Nationen der Welt nicht an ihr beteiligt waren: die Vereinigten Staaten, Deutschland und Sowjetruß-land. Die USA hatten sich geweigert, dem Völkerbund beizutreten, Deutschland war davon ausgeschlossen worden, und Sowjetrußland, als Ausgestoßener behandelt, lehnte den Bund ab.

Das »siegreiche« Frankreich litt am schwersten unter der Nachkriegsord-nung. Die Franzosen wußten, daß die Bestimmungen des Versailler Vertrags Deutschland nicht auf die Dauer schwächen würden. Nach dem letzten grö-ßeren Krieg, dem Krimkrieg von 1853/54 bis 1856, war es den Siegermächten Großbritannien und Frankreich nicht einmal zwanzig Jahre lang gelungen, die militärischen Bestimmungen aufrechtzuerhalten. Nach den Napoleo-nischen Kriegen vergingen nur drei Jahre, bis Frankreich ein selbständiges Mitglied des Europäischen Konzertes wurde. Nach Versailles wurde Frankreichs Niedergang immer offensichtlicher, auch wenn es schien, als könne es Europa in militärischer Hinsicht dominieren. Der siegreiche Oberbefehlshaber Frankreichs, Marschall Ferdinand Foch, hatte recht, als er über den Versailler Vertrag urteilte:»Das ist kein Frieden, das ist ein Waffenstillstand für die nächsten zwanzig Jahre.«[4] Die Stabsführung der britischen Landstreitkräfte kam 1924 zu dem gleichen Schluß. Deutschland werde wieder gegen Großbritannien Krieg führen, lautete die Prognose, und zwar wegen Streitfragen, die»ganz einfach eine Wiederholung der Bedingungen sein werden, die uns in den letzten Krieg hineingezogen haben«.[5] Die Beschränkungen des Versailler Vertrages, so argumentierte man, würden eine deutsche Wiederbewaffnung um höchstens neun Monate hinausschieben, sollte Berlin sich erst wieder stark genug fühlen, um die Fesseln abzuwerfen. Damit aber sei innerhalb der nächsten zehn Jahre zu rechnen. Sollte Frankreich also bis dahin kein Militärbündnis mit einer»erstklassigen Macht« eingegangen sein, werde es den Ereignissen hilflos gegenüberstehen. Zu ähnlichen Ergebnissen kamen auch die französischen Analysen.

Die einzige Macht indessen, die Frankreich hätte helfen können, war Großbritannien. Doch die britischen Politiker teilten die Ansichten ihrer militärischen Berater nicht. Statt dessen gründeten sie ihre Politik auf der falschen Annahme, daß Frankreich schon jetzt zu stark und deshalb nicht auf irgendein Bündnis angewiesen sei. Man ging davon aus, daß ausgerechnet das entmutigte Frankreich die potentiell dominierende Nation, das revisionistische Deutschland dagegen die gekränkte Partei sei, und das traf für den Augenblick auch zu. Auf lange Sicht jedoch und als Grundlagen britischer Außenpolitik war es verheerend. Staatsmänner stehen und fallen mit ihrer Fähigkeit, Entwicklungen vorauszusehen. Doch dazu waren die Nachkriegspolitiker nicht in der Lage.

Frankreich wünschte verzweifelt ein militärisches Bündnis mit Großbritannien. Es steigerte seine Anstrengungen noch, nachdem der Senat in Washington die Ratifizierung des Versailler Vertrages verweigerte und damit auch den Garantievertrag abgelehnt hatte. Aber London war nicht zu überzeugen. Das französische Drängen erweckte vielmehr die in Großbritannien tiefverwurzelte Aversion gegen eine französische Vorherrschaft auf dem Festland zu neuem Leben. Dieser Tradition ist es auch zu verdanken, daß 1924 das *Central Department* des britischen Außenministeriums die französische Besetzung des Rheinlands»als Sprungbrett für einen Vorstoß nach Mitteleuropa« begreifen konnte.[6] Noch geistloser war die im selben Memorandum geäußerte Einschätzung, die Besetzung des Rheinlands habe die Einkreisung Belgiens zum Ziel und»die direkte Bedrohung der Schelde und der Zuidersee sowie eine indirekte Bedrohung dieses Landes«.[7] Von seiten der Admiralität, die in ihrer Fehleinschätzung der Situation auf dem Festland kaum zu übertreffen war, wurde ein Argument vorgebracht, das aus der Zeit der spanischen Erbfolgekriege und der Napoleonischen Kriege zu stammen schien. Vom Rheinland aus, so hieß es, könne die Kontrolle über holländische und belgische Häfen ausgeübt werden, wodurch die englische Kriegsmarine im Fall eines Krieges gegen Frankreich deutlich beeinträchtigt wäre.[8]

Solange Großbritannien einen Staat, der fast panisch versuchte, einen nächsten deutschen Angriff zu verhindern, für die größte Bedrohung hielt, gab es keine Hoffnung, ein wie auch immer geartetes Gleichgewicht der Kräfte in Europa aufrechtzuerhalten. Tatsächlich erblickten immer mehr Briten, von einer Art historischen Reflex gelenkt, in Deutschland das Gegengewicht zu einem erstarkenden Frankreich. Viscount d'Abernon, britischer Botschafter in Berlin, berichtete beispielsweise 1923, es liege im Interesse seines Landes, Deutschland gegenüber Frankreich zu stützen. »Solange Deutschland ein zusammenhängendes Ganzes darstellt, besteht mehr oder weniger ein Gleichgewicht der Kräfte in Europa«, schrieb er 1923. Sollte Deutschland in seine Bestandteile zerfallen, würde Frankreich »aufgrund seiner Armee und seiner militärischen Bündnisse über die unbestrittene militärische und politische Kontrolle verfügen.«[9] Das war zwar zutreffend, aber wohl kaum das Szenario, mit dem sich die britische Diplomatie in den kommenden Jahrzehnten konfrontiert sehen würde.

Die britischen Außenpolitiker waren grundsätzlich im Recht, wenn sie erklärten, die Wiederherstellung der internationalen Ordnung sei ohne die Wiedereinbindung des ehemaligen Feindes in die Gemeinschaft der Nationen nicht möglich. So hatte man schließlich schon immer die Dinge gesehen. Aber solange das Gleichgewicht der Kräfte unaufhaltsam in Richtung Deutschland kippte, ließ sich die Stabilität nicht allein dadurch wiederherstellen, daß man den deutschen Unmut besänftigte. Nur wenn Frankreich und Großbritannien sich einig gewesen wären, hätten sie den letzten Rest der europäischen »balance of power« aufrechterhalten können; doch beide Mächte standen sich in Frustration und Unverständnis gegenüber, während die Staaten, die eine tatsächliche Bedrohung des Gleichgewichtes darstellten – Deutschland und Sowjetrußland –, verdrossen zusahen.

Vielfältige Fehleinschätzungen hatten zu dieser sinnlosen Konfrontation geführt. Großbritannien überschätzte die Stärke Frankreichs, Frankreich dagegen die eigenen Möglichkeiten, mit Hilfe des Versailler Vertrages seine zunehmende Unterlegenheit gegenüber Deutschland zu kompensieren. Londons Furcht vor einer möglichen Hegemonie Frankreichs auf dem Festland war absurd, Frankreichs Überzeugung, Außenpolitik nur auf der Grundlage eines dauerhaft unterworfenen Deutschlands betreiben zu können, ein Irrtum, den ein Anflug von Verzweiflung umgab.

Doch das größte Hindernis für das Bündnis war der Versailler Vertrag selbst. Die politische Führung Großbritanniens hielt den Vertrag insgesamt, vor allem aber die Osteuropa betreffenden territorialen Regelungen im Grunde für ungerechtfertigt. Die Briten fürchteten, durch ein Bündnis mit Frankreich, das Verpflichtungen gegenüber den osteuropäischen Ländern übernommen hatte, zu einem Konflikt über die falschen Fragen und möglicherweise sogar zur Verteidigung des falschen Landes gezwungen zu werden. Lloyd George gab dieser weitverbreiteten Befürchtung Ausdruck: »Das englische Volk«, formulierte er, »ist nicht bereit, sich in Streitigkeiten verwickeln zu lassen, die wegen Polen, Danzig oder Oberschlesien entstehen könnten. [...] Das englische Volk glaubt, die Bevölkerung in jenen Teilen Europas sei unbeständig und leicht erregbar, sie könnte jederzeit einen Kampf beginnen, und es könnte sehr schwer sein, Recht und Unrecht bei diesem Streit zu entwirren.«[10]

Vor diesem Hintergrund wird deutlich, daß die Briten Diskussionen um eine mögliche britisch-französische Allianz nicht als ernsthaften Beitrag zur internationalen Sicherheit verstanden. Sie versuchten vielmehr auf diesem Weg, den französischen Druck auf Deutschland zu lindern.

Paris fuhr mit seinen hoffnungslosen Bemühungen, Deutschland zu schwächen, fort; Großbritannien suchte weiterhin nach unverbindlichen Sicherheitsarrangements, um Frankreichs Ängste zu besänftigen. Mit anderen Worten: Beide Seiten suchten nach der Quadratur des Kreises. Denn solange ein vollwertiges Militärbündnis außer Reichweite blieb – und gerade das war für die Briten ausgeschlossen –, so lange waren die Franzosen weder zu beruhigen noch zu einer versöhnlicheren Außenpolitik zu bewegen.

Als der französische Ministerpräsident Briand 1922 erkannte, daß das britische Parlament eine formelle militärische Verpflichtung nicht billigen würde, erinnerte er an den Präzedenzfall der Entente Cordiale von 1904: britisch-französische Zusammenarbeit auf diplomatischer Ebene ohne militärische Verpflichtungen. Doch zu Beginn des Jahrhunderts hatte sich London durch den Ausbau der deutschen Kriegsflotte und die ständigen Einschüchterungsversuche Berlins bedroht gefühlt. Zwanzig Jahre später fürchteten die Briten weniger Deutschland als die Forderungen der französischen Politik, die sie nicht auf Panik, sondern auf Arroganz zurückführten. Zwar ging das britische Kabinett, wenn auch widerstrebend, auf Briands Vorschlag ein. Welche Motive diesem Entschluß aber in Wahrheit zugrunde lagen, offenbart ein zynisches Kabinettsprotokoll, in dem eine Allianz mit Frankreich in Erwägung gezogen wird, um die Beziehungen Londons zu Weimar zu stärken: »Für uns ist Deutschland der wichtigste Staat in Europa, nicht nur aufgrund unserer Handelsbeziehungen, sondern auch, weil Deutschland der Schlüssel für die Situation in Rußland ist. Wenn wir Deutschland helfen, so laufen wir unter den derzeitigen Bedingungen Gefahr, uns dem Vorwurf auszusetzen, Frankreich im Stich zu lassen. Wenn aber Frankreich unser Verbündeter ist, so kann es keine derartigen Vorwürfe erheben.«[11]

Ob der französische Präsident Alexandre Millerand die ausweichende Haltung der Briten erkannte oder ob ihm das Arrangement schlicht zu unkonkret war, ist nicht bekannt. In jedem Fall lehnte er Briands Plan ab. Der Ministerpräsident trat daraufhin zurück.

Sämtliche französischen Versuche, Großbritannien zu einem traditionellen Bündnis zu bewegen, waren gescheitert. Paris erhoffte nun vom Völkerbund den Schutz, den London verweigerte. Man beabsichtigte, Kriterien zur Definition von Aggression zu erarbeiten, die konkret genug waren, um im Rahmen des Völkerbundes in eine präzise Verpflichtung umgewandelt zu werden. Im Grunde bedeutete das, den Völkerbund in ein globales Bündnis klassischer Machart zu überführen. Auf französischen und britischen Druck entwickelte der Völkerbundsrat im September 1923 ein umfassendes Vertragswerk, das gegenseitigen Beistand sicherstellen sollte. Im Fall eines Konfliktes sollte der Rat dazu ermächtigt sein, Opfer und Aggressor zu benennen. Alle Mitglieder des Bundes hätten dem Opfer beizustehen, nötigenfalls auch mit militärischer Gewalt, und zwar immer auf demjenigen Kontinent, auf dem der Signatarstaat gelegen war (eine Hinzufügung, durch die vermieden werden sollte, daß der Völkerbund in koloniale Konflikte hineingezogen würde.) Da nach der Doktrin kollektiver Sicherheit Verpflichtungen nicht wegen widerstreitender nationaler Interessen, sondern aus der Verteidigung allgemeiner Prinzipien erwachsen sollten, legte der Vertrag überdies fest, daß ein Opferstaat nur dann Beistand erhalten würde, wenn er zuvor eine von der Weltorganisation anerkannte Abrüstungsvereinbarung unterzeichnet und seine Streitkräfte nach einem abgestimmten Zeitplan reduziert hätte.

Für gewöhnlich indessen ist das Opfer auf der schwächeren Seite zu suchen, und so reizte der Vertrag über gegenseitigen Beistand de facto geradezu zur Aggression, da man von der schwächeren Seite verlangte, sie solle alle Hindernisse aus dem Weg räumen. Es lag etwas Absurdes in der Annahme, die internationale Ordnung würde hinfort nicht mehr mit Rücksicht auf vitale nationale Interessen, sondern auf vorbildliche Abrüster verteidigt werden. Mehr noch: Da die Ausarbeitung von Konzepten für einen umfassenden Abrüstungsvertrag Jahre in Anspruch genommen hätte, schuf der Beistandsvertrag ein immenses Vakuum. Die Beistandspflicht war in weite Ferne gerückt; weder Frankreich noch irgendein anderer bedrohter Staat hatte durch den Vertrag gewonnen. Man würde sich auch in Zukunft allein den Gefahren stellen müssen.

Trotz seiner Befreiungsklauseln wurde der Vertrag nicht unterstützt. Die Vereinigten Staaten und die Sowjetunion zogen einen Beitritt gar nicht erst in Erwägung. Deutschlands Meinung wurde niemals erfragt. Und als klar wurde, daß der Vertragsentwurf Großbritannien, das Kolonien auf allen Kontinenten besaß, dazu verpflichtet hätte, jedem Opfer einer Aggression überall auf der Welt beizustehen, fühlte sich auch der neue britische Premierminister Ramsay MacDonald zu der Verlautbarung verpflichtet, Großbritannien – das an dem Entwurf des Vertrages selber beteiligt gewesen war – könne den Vertrag nicht akzeptieren.

Frankreichs Bedürfnis nach Schutz nahm unterdessen zwanghafte Züge an. Ungeachtet der Sinnlosigkeit ihres Tuns gab die französische Regierung ihre Suche nach Kriterien, die sich mit dem Prinzip kollektiver Sicherheit vereinbaren ließen, nicht auf, zumal die britische Labour-Regierung Mac-Donald kollektive Sicherheit und Abrüstung – die sogenannten fortschrittlichen Ziele, die der Völkerbund vertrat – so entschieden unterstützte. Mac-Donald und der neue französische Ministerpräsident Edouard Herriot präsentierten schließlich eine neue Variante des vorherigen Vorschlags: Das Genfer Protokoll von 1924 verlangte ein Schlichtungsverfahren durch den Völkerbund bei allen internationalen Konflikten und setzte drei Kriterien fest, wann eine generelle Beistandsverpflichtung vorlag: wenn der Aggressor dem Rat den Schlichtungsversuch verweigerte; wenn er es versäumte, Streitfragen von sich aus einer Rechts- oder Vermittlungsinstanz zu unterbreiten; und wenn das Opfer an einem umfassenden Abrüstungsprogramm teilnahm.[12]

Doch das Genfer Protokoll scheiterte aus denselben Gründen, die auch zum Fehlschlag all der anderen damals entworfenen Pläne zur kollektiven Sicherheit geführt haben. Für Großbritannien ging es in seinen Bestimmungen zu weit; für Frankreich konnte es nicht weit genug gehen. London hatte den Vorschlag nur lanciert, um Paris zur Abrüstung zu bewegen; zusätzliche Verteidigungsverpflichtungen aber wollte es nicht eingehen. Frankreich war in erster Linie an der Beistandspflicht interessiert und nur in zweiter Linie – wenn überhaupt – an den Abrüstungsbestimmungen. Und um das Maß voll zu machen, kündigten die Vereinigten Staaten an, sie würden das Genfer Protokoll weder respektieren noch irgendwelche Einschränkungen ihres Handels durch dessen Bestimmungen tolerieren.

Die Sachlage war grotesk. Beistand und Verteidigung gegen Aggression waren von der vorherigen Abrüstung des Opfers abhängig gemacht worden. Geopolitische Erwägungen oder die strategische Bedeutung einer Region – Gründe, aus denen Nationen jahrhundertelang in den Krieg gezogen waren – galten nicht länger als legitim. Folgte man diesem Ansatz, dann würde Großbritannien Belgien nicht etwa verteidigen, weil darin eines seiner wesentlichen strategischen Interessen lag, sondern weil Brüssel abgerüstet hatte. Nach monatelangen Verhandlungen erreichten die Demokratien weder Abrüstung noch Sicherheit. In der Tat führte die Tendenz der Doktrin der kollektiven Sicherheit, Aggression in ein abstraktes, formaljuristisches Problem zu verwandeln, ungeachtet konkreter Bedrohungen oder Verpflichtungen, nicht zu Beruhigung, sondern zu Demoralisierung.

Es war unverkennbar, daß Großbritannien – trotz leidenschaftlicher Lippenbekenntnisse – sich durch Systeme kollektiver Sicherheit weniger gebunden fühlte als durch traditionelle Allianzen. Denn das britische Kabinett zeigte sich durchaus produktiv, wenn es darum ging, immer neue Formeln für kollektive Sicherheit zu entwickeln, während es sich einem formellen Bündnis mit Frankreich bis zum Vorabend des Krieges anderthalb Jahrzehnte später eisern widersetzte. Das wäre natürlich anders gewesen, wenn es beide Arten von Sicherheitssystemen als gleichermaßen bindend betrachtet hätte.

Ohne Zweifel hätten die Alliierten besser daran getan, Deutschland freiwillig von den erdrückendsten Bestimmungen des Versailler Vertrages zu entbinden und eine feste französisch-britische Koalition zu schmieden. Eben diesen Gedanken verfolgte Winston Churchill, als er für eine französisch-britische Allianz eintrat, sofern »es [Frankreich] sein Verhalten gegenüber Deutschland vollkommen« änderte und eine »britische Politik der Hilfe und Freundschaft zu Deutschland loyal« akzeptierte.[13] Doch eine solche Politik konnte sich – aus den bekannten Gründen – nicht durchsetzen. Paris fürchtete nicht allein Deutschland, sondern auch die Öffentlichkeit des eigenen Landes, die Deutschland zutiefst feindselig gegenüberstand. Die britische Regierung wiederum konnte nicht von ihrem Mißtrauen gegenüber den französischen Absichten lassen.

Die Abrüstungsbestimmungen des Versailler Vertrages vertieften den Graben zwischen Frankreich und den angelsächsischen Staaten. Gleichzeitig ebneten sie Deutschland den Weg zu einem militärischen Gleichstand, der angesichts der Schwäche Osteuropas auf längere Sicht zu geopolitischer Überlegenheit führen mußte. Überdies verbanden die Alliierten Benachteiligung mit Inkompetenz: Sie verurteilten die Deutschen zwar zur Abrüstung, stützten diese aber nicht durch einen entsprechenden Kontrollmechanismus. Schon 1919 prophezeite deshalb der französische Chefunterhändler in Versailles, André Tardieu, in einem Brief an Colonel House, daß dieser Fehler die Abrüstungsklauseln des Vertrages letzten Endes zunichte machen würde: »Ein schwaches Instrument wird hier entwickelt, ein gefährliches und absurdes dazu [...]. Wird sich der Völkerbund an Deutschland wenden und sagen: ›Beweist, daß unsere Informationen falsch sind‹, oder sogar: ›Wir wollen das überprüfen‹? Das bedeutet doch, ein Recht auf Überwachung geltend zu machen. Deutschland wird entgegnen: ›Mit welchem Recht?‹ Das wird Deutschlands Antwort sein, und man wird sie ihm nicht verwehren können, solange man es nicht durch den Vertrag dazu zwingt, das Recht auf Überprüfung anzuerkennen.«[14]

In jenen unschuldigen Tagen, in denen Rüstungskontrolle noch nicht zu einem akademischen Gegenstand geworden war, hielt niemand es für sonderbar, daß man Deutschland den Beweis für seine Abrüstung selber antreten ließ. Um trotzdem sicherzugehen, wurde eine alliierte Militärkontrollkommission ins Leben gerufen. Sie hatte allerdings nicht das Recht, unabhängige Inspektionen vorzunehmen, sondern konnte lediglich formelle Anfragen an die deutsche Regierung richten. 1926 wurde sie wieder aufgelöst: Die Überprüfung der deutschen Abrüstung blieb von da an den Geheimdiensten überlassen. Unter diesen Umständen ist es kein Wunder, daß schwerwiegende Verstöße gegen die Bestimmungen schon begangen wurden, lange bevor Hitler ihre Ausführung schließlich ausdrücklich verweigerte.

Berlin beharrte auf politischer Ebene geschickt auf der im Versailler Vertrag angekündigten umfassenden Abrüstung, zu der die deutsche ja nur ein erster Schritt sein sollte. Mit der Zeit gelang es sogar, britische Unterstützung in dieser Angelegenheit zu gewinnen, und solange die allgemeine Abrüstung nicht vorankam, benutzte man dies als Rechtfertigung, auch andere Bestimmungen des Vertrages nicht zu befolgen. Großbritannien kündigte, um Druck auf Frankreich auszuüben, einen dramatischen Abbau seiner eigenen Bodenstreitkräfte an (die für seine Sicherheit nie von großer Bedeutung gewesen waren), ließ aber seine Kriegsmarine (auf die es sich in dieser Hinsicht unbedingt verließ) aus dem Spiel. Die Sicherheit Frankreichs hing jedoch in erster Linie von der Stärke seines stehenden Heeres ab, das dem deutschen zahlenmäßig weit überlegen sein mußte, um das im Verhältnis schwächere französische Industriepotential und die geringere Bevölkerungszahl auszugleichen.

Dieses Gleichgewicht sollte sich nun unter dem von London ausgehenden Druck verschieben, entweder durch deutsche Wiederbewaffnung oder durch französische Abrüstung. Dies führte letzten Endes zur Umkehrung der Ergebnisse des Krieges. Als Hitler an die Macht kam, zeichnete sich bereits ab, daß die Abrüstungsbestimmungen des Versailler Vertrages bald null und nichtig sein würden. Der geopolitische Nutzen, den Berlin aus dieser Situation zog, lag auf der Hand.

Doch Paris und London stritten nicht nur über die Abrüstungsklauseln. Auch die Frage der Reparationen führte zu Dissonanzen. Bis zum Versailler Vertrag war es üblich, vom Besiegten Reparationen zu verlangen: Sieg oder Niederlage waren die einzigen Maßstäbe. Dies galt nach dem Deutsch-Französischen Krieg von 1870, als Frankreich Entschädigung an das Deutsche Reich zahlen mußte, ebenso wie 1918, als das Kaiserreich im Vertrag von Brest-Litowsk schwindelerregend hohe Reparationsforderungen gegenüber Rußland geltend machte. Versailles markierte auch in dieser Frage eine Wende. Im Zuge der neuen Weltordnung kamen die Alliierten zu der Überzeugung, daß auch Reparationen moralisch zu rechtfertigen sein mußten. Dazu diente die sogenannte Kriegsschuldklausel in Artikel 231 des Vertrages, auf die schon im letzten Kapitel eingegangen wurde. Die Klausel wurde in Deutschland erbittert bekämpft und zerstörte auch den letzten Rest an Bereitschaft, den Friedensvertrag anzuerkennen.

Erstaunlicherweise beantworteten die Konstrukteure des Vertrages die Frage der Kriegsschuld zwar eindeutig, ließen die Gesamtsumme der zu leistenden Reparationen aber offen. Man einigte sich, dergleichen Details an zukünftige Expertenkommissionen weiterzugeben, weil die von der Öffentlichkeit der Siegerstaaten erwarteten Beträge so exorbitant hoch waren, daß sie Wilsons prüfendem Blick oder der Analyse seriöser Finanzexperten schwerlich standgehalten hätten.

So wurden nicht nur die Abrüstungsbestimmungen, sondern auch die Reparationen zu einer Waffe in der Hand deutscher Revisionisten. Außerdem bezweifelten selbst Experten mehr und mehr nicht nur die moralische Angemessenheit, sondern auch die Durchführbarkeit der Ansprüche. John Maynard Keynes' Abhandlung *Die wirtschaftlichen Folgen des Friedensvertrages*[15] war dafür ein vorzügliches Beispiel.

Je mehr Zeit vergeht, desto schwächer wird schließlich die Verhandlungsposition des Siegers, und was nicht gelingt, solange der Schock der Niederlage anhält, kann später kaum noch erreicht werden – eine Lehre, die auch den Vereinigten Staaten nach dem Ende des Golfkrieges von 1991 erteilt worden ist.

Erst 1921, zwei Jahre nach der Unterzeichnung des Versailler Vertrages, wurde die Reparationssumme endlich festgesetzt. Sie belief sich auf einen absurd hohen Betrag: 132 Milliarden Goldmark, eine Summe, die heute noch nicht abgezahlt wäre. Es war vorauszusehen, daß Deutschland sich für zahlungsunfähig erklären würde. Aber selbst wenn das internationale Finanzsystem einen derartig umfangreichen Transfer von Geldmitteln technisch hätte verkraften können: Keine demokratisch gewählte deutsche Regierung hätte die Zustimmung zu diesen Bedingungen überlebt.

Im Sommer 1921 zahlte die junge deutsche Republik die erste Rate der Reparationsforderungen und überwies eine Milliarde Mark. Sie hatte eigens zu diesem Zweck Papiergeld gedruckt und gegen Fremdwährungen auf dem freien Markt verkauft. Mit anderen Worten, sie trieb die Inflation ihrer eigenen Währung bis zu dem Punkt voran, an dem ein wirklicher Transfer von Geldmitteln nicht mehr möglich war. Bereits Ende 1922 bat die deutsche Regierung um einen vierjährigen Zahlungsaufschub.

Das Zusammenspiel all dieser Faktoren – ungelöste Reparations- und Demilitarisierungsfragen, unausgewogene Machtverhältnisse zwischen Siegern und Besiegten, der Zerfall der Kriegsallianz, desolate Sicherheitskonzepte – zerrüttete das internationale System: De facto hatte Versailles nicht zu mehr Ordnung, sondern zu einer Art internationalem Guerillakrieg geführt. Vier Jahre nach dem Sieg der Alliierten war Deutschland in einer besseren Verhandlungsposition als Frankreich.

In dieser Atmosphäre rief der britische Premierminister Lloyd George im April 1922 zu einer internationalen Konferenz in Genua auf, um einen vorsichtigen Versuch zu unternehmen, Reparationen, Kriegsschulden und den wirtschaftlichen Wiederaufbau Europas als Paket zu diskutieren, ähnlich wie es eine Generation später der Marshall-Plan tat. Da der Wiederaufbau Europas ohne die zwei größten Staaten auf dem Kontinent – die zugleich die zwei größten Schuldner waren – nicht zu bewältigen war, lud der britische Premier Deutschland und Sowjetrußland, die beiden Außenseiter der europäischen Diplomatie, zum ersten Mal in der Nachkriegsgeschichte zu einer internationalen Konferenz. Doch die Zusammenkunft führte nicht etwa zu der von Lloyd George erhofften Stabilisierung der internationalen Ordnung. Vielmehr bot sie beiden Außenseitern eine Möglichkeit zur Annäherung.

Seit der Französischen Revolution war am Horizont der europäischen Diplomatie kein Gebilde aufgetaucht, das auch nur im entferntesten Sowjetrußland geähnelt hätte. Zum ersten Mal seit über einem Jahrhundert widmete sich ein Land wieder offiziell dem Umsturz der bestehenden Ordnung. Doch während die französischen Revolutionäre die bestehende Staatsform verändern wollten, versuchten die Bolschewiken, den Staat an sich abzuschaffen. Und wenn der Staat, um mit Lenins Worten zu sprechen, erst einmal vernichtet wäre, würde auch für Diplomatie oder Außenpolitik keine Notwendigkeit mehr bestehen. Diese Auffassungen lösten Unsicherheit auf beiden Seiten aus – sowohl bei den Sowjets als auch bei ihren Verhandlungspartnern. Die frühen Bolschewiken hatten zwar Theorien über Klassenkampf und die kriegstreibende Wirkung des Imperialismus entwickelt, mit der Frage, wie Außenpolitik zwischen souveränen Staaten betrieben werden sollte, hatten sie sich jedoch nicht auseinandergesetzt. In dem sicheren Glauben, daß die Weltrevolution eine Sache von Monaten oder – aus extrem pessimistischer Sicht – von ein paar Jahren sei, betrachtete sich Leo Trotzki, der erste sowjetische Außenminister, daher auch kaum anders als einen ideologischen Erfüllungsgehilfen, der – in der Absicht, den Kapitalismus zu diskreditieren – die verschiedenen Geheimverträge, mit denen der Westen die Kriegsbeute unter sich aufzuteilen gedachte, ans Licht der Öffentlichkeit zu bringen habe. In seinen Augen erschöpfte sich seine Rolle darin, »ein paar revolutionäre Aufrufe an die Völker der Welt abzugeben und dann den Laden dichtzumachen«.[16]

Angesichts dieser Umstände ist es nicht verwunderlich, daß Sowjetrußland von Anfang an von den Friedensverhandlungen in Versailles ausgeschlossen blieb. Die Alliierten sahen keinen Grund, einen Staat in ihre Bemühungen mit einzubeziehen, der bereits einen Separatfrieden mit Deutschland geschlossen hatte und dessen Agenten alles daransetzten, die demokratischen Regierungen zu stürzen. Doch auch Lenin und seine Genossen hatten kein Interesse daran, an einer internationalen Ordnung mitzuwirken, die sie zerstören wollten.

In ihren endlosen und schwerverständlichen internen Debatten hatte die Bolschewiken nichts auf jenen Kriegszustand vorbereiten können, dessen Erben sie dann wurden. Sie konnten keinen Friedensvorschlag präsentieren, weil sie über ihr Land nicht als einen Staat, sondern als einen Gegenstand von Plänen und Debatten nachdachten. Sie verstanden die Beendigung des Krieges und die Ausrufung der europäischen Revolution als Bestandteile ein und desselben Prozesses; folgerichtig war der erste, nur einen Tag nach der Revolution von 1917 herausgegebene außenpolitische Erlaß das sogenannte Dekret über den Frieden, in dem Regierungen und Völker der Welt zu einem »demokratischen« Frieden aufgerufen wurden.[17]

Die Illusionen der Bolschewiken wurden schnell enttäuscht. Das deutsche Oberkommando erklärte sich bereit, in Brest-Litowsk Friedensverhandlungen zu führen, und bot für die Dauer der Verhandlungen einen Waffenstillstand an. Noch glaubte Trotzki, er könne in der Verhandlung mit der Weltrevolution drohen und als eine Art Anwalt des Proletariats auftreten. Zu seinem Unglück freilich war der deutsche Unterhändler ein siegreicher General und kein Philosoph. Max Hoffmann, Stabschef für die Ostfront, wußte genau, wie es um das Kräfteverhältnis stand, und die im Januar 1918 von ihm vorgebrachten brutalen Bedingungen reflektierten dieses Wissen nur zu deutlich: Er forderte das Baltikum, ein Stück von Weißrußland, ein De-facto-Protektorat über eine unabhängige Ukraine und gewaltige Wiedergutmachungsleistungen. Der Verzögerungstaktik Trotzkis überdrüssig, präsentierte er schließlich eine Landkarte mit einer dick eingezeichneten blauen Linie, die den Umfang der deutschen Forderungen deutlich machte. Danach war klar, daß sich Deutschland nicht hinter diese Linie zurückziehen würde, bis es nicht schutzlos dastand.

Das Ultimatum Hoffmanns löste am 21. Januar 1918 die wichtige Debatte der Kommunisten über die Außenpolitik aus. Von Stalin unterstützt, drang Lenin auf eine beschwichtigende Politik; Bucharin befürwortete statt dessen einen Revolutionskrieg. Lenin hielt dagegen, daß die Sowjetunion, sollte die Revolution in Deutschland nicht ausbrechen oder fehlschlagen, eine »vernichtende Niederlage« einstecken müsse. Der daraus erwachsende Frieden könne nur schlimmer sein als der jetzige, »wobei dieser Frieden nicht von der sozialistischen Regierung geschlossen würde, sondern von irgendeiner anderen [...]. Bei einer solchen Lage der Dinge wäre es eine absolut unzulässige Taktik, das Schicksal der in Rußland bereits begonnenen sozialistischen Revolution aufs Spiel zu setzen nur wegen der Hoffnung auf den Ausbruch der deutschen Revolution in der nächsten Zeit...«[18]

Trotzki, der für eine ideologisch geprägte Außenpolitik plädierte, sprach sich für die Taktik »kein Krieg, kein Frieden«[19] aus. Doch die schwächere Seite verfügt nur dann über die Möglichkeit, auf Zeit zu spielen, wenn sie einem Feind gegenübersteht, der Verhandlungen als sinnvoll betrachtet, weil diese per definitionem sinnvoll sein müssen – eine Illusion, der insbesondere die Vereinigten Staaten verfallen waren. Die Deutschen dachten ganz anders. Als Trotzki, mit entsprechenden Instruktionen versehen, an den Verhandlungstisch zurückkehrte und sich weder auf Frieden noch auf Krieg festlegen wollte, dafür aber einseitig das Ende des Krieges ausrief, nahmen sie ihre militärischen Operationen kurzerhand wieder auf. Mit der totalen Niederlage konfrontiert, akzeptierten Lenin und seine Genossen schließlich die Bedingungen Hoffmanns, unterzeichneten den Vertrag von Brest-Litowsk und erklärten sich zur Koexistenz mit dem kaiserlichen Deutschland bereit.

Im Verlauf der kommenden sechzig Jahre sollten sich die Sowjets etliche Male auf das Prinzip der Koexistenz berufen. Ihre Gegenspieler reagierten darauf immer auf gleiche Weise: Die Demokratien bejubelten die Verkündigung einer friedlichen Koexistenz als Zeichen der Umkehr zu einer dauer-haften Friedenspolitik. Die Kommunisten selber sahen das anders. Peri-oden friedlicher Koexistenz waren dann gerechtfertigt, wenn die gerade vor-herrschenden Kräfteverhältnisse einen Konfrontationskurs ausschlossen; wandelten sich diese Bedingungen aber, war friedliche Koexistenz kaum noch sinnvoll. Lenin zufolge wurde die Koexistenz mit dem kapitalistischen Widersacher von der Realität diktiert:»Indem wir einen Separatfrieden schließen, befreien wir uns im höchsten für den gegenwärtigen Augenblick möglichen Grade von beiden einander bekämpfenden imperialistischen Gruppen, nutzen ihre Feindschaft und ihren Krieg – der es ihnen erschwert, ein Abkommen gegen uns zu treffen.«[20] Diese Politik erreichte mit dem Hitler-Stalin-Pakt von 1939 ihren Höhe-punkt. Widersprüche wurden mühelos der politischen Vernunft unterge-ordnet.»Wir sind davon überzeugt«, vermeldete schon der Leitartikel der ›Iswestija‹ vom 15. März 1918,»daß unsere überaus beständige sozialistische Politik mit unnachgiebigem Realismus und höchst vernünftiger Praktikabi-lität einherzugehen hat.«[21]

1920 schließlich rangen sich die Sowjets doch zu der Erkenntnis durch, daß man in den Beziehungen zum Westen zu traditionelleren Formen der Außenpolitik zurückkehren müsse. In den Worten des damaligen sowjeti-schen Außenministers Georgi Tschitscherin:»Es mag, was die Fortdauer des kapitalistischen Systems anbelangt, unterschiedliche Meinungen geben. Gegenwärtig aber existiert das kapitalistische System, weshalb man einen Modus vivendi finden muß.«[22]

Ungeachtet der revolutionären Rhetorik entwickelte sich das nationale Interesse letzten Endes zu einem der vorrangigen Ziele sowjetischer Politik. In den Rang einer sozialistischen Wahrheit erhoben, erhielt es einen ähnli-chen zentralen Stellenwert wie zuvor in den kapitalistischen Staaten. Über-leben war nun das unmittelbare Ziel, Koexistenz die zu diesem Zweck ein-gesetzte Taktik.

Doch der sozialistische Staat sah sich schon bald nach dem Ende des Ersten Weltkrieges der nächsten militärischen Bedrohung gegenüber. Im April 1920 wurde Sowjetrußland von Polen angegriffen. Polnische Verbände stießen bis in die Umgebung von Kiew vor, ehe sie zurückgeschlagen wer-den konnten. Als sich die Rote Armee in ihrer Gegenoffensive Warschau näherte, intervenierten die westlichen Alliierten; sie forderten ein Ende des sowjetischen Vorstoßes und Friedensverhandlungen. Der britische Außen-minister Lord Curzon schaltete sich ein: Er schlug eine Trennungslinie zwi-schen Polen und Rußland vor. Die Sowjets waren zur Einigung bereit, doch die Polen weigerten sich und bestanden auf einem Grenzverlauf, der beträchtlich weiter im Osten lag als die von Lord Curzon vorgeschlagene Linie.

Auf diese Weise verschärfte Polen den Unmut der beiden Staaten, die tra-ditionell zu seinen Feinden zählten: Deutschland, dem es Oberschlesien und den polnischen Korridor abgenommen hatte, und Sowjetrußland, das sich des Gebietes östlich der Curzon-Linie beraubt fühlte. Als sich der Pulverdampf verzogen hatte, fand sich Sowjetrußland zwar endlich von Krieg und Revolution befreit; dafür hatte es mit dem Verlust der meisten zaristischen Eroberungen im Baltikum, in Polen, Finnland, in Bessarabien und entlang der türkischen Grenze bezahlen müssen. 1923 forderte Moskau dann die Kontrolle über die Ukraine und Georgien, die sich während der Unruhen vom russischen Reich getrennt hatten, zurück – ein Ereignis, das auch heute viele russische Führer noch nicht vergessen haben.

Die Kontrolle über die innenpolitischen Verhältnisse konnte nur wiederhergestellt werden, wenn die Sowjets pragmatische Kompromisse zwischen revolutionären Kreuzzügen und der Realpolitik, zwischen der Verkündigung der Weltrevolution und der Umsetzung friedlicher Koexistenz einzugehen bereit waren. Die Entscheidung dafür, die Weltrevolution aufzuschieben, bedeutete indessen nicht, daß man die existierende Ordnung unterstützen wollte. Im Gegenteil: Der Frieden bot die Möglichkeit, die kapitalistischen Staaten gegeneinander auszuspielen. Ihr besonderes Interesse richteten die Sowjets dabei auf Deutschland, das in der Konzeption der russischen Politik, auch durch eine gewisse emotionale Verbundenheit, schon immer eine große Rolle gespielt hatte. Im Dezember 1920 erläuterte Lenin diese strategischen Überlegungen folgendermaßen:»Unsere Existenz hängt erstens von dem Bestehen einer radikalen Spaltung im Lager der imperialistischen Mächte ab und zweitens von der Tatsache, daß der Sieg der Entente und der Versailler Frieden die große Mehrheit der deutschen Nation in eine Lage gebracht hat, in der sie nicht leben kann [...]. Die deutsche Bourgeois-Regierung haßt die Bolschewiken. Aber die Interessen der internationalen Lage treiben sie gegen ihren eigenen Willen zum Frieden mit Rußland.«[23]

Auch in Deutschland kam man zu diesem Schluß. Während des russischpolnischen Krieges schrieb General Hans von Seeckt, der Architekt des deutschen Nachkriegsheeres:»Der jetzige polnische Staat ist eine Schöpfung der Entente. Er soll den Druck des früheren Rußland auf die deutsche Ostfront ersetzen. Der Kampf Sowjet-Rußlands gegen Polen trifft nicht nur dieses, sondern vornehmlich auch die Entente – Frankreich und England. Bricht Polen zusammen, so wankt das gesamte Gebäude des Versailler Vertrages. Aus dieser Auffassung geht klar hervor, daß Deutschland kein Interesse daran hat, Polen irgendwelche Hilfe in seinem Kampf gegen Rußland angedeihen zu lassen.«[24]

Die Darlegungen von Seeckts bestätigten die wenige Jahre zuvor von Lord Balfour geäußerten (und im vorangegangenen Kapitel wiedergegebenen) Befürchtungen, daß Polen sich zu einem gemeinsamen Feind Sowjetrußlands und Deutschlands entwickeln und so das Gleichgewicht, das noch im neunzehnten Jahrhundert zwischen den beiden Großmächten bestanden hatte, außer Kraft setzen würde. Das in Versailles geschaffene internationale System konfrontierte Deutschland nicht nur mit einer Tripelentente, sondern mit einer Vielzahl von Staaten, unter denen mehr oder weniger gravierende Meinungsverschiedenheiten bestanden. Sowjetrußland befand sich in einer ganz ähnlichen Lage – bis hin zu dem Gefühl, durch die Nachkriegsordnung in territorialer Hinsicht übervorteilt worden zu sein. So schien es nur eine Frage der Zeit, bis sich die beiden Außenseiter in ihrem Unmut zusammenschließen würden.

Die Gelegenheit dazu ergab sich 1922 in Rapallo, einem Küstenort nahe Genua, dem Schauplatz der von Lloyd George einberufenen internationalen Konferenz. Ironischerweise ermöglichten erst die Alliierten, die eine Annäherung der beiden Großmächte seit Kriegsende fürchteten, dieses Treffen durch ihr dauerndes Feilschen um Reparationszahlungen, das sich seit der Verkündigung der Gesamtsumme und der darauffolgenden angeblichen Zahlungsunfähigkeit Deutschlands noch verschärft hatte. Doch Lloyd George fehlten – und das bedeutete das größte Hindernis für einen Erfolg dieser Konferenz – sowohl Macht als auch Geschicklichkeit, Eigenschaften, mit denen der amerikanische Außenminister George Marshall sein Wiederaufbaupogramm nach dem Zweiten Weltkrieg zum Erfolg bringen konnte. Im letzten Augenblick weigerte sich Frankreich, das Thema der Reparationen auf die Tagesordnung zu setzen, weil die Franzosen zu Recht fürchteten, von der Konferenz gezwungen zu werden, einer Reduzierung der Gesamtsumme zuzustimmen. Offenbar schätzte Paris den Bestand all seiner unerfüllbaren – wenngleich international anerkannten – Forderungen höher ein als einen erreichbaren Kompromiß. Die Deutschen hingegen versuchten, einen Zahlungsaufschub bei den Reparationen zu erreichen, während die Sowjets argwöhnten, die Alliierten wollten aus der Sackgasse herauskommen, indem sie die Schulden des alten Zarenreichs mit den deutschen Reparationen verbanden. Dann freilich wäre Sowjetrußland genötigt gewesen, die zaristischen Schulden anzuerkennen und sich dafür an deutschen Reparationsleistungen schadlos zu halten. Artikel 116 des Versailler Vertrages ließ diese Möglichkeit durchaus offen.

Die sowjetische Regierung jedoch hatte keineswegs die Absicht, die zaristischen Schulden anzuerkennen, und auch die finanziellen Forderungen Großbritanniens und Frankreichs wollte sie nicht erfüllen. Noch weniger war sie daran interessiert, ihre schon jetzt umfassende Liste von Gegnern um Deutschland zu erweitern, indem sie sich am Karussell der Reparationen beteiligte. Damit die Konferenz von Genua diesen Streit nicht zum Nachteil Sowjetrußlands klärte, schlug Moskau Berlin vor, noch vor der Konferenz diplomatische Beziehungen aufzunehmen und gegenseitig auf alle bestehenden Forderungen zu verzichten. Berlin schlug das Angebot aus. Es wollte nicht die erste europäische Regierung sein, die diplomatische Beziehungen mit Sowjetrußland einleitete und damit möglicherweise alle Chancen aufs Spiel setzte, Erleichterungen bei den Reparationen zu erhalten. Der Vorschlag blieb gleichwohl auf dem Tisch.

Dem sowjetischen Außenminister Georgi Tschitscherin, als Aristokrat geboren und später zu einem überzeugten Anhänger der bolschewistischen Sache geworden, gefiel der Gedanke, revolutionäre Überzeugungen in den Dienst der Realpolitik zu stellen. Diese Möglichkeit nämlich bot sich in Genua. So verkündete er eine Politik der »friedlichen Koexistenz«, die ideologische Forderungen praktischer Kooperation unterordnete: »Obschon die russische Delegation auf dem Standpunkt der Prinzipien des Kommunismus steht [...], erkennt sie, daß in der gegenwärtigen Geschichtsepoche, die das Nebeneinander der alten sozialen Ordnung und der im Entstehen begriffenen neuen Ordnung zuläßt, die wirtschaftliche Zusammenarbeit der Staaten beider Gesellschaftssysteme im Interesse der allgemeinen wirtschaftlichen Zusammenarbeit dringend notwendig ist.«[25] Diese Äußerung verknüpfte Tschitscherin mit Vorschlägen, die die Verwirrung der Demokratien nur noch steigerten: Er legte eine so ehrgeizige Tagesordnung vor, daß die demokratischen Regierungen sie nicht einfach ignorieren konnten. Aussicht auf Verwirklichung allerdings bestand kaum, eine Taktik, die sich zu einer beliebten Komponente sowjetischer Diplomatie entwickeln sollte. In Genua jedenfalls reichte die von Tschitscherin vorgeschlagene Liste von der Abschaffung der Massenvernichtungswaffen über eine Weltwirtschaftskonferenz bis hin zur internationalen Kontrolle aller Wasserstraßen. Moskau wollte sich mit dieser Vorgehensweise den Ruf erwerben, Vorkämpfer eines friedlichen Internationalismus zu sein, und auf diese Weise die westliche Öffentlichkeit mobilisieren, um es den westlichen Demokratien zu erschweren, den vom Kreml gefürchteten antikommunistischen Kreuzzug zu organisieren.

Tschitscherin zählte in Genua zu den Außenseitern, ebenso wie die Mitglieder der deutschen Delegation. Den westlichen Alliierten schien nicht klar zu sein, welch riskantes Spiel Berlin und Moskau spielten. Sie taten so, als könne man die beiden mächtigsten Staaten auf dem Kontinent einfach ignorieren. Drei Gesuche des deutschen Reichskanzlers und seines Außenministers um ein Treffen mit Lloyd George wurden abgewiesen. Frankreich bemühte sich zwar um inoffizielle Konsultationen mit Großbritannien und Sowjetrußland, Deutschland aber sollte keinesfalls dabeisein. Dabei ging es nicht darum, neue Beziehungen zu Sowjetrußland zu knüpfen. Vielmehr wollte man noch einmal auf einen schon etwas angestaubten Handel zurückkommen und zaristische Schulden mit deutschen Reparationen ausgleichen, ein Vorschlag, den selbst gutgläubigere Diplomaten als die sowjetischen als Falle erkannt hätten: Eine Verbesserung der deutsch-sowjetischen Beziehungen sollte unterbunden werden. Nach der ersten Konferenzwoche befürchteten sowohl Berlin als auch Moskau, von den Alliierten gegeneinander ausgespielt zu werden. Die deutsche Delegation nahm deshalb dankbar an, als ihr am frühen Morgen des 16. April 1929, genaugenommen um Viertel nach ein Uhr nachts, ein Berater Tschitscherins telefonisch vorschlug, sich am selben Tag zu einem späteren Zeitpunkt in Rapallo zu treffen. Die Deutschen wollten ihre Isolation durchbrechen, die Sowjets nicht in den Genuß des dubiosen Privilegs kommen, zu den Gläubigern Berlins zu zählen.

Die beiden Außenminister verloren keine Zeit. Sie entwarfen eine Vereinbarung, derzufolge Deutschland und Sowjetrußland volle diplomatische Beziehungen aufnehmen würden, auf gegenseitige Forderungen verzichteten und sich gegenseitig die Meistbegünstigungsklausel einräumten. Lloyd George, erst mit einiger Verspätung über das Treffen informiert, versuchte verzweifelt, die deutsche Delegation zu erreichen und sie zu jenem Gespräch zu bitten, das er selbst wiederholt verweigert hatte. Die Nachricht erreichte Reichsaußenminister Walther Rathenau, als er sich gerade auf den Weg machte, das Abkommen zu unterzeichnen. Er zögerte, dann murmelte er vor sich hin:»Le vin est tiré; il faut le boire.«[26]

Im Verlauf des darauffolgenden Jahres handelten Berlin und Moskau Geheimabkommen über militärische und wirtschaftliche Zusammenarbeit aus. Aber auch wenn Rapallo später zu einem Symbol für die Gefahren deutsch-sowjetischer Annäherung geworden ist, stellt es doch eher ein Beispiel für jene schicksalhaften Zufälle dar, die nur in der Rückschau unvermeidlich erscheinen: zufällig deshalb, weil keine der beiden Seiten das Treffen geplant hatte, unvermeidlich, weil die Bühne dafür von den Alliierten selbst bereitet worden war. Sie hatten die beiden größten Staaten auf dem Festland geächtet und einen schmalen Gürtel schwacher und überdies ihnen feindlich gesinnter Staaten zwischen sie gelegt. Mehr konnte man kaum tun, um Deutschland und Sowjetrußland dazu zu bewegen, ihre ideologische Feindschaft zu begraben und gemeinsam daran zu arbeiten, die Versailler Nachkriegsordnung zu Fall zu bringen.

Rapallo selbst ging nicht so weit. Trotzdem verkörperte es jenes unbedingte Interesse, das Moskau und Berlin für die zwischen den beiden Weltkriegen verbleibende Zeit miteinander verbinden sollte. George Kennan hat das Abkommen zum Teil der sowjetischen Beharrlichkeit, zum Teil der im Westen herrschenden Uneinigkeit und Selbstzufriedenheit zugeschrieben[27], und sicherlich waren die westlichen Demokratien kurzsichtig und einfältig. Aber nachdem sie die grundlegenden Fehler des Versailler Vertrages einmal begangen hatten, konnten sie eigentlich nur noch unter verschiedenen Übeln wählen: Die deutsch-sowjetische Zusammenarbeit hingegen hätten sie auf die Dauer nur verhindern können, wenn Großbritannien oder Frankreich mit einer der beiden Mächte einen Handel eingegangen wäre. Doch Deutschland hätte sich darauf wohl nur eingelassen, wenn die polnischen Grenzen korrigiert und der polnische Korridor aufgelöst worden wäre, und unter diesen Umständen hätte die deutsche Vorherrschaft vermutlich nur durch ein festes französisch-britisches Bündnis vermieden werden können, über das die Briten bekanntermaßen nicht einmal nachdenken wollten. Die praktischen Folgen eines Handels mit Sowjetrußland hätten entsprechend in der Wiederherstellung der Curzon-Linie bestanden; das aber hätte Polen abgelehnt und auch Frankreich nicht in Betracht gezogen. Die Demokratien waren nicht bereit, auch nur den geringsten Preis für die Verteidigung des Versailler Vertrages zu zahlen. Sie waren nicht einmal bereit, sich mit dem Dilemma auseinanderzusetzen, wie der Vertrag aufrechterhalten werden sollte, ohne Deutschland oder Sowjetrußland eine Rolle von wirklicher Bedeutung zuzugestehen.

Daher war es wenig wahrscheinlich, daß die beiden Giganten einer Koalition beitreten würden, die sich gegen einen von ihnen richtete. Viel näher schien der Gedanke, daß die beiden großen Kontinentalstaaten die Aufteilung Osteuropas unter sich ausmachten. Hitler und Stalin, von den Fesseln der Vergangenheit befreit und von Machtgier getrieben, brauchten das Kartenhaus nur noch hinwegzufegen, das von den wohlmeinenden, friedliebenden, in hohem Maße zaghaften Staatsmännern in den Jahrzehnten zwischen den Kriegen errichtet worden war.

## Kapitel 11

# Stresemann
# und der Wiederaufstieg
# der Besiegten

*Gustav Stresemann am 10. September 1926*
*vor dem Völkerbund in Genf*

Nach den Grundsätzen einer Diplomatie des Kräftegleichgewichts, wie sie in Europa seit der Krönung Wilhelm von Oraniens zum englischen König praktiziert worden war, hätten London und Paris eine anti-deutsche Koalition formen müssen, um dem revisionistischen Trieb ihres ruhelosen Nachbarn entgegenzuwirken. Allein waren Großbritannien wie Frankreich schwächer als Deutschland, ja sogar schwächer als das besiegte Deutschland, so daß Hoffnung auf ein Gegengewicht nur in einer Allianz bestehen konnte.

Doch dazu sollte es nie kommen. Großbritannien gab die Bemühungen um eine »balance of power« auf, die seine Politik drei Jahrhunderte lang bestimmt hatte. In London wechselte eine inkonsequente und gegen Frankreich gerichtete Anwendung des Gleichgewichts mit einer Hinwendung zur kollektiven Sicherheit, vor deren Durchsetzung man am Ende jedoch zurückschreckte. Währenddessen betrieb Frankreich eine von purer Verzweiflung geprägte Außenpolitik, schwankend zwischen der Einforderung der in Versailles ausgemachten Reparationen und halbherzigen Zugeständnissen, die seinen Nachbarn beruhigen sollten. So kam es dazu, daß der Staatsmann, der das diplomatische Geschehen der zwanziger Jahre am nachhaltigsten formte, nicht aus einer der siegreichen Nationen kam, sondern aus dem besiegten Deutschland – Gustav Stresemann.

Bevor Stresemann auf der internationalen Bühne erschien, sollte es noch einen weiteren, zum Scheitern verurteilten Versuch Frankreichs geben, aus eigenen Kräften für seine Sicherheit zu sorgen. Ende 1922 sah sich Paris mit ausgebliebenen Wiedergutmachungsleistungen, umstrittenen Abrüstungsplänen, Großbritanniens Weigerung, wichtige Sicherheitsgarantien zu leisten, und der deutsch-sowjetischen Annäherung konfrontiert. Frankreich war emotional am Ende seiner Kräfte angelangt. Raymond Poincaré, zu Kriegszeiten Staatspräsident, übernahm das Amt des Ministerpräsidenten und beschloß, die im Versailler Vertrag verankerte Wiedergutmachungsklausel einseitig durchzusetzen. Im Januar 1923 besetzten französische und belgische Truppen ohne vorherige Absprache mit den Verbündeten das Ruhrgebiet.

Viele Jahre später bemerkte Lloyd George dazu: »If there had been no Rapallo, there would have been no Ruhr.«[1] Richtig ist jedoch auch, daß

Frankreich einen so verzweifelten Schritt wie die Besetzung der wichtigsten Industrieregion Deutschlands nicht unternommen hätte, wenn Großbritannien zur Übernahme einer Sicherheitsgarantie bereit gewesen wäre. Wäre Frankreich auf der anderen Seite offener für einen Kompromiß bei den Wiedergutmachungsleistungen (wie auch in der Abrüstungsproblematik) gewesen, hätte Großbritannien sich in der Bündnisfrage womöglich entgegenkommender gezeigt. Welches Gewicht ein solches Bündnis angesichts der mehr oder weniger pazifistischen Grundhaltung der britischen Öffentlichkeit gehabt hätte, sei allerdings dahingestellt.

Frankreichs militärischer Alleingang zeigte nur allzu deutlich, daß es, allein auf sich selbst gestellt, nicht mehr handlungsfähig war. Als Ersatz für die von den Deutschen verweigerten Reparationszahlungen übernahm es die Kontrolle über die Kohle- und Stahlindustrie des Ruhrgebiets und beanspruchte die gesamte Produktion für sich. Die deutsche Regierung ordnete passiven Widerstand an: Sie übernahm die Lohnzahlungen für die streikenden Arbeiter. Zwar ruinierte sich die deutsche Regierung mit dieser Politik finanziell und verursachte eine Hyperinflation, doch auch Frankreich erreichte sein Ziel nicht. Unvermeidlich erwies sich die Besetzung des Ruhrgebiets schließlich als gigantischer Fehlschlag.

Frankreich war nun vollkommen isoliert. Die Vereinigten Staaten brachten durch den Abzug ihrer Besatzungstruppen aus dem Rheinland ihr Mißfallen zum Ausdruck. Auch Großbritannien verhehlte seinen Unmut nicht. Deutschland sah in den Spannungen zwischen den Verbündeten eine günstige Gelegenheit zur Annäherung an Großbritannien. Gleichsam berauscht von einer Atmosphäre nationalen Widerstandes gegen die französische Besatzung, ließen sich einige deutsche Spitzenpolitiker sogar dazu hinreißen, den alten Traum eines deutsch-britischen Bündnisses auferstehen zu lassen, ein weiteres Beispiel für die Unverbesserlichkeit der Deutschen, die schon wieder begannen, ihre Möglichkeiten zu überschätzen. Der britische Botschafter in Berlin, Lord d'Abernon, berichtete von einem Gespräch, in dem ein führender deutscher Politiker einige der alten, aus der Kaiserzeit stammenden Argumente für eine Allianz mit Großbritannien aufgriff und erklärte, daß »die Lage von 1914 sich heute ins Gegenteil verwandelt hat. Es ist ganz klar, daß, ebenso wie im Jahr 1914 England gegen Deutschland kämpfte, um eine militärische Beherrschung Europas zu zerbrechen, es in einigen Jahren sich gezwungen sehen mag, aus demselben Grund mit Frankreich zu kämpfen. Die Frage ist nun, ob England einen solchen Krieg allein führen wird oder ob es Verbündete finden kann.«[2]

Kein verantwortungsbewußter Politiker in Großbritannien dachte daran, so weit zu gehen. Warum sollte sich das Land ausgerechnet mit Deutschland verbünden? Dennoch verlangten Außenminister Curzon und sein Mitarbeiter Sir Eyre Crowe (der Verfasser des Crowe-Memorandums von 1907) am 11. August 1923, Frankreich möge sein Vorgehen im Ruhrgebiet im Hinblick darauf überdenken, daß es Großbritanniens Unterstützung bei einem zukünftigen Konflikt mit Deutschland verlieren könne. Poincaré ließ sich nicht beeindrucken. Er betrachtete die Unterstützung der Briten nicht als Gefälligkeit, sondern als einen unveräußerlichen Bestandteil britischer Interessen: Sollte sich eine Situation wie 1914 entwickeln, so werde Großbritannien in eigener Sache dieselben Maßnahmen ergreifen müssen wie damals.[3]

Hinsichtlich der Entscheidung, die Großbritannien schließlich fällte, sollte Poincaré recht behalten. Aber er verschätzte sich zeitlich; Großbritannien benötigte länger als erwartet, um zu erkennen, daß es tatsächlich mit einer ähnlichen Krise konfrontiert war. Außerdem konnte er nicht vorausahnen, daß das instabile Versailler System bald nur noch ein Trümmerfeld sein würde.

Die Besetzung des Ruhrgebiets dauerte bis zum Herbst 1923. Es gelang Frankreich nicht, in der Region eine separatistische Bewegung von Bedeutung zu erzeugen, nicht einmal im Rheinland, wo die Reichswehr nach den Bestimmungen des Versailler Vertrages nicht einschreiten durfte und separatistische Unruhen somit nicht hätte unterbinden können. Die durch die Besetzung entstandenen Verwaltungskosten konnten mit den Erträgen der Kohlebergwerke nur knapp gedeckt werden. In der Zwischenzeit wurde Deutschland von politischen Unruhen heimgesucht, die in Sachsen von der politischen Linken, in Bayern von der Rechten ausgelöst worden waren. Die Inflation wütete und stellte die Fähigkeit der deutschen Regierung, auch nur den geringfügigeren ihrer Verpflichtungen nachzukommen, in Frage: Frankreichs Forderung nach Wiedergutmachungsleistungen im vollen Umfange war nicht mehr erfüllbar, nicht zuletzt durch die französische Vorgehensweise selber.

Paris und London hatten sich gegenseitig matt gesetzt. Frankreich wollte Deutschland durch sein einseitiges Vorgehen unbedingt schwächen und verspielte Großbritanniens Unterstützung; Großbritannien beharrte auf Versöhnung mit Deutschland, ohne dabei die Auswirkungen auf das Gleichgewicht der Kräfte zu berücksichtigen, und opferte so Frankreichs Sicherheit. Doch selbst das entwaffnete Deutschland war noch stark genug, um die französischen Maßnahmen durchkreuzen zu können: ein Zeichen dafür, was geschehen würde, wenn es die Fesseln des Versailler Vertrags erst einmal abgeschüttelt hätte.

Immer wenn die Demokratien in den zwanziger Jahren in eine Sackgasse geraten waren, riefen sie den Völkerbund an, der sich an ihrer Stelle mit den weltpolitischen Gegebenheiten auseinandersetzen sollte. Selbst der britische Generalstab tappte in diese Falle. Das im vorigen Kapitel zitierte Memorandum, in dem Deutschland als Hauptbedrohung erkannt und Frankreich als unfähig bezeichnet worden war, effektiven Widerstand zu leisten, hatte augenscheinlich keine weiteren Auswirkungen. Der Generalstab verfügte letztlich über keinen besseren Vorschlag, als den Völkerbund zu »stärken« (was immer dies auch heißen mochte) und »in bestimmten Situationen, zum Beispiel wenn Deutschland Amok läuft, *Ad-hoc*-Bündnisse« zu bilden.[4] Es war eine nutzlose Empfehlung. Der Völkerbund war so zerstritten, daß es für Bündnisse zu spät war, als Deutschland schließlich wirklich Amok lief.

Was Deutschland nun noch benötigte, um die machtvolle Position, die es bereits vor dem Krieg eingenommen hatte, langfristig auszubauen, war ein Staatsmann, der weitsichtig und geduldig genug war, um die benachteiligenden Bestimmungen des Versailler Vertrags auszuhöhlen.

Einen solchen Politiker erhielt Deutschland in der Person Gustav Stresemanns, der 1923 erst Außenminister, dann auch Reichskanzler wurde. Stresemann versuchte, Deutschlands Stärke auf dem Weg der sogenannten Erfüllungspolitik wiederherzustellen; dies aber beinhaltete eine völlige Abkehr von der bisherigen Politik Berlins und die Aufgabe jenes diplomatischen Guerillakriegs, den seine Vorgänger gegen die Bestimmungen von Versailles geführt hatten. Statt dessen stützte sich Stresemann darauf, Nutzen aus dem offenkundigen Unbehagen zu ziehen, das sich in Großbritannien und Frankreich ausbreitete, als man die Kluft zwischen den eigenen Prinzipien und den Inhalten des Versailler Vertrags vollends erkannte. Als eine Art Gegenleistung für die Bemühung, abgeschwächten Reparationsforderungen nachzukommen, wollte Stresemann von den schwerwiegendsten politischen und militärischen Bedingungen des Vertrages befreit werden – und zwar durch die Alliierten selber.

Ein im Krieg besiegtes und von ausländischen Truppen teilweise besetztes Land besitzt politisch im Grunde nur zwei Möglichkeiten. Entweder es fordert die Sieger heraus und hofft, daß es diesen zu mühsam sein werde, die Friedensbestimmungen in die Tat umzusetzen, oder es arbeitet mit den Siegern zusammen, um sich in Ruhe für eine spätere Auseinandersetzung zu rüsten. Beide Strategien sind riskant. Unmittelbar nach einer militärischen Niederlage wird Widerstand eine Kraftprobe zu einem Zeitpunkt größter Schwäche provozieren, während eine Zusammenarbeit möglicherweise zur Demütigung des eigenen Landes führt, weil jede im Sinn der Siegermacht angelegte Politik die Öffentlichkeit der Besiegten verunsichern könnte.

Vor Stresemann hatte die deutsche Regierung eine Politik des Widerstands betrieben. Diese auf Konfrontation ausgerichtete Taktik hatte es dem Land ermöglicht, die Ruhrkrise zu überstehen. Doch mit einem Rückzug der Franzosen allein würden die Ressentiments kaum zu besänftigen sein: Die Deutschen waren schließlich fast einhellig der Meinung, daß die alliierten Reparationsforderungen unverschämt seien; lediglich die Rückgabe Elsaß-Lothringens an Frankreich scheint merkwürdigerweise wenig Kontroversen hervorgerufen zu haben. Die Festlegung der Grenze zu Polen hingegen führte zu erbittertem Widerstand, weil Polen große Teile deutschen Territoriums erhielt. Außerdem war massiver Druck gegen die Restriktionen laut geworden, die man den deutschen Streitkräften in Versailles auferlegt hatte.

Im Gegensatz zu den Nationalisten hatte Stresemann begriffen, daß er auf britische – und in gewissem Maß auch auf französische – Hilfe angewiesen war, wenn er sein Land von den drückendsten Bedingungen des Versailler Vertrags befreien wollte, wie unpopulär diese Bedingungen auch immer sein mochten und ungeachtet seiner persönlichen Verachtung für das Vertragswerk. Das Abkommen von Rapallo war ein nützlicher Schachzug gewesen, um die westlichen Demokratien zu verunsichern. Gleichwohl war die Sowjetunion zu ausgelaugt, um Deutschlands wirtschaftlichen Aufschwung zu forcieren, und zu isoliert, um es bei einer diplomatischen Konfrontation mit dem Westen unterstützen zu können. So konnte der Rapallo-Vertrag erst Früchte tragen, sobald Deutschland, erneut zu hinreichender Stärke gelangt, die Versailler Abmachungen in aller Öffentlichkeit anzufechten vermochte. Vor allem aber war eine Stabilisierung der Wirtschaft nur mit Hilfe von Auslandsanleihen zu erreichen, die Deutschland in angespannter Atmosphäre schwerlich erhalten würde. Indem sie diesen Dingen Rechnung trug, spiegelte Stresemanns Erfüllungspolitik vornehmlich eine realistische Einschätzung der Erfordernisse wider, die erfüllt werden mußten, um dem Land zu neuer Stärke zu verhelfen. »Deutschlands grundlegende militärische Schwäche«, schrieb er, »entlarvt die Grenzen, das Wesen und die Methoden deutscher Außenpolitik.«[5]

Im politischen Leben der Weimarer Republik, insbesondere in konservativen Kreisen, waren solche Überlegungen damals ebensosehr Mangelware wie Jahre zuvor, als konservative Politik entscheidend zum Ausbruch des Ersten Weltkriegs beigetragen hatte. Ende des Jahres 1918 – deutsche Streitkräfte befanden sich noch auf alliiertem Boden – waren diejenigen, die für Deutschlands Beteiligung am Krieg eigentlich verantwortlich waren, vor den Konsequenzen ihrer Torheit geflohen. Den Schaden hatten sie ihren gemäßigteren Nachfolgern hinterlassen. Lloyd George hatte dieses Ergebnis bereits am 26. Oktober 1918 vorhergesehen, als er vor dem Kriegskabinett zu Deutschlands erstem Friedensangebot Stellung nahm. »Der Premierminister sagte, Frankreichs Industrie sei zerstört worden und Deutschland habe sich davongemacht. Zuerst, als wir ihm noch mit Peitschenhieben drohen konnten, sagte es: ›Ich gebe auf.‹ Es stellte sich die Frage, ob wir es nicht weiter auspeitschen sollten, so wie es Frankreich ausgepeitscht hat.«[6] Seine Kollegen waren jedoch der Meinung, Großbritannien sei zu erschöpft, um einen solchen Kurs verfolgen zu können. Außenminister Austen Chamberlain entgegnete matt, in diesen Tagen sei Revanche zu teuer.[7]

Wie Lloyd George vorausgesagt hatte, wurde die Weimarer Republik – ungeachtet der Tatsache, daß ihr weitaus großzügigere Friedensbedingungen zugebilligt worden waren, als die Oberste Heeresleitung sie hätte erreichen können – von nationalistischen Agitatoren bedrängt. Deutschlands neue demokratische Führung erntete kein Lob dafür, daß sie die Substanz ihres Staates trotz äußerst widriger Umstände zu erhalten suchte. In der

Politik wird Schadensbegrenzung eben nur selten belohnt; schließlich ist kaum zu beweisen, daß es auch zu schlimmeren Folgen hätte kommen können.

Zwei Generationen später mußte in den Vereinigten Staaten ein konservativer Präsident das Ruder übernehmen, damit Amerikas Öffnung gegenüber China bewerkstelligt werden konnte, und so bedurfte es auch in Deutschland eines herausragenden Politikers mit so einwandfreiem konservativem Leumund wie Stresemann, um die deutsche Außenpolitik zur Mitwirkung an dem verhaßten Versailler Vertrag zu bringen – ganz gleich, wie zwiespältig ein solcher Ansatz zunächst auch empfunden werden mochte. Stresemann, 1878 in Berlin als Sohn eines Bierverlegers geboren, begann seine politische Karriere in der konservativ, proindustriell und bürgerlich gesinnten Nationalliberalen Partei, deren Fraktionsvorsitz im Reichstag er 1917 übernahm. Ausgesprochen gesellig, liebte er auch Literatur und Geschichte und brillierte in seinen Gesprächen häufig mit Anspielungen auf deutsche Klassiker. Seine frühen außenpolitischen Ansichten waren gleichwohl durch eine eher konventionelle Denkweise geprägt; so war er überzeugt, Großbritannien habe Deutschland aus Eifersucht in den Krieg gelockt, um seine eigene Vormachtstellung zu bewahren.

Noch 1917 hatte Stresemann sich für einen »Siegfrieden«, also für umfassende Eroberungen in Ost und West und für die Einverleibung französischen und britischen Kolonialbesitzes in Asien und Afrika ausgesprochen. Überdies unterstützte er die unheilvolle Entscheidung für den uneingeschränkten U-Bootkrieg, die die Vereinigten Staaten zum Kriegseintritt bewegte. Daß gerade der Mann, der den Versailler Vertrag als »den größten Schwindel in der Geschichte«[8] bezeichnet hatte, die Erfüllungspolitik ins Leben rufen würde, erschien freilich nur denjenigen ein seltsamer Gesinnungswandel, die glaubten, Mäßigung und Realpolitik seien unvereinbar.

Stresemann war der erste deutsche Nachkriegspolitiker – und der einzige demokratische Staatslenker –, der die geopolitischen Vorteile zu nutzen verstand, die Deutschland durch die Versailler Bestimmungen zuteil geworden waren. Da er begriffen hatte, daß die britisch-französischen Beziehungen auf tönernen Füßen standen, trieb er einen Keil zwischen die beiden Kriegsverbündeten, indem er sich geschickt der Angst der Briten bediente, Deutschland könnte in der Konfrontation mit Frankreich und der Sowjetunion zusammenbrechen. Ein offizieller britischer Analytiker beschrieb Deutschland damals als entscheidendes Bollwerk gegen die Verbreitung des Bolschewismus. Er belegte dies mit Argumenten, die zeigten, wie gut die Erfüllungspolitik gedieh. Die Regierung in Berlin, so lautete das Fazit der Untersuchung, »wird von einer Mehrheit der Nationalversammlung unterstützt, ist ernsthaft demokratisch gesinnt, beabsichtigt, den Friedensvertrag nach bestem Wissen und Gewissen auszuführen und verdient die aufrichtige Unterstützung der Verbündeten«. Sollten die Briten ihre Unterstützung versagen, »wird Deutschland unvermeidlich Neigungen zum Bolschewismus und letztes Endes vielleicht wieder zur absoluten Monarchie entwik-keln«.[9]

Großbritanniens Argumente für Hilfeleistungen an Deutschland weisen bestimmte Parallelen zu den amerikanischen Vorschlägen auf, dem Ruß-land Boris Jelzins beizustehen. In keinem der beiden Fälle überlegte man, welche Konsequenzen der »Erfolg« einer solchen Politik nach sich ziehen könnte. Aufgrund einer zielstrebig betriebenen Erfüllungspolitik wurde Deutschland zunehmend stärker, am Ende befand es sich in einer Position, von der aus es das europäische Gleichgewicht bedrohen konnte. Sollte das nach dem Ende des Kalten Krieges Rußland zugedachte internationale Hilfsprogramm ähnlich erfolgreich sein, so wird auch dessen Stärke wieder zunehmen und zu geopolitischen Konsequenzen überall in der riesigen Einflußsphäre des ehemaligen sowjetischen Weltreichs führen.

In beiden Fällen verfolgten die Befürworter der Versöhnung positive, ja sogar weitsichtige Zielsetzungen. Die westlichen Demokratien, klug genug, um sich Stresemanns Erfüllungspolitik anzuschließen, versäumten es aller-dings, ihren Zusammenhalt untereinander zu festigen, und begingen damit einen schweren Fehler. Die Erfüllungspolitik war ja darauf angelegt, den im folgenden von General von Seeckt beschriebenen Tag in greifbare Nähe rücken lassen:»Wir müssen unsere Macht zurückgewinnen, und sobald wir das haben, werden wir uns natürlich alles, was wir verloren haben, zurück-nehmen.«[10]

Auch die Vereinigten Staaten handelten weitsichtig, als sie Rußland nach dem Kalten Krieg Hilfe anboten. Dennoch wird Moskau sicherlich verstärkt Druck auf die benachbarten Länder ausüben, sobald es sich wirtschaftlich erholt hat. Mag sein, daß es sich lohnt, diesen Preis zu zahlen: Aber es wäre ein Fehler, nicht zu erkennen, *daß* ein Preis gezahlt werden muß.

In der Anfangsphase der Erfüllungspolitik waren Stresemanns eigentliche Endziele bedeutungslos. Ob er nach einer dauerhaften Versöhnung, nach dem Niedergang der bestehenden Ordnung strebte oder sich – was wahr-scheinlicher war – beide Möglichkeiten offenhalten wollte: Zuerst einmal mußte er Deutschland von den endlosen Streitigkeiten um die Reparatio-nen erlösen. Ihm kam zugute, daß mit Ausnahme Frankreichs allen Verbün-deten an der Klärung dieser Problematik gelegen war. Man wollte die Lage entschärfen und schließlich wenigstens ein paar Wiedergutmachungslei-stungen erhalten. Frankreich hoffte seinerseits, der Zwangslage zu entkom-men, in die es sich mit der Besetzung des Ruhrgebiets hineinmanövriert hatte.

In dieser Situation unterbreitete Stresemann den raffinierten Vorschlag, eine internationale Schlichtungskommission zur Erstellung eines neuen Reparationsplans einzusetzen. Vielleicht, so seine Erwartung, werde ein internationales Forum weniger anspruchsvoll sein als Frankreich allein. Im November 1923 stimmte Paris der Benennung des amerikanischen Bankiers

Charles G. Dawes zum »unparteiischen Schlichter« zu, der Frankreichs Wiedergutmachungsansprüche dämpfen sollte, ein bitterer Beweis für den Zerfall des Kriegsbündnisses. Die Empfehlungen der Dawes-Kommission für einen reduzierten Zahlungsplan mit einer Laufzeit von fünf Jahren wurden im April 1924 angenommen.

Im Laufe der nächsten fünf Jahre leistete Deutschland Reparationszahlungen von über einer Milliarde Dollar, erhielt jedoch dafür Anleihen – zum großen Teil amerikanischer Provenienz – in Höhe von zwei Milliarden Dollar. Im Grunde genommen also zahlten die Vereinigten Staaten die Reparationen, während Deutschland den Rest der Darlehen zur Modernisierung seiner Industrie verwandte. Frankreich hatte auf Wiedergutmachungsleistungen bestanden, um Deutschland dauerhaft zu schwächen; doch als es sich nun zwischen einem schwachen und einem starken Deutschland zu entscheiden hatte, einer Nation also, die zur Zahlung der Reparationen in der Lage war, votierte es für letztere. Die Folge war, daß es fortan zusehen mußte, wie die Reparationsleistungen zum Wiederaufbau der deutschen Wirtschaft und schließlich auch seiner Wiederaufrüstung beitrugen.

Bereits Ende 1923 konnte Stresemann einen gewissen Erfolg für sich in Anspruch nehmen. »All unsere Maßnahmen politischer und diplomatischer Natur haben doch dazu beigetragen, daß in dem zielbewußten Zusammenwirken der beiden angelsächsischen Mächte, in der Trennung Italiens von seinem Nachbarn [Frankreich] und dem Schwanken Belgiens eine Lage für Frankreich eingetreten ist, die dieses Land auf die Dauer nicht so wird tragen können wie bisher.«[11] Diese Beurteilung traf zu. Die Erfüllungspolitik stellte sowohl Paris als auch die europäische Ordnung im ganzen vor ein unlösbares Dilemma. Frankreichs Sicherheit verlangte, daß Deutschland militärisch in gewissem Maße benachteiligt sei, weil es sonst aufgrund seines überlegenen Kriegspotentials und seiner mächtigen Ressourcen die Oberhand behalten würde. Aber ohne Gleichbehandlung, ohne das Recht, wie jedes andere europäische Land Streitkräfte aufbauen zu können, würde Deutschland sich nie in die Versailler Ordnung fügen, und die Erfüllungspolitik würde zum Stillstand kommen.

Auch britische Diplomaten sahen sich in eine schwierige Lage versetzt. Wenn Großbritannien die militärische Parität Deutschlands nicht als Gegenleistung für dessen Entgegenkommen bei den Reparationsforderungen garantierte, würde sich Berlin möglicherweise erneut auf eine unnachgiebige Position zurückziehen. Indessen bedeutete militärische Parität für Deutschland eine Gefährdung Frankreichs. Natürlich hätte London ein Bündnis mit Paris schließen können, um ein Gegengewicht zu bilden; aber es lag nun einmal nicht im britischen Interesse, in die französischen Allianzen mit osteuropäischen Staaten hineingezogen zu werden. Hätte man sich nicht plötzlich in einem Krieg mit Deutschland befinden können, bei dem es um irgendein Stück von Polen oder der Tschechoslowakei ging? »Für den polnischen Korridor«, sagte Außenminister Austen Chamberlain 1925 mit

Blick auf jene Bemerkung Bismarcks über den Balkan, »kann und wird keine britische Regierung je die Knochen eines britischen Grenadiers riskieren.«[12] Chamberlains wie Bismarcks Prognose wurde vom Gang der Ereignisse widerlegt. Großbritannien zog – wie Deutschland zu Anfang des Jahrhunderts und aus genau demselben Grund – in einen Krieg, den es vorher so nachdrücklich abgelehnt hatte.

Um diese Zwangslage zu umgehen, entwickelte Austen Chamberlain 1925 die Idee eines begrenzten Bündnisses mit Frankreich und Belgien, das lediglich deren Grenzen zu Deutschland absichern sollte. Gleichwohl handelte es sich letztlich um eine militärische Allianz, die einen Angriff Deutschlands im Westen abwehren sollte. Doch Stresemanns Erfüllungspolitik hatte mittlerweile solche Fortschritte erzielt, daß er die alliierten Initiativen mit einem vetoähnlichem Einspruch zu Fall bringen konnte. Um dem Einwand vorwegzugreifen, Deutschland sei ein potentieller Aggressor, erklärte er, daß ein Pakt ohne Deutschland ein Pakt gegen Deutschland sei. Da Chamberlain der Ansicht war, Deutschlands Angst vor Einkreisung habe zu seiner kriegslüsternen Politik vor 1914 beigetragen, beschränkte er sich auf ein eigenartiges Zwitterabkommen, in welchem er ein traditionelles Bündnis mit dem neuen Prinzip kollektiver Sicherheit zu vermischen suchte. In Übereinstimmung mit dem ursprünglich Vorgeschlagenen sollte der im schweizerischen Locarno unterzeichnete Pakt jetzt die Grenzen von Frankreich, Belgien und Deutschland vor einem Angriff schützen. Gemäß dem Prinzip der kollektiven Sicherheit ging man dabei weder von einem bestimmten Aggressor noch von einem bestimmten Opfer aus, sondern versprach Widerstand gegen jede Aggression, gleichviel von wem sie ausginge und gegen wen sie gerichtet sei. Der *casus belli* ergab sich mithin auch hier nicht mehr aus dem konkreten Angriff eines bestimmten Landes, sondern aus der Verletzung einer rechtlichen Norm durch *irgendein* Land.

Mitte der zwanziger Jahre hatte Stresemann, der Repräsentant des besiegten Deutschland, das Ruder sehr viel fester in der Hand als die Vertreter der Siegermächte, Briand und Chamberlain. Als Gegenleistung für den Verzicht auf eine Grenzkorrektur im Westen erzwang Stresemann von Chamberlain und Briand das unausgesprochene Zugeständnis, daß der Versailler Vertrag bezüglich der Ostgrenzen revidiert werden müsse. Deutschland akzeptierte seine Westgrenze zu Frankreich und Belgien sowie ein dauerhaft entmilitarisiertes Rheinland. Großbritannien und Italien verbürgten sich für das Übereinkommen und verpflichteten sich im Falle einer Grenzverletzung oder eines Einmarschs in das demilitarisierte Rheinland zur Hilfeleistung, unabhängig davon, aus welcher Richtung der Angriff käme. Gleichzeitig weigerte sich Deutschland, seine Grenze zu Polen anzuerkennen, und auch die anderen Unterzeichner wollten in dieser Hinsicht keine Garantieerklärungen abgeben. Deutschland schloß Schiedsverträge mit seinen Nachbarn im Osten ab, setzte sich auch für eine friedliche Beilegung aller bestehenden Streitfragen ein; aber selbst für diese Zusagen wollte

Großbritannien keine Garantie übernehmen. Schließlich erklärte sich Deutschland bereit, dem Völkerbund beizutreten, und übernahm so die recht allgemeine Verpflichtung, alle Auseinandersetzungen mit friedlichen Mitteln beizulegen, wozu theoretisch auch die nicht anerkannte Ostgrenze gehörte.

Der Locarno-Pakt wurde als Vorstufe zu einer neuen Weltordnung überschwenglich bejubelt. Allgemeine Erleichterung war zu spüren, und Briand, Chamberlain und Stresemann wurden für ihre Leistung mit dem Friedensnobelpreis ausgezeichnet. Inmitten all der Begeisterungsrufe bemerkte jedoch niemand, daß die drei Staatsmänner der wirklichen Problematik ausgewichen waren. Denn Locarno hatte Europa schwerlich befriedet: Es hatte vielmehr ein neues Schlachtfeld bereitet.

Die Beruhigung, die sich angesichts von Berlins offizieller Anerkennung der Westgrenze unter den Demokratien verbreitete, verdeutlicht das Ausmaß von Demoralisierung und Verwirrung, das mit der Vermischung alter und neuer Ansichten zu internationalen Fragen entstanden war. Mit der Anerkennung nämlich war implizit das Eingeständnis verbunden, daß der Versailler Vertrag, der einen Krieg beendet hatte, nicht gewährleisten konnte, daß die Friedensbedingungen der Siegermächte erfüllt würden und daß Deutschland jetzt über die Möglichkeit verfügte, nur jene Bestimmungen einzuhalten, die ihm genehm waren. Insofern war Stresemanns Widerwillen, die deutsche Ostgrenze anzuerkennen, verdächtig, während Großbritannien durch seine Weigerung, auch nur die Schiedsverträge zu garantieren, die Existenz zweier Grenzkategorien in Europa international billigte: die von Deutschland anerkannten und durch die anderen Mächte garantierten Grenzen und diejenigen, für die weder das eine noch das andere galt.

Die Verwirrung wurde komplett, als schließlich auch noch drei Arten bündnishafter Verpflichtungen existierten. Da waren erstens die traditionellen Allianzen, aufgebaut auf der konventionellen Basis von Stabsgesprächen und politischen Konsultationen. Weil diese jedoch mittlerweile überholt schienen, wurden sie auf Frankreichs Abkommen mit den neuen schwachen Staaten in Osteuropa begrenzt – Bündnisse, denen Großbritannien sich verweigerte. Falls Deutschland Osteuropa angriff, war Frankreich also mit zwei unerwünschten Alternativen konfrontiert: Entweder mußte es Polen und die Tschechoslowakei preisgeben, oder es mußte allein kämpfen – seit 1870 eine ständige Gefahr, der man in Paris möglichst aus dem Weg gehen wollte. Die zweite Vertragsart bestand in besonderen Garantien wie dem Locarno-Pakt, die offensichtlich für weniger verbindlich gehalten wurden als offizielle Bündnisse, wodurch sich erklärt, warum sie im britischen Unterhaus nie auf Widerstand stießen. Und schließlich gab es die Verpflichtung des Völkerbundes zur kollektiven Sicherheit, die freilich durch Locarno an Wert einbüßte. Denn falls kollektive Sicherheit wirklich zuverlässig war, war Locarno unnötig. War Locarno aber notwendig, dann war der

Völkerbund per definitionem nicht einmal ausreichend, um die Sicherheit der wichtigsten Gründungsmitglieder zu gewährleisten.

Aber weder Garantien noch das allgemeine Konzept kollektiver Sicherheit wiesen einen potentiellen Aggressor aus. Dadurch verhinderten sie eine vorausschauende Militärkonzeption. Und selbst wenn gemeinsame militärische Aktionen möglich gewesen wären – wofür es allerdings in der Geschichte des Völkerbundes kein Beispiel gibt –, hätten das bürokratische Räderwerk, die Untersuchungsverfahren und die verschiedenen anderen Schlichtungsvorgänge sie endlos hinausgezögert.

All diese neuen diplomatischen Vereinbarungen verursachten bei Ländern, die sich bedroht fühlten, Unbehagen. Italien sollte plötzlich für Grenzen garantieren, die entlang des Rheins verliefen und für seine nationale Sicherheit noch nie von Belang gewesen waren. Roms vorrangiges Interesse in Locarno hatte darin bestanden, als Großmacht anerkannt zu werden; nachdem dies erreicht war, sah man keinen Grund mehr, ein wirkliches Risiko einzugehen, eine Haltung, die zehn Jahre später, als die Rheingrenze angefochten wurde, politisch zum Tragen kam. Für Großbritannien hingegen war der Locarno-Pakt das erste Abkommen, in dem eine Großmacht sich gleichzeitig für einen ehemaligen Verbündeten *und* einen gerade besiegten Feind verbürgte und dabei vorgab, beiden gegenüber unparteiisch zu sein.

Locarno bedeutete weniger eine Aussöhnung zwischen Frankreich und Deutschland als die Bestätigung des militärischen Ausgangs des gerade beendeten Krieges. Deutschland war zwar im Westen besiegt worden, hatte aber im Osten Rußland bezwungen. Beides wurde durch den Pakt im Grunde bekräftigt, womit die Grundlage für Deutschlands Angriff auf die Ost-Vereinbarungen geschaffen war.

Während der Vertrag also freudig als Wende zu dauerhaftem Frieden begrüßt wurde, läutete er in Wahrheit das Ende der Versailler Weltordnung ein. Von nun an wurde es immer schwieriger, zwischen Sieger und Besiegtem zu unterscheiden: eine durchaus förderliche Situation, hätte der Sieger dadurch ein größeres Sicherheitsgefühl entwickeln oder der Besiegte sich damit abfinden können, unter veränderten Bedingungen zu existieren. Leider aber traf beides nicht zu. Frankreichs Ohnmachtsgefühl wurde mit jedem Jahr stärker. Ebenso gewann die nationalistische Bewegung in Deutschland an Bedeutung. Zugleich entledigten sich die ehemaligen Kriegsverbündeten all ihrer Verantwortlichkeiten: Die Vereinigten Staaten drückten sich vor einer friedensgestaltenden Rolle, Großbritannien verzichtete auf seine Funktion als ausgleichendes Element, Frankreich gab seinen Standpunkt als Bewahrer der Versailler Verträge preis. Einzig Stresemann, an der Spitze des besiegten Deutschen Reiches stehend, verfolgte eine langfristig angelegte Politik. Mit unerbittlicher Zielstrebigkeit führte er sein Land in den Mittelpunkt des internationalen Geschehens.

Die einzige verbliebene Hoffnung auf eine friedliche Weltordnung nährte sich aus dem emotionalen Auftrieb, den das Abkommen selbst hervorgerufen hatte, und aus den dadurch geweckten Erwartungen, die strukturellen Mängel noch überwinden zu können. Eben das war der »Geist von Locarno«. Trotzdem waren Wilsons große Hoffnungen enttäuscht worden. Denn nicht die breite Masse der Weltöffentlichkeit hatte das neue Klima geschaffen, sondern die Außenminister ausgerechnet jener Nationen, die durch ihr Mißtrauen und ihre Rivalitäten einen Krieg provoziert und die Konsolidierung des Friedens verhindert hatten: Chamberlain, Briand und Stresemann.

Die Lage war neu und unvertraut. Da geopolitische Voraussetzungen für die in Versailles entworfene Ordnung nicht existierten, waren die Staatsmänner gezwungen, sich zur Erhaltung der neuen Weltordnung auf ihre persönlichen Beziehungen zu verlassen, ein Weg, den keiner ihrer Vorgänger beschritten hatte. Die für die Außenpolitik des neunzehnten Jahrhunderts verantwortlichen Aristokraten waren ohne Ausnahme Angehörige einer Welt, in der ein einheitliches Werteverständnis herrschte, und die meisten von ihnen hatten ein gutes Verhältnis zueinander, auch wenn sie kaum glaubten, daß ihre persönlichen Beziehungen sich auf ihre Einschätzung nationaler Interessen auswirken könnten. Nie wurden Vereinbarungen durch die »Atmosphäre« gerechtfertigt, die durch sie geschaffen worden waren, nie wurden Zugeständnisse eingegangen, um einen bestimmten Politiker im Amt zu halten. Man sprach sich auch nicht mit dem Vornamen an, um der Öffentlichkeit zuliebe gutes Einvernehmen zu demonstrieren.

Diese Form der Diplomatie änderte sich nach dem Ersten Weltkrieg. Seitdem hat sich die Tendenz, Politik vor dem Hintergrund persönlicher Beziehungen zu gestalten, verstärkt. Als Briand Deutschland im Völkerbund begrüßte, unterstrich er Stresemanns menschliche Qualitäten, und Stresemann antwortete entsprechend. Ähnlich bewegte Austen Chamberlains erklärte Vorliebe für Frankreich Stresemann dazu, seine Erfüllungspolitik sowie die Anerkennung der Westgrenze zu forcieren, als Chamberlain 1924 den Deutschland eher wohlgesinnten Lord Curzon in das Amt des Außenministers berief.

Austen Chamberlain entstammte einer berühmten Familie. Er war ein Sohn des brillanten und gewandten Joseph Chamberlain, der zu Beginn des Jahrhunderts für ein Bündnis mit Deutschland votiert hatte, und Halbbruder von Neville Chamberlain, der maßgeblich am Abschluß des Münchner Abkommens beteiligt war. Wie sein Vater übte auch Austen auf Großbritanniens Koalitionsregierungen energischen Einfluß aus. Aber wie sein Vater gelangte er nie in das höchste Amt; im zwanzigsten Jahrhundert war er sogar der einzige Vorsitzende der Konservativen Partei, der nicht Premierminister wurde. Ein Bonmot sagt Austen nach, »er habe das Spiel immer gespielt und immer verloren«. Und Harold Macmillan äußerte über ihn: »Seine Reden waren gut, aber nie mitreißend. Er äußerte sich eindeutig, aber nie eingängig... Er war respektiert, aber nie gefürchtet.«[13]

Chamberlains große diplomatische Leistung bestand in seiner Rolle während der Verhandlungen zum Locarno-Pakt. Da er als frankophil bekannt war (einmal bemerkte er, er »liebe Frankreich wie eine Frau«), fürchtete Stresemann sich vor einem bevorstehenden britisch-französischen Bündnis. Und eben dies veranlaßte ihn, den Prozeß, der schließlich zum Pakt von Locarno führte, in Gang zu bringen.

Im Rückblick liegt der Nachteil einer Politik, die in Europa ein Zwei-Klassen-System von Grenzen schuf, auf der Hand. Chamberlain aber sah darin vor allem eine entscheidende Erweiterung der strategischen Verpflichtungen Großbritanniens, die mittlerweile einen Umfang erreicht hatten, den die britische Öffentlichkeit kaum noch weiter mittragen würde. Bis zum Beginn des achtzehnten Jahrhunderts war der Ärmelkanal die Grenze, die für Großbritanniens Sicherheit von Bedeutung war; erst im Verlauf des neunzehnten Jahrhunderts verlagerte sich diese Grenze dann in Richtung der jenseitigen Kanalküste. Austen Chamberlain schließlich unternahm den Versuch, sie bis zum Rhein hin auszudehnen – wo sie jedoch nicht verteidigt wurde, als Deutschland sie 1936 in Frage stellte. 1925 überstieg eine Garantie für Polen noch den Horizont britischer Politiker.

Aristide Briand war das klassische Beispiel eines Politikers der Dritten Republik. Er hatte seine Karriere auf dem linken Flügel des politischen Spektrums begonnen und war als Ministerpräsident, noch mehr aber im Amt des Außenministers, das er in vierzehn Regierungen innehatte, gleichsam zu einer festen Institution des französischen Parlamentarismus geworden. Schon früh hatte er erkannt, daß Frankreichs Position gegenüber Deutschland zunehmend ungünstiger wurde. Daraus hatte er die Schlußfolgerung gezogen, daß eine Aussöhnung mit Deutschland langfristig die beste Aussicht auf Sicherheit bieten mußte: Im Vertrauen auf seine einnehmende Persönlichkeit hoffte Briand, Deutschland von den bedrückendsten Bedingungen des Versailler Vertrags erlösen zu können.

Briands Politik konnte in einem Land, das vom deutschen Heer verwüstet worden war, nicht auf Gegenliebe stoßen. Es ist kaum genau auszumachen, ob seine Politik als Versuch gesehen werden muß, eine jahrhundertealte Feindschaft zu beenden, oder ob sie eine Art von widerwilliger Realpolitik darstellte. In Krisenzeiten gaben die Franzosen immer dem unnachgiebigen, nüchternen Poincaré den Vorzug, der auf einer rigorosen Durchsetzung der Versailler Bestimmungen bestand. Ging es aber um die Überwindung einer Krise, etwa nach der Besetzung des Ruhrgebiets, tauchte Briand wieder auf. Diese fortwährenden Kursänderungen hatten zur Folge, daß Frankreich keines der von diesen so entgegengesetzten Persönlichkeiten vertretenen Konzepte konsequent zum Ziel führen konnte. Frankreich war nicht mehr stark genug, um Poincarés Politik umsetzen zu können; gleichzeitig aber gab die französische Öffentlichkeit Briand zu wenig in die Hand, um über Konzessionen eine dauerhafte Versöhnung mit Deutschland zu erreichen.

Wie immer seine Beweggründe letztlich ausgesehen haben mögen: Briand wußte, daß Großbritannien durch entschlossenen Druck und Deutschland durch wachsende Stärke eine Versöhnung von Frankreich notfalls erzwingen würden. Stresemann wiederum, obgleich ein Gegner des Versailler Vertrags, war überzeugt, daß entspanntere Beziehungen zu Frankreich die Revision der Abrüstungsklausel beschleunigen und den Weg für eine Korrektur der deutschen Ostgrenzen ebnen würden.

Am 27. September 1926 trafen sich Briand und Stresemann in dem malerischen Dörfchen Thoiry im Französischen Jura in der Nähe von Genf. Deutschland war gerade in den Völkerbund aufgenommen worden; Briand hatte es mit einer herzlichen, überzeugenden und sehr persönlichen Rede begrüßt. In dieser nahezu euphorischen Atmosphäre erarbeiteten die beiden Staatsmänner ein Verhandlungspaket, mit dem der Krieg samt all seinen Nachwirkungen ein für allemal beigelegt werden sollte. Frankreich würde das Saarland ohne die im Versailler Vertrag vorgesehene Volksabstimmung zurückgeben, die französischen Truppen würden das Rheinland binnen eines Jahres räumen; die Alliierte Militärkontrollkommission würde aus Deutschland abziehen. Dafür sollte Deutschland dreihundert Millionen Mark für die Saarbergwerke zahlen, die Reparationszahlungen an Frankreich beschleunigen und die Bedingungen des Dawes-Planes erfüllen. Genaugenommen bot Briand nichts anderes an, als die unangenehmsten Versailler Vertragsbestimmungen zur Disposition zu stellen, falls er dafür Hilfe bei Frankreichs wirtschaftlichem Wiederaufbau erhielt.

Das Abkommen verdeutlichte die ungleichen Verhandlungspositionen der beiden Seiten. Während Deutschlands Vorteile von Dauer waren, bestand Frankreichs Gewinn in einer einmaligen Finanzspritze, die teilweise nur eine Neuauflage dessen bedeutete, was Deutschland bereits früher versprochen hatte.

In beiden Hauptstädten wurde das Abkommen skeptisch aufgenommen. Die deutschen Nationalisten weigerten sich standhaft, irgendeine Form von Kooperationsbereitschaft zu zeigen, wenn es um den Vertrag von Versailles ging; die neuen Bedingungen mochten noch so vorteilhaft sein. Briand wiederum bekam von seinen Landsleuten den Vorwurf zu hören, er gebe mit dem Rheinland die so dringend benötigte Pufferzone leichtfertig weg. Weitere Schwierigkeiten entstanden bei der Ausgabe der Schuldverschreibungen zur Deckung von Deutschlands zusätzlichen finanziellen Belastungen. Am 11. November brach Briand die Gespräch abrupt ab und erklärte, »eine prompte Umsetzung der Vereinbarung von Thoiry sei aufgrund technischer Hindernisse hinfällig geworden«.[14]

In der Zeit zwischen den Weltkriegen war dies der letzte Versuch, eine umfassende Regelung zwischen Frankreich und Deutschland zu erreichen. Es ist nicht mit Sicherheit zu sagen, ob die Dinge sich grundlegend anders entwickelt hätten, wenn es zu einer solchen Regelung gekommen wäre. Denn die grundsätzliche Frage, die mit der Locarno-Diplomatie aufgeworfen worden war, blieb bestehen: Hätte sich Deutschland durch eine Versöhnungspolitik zur Annahme der Versailler Weltordnung bewegen lassen? Oder hätte eine solche Politik Deutschland noch schneller in die Lage versetzt, das Modell von Versailles zu bedrohen? Nach Locarno war diese Frage noch häufig Gegenstand von Diskussionen. London blieb überzeugt, Versöhnung sei der einzig praktikable Kurs. In den Vereinigten Staaten glaubte man sogar, sie stelle ein moralisches Gebot dar. Strategische oder geopolitische Analysen standen nicht länger hoch im Kurs; die Mächte sprachen über Gerechtigkeit, obwohl sich bereits bei dem Versuch, den Begriff genauer zu bestimmen, unverkennbare Meinungsverschiedenheiten zeigten. Es folgte eine Flut von Verträgen, in denen man sich weitreichenden Prinzipien verpflichtete, und Appelle an den Völkerbund, teils aus Überzeugung, teils aus Erschöpfung, teils aus dem Wunsch heraus, unangenehmen weltpolitischen Realitäten aus dem Weg zu gehen.

In der Zeit nach dem Locarno-Pakt distanzierte sich Frankreich schrittweise vom Versailler Vertrag – wider besseres Wissen und unter dem ständigen Druck Großbritanniens (und der Vereinigten Staaten). Nach Locarno floß vorwiegend amerikanisches Kapital nach Deutschland, mit dessen Hilfe die Modernisierung der Industrie vorangetrieben werden konnte. Die Alliierte Militärkontrollkommission zur Überprüfung der deutschen Abrüstungsfortschritte wurde 1927 aufgelöst. Ihre Aufgaben wurden dem Völkerbund übertragen, der jedoch nicht über die entsprechenden Kontrollmechanismen verfügte.

Deutschlands geheimes Aufrüstungsprogramm kam nun schneller voran. Schon 1920 hatte der damalige Reichsminister für Wiederaufbau, Walther Rathenau, das deutsche Militär beschwichtigt, die Versailler Abrüstungsbestimmungen über schweres Gerät beträfen vorwiegend Waffen, die ohnehin bald veraltet seien, und nichts und niemand könne die Entwicklung moderner Waffen oder die Schaffung industrieller Kapazitäten, mit deren Hilfe sie schnell herzustellen wären, verhindern. 1926, kurz nach Locarno, verkündete Feldmarschall von Hindenburg, der während der letzten drei Kriegsjahre Oberbefehlshaber der deutschen Armee gewesen und gerade zum deutschen Reichspräsidenten gewählt worden war, bei Heeresmanövern, als Briand und Stresemann in Thoiry miteinander verhandelten:»Ich habe heute gesehen, daß der traditionelle deutsche Heeresgeist und sein Können bewahrt geblieben sind.«[15] Traf dies zu, so stand Frankreichs Sicherheit auf dem Spiel, sobald die für den Umfang der Reichswehr geltenden Beschränkungen aufgehoben waren.

Da die Abrüstungsproblematik nun im Vordergrund internationaler Diplomatie stand, rückte diese Gefahr bedrohlich näher. Mit seiner Forderung nach politischer Gleichberechtigung bereitete Deutschland vorsichtig das psychologische Terrain vor; später würde man auch militärische Gleichberechtigung fordern. Frankreich weigerte sich abzurüsten, solange es nicht durch zusätzliche Sicherheitsgarantien geschützt war. Großbritannien aber, das als einziges Land in der Lage gewesen wäre, derartige Verpflichtungen zu übernehmen, wies nicht nur die Garantie für die in Locarno vereinbarten Ostgrenzen zurück, sondern wollte auch hinsichtlich des Schutzes der Westgrenzen nicht über das Abkommen von Locarno hinausgehen. Damit machten die Briten deutlich, daß Locarno in ihren Augen offenbar weniger Verpflichtungen mit sich brachte als ein normales Bündnis.

Um den Tag, an dem Deutschlands formale Gleichberechtigung wiederhergestellt sein würde, nie eintreten zu lassen oder zumindest hinauszuzögern, hielt sich Paris nun an die Spielregeln und entwickelte Kriterien zum Abbau der Militärbestände. Die Abrüstungsexperten des Völkerbundes reagierten wohlwollend. Die Franzosen legten der Beratenden Kommission des Völkerbundes einen Untersuchungsbericht vor, in dem sie die momentane Stärke zur potentiellen Macht in Beziehung setzten, militärisch ausgebildeten Reserven die erwartete Bevölkerungsentwicklung und vorhandenen Waffenbeständen die geschätzte technologische Entwicklung gegenüberstellten. Doch keine der ausgeklügelten Theorien kam letztlich um das Kernproblem herum, daß Frankreichs Sicherheit, selbst wenn beide Staaten in gleichem Maße abrüsteten, bedroht war, weil Deutschland nun einmal über ein wesentlich höheres Mobilmachungspotential verfügte. Je bereitwilliger Paris die Prämissen der Beratenden Kommission akzeptierte, desto stärker setzte es sich selbst unter Druck. Am Ende bewirkte die französische Taktiererei lediglich, daß die Angelsachsen mehr denn je davon überzeugt waren, das eigentliche Hindernis für Abrüstung und damit für den Frieden sei Frankreich.

Der Zwiespalt, in dem sich die französische Politik befand, hatte sich nach Locarno also verschärft. Seit dem Treffen in der Schweiz konnte die französische Regierung nicht länger eine ihren Überzeugungen entsprechende Politik verfolgen, sondern mußte sich damit abfinden, ihre Ängste zu unterdrücken. Die französische Politik gestaltete sich zunehmend reaktiver und defensiver. Dies drückte sich unter anderem in der Errichtung der Maginot-Linie zwei Jahre nach dem Locarno-Pakt aus, zu einer Zeit, als Deutschland immer noch entwaffnet war und die Unabhängigkeit der neuen osteuropäischen Staaten davon abhing, ob Frankreich in der Lage war, ihnen Hilfe zu leisten. Sollte Deutschland die osteuropäischen Staaten wirklich angreifen, konnten diese Staaten nur dann gerettet werden, wenn Frankreich ebenfalls eine offensive Strategie verfolgte und dabei das entmilitarisierte Rheinland als Unterpfand benutzte. Die Maginot-Linie deutete jedoch darauf hin, daß Frankreich innerhalb seiner Landesgrenzen in der Defensive bleiben wollte; den Deutschen wurde dadurch im Osten Tür und Tor geöffnet. Frankreichs politische und militärische Strategien klafften weit auseinander.

Unsichere Politiker neigen dazu, ihr mangelndes Orientierungsvermögen mit aufsehenerregenden Manövern zu kaschieren. Briand wollte nicht in den Verdacht geraten, tatenlos herumzustehen, und so nutzte er den zehnten Jahrestag des Kriegseintritts der Vereinigten Staaten, um Washington im Juni 1927 einen Vertragsentwurf vorzulegen, der einen gegenseitigen Gewaltverzicht sowie die Beilegung aller Streitigkeiten mit friedlichen Mitteln vorsah. Der amerikanische Außenminister Frank B. Kellog fragte sich, wie er auf ein Dokument reagieren sollte, in dem auf etwas verzichtet wurde, vor dem sich niemand fürchtete, während etwas angeboten wurde, was alle als selbstverständlich betrachteten. Die Tatsache, daß das Wahljahr 1928 nicht mehr fern war, machte ihm die Entscheidung leichter. »Frieden« war ein beliebtes Schlagwort, und Briands Entwurf bot den Vorteil, keine praktischen Konsequenzen nach sich zu ziehen.

Anfang 1928 brach Außenminister Kellog sein Schweigen und stimmte dem Vertragsentwurf zu. Allerdings übertraf er Briand noch, indem er vorschlug, so viele Nationen wie möglich sollten sich an dem Gewaltverzicht beteiligen. Das Angebot war ebenso aufsehenerregend wie bedeutungslos. Am 27. August 1928 wurde der Pariser Pakt, allgemein bekannt als Briand-Kellog-Pakt, der den Krieg als Werkzeug nationaler Politik verurteilte, feierlich von fünfzehn Ländern unterzeichnet. Und bald war er von fast allen Nationen der Welt ratifiziert, auch von Deutschland, Japan und Italien – ausgerechnet den Staaten, deren Aggressivität das folgende Jahrzehnt prägen sollte.

Der Pakt war kaum unterzeichnet, als sich erste Zweifel breitmachten. Frankreich modifizierte seinen ursprünglichen Vorschlag durch den Einbau einer Klausel, die Verteidigungskriege und Kriege, die sich aus den Verpflichtungen der Völkerbundsakte, den Garantien des Locarno-Paktes und anderen Bündnissen ergaben, aus dem Gewaltverzicht ausklammerte. Damit war man wieder am Ausgangspunkt angelangt; die Ausnahmefälle betrafen ja jeden praktisch vorstellbaren Fall. Als nächstes bestand Großbritannien auf Handlungsfreiheit zur Verteidigung des Empire. Die Vereinigten Staaten trieben es mit ihren Vorbehaltsklauseln am weitesten: Sie beriefen sich auf die Monroe-Doktrin, auf das Recht zur Selbstverteidigung und auf die Klausel, jede Nation müsse selber entscheiden können, ob und wann eine bestimmte Situation Selbstverteidigung erfordere. Und um auch das letzte Schlupfloch zu stopfen, lehnten die USA sogar ihre Beteiligung an jedweden Durchsetzungsmaßnahmen ab.

Im Rahmen einer Aussage vor dem Senatsausschuß für Auswärtige Angelegenheiten unterbreitete Kellog einige Monate später die außergewöhnliche Theorie, die Vereinigten Staaten seien innerhalb des Vertrags nicht verpflichtet, den Opfern eines Angriffs zu helfen, da solche Angriffe bereits bewiesen hätten, daß der Vertrag aufgehoben worden sei. »Gehen wir davon aus, daß irgendeine Nation diesen Vertrag bricht. Warum sollte uns das etwas angehen?« fragte Senator Walsh aus Montana. »Dafür besteht nicht der geringste Grund«, antwortete der Außenminister.[16]

Damit hatte Kellog den Vertrag auf eine Tautologie reduziert: Der Pakt würde den Frieden nur so lange bewahren, wie der Frieden währte. Krieg sollte unter allen Umständen verboten werden – ausgenommen unter den Umständen, die vorhersehbar waren. Kein Wunder, daß D. W. Brogan sich zum Briand-Kellog-Pakt folgendermaßen äußerte:»Die Vereinigten Staaten, die das Übel des Alkohols durch den achtzehnten Zusatzartikel abgeschafft hatten, forderten die Welt dazu auf, den Krieg abzuschaffen, indem sie ihm entsagten. Die Welt, die nicht recht wußte, ob sie daran glauben sollte oder nicht, gehorchte.«[17]

Im Lauf der Zeit wurde Briands Idee von seinen ehemaligen Verbündeten in ein Instrument verwandelt, mit dem Frankreich unter Druck gesetzt werden konnte. Nun war der Krieg geächtet, und sogleich vernahm Frankreich allerorten, es sei zur Beschleunigung seiner Abrüstungsmaßnahmen verpflichtet. Um ihren guten Willen zu bezeugen, beendeten die Alliierten die Besetzung des Rheinlandes bereits 1928, fünf Jahre früher als ursprünglich vorgesehen.

Gleichzeitig teilte Austen Chamberlain mit, die Grenze Polens zu Deutschland könne, ja solle nach britischer Ansicht durchaus geändert werden, wenn die Deutschen sich dabei nur zivilisiert verhielten:»Wenn es [Deutschland] in den Völkerbund kommt und seine Rolle dort in einem freundlichen, versöhnlichen Geist übernimmt, so glaube ich persönlich, daß es sich in absehbarer Zeit in einer Position befinden wird, in der seine wirtschaftliche und handelspolitische Unterstützung für Polen so notwendig und seine politische Freundschaft zu diesem Land so wünschenswert wird, daß es ohne Berufung auf das bürokratische Räderwerk des Völkerbundes aus eigenen Stücken mit Polen zu einer direkten, freundlichen Einigung kommen wird. [...] Könnte man die deutsche Öffentlichkeit und Presse davon abhalten, so viel über die Ostgrenze zu reden, kämen sie schneller zu einer Lösung.«[18]

Stresemann nutzte Deutschlands Beitritt zum Völkerbund geschickt, um sowohl seine Möglichkeiten gegenüber der Sowjetunion zu verbessern als auch auf Frankreich hinsichtlich der Rüstungsparität verstärkt Druck auszuüben. Zum Beispiel erbat er für Deutschland, betreffend der Beteiligung an Durchsetzungsmechanismen, die im Artikel 16 der Völkerbundsakte verankert waren, eine Ausnahmeregelung, die ihm mit der Begründung gewährt wurde, ein unbewaffnetes Deutschland sei kaum in der Lage, das Risiko von Sanktionen auf sich zu nehmen. Sodann setzte Stresemann – ganz in Bismarckscher Manier – Moskau darüber in Kenntnis, sein Antrag auf eine Ausnahmeregelung sei der Tatsache zuzuschreiben, daß Deutschland sich weigere, irgendeiner antisowjetischen Koalition beizutreten.

Moskau verstand diesen Hinweis. Nur ein Jahr nach Locarno, im April 1926, unterzeichneten die Sowjetunion und Deutschland in Berlin einen Neutralitätsvertrag. Jede Partei erklärte sich zur Neutralität bereit, falls die andere angegriffen werde; beide verkündeten, weder ein politisches Komplott noch einen gegen den anderen gerichteten Wirtschaftsboykott mitzutragen – ganz gleich, um welche strittigen Punkte es dabei gehen mochte. Damit setzten die beiden Länder das Prinzip der kollektiven Sicherheit untereinander außer Kraft, zumal Deutschland sich ja schon vorher von möglichen Sanktionen gegen andere Länder hatte befreien lassen. Berlin und Moskau fanden sich in vereinter Feindschaft zu Polen wieder, was eine Äußerung des Reichskanzlers Wirth gegenüber dem deutschen Botschafter in Moskau, Ulrich Graf von Brockdorff-Rantzau, beweist: »Eines sage ich Ihnen ganz offen: Polen muß vernichtet werden. Ich schließe keinen Vertrag, der Polen irgendwie stärken könnte.«[19]

Dennoch hielten französische Politiker, insbesondere Briand, an der Erfüllungspolitik fest. Was Deutschland betraf, sahen sie in ihr wohl Frankreichs einzige Alternative zu offener Konfrontation. Sollten sich die Befürchtungen allerdings bewahrheiten und Deutschland seine kriegslüsterne Politik wiederaufnehmen, dann waren britische Unterstützung und das fortgesetzte Wohlwollen der Vereinigten Staaten sicherlich verspielt, falls man Frankreich die Schuld für das Scheitern der Versöhnung zuschieben könnte.

Nach und nach nahm Berlin in Europa wieder eine gewichtigere Rolle ein. Zugleich wurde Stresemanns innenpolitische Position erstaunlicherweise schwächer. Der vorherrschende Nationalismus manifestierte sich in der Reaktion auf den sogenannten Young-Plan, den die Alliierten 1929, nach Ablauf des auf fünf Jahre befristeten Dawes-Planes, vorschlugen. Er sah eine weitere Reduzierung deutscher Reparationsleistungen vor, für die sogar ein – wenn auch noch in weiter Ferne liegender – Endpunkt festgesetzt war. 1924 war der Dawes-Plan mit Hilfe eines Teils der deutschnationalen Reichstagsfraktion angenommen worden; 1929 wurde der Young-Plan trotz seiner sehr viel besseren Bedingungen von den Deutschnationalen mit Unterstützung der aufstrebenden NSDAP sowie der Kommunisten massiv bekämpft. Schließlich wurde er im Reichstag mit einer Mehrheit von nur zwanzig Stimmen verabschiedet.

Für einige Jahre hatte der »Geist von Locarno« das Bemühen der ehemaligen Gegner des Ersten Weltkriegs um Verhandlungsbereitschaft dem Anschein nach symbolisiert. Doch da der Begriff »Geist« im Deutschen durchaus doppeldeutig ist, machte man sich gegen Ende des Jahrzehnts in nationalistischen Kreisen einen Spaß daraus, über das »Gespenst von Locarno« zu witzeln. Und diese zynische Haltung gegenüber dem Kernstück der Versailler Weltordnung existierte schon während der friedvollen Tage des deutschen Wirtschaftsaufbaus, als die Depression die politische Stimmung in Deutschland noch nicht über Gebühr strapaziert hatte.

Stresemann starb am 3. Oktober 1929. Offenbar war er durch niemanden zu ersetzen. Deutschland besaß keinen führenden Politiker mit vergleichbarem Talent oder Scharfsinn, und ohne Frage waren die Rehabilitation des

Landes als Staat ebenso wie die Befriedung Europas weitgehend dem Vertrauen zuzuschreiben, das der Westen der Person Stresemanns entgegengebracht hatte. Lange Zeit glaubte man, Stresemann habe alle Vorzüge eines »guten Europäers« verkörpert. In diesem Sinn wurde er als Vorgänger des großen Konrad Adenauer betrachtet, der erkennen sollte, daß Frankreich und Deutschland trotz ihrer historischen Rivalitäten immer ein gemeinsames Schicksal haben würden.

Als man jedoch später Stresemanns Unterlagen einsehen konnte, schienen sie dem wohlwollenden Bild, das man von ihm entworfen hatte, zu widersprechen. Sie enthüllten ihn als berechnenden Realpolitiker, der die traditionellen nationalen Anliegen seines Landes mit skrupelloser Hartnäckigkeit verfolgte. Laut Stresemann war es in Deutschlands ureigenstem Interesse, seine Vorkriegsstellung wieder zu erlangen, sich seiner finanziellen Belastungen durch die Reparationsleistungen zu entledigen, eine militärische Gleichberechtigung mit Frankreich und Großbritannien zu erzielen, die deutsche Ostgrenze zu revidieren und den Anschluß Österreichs an Deutschland zu erreichen. Edgar Stern-Rubarth, Stresemanns Adlatus, beschrieb die Ziele seines Vorgesetzten wie folgt:»Das Äußerste, was Stresemann erhoffte, war, wie er mir einmal gestanden hatte, Befreiung des Rheinlandes, Wiedererlangung von Eupen und Malmedy und der Saar, der Anschluß Österreichs und, als Mandat oder in anderer Form, eine afrikanische Kolonie, die zur Beschaffung wichtiger tropischer Rohmaterialien und als Ventil für die überschüssige Energie der jüngeren Generation dienen konnte.«[20] Stresemann war also zweifellos kein »guter Europäer«, zumindest nicht im Sinne jener Definition, die nach dem Zweiten Weltkrieg Gültigkeit hatte. Gleichwohl ist es immer ungerecht, einen Politiker nach Kriterien zu beurteilen, die zu seiner Zeit noch nicht existierten. Die meisten zeitgenössischen westlichen Regierungsoberhäupter teilten Stresemanns Ansicht, Versailles müsse insbesondere im Hinblick auf den Osten revidiert werden, und Locarno stelle in diesem Prozeß lediglich eine Etappe dar. Für Frankreich war es natürlich außerordentlich unangenehm, nach einem Krieg, in dem es sich völlig verausgabt hatte, mit einem wiedererstarkten Deutschland verhandeln zu müssen. Doch dieser Zustand spiegelte exakt die neue Machtverteilung in Europa wider. Stresemann war sich bewußt, daß sein Land selbst angesichts der Versailler Beschränkungen die potentiell stärkste europäische Nation war. Aufgrund dieser Einschätzung kam er zu dem realpolitischen Schluß, daß die Möglichkeit, Deutschland wieder auf das Niveau der Vorkriegszeit – und vielleicht sogar darüber hinaus – zu bringen, in greifbare Nähe gerückt war.

Anders als seine nationalistischen Kritiker und ganz im Gegensatz zu den Nationalsozialisten setzte er bei der Verwirklichung seiner Ziele auf Geduld, Kompromisse und die Vorteile eines europäischen Konsenses. Intellektuell äußerst flexibel, vermochte er – insbesondere bei so brisanten und symbolträchtigen Fragen wie den Reparationen –, im Hinblick auf eine Beendigung der militärischen Besetzung Deutschlands und mit Aussicht auf langfristigen Wandel Scheinkonzessionen auszuhandeln, die seinem Land unweigerlich zu einer zentralen Stellung verhalfen. Im Gegensatz zu den Nationalisten sah er jedoch keine Notwendigkeit für eine gewaltsame Revision des Versailler Vertrags.

Daß Stresemann diese Art von Politik überhaupt betreiben konnte, hing untrennbar mit Deutschlands Reichtum und Kräftepotential zusammen. Der Krieg hatte seine Macht nicht gebrochen, Versailles seine geopolitische Position sogar noch gestärkt. Nicht einmal die viel schlimmere Niederlage im Zweiten Weltkrieg hat Deutschlands Einfluß innerhalb Europas mindern können. Anstatt in Stresemann einen Vorreiter nationalsozialistischer Angriffe auf die westlichen Werte zu sehen, wäre es daher angemessener, die nationalsozialistischen Exzesse dafür verantwortlich zu machen, daß Deutschland seinen schrittweisen und vorwiegend friedlichen Weg zu einer entscheidenden Rolle im europäischen Leben verlassen hat.

Mit der Zeit hätte sich die Taktik Stresemanns möglicherweise in eine Strategie, hätten sich die ideologischen Behelfsmittel, auf die er angewiesen war, in echte Überzeugungen verwandeln können. Aus heutiger Sicht besteht der ursprüngliche Beweggrund für Präsident Sadats Annäherung an Israel mit ziemlicher Sicherheit darin, das Bild des Westens von den kriegslüsternen Arabern zu untergraben und Israel psychologisch in die Defensive zu treiben. Wie Stresemann trieb auch Sadat einen Keil zwischen seine Gegner und deren Freunde. Indem er Israels durchaus angemessene Forderungen erfüllte, hoffte er, es zugleich in seiner hartnäckigen Weigerung, arabisches und insbesondere ägyptisches Land zurückzugeben, nach und nach umstimmen zu können. Im Lauf der Zeit aber verwandelte Sadat sich tatsächlich in einen Friedensapostel und Vermittler bei internationalen Spannungen, selbst wenn dies für ihn anfangs lediglich eine Pose gewesen sein mag. Für ihn waren Frieden und Versöhnung schließlich keine Instrumente zur Verwirklichung des nationalen Interesses mehr, sondern eigenständige Wertebegriffe. Hätte Stresemann einen ähnlichen Weg genommen? Sein vorzeitiger Tod hat der Geschichte ein weiteres unlösbares Rätsel aufgegeben.

Bei Stresemanns Tod stand die Reparationsfrage kurz vor ihrer Lösung. Das Problem der deutschen Westgrenze war geklärt. Doch hinsichtlich der Ostgrenze und der Abrüstungsbestimmungen des Versailler Vertrags beharrten die Deutschen weiterhin auf Revision. Der Versuch, Deutschland durch die Besetzung seines Staatsgebietes unter Druck zu setzen, war fehlgeschlagen, und der in Locarno modifizierte Ansatz zur kollektiven Sicherheit hatte das deutsche Verlangen nach Gleichberechtigung nicht gestillt. Europas Staatsmänner flüchteten sich nun in eine kompromißlose Abrüstungsverpflichtung – ihre größte Hoffnung auf Frieden.

Die Vorstellung, Deutschland habe Anspruch auf Gleichberechtigung, hatte sich in Großbritannien mittlerweile festgesetzt. Bereits 1924, in seiner ersten Amtsperiode, hatte der britische Labour-Premierminister Ramsay MacDonald Abrüstung zu seiner absoluten Priorität erhoben. Um ihr Bekenntnis zum Frieden zu unterstreichen, stoppte die zweite Labour-Regierung 1929 den Bau eines Marinestützpunktes in Singapur sowie die Herstellung neuer Kreuzer und U-Boote. 1932 verkündete sie überdies einen befristeten Stopp für den Flugzeugbau. MacDonalds wichtigster Berater in diesen Fragen, Philip Noel-Baker, erklärte, nur Abrüstung könne einen weiteren Krieg verhindern.

Die grundlegende Unvereinbarkeit zwischen Deutschlands Gleichberechtigung und Frankreichs Sicherheit blieb jedoch weiterhin bestehen, und zwar ganz einfach deshalb, weil sie in der Tat nicht aus dem Weg zu räumen war. 1932, ein Jahr vor Hitlers Machtergreifung, prophezeite der Ministerpräsident Frankreichs, Edouard Herriot:»Ich mache mir keine Illusionen. Ich bin davon überzeugt, daß Deutschland wiederaufrüsten möchte [...]. Wir befinden uns an einem geschichtlichen Wendepunkt. Bisher hat Deutschland eine Politik des Gehorsams betrieben [...], nun nimmt es wieder eine selbstbewußte Politik auf. Morgen wird es eine Politik territorialer Ansprüche sein.«[21] Bemerkenswert an dieser Aussage ist der passive, resignierte Unterton. Herriot äußerte sich weder zu Frankreichs Armee, die weiterhin die größte Europas war, noch zur Entmilitarisierung des Rheinlandes, dem entwaffneten Deutschland oder Frankreichs Verantwortung für die Sicherheit Osteuropas. Paris war nicht bereit, für seine Überzeugungen zu kämpfen, sondern wartete sein Schicksal einfach ab.

London schätzte die Lage auf dem Kontinent völlig anders ein. Bestrebt, Deutschland zu beschwichtigen, setzte es die Franzosen schonungslos unter Druck, damit sie einer militärischen Parität gegenüber Deutschland endlich zustimmten. Abrüstungsexperten legen häufig wahre Genialität an den Tag, um Pläne zu entwerfen, die zwar den offiziellen sicherheitspolitischen Aspekten entsprechen, den Kern der Sache aber nicht treffen. Und so konstruierten die britischen Experten einen Vorschlag, demzufolge Deutschland zwar das Recht auf einen militärischen Gleichstand mit Frankreich garantiert wurde, die Einführung der allgemeinen Wehrpflicht indes verboten blieb. Frankreich, das zu diesem Zeitpunkt über ein höheres Potential an ausgebildeten Reservisten verfügte, war damit nur theoretisch ein Bonus zugeschoben worden – als könnte Deutschland, das schon so weit vorangekommen war, keine anderen Mittel und Wege finden, um auch diese letzten Beschränkungen zu umgehen.

In demselben schicksalhaften Jahr, in dem Hitler die Macht ergriff, fühlte sich die Regierung in Berlin selbstsicher genug, um die Abrüstungskonferenz aus Protest gegen die angebliche Benachteiligung durch Frankreich zu verlassen. Man lockte die Deutschen mit dem Versprechen zurück,»Rechtsgleichheit in einem System, das allen Nationen Sicherheit verschaffe«[22], zu gewährleisten, eine windige Formulierung, die die Gleichberechtigung zwar formal in greifbare Nähe rücken ließ, sie aber tatsächlich durch eine ganze Reihe sogenannter »Sicherheits«-Bestimmungen blockierte. Die Öffentlichkeit freilich erkannte solche subtilen Unterschiede längst nicht mehr. ›The New Statesman‹, eine der britischen Labour Party nahestehende Wochenzeitschrift, begrüßte die Formulierung als »bedingungslose Anerkennung des Grundsatzes der Gleichheit aller Staaten«. Auf der anderen Seite des britischen Parteienspektrums schrieb die ›Times‹ von »einer zeitgemäßen Berichtigung der Ungleichheit«.[23]

Doch die Formulierung »Gleichheit in einem Sicherheitssystem« war ein Widerspruch in sich. Frankreich war nicht mehr stark genug, um sich gegen Deutschland verteidigen zu können; Großbritannien lehnte ein militärisches Bündnis mit Paris, mit dem ein ungefähres geopolitisches Gleichgewicht vielleicht hätte hergestellt werden können (obwohl selbst das aufgrund der Kriegserfahrungen fraglich war), weiterhin ab. Während London darauf beharrte, Gleichberechtigung rein formalistisch als die Aufhebung der Benachteiligung Deutschlands zu definieren, schwieg es sich über die Auswirkungen auf das europäische Gleichgewicht aus. 1932 teilte der aufgebrachte Premierminister MacDonald dem französischen Außenminister Paul-Boncour mit, »Frankreichs Forderungen beinhalteten die Schwierigkeit, daß es von Großbritannien die Übernahme weiterer Verpflichtungen verlange und dies momentan nicht erwartet werden könne«.[24] Diese ausweglose Situation dauerte an, bis Hitler die Abrüstungsverhandlungen im Oktober 1933 endgültig verließ.

Nachdem sich die Diplomatie zehn Jahre lang auf Europa konzentriert hatte, war es unerwarteterweise Japan, das in den dreißiger Jahren durch zunehmende Gewalttätigkeit bewies, wie ausgehöhlt die kollektive Sicherheit und der Völkerbund selber waren.

1931 besetzten japanische Streitkräfte die Mandschurei, die rechtlich zu China gehörte, auch wenn die Behörden der chinesischen Zentralregierung ihren Einfluß in dieser Region seit vielen Jahren faktisch nicht mehr geltend machten. Seit der Gründung des Völkerbundes hatte es keine Intervention solchen Ausmaßes mehr gegeben. Allerdings verfügte der Völkerbund nicht über entsprechende Strukturen, um die in Artikel 16 vorgeschlagenen Wirtschaftssanktionen auch durchzusetzen. Seine zögerliche Haltung symbolisierte das grundlegende Dilemma der kollektiven Sicherheit: Kein Land war auf einen Krieg gegen Japan eingestellt (beziehungsweise: keines war ohne Unterstützung der Vereinigten Staaten dazu in der Lage, da die japanische Marine die asiatischen Gewässer beherrschte). Selbst wenn Mechanismen zur Durchsetzung von Wirtschaftssanktionen existiert hätten, wäre kein Land bereit gewesen, inmitten der Depression seine Handelsverbindungen nach Japan zu kappen; andererseits war auch kein Land gewillt, die Besetzung der Mandschurei hinzunehmen. Kein der Mitglied des Völkerbundes wußte allerdings, wie diese selbstverschuldeten Widersprüche beseitigt werden sollten.

Die Strategie, die man sich schließlich zurechtlegte, wurde ersonnen, um nicht handeln zu müssen. Man schickte eine Untersuchungskommission. Das ist ein diplomatisches Verhaltensmuster, das überlicherweise darauf hinweist, daß das gewünschte Ergebnis im Nichtstun bestehen soll. Da die Bildung solcher Kommissionen, die Einleitung von Untersuchungen und die Erreichung eines Konsenses langwierige Angelegenheiten sind, ist das Problem mit etwas Glück meist schon wieder aus der Welt geschafft, bevor die Untersuchung beginnt.

Japan jedenfalls war sich seiner selbst so sicher, daß es eine solche Studie sogar ausdrücklich empfahl. Die sogenannte Lytton-Kommission berichtete, Japan habe zwar berechtigten Grund zur Klage, hätte aber fälschlicherweise nicht alle friedlichen Mittel zur Behebung der Probleme ausgeschöpft. Doch schon der geringste Tadel für die Besetzung eines Gebietes, das größer war als das eigene Territorium, war Japan zuviel. Es reagierte prompt mit Rückzug aus dem Völkerbund. Das war der erste Schritt zur Auflösung der gesamten Institution.

In Europa wurde die Episode als eine Art Fehltritt abgetan, zu dem es in entlegenen Regionen schon einmal kommen könnte. Die Abrüstungsgespräche wurden fortgesetzt, als existiere die Mandschureikrise nicht; die Debatte über Sicherheit kontra Gleichbehandlung reduzierte sich auf einen regelrecht zeremoniellen Akt. Als Hitler am 30. Januar 1933 die Macht ergriff, sollte sich bald zeigen, daß das Versailler System wie ein Kartenhaus zusammenbrach.

Kapitel 12

# Das Ende der Illusionen: Hitler und die Zerstörung der Versailler Ordnung

*Adolf Hitler und Benito Mussolini*

Hitlers Machtergreifung kündigte eine der größten Katastrophen der Weltgeschichte an. Wäre er nicht gewesen, hätte die Welt den Zusammenbruch der Ordnung von Versailles vielleicht auf friedlichere oder zumindest weniger verhängnisvolle Weise überstehen können. Daß Deutschland aus diesem Prozeß als stärkste Nation auf dem Kontinent hervorgehen würde, war unvermeidlich; daß alles in einer Orgie aus Mord und Verwüstung endete, war hingegen weitgehend das Werk einer einzigen dämonischen Persönlichkeit.

Hitler wurde durch seine Beredsamkeit berühmt. Im Unterschied zu anderen revolutionären Führern war er ein Einzelgänger, ein politischer Abenteurer, der keine Richtung eines wie auch immer gearteten politischen Denkens seriöser Provenienz vertrat. Seine Weltanschauung, wie sie in *Mein Kampf* zum Ausdruck kam, reichte vom Banalen bis zum Phantastischen und war im Grunde nichts anderes als eine für die breite Öffentlichkeit aufbereitete, neu verpackte Sammlung alter Überzeugungen der radikalen Rechten. Dieses Buch allein hätte niemals – wie etwa Marx' *Kapital* oder die Werke der Philosophen des achtzehnten Jahrhunderts – eine revolutionäre Strömung hervorrufen können. Demagogische Fähigkeiten katapultierten Hitler an die Macht und blieben auch fortan sein wichtigstes politisches Kapital. Mit dem Instinkt des Verfemten und einem unbeirrbaren Blick für psychologische Schwächen trieb er seine Gegner in die Defensive, bis sie resigniert seine Herrschaft anerkannten. Das war die Lage in Deutschland. Und auf internationaler Ebene beutete er das schlechte Gewissen, das die westlichen Demokratien angesichts des Versailler Vertrags noch immer befiel, rücksichtslos aus.

Als Regierungschef folgte Hitler eher seinem Instinkt als nüchterner Analyse. Da er sich selbst als Künstler sah, gab er sich noch als Staatsoberhaupt jener permanenten Rastlosigkeit und bohèmehaften Unbeständigkeit hin, die seine Jugendjahre gekennzeichnet hatten. Nie nahm er die Gewohnheiten eines seßhaften, geregelten Lebens an: Alles, seine Politik wie sein Leben, sollte der genialischen Sprunghaftigkeit seiner Eingebungen folgen. Berlin mochte er nicht, und so suchte er inneren Ausgleich in der Abgeschiedenheit seines bayerischen Wohnsitzes, in dem er sich mitunter monatelang aufhielt, obwohl er sich dort schon nach kurzer Zeit zu langweilen begann. Weil er methodisches Arbeiten verabscheute und seine Minister nur schwer an ihn herankamen, kamen politische Entscheidungsprozesse im eigentlichen Sinne nur sporadisch zustande. Alles, was mit seinen kurzen Phasen hektischer Betriebsamkeit in Einklang zu bringen war, erreichte immerhin einen gewissen Abschluß; alles, was anhaltende Bemühungen erforderte, wurde nur selten bis zum Ende verfolgt.

Das Wesen der Demagogie besteht in der Fähigkeit, Leidenschaft und Enttäuschung im selben Moment hervorzurufen. Eben darin lag Hitlers einzigartige Begabung. Mit ihrer Hilfe baute er eine beinahe hypnotische Beziehung zu seinem Gefolge und der gesamten Öffentlichkeit auf, ja er schlug diese zeitweilig fast völlig in seinen Bann.

Im Ausland erreichte Hitler am meisten, als die Welt noch glaubte, er verfolge gewöhnliche, das heißt begrenzte Ziele. Alle seine großen außenpolitischen Erfolge fielen in die ersten fünf Jahre seiner Regierungszeit (1933-1938). Sie beruhten auf der Annahme, er wolle lediglich das Versailler System wieder mit dessen angeblichen Grundsätzen in Einklang bringen. Sobald er jedoch den Vorwand, Unrecht geradezurücken, fallenließ, schwand seine Glaubwürdigkeit. Und als er schließlich begann, Eroberungen um ihrer selbst willen anzuzetteln, verlor Hitler jeden Bezug zur Realität. Seine Intuition freilich hatte ihn noch nicht verlassen; davon zeugen seine Planung des Westfeldzugs von 1940 oder auch seine Weigerung, der deutschen Armee 1941, als sie vor Moskau stand, den Rückzug zu erlauben, der mit ziemlicher Sicherheit den Zusammenbruch der deutschen Wehrmacht mit sich gebracht hätte.

Hitler war entscheidend geprägt durch die Erfahrung der deutschen Niederlage im Ersten Weltkrieg, die er bettlägerig und gasblind im Lazarett erlebt hatte. Überzeugt, daß Deutschland nur aufgrund »jüdischer Verschwörung« und mangelnden Durchhaltewillens zusammengebrochen sei, beharrte er zeit seines Lebens darauf, Deutschland könne nur von sich selbst, niemals aber von Fremden besiegt werden. Die Niederlage von 1918 entpuppte sich so hierzulande als Verrat: Das angebliche Versagen der deutschen Regierung, die nicht bis zum letzten Ende weitergekämpft hatte, wurde denn auch fester Bestandteil von Hitlers fanatischen Reden und betäubenden Monologen.

Hitler schienen alle seine Siege merkwürdig unbefriedigt zu lassen. Zum Schluß konnte er seinem Selbstverständnis offenbar nur noch gerecht werden, indem er den unmittelbar bevorstehenden Zusammenbruch durch bloße, ins Leere gerichtete Willenskraft aufzuhalten versuchte. Psychologen mögen hierin eine Erklärung für seine ungewöhnliche Kriegsführung finden, die jede strategische oder politische Vernunft vermissen ließ, bis Deutschlands Ressourcen erschöpft waren und Hitler sich schließlich, keinen Deut nachgiebiger geworden, darauf beschränkte, der Welt in einem Bunker der eingekesselten Hauptstadt die Stirn zu bieten.

Doch demagogische Begabung und krankhafte Selbstsucht waren in diesem Fall nur zwei Seiten derselben Medaille. Unfähig, ein normales

Gespräch zu führen, verfiel Hitler entweder in lange Monologe oder gelangweiltes Schweigen, sobald es einem Gesprächspartner einmal gelungen war, das Wort zu ergreifen. Dann konnte es sogar passieren, daß er einnickte.[1] In seinen Augen gab es keinen Zweifel, daß sein in der Tat fast wie ein Wunder anmutender Aufstieg von der Wiener Unterwelt bis zum unangefochtenen Herrscher über Deutschland persönlichen Eigenschaften zuzuschreiben war, die nur er besaß. Die Legende seines Aufstiegs gehörte fast unvermeidlich zu der Zeremonie seiner »Tischgespräche«, deren gleichsam paralysierende Atmosphäre von seinen gelehrigen Schülern festgehalten worden ist.[2]

Andere Folgen seiner Egozentrik waren nicht nur enervierend, sondern tödlich; Hitler hatte sich selbst und, wichtiger, seine Gefolgschaft davon überzeugt, daß um der Einzigartigkeit seiner Fähigkeiten willen alle ins Auge gefaßten Ziele noch zu seinen Lebzeiten erreicht werden müßten. Seiner Familiengeschichte glaubte er entnehmen zu können, daß er nicht sehr alt werden würde, und so wollte er keinen seiner Erfolge reifen lassen, sondern drängte ständig nach einem Zeitplan vorwärts, der nicht der politischen Lage, sondern der bloßen Einschätzung seiner physischen Kräfte entsprungen war. Die Geschichte kennt kein anderes Beispiel für einen Krieg, der aufgrund medizinischer Mutmaßungen eingeleitet wurde.

Letzten Endes beruhten Hitlers aufsehenerregende frühe Erfolge darauf, daß er rasch die Chancen zu nutzen verstand, die die Politik seiner Vorgänger ihm eröffnet hatte. Dies änderte nichts an seiner Verachtung für jene Männer, insbesondere für Stresemann. Mit dem Versailler Vertrag hatten die Sieger ein mächtiges Land mit einer Gruppe wesentlich kleinerer und ungeschützterer Staaten an seiner Ostgrenze konfrontiert. Ähnlich war es schon beim Westfälischen Frieden gewesen; doch im Unterschied zu Versailles hatte eine solche Konstellation damals in der Absicht der verhandelnden Staaten gelegen. Durch Versailles und Locarno war Deutschland dann der Weg nach Osteuropa geebnet worden, wo eine geduldige deutsche Regierung nach nicht allzu langer Zeit auch auf friedlichem Wege eine bedeutende Stellung erreicht, ja diese vielleicht sogar vom Westen angetragen bekommen hätte. Doch Hitler, getrieben von rücksichtslosem Größenwahn, schlug die Chance eines friedlichen Wandels aus.

Hitlers scheinbar durchschnittliche Erscheinung sorgte dafür, daß seine wahre Natur zunächst verborgen blieb. Denn obwohl er seine Absichten oft genug kundtat, glaubten weder das deutsche noch das westeuropäische Bürgertum, daß Hitler mit dem Umsturz der bestehenden Ordnung wirklich ernst machen wollte. Zermürbt von den Angriffen der ständig wachsenden NSDAP, auch moralisch entkräftet durch die anhaltende Rezession und das politische Durcheinander, schlugen deshalb ausgerechnet die Führungsspitzen der deutschen Konservativen seine Ernennung zum Reichskanzler vor. Man hoffte, ihn bremsen zu können, ja man war seiner Sache sicher. Nicht zuletzt gab es in Hitlers erstem Kabinett vom 30. Januar 1933 nur drei

Nationalsozialisten. Alle anderen Minister waren Vertrauensleute der konservativen Parteien.

Aber Hitler hatte seinen Weg nicht zurückgelegt, um sich am Ende durch parlamentarische Manöver zügeln zu lassen. Im Handstreichverfahren – darunter jene große »Säuberungsaktion«, der sogenannte Röhmputsch, durch die am 30. Juni 1934 etliche seiner Konkurrenten und Gegner aus dem Weg geräumt wurden – machte er sich innerhalb von achtzehn Monaten nach Amtsantritt zum Diktator über Deutschland.

Die westlichen Demokratien reagierten anfangs auf Hitlers Aufstieg lediglich mit einer Beschleunigung ihrer Abrüstungsbemühungen. An der Spitze der deutschen Regierung stand jetzt ein Kanzler, der ganz offen erklärte, er wolle den Versailler Vertrag aufkündigen, Deutschland wiederbewaffnen und anschließend eine expansionistische Politik betreiben. Trotzdem sahen die westlichen Nationen keinen Anlaß zu Vorsichtsmaßnahmen. Wenn Hitlers Machtergreifung überhaupt irgendeine Wirkung hatte, dann nur die, daß sie Großbritanniens Abrüstungswillen noch bestärkte. Einige britische Diplomaten waren sogar der Ansicht, Hitler berechtige zu mehr Hoffnung auf Frieden als die weniger stabilen Reichsregierungen vor ihm. Hitlers »Unterschrift würde ganz Deutschland binden wie die keines anderen Deutschen zuvor«, schrieb der britische Botschafter Phipps überschwenglich an sein Außenministerium.[3] Und Premierminister Ramsay MacDonald zufolge war eine britische Garantie für Frankreich schlechthin unnötig, weil man für den Fall, daß Deutschland die Abrüstungsvereinbarungen nicht einhielte, »die Widerstandskraft der Welt [gegen das Reich] gar nicht hoch genug« veranschlagen könne.[4]

Paris ließ sich durch solche beschwichtigenden Äußerungen leicht beruhigen. Sein Hauptproblem bestand noch immer darin, daß seine Sicherheit nicht gewährleistet war, wenn Deutschland aufrüstete und Großbritannien die notwendigen Garantien verweigerte. Denn wenn die Weltöffentlichkeit im Umgang mit Vertragsbrüchigen wirklich von so entscheidendem Gewicht war, warum sollte Großbritannien eine Garantieerklärung dann zurückhalten? Weil »die öffentliche Meinung in England [...] dafür kein Verständnis haben« werde, gab Außenminister Sir John Simon zur Antwort und bestätigte damit ausdrücklich die französische Befürchtung, man könne sich auf Großbritanniens Hilfe nicht verlassen, wenn London es bereits ablehne, sich durch eine Garantie zur Verteidigung Frankreichs zu verpflichten.[5] Weshalb aber sollte die Öffentlichkeit im Vereinigten Königreich eine solche Erklärung nicht mittragen wollen, da doch die gesamte Welt, wie man erwartete, in diesem Punkt einer Meinung sein würde? Weil sie einen deutschen Angriff für unwahrscheinlich hielt, erwiderte Stanley Baldwin, Vorsitzender der Konservativen und de facto der erste Mann in der Regierung: »Wenn es sich bestätigen würde, daß Deutschland wiederaufrüstet, dann würde unverzüglich eine neue Situation entstehen, der Europa ins Gesicht sehen müßte [...]. Sowie diese Situation entstanden wäre, müßte die Regierung Seiner Majestät sie sehr ernsthaft prüfen, aber diese Situation ist noch nicht entstanden.«[6]

Eine widersprüchliche Argumentation: Eine Garantieerklärung war zu riskant, zugleich aber auch unnötig. Wäre die Gleichbehandlung Deutschlands erst erreicht, würde Berlin sich zufriedengeben; eine Garantie für den Angriffsfall, den Deutschland gar nicht beabsichtigte, schien indessen zu gefährlich, obwohl schon die Verurteilung durch die Weltöffentlichkeit einen Vertragsbrüchigen sofort stoppen würde.

Schließlich setzte Hitler selber all diesen Ausflüchten und Heucheleien ein Ende. Am 14. Oktober 1933 verließ Deutschland endgültig die Internationale Abrüstungskonferenz – nicht weil Hitlers Vorstellungen zurückgewiesen worden wären, sondern weil er, im Gegenteil, befürchtete, daß den deutschen Forderungen nach Parität entsprochen werden könnte. Damit aber wären seine Pläne für die uneingeschränkte Aufrüstung vereitelt worden. Nur eine Woche später kündigte er auch noch die Mitgliedschaft im Völkerbund auf, um Anfang 1934 die Wiederbewaffnung Deutschlands anzuordnen. Das Land hatte sich abseits der Völkergemeinschaft gestellt. Dennoch erlitt es keinen sichtbaren Schaden.

Hitler hatte die Staaten des Westens ohne Zweifel herausgefordert. Diese aber schienen sich über die Bedeutung der Herausforderung nicht völlig im klaren zu sein. War es nicht so, daß Deutschland mit der Wiederbewaffnung im Grunde nur vollzog, was ihm die meisten Mitglieder des Völkerbundes prinzipiell längst zugestanden hatten? Warum handeln, bevor Hitler tatsächlich einen eindeutigen Akt der Aggression begangen hatte? Lag hierin nicht letzten Endes das Wesen des Systems der kollektiven Sicherheit? Mit diesen und ähnlichen Überlegungen gingen die Politiker im Westen einer Entscheidung aus dem Wege. Die Optionen schienen zweifelhaft. Es war viel einfacher abzuwarten, bis Hitler seine üblen Ansichten offen demonstrieren würde, zumal man sich bei harten Maßnahmen erst dann der Unterstützung durch die Öffentlichkeit sicher sein konnte.

Hitler hatte mithin gute Gründe, seine wahren Ziele so lange zu verschleiern, bis es für den Westen zu spät war, wirkungsvolle Gegenmaßnahmen zu ergreifen. Die demokratischen Spitzenpolitiker der Zwischenkriegszeit fürchteten einen Krieg nun einmal mehr als die Schwächung des Gleichgewichts. Sicherheit, so Ramsay MacDonald, müsse man »nicht mit militärischen, sondern mit moralischen Mitteln« erreichen.

Hitler wußte diese Haltung geschickt zu nutzen. So startete er von Zeit zu Zeit Friedensinitiativen, die genau auf die Wunschvorstellungen seiner potentiellen Opfer zugeschnitten waren. Als er sich von den Abrüstungsgesprächen zurückzog, bot er zum Beispiel eine Begrenzung des deutsches Heeres auf 300.000 Mann an und wollte auch die Luftwaffe auf die halbe Stärke der französischen Luftstreitkräfte beschränken. Doch der Vorschlag lenkte nur von der Tatsache ab, daß Deutschland gerade eben die Versailler Obergrenze von einhunderttausend Mann Heeresstärke überschritten hatte, während es zum Schein Bereitschaft signalisierte, einem neuen Limit zuzustimmen, das es ohnehin erst nach Jahren würde erreichen können. Zu jenem Zeitpunkt würde es dann zweifellos auch diese Beschränkungen ignorieren.

Frankreich wies das Angebot mit der Erklärung zurück, es werde für seine Sicherheit schon selber sorgen. Der hochfahrende Stolz, der aus dieser Antwort sprach, konnte nicht darüber hinwegtäuschen, daß die Befürchtungen der Franzosen mittlerweile zur Wirklichkeit geworden waren. Die britische Regierung kam zu dem Schluß, daß Abrüstung nun wichtiger denn je sei. »Unsere Politik«, so erklärte das Kabinett, »besteht nach wie vor darin, in internationaler Zusammenarbeit die Begrenzung und Verringerung des Waffenbestandes in der Welt zu erreichen. Das ist unsere vertragliche Verpflichtung und zugleich das einzige Mittel, einen Rüstungswettlauf zu verhindern.«[7] In der Tat rang sich das Kabinett zu der bemerkenswerten Folgerung durch, es sei am besten, die Verhandlungen aus der Position der Schwäche heraus zu führen, in die man ohnehin gerade zu geraten glaubte. Am 29. November 1933, nur sechs Wochen nach der Abberufung der deutschen Abrüstungdelegation, erklärte Baldwin im Kabinett: »Wenn wir keinerlei Hoffnung auf eine Rüstungsbegrenzung hegen könnten, wären wir nicht nur im Hinblick auf die Lage unserer Luftstreitkräfte, sondern ebenso in bezug auf Heer und Flotte zurecht beunruhigt. [Das Vereinigte Königreich] hat] jede nur mögliche Anstrengung unternommen, einen Abrüstungsplan in die Wege zu leiten, der Deutschland einbeziehen würde.«[8]

Doch Deutschland rüstete auf. Und da der Zustand der britischen Verteidigungkräfte nach Baldwins eigenen Worten »beunruhigend« genannt werden mußte, wären größere Anstrengungen zur Verteidigung Großbritanniens durchaus angeraten gewesen. Trotzdem verfolgte der Vorsitzende der Konservativen genau den entgegengesetzten Ansatz: Er ließ die 1932 eingefrorene Produktion von Kampfflugzeugen weiterhin ruhen, eine Geste, die »als eine weitere Versicherung des Willens der Regierung Seiner Majestät, die Arbeit der Abrüstungskonferenz voranzutreiben«[9], dienen sollte. Baldwin enthielt sich allerdings der Antwort auf die Frage, was Hitler wohl zur Teilnahme an Abrüstungsverhandlungen bewegen sollte, solange England einseitig abrüstete. (Eine etwas mildere Erklärung für Baldwins Verhalten ließe sich aus der Tatsache ableiten, daß Großbritannien gerade dabei war, neue Flugzeugtypen zu entwickeln. Da er bis zu ihrer Fertigstellung ohnehin nichts produzieren konnte, machte Baldwin dennoch lediglich aus der Not eine Tugend.)

Paris flüchtete sich in Wunschdenken. »Frankreich beschränkt sich auf eine Politik der äußersten Vorsicht«, berichtete der britische Botschafter, »und wehrt sich gegen jede energische Maßnahme, die nach militärischem Abenteuer schmecken könnte.«[10] Ein Bericht an den damaligen Kriegsminister Edouard Daladier zeigt, daß selbst die Franzosen begonnen hatten, sich auf die Politik des Völkerbundes zuzubewegen. Der französische Militärattaché in Berlin erklärte, Abrüstung sei das wirksamste Mittel, um Hitler zu bremsen. Er hatte sich interessanterweise sogar davon überzeugt, daß an den Rändern der NSDAP noch weit gefährlichere Fanatiker als Hitler lauerten:»Es scheint mir, daß uns keine andere Möglichkeit bleibt, als eine Übereinkunft mit Deutschland zu schließen, die seine militärische Entwicklung wenigstens für eine gewisse Zeit einschränkt [...]. Wenn Hitler seinen Wunsch nach Frieden, von dem er spricht, ernst meint, werden wir uns einmal gratulieren können, daß wir eine Verständigung erreicht haben. Wenn er aber etwas anderes im Schilde führen sollte oder eines Tages irgendeinem Fanatiker weichen müßte, haben wir den Kriegsausbruch zumindest hinausgezögert, und das ist schon ein Erfolg.«[11]

So entschieden sich Großbritannien und Frankreich dafür, die deutsche Wiederaufrüstung geschehen zu lassen, weil sie schlicht nicht wußten, was sie sonst unternehmen sollten. Die Briten waren noch nicht bereit, das System der kollektiven Sicherheit und den Völkerbund aufzugeben; die Franzosen hingegen waren schon so entmutigt, daß sie sich nicht dazu aufzuraffen vermochten, ihren Vorahnungen Taten folgen zu lassen. Frankreich wagte den Alleingang nicht, und Großbritannien verweigerte die Zusammenarbeit.

Rückblickend fällt es leicht, sich über die Torheit lustig zu machen, in der die Zeitgenossen Hitlers Motive verkannten. Demgegenüber muß man betonen, daß Hitlers weitgesteckte Ziele zu Beginn seiner Amtszeit noch nicht offen zutage traten, von seiner kriminellen Energie ganz zu schweigen. In den ersten zwei Amtsjahren war er hauptsächlich damit beschäftigt, seine Herrschaft auf eine solidere Grundlage zu stellen. Der undemokratische Charakter dieser Akte aber wurde in den Augen vieler britischer und französischer Spitzenpolitiker aufgewogen durch Hitlers unbestrittenen Antikommunismus und durch den von ihm betriebenen Wiederaufbau der deutschen Wirtschaft.

Staatsmänner stehen immer wieder vor dem Dilemma, daß sie sich zur Zeit ihrer Planungen, dann also, wenn ihr Handlungsspielraum am größten ist, nur auf wenige konkrete Informationen stützen können. Besitzen sie endlich genügend Informationen, haben sie ihren Handlungsspielraum in den meisten Fällen schon eingebüßt. Die britischen Politiker der dreißiger Jahre waren sich über Hitlers Ziele im unklaren, und den Franzosen mangelte es an Selbstvertrauen, um aufgrund von Annahmen zu handeln, für die sie nicht über Beweise verfügten. Der Preis, den Europa für das Wissen um Hitlers wahren Charakter zahlte, bestand schließlich in Millionen von Gräbern quer über den gesamten Kontinent. Hätte der Westen den Kampf gegen Hitler gleich zu Beginn der nationalsozialistischen Herrschaft forciert, würden die Historiker freilich wohl noch heute darüber streiten, ob es sich bei dem»Führer« nur um einen mißverstandenen Nationalisten oder um einen Wahnsinnigen handelte, der es auf die Weltherrschaft abgesehen hatte.

Ohne Frage war es ein Fehler, daß der Westen so viel Zeit darauf verwandte, Klarheit über Hitlers Absichten zu gewinnen. Nach den Grundsätzen des Kräftegleichgewichts stand außer Zweifel, daß sich mit einem mächtigen, an seiner Ostgrenze von kleinen und schwachen Staaten umgebenen Deutschland zwangsläufig eine gefährliche Situation ergeben würde. Die Realpolitik lehrte, daß die Beziehungen eines Staates zu seinen Nachbarn von seiner relativen Stärke bestimmt werden; die Ansichten und Beweggründe eines Staatschefs spielen dabei gar keine Rolle. Mithin hätte es nur eine angemessene Reaktion auf die politische Lage in Mitteleuropa gegeben: Der Westen brauchte nicht über Hitlers Motive zu rätseln, er mußte sich vielmehr um ein Gegengewicht für das wiedererstarkte Deutschland kümmern.

Niemand hat die Folgen der zögerlichen Haltung des Westens besser beschrieben als Hitlers Propagandachef Joseph Goebbels. Im April 1940, am Vorabend des deutschen Einmarsches in Norwegen, sagte er auf einer geheimen Besprechung: »Bis jetzt haben wir den Feind mit Erfolg darüber im dunkeln gelassen, was Deutschlands wahre Ziele sind, genauso wie vor 1932 unsere innenpolitischen Gegner nie gesehen haben, daß unser Eid auf das Recht nur ein Trick war [...]. Sie hätten uns unterdrücken können. Sie hätten einige von uns 1925 ins Gefängnis stecken können, und das wäre dann wohl unser Ende gewesen. Aber nein, sie haben uns unbeschadet durch die Gefahrenzone gelassen. Außenpolitisch hat genau dasselbe stattgefunden [...]. 1933 hätte ein französischer Premierminister sagen müssen – und wäre ich französischer Premier gewesen, so hätte ich es auch gesagt –: ›Der neue Reichskanzler ist der Mann, der *Mein Kampf* geschrieben hat, und darin steht dieses und jenes. Einen solchen Mann können wir in unserer Nähe nicht dulden. Entweder er verschwindet oder wir marschieren!‹ Aber sie haben das eben nicht getan. Sie haben uns in Frieden gelassen und unbemerkt durch das Netz der Gefahr hindurchschlüpfen lassen, und wir waren in der Lage, alle Untiefen zu umfahren. *Und als wir fertig waren und gut gerüstet, sogar besser als sie selbst, da haben sie den Krieg begonnen!*«[12]

Doch die Regierungschefs der Demokratien weigerten sich, den Tatsachen ins Auge zu sehen. Man wollte sich nicht damit abfinden, daß es gar nicht mehr von entscheidender Bedeutung sein würde, worin Deutschlands Ziele bestanden, sobald das Land ein bestimmtes Rüstungsniveau erreicht hatte. Der rapide Anstieg seiner militärischen Stärke mußte das Gleichgewicht zugrunde richten, so oder so. Also hätte man Deutschlands Aufrüstung nur aufhalten oder mit ihr gleichziehen dürfen.

So lautete denn auch Churchills einsame Botschaft. Aber in den dreißiger Jahren dauerte es recht lange, bis Propheten als solche erkannt wurden, und so verwarfen die britischen Politiker die Warnungen in seltener Einmütigkeit quer durch alle Parteien. Überzeugt, daß Abrüstung und nicht Kriegsbereitschaft der Schlüssel zum Frieden sei, sahen sie in Hitler eher eine psychologische Gefahr als eine strategische Bedrohung. Als Churchill 1934 darauf drängte, Großbritannien solle auf die deutsche Wiederbewaffnung mit einem Ausbau der Royal Air Force antworten, waren sich Regierung und Opposition einig, daß dies nicht in Frage komme. Herbert Samuel sprach im Auftrag der Liberalen, als er feststellte: »Es scheint fast, daß er nicht guten und vernünftigen Rat erteilen, [...] sondern eine verwegene Partie Bridge spielen will [...]. Diese ganzen Phrasen sind gefährlich.«[13] Und ähnlich, nur noch um eine Note sarkastischer Arroganz vermehrt, machte Sir Stafford Cripps die Labour-Position deutlich: »Man könnte sich ihn gut als einen alten Baron im Mittelalter vorstellen, der sich darüber amüsiert, daß einige Leute es für möglich halten, auf seinen Ländereien das Tragen von Waffen zu verbieten, und darauf verweist, daß für ihn und sein Gefolge die einzige Methode, für die eigene Sicherheit und die ihrer Kühe zu sorgen, darin besteht, bis an die Zähne bewaffnet herumzulaufen.«[14]

Der konservative Premier Baldwin wies Churchills Überlegungen im Namen fast aller zurück, als er im Unterhaus sagte, er habe »die Hoffnung auf eine Rüstungsbegrenzung oder Beschränkung bestimmter Waffengattungen noch nicht aufgegeben«. Nach seinen Worten waren genaue Informationen über die Stärke der deutschen Luftwaffe »außerordentlich schwer« zu erhalten, obschon er verschwieg, warum dies so sei.[15] Trotzdem – darin sei er sich relativ sicher – werde »Deutschland uns keinesfalls bald eingeholt« haben, weshalb er »im Moment keinen Grund zu übertriebener Unruhe und noch viel weniger zur Panik« sehe. Immer wieder darüber schimpfend, daß Churchills Zahlen »übertrieben« seien, betonte Baldwin, es gebe »im Augenblick keine unmittelbare Bedrohung für uns oder irgendein anderes Land in Europa und folglich keine wirklich gefährliche Situation.«[16]

Zur selben Zeit versuchte sich Frankreich durch eine Reihe halbherzig geschlossener Allianzen zu schützen. Es wandelte seine einseitigen Garantieerklärungen für die Tschechoslowakei, für Polen und Rumänien aus den zwanziger Jahren in bilaterale Verteidigungsbündnisse um. Diese Staaten mußten Frankreich nun selbst dann zu Hilfe kommen, wenn Deutschland mit seinem westlichen Nachbarn abrechnen sollte, bevor es sich nach Osten wandte.

Es war eine leere, ja rührend-hilflose Geste. Die Allianzen besaßen zwar als französische Garantien für die neuen und schwachen Staaten in Osteuropa durchaus einen Sinn, als gegenseitige Abkommen aber, um Deutschland im Fall des Falles mit einem Zweifrontenkrieg zu konfrontieren, konnten sie unter keinen Umständen funktionieren. Die osteuropäischen Staaten waren zu schwach, um Deutschland auch nur an dessen Ostgrenze im Zaum zu halten: Wie sollten sie da eine Offensive durchstehen, um Frankreich zu helfen? Und als wollte es die Bedeutungslosigkeit dieser Militärpakte noch unterstreichen, schloß Polen zusätzlich einen Nichtangriffspakt mit Berlin ab. Sollte Deutschland Frankreich überfallen, würden sich Polens formale Bündnispflichten gegenseitig aufheben, oder, um es noch präziser zu sagen: Die verschiedenen Vereinbarungen würden Polen die Freiheit lassen, sich für dasjenige Bündnis zu entscheiden, das im Augenblick der Krise die größten Vorteile versprach.

In welch desolatem Zustand sich Frankreich befand, zeigte sich 1935, als ein neues französisch-sowjetisches Abkommen unterzeichnet wurde. Vor dem Ersten Weltkrieg hatte sich Paris um ein politisches Bündnis mit Moskau bemüht und keine Ruhe gegeben, bis aus der politischen Übereinkunft ein Militärpakt geworden war. Nun, Mitte der dreißiger Jahre, war Frankreich in strategischer Hinsicht ungleich schwächer und fast verzweifelt auf militärische Unterstützung durch die Sowjetunion angewiesen. Trotzdem entschieden sich die Franzosen nur widerwillig dazu, mit der UdSSR politisch zu paktieren, und wehrten sich unnachgiebig gegen Konsultationen auf militärischer Ebene: Noch 1937 wollte Paris keine sowjetischen Beobachter zu seinen jährlichen Manövern zulassen.

Drei Gründe trieben die französische Regierung zu dieser Haltung, die sicher nicht geeignet war, Stalins tiefsitzendes Mißtrauen gegen die westlichen Demokratien zu mindern. Erstens fürchtete Paris, allzu enge Kontakte zur Sowjetunion könnten die unersetzlichen Beziehungen zu Großbritannien belasten. Zweitens waren Frankreichs osteuropäische Alliierte, zwischen der UdSSR und Deutschland gelegen, nicht bereit, der Roten Armee den Durchmarsch zu gestatten, was das Problem aufwarf, worüber in den Stabsgesprächen überhaupt verhandelt werden sollte. Und schließlich fühlte sich die französische Regierung von Deutschland so sehr eingeschüchtert, daß sie befürchtete, ein Generalstabstreffen mit der Sowjetunion würde, wie Ministerpräsident Chautemps es später ausdrückte, »eine Kriegserklärung von deutscher Seite hervorrufen«.[17]

So endeten Frankreichs Bestrebungen schließlich in Militärbündnissen mit Staaten, die zu schwach waren, um wirklich Hilfe leisten zu können, in einem politischen Bündnis mit der Sowjetunion, mit der es militärisch nicht zusammenzuarbeiten wagte, und in strategischer Abhängigkeit von Großbritannien, das jegliche militärische Verpflichtung kategorisch ablehnte. Alles in allem war dies eher eine Anleitung zum Zusammenbruch denn eine großartige Strategie.

Einzig die vorsichtige Annäherung an Italien kann als ein ernstzunehmender Schritt Frankreichs bezeichnet werden, der wachsenden Stärke Deutschlands etwas entgegenzusetzen. Mussolini war zwar nicht gerade ein begeisterter Anhänger des Systems der kollektiven Sicherheit. Aber er hatte ein gutes Gespür für die Grenzen und Möglichkeiten seines Landes, gerade im Hinblick auf Deutschland. Er befürchtete, daß die Deutschen, wenn sie erst Österreich annektiert haben würden, auf der Herausgabe Südtirols bestehen würden. Im Januar 1935 fuhr der französische Ministerpräsident

Pierre Laval nach Rom, um eine Vereinbarung zu treffen, die einem Militär-bündnis sehr nahe kam: Frankreich und Italien einigten sich auf gegenseitige Konsultationen für den Fall, daß die Unabhängigkeit Österreichs bedroht würde, und vereinbarten die Aufnahme von Gesprächen auf der Ebene der Generalstäbe im Falle einer Bedrohung der Unabhängigkeit Österreichs und die Aufnahme von gemeinsamen Generalstabstreffen, in denen sogar die Stationierung von italienischen Truppen entlang des Rheins und von französischen Soldaten an der österreichischen Grenze diskutiert wurde.

Drei Monate später, Hitler hatte gerade die allgemeine Wehrpflicht wieder eingeführt, schien sich etwas wie eine britisch-französisch-italienische Allianz anzubahnen. Die drei Regierungschefs trafen sich in dem italienischen Ferienort Stresa, wo sie übereinkamen, jedem Versuch von deutscher Seite, den Vertrag von Versailles zu ändern, notfalls mit Gewalt zu begegnen. Die Situation entbehrte nicht einer gewissen Ironie: Ausgerechnet Mussolini – einer der entschiedensten Kritiker des Versailler Vertrags, durch den die Italiener sich benachteiligt glaubten – erschien nun als Gastgeber einer Konferenz zum Schutz von Versailles.

In Stresa bemühten sich die Sieger des Ersten Weltkrieges zum letzten Mal um eine gemeinsame Vorgehensweise. Nur zwei Monate später unterzeichnete Großbritannien ein Flottenabkommen mit Deutschland; in Angelegenheiten der eigenen Sicherheit verließen sich die Briten nun einmal lieber auf bilaterale Vereinbarungen mit dem Gegner als auf die eigenen Partner. Das Deutsche Reich erklärte sich bereit, seine Flotte für die kommenden zehn Jahre auf 35 Prozent der britischen Flottenstärke zu begrenzen. Im Gegenzug gestand ihm die britische Regierung einen Gleichstand an Unterseebooten zu.

Bedeutsamer als einzelne Punkte des Vertrages aber war die Geisteshaltung der Demokratien, die sich in dem Vertragswerk offenbarte. Das britische Kabinett muß sich darüber im klaren gewesen sein, daß es mit diesem Abkommen die Aufhebung der Versailler Bestimmungen über die Seestreitkräfte durch Deutschland stillschweigend duldete. Dies aber stand eindeutig im Widerspruch zu den Grundsätzen der »Stresa-Front«. Die praktische Folge war, daß auf bilateraler Ebene nun neue Höchstgrenzen ausgehandelt wurden, Höchstgrenzen, die, nebenbei bemerkt, von den Deutschen kaum erreicht werden konnten. Das war eine Form der Rüstungskontrolle, die sich auch später im Lauf des Kalten Krieges wachsender Beliebtheit erfreuen sollte. Das Flottenabkommen machte deutlich, daß Großbritannien sich lieber mit dem Gegner ins Einvernehmen setzte, als daß es auf die Stresa-Front vertraut hätte. Damit waren die psychologischen Bedingungen für das politische Konzept geschaffen, das später unter dem Begriff Appeasement- oder Beschwichtigungspolitik bekannt wurde.

Bald danach brach die Stresa-Front endgültig auseinander. Als Anhänger der Realpolitik glaubte Mussolini, seine Bündnispartner ließen ihm für jene Form kolonialer Expansion, wie sie noch vor dem Ersten Weltkrieg üblich gewesen war, freie Hand. Folglich fiel er im Oktober 1935 in Abessinien ein, um diesen letzten unabhängigen Staat auf dem afrikanischen Kontinent zu erobern und ein »afrikanisches Kaiserreich« zu begründen. Zugleich bot sich ihm die Gelegenheit, Rache für die Demütigung der italienischen Armee durch abessinische Truppen kurz vor der Jahrhundertwende zu nehmen.

Doch während derartige Gewaltakte in der Zeit vor dem Ersten Weltkrieg vielleicht noch hingenommen worden wären, wurden sie diesmal in einer Welt begangen, die sich der Idee des Völkerbundes und der kollektiven Sicherheit verschrieben hatte. Die Öffentlichkeit, insbesondere die britische, hatte schon 1931 heftige Kritik am Völkerbund geübt, weil es nicht gelungen war, die Besetzung der Mandschurei durch Japan zu verhindern. Also hatte man zwischenzeitlich ein System von verschiedenen Sanktionen eingeführt, auf das sich nach dem italienischen Einmarsch in Abessinien zurückzugreifen ließ, zumal der Überfallene Mitglied des Völkerbundes war. Ausgerechnet Italien hatte 1925, um mutmaßliche britische Absichten auf diesem Territorium zu blockieren, Abessiniens Aufnahme in den Völkerbund unterstützt, während Großbritannien seinen Widerwillen gegen diese Mitgliedschaft damit begründet hatte, daß der afrikanische Staat zu barbarisch sei, um ein vollwertiges Mitglied der internationalen Gemeinschaft zu werden.

Jetzt fielen beide Länder ihrer eigenen List zum Opfer: Italien, weil es, wie immer man es auch drehte und wendete, eine einseitige Aggression gegen ein Völkerbundsmitglied beging; Großbritannien, weil es sich hier nicht nur mit einem weiteren Kolonialproblem, sondern mit einem offenen Angriff auf das System der kollektiven Sicherheit konfrontiert sah. Um die Situation noch zu verkomplizieren, hatten Frankreich und Großbritannien den Italienern bereits in Stresa zugestanden, Abessinien als Teil ihrer Interessensphäre zu betrachten. Laval sollte dazu später einmal sagen, er habe für Italien eine ähnliche Position im Auge gehabt, wie Frankreich sie in Marokko einnahm: die einer indirekten Kontrolle. Allerdings konnte man von Mussolini kaum Verständnis dafür erwarten, daß gerade die beiden westeuropäischen Mächte, die in den letzten Jahren so viele Zugeständnisse gemacht hatten, ein bündnisartiges Abkommen gegen Deutschland opfern würden, um dem geringfügigen Unterschied zwischen Annexion und indirekter Kontrolle über ein afrikanisches Land zur Geltung zu verhelfen.

Unterdessen schienen Paris und London zu keinem Zeitpunkt zu begreifen, daß sich die Optionen, die ihnen zur Verfügung standen, gegenseitig ausschlossen. Wären sie wirklich der Meinung gewesen, den Schutz Österreichs, ja vielleicht sogar die Aufrechterhaltung der Demilitarisierung des Rheinlandes, zu der sich Mussolini ja in Locarno bekannt hatte, Italien nicht gewährleisten zu können, dann hätten sie irgendeinen Kompromiß finden müssen, um Italiens Gesicht in Afrika zu wahren *und* die Stresa-Front aufrechtzuerhalten. Wenn sie aber zu der Überzeugung gelangt waren, daß der Völkerbund das beste Mittel war, um Deutschland in Schach zu halten und die Öffentlichkeit im Westen gegen militärische Aggressionen aufzurütteln, dann hätte man so lange Sanktionen verhängen müssen, bis klar gewesen wäre, daß sich Aggression niemals lohnt. Einen Mittelweg konnte es nicht geben. Doch eben diesen suchten die Demokratien. Unter britischer Führung ließ der Völkerbund wirtschaftliche Sanktionen anlaufen, während Laval Mussolini im Vertrauen versicherte, Italiens Zugang zum Öl werde nicht blockiert werden. England verfolgte im Grunde dieselbe Linie, als es in Rom höflich anfragen ließ, ob Ölsanktionen zu Krieg führen würden. Mussolini antwortete darauf erwartungsgemäß mit »Ja«. Das war eine Lüge, lieferte aber der britischen Regierung das notwendige Alibi, um ihre Unterstützung für den Völkerbund mit einem Verweis auf die weitverbreitete Kriegsangst zu verbinden. Diese Politik fand schließlich ihren Ausdruck in der Formel »alle Sanktionen außer Krieg«.

Nachdenklich äußerte Premierminister Stanley Baldwin später zu diesen Vorgängen, jede Sanktion mit Erfolgsaussicht habe gleichzeitig die Aussicht auf einen Krieg eröffnet. Das sagte einiges über den politischen Wert der Vorstellung, Wirtschaftssanktionen stellten bei der Abwehr einer militärischen Aggression eine gangbare Alternative zur Gewaltanwendung dar – eine Auseinandersetzung, die sich fünfzig Jahre später wiederholte, allerdings mit einem glücklicheren Ausgang, als es um die Frage ging, wie man auf die Annexion Kuwaits durch den Irak reagieren sollte.

Die Briten hatten ihre eigene Strategie selber zerstört. So sah es wenigstens der damalige Außenminister Samuel Hoare. Um die von Deutschland ausgehende Gefahr abzuwenden, hätten sie sich Hitler in den Weg stellen und eine Verständigung mit Mussolini erreichen müssen. Sie taten aber genau das Gegenteil: Sie verständigten sich mit Deutschland und stellten sich Italien in den Weg. Sir Samuel Hoare und Laval, die erkannten, wie absurd diese Situation war, entwickelten im Dezember 1935 einen Kompromißvorschlag; Italien sollte Abessiniens fruchtbare Ebenen erhalten; Haile Selassie sollte weiterhin auf seiner Bergfestung, dem historischen Sitz des Königreiches, regieren, und auch Großbritannien sollte seinen Beitrag zu diesem Kompromiß leisten, indem es dem küstenlosen Abessinien über Britisch-Somaliland Zugang zum Meer gestattete. Mussolinis Zustimmung wurde einfach vorausgesetzt. Hoares Aufgabe würde es sein, den Plan dem Völkerbund vorzulegen.

Der Hoare-Laval-Plan wurde jedoch in dem Augenblick zu Fall gebracht, als er, noch vor der Völkerbundssitzung, der Presse zugespielt wurde – damals eine außerordentliche Seltenheit. Ein Aufschrei allgemeiner Empörung zwang Hoare zum Rücktritt; so wurde er zum Opfer des Versuchs, angesichts einer aufgebrachten Öffentlichkeit einen praktikablen Kompromiß zu finden. Sein Nachfolger Anthony Eden begab sich eiligst auf den sicheren Boden der kollektiven Sicherheit und wirtschaftlicher Sanktionen zurück, ohne dabei zum Einsatz von Gewalt Bereitschaft zu zeigen. Die demokratisch regierten Staaten rechtfertigten ihre Abneigung gegen Gewaltanwendung, indem sie die militärische Schlagkraft des Gegners viel zu hoch veranschlagten, ein Muster, das sich auch in späteren Krisensituationen wiederholen sollte. London redete sich ein, mit der italienischen Flotte ohne französische Hilfe nicht fertigwerden zu können. Frankreich folgte dem halbherzig und verlegte seine Flotte ins Mittelmeer, womit es seine Beziehung zu Italien als Garant von Locarno und Partner von Stresa noch weiter gefährdete. Doch selbst mit dieser überwältigenden militärischen Präsenz wurden die Ölsanktionen nicht durchgesetzt. Alle üblichen Sanktionen aber wirkten, wenn sie überhaupt jemals funktioniert haben, nicht schnell genug, um Abessiniens Niederlage zu verhindern.

Die Eroberung des afrikanischen Landes war im Mai 1936 abgeschlossen. Der italienische König Viktor Emanuel wurde von Mussolini zum Kaiser des Staates ausgerufen, der von jetzt an Äthiopien hieß. Kaum zwei Monate später, am 30. Juni, trat der Völkerbundsrat zusammen, um über vollendete Tatsachen zu beraten. In einem verzweifelten Appell stimmte Haile Selassie bei dieser Gelegenheit das Totenlied für das System der kollektiven Sicherheit an. »Hier geht es nicht allein um eine Einigung in der Angelegenheit der italienischen Aggression«, sagte er. »Hier geht es um das System der kollektiven Sicherheit, den Bestand des Völkerbundes, die Verläßlichkeit internationaler Verträge, den Wert von Versprechungen gegenüber kleinen Staaten, daß ihre Existenz und ihre Unabhängigkeit respektiert und sichergestellt werden. Hier geht es um die Entscheidung zwischen dem Prinzip der Gleichrangigkeit aller Staaten und der Alternative, den kleinen Ländern die Fesseln des Vasallentums anzulegen.«[18]

Bereits am 15. Juli hob der Völkerbund alle Sanktionen gegen Italien auf. Zwei Jahre später sollten auch Großbritannien und Frankreich im Gefolge des Münchner Abkommens ihre moralischen Bedenken der Angst vor den Deutschen unterordnen und die Eroberung Abessiniens anerkennen. Dank der kollektiven Sicherheit hatte Haile Selassie sein *gesamtes* Land verloren – anstelle jener Hälfte, die er nach dem der Realpolitik verpflichteten Hoare-Laval-Plan eingebüßt hätte.

Italiens militärische Stärke war nicht annähernd mit der Großbritanniens, Frankreichs oder Deutschlands zu vergleichen. Trotzdem war das Land eine nützliche Hilfe, wenn es darum ging, das durch das Zögern der Sowjetunion entstandene Vakuum zu füllen: Die Unabhängigkeit Österreichs, bis zu einem gewissen Grade auch die demilitarisierte Zone im Rheinland konnten dergestalt garantiert werden. Solange Großbritannien und Frankreich als die mächtigsten Staaten in Europa galten, hatte Mussolini den Vertrag von Versailles mitgetragen, zumal er dem Deutschen Reich von Grund auf mißtraute und auf Hitler als Person anfangs herabblickte. Das Debakel um Äthiopien, vor allem aber die Analyse der tatsächlichen Machtverhältnisse ließen ihn indessen zu der Überzeugung gelangen, daß Italien, wenn es an der Stresa-Front festhielte, die Hauptlast der deutschen Aggressivität zu tragen hätte. Äthiopien markiert deshalb den Beginn der italienischen Hinwendung zu Deutschland, eine Entwicklung, die zu gleichen Teilen von Besitzgier und Furcht, von dem Verlangen nach Expansion und dem Wunsch, sich Deutschland vom Halse zu halten, motiviert war.

Den nachhaltigsten Eindruck hinterließ das äthiopische Fiasko in Deutschland. Der britische Botschafter in Berlin berichtete nach London: »Italiens Sieg hat ein neues Kapitel aufgeschlagen. Es war unvermeidlich, daß Englands Prestige in einem Land, in dem Gewalt verherrlicht wird, sinken würde.«[19] Jetzt, da Italien aus der Stresa-Front ausgeschert war, wurde Deutschland auf seinem Weg nach Österreich und Mitteleuropa nur noch durch den entmilitarisierten Status des Rheinlandes behindert. Hitler verlor keine Zeit, auch diese Hürde zu überwinden.

Am Morgen des 7. März 1936, einem Sonntag, befahl er den Einmarsch in die entmilitarisierte Zone. Damit setzte er die letzte noch verbliebene Sicherheitsbestimmung des Versailler Friedensvertrages außer Kraft: Bis zu diesem Sonntag hatte es fünfzig Kilometer östlich des Rhein eine Linie gegeben, die deutsche Truppen nicht überschreiten durften. Berlin hatte die Einhaltung dieser Bestimmung in Locarno erneut zugesichert; der Völkerbund hatte Locarno abgesegnet, und Großbritannien, Frankreich, Belgien und Italien hatten Garantieerklärungen dafür abgegeben.

Wenn Hitler sich im Rheinland durchsetzen konnte, war Osteuropa dem Reich auf Gedeih und Verderb ausgeliefert. Die neugeschaffenen Staaten im Osten hatten weder allein noch gemeinsam auch nur die geringste Chance, sich gegen ein Deutsches Reich zur Wehr zu setzen, das die Korrektur der Grenzen forderte. Ihre einzige Hoffnung bestand darin, daß Frankreich ebenfalls in die entmilitarisierte Zone einmarschieren würde.

Wieder einmal waren die westlichen Demokratien, unsicher über Hitlers Absichten, hin- und hergerissen. Objektiv betrachtet besetzte Hitler ohnehin nur deutsches Gebiet. Außerdem bot er gleichzeitig alle Arten von Zusicherungen an, darunter auch einen Nichtangriffspakt mit Frankreich. Noch immer war man der Ansicht, Deutschland werde sich zufriedengeben, sobald man ihm das Recht auf nationale Selbstverteidigung zugestanden habe, ein Recht, das schließlich auch jedes andere europäische Land ganz selbstverständlich für sich in Anspruch nahm. Hatten die englischen und französischen Staatsmänner moralisch irgendeine Befugnis, das Leben ihrer Völker für die Aufrechterhaltung eines ganz offensichtlich diskriminierenden Zustands zu riskieren? Oder bestand ihre moralische Pflicht gerade darin, Hitler in den Arm zu fallen, solange das Reich noch nicht vollkommen wiederbewaffnet war, und so möglicherweise unzählige Menschenleben zu retten?

Die Geschichte hat auf diese Fragen eindeutige Antworten gegeben. Damals jedoch waren die Menschen von Zweifeln gequält. Denn auch 1936 profitierte Hitler noch von der ihm eigenen, einzigartigen Mischung aus psychotischer Intuition und dämonischer Willenskraft. Die demokratischen Nationen glaubten noch immer, sie hätten es mit einem bürgerlich-normalen, wenngleich zu Extremen neigenden Staatsoberhaupt zu tun, das lediglich versuchte, seinem Land wieder eine gleichberechtigte Stellung innerhalb Europas zu verschaffen. In London und Paris war man ganz davon in Anspruch genommen, Hitlers Gedanken zu lesen. War er ehrlich? Wollte er aufrichtig den Frieden? Natürlich waren das zulässige Fragen. Doch wenn man darüber aufhört, die Machtverhältnisse selber zu analysieren, wenn man sich nur noch auf die mutmaßlichen Absichten anderer Nationen konzentriert, dann hat dies kaum noch etwas mit Außenpolitik zu tun.

Mit der fast unheimlich anmutenden Gabe, die Schwächen seiner Feinde auszunutzen, wählte Hitler für die Wiederbesetzung des Rheinlandes genau den passenden Augenblick. Der Völkerbund, in Sanktionen gegen Italien verstrickt, war alles andere als begierig darauf, auch noch eine Konfrontation mit einer zweiten bedeutenden Macht einzugehen. Der Abessinienkrieg hatte einen Keil zwischen die Westmächte und Italien, einen der Garanten von Locarno, getrieben. Großbritannien, einer weiteren Garantiemacht, hatte vor kurzem sogar der Mut gefehlt, Italien mit Ölsanktionen zur See – dem Gebiet absoluter britischer Überlegenheit – zu bestrafen. Wie sollte es da in einer Situation, in der nicht einmal eine Grenzverletzung vorlag, einen Landkrieg riskieren? Obwohl es kein Land gab, das ein größeres Interesse am Erhalt der entmilitarisierten Zone haben konnte als Frankreich, verhielt sich keines schwankender. Als es um die Frage ging, wie man die deutsche Vertragsverletzung beantworten solle, zeigte Paris sich verlegen. Die Maginotlinie verriet, daß die Franzosen nur noch auf strategische Verteidigung eingestellt waren; Bewaffnung und Ausbildung ihrer Armee ließen kaum einen Zweifel daran, daß der Erste Weltkrieg den alten Angriffsgeist gebrochen hatte. Die Nation schien sich damit abgefunden zu haben, ihr Schicksal abzuwarten, sie wollte sich auf kein Wagnis außerhalb ihrer Grenzen mehr einlassen, weder in Osteuropa noch im Rheinland.

Dennoch ging Hitler ein hohes Risiko ein, als er die Besetzung des Rheinlandes anordnete. Die allgemeine Wehrpflicht galt erst seit knapp einem Jahr. Die Wehrmacht war noch längst nicht in der Lage, einen Krieg zu führen. Daher hatte die kleine Vorhut, die in die Zone einrückte, den Befehl, beim ersten Anzeichen einer französischen Intervention den Rückzug anzutreten. Hitler glich die mangelnde militärische Stärke jedoch mit beträchtlicher psychologischer Kühnheit aus. Er überhäufte den Westen mit Vorschlägen, die Gesprächsbereitschaft über Truppenbegrenzungen im Rheinland und über Deutschlands Rückkehr in den Völkerbund anzeigten. Er appellierte an das weitverbreitete Mißtrauen gegenüber der Sowjetunion, indem er behauptete, seine Unternehmung sei die Antwort auf den französisch-sowjetischen Beistandspakt von 1935. Er bot an, zu beiden Seiten der deutsch-französischen Grenze einen fünfzig Kilometer breiten entmilitarisierten Streifen einzurichten und mit Frankreich einen auf fünfundzwanzig Jahre angelegten Nichtangriffspakt zu schließen. Letzteres hatte gleich einen zweifachen Vorteil: Einerseits deutete Hitler an, daß der Frieden nur einen Federstrich entfernt war, andererseits demontierte er zugleich die Maginotlinie, den Schutzwall der Franzosen entlang der Grenze. Aber Hitlers Gesprächspartner mußten ja nicht zur Passivität gedrängt oder überredet werden. Ein bequemes Alibi paßte gut in ihre politische Linie. Seit Locarno war es eine Maxime französischer Politik gewesen, einen Krieg mit Deutschland nur im Bund mit Großbritannien zu wagen, obwohl englische Hilfe eigentlich unnötig war, solange das Reich keine Waffen besaß. Fixiert auf dieses Ziel, hatten die Franzosen zahllose Enttäuschungen hingenommen und etliche Abrüstungsinitiativen unterstützt, von deren Scheitern sie im Grunde immer überzeugt waren.

Gleichwohl kann diese übermächtige psychologische Abhängigkeit von Großbritannien, in die Paris sich selbst gebracht hatte, vielleicht erklären, weshalb man selbst dann keine militärischen Vorbereitungen traf, als der französische Botschafter in Berlin, André François-Poncet, am 21. November 1935 vor einem deutschen Vorstoß in Richtung Rheinland warnte – ganze dreieinhalb Monate, bevor es tatsächlich dazu kam.[20] Doch Frankreich, befangen in der Furcht, seinen Angstgegner zu provozieren, machte nicht mobil und traf auch sonst keine Vorsichtsmaßnahmen. Und selbst bei direkten Verhandlungen mit dem Reich sprach die französische Regierung das Thema nicht an, weil man nicht wußte, wie man reagieren sollte, falls Deutschland die Warnungen ignorierte oder ganz einfach offen seine Absichten erklärte.

Es ist kaum erklärlich, warum auch der Generalstab in seinen internen Planungen damals keinerlei Reaktion zeigte. Schenkte die französische Militärführung ihren eigenen Diplomaten keinen Glauben? Vermochte Frankreich den Schutz seiner Festung nicht einmal dann zu verlassen, wenn es um die Verteidigung des Rheinlandes ging, das es doch für eine lebenswichtige Pufferzone hielt? Oder sah Paris das eigene Land bereits so sehr dem Untergang geweiht, daß es sich zum Hauptziel setzte, den Krieg hinauszuzögern, immer in der Hoffnung auf eine plötzliche Wendung zu seinen Gunsten, die es aus eigener Kraft nicht mehr herbeizuführen vermochte?

Plastisches Symbol für diese Geisteshaltung war natürlich die Maginotlinie, die das Land in fünfundzwanzigjähriger Arbeit und mit einem immensen finanziellen Aufwand errichtet hatte. Frankreich hatte sich damit einer defensiven Strategie verschrieben, und das in demselben Jahr, in dem es die Unabhängigkeit Polens und der Tschechoslowakei garantiert hatte. Völlig unverständlich (und zugleich beispielhaft für das Ausmaß der

Verwirrung) war dabei die Entscheidung, die Verteidigungslinie trotz der Erfahrungen des Ersten Weltkrieges an der belgischen Grenze enden zu lassen. Wenn ein französisch-deutscher Krieg tatsächlich möglich war, weshalb dann nicht auch ein deutscher Überfall, der durch Belgien führte? Hatte Frankreich etwa befürchtet, Belgien werde bei der ersten Andeutung, in das Defensivsystem nicht eingeschlossen zu sein, zusammenbrechen? Dann hätte Paris der belgischen Regierung die Wahl lassen müssen, einer Weiterführung der Maginotlinie entlang der deutsch-belgischen Grenze zuzustimmen, und diese im Falle einer Ablehnung an der französisch-belgischen Grenze bis zum Meer verlängern können. Trotzdem tat man nichts dergleichen.

Geheimdienste neigen oft dazu, die Entscheidungen ihrer Politiker im nachhinein zu rechtfertigen. Buch und Film entwerfen vielfach genau das entgegengesetzte Bild: Politiker sind demzufolge nichts als hilflose Werkzeuge von Geheimdienstexperten. In Wahrheit jedoch folgen die Einschätzungen der Geheimdienste weit häufiger den Entscheidungen der Politik, als daß sie diese lenken, und das mag die wilden Übertreibungen erklären, die die Berechnungen der französischen Militärs über die Stärke Deutschlands prägten. Zur Zeit der deutschen Rheinlandbesetzung machte etwa der französische Oberkommandierende, General Maurice Gamelin, der Regierung weis, die Anzahl ausgebildeter deutscher Soldaten würde bereits an die Frankreichs heranreichen; außerdem verfüge man jenseits des Rheins über mehr Material – eine völlig absurde Einschätzung im zweiten Jahr der deutschen Wiederbewaffnung. Gamelin empfahl, keine militärischen Gegenmaßnahmen ohne allgemeine Mobilmachung zu ergreifen. Die französischen Politiker wollten diesen Schritt jedoch nur mit britischer Unterstützung wagen, und das zu einer Zeit, als die deutschen Truppen, die in das Rheinland einmarschierten, ungefähr zwanzigtausend Mann zählten, während das französische Heer auch ohne Mobilmachung auf fünfhunderttausend Mann unter Waffen zurückgreifen konnte.

Alles lief auf das altbekannte Dilemma hinaus, in dem die westeuropäischen Demokratien schon seit zwanzig Jahren steckten: Großbritannien würde nur in einer tatsächlichen Verletzung der französischen Grenze eine Bedrohung des europäischen Gleichgewichts sehen. In seiner Entschlossenheit, niemals um Osteuropa Krieg zu führen, konnte London im Bestand der entmilitarisierten Zone, die als eine Art Pfand in den Händen des Westens diente, kein lebenswichtiges britisches Interesse erkennen. Und nur wegen seiner in Locarno abgegebenen Garantieerklärung würde es ebenfalls nicht in den Kampf ziehen. Außenminister Eden hatte dies noch einen Monat vor der Besetzung des Rheinlandes deutlich gemacht. Im Februar 1936 zeigte die französische Regierung dann endlich etwas Initiative und fragte in London an, wie man sich verhalten werde, falls Hitler ausführen sollte, wovor François-Poncet gewarnt hatte. Edens Stellungnahme, die sich immerhin mit der möglichen Verletzung zweier internationaler Vereinbarungen auseinanderzusetzen hatte, klang wie die Einleitung zu einem Handelsabkommen:»Da die Zone hauptsächlich mit Rücksicht auf die Sicherheit Frankreichs und Belgiens etabliert wurde, ist es in erster Linie eine Angelegenheit dieser beiden Regierungen, sich darüber klar zu werden, welchen Wert sie der Zone beimessen und welchen Preis sie für deren Beibehaltung zu zahlen bereit sind [...]. Es wäre für Großbritannien und Frankreich besser, beizeiten mit der deutschen Regierung in Verhandlungen über die Bedingungen einer Übertragung unserer Rechte in der Zone einzutreten, solange solche Übertragung noch einen Tauschwert hat.«[21]

Letztlich war Eden wohl der Auffassung, das Beste, worauf man hoffen könne, seien Verhandlungen, in denen die Alliierten für den Verzicht auf angestammte, anerkannte Rechte und für die Nichterfüllung britischer Garantieversprechen irgendwie etwas bekämen. Nur was sollte das eigentlich sein? Zeit? Weitere Zusicherungen? Großbritannien überließ es Frankreich, hierauf eine Antwort zu finden. Zugleich gab es zu verstehen, daß ein Krieg zur Einhaltung bestehender Verpflichtungen nicht Bestandteil seiner Strategie sei.

Nachdem Hitler in das Rheinland einmarschiert war, zeigte sich die britische Haltung noch deutlicher. Am Tag nach dem deutschen Vorstoß erklärte der britische Kriegsminister dem deutschen Botschafter:»Die Bevölkerung Großbritanniens würde, obwohl sie bereit ist, im Falle eines deutschen Vordringens auf französisches Territorium für Frankreich zu kämpfen, nicht wegen der kürzlich stattgefundenen Besetzung des Rheinlandes zu den Waffen greifen [...]. Den meisten [Briten] ist es wohl völlig egal, wenn die Deutschen ihr eigenes Gebiet wieder besetzten.«[22] Nur wenig später erstreckten sich die Bedenken Londons auch auf Gegenmaßnahmen, die nicht kriegerischer Natur waren. Das Außenministerium teilte dem amerikanischen Geschäftsträger in der britischen Hauptstadt mit: »England würde alle nur denkbaren Anstrengungen unternehmen, um die Verhängung militärischer oder wirtschaftlicher Sanktionen gegen das Deutsche Reich zu verhindern.«[23]

Umsonst trat Außenminister Pierre Flandin für Frankreichs Anliegen ein. Die Zukunft erahnend, mahnte er die Briten, daß die Tschechoslowakei verloren sei, wenn Deutschland das Rheinland erst einmal befestigt habe; dann werde bald auch ein Krieg größeren Ausmaßes unvermeidlich. Damit hatte er fraglos recht. Dennoch blieb unklar, ob Flandin wirklich englische Unterstützung für eine französische Abwehraktion suchte oder lediglich ein Alibi für die Passivität seines Landes. Churchill glaubte offenbar letzteres, als er trocken anmerkte:»Das waren mutige Worte, aber entschlossenes Handeln hätte eine deutlichere Sprache gesprochen.«[24]

Flandins inständige Bitten stießen in Großbritannien auf taube Ohren. Die überwiegende Mehrheit der englischen Politiker glaubte noch immer, daß Frieden auf Abrüstung und die neue Weltordnung auf Aussöhnung mit Deutschland basiere. Die Briten hielten es für wichtiger, die Fehler von Versailles zu korrigieren, als die Gültigkeit der Verpflichtungen von Locarno unter Beweis zu stellen. Ein Kabinettsprotokoll vom 17. März – zehn Tage nach Hitlers Einmarsch – hielt fest:»Unsere Haltung war von dem Wunsch geleitet, Hitlers Angebote zur Erreichung einer dauerhaften Regelung nutzbar zu machen.«[25] Was das Kabinett nur hinter vorgehaltener Hand sagen konnte, sprach die Opposition ganz unverblümt aus. Während einer Debatte über Verteidigungsangelegenheiten im Unterhaus erklärte der Labour-Abgeordnete Arthur Greenwood:»Hitler hat eine Erklärung abgegeben, in der er mit der einen Hand eine Sünde begeht und uns mit der anderen den Ölzweig hinhält, und das sollte man durchaus für bare Münze nehmen. Es könnte sich als die bisher bedeutsamste Geste erweisen [...]. Es bringt nichts, diese Erklärung als nicht ernst gemeint abzutun [...]. Es geht um Frieden und nicht um Verteidigung.«[26]

Mit anderen Worten: Die Opposition sprach sich ganz klar für die Revision von Versailles und die Aufgabe von Locarno aus. Ihr zufolge sollte Großbritannien ruhig abwarten, bis Hitlers Absichten unmißverständlich zutage träten. Eine vernünftige Politik war dies allerdings nur so lange, wie den Politikern klar war, daß im Fall eines Scheiterns jedes verlorene Jahr den Preis, der für den Widerstand gegen Hitler letztlich zu zahlen war, stetig erhöhen würde.

Es ist unnötig, Schritt für Schritt nachzuzeichnen, wie Frankreich und Großbritannien versuchten, ihre strategische Misere in politische Vorteile umzudenken oder eine Umbruchsituation als Gelegenheit zur Appeasement-Politik zu nutzen. Wichtig ist allein, daß am Ende dieser Entwicklung das Rheinland befestigt, Osteuropa aus dem Wirkungsbereich französischer Militärhilfe herausgerückt und Italien in wachsendem Maße auf ein Bündnis mit Hitlerdeutschland ausgerichtet war. So wie Frankreich durch eine zweifelhafte Garantieerklärung – deren Vorteil aus britischer Sicht darin lag, weniger bindend als ein Bündnis zu sein – dazu bewogen worden war, sich mit Locarno anzufreunden, so entlockte die Aufhebung des Locarno-Paktes den Briten die allerdings noch viel zweifelhaftere Verpflichtung, bei einer Verletzung der französischen Grenze zwei Divisionen zur Verteidigung Frankreichs zu entsenden.

Wieder einmal hatte London eine verbindliche Festlegung geschickt umgangen. In Paris durchschaute man das Ausweichmanöver natürlich, nahm es jedoch gleichwohl als halbherzigen Schritt der Briten in Richtung auf das lang erstrebte offizielle Bündnis hin. Großbritannien seinerseits verstand das Versprechen als ein Mittel, Frankreich von der Verteidigung Osteuropas abzuhalten. Denn die britische Unterstützung würde unter keinen Umständen zum Tragen kommen, wenn die Franzosen in das Deutsche Reich einmarschieren sollten, um die Tschechoslowakei oder Polen zu verteidigen. Auf der anderen Seite trugen zwei britische Divisionen nicht im entferntesten dazu bei, Deutschland von einem Angriff auf Frankreich abzuhalten. London, Geburtsstätte der Politik des Kräftegleichgewichts, hatte jeglichen Bezug zu seinen früheren Prinzipien verloren.

Die Besetzung des Rheinlandes ebnete Hitler sowohl militärisch als auch psychologisch den Weg nach Mitteleuropa. Nachdem die westlichen Demokratien dieses *fait accompli* akzeptiert hatten, war die strategische Basis für einen Widerstand in Osteuropa verloren.»Wenn Sie sich am 7. März selbst nicht verteidigen konnten«, fragte der rumänische Außenminister Titulescu seinen französischen Amtskollegen,»wie wollen Sie dann uns gegen den Aggressor verteidigen?«[27] Die Frage war mit der zunehmenden Befestigung des Rheinlandes immer schwerer zu beantworten.

In psychologischer Hinsicht hatte die passive Haltung der demokratischen Staaten eine noch tiefer gehende Wirkung. Die Appeasement-Politik wurde zur offiziellen Linie, die Korrektur der Unstimmigkeiten des Versailler Friedensvertrags zum allgemeinen Ziel erhoben. Im Westen aber war nichts mehr zu berichtigen. Dafür ließ sich mit gutem Grunde davon ausgehen, daß Frankreich und Großbritannien sich kaum weiter für die Durchsetzung des Versailler Vertrages in Osteuropa einsetzen würden, wenn sie nicht einmal bereit waren, den Vertrag von Locarno zu verteidigen, für den sie einst Garantien aufgestellt hatten. Außerdem hatte insbesondere Großbritannien Versailles von Anfang an in Frage gestellt und sich mehr als einmal geweigert, eine Garantieerklärung für das Vertragswerk abzugeben.

Mit den Prinzipien Richelieus hatte Paris völlig gebrochen. Es verließ sich nicht mehr auf sich selbst, sondern suchte die drohende Gefahr abzuwenden, indem es an das deutsche Wohlwollen appellierte. Als der französische Ministerpräsident Léon Blum im August 1936, fünf Monate nach dem Einmarsch ins Rheinland, den Reichswirtschaftsminister Dr. Hjalmar Schacht in Paris empfing, erklärte er:»Ich bin Marxist und Jude, [aber] wir können nichts erreichen, wenn wir die ideologischen Hindernisse als unüberwindbar behandeln.«[28] Und sein Außenminister Yvon Delbos wußte die praktische Bedeutung dieses Satzes nicht anders zu umschreiben als mit den Worten:»Deutschland immer mehr Zugeständnisse machen, um den Krieg abzuwenden.«[29] Er gab keine Erklärung darüber ab, ob dieses Verfahren irgendwann ein Ende haben sollte. Frankreich, das zweihundert Jahre lang unzählige Kriege in Mitteleuropa ausgefochten hatte, um sein Schicksal selber zu bestimmen, war nun bis zu einem Punkt zurückgewichen, an dem es gleichsam nur noch nach Strohhalmen griff: Es machte ein Zugeständnis nach dem anderen, allein um Zeit zu gewinnen, immer in der Hoffnung, Deutschlands Appetit möge irgendwo auf halber Strecke gestillt sein oder ein *deus ex machina* die Gefahr abwenden.

Die Appeasement-Politik, von den Franzosen nur sehr behutsam verfolgt, betrieben die Briten mit beträchtlichem Eifer. 1937, ein Jahr nach der Remilitarisierung des Rheinlandes, wurde der britische Außenminister

Lord Halifax zum Symbol des moralischen Rückzugs der westlichen Demokratien, als er Hitler in Berchtesgaden besuchte. Er rühmte das nationalsozialistische Deutschland als »Europas Bollwerk gegen den Bolschewismus« und zählte eine Reihe von strittigen Punkten auf, bei denen jedoch »Änderungen [...] wahrscheinlich früher oder später eintreten« würden. Insbesondere Danzig, Österreich und die Tschechoslowakei wurden erwähnt. Die einzige Warnung betraf die Art und Weise, wie die Änderungen in Angriff genommen würden: Großbritannien sei daran interessiert, daß Änderungen »auf dem Weg friedlicher Entwicklung zustande gebracht« und »Methoden vermieden würden, die weitergehende Störungen [...] verursachen könnten«.[30]

Einem Hitler mußte es unverständlich bleiben, weshalb Großbritannien einerseits bereit war, Veränderungen in Österreich, der Tschechoslowakei und dem polnischen Korridor zuzugestehen, sich aber andererseits gegen die Methoden sträubte, derer Deutschland sich bediente, um diese »Berichtigungen« herbeizuführen. Warum sollte England, da es das Vorhaben selbst abgesegnet hatte, plötzlich wegen der Form seiner Durchführung Schwierigkeiten machen? Welches friedliche Argument konnte wohl nach Halifax' Meinung die Opfer von den Vorteilen eines Selbstmordes überzeugen? Den Grundsätzen des Völkerbundes und dem Konzept der kollektiven Sicherheit zufolge mußte man sich der *Methode* widersetzen, mit der Veränderungen herbeigeführt werden. Die Geschichte hingegen lehrt uns, daß Völker auch bereit sind, Kriege zu führen, um sich der *Veränderung als solcher* zu widersetzen.

Zum Zeitpunkt des Halifax-Besuches in Deutschland hatte sich Frankreichs strategische Lage noch weiter verschlimmert. Im Juli 1936 war durch einen Militärputsch unter General Francisco Franco der spanische Bürgerkrieg ausgelöst worden. Franco wurde ganz offen durch umfangreiche Materiallieferungen aus Deutschland und Italien unterstützt; wenig später wurden deutsche und italienische »Freiwillige« nach Spanien geschickt. Der Faschismus schien bereit, seine Ideen mit Gewalt zu verbreiten. Frankreich stand damit vor demselben Problem wie Richelieu dreihundert Jahre zuvor: An allen seinen Grenzen schienen sich feindliche Regierungen zu etablieren. Aber im Gegensatz zu ihrem großen Vorgänger waren die Regierenden der dreißiger Jahre unentschlossen. Sie wußten nicht zu entscheiden, wovor sie mehr Angst hatten: vor den Gefahren, denen sie sich gegenübersahen, oder den Mitteln, mit deren Hilfe sie diese hätten beseitigen können.

Großbritannien hatte Anfang des achtzehnten Jahrhunderts am Spanischen Erbfolgekrieg teilgenommen und ein Jahrhundert später auf der Iberischen Halbinsel gegen Napoleon gekämpft. Beide Male hatte es dem Versuch der aggressivsten europäischen Macht, sich Spanien einzuverleiben, Widerstand entgegengesetzt. Dieses Mal jedoch nahm es die Gefahr, die ein faschistischer Sieg für das europäische Gleichgewicht bedeutete, entweder nicht wahr, oder es hielt ein faschistisches Spanien für eine geringere Bedrohung als ein der Sowjetunion nahestehendes linksradikales, was vielen Beobachtern als die wahrscheinlichste Alternative erschien. Vor allem aber wollte man keinen Krieg. So warnte das britische Kabinett Paris, man behalte sich das Recht vor, neutral zu bleiben, wenn die französischen Waffenlieferungen an die Republikaner zum Krieg führen sollten, obwohl Frankreich nach internationalem Recht der gewählten Regierung Spaniens ohne jeden Zweifel Waffen verkaufen durfte. Die Franzosen gaben zunächst wortreiche Erklärungen ab. Dann verkündeten sie ein Waffenembargo, dessen Verletzung sie gleichwohl immer wieder stillschweigend zuließen. Diese Vorgehensweise brüskierte die Freunde Frankreichs und kostete das Land den Respekt seiner Gegner.

In diesem politischen Klima trafen sich am 29. und 30. November 1937 französische und britische Politiker in London, um einen gemeinsamen Kurs abzustecken. Neville Chamberlain, Baldwins Nachfolger im Amt des Premierministers, kam sofort zur Sache: Er bat um eine Erörterung der Verpflichtungen, die Frankreich aus dem Bündnis mit der Tschechoslowakei entstehen würden – eine typische Frage, wenn Diplomaten nach Vertragslücken suchen, um eigenen vertraglichen Verbindlichkeiten zu entgehen. Die Unabhängigkeit Österreichs hingegen war vermutlich nicht einmal mehr ein Gespräch wert.

Die Erwiderung des französischen Außenministers Delbos ließ deutlich erkennen, daß er sehr wohl verstanden hatte, worauf die Frage zielte. Er behandelte das Thema Tschechoslowakei weder unter politischen noch unter strategischen Gesichtspunkten, sondern beschränkte sich auf eine streng juristische Erörterung:»Der Bündnisfall tritt ein, wenn die Tschechoslowakei das Opfer einer Aggression wird. Im Falle von Unruhen unter der deutschen Bevölkerung und ihrer Unterstützung durch eine bewaffnete Intervention Deutschlands bindet der Vertrag Frankreich in einer Weise, die sich nach dem Ernst der Lage richtet.«[31]

Delbos sprach über die geopolitische Bedeutung der Tschechoslowakei ebensowenig wie über die Wirkung, die es auf die Glaubwürdigkeit Frankreichs, das schließlich auch die Unabhängigkeit anderer osteuropäischer Staaten garantiert hatte, haben mußte, wenn das Land einen Verbündeten im Stich ließ. Statt dessen betonte er, es sei nicht eindeutig festzustellen, ob man im Hinblick auf die wahrscheinlichste Bedrohung – nämlich einen Aufruhr der sudetendeutschen Minderheit, der von deutschen Streitkräften unterstützt würde – tatsächlich Verpflichtungen eingegangen sei. Chamberlain verstand sofort. Er nutzte die Vertragslücke, die sich ihm hier eröffnete, indem er aus ihr einen Appeasement-Plan machte.»Es erscheint tatsächlich wünschenswert«, erklärte er,»sich um eine Einigung mit Deutschland hinsichtlich Mitteleuropas zu bemühen, ganz gleich welche Ziele das Land verfolgt, und dies selbst dann, wenn es die Absicht hegt, sich einige seiner Nachbarn einzuverleiben. Man darf wohl hoffen, die Ausführung der deutschen Pläne zu verzögern und das Reich sogar für so lange Zeit zurückzuhalten, daß seine Pläne auf lange Sicht unrealistisch werden.«[32] Aber was sollte Großbritannien tun, falls die Verzögerungstaktik fehlschlug? Nachdem London den Deutschen eine Veränderung ihrer Ostgrenze bereits zugestanden hatte, würde es da wegen bloßer zeitlicher Gründe einen Krieg beginnen? Die Antwort ergab sich von selbst: Staaten ziehen nicht in den Krieg, wenn es lediglich um das Tempo einer Veränderung geht, die sie längst abgesegnet haben. Die Tschechoslowakei wurde nicht erst in München, sondern schon fast ein ganzes Jahr früher in London zum Untergang verurteilt.

Wie der Zufall es wollte, entwarf Hitler seine Langzeitstrategie zu genau demselben Zeitpunkt. Bei einer Besprechung am 5. November 1937, bei der führende deutschen Generäle anwesend waren, gewährte er seinen Zuhörern offenen Einblick in seine strategischen Absichten. Sein Adjutant Hoßbach führte Protokoll. Danach konnte keiner der Anwesenden mehr klagen, er wisse nicht, was der »Führer« vorhabe. Hitler stellte unmißverständlich klar, daß sein Ziel weit über den Versuch hinausreichte, Deutschlands Vorkriegsstellung wiederzuerlangen. Wovon er sprach, war eigentlich nichts anderes als das Programm seines Buches *Mein Kampf*: die Eroberung weiter Landstriche in Osteuropa und der Sowjetunion zum Zwecke der Kolonisation. Er wußte nur zu gut, daß ein derartiges Vorhaben auf Widerstand stoßen würde: Die deutsche Politik, verkündete er, habe »mit den beiden Haßgegnern England und Frankreich zu rechnen«.[33] Er unterstrich, daß Deutschland im Zuge der Wiederaufrüstung heimlich an Großbritannien und Frankreich vorbeigezogen sei, dieser Vorteil aber nur vorübergehend bestehe und sich von 1943 an mit zunehmender Geschwindigkeit verringern werde. Der Krieg müsse daher vorher beginnen.

Hitlers Generäle waren von dem Ausmaß der Pläne und ihrer unmittelbar bevorstehenden Durchführung beunruhigt. Ihnen fehlte indessen der Mut, sich ihrem obersten Dienstherren entgegenzustellen, zumal sie auf ihn persönlich vereidigt worden waren. Als Hitler dann tatsächlich den Befehl zum Angriff gab, spielten zwar einige Offiziere ansatzweise mit dem Gedanken an einen Putsch, aber Hitler war immer etwas zu schnell. Überdies schienen seine ungeheuren Erfolge – so sahen es jedenfalls die meisten Offiziere im deutschen Generalstab – einem Akt des Widerstands die moralische Grundlage zu entziehen, ganz zu schweigen von der Tatsache, daß sich deutsche Generäle noch nie dadurch hervorgetan hatten, gegen die verfassungsmäßige Staatsmacht zu putschen.

Die westlichen Demokratien hatten noch nicht begriffen, welcher ideologische Graben sie von dem deutschen Diktator trennte. Sie glaubten, daß Frieden letztlich möglich sein mußte, und nahmen ihre ganze Kraft zusammen, um Krieg zu vermeiden. Hitler dagegen fürchtete den Frieden; er brauchte den Krieg. »Die Menschheit ist im ewigen Kampf zur Größe gelangt«, hatte er in *Mein Kampf* geschrieben. »In ewigem Frieden geht sie zugrunde.«[35]

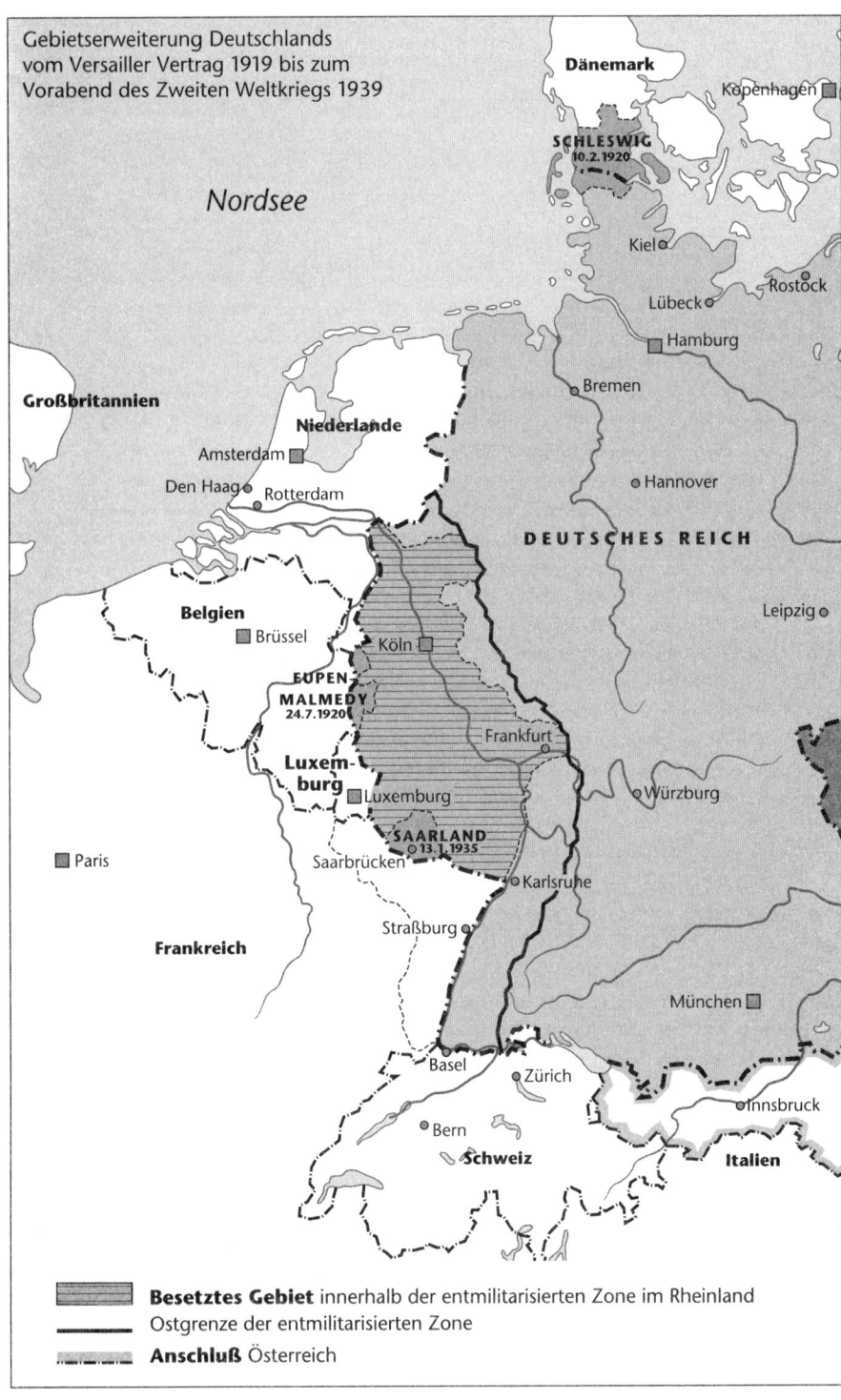

Gebietserweiterung Deutschlands
vom Versailler Vertrag 1919 bis zum
Vorabend des Zweiten Weltkriegs 1939

**Dänemark**

Kopenhagen

**Nordsee**

SCHLESWIG
10.2.1920

Kiel

Rostock

Lübeck

Hamburg

**Großbritannien**

Bremen

**Niederlande**

Amsterdam

Hannover

Den Haag
Rotterdam

**DEUTSCHES REICH**

**Belgien**

Leipzig

Brüssel

Köln

EUPEN
MALMEDY
24.7.1920

Frankfurt

**Luxem-burg**

Luxemburg

Würzburg

SAARLAND
13.1.1935

**Paris**

Saarbrücken

Karlsruhe

Straßburg

**Frankreich**

München

Basel
Zürich

Innsbruck

Bern

**Schweiz**

**Italien**

**Besetztes Gebiet** innerhalb der entmilitarisierten Zone im Rheinland
Ostgrenze der entmilitarisierten Zone
**Anschluß** Österreich

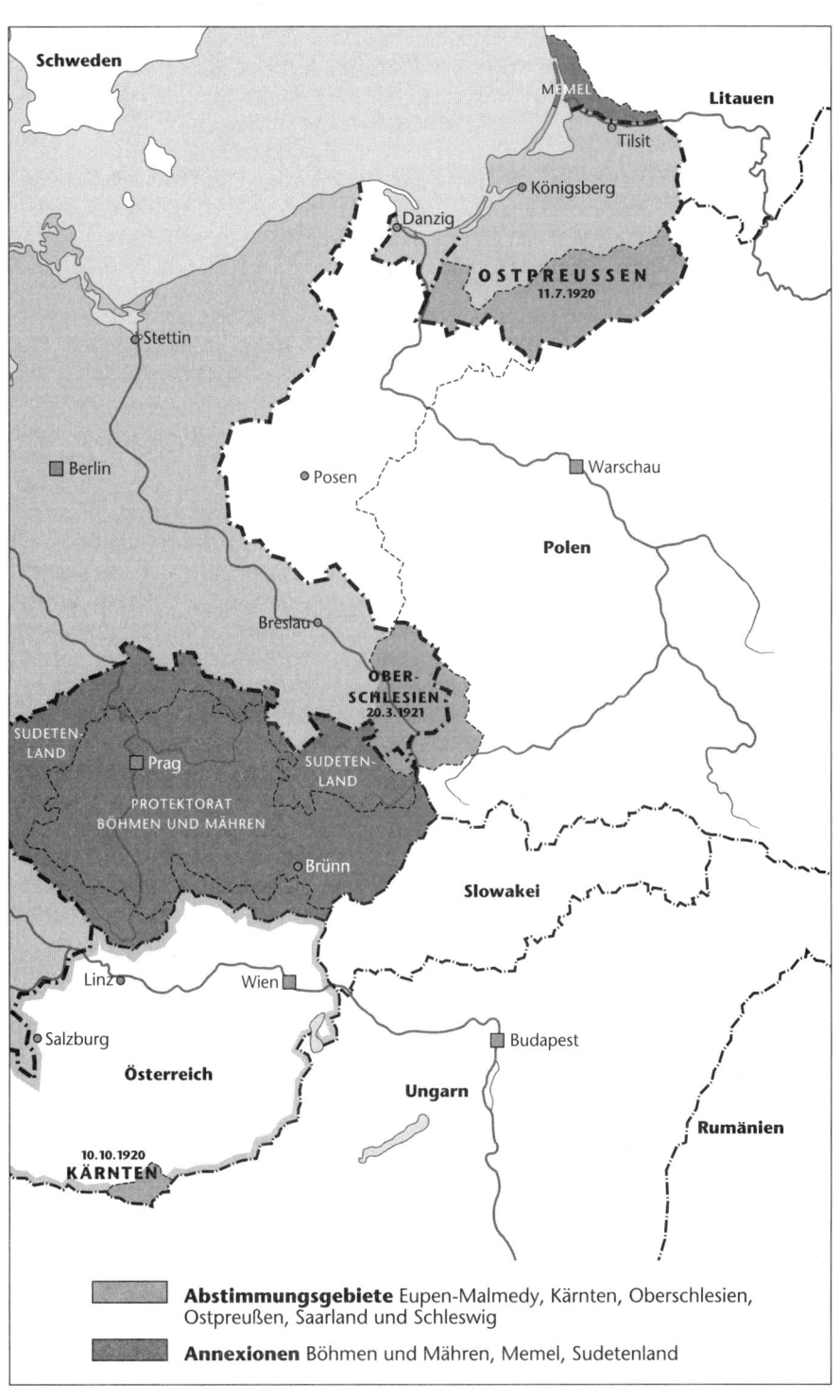

Schweden

MEMEL
Tilsit
Litauen

Königsberg

Danzig

O S T P R E U S S E N
11.7.1920

Stettin

Berlin

Posen

Warschau

Polen

Breslau

OBER-
SCHLESIEN
20.3.1921

SUDETEN-
LAND

Prag

SUDETEN-
LAND

PROTEKTORAT
BÖHMEN UND MÄHREN

Brünn

Slowakei

Linz

Wien

Salzburg

Budapest

Österreich

Ungarn

Rumänien

10.10.1920
KÄRNTEN

**Abstimmungsgebiete** Eupen-Malmedy, Kärnten, Oberschlesien,
Ostpreußen, Saarland und Schleswig

**Annexionen** Böhmen und Mähren, Memel, Sudetenland

1938 fühlte Hitler sich stark genug, die in Versailles festgelegten Staatsgrenzen zu überschreiten. Sein erstes Ziel war sein Heimatland Österreich, das durch die Friedensverträge von St. Germain (1919) und Trianon (1920) – Entsprechungen zu Versailles für das österreichisch-ungarische Kaiserreich – in eine ungewöhnliche Lage versetzt worden war. Bis 1806 war Österreich Mittelpunkt des Heiligen Römischen Reiches gewesen; bis 1866 hatte es eine Führungsmacht in Deutschland dargestellt, für manche sogar die maßgebliche. Von Bismarck aus seiner historischen Rolle verdrängt, hatte es sein Hauptaugenmerk auf den Balkan und Mitteleuropa gelegt, bis es im Ersten Weltkrieg auch dort vertrieben wurde. Dem ehemaligen Kaiserreich, das inzwischen auf einen kleinen deutschsprachigen Kern zusammengeschrumpft war, war mit dem Vertrag von Versailles der Anschluß an Deutschland untersagt worden, eine Bestimmung, die in offenem Gegensatz zum Selbstbestimmungsrecht der Völker stand. Und obwohl der Anschluß an Deutschland für viele Menschen auf beiden Seiten der deutsch-österreichischen Grenze, unter ihnen auch Stresemann, ein wichtiges Ziel blieb, kamen die Alliierten diesem Wunsch nicht entgegen. Noch 1931 verhinderten sie eine geplante deutsch-österreichische Zollunion.

Daher wohnte der Vereinigung von Deutschland und Österreich dieselbe Zweischneidigkeit inne, die auch für Hitlers frühere Herausforderungen charakteristisch war. Sie erfüllte das Prinzip der Selbstbestimmung, untergrub aber zugleich jenes Gleichgewicht der Kräfte, das Politiker immer weniger heranziehen mochten, um den Gebrauch von Waffengewalt zu rechtfertigen. Am 12. März 1938, nach einem Monat nationalsozialistischer Drohungen und österreichischer Zugeständnisse, denen die Reue auf dem Fuße gefolgt war, marschierten deutsche Truppen in das Land ein. Es gab keinen Widerstand. Die österreichische Bevölkerung, zu großen Teilen außer sich vor Begeisterung, wollte offenbar lieber in einer deutschen Provinz leben, als – ihres Kaiserreichs beraubt und hilflos – auf der mitteleuropäischen Bühne eine Randfigur bleiben.

Die halbherzigen Proteste des Westens gegen die Annexion brachten kaum mehr als moralische Bedenken zum Ausdruck. Von konkreten Gegenmaßnahmen war keine Rede. Und während der Völkerbund stumm zusah, wie ein Mitgliedsstaat von einem mächtigen Nachbarn einfach geschluckt wurde, wurde das System der kollektiven Sicherheit zu Grabe getragen. In der Hoffnung, Hitler würde seinen Vormarsch beenden, sobald er alle Deutschen in das Reich heimgeholt hatte, faßten die westlichen Demokratien nun noch nachdrücklicher den Vorsatz, ihr Appeasement-Experiment durchzuhalten.

Nächster Gegenstand dieses Experiments sollte die Tschechoslowakei werden. Wie andere Nachfolgestaaten Österreich-Ungarns war sie fast im gleichen Maß ein Vielvölkerstaat wie das frühere Kaiserreich. Nahezu ein Drittel ihrer fünfzehn Millionen Einwohner waren weder Tschechen noch Slowaken, und schon die Slowaken waren nicht gerade verläßliche Staatsbürger. Dreieinhalb Millionen Deutsche, beinahe eine Million Ungarn und fast eine halbe Million Polen lebten in diesem neugeschaffenen Staat. Zur Verschärfung des Problems trug bei, daß die Siedlungsgebiete der Minderheiten an jene Staaten grenzten, in denen diese ihre ethnischen Wurzeln hatten. Die Forderung nach einem Anschluß entsprechend dem Versailler Grundsatz der Selbstbestimmung erhielt dadurch noch mehr Gewicht. Die Tschechoslowakei war politisch wie wirtschaftlich der am weitesten entwickelte Nachfolgestaat der Donaumonarchie. Sie war ein demokratisches Land und hatte einen hohen Lebensstandard. Sie besaß eine große Armee, deren hervorragende Ausrüstung zu einem nicht geringen Teil im eigenen Land konstruiert und hergestellt wurde, und befand sich im Bündnis mit Frankreich und der Sowjetunion. Nach den Regeln traditioneller Diplomatie konnte man diesen Staat also nicht einfach aufgeben; nach den Selbstbestimmungsgrundsätzen von Versailles war es dagegen gleichermaßen schwierig, ihn zu verteidigen. Ermutigt von der erfolgreichen Besetzung des Rheinlandes, begann Hitler 1937, der Tschechoslowakei zu drohen.

Zunächst schien Hitler mit seinen Einschüchterungen nicht mehr als ein naheliegendes Ziel erreichen zu wollen: Die Tschechen sollten gezwungen werden, der deutschstämmigen Minderheit im »Sudetenland« – einer Wortschöpfung der deutschen Propaganda – besondere Rechte einzuräumen. Doch 1938 klang dergleichen schon anders. Hitler gab zu verstehen, er wolle das Sudetenland annektieren und mit Gewalt »heim ins Reich« holen. Nun hatte Frankreich sich aber, ebenso wie die Sowjetunion, zum Schutz der Tschechoslowakei verpflichtet. Die Sowjets allerdings, so lautete eine Vertragsbedingung, würden erst zur Hilfe eilen, nachdem die Franzosen Maßnahmen ergriffen hätten. Außerdem blieb fraglich, ob Polen und Rumänien der Roten Armee den Durchmarsch gestatten würden, um die Tschechoslowakei zu verteidigen.

Großbritannien entschied sich von Anfang an für Appeasement. Am 22. März, unmittelbar nach der Annexion Österreichs, erinnerte Halifax die französische Regierung daran, daß die Garantie von Locarno nur für Frankreichs Grenzen galt und gänzlich verfallen könne, wenn Frankreich daran denke, seine vertraglichen Verpflichtungen in Mitteleuropa zu erfüllen. Ein Memorandum des Außenministeriums warnte: »Diese Verpflichtungen [aus der Garantieerklärung von Locarno] stellten in ihren Augen keinen geringen Beitrag zur Erhaltung des Friedens in Europa dar, und wenn sie auch nicht die Absicht haben, sich von ihnen zu distanzieren, so sehen sie doch keine Möglichkeit, sie zu erfüllen.«[35] Die einzige Grenze, für deren Sicherheit Großbritannien zu sorgen hatte, war diejenige Frankreichs. Sollten sich die französischen Sicherheitsinteressen jedoch über die eigenen Grenzen hinaus erstrecken, und das hieß konkret: sollte Frankreich versuchen, die Tschechoslowakei zu verteidigen, so würde Frankreich auf sich allein gestellt sein.

Einige Monate später schickte das britische Kabinett eine Untersuchungskommission unter Leitung von Lord Walter Runciman nach Prag, um Möglichkeiten einer Verständigung zu prüfen. Die einzige Folge dieser Mission bestand darin, daß aller Welt vor Augen geführt wurde, wie groß Großbritanniens Abneigung gegen die Verteidigung der Tschechoslowakei war. Denn die Sachlage war längst bekannt: Jede vorstellbare Verständigung setzte die wie auch immer geartete Zerstückelung des Landes voraus. Deshalb war München später keine Kapitulation, sondern eine Geisteshaltung und eine fast unvermeidliche Folge des von den demokratischen Staaten unternommenen Versuchs, einen geopolitisch mit schweren Mängeln behafteten Vertrag mittels Gerede über kollektive Sicherheit und Selbstbestimmungsrecht aufrechtzuerhalten.

Selbst die Vereinigten Staaten, die maßgeblich an der Gründung der Tschechoslowakei beteiligt gewesen waren, zogen sich frühzeitig zurück. Im September schlug Roosevelt Verhandlungen auf neutralem Boden vor.[36] Doch wenn die Berichte der amerikanischen Botschaften zutreffend waren, konnte der Präsident kaum daran zweifeln, mit welcher Haltung die Franzosen – und mehr noch die Briten – zu einer solchen Konferenz kommen würden. Tatsächlich bestärkte er sie in ihrer Position, indem er betonte, daß »die Regierung der Vereinigten Staaten [...] keine Verpflichtung bei der Leitung der gegenwärtigen Verhandlungen übernehmen« werde.[37]

Diese Situation schien für Hitler wie geschaffen. Im Sommer schürte er die Hysterie über einen bevorstehenden Krieg, ohne jedoch konkrete Drohungen auszusprechen. Dann aber ging er in die Offensive. Den Reichsparteitag der NSDAP in Nürnberg Anfang September 1938 nutzte er zu einer heftigen Attacke gegen die tschechische Führung. Chamberlain versagten die Nerven. Obwohl es zuvor weder formelle Anfragen noch echte Gespräche auf diplomatischer Ebene gegeben hatte, entschloß sich der englische Premier am 15. September, die festgefahrene Situation durch einen Besuch bei Hitler zu überwinden. Hitler machte aus seiner Geringschätzung Chamberlains keinen Hehl: Er lud ihn nach Berchtesgaden ein – den Ort in Deutschland, der von London am weitesten entfernt und am schlechtesten zu erreichen war. Der neunundsechzigjährige Chamberlain mußte eine fünfstündige Flugreise auf sich nehmen, und wie sich herausstellte, war er noch nie zuvor geflogen.

Nachdem er stundenlang Hitlers Gegeifer über die angebliche Mißhandlung der Sudetendeutschen ertragen hatte, erklärte er sich mit der Aufteilung der Tschechoslowakei einverstanden. Alle Gebiete mit mehr als fünfzig Prozent deutschem Bevölkerungsanteil sollten an das Reich zurückfallen, die Details würden dann bei einem zweiten Treffen wenige Tage später, am 22. September, in Bad Godesberg ausgearbeitet werden. Es war typisch für Hitlers Verhandlungsstil, daß er den Folgeort als »Zugeständnis« bezeichnete. Bad Godesberg lag zwar näher an London als Berchtesgaden, befand sich aber immer noch weit im Inneren Deutschlands. In der Zwischenzeit »überzeugte« Chamberlain die tschechoslowakische Regierung davon, diesen Vorschlag anzunehmen – was sie »mit Bedauern« tat. In Bad Godesberg erhöhte Hitler den Einsatz. Er stellte klar, daß er die Tschechoslowakei aufs äußerste demütigen wollte. Nicht gewillt, der zeitaufwendigen Prozedur bezirksweiser Volksabstimmungen und Grenzfestlegungen zuzustimmen, forderte er die sofortige Räumung des gesamten Sudetenlandes, beginnend nur vier Tage später, am 26. September. Zu ihrer Durchführung sollten nicht mehr als achtundvierzig Stunden zur Verfügung stehen. Die Einrichtungen des tschechischen Militärs sollten den deutschen Truppen in unbeschädigtem Zustand überlassen werden. Um den Rumpfstaat noch weiter zu schwächen, forderte Hitler überdies zusätzliche Grenzkorrekturen zugunsten der ungarischen und polnischen Minderheiten, und als Chamberlain protestierte, weil er damit vor ein Ultimatum gestellt werde, zeigte Hitler nur höhnisch auf das Wort »Memorandum«, mit dem seine Ausarbeitung überschrieben war. Nach einer stundenlangen, erbitterten Auseinandersetzung machte der Führer ein weiteres »Zugeständnis«: Er wollte den Tschechen bis zum 28. September um 14.00 Uhr Zeit geben, um eine Antwort zu formulieren, und den Beginn der Räumung des Sudetenlandes auf den 1. Oktober verschieben.

Chamberlain brachte es nicht über sich, der Tschechoslowakei eine so unwürdige Demütigung aufzuerlegen. Daladier verhielt sich noch unnachgiebiger. Einige Tage lang schien der Krieg unmittelbar bevorzustehen. In britischen Parks wurden Gräben ausgehoben. Damals ließ Chamberlain die trübsinnige Bemerkung fallen, Großbritannien werde aufgefordert, für ein fernes Land in den Krieg zu ziehen, von dem es überhaupt nichts wisse – und das sagte das Regierungsoberhaupt der Nation, die auf ihrem Vormarsch nach Indien jahrhundertelang ohne Zögern etliche Kriege geführt hatte.

Aber worin bestand eigentlich der *casus belli*? London hatte der Aufteilung der Tschechoslowakei und dem Selbstbestimmungsrecht der Sudetendeutschen im Grundsatz ja längst zugestimmt. Großbritannien und Frankreich näherten sich nicht deshalb einem Krieg, weil sie einen Verbündeten am Leben erhalten wollten, sondern wegen des Unterschieds von einigen Wochen, in denen dieser freilich auch so vernichtet sein würde, und wegen einiger territorialer Berichtigungen, die im Vergleich zu dem Gebilligten völlig unbedeutend waren. Vielleicht war es gut, daß Mussolini alle Seiten kurz vor Ablauf des Ultimatums aus ihrer peinlichen Lage befreite: Er schlug vor, eine in der Planung befindliche Konferenz zwischen dem deutschen und dem italienischen Außenminister um die Regierungschefs Frankreichs, Großbritanniens, Deutschlands und Italiens zu erweitern.

Die vier Staatsmänner trafen sich am 29. September in München, der Geburtsstätte der NSDAP. Schon darin lag jene Art von Symbolismus, die sich Sieger vorbehalten. Die Verhandlungen nahmen wenig Zeit in Anspruch: Chamberlain und Daladier machten einen halbherzigen Versuch, zu ihren ursprünglichen Vorschlägen zurückzukehren; Mussolini holte ein Papier hervor, das Hitlers Vorschlag von Bad Godesberg enthielt; Hitler umriß die Streitfragen in Form eines sarkastischen Ultimatums. Da seine Frist vom 1. Oktober zu dem Vorwurf geführt hatte, seine Vorgehensweise sei vom Geist der Gewalt getragen, sagte er,»man müsse der Aktion mithin diesen Geist nehmen«.[38] Mit anderen Worten: Der Zweck der Konferenz war nichts als die friedliche Annahme der Godesberger Forderungen, bevor Hitler einen Krieg vom Zaun brechen würde, um seinen Willen auf brutale Weise durchzusetzen.

Chamberlain und Daladier hatten aufgrund ihres Verhaltens in den vorausgegangenen Monaten kaum eine andere Wahl: Sie mußten Mussolinis Entwurf akzeptieren. In den Vorräumen warteten die tschechischen Vertreter vor verschlossenen Türen, hinter denen ihr Land aufgeteilt wurde. Die Sowjetunion war zu der Konferenz gar nicht erst geladen worden. Großbritannien und Frankreich beruhigten ihr schlechtes Gewissen, indem sie eine Garantie für die entwaffnete Rest-Tschechoslowakei anboten – eine widersinnige Geste von jenen Staaten, die sich geweigert hatten, zu ihrer Garantieerklärung für die intakte und gut bewaffnete Bruderdemokratie zu stehen. Es versteht sich von selbst, daß die Garantie niemals in Kraft trat.

München ist zum Inbegriff einer besonderen Art von Verfehlung geworden, der Nachgiebigkeit gegenüber einem Erpresser. Dabei stellte es keineswegs ein isoliertes Ereignis dar, sondern den Endpunkt einer Entwicklung, die ihren Anfang in den zwanziger Jahren genommen und sich mit jedem neuen Zugeständnis verstärkt hatte. Die Versailler Beschränkungen waren nach und nach fallengelassen worden: Die Weimarer Republik hatte Deutschland von den Reparationszahlungen, der Alliierten Kontrollkommission und der alliierten Besatzung im Rheinland befreit. Hitler hatte die deutschen Rüstungsbeschränkungen, das Verbot der allgemeinen Wehrpflicht und die Entmilitarisierungsbestimmungen von Locarno aufgekündigt. Selbst in den zwanziger Jahren hatte Deutschland nie die neue Ostgrenze anerkannt, und die Alliierten hatten auch nie darauf gedrängt. Womöglich erschienen ihnen alle diese Dinge allzu geringfügig, womöglich glaubten sie, Entschlossenheit sei eine übertriebene Reaktion auf dergleichen Kleinigkeiten. Aber zusammengenommen entwickelten die Entscheidungen schließlich, wie sooft, ihre eigene Dynamik.

Als sie zugaben, der Vertrag von Versailles sei ungerecht, entzogen sich die Siegermächte selber die politischen und psychologischen Grundlagen, ohne die sie das Vertragswerk nicht verteidigen konnten. Nach den Napoleonischen Kriegen hatten die Sieger einen großzügigen Friedensvertrag entworfen, doch sie hatten mit der Gründung der Quadrupelallianz zugleich keinerlei Zweifel an ihrer Entschlossenheit gelassen, die Bestimmungen einzufordern. Die Sieger des Ersten Weltkriegs dagegen hatten einen von Strafmaßnahmen geprägten Frieden geschlossen. Aber nachdem sie auf diese Weise größtmöglichen Anreiz für revisionistische Forderungen geschaffen hatten, waren sie den Besiegten bei der Zerstörung ihres eigenen Vertragswerkes gewissermaßen behilflich.

Zwei Jahrzehnte lang hatte man das Konzept der »balance of power« entweder zurückgewiesen oder lächerlich gemacht. Fortan, so haben die führenden Politiker der westlichen Demokratien ihren Völkern erzählt, werde die Weltordnung auf dem Fundament einer höheren Moral stehen. Als die neue Weltordnung allerdings schließlich auf die Probe gestellt wurde, blieb den Demokratien keine andere Wahl, als den Becher der Versöhnung bis zur Neige zu leeren – Großbritannien mit Überzeugung, Frankreich voller Zweifel und mit einem Hauch von Verzweiflung –, nur um ihren Völkern zu beweisen, daß man Hitler eigentlich nicht beschwichtigen konnte.

Das erklärt, weshalb die Einigung von München bei der großen Mehrheit der Menschen mit gewaltigem Jubel begrüßt wurde. Franklin D. Roosevelt war unter denjenigen, die Chamberlain gratulierten: »Guter Mann.«[39] Die Spitzenpolitiker des Commonwealth wählten pathetischere Worte. Der kanadische Premierminister beispielsweise schrieb: »Ich möchte Ihnen die herzlichen Glückwünsche des kanadischen Volkes und mit ihnen den Ausdruck der Dankbarkeit, die man vom einen Ende des Dominions bis zum anderen empfindet, übermitteln. Meine Kollegen und die gesamte Regierung hegen wie ich grenzenlose Bewunderung für den Dienst, den Sie der Menschheit erwiesen haben.«[40] Und um nicht zurückzustehen, formulierte der australische Premier: »Meine Kollegen und ich wünschen, Ihnen unsere herzlichsten Glückwünsche zum Ausgang der Münchener Verhandlungen auszusprechen. Die Australier wie auch alle anderen Völker des Empire schulden Ihnen Dank für Ihre übergroßen Anstrengungen zur Bewahrung des Friedens.«[41]

Merkwürdigerweise stimmten alle Augenzeugen der Münchener Konferenz darin überein, daß Hitler nicht triumphierte, sondern, ganz im Gegenteil, schlechter Stimmung war. Er hatte Krieg gewollt, weil er ihn zur Verwirklichung seiner ehrgeizigen Pläne für absolut notwendig hielt. Wahrscheinlich brauchte er ihn auch aus psychologischen Gründen; nahezu alle seine Reden, die er als den wichtigsten Teil seines Auftretens in der Öffentlichkeit ansah, bezogen sich auf die eine oder andere Art auf seine Kriegserfahrungen. Obwohl die Generäle der Wehrmacht strikt gegen einen Krieg waren, verließ er München daher mit dem Gefühl, betrogen worden zu sein.

Im Sinne der ihm eigenen verdrehten Denkweise mag er damit auch recht gehabt haben. Wäre es ihm gelungen, wegen der Tschechoslowakei einen Krieg vom Zaun zu brechen, so wäre es zweifelhaft gewesen, ob die Demokratien die für einen Sieg notwendigen Opfer hätten tragen können. Die Angelegenheit paßte schlecht zum Prinzip der Selbstbestimmung, und die öffentliche Meinung war auf die anfänglichen Rückschläge eines solchen Krieges, die es mit Sicherheit gegeben hätte, nicht genügend vorbereitet.

So gesehen, bedeutete München in psychologischer Hinsicht das Aus für Hitlers Strategie. Bis dahin hatte er stets auf die Ungereimtheiten der Versailler Ordnung verweisen und damit an das Schuldbewußtsein der Demokratien appellieren können; von nun an blieb ihm als Waffe nur noch offene Gewalt. Auch bei denjenigen, die sich am meisten vor einem Krieg scheuten, gab es schließlich Grenzen der Erpreßbarkeit. Würden diese überschritten, so würden auch sie eine eindeutige Position beziehen. Das galt vor allem für Großbritannien. Durch sein Verhalten in Bad Godesberg und München hatte Hitler die letzten Reserven an englischem »goodwill« verbraucht. Auch wenn Chamberlain bei seiner Rückkehr nach London törichterweise äußerte, er habe »Frieden in unsere Zeit« gebracht, war er diesmal entschlossen, sich nie wieder erpressen zu lassen, und setzte ein umfangreiches Rüstungsprogramm in Gang.

Chamberlains Rolle bei der Krise von München war vielschichtiger, als die Nachwelt sie in aller Regel gesehen und gedeutet hat. Obwohl er direkt nach der Konferenz außerordentlich populär war, brachte man seinen Namen später immer mit dem Appeasement in Verbindung: Angesichts eines Debakels verhält sich die demokratische Öffentlichkeit unversöhnlich, selbst wenn die Katastrophe der Ausführung ihres eigenen Willens folgt. Chamberlains Ansehen fiel daher rapide, als sich herausstellte, daß er den »Frieden in unserer Zeit« keineswegs erreicht hatte. Hitler fand bald einen anderen Vorwand zum Krieg, und damals wurde Chamberlain noch nicht einmal das Verdienst angerechnet, Großbritannien darauf vorbereitet zu haben, dem Sturm als ein einiges Volk und mit einer wiederhergestellten Luftwaffe zu trotzen.

Rückblickend ist es einfach, die oft naiven Äußerungen der Appeasement-Politiker zu belächeln. Doch die meisten von ihnen waren ehrbare Männer, die sich ernsthaft darum bemühten, die neue Ordnung zu errichten – eine Ordnung, die aus dem Wilsonschen Idealismus hervorgegangen war, nachdem das Versagen der traditionellen europäischen Diplomatie zu geistiger und physischer Erschöpfung geführt hatte. Nie zuvor hatte ein britischer Premierminister irgendein Abkommen, wie Chamberlain es in München tat, als »Beseitigung jener Verdächtigungen und Feindseligkeiten, die so lange das Klima vergiftet haben«[42], rechtfertigen können: als ob Außenpolitik ein Teilgebiet der Psychologie sei. Derartige Einschätzungen konnten allein aus dem idealistischen Wunsch erwachsen, die Hinterlassenschaft von Realpolitik und europäischer Geschichte durch einen Appell an Vernunft und Gerechtigkeitsempfinden zu überwinden.

Hitler brauchte nicht lange, um die Illusionen dieser Politik zu zerstören. Im März 1939, kaum sechs Monate nach dem Münchner Abkommen, besetzte er den Rest der Tschechoslowakei. Der tschechische Landesteil wurde deutsches Protektorat; die Slowakei bestand formal als unabhängiger Staat weiter, war aber faktisch ein deutscher Satellit. In München hatten Großbritannien und Frankreich noch eine Garantie für den Bestand der Tschechoslowakei angeboten. Doch dieses Versprechen nahm nie einen bindenden Charakter an und hätte ihn auch nie annehmen können.

Die Zerschlagung des Landes war geopolitisch sinnlos. Sie zeigte, daß Hitler nicht aus vernünftigen Überlegungen heraus handelte, sondern einzig und allein, um einen Krieg zu provozieren. Ihrer Verteidigungsfähigkeit und ihrer französischen und sowjetischen Bündnispartner beraubt, wäre die Tschechoslowakei so oder so in den Einflußbereich Deutschlands geraten, und daß Osteuropa sich den neuen Machtverhältnissen anpassen würde, war sicher. Die Sowjetunion hatte gerade in einer »Säuberungswelle« ihre gesamte politische und militärische Führungsschicht beseitigt; für eine gewisse Zeit würde sie keinen ernstzunehmenden Faktor darstellen. Hitler brauchte nur abzuwarten: Da Frankreich praktisch neutralisiert war, mußte Deutschland zur herrschenden Macht in Osteuropa werden. Aber warten konnte er nicht.

Die britische und die (ebenfalls von London gelenkte) französische Reaktion, welche die Forderung erhob, jetzt müsse man ein für allemal einen Schlußstrich ziehen, war nach Maßgabe traditioneller Machtpolitik freilich nicht weniger sinnlos. Die Einnahme Prags durch die Deutschen änderte weder etwas am Gleichgewicht der Kräfte noch am absehbaren Lauf der Dinge. Nur im Sinne der Grundsätze von Versailles stellte sie einen Wendepunkt dar, denn sie machte deutlich, daß Hitler nicht Selbstbestimmung oder Gleichberechtigung anstrebte, sondern die Herrschaft über Europa.

Hitlers großer Fehler lag nicht so sehr darin, die überkommenen Grundsätze des Gleichgewichts verletzt zu haben; schlimmer war, daß er gegen die moralischen Prinzipien der britischen Außenpolitik der Nachkriegszeit verstoßen hatte. Als er *nicht*-deutsche Bevölkerungsteile ins Reich eingliederte und dadurch jenen Grundsatz der Selbstbestimmung verletzte, dessentwegen man all seine vorherigen Handlungen hingenommen hatte, ging er zu weit. Großbritanniens Geduld war weder unerschöpflich noch Ausdruck eines schwachen Nationalcharakters, und Hitler hatte nun endlich etwas getan, das in den Augen der britischen Öffentlichkeit – wenn auch noch nicht in der Sicht des Kabinetts – einen unzweifelhaften Gewaltakt darstellte. Erst nach einigen Tagen des Zögerns brachte Chamberlain seine Politik mit der öffentlichen Meinung in Einklang. Von diesem Zeitpunkt an stellte sich Großbritannien Hitler nicht mehr entgegen, um überkommene Theorien vom Gleichgewicht in die Tat umzusetzen, sondern einfach deshalb, weil es ihm nicht mehr trauen konnte.

Es ist eine Ironie der Geschichte, daß der Wilsonsche Versuch, die internationalen Beziehungen neu zu gestalten, nicht nur die Vorstöße Hitlers erleichterte, die frühere europäische Systeme ohne Zweifel längst nicht mehr hingenommen hätten. Von einem bestimmten Punkt an sorgte diese Politik auch dafür, daß Großbritannien den Trennstrich deutlicher zog, als es das in einer von Realpolitik geprägten Welt getan hätte. Obwohl also Wilsons Lehre einen frühzeitigeren Widerstand gegen den Nationalsozialismus verhindert hat, schuf sie zugleich die Grundlage für eine unversöhnliche Opposition gegen ihn, nachdem ihre moralischen Vorstellungen im Innersten verletzt waren.

Als Hitler 1939 Anspruch auf Danzig erhob und Veränderungen hinsichtlich des Polnischen Korridors ins Auge faßte, unterschieden sich die Streitfragen im Prinzip kaum von denen des Vorjahres. Danzig war durch und durch deutsch, und sein Status als Freie Stadt war ebenso ein Schlag ins Gesicht des Selbstbestimmungsrechts wie die Eingliederung des »Sudetenlandes« in die Tschechoslowakei. Und obgleich die Bevölkerung im Korridor stärker gemischt war, lag eine Neuregelung der Verhältnisse, die dem Prinzip der Selbstbestimmung deutlicher entsprochen hätte, auch dort durchaus im Rahmen des Möglichen. Was sich Hitlers Verständnis indessen entzog, war der Umstand, daß derselbe moralische Perfektionismus, der die Demokratien früher zu Nachgiebigkeit verleitet hatte, sich jetzt in beispiellose Härte verwandelte. Die Grenze des moralisch Tolerierbaren war überschritten. Nach der deutschen Besetzung der Tschechoslowakei gab es in der britischen Öffentlichkeit nicht die geringste Bereitschaft mehr, weitere Zugeständnisse hinzunehmen. Von da an war der Ausbruch des Zweiten Weltkrieges lediglich eine Frage der Zeit, abzuwenden nur dann, wenn Hitler sich ruhig verhalten hätte. Dazu aber war er – wie schon erwähnt – nicht in der Lage.

Bevor dieses folgenschwere Ereignis eintrat, mußte das internationale System jedoch noch einen weiteren Schlag hinnehmen, diesmal von seiten der zweiten bedeutenden Macht, die auf Grenzkorrekturen drängte und während der turbulenten dreißiger Jahre weitgehend unbeachtet geblieben war: Stalins Sowjetunion.

## Kapitel 13

# Stalins Basar

*Josef Stalin im Kreise seiner Mitarbeiter*

Wenn es stimmt, daß politische Wertsysteme notwendigerweise auch die Außenpolitik bestimmen, dann hätten Hitler und Stalin sich ebensowenig die Hände reichen dürfen wie Richelieu und der türkische Sultan drei Jahrhunderte zuvor. Doch gemeinsame geopolitische Interessen können ein sehr mächtiges Band knüpfen, und ein solches Band trieb auch die Erzfeinde Hitler und Stalin aufeinander zu. Die demokratischen Staaten sahen dies mit Skepsis. Ihre Überraschung zeigte, daß sie weder Stalins noch Hitlers Mentalität wirklich verstanden hatten. Der Werdegang des russischen Diktators begann, wie der des deutschen, am äußeren Rand der Gesellschaft; freilich brauchte er bedeutend länger als jener, um zur absoluten Macht zu gelangen. Hitlers Vertrauen auf demagogische Brillanz bedingte, daß er alles auf einen einzigen Wurf setzte. Im Gegensatz dazu behauptete sich Stalin, indem er seine Rivalen innerhalb der kommunistischen Bürokratie ausschaltete, das heißt in einem Bereich, in welchem die anderen Bewerber um die Macht ihn ignoriert hatten, weil sie die finstere Gestalt aus Georgien zunächst nicht als ernsthaften Konkurrenten ansahen. Hitler hatte Erfolg, weil er seine Weggefährten mit ungeheurer Zielstrebigkeit überwältigte; Stalins Macht erwuchs aus seiner unüberwindlichen Unnahbarkeit.

Hitler übertrug seinen unkonventionellen Arbeitsstil und seine unstete Persönlichkeit auf die politische Entscheidungsfindung im Dritten Reich, dabei seine Regierung launenhaft und bisweilen geradezu dilettantisch führend. Stalin verband die rigorosen Überzeugungen seiner frühen religiösen Erziehung mit den gewaltsamen Exegesen der bolschewistischen Weltanschauung; Ideologie wurde in seinen Händen ein Instrument der politischen Kontrolle, und während Hitlers Erfolg auf Anbetung durch die Massen beruhte, war Stalin von seinem Naturell her stets entschieden zu argwöhnisch, zu sehr zum Verfolgungswahn neigend, um sich in diesem Maße auf persönliches Auftreten zu verlassen: Ihm war der endliche Sieg wichtiger als augenblicklicher Beifall, und er zögerte nicht, ihn durch rechtzeitige Ausschaltung potentieller Rivalen zu erringen.

Hitler brauchte die Erfüllung seiner Wünsche zu Lebzeiten; in seinen Äußerungen und Stellungnahmen stellte er nur sich selber dar. Stalin war nicht weniger größenwahnsinnig, sah sich aber als Diener der historischen Wahrheit, und anders als der Deutsche besaß er unglaublich viel Geduld. Im

Gegensatz zu den Staatslenkern demokratischer Staaten war er außerdem jederzeit bereit, die jeweiligen Machtverhältnisse genau zu analysieren. Überzeugt davon, daß seine Ideologie die historische Wahrheit verkörperte, verfolgte er die nationalen Interessen der Sowjetunion ganz unbelastet von allen selbstauferlegten Restriktionen, in denen er nichts als scheinheilige moralische Bürden oder sentimentale Anwandlungen sah. Stalin war ohne Zweifel ein Ungeheuer. Aber bei der Pflege der internationalen Beziehungen war er in höchstem Maße Realist – geduldig, schlau, unerbittlich, der Richelieu seiner Zeit. Ohne es zu wissen, forderten die westlichen Demokratien deshalb das Schicksal heraus, als sie sich auf die Unüberbrückbarkeit der ideologischen Kluft zwischen Stalin und Hitler verließen, als sie Stalin mit einem französischen Pakt bestürmten, der militärischer Zusammenarbeit abschwor, als sie die Sowjetunion von der Münchner Konferenz ausschlossen und erst – und dazu noch ohne rechte Überzeugung – in militärische Gespräche mit Moskau eintraten, nachdem es zu spät war, Stalin von einem Pakt mit Hitler abzuhalten. Die demokratischen Staatsmänner verwechselten Stalins schwerfällige, bisweilen theologisch anmutende Reden mit Unbeweglichkeit im Denken und politischen Handeln; unbeweglich war der Kremlchef indessen nur, wenn es um die kommunistische Ideologie als solche ging. Seine kommunistischen Überzeugungen hinderten ihn nicht daran, taktisch außerordentlich flexibel zu sein.

Abgesehen von diesen psychologischen Aspekten war Stalins Charakter aber auch noch von einer ideologischen Überzeugung geprägt, die ihn westlichen Führern nahezu unverständlich machte. Als alter Bolschewik hatte er wegen seiner politischen Anschauungen jahrzehntelang Gefängnis, Verbannung und Not durchlitten, bevor er an die Macht gelangte. Sich eine höhere Einsicht in die Dynamik der Geschichte zugute haltend, sahen die Bolschewiken ihre Aufgabe darin, den objektiven historischen Prozeß voranzutreiben. In ihren Augen war der Unterschied zwischen Kommunisten und Nichtkommunisten dem zwischen Wissenschaftlern und intellektuellen Dilettanten vergleichbar. Der Wissenschaftler analysiert physikalische Erscheinungen, bringt sie aber nicht wirklich zustande; sein Verständnis der Gründe, warum diese sich ereignen, versetzt ihn zwar in die Lage, den Prozeß bisweilen zu beeinflussen, aber nur gemäß der Gesetze, die den Phänomenen selber innewohnen. Im gleichen Sinne betrachteten sich die Bolschewiken als Wissenschaftler der Geschichte: Sie konnten helfen, ihre Dynamik zu verdeutlichen, sie vielleicht sogar beschleunigen, niemals jedoch ihren unabänderlichen Verlauf beeinflussen.

Kommunistische Führer präsentierten sich als Politiker von geradezu erbarmungsloser Unversöhnlichkeit. Im Verfolg ihrer historischen Aufgabe schienen sie ebenso unbeeinflußbar, wie sie von allen herkömmlichen politischen Argumenten unbeeindruckt waren – vor allem dann, wenn diese von »Ungläubigen« vorgetragen wurden. In diplomatischen Angelegenheiten meinten sie, einen Vorteil zu haben, weil sie ihre Gesprächspartner besser zu verstehen glaubten, als diese selbst sich je verstehen könnten. In ihren Augen durften Zugeständnisse, wenn überhaupt, nur der »objektiven Realität«, wie sie sie auffaßten, gemacht werden, niemals hingegen der Überzeugungskraft der Diplomaten, mit denen man gerade verhandelte. Diplomatie war Teil jenes Prozesses, durch den die bestehende Ordnung zuletzt gestürzt werden würde; ob dies letzten Endes durch eine Diplomatie der friedlichen Koexistenz oder mit Waffengewalt geschähe, hing nur von der Einschätzung der jeweiligen Kräfteverhältnisse ab.

Ein Prinzip in Stalins Welt unmenschlicher und kaltblütiger Berechnung war jedoch unabänderlich: Durch nichts ließen sich aussichtslose Kämpfe für zweifelhafte Ziele rechtfertigen. Deshalb war die ideologische Auseinandersetzung mit dem nationalsozialistischen Deutschland, theoretisch gesehen, für Stalin Teil eines allgemeinen Konflikts mit den Kapitalisten, der, soweit die Sowjetunion davon berührt war, Frankreich und Großbritannien einschloß. Wer schließlich die Hauptlast sowjetischer Feindschaft zu tragen hätte, hing ganz davon ab, welches Land von Moskau als die größte Bedrohung angesehen würde.

Moralisch unterschied Stalin nicht zwischen den einzelnen kapitalistischen Staaten. Was er tatsächlich von den Ländern hielt, die die Vorzüge eines Weltfriedens rühmten, war an seiner Reaktion auf die Unterzeichnung des Kellogg-Paktes von 1928 abzulesen. »Sie sprechen von Pazifismus; sie reden über Frieden unter den europäischen Staaten«, sagte er damals. »Briand und [Austen] Chamberlain umarmen einander [...]. All das ist Unsinn. Aus der europäischen Geschichte wissen wir, daß immer, wenn Verträge unterzeichnet wurden, die auf eine Neuordnung der Kräfte zum Zweck neuer Kriege abzielten, man diese Verträge Friedensverträge nannte [...]. Obwohl sie in der Absicht unterzeichnet wurden, neue Elemente des nächsten Krieges darzustellen.«[1]

Stalins schlimmster Alptraum war natürlich ein Zusammenschluß aller kapitalistischen Länder mit dem Ziel, gleichzeitig zum Angriff auf die Sowjetunion zu schreiten. 1927 beschrieb er die sowjetische Strategie genauso, wie es zehn Jahre zuvor Lenin getan hatte: »Viel hängt davon ab, ob es uns gelingt, den unvermeidlichen Krieg mit der kapitalistischen Welt so lange hinauszuschieben [...], bis die Kapitalisten gegeneinander zu kämpfen beginnen...«[2] Um diese Entwicklung zu begünstigen, hatte die Sowjetunion 1922 den Vertrag von Rapallo mit Deutschland und 1926 den Neutralitätsvertrag von Berlin geschlossen, den sie 1931 erneuerte, ausdrücklich versichernd, sich aus einem Krieg unter den kapitalistischen Nationen herauszuhalten.

In Stalins Augen stellte Hitlers verächtlicher Antikommunismus kein unüberwindliches Hindernis für gute Beziehungen zu Deutschland dar. Als Hitler an die Macht kam, zögerte der russische Diktator nicht mit versöhnlichen Gesten: »Wir sind weit davon entfernt, dem faschistischen Regime in

Deutschland enthusiastisch gegenüberzustehen«, bemerkte Stalin auf dem 17. Parteitag der KPdSU im Januar 1934. »Es geht hier jedoch nicht um den Faschismus, und sei es nur aus dem Grund, daß zum Beispiel der Faschismus in Italien uns nicht daran gehindert hat, mit diesem Land beste Beziehungen aufzubauen [...]. Wir sind und waren immer nur auf das Wohl der UdSSR ausgerichtet. Und wenn die Interessen der Sowjetunion es erfordern, daß wir auf das eine oder andere Land zugehen, das nicht darauf aus ist, den Frieden zu stören, werden wir das ohne Zögern tun.«[3] Genaugenommen stellte Stalin, der große Ideologe, seine Ideologie von Beginn an in den Dienst der Realpolitik. Richelieu oder Bismarck hätten seine Strategie ohne weiteres verstanden. Doch die Staatsmänner der Demokratien waren mit ideologischen Scheuklappen geschlagen; da sie die Prinzipien der Machtpolitik verworfen hatten, glaubten sie, ein allgemeingültiges Bekenntnis zu den Prämissen kollektiver Sicherheit sei die Bedingung für gute Beziehungen unter den Nationen, und ideologische Gegensätze schlössen jede Möglichkeit einer praktischen Zusammenarbeit zwischen Faschisten und Kommunisten aus.

In beiden Punkten irrten die Demokratien. Stalin wechselte zwar noch rechtzeitig ins Anti-Hitler-Lager über, allerdings durchaus zögernd und erst, nachdem die Avancen, die er den Deutschen gemacht hatte, zurückgewiesen worden waren. Als er überzeugt war, daß Hitlers antibolschewistische Phrasen womöglich völlig ernst gemeint waren, versuchte er, eine möglichst breitgefaßte Koalition zu bilden, um Deutschland im Zaum zu halten. Auf dem VII. und letzten Kongreß der Kommunistischen Internationale im Juli und August 1935 rief Stalin zu einer gemeinsamen Front aller friedliebenden Völker auf[4] und signalisierte damit die Abkehr von der kommunistischen Taktik der zwanziger Jahre. Damals hatten die kommunistischen Parteien durchweg mit antidemokratischen Gruppen, einschließlich der Faschisten, gestimmt, um die europäischen parlamentarischen Institutionen zu lähmen.

Herausragender Wortführer der neuen sowjetischen Außenpolitik war Maxim Litwinow, der zum Außenminister ernannt wurde, um eben diese Rolle wahrzunehmen. Er war ein Mann von Welt, fließend Englisch sprechend und jüdischen Glaubens, von bürgerlicher Herkunft und mit der Tochter eines britischen Historikers verheiratet. Diese Eigenschaften hätten besser auf einen Klassenfeind gepaßt als zu einem Mann, der für eine Karriere in der sowjetischen Diplomatie bestimmt war. In Litwinows Amtszeit trat die Sowjetunion dem Völkerbund bei und wurde zu einem der wortreichsten Befürworter kollektiver Sicherheit. Stalin zögerte nicht, auf Wilsonsche Rhetorik zurückzugreifen, um zu verhindern, daß Hitler tatsächlich ausführte, was er in *Mein Kampf* geschrieben hatte: nämlich die Sowjetunion zur Hauptzielscheibe seiner Eroberungspläne zu machen. Wie der Politologe Robert Legvold hervorgehoben hat, ging es Stalin ausschließlich darum, aus der kapitalistischen Welt so viel Unterstützung wie möglich herauszuholen, nicht aber darum, Frieden mit den Imperialisten zu schließen.[5]

Die Beziehungen zwischen den demokratischen Staaten und der Sowjetunion wurden von tiefsitzendem gegenseitigem Mißtrauen beherrscht. 1935 ging Stalin ein Bündnis mit Frankreich, im Jahr darauf eines mit der Tschechoslowakei ein. Doch während die französischen Staatschefs in den neunziger Jahren des vorigen Jahrhunderts Rußland bedrängt hatten, die politische Übereinkunft von 1891 in eine militärische umzuwandeln, schlugen die französischen Politiker dreißig Jahre später genau den entgegengesetzten Kurs ein: Sie verweigerten sich militärischen Gesprächen auf Stabsebene. Der Kremlchef konnte dies nur als Einladung an Hitler deuten, zuerst die Sowjetunion anzugreifen. Um sich abzusichern, machte Stalin daher sowjetische Hilfe für die Tschechoslowakei davon abhängig, daß zuerst die französischen Verpflichtungen gegenüber den Tschechen erfüllt würden; dies gab ihm natürlich die Möglichkeit in die Hand, die Imperialisten die Angelegenheit ganz unter sich ausmachen zu lassen. Den französisch-sowjetischen Vertrag kann man nicht gerade als eine im Himmel geschlossene Beziehung bezeichnen.

Die französische Bereitschaft, politische Bindungen zur Sowjetunion herzustellen, ohne jedoch ein Militärbündnis mit ihr abzuschließen, veranschaulicht, wie realitätsfern die Außenpolitik der Zwischenkriegszeit mittlerweile geworden war. Den Demokratien gefiel es zwar, von kollektiver Sicherheit zu reden, sie schreckten aber davor zurück, diese mit praktikablen Inhalten zu füllen. Der Erste Weltkrieg hätte Großbritannien und Frankreich lehren müssen, daß ihr Kampf gegen Deutschland, selbst im Bündnis, ein prekäres Unternehmen war. Immerhin hatten die Deutschen 1918 fast gesiegt, obwohl die Vereinigten Staaten sich den Alliierten angeschlossen hatten. Wer erwog, ohne sowjetische oder amerikanische Unterstützung gegen Deutschland zu kämpfen, kombinierte mithin Maginot-Mentalität mit Überschätzung der eigenen Kampfkraft.

Nur ausgeprägtes Wunschdenken auf seiten der demokratischen Staatslenker hatte zu dem weitverbreiteten Glauben führen können, Stalin – der eingefleischte Bolschewik, der fest an sogenannte objektive, materiell faßbare Faktoren glaubte – habe sich zu der juristischen und moralistischen Doktrin der kollektiven Sicherheit bekehren lassen. Denn der Generalsekretär der KPdSU und seine Kollegen hatten ganz andere als ideologische Gründe, von der bestehenden internationalen Ordnung nicht gerade begeistert zu sein: Schließlich waren ihnen die Grenzen zu Polen aufgezwungen worden, und Rumänien hatte Bessarabien an sich gerissen, ein Gebiet, das Moskau für sich reklamierte.

Doch die potentiellen Opfer Deutschlands in Osteuropa wünschten auch gar keine sowjetische Hilfe. Das zeitliche Zusammentreffen von Versailler Vertrag und Russischer Revolution hatte für ein wie auch immer geartetes System der kollektiven Sicherheit in Osteuropa ein unlösbares Problem geschaffen: Ohne die Sowjetunion konnte es militärisch nicht funktionieren, mit ihr dagegen politisch nicht.

Die westliche Diplomatie unternahm wenig, um die sowjetische Wahn-vorstellung zu lindern, die Kapitalisten schmiedeten ein anti-kommunisti-sches Komplott. Moskau wurde im diplomatischen Prozeß des Locarno-Paktes nicht konsultiert und blieb auch von der Münchner Konferenz aus-geschlossen. In die Diskussion über ein Sicherheitssystem in Osteuropa wurde es nur widerwillig und überdies reichlich spät einbezogen, nämlich erst nach der Besetzung der Tschechoslowakei im Jahre 1939.

Gleichwohl hieße es Stalins Psychologie mißdeuten, gäbe man weitge-hend der westlichen Politik die Schuld am Hitler-Stalin-Pakt. Stalin stellte seine Paranoia hinlänglich unter Beweis, als er alle potentiellen Rivalen im Innern ausschaltete und weitere Millionen, die nur in seiner Phantasie gegen ihn opponierten, ermorden ließ oder ins Exil trieb. Trotzdem: In der Außenpolitik erwies er sich als eiskalter Rechner, der überaus stolz darauf war, sich nicht zu übereilten Schritten provozieren zu lassen – vor allem nicht von kapitalistischen Staatsmännern, deren Einsichtsfähigkeit in die wahren Kräfteverhältnisse er weit unter seiner eigenen ansiedelte.

Über Stalins Absichten zur Zeit der Münchner Konferenz kann man nur spekulieren. Doch scheint es höchst unwahrscheinlich, daß er zu einem Zeitpunkt, da er sein Land mit einer Säuberungswelle nach der anderen überzog, sozusagen automatisch und im Bewußtsein der selbstmörderi-schen Folgen den Verpflichtungen eines gegenseitigen Beistandspakts nachgekommen wäre. Da der Pakt mit der Tschechoslowakei die Sowjet-union erst *nach* einem Kriegseintritt Frankreichs in die Pflicht nahm, ließ er Moskau etliche Wahlmöglichkeiten; so konnte man zum Beispiel von Rumänien und Polen Durchmarschrechte verlangen und die zu erwartende Verweigerung als Rechtfertigung nutzen, das Ergebnis des Kriegsgesche-hens in Mittel- und Westeuropa abzuwarten. Oder man konnte, je nach Ein-schätzung der Konsequenzen, die im Zuge der Russischen Revolution an Polen und Rumänien verlorenen Gebiete zurückerobern, was ein Jahr spä-ter ja auch geschah. Dagegen stand kaum zu erwarten, daß ausgerechnet die Sowjetunion im Namen der kollektiven Sicherheit als letzte Verteidigerin der Gebietsregelungen von Versailles auf die Barrikaden steigen würde.

Ohne Zweifel bestärkte München Stalin in seinem Argwohn gegenüber den demokratischen Staaten. Freilich konnte ihn im Grunde ohnehin nichts davon abbringen, seine – wie er es sah – bolschewistische Pflicht um beinahe jeden Preis zu erfüllen, nämlich die Kapitalisten gegeneinander auszuspielen und die Sowjetunion davor zu bewahren, deren Kriegen zum Opfer zu fallen. Deshalb bewirkte München eigentlich nur eine Änderung in der sowjetischen Taktik. Denn nun eröffnete Stalin gleichsam einen Basar, einen Basar, auf dem Angebote für einen Pakt mit der Sowjetunion eingereicht werden konnten – wobei die demokratischen Staaten kaum hof-fen konnten, unter den Gewinnern zu sein, wenn Hitler zu einem seriösen Vorschlag bereit war. Als am 4. Oktober 1938 der französische Botschafter beim sowjetischen Außenministerium vorsprach, um das Münchner

Abkommen zu »erläutern«, wurde er denn auch von Wladimir Potemkin, dem Stellvertretenden Volkskommissar des Äußeren, mit den bedrohlichen Worten begrüßt: »Mein armer Freund, was habt Ihr da angestellt? Für uns sehe ich nun keine andere Lösung mehr als eine vierte Teilung Polens.«[6] Der Ausspruch läßt erahnen, wie kalt Stalin mit den Optionen der Außenpolitik umging. Nach München war klar, daß Polen das nächste Ziel Deutschlands sein würde; da aber Stalin sich weder an der bestehenden sowjetischen Grenze mit der deutschen Armee konfrontiert sehen noch gegen Hitler kämpfen wollte, war eine vierte Teilung Polens die einzige Alternative (ähnliche Argumente hatten übrigens schon Katharina die Große veranlaßt, im Jahre 1772 die erste Teilung Polens zu betreiben). Der Umstand, daß Stalin ein ganzes Jahr darauf wartete, daß Hitler den ersten Schritt machte, sagt alles darüber aus, mit welch stählernen Nerven er seine Außenpolitik betrieb.

Nachdem er sein Ziel abgesteckt hatte, beeilte sich der Kremlchef, die Sowjetunion aus der Schußlinie zu nehmen. Am 27. Januar 1939 veröffentlichte der Londoner ›News Chronicle‹ einen Artikel seines diplomatischen Korrespondenten – es war bekannt, daß er dem Botschafter Moskaus, Iwan Maisky, nahestand –, in dem ein mögliches Abkommen zwischen der Sowjetunion und Deutschland skizziert wurde. Der Verfasser wiederholte Stalins altbekannte These, daß es keinen wesentlichen Unterschied zwischen den westlichen Demokratien und den faschistischen Diktatoren gebe. Und auf der Grundlage dieser Anschauung könne es für die Sowjetunion auch keine unbedingte Verpflichtung zu kollektiver Sicherheit geben: »Gegenwärtig beabsichtigt die sowjetische Regierung offenbar nicht, Großbritannien und Frankreich zu Hilfe zu kommen, falls diese Länder mit Deutschland und Italien in Konflikt geraten [...]. Aus der Sicht der sowjetischen Regierung gibt es zwischen den Positionen der britischen und der französischen Regierung einerseits und der deutschen und der italienischen andererseits keinen Unterschied, der bedeutend genug wäre, um schwere Opfer zur Verteidigung der westlichen Demokratien zu rechtfertigen.«[7] Da die Sowjetunion mithin keinen Anlaß sah, auf der Grundlage ideologischer Überlegungen unter den verschiedenen kapitalistischen Staaten eine Wahl zu treffen, konnten Unstimmigkeiten zwischen Moskau und Berlin pragmatisch ausgeräumt werden. Um sicherzugehen, daß auch jeder verstand, worauf er hinauswollte, ließ Stalin den Artikel entgegen allen Gepflogenheiten wörtlich in der ›Prawda‹, dem offiziellen Organ der kommunistischen Partei, nachdrucken.

Am 10. März 1939 – fünf Tage bevor Hitler Prag besetzte – trat Stalin mit einer eigenen maßgeblichen Erklärung zu Moskaus neuer Strategie hervor. Anlaß dazu bot der XVIII. Parteitag, der erste seit Stalins Hinwendung zum System der kollektiven Sicherheit und der »Einheitsfronten« fünf Jahre zuvor. Die Gefühle der Delegierten müssen von der Erleichterung darüber beherrscht gewesen sein, daß sie noch am Leben waren, denn die Säuberungen hatten ihre Reihen dezimiert: Nur fünfunddreißig der ehemals zweitausend Delegierten des XVII. Parteitages von 1934 waren noch anwesend; eintausendeinhundert saßen wegen konterrevolutionärer Umtriebe in Haft; achtundneunzig der einhunderteinunddreißig Mitglieder des Zentralkomitees waren liquidiert worden, nicht anders drei von fünf Marschällen der Roten Armee, alle elf stellvertretenden Volkskommissare für Verteidigung, alle Militärbezirkskommandeure sowie fünfundsiebzig der achtzig Mitglieder des Obersten Militärrates.[8] Der XVIII. Parteitag war schwerlich ein Fest der Kontinuität. Seine Teilnehmer befaßten sich weit mehr mit den Erfordernissen ihres eigenen Überlebens als mit den geheimnisvollen Feinheiten sowjetischer Außenpolitik.

Stalins Leitthema vor dieser verängstigten Zuhörerschaft waren, wie schon 1934, die friedlichen Absichten der Sowjetunion in einem feindseligen internationalen Umfeld. Seine Schlußfolgerungen markierten jedoch einen radikalen Bruch mit dem auf dem vorausgegangenen Parteitag verkündeten Konzept kollektiver Sicherheit. Denn im Grunde proklamierte Stalin nichts anderes als sowjetische Neutralität in jedem Konflikt, der zwischen Kapitalisten herrsche: »Die Außenpolitik der Sowjetunion«, sagte er, »ist klar und eindeutig. Wir treten ein für Frieden und für Festigung der Handelsbeziehungen zu allen Ländern. Das ist unsere Position; und wir werden daran festhalten, solange diese Länder ebensolche Beziehungen zur Sowjetunion unterhalten und solange sie nicht versuchen, die Interessen unseres Landes zu verletzen.«[9]
Um sicherzugehen, daß die kapitalistischen Führer in ihrer Beschränktheit den wesentlichen Gehalt seiner Aussage begriffen, wiederholte Stalin die entscheidenden Punkte des Artikels fast wörtlich im ›News Chronicle‹: Da die demokratischen Staaten und Deutschland ähnliche soziale Strukturen hätten, so hieß es dort, seien die Differenzen zwischen dem Deutschen Reich und der Sowjetunion nicht unüberwindlicher als die zwischen anderen kapitalistischen Ländern und der Sowjetunion. Kurz: Stalin betonte seine Entschlossenheit, sich Handlungsfreiheit zu bewahren und das Wohlwollen Moskaus in einem möglicherweise bevorstehenden Krieg an den Meistbietenden zu verkaufen. Ominös gelobte er, »auf der Hut zu sein und es nicht zuzulassen, daß unser Land durch Kriegstreiber, die sich die Kastanien gewöhnlich ja doch nur von anderen aus dem Feuer holen lassen, in Konflikte hineingezogen wird«.[10] Letztlich war dies nichts anderes als die an Nazi-Deutschland gerichtete Aufforderung, ein Angebot zu machen.
Stalins neue Politik unterschied sich von seiner alten vor allem durch eine Verschiebung der Akzente. Selbst auf dem Höhepunkt seines Eintretens für kollektive Sicherheit und »Einheitsfronten« hatte der Kremlchef sowjetische Verpflichtungen stets in einer Weise begrenzt, die es ihm ermöglichte, sich noch nach Ausbruch des Krieges für ein separates Abkommen zu ent-

scheiden. Jetzt aber, im Frühjahr 1939, da der verbliebene Rest der Tschechoslowakei noch nicht von Deutschland besetzt worden war, ging Stalin einen Schritt weiter: Er suchte nach Gelegenheiten *vor* dem Krieg ein separates Abkommen zu schließen. Niemand hatte dabei Grund zu der Klage, Stalin habe seine Absichten geheimgehalten. Der Schock, den diese Äußerungen in den demokratischen Staaten auslösten, rührte allein aus deren Unfähigkeit, Stalin zu verstehen; denn der leidenschaftliche Revolutionär war nun einmal in erster Linie ein kaltblütiger Stratege.

Nach der Besetzung Prags gab Großbritannien seine Beschwichtigungspolitik gegenüber Deutschland endlich auf. Das britische Kabinett bauschte die von Berlin ausgehende Gefahr jetzt in dem gleichen Maße auf, wie es sie vorher unterschätzt hatte. Man war überzeugt, daß Hitler der Zerschlagung der Tschechoslowakei sofort einen weiteren Überfall werde folgen lassen – auf Belgien, wie einige, auf Polen, wie andere dachten. Ende März 1939 ging dann das Gerücht, Rumänien, das nicht einmal eine Grenze mit Deutschland teilte, sei das Ziel. Doch wäre es für Hitler höchst untypisch gewesen, schon so bald ein zweites Mal anzugreifen und dabei auch noch ein Gebiet ins Auge zu fassen, zu dem es keinen unmittelbaren Bezug gab. Es entsprach ihm vielmehr, die Wucht des einen Schlages zunächst zur Demoralisierung des nächsten Opfers zu nutzen, bevor er erneut zuschlug. Auf jeden Fall wissen wir rückblickend, daß Großbritannien weitaus mehr Zeit blieb, eine Strategie zu entwerfen, als seine führenden Politiker dachten. Ja, mehr noch: Hätte das britische Kabinett Stalins Erklärungen während des XVIII. Parteitages sorgfältig analysiert, hätte ihm klar werden müssen, daß Stalin sich mit einiger Wahrscheinlichkeit, je eifriger Großbritannien den Widerstand gegen Hitler organisierte, nur um so mehr zurückhalten würde, um seinen Verhandlungsspielraum beiden Seiten gegenüber zu vergrößern.

Das britische Kabinett sah sich in dieser Lage vor eine grundsätzliche strategische Wahl gestellt, auch wenn es sich dessen allem Anschein nach nicht bewußt war. Im Widerstand gegen Hitler mußte es sich zwischen einem System kollektiver Sicherheit und einem herkömmlichen Bündnis entscheiden. Im ersteren Fall galt, daß so gut wie jede Nation aufgefordert wäre, dem Widerstand gegen die Nationalsozialisten beizutreten; im letzteren Fall würde Großbritannien Kompromisse eingehen müssen, wenn es seine Interessen mit denen etwaiger Bündnispartner – etwa der Sowjetunion – in Einklang bringen wollte.

Das Kabinett entschied sich für die kollektive Sicherheit. Am 17. März schickte London Noten an Griechenland, Jugoslawien, Frankreich, die Türkei, Polen und die Sowjetunion, in denen nachgefragt wurde, wie man auf die vermutete Bedrohung Rumäniens zu reagieren gedächte – gemeinsame Interessen und eine einheitliche Haltung aller natürlich vorausgesetzt. Großbritannien schien plötzlich zu etwas bereit zu sein, gegen das es sich seit 1918 gesperrt hatte: Zu einer territorialen Garantie für ganz Osteuropa.

Die Antworten der einzelnen Länder führten abermals die grundsätzliche Schwäche der Doktrin kollektiver Sicherheit vor Augen, die Annahme nämlich, daß alle Länder, zumindest alle potentiellen Opfer, das gleiche Interesse am Widerstand gegen Aggression haben. Offenbar empfand jedes osteuropäische Land die eigene Problematik als einen besonderen Fall und stellte nationale, nicht aber kollektive Anliegen in den Vordergrund. Griechenland machte seine Reaktion von der Jugoslawiens abhängig; Jugoslawien erkundigte sich nach den Absichten Großbritanniens und brachte so die Angelegenheit an ihren Ausgangspunkt zurück. Polen deutete an, daß es nicht willens sei, zwischen Großbritannien und Deutschland Partei zu ergreifen oder sich für die Verteidigung Rumäniens einzusetzen, und Polen wie Rumänien wiederum waren nicht bereit, einer sowjetischen Teilnahme bei der Verteidigung ihrer Länder zuzustimmen. Die Antwort der Sowjetunion bestand zu guter Letzt in dem Vorschlag, eine Konferenz aller von Großbritannien befragten Länder in Bukarest einzuberufen.

Das war ein kluger Schachzug. Wenn die Konferenz stattfand, bedeutete dies, daß die Sowjets sich im Prinzip an der Verteidigung von Ländern beteiligen würden, die Moskau ebenso fürchteten wie Berlin; wurde die Initiative indessen zurückgewiesen, dann hatte der Kreml einen guten Grund, sich fortan zurückzuhalten, während er sein bevorzugtes Ziel einer gütlichen Einigung mit Deutschland verfolgte. Im Grunde genommen verlangte Moskau von den Ländern Osteuropas, Deutschland zur Hauptgefahr für ihre Existenz zu erklären. Damit wäre Berlin herausgefordert gewesen, *bevor* Moskau die eigenen Absichten deutlich gemacht hatte. Da verständlicherweise kein osteuropäisches Land dazu bereit war, kam die Bukarester Konferenz nie zustande.

Die lustlosen Reaktionen veranlaßten Chamberlain, andere Arrangements ins Auge zu fassen. Am 20. März schlug er eine Absichtserklärung Großbritanniens, Frankreichs, Polens und der Sowjetunion vor, falls die Unabhängigkeit eines europäischen Staates bedroht werde, »zum Zwecke einer gemeinsamen Vorgehensweise« zu beraten. Der Vorschlag – eine Wiederauflage der Tripelentente, wie sie schon vor dem Ersten Weltkrieg bestanden hatte – sagte jedoch weder etwas aus über die Militärstrategie, die man anwenden würde, sollte die Abschreckung fehlschlagen, noch über die Aussichten einer polnisch-sowjetischen Zusammenarbeit, die einfach als selbstverständlich betrachtet wurde.

Aber Polen, dessen geradezu romantische Überschätzung seiner militärischen Fähigkeiten Großbritannien zu teilen schien, verweigerte ein Zusammengehen mit der Sowjetunion. London sah sich daher vor die Wahl zwischen Polen und der Sowjetunion gestellt. Wenn es den Bestand Polens garantierte, würde der Anreiz für Stalin, sich an der gemeinsamen Verteidigung zu beteiligen, nachlassen; da Polen zwischen Deutschland und der Sowjetunion lag, wäre Großbritannien gezwungen gewesen, Krieg zu führen, noch bevor Stalin eine Entscheidung treffen mußte. Sollte Großbritannien andererseits sein Hauptaugenmerk auf einen Pakt mit der Sowjetunion richten, würde Stalin mit Sicherheit seinen Lohn für die Hilfe, die er den Polen zukommen ließ, einfordern, indem er die sowjetische Grenze nach Westen bis zur Curzon-Linie vorschob.

Unter dem Druck der empörten Öffentlichkeit und überzeugt, daß jedes Zurückweichen die britische Position weiter schwächen würde, weigerte sich das Kabinett, noch mehr Länder zu opfern, allen geopolitischen Geboten zum Trotz. Gleichzeitig erlagen die führenden Politiker Großbritanniens dem Irrtum, Polen sei militärisch stärker als die Sowjetunion, der Roten Armee fehle es an Offensivkraft – eine plausible Behauptung angesichts der massiven Säuberungen, die in der sowjetischen Militärführung soeben stattgefunden hatten. Vor allem aber hegten die britischen Staatsmänner ganz allgemein ein tiefes Mißtrauen gegenüber der Sowjetunion.»Ich muß einräumen«, schrieb Chamberlain an seine Schwester,»daß ich Rußland abgrundtief mißtraue. Ich glaube ganz einfach nicht an seine Fähigkeit, eine wirksame Offensive durchzuhalten, selbst wenn es wollte. Und ich mißtraue seinen Motiven, die mir wenig mit unseren Vorstellungen von Freiheit zu tun zu haben scheinen, sondern einzig und allein dahin gehen, alle anderen bei den Ohren zu packen.«[11]

Großbritannien, sich unter ernstem Zeitdruck wähnend, stürzte sich daraufhin ins Abenteuer und verkündete jene Garantieerklärung für den Kontinent, die es seit dem Versailler Vertrag so hartnäckig verweigert hatte. Besorgt über Berichte von einem bevorstehenden deutschen Angriff auf Polen, hielt Chamberlain sich gar nicht erst damit auf, ein bilaterales Bündnis mit Warschau auszuhandeln. Statt dessen entwarf er am 30. März 1939 eigenhändig eine Garantieerklärung für Polen, die er schon am nächsten Tag dem Parlament vorlegte. Die Garantie sollte als Notbehelf dienen, um die Nationalsozialisten von einem Angriff abzuschrecken, eine Gefahr, von der man, wie sich herausstellte, aufgrund einer Fehlinformation ausging. Vorgesehen war, der Garantie einen bedächtiger unternommenen Versuch folgen zu lassen, ein breit angelegtes System kollektiver Sicherheit zu schaffen. Bald danach wurden einseitige Garantieerklärungen, die auf demselben Gedankengang beruhten, an Griechenland und Rumänien abgegeben.

Getrieben von einer Mischung aus moralischer Entrüstung und strategischer Verwirrung, ließ Großbritannien sich zu Garantieerklärungen zugunsten von Ländern verleiten, zu deren Verteidigung es, wie alle seine Premierminister nach dem Krieg nachdrücklich betont hatten, weder bereit noch in der Lage war. Die Realitäten in Osteuropa hatten sich nach Versailles mittlerweile so weit von den Erfahrungen britischer Politik entfernt, daß es dem Kabinett nicht einmal mehr bewußt war, daß seine Entscheidung Stalins Möglichkeiten gegenüber Deutschland vermehren und ihm den Rückzug von der vorgeschlagenen gemeinsamen Front erleichtern würde.

Die britischen Spitzenpolitiker glaubten Stalins Beteiligung an ihrer Strategie so sicher zu sein, daß sie sogar meinten, deren zeitlichen Ablauf und

Reichweite beeinflussen zu können. So bestand Außenminister Lord Halifax darauf, daß die Sowjetunion in Reserve gehalten und »aufgefordert werde, unter gewissen Umständen auf die geeignetste Weise mit anzupakken«.[12] Ihm schwebte dabei Munitionsnachschub vor, nicht aber sowjetische Truppenbewegungen über die russische Grenze hinaus. Er ließ allerdings nicht erkennen, was für ein Reiz für die Sowjetunion darin liegen sollte, eine so untergeordnete Rolle zu spielen.

Tatsächlich machten die britischen Garantieerklärungen an Polen und Rumänien für die Sowjets jeden etwaigen Anreiz zunichte, in ernsthafte Bündnisverhandlungen mit den westlichen Demokratien einzutreten. Zum einen garantierten sie alle Grenzen der europäischen Nachbarn der Sowjetunion mit Ausnahme der baltischen Staaten und durchkreuzten so wenigstens auf dem Papier die Ambitionen Moskaus ebenso wie die Berlins. (Der Umstand, daß Großbritannien diese Fakten hatte unbeachtet lassen können, zeigte, wie weit die »Einheitsfront der friedliebenden Länder« sich im westlichen Bewußtsein verankert hatte.) Wichtiger aber war, daß die einseitigen britischen Garantien für den Kremlchef etwas wie ein Geschenk bedeuteten, verschafften sie ihm doch das Maximum dessen, was er in Verhandlungen, die ja meist damit beginnen, daß man reinen Tisch macht, verlangt hätte. Wenn Hitler nach Osten vorrückte, konnte Stalin von nun an der britischen Bereitschaft sicher sein, in den Krieg einzutreten, und zwar rechtzeitig bevor die deutschen Armeen die sowjetische Grenze erreichen würden. So heimste Stalin den Vorteil eines De-facto-Bündnisses mit Großbritannien ein, ohne eine Gegenleistung erbringen zu müssen.

Die von London ausgesprochene Beistandsgarantie für Polen beruhte auf vier Annahmen, die sich alle als falsch erwiesen: daß Polen eine bedeutende Militärmacht und in dieser Hinsicht vielleicht nützlicher als die Sowjetunion sei; daß Frankreich und Großbritannien zusammen stark genug seien, um Deutschland ohne die Hilfe weiterer Verbündeter zu schlagen; daß die Sowjetunion ein Interesse an der Aufrechterhaltung des Status quo in Osteuropa habe und daß die ideologische Kluft zwischen Deutschland und der Sowjetunion letztlich unüberbrückbar sei, weshalb die Sowjetunion früher oder später der Anti-Hitler-Koalition beitreten werde.

Doch Polen war zwar heldenhaft, aber fraglos keine bedeutende Militärmacht. Die Situation wurde noch dadurch verschlimmert, daß der französische Generalstab die Polen hinsichtlich seiner wirklichen Absichten in die Irre führte, glaubten die Polen doch, eine französische Offensive stehe unmittelbar bevor. Die französische Verteidigungsstrategie zwang Warschau aber, sich der ganzen Wucht des deutschen Ansturms allein zu stellen, eine Aufgabe, die, wie die westlichen Führer ohne Zweifel hätten wissen müssen, die Fähigkeiten der polnischen Armee bei weitem überforderte. Gleichzeitig konnte Warschau nicht dazu bewogen werden, sowjetische Hilfe anzunehmen, weil die polnische Regierung überzeugt war – und das zu Recht, wie sich herausstellen sollte –, daß eine sowjetische »Befreiungs«-Armee sich bald in eine Besatzungs-Armee verwandeln würde. Und die Demokratien schienen der Meinung zu sein, sie könnten einen Krieg gegen Deutschland auch allein gewinnen – selbst nachdem es Polen überrannt haben würde.

Das Interesse der Sowjets an der Wahrung des Status quo in Osteuropa erlosch mit dem XVIII. Parteitag – wenn es überhaupt je wirklich bestanden hatte. Fest steht, daß Stalin tatsächlich auf einen Pakt mit Deutschland spekulierte und nach der britischen Garantieerklärung an Polen diese Karte ausspielen konnte, ohne sich in Gefahr zu begeben. Die westlichen Demokratien erleichterten ihm seine Schachzüge sogar, indem sie sich unfähig zeigten, die sowjetische Strategie zu begreifen, eine Strategie, die einem Richelieu, Metternich, Bismarck oder Palmerston vollkommen eingeleuchtet hätte. Es ging einfach darum, sicherzustellen, daß die Sowjetunion sich stets als letzte Großmacht engagieren mußte, und dabei so viel Handlungsfreiheit zu behalten, daß man – wie auf einer Art Basar eben – dem Meistbietenden entweder sowjetische Zusammenarbeit oder sowjetische Neutralität anbieten konnte.

Vor der britischen Garantieerklärung hatte Stalin darauf achten müssen, daß seine an Deutschland gerichteten Offerten den Demokratien keinen Anlaß boten, sich von Osteuropa abzuwenden und es Moskau allein zu überlassen, mit Hitler fertig zu werden. Nach der Garantieerklärung dagegen hatte er nicht nur die Zusicherung, daß Großbritannien für die sowjetische Westgrenze kämpfen werde, sondern auch, daß der Krieg tausend Kilometer westlich davon beginnen würde: an der deutsch-polnischen Grenze.

Stalin mußte sich in dieser Situation nur noch um zwei Dinge kümmern. Zum einen mußte er sichergehen, daß die britische Garantieerklärung an Polen zuverlässig war; zum anderen galt es herauszufinden, ob es die deutsche Option wirklich gab. Es mag paradox klingen, aber Stalin gewann gegenüber Deutschland um so mehr Spielraum, je mehr London seine Glaubwürdigkeit im Fall Polens demonstrierte, um Hitler von einem Überfall abzuhalten. Die Briten versuchten, den osteuropäischen Status quo zu erhalten. Stalin hingegen erstrebte die größtmögliche Bandbreite an Wahlmöglichkeiten und zielte darauf, den Versailler Vertrag umzustoßen. Chamberlain wünschte den Krieg zu verhindern; Stalin, in dessen Augen dieser Krieg unvermeidlich war, wollte die Vorteile, ohne sich daran beteiligen zu müssen.

So drehte der sowjetische Diktator pflichtgemäß seine Pirouetten zwischen den beiden Seiten. Letztlich aber gab es keinen »Wettbewerb«. Allein Hitler war in der Lage, ihm jenen Landgewinn in Osteuropa anzubieten, den er anstrebte. Dafür war er durchaus bereit, den Preis eines europäischen Krieges zu zahlen, von dem die Sowjetunion verschont bleiben würde. Am 14. April schlug London vor, die Sowjetunion solle einseitig erklären, daß »im Fall eines Aktes der Aggression gegen einen europäischen Nachbarn der Sowjetunion, gegen den sich das betroffene Land zur Wehr setzt, die sowjetische Regierung Beistand leisten würde«.[13] Natürlich weigerte sich Stalin, seinen Kopf in eine Schlinge zu stecken, und wies den einseitigen und naiven Vorschlag zurück. Am 17. April antwortete er indes mit einem dreiteiligen Gegenangebot, bestehend aus einem Bündnis zwischen der Sowjetunion, Frankreich und Großbritannien, einem Militärabkommen, um diesem Wirkung zu verleihen, und einer Garantie für alle Länder zwischen Ostsee und Schwarzem Meer. Der Kremlchef mußte wissen, daß ein solcher Vorschlag niemals angenommen werden würde. Zum einen wollten die osteuropäischen Länder seinen Schutz nicht, zum anderen hätten Verhandlungen über ein detailliertes Militärabkommen mehr Zeit beansprucht, als zur Verfügung stand, und schließlich hatten die Briten nicht den Franzosen eineinhalb Jahrzehnte lang ein Bündnis verweigert, um es jetzt mit einem Land zu schließen, das es keiner wichtigeren Rolle als der eines Munitionslieferanten für würdig befand. »Man kann nicht so tun«, sagte Chamberlain, »als ob ein solches Bündnis für die Versorgung der kleineren Länder Osteuropas mit Munition notwendig sei.«[14]

Ihre Vorbehalte langsam aufgebend, bewegte sich die Führungsspitze Großbritanniens Woche für Woche schrittweise auf die Erfüllung der Bedingungen Stalins zu, während dieser ständig den Einsatz erhöhte. Im Mai hatte Wjatscheslaw Molotow, einer der engsten Mitarbeiter Stalins, der seit langem das Vertrauen des Diktators genoß, Litwinow als Außenminister abgelöst; dies war ein Zeichen, daß Stalin Verhandlungen zur Chefsache erklärt hatte und gute persönliche Beziehungen unter den Verhandlungspartnern nicht länger vorrangig waren. In seiner pedantischen, wenig verbindlichen Art verlangte Molotow, daß der Bestand aller Länder entlang der sowjetischen Westgrenze von beiden Seiten garantiert und diese genau aufgezählt wurden (dabei sicherstellend, daß zumindest einige von ihnen sich weigern würden, dies zu tun). Außerdem bestand er darauf, den Begriff »Aggression« so auszuweiten, daß er »indirekte Aggressionen« sowie Zugeständnisse angesichts einer Bedrohung durch die Deutschen mit einschloß, auch wenn Gewalt noch nicht angewandt worden war. Da Moskau sich die Definition des Begriffs »Zugeständnis« vorbehielt, sicherte es sich de facto das uneingeschränkte Recht zur Einmischung in die inneren Angelegenheiten seiner europäischen Nachbarn.

Bis Juli verfügte Stalin über alle notwendigen Informationen. Er wußte, daß die Briten, wenn auch widerstrebend, annähernd zu seinen Bedingungen in ein Bündnis einwilligen würden. Am 23. Juli einigten sich die sowjetischen und die westlichen Unterhändler schließlich auf einen Vertragsentwurf, der offenbar beiden Seiten Genüge tat. Stalin hatte sich damit gleichsam ein Sicherheitsnetz geknüpft und konnte nun herausfinden, was genau Hitler anzubieten hatte.

Den ganzen Frühling und Sommer hindurch signalisierte Stalin behutsam seine Bereitschaft, einen deutschen Vorschlag in Erwägung zu ziehen. Hitler jedoch hütete sich, den ersten Zug zu machen, aus Furcht, Moskau könne ihn dazu benutzen, Großbritannien und Frankreich bessere Bedingungen abzunötigen. Stalin hegte umgekehrt dieselben Befürchtungen. Auch er zögerte, den ersten Schritt zu tun, der, falls er bekannt würde, Großbritannien veranlassen könnte, sein Engagement im Osten aufzugeben und ihn zu zwingen, sich Hitler allein zu stellen. Doch Stalin hatte auch keine Eile; anders als Hitler, sah er sich nicht mit irgendwelchen Fristen konfrontiert. Also wartete er ab, was Hitlers Unruhe nur erhöhte.

Am 26. Juli gab Hitler das Startsignal. Wenn er Polen noch vor der Regenzeit im Herbst angreifen wollte, dann mußte er bis spätestens 1. September wissen, was Moskau zu tun beabsichtigte. Karl Schnurre, Leiter der deutschen Delegation bei den Verhandlungen über ein neues Handelsabkommen mit der Sowjetunion, erhielt Anweisung, politische Themen anzusprechen. Die gemeinsame Gegnerschaft zum kapitalistischen Westen als einigendes Band nutzend, versicherte er seinem sowjetischen Gesprächspartner: »Unlösbare außenpolitische Gegensätze [bestehen] auf der ganzen Linie von der Ostsee bis zum Schwarzen Meer und dem Fernen Osten nicht.«[15] Schnurre bot an, die Gespräche anläßlich eines Treffens auf höherer politischer Ebene fortzusetzen.

Ungeduld zu zeigen, beschleunigt Verhandlungen nur selten. Kein erfahrener Staatsmann trifft Vereinbarungen deshalb, weil sein Gegenüber von einem Gefühl der Dringlichkeit getrieben wird; viel eher wird er solche Ungeduld dazu nutzen, noch bessere Bedingungen herauszuschlagen. Stalin jedenfalls war niemand, der sich in Panik versetzen ließ. Deshalb erhielt Molotow erst Mitte August Weisung, den deutschen Botschafter von der Schulenburg mit einem Katalog von Fragen zu empfangen, um zu ermitteln, was genau Schnurre anbot. Druck auf die Japaner, Sibirien nicht zu bedrohen? Einen Nichtangriffspakt? Einen Pakt über die baltischen Staaten? Eine Vereinbarung über Polen? Zu diesem Zeitpunkt hatte Hitler es so eilig, daß er, obwohl es ihm widerstrebte, bereit war, in jedem Punkt nachzugeben. Am 11. August soll er zu Carl J. Burckhardt, dem Hohen Kommissar in Danzig, gesagt haben: »Alles, was ich unternehme, ist gegen Rußland gerichtet; wenn der Westen zu dumm und zu blind ist, um dies zu begreifen, werde ich gezwungen sein, mich mit den Russen zu verständigen, den Westen zu zerschlagen und dann nach seiner Niederlage mich mit meinen versammelten Kräften gegen die Sowjetunion zu wenden.«[16]

Ohne Frage waren damit Hitlers Prioritäten zutreffend charakterisiert: Von Großbritannien verlangte er Nicht-Einmischung in die Angelegenheiten des Kontinents, von der Sowjetunion »Lebensraum«. Stalins Leistung läßt sich in diesem Zusammenhang daran ermessen, daß er dabei war, Hitlers Prioritäten – wenn auch nur vorläufig – umzustoßen.

In seiner Antwort auf Molotows Fragen gab von der Schulenburg Hitlers

Bereitschaft bekannt, sofort seinen Außenminister, Joachim von Ribbentrop, mit allen nötigen Vollmachten zur Regelung sämtlicher offener Fragen nach Moskau zu entsenden. Es entging Stalin nicht, daß Hitler zu Verhandlungen auf einer Ebene bereit war, die die Briten beharrlich gemieden hatten: Kein britischer Minister hatte es während der monatelangen Verhandlungen für nötig befunden, Moskau zu besuchen, obwohl einige von ihnen sich im Osten immerhin bis nach Warschau vorgewagt hatten.

Doch der Generalsekretär wollte seine Karten nicht aufdecken, bevor er nicht genau wußte, was ihm eigentlich angeboten wurde. So erhöhte er den Druck auf Hitler abermals. Molotow erhielt Weisung, Ribbentrops Enthusiasmus zwar Anerkennung zu zollen, gleichwohl aber zum Ausdruck zu bringen, daß grundsätzlich erst einmal ein Abkommen getroffen werden müsse, bevor der Nutzen eines Besuches abzuschätzen sei. Damit war Hitler aufgefordert, einen präzisen Vorschlag zu unterbreiten, einschließlich eines Geheimprotokolls zu bestimmten territorialen Fragen, und selbst der ziemlich beschränkte Ribbentrop scheint die Absicht in Molotows Aufforderung damals verstanden zu haben. Welche Fehler dem Vorschlag auch immer anhaften würden: Auf jeden Fall würden sie der deutschen Seite in Rechnung zu stellen sein, von welcher der Entwurf ja stammte; Stalins Hände blieben sauber. Scheiterten die Verhandlungen aber, so konnte dies der Weigerung der Sowjets zugeschrieben werden, sich am deutschen Expansionismus zu beteiligen.

Hitler war mittlerweile nervös bis zur Fieberhaftigkeit. Wenn er in Polen tatsächlich zuschlagen wollte, mußte eine Entscheidung innerhalb von wenigen Tagen fallen. Am 20. August schrieb er deshalb direkt an Stalin. Schon dieser Brief allein stellte die deutschen Protokollbeamten vor eine schwere Aufgabe. Da Stalin nur den Titel eines Generalsekretärs der Kommunistischen Partei der Sowjetunion, aber kein Regierungsamt innehatte, waren sie unschlüssig, wie sie ihn adressieren sollten. Schließlich wurde das Schreiben einfach an »Herrn Stalin, Moskau« gesandt. »Das von der Regierung der Sowjetunion gewünschte Zusatz-Protokoll«, so hieß es darin, »kann nach meiner Überzeugung in kürzester Zeit substantiell geklärt werden, wenn ein verantwortlicher deutscher Staatsmann in Moskau hierüber selbst verhandeln kann.«[17]

Stalin hatte sein Spiel, die sowjetischen Optionen bis zuletzt offenzuhalten, gewonnen. Denn nun stand Hitler im Begriff, ihm umsonst das anzubieten, was er in einem wie immer gearteten Bündnis mit Großbritannien und Frankreich nur nach einem blutigen Kampf mit Deutschland hätte erreichen können. Am 21. August erwiderte der Generalsekretär: »Ich hoffe, daß ein deutsch-sowjetischer Nichtangriffspakt eine Wendung zur ernsthaften Besserung der politischen Beziehungen zwischen unseren Ländern schaffen wird...«.[18] Ribbentrop wurde eingeladen, schon achtundvierzig Stunden später, am 23. August, nach Moskau zu kommen.

Der deutsche Außenminister weilte gerade eine Stunde in Moskau, als er bereits zu Stalin vorgelassen wurde. Der Kremlchef zeigte wenig Interesse an dem Nichtangriffspakt und noch weniger an den Freundschaftsbeteuerungen, die der Reichsaußenminister in seine Ausführungen einflocht. Für ihn stand vielmehr das Geheimprotokoll über die Aufteilung Osteuropas im Mittelpunkt der Unterredung. Ribbentrop schlug vor, Polen in Einflußsphären aufzuteilen; anders als vor dem Ersten Weltkrieg solle Warschau allerdings nun auf deutscher Seite liegen. Ob ein Anschein polnischer Unabhängigkeit gewahrt werden sollte oder ob Deutschland und die Sowjetunion alle von ihnen eroberten Gebiete annektieren würden, blieb offen. Bezüglich des Baltikums bot Ribbentrop an, Finnland und Estland dem russischen Machtbereich einzuverleiben (womit er Stalin seine langersehnte Pufferzone im Raum Leningrad gewährte), Litauen hingegen solle an Deutschland fallen und Lettland geteilt werden. Als Stalin ganz Lettland verlangte, telegraphierte Ribbentrop an Hitler; dieser gab nach – wie übrigens auch später, als Stalin die Abtrennung Bessarabiens von Rumänien forderte. Ein freudig erregter Ribbentrop kehrte nach Berlin zurück, wo ein euphorischer Hitler ihn als einen »zweiten Bismarck«[19] begrüßte. Nur drei Tage waren zwischen Hitlers erster Botschaft an Stalin und der Vollendung einer diplomatischen Revolution vergangen.

Später gab es die übliche Suche nach dem Schuldigen, der diese schockierende Entwicklung zu verantworten hatte. Einige rügten Londons widerwilligen Verhandlungsstil. Der Historiker A.J.P. Taylor hat gezeigt, daß in dem Notenwechsel zwischen London und Moskau die Sowjets untypischerweise auf britische Vorschläge rascher reagiert haben als umgekehrt die Briten auf sowjetische Noten. Aus dieser Tatsache schloß Taylor, meiner Ansicht nach zu Unrecht, daß dem Kreml mehr an einem Bündnis gelegen gewesen sei als London.[20] Ich selber glaube, es handelte sich um etwas anderes: Stalin wollte Großbritannien unbedingt im Spiel halten und nicht vorzeitig nervös machen, zumindest nicht, bis er sich über Hitlers Absichten im klaren war.

Dennoch beging das britische Kabinett offensichtlich eine Reihe schwerer psychologischer Fehler. Kein Mitglied des Kabinetts besuchte Moskau. Zudem zögerte London seine Einwilligung in eine gemeinsame militärische Planung bis Anfang August hinaus, und selbst da wurde ein Admiral zum Leiter der britischen Delegation bestellt, obwohl es nach sowjetischer Ansicht hauptsächlich, wenn nicht ausschließlich um die Kriegsführung zu Lande ging. Hinzu kam, daß die Delegation per Schiff in die Sowjetunion reiste und fünf Tage brauchte, um ihr Ziel zu erreichen; besonders eilig schien es den Briten also nicht zu sein. Die Abneigung Großbritanniens gegen Garantieerklärungen für die baltischen Staaten schließlich konnte – bei aller Ehrenhaftigkeit moralischer Überlegungen – von dem paranoiden Herrscher in Moskau nur als Einladung an Hitler verstanden werden, unter Umgehung Polens die Sowjetunion anzugreifen.

Trotzdem war es nicht Großbritanniens unbeholfene diplomatische Vorgehensweise, die zu dem Pakt zwischen dem Deutschen Reich und der

Sowjetunion führte. In Wahrheit bestand das Problem darin, daß London Stalins Bedingungen nicht erfüllen konnte, ohne all jene Grundsätze aufzugeben, für die es seit dem Ende des Ersten Weltkriegs eingetreten war. Es ging nicht an, Berlin bei der Vergewaltigung kleinerer Länder Einhalt zu gebieten, wenn dies bedingte, daß der Sowjetunion eben dieses Privileg gewährt wurde. Wäre die britische Führung zynischer gewesen, hätte sie vielleicht die polnische Grenze geopfert und die sowjetische Grenze zur kritischen Linie bestimmt; sie hätte damit die britische Verhandlungsposition gegenüber den Sowjets wesentlich verbessert und Stalin einen ernstzunehmenden Anreiz geboten, über den Schutz Polens zu verhandeln. Natürlich ist es den Demokratien moralisch hoch anzurechnen, daß sie es nicht über sich brachten, eine weitere Reihe von Aggressionen abzusegnen, selbst wo es um die eigene Sicherheit ging. Realpolitik hätte eine Analyse der strategischen Konsequenzen diktiert, die sich aus Großbritanniens Garantieerklärung für Polen ergab, während die internationale Ordnung von Versailles erforderte, daß die britische Handlungsweise von grundsätzlich moralischen oder rechtlichen Erwägungen getragen war. Stalin hatte eine Strategie, aber keine Prinzipien; die Demokratien verteidigten Prinzipien, ohne je eine Strategie zu entwickeln.

Polen war nicht zu verteidigen, solange die französische Armee untätig hinter der Maginot-Linie blieb und die sowjetische Armee hinter ihren eigenen Grenzen wartete. 1914 waren die Völker Europas in den Krieg gezogen, weil der Kontakt zwischen militärischer und politischer Planung verlorengegangen war. Als die Generalstäbe ihre Pläne verfeinerten, haben die politischen Führer diese weder verstanden noch politische Zielvorstellungen entwickelt, die der Größe der ins Auge gefaßten militärischen Anstrengung angemessen gewesen wären.

1939 liefen militärische und politische Planung abermals auseinander, diesmal allerdings aus genau dem entgegengesetzten Grund. Die Westmächte hatten ein in hohem Maße vernünftiges und moralisches politisches Ziel: Sie wollten Hitler zurückdrängen. Aber sie waren zu keiner Zeit fähig, eine militärische Strategie zur Erreichung dieses Ziels zu entwickeln. 1914 waren die Strategen zu sorglos; 1939 hielten sie sich zu sehr im Hintergrund. 1914 brannten die Militärs aller Länder auf Krieg; 1939 hatten sie (selbst in Deutschland) so viele böse Ahnungen, daß sie ihr Urteilsvermögen an die politische Führung abtraten. 1914 hatte es eine Strategie, aber keine Politik gegeben, 1939 gab es zwar eine Politik, aber keine Strategie.

Rußland spielte beim Ausbruch beider Kriege eine entscheidende Rolle. 1914 hatte Rußland zum Beginn des Krieges beigetragen, indem es stur an seinem Bündnis mit Serbien und einem unflexiblen Mobilmachungsplan festhielt; 1939, als Stalin Hitler von der Angst vor einem Zwei-Fronten-Krieg befreite, muß er gewußt haben, daß es nun unvermeidlich zu einem umfassenden Krieg kommen mußte. 1914 trat Rußland in den Krieg ein, um seine Ehre zu verteidigen; 1939 ermutigte es zum Krieg, um an Hitlers Beute teilzuhaben.

Deutschland freilich verhielt sich vor beiden Weltkriegen gleich: ungeduldig und perspektivlos. 1914 war Berlin in den Krieg gezogen, um ein Bündnis aufzubrechen, dem es selbst durch Einschüchterung erst Stabilität verliehen hatte. 1939 war man nicht gewillt, den unausweichlichen Aufstieg des eigenen Landes zur entscheidenden, vielleicht sogar beherrschenden Nation in Europa abzuwarten und eine Zeit der Ruhe einzulegen, damit die geopolitischen Realitäten nach dem Münchner Abkommen Wirkung hätten zeigen können. 1914 hatten emotionale Unausgeglichenheiten und das Fehlen einer klaren Vorstellung vom nationalen Interesse den deutschen Kaiser am Abwarten gehindert; 1939 wischte ein ebenso skrupelloser wie geschickter Psychopath, der zum Krieg entschlossen war, solange er sich noch auf der Höhe seiner körperlichen Kräfte befand, alle vernunftgemäßen Überlegungen beiseite. Wie unnötig die Entscheidung Deutschlands für den Krieg in beiden Fällen war, wird an dem Umstand deutlich, daß trotz zweier großer Niederlagen und trotz des Verlustes eines Drittels seines Staatsgebietes Deutschland nach wie vor Europas mächtigste und vermutlich einflußreichste Nation ist.

Die Sowjetunion von 1939 war für den bevorstehenden Kampf kaum gewappnet. Nach dem Zweiten Weltkrieg hingegen zählte sie zu den globalen Supermächten. Was Richelieu im siebzehnten Jahrhundert gelungen war, glückte auch Stalin: er nutzte das zerstückelte Mitteleuropa für seine Ziele aus. Der Aufstieg der Vereinigten Staaten zur Supermacht kündigte sich mit Amerikas industrieller Stärke an; der Aufstieg der Sowjetunion gründete auf den rücksichtslosen Manipulationen Stalins.

## Kapitel 14

# Das Ende des
# Hitler-Stalin-Paktes

*Joachim von Ribbentrop nach der Unterzeichnung des
deutsch-sowjetischen Nichtangriffspaktes am 23. August 1939 zunächst
beim Händedruck mit Stalin, einige Tage später dann mit Hitler*

Bis 1941 hatten Hitler und Stalin ungewöhnliche Ziele mit konventionellen Mitteln verfolgt. Stalin wartete auf den Tag, da vom Kreml aus eine kommunistische Welt gesteuert werden würde. Hitler hatte seine krankhaften Vorstellungen eines »rassisch reinen« Reiches, von der deutschen Herrenrasse gelenkt, bereits in seinem Buch *Mein Kampf* umrissen. Es ist kaum möglich, sich zwei revolutionärere Visionen vorzustellen. Die Mittel allerdings, derer Stalin und Hitler sich bedienten, hätten ebensogut einer Abhandlung über die Staatskunst des achtzehnten Jahrhunderts entlehnt sein können.

Der Hitler-Stalin-Pakt schien in mancher Hinsicht eine Wiederholung der ersten Teilung Polens von 1772 anzustreben, damals von Friedrich dem Großen, Katharina der Großen und Kaiserin Maria Theresia durchgeführt. Doch im Gegensatz zu jenen Monarchen waren Hitler und Stalin ideologische Erzfeinde. Nur für einen kurzen Moment überwogen ihre gemeinsamen nationalen Interessen, darin bestehend, die Auslöschung des polnischen Staates herbeizuführen, alle ideologischen Differenzen. Als ihr Pakt 1941 jedoch zerbrach, wurde der größte Landkrieg in der Geschichte der Menschheit entfesselt, und das durch den Willen eines einzigen Mannes. Es entbehrt nicht einer gewissen Ironie, daß gerade das zwanzigste Jahrhundert, das Zeitalter des Volkswillens und der überindividuellen Kräfte, so entscheidend von wenigen Einzelfiguren geprägt worden ist und daß die größte Katastrophe dieses Jahrhunderts möglicherweise durch die Beseitigung einer einzigen Person hätte vermieden werden können.

Während die deutsche Armee in weniger als einem Monat Polen zerschlug, sahen die französischen Streitkräfte, konfrontiert lediglich mit deutschen Divisionen, die noch nicht einmal Sollstärke besaßen, von jenseits der Maginot-Linie untätig zu. Es folgte eine Phase, die man passenderweise als »Sitzkrieg« bezeichnete und während der die Demoralisierung Frankreichs perfekt wurde. Jahrhundertelang hatten die Franzosen für ganz bestimmte politische Ziele gekämpft – etwa die Teilung Mitteleuropas aufrechtzuerhalten oder, wie im Ersten Weltkrieg, Elsaß-Lothringen zurückzugewinnen. Nun sollten sie um eines Landes willen kämpfen, das bereits erobert war und für dessen Verteidigung man keinen Finger gerührt hatte. Frankreichs mutlose Bevölkerung sah sich einem weiteren *fait accompli* gegenüber und einem Krieg, dem es an einer Gesamtstrategie mangelte.

Denn wie beabsichtigten Großbritannien und Frankreich, den Krieg gegen ein Land zu gewinnen, das sie auch dann noch beinahe besiegt hatte, als Rußland und die Vereinigten Staaten auf ihrer Seite standen? Sie taten so, als genüge es, hinter der Maginot-Linie zu warten, bis die britische Blockade Hitler zum Einlenken zwingen würde. Aber warum sollte Deutschland stillhalten, um sich langsam einschnüren zu lassen? Und warum sollte es die Maginot-Linie angreifen, wenn der Weg durch Belgien sperrangelweit offenstand, und zwar – da es zu jenem Zeitpunkt keine Ostfront gab – für die gesamte deutsche Wehrmacht? Und falls die Verteidigung tatsächlich das Hauptanliegen dieses Krieges war, wie der französische Generalstab trotz der gegenteiligen Lektion, die der Polen-Feldzug erteilt hatte, noch immer glaubte, welches Schicksal hatte dann Frankreich zu erwarten, wenn nicht einen zweiten Zermürbungskrieg innerhalb nur einer Generation, die sich doch vom ersten noch nicht erholt hatte?

Während Paris wartete, nutzte Stalin seine strategische Chance. Und noch ehe das Geheimabkommen über die Aufteilung Osteuropas in die Tat umgesetzt werden konnte, dachte er schon über eine Revision nach. Wie ein Fürst des achtzehnten Jahrhunderts, der Territorien verschacherte, ohne einen Gedanken an Selbstbestimmung zu verschwenden, schlug Stalin knapp einen Monat nach dem Abschluß des Nazi-Sowjet-Paktes Deutschland einen neuen Handel vor: den Tausch des Gebietes zwischen Warschau und der Curzon-Linie (das dem Geheimprotokoll zufolge an die Sowjetunion gehen sollte) gegen Litauen (das Deutschland zugedacht war). Stalins Absicht war es natürlich, eine zusätzliche Pufferzone für Leningrad zu schaffen. Er schien noch nicht einmal einen Vorwand zu brauchen, um seine geostrategischen Manöver anders als mit sowjetischen Sicherheitsbedürfnissen zu rechtfertigen. Hitler akzeptierte die Vorschläge.

Stalin verschwendete keine Zeit, die Vorteile, die sich für die UdSSR aus dem Geheimpakt ergaben, zu kassieren. Noch während der Krieg in Polen tobte, schlug der Kreml den drei baltischen Kleinstaaten ein Militärbündnis vor, das Recht zur Errichtung von Militärstützpunkten auf ihrem Territorium inbegriffen. Ohne jede Aussicht auf Hilfe vom Westen, hatten die kleinen Republiken keine andere Wahl, als diesen ersten Schritt zum Verlust ihrer Unabhängigkeit zu vollziehen. Am 17. September 1939, weniger als drei Wochen nach Kriegsausbruch, besetzte die Rote Armee jenen polnischen Landstrich, der dem sowjetischen Machtbereich zugeschlagen worden war.

Im November war Finnland an der Reihe. Stalin forderte die Errichtung sowjetischer Militärbasen auf finnischem Boden und die Preisgabe der karelischen Landenge bei Leningrad. Doch es sollte sich zeigen, daß die Finnen aus härterem Holz geschnitzt waren. Sie wiesen die Forderungen zurück und leisteten Widerstand, als Stalin den Krieg begann. Obwohl die finnischen Streitkräfte der Roten Armee, die durch Stalins massive Säuberungen noch geschwächt war, schwere Verluste zufügten, entschied am Ende die

Masse des sowjetischen Heeres: Nach wenigen Monaten heldenhaften Kampfes erlag Finnland der erdrückenden Übermacht.

Im Rahmen der Gesamtstrategie des Zweiten Weltkriegs war der russisch-finnische Krieg lediglich ein Nebenschauplatz. Gleichwohl vermochte er zu zeigen, in welchem Ausmaß Frankreich und Großbritannien ihr Gespür für strategische Realitäten verloren hatten. Geblendet durch die von den zahlenmäßig unterlegenen Finnen hervorgerufene zeitweilige Pattsituation, ließen London und Paris sich zu der selbstmörderischen Spekulation verleiten, die Sowjetunion könne die Schwachstelle der Achse darstellen (der sie natürlich gar nicht angehörte). Es wurden Anstalten für die Entsendung von dreißigtausend Mann über Schweden und Nordnorwegen nach Finnland getroffen; auf ihrem Weg sollten sie Deutschland von seinem Eisenerz-Nachschub aus Nordnorwegen und Schweden abschneiden, der über den Hafen Narvik ins Deutsche Reich verschifft wurde. Die Tatsache, daß keines dieser Länder zur Erteilung der Durchmarschrechte bereit war, dämpfte die Begeisterung der französischen und der britischen Planer keineswegs.

Die Drohung mit einer alliierten Intervention hätte Finnland vielleicht geholfen, eine bessere Lösung zu erreichen, als durch die ursprünglichen sowjetischen Forderungen vorgegeben worden war. Aber letzten Endes konnte Stalin nichts davon abbringen, die sowjetische Verteidigungslinie so zu verlegen, daß sie keine Zugänge nach Leningrad mehr eröffnete. Für den Historiker bleibt es ein Rätsel, was damals die Briten und die Franzosen getrieben haben mag, sich in eine Situation zu bringen, in der sie um Haaresbreite gegen die Sowjetunion und Deutschland gleichzeitig hätten kämpfen müssen, und das drei Monate vor dem Zusammenbruch Frankreichs, der zeigte, daß dieser ganze Plan nichts als ein Luftschloß war.

Im Mai 1940 endete schließlich der »Sitzkrieg«. Die deutsche Armee wiederholte ihr Manöver von 1914 und überrollte Belgien – mit dem einen Unterschied, daß die Hauptstoßrichtung nun auf der Frontmitte statt auf dem rechten Flügel lag. Frankreich, das nun für eineinhalb Jahrzehnte des Zweifelns und Ausweichens bezahlen mußte, brach zusammen. Obgleich die skrupellose Effizienz der deutschen Militärmaschinerie mittlerweile bekannt war, waren die Beobachter angesichts der Schnelligkeit, mit der Frankreich besetzt wurde, zutiefst erschüttert. Im Ersten Weltkrieg hatten die Deutschen vier Jahre lang vergeblich versucht, Paris zu erreichen; jeder Kilometer, den man damals gewann, erforderte einen hohen Preis. 1940 jedoch wurde Frankreich vom deutschen »Blitzkrieg« regelrecht durchschnitten, und schon Ende Juni marschierten deutsche Truppen über die Champs-Elysées. Hitler schien Herr des Kontinents zu sein.

Aber wie andere Eroberer vor ihm, wußte auch Hitler nicht, wie er den rücksichtslos entfesselten Krieg beenden sollte. Er hatte drei Möglichkeiten: Er konnte erstens versuchen, Großbritannien zu besiegen, zweitens mit London Frieden schließen, drittens probieren, die Sowjetunion zu erobern, um sich unter Nutzung ihrer unermeßlichen Ressourcen mit ganzer Kraft erneut gegen den Westen zu wenden und die Vernichtung Großbritanniens zu vollenden. Im Sommer 1940 prüfte Hitler die beiden ersten Varianten. Am 19. Juli deutete er in einer großsprecherischen Rede an, er sei zu einem Kompromißfrieden mit den Briten bereit. Tatsächlich verlangte er nur die Rückgabe der deutschen Vorkriegskolonien und den Verzicht auf Einmischung in Angelegenheiten des Kontinents. Im Gegenzug bot er an, das britische Empire zu garantieren.[1]

Hitlers Vorschlag entsprach dem, was das kaiserliche Deutschland den Briten schon vor dem Ersten Weltkrieg zwei Jahrzehnte lang angeboten hatte, damals allerdings in versöhnlicherem Ton und in einer für Großbritannien weitaus günstigeren strategischen Lage. Hätte Hitler genauer beschrieben, wie ein von Deutschland organisiertes Europa aussehen sollte, wären einige britische Politiker – wie Lord Halifax, wenn auch niemals Churchill –, die mit dem Gedanken an Verhandlungen spielten, möglicherweise in Versuchung zu führen gewesen. Tatsächlich forderte Hitler Großbritannien auf, Deutschland völlige Handlungsfreiheit auf dem Kontinent zu gewähren. Damit rief er die traditionelle britische Reaktion hervor, eine Reaktion, die Sir Edward Grey schon 1909, zu einer Zeit, da Frankreich noch eine Großmacht war, als Antwort auf einen ähnlichen Vorschlag, der von wesentlich vernünftigeren deutschen Politikern stammte, als Hitler es war, dargelegt hatte, indem er bemerkte: Sollte Großbritannien die Völker des Kontinents Deutschland opfern, würde es früher oder später auf den Britischen Inseln angegriffen werden (siehe Kapitel 7). Auch werde London eine »Garantie für sein Empire« nicht ernst nehmen. Vermutlich hat kein deutscher Politiker je die britische Annahme begriffen, daß jede zum Schutz des Empire fähige Nation auch zu seiner Eroberung imstande sei, wie schon Sir Eyre Crowe in seinem berühmten Memorandum von 1907 ausgeführt hatte (siehe Kapitel 7).

Churchill war selbstverständlich viel zu erfahren und kannte die europäische Geschichte viel zu gut, um sich Illusionen darüber zu machen, daß Großbritannien am Ende des Krieges noch die erste Weltmacht sein oder auch nur in vorderster Reihe stehen würde. Diese Position, so wußte er, würden entweder Deutschland oder die Vereinigten Staaten beanspruchen. Deshalb kann Churchills Unnachgiebigkeit als Entscheidung zugunsten einer amerikanischen statt einer deutschen Hegemonie gedeutet werden. Mochte auch die Vorrangstellung Amerikas in London bisweilen als unbequem empfunden werden, waren doch seine Kultur und seine Sprache vertraut; überdies bestanden keine offensichtlich widerstreitenden Interessen. Und schließlich gab es da noch die Aussicht auf jene »besondere« Beziehung zwischen Großbritannien und den USA, die zum Deutschen Reich schlechthin undenkbar war. Bis zum Sommer 1940 hatte Hitler sich in eine Lage manövriert, in der er selbst zum *casus belli* geworden war.

Hitler wandte sich nun der zweiten Alternative zu: dem Versuch, die britische Luftwaffe zu zerstören und, falls nötig, in Großbritannien einzufallen. Doch es blieb bei der Idee. Landungsoperationen hatten nicht zu den deutschen Vorkriegsplänen gehört, und so wurde der Gedanke am 12. Oktober 1940 aus Mangel an Landungsbooten und wegen der Unfähigkeit der Luftwaffe, die Royal Air Force zu zerstören, wieder aufgegeben. Ende des Sommers befand sich Deutschland daher erneut in einer Situation, die der des Ersten Weltkriegs nicht unähnlich war. Es hatte bedeutende Erfolge erzielt, vermochte aber nicht, diese in einen endgültigen Sieg zu verwandeln.

Natürlich befand sich Hitler in einer hervorragenden Position, um in die strategische Defensive zu gehen. Großbritannien war nicht stark genug, um die deutsche Armee allein herauszufordern; den Amerikanern wäre es dann nahezu unmöglich gewesen, in den Krieg einzutreten; und Stalin, mochte er auch mit dem Gedanken an eine Intervention spielen, würde am Ende immer irgendeinen Grund für einen Aufschub finden. Aber darauf zu warten, daß andere die Initiative ergriffen, widerstrebte Hitler. So war es unvermeidlich, daß er nun die dritte Variante, einen Angriff auf die Sowjetunion, ins Auge faßte.

Bereits im Juli 1940 ordnete er an, vorläufige Stabspläne für einen Rußland-Feldzug auszuarbeiten. Seinen Generälen erzählte er, sobald die Sowjetunion geschlagen sei, könne Japan all seine Streitkräfte gegen die Vereinigten Staaten werfen und so Washingtons Aufmerksamkeit auf den Pazifik lenken. Ein isoliertes Großbritannien aber, ohne Aussicht auf amerikanische Unterstützung, sei gezwungen, den Kampf aufzugeben:»Englands Hoffnung ist Rußland und Amerika«, bemerkte Hitler zutreffend. »Wenn [die] Hoffnung auf Rußland wegfällt, fällt auch Amerika weg, weil [dem] Wegfall Rußlands eine Aufwertung Japans in ungeheurem Maße folgt.«[2] Doch noch war Hitler nicht bereit, den Befehl zum Angriff zu geben. Bevor er sich nach Osten wenden würde, wollte er die Möglichkeit erkunden, ob die Sowjets mit einem gemeinsamen Angriff auf das britische Empire zu ködern waren. Auf diese Weise hätte er sich die Briten endlich vom Hals geschafft.

Stalin erkannte nur allzu gut, in welch schwieriger Lage er sich befand. Der Zusammenbruch Frankreichs hatte jene Erwartung zunichte gemacht, die er mit allen westlichen Militärexperten geteilt hatte; denn allgemein war man davon ausgegangen, daß der Krieg sich zu einem ähnlich langen Zermürbungskampf entwickeln werde wie der Erste Weltkrieg. Stalins kühnster Traum, daß nämlich Deutschland und die westlichen Demokratien sich gegenseitig schwächen würden, hatte sich in Luft aufgelöst. Sollte auch Großbritannien fallen, dann hätte die deutsche Wehrmacht freie Hand für einen Angriff im Osten, um sich die Ressourcen Europas in ihrer ganzen Fülle zunutze zu machen, ganz entsprechend dem Konzept, das Hitler in *Mein Kampf* verkündet hatte.

Stalin reagierte auf eine beinahe stereotype Weise. Zu keinem Zeitpunkt seiner Karriere ließ er in Gefahrensituationen Angst erkennen, auch wenn er sie empfunden haben muß. Überzeugt davon, daß das Eingeständnis der Schwäche den Gegner verlocken werde, seine Bedingungen zu verschärfen, trachtete er danach, strategische Verlegenheiten hinter Unnachgiebigkeit zu verbergen. Sollte Hitler also versuchen, seinen Sieg im Westen auszuschlachten, indem er Druck auf die Sowjetunion ausübte, dann würde Stalin die Aussicht auf Konzessionen so unattraktiv und schmerzhaft wie möglich gestalten. Peinlich genauer Kalkulator, der er war, versäumte er es jedoch, Hitlers psychopathisches Naturell in Betracht zu ziehen. So schloß er die Möglichkeit aus, Hitler könne auf eine solche Herausforderung mit einem Zwei-Fronten-Krieg antworten, mochte dergleichen auch jeder Plausibilität entbehren.

Stalin entschied sich für eine Doppelstrategie. In rasendem Tempo heimste er die restliche, im Geheimabkommen versprochene Beute ein. Im Juni 1940, als Hitler noch in Frankreich beschäftigt war, forderte er Rumänien ultimativ zur Herausgabe Bessarabiens auf und verlangte auch die Nordbukowina, die zwar nicht Bestandteil des Geheimabkommens war, deren Inbesitznahme es den sowjetischen Streitkräften jedoch erlauben würde, auf der ganzen Länge des rumänischen Teils der Donau Stellung zu beziehen. Noch im selben Monat verleibte er die baltischen Staaten der Sowjetunion ein, indem er sie zur Zustimmung zu Scheinwahlen zwang, an denen nur knapp zwanzig Prozent der Bevölkerung teilnahmen. Bei Abschluß dieses Prozesses hatte Stalin tatsächlich das gesamte Territorium wiedererlangt, das Rußland Ende des Ersten Weltkriegs verloren hatte. Die Alliierten wiederum bezahlten danach die letzte Rate jenes Preises, den sie entrichten mußten, weil sie Deutschland wie die Sowjetunion 1919 von der Friedenskonferenz ausgeschlossen hatten.

Parallel zur Stärkung seiner strategischen Position setzte Stalin seine Bemühungen fort, den gefährlichen neuen Nachbarn durch die Versorgung der deutschen Kriegsmaschinerie mit Rohstoffen zu beschwichtigen. Bereits im Februar 1940, noch vor dem deutschen Sieg über Frankreich also, wurde in Stalins Anwesenheit ein Handelsabkommen unterzeichnet, in dem sich die Sowjetunion zu umfänglichen Rohstoff-Lieferungen an Deutschland verpflichtete. Als Gegenleistung versorgte Berlin die Sowjets mit Kohle und Industriegütern. Moskau hielt die Bestimmungen des Abkommens nach anfänglichen Schwierigkeiten peinlich genau ein, ja übererfüllte sie im allgemeinen sogar. Buchstäblich bis zu dem Augenblick, da die Deutschen die Sowjetunion angriffen, passierten die Güterzüge mit diesen Lieferungen noch die Grenzkontrollstellen.

Keiner dieser Schachzüge konnte indessen an der geopolitischen Tatsache etwas ändern, daß Deutschland mittlerweile die beherrschende Macht in Mitteleuropa geworden war. Hitler hatte keinen Zweifel daran gelassen, daß er es nicht hinnehmen würde, sollten die Sowjets auch nur geringfügig über die in dem Geheimabkommen getroffenen Vereinbarungen hinaus zu expandieren versuchen. Im August 1940 zwangen Berlin und Rom die Rumänen, deren Land zu diesem Zeitpunkt von Stalin eigentlich als Teil der sowjetischen Einflußsphäre betrachtet wurde, zwei Drittel von Transsylvanien an Ungarn, einen Beinahe-Verbündeten der Achsenmächte, zurückzugeben. Entschlossen, sich den Zugriff auf die rumänischen Ölbestände zu sichern, zog Hitler im September eine deutlichere Grenze als zuvor, indem er eine motorisierte Division und Luftstreitkräfte nach Rumänien beorderte, um der Garantieerklärung Geltung zu verschaffen. Im selben Monat wuchs die Spannung am anderen Ende Europas. Unter Verletzung des Geheimabkommens, das Finnland dem sowjetischen Einflußbereich zugeordnet hatte, gestattete die finnische Regierung deutschen Truppen den Durchmarsch durch ihr Territorium nach Nordnorwegen. Überdies gab es beträchtliche deutsche Waffenlieferungen an Helsinki, deren einziges vorstellbares Ziel die Stärkung des Landes gegen potentiellen sowjetischen Druck sein konnte. Als Außenminister Molotow Berlin um genauere Informationen ersuchte, erhielt er ausweichende Antworten. Allmählich stießen sowjetische und deutsche Truppen in ganz Europa aneinander.

Verhängnisvoll wurde die Entwicklung für Stalin jedoch erst am 27. September 1940, als Deutschland, Italien und Japan einen Dreimächtepakt unterzeichneten, der jeden der Partner zum Krieg gegen alle Länder verpflichtete, die sich der britischen Seite anschlossen. Sicherheitshalber schloß der Pakt die Beziehungen jedes der Signatarstaaten mit der Sowjetunion eigens aus. Das bedeutete, daß Japan keine Verpflichtung besaß, in einen deutsch-sowjetischen Krieg einzutreten, gleichwohl, wer den ersten Schlag führen würde, daß es aber gegen die Vereinigten Staaten zu kämpfen hatte, falls diese in einen Krieg gegen Deutschland eintraten. Obgleich der Dreimächtepakt sich demnach ganz offensichtlich vor allem gegen Washington richtete, gab es für Stalin keinen Grund, sich sicher zu fühlen. Denn wie immer die formalrechtlichen Bestimmungen auch lauten mochten: Er mußte damit rechnen, daß die drei Bündnispartner sich irgendwann gegen ihn richten würden. Und daß er es war, der gleichsam außen vor blieb, war unmißverständlich aus dem Umstand ersichtlich, daß er über die Verhandlungen erst unterrichtet wurde, als der Pakt bereits geschlossen war.

Im Herbst 1940 erreichten die Spannungen ein solches Ausmaß, daß die beiden Diktatoren noch einmal einen Versuch unternahmen, sich mit den Mitteln der Diplomatie gegenseitig auszumanövrieren. Es war, wie sich bald zeigen sollte, die letzte Unternehmung dieser Art. Hitlers Ziel bestand darin, Stalin zu einem gemeinsamen Überfall auf Großbritannien zu verlokken, nur um ihn um so sicherer vernichten zu können, sobald Deutschland den Rücken frei hätte. Stalin seinerseits suchte Zeit zu gewinnen, gewiß in der Hoffnung, Hitler werde sich irgendwann übernehmen. Außerdem wollte er herausfinden, welchen Gewinn er bei der ganzen Angelegenheit hätte.

Aber sämtliche Bemühungen, im Gefolge des Dreimächtepakts ein Gespräch zwischen Hitler und Stalin zu arrangieren, schlugen fehl. Beide taten ihr Bestes, ein Zusammentreffen zu vermeiden, indem sie behaupteten, in der gegenwärtigen Situation ihre Länder nicht verlassen zu können. Und der naheliegendste Treffpunkt, Brest-Litowsk an der deutsch-sowjetischen Grenze, schien historisch zu stark befrachtet.

Am 13. Oktober 1940 schrieb Ribbentrop einen langen Brief an Stalin, in dem er diesem seine Sicht der Ereignisse seit seinem Moskau-Besuch im Jahr zuvor schilderte. Das war ein ungewöhnlicher Verstoß gegen das Protokoll, wandte sich der Außenminister doch nicht an seinen Amtskollegen, sondern direkt an einen politischen Führer, der – wie bereits erwähnt – noch nicht einmal ein formelles Regierungsamt bekleidete.

Ribbentrops Brief machte durch Schwülstigkeit wett, was ihm an diplomatischer Finesse fehlte. Er beklagte die sowjetisch-deutschen Unstimmigkeiten hinsichtlich Finnlands und warf den Rumänen Machenschaften Großbritannien vor, ohne zu erklären, wie London ein solches Kunststück hätte fertigbringen sollen. Außerdem behauptete er, der Dreimächtepakt richte sich keinesfalls gegen die Sowjetunion. Im Gegenteil: Die Sowjetunion sei sogar eingeladen, nach dem Krieg die Beute mit den europäischen Diktatoren und Japan zu teilen. Ribbentrop schloß mit einer Einladung an Molotow zu einem Gegenbesuch in Berlin. Bei dieser Gelegenheit, so Ribbentrop, könne die Möglichkeit eines Beitritts der Sowjetunion zum Dreimächtepakt erörtert werden.[3]

Stalin war zu vorsichtig, um das Fell eines Bären zu verteilen, der erst noch erlegt werden mußte. Ebensowenig würde er sich an die vorderste Linie einer Konfrontation begeben, wenn diese Linie von anderen gezogen worden war. Gleichwohl wollte er sich die Option offenhalten, die Beute mit Hitler zu teilen, falls Großbritannien einfach zusammenbrach. Und genau das war es, was er 1945 tatsächlich tun sollte, wenn auch mit anderen Partnern, als er in den Krieg gegen Japan erst zu einem Zeitpunkt eintrat, als dieser schon fast beendet war. Am 22. Oktober erwiderte Stalin Ribbentrops Brief mit Heiterkeit und einem Schuß Ironie. Er dankte dem Reichsaußenminister für seine »lehrreiche Analyse der letzten Ereignisse«, enthielt sich aber einer eigenen Bewertung derselben. Vielleicht um zu zeigen, daß auch er in der Lage war, es mit dem Protokoll nicht so genau zu nehmen, nahm er die an Molotow gerichtete Einladung an und setzte von sich aus einen sehr zeitigen Termin fest: den 10. November, knapp drei Wochen später.[4]

Hitler akzeptierte den Vorschlag sofort und verursachte damit ein weiteres Mißverständnis. Stalin nämlich deutete die Eile Hitlers bei der Annahme des Vorschlages so, als sei den Deutschen das Verhältnis zur Sowjetunion noch immer so wichtig wie im Jahr zuvor, und sah darin einen Beweis, daß seine Taktik sich auszahlte. Hitlers Eile entsprang indes einem ganz anderen Umstand: Er mußte seine Planung vorantreiben, wollte er die Sowjetunion tatsächlich bereits im Frühjahr 1941 angreifen.

Welch Abgrund an Mißtrauen zwischen diesen beiden Schein-Partnern lag, trat zutage, noch ehe die Gespräche begannen: Molotow weigerte sich, einen deutschen Zug zu besteigen, der an die Grenze entsandt worden war, um ihn nach Berlin zu bringen. Der sowjetischen Delegation bereitete augenscheinlich die Frage Kopfzerbrechen, ob nicht die Eleganz der deutschen Waggons in direktem Verhältnis zu den darin versteckten Abhöreinrichtungen stehen könnte. Schließlich wurden die deutschen Wagen an den sowjetischen Zug angekuppelt, dessen Fahrgestelle eigens so konstruiert worden waren, daß sie an der Grenze der schmaleren europäischen Spur angepaßt werden konnten.

Am 12. November endlich begannen die Verhandlungen. Molotow, der die Gabe besaß, wesentlich robustere Naturen als Hitler zu irritieren, stellte seine rauhen Taktiken vor den nationalsozialistischen Größen gehörig zur Schau. Sein Kampfgeist wurde durch seine tödliche Angst vor Stalin, den er weit mehr als Hitler fürchtete, noch verstärkt. Diese an Besessenheit grenzende Angst, die sich immer auf die Lage im eigenen Land bezog, war übrigens immer für sowjetische Diplomaten typisch, auch wenn sie besonders heftig auftrat, solange Stalin noch an der Macht war. Die Unterhändler Moskaus schienen sich stets besser ihrer innenpolitischen Zwänge als jenen auf internationaler Ebene bewußt zu sein.

Da Außenminister selten Mitglieder des Politbüros waren (Gromyko wurde erst 1973, nach sechzehnjähriger Amtszeit, aufgenommen), hatten sie zu Hause nur eine schwache Basis und liefen ständig Gefahr, für fehlgeschlagene Verhandlungen als Sündenböcke herhalten zu müssen. Weil man im Kreml davon ausging, die Geschichte letztlich auf seiner Seite zu haben, war man überdies eher geneigt, bei Verhandlungen zu mauern, als umfassende Lösungen anzustreben. Fast jede Verhandlung mit sowjetischen Diplomaten geriet daher zum Härtetest; Zugeständnisse kamen erst dann zustande, wenn der sowjetische Unterhändler sich selbst – vor allem aber jene, die in Moskau die Depeschen lasen – davon überzeugt hatte, daß auch das letzte Gramm an Flexibilität aus der Gegenseite herausgepreßt worden war. Durch den diplomatischen Guerillakrieg, der dadurch bei solchen Gesprächen gewöhnlich ausbrach, erreichte man zwar alles, was mittels Beharrlichkeit und Druck aus der Gegenseite herausgeholt werden konnte, verpaßte aber in der Regel die Gelegenheit zum wirklichen Durchbruch. Sowjetische Verhandlungspartner – insbesondere Gromyko war ein Meister dieses Spiels – entwickelten erstaunliches Geschick, wenn es galt, einen Gegenspieler zu zermürben, der sich mit vorgefaßten Ideen belastet hatte und Regelungen nicht abwarten konnte. Andererseits neigten sie dazu, den Wald vor lauter Bäumen nicht zu sehen. So ließen sie sich 1971 die Chance eines Gipfeltreffens mit Nixon, das die Öffnung der USA gegenüber Peking verzögert hätte, entgehen, weil sie monatelang über eigentlich bedeutungslose Vorbedingungen feilschten – Vorbedingungen, welche die Sowjets allesamt fallenließen, sobald Washington eine chinesische Option erreicht hatte.

Man kann sich unmöglich zwei Männer vorstellen, die weniger miteinander hätten kommunizieren können als Hitler und Molotow. Hitler war für Verhandlungen ohne Zweifel ganz und gar nicht geschaffen: Er zog es vor, seine Gesprächspartner mit ausgedehnten Monologen gleichsam zu überwältigen und vermittelte nicht den Eindruck, einer Antwort aufmerksam zuzuhören, sofern er wirklich einmal jemanden zu Wort kommen ließ. Hatte er es mit ausländischen Politikern zu tun, pflegte er sich außerdem auf Aussagen allgemeiner und grundsätzlicher Natur zu beschränken. In den wenigen echten Verhandlungen, an denen er teilnahm – mit dem österreichischen Bundeskanzler Kurt von Schuschnigg etwa oder mit Neville Chamberlain –, nahm er eine drohende Haltung ein und drängte seinen Gesprächspartner mit entschiedenen Forderungen, die er nur selten zu mildern bereit war. Molotow hingegen interessierte sich weniger für Prinzipien als für deren Anwendung und ließ für Kompromisse keinen Spielraum.

Im November 1940 befand sich Molotow in einer ausgesprochen schwierigen Lage. Stalin war schwer zufriedenzustellen: Er schien hin- und hergerissen zwischen der Abneigung, einen Beitrag zum Sieg Deutschlands zu leisten, und der Sorge, er könnte, falls Deutschland Großbritannien ohne sowjetischen Beistand niederwarf, die Chance verpassen, an Hitlers Beute teilzuhaben. Fest entschlossen, unter keinen Umständen zum Versailler Vertrag zurückzukehren, versuchte er, seine Position durch Absicherung jedes einzelnen Schrittes zu wahren. Das Geheimabkommen und die nachfolgenden Ereignisse hatten Berlin durchaus deutlich gemacht, wie Stalin sich angemessene Regelungen vorstellte, vielleicht sogar allzu deutlich. In diesem Sinn nämlich wurde Molotows Berlin-Besuch von den Deutschen als eine Gelegenheit zur Weiterentwicklung der wechselseitigen Beziehungen gesehen. Und was die demokratischen Länder anging, so hatte Stalin einen Besuch des neuen britischen Botschafters, Sir Stafford Cripps, im Juli 1940 zum Anlaß genommen, jede Möglichkeit einer Rückkehr zur Versailler Ordnung auszuschließen. Auf Cripps Behauptung, nach dem Fall Frankreichs müsse die Sowjetunion doch ein Interesse an der Wiederherstellung des Gleichgewichts der Kräfte haben, hatte Stalin nur frostig erwidert: »Das bisherige sogenannte europäische Gleichgewicht der Kräfte [hat] nicht nur Deutschland, sondern auch die Sowjetunion bedrückt. Daher [wird] die Sowjetunion alle Maßnahmen treffen, damit das alte Gleichgewicht in Europa nicht wiederhergestellt [wird].«[5] Im diplomatischen Sprachgebrauch aber beinhaltet die Formulierung »alle Maßnahmen« für gewöhnlich auch die Androhung eines Krieges.

Für Molotow hätte kaum mehr auf dem Spiel stehen können. Hitler hatte wenig Zweifel daran gelassen, daß er das Jahr 1941 nicht verstreichen lassen werde, ohne einen größeren Feldzug zu unternehmen. Deshalb sprach vieles dafür, daß Hitler sich, sollte Stalin sich einem Angriff auf Großbritannien nicht anschließen, eben gegen die Sowjetunion wenden würde. Molotow sah sich mithin einem Ultimatum gegenüber, das als Verführung getarnt worden war. Die verbleibende Frist allerdings war noch kürzer, als Stalin glaubte.

Mit einer Erläuterung der Frage, weshalb ein deutscher Sieg unvermeidlich sei, eröffnete Ribbentrop die Gespräche. Er drängte Molotow, dem Dreimächtepakt beizutreten, ohne sich von dem Umstand beeindrucken zu lassen, daß dieses Abkommen eine Ausweitung dessen bedeutete, was ursprünglich als Antikomintern-Pakt begonnen hatte. »Der Führer [ist] nun der Ansicht«, so argumentierte Ribbentrop, »daß es überhaupt vorteilhaft wäre, wenn einmal der Versuch gemacht würde, zwischen Rußland, Deutschland, Italien und Japan in einer ganz großen Konzeption Interessensphären festzulegen.«[6] Daraus solle aber, so der Reichsaußenminister weiter, kein Konflikt entstehen, da ja jeder der künftigen Partner vor allem an einer Expansion nach Süden interessiert sei. Japan würde sich nach Südostasien ausdehnen, Italien nach Nordafrika, und Deutschland würde seine ehemaligen Kolonien in Afrika zurückfordern. Nach vielerlei Umschweifen, die seine Geistesgegenwart betonen sollten, nannte Ribbentrop endlich den Beuteanteil, der für die Sowjetunion vorgesehen war: »... ob nicht Rußland«, so gab er zu erkennen, »säkular gesehen, seinen natürlichen und für Rußland so wichtigen Ausgang zum freien Meer auch in südlicher Richtung finden werde...«[7]

Jeder, der auch nur vage mit Hitlers öffentlichen Erklärungen vertraut war, wußte, daß das ganze Konzept Unsinn war. Afrika hatte für die Nationalsozialisten von jeher eine geringe Rolle gespielt. Nicht nur, daß Hitler nie ein besonderes Interesse daran gezeigt hatte, Molotow hatte vermutlich auch genug von *Mein Kampf* gelesen, um sich klarzumachen, daß es der »Lebensraum« in Rußland war, den Hitler erobern wollte. Der sowjetische Außenminister hatte während Ribbentrops Ausführungen schweigend dagesessen; nun stellte er nüchtern, wenn auch etwas unverschämt die Frage, zu welchem Meer denn die Sowjetunion diesen Zugang suchen solle. Abermals antwortete Ribbentrop mit schwerfälliger Weitschweifigkeit, um zum Schluß endlich den Persischen Golf zu nennen, so als könne Deutschland bereits darüber verfügen: »Es [fragt] sich nun, ob man nicht auch in Zukunft weiter gute Geschäfte machen [kann], [...] ob nicht in der Richtung auf den Persischen Golf und das Arabische Meer, säkular gesehen, der vorteilhafteste Zugang zum Meer für Rußland gefunden und dabei auch sonst noch gewisse Aspirationen Rußlands in diesem Teil Asiens, an dem Deutschland vollständig desinteressiert [ist], verwirklicht werden [können].«[8]

Molotow lag nichts an einem so bombastischen Vorschlag. Deutschland besaß noch nicht, was es anzubieten vorgab, und die Sowjetunion würde Deutschland nicht brauchen, um diese Gebiete für sich zu erobern. So bekundete er zwar grundsätzliche Bereitschaft, dem Dreimächtepakt beizutreten, schränkte diese jedoch sofort mit dem Argument ein, daß »bei einer auf längere Sicht vorgenommenen Abgrenzung der Interessensphären Präzisierungen notwendig« seien.[9] Dergleichen aber könne natürlich nicht im Rahmen eines einzigen Berlin-Besuches vollendet werden, sondern erfordere ausgedehnte Beratungen, einschließlich eines neuerlichen Besuchs Ribbentrops in Moskau.

Am Nachmittag traf Molotow mit Hitler in der soeben fertiggestellten Reichskanzlei zusammen. Dort waren alle Vorkehrungen getroffen, dem proletarischen Minister aus Moskau Ehrfurcht einzuflößen. Molotow wurde durch einen weitläufigen Korridor geführt, in dem zu beiden Seiten alle paar Meter hochgewachsene SS-Männer in schwarzen Uniformen strammstanden und ihre Arme zum Hitler-Gruß hoben. Die bis zur Decke reichenden Türen zu Hitlers Büro wurden von zwei besonders großen SS-Männern aufgerissen; sie bildeten mit ihren erhobenen Armen einen Bogen, unter dem Molotow zu Hitler vorgelassen wurde. Hitler saß an seinem Schreibtisch am anderen Ende des riesigen Zimmers und betrachtete einige Augenblicke lang schweigend seinen Besucher, sprang dann auf und schüttelte, noch immer wortlos, jedem Mitglied der sowjetischen Delegation die Hand. Als er sie aufforderte, in der Sitzecke Platz zu nehmen, teilten sich einige Vorhänge, und Ribbentrop schloß sich mit wenigen Beratern der Gruppe an.[10]

Nach dieser Demonstration von Erhabenheit, wie die Nationalsozialisten sie verstanden, legte Hitler seine eigenen Vorstellungen vom Zweck dieses Zusammentreffens dar. Er schlug vor, eine gemeinsame, langfristige Strategie zu vereinbaren, weil sowohl Deutschland wie die Sowjetunion »an ihrer Spitze Männer [haben], die genügend Autorität [besitzen], um die Entwicklung ihrer Länder in eine bestimmte Richtung festzulegen.«[11] Hitler schwebte vor, gemeinsam mit den Sowjets eine Art Monroe-Doktrin für den gesamten europäischen und afrikanischen Raum geltend zu machen. Die Kolonialgebiete sollten untereinander aufgeteilt werden.

Molotow gab zu erkennen, daß er durch diesen Empfang, der einer operettenhaften Vorstellung von Größe nachgebildet schien, nicht im geringsten eingeschüchtert war. Er beschränkte sich darauf, eine Reihe präziser Fragen zu stellen: Was war die eigentliche Zielsetzung des Dreimächtepakts? Was meinte Hitler mit der von ihm verkündeten Neuen Ordnung? Was mit dem »asiatischen Raum«? Welche Absichten hatten die Deutschen auf dem Balkan? Galt die Vereinbarung noch, der zufolge Finnland der sowjetischen Einflußsphäre zugeordnet war?

Nie zuvor hatte jemand ein Gespräch mit Hitler auf diese Weise an sich gezogen oder ihn einem Kreuzverhör unterworfen. Auf jeden Fall war Hitler nicht daran interessiert, den deutschen Handlungsspielraum irgendwo auf der Welt, wohin seine Armeen vorzudringen imstande waren, einschränken zu lassen – und ganz sicher nicht innerhalb Europas.

Dem zweiten Treffen mit Hitler, das am nächsten Tag stattfand, ging ein spartanisches Mittagessen voraus. Fortschritte wurden nicht erzielt. Es war typisch für Hitler, daß er mit einem ausgedehnten Monolog begann, in dessen Verlauf er darlegte, wie er die Welt mit Stalin zu teilen gedachte:»Nach der Niederringung Englands«, so erklärte er großartig,»[wird] das britische Weltreich als eine gigantische Weltkonkursmasse von vierzig Millionen Quadratkilometern zur Verteilung kommen. In dieser Konkursmasse [liegt] für Rußland der Weg zum eisfreien und wirklich offenen Weltmeer. Eine Minderheit von fünfundvierzig Millionen Engländern [hat] bisher sechshundert Millionen Einwohner des britischen Weltreichs regiert. [Ich] stehe im Begriff, diese Minderheit zusammenzuschlagen. [...] Unter diesen Umständen [eröffnen] sich weltweite Perspektiven. Im Laufe der nächsten Wochen [müssen] sie mit Rußland geklärt und Rußlands Beteiligung an der Lösung dieser Probleme festgelegt werden. [...] Alle Staaten, die etwa Interessenten an dieser Konkursmasse [sind], [müssen] sämtliche Konflikte untereinander abstoppen und sich lediglich mit der Verteilung des britischen Weltreichs befassen.«[12]

Molotow erwiderte zynisch, er stimme dem zu, was er verstanden habe, und versprach, das übrige nach Moskau zu berichten. Prinzipiell mit Hitlers Erklärung, die Sowjetunion und Deutschland hätten keine widerstreitenden Interessen, übereinstimmend, stellte er die Behauptung sogleich auf die Probe. Er richtete an Hitler die Frage, wie Deutschland denn reagieren würde, wenn die Sowjetunion gegenüber Bulgarien eine ähnliche Garantieerklärung abgäbe, wie Deutschland es für Rumänien getan hatte (denn damit wären einer weiteren Ausdehnung des deutschen Einflusses auf dem Balkan ja de facto Grenzen gesetzt). Und was wäre, wenn die Sowjetunion Finnland annektierte? Offensichtlich gehörte Selbstbestimmung nicht zu den Prinzipien sowjetischer Außenpolitik, und Stalin wäre der letzte gewesen, der mit der Annexion nicht-russischer Völker gezögert hätte, wenn ihm dies ohne deutsche Intervention möglich gewesen wäre. Nicht nur die territorialen Regelungen, sondern auch die moralischen Prinzipien des Versailler Vertrages waren erloschen.

Es trug nicht zur Lockerung der Atmosphäre bei, daß Hitler anschließend ziemlich gereizt darauf hinwies, Bulgarien habe ja wohl kaum um ein Bündnis mit der Sowjetunion nachgesucht. Und die Annexion Finnlands sei abzulehnen, weil sie das Geheimabkommen verletze; daß gerade die Verletzung des Abkommens der Anlaß für Molotows Reise nach Berlin gewesen war, ließ er dabei freilich außer acht. Die Begegnung endete mit einem Mißklang. Als Hitler sich erhob und etwas von der Möglichkeit eines britischen Luftangriffs murmelte, wiederholte Molotow noch einmal seine grundlegende Botschaft:»Die Sowjetunion als Großmacht kann in den wichtigen europäischen und asiatischen Streitfragen nicht abseits stehen.«[13] Ohne die Gegenleistungen der Sowjetunion für den Fall, daß Hitler auf deren Wünsche tatsächlich einging, im einzelnen zu benennen, versprach Molotow lediglich, er werde, sobald er Stalin Bericht erstattet habe, Hitler die Vorstellungen seines Chefs übermitteln, wie eine angemessene Einflußsphäre auszusehen habe.

Hitler war so verärgert, daß er einem von Molotow in der sowjetischen Botschaft gegebenen Diner fernblieb, obwohl die meisten anderen NS-Größen anwesend waren. Dem Abendessen setzte ein britischer Luftangriff ein Ende, und weil die Sowjetbotschaft keinen Luftschutzkeller hatte, stoben die Gäste in alle Windrichtungen auseinander. Die Nationalsozialisten fuhren in Limousinen davon, die sowjetische Delegation begab sich zum Schloß Bellevue, heute der Berliner Sitz des Bundespräsidenten, und Ribbentrop nahm Molotow zu seinem privaten Luftschutzkeller mit. Dort wedelte er drohend mit dem deutschen Entwurf eines sowjetischen Beitritts zum Dreimächtepakt, offenbar ohne zu verstehen, daß Molotow weder geneigt noch autorisiert war, über das hinauszugehen, was er Hitler gesagt hatte. Der sowjetische Außenminister, den Entwurf einfach ignorierend, brachte abermals genau die Themen zur Sprache, denen Hitler zuvor aus dem Weg gegangen war. Dabei wiederholte er, die Sowjetunion könne von keiner Frage, die Europa betreffe – also Jugoslawien, Polen, Griechenland, Schweden und die Türkei –, ausgeschlossen werden. Es fiel auf, daß er die grandiosen Perspektiven längs des Indischen Ozeans, die Ribbentrop und Hitler vor ihm entfaltet hatten, sorgsam mied.[14]

Hinter Molotows anmaßendem und kompromißlosem Auftreten verbarg sich das Bemühen, Zeit für Stalin zu gewinnen, damit die sowjetische Führung einen Ausweg aus diesem nahezu unlösbaren Dilemma finden könnte. Hitler bot ihm zwar eine Partnerschaft bei der Niederwerfung Großbritanniens an. Aber es erforderte wenig Phantasie sich vorzustellen, daß danach die Sowjetunion gewissermaßen nackt vor ihren sogenannten Partnern im Dreimächtepakt stehen würde, die schließlich ohne Ausnahme ehemalige Bundesgenossen im Antikomintern-Pakt waren. Sollte Großbritannien andererseits ohne sowjetisches Zutun zusammenbrechen, konnte es für Moskau wünschenswert sein, seine strategische Position für die unvermeidliche Kraftprobe mit Hitler zu verbessern.

Letztlich aber entschied Stalin nie, welchen Kurs er verfolgen wollte. Am 25. November übermittelte Molotow Stalins Bedingungen für einen Beitritt zum Dreimächtepakt an Ribbentrop: Deutschland habe seine Truppen aus Finnland zurückzuziehen und der Sowjetunion dort freie Hand zu gewähren; Bulgarien müsse einem Militärbündnis mit der Sowjetunion beitreten und sowjetische Stützpunkte auf seinem Gebiet erlauben; von der Türkei werde ebenfalls die Duldung sowjetischer Basen auf ihrem Territorium, einschließlich der Dardanellen, verlangt. Deutschland habe sich nicht einzumischen, wenn die Sowjetunion ihre strategischen Ziele auf dem Balkan und an den Dardanellen gewaltsam verfolge. In Fortentwicklung von Hitlers eigenem Angebot, demzufolge das Gebiet südlich von Batumi und Baku der sowjetischen Einflußsphäre zuzurechnen sei, definierte der Kremlchef diesen Bereich nun so, daß er auch Iran und den Persischen Golf einschloß. Von Japan erwarte man schließlich, jegliche Ansprüche auf die Bodenschätze der Insel Sachalin aufzugeben.[15] Stalin mußte wissen, daß diese

Bedingungen niemals akzeptiert werden konnten: Sie blockierten schließlich jede weitere deutsche Expansion nach Osten, ohne dafür irgendein angemessenes sowjetisches Gegengeschäft anzubieten.

In erster Linie diente Stalins Antwort an Hitler deshalb dazu, seinem Gegenpart zu signalisieren, was er unter der sowjetischen Einflußsphäre verstand, und warnend darauf hinweisen, daß er sich gegen deren Beeinträchtigung zumindest diplomatisch zur Wehr setzen werde. Im Lauf der nächsten zehn Jahre fuhr Stalin fort, unter Anwendung alter zaristischer Taktiken diese Einflußsphäre zu etablieren – einvernehmlich, wo möglich, gewaltsam, wenn nötig. Er verfolgte die in dem Memorandum vom 25. November umrissenen Ziele zunächst gemeinsam mit Hitler, dann auf seiten der demokratischen Staaten gegen Hitler und zuletzt in Konfrontation zum Westen. Kurz vor seinem Tod schließlich schien Stalin nahe daran zu sein, die Möglichkeit eines großangelegten Handels mit dem Westen zu sondieren, um das zu schützen, was er stets als sowjetische Einflußsphäre behandelt hatte (siehe Kapitel 20).

Hitler allerdings betrachtete die Würfel längst als gefallen. Schon am Tag der Ankunft Molotows in Berlin hatte er angeordnet, alle Vorbereitungen für einen Angriff auf die Sowjetunion unverändert fortzusetzen; die endgültige Entscheidung sollte indes bis zur Billigung eines Operationsplanes aufgeschoben werden.[16] In seinen Augen war es immer nur darum gegangen, ob man die Sowjetunion vor oder nach der Niederwerfung Großbritanniens angreifen solle. Molotows Besuch löste dieses Problem. Noch am 14. November, dem Tag der Abreise Molotows aus Berlin, befahl Hitler, aus den vorläufigen Stabsplänen des Sommers ein Operationskonzept für einen Angriff auf die Sowjetunion zu entwickeln, der spätestens im Sommer 1941 stattzufinden habe. Als er Stalins Vorschlag vom 25. November erhielt, untersagte er denn auch ein Antwortschreiben. Stalin hatte im übrigen auch nie darum gebeten. Die militärischen Vorbereitungen Deutschlands für einen Krieg gegen Rußland liefen nun auf Hochtouren.

Es ist viel darüber debattiert worden, ob Stalin je wirklich verstanden hat, wie seine Taktik auf Hitler wirken mußte. Aller Wahrscheinlichkeit nach unterschätzte er die tödliche Ungeduld seines Gegners. Er scheint angenommen zu haben, Hitler sei, wie er, ein kühler und vorsichtiger Rechner, der seine Armeen keinesfalls in die Weiten Rußlands in Marsch setzen werde, bevor er nicht den Krieg im Westen beendet hatte. Das war ein Irrtum. Der deutsche Diktator nämlich glaubte, Willenskraft könne alle Hindernisse überwinden, und Widerstand faßte er in der Regel als persönliche Konfrontation auf. So war er unfähig abzuwarten, bis Umstände sich zur vollen Reife entwickelten, und sei es auch nur, weil Warten das Risiko in sich barg, daß die Umstände seinem Willen entglitten.

Stalin war nicht nur geduldiger, er hatte als Kommunist auch mehr Achtung vor den Triebkräften der Geschichte. In seiner nahezu dreißigjährigen

Amtszeit hat er nie alles auf eine Karte gesetzt und glaubte deshalb, auch Hitler werde das nicht tun. Inzwischen war Stalin geradezu krankhaft besorgt, hastige Truppenbewegungen der Sowjets könnten einen deutschen Präventivschlag auslösen; außerdem mißdeutete er Hitlers Bemühen, ihn für den Dreimächtepakt zu gewinnen, als einen Beweis dafür, daß Berlin 1941 weitere Versuche planen werde, Großbritannien zu Fall zu bringen. Allem Anschein nach glaubte Stalin, erst das folgende Jahr, 1942, werde das Jahr der Entscheidung für einen Krieg mit Deutschland sein. Sein Biograph Dimitri Wolkogonow erzählte mir, Stalin habe sich die Option eines Präventivkrieges gegen Deutschland in diesem Jahr offengehalten. Das könnte erklären, weshalb sowjetische Armeen 1941 so weit nach vorn verlegt wurden. Stalin erwartete, Hitler werde größere Forderungen stellen, bevor er angreife, und wäre vielleicht sogar ziemlich weit gegangen, um diese Forderungen zu erfüllen – zumindest 1941.

All diese Kalkulationen waren verfehlt, weil ihnen die Annahme zugrunde lag, Hitler lasse sich von rationalen Überlegungen leiten. Doch dem war nicht so: An normale Risiko-Einschätzungen fühlte sich der »Führer« nicht gebunden. Kaum ein Jahr war seit seiner Machtergreifung vergangen, in dem er nicht, auch in den Augen seiner engsten Mitarbeiter, riskante Aktionen unternommen hätte. Da ist die Wiederbewaffnung von 1934/35 zu nennen, die Besetzung des Rheinlands von 1936, die Besetzung Österreichs und der Tschechoslowakei von 1938, der Angriff auf Polen von 1939 und 1940 schließlich der Frankreich-Feldzug. Und es lag keineswegs in Hitlers Absicht, das Jahr 1941 zu einer Ausnahme werden zu lassen. Bei seiner Persönlichkeitsstruktur hätte er von einem Angriff auf die UdSSR nur dann abgehalten werden können, wenn die Sowjetunion dem Dreimächtepakt zu Minimalbedingungen beigetreten wäre und sich an einer Militäraktion gegen Großbritannien im Mittleren Osten beteiligt hätte. Dann jedoch, nach der Niederwerfung Großbritanniens und der Isolation der Sowjetunion, wäre Hitler mit Sicherheit wieder darangegangen zu verwirklichen, was zeitlebens sein Ziel gewesen war: die Eroberungen im Osten.

Kein noch so kluges Manövrieren Stalins konnte letztlich verhindern, daß sein Land in eine ähnliche Situation geriet wie Polen im Jahr zuvor. Die polnische Regierung hätte dem deutschen Überfall 1939 nur entgehen können, wenn sie den polnischen Korridor und Danzig abgetreten und sich dann einem Feldzug der Nationalsozialisten gegen die Sowjetunion angeschlossen hätte – um Polen am Ende doch Hitler auf Gnade und Barmherzigkeit ausgeliefert zu sehen. Jetzt, ein Jahr später, schien auch Moskau sich einen Aufschub der deutschen Aggression nur durch Unterwerfung unter die Pläne Berlins erkaufen zu können, und zwar um den Preis totaler Isolation und unter Eintritt in einen schwierigen Krieg gegen Großbritannien, nur um sich am Ende doch einem deutschen Angriff gegenüberzusehen.

Mit eisernen Nerven verfolgte Stalin seine zweigleisige Politik: Er kooperierte mit Deutschland, indem er ihm Kriegsmaterial lieferte, und bekämpfte es zugleich geopolitisch, so als ob dergleichen ohne jede Gefahr möglich sei. Obwohl er nicht gewillt war, dem Dreimächtepakt beizutreten, gewährte er den Japanern den einzigen Vorteil, den die sowjetische Mitgliedschaft im Pakt ihnen verschafft hätte: Er hielt ihnen für Abenteuer in Asien den Rücken frei.

Natürlich kannte Stalin Hitlers Äußerungen vor seinen Generälen nicht, ein Angriff auf die Sowjetunion werde es den Japanern ermöglichen, die Vereinigten Staaten offen herauszufordern. Dennoch kam auch Stalin nach Lage der Dinge zu demselben Schluß. Um so mehr bemühte er sich, diesen Anreiz aus der Welt zu schaffen. Am 13. April 1941 schloß er in Moskau einen Nichtangriffspakt mit Japan und verfolgte dabei angesichts wachsender Spannungen in Asien im wesentlichen dieselbe Taktik, die er in der Polen-Krise achtzehn Monate zuvor angewandt hatte. Auf jeden Fall nahm er dem Aggressor das Risiko eines Zwei-Fronten-Krieges und brachte es überdies fertig, einen Krieg von sowjetischem Territorium abzulenken, indem er an anderer Stelle das förderte, was er für einen kapitalistischen Bürgerkrieg hielt. Der Hitler-Stalin-Pakt hatte ihm einen Aufschub von zwei Jahren verschafft; der Nichtangriffspakt mit Japan ermöglichte es ihm sechs Monate später, seine Fernost-Armee in die Schlacht um Moskau zu werfen und so letzten Endes den Krieg zu seinen Gunsten zu wenden.

Nach Abschluß des Nichtangriffspaktes verabschiedete Stalin den japanischen Außenminister Yosuke Matsuoka am Bahnhof. Diese noch nie dagewesene Geste symbolisierte nicht nur die Bedeutung, die der Generalsekretär dem Pakt beimaß, sondern verschaffte ihm zugleich eine Gelegenheit, in Gegenwart des gesamten diplomatischen Korps Deutschland zu Verhandlungen aufzufordern und seinen gewachsenen Verhandlungsspielraum zur Schau zu stellen. »Die europäische Frage kann auf natürliche Weise gelöst werden, wenn Japan und die Sowjets zusammenarbeiten«, sagte Stalin zum Außenminister so laut, daß es jeder hören konnte – möglicherweise, um erkennen zu geben, daß sich mit sicheren Ostgrenzen seine Verhandlungsposition in Europa verbessert habe, vielleicht aber auch, um anzudeuten, daß es nun für Deutschland keine Notwendigkeit mehr gebe, einen Krieg mit der Sowjetunion zu führen, nur um Japan den Rücken für einen Angriff auf die Vereinigten Staaten freizuhalten. »Nicht nur die europäische Frage«, antwortete der japanische Außenminister. »Die ganze Welt kann in Ordnung gebracht werden!« bekräftigte Stalin – solange andere den Kampf auf sich nehmen, muß er sich insgeheim gedacht haben, und die Sowjetunion die Belohnung für die Erfolge der anderen bekommt.

Um seine Botschaft nach Berlin zu übermitteln, ging Stalin anschließend auf den deutschen Botschafter von der Schulenburg zu, legte den Arm um ihn und verkündete: »Wir müssen Freunde bleiben, und dafür müssen Sie jetzt alles tun.« Um ganz sicherzugehen, jeden »Nachrichtenkanal«, auch den militärischen, genutzt zu haben, wandte Stalin sich danach dem amtierenden deutschen Militärattaché zu und sagte laut: »Wir werden Freunde bleiben, was immer auch geschieht.«[17]

Stalin hatte allen Grund, über Deutschlands Verhalten besorgt zu sein. Wie von Molotow in Berlin schon angedeutet, hatte er die Bulgaren gedrängt, eine sowjetische Garantie anzunehmen. Im April 1941 hatte er einen Freundschafts- und Nichtangriffspakt mit Jugoslawien ausgehandelt, und zwar just in dem Augenblick, da Deutschland Durchmarschrechte durch Jugoslawien anstrebte, um Griechenland anzugreifen, eine Vorgehensweise, die den jugoslawischen Widerstand gegen deutschen Druck ermutigen mußte. Wie sich herausstellte, wurde der sowjetische Vertrag mit Jugoslawien nur Stunden, bevor die deutsche Armee die jugoslawische Grenze überschritt, unterzeichnet.

Stalin neigte dazu – und darin bestand seine prinzipielle Schwäche als Staatsmann –, seinen Gegnern dieselbe Fähigkeit kühler Berechnung beizumessen, die er sich selbst so stolz zugute hielt. So kam es, daß er die Wirkung seiner eigenen Unnachgiebigkeit unter- und die Reichweite seiner – ohnehin seltenen – Bemühungen um Ausgleich überschätzte. Diese Haltung sollte auch sein Verhältnis zu den Westmächten nach dem Krieg vergiften. 1941 aber war er bis zu dem Augenblick, da die Deutschen die sowjetische Grenze überquerten, fest überzeugt, er werde den Überfall in letzter Minute auf dem Verhandlungsweg abwenden können, wobei alles – wie erwähnt – darauf hindeutet, daß er zu weitgehenden Konzessionen bereit war.

Es hat gewiß nicht an Versuchen Stalins gefehlt, einen Angriff der Deutschen zu verhindern. Am 6. Mai 1941 wurde die sowjetische Bevölkerung informiert, daß Stalin von Molotow die Funktion des Ministerpräsidenten übernommen habe, während dieser die Ämter des stellvertretenden Ministerpräsidenten und des Außenministers behielt. Es war das erste Mal, daß Stalin mit Entschiedenheit aus der Kommunistischen Partei hervortrat, um sichtbar Verantwortung für das politische Tagesgeschäft zu übernehmen.

Nur eine extreme Gefahrensituation konnte Stalin dazu getrieben haben, seine bevorzugte Regierungsmethode, die Aura der geheimnisvollen Drohgestalt, aufzugeben. Andrej Wyschinskij, damals stellvertretender Außenminister, bemerkte zum Botschafter der Vichy-Regierung, die Übernahme eines öffentlichen Amtes durch Stalin markiere »das größte Ereignis in der Geschichte der Sowjetunion seit ihren Anfängen«.[18] Von der Schulenburg glaubte, Stalins Absicht erraten zu haben. »Meiner Meinung nach«, sagte er zu Ribbentrop, »kann mit Sicherheit angenommen werden, daß Stalin sich ein außenpolitisches Ziel von immenser Bedeutung für die Sowjetunion gesetzt hat, das er durch seinen persönlichen Einsatz zu erreichen hofft. Ich glaube fest daran, daß Stalin sich in einer von ihm als ernst eingeschätzten internationalen Lage vorgenommen hat, die Sowjetunion vor einem Konflikt mit Deutschland zu bewahren.«[19]

Die nächsten Wochen bewiesen, wie richtig die Vorhersage des deutschen Botschafters war. Um Deutschland zu beruhigen, dementierte

>TASS‹ am 8. Mai, daß es ungewöhnliche sowjetische Truppenkonzentrationen an den westlichen Grenzen gebe. Im Laufe der folgenden Wochen brach Stalin die diplomatischen Beziehungen zu allen europäischen Exilregierungen mit Sitz in London ab, und zwar mit der verletzenden Begründung, ihre Interessen sollten fortan von der deutschen Botschaft wahrgenommen werden. Gleichzeitig erkannte Stalin die Marionettenregierungen an, die Deutschland in einigen der besetzten Gebiete installiert hatte. Mit einem Wort: Er suchte Deutschland zu versichern, daß er alle Eroberungen anerkenne.

Um jeden denkbaren Vorwand für einen Angriff zu beseitigen, wollte Stalin noch nicht einmal zulassen, daß vorgeschobene sowjetische Militäreinheiten in erhöhte Alarmbereitschaft versetzt wurden. Überdies ignorierte er britische und amerikanische Warnungen vor einem bevorstehenden deutschen Angriff, und dies zum Teil auch deshalb, weil er die Angelsachsen verdächtigte, ihn in einen Kampf mit Deutschland verwickeln zu wollen. Obwohl Stalin es untersagte, die immer zahlreicher werdenden deutschen Aufklärungsflugzeuge unter Beschuß zu nehmen, erlaubte er in gehörigem Abstand zur Front Zivilschutzübungen und die Einberufung von Reservisten. Offenbar war er zu dem Schluß gekommen, die beste Aussicht auf einen Handel in letzter Minute bestehe darin, Berlin hinsichtlich seiner Absichten zu beruhigen, vor allem dadurch, daß unter den verfügten Gegenmaßnahmen keine wirklich die Wahrscheinlichkeit in sich barg, an der Sachlage Entscheidendes zu ändern.

Am 13. Juni, neun Tage, bevor die Deutschen angriffen, veröffentlichte >TASS‹ eine weitere amtliche Erklärung, die weitverbreitete Gerüchte von einem bevorstehenden Krieg dementierte. Die Sowjetunion, so die Erklärung, beabsichtige, alle bestehenden Vereinbarungen mit Deutschland einzuhalten. Die Verlautbarung enthielt auch deutliche Hinweise auf die Möglichkeit neuer Verhandlungen mit dem Ziel zufriedenstellender Regelungen aller strittigen Fragen. Daß Stalin tatsächlich zu größeren Zugeständnissen bereit gewesen war, zeigte noch einmal Molotows Reaktion, als ihm von der Schulenburg am 22. Juni die deutsche Kriegserklärung überbrachte. Die Sowjetunion, so wandte der sowjetische Außenminister klagend ein, sei bereit gewesen, all ihre Truppen von der Grenze zurückzuziehen, um Deutschland zu beruhigen. Über sämtliche anderen Forderungen könne verhandelt werden. Ungewöhnlich defensiv bemerkte Molotow: »Das haben wir wahrlich nicht verdient.«[20]

Deutschlands Kriegserklärung bedeutete für Stalin offenbar einen derartigen Schock, daß er für etwa zehn Tage in Depressionen verfiel. Am 3. Juli jedoch übernahm er wieder das Kommando und hielt eine bedeutende Rundfunkansprache. Anders als Hitler war Stalin kein geborener Redner. Er sprach selten in der Öffentlichkeit, und wenn er es doch tat, dann zumeist mit äußerster Pedanterie. Auch in dieser Ansprache verließ er sich auf nüchternes Herunterlesen der gewaltigen Aufgaben, die vor den sowjetischen

Völkern lägen. Aber gerade seine Sachlichkeit vermittelte eine gewisse Entschlossenheit und das Gefühl, daß die Aufgabe, so gigantisch sie auch sein mochte, bewältigt werden könne.

»Die Geschichte lehrt uns«, sagte Stalin,»daß es unbesiegbare Armeen nicht gibt und nie gegeben hat.« Stalin erteilte Befehle, den gesamten Maschinenpark und alles rollende Material zu zerstören sowie Partisanengruppen hinter den deutschen Linien zu bilden. Dabei verlas er nach Buchhalterart eine Menge Zahlen. Allein zu Beginn seiner Rede hatte er rhetorisches Talent erkennen lassen. Nie zuvor hatte Stalin an sein Volk auf persönlicher Ebene appelliert (und er sollte es auch nie wieder tun):»Kameraden, Bürger, Brüder und Schwestern, Kämpfer unseres Heeres und unserer Marine. Zu Euch, meine Freunde, spreche ich.«[21]

Hitler hatte endlich den Krieg, den er immer gewollt hatte. Und er hatte sein Schicksal besiegelt, in einer Weise zumal, die er vielleicht immer angestrebt hatte. Deutschland, nun an zwei Fronten kämpfend, war innerhalb einer Generation zum zweiten Mal zu weit gegangen. Etwa siebzig Millionen Deutsche waren im Einsatz gegen etwa siebenhundert Millionen Gegner, nachdem Hitler im Dezember 1941 auch die Vereinigten Staaten in den Krieg gezogen hatte. Offensichtlich war sogar der»Führer« von Schrecken ergriffen angesichts der Aufgabe, die er sich gesetzt hatte. Wenige Stunden vor dem Angriff sagte er jedenfalls zu seinem Stab:»Mir ist, als stieße ich die Tür zu einem dunklen, nie zuvor gesehenen Zimmer auf, ohne zu wissen, was sich hinter der Tür verbirgt.«[22]

Stalin spekulierte auf Hitlers Vernunft – und verlor; Hitler spekulierte auf Stalins raschen Zusammenbruch – und verlor ebenfalls. Doch Stalins Irrtum war wiedergutzumachen, Hitlers nicht.

Kapitel 15

# Amerika kehrt in die Arena zurück:
# Franklin Delano Roosevelt

*Franklin Delano Roosevelt und Winston Churchill*
*am 14. August 1941 an Bord des US-Kreuzers »Augusta«*

Den Spitzenpolitikern unserer Zeit, die auf der Grundlage von Meinungsumfragen regieren, könnte die Rolle, die Roosevelt spielte, als er eine isolationistisch eingestellte Nation zum Kriegseintritt bewegte, als ein Lehrstück
für Führung im Rahmen einer Demokratie dienen. Gewiß: Irgendwann
hätte Amerika angesichts des bedrohten europäischen Gleichgewichts
zwangsläufig gegen Deutschland einschreiten müssen, um sich dessen Griff
nach der Weltherrschaft entgegenzustellen. Allein schon aufgrund ihrer
ständig wachsenden Macht mußten die Vereinigten Staaten früher oder später in den Mittelpunkt des internationalen Geschehens rücken. Daß dies
jedoch mit solcher Schnelligkeit und Entschlossenheit geschah, ist Franklin
Delano Roosevelt zu verdanken.

Alle großen Staatsmänner sind einsam. Ihre Einzigartigkeit entspringt
ihrer Fähigkeit, künftige Probleme und Herausforderungen schon vor ihren
Zeitgenossen zu erkennen. Roosevelt führte eine isolationistisch orientierte
Gesellschaft in einen Krieg zwischen Staaten, deren Konflikte untereinander noch einige Jahre zuvor als weitgehend unvereinbar mit amerikanischen Wertvorstellungen, vor allem aber als unbedeutend für die Sicherheit
der Vereinigten Staaten eingestuft worden waren. Nach 1940 konnte er den
Kongreß, der wenige Jahre zuvor mit überwältigender Mehrheit eine Reihe
von Neutralitätsgesetzen erlassen hatte, für eine verstärkte Unterstützung
Großbritanniens gewinnen. Diese schloß zwar direkte Kriegshandlungen
aus, doch ging sie gelegentlich – gegenüber Deutschland – über diese
Grenze auch hinaus. Schließlich räumte Japans Angriff auf Pearl Harbor
Amerikas letzte Bedenken, in den Krieg einzutreten, aus. So gelang es
Roosevelt, eine Gesellschaft, die sich zweihundert Jahre lang in nahezu
ungestörter Sicherheit gewiegt hatte, von den erheblichen Gefahren eines
Sieges der Achsenmächte zu überzeugen; mehr noch: Er sorgte dafür, daß
die Verwicklung in europäische Angelegenheiten dieses Mal zugleich ein
erster Schritt zu einem ständigen internationalen Engagement wurde. Den
Qualitäten, die er als Präsident an den Tag legte, ist es zu verdanken, daß die
Alliierten während des Krieges zusammenhielten und daß jene multilateralen Institutionen ins Leben gerufen wurden, die noch heute im Dienst der
internationalen Gemeinschaft stehen.

Kein zweiter Präsident der Vereinigten Staaten, vielleicht mit Ausnahme
Abraham Lincolns, hat die amerikanische Geschichte so entscheidend

beeinflußt. Roosevelt leistete seinen Amtseid in einer innenpolitisch unsicheren Zeit, als der Glaube an die unbegrenzten Fortschrittsmöglichkeiten der Neuen Welt durch die wirtschaftliche Depression tief erschüttert war. Überall um ihn herum schien die Existenz der Demokratien bedroht; sowohl linke als auch rechte antidemokratische Regierungen gewannen zunehmend an Boden. Roosevelt hatte den Menschen im eigenen Land neue Hoffnung gegeben. Nun schien ihn das Schicksal zu verpflichten, die Demokratie überall auf der Welt zu verteidigen. Niemand hat diesen Aspekt in Roosevelts Werk so treffend in Worte gefaßt wie Isaiah Berlin:»[Roosevelt] betrachtete die Welt ruhigen Auges, als wolle er sagen:›Soll es ruhig kommen; was es auch sein mag, es kann uns nur förderlich sein. Wir werden das Beste für uns herausholen.‹ [...] In einer entmutigten Welt, die aufgeteilt zu sein schien zwischen bösen, doch fatalerweise erfolgreichen Fanatikern mit zerstörerischen Absichten und verwirrten Völkern auf der Flucht, desillusionierten Märtyrern, die um unerklärlicher Dinge willen litten, glaubte er – solange er das Ruder in der Hand hatte – dieser schrecklichen Flut Einhalt gebieten zu können. Er besaß sowohl den Charakter als auch die Energie und das Geschick eines Diktators, aber er war auf unserer Seite.«[1]

Roosevelt war bereits unter Woodrow Wilson als Unterstaatssekretär für die Marine tätig gewesen, und bei den Wahlen 1920 hatte er als Vizepräsident für die Demokraten kandidiert. Während viele Staatslenker – wie de Gaulle, Churchill, Adenauer – sich genötigt sahen, die mit dem Aufstieg zur Berühmtheit entstandene Isolation durch einen zeitweisen Rückzug aus dem öffentlichen Leben zu verarbeiten, wurde Roosevelt zu einer Pause gezwungen, als er 1921 an Kinderlähmung erkrankte. Mit außerordentlicher Willenskraft bekam er seine Behinderung in den Griff; mit Hilfe zweier Krücken lernte er zu stehen, dann sogar einige Schritte zu laufen, so daß er öffentlich in einer Weise auftreten konnte, als wäre er keineswegs gelähmt. Bis zu seinem Bericht über die Jalta-Konferenz vor dem Kongreß im Jahr 1945 hielt Roosevelt alle wichtigen Reden im Stehen. Da die Medien ihn in seinem Bemühen um eine würdevolle Amtsführung unterstützten, bemerkte die breite Mehrheit der Amerikaner nie, wie stark er eigentlich behindert war. Das ersparte ihm Mitleid.

Roosevelt war ein Mann von überschäumendem Naturell. Er setzte seinen Charme bewußt ein, um Distanz zu halten, und vereinte in sich die Rolle des politischen Manipulators mit der des Visionärs. Politisch handelte er häufiger instinktiv als analytisch und weckte dadurch äußerst widersprüchliche Gefühle.[2] Auch Isaiah Berlin verschweigt Roosevelts gravierende Charakterfehler, zu denen Skrupellosigkeit, Rücksichtslosigkeit und Zynismus zählten, nicht. Sein Resümee bleibt dennoch positiv:»Seine Anhänger fühlten sich besonders durch seine widersprüchlichen, jedoch dadurch auch ungewöhnlich inspirierenden Eigenschaften angezogen, die sich gegeneinander aufwogen: Er war großherzig und besaß einen umfassenden politischen Horizont, Einfallsreichtum und Elan, ein Gespür für seine Zeit und für die Richtung der großen neuen Kräfte, die im zwanzigsten Jahrhundert am Werk waren...«.[3]

Dies also war der Präsident, der die Vereinigten Staaten in eine internationale Führungsrolle drängte, und zwar in einer Zeit, in der Fragen wie Krieg oder Frieden, Fortschritt oder Stagnation überall in der Welt von seiner Sicht und seinem Engagement abhängig sein würden.

Es war ein langer Weg, den die USA von ihrer Verwicklung in den Ersten Weltkrieg bis zur aktiven Beteiligung am Zweiten Weltkrieg zurücklegten. Zwischenzeitlich nämlich fiel die amerikanische Politik wieder in den Isolationismus zurück. Und doch illustriert jener tiefe Abscheu gegen internationale Angelegenheiten erst den Wert der Leistung Roosevelts. Ein kurzer Abriß des historischen Hintergrunds, vor dem Roosevelt seine Politik betrieb, mag dies verdeutlichen.

In den zwanziger Jahren war die Stimmung in den USA von bestimmten Zwiespältigkeiten oder Widersprüchen gekennzeichnet. Sie schwankte zwischen der bereitwilligen Anerkennung allgemeingültiger Prinzipien und dem Bedürfnis, diese im Namen einer isolationistischen Außenpolitik zu rechtfertigen. Die Amerikaner maßen ihren traditionellen außenpolitischen Themen nun noch größere Bedeutung bei: der einzigartigen Berufung der USA als eines Vorbilds an Freiheitlichkeit, der moralischen Überlegenheit demokratischer Außenpolitik, dem fließenden Übergang zwischen persönlicher und internationaler Moral, der Bedeutung einer offenen Diplomatie und der Ersetzung des herkömmlichen Gleichgewichts der Kräfte durch einen internationalen Konsens, wie er zum Beispiel im Völkerbund zum Ausdruck kam.

Aber all diese vorgeblich universellen Prinzipien wurden zugunsten einer isolationistischen Außenpolitik vorgebracht. Amerikanische Bürger vermochten sich noch immer nicht vorzustellen, daß irgend etwas, das außerhalb der westlichen Hemisphäre – gemeint war natürlich der amerikanische Kontinent – passierte, möglicherweise ihre Sicherheit berühren würde. In den zwanziger und dreißiger Jahren sahen die Amerikaner selbst in der ursprünglich von ihnen in die internationale Politik eingebrachten Doktrin der kollektiven Sicherheit keine Begründung, sich in die Streitigkeiten weit entfernter, kriegslüsterner Nationen einzumischen. Die Bestimmungen des Versailler Vertrags deutete man als von Rachsucht bestimmt, und Reparationen hielt man für sinn- und zwecklos. Als die Franzosen das Ruhrgebiet besetzten, nutzten die USA daher rasch die Gelegenheit, ihre restlichen Besatzungstruppen aus dem Rheinland abzuziehen. Da Wilsons Lehre von Amerikas Sonderstellung Kriterien enthielt, denen keine internationale Ordnung Rechnung tragen konnte, gehörte eine bestimmte Desillusionierung im Grunde genommen zu ihrem Wesen.

Die Enttäuschung über die tatsächlichen Ergebnisse des Krieges verwischte die Unterschiede zwischen Internationalisten und Isolationisten. Selbst für die entschiedensten Internationalisten stand nun außer Frage, daß die Aufrechterhaltung einer brüchigen Nachkriegsordnung nicht mehr im Interesse der Vereinigten Staaten lag. Keine der Gruppen, die im politischen Leben damals Gewicht hatten, schätzte das Gleichgewicht der Kräfte positiv ein. »Internationalismus« wurde auf Mitgliedschaft im Völkerbund reduziert, nicht als tagtägliche Mitwirkung an der internationalen Diplomatie verstanden, und selbst die eifrigsten Internationalisten betonten nachdrücklich, die Monroedoktrin erübrige den Völkerbund. Auch sie schreckten vor dem Gedanken zurück, die USA könnten sich an vom Völkerbund verhängten Zwangsmaßnahmen beteiligen, selbst wenn es sich nur um wirtschaftliche handeln sollte.

Die Isolationisten führten diese Überlegungen konsequent zu Ende. Der Völkerbund, so argumentierten sie, gefährde die beiden Pfeiler der historisch gewachsenen US-Außenpolitik – die Monroedoktrin und den Isolationismus. Völkerbund und Monroedoktrin seien nämlich gar nicht vergleichbar, weil die kollektive Sicherheit die Völkergemeinschaft dazu berechtige beziehungsweise geradezu auffordere, sich in Auseinandersetzungen *innerhalb* der westlichen Hemisphäre einzuschalten. Aus demselben Grund widerspreche das Konzept des Völkerbundes auch dem Isolationismus, da es die Vereinigten Staaten umgekehrt zur Einmischung in Auseinandersetzungen *außerhalb* der westlichen Hemisphäre verpflichte.

Die Isolationisten konnten ein stichhaltiges Argument ins Feld führen. Falls sich die gesamte westliche Hemisphäre irgendwie dem Geltungsbereich der kollektiven Sicherheit entzog, was sollte dann die anderen Nationen davon abhalten, sich zu eigenen regionalen Gruppierungen zusammenzuschließen und sich ebenfalls aus der Tätigkeit des Völkerbundes herauszuhalten? In diesem Fall hätte der Völkerbund zur Wiederherstellung eines Gleichgewichtsystems geführt, wenn auch auf regionaler Basis. Im Blick auf praktische Außenpolitik befürworteten Internationalisten wie Isolationisten deshalb ein zweigleisiges Vorgehen: Beide lehnten außenpolitische Interventionen innerhalb der westlichen Hemisphäre ebenso ab wie jedwede Beteiligung an Zwangsmaßnahmen des Völkerbundes außerhalb dieses Gebietes. Was sie dagegen unterstützten, waren Abrüstungskonferenzen, weil beide davon überzeugt waren, daß Waffen Krieg provozierten und Abrüstung zum Frieden beitrage. International gebilligte Prinzipien zur friedlichen Beilegung von Streitfällen, beispielsweise der Briand-Kellogg-Pakt, waren unumstritten, solange in solchen Abkommen nicht die Verpflichtung zu ihrer Durchsetzung inbegriffen war. Bei technischen Problemen schließlich, die gewöhnlich finanzieller Natur waren und keine unmittelbaren politischen Folgen hatten – etwa die Ausarbeitung von Reparationsplänen –, waren die Vereinigten Staaten immer hilfsbereit.

Die Kluft, die sich zwischen der Billigung eines Grundsatzes einerseits und der Beteiligung an Maßnahmen, diesen Prinzipien auch Geltung zu verschaffen, andererseits auftat, ließ sich nach der Washingtoner Konferenz von 1921/22 nicht mehr verbergen. Die Zusammenkunft war in zweierlei Hinsicht von Bedeutung. Erstens wurde eine Obergrenze für die Flottenstärke der Vereinigten Staaten, Großbritanniens und Japans festgelegt: Den USA wurde zugestanden, eine ebenso große Flotte wie Großbritannien aufzubauen; Japans Bestände wurden auf drei Fünftel der US-amerikanischen begrenzt. Amerikas neue Rolle als führende Macht im Pazifik neben Japan wurde durch ein Flottenabkommen bekräftigt, Großbritannien – die ehemals bedeutendste Seemacht – auf den zweiten Platz verwiesen. Zweitens wurde ein Vertrag zwischen Japan, den Vereinigten Staaten, Frankreich und Großbritannien abgeschlossen, das sogenannte Viermächteabkommen, das die Unterzeichnerstaaten zur friedlichen Beilegung von Streitigkeiten verpflichtete, das alte britisch-japanische Bündnis von 1902 ersetzen und eine Epoche der Zusammenarbeit im pazifischen Raum einläuten sollte. Was indes würde geschehen, sollte einer der Unterzeichner dieses Viermächteabkommens die Bestimmungen mißachten? Würden die anderen dann gegen ihn vorgehen? »Das Viermächteabkommen enthält keine Kriegsverpflichtung [...]. Es existiert keine Verpflichtung, Streitkräfte einzusetzen, kein Bündnis, keine schriftliche oder moralische Verbindlichkeit zu gemeinsamen Verteidigungsanstrengungen«, erklärte Präsident Harding dem skeptischen US-Senat.[4]

Außenminister Charles Evans Hughes verlieh den Worten des Präsidenten zusätzliches Gewicht, als er alle Vertragsunterzeichner darüber in Kenntnis setzte, daß die Regierung der Vereinigten Staaten sich unter keinen Umständen an der Durchsetzung des Vertrages im Konfliktfall beteiligen werde. Auch das reichte dem Senat jedoch nicht. Er ratifizierte das Viermächteabkommen nur unter dem Vorbehalt, daß es keine Verpflichtung nach sich ziehe, Aggression mit Waffengewalt niederzuschlagen.[5] Mit anderen Worten: Das Abkommen hing im luftleeren Raum; hielten einer oder mehrere Partner die Bestimmungen nicht ein, bliebe dies ohne Folgen. Die USA würden jeden Fall einzeln entscheiden, so, als gäbe es gar kein Abkommen.

Dieser Vorschlag widersprach allen diplomatischen Gepflogenheiten der letzten Jahrhunderte. Daß ein feierlich unterzeichneter Vertrag durch keinerlei Sicherung geschützt wurde, seine Einhaltung vielmehr von Fall zu Fall mit dem Kongreß ausgehandelt werden mußte, war fraglos neu. Es war ein Vorgeschmack auf die Debatten, die sich zwischen der Regierung Nixon und dem Kongreß nach dem Vietnam-Friedensvertrag von 1973 abspielten, als der Kongreß behauptete, ein Abkommen, für das die Vereinigten Staaten drei Legislaturperioden lang unter wechselnden Regierungen gekämpft hätten, könne noch lange keinen Anspruch auf Ratifizierung erheben. Folgt man dieser Argumentation, so hieße das, daß Vereinbarungen mit den Vereinigten Staaten stets das momentane politische Klima in Washington widerspiegelten. Und welche Konsequenzen sich daraus letztes Endes ergäben, hing demzufolge von Washingtons Stimmung zu jeweils anderen Zeitpunkten ab – eine Einstellung, nicht dazu angetan, Vertrauen in amerikanische Vertragstreue zu erwecken. Präsident Warren G. Hardings Begeisterung über das Viermächteabkommen war jedoch selbst durch den Vorbehalt des Senates nicht gebremst worden. Bei der feierlichen Unterzeichnung beteuerte er, mit Hilfe dieses Vertragswerkes würden die Philippinen geschützt und »eine neue und bessere Ära in der Geschichte der Menschheit« eingeleitet. Wie aber konnte ein Vertrag ohne Umsetzungsbestimmungen ein solch kostbares Unterpfand wie die Philippinen sichern? Obwohl er nicht zu den Anhängern Wilsons zählte, berief auch Harding sich auf dessen Argumentationsmuster. Die Welt, so sagte er, werde Vertragsbrüchige strafen, indem sie die »Abscheulichkeit von Heimtücke und Niedertracht« verkünde.[6] Allerdings erläuterte er weder, was genau unter »Weltöffentlichkeit« zu verstehen sei, noch wie und für welche Sache diese formiert werden sollte, solange Amerika sich weigerte, dem Völkerbund beizutreten.

Die Debatten um den Briand-Kellogg-Pakt von 1918 bewegten sich in ähnlichen Bahnen. Auch hier zeigte sich die Tendenz, so zu tun, als erfüllten sich die in ihm ausgedrückten Prinzipien und Werte quasi von selbst, allein aus der ihnen innewohnenden moralischen Kraft. Denn obwohl die amerikanischen Politiker den Vertrag begeistert als historische Errungenschaft bejubelten – zweiundsechzig Staaten hatten auf Krieg als Instrument nationaler Politik verzichtet –, weigerten sie sich unbeirrbar, Mechanismen zu billigen, die seine Anwendung und erst recht seine Durchsetzung zu sichern suchten. Das hinderte Präsident Calvin Coolidge freilich nicht, den Vertrag im Dezember 1928 vor dem Kongreß überschwenglich zu preisen: »Die Einhaltung dieses feierlichen Abkommens […] ist dem Frieden in der Welt zuträglicher als jede andere bisher zwischen Staaten ausgehandelte Vereinbarung.«[7]

Eine schöne Utopie. Doch wie sollte sie verwirklicht werden? Ermuntert durch Coolidges leidenschaftliches Plädoyer, folgerten Internationalisten und Unterstützer des Völkerbundes durchaus vernünftig, daß das Neutralitätskonzept nun, nachdem der Krieg geächtet worden sei, seinen Sinn verloren habe. Denn seit der Völkerbund dazu ermächtigt sei, in Konfliktsituationen den Angreifer zu benennen, war die internationale Gemeinschaft ihrer Ansicht nach verpflichtet, diesen angemessen zu bestrafen. »Glaubt irgend jemand«, fragte einer der Verfechter dieser Position, »daß man Mussolinis aggressiven Plänen allein durch den guten Glauben des italienischen Volkes und die Macht der öffentlichen Meinung Widerstand entgegensetzen kann?«[8]

Das Problem war erkannt – und wurde ignoriert. Sogar während der nach ihm benannte Vertrag ausgearbeitet wurde, betonte Außenminister Frank B. Kellogg in einer Rede vor dem Rat für Auswärtige Beziehungen, daß man zu dessen Erfüllung niemals Gewalt anwenden werde. Verließe man sich auf

Gewalt, so würde sich das, was als Fortschritt auf dem Weg zum Frieden gedacht war, in genau jene Art eines Militärbündnisses verwandeln, die es unbedingt abzuschaffen gelte.

Ebensowenig solle der Pakt eine präzise Bestimmung dessen, was als Aggression zu betrachten sei, beinhalten, da bei einer Definition immer etwas ausgelassen und die Größe des Vertragstextes dadurch lediglich geschmälert werde.[9] Für Kellogg aber stellte der Text keinen Anfang, sondern einen Endpunkt dar. »Ein Staat, der behauptet, in Selbstverteidigung zu handeln«, sagte er, »muß sich nicht weniger vor dem Richtertisch der Weltöffentlichkeit als vor den Unterzeichnern des Vertrags verantworten. Aus diesem Grund habe ich es abgelehnt, in den Vertrag eine Definition von Aggressor oder von Selbstverteidigung aufzunehmen, weil ich glaubte, daß eine umfassende rechtliche Definition nicht im voraus abgesteckt werden kann [...]. Dies würde es einer angreifenden Nation eher erschweren als erleichtern, ihre Unschuld zu beweisen.«[10]

Der Senat war von Kelloggs Erläuterungen ebenso unbeeindruckt wie sechs Jahre zuvor von Hardings Ausführungen, warum der Viermächtevertrag im Grunde nicht das bedeutete, was er vordergründig auszusagen schien. Auch jetzt fügte er ihm noch drei eigene »Auffassungen« hinzu: Der Vertrag schränke weder das Recht auf Selbstverteidigung noch auf Anwendung der Monroedoktrin ein und begründe überdies keinerlei Verpflichtung, Opfern von Gewaltakten oder Angriffen zu helfen. Alle vorhersehbaren Eventualitäten waren dank dieser Vorbehalte ausgeschlossen. Der Senat billigte den Briand-Kellogg-Pakt lediglich als Grundsatzerklärung, gleichzeitig betonend, daß er keine praktischen Konsequenzen habe. Damit war die Frage aufgeworfen, ob die Beteiligung der Vereinigten Staaten an einer feierlichen Erklärung die ganze Reihe von Vorbehaltsklauseln, die dergleichen unweigerlich nach sich zog, überhaupt wert war.

Wenn allerdings die Vereinigten Staaten von Bündnissen nichts wissen wollten und die Effektivität des Völkerbundes überhaupt anzweifelten, wie sollte man dann das Versailler System schützen? Leider war Kelloggs Kritik origineller als seine Antwort auf diese immerhin dringliche Frage. Die Macht der Öffentlichkeit, so meinte er, sei der entscheidende Hebel: »Wenn alle Staaten sich durch diesen Vertrag feierlich gegen den Krieg als Mittel zur Beilegung internationaler Streitigkeiten aussprechen, so hat die Welt einen Schritt nach vorn gemacht. Sie hat eine öffentliche Meinung geschaffen, hat starke moralische Kräfte weltweit zu deren Befolgung und Aufrechterhaltung geschaffen und ist so eine unantastbare Verpflichtung eingegangen. Das wird es sehr viel schwieriger machen, die Welt in einen weiteren großen Konflikt zu stürzen.«[11]

Vier Jahre später vermochte Kelloggs Nachfolger Henry Stimson, ohne Zweifel einer der hervorragendsten und geschicktesten US-Politiker der Zwischenkriegszeit, auch kein besseres Patentrezept gegen Aggressionen zu nennen als den Briand-Kellogg-Pakt, dem – wie konnte es anders sein – die Macht der öffentlichen Meinung den Rücken stärken würde: »Der

Briand-Kellogg-Pakt«, so argumentierte Stimson,»sieht keine gewaltsamen Sanktionen vor [...]. Statt dessen beruht er auf Sanktionen der öffentlichen Meinung, die zu der mächtigsten Sanktion der Welt werden kann [...]. Die Kritiker, die ihn verspotten, haben die Entwicklung innerhalb der Weltöffentlichkeit nach dem Ersten Weltkrieg nicht richtig eingeschätzt.«[12]

Den Vereinigten Staaten, weit entfernt von Europa und Asien, erschienen die europäischen Zwistigkeiten unvermeidlicherweise schwer verständlich, ja häufig belanglos. Durch einen weiträumigen Sicherheitsabstand geschützt, blieben die USA von den Herausforderungen, die die europäischen Länder bedrohten, unberührt. Mehr noch: Die europäischen Staaten fungierten letztlich als Sicherheitsventile für sie, dem eigenen Engagement sozusagen vorgeschaltet. Ähnliche Überlegungen hatten Großbritannien, als es sich im neunzehnten Jahrhundert in die»splendid isolation« zurückzog, dazu veranlaßt, sich dem politischen Alltagsgeschäft auf dem Kontinent fernzuhalten. Dennoch unterscheiden sich die britische»splendid isolation«des neunzehnten Jahrhunderts und der amerikanische Isolationismus des zwanzigsten Jahrhunderts grundsätzlich. Auch Großbritannien wollte zwar, wie die USA, dem ständigen Gezänk Europas aus dem Weg gehen; gleichwohl war es sich bewußt, daß seine Sicherheit vom Gleichgewicht der Kräfte auf dem Kontinent abhing, und war jederzeit bereit, diese Balance mit den traditionellen Methoden europäischer Diplomatie zu verteidigen. Ganz anders die Vereinigten Staaten: Das System der »balance of power« und die Diplomatie europäischer Prägung waren dort gleichermaßen verpönt. In dem Glauben, durch eine höhere Fügung auf einzigartige Weise hervorgehoben und gesegnet zu sein, ließen sich die Amerikaner einfach auf nichts ein, was außerhalb ihrer Sphäre lag – wenn aber doch, dann nur um allgemeiner Anliegen willen und ihrem besonderen diplomatischen Stil gemäß, der, verglichen mit den diplomatischen Gepflogenheiten des alten Kontinents, wesentlich stärker von der Öffentlichkeit, von rechtlichen und ideologischen Komponenten bestimmt war.

Der Versuch, diese beiden verschiedenen Auffassungen über Stil und Wirkungsweise von Diplomatie in der Zwischenkriegszeit in Einklang zu bringen, schlug fehl. Diejenigen europäischen Länder, die sich konkret bedroht fühlten, insbesondere Frankreich und die neuen Staaten in Osteuropa, erkannten den amerikanischen Weg kollektiver Sicherheit, internationaler Schlichtungsverfahren und die rein juristische Definition von Krieg und Frieden nicht an. Die europäischen Staaten aber, die sich zu der amerikanischen Agenda bekehren ließen – in erster Linie Großbritannien –, hatten mit einer Politik auf solcher Grundlage keinerlei Erfahrung. Trotzdem waren sich alle darüber im klaren, daß Deutschland ohne die Hilfe der Vereinigten Staaten nie besiegt worden wäre. Nach Kriegsende hatte sich das Gleichgewicht der Kräfte auf dem Kontinent noch weiter zuungunsten der ehemaligen Alliierten verschoben. Im Fall eines neuen Krieges mit Deutschland wären sie noch dringender und vermutlich auch früher als beim letzten Mal auf amerikanische Hilfe angewiesen – vor allem nach dem Rückzug der Sowjetunion. Diese Mischung aus Furcht und Hoffnung bedingte, daß sich die europäische Diplomatie immer weiter von ihren Traditionen entfernte. Statt dessen geriet sie in emotionale Abhängigkeit von den USA. Diese Situation führte zu einer doppelten Blockierung: Frankreich wollte nicht ohne Großbritannien handeln; die Briten ihrerseits aber wollten sich nicht gegen die Ansichten stellen, die in Washington hartnäckig verfochten wurden – ungeachtet der Tatsache, daß die US-Regierung unermüdlich und wortreich daran festhielt, für europäische Belange unter keinen Umständen einen Krieg zu riskieren.

Doch Washingtons konsequente Weigerung während der zwanziger Jahre, sich für die Absicherung des Versailler Vertragssystems zu verbürgen, sollte sich fatalerweise als psychologische Vorbereitung für die in den dreißiger Jahren weltweit aufbrechenden Spannungen erweisen. Als Japan 1931 in die Mandschurei einmarschierte, das Land von China abtrennte und in einen Satellitenstaat verwandelte, erhielt die Welt einen ersten Vorgeschmack auf das, was ihr bevorstand. Die Vereinigten Staaten verurteilten zwar das japanische Vorgehen, lehnten es aber ab, sich an gemeinsamen Aktionen gegen Tokio zu beteiligen. Um Japan dennoch einen Verweis zu erteilen, führte Washington eine eigene Strafmaßnahme ein. Sie wirkte damals wie eine Ausflucht, wurde aber von Roosevelt zehn Jahre später in eine wirkungsvolle Waffe verwandelt, die endgültige Kraftprobe mit Japan heraufzubeschwören: Gemeint ist die Nichtanerkennung gewaltsam herbeigeführter territorialer Veränderungen. Im Herbst 1941 griff Roosevelt diese Sanktion, die Außenminister Henry L. Stimson 1932 erstmals formuliert hatte, auf, um Japans Rückzug aus der Mandschurei und den anderen eroberten Gebieten zu verlangen.

Als Hitler am 30. Januar 1933 Reichskanzler wurde, spitzte sich die internationale Krise weiter zu. Es scheint eine schicksalhafte Fügung, daß Franklin Delano Roosevelt, der sich ebenso wie alle anderen dafür einsetzte, Hitler zu Fall zu bringen, seinen Amtseid gute vier Wochen später ablegte. In Roosevelts erster Amtsperiode deutete noch nichts auf seine spätere globale Führungsrolle hin. Nur selten wich er von der üblichen Standardrhetorik der Zwischenkriegszeit ab, im Gegenteil: Auch er wiederholte die isolationistischen Standpunkte, die er von seinen Vorgängern übernommen hatte. Am 28. Dezember 1933 sprach er vor der Woodrow-Wilson-Stiftung über den bevorstehenden Ablauf des Flottenabkommens aus den zwanziger Jahren. Der US-Präsident schlug vor, das Abkommen nicht unbeträchtlich zu erweitern: einerseits um die Forderung nach Abschaffung aller Angriffswaffen, andererseits – in Anlehnung an Kellogg – um eine Verpflichtung, daß kein Land seinen Streitkräften den Einmarsch in fremdes Territorium erlauben dürfe.

Das Sujet war ebenso geläufig wie die von Roosevelt vorgeschlagenen Sanktionen: die kritische Öffentlichkeit. »Kein derart allgemeines Abkommen zur Beseitigung von Aggression oder offensiven Kriegswaffen«, so führte er aus, »wäre in dieser Welt irgendwie von Wert, wenn sich ihm nicht jede Nation ausnahmslos durch eine feierliche Verpflichtung anschließen würde [...]. Dann, meine Freunde, wäre es vergleichsweise einfach, die Böcke von den Schafen zu trennen. Wir erweitern die von Woodrow Wilson aufgeworfene Problematik in unserer Generation um den Vorschlag, daß von nun an der Krieg der Regierungen in einen Frieden der Völker verwandelt werden soll.«[13] Allerdings war damit keineswegs geklärt, was mit den Böcken geschehen sollte, wenn man sie erst einmal von den Schafen getrennt hätte.

Im Dezember 1933 war Roosevelts Vorschlag nur von akademischem Wert. Deutschland hatte gerade zwei Monate zuvor die Abrüstungskonferenz verlassen und schien nicht gewillt, dorthin zurückzukehren. Überdies stand die Ächtung von Angriffswaffen nicht auf Hitlers politischer Tagesordnung, und obwohl sich der Reichskanzler für Auf- statt für Abrüstung entschieden hatte, läßt sich keineswegs sagen, daß er weltweit unter Schmähungen zu leiden gehabt hätte. Während Roosevelts erster Amtsperiode wurde in den USA eine erbitterte Auseinandersetzung über das Zustandekommen des amerikanischen Kriegseintritts 1917 geführt. 1935 veröffentlichte ein Sonderausschuß des Senats unter dem Vorsitz von Senator Gerald Nye einen eintausendvierhundert Seiten starken Bericht, der zu dem Schluß kam, die Verantwortung für den Kriegseintritt der Vereinigten Staaten liege allein bei der Rüstungsindustrie. Kurz darauf wurde diese These von Walter Millis in dem Bestseller *The Road to War* einer breiten Öffentlichkeit nahegebracht.[14] Unter dem Einfluß dieser Geisteshaltung wurde der amerikanische Kriegseintritt nicht mehr als Ausdruck grundlegender Interessen verstanden, sondern als Schandtat, Komplott und Betrug.

Er verabschiedete deshalb zwischen 1935 und 1937 drei sogenannte Neutralitätsgesetze. Sie untersagten – in Anlehnung an den Nye-Bericht – die Vergabe von Anleihen und anderen Finanzhilfen an kriegführende Staaten (ungeachtet der jeweiligen Kriegsursache) und verhängten ein Waffenembargo gegen alle Kriegsparteien (gleichgültig, ob es sich um Opfer oder Täter handelte). Barkäufe nicht-militärischer Waren waren nur dann erlaubt, wenn diese von nicht-amerikanischen Schiffen transportiert wurden.[15]

Das nationale Interesse wurde nun eher unter gesetzlichen als unter geostrategischen Gesichtspunkten definiert. So beriet, um ein Beispiel zu nennen, Außenminister Cordell Hull im März 1936, als es darum ging, wie die Remilitarisierung des Rheinlandes zu bewerten sei, Roosevelt ausschließlich unter Berücksichtigung juristischer Kategorien. Daß die Rheinlandbesetzung das europäische Gleichgewicht zerstört und die osteuropäischen Staaten ihres Schutzes beraubt hatte, schien demgegenüber zurückzutreten. »Aus dieser kurzen Analyse«, heißt es in einem Memorandum

Hulls, »geht hervor, daß die Handlungen der deutschen Regierung sowohl eine Verletzung der Versailler Verträge als auch des Locarnopaktes darstellen. Doch soweit die Vereinigten Staaten betroffen sind, handelt es sich nicht um einen Verstoß gegen unseren Vertrag[16] mit Deutschland vom 25. August 1921.«[17]

Nach seinem überwältigenden Wahlsieg von 1936 indessen wagte sich Roosevelt schließlich doch weit über den bestehenden Rahmen hinaus. Tatsächlich bewies er ein tiefes Verständnis für das Wesen der Herausforderung, vor die sich Europa durch die Diktatoren gestellt sah, eine Einsicht, die selbst unter den europäischen Staatsoberhäuptern nur noch von Churchill geteilt wurde. Dies ist um so bemerkenswerter, als Roosevelt von den Problemen der schweren Depression in den USA eigentlich vollkommen in Anspruch genommen wurde. Zuerst versuchte er lediglich, die moralische Verpflichtung der Vereinigten Staaten, für die Sache der Demokratie einzutreten, in die öffentliche Diskussion zu bringen. Der erste Schritt auf diesem Weg war die sogenannte »Quarantäne-Rede«, die er am 5. Oktober 1937 in Chicago hielt. Aus Anlaß des erneuten japanischen Angriffs auf China, warnte er sein Land bei dieser Gelegenheit zum ersten Mal vor der aufziehenden Gefahr und erklärte öffentlich, daß man diesbezüglich eventuell auch eine gewisse Verantwortung trage. Und obwohl die politischen Ereignisse in Asien den unmittelbaren Anstoß zu dieser Rede gaben, hatten Roosevelts Überlegungen weiterhin globalen Charakter: »Frieden, Freiheit und Sicherheit von neunzig Prozent der Weltbevölkerung werden durch die restlichen zehn Prozent gefährdet, die einen Zusammenbruch der gesamten internationalen Ordnung und ihrer Gesetze androhen [...]. Leider scheint wahr zu sein, daß sich überall in der Welt die Gesetzlosigkeit wie eine Seuche ausbreitet. Wenn eine Seuche grassiert, so erkennt es die Gemeinschaft und beschließt für die Patienten Quarantäne, um den gesunden Teil der Gemeinschaft vor einer Ausbreitung der Krankheit zu schützen.«[18]

Roosevelt war vorsichtig genug, nicht näher darauf einzugehen, was er unter »Quarantäne« verstand und welche spezifischen Maßnahmen er – wenn überhaupt – im Sinn hatte. Hätte seine Rede auf dergleichen schließen lassen, wäre sie unvereinbar mit den Neutralitätsgesetzen gewesen, die der Kongreß mit überwältigender Mehrheit verabschiedet und die Roosevelt als Präsident gerade unterzeichnet hatte.

Trotzdem wurde die Quarantäne-Rede von den Isolationisten scharf angegriffen. Man forderte den Präsidenten auf, seine Absichten zu erklären. Leidenschaftlich argumentierte man, eine Unterscheidung zwischen »friedliebenden« und »kriegerischen« Nationen setze ein von der Regierung getroffenes Werturteil voraus; dies aber führe zur Aufgabe der Politik der Nichteinmischung, der sowohl Roosevelt als auch der Kongreß verpflichtet seien. Vier Jahre später beschrieb Roosevelt die Tumulte, die seine Rede hervorgerufen hatten, mit folgenden Worten: »Leider stieß dieser Vorschlag auf taube, ja sogar auf feindliche und reizbare Ohren [...]. Er wurde als Kriegshetze aufgefaßt; er wurde als Einmischungsversuch in auswärtige Angelegenheiten verurteilt; ja, er wurde sogar als krampfhafte Suche nach Gefahren, die gar nicht existierten, verspottet.«[19] Gleichwohl hätte Roosevelt die Kontroverse rasch beenden können: Er hätte nur die ihm unterstellten Absichten von sich weisen müssen. Doch trotz der stürmischen Kritik drückte er sich auch auf einer Pressekonferenz so unklar aus, daß ihm die Option für eine wie auch immer geartete Form kollektiver Verteidigung weiterhin offenstand. Und da der Präsident entsprechend damaliger journalistischer Praxis ausschließlich inoffizielle Pressekonferenzen abhielt, durften seine Verlautbarungen nirgendwo zitiert, ja nicht einmal ihm zugeschrieben werden. Diese Regeln wurden auch respektiert.

Eine Jahre später veröffentliche Mitschrift des Historikers Charles Beard zeigt, daß Roosevelt zwar auswich, aber nicht abstritt, daß in der Quarantäne-Rede etwas Neues enthalten war. Worin dieses Neue allerdings bestand, behielt er für sich.[20] Er blieb dabei, daß seine Rede Maßnahmen beinhalte, die über eine moralische Verurteilung von Aggression hinausgingen:»Es gibt in der Welt eine Menge Methoden, die noch nicht ausprobiert worden sind«, sagte er.[21] Und auf die Frage, ob dies bedeute, daß er einen Plan verfolge, antwortete Roosevelt:»Ich kann Ihnen dazu keinen Anhaltspunkt geben. Da müssen Sie sich etwas ausdenken. *Ich habe einen.*«[22] Erläutert hat er diesen Plan nie.

Der Staatsmann Roosevelt mochte vor einer drohenden Gefahr warnen; der Spitzenpolitiker Roosevelt mußte immer wieder ein geeignetes Vorgehen finden, um allen drei Strömungen in der amerikanischen Öffentlichkeit gerecht zu werden: Eine kleine Gruppe votierte für die entschiedene Unterstützung aller »friedliebenden« Nationen; eine schon etwas bedeutendere trug eine solche Unterstützung mit, solange sie nicht zum Krieg führte; und die breite Mehrheit bestand auf Geist und Buchstaben der Neutralitätsgesetzgebung. Ein fähiger Politiker versucht immer, sich so viele Alternativen wie möglich offenzuhalten: Seinen endgültigen Kurs will er als einen Entschluß verstanden wissen, den er selber für den günstigsten hält, nicht als Schritt, der unter dem Druck der Ereignisse entstanden ist. Kein amerikanischer Präsident dieses Jahrhunderts war in dieser Hinsicht ein so geschickter Taktiker wie Franklin D. Roosevelt.

Am 12. Oktober 1937, eine Woche nach der Quarantäne-Rede, bemühte sich Roosevelt während eines »Kamingesprächs«, das sich vorwiegend um innenpolitische Fragen drehte, alle drei Gruppierungen bei der Stange zu halten. Er unterstrich sein Bekenntnis zum Frieden, äußerte sich zustimmend zu der bevorstehenden Konferenz der Unterzeichner des Washingtoner Flottenabkommens und bezeichnete die Teilnahme der Vereinigten Staaten daran als Beweis für »unser Ziel, mit den anderen Unterzeichnern, einschließlich Chinas und Japans, zusammenzuarbeiten«.[23] Mit der versöhnlichen Formulierung gab er seinem Wunsch nach Frieden Ausdruck, in den er auch Japan einschloß; gleichzeitig diente das Statement als Zeichen des guten Willens, falls sich eine Zusammenarbeit mit Japan als unmöglich erweisen sollte. Hinsichtlich der konkreten internationalen Rolle jedoch, die er den Vereinigten Staaten zudachte, blieb Roosevelt erneut eine Antwort schuldig. Er verwies seine Zuhörer auf seine eigenen Kriegserfahrungen als Unterstaatssekretär für die Marine:»Ich möchte Sie daran erinnern, daß ich persönlich zwischen 1913 und 1921 mit den weltpolitischen Ereignissen ziemlich nahe in Berührung war und in dieser Zeit lernte, was zu tun war – aber auch, was nicht zu tun war.«[24]

Bestimmt hätte der Präsident nicht protestiert, wenn seine Zuhörer diese zweideutige Erklärung so interpretierten, als habe er aus seinen Kriegserfahrungen vor allem die Wichtigkeit einer Haltung gelernt, die sich unter keinen Umständen in etwas verwickeln lassen wollte. War dies aber tatsächlich seine Ansicht, dann hätte er andererseits weit mehr Popularität geerntet, wenn er es auch so gesagt hätte. Im Licht seines späteren Vorgehens erscheint es näherliegend, in den zitierten Sätzen eine Andeutung dafür zu sehen, daß er Wilsons Tradition mit realistischeren Methoden fortsetzen wollte.

Trotz der feindlichen Reaktionen auf seine Reden äußerte Roosevelt im Oktober 1937 gegenüber Wilsons ehemaligem Vertrauten Colonel Edward House, daß es eine gewisse Zeit dauern werde,»bis die Leute merken, daß Krieg eine größere Gefahr für uns ist, wenn wir alle Türen und Fenster schließen, als wenn wir auf die Straße hinausgehen und unseren Einfluß geltend machen, um der Unruhe Einhalt zu gebieten«.[25] Mit anderen Worten: Die Vereinigten Staaten mußten sich in einer noch nicht näher definierten Form am internationalen Geschehen beteiligen, um die schwelende Aggression im Keim zu ersticken.

Doch noch war es nicht soweit. Im Gegenteil: Zum damaligen Zeitpunkt sah sich Roosevelt plötzlich mit einem Ausbruch pro-isolationistischer Gefühle konfrontiert. Im Januar 1938 hätte das Repräsentantenhaus beinahe eine Verfassungsänderung verabschiedet, die jeder Kriegserklärung – außer im Fall einer Invasion in die Vereinigten Staaten – eine Volksabstimmung vorgeschaltet hätte. Roosevelt konnte diesen Passus nur durch einen persönlichen Appell an die Abgeordneten verhindern. Unter den gegebenen Umständen war es klüger, sich zurückzuhalten.

Als Hitler im März 1938 Österreich»heim ins Reich« holte, enthielt sich die US-Regierung deshalb jeder Reaktion und folgte damit den anderen europäischen Demokratien, die sich auf einen rein formalen Protest beschränkten. Während dieser Krise, die in der Münchner Konferenz gipfelte, fühlte der Präsident sich sogar verpflichtet, wiederholt darauf hinzuweisen, daß die Vereinigten Staaten sich einer Front gegen Hitler nicht anschließen würden. Von Untergebenen, ja selbst von engen Freunden, die auf diese Möglichkeit anspielten, distanzierte er sich.

Anfang September 1938 löste der amerikanische Botschafter in Frankreich, William C. Bullitt, in den USA einen Tumult aus. Anläßlich eines Festessens zur Feier der französisch-amerikanischen Beziehungen hatte er geäußert, Frankreich und die Vereinigten Staaten seien »im Krieg wie im Frieden vereint«[26] – eigentlich ein Gemeinplatz diplomatischer Rhetorik. Die Isolationisten jedoch tobten. Roosevelt, der Bullitts Bemerkung nicht hatte vorausahnen können, weil sie Bestandteil jenes rhetorischen Standardrepertoirs war, das dem Ermessen eines Botschafters überlassen blieb, bemühte sich nach Kräften, die aufgeheizte Stimmung zu beruhigen. Es sei »hundertprozentig falsch«[27], darin eine versteckte Andeutung auf eine mögliche Koalition mit den Demokratien zu sehen. Als sich im Lauf des Monats dann die Anzeichen für einen Krieg verstärkten – Chamberlain hatte sich bereits zweimal mit Hitler getroffen –, sandte der US-Präsident dem britischen Premier am 26. und 28. September zwei Botschaften, in denen er auf eine Konferenz der interessierten Staaten drängte. Unter den gegebenen Umständen aber konnte eine solche Konferenz nur den Druck auf die Tschechen verstärken, größere Zugeständnisse zu machen.

München scheint auch für Roosevelt der Wendepunkt gewesen zu sein. Von nun an konnten die Vereinigten Staaten sich nicht mehr abseits halten, weder politisch noch materiell. Roosevelt gab seine Zurückhaltung auf und setzte sich mit ganzer Kraft dafür ein, die Diktatoren zu bekämpfen. Drei Jahre später erreichten seine Bemühungen mit dem Eintritt der USA in den Zweiten Weltkrieg ihren Höhepunkt.

Das Wechselspiel zwischen Regierung und Öffentlichkeit ist in einer Demokratie immer kompliziert. Verhält ein Regierungschef sich in unruhigen Zeiten gemäß den Erwartungen und dem Erfahrungsschatz seiner Wähler, mag er vorübergehend zwar beliebt sein. Die Nachwelt wird ihn jedoch verurteilen, weil er nicht vorausschauend genug gehandelt hat. Ist er der öffentlichen Meinung wiederum zu weit voraus, versinkt er in Bedeutungslosigkeit. Die Größe eines Staatsmannes zeigt sich daran, ob er fähig ist, zwischen seiner Vision und den gewohnten Sichtweisen seiner Wähler eine Brücke zu schlagen – also in seinem pädagogischen Geschick. Darüber hinaus muß er bereit sein, eigene und vielleicht einsame Entscheidungen zu treffen oder in Anlehnung an ein spanisches Sprichwort – neue Wege zu bahnen. »Reisender«, heißt es da, »es gibt keine Straßen. Straßen entstehen im Gehen.«

Jeder Spitzenpolitiker arbeitet mit List, teils um sich die Verwirklichung seiner Ziele, teils um sich die Größe seiner Aufgabe zu erleichtern. Ob er die Probe letztlich besteht, hängt davon ab, ob die Werte seiner Gesellschaft tatsächlich verkörpert und Herausforderungen in ihrem Kern erkennt. Roosevelt besaß alle diese Qualitäten in ungewöhnlichem Maß: Sein Glauben an die Kraft der Vereinigten Staaten war unerschütterlich; er erkannte den Nationalsozialismus als moralische, politische und militärische Bedrohung, die auch die Sicherheit der USA betraf; er war außergewöhnlich findig und ein selbständiger Denker, bereit, die Konsequenzen eigener Entscheidungen auf sich zu nehmen. Gleich einem Seiltänzer bewegte er sich mit jedem Schritt vorsichtig – und nicht ohne Angst – über der Kluft, die sich zwischen seinen Zielen und dem damaligen Zustand der amerikanischen Gesellschaft auftat, um zu beweisen, daß die Küste in weiter Ferne doch sicherer sei als die vertrauten Klippen in der Nähe.

Am 26. Oktober 1938, kaum vier Wochen nach dem Münchner Abkommen, nahm Roosevelt den Tenor der Quarantäne-Rede wieder auf. In einer Ansprache vor dem Herald-Tribune-Forum, die vom Rundfunk übertragen wurde, warnte er vor Aggressoren, welche »Drohung mit Krieg zum Mittel ihrer Politik machen«.[28] Obwohl er keine Namen nannte, wußte jeder, wen er meinte. Als nächstes forderte er, größere Anstrengungen zur Verteidigung der USA zu unternehmen. Zwar halte man weiterhin grundsätzlich an dem Bemühen um Abrüstung fest, doch mit einer wesentlichen Einschränkung: »Wir haben beständig darauf hingewiesen, daß weder für uns noch für irgendeine andere Nation Abrüstung in Frage kommt, wenn die Nachbarstaaten sich bis an die Zähne bewaffnen. Gibt es keine allgemeine Abrüstung, so müssen wir weiter aufrüsten. Wir tun dies ungern und möchten es eigentlich auch gar nicht. Aber solange die Angriffswaffen nicht aufgegeben werden, verlangen es die gängigen Regeln nationaler Vorsicht und unser gesunder Menschenverstand, daß wir vorbereitet sind.«[29]

Heimlich wagte Roosevelt sich noch entschieden weiter vor. Ende Oktober 1938 unterbreitete er in Einzelgesprächen dem britischen Luftfahrtminister wie auch einem persönlichen Freund des Premierministers einen Plan, mit dessen Hilfe die Neutralitätsgesetze umgangen werden konnten. Er schlug vor, in Kanada, nahe der amerikanischen Grenze, britische und französische Flugzeugmontagewerke zu errichten. Die Vereinigten Staaten würden die Bauteile – deklariert als Zivilgüter – liefern, die Endmontage aber den Briten und Franzosen überlassen, womit rein formal den Neutralitätsgesetzen Genüge getan wäre. Roosevelt bedeutete Chamberlains Abgesandten, »er habe, sollte es zum Krieg mit den Diktatoren kommen, das industrielle Potential der amerikanischen Nation im Rücken«.[30]

Roosevelts Plan, den Demokratien beim Aufbau ihrer Luftwaffe behilflich zu sein, mußte scheitern, und sei es nur aufgrund der Tatsache, daß es rein logistisch unmöglich war, ein derart großangelegtes Unternehmen unter Ausschluß der Öffentlichkeit in Angriff zu nehmen. Von diesem Zeitpunkt an aber hielt sich seine Unterstützung gegenüber den Alliierten nur noch dann in Grenzen, wenn er den Kongreß und die Öffentlichkeit weder umgehen noch überzeugen konnte.

Anfang 1939 nutzte der amerikanische Präsident seine Rede zur Lage der Nation, um Italien, Deutschland und Japan zu Aggressoren zu erklären. In Anspielung auf die Quarantäne-Rede unterstrich er, daß es »abgesehen von einem Krieg viele Methoden gibt, die gewichtiger und wirkungsvoller als bloße Worte sind, den Regierungen der Aggressorländer die geballte Leidenschaft unseres Volkes zu zeigen.«[31]

Im April 1939, einen Monat nachdem die Nationalsozialisten Prag besetzt hatten, bezeichnete Roosevelt Aggressionen gegen kleinere Länder zum ersten Mal als Bedrohung der amerikanischen Sicherheit. Auf einer Pressekonferenz am 8. April 1939 teilte er den Journalisten mit:»Die weitere politische, wirtschaftliche und soziale Unabhängigkeit jedes kleinen Landes auf der Welt wirkt sich durchaus auf unsere nationale Sicherheit und unseren Wohlstand aus. Wann immer eines von ihnen verschwindet, wird unsere nationale Sicherheit und unser Wohlstand gemindert.«[32] Wenige Tage später, am 14. April, ging er in einer Ansprache vor der Panamerikanischen Union noch einen Schritt weiter. Er behauptete, die US-Sicherheitsinteressen könnten nicht länger auf die Monroedoktrin beschränkt bleiben:»Es steht außer Frage, daß schon in wenigen Jahren Luftgeschwader den Ozean so leicht überfliegen werden wie heutzutage die europäischen Binnenmeere. Die Welt wird wirtschaftlich immer mehr zu einer Einheit zusammenwachsen; wird dieser Zusammenhang aber in Zukunft an irgendeiner Stelle unterbrochen, so bricht zwangsläufig auch die gesamte Weltwirtschaft zusammen. Die letzte Generation beschäftigte sich im Rahmen panamerikanischer Fragen mit der Suche nach Prinzipien und Mechanismen, die eine Zusammenarbeit auf dieser Seite der Erdkugel ermöglichen. Die nächste Generation dagegen wird sich mit Methoden auseinandersetzen, die ein Zusammenleben der Neuen Welt mit der Alten ermöglichen.«[33]

Noch im selben Monat wandte Roosevelt sich mit einer Note direkt an Hitler und Mussolini. Die Diktatoren zogen seinen Vorschlag ins Lächerliche; dem amerikanischen Volk jedoch – und das war Roosevelts Hintergedanke – wurde durch ihre schroffe Ablehnung vor Augen geführt, daß die Achsenmächte in der Tat Angriffspläne schmiedeten. Roosevelt, zweifellos einer der scharfsinnigsten und listigsten amerikanischen Präsidenten, hatte Italien und Deutschland, nicht aber Großbritannien und Frankreich um die Zusicherung gebeten, einunddreißig europäische und asiatische Staaten innerhalb der nächsten zehn Jahre nicht anzugreifen.[34] Im Gegenzug bemühte er sich, von diesen einunddreißig Ländern eine ähnliche Zusicherung im Hinblick auf Deutschland und Italien zu erhalten. Schließlich bot er die Teilnahme der USA an allen Abrüstungskonferenzen an, die sich aus einer Entspannung ergeben würden.

Roosevelts Botschaft wird kaum wegen der Umsicht und Sorgfalt seines Mitarbeiterstabes in die Geschichte der Diplomatie eingehen. Da wurden zum Beispiel Syrien und Palästina (französische beziehungsweise britische Mandatsgebiete) kurzerhand zu unabhängigen Staaten erklärt.[35] So nutzte Hitler die Note lediglich, um vor dem Reichstag zu brillieren. Zur allgemeinen Erheiterung verlas der»Führer«langsam die Liste der Länder, die er laut Roosevelt nicht antasten sollte. Während er gedankenverloren ein Land nach dem anderen nannte, erntete er schallendes Gelächter. Hitler seinerseits erkundigte sich nun bei den genannten Staaten – die ohnehin schon vor ihm zitterten –, ob sie sich tatsächlich bedroht fühlten. Als Antwort erhielt er selbstverständlich ein gequältes Nein.

Hitler konnte einen rhetorischen Erfolg verbuchen, Roosevelt aber erreichte sein politisches Ziel. Er hatte die Note allein an Hitler und Mussolini gerichtet, um sie vor den Augen der amerikanischen Öffentlichkeit – dem einzigen Publikum, das in jenem Moment für ihn zählte – als Aggressoren zu brandmarken. Um die Amerikaner für die Unterstützung der europäischen Demokratien zu gewinnen, mußte er auch sprachlich über den Rahmen der vertrauten Gleichgewichtssymbolik hinausgehen. Fortan ging es nicht mehr um eine Balance zwischen mehr oder weniger gleichartigen Staaten, sondern um einen Kampf zur Verteidigung unschuldiger Opfer gegen einen bösartigen Aggressor. Sowohl seine Note als auch Hitlers hämische Reaktion darauf waren ihm dabei eine Hilfe.

Roosevelt nutzte sofort die Gelegenheit, den Stimmungsumschwung in den USA strategisch in bare Münze zu verwandeln. Noch im April 1939 bewegte er die Vereinigten Staaten dazu, auf militärischer Ebene mit Großbritannien zusammenzuarbeiten. Ein zwischen beiden Staaten getroffenes Abkommen ermöglichte es der Royal Navy, ihre gesamten Streitkräfte im Atlantik zusammenzuziehen, während die USA einen Großteil ihrer Flotte in den Pazifik verlagerten. Diese Arbeitsteilung setzte natürlich voraus, daß nun die Vereinigten Staaten die Verteidigung der britischen Besitzungen in Asien gegen mögliche japanische Angriffe übernahmen. Ein ähnliches Abkommen war schon einmal, vor dem Ersten Weltkrieg, zwischen Großbritannien und Frankreich vereinbart worden. Damals hatten die Franzosen daraufhin ihre gesamte Flotte im Mittelmeer zusammengezogen und die Verteidigung der französischen Atlantikküsten den Briten überantwortet. Dies führte damals zum Kriegseintritt Großbritanniens.

Es kann also nicht verwundern, daß die Isolationisten über Roosevelts Vorgehen zutiefst beunruhigt waren. Im Februar 1939, wenige Monate vor dem Kriegsausbruch in Europa, brachte Senator Arthur Vandenberg die isolationistische Position anschaulich auf den Punkt:»Sicherlich leben wir in einer perspektivisch verkürzten Welt, in der Zeit und Raum im Vergleich zu [George] Washingtons Tagen relativ bedeutungslos geworden sind. Aber ich danke Gott für die beiden uns schützenden Weltmeere, und selbst wenn diese bald leichter zu überwinden sein sollten, sind sie für uns noch immer ein großer Segen, sofern sie umfassend und umsichtig genutzt werden. Unser aller Sympathie und natürliches Mitgefühl gilt den Opfern nationaler oder internationaler Verbrechen überall auf der Erde. Aber wir sind nicht der Beschützer oder Polizist der Welt und können es auch nicht sein.«[36]

Am 3. September 1939 erklärte Großbritannien Hitler als Reaktion auf den deutschen Einmarsch in Polen den Krieg. Roosevelt blieb keine andere Wahl, als sich auf die Neutralitätsgesetze zu berufen. Zugleich aber arbeitete er auf eine schnelle Gesetzesänderung hin, um US-Waffenverkäufe nach Großbritannien und Frankreich zu ermöglichen.

Noch im Krieg zwischen Japan und China hatte Roosevelt die Neutralitätsgesetze außer acht gelassen, vordergründig deshalb, weil formal gar kein Krieg erklärt worden war. Tatsächlich fürchtete er jedoch, ein Waffenembargo werde China weitaus stärker treffen als Japan. In Europa war eine derartige Vorgehensweise nicht zu erwarten: Brach dort ein Krieg aus, würde eine Kriegserklärung folgen, und die Neutralitätsgesetze konnten dann nicht mehr umgangen werden. Schon zu Beginn des Jahres 1939 hatte der Präsident sich daher um eine Korrektur der Neutralitätsgesetzgebung bemüht, denn »sie funktioniere womöglich unausgeglichen und ungerecht und könne deswegen dem Aggressor, wenn auch ohne Absicht, jene Hilfe gewähren, die sie dem Opfer vorenthalte.«[37] Der Kongreß ging auf diese Bedenken erst ein, als der Krieg in Europa bereits ausgebrochen war. Die Tatsache, daß der entsprechende Vorschlag des Präsidenten seit Anfang 1939 im Kongreß bereits dreimal abgelehnt worden war, zeigt, wie ausgeprägt die isolationistische Stimmung in den USA noch immer war.

Am Tag der britischen Kriegserklärung berief Roosevelt eine Sondersitzung des Kongresses für den 21. September ein. Diesmal konnte er sich durchsetzen. Durch das sogenannte Vierte Neutralitätsgesetz vom 4. November 1939 wurden Waffen- und Munitionsverkäufe aus den Vereinigten Staaten an kriegführende Länder unter der Voraussetzung genehmigt, daß sie bar bezahlten und den Transport auf eigenen oder neutralen Schiffen vornahmen. Da nur Großbritannien und Frankreich dazu in der Lage waren – schließlich blockierten britische Schiffe den Atlantik –, existierte die »Neutralität« im Grunde nur noch auf dem Papier. Kurz: Die Neutralitätsgesetze hatten genau so lange gehalten, wie Neutralität nicht gefordert war.

Während des sogenannten »Sitzkrieges«, als Frankreich und Großbritannien, in der Defensive verschanzt, den weiteren Verlauf des Krieges abwarteten, war Washington überzeugt, daß man von den USA lediglich materielle Hilfe erwartete. Nach verbreiteter Auffassung würde die französische Armee, die hinter der Maginotlinie Rückendeckung durch die Royal Navy genoß, Deutschland durch eine Kombination aus defensivem Bodenkrieg und Seeblockade in die Zange nehmen.

Im Februar 1940, der Stillstand an der Westfront dauerte noch an, entsandte Roosevelt den Unterstaatssekretär Sumner Welles zu Sondierungsgesprächen nach Europa. Er sollte den »Sitzkrieg« nutzen, um Chancen und Bedingungen eines Friedensschlusses zu erkunden. Frankreichs Ministerpräsident Daladier folgerte daraus, Welles dränge auf einen Kompromißfrieden, um Deutschland unter mitteleuropäischer Kontrolle zu halten. Die Mehrheit von Welles' Gesprächspartnern interpretierte seine Bemerkungen anders: Bei Daladier mag der Wunsch der Vater des Gedankens gewesen sein.[38] Roosevelt hatte Welles nicht aus echtem Verhandlungswillen nach Europa geschickt; es kam ihm vielmehr darauf an, seiner immer noch isolationistisch orientierten Nation sein Bekenntnis zum Frieden zu demonstrieren. Außerdem wollte er seinen Anspruch auf Beteiligung geltend machen, falls der »Sitzkrieg« wirklich auf eine Friedensvereinbarung hinauslaufen sollte. Als Deutschland vier Wochen später Norwegen angriff, hatte sich die Mission erledigt.

Am 10. Juni 1940, als Frankreich fiel, gab Roosevelt offiziell die Neutralität auf. Beredt schlug er sich auf die Seite der Briten. In einer mitreißenden Rede in Charlottesville, Virginia, verknüpfte er eine vernichtende Kritik an Mussolini, dessen Armee Frankreich an jenem Tag angegriffen hatte, mit der Verpflichtung der Vereinigten Staaten, Hilfeleistungen nunmehr kompromißlos auf jedes Land auszudehnen, das Deutschland Widerstand leistete. Gleichzeitig kündigte er an, auch die USA müßten sich jetzt verstärkt dem Ausbau ihrer Verteidigung widmen. »An diesem 10. Juni 1940«, sagte er, »gelten hier, in dieser Universität, die der erste große amerikanische Lehrmeister der Demokratie gegründet hat, unsere Gebete und Hoffnungen all denen auf der anderen Seite des Ozeans, die ihren Kampf für die Freiheit mit bewundernswertem Heldenmut fortsetzen. Im Geist amerikanischer Einigkeit werden wir zwei klare und aufeinander abgestimmte Kurse verfolgen. Wir werden allen, die sich der Gewalt in den Weg stellen, die materiellen Ressourcen dieser Nation zur Verfügung stellen, und zugleich werden wir die Produktion steigern und unsere Mittel so nutzen, daß auch die amerikanischen Staaten über eine angemessene Ausrüstung und Ausbildung verfügen, um jeder Notsituation und jedem Verteidigungsfall gewachsen zu sein.«[39]

Roosevelts Ansprache in Charlottesville markiert einen Wendepunkt. Angesichts einer bevorstehenden britischen Niederlage hätte sicherlich jeder andere amerikanische Präsident ebenso geurteilt und die Royal Navy als wichtigen Faktor für die Sicherheit der westlichen Halbkugel betrachtet. Das freilich hätte keineswegs bedeuten müssen, daß er daraus den Schluß gezogen hätte, nun auch die eigene Nation auf den Sieg über Deutschland zu verpflichten. Im Unterschied zu seinen Zeitgenossen – egal ob Demokraten oder Republikaner – verfügte Roosevelt über den Weitblick und den Mut, eben diesen Schritt zu wagen.

Die Erwartung, daß die USA früher oder später Partei für Großbritannien ergreifen würden, trug entscheidend dazu bei, daß Churchill – der Chamberlain als Premierminister mittlerweile abgelöst hatte – sich entschloß, den Kampf auch allein fortzusetzen. Das zeigt unter anderem eine Rede, die der neue Premier – ebenfalls im Juni 1940 – hielt: »Wir werden bis zum Ende weitermachen [...]. Und selbst wenn diese Insel oder ein Teil davon unterjocht würde und verhungern müßte, woran ich nicht im geringsten glaube, dann würde das Empire, bewaffnet und geschützt durch die britische Flotte, von jenseits des Ozeans aus den Kampf fortsetzen, bis die Neue Welt – so Gott will – mit all ihrer Kraft und Macht zur Rettung und Befreiung der Alten schreitet.«[40]

Roosevelts Methoden waren vielschichtig – hochgesteckt in den Zielen, taktisch raffiniert, explizit, wenn es galt, die Probleme zu benennen, und vage, wenn es darum ging, die komplizierten Zusammenhänge zwischen einzelnen Ereignissen zu erklären. Viele seiner Maßnahmen bewegten sich am Rande der Verfassungsmäßigkeit; mit vergleichbaren Methoden könnte sich heute kein Präsident mehr im Amt halten. Roosevelt jedoch hatte klar erkannt, daß der Sicherheitsabstand der Vereinigten Staaten schrumpfte und ein Sieg der Achsenmächte ihn vollends beseitigt hätte. Vor allem war er zutiefst überzeugt, daß Hitler alle jene Werte verhaßt waren, für die Amerika seit jeher eingetreten war. Die Sicherheitsfrage trat unterdessen immer mehr in den Vordergrund. Nach der französischen Niederlage wurde Roosevelt nicht müde zu betonen, daß die Sicherheit der Vereinigten Staaten unmittelbar bedroht sei. Was für die Briten der Ärmelkanal, das war für den amerikanischen Präsidenten der Atlantik; die Herrschaft Hitlers über dieses Weltmeer zu verhindern, lag deshalb unmittelbar im nationalen Interesse der USA. Aus diesem Grund verknüpfte Roosevelt die amerikanische Sicherheit in seiner Rede zur Lage der Nation im Januar 1941 ausdrücklich mit dem Überleben der Royal Navy:»Ich habe kürzlich dargelegt, wie schnell das Tempo moderner Kriegsführung einen direkten Angriff mitten in unser Land bringen kann, und daß wir mit eben dieser Situation rechnen müssen, falls die Diktaturen den Krieg gewinnen. Es wird viel darüber geredet, wir seien vor einem unmittelbaren, direkten Einmarsch von der anderen Seite der Weltmeere gefeit. Zweifellos besteht eine solche Gefahr nicht, solange die britische Marine ihre Macht innehat.«[41]

Traf dies zu, waren die USA natürlich verpflichtet, eine britische Niederlage mit allen Mitteln zu verhindern – im schlimmsten Fall, indem sie selber in den Krieg eintraten.

Schon seit Monaten ging Roosevelt in der Tat von dieser Voraussetzung aus. Im September 1940 erst hatte er eine raffinierte Vereinbarung entworfen. Er schlug London einen Tausch vor: fünfzig angeblich veraltete amerikanische Zerstörer gegen das Recht, auf acht britischen Besitzungen, von Neufundland bis zum südamerikanischen Festland, amerikanische Stützpunkte errichten zu dürfen. Winston Churchill gab später zu, dies sei »ein entschieden nicht neutraler Akt« gewesen, denn die Briten brauchten die Zerstörer wesentlich dringender als Amerika die Stützpunkte. Die meisten von ihnen lagen weit entfernt von potentiellen Kriegsschauplätzen, einige wurden sogar direkt neben schon bestehenden US-Stützpunkten eingerichtet. Der Zerstörerhandel war in erster Linie ein Vorwand, um den Briten Kriegsgerät zukommen zu lassen. Der Präsident stützte sich dabei auf ein Rechtsgutachten seines Justizministers und Beraters Francis Biddle, den man jedoch kaum als objektiven Ratgeber bezeichnen kann. Roosevelt suchte in dieser Angelegenheit weder um die Zustimmung des Kongresses noch um eine Anpassung der Neutralitätsgesetze nach. Unbegreiflich aus heutiger Sicht, wurde er auch von niemandem dazu aufgefordert. Daß er einen so riskanten Schritt unternahm, obwohl der Präsidentschaftswahlkampf vor der Tür stand, zeigt, wie tief ihn die militärischen Fortschritte der

411

Nationalsozialisten beunruhigten. Er fühlte sich verpflichtet, die britische Kriegsmoral um jeden Preis zu unterstützen, selbst wenn er sich dabei am Rande der Legalität bewegen mußte. (Dabei kam es den Briten, aber auch der amerikanischen Geschlossenheit zugute, daß sich die außenpolitischen Ansichten Roosevelts von denen seines politischen Gegners Wendell Willkie nicht wesentlich unterschieden.) Doch der Präsident beschränkte sich natürlich nicht auf halblegale Abkommen. Parallel zum Zerstörertausch trieb er einige Gesetzesinitiativen voran. So stockte er den amerikanischen Verteidigungshaushalt auf und drängte den Kongreß, die Wehrpflicht auch in Friedenszeiten einzuführen. Welches Gewicht isolationistische Vorbehalte noch immer hatten, zeigte sich im Sommer 1941, als, knappe sechs Monate vor dem Kriegseintritt der Amerikaner, die Wehrpflicht vom Repräsentantenhaus mit der hauchdünnen Mehrheit von nur einer Stimme verlängert wurde.

Unmittelbar nach der Präsidentschaftswahl im November 1940, aus der er als Sieger hervorgegangen war, nahm Roosevelt erneut die Modifikation der Neutralitätsgesetze in Angriff. Die Klausel des Vierten Neutralitätsgesetzes, derzufolge amerikanisches Kriegsmaterial nur gegen Barzahlung erworben werden konnte, mußte fallen, wollte man wirkungsvolle Militärhilfe leisten. In einem seiner »Kamingespräche« forderte er die Vereinigten Staaten in Anlehnung an eine Äußerung Wilsons dazu auf, als »Waffenlager der Demokratie« zu dienen.[42]

Das sogenannte Pacht-Leih-Gesetz sollte den Weg dazu eröffnen. Der Gesetzesvorschlag sah vor, dem Präsidenten die Befugnis zu erteilen, nach eigenem Ermessen »den Regierungen aller Länder, deren Verteidigung der Präsident für die Verteidigung der Vereinigten Staaten als lebenswichtig erachtet«, Kriegsmaterial zu leihen, zu verpachten, zu verkaufen oder es mit ihnen zu tauschen. Außenminister Hull, eigentlich glühender Wilson-Anhänger und Befürworter des Konzeptes kollektiver Sicherheit, verließ sich diesmal auf rein strategische Argumente, um den Gesetzesvorschlag zu verteidigen. Wenn die USA Großbritannien nicht massiv unterstützten, so erläuterte er, würden die Briten zweifellos besiegt und die Herrschaft über den Atlantik in Feindeshand geraten. Und dann sei auch die Sicherheit der westlichen Hemisphäre in Frage gestellt.[43]

Traf diese Analyse zu, konnte ein direkter amerikanischer Kriegseintritt nur vermieden werden, wenn Großbritannien Hitler alleine besiegte. Doch daran glaubte selbst Churchill nicht. Senator Taft, ein entschiedener Gegner des Pacht-Leih-Gesetzes, unterstrich denn auch eben diesen Punkt, um die Initiative zu Fall zu bringen. Das Pacht-Leih-Gesetz erregte verständlicherweise die Gemüter. Die Isolationisten organisierten ihren Widerstand in dem sogenannten »America First Committee« unter der Leitung von General Robert E. Wood. Unterstützt wurden sie von so prominenten Persönlichkeiten wie Kathleen Norris, Irvin S. Cobb, Charles A. Lindbergh, Henry Ford, General Hugh S. Johnson, Chester Bowles und der Tochter Theodore Roosevelts.

Welche Ängste sich hinter der Opposition der Isolationisten gegen das Pacht-Leih-Gesetz verbargen, machte Senator Arthur Vandenberg, einer ihrer nachdenklichsten Wortführer, am 11. März 1941 in einem Kommentar deutlich: »[George] Washingtons Abschiedsrede ist bei uns in Vergessenheit geraten. Wir haben uns kopfüber in Europas, Asiens und Afrikas Machtpolitik und Machtkriege gestürzt. Wir haben den ersten Schritt auf einem Weg gemacht, von dem es kein Zurück mehr gibt.«[44] Vandenberg hatte das Problem zutreffend analysiert. Doch die Weltlage erzwang diesen Schritt, und es war Roosevelts Verdienst, das erkannt zu haben.

Roosevelts Entschlossenheit, das NS-Regime zu bekämpfen, wuchs von Monat zu Monat. Noch bevor das Pacht-Leih-Gesetz überhaupt verabschiedet war, trafen sich die britischen und amerikanischen Stabschefs, um die Bereitstellung des erforderlichen Materials zu organisieren. Während der Zusammenkunft begannen sie auch schon mit den Planungen für die Zeit nach dem amerikanischen Kriegseintritt. Offen blieb lediglich die Frage des Zeitpunktes. Zwar hatte Roosevelt das sogenannte ABC-1-Abkommen, dem zufolge dem Kampf gegen Deutschland oberste Priorität eingeräumt werden sollte, nicht unterzeichnet, aber diese Weigerung war innenpolitischen Zwängen und verfassungsmäßigen Beschränkungen zuzuschreiben, und Roosevelt ließ keinen Zweifel daran, welchen Weg er einzuschlagen gedachte. Die Grausamkeiten des NS-Regimes verwischten die damals getroffene Unterscheidung, ob der Kampf nun um amerikanischer Werte willen oder zur Verteidigung der Sicherheit der Vereinigten Staaten geführt werden sollte: Hitler hatte jede moralische Norm so weit hinter sich gelassen, daß der Kampf gegen ihn ebensosehr dem Triumph des Guten über das Böse wie dem blanken Überleben galt. Aus diesem Grund faßte Roosevelt die Ziele der amerikanischen Politik im Januar 1941 in den sogenannten Vier Freiheiten zusammen: der Redefreiheit, der Glaubensfreiheit, der Freiheit von wirtschaftlicher Not und der Freiheit von Kriegsfurcht. In keinem europäischen Krieg zuvor war je für so weitreichende Ziele gekämpft worden. Und nicht einmal Wilson hatte soziale Belange, etwa die Freiheit von wirtschaftlicher Not, als Kriegsziel verkündet.

Im April 1941 unternahm Roosevelt einen weiteren Schritt in Richtung Krieg. Mit dem dänischen Vertreter in Washington vereinbarte er ein Abkommen, das den amerikanischen Streitkräften die Besetzung Grönlands erlaubte. Da Dänemark von den Deutschen eingenommen war und es keine dänische Exilregierung gab, »autorisierte« der Diplomat ohne Land die immerhin weitreichende Erlaubnis, amerikanische Stützpunkte auf dänischem Boden einzurichten, auf eigene Verantwortung. Sofort informierte Roosevelt persönlich Churchill darüber, daß fortan US-Schiffe im Nordatlantik, westlich von Island, patrouillieren und »die Position von Kaperschiffen und Flugzeugen innerhalb der amerikanischen Patrouillezone sofort bekanntgeben« würden.[45] Die Amerikaner beobachteten mithin zwei Drittel des gesamten Atlantischen Ozeans. Drei Monate später landeten US-Truppen als Nachschub für die britischen Streitkräfte auf Einladung der Regionalregierung in Island, das ebenfalls zu Dänemark gehörte.

Daraufhin erklärte Roosevelt – ohne Zustimmung des Kongresses – das gesamte Territorium zwischen den dänischen Besitzungen und Nordamerika zum Bestandteil des Gebietes, dessen Verteidigung der westlichen Hemisphäre oblag.

Am 27. Mai 1941 – gut sechs Monate, bevor die USA offiziell in den Krieg eintraten – verkündete der Präsident in einer langatmigen Rundfunkansprache den Ausnahmezustand. Noch einmal wiederholte er das nationale Bekenntnis zu sozialem und wirtschaftlichem Fortschritt:»Eine von Hitler beherrschte Welt werden wir nicht akzeptieren. Wir werden auch keine Welt akzeptieren, in der – ähnlich wie in der Nachkriegszeit der zwanziger Jahre –, der Same des Hitlerismus ungehindert ausgesät werden und wachsen kann. Wir werden nur eine Welt akzeptieren, in der die Freiheit der Rede und die freie Meinungsäußerung – die Freiheit jedes Menschen, auf seine Art zu Gott zu beten – die Freiheit von Not – und die Freiheit von Terror gewährleistet sind.«[46] Mit der Formulierung:»Wir werden nicht akzeptieren«, legte Roosevelt die Nation darauf fest, für die Vier Freiheiten tatsächlich in den Krieg zu ziehen, sollten sie nicht auf anderem Wege geschützt werden können.

Nur wenige amerikanische Präsidenten besaßen ein so ausgeprägtes Gespür für die Stimmungslage der Nation wie Franklin Delano Roosevelt. Einen Zustand militärischer Bereitschaft würde die amerikanische Gesellschaft unterstützen, sobald sie sich bedroht fühlte. Um sie aber zum Kriegseintritt zu bewegen, das wußte Roosevelt, mußte er, ähnlich wie Wilson es getan hatte, an ihren Idealismus appellieren. Der Sicherheit der Vereinigten Staaten hätte die Herrschaft über den Atlantik Genüge getan; die amerikanischen Kriegsziele hingegen, die so feierlich verkündet worden waren, liefen auf eine neue Weltordnung hinaus. Roosevelt vermied deshalb jede Anspielung auf das »Gleichgewicht der Kräfte«, es sei denn, er wollte seine Verachtung zum Ausdruck bringen. Der Präsident der Vereinigten Staaten verfolgte eine Vision: eine Weltgemeinschaft, die den Frieden garantierte, weil sie sich den demokratischen und sozialen Idealen der USA angeschlossen hatte.

Im August 1941 trafen sich Roosevelt, der Präsident eines dem Wortlaut nach neutralen Landes, und Churchill, der Garant für Großbritanniens Teilnahme am Krieg, auf einem Kreuzer vor der Küste Neufundlands. Zwar hatte sich die Lage Großbritanniens etwas verbessert, seit Hitler im Juni die Sowjetunion überfallen hatte, aber von Siegessicherheit waren die Briten weit entfernt. Trotzdem proklamierte die gemeinsame Erklärung der beiden Staatsoberhäupter – die sogenannte »Atlantikcharta« – nicht Kriegsziele im herkömmlichen Sinn, sondern den Entwurf einer völlig neugestalteten Welt, die von den Werten geprägt sein sollte, für die die Vereinigten

Staaten seit jeher eingetreten waren. Die Atlantikcharta enthielt daher eine Reihe »gemeinsamer Prinzipien«, auf die der US-Präsident und der Premierminister ihre »Hoffnung auf eine bessere Zukunft für die Welt«[47] gründeten, darunter nicht nur die ursprünglich von Roosevelt genannten Vier Freiheiten, sondern auch der gleichberechtigte Zugriff auf Rohstoffe und gemeinsame Bemühungen um bessere sozialen Bedingungen in allen Teilen der Welt.

Die Atlantikcharta behandelte die Sicherheitsproblematik in der Tradition Wilsons: Geopolitische Elemente spielten keine Rolle. Nach der »endgültigen Zerstörung der nationalsozialistischen Tyrannei« seien die freien Staaten aufgefordert, auf den Einsatz von Gewalt zu verzichten und die Staaten, die »mit Aggression [...] drohen« dauerhaft zu entwaffnen. Dies befördere »alle anderen durchsetzbaren Maßnahmen, die den friedliebenden Völkern die erdrückende Last der Rüstung erleichtern.«[48] Die Staaten der Welt wurden in zwei Gruppen eingeteilt: in aggressive Nationen – insbesondere Deutschland, Japan und Italien –, die auf die Dauer entmilitarisiert werden sollten, und in »friedliebende Länder«, die ihre Streitkräfte behalten durften, wenngleich man hoffte, daß sie sie erheblich reduzierten. Nationale Selbstbestimmung sollte der Grundpfeiler dieser neuen Weltordnung sein.

Der Unterschied zwischen der Atlantikcharta und dem Pitt-Plan, den Großbritannien zur Beendigung der Napoleonischen Kriege vorgeschlagen hatte, verdeutlicht, in welchem Ausmaß sich die Briten den Amerikanern bereits untergeordnet hatten. Mit keinem Wort nahm die Atlantikcharta auf ein neues Gleichgewicht der Kräfte – das doch die alleinige Grundlage des Pitt-Plans gewesen war – Bezug. Allerdings war es auch nicht so, daß London das Konzept der »balance of power« aus den Augen verloren hatte, während es gerade den verzweifeltsten Krieg in seiner langen Geschichte ausfocht. Eher hoffte Churchill, daß das Gleichgewicht der Kräfte, sollten die USA in den Krieg eintreten, sich von selbst wieder zu Großbritanniens Gunsten verändern würde. In der Zwischenzeit mußte er die langfristigen Ziele britischer Politik unmittelbaren Bedürfnissen unterordnen, ein Vorgehen, zu dem sich die Briten während der Napoleonischen Kriege zu keinem Zeitpunkt verpflichtet gefühlt hatten.

Als die Atlantikcharta verkündet wurde, näherte sich die Wehrmacht bereits Moskau, und Japans Streitkräfte bereiteten sich auf den Einmarsch nach Südostasien vor. In erster Linie war Churchill jetzt daran gelegen, die Hindernisse, die einer aktiven Beteiligung der USA am Krieg entgegenstanden, aus dem Weg zu räumen. Denn selbst wenn die Sowjets an dem Krieg teilnahmen und die Amerikaner materielle Unterstützung leisteten – und so stellte sich die Situation zum Zeitpunkt der Atlantikcharta dar –, konnte Großbritannien allein den entscheidenden Sieg nicht erringen. Abgesehen davon jedoch war nicht auszuschließen, daß Hitler und Stalin sich auf einen Kompromiß einigten; dann wäre Großbritannien aufs neue isoliert. So sah Churchill keinen Grund zu Verhandlungen über Nachkriegsstrukturen, bevor er sich nicht sicher sein konnte, daß es überhaupt welche geben würde.

Im September 1941 überschritten die Vereinigten Staaten die Schwelle zum Krieg. Roosevelts im April erteilter Befehl, den Briten die Position deutscher U-Boote mitzuteilen, mußte irgendwann zu einem Zusammenstoß führen. Am 4. September 1941 wurde der amerikanische Zerstörer »Greer« torpediert, während er britischen Flugzeugen die Koordinaten eines deutschen U-Bootes zufunkte. Am 11. September beschuldigte Roosevelt Deutschland der »Piraterie«, ohne die Umstände näher zu erläutern. Er verglich die deutschen Unterseeboote mit Klapperschlangen, die nur darauf warteten zuzuschnappen, und befahl der US-Navy, alle deutschen oder italienischen U-Boote, die in der zuvor festgelegten, bis nach Island reichenden amerikanischen Verteidigungszone erspäht würden, sofort zu versenken. Praktisch hieß das nichts anderes, als daß die Vereinigten Staaten mit den Achsenmächten in einen Seekrieg eingetreten waren.[49]

Zur selben Zeit stellte Roosevelt sich der Herausforderung im Pazifik. Als Antwort auf die japanische Besetzung Indochinas im Juli 1941 hob er den amerikanisch-japanischen Handelsvertrag auf. Damit hatte er den Verkauf von Schrottmetall nach Japan unterbunden. Außerdem ermutigte er die niederländische Exilregierung, ihre Ölexporte von Niederländisch-Ostindien, dem heutigen Indonesien, nach Japan zu stoppen.

Die Sanktionen schienen Wirkung zu zeigen. Im Oktober 1941 nahmen die USA und Japan Verhandlungen auf. Roosevelt gab den amerikanischen Unterhändlern die Anweisung mit auf den Weg, Japan zur Herausgabe all seiner eroberten Gebiete einschließlich der Mandschurei aufzufordern: Schließlich hatten die Vereinigten Staaten diese Annexionen noch immer nicht »anerkannt«.

Roosevelt mußte gewußt haben, daß Japan nicht einlenken würde. Am 7. Dezember 1941 reagierte Japan, dem Muster des russisch-japanischen Krieges folgend, mit einen Überraschungsangriff auf Pearl Harbor. Ein bedeutender Teil der US-Pazifikflotte wurde zerstört. Am 11. Dezember erklärte Hitler den Vereinigten Staaten gemäß seinem Vertrag mit Tokio den Krieg. Die Frage, weshalb er dem amerikanischen Präsidenten auf diese Weise freie Hand gab, seine militärischen Anstrengungen auf eben das Land zu konzentrieren, das dieser von jeher als Hauptfeind betrachtet hatte, konnte bis heute nicht zufriedenstellend beantwortet werden.

Der Kriegseintritt der USA bildete den Höhepunkt eines außergewöhnlichen diplomatischen Unternehmens, das ein großer und wagemutiger Politiker in die Wege geleitet hatte. In weniger als drei Jahren war es Roosevelt gelungen, eine unverändert isolationistisch orientierte Nation von der Notwendigkeit zu überzeugen, am Zweiten Weltkrieg teilzunehmen. Noch im Mai 1940 hatten vierundsechzig Prozent der Amerikaner bei einer Umfrage angegeben, daß sie die Wahrung des Friedens für wichtiger hielten als einen Sieg über die Nationalsozialisten. Eineinhalb Jahre später – im Dezember

1941, kurz vor dem Angriff auf Pearl Harbor – hatte sich das Verhältnis umgekehrt; nun waren nur noch zweiunddreißig Prozent der Meinung, es sei wichtiger, den Frieden zu erhalten, als Hitlers Triumph zu verhindern.[50] Mit Geduld und Unerbittlichkeit hatte Roosevelt sein Ziel erreicht. Da seine Zuhörer seine Worte meist durch den Filter eigener, vorgefaßter Meinungen wahrnahmen, hatten längst nicht alle verstanden, daß der amerikanische Präsident eigentlich auf eine aktive Beteiligung am Krieg hinarbeitete. Trotzdem kann niemand ernsthaft bezweifelt haben, daß diese Politik zumindest auf eine Konfrontation hinauslief. Doch Roosevelt ging es nicht um den Krieg als solchen; er wollte einen Sieg des Faschismus verhindern, und mit der Zeit war nur allzu deutlich geworden, daß dies nur möglich war, sofern auch die Vereinigten Staaten in den Krieg eintraten.

Wenn den Amerikanern der Kriegseintritt überstürzt erschien, dann lag das an drei Faktoren. Erstens hatten sie mit einem Krieg wegen sicherheitspolitischer Belange außerhalb der westlichen Hemisphäre noch keine Erfahrungen gemacht. Zweitens neigten viele von ihnen zu der Auffassung, daß die europäischen Demokratien selber in der Lage seien, sich durchzusetzen. Und drittens hatten nur wenige die Diplomatie durchschaut, die Japans hastigem Angriff auf Pearl Harbor und Hitlers noch hastigerer Kriegserklärung vorausgegangen war. Es verdeutlicht das Ausmaß der isolationistischen Geisteshaltung, daß die Vereinigten Staaten erst in Pearl Harbor bombardiert werden mußten, bevor sie in den Krieg im Pazifik eintraten, und daß Hitler den USA erst den Krieg erklären mußte, bevor sie an den Kampfhandlungen in Europa teilnahmen.

Die Achsenmächte hatten Roosevelt durch die eigenmächtige Aufnahme von Kriegshandlungen seinem Ziel nähergebracht. Zwar wäre es ihm zweifellos auch unter anderen Umständen gelungen, die Amerikaner früher oder später für den Kampf zu gewinnen, von dessen Ausgang in seinen Augen eine freiheitliche Zukunft und die Sicherheit der Vereinigten Staaten abhing. Doch ohne die »Unterstützung« Deutschlands und Japans hätte sich seine Aufgabe schwieriger gestaltet.

Die nachfolgenden Generationen von Amerikanern haben der absoluten Aufrichtigkeit ihrer Präsidenten einen höheren Stellenwert beigemessen als zu Roosevelts Zeiten. Aber ähnlich wie Lincoln spürte auch Roosevelt, daß das Überleben nicht nur seines Landes, sondern auch der amerikanischen Werte auf dem Spiel stand und die Geschichte selber ihn für die Konsequenzen seiner Alleingänge zur Verantwortung ziehen werde. Und wenn die Weisheit, die er bei seinem einsamen Vorgehen – wiederum analog zu Lincoln – bewies, heute als selbstverständlich gilt, so ist auch dies ein Maßstab dafür, was die freien Völker Franklin Delano Roosevelt zu verdanken haben.

## Kapitel 16

# Drei Wege zum Frieden:
# Roosevelt, Stalin und Churchill
# im Zweiten Weltkrieg

*Josef Stalin, Franklin D. Roosevelt und Winston Churchill
im Dezember 1943 in Teheran*

Mit dem Angriff auf die Sowjetunion am 22. Juni 1941 löste Hitler den größten Landkrieg in der Geschichte der Menschheit aus. Das Grauen dieses Krieges war beispiellos, selbst verglichen mit den Grausamkeiten früherer europäischer Konflikte; es war ein Völkermord bis zum bitteren Ende. Als die deutschen Armeen tief ins Innere der Sowjetunion vordrangen und Hitler den Vereinigten Staaten den Krieg erklärte, verwandelte er den bis dahin auf Europa begrenzten Krieg in einen weltweiten Kampf. Doch obwohl die deutsche Armee Rußland furchtbar verwüstete, konnte sie der Sowjetunion nicht den endgültigen Todesstoß versetzen. Im Winter 1941 kam sie nicht weiter als bis an den Rand Moskaus. Im Winter 1942/43 wurde die gegen den Süden Rußlands geführte deutsche Offensive ebenfalls zum Stillstand gebracht, und in einer verheerenden Schlacht verlor Hitler im zugefrorenen Kessel von Stalingrad seine gesamte Sechste Armee. Das war der Wendepunkt. Nun konnte die alliierte Führung – Churchill, Roosevelt und Stalin – sich allmählich mit dem Gedanken an den Sieg und die Gestaltung der globalen Zukunft auseinandersetzen.

Jeder der drei Staatsmänner drückte sich in einer Sprache aus, die die historischen Erfahrungen der jeweiligen Nation reflektierte. So wollte Churchill das traditionelle Gleichgewicht der Kräfte in Europa wiederherstellen. Dies aber setzte den Wiederaufbau Großbritanniens, Frankreichs und sogar des besiegten Deutschland voraus, um so, gemeinsam mit den Vereinigten Staaten, ein Gegengewicht zum sowjetischen Großreich im Osten zu bilden. Roosevelt hingegen schwebte eine Nachkriegsordnung vor, in der die drei Siegermächte zusammen mit China als eine Art geschäftsführender Ausschuß des Weltverwaltungsrats fungieren sollten, um den Frieden gegen jeden potentiellen Bösewicht (dessen Rolle, so glaubte Roosevelt, am wahrscheinlichsten Deutschland übernehmen würde) zu verteidigen – eine Vision, die unter dem Begriff der »Vier Weltpolizisten« bekannt wurde. Stalins Vorschlag war ebenso von der kommunistischen Ideologie wie von den Traditionen russischer Außenpolitik geprägt. Ihm kam es vor allem darauf an, im Falle eines sowjetischen Sieges gleichsam die Gewinne einzustreichen und den sowjetischen Einfluß bis weit nach Mitteleuropa hinein auszudehnen. Die Territorien, die die sowjetischen Armeen erobern konnten, sollten zu Satellitenstaaten umgestaltet werden, um die Sowjetunion mit

Hilfe dieser Pufferzone vor einem weiteren Angriff Deutschlands zu schützen.

Als Roosevelt feststellte, daß ein Sieg Hitlers Amerikas Sicherheit gefährden würde, war er der amerikanischen Gesellschaft weit voraus; in der Ablehnung der traditionellen Welt europäischer Diplomatie aber befand er sich mit ihr im Einklang.

Er hatte nicht für den amerikanischen Kriegseintritt plädiert, um das europäische Gleichgewicht der Kräfte zu stützen, sondern um das Hindernis zu beseitigen, das der – in seinen Augen – natürlichen Harmonie der Welt im Weg stand. Dieses Hindernis war Hitler.

Deshalb reagierte Roosevelt auf Gemeinplätze, die angeblich den Lehren der Geschichte Rechnung trugen, äußerst ungehalten. Die Vorstellung, die totale Niederlage Deutschlands werde ein Vakuum hinterlassen, das die Sowjetunion als Siegermacht vielleicht ausfüllen könnte, wies er zurück. Ebensowenig konnte er Sicherheitsklauseln gegen mögliche Nachkriegsrivalitäten unter den Siegermächten gutheißen, denn solche Klauseln hätten eben jenes Gleichgewicht der Kräfte wieder heraufbeschworen, das er als internationales Ordnungssystem für überlebt hielt. Er setzte statt dessen auf ein System kollektiver Sicherheit.

Da aber dann nicht mehr ein prekäres Gleichgewicht gewahrt, sondern vielmehr der Weltfrieden umfassend gewährleistet werden mußte, war es Roosevelts nachdrücklichster Wunsch, die amerikanischen Streitkräfte nach dem Sieg über das nationalsozialistische Deutschland zurückzurufen. Er hatte nicht die Absicht, US-Soldaten auf die Dauer in Europa zu stationieren, vor allem nicht als Gegengewicht zu den Sowjets, weil die amerikanische Öffentlichkeit eine derartige Verpflichtung niemals billigen würde. Am 29. Februar 1944, bevor die amerikanischen Truppen auch nur einen Fuß nach Frankreich gesetzt hatten, schrieb er an Churchill:»Verlangen Sie bitte nicht von mir, amerikanische Streitkräfte in Frankreich zu halten. Das kann ich wirklich nicht tun! Ich werde sie alle nach Hause schicken müssen. Wie ich bereits nahelegte, verurteile ich es und verwahre mich dagegen, die Vaterschaft über Belgien, Frankreich und Italien zu übernehmen. Sie sollten Ihre Kinder wirklich selbst aufziehen und disziplinieren. Angesichts der Tatsache, daß diese in Zukunft Ihr Bollwerk sein könnten, sollten Sie wenigstens jetzt für deren Ausbildung aufkommen!«[1] Mit anderen Worten: Großbritannien sollte Europa ohne amerikanische Unterstützung verteidigen.

Ebensowenig aber, so fuhr Roosevelt fort, könnten die Vereinigten Staaten für Europas wirtschaftlichen Wiederaufbau herangezogen werden:»Ich möchte den Vereinigten Staaten für die Nachkriegszeit nicht die Last aufhalsen, Frankreich, Italien und den Balkan wiederaufbauen zu müssen. Bei einer Entfernung von dreieinhalbtausend Meilen oder mehr sind wir für diese Aufgabe einfach nicht zuständig. Das wird definitiv eine britische Aufgabe sein, an der die Briten ein weitaus größeres Interesse haben als wir.«[2] Roosevelt machte den Fehler, die Kapazitäten, die Großbritannien nach dem Krieg noch zur Verfügung stehen würden, maßlos zu überschätzen. Die Briten hätten, selbst wenn sie es gewollt hätten, nicht gleichzeitig die Verteidigung Europas sichern und den Wiederaufbau des verwüsteten Kontinents bewerkstelligen können. Ihre Lage verschlimmerte sich noch dadurch, daß der US-Präsident Frankreich nur Verachtung entgegenbrachte. Während der Konferenz von Jalta im Februar 1945, einem der wichtigsten Treffen der Siegermächte, kritisierte Roosevelt Churchill sogar in Gegenwart Stalins, er habe lediglich vor, Frankreich »künstlich« zu einer starken Macht aufzubauen. Als verlange eine solch absurde Unterstellung keine weitere Erklärung, machte er sich über Churchills Motive lustig und deutete sie als neuen Versuch, entlang der französischen Ostgrenze eine Verteidigungslinie zu errichten, hinter der Großbritannien seine Armee würde zusammenziehen können.[3] Tatsächlich aber war das zu jener Zeit der einzig gangbare Weg, den sowjetischen Expansionismus aufzuhalten.

Ohne jede Bereitschaft, auch die Vereinigten Staaten in die Pflicht zu nehmen, dachte Roosevelt den siegreichen Verbündeten auf dem Kontinent die Aufgabe zu, nicht nur die Abrüstung und Teilung Deutschlands zu überwachen, sondern auch die Kontrolle über verschiedene andere Länder wahrzunehmen (erstaunlicherweise zählte er auch Frankreich zu den Ländern, die der Kontrolle unterliegen sollten). Bereits im Frühjahr 1942 hatte der amerikanische Präsident anläßlich des Besuchs des sowjetischen Außenministers Molotow in Washington in groben Zügen entworfen, wer innerhalb der zukünftigen Nachkriegsordnung welche Rolle spielen sollte. In einem Brief an Churchill berichtete Harry Hopkins von den Überlegungen des Präsidenten: Roosevelt habe mit Molotow über ein System gesprochen, daß es allein den Großmächten – Großbritannien, den Vereinigten Staaten, der Sowjetunion und möglicherweise China – gestatten solle, weiterhin Waffen zu besitzen. Diese »Polizisten« sollten gemeinsam den Frieden wahren.[4] Darüber hinaus war Roosevelt fest entschlossen, die britische wie die französische Kolonialherrschaft zu beenden: »Wenn wir den Krieg gewonnen haben, dann werde ich mit all meiner Kraft und Macht daran arbeiten, daß die Vereinigten Staaten sich nicht dazu überreden lassen, einen Plan anzunehmen, der Frankreichs imperialistische Gelüste fördert oder das Britische Empire in seinem Ehrgeiz noch unterstützt.«[5]

Die Politik, die Roosevelt verfolgte, war eine ausgeklügelte Mischung aus traditionellem amerikanischem Exzeptionalismus, Wilsonschem Idealismus und seiner eigenen gewieften Kenntnis der amerikanischen Mentalität, die von jeher stärker auf universale Gesichtspunkte als auf das Kalkül von Zuckerbrot und Peitsche gerichtet war. Churchill war es allzu meisterhaft gelungen, die Illusion zu nähren, Großbritannien sei noch immer eine Großmacht, die sich dem sowjetischen Expansionswillen allein entgegenstellen könne. Nur so läßt sich erklären, daß Roosevelt glaubte, die amerikanischen Truppen aus Europa abziehen, Deutschland entwaffnen und gleichzeitig Frankreich auf den Status einer zweitrangigen Macht reduzieren zu können. Dergestalt wäre eine Weltordnung entstanden, in der es kein Gegengewicht zur Sowjetunion gegeben hätte. Diese aber sah sich plötzlich einem riesigen Machtvakuum gegenüber und war durchaus bereit, es zu nutzen. Die Ereignisse der Nachkriegszeit sollten den Vereinigten Staaten jedoch deutlich vor Augen führen, wie wichtig es war, daß sie in diesem neuen Gleichgewicht der Kräfte ebenfalls eine Rolle spielten.

Roosevelts Konzept von den »Vier Weltpolizisten«, die weltweit Frieden schaffen und bewahren sollten, war ein Kompromiß zwischen Churchills traditionellen Gleichgewichtsvorstellungen und der grenzenlosen Wilson-Verehrung seiner Berater, beispielsweise seines Außenministers Cordell Hull. Entschlossen, die Fehler des Völkerbundes nicht zu wiederholen und nicht mehr auf das nach dem Ersten Weltkrieg entstandene System zurückzugreifen, sprach Roosevelt sich zwar für eine Form kollektiver Sicherheit aus, wußte jedoch aus den Erfahrungen der zwanziger Jahre, daß diese auch durchgesetzt werden mußte – eine Aufgabe, die er den »Vier Weltpolizisten« zugedacht hatte.

Roosevelts Schema ähnelte in struktureller Hinsicht der Heiligen Allianz, die Metternich ins Leben gerufen hatte – auch wenn die amerikanischen Liberalen über diesen Gedanken entsetzt gewesen wären. Beide Systeme stellten den Versuch dar, den Frieden durch eine Koalition von Siegern, die sich denselben Werten verpflichtet fühlten, zu wahren. Metternichs Bündnissystem hatte funktioniert, weil damit ein echtes Gleichgewicht der Kräfte geschützt wurde, die bedeutendsten der daran beteiligten Länder tatsächlich gemeinsame Werte verfolgten und Rußland sich mehr oder weniger kooperativ verhalten hatte. Roosevelts Plan konnte nicht funktionieren, weil nach dem Krieg kein wirkliches Gleichgewicht der Kräfte entstanden war, weil zwischen den Siegermächten eine tiefe ideologische Kluft existierte und weil Stalin, der sein Land nun nicht mehr von Deutschland bedroht wußte, seine ehemaligen Verbündeten bedenkenlos mit ideologischen und geopolitischen Herausforderungen konfrontierte – sogar wenn er damit die Gefahr eines Konflikts einging.

Den Fall, daß eine der vorgeschlagenen Mächte – zum Beispiel die Sowjetunion – sich weigern würde, die ihr zugewiesene Rolle als »Weltpolizist« zu spielen, hatte Roosevelt ignoriert. In diesem Fall nämlich hätte er doch auf die verschmähte Gleichgewichtsidee zurückgreifen müssen. Und je gründlicher man die Bestandteile des traditionellen Gleichgewichts über Bord warf, desto nachhaltiger entwickelte sich die Aufgabe, ein neues aufzubauen, zum Kraftakt.

Kaum zwei Gesprächspartner auf der Welt hätten sich weniger ähnlich sein können als Roosevelt und Stalin. Während ersterer – im Sinn Wilsons – nach handhabbaren Konzepten kollektiver Sicherheit suchte, trugen Stalins Vorstellungen darüber, wie Außenpolitik zu gestalten sei, unzweifelhaft den Stempel der Alten Welt. Als ein amerikanischer General während der Potsdamer Konferenz versuchte, ihm mit der Bemerkung zu schmeicheln, wie befriedigend die Präsenz russischer Armeen in Berlin für Stalin sein müsse, erwiderte dieser scharf: »Zar Alexander I. kam bis nach Paris.«

Stalin definierte die Voraussetzungen für Frieden wie seine zaristischen Vorgänger als eine Art Sicherheitskordon, der so breit wie möglich um die ausgedehnten sowjetischen Grenzen herum gezogen werden sollte. Er begrüßte Roosevelts Forderung nach bedingungsloser Kapitulation, da die Achsenmächte so aus Friedensverhandlungen ausgeklammert wurden und man vermeiden konnte, daß bei einer Friedenskonferenz schließlich noch ein deutscher Talleyrand auf den Plan trat. Die Tradition wurde durch die Ideologie verschärft. Als Kommunist weigerte Stalin sich, zwischen demokratischen und faschistischen Nationen zu unterscheiden, obwohl in seinen Augen die Demokratien zweifellos weniger skrupellos, vielleicht auch weniger ernstzunehmende Gegner waren. Er besaß kein konzeptionelles Gerüst, um aus Wohlwollen auf Territorium oder aus einer momentanen Stimmung heraus auf eine »objektive« Gegebenheit zu verzichten. Daher mußte er seinen demokratischen Verbündeten dieselben Regelungen vorschlagen, die er zuvor von Hitler gefordert hatte. Die Verhandlungen mit Hitler hatten sein Verhältnis zum Nationalsozialismus ebensowenig verbessert wie sein Bündnis mit den Demokratien später seine Meinung über die Vorzüge freiheitlicher Institutionen: Von seinen jeweiligen Partnern nahm er alles, was er auf diplomatischem Wege bekommen konnte, und was man ihm nicht freiwillig überließ, riß er mit Gewalt an sich, so lange jedenfalls, als er damit keinen Krieg riskierte. Sein Leitstern blieb das aus dem Blickwinkel kommunistischer Ideologie definierte nationale Interesse der Sowjetunion. Um es mit Palmerstons Worten auszudrücken: Er hatte keine Freunde, sondern nur Interessen.

Stalins Bereitschaft, über Nachkriegsziele zu verhandeln, war am größten, als er sich in einer militärisch äußerst prekären Lage befand. Das Messer sprichwörtlich an der Kehle, machte er im Dezember 1941 anläßlich Edens Besuchs in Moskau und im Mai 1942, als er Molotow nach London und Washington entsandte, die ersten Schritte in diese Richtung. Doch seine Pläne wurden durchkreuzt, Roosevelt sperrte sich energisch gegen jede Detaildiskussion über Friedensfragen. Nach der Schlacht von Stalingrad wurde Stalin sich immer sicherer, daß die Sowjetunion bei Kriegsende den Großteil des vermutlich strittigen Territoriums besitzen würde. Da Verhandlungen daher immer weniger Gewinn versprachen, setzte er in der Frage der Gestaltung der Nachkriegswelt auf die Reichweite seiner Armeen.

Churchill hingegen wäre zu Verhandlungen mit Stalin über eine europäische Nachkriegsordnung schon zu einem Zeitpunkt bereit gewesen, da dieser von Siegesgewißheit noch weit entfernt war. Schließlich waren die Briten in ihrer Geschichte mehr als einmal mit expansionistisch orientierten Verbündeten wie Stalin konfrontiert gewesen – und hatten sie besiegt. Wäre Großbritannien mächtiger gewesen, hätte Churchill sicherlich versucht,

Moskau handfeste Vereinbarungen abzupressen, als man dort noch auf Unterstützung angewiesen war, ganz ähnlich wie Castlereagh, der noch weit vor Ende der Napoleonischen Kriege von seinen Verbündeten die Zusicherung erhalten hatte, sich für die Freiheit der Niederlande zu verbürgen. Churchill hatte den Krieg länger mitgemacht als alle seine Partner. Nach Frankreichs Niederlage, im Juni 1940, sahen die Briten sich fast ein Jahr lang Hitler allein ausgeliefert und hatten mit Sicherheit andere Sorgen, als sich über die Zeit nach dem Krieg Gedanken zu machen. Der bloße Kampf ums Überleben beanspruchte all ihre Kräfte, und der Ausgang der Auseinandersetzung war völlig ungewiß. Selbst mit massiver materieller Unterstützung von seiten der Vereinigten Staaten konnten sie nicht auf einen Sieg hoffen, und wären die Vereinigten Staaten und die Sowjetunion nicht zum besagten Zeitpunkt in den Krieg eingetreten, hätten die Briten letztlich entweder einen Kompromiß oder die Niederlage akzeptieren müssen.

Hitlers Angriff auf die Sowjetunion am 22. Juni 1941, Japans Angriff auf Pearl Harbor am 7. Dezember 1941 und Hitlers Kriegserklärung an die Vereinigten Staaten einige Tage später sollten das Blatt wenden. Großbritannien würde, ungeachtet der Dauer und der Qualen des Krieges, schließlich doch noch auf der Siegerseite stehen. Erst von diesem Augenblick an konnte sich Churchill wirklich mit Kriegszielen auseinandersetzen, allerdings unter Voraussetzungen, unter denen traditionelle britische Konzepte nicht mehr anwendbar waren. Im Laufe des Krieges nämlich stellte sich immer deutlicher heraus, daß erstens das System des »balance of power« in Europa immer weniger Chancen hatte und daß zweitens die Sowjetunion nach Deutschlands absehbarer bedingungsloser Kapitulation zur herrschenden Macht des Kontinents aufsteigen würde – vor allem, wenn die Vereinigten Staaten ihre Streitkräfte abzogen.

Churchills diplomatische Bemühungen konzentrierten sich während des Krieges darauf, zwischen zwei Gefahren zu lavieren, die gleichermaßen Großbritanniens Position bedrohten, wenn auch aus entgegengesetzten Richtungen. Roosevelts Plädoyer für weltweite Selbstbestimmung war eine Kampfansage an das britische Empire; Stalins Versuch, die Sowjetunion in das Zentrum Europas vordringen zu lassen, drohte die Sicherheit Großbritanniens zu unterminieren.

In dieser Bedrängnis – zwischen amerikanischem Idealismus und russischem Expansionismus – gab sich Churchill aus einer vergleichsweise schwachen Position heraus alle Mühe, um der bewährten Politik seines Landes gerecht zu werden: Sollte die Welt nicht in die Hände der stärksten und rücksichtslosesten Macht geraten, mußte der Frieden auf einer Art Gleichgewicht aufgebaut werden. Dem Premier war bewußt, daß Großbritannien seine entscheidenden Interessen bei Kriegsende allein nicht mehr verteidigen, geschweige denn aus eigener Kraft ein Gleichgewicht unter Kontrolle halten konnte, auch wenn er sich nach außen hin selbstbewußt gab. Doch im Unterschied zu seinen amerikanischen Freunden, die noch immer glaubten, Großbritannien könne das europäische Gleichgewicht selber aufrechterhalten, hatte Churchill erkannt, daß sein Land während des Krieges zum letzten Mal die Rolle einer im Wortsinne unabhängigen Weltmacht spielen würde.

Daher war für ihn in der Bündnisdiplomatie nichts so wichtig wie die Schaffung freundschaftlicher und stabiler Beziehungen zu den Vereinigten Staaten, um zu verhindern, daß Großbritannien nach dem Krieg der Welt allein gegenübertreten mußte. Und so schloß er sich schließlich den von der amerikanischen Regierung gesetzten Prioritäten zumindest im Grundsatz an, auch wenn er seine Partner in den Vereinigten Staaten häufig davon überzeugen konnte, daß Washingtons strategische Interessen weitgehend mit denen Londons übereinstimmten.

Dies war eine gewaltige Aufgabe. Denn Roosevelt und seine Mitarbeiter mißtrauten den Briten und ihren Beweggründen; sie fürchteten, Churchill handele möglicherweise in erster Linie im Interesse seines Landes und folglich des Gleichgewichts der Kräfte, weniger hingegen im Sinne ihrer eigenen Auffassung von der neuen Weltordnung.

Die meisten Nationen hätten es wohl als selbstverständlich betrachtet, daß Großbritannien eigene Interessen verfolgte. Amerikas politische Führung wertete dies jedoch als charakterlichen Makel der Briten. Roosevelt äußerte sich dazu während eines privaten Abendessens, kurz nach dem Angriff auf Pearl Harbor, als er sagte:»Die bei uns verbreitete Vorstellung von dieser Rolle mag vielleicht nicht ganz objektiv, mag vom britischen Standpunkt aus vielleicht nicht hundertprozentig richtig sein, aber sie existiert; und ich habe versucht, ihm [Churchill] beizubringen, daß er dies berücksichtigen müsse. Dieses Mißtrauen, diese Abneigung, ja dieser Haß auf England liegt in Amerikas Tradition...«[6]

Da Roosevelt vor Stalingrad nicht über Kriegsziele diskutieren wollte und Stalin es vorzog, die Kampflinien über den politischen Ausgang bestimmen zu lassen, stammen die meisten der während des Krieges entstandenen Vorschläge zur Nachkriegsordnung vom britischen Premier. Im November 1943 sprach Außenminister Hull die Verachtung, die man in den USA diesen Plänen entgegenbrachte, offen aus:»Einflußsphären, Bündnisse, ein Gleichgewicht der Kräfte oder irgendein anderes der speziellen Arrangements, mit denen die Staaten sich in der unseligen Vergangenheit um die Wahrung ihrer Sicherheit oder die Förderung ihrer Interessen bemühten, sind nicht mehr nötig.«[7]

Zwar hatte Roosevelt während des Krieges ein engeres persönliches Verhältnis zu Churchill als zu den meisten seiner eigenen Landsleute. Dennoch schlug er in einigen Fragen dem Premierminister gegenüber manchmal einen schärferen Ton an als Stalin gegenüber. In Churchill hatte er einen Waffenbruder für den Krieg gefunden; die Nachkriegsordnung hoffte er mit Stalin zu erreichen. Das zwiespältige Verhältnis der Amerikaner gegenüber den Briten hatte drei Ursachen: die antikolonialistische Tradition der Vereinigten Staaten, unterschiedliche Auffassungen über die Strategie während des Krieges und über Europas Gestalt nach dem Krieg. Natürlich war auch die Sowjetunion ein riesiges Weltreich, aber ihre Kolonien grenzten an ihr Staatsgebiet, und der russische Imperialismus hatte das öffentliche Bewußtsein in den Vereinigten Staaten niemals so beeinflußt wie der britische Kolonialismus.

Churchill mag sich darüber beklagt haben, daß Roosevelt die »Dreizehn Kolonien« – das heißt die amerikanischen Kolonien, die 1776 ihre Unabhängigkeit erklärt hatten – mit dem britischen Empire des zwanzigsten Jahrhunderts verglich, und dies als Beweis dafür gesehen haben, daß man Umstände aus verschiedenen Jahrhunderten und Schauplätze, die sich in nichts gleichen, nicht miteinander vergleichen kann.[8] Roosevelt war jedoch weniger daran gelegen, historische Analogien zu kultivieren, als vielmehr grundsätzliche Prinzipien amerikanischer Politik festzulegen. Bei seinem allerersten Treffen mit Churchill, das mit der Verkündigung der Atlantikcharta endete, verlangte er nachdrücklich, die Charta solle nicht nur in Europa, sondern überall, und zwar auch in den Kolonialgebieten, Anwendung finden. »Ich bin der festen Überzeugung«, sagte er, »daß wir, wenn wir einen dauerhaften Frieden erreichen wollen, die Entwicklung zurückgebliebener Länder mit einbeziehen müssen [...]. Ich kann einfach nicht glauben, daß wir einen Krieg gegen die faschistische Sklaverei austragen können und gleichzeitig nichts unternehmen, um die Völker überall in der Welt von der überholten Kolonialpolitik zu befreien.«[9] Das britische Kriegskabinett wies diese Ansicht entschieden zurück: »Die Atlantikcharta [...] richtete sich an die europäischen Staaten, die wir von der Nazi-Tyrannei zu befreien hofften, und sollte sich nicht mit den internationalen Angelegenheiten des britischen Empire oder mit den Beziehungen zwischen den Vereinigten Staaten und – beispielsweise – den Philippinen befassen.«[10]

Durch den Verweis auf die Philippinen hoffte man, den aus der Sicht Londons maßlosen Überschwang der USA zu zügeln; schließlich hatte auch die amerikanische Regierung etwas zu verlieren, wenn sie an ihrem Kurs festhielt. Doch dieser Gedanke verfehlte sein Ziel. Washington hatte bereits entschieden, dem, was es predigte, auch selbst nachzukommen und seine einzige Kolonie unmittelbar nach Kriegsende in die Unabhängigkeit zu entlassen.

Die britisch-amerikanische Debatte über den Kolonialismus sollte jedoch nicht verstummen. 1942 unterstrich Roosevelts Freund und Vertrauter, der stellvertretende Außenminister Sumner Welles, in einer Rede zum Memorial Day die amerikanische Gegnerschaft zum Kolonialismus: »Falls dieser Krieg tatsächlich ein Krieg um die Befreiung der Völker ist, so muß er die souveräne Gleichheit der Völker in der gesamten Welt genausogut gewährleisten, wie es in Amerika der Fall ist. Unser Sieg muß die Befreiung aller Völker zur Folge haben [...]. Das Zeitalter des Imperialismus ist vorbei.«[11] Roosevelt schickte daraufhin eine Note an Außenminister Hull und ließ ihn wissen, daß er Welles' Feststellung für maßgeblich halte, eine Geste, die einem positiven Klima zwischen einem Außenminister und seinem

Stellvertreter nicht gerade förderlich ist, da sie andeutet, daß der Stellvertreter ein engeres Verhältnis zum Präsidenten hat als der Minister selbst. Hull gelang es denn auch bei anderer Gelegenheit, Welles seines Amtes zu entheben.

Roosevelt bewies Weitsicht, als er seine Ansichten zum Kolonialismus formulierte.[12] Er wollte Amerika zum Vorreiter der Unabhängigkeitsbewegung der Kolonialgebiete machen; seiner Ansicht nach war die Entlassung der Kolonien in die Unabhängigkeit auf längere Sicht ohnehin notwendig, wollte man vermeiden, daß die Selbstbestimmungsfrage in einen Rassenkampf ausuferte.»Der Präsident hat gesagt«, faßte sein Berater Charles Taussig zusammen,»er sei wegen der Farbigen im Osten besorgt. Er sagte, dort gebe es 1100000000 Farbige. In vielen östlichen Ländern werden sie von einer Handvoll Weißer regiert und sind darüber verärgert. Unser Ziel muß es sein, ihnen bei der Erlangung der Unabhängigkeit zu helfen – 1100000000 potentielle Feinde sind gefährlich.«[13]

Die Debatte über das Ende des Kolonialismus führte erst bei Kriegsende zu praktischen Konsequenzen, zu einem Zeitpunkt also, als Roosevelt schon nicht mehr lebte. Die Auseinandersetzungen über die richtige Kriegsstrategie hingegen hatten unmittelbare Auswirkungen, da sie äußerst unterschiedliche nationale Konzepte von Krieg und Frieden erkennen ließen. Während die amerikanische Regierung zu der Auffassung neigte, ein militärischer Sieg würde sozusagen von selbst eine bessere Welt schaffen, versuchte die Regierung Großbritanniens, Militäroperationen mit diplomatischen Überlegungen zur Gestaltung der Nachkriegszeit zu verknüpfen.

Die Vereinigten Staaten hatten ihre wichtigsten militärischen Erfahrungen während des Bürgerkriegs und während des Ersten Weltkriegs gemacht: Beide Kriege waren bis zum bitteren Ende ausgefochten worden und endeten in einem totalen Sieg. In den Vereinigten Staaten glaubte man aufgrund dieser Erfahrungen, Außenpolitik und Militärstrategie müßten strikt voneinander getrennt bleiben, und Diplomaten sollten sich im Idealfall aus strategischen Erwägungen heraushalten, so wie auch umgekehrt der Aufgabenbereich des Militärs genau dort endete, wo die Diplomatie einsetzte. Es war eine Haltung, für welche die USA später sowohl im Koreakrieg als auch im Vietnamkrieg teuer bezahlen mußten.

Churchill vermochte Strategie und Außenpolitik nicht voneinander zu trennen. Da Großbritanniens Möglichkeiten weitaus begrenzter waren als die der Vereinigten Staaten, waren dessen Strategen immer gezwungen gewesen, sich ebenso auf die Mittel wie auf die Ziele zu konzentrieren. Das Land war schon während des Ersten Weltkriegs nahezu ausgeblutet, und die britische Regierung war fest entschlossen, ein weiteres Gemetzel solchen Ausmaßes zu vermeiden. Jede Strategie, die fähig war, die Verluste auf ein Minimum zu begrenzen, mußte deshalb in London Anklang finden.

Kurz nach dem Eintritt der Vereinigten Staaten in den Krieg schlug Churchill darum einen Angriff auf Südeuropa vor, das er für die »empfindlichste Stelle« der Achsenmächte hielt. Aus ähnlichen Gründen versuchte er gegen Kriegsende verzweifelt, wenngleich ergebnislos, Eisenhower zu bewegen, Berlin, Prag und Wien noch vor der Roten Armee einzunehmen. Churchill hielt diese Ziele nicht wegen der Verwundbarkeit des Balkans (der in der Tat ein ungemein schwieriges Terrain war) oder wegen des Militärpotentials der mitteleuropäischen Hauptstädte für günstig, sondern weil sie zur Eingrenzung des sowjetischen Einflusses nach dem Krieg wertvoll sein würden.

Die Oberbefehlshaber der US-Streitkräfte reagierten auf Churchills Empfehlungen ungehalten, ja sogar aufgebracht. Man deutete die »Strategie der empfindlichsten Stelle« als einen weiteren Beweis für die britische Neigung, die Vereinigten Staaten für die Verfolgung britischer nationaler Interessen zu gewinnen, und verwarf sie infolgedessen mit der Begründung, man wolle Menschenleben nicht für solch zweitrangige Ziele aufs Spiel setzen. Von Beginn der gemeinsamen Planung an waren die amerikanischen Befehlshaber brennend daran interessiert, in Frankreich eine zweite Front zu bilden. Überzeugt davon, daß die Hauptstreitmacht der deutschen Armee nur auf diesem Weg zur Schlacht gezwungen werden könne, waren ihnen die übrigen Standorte der Frontlinien gleichgültig, solange der Krieg nur mit einem totalen Sieg endete. Im März 1942 drohte der Stabschef der US-Armee, General George Marshall, schließlich an, die sogenannte ABC-1-Entscheidung vom Vorjahr, die dem Geschehen in Europa Priorität eingeräumt hatte, zu kippen und das Hauptaugenmerk der US-Streitkräfte auf den Pazifik zu verlagern.

Doch Roosevelt war, so zeigte sich, in Kriegszeiten eine ebenso dominante Führungspersönlichkeit wie in den Jahren zuvor. Sich über Marshall hinwegsetzend, erinnerte er die streitenden Generäle daran, daß die anfängliche Entscheidung, die die Niederlage Deutschlands als oberstes Ziel festgelegt hatte, im gemeinsamen Interesse getroffen worden war, keineswegs aber, um Großbritannien einen Gefallen zu tun. »Es ist«, so argumentierte er, »von äußerster Wichtigkeit einzusehen, daß ein Sieg über Japan nicht Deutschland besiegt und daß eine amerikanische Konzentration gegen Japan in diesem Jahr oder 1943 die Gefahr völliger Beherrschung Europas und Afrikas durch die Deutschen nur vergrößert [...]. Die Niederlage Deutschlands aber bedeutet die Niederlage Japans, wahrscheinlich ohne einen Schuß oder den Verlust eines Menschenlebens.«[14]

Roosevelt erklärte sich mit Churchills Strategie weitgehend einverstanden, zog die Grenze jedoch bei der Landung im Balkan. Er unterstützte die Landung in Nordafrika im November 1942 und ebenso, nach der Eroberung der nördlichen Mittelmeerküste im Sommer 1943, die Landung in Italien, durch die Italien besiegt wurde. Die zweite Front in der Normandie entstand erst im Juni 1944, als Deutschland bereits so geschwächt war, daß sich die Verluste der Alliierten in Grenzen hielten und hohe Wahrscheinlichkeit für einen entscheidenden Sieg bestand.

Stalin drängte genauso wie die militärische Führung der Vereinigten Staaten auf eine zweite Front, allerdings eher aus geopolitischen denn aus militärischen Gründen. 1941 war er ohne Zweifel stark daran interessiert, die deutschen Streitkräfte von der russischen Front abzulenken. Er war so verzweifelt auf militärische Unterstützung angewiesen, daß er Großbritannien um die Entsendung eines Expeditionskorps in den Kaukasus bat.[15] Als Deutschland 1942 nach Südrußland vorstieß, drängte er weiter auf eine zweite Front, ohne aber erneut ein alliiertes Expeditionskorps vorzuschlagen.

Stalins Rufe nach einer zweiten Front verstummten auch nach der Schlacht von Stalingrad Ende 1942, die die Wende im Krieg gegen Deutschland signalisierte, nicht. Er war an einer zweiten Front vor allem deshalb so interessiert, weil sie weit ab von Ost- und Mitteleuropa und dem Balkan liegen würde, wo westliche und sowjetische Interessen vermutlich am ehesten kollidieren würden. Außerdem bot sie die Garantie, daß die Kapitalisten dem Krieg nicht unbeschädigt entkommen konnten. Charakteristischerweise verwehrte Stalin den Demokratien jeglichen Einblick in die Planung der Sowjets und ließ ihnen nur die nötigsten Informationen über die eigenen militärischen Anordnungen zukommen, während er selber auf einem Mitspracherecht bei der alliierten Planung im Westen bestand.

Es stellte sich heraus, daß die Alliierten in Italien exakt so viele deutsche Divisionen banden – nämlich dreiunddreißig –, wie Stalin sich erhofft hatte, als er auf die zweite Front drängte (er hatte um etwa dreißig bis vierzig Divisionen gebeten).[16] Und trotzdem verstärkte er seinen Protest gegen die Südstrategie. Aus seiner Sicht bestand deren größter Makel in ihrer geographischen Nähe zu Ländern, die die Sowjetunion in ihren Machtbereich zu ziehen suchte, und so drängte er in den Jahren 1942 und 1943 aus demselben Grund auf eine zweite Front im Westen, aus dem Churchill diese hinauszuzögern suchte: weil sie die Alliierten von den politisch umstrittenen Gebieten weglocken würde.

In der Debatte um die Ursprünge des Kalten Kriegs wurde später von einigen exponierten Kritikern das Argument vorgebracht, Stalins Unnachgiebigkeit in Osteuropa sei dadurch hervorgerufen worden, daß die zweite Front nicht früher gebildet worden sei. Laut dieser These führte die verzögerte Eröffnung der zweiten Front mehr als alles andere zu Ärger und Zynismus bei den Sowjets.[17] Dennoch wäre es allzu leichtgläubig zu denken, der alte Bolschewik sei kurz nach der Unterzeichnung des Paktes mit Hitler und den Verhandlungen darüber, wie er sich die Welt mit dem »Führer« teilen könne, von der Realpolitik »enttäuscht« worden – falls die Alliierten tatsächlich eine solche Politik betrieben. Es ist nur schwer vorstellbar, daß der Organisator der »Säuberungen« und der Massaker von Katyn ausgerechnet durch eine strategische Entscheidung, die militärische Ziele zu politischen in Beziehung setzte, in den Zynismus getrieben worden wäre. Auch seine Schachzüge hinsichtlich der zweiten Front spielte er so aus, wie er alles tat: kalt, berechnend und realistisch.

Die Handlungsweise der Vereinigten Stabschefs hingegen gab die Überzeugung der amerikanischen Führung wieder, jegliche Diskussionen über die Nachkriegsordnung auf die Zeit nach dem Sieg zu verschieben. Es war eine verhängnisvolle Entscheidung, welche die Welt nach 1945 prägen und unvermeidlich zum Kalten Krieg führen sollte.

Als eine allgemeine Regel gilt, daß nach Stabilität und Gleichgewicht strebende Länder alles in ihrer Macht Stehende unternehmen sollten, die grundlegenden Bedingungen eines Friedens noch während des Krieges zu besiegeln. Solange der Feind auf dem Schlachtfeld steht, vergrößert seine Stärke indirekt auch die der friedlicheren Partei. Wird dieser Grundsatz indessen außer acht gelassen und bleiben die zentralen Probleme bis zu einer Friedenskonferenz ungelöst, so ist die entschlossenste Macht schließlich im Besitz der Beute. Um sie zu vertreiben, bedarf es dann einer größeren Konfrontation.

Gerade im Zweiten Weltkrieg war eine alliierte Vereinbarung über Nachkriegsziele oder wenigstens Gespräche zu diesem Thema dringend erforderlich, denn schließlich hatten Roosevelt und Churchill im Januar 1943 in Casablanca die bedingungslose Kapitulation Deutschlands zum Ziel ihrer Politik erklärt. Der amerikanische Präsident hatte dies aus verschiedenen Gründen gefordert. Zum einen fürchtete er, eine Diskussion mit Deutschland über Friedensbedingungen könne die Alliierten entzweien; der Sieg über Deutschland aber konnte nur durch gemeinsames Handeln der Bündnispartner herbeigeführt werden. Zum anderen wollte er Stalin, der sich damals mitten in der Schlacht um Stalingrad befand, davon abhalten, einen Separatfrieden mit Hitler zu schließen. Vor allem aber wollte Roosevelt verhindern, daß die Deutschen später noch einmal revisionistische Ansprüche stellten, weil sie durch unerfüllte Versprechen zur Beendigung des Krieges überlistet worden seien.

Doch Roosevelts Weigerung, noch während des Krieges in Gespräche über die Nachkriegsordnung einzutreten, führte dazu, daß der enorme Einfluß der Vereinigten Staaten am Ende für ein Ergebnis in die Waagschale geworfen wurde, in dessen Erarbeitung so ausschlaggebende Faktoren wie das Gleichgewicht der Kräfte oder irgendwelche Kriterien für politische Lösungen nicht eingegangen waren. Wenn es hingegen um Fragen ging, bei denen Wilsons Annahme einer allem zugrundeliegenden Harmonie von Bedeutung war, leistete Roosevelt ohne Frage einen entscheidenden Beitrag zur Nachkriegsweltordnung: Unter seiner Ägide wurden auf etlichen internationalen Konferenzen Entwürfe für verschiedene Formen der Kooperation im Rahmen der Nachkriegsordnung ausgearbeitet. Dazu zählen die Konferenz von Dumbarton Oaks zur Vorbereitung der Gründung der Vereinten Nationen, die Bretton-Woods-Tagung über internationale Finanzfragen, die Konferenz von Hot Springs über Landwirtschaft und Ernährung, die Washingtoner Konferenz über Hilfe und Wiederaufbau und die Tagung über zivile Luftfahrt in Chicago.[18] Aber er weigerte sich standhaft, während des Krieges über Kriegsziele zu sprechen, und dabei Meinungsverschiedenheiten mit den Sowjets zu riskieren.

Anfangs glaubte Stalin, Roosevelt weiche der Diskussion über ein Nachkriegsabkommen aus, um sich auf geopolitischer Ebene taktisch nicht festlegen zu müssen und um herauszufinden, vor welchen militärischen Schwierigkeiten die Sowjetunion stand. In seinen Augen ging es in diesem Krieg darum, aus dem Vakuum, das mit dem unausweichlichen Zerfall der Achse entstehen würde, ein neues und für ihn günstigeres Gleichgewicht der Kräfte entstehen zu lassen. Da Stalin allerdings viel zu traditionell dachte, um zu erwarten, der Westen werde die endgültigen Friedensbedingungen vom Ausgang der Militäroperationen abhängig machen, versuchte er Eden im Dezember 1941 zu einer Vereinbarung für die Nachkriegszeit zu bewegen – zu einem Zeitpunkt, als deutsche Truppen sich bereits den Außenbezirken Moskaus näherten. Schon seine einleitenden Bemerkungen ließen keinen Zweifel daran, daß er nicht von der Atlantikcharta sprach. Grundsatzerklärungen, so sagte er, seien wie Algebra; er selber ziehe die angewandte Mathematik vor. Stalin war nicht daran interessiert, seine Zeit mit abstrakten Überlegungen zu vergeuden: Er wollte unverzüglich über gegenseitige Konzessionen verhandeln, und zwar am liebsten in Form von territorialen Zugeständnissen.

Der sowjetische Diktator dachte dabei in den Begriffen hergebrachter Realpolitik. Deutschland sollte zerschlagen, Polen nach Westen verlagert werden. Die Sowjetunion sollte innerhalb der Grenzen von 1941 wiederauferstehen, mithin bis zur Curzon-Linie in Polen und unter Einbehaltung des Baltikums; das aber war eine eindeutige Verletzung des in der Atlantikcharta verankerten Prinzips der Selbstbestimmung. Im Gegenzug würde Moskau alle eventuellen Forderungen Großbritanniens nach Stützpunkten in Frankreich, Belgien, den Niederlanden, Norwegen und Dänemark – alles britische Verbündete – unterstützen.[19] Mit einem Wort: Stalin beurteilte damit die Situation nicht anders als ein Fürst des achtzehnten Jahrhunderts, ganz nach dem Grundsatz: Dem Sieger steht die Beute zu.

Andererseits stellte er noch keine Forderungen in bezug auf die politische Zukunft der osteuropäischen Staaten und ließ auch im Hinblick auf die Grenze zu Polen Flexibilität erkennen, wenn er sich auch nicht näher dazu äußerte. Doch Großbritannien konnte in keinem Fall so grundsätzlich gegen die Prinzipien der erst drei Monate zuvor verkündeten Atlantikcharta verstoßen, und die Verantwortlichen in den Vereinigten Staaten hatten auf eine solche Vereinbarung keine Rücksicht genommen, die in ihren Augen einen Rückschritt zu jenen Geheimabkommen bedeutet hätte, die schon die diplomatischen Bemühungen im Ersten Weltkrieg zunichte gemacht hatten. Trotzdem: Die von Stalin angebotenen Bedingungen waren zwar brutal, aber immer noch weitaus günstiger als das tatsächliche Ergebnis des Krieges. Und vermutlich hätten sie durch Verhandlungen noch verbessert werden können. Um einem Stillstand der Gespräche vorzubeugen, versprach Eden, Churchill und Roosevelt über die Unterredungen mit dem Kremlchef zu unterrichten und den Dialog später fortzusetzen.

Trotz seiner verzweifelten militärischen Lage – oder vielleicht gerade deshalb – nahm Stalin das Thema im Frühjahr 1942 wieder auf. Churchill war darauf vorbereitet auszuloten, was die Sowjets als Gegenleistung für die Anerkennung der Grenzen von 1941 zu bieten hatten. Da Roosevelt und seine Berater jedoch jedes gleichgewichtsorientierte Abkommen vermeiden wollten, lehnten sie Gespräche über Nachkriegsfragen ab. Hull schrieb in Roosevelts Namen an Churchill: »Es wäre ein fragwürdiger Kurs, den Boden umfassender grundsätzlicher Erklärungen zu Politik, Prinzipien und politischer Praxis zu verlassen. Weicht man hiervon in einem oder zwei wichtigen Fällen ab, wie Sie vorschlagen, dann wird sich keines der beiden Länder, die in einem solchen Fall Vertragspartner sind, auf einen Präzedenzfall berufen können oder auf verläßliche Regeln, nach denen es regiert werden oder auf denen man bei anderen Regierungen bestehen kann.«[20]

Um eine Entscheidung herbeizuführen, entsandte Stalin im Mai 1942 Molotow nach London. Während der Vorbereitungsgespräche im April 1942 griff der sowjetische Botschafter Iwan Maisky die vier Monate zuvor von Stalin vorgebrachten Bedingungen wieder auf.[21] Die Sowjetunion forderte nun für die Nachkriegszeit zusätzlich Beistandsverträge mit Rumänien und Finnland. Angesichts der Tatsache, daß sich die deutschen Armeen noch immer tief im Innern des Landes befanden, war dies ein aufschlußreicher Hinweis auf Stalins langfristige Ziele. Allerdings muß hinzugefügt werden, daß diese Vorstellungen noch weit von der sowjetischen Einflußsphäre entfernt waren, die nach dem Krieg auch ohne ein solches Abkommen entstand.

Churchill stieß auf den heftigen Widerspruch Washingtons, als es um die Fortsetzung der Gespräche ging. Hull zum Beispiel erklärte, sie widersprächen der Atlantikcharta, liefen der traditionellen Abneigung der Vereinigten Staaten gegen gewaltsame territoriale Veränderungen zuwider und seien eine Rückkehr zur Machtpolitik vergangener – und diskreditierter – Zeiten.[22] Roosevelt schickte Stalin eine Nachricht ähnlichen Inhalts, woraufhin dieser ihm eine kurz angebundene Antwort sandte, in der er den Erhalt der Nachricht – allerdings kommentarlos – bestätigte. In einer gleichzeitig an Churchill übersandten Mitteilung forderte er den britischen Premier dazu auf, die »amerikanische Störung«[23] zu ignorieren.

Zu Beginn des Krieges war Stalin eindeutig an einer Vereinbarung der Grenzen von 1941 interessiert, und er war viel zu realistisch, um nicht mit der Forderung nach einer Gegenleistung zu rechnen. Aber für die Geschichtswissenschaft ist nichts unergiebiger als die alten Was-wäre-wenn-Fragen. Welchen Preis Stalin eventuell zu zahlen bereit gewesen wäre, wird man nie herausfinden, da Roosevelt den britisch-sowjetischen Dialog unterbrach, indem er Molotow nach Washington einlud.

Anläßlich von Edens Besuch in Moskau im Dezember 1941 hatte Stalin Flexibilität hinsichtlich der Grenze zu Polen angedeutet und von einer »offenen Frage«[24] gesprochen. Vermutlich wäre er bereit gewesen, im Gegenzug zur Anerkennung der sowjetischen Grenzen von 1941 die osteuropäischen Exilregierungen (die er bislang noch nicht in Frage gestellt hatte) anzuerkennen; er hätte sich freilich wohl gegen eine Rückkehr der baltischen Staaten in die Unabhängigkeit, wie sie noch 1940 bestanden hatte, verwahrt und verlangt, daß sowjetische Stützpunkte auf ihrem Gebiet genehmigt würden. Für Osteuropa hätte dies eventuell zu einer Lösung nach finnischem Muster geführt – freie Demokratien, die die sowjetischen Sicherheitsbedürfnisse respektierten, aber eine bündnisfreie Außenpolitik betreiben konnten. Für das Wohl der osteuropäischen Völker und letzten Endes sogar für die Sowjetunion selbst wäre das sicherlich besser gewesen als das, was sich am Ende dann tatsächlich ergab.

All diese Aussichten lösten sich in Luft auf, als Molotow im Juni 1942 in Washington eintraf und erfuhr, daß die USA kein politisches Abkommen, sondern eine Verständigung über eine neue Weltordnung suchten. Roosevelt unterbreitete dem sowjetischen Außenminister die amerikanische Alternative zu den von Stalin (und Churchill) gewünschten Einflußsphären. Sein Plan war schlicht und einfach eine Rückkehr zu Wilsons Konzepten von kollektiver Sicherheit, erweitert um die »Vier Weltpolizisten«. Ein solches Abkommen, so argumentierte er, werde der Sowjetunion größere Sicherheit garantieren als das traditionelle Gleichgewicht der Kräfte.[25]

Es ist unklar, was Roosevelt zu der Überzeugung brachte, daß Stalin, der Churchill gerade noch ausgesprochen machiavellistische Vorschläge unterbreitet hatte, ausgerechnet die Idee einer Weltregierung reizvoll finden werde. Vielleicht spielten dabei auch innenpolitische Gesichtspunkte eine Rolle. Sollte es hart auf hart kommen, so dachte er möglicherweise, sollte also Stalin darauf bestehen, das von seinen Armeen eroberte Gebiet zu behalten, so würde es innenpolitisch leichter durchsetzbar sein, wenn man sich dann in die Tatsachen fügte, als wenn man sich schon zu einem Zeitpunkt mit Stalins Forderungen einverstanden erklärte, zu dem der militärische Ausgang noch unsicher war.

Konkreter äußerte sich Roosevelt zum Problem der Kolonialgebiete. Er empfahl die Einsetzung einer internationalen Treuhänderschaft für alle ehemaligen Kolonien, die »den schwachen Nationen um unserer eigenen Sicherheit willen weggenommen werden sollten« (darunter fielen auch die französischen Kolonien).[26] Außerdem lud er die Sowjetunion ein, Gründungsmitglied des Treuhandrates zu werden.

Wäre Molotow etwas philosophischer veranlagt gewesen, hätte er vielleicht über den Kreislauf der Geschichte nachgedacht, die ihm im Laufe von nur achtzehn Monaten die Mitgliedschaft in zwei verschiedenen, sich gegenüberstehenden Bündnissen anbot. Das eine Angebot, von Hitler und

Ribbentrop stammend, betraf den Dreierpakt zwischen Deutschland, Italien und Japan; das zweite, von Roosevelt unterbreitet, bezog sich auf eine Koalition aus den Vereinigten Staaten, Großbritannien und China. In beiden Fällen hatten die Bittsteller Molotow mit der Aussicht auf exotische Landstriche im Süden zu locken versucht: Berlin hatte den Nahen Osten offeriert, Washington Treuhänderschaft über die Kolonien. Doch in keinem der beiden Fälle ließ Molotow sich von den unmittelbaren sowjetischen Zielen ablenken, das heißt von denen, die in Reichweite der Sowjetarmee lagen. Molotow sah keine Veranlassung, seine Taktik den jeweiligen Gesprächspartnern anzupassen. Wie bereits in Berlin, erklärte er sich auch in Washington prinzipiell damit einverstanden, dem vorgeschlagenen Abkommen beizutreten. Daß er als einer der »Vier Weltpolizisten« in das Lager der Todfeinde der Koalition übergewechselt wäre, die er achtzehn Monate vorher gleichfalls in Erwägung gezogen hatte, schien ihn nicht weiter zu stören. Weder die Verhandlungen in Berlin noch die in Washington boten aus seiner Sicht Veranlassung, Stalins territoriale Ziele in Europa aufzugeben. In Washington wie in der deutschen Hauptstadt hielt er denn auch an den Grenzen von 1941 sowie an der Forderung nach maßgeblichem Einfluß in Bulgarien, Rumänien und Finnland und an Sonderrechten in den Meerengen eisern fest. Und bei beiden Gelegenheiten vertagte er das Problem, wie mit den Kolonien zu verfahren sei, auf später.

Aller Wahrscheinlichkeit nach hat Stalin vermutlich kaum sein Glück fassen können, als Molotow ihm mitteilte, daß Washington sich weigere, schon während des Krieges politische Übereinkünfte zu erörtern. Denn dies bedeutete, daß man keine Zugeständnisse von ihm verlangte, solange die deutsche Armee noch kämpfte. Nachdem er dies erst einmal erkannt hatte, gab er bezeichnenderweise seinen gewohnt hartnäckigen Kommandostil auf und brachte das Thema nicht mehr zur Sprache. Da sich seine Verhandlungsposition in dem Maße besserte, wie ein Sieg der Alliierten näherrückte, würde er mit Sicherheit am meisten gewinnen, wenn er politische Diskussionen hinauszögerte und soviel von der Beute für sich vereinnahmte wie möglich – und sei es nur, um den Gewinn bei der Friedenskonferenz als Verhandlungsmasse einsetzen zu können. Niemand war sich wie Stalin der Bedeutung der alten Redensart bewußt, daß Besitz schon der halbe Handel ist.

Daß es Roosevelt widerstrebte, eine mögliche Zusammenarbeit mit der Sowjetunion nach dem Krieg durch verfrühte Diskussionen über Kriegsziele aufs Spiel zu setzen, mag strategische wie innenpolitische Gründe gehabt haben. Möglicherweise ahnte er, daß der sowjetische Expansionsdrang auch nach dem Krieg nicht nachlassen würde, fühlte sich aber zwischen den – von Wilson geprägten – Überzeugungen der amerikanischen Öffentlichkeit und der heraufziehenden strategischen Gefahr gefangen. Um die Kriegsleistungen aufrechterhalten zu können, mußte er vor allem an die »amerikanischen« Ideale appellieren; Einflußsphären und Ordnungssysteme nach Art der »balance of power« aber liefen diesen entgegen. Zudem waren erst wenige Jahre vergangen, seit der Kongreß begeistert die Neutralitätsgesetze verabschiedet hatte, und die Ideen, die diesen zugrunde lagen, hatten ihre Schlagkraft nicht verloren. Roosevelt mag daraus geschlossen haben, daß es, ungeachtet aller sowjetischen Absichten, am besten sei, Stalin die Möglichkeit zu geben, seinen guten Ruf unter Beweis zu stellen. Denn nur vor diesem Hintergrund würde er die Vereinigten Staaten dazu mobilisieren können, sich dem sowjetischen Expansionismus entgegenzustellen, sollte dieser wirklich die Oberhand gewinnen.

Dies jedenfalls ist die Meinung Arthur Schlesingers, der argumentierte, Roosevelt habe sich für den Fall, daß sich die sowjetisch-amerikanischen Beziehungen abkühlen sollten, eine Hintertür offengehalten. Nicht umsonst habe er »ein Netz von Stützpunkten in Übersee, Pläne für eine allgemeine Militärausbildung in Friedenszeiten und das anglo-amerikanische Monopol auf die Atombombe«[27] vorbereitet.

Richtig ist, daß Roosevelt tatsächlich über all diese Mittel verfügte. Doch waren sie weniger dazu gedacht, die Sowjets möglicherweise abzuwehren, als vielmehr dazu, die eigene Position im Zweiten Weltkrieg auszubauen. Die Stützpunkte waren erworben worden, um den Transfer der Zerstörer nach Großbritannien zu ermöglichen; bei der Atombombe hatte er die Nationalsozialisten und Japan im Blick, und alles wies darauf hin, daß er die Truppe nach einem Sieg schnell demobilisiert und heimgeholt hätte. Wäre Roosevelt aber umgekehrt erst einmal von Stalins wahren Absichten überzeugt gewesen, wäre er zweifelsohne dem sowjetischen Expansionismus geschickt und entschieden begegnet und hätte die genannten Instrumente auch genutzt. Kaum etwas deutet jedoch darauf hin, daß er zu dieser Einschätzung gelangt wäre oder daß er seine militärischen Möglichkeiten unter dem Gesichtspunkt einer möglichen Konfrontation mit der Sowjetunion betrachtet hätte.

Kurz vor Kriegsende äußerte Roosevelt Befremden über Stalins Taktik. Doch während des Krieges hatte er sich zur sowjetisch-amerikanischen Zusammenarbeit bemerkenswert konsequent, ja sogar beredt, bekannt und kaum etwas für so wichtig gehalten wie die Aufgabe, Stalins Mißtrauen zu beseitigen. Vielleicht hatte Walter Lippmann recht, als er über Roosevelt sagte: »Er mißtraute jedem. Er meinte aber, Stalin überlisten zu können, was etwas völlig anderes ist.«[28]

Sollte er dergleichen tatsächlich beabsichtigt haben, dann mißlang es ihm. Er verließ sich viel stärker auf seine persönliche Beziehung zu Stalin, als Churchill es je getan hätte. Nachdem Hitler in die Sowjetunion einmarschiert war, erläuterte Churchill Großbritanniens Entscheidung, Stalin zu unterstützen, mit einem Ausspruch, der weder persönliche noch moralische Billigung ausdrückte: »Falls Hitler in die Hölle einmarschierte, würde er [Churchill] ihn zumindest mit vorzüglicher Hochachtung dem Teufel empfehlen!«[29]

Roosevelt war weniger zurückhaltend. Kurz nach Amerikas Kriegseintritt versuchte er, an der Beringstraße ein Treffen mit Stalin zu arrangieren, und zwar ohne Churchill. Es sollte »eine inoffizielle, ganz einfache Zusammenkunft für ein paar Tage zwischen Ihnen und mir« sein, um eine »völlige Übereinstimmung« zu erreichen. Roosevelt wollte nur Hopkins, einen Dolmetscher und einen Stenographen mitbringen; die Seehunde und Möwen sollten ihre einzigen Zeugen sein.[30] Das Treffen an der Beringstraße fand nie statt. Es gab jedoch zwei Gipfeltreffen: in Teheran vom 28. November bis zum 1. Dezember 1943 und in Jalta vom 4. bis zum 11. Februar 1945. In beiden Fällen setzte Stalin alles daran, Roosevelt und Churchill vor Augen zu führen, daß sie weitaus mehr auf dieses Treffen angewiesen seien als er selber; allein schon die Schauplätze dieser Zusammenkünfte sollten ihre Hoffnungen dämpfen, ihm Zugeständnisse abringen zu können. Teheran lag nur ein paar hundert Kilometer von der sowjetischen Grenze entfernt, und Jalta gehörte zum sowjetischen Staatsgebiet. In beiden Fällen mußten die westlichen Staatsoberhäupter eine Reise von mehreren tausend Kilometern auf sich nehmen, die für Roosevelt aufgrund seiner Behinderung schon zum Zeitpunkt des Teheraner Treffens eine äußerste Strapaze war. Auf der Konferenz von Jalta dann war der US-Präsident bereits vom Tode gezeichnet.

In Jalta wurden die schmählichen Grundlagen für die Gestaltung der Nachkriegswelt geschaffen. Damals hatte die Rote Armee die sowjetischen Landesgrenzen von 1941 bereits überschritten: Jetzt war sie von sich aus in der Lage, den Rest Osteuropas der politischen Herrschaft der Sowjetunion zu unterwerfen. Hätte jemals auf einem Gipfeltreffen über Nachkriegsregelungen verhandelt werden müssen, dann sicherlich am besten fünfzehn Monate vorher in Teheran. Denn vor Teheran hatte die Sowjetunion noch hart kämpfen müssen, um eine Niederlage abzuwehren; zur Zeit der Konferenz von Jalta jedoch war die Schlacht von Stalingrad bereits gewonnen, ein Sieg sicher und ein separates Arrangement zwischen den Sowjets und der deutschen Führung höchst unwahrscheinlich.

Was das Teheraner Treffen betrifft, so hatte Roosevelt ursprünglich beabsichtigt, in der amerikanischen Gesandtschaft zu logieren, in einiger Entfernung von der sowjetischen und der britischen Botschaft, die Rücken an Rücken lagen. Man fürchtete, Roosevelt könne auf dem Weg zu einem Treffen auf dem sowjetischen oder britischen Gelände dem Bombenattentat eines Sympathisanten der Achsenmächte zum Opfer fallen. Als Stalin den amerikanischen Präsidenten während der ersten Plenarsitzung, die noch in der amerikanischen Gesandtschaft stattfand, einlud, in eine Villa auf dem sowjetischen Gelände umzuziehen, nahm Roosevelt deshalb die Einladung an. Die Möbel dort entsprachen dem eigens für hohe Gäste vorbehaltenen, überladen-protzigen sowjetischen Einrichtungsstil und waren zweifellos eigens für diese Gelegenheit mit Abhörgeräten ausgestattet worden. Roosevelt hätte kein besseres Zeichen für Vertrauen und Verhandlungsbereitschaft setzen können. Dennoch übte diese Geste keinen besonderen Einfluß auf Stalins Konferenzverhalten aus; er wollte Roosevelt und Churchill für den Aufschub der zweiten Front bestrafen und trieb seine Gesprächspartner denn auch – wie er es gerne tat – in die Defensive. So entlockte er ihnen das offizielle Versprechen, bis Frühjahr 1944 in Frankreich eine zweite Front zu eröffnen. Außerdem einigten sich die drei Alliierten auf die vollständige Entmilitarisierung Deutschlands und auf ihre jeweiligen Besatzungszonen. Es war während einer dieser Sitzungen, daß Stalin darauf drang, fünfzigtausend deutsche Offiziere hinzurichten, woraufhin Churchill den Raum verließ und erst wieder zurückkehrte, nachdem Stalin ihm nach draußen gefolgt war und versichert hatte, es habe sich um einen Scherz gehandelt. Im Licht dessen, was man heute über die an polnischen Offizieren vollzogenen Massaker von Katyn weiß, fällt es schwer, das zu glauben.[31] Sodann umriß Roosevelt während eines privaten Treffens einem skeptischen Stalin gegenüber seine Idee von den »Vier Weltpolizisten«.

All dies zögerte Gespräche über Nachkriegsregelungen bis auf den letzten Konferenztag, den 1. Dezember 1943, hinaus. Roosevelt erklärte sich mit Stalins Plan, die polnischen Grenzen nach Westen zu verschieben, einverstanden und deutete an, er werde ihn hinsichtlich der Baltikumfrage nicht bedrängen. Sollten die Sowjetarmeen die baltischen Staaten besetzen, würden weder die Vereinigten Staaten noch Großbritannien sie »verjagen«, obwohl Roosevelt gleichzeitig einen Volksentscheid empfahl. Unbestreitbar bleibt, daß der US-Präsident ebensowenig an einer breitangelegten Erörterung der Nachkriegsproblematik interessiert war wie während des Molotow-Besuchs in Washington achtzehn Monate zuvor. Daher brachte er seine Kommentare zu Stalins Nachkriegsplänen in Osteuropa so vorsichtig vor, daß sie sich fast wie eine Entschuldigung anhörten. Er wies Stalin darauf hin, daß die sechs Millionen amerikanischen Wähler polnischer Herkunft seine Wiederwahl im kommenden Jahr sicherlich beeinflussen würden. Und wenngleich »er persönlich mit den Ansichten von Marschall Stalin einverstanden sei und auch die Notwendigkeit sehe, den Staat Polen wiederherzustellen, sei es ihm lieber, daß die Ostgrenze weiter nach Westen und die Westgrenze sogar bis zur Oder verschoben würde. Dennoch hoffe er, der Marschall werde verstehen, daß er sich aus den oben dargestellten politischen Gründen weder hier in Teheran noch im nächsten Winter an einer Entscheidung zu diesem Thema beteiligen und *zum gegenwärtigen Zeitpunkt* öffentlich an einer solchen Vereinbarung nicht teilhaben könne.«[32] Dies konnte kaum bedeuten, daß Stalin durch eigenmächtiges Vorgehen ein großes Risiko eingehen würde. Im Gegenteil: Es legte nahe, daß die Zustimmung der Vereinigten Staaten nach den Wahlen nur noch eine Formsache sei.

Roosevelt vertrat die Ziele amerikanischer Politik in Teheran deshalb so halbherzig, weil er auf dieser Konferenz in erster Linie sein Konzept der »Vier Weltpolizisten« durchsetzen wollte. Dabei versuchte er, Stalins Vertrauen unter anderem dadurch zu gewinnen, daß er sich demonstrativ von Churchill distanzierte.»Winston wurde rot und brummte«, berichtete er seiner Arbeitsministerin und alten Freundin Frances Perkins,»und je mehr er brummte, um so mehr lächelte Stalin. Schließlich lachte er laut und herzlich, und zum erstenmal in diesen drei Tagen fühlte ich Boden unter den Füßen. Ich blieb dabei, bis Stalin immer mehr lachte, und von da an nannte ich ihn ›Onkel Joe‹. Tags zuvor hätte er mich sicherlich für frech gehalten, aber an diesem Tag lachte er, kam zu mir und schüttelte mir die Hand. Von da ab waren unsere Beziehungen persönlich [...]. Das Eis war gebrochen, und wir sprachen wie Männer und Brüder.«[33]

Daß der amerikanische Präsident Stalin, der immerhin politische Massenmorde angeordnet und bis vor kurzem noch mit Hitler kollaboriert hatte, mit der Bezeichnung»Onkel Joe«zu einem wahren Ausbund an Mäßigung stilisierte, war mit Sicherheit der letzte Triumph der Hoffnung über die Erfahrung. Daß Roosevelt Stalins guten Willen derartig betonte, entsprang nicht seiner persönlichen Neigung, sondern kam vielmehr den Wünschen einer Nation entgegen, deren Glaube an das Gute im Menschen das Vertrauen auf geopolitische Analysen überwog: Man wollte einfach in Stalin lieber den onkelhaften Freund als den totalitären Diktator sehen.

Im Mai 1943 löste Stalin die Komintern auf, das offizielle Instrument der KPdSU, um die Weltrevolution voranzutreiben. Allerdings geschah dies zu einem Zeitpunkt, als die Weltrevolution wohl kaum zu den vorrangigen Zielen sowjetischer Politik zählen konnte. Dennoch begrüßte der texanische Senator Tom Connally, eines der wichtigsten Mitglieder des Außenpolitischen Ausschusses des Senats und dessen zukünftiger Vorsitzender, Stalins Schritt als grundlegende Hinwendung zu westlichen Werten:»Über Jahre hinweg haben die Russen ihre Wirtschaft verändert und auf die Abkehr vom Kommunismus hingearbeitet, und die gesamte westliche Welt wird diesen erfreulichen Höhepunkt ihrer Bemühungen als äußerst befriedigend empfinden.«[34] Selbst die Zeitschrift»Fortune«, eine Bastion des amerikanischen Kapitalismus, stieß ins selbe Horn.[35]

Daher war die amerikanische Bevölkerung auch nicht irritiert, als ihr Präsident die Ergebnisse der Teheraner Konferenz lediglich in einer persönlichen Bewertung des sowjetischen Diktators zusammenfaßte:»Ich würde sagen, ich ›kam mit Marschall Stalin gut aus‹. In ihm vereinen sich eine schreckliche, schonungslose Entschlossenheit und handfester Humor. Ich glaube, daß er Rußlands Herz und Seele leibhaftig repräsentiert, und ich glaube, daß wir mit ihm und dem russischen Volk gut – ja, sogar sehr gut – auskommen werden.«[36]

Als die Alliierten im Juni 1944 in der Normandie landeten und von Westen her vorstießen, war Deutschlands Untergang besiegelt. Je mehr sich die militärische Lage zu Stalins Gunsten veränderte, desto schärfer wurden seine Bedingungen. Noch 1941 hatte er lediglich die Anerkennung der Grenzen von 1941 (mit einer eventuellen Modifizierung) gefordert und auf seine Bereitschaft hingewiesen, die polnische Exilregierung in London anzuerkennen.

Schon 1942 hatte er diese in Frage gestellt, bis er 1943 mit dem sogenannten Lubliner Komitee eine Alternative präsentierte; Ende 1944 dann erkannte er die in erster Linie kommunistisch orientierte Lubliner Gruppe als Übergangsregierung an und erließ gegen die Londoner Gruppe ein Verbot. War 1941 die Grenzproblematik noch Stalins vorrangiges Anliegen gewesen, so war es 1945 die politische Kontrolle über Gebiete jenseits dieser Grenzen. Churchill hatte die Entwicklung richtig erfaßt. Doch mittlerweile war Großbritannien zu sehr von den Vereinigten Staaten abhängig, um im Alleingang etwas unternehmen zu können, und verfügte nicht mehr über die Reserven, um sich der von Stalin mit zunehmender Dreistigkeit betriebenen Einrichtung einer sowjetischen Einflußsphäre in Osteuropa zu widersetzen. Dennoch unternahm Churchill im Oktober 1944 einen Versuch, der an die Abenteuer Don Quichottes erinnerte, um Osteuropas Zukunft mit Stalin selbst auszuhandeln. Während eines achttägigen Besuches in Moskau schlug er dem Diktator in groben Zügen ein Abkommen über Einflußsphären vor. Sein Entwurf sah prozentual aufgeteilte Einflußbereiche vor: Großbritannien sollte neunzig Prozent Einfluß in Griechenland, die Sowjetunion neunzig Prozent in Rumänien und fünfundsiebzig Prozent in Bulgarien erhalten; der Einfluß über Ungarn und Jugoslawien sollte zu je fünfzig Prozent unter beiden Mächten aufgeteilt werden. Stalin akzeptierte die unterschiedlichen Prozentsätze auf der Stelle, wenngleich Molotow sie – in guter sowjetischer Tradition, Politik wie einen Kuhhandel zu betreiben – in einer Unterredung mit Eden dahingehend zu modifizieren suchte, daß den Sowjets in allen osteuropäischen Ländern bis auf Ungarn ein größerer Einfluß als vorgesehen zuzugestehen sei.[37]

Großbritanniens Bemühungen haftete etwas Rührendes an. Noch nie zuvor waren Einflußbereiche in Prozentzahlen ausgedrückt worden. Es gab weder Kriterien, um deren Einhaltung zu überprüfen, noch Mittel, sie auch durchzusetzen: Einfluß würde ganz einfach danach definiert werden, welche der jeweiligen Streitkräfte sich würde behaupten können. Auf diese Weise würde Griechenland mit oder ohne Abkommen in Großbritanniens Einflußsphäre fallen, während bis auf Jugoslawien alle anderen Länder ungeachtet der für sie geltenden Prozentsätze zu sowjetischen Satellitenstaaten werden würden. Und selbst Jugoslawiens Handlungsfreiheit hätte sich nicht aus der Churchill-Stalin-Verabredung ergeben, sondern allein aus der Tatsache, daß es nur ganz kurz unter sowjetischer Besatzung gestanden und sich mit Hilfe seiner Partisanen selber von der deutschen Besatzung befreit hatte.

Als im Februar 1945 die Konferenz von Jalta stattfand, hatte sich das Abkommen zwischen Churchill und Stalin erübrigt. Die sowjetische Armee war bereits im Besitz aller umstrittenen Gebiete, wodurch die Grenzproblematik weitgehend zu einer akademischen Frage wurde. Darüber hinaus hatten die Sowjets bereits massiv in die Innenpolitik aller besetzten Länder eingegriffen.

Der gesundheitlich damals schon schwer angeschlagene Roosevelt mußte, als er, von Malta kommend, auf dem verschneiten Flughafen von Saki auf der Krim landete, bis zu dem etwa 130 Kilometer entfernten Jalta noch eine fünfstündige Fahrt über schneebedeckte, unwegsame Straßen auf sich nehmen. Dort nahm er in einer Drei-Zimmer-Suite im Livadia-Palast Quartier. Übrigens war Livadia im neunzehnten Jahrhundert ein beliebter Wintererholungsort der Zaren gewesen. Alexander II. hatte 1877 von dort aus seine Balkan-Invasion geplant, und 1911 hatte Nikolaus II. auf den Klippen hoch über dem Schwarzen Meer einen weißen Granitpalast erbauen lassen, den man als Tagungsort für die Konferenz der »Großen Drei« auswählte.

Der Schauplatz war neu, sonst aber hatte sich nichts geändert. Churchill bemühte sich unermüdlich, endlich Gespräche über die politische Neuordnung Europas nach dem Krieg in Gang zu bringen, wurde jedoch von seinen zwei Kollegen, die beide an anderen Punkten interessiert waren, ins Abseits gedrängt. Roosevelt wollte das Abstimmungsverfahren in den Vereinten Nationen ansprechen und die Sowjets zu einer verbindlichen Zusage bewegen, in den Krieg gegen Japan einzutreten, und Stalin ließ sich nur allzugern auf diese beiden Themen ein, da so weniger Zeit für die Diskussion der Osteuropaproblematik zur Verfügung blieb. Außerdem war er nach Meinung einiger Amerikaner geradezu begierig darauf, in den Krieg gegen Japan einzutreten, weil er hoffte, im Falle eines Sieges auch in Asien Ansprüche geltend machen zu können.

Churchills Gedanken kreisten in erster Linie um ein neues Gleichgewicht der Kräfte in Europa. Er wollte Frankreich wieder zu einer Großmacht machen, die Zerstückelung des Deutschen Reiches verhindern und die exorbitanten Reparationsforderungen der Sowjets einschränken. Doch obgleich der britische Premierminister in bezug auf diese drei Punkte recht erfolgreich war, blieben diese im Grunde doch nur zweitrangig gegenüber der notwendigen Klärung der Verhältnisse in Osteuropa, die gerade zu diesem Zeitpunkt durch die Rote Armee täglich verändert wurden. Mittlerweile hatte sich Stalin auch eine Antwort auf Roosevelts taktischen Trick zurechtgelegt, mit dem dieser der Sowjetunion Zugeständnisse abzuringen versuchte, um sich in Amerika innenpolitische Querelen zu ersparen. Als Roosevelt Stalin bat, die Stadt Lemberg bei Polen zu belassen, um die polnischstämmigen Kritiker in den Vereinigten Staaten zu beschwichtigen, erwiderte daher der Kremlchef, daß die ukrainische Bevölkerung – so gern er ihm den Gefallen auch tue – dann auch ihn vor unlösbare innenpolitische Probleme stellen werde.[38]

Am Ende erkannten Churchill und Roosevelt Rußlands Grenzen von 1941 an. Für den britischen Premier, dessen Land schließlich in den Krieg gezogen war, um Polens territoriale Integrität zu wahren, war dies ein besonders schmerzlicher Schritt. Außerdem verständigte man sich darauf, Polens Westgrenze in Richtung Oder und Neiße zu verschieben; da es jedoch zwei Flüsse namens Neiße gab, blieb der endgültige Entwurf unfertig. Zudem erkannten Churchill und Roosevelt die von Moskau geschaffene Lubliner Regierung unter dem Vorbehalt an, sie um einige Demokraten aus der polnischen Exilregierung in London zu erweitern.

Stalin zeigte sich im Gegenzug damit einverstanden, gemeinsam mit den westlichen Alliierten eine Erklärung über das »befreite Europa« abzugeben, die freie Wahlen und demokratische Regierungen für Osteuropa in Aussicht stellte. Sein Versprechen bezog sich allerdings auf die sowjetische Deutung von freien Wahlen, zumal die Rote Armee, so rechnete er, die fraglichen Länder dann bereits besetzt haben würde. Und so traf es auch ein. Freilich hatte Stalin bei weitem unterschätzt, wie ernst Amerikaner traditionellerweise rechtsverbindliche Dokumente nehmen. Als die Regierung der Vereinigten Staaten später beschloß, dem sowjetischen Expansionismus Einhalt zu gebieten, dann auch deshalb, weil Stalin sein in Jalta gegebenes Wort – so wie die amerikanische Regierung und die Öffentlichkeit es verstanden hatten – nicht gehalten habe.

Die Art, wie Stalin auf Roosevelts Aufforderung zum Kriegseintritt gegen Japan reagierte, verdeutlicht, wie sehr sich sein Vorgehen in diesem Koalitionsspiel von dem Roosevelts unterschied. In einem Gespräch, von dem Churchill ausgeschlossen wurde – und dies, obwohl Großbritannien schon früh Opfer japanischer Aggression geworden war –, war weder von alliierter Geschlossenheit um ihrer selbst willen die Rede noch davon, politische Streitfragen zu umgehen, um das Konzept der »Vier Weltpolizisten« nicht zu gefährden. Stalin zeigte nicht die geringsten Hemmungen, auf speziellen Vergünstigungen zu bestehen, während der Krieg noch tobte, und diese in Form handfester strategischer Vorteile zu verlangen. Die Gegenleistung, die er dafür unverfroren forderte, ließ die Tage der Zaren wiederaufleben.

Stalins Anspruch auf den südlichen Teil der Insel Sachalin und auf die Kurilen hatte einen gewissen, wenn auch vagen Bezug zu sowjetischen Sicherheitsinteressen und zur russischen Geschichte. Seine Forderungen nach freien Häfen in Darien und Port Arthur sowie sein Anspruch auf die Verwaltung der mandschurischen Eisenbahn waren indessen nichts anderes als eine konsequente Fortsetzung des zaristischen Imperialismus aus der Zeit der Jahrhundertwende. Es ist kaum zu begreifen, warum Roosevelt in Jalta diesen Forderungen in einem Geheimprotokoll stattgab. Durch diese Entscheidung jedenfalls konnte Moskau seine während des russisch-japanischen Krieges eingebüßte Vorherrschaft in der Mandschurei wiedererlangen und sie bis zur Machtergreifung der chinesischen Kommunisten 1949 in Peking behalten.

Die Ergebnisse der Jalta-Konferenz wurden jubelnd begrüßt. In seinem Bericht vor dem Kongreß betonte Roosevelt zwar die erreichte Vereinbarung zur Gründung der UNO, nicht aber die Entscheidungen über die politische Zukunft Asiens und Europas. Zum zweiten Mal in einer Generation kehrte somit ein amerikanischer Präsident aus Europa zurück, um das Ende der Geschichte zu verkünden.»Die Jalta-Konferenz«, bestätigte Roosevelt,»sollte das Ende einseitiger Maßnahmen, exklusiver Bündnisse, der Einflußsphären, des Gleichgewichts der Kräfte und all der anderen Behelfsmittel bedeuten, die jahrhundertelang ausprobiert worden sind – und immer scheiterten. Wir schlagen vor, all dies durch eine Weltorganisation zu ersetzen, in der alle friedliebenden Nationen endlich die Chance haben, sich zusammenzuschließen. Ich bin zuversichtlich, daß der Kongreß und das amerikanische Volk die Ergebnisse dieser Konferenz als Anfang einer dauerhaften Friedensordnung akzeptieren werden.«[39]

Mit anderen Worten: Roosevelt gestand Stalin einen Einflußbereich in Nordchina zu, um ihn zur Teilnahme an einer Weltordnung zu bewegen, in der Einflußbereiche eigentlich bedeutungslos sein würden. Nach Beendigung der Jalta-Konferenz wurde nur die Einigkeit der ehemaligen Kriegsverbündeten gefeiert; die Risse, die später zum Auseinanderbrechen des Bündnisses führen sollten, wurden zu diesem Zeitpunkt nur von wenigen erkannt: Noch immer herrschte Hoffnung vor, und »Onkel Joe« galt als unkomplizierter Partner. Harry Hopkins schrieb aus Jalta, er habe Sorge, der angeblich so moderate Stalin könne dem Druck der Falken im Kreml womöglich nachgeben:»Die Russen hatten bewiesen, daß sie vernünftig und weitblickend sein konnten, und weder der Präsident noch irgendeiner von uns zweifelte im geringsten daran, daß wir mit ihnen leben und friedlich auskommen könnten bis in unabsehbare Zukunft. Eine Einschränkung muß ich allerdings machen: Ich glaube, wir alle hegten im stillen den Vorbehalt, daß wir nicht voraussagen konnten, was geschehen würde, wenn Stalin etwas zustieße. Wir glaubten damit rechnen zu können, daß er vernünftig und verständnisvoll sei; aber nie konnten wir wissen, was sich da hinter seinem Rücken im Kreml abspielte.«[40]

Die Annahme, der Amtsinhaber im Kreml sei im Grunde seines Herzens ebenso friedlich wie maßvoll, benötige aber Hilfe, um sich seinen unnachgiebigen Kollegen gegenüber behaupten zu können, ist seither zum festen Bestandteil inneramerikanischer Diskussionen geworden, gleichviel, welcher sowjetische Generalsekretär gerade an der Spitze stand. Diese Einschätzung hat sogar den Zusammenbruch des Kommunismus überlebt: Anfangs galt sie für Michail Gorbatschow, dann wurde sie auf Boris Jelzin übertragen.

Und selbst gegen Ende des Krieges vertrat man in Amerika noch die Ansicht, persönliche Beziehungen zwischen den Staatsoberhäuptern und eine in grundlegenden Überzeugungen erreichte Harmonie zwischen den Staaten seien besonders wichtig. Am 20. Januar 1945 kleidete Roosevelt in seiner vierten Antrittsrede seine Auffassung in ein Zitat von Emerson:»Die einzige Möglichkeit, einen Freund zu bekommen, ist, einer zu sein.«[41] Kurz nach Jalta charakterisierte Roosevelt dann Stalin vor dem Kabinett als jemanden,»in dem neben der revolutionär-bolschewistischen Sache auch noch etwas anderes existiert«. Diese besondere Eigenart schrieb er Stalins früherer Ausbildung zum Priester zu:»Ich glaube, etwas von dem Wissen davon, wie ein Christenmensch sich zu verhalten hat, ist auch in sein Wesen eingedrungen.«[42] Stalin jedoch war ein meisterhafter Realpolitiker und eben kein Christenmensch.

Er nutzte den Vormarsch der sowjetischen Armee zur Realisierung dessen, was er schon Milovan Djilas, damals ein führender jugoslawischer Kommunist, anvertraut hatte, als er zu ihm sagte:»Dieser Krieg ist nicht so wie früher; jeder, der ein Gebiet besetzt, stülpt ihm auch sein eigenes soziales System über. Jeder setzt sein eigenes System so weit durch, wie seine Armee reichen kann. Es kann nicht anders sein.«[43]

Im Endstadium des Krieges zeigte sich auf dramatische Weise, nach welchen Regeln Stalin eigentlich spielte. Im April 1945 drängte Churchill General Eisenhower als Oberbefehlshaber der Alliierten Streitkräfte, Berlin, Prag und Wien noch vor der heranrückenden Sowjet-Armee einzunehmen. Die Amerikaner zogen diese Forderung jedoch gar nicht erst in Betracht, sie nutzten sie vielmehr als eine letzte Gelegenheit, ihren britischen Verbündeten über die Notwendigkeit einer von politischen Erwägungen unabhängigen Militärplanung zu belehren:»Psychologische und politische Vorteile, wie sie sich aus einer möglichen Eroberung Berlins noch vor den Russen ergäben«, so bekam der Premier zu hören,»sollten uns nicht von der vorrangigen militärischen Überlegung abbringen, die unserer Meinung nach in der Zerstörung und Zerschlagung der deutschen Streitkräfte bestehen muß.«[44]

Die amerikanischen Stabschefs betrachteten die Ablehnung von Churchills Appell zweifellos als eine Frage des Prinzips, da die Deutschen nicht mehr über bedeutende Streitkräfte verfügten, die man noch hätte zerschlagen oder zerstören müssen. Die Stabschefs waren von ihrer Ansicht so überzeugt, daß General Eisenhower am 28. März 1945 persönlich an Stalin schrieb, ihn informierte, daß er keinen Vorstoß nach Berlin beabsichtige, und ihm vorschlug, die amerikanischen und sowjetischen Truppen sollten sich in der Nähe von Dresden treffen.

Stalin war zweifellos erstaunt, daß ein General sich, noch dazu in einer so wichtigen Frage, an ein Staatsoberhaupt wandte, gehörte aber auch nicht zu denjenigen, die ein politisches Geschenk ausschlugen. Am 1. April antwortete er Eisenhower, er sei mit ihm einer Meinung, und erklärte, Berlin sei auch für ihn strategisch nur zweitrangig, so daß er für dessen Eroberung höchstens kleinere sowjetische Truppenverbände einzusetzen gedenke. Er zeigte sich gleichfalls damit einverstanden, die Truppen entlang der Elbe, im Raum Dresden, zu vereinen. Nachdem er nun die Beute in der Hand hatte, ließ er es nicht an Beweisen fehlen, wie konsequent er seine politischen Prioritäten zu verfolgen wußte. Entgegen seinen Zusicherungen an Eisenhower befahl er, den Hauptschlag der sowjetischen Bodenoffensive vor allem gegen Berlin zu konzentrieren, und gab den Marschällen Schukow und Konjew zwei Wochen Zeit zur Vorbereitung des Angriffs, der laut seiner Antwort an Eisenhower nicht vor der 2. Maihälfte hätte stattfinden sollen.[45] Im April 1945, zwei Monate nach der Konferenz von Jalta, hatte Stalin gegen die Erklärung über das »befreite Europa«, insbesondere was Polen anging, schon mehrmals in eklatantem Ausmaße verstoßen. Churchill war gezwungen, ihm einen Beschwerdebrief zu schicken, in dem er an »meinen Freund Stalin« appellierte. Der britische Premierminister hatte zwar Stalins Vorschlag, keine sowjetfeindlichen Personen in den Dienst der neuen polnischen Regierung aufzunehmen, anerkannt, plädierte aber gleichwohl dafür, Mitglieder aus der polnischen Exilregierung in London mit einzubeziehen, die diesen Kriterien entsprachen. Allerdings reichte lediglich das Fehlen feindseliger Gefühle in Stalins Augen inzwischen nicht mehr aus; nur eine *absolut* wohlwollende Regierung würde ihm genügen. Am 5. Mai 1945 erwiderte er deshalb, es könne »nicht genügen, wenn Persönlichkeiten zur Bildung der künftigen polnischen Regierung zugezogen werden, die, wie Sie sich ausdrücken, ›nicht grundsätzlich antisowjetisch‹ sind, und nur solche Männer ausgeschlossen werden, die sich Ihrer Meinung nach ›extrem unfreundlich gegen Rußland‹ verhalten. Keines dieser beiden Kriterien kann uns genügen. Wir bestehen darauf und werden daran festhalten, daß zu den Verhandlungen über die Bildung der künftigen polnischen Regierung nur Männer zugezogen werden, die ihre freundliche Einstellung zur Sowjetunion durch die Tat bewiesen haben und aufrichtig und ehrlich willens sind, mit dem sowjetischen Staat zu kooperieren.«[46]

Die Attribute »durch die Tat« und »freundlich« konnten natürlich nur auf Mitglieder der polnischen KP und innerhalb dieser wiederum auch nur auf diejenigen zutreffen, die Moskau vollkommen ergeben waren. Vier Jahre später würden sogar Kommunisten der ersten Stunde wegen des Verdachts auf nationale Gesinnung ermordet werden.

Aber war eine alternative Strategie überhaupt möglich? Oder taten die Demokratien angesichts der damaligen geographischen und militärischen Gegebenheiten ihr Bestes? Dies sind die Fragen, die einem durch den Kopf gehen, weil all diese Ereignisse im nachhinein so unvermeidlich erscheinen. Und je größer der Abstand dazu wird, desto schwerer kann man sich einen anderen Ausgang vorstellen oder die Lebensfähigkeit einer solchen Alternative im eigentlichen Sinn überprüfen. Schließlich kann die Geschichte nicht wie ein Film zurückgespult werden, in den man, je nach Belieben, ein neues Ende einmontiert.

Die Wiederherstellung der sowjetischen Grenzen von 1941 war kaum zu verhindern. Eine dynamischere Politik des Westens hätte vielleicht gewisse Änderungen erzielt, möglicherweise sogar die Wiederherstellung einer Art Unabhängigkeit der baltischen Staaten, die durch Beistandsverträge und sowjetische Militärstützpunkte mit der Sowjetunion hätten verbunden werden können. Das wäre jedoch – wenn überhaupt – nur 1941 oder 1942 zu erreichen gewesen, als die Sowjetunion am Rande der Katastrophe stand, und es war verständlich, daß Roosevelt die sowjetischen Machthaber nur ungern zu einem Zeitpunkt unter Druck setzen wollte, da die Vereinigten Staaten noch nicht in den Krieg eingetreten waren und allgemein befürchtet wurde, die Sowjetunion könne bald zusammenbrechen.

Nach der Schlacht von Stalingrad hätte die Osteuropa-Problematik jedoch angesprochen werden können, ohne einen Zusammenbruch der Sowjetunion oder einen sowjetischen Sonderfrieden mit Hitler zu riskieren. Man hätte sich um eine Vereinbarung über die politische Struktur der außerhalb der sowjetischen Grenzen gelegenen Gebiete bemühen und für sie einen ähnlichen Status wie für Finnland erreichen müssen.

Hätte Stalin mit Hitler einen Separatfrieden geschlossen, wenn die Demokratien beharrlicher auf einer solchen Lösung bestanden hätten? Zwar ist es Stalin gelungen, den Eindruck zu erwecken, daß dies zu jedem Zeitpunkt möglich sei. Doch hat er nie wirklich damit gedroht. Nur zwei Vorfälle wurden bekannt, die nahelegen, daß Stalin über ein separates Abkommen nachgedacht haben mochte. Der erste ereignete sich zu Beginn des Krieges, als allgemeine Panikstimmung herrschte: Angeblich sollen Stalin, Molotow und Kaganowitsch damals den bulgarischen Botschafter darum gebeten haben, mit Hitler die Möglichkeiten für eine Vereinbarung über das Baltikum, Bessarabien, einige Teile Weißrußlands und die Ukraine zu sondieren – im Grunde also für die sowjetischen Grenzen von 1938 –, aber der Botschafter weigerte sich vermutlich, die Nachricht zu überbringen.[47] Zudem hätte Hitler eine derartige Vereinbarung sicherlich abgelehnt, marschierten doch die deutschen Armeen auf Moskau, Kiew und Leningrad zu und eröffneten so weit mehr Möglichkeiten, als sie das »Friedensangebot« – wenn es denn eines war – in Aussicht zu stellen vermochte. Der Plan der Deutschen zielte darauf, die Sowjetunion bis hinauf zu einer weit hinter Moskau verlaufenden Linie zwischen Archangelsk und Astrachan weitgehend zu entvölkern und die restliche Population, der es gelungen war, der Ausrottung zu entgehen, in die Sklaverei zu führen.[48]

Der zweite Vorfall ist noch undurchsichtiger. Er ereignete sich im September 1943, acht Monate nach Stalingrad und zwei Monate nach der Schlacht von Kursk, bei der ein Großteil der deutschen Panzerbestände zerstört worden war. Ribbentrop tischte Hitler eine äußerst seltsame Geschichte auf: Ein stellvertretender sowjetischer Außenminister, der vormals Botschafter in Berlin gewesen war, besuche Stockholm, was Ribbentrop zufolge eine gute Gelegenheit sei, einen Separatfrieden in den Grenzen von 1941 auszuloten. Dabei kann es sich eigentlich nur um Wunschdenken gehandelt haben, da die sowjetischen Armeen sich bereits aus eigener Kraft den Grenzen von 1941 näherten.

Hitler wies diese angebliche Möglichkeit jedoch ohnehin zurück und antwortete seinem Außenminister:»Wissen Sie, Ribbentrop, wenn ich heute ein Abkommen mit Rußland abschließen könnte, würde ich morgen noch einmal angreifen – ich kann einfach nicht anders.« Den gleichen Ton schlug er gegenüber Goebbels an. Der Zeitpunkt sei »denkbar ungeeignet«; Verhandlungen müsse ein entscheidender militärischer Sieg vorausgehen.[49] Selbst 1944 glaubte Hitler noch, er könne Rußland erobern, sobald er den Einmarsch der Alliierten abgewehrt habe.

Doch wichtiger als diese einzelnen Aspekte ist die Überlegung, daß ein Separatfrieden in den Grenzen von 1941 weder Stalin noch Hitler genützt hätte. Stalin hätte sich einem mächtigen Deutschland gegenübergesehen und damit rechnen müssen, als abtrünniger Verbündeter im Falle eines weiteren Konflikts mit Deutschland auf die Hilfe der Demokratien verzichten zu müssen. Und für Hitler hätte ein solches Abkommen lediglich ein Vordringen der sowjetischen Armeen bis an die Grenzen Deutschlands bedeutet, ohne jegliche Zusicherung, daß diese den Krieg nicht bei der nächstbesten Gelegenheit wiederaufnehmen würden.

Roosevelts Entwurf der Friedenssicherung durch die »Vier Weltpolizisten« scheiterte aus demselben Grund wie Wilsons allgemeiner gehaltenes Konzept der kollektiven Sicherheit: Die »Vier Weltpolizisten« hatten einfach unterschiedliche Vorstellungen von dem, was als globale Ziele zu betrachten sei. Stalin, der eine tödliche Mischung aus Paranoia, kommunistischer Ideologie und russischem Imperialismus in sich vereinte, verstand die Vorstellung von »Vier Weltpolizisten«, die unparteiisch und auf der Grundlage gemeinsam vertretener Werte den Weltfrieden stärken sollten, entweder als Gelegenheit für die Sowjets oder als Falle für die Kapitalisten. Stalin wußte, daß Großbritannien allein kein Gegengewicht zur Sowjetunion bilden konnte, und so würde entweder ein riesiges Vakuum direkt vor der sowjetischen Haustüre entstehen, oder aber die Situation würde als Auftakt zu einer späteren Auseinandersetzung mit den Vereinigten Staaten dienen (was Stalin als Bolschewik der ersten Stunde eher für möglich zu halten schien). Auf der Grundlage dieser beiden Hypothesen war sein Kurs klar: Er würde die Macht seines Landes so weit wie möglich nach Westen ausdehnen, um entweder seine Gewinne einzustreichen oder um für sich selbst die günstigste Verhandlungsposition im Hinblick auf eine später stattfindende diplomatische Kraftprobe zu erobern.

Doch selbst in den USA war man nicht bereit, die Konsequenzen, die sich aus der »Weltpolizisten-Theorie« des eigenen Präsidenten ergaben, zu akzeptieren. Sollte dieser Plan funktionieren, mußten die Vereinigten Staaten willens sein, überall dort einzugreifen, wo der Frieden bedroht war. Roosevelt indessen betonte gegenüber seinen Bündnispartnern unermüdlich, daß weder amerikanische Truppen noch amerikanische Hilfen für den Wiederaufbau Europas zur Verfügung stünden und daß es Großbritannien und der Sowjetunion zukommen werde, den Frieden zu wahren. In Jalta teilte er seinen Kollegen mit, die amerikanischen Truppen würden ihre Pflichten als Besatzungsmacht nicht länger als zwei Jahre lang wahrnehmen.[50]

War dies richtig, so würde die Sowjetunion Mitteleuropa zwangsläufig beherrschen. Die Briten befänden sich dann in einer ausweglosen Lage. Unfähig, das Gleichgewicht der Kräfte gegenüber der Sowjetunion allein zu wahren, würde andererseits auch jeder britische Versuch eines Alleinganges bei den Amerikanern den üblichen Widerwillen hervorrufen. So berichtete beispielsweise im Januar 1945 die ›New York Times‹ von einer geheimen Mitteilung Roosevelts an Churchill, die den Versuch Londons zum Anlaß hatte, in Griechenland eine nicht-kommunistische Regierung am Leben zu halten. Dem Bericht zufolge hat Roosevelt darin klar zum Ausdruck gebracht, daß die günstige Stimmung, die momentan in der amerikanischen Öffentlichkeit im Hinblick auf die anglo-amerikanische Zusammenarbeit noch herrsche, nach dem Krieg leicht ins Wanken geraten könnte:»Den Briten ist nachdrücklich und unmißverständlich erläutert worden, daß die Stimmung ebenso abrupt umschlagen kann wie das englische Wetter, falls das amerikanische Volk einmal den Eindruck gewinnen sollte, daß dieser Krieg [...] nur ein weiterer Kampf zwischen rivalisierenden imperialistischen Systemen [ist].«[51]

Solange die Vereinigten Staaten sich jedoch weigerten, Europa zu verteidigen, und Versuche der Briten, eigenständig zu handeln, als imperialistisch abgetan wurden, konnte die Lehre von den »Vier Weltpolizisten« nur dasselbe Vakuum schaffen wie das Konzept kollektiver Sicherheit in den dreißiger Jahren. Sofern sich die Auffassung der Amerikaner nicht änderte, konnte es keinen Widerstand gegen den sowjetischen Expansionismus geben. Doch bis man sich in den Vereinigten Staaten mit dieser Gefahr auseinandersetzte und wieder in den Kampf eintrat, sollten genau jene Einflußsphären entstehen, die die Amerikaner während des Krieges so geflissentlich vermieden hatten, und zwar entlang einer viel ungünstigeren Demarkationslinie: Letzten Endes konnten die geopolitischen Gegebenheiten nicht ignoriert werden. Die Vereinigten Staaten wurden wieder in Europas Angelegenheiten hineingezogen; Japan und Deutschland wurden wiederaufgebaut, um erneut ein Gleichgewicht zu errichten; die Sowjetunion aber stand am Anfang einer fünfundvierzigjährigen, von Spannungen und strategischer Überforderung belasteten Phase, die zu ihrem endgültigen Zusammenbruch führen sollte.

Asien stellte ebenfalls ein schwerwiegendes Problem dar. Roosevelt hatte China teils aus Gefälligkeit zu den Großen Vieren gezählt, teils um sein weltweites Vorhaben auch in Asien zu verankern. Doch China war noch viel weniger als Großbritannien imstande, dem von Roosevelt erteilten Auftrag gerecht zu werden. Gegen Kriegsende war es nichts weiter als ein Entwicklungsland, das kurz vor einem Bürgerkrieg stand. Wie sollte es da als Weltpolizist von Nutzen sein? Als Roosevelt in Teheran seinen Plan der »Vier Weltpolizisten« vorgestellt hatte, war von Stalin folgerichtig die Frage aufgeworfen worden, wie denn die Europäer reagieren würden, falls sich China an der Schlichtung ihrer Streitigkeiten beteiligte. Er fügte hinzu, daß China seiner

Meinung nach einer so globalen Rolle nicht gewachsen sei, und schlug statt dessen die Schaffung von regionalen Institutionen zur Erhaltung des Friedens vor.[52] Roosevelt verwarf diesen Vorschlag, da er auf die Errichtung von Einflußsphären hinausgelaufen wäre; der Frieden müsse entweder weltweit oder gar nicht verteidigt werden.

Und doch bleibt auch nach Aufzählung all dieser Unklarheiten um Roosevelts Person die Frage bestehen, ob das amerikanische Volk irgendeinen anderen ordnungspolitischen Ansatz unterstützt hätte. Denn die amerikanische Öffentlichkeit war schon immer eher bereit zu glauben, selbst ein auf ausdrücklicher Ablehnung demokratischer Prinzipien begründetes System könne sich plötzlich ins Gegenteil verkehren, als sie willens war, aus früheren Friedensschlüssen etwas zu lernen, Friedensschlüssen, von denen keiner in der realen Welt ohne eine Form der »balance of power« Erfolg oder ohne einen moralischen Konsens längere Zeit Bestand gehabt hatte.

Churchills geopolitische Analyse war weitaus präziser als diejenige Roosevelts. Doch der Widerwille des amerikanischen Präsidenten, die Welt nach geopolitischen Gesichtspunkten zu betrachten, war die Kehrseite eben jenes Idealismus, der die Vereinigten Staaten zum Kriegseintritt veranlaßt und sie in die Lage versetzt hatte, die Freiheit zu schützen. Wäre der amerikanische Präsident Churchills Rezepten gefolgt, hätte er zwar die Verhandlungsposition der Vereinigten Staaten verbessert, dafür jedoch möglicherweise deren Fähigkeit geopfert, den bevorstehenden Konfrontationen des Kalten Krieges standzuhalten.

Die Tatsache, daß Roosevelt schon während des Krieges mehrere Schritte vorausgedacht hatte, war der Grundstein dafür, daß die Vereinigten Staaten bedeutende Initiativen zur Wiederherstellung des weltweiten Gleichgewichts in die Wege leiten konnten, auch wenn die Amerikaner dies die ganze Zeit über abstritten. Roosevelts Vorstellungen, wie die Nachkriegswelt zu gestalten sei, waren vielleicht allzu optimistisch. Doch im Licht amerikanischer Geschichte waren sie für Amerika ohne Frage ein notwendiges Durchgangsstadium, wenn es die zukünftige Krise bewältigen wollte. Letzten Endes führte Franklin D. Roosevelt sein Volk durch zwei der schrecklichsten Krisen in der Geschichte, und gewiß wären seine Bemühungen nicht so erfolgreich gewesen, wenn er ein ausgeprägteres Bewußtsein für die Relativität historischer Prozesse gehabt hätte.

Wie unvermeidlich auch immer, der Krieg endete mit einem geopolitischen Vakuum. Das Gleichgewicht der Kräfte war zerstört, die Ausarbeitung eines umfassenden Friedensvertrages blieb weiterhin ein schwieriges Unterfangen. Die Welt war nun in zwei ideologische Lager gespalten. Die Nachkriegszeit sollte sich zu einem langwierigen, schmerzlichen Kampf entwickeln, um am Ende jene Regelung zu erreichen, der die Machthaber vor Kriegsende ausgewichen waren.

## Kapitel 17

# Der Beginn
# des Kalten Krieges

*Josef Stalin, Harry S. Truman und Winston Churchill
auf der Konferenz von Potsdam 1945*

Franklin Delano Roosevelt sah das Gelobte Land, doch war es ihm nicht vergönnt, es auch zu erreichen. Bei seinem Tod waren die Armeen der Alliierten in Deutschland noch immer auf dem Vormarsch, und die Schlacht um Okinawa, das Vorspiel zur Invasion der Alliierten auf Japans größte Hauptinsel, hatte gerade erst begonnen.

Roosevelts Tod am 12. April 1945 kam nicht unerwartet. Bereits im Januar hatte sein Arzt mit Besorgnis die starken Blutdruckschwankungen seines Patienten beobachtet und war zu dem Schluß gelangt, der Präsident habe nur eine Überlebenschance, wenn er jegliche Aufregung vermeide. Bei den enormen Belastungen eines Präsidentenamtes kam diese Diagnose einem Todesurteil gleich.[1]

Für den Bruchteil einer Sekunde hatten Hitler und Goebbels, in Berlin eingekesselt, sich der Illusion hingegeben, sie könnten möglicherweise eine Art zweites »Mirakel des Hauses Brandenburg« erleben, eine Wiederholung jenes Glücksfalls, der sich in der preußischen Geschichte während des Siebenjährigen Krieges ereignet hatte: Als die russischen Armeen vor den Toren Berlins lagerten, wurde Friedrich der Große durch den plötzlichen Tod der Zarin Katharina und die Thronbesteigung des freundlicher gesinnten Peters III. aus seiner Notlage befreit. Doch die Geschichte wiederholte sich 1945 nicht. Angesichts der Verbrechen des NS-Regimes hatte zumindest ein gemeinsames Ziel die Alliierten fest zusammengeschweißt: die Geißel des Nationalsozialismus auszulöschen.

Der Untergang des Dritten Reichs und die Notwendigkeit, das daraus entstandene Machtvakuum neu zu füllen, führten zum Zerfall der Kriegspartnerschaft. Die Vorstellungen der Alliierten waren zu unterschiedlich. Churchill wollte die Herrschaft der Sowjetunion über Mitteleuropa verhindern. Stalin drang darauf, für die militärischen Siege der UdSSR und die heldenhaften Leiden des russischen Volkes in territorialer Münze bezahlt zu werden. Der neue US-Präsident Harry S. Truman beabsichtigte, Roosevelts Vermächtnis anzutreten und die Allianz in dessen Sinne weiter zusammenzuhalten. Gegen Ende seiner ersten Amtszeit jedoch waren auch die allerletzten Überreste der vordergründigen Harmonie zu Kriegszeiten verschwunden. Nun ließen es die beiden Giganten an der Peripherie, die Vereinigten Staaten und die Sowjetunion, im unmittelbaren Zentrum Europas auf eine Kraftprobe ankommen.

Der Lebenslauf des neuen amerikanischen Präsidenten Harry S. Truman unterschied sich von dem seines großen Vorgängers in nahezu jeder Hinsicht. Während Roosevelt einer angesehen, weltläufigen Familie der Oberschicht des amerikanischen Nordostens entstammte, war Truman in der ländlichen Mittelschicht des Mittleren Westens aufgewachsen. Roosevelt hatte die besten High Schools und Universitäten besucht; Truman war niemals über die höhere Schule hinausgekommen, wenngleich Dean Acheson ihn freundschaftlich und bewundernd einen Yale-Mann im wahrsten Sinne des Wortes nannte. Roosevelts gesamtes Leben war eine Vorbereitung auf das höchste Amt gewesen. Truman hingegen war ein Produkt der politischen Szene von Kansas City.

Erst nachdem die Gewerkschaftsbewegung gegen den von Roosevelt für das Amt des Vizepräsidenten vorgesehenen James Byrnes Einspruch erhoben hatte, wurde Truman Kandidat für die Vize-Präsidentschaft, in dessen bisheriger politischer Karriere nur wenig darauf hinwies, daß er sich einmal zu einem außergewöhnlichen Präsidenten entwickeln würde. Ohne wirkliche außenpolitische Erfahrung und von Roosevelt nur mit einem äußerst vagen Marschplan ausgerüstet, nahm er die Aufgabe in Angriff, den bereits weitgehend beendeten Krieg abzuwickeln und eine neue Weltordnung zu schaffen, zu einer Zeit, da die Verwirklichung der in Teheran und Jalta vereinbarten Vorhaben in immer weitere Ferne rückte.

Schließlich sollte Harry S. Truman den Kalten Krieg und die Politik des »containment«, der Eindämmung, einleiten, mit deren Hilfe man diesen Konflikt zu guter Letzt zu gewinnen hoffte. Truman führte die Vereinigten Staaten in ihr erstes zu Friedenszeiten geschlossenes Militärbündnis. Unter seiner Ägide wurde Roosevelts Plan von den Vier Weltpolizisten durch eine Reihe völlig neuer Koalitionen ersetzt, die vierzig Jahre lang das Kernstück amerikanischer Außenpolitik bilden sollten. Weil er sich zu der amerikanischen Überzeugung bekannte, daß die eigenen Wertvorstellungen allgemeingültig seien, ermutigte dieser schlichte Mann aus dem Mittleren Westen die niedergestreckten Feinde dazu, sich dem Bund demokratischer Nationen anzuschließen. Er trat für den Marshall-Plan und das »Punkt-Vier«-Programm ein, womit Amerika finanzielle Mittel und Technologien für den Wiederaufbau und die Entwicklung weit entfernter, unterentwickelter Länder zur Verfügung stellte.

Ich habe Truman nur einmal getroffen, Anfang 1961, als ich gerade Professor in Harvard geworden war. Während einer Vortragsreise nach Kansas City hatte ich Gelegenheit, den ehemaligen Präsidenten in der Truman Presidential Library im nahegelegenen Independence in Missouri zu besuchen. Zwar waren mittlerweile einige Jahre vergangen, doch der ehemalige Präsident hatte nichts von seinem Schwung eingebüßt. Nach einem Rundgang durch das Gebäude bat Truman mich in sein Büro, einer Kopie des Oval Office des Weißen Hauses während seiner Amtszeit. Als ich ihm von meiner zusätzlichen Tätigkeit als Berater von Präsident Kennedy im Weißen Haus berichtete, fragte er mich, was ich dabei gelernt hätte. Ich antwortete darauf im Stil des in Washington üblichen Partygeplauders, ich hielte die Bürokratie für einen vierten Regierungszweig, der die Handlungsfreiheit des Präsidenten ernsthaft beeinträchtige. Truman fand diese Bemerkung weder amüsant noch aufschlußreich.

Ungehalten darüber, in ein – wie er sich ausdrückte – »Professorengespräch« hineingezogen zu werden, tat er meine Äußerung mit einem Fluch ab und erläuterte mir, wie er die Rolle des Präsidenten sehe:»Wenn der Präsident weiß, was er will, kann kein Bürokrat ihn aufhalten. Ein Präsident muß wissen, wann er keine Ratschläge mehr einholen sollte.«

Ich zog mich also flugs auf mir vertrauteres, akademisches Terrain zurück und fragte Truman, welche außenpolitische Entscheidung er für die denkwürdigste halte. Seine Antwort kam ohne Zögern.»Wir haben unsere Feinde vollständig besiegt und zur Kapitulation gezwungen«, bemerkte er.»Und dann haben wir ihnen geholfen, ihre Länder wiederaufzubauen, demokratisch zu werden und der Völkergemeinschaft beizutreten. Zu so etwas war nur Amerika in der Lage.« Anschließend ging er mit mir durch die Straßen von Independence zu dem einfachen Haus, in dem er von jeher gelebt hatte, um mich seiner Frau Bess vorzustellen.

Ich rekapituliere dieses kurze Gespräch deshalb, weil es Trumans uramerikanisches Wesen vollständig auf den Begriff bringt: Er empfand das Präsidentenamt als majestätische und verantwortungsvolle Aufgabe, betrachtete die Stärke der Vereinigten Staaten mit Stolz und hatte vor allen Dingen den unerschütterlichen Glauben, Amerikas Existenzberechtigung bestehe letzten Endes darin, der gesamten Menschheit als Quelle der Freiheit und des Fortschritts zu dienen.

Zu Beginn seiner Amtszeit stand Truman ganz im Schatten Roosevelts, der durch seinen Tod zu einer beinahe mythischen Figur geworden war. Truman hegte für Roosevelt zwar aufrichtige Bewunderung, nahm sein Amt jedoch letztlich, wie jeder Präsident dies tun muß, aus dem Blickwinkel seiner eigenen Erfahrungen und Wertvorstellungen in Angriff.

Als Truman das Präsidentenamt übernahm, fühlte er sich der Eintracht unter den Alliierten emotional weit weniger verpflichtet als Roosevelt. Für den Sproß des isolationistisch eingestellten Mittleren Westens besaß dieser Gesichtspunkt eher praktische Priorität; gefühlsmäßig oder moralisch hat er sich ihm wohl nur wenig verpflichtet gefühlt. Auch hatte Truman die überschwengliche Begeisterung für die Kriegspartnerschaft mit den Sowjets, die seiner Meinung nach unbedingt mit Vorsicht zu genießen waren, nicht nachempfinden können. Als Hitler die Sowjetunion angriff, urteilte er in seiner damaligen Funktion als Senator, die beiden Diktaturen stünden sich moralisch in nichts nach, und empfahl, Washington möge sie zum Kampf bis auf den letzten Mann ermutigen:»Wenn wir sehen, daß Deutschland gewinnt, sollten wir Rußland helfen, und wenn Rußland zu gewinnen scheint, sollten wir Deutschland helfen, damit so viele wie möglich umkommen, obwohl ich auf keinen Fall möchte, daß Hitler siegt. Keiner der beiden hält auch nur irgend etwas davon, Wort zu halten.«[2]

Obwohl sich Roosevelts gesundheitlicher Zustand zusehends verschlechterte, hatte man Truman während seiner nur dreimonatigen Amtszeit als Vizepräsident weder an den wichtigen außenpolitischen Entscheidungen beteiligt, noch hatte man ihn von dem geplanten Bau der Atombombe in Kenntnis gesetzt.

Truman mußte sich in ein internationales Umfeld hineinfinden, in dem sich die Trennlinien zwischen Osten und Westen zunächst aus der momentanen Position der auf beiden Seiten vorrückenden Armeen ergaben. Das politische Schicksal der von den alliierten Armeen befreiten Länder war noch nicht angesprochen worden. Die meisten traditionellen Großmächte mußten sich veränderten Rollen anpassen. Frankreich lag am Boden; Großbritannien gehörte zwar zu den Siegern, war aber gleichwohl am Ende seiner Kräfte angelangt. Deutschland, das Europa seit 1871 durch seine Stärke in Angst und Schrecken versetzt hatte und nun gerade wegen seiner Schwäche ins Chaos zu sinken drohte, wurde in vier Besatzungszonen aufgeteilt. Stalin hatte die sowjetische Grenze neunhundert Kilometer weiter nach Westen an die Elbe verlegt, und angesichts der schwachen westeuropäischen Länder und des geplanten Abzugs amerikanischer Truppen tat sich vor seinen Armeen ein Machtvakuum beträchtlichen Ausmaßes auf.

Anfangs dachte auch Truman, es sei besser, mit Stalin auszukommen – insbesondere, da die amerikanischen Stabschefs begierig darauf warteten, daß die Sowjetunion in den Krieg gegen Japan eintrete. Obwohl das unnachgiebige Verhalten des sowjetischen Außenministers Molotow ihn bei seinem ersten Treffen im Mai 1945 abgeschreckt hatte, schrieb er die Schwierigkeiten unterschiedlichen geschichtlichen Erfahrungen zu.»Wir müssen den Russen gegenüber hart durchgreifen«, sagte er bei Gelegenheit.»Sie können sich nicht benehmen. Sie verhalten sich wie ein Elefant im Porzellanladen. Sie sind erst fünfundzwanzig Jahre alt. Wir zählen mehr als hundert Jahre und die Briten sind sogar noch Jahrhunderte älter. Wir müssen ihnen beibringen, wie man sich zu benehmen hat.«[3]

Eine solche Äußerung konnte nur von einem Amerikaner kommen. In der Annahme, es bestehe überall auf der Welt ein grundlegendes Harmonieempfinden, machte Truman nicht den geopolitischen Interessenkonflikt, sondern»schlechtes Betragen« und»politische Unreife« für die Meinungsverschiedenheiten mit den Sowjets verantwortlich. Mit anderen Worten: Er glaubte, Stalin irgendwie zu»normalem« Verhalten bringen zu können. Als er jedoch der Realität ins Auge blicken und erkennen mußte, daß die Spannungen zwischen der Sowjetunion und den Vereinigten Staaten nicht durch Mißverständnisse verursacht worden waren, sondern durch Wesensmerkmale des sowjetischen Systems schlechthin, bedeutete dies den Beginn des Kalten Krieges.

Truman übernahm Roosevelts beste Berater und trat sein Amt in der

Absicht an, die außenpolitische Idee seines Vorgängers, jenes Konzept der Vier Weltpolizisten, weiterzuverfolgen. In einer Rede am 16. April 1945, vier Tage nach seinem Amtseid, schilderte er in den düstersten Farben, welche Alternative zur Weltgemeinschaft er sah; sollte die Idee der globalen kollektiven Sicherheit versagen, so bliebe zuletzt nur die Anarchie. Auch Truman vertrat Roosevelts Glauben an die besondere Pflicht der ehemaligen Kriegsverbündeten, ihre Einigkeit untereinander aufrechtzuerhalten, um eine neue friedliche Weltordnung zu schaffen und zu bewahren und den Grundsatz zu verteidigen, daß internationale Streitigkeiten nicht gewaltsam geschlichtet werden sollten. »Nichts ist für den künftigen Frieden in der Welt so wichtig«, mahnte er, »wie eine kontinuierliche Zusammenarbeit der Staaten, die all ihre Kräfte anspannen mußten, um die Verschwörung der Achsenmächte zur Weltherrschaft zu zerschlagen. Diese großen Staaten haben eine besondere Verantwortung für die Wahrung des Friedens; ihre Verantwortung erlegt allen großen und kleinen Staaten die Pflicht auf, im Rahmen internationaler Beziehungen keine Gewalt einzusetzen, außer zur Verteidigung des Gesetzes.«[4]

Anscheinend sahen die Verfasser der Reden Trumans keine besondere Veranlassung, bei ihren Formulierungen auch einmal zu variieren; vielleicht hielten sie ihren Standardtext auch schlicht für nicht verbesserungsfähig. Auf jeden Fall wiederholte Truman diese Ausführungen in seiner Rede vom 25. April vor der Gründungskonferenz der Vereinten Nationen in San Francisco wortwörtlich.

Doch aller hochfliegenden Rhetorik zum Trotz waren die harten geopolitischen Fakten nicht zu verleugnen. Stalin fiel in seine alten außenpolitischen Verhaltensmuster zurück und wollte für seine Siege nur auf die Art und Weise bezahlt werden, die er ernst nahm – in Form territorialer Herrschaft. Er war ein raffinierter Geschäftemacher und wäre vielleicht sogar bereit gewesen, mit sich reden zu lassen; allerdings nur, solange konkrete *Gegenleistungen* im Spiel waren, zum Beispiel massive Wirtschaftshilfe als Entschädigung für Interessensphären oder Handelsschranken für den kommunistischen Einflußbereich in Osteuropa. Aber Sicherheit auf kollektiver Verhandlungsbereitschaft oder internationaler Gesetzgebung aufzubauen, war ein Ziel, das weit über den Horizont eines der skrupellosesten Machthaber hinausging, der je an der Spitze eines großen Volkes stand. Stalins Meinung nach konnten Gespräche unter vier Augen zwischen den Oberhäuptern der Weltmächte bestenfalls dazu dienen, das Wechselspiel der Kräfte oder die jeweilige Einschätzung des nationalen Interesses zum Ausdruck zu bringen; ändern indessen konnten sie daran nichts. Daher ging er auf Roosevelts oder Churchills Appelle an die ehemalige Kriegskameradschaft nie ein.

Möglicherweise war es Roosevelts enormes Prestige, das Stalin dazu veranlaßte, sein Verhalten noch eine Weile zu mäßigen. Letztlich jedoch würde er nur der »objektiven« Realität Zugeständnisse machen; Diplomatie war aus seiner Sicht lediglich ein Teilaspekt des globalen, unabwendbaren Kampfes um die Festlegung des Kräfteverhältnisses. Stalins Problem in Verhandlungen mit den Amerikanern bestand deshalb vor allem darin, daß er nur schwer nachvollziehen konnte, welch hohen Stellenwert Moral und die Befolgung der Gesetze im außenpolitischen Konzept dieses Landes einnahmen. Ihm war völlig schleierhaft, weshalb Washington einen solchen Wirbel um den innenpolitischen Aufbau der osteuropäischen Staaten machte, an denen es doch kein greifbares strategisches Interesse hatte. Die Tatsache, daß er Amerikas Pochen auf Prinzipien in keinerlei Bezug zu irgendwelchen nach hergebrachter Auffassung konkreten Interessen setzen konnte, weckte in ihm den Verdacht, hinter den amerikanischen Argumenten stünden andere Beweggründe. Der damalige Botschafter in Washington, Averell Harriman, berichtete:»Ich fürchte, Stalin wird niemals völlig verstehen, wieso wir aus Prinzip an einem freien Polen interessiert sind. Er ist Realist... und daher fällt es ihm schwer, für unseren Glauben an abstrakte Prinzipien Verständnis aufzubringen. Er sieht nicht ein, weshalb wir uns in die sowjetische Politik in einem Land wie Polen einmischen sollten, das seiner Meinung nach für Rußlands Sicherheit so wichtig ist, ohne irgendwelche Hintergedanken zu haben...«[5]

Meisterhafter Realpolitiker, der er war, muß Stalin erwartet haben, daß Amerika sich gegen das neue, durch die Präsenz der Roten Armee in Mitteleuropa geschaffene geopolitische Gleichgewicht wehren würde. Da er jedoch von gleichsam stählerner Nervenstärke war, ließ er sich nicht zu präventiven Zugeständnissen hinreißen; er hielt es vermutlich für weitaus günstiger, die bereits vorhandenen Karten geschickt zu ordnen, argwöhnisch über die Trümpfe zu wachen und den Alliierten den nächsten Schritt zu überlassen. Und die einzigen in seinen Augen ernstzunehmenden Schritte waren solche, die im Hinblick auf Risiko und Gewinn Konsequenzen hatten. Da die Alliierten aber nie Druck ausübten, blieben Stalins Positionen unverrückbar.

Den Vereinigten Staaten gegenüber reagierte der Generalissimus ebenso höhnisch wie 1940 Hitler gegenüber. 1945 war die Sowjetunion durch den Tod von Millionen von Menschen völlig entkräftet. Ein Drittel des Landes war verwüstet. Die Vereinigten Staaten hingegen hatten auf ihrem Territorium keinen Schaden davongetragen und waren im Besitz des Atomwaffenmonopols. Schon 1940 hatte sich die UdSSR einem Deutschland gegenübergesehen, das den Rest Europas beherrschte, und wie damals hielt Stalin es auch jetzt für richtiger, die sowjetische Position zu stärken, anstatt Konzessionen anzubieten, und versuchte, seine potentiellen Widersacher auszutricksen, indem er sie in dem Glauben ließ, er werde eher noch weiter nach Westen vordringen als sich zurückziehen. Allerdings hatte er die Reaktion seiner Gegner völlig falsch eingeschätzt. 1940 hatte Molotows Besuch in Berlin Hitler in seinem Entschluß zum Einmarsch bestärkt; 1945 schaffte es derselbe Außenminister, Amerikas ursprüngliches Wohlwollen in die Bereitschaft zum Kalten Krieg zu verwandeln.

Churchill hatte Stalins diplomatisches Kalkül durchschaut und wollte seinerseits zwei Schritte dagegen unternehmen. Er drängte daher auf ein baldiges Gipfeltreffen der drei ehemaligen Kriegsverbündeten, um eine Entscheidung herbeizuführen, noch bevor der sowjetische Machtbereich sich konsolidiert hätte. Bei den Verhandlungen sollten die Alliierten daher so viele Pluspunkte wie möglich in der Hand haben. Einen davon sah er in der Tatsache, daß die Alliierten und die sowjetischen Armeen tiefer im Osten als vorgesehen aufeinandergetroffen waren; die alliierten Streitkräfte hatten somit fast ein Drittel des als sowjetische Besatzungszone betrachteten deutschen Gebietes unter ihrer Kontrolle, der größte Teil davon Industriegebiet. Churchill schlug vor, dieses Territorium bei den bevorstehenden Verhandlungen als Druckmittel einzusetzen. Am 4. Mai 1945 kabelte er an Außenminister Eden, der Truman in Washington aufsuchen sollte, folgende Anweisungen:»Bevor die Westmächte aus ihren gegenwärtigen Stellungen auf die vorgesehenen Zonengrenzen zurückfallen, müssen wir in folgenden Punkten bindende Zusicherungen haben: Polen, dem temporären Charakter der russischen Besetzung Deutschlands, die in den russifizierten oder russisch-kontrollierten Ländern des Donaubeckens einzuführende Ordnung mit besonderer Berücksichtigung Österreichs, der Tschechoslowakei und des Balkans.«[6]

Doch die neue US-Administration stand der britischen *Realpolitik* ebenso skeptisch gegenüber wie zuvor die Regierung Roosevelt. Die Muster der Kriegsdiplomatie wiederholten sich. So reagierte Washington zwar höchst erfreut auf den für die zweite Julihälfte in Potsdam angesetzten Gipfel, weigerte sich jedoch, Churchills Vorschlag zu akzeptieren, bei den Verhandlungen mit Stalin Gewinne und Verluste gegeneinander aufzurechnen, um das gewünschte Ergebnis herbeizuführen. Die Truman-Administration war ebenso eifrig wie ihre Vorgängerin darum bemüht, Churchill beizubringen, daß die Diplomatie des Gleichgewichts der Kräfte nun unwiderruflich der Vergangenheit angehöre.

Als sich die amerikanischen Truppen Ende Juni, einen Monat vor dem geplanten Gipfeltreffen, auf die vereinbarte Demarkationslinie zurückzogen, blieb London deshalb keine andere Wahl, als diesem Beispiel zu folgen. Darüber hinaus hatte Roosevelt Großbritanniens Möglichkeiten völlig überschätzt. Die Regierung Truman sah sich nun in der Mittlerrolle zwischen den Briten und der Sowjetunion. Um jeden Eindruck, man wolle sich gegen Stalin zusammenrotten, zu vermeiden, schlug Truman zu Churchills Verdruß die Einladung aus, auf dem Weg nach Potsdam in Großbritannien haltzumachen, um den britisch-amerikanischen Sieg zu feiern.

Truman hatte allerdings keine Hemmungen, Stalin ohne Churchill zu treffen. Unter demselben Vorwand, den Roosevelt geltend gemacht hatte, um das Treffen an der Bering-Straße zu arrangieren – dem Vorwand nämlich, daß er Stalin im Unterschied zu Churchill noch nie gesehen habe –, schlug er eine separate Zusammenkunft mit dem Sowjetherrscher vor.

Doch so empfindlich, wie Trumans Berater darauf bedacht waren, den Eindruck zu vermeiden, Washington und London handelten gemeinsam, so empfindlich reagierte auch Churchill auf den Ausschluß aus dem sowjetisch-amerikanischen Dialog. Truman schreibt in seinen Memoiren, Churchill habe Washington gereizt davon in Kenntnis gesetzt, daß er nicht an einer Zusammenkunft teilzunehmen gedenke,»die eine Fortsetzung einer Konferenz zwischen Stalin und mir wäre«.[7] Um seiner Aufgabe als selbsternannter Mittler gerecht zu werden und direkte Kontakte mit der alliierten Führung zu knüpfen, beschloß Truman, Abgesandte nach London und Moskau zu schicken.

Nach Moskau sollte Roosevelts alter Vertrauter Harry Hopkins reisen; der Emissär, der Churchill aufsuchen sollte, wurde eigenartigerweise mehr unter dem Aspekt seiner beruhigenden Wirkung auf Stalin ausgewählt als im Hinblick auf sein Geschick, herauszufinden, was der britische Premierminister im Sinn hatte. Es war Joseph E. Davies, vor dem Krieg Botschafter in Moskau und Autor des Bestsellers *Mission to Moscow*.

Davies, als Investmentbankier in den Augen der Kommunisten natürlich ein Erzkapitalist, hatte wie die meisten amerikanischen Abgesandten – insbesondere diejenigen, die keine diplomatische Karriere machten – den Hang dazu entwickelt, sich selbst zum Sprecher des Landes zu ernennen, bei dem er akkreditiert war. In seinem Buch über seine Abenteuer als Botschafter plappert Davies artig die gesamte sowjetische Propaganda in allen erdenklichen Bereichen nach, einschließlich ihrer Lügen über die»Schuld« derjenigen, die den Schauprozessen zum Opfer gefallen waren. Roosevelts Entschluß, Davies während des Krieges erneut mit einer Mission nach Moskau zu schicken, war eine krasse Fehlentscheidung gewesen. Davies hatte damals die außerordentliche Taktlosigkeit besessen, einer Gruppe sowjetischer Spitzenpolitiker in der amerikanischen Botschaft die Verfilmung seines Bestsellers zu zeigen, wozu in dem offiziellen Bericht nüchtern festgestellt wird, die sowjetischen Gäste hätten sich mit»bedrückter Neugier« angesehen, wie auf der Leinwand die Schuld ihrer ehemaligen Kollegen verkündet worden sei.[8] Und dies mit einigem Recht. Denn sie kannten nicht nur die Vorgänge besser, sondern wußten überdies nur allzu gut, daß der Film sehr wohl ihre eigene Zukunft beschreiben könnte. Daher hätte Truman wohl kaum jemanden in die Downing Street senden können, der weniger geeignet war als Davies, Churchills Ansichten über die Nachkriegsordnung zu beurteilen.

Davies' Besuch in London Ende Mai 1945 verlief nicht weniger grotesk als seine Mission in Moskau während des Krieges. Ihm war viel mehr an einer Partnerschaft zwischen Amerikanern und Sowjets als an der Förderung der britisch-amerikanischen Beziehungen gelegen. Churchill legte dem amerikanischen Gesandten seine Befürchtung dar, Stalin könne Mitteleuropa womöglich gewissermaßen schlucken, und hob hervor, wie wichtig eine geeinte anglo-amerikanische Front gegen ihn sei. Davies reagierte auf die

Darstellung des kriegserfahrenen Briten mit der wenig passenden Bemerkung, es sei vielleicht »von ihm [Churchill] und Großbritannien ein Fehler gewesen, Hitler nicht zu unterstützen; denn, soweit ich richtig verstanden habe, legte er jetzt dieselbe Doktrin dar, die Hitler und Goebbels in den vergangenen vier Jahren verkündet und ständig wiederholt haben, um die Geschlossenheit der Alliierten aufzubrechen, und ›zu teilen und zu herrschen‹.«[9] Davies' Meinung nach konnte die Ost-West-Diplomatie zu keinem Ergebnis führen, solange man nicht von Stalins guter Absicht ausging. In demselben Tonfall erstattete er Truman Bericht. Er meinte, Churchills geistige Größe stehe zwar außer Frage, doch »vor allen Dingen und überhaupt« sei er ein unverbesserlicher Engländer, dem im Grunde mehr daran liege, Englands Position in Europa als den Frieden zu bewahren.[10] Admiral Leahy, unter Roosevelt und später auch unter Truman Stabschef, schloß sich Davies' Darstellung an, als er bestätigte, man teile dessen Ansicht weitgehend: »Dies stimmte überein mit der Einschätzung, die unsere Mitarbeiter von Churchills Auffassung während des Krieges gewonnen hatten.«[11]

Nichts hätte Amerikas reflexartige Reaktion auf die Realpolitik besser zum Ausdruck bringen können. Davies und Leahy waren unverkennbar darüber verstimmt, daß der britische Premierminister sich primär um Großbritanniens nationale Interessen kümmerte – ein Bemühen, das Staatschefs anderer Länder ohne Frage als die natürlichste Sache der Welt betrachtet hätten. Selbst der Umstand, daß Churchills Streben nach einem Gleichgewicht auf dem Kontinent nichts anderes als die dreihundertjährige britische Geschichte fortsetzte und verkörperte, wurde in gewisser Hinsicht betrachtet, als handelte es sich dabei um nichts als einen Fehltritt. Für die Amerikaner schlossen sich die Forderung nach Frieden und das Bemühen, das Gleichgewicht der Kräfte aufrechtzuerhalten, gegenseitig aus – als stünden Mittel und Zweck nicht etwa ergänzend, sondern unvereinbar nebeneinander.

Hopkins war schon während des Krieges mehrmals als Abgesandter nach Moskau gereist. Bei seinem jetzigen Besuch empfand er die Atmosphäre als außerordentlich angenehm. Dennoch ist es gut möglich, daß seine Treffen mit Stalin die verfahrene Osteuropa-Problematik unabsichtlich verschärften und den Beginn des Kalten Krieges forcierten; denn Hopkins setzte die diplomatischen Muster des Krieges fort, die auf Harmonie statt auf Konfrontation zielten: Er konnte sich nicht dazu durchringen, Stalin kundzutun, welche Probleme sein risikoreicher Kurs in der erregten amerikanischen Öffentlichkeit auslösen würde, zumal er während seiner diplomatischen Laufbahn immer von der Annahme ausgegangen war, daß sich alle Meinungsverschiedenheiten in einer von Verständnis und Verhandlungsbereitschaft getragenen Atmosphäre auflösen würden – eine Denkweise, mit der Stalin kaum viel anfangen konnte.

Stalin und Hopkins trafen sich von Ende Mai bis Anfang Juni sechsmal. Gemäß seiner üblichen Taktik, den Gesprächspartner in die Defensive zu treiben, beschwerte sich der Kremlchef über die Beendigung des Leih-Pacht-Vertrages und das zunehmend kühler werdende Klima in den sowjetisch-amerikanischen Beziehungen; warnend gab er zu bedenken, daß Moskau sich Druck niemals fügen werde, ein diplomatischer Standardtrick, der immer dann angewandt wird, wenn der Unterhändler nach einem Vorwand sucht, um ohne Gesichtsverlust herauszubekommen, welche Konzessionen man von ihm verlangt, ohne dabei nahelegen zu wollen, daß er sie akzeptieren werde. Stalin tat so, als verstehe er die Besorgnis der Vereinigten Staaten hinsichtlich freier Wahlen in Polen überhaupt nicht. Zudem habe die Sowjetunion im Blick auf Italien und Belgien, wo auch noch keine Wahlen stattgefunden hatten, keine vergleichbare Frage aufgeworfen. Warum also sollten die westlichen Mächte an Polen und den Ländern im Donaubecken interessiert sein, die so nahe an den sowjetischen Grenzen lagen?

Hopkins und Stalin rangen miteinander, ohne etwas zu erreichen. Dem US-Unterhändler gelang es nicht, Stalin begreiflich zu machen, daß die Amerikaner es mit der osteuropäischen Selbstbestimmung bitterernst meinten. In der Tat neigte Hopkins nicht anders als ein Großteil der US-Unterhändler späterer Jahrzehnte dazu, selbst unverrückbare Positionen so vorzubringen, als würde man doch noch mit sich reden lassen. Da die Amerikaner stets mit einem Kompromiß rechnen, halten sie nach Möglichkeiten Ausschau, ihren Gesprächspartnern einen würdevollen Abgang zu verschaffen. Die Kehrseite dieses Vorgehens besteht jedoch darin, daß amerikanische Unterhändler, ist ihr Glaube an die Verhandlungsbereitschaft des anderen einmal erschüttert, häufig ungeheuer halsstarrig, ja bisweilen sogar unverhältnismäßig rigide reagieren.

Die Schwächen in Hopkins' Verhandlungsstil wurden durch das außergewöhnliche Maß an Wohlwollen gegenüber der Sowjetunion, das aus den Tagen des Kriegsbündnisses übriggeblieben war, noch verstärkt. Bis Juni 1945 hatte Stalin Polens Grenzen im Osten wie im Westen bereits eigenmächtig festgelegt, mit brutaler Gewalt russische Marionetten in die Regierung befördert und sein in Jalta geleistetes Versprechen, freie Wahlen zu ermöglichen, sträflich verletzt. Gleichwohl hielt Harry Hopkins es für angebracht, die sowjetisch-amerikanischen Differenzen im Gespräch mit dem Kremlchef als »eine Reihe von an und für sich unbedeutenden Ereignissen, die um die Polenfrage herum entstanden waren«[12], darzustellen. Im Vertrauen auf die von Roosevelt in Teheran und Jalta angewandte Taktik bat er Stalin, seine Forderungen in Osteuropa zu modifizieren, um den innenpolitischen Druck auf die Truman-Regierung zu mindern.

Stalin beteuerte seine Offenheit gegenüber allen Vorschlägen, wie man die neue polnische Regierung in Einklang mit den amerikanischen Prinzipien bringen könne. Er forderte Hopkins auf, vier oder fünf Demokraten zu benennen, die in die Warschauer Regierung aufgenommen werden könnten, eine Regierung, die die Sowjetunion, seinen Aussagen zufolge, lediglich aufgrund »militärischer Notwendigkeiten«[13] eingerichtet habe. Freilich stand hier nicht die Beteiligung irgendwelcher Alibi-Demokraten an einer kommunistischen Regierung zur Debatte: Es ging um freie Wahlen. Und die Kommunisten hatten ihr bemerkenswertes Geschick, Koalitionsregierungen zu sprengen, bereits unter Beweis gestellt. Auf jeden Fall hat Hopkins Stalin wohl kaum eine beeindruckende Darstellung von Amerikas Entschlossenheit bieten können, als er eingestand, er habe keine Namen von Personen parat, die man in die neue Regierung aufgenommen zu sehen wünsche. Stalins Forderung nach freier Handhabe gegenüber seinen Nachbarn setzte eine bewährte Praxis russischer Politik fort. Seit Rußland zweihundert Jahre zuvor auf der weltpolitischen Bühne erschienen war, hatte seine Führung immer wieder versucht, Streitigkeiten mit Nachbarn nicht durch internationale Konferenzen, sondern bilateral beizulegen: Alexander I. hatte in den zwanziger Jahren des neunzehnten Jahrhunderts partout nicht einsehen können, warum Großbritannien sich unbedingt zwischen Rußland und die Türkei stellen wollte, und auch Nikolaus I. und Alexander II. hatten 1850 beziehungsweise 1878 kein Verständnis für solche Bestrebungen. In diesem und in anderen Fällen vertraten die russischen Machthaber die Position, sie seien zu freier Handhabe berechtigt. Wurden ihre Pläne durchkreuzt, griffen sie gewöhnlich auf Gewalt zurück. Und hatten sie einmal Gewalt angewandt, zogen sie sich erst dann wieder zurück, wenn man ihnen mit Krieg drohte.

Die Besuche von Trumans Emissären in London und Paris zeigten in erster Linie, daß der amerikanische Präsident noch immer auf der Suche war nach einem Kurs zwischen Roosevelts Auffassung vom Erhalt eines Friedens, in dem Amerika keine Partner hatte, und seiner eigenen zunehmenden Verärgerung über das Verhalten der Sowjets in Osteuropa, auf das er bis dahin politisch nicht zu reagieren gewußt hatte. Truman war indes weder gewillt, sich den geopolitischen Gegebenheiten zu stellen, die der Sieg hatte entstehen lassen, noch wollte er Roosevelts Idee einer Weltordnung unter Aufsicht der Vier Weltpolizisten verwerfen. Washington konnte zu diesem Zeitpunkt noch nicht zugeben, daß das Gleichgewicht der Kräfte ein unentbehrlicher Bestandteil der internationalen Ordnung und kein Fehltritt europäischer Diplomatie war.

Roosevelts Vision von den Vier Weltpolizisten wurde auf der Potsdamer Konferenz, die vom 17. Juli bis zum 2. August 1945 andauerte, endgültig begraben. Die drei Staatsoberhäupter trafen sich im Schloß Cecilienhof, einem von einem weitläufigen Park umgebenen Landhaus im englischen Stil, in dem der letzte deutsche Kronprinz residiert hatte. Man hatte Potsdam als Tagungsort gewählt, weil es in der sowjetischen Besatzungszone lag, über einen Eisenbahnanschluß verfügte – Stalin haßte das Fliegen – und von den sowjetischen Sicherheitskräften geschützt werden konnte. Als die amerikanischen Delegation dort eintraf, war ihr Bekenntnis zu der während des Krieges entstandenen Auffassung, wie eine neue Weltordnung auszusehen habe, unverändert. Das Arbeitspapier des US-Außenministeriums, von der amerikanischen Delegation als eine Art Prüfstein betrachtet, bezeichnete die Errichtung von Interessensphären als schlimmste Gefahr für den Weltfrieden. In Wilsons orthodoxer Diktion hieß es dort:»Interessensphären sind reinste Machtpolitik mit allen damit verbundenen Nachteilen [...]. Unser vorrangiges Ziel sollte es sein, die *Ursachen* zu beseitigen, die bei den Staaten den Eindruck erwecken, solche Sphären seien zu ihrer eigenen Sicherheit nötig, nicht aber, einem Land zur Stärke gegenüber einem anderen zu verhelfen.«[14] Das Außenministerium erklärte jedoch nicht, was außer Machtpolitik Stalin zu einem Kompromiß veranlassen sollte oder worin die Ursachen des Konflikts lagen, wenn nicht in kollidierenden Interessen. Dennoch schien der allgegenwärtige Joseph Davies, der gegenüber der sowjetischen Führung als Berater des Präsidenten auftrat, an seiner Empfehlung Gefallen gefunden zu haben, man müsse Stalin gegenüber Nachsicht walten lassen. Irgendwann nach einem intensiven Wortwechsel schob Davies Truman einen Zettel mit der Notiz zu:»Ich glaube, Stalins Gefühle sind verletzt. Bitte, seien Sie nett zu ihm.«[15]

Es entsprach nicht Trumans Art, Leute – geschweige denn Kommunisten – zu verhätscheln. Dennoch gab er sich heldenhaft einen Ruck, und tatsächlich hatte er anfangs Stalins schroffen Stil mehr geschätzt als Churchills Redseligkeit. Seiner Mutter schrieb er dazu:»Churchill redet die ganze Zeit, während Stalin einfach grunzt, wobei man aber weiß, was er meint.«[16] Bei einem privaten Abendessen am 21. Juli zog Truman dann, wie er Davies später anvertraute, sämtliche Register:»Ich wollte ihn davon überzeugen, daß wir ›es ehrlich meinten‹, am Frieden und an einer anständigen Welt interessiert seien und keine gegen sie gerichteten Zielsetzungen verfolgten; daß wir nichts für uns selbst wollten, sondern Sicherheit für unser Land und Frieden in Freundschaft und gutnachbarlichem Verhalten, und daß es unsere Aufgabe sei, dafür zu sorgen. Ich habe ›ziemlich dick aufgetragen‹ und denke, daß er mir glaubt. Ich habe jedes Wort so gemeint.«[17] Leider aber konnte Stalin mit Gesprächspartnern, die ihr Desinteresse an unmittelbaren Problemen bekundeten, nicht viel anfangen.

In Potsdam wollte man genau die organisatorischen Probleme vermeiden, die die Versailler Verhandlungen belastet hatten. Damals hatten die Regierungschefs sich an Details festgebissen und unter einem erheblichen Zeitdruck gestanden; Truman, Churchill und Stalin wollten sich daher auf grundsätzliche Fragen beschränken. Danach sollten die Außenminister gemeinsam die Friedensabkommen mit den besiegten Achsenmächten und deren Verbündeten im Detail ausarbeiten.

Doch trotz dieser Einschränkung war die Tagesordnung der Konferenz ziemlich umfangreich. Themen wie Reparationen, die Zukunft Deutschlands und der Status deutscher Verbündeter wie Italien, Bulgarien, Ungarn, Rumänien und Finnland sollten zur Sprache kommen. Stalin fügte dieser

Liste einen Katalog von Forderungen hinzu, die Molotow bereits 1940 Hitler und ein Jahr später Eden unterbreitet hatte; dazu zählten bessere Transitbedingungen für die Dardanellen, ein militärischer Stützpunkt der UdSSR am Bosporus und ein Teil der italienischen Kolonien. Eine so breit angelegte Tagesordnung hätten die vielbeschäftigten Regierungschefs selbst in zwei Wochen vermutlich nicht bewältigen können.

Schon bald zeigte sich, daß die Teilnehmer der Konferenz mit ihren Anliegen einer beim anderen auf taube Ohren stießen. Stalin bestand nachdrücklich auf der Konsolidierung seiner Interessensphäre; Truman, und in geringerem Maß auch Churchill, forderten die Verwirklichung ihrer Prinzipien. Stalin versuchte, im Gegenzug für seine Anerkennung des Systems Italiens die Anerkennung sowjetischer Marionettenregierungen in Bulgarien und Rumänien durch den Westen zu erreichen. Zu dem Zeitpunkt war die Problematik freier Wahlen in Osteuropa durch Stalins beständiges Mauern längst in einer Sackgasse angelangt.

Schließlich versuchte jede Partei, der Gegenseite in die Parade zu fahren, wann immer sich die Möglichkeit dazu bot. So weigerten sich die Vereinigten Staaten und Großbritannien, Stalins Forderung nach deutschen Reparationen in Höhe von zwanzig Milliarden Dollar zuzustimmen (von denen die Hälfte an die Sowjetunion gehen sollte) oder die in ihren Zonen vorhandenen Mittel dafür zur Verfügung zu stellen. Stalin seinerseits baute währenddessen die Position der kommunistischen Parteien in ganz Osteuropa weiter aus.

Außerdem berief er sich auf eine doppeldeutige Stelle des Jalta-Abkommens hinsichtlich Oder und Neiße, um Polens Grenze weiter nach Westen zu verschieben. In Jalta war beschlossen worden, die Flüsse sollten als Grenzlinie zwischen Polen und Deutschland gelten, doch schien, wie bereits erwähnt, niemand bemerkt zu haben, daß es tatsächlich zwei Flüsse namens Neiße gab. Churchill hatte immer den östlichen Neiße-Fluß als Grenze im Sinn gehabt. In Potsdam nun enthüllte Stalin, er habe das Gebiet zwischen der östlichen und der westlichen Neiße Polen zugeteilt. Zweifelsohne hatte er daran gedacht, daß die Feindschaft zwischen Polen und Deutschland womöglich eskalieren werde, sollte Polen von altersher deutsche Gebiete erhalten, und zwar einschließlich der alten deutschen Stadt Breslau, und weitere fünf Millionen Deutsche von dort vertreiben. Gleichwohl fügten sich der US-Präsident und der britische Premierminister in das von Stalin geschaffene *fait accompli*, allerdings unter der völlig bedeutungslosen Voraussetzung, sich eine endgültige Stellungnahme zu der Grenzfrage für die Friedenskonferenz vorzubehalten. Es war ein Vorbehalt, der Polen in eine noch stärkere Abhängigkeit von der Sowjetunion brachte und im Grunde schon bei seiner Erhebung Makulatur war, da er Gebiete betraf, aus denen die deutsche Bevölkerung gerade vertrieben wurde.

Churchills innenpolitischer Rückhalt zum Zeitpunkt der Potsdamer Konferenz war nicht besonders stark. Und fatalerweise wurde der Fortgang der Konferenz am 25. Juli 1945 durch eine Bitte der britischen Delegation unterbrochen: Man wollte eine Pause einlegen, um das Ergebnis der ersten britischen Wahlen seit 1935 abzuwarten. Churchill kehrte nie nach Potsdam zurück. Er erlitt eine klägliche Niederlage. Clement Attlee, der neue britische Premierminister, nahm seinen Platz bei den Verhandlungen ein, Ernest Bevin übernahm das Amt des Außenministers.

Kaum etwas wurde in Potsdam erreicht. Viele Forderungen Stalins wurden abgelehnt, der Stützpunkt am Bosporus ebenso wie die sowjetische treuhänderische Verwaltung einiger italienischer Gebiete in Afrika oder der Wunsch nach einer Viermächteherrschaft über das Ruhrgebiet und die Anerkennung der von Moskau in Rumänien und Bulgarien eingesetzten Regierungen. Auch einige von Trumans Vorschlägen wurden durchkreuzt, wobei ihn das Ergebnis hinsichtlich der internationalen Kontrolle des Donaubeckens am härtesten traf. Gleichwohl gelang es den dreien, einige Abkommen auszuarbeiten: Zur Regelung der Deutschlandproblematik wurde ein Viermächteabkommen aufgesetzt, und am Ende konnten die Amerikaner Stalin dazu bewegen, ihre Haltung zur Frage der Reparationen zu akzeptieren, derzufolge jede Macht dergleichen aus ihrer eigenen Besatzungszone ziehen sollte. Dem Hauptproblem freilich, der Westgrenze Polens, wich man insofern aus, als Großbritannien und die Vereinigten Staaten Stalins Oder-Neiße-Grenze billigten, auch wenn man sich das Recht vorbehielt, zu einem späteren Zeitpunkt eine Revision in Erwägung zu ziehen. Zu guter Letzt versprach Stalin Hilfe im Krieg gegen Japan. Trotzdem blieben eine ganze Reihe von Punkten offen und unerledigt, und wie so häufig, wenn Staatschefs nicht zu einer Einigung zu gelangen wissen, wurden auch hier die heikelsten Probleme den Außenministern zur weiteren Erörterung übertragen.

Das vielleicht wichtigste Potsdamer Ereignis betraf eine Begebenheit außerhalb der offiziellen Tagesordnung. Irgendwann nahm Truman Stalin zur Seite, um ihn über die Existenz der Atombombe zu unterrichten, von der Stalin natürlich durch seine Spione längst erfahren hatte – und zwar erheblich *vor* Truman. Paranoid, wie er war, muß ihm Trumans Mitteilung zweifellos wie ein unverhohlener Einschüchterungsversuch vorgekommen sein; folglich beschloß er, auf die neue Technologie mit Gleichgültigkeit zu reagieren und deren Bedeutung abzutun, indem er sich keinerlei Neugier anmerken ließ. »Der russische Premier«, schrieb Truman in seinen Memoiren, »zeigte kein besonderes Interesse, sondern bemerkte lediglich, er hoffe, wir würden die Bombe mit gutem Nutzen gegen Japan einsetzen.«[18] Diese Taktik verfolgten die Sowjets, bis sie selbst nukleare Waffen entwickelt hatten.

Später sollte Churchill sagen, er hätte in Potsdam, wäre er wiedergewählt worden, eine Entscheidung herbeigeführt und versucht, ein Abkommen zu forcieren.[19] Er führte jedoch nie aus, woran er dabei konkret dachte; hätte man nämlich Stalin überhaupt zu einer Regelung veranlassen können, dann nur unter extremem Zwang und im allerletzten Moment. Churchills sehnlicher Wunsch nach einer übergreifenden Lösung war in der Tat Ausdruck des Dilemmas, in dem die Vereinigten Staaten sich befanden: Kein amerikanischer Politiker war bereit, jene Art von Drohungen oder Druck auszuüben, die Churchill im Sinn gehabt haben mag und die angesichts von Stalins Charakter in der Tat erforderlich gewesen wären. Amerikas Führung weigerte sich noch immer, den Tatsachen ins Auge zu blicken und einzusehen, daß es im wachsenden Maße schwieriger werden würde, Stalin zu einer Kursänderung zu bringen, je mehr Zeit den Sowjets blieb, in Osteuropa Ein-Parteien-Staaten zu schaffen. Bei Kriegsende war die amerikanische Öffentlichkeit kriegsmüde, wollte von Konfrontation nichts mehr hören und nur noch »ihre Jungs nach Hause holen«: Keinesfalls war man bereit, um des politischen Pluralismus oder der osteuropäischen Grenzen willen mit einer weiteren Konfrontation, geschweige denn einem Atomkrieg zu drohen. Sosehr man sich darin einig war, weiteren Vorstößen der Kommunisten Widerstand entgegenzusetzen, war man zugleich doch auch darüber im Einvernehmen, daß man keine militärischen Risiken eingehen wollte.

Darüber hinaus wäre eine militärische Konfrontation mit Stalin alles andere als eine Teeparty gewesen. Wie weit Stalin dabei gegangen wäre, wurde mir 1989 in einem Gespräch mit Andreij Gromyko bewußt, der damals sein Amt bereits niedergelegt hatte. Ich fragte ihn, warum die Sowjetunion die Berliner Blockade so kurz nach einem verheerenden Krieg und trotz des amerikanischen Monopols auf die Atombombe riskiert hatte. Der Ruheständler Gromyko, sehr viel zugänglicher geworden als der Außenminister Gromyko, erwiderte mir, einige Berater hätten Stalin gegenüber dieselbe Besorgnis geäußert. Dieser hätte sie jedoch mit den folgenden drei Behauptungen abgeschmettert: Erstens würden die Vereinigten Staaten seiner Meinung nach wegen Berlin niemals Nuklearwaffen einsetzen, zweitens würde die Rote Armee die USA an einem Versuch, einen Konvoi über die Autobahn nach Berlin zu schleusen, hindern, und schließlich werde er sich die endgültige Entscheidung, sollten die Vereinigten Staaten wirklich entlang der gesamten Front angreifen, selber vorbehalten. Vermutlich hätte er die Streitigkeiten tatsächlich erst an diesem Punkt geregelt.

Tatsächlich führte der Ausgang der Potsdamer Konferenz zum Beginn eines Entwicklungsprozesses, der Europa in zwei Einflußsphären teilte und genau der Konstellation entsprach, die Washington während des Krieges mit aller Entschlossenheit zu vermeiden versucht hatte. Daher überrascht es nicht, daß das Außenministertreffen nicht viel produktiver verlief als der Gipfel der Staatschefs. Die Minister besaßen nicht nur weniger Einfluß, sie waren auch weniger flexibel. Molotows politisches wie auch physisches Überleben hing davon ab, daß er Stalins Anweisungen strengstens befolgte.

Die erste Zusammenkunft der Außenminister fand in London von September bis Anfang Oktober 1945 statt. Auf der Tagesordnung standen Friedensverträge für Finnland, Ungarn, Rumänien und Bulgarien, die alle an Deutschlands Seite gekämpft hatten. Die Positionen der USA und der Sowjetunion waren seit Potsdam jedoch unverändert. Außenminister James Byrnes forderte freie Wahlen; Molotow wollte davon nichts hören.

Byrnes hatte gehofft, die furchteinflößende Macht der Atombombe, die in Japan unter Beweis gestellt worden war, werde die Verhandlungsposition der Amerikaner stärken; doch Molotow verhielt sich ihm gegenüber noch widerspenstiger als zuvor, und gegen Ende der Konferenz wurde deutlich, daß die Atombombe die Sowjets keineswegs kooperativer gestimmt hatte. Solange man nicht eine härtere diplomatische Gangart einschlug, würde sich daran auch nichts ändern. In diesem Zusammenhang vertraute Byrnes seinem Vorgänger Edward R. Stettinius an:»Rußland reagierte in diesem Jahr vollkommen anders als im letzten. Solange es uns im Krieg brauchte und wir ihm Nachschub lieferten, hatten wir ein zufriedenstellendes Verhältnis, aber als der Krieg vorbei war, nahmen die Sowjets eine aggressive Haltung ein und bestanden auf politisch bedingten Gebietsansprüchen, die unhaltbar waren.«[20]

Der Traum von den Vier Weltpolizisten starb einen qualvollen Tod. Am 27. Oktober 1945, nur wenige Wochen nach der gescheiterten Außenministerkonferenz, verband Truman während einer Rede anläßlich der Feierlichkeiten zum Navy Day die historischen Themen amerikanischer Außenpolitik mit einem Aufruf zur sowjetisch-amerikanischen Zusammenarbeit. Die Vereinigten Staaten, so Truman, trachteten weder nach Gebieten noch nach Stützpunkten,»nach nichts, das einer anderen Macht gehört«. Da Amerikas Außenpolitik die moralischen Prinzipien der Nation widerspiegele, beruhe sie»ausdrücklich auf den Grundsätzen Rechtschaffenheit und Gerechtigkeit«und lehne»Kompromisse mit dem Bösen«ab. Unter Berufung auf die amerikanische Tradition, die private Moral mit der öffentlichen gleichzusetzen, versprach der Präsident, daß»wir in unserem Bemühen, die Goldene Regel in die internationalen Beziehungen der Welt einzubringen, nicht nachlassen werden«.

Die Tatsache, daß er die moralische Komponente der Außenpolitik hervorhob, war als Vorspiel zu einem weiteren Aufruf zur sowjetisch-amerikanischen Versöhnung gedacht. Es gebe keine»hoffnungslosen oder unversöhnlichen«Differenzen zwischen den ehemaligen Alliierten, bekräftigte Truman.»Es gibt unter den Siegermächten keine Interessenkonflikte, die so tief verwurzelt wären, daß man sie nicht lösen könnte.«[21]

In Wahrheit war dies keineswegs der Fall. Zwar wurde auf der nächsten Außenministerkonferenz im Dezember 1945 so etwas wie ein sowjetisches »Zugeständnis« erzielt. Denn als Stalin Byrnes am 23. Dezember empfing, schlug er vor, die drei westlichen Demokratien sollten Kommissionen nach Rumänien und Bulgarien entsenden, um die dortigen Regierungen bei der Einbeziehung demokratischer Politiker in die Regierung zu beraten. Doch natürlich war dieses zynische Angebot eher ein Beweis für Stalins Überzeugung, die Kommunisten hätten ihre Satelliten sicher im Griff, als für seine Aufgeschlossenheit gegenüber demokratischen Grundwerten. Und das war auch George Kennans Meinung, der Moskaus Konzessionen als »Feigenblätter demokratischer Verfahrensweisen« verspottete, »mit denen die Blöße der stalinistischen Diktatur verdeckt werden soll«.[22] Byrnes deutete die sowjetische Initiative indessen anders. Seiner Auffassung zufolge wollte Stalin damit zu erkennen geben, daß das in Jalta erreichte Abkommen irgendeine demokratische Geste erfordere; also leitete Byrnes die Anerkennung Bulgariens und Rumäniens noch vor Abschluß von Friedensverträgen mit diesen Ländern ein. Truman, entrüstet, daß Byrnes den Kompromiß ohne vorherige Rücksprache mit ihm akzeptiert hatte, unterstützte zwar die eigenmächtige Entscheidung nach anfänglichem Zögern; dennoch führte sie zu einer Entfremdung zwischen dem Präsidenten und seinem Außenminister und mündete schließlich ein Jahr später in Byrnes' Rücktritt.

1946 kamen die Außenminister zweimal, in Paris und in New York, zusammen. Sie brachten zwar eine Reihe von Nebenverträgen auf den Weg, doch die Atmosphäre während dieser Treffen war gespannter als zuvor, da Stalin Osteuropa mittlerweile politisch und wirtschaftlich vollkommen in den Machtbereich der Sowjetunion gezogen hatte.

Die kulturelle Kluft, die sich zwischen den Regierungen aus Ost und West auftat, beförderte das Entstehen des Kalten Krieges. Die amerikanischen Unterhändler taten, als könnten sie die gewünschten Ergebnisse allein durch die Bezugnahme auf ihre gesetzlich und moralisch verankerten Rechte erzielen: Um Stalin zu einer Kursänderung zu bewegen, mußte man schwerere Geschütze auffahren. Wenn Truman hingegen von der »Goldenen Regel« sprach, nahm sein amerikanisches Publikum ihn durchaus beim Wort; es glaubte ernsthaft an eine Welt, die auf der Grundlage gesetzlicher Normen regiert werde. Stalin aber erschienen Trumans Worte lediglich als bedeutungsloser, wenn nicht raffinierter Wortschwall. Die neue Weltordnung, die er im Sinn hatte, war ein von kommunistischer Ideologie getragener Panslawismus. So berichtet der jugoslawische Dissident Milovan Djilas von einem Gespräch mit dem Kremlchef, in dem dieser betonte: »Falls die Slawen zusammenhalten und solidarisch bleiben, kann niemand in Zukunft einen Finger rühren. Keinen einzigen Finger!« wiederholte er [Stalin] und unterstrich seine Aussage mit erhobenem Zeigefinger.«[23]

Seltsamerweise beschleunigte ausgerechnet Stalins Wissen um die tatsächliche Schwäche seines Landes den Kurs der internationalen Angelegenheiten in Richtung Kalter Krieg. Das sowjetische Staatsgebiet westlich von Moskau war, wie es häufig bei einem Truppenabzug der Fall ist, zuerst von den Sowjets, dann von den Deutschen verwüstet worden; jene hatten auch noch den letzten Kamin gesprengt, um die Verfolger jeglicher Zuflucht vor dem brutalen russischen Winter zu berauben. Die Zahl der Toten auf sowjetischer Seite wurde nach eigenen Angaben einschließlich der Zivilisten auf über zwanzig Millionen geschätzt. Stalins Säuberungen, Gefangenenlager, Zwangskollektivierungen und willentlich inszenierte Hungersnöte forderten weitere zwanzig Millionen Opfer; dem stehen ungefähr fünfzehn Millionen gegenüber, die die Gefangenschaft im Gulag überlebten.[24] Nun sah sich das ausgezehrte Land plötzlich mit *der* technologischen Errungenschaft der USA, der Atombombe, konfrontiert. Bedeutete dies etwa, daß der von Stalin lange befürchtete Augenblick schließlich doch eingetroffen und die kapitalistische Welt in der Lage war, ihren Willen durchzusetzen? Hatte all das Leid, hatten all die Strapazen, die selbst nach den russischen, außerordentlich tyrannischen Erfahrungen als unmenschlich gelten mußten, lediglich den Kapitalisten Vorteile eingebracht?

Mit auftrumpfender, fast tollkühner Prahlerei beschloß Stalin, einfach so zu tun, als handle die Sowjetunion nicht aus einer Position der Schwäche, sondern der Stärke. In seinen Augen zeugten freiwillig eingeräumte Zugeständnisse von Verwundbarkeit; er fürchtete, mit derartigen Eingeständnissen nichts als neue Forderungen und weiteren Druck herauszufordern. Daher beließ er seine Armee in Mitteleuropa, nach und nach weitere sowjetische Marionettenregierungen einsetzend. Doch damit nicht genug: Von sich selber zeichnete er ein Bild solcher Unerbittlichkeit, daß nicht wenige ihm zutrauten, er werde auch vor einem Vorstoß an den Ärmelkanal nicht zurückschrecken, eine Befürchtung, die man im nachhinein weitgehend ins Reich der Phantasie verweisen muß.

Stalins übertriebene Darstellung der sowjetischen Stärke und Kriegslust ging einher mit systematischer Verharmlosung der Macht der Vereinigten Staaten und insbesondere ihrer schlagkräftigsten Waffe, der Atombombe. Mit seiner gleichgültigen Reaktion auf Trumans Mitteilung über die Existenz dieser Waffe hatte er seine Haltung festgelegt, und so verbreitete denn die in der ganzen Welt von gutgläubigen Anhängern aus Akademikerkreisen unterstützte kommunistische Propaganda die Behauptung, die Erfindung nuklearer Waffen habe die strategischen Regeln keineswegs verändert. Mehr noch: Nukleare Bombardements seien strategisch völlig wirkungslos. 1946 schließlich verkündete Stalin die offizielle Doktrin über diesen Punkt. »Atombomben«, so sagte er, »sollen Menschen mit schwachen Nerven Furcht einflößen; sie können aber nicht über den Ausgang eines Krieges entscheiden.«[25] In öffentlichen sowjetischen Stellungnahmen wurde Stalins Aussage prompt dahingehend erweitert, daß es »vorübergehende« und »ständige« Strategiefaktoren gebe und die Atombombe fraglos als vorübergehendes Phänomen einzustufen sei. »Die Kriegshetzer«, schrieb Luftwaffenmarschall Konstantin Werschinin 1949, »übertreiben die Rolle der Luftwaffe maßlos... [in der Annahme], das Volk der UdSSR und die Volksrepubliken würden durch den sogenannten ›Atomkrieg‹ oder Krieg per ›Knopfdruck‹ eingeschüchtert.«[26]

Ein normaler Staatschef hätte seinem durch den Krieg und die vorausgegangenen unmenschlichen Anforderungen ausgelaugten Volk eine Ruhepause zugestanden. Doch der dämonische Generalsekretär ließ sein Volk nicht zur Besinnung kommen, vermutlich zu Recht davon ausgehend, die Bevölkerung werde, falls er ihr einmal eine Atempause einräume, anfangen, Fragen zu stellen, die sich unmittelbar gegen die Grundfesten der kommunistischen Herrschaft richten könnten. In einer Ansprache vor den Oberbefehlshabern der siegreichen Roten Armee, kurz nach dem Waffenstillstand im Mai 1945, bediente Stalin sich zum letzten Mal der gefühlsbetonten Rhetorik der Kriegsjahre. Nachdem er die Gruppe als »meine Freunde, meine Landsleute« begrüßt hatte, wandte er sich den Rückzügen von 1941 und 1942 zu: »Ein anderes Volk hätte zu seiner Regierung sagen können: Ihr habt unsere Erwartungen nicht gerechtfertigt, macht, daß Ihr fortkommt, wir werden eine andere Regierung einsetzen, die mit Deutschland Frieden schließt und uns Ruhe sichert. Doch das russische Volk hat nicht so gehandelt, denn es glaubte daran, daß die Politik seiner Regierung richtig war [...]. Dem russischen Volk sei für dieses Vertrauen gedankt!«[27]

Dies war nicht nur das letzte Mal, daß Stalin seine Fehlbarkeit zugab, sondern auch das letzte Mal, daß er als Regierungsoberhaupt zu seinem Volk sprach, wobei übrigens interessant ist, daß Stalin in seiner Rede nur dem russischen Volk Lob zollte, nicht den anderen Nationalitäten des sowjetischen Weltreichs. Schon wenige Monate später berief er sich um der Autorität willen wieder auf seine Position als Generalsekretär der KPdSU und fiel in seinen Ansprachen vor dem Volk in die alte kommunistische Anrede »Genossen« zurück. Zugleich betonte er, daß die Ehre für den Sieg der UdSSR ausschließlich der Kommunistischen Partei gebühre.

Am 9. Februar 1946 legte Stalin dann in einer weiteren großen Rede die Marschroute für die Nachkriegszeit fest. »Sieg«, sagte er damals, »bedeutet nun in erster Linie, daß unser sowjetisches Gesellschaftssystem gesiegt hat, daß das sowjetische Gesellschaftssystem die Feuerprobe im Krieg erfolgreich bestanden und bewiesen hat, daß es absolut lebensfähig ist [...]. Das sowjetische Gesellschaftssystem hat bewiesen, daß es lebensfähiger und stabiler als ein nicht-sowjetisches Gesellschaftssystem ist und daß das sowjetische Gesellschaftssystem eine bessere Gesellschaftsform als alle nicht-sowjetischen Gesellschaftssysteme ist.«[28]

Hinsichtlich der Kriegsursachen stützte sich der Generalissimus dabei auf die unumstößliche Überzeugung der Kommunisten, der Krieg sei nicht durch Hitler, sondern durch die Machenschaften des kapitalistischen Systems verursacht worden. »Unsere Marxisten erklären«, so fuhr er fort, »das kapitalistische System der Weltwirtschaft verberge Krisen- und Kriegselemente und die Entwicklung des Weltkapitalismus verlaufe nicht stetig und gleichmäßig, sondern mache Krisen und Katastrophen durch. Die ungleichmäßige Entwicklung der kapitalistischen Länder führt beizeiten zu ausgeprägten Störungen in ihren Beziehungen. Die Gruppe von Staaten, die ihrer Meinung nach nicht angemessen mit Rohstoffen und Exportmärkten versorgt ist, versucht gewöhnlich, dieser Situation abzuhelfen und ihre Position zu ihren Gunsten mit Waffengewalt zu ändern.«[29]

Traf Stalins Darstellung zu, dann gab es zwischen Hitler und den Verbündeten der Sowjetunion im Krieg gegen die Nationalsozialisten keinen grundlegenden Unterschied. Da es demnach unvermeidlich früher oder später zu einem neuen Krieg kommen mußte, erlebte die Sowjetunion momentan lediglich einen Waffenstillstand, doch keinen wirklichen Frieden. Stalin sah deshalb sein Land vor dieselbe Aufgabe gestellt wie vor dem Krieg: Man müsse stark genug werden, um den unabwendbaren Konflikt in einen kapitalistischen Bürgerkrieg zu verwandeln und einen Angriff auf das kommunistische Mutterland abzuwenden. Die langersehnte Aussicht auf Frieden, der das tagtägliche Joch des sowjetischen Volkes erleichtern würde, war also dahin; statt dessen sollte die Schwerindustrie verstärkt gefördert, die Kolchosenbildung in der Landwirtschaft fortgesetzt und jeglicher innerer Widerstand zerschlagen werden.

Die Rede entsprach allen Regeln der Vorkriegsrhetorik, aufgebaut wie ein Katechismus, in dem Stalin die von ihm aufgeworfenen Fragen auch selber beantwortete. Seinen entmutigten Zuhörern war der Refrain nur allzu vertraut: Den bislang nicht näher bezeichneten Feinden drohte Vernichtung, falls sie versuchten, die sozialistischen Pläne zu durchkreuzen. Die meisten Sowjetbürger wußten aufgrund persönlicher Erfahrungen nur zu gut, daß diese Aussagen keine leeren Drohungen waren. Außerdem kündigte der Generalsekretär ehrgeizige neue Zielsetzungen an: eine tausendprozentige Steigerung der Roheisenproduktion, eine Steigerung der Stahlproduktion um das Fünfzehnfache und eine Vervierfachung der Erdölförderung.»Nur unter diesen Bedingungen ist unser Land gegen jede Eventualität gefeit. Vielleicht sind dazu drei Fünfjahrespläne nötig, wenn nicht mehr. Aber es ist möglich, und wir müssen es vollbringen.«[30] Drei Fünfjahrespläne – das bedeutete, daß kein Überlebender der Säuberungen und des Zweiten Weltkrieges jemals ein normales Leben führen würde.

Zur selben Zeit, als der Generalsekretär der KPdSU diese Rede hielt, fanden zwischen den Außenministern der siegreichen Verbündeten noch immer regelmäßige Treffen statt. Die US-Truppen wurden rasch aus Europa abgezogen, Churchills Rede über den »Eisernen Vorhang« stand noch aus. Erkennend, daß die von ihm geformte KPdSU in einem international oder innenpolitisch von friedlichem Zusammenleben geprägten Umfeld keine Überlebenschance haben würde, ging Stalin dem Westen gegenüber politisch wieder auf Konfrontationskurs.

Es ist gut möglich – und mir persönlich scheint dies in der Tat plausibel –, daß es Stalin ursprünglich gar nicht so sehr um die Schaffung der später als »Satellitengürtel« bezeichneten Einflußsphäre der Sowjetunion zu tun war, sondern vielmehr um eine Stärkung seiner Position im Hinblick auf eine unvermeidliche diplomatische Kraftprobe mit dem Westen. Tatsächlich aber geriet Stalins absolute Herrschaft über Osteuropa im Westen nur rhetorisch ins Kreuzfeuer, und das auf eine Weise, die in seinen Augen keine ernstzunehmenden Risiken beinhaltete. Am Ende sah sich die UdSSR in der Lage, die militärische Besetzung in ein Netzwerk von Marionettenregimen umzuwandeln.

Die Art, wie der Westen auf die eigene Monopolstellung in der Nukleartechnik reagierte, machte die Situation noch auswegloser. Verblüffenderweise leisteten Wissenschaftler, die sich mit der Verhinderung eines Atomkrieges befaßten, der unglaublichen Behauptung Vorschub, Nuklearwaffen änderten nichts an der Lehre, die man angeblich aus dem Zweiten Weltkrieg gezogen hatte: daß nämlich strategische Bombardements nicht kriegsentscheidend seien.[31] Gleichzeitig wurde die Kreml-Propaganda, daß trotz der Atombombe die strategische Situation unverändert sei, weitgehend hingenommen. Auch die gegen Ende der vierziger Jahre in den USA vertretene Militärdoktrin trug dieser Vorstellung Rechnung, und zwar aufgrund der verwaltungsinternen Dynamik des Militärapparates. Um die Unentbehrlichkeit und damit den Bestand all ihrer Organisationen zu sichern, weigerten sich die Oberbefehlshaber des amerikanischen Militärs standhaft, eine bestimmte Waffengattung als ausschlaggebend zu bezeichnen. Sie entwickelten ein Konzept, in dem Nuklearwaffen mit ihrer hochexplosiven Sprengkraft als lediglich effizientere Waffen im Rahmen einer übergreifenden, auf den Erfahrungen des Zweiten Weltkrieges beruhenden Strategie dargestellt wurden. Dies führte dazu, daß die Demokratien gerade zum Zeitpunkt ihrer relativ größten Stärke zu der generellen Fehleinschätzung gelangten, die Sowjetunion sei ihnen aufgrund ihrer traditionell größeren Armeen militärisch überlegen.

Wie schon einmal in den dreißiger Jahren, war es erneut Churchill, der – jetzt als Oppositionsführer – versuchte, die Demokratien an ihre ureigensten Interessen zu erinnern. Am 5. März 1946 läutete er anläßlich einer Rede in Fulton, Missouri, zur Warnung vor dem sowjetischen Expansionismus symbolisch die Alarmglocke.[32] Er sprach von einem »Eisernen Vorhang«, der »von Stettin an der Ostsee bis nach Triest an der Adria« reiche und nun gefallen sei. Die Sowjets hätten in allen von der Roten Armee besetzten Ländern sowie in der deutschen Sowjetzone prokommunistische Regierungen eingerichtet, in Gebieten also, die zum Großteil – die Bemerkung konnte er sich nicht verkneifen – den Sowjets von den Vereinigten Staaten überlassen worden seien. »Die besiegten Deutschen«, zwischen den Sowjets und den westlichen Demokratien plaziert, wurden dadurch letzten Endes »in die Lage versetzt, sich selber an den Meistbietenden zu versteigern.« Dieser unmittelbaren Bedrohung müsse durch ein Bündnis zwischen den Vereinigten Staaten und dem britischen Commonwealth begegnet werden. Eine langfristige Lösung könne nur in einer europäischen Einigung bestehen, »von der kein Land auf Dauer ausgeschlossen werden« dürfe.

War Churchill in den dreißiger Jahren der erste und führende Gegner

Deutschlands gewesen, so wurde er in den vierziger Jahren der erste und führende Verfechter einer Aussöhnung mit Deutschland. Sein zentrales Thema war, daß die Zeit gegen die Demokratien arbeite und ein übergreifendes Abkommen dringend nötig sei. »Ich glaube nicht, daß Sowjetrußland einen Krieg will«, führte er aus. »Was sie wollen, sind die Früchte des Krieges und eine unbegrenzte Ausweitung ihrer Macht und ihrer Grundsätze. Wir sollten jedoch hier und heute, solange noch Zeit bleibt, darüber nachdenken, wie ein Krieg dauerhaft verhindert werden kann und wie in allen Ländern so schnell wie möglich freiheitliche, demokratische Bedingungen geschaffen werden können. Unsere Schwierigkeiten und Gefährdungen werden nicht behoben, wenn wir die Augen vor ihnen verschließen. Sie werden nicht durch bloßes Abwarten beseitigt, geschweige denn durch Beschwichtigungspolitik. Was wir benötigen, ist ein Abkommen, und je länger dies hinausgezögert wird, desto schwieriger wird es und desto größer werden die Gefahren für uns.«[33]

Der Prophet gilt bekanntlich nichts im eigenen Lande, ist es doch seine Aufgabe, den begrenzten Erfahrungen und der Vorstellungskraft seiner Zeitgenossen vorauszueilen. Er erhält erst dann Anerkennung, wenn sich seine Vorahnung bewahrheitet hat, kurz gesagt: wenn es zu spät ist, um von seiner weisen Voraussicht zu profitieren. Churchills Schicksal war es, von seinen Landsleuten abgelehnt zu werden, sieht man einmal von jenem kurzen Zeitraum ab, in dem ihr Überleben auf dem Spiel stand. In den dreißiger Jahren, als er Großbritannien zur Aufrüstung gedrängt hatte, waren seine Zeitgenossen noch um Verhandlungen bemüht; in den vierziger und fünfziger Jahren, als er für eine diplomatische Kraftprobe eintrat, verharrten sie wie gelähmt, weil sie sich einbildeten, sie seien schwach, und folglich lieber ihre Stärke ausbauen wollten.

Schließlich entstand Schritt für Schritt – und teilweise auch aus Unterlassung – die sowjetische Einflußsphäre. Stalins Forderung nach drei neuen Fünfjahresplänen analysierend, beschrieb George Kennan in dem berühmten »Long Telegram«, wie Moskau auf ernsthaften Druck von außen reagieren würde: »Eine Intervention gegen die UdSSR würde das Gedeihen des sowjetischen Sozialismus neuerlich hemmen und wäre katastrophal für diejenigen, die sie ausführen; sie ist daher *um jeden Preis* zu verhindern.«[34] Stalin war nicht in der Lage, die Sowjetunion wiederaufzubauen und gleichzeitig eine Konfrontation mit den Vereinigten Staaten zu riskieren. Die vielzitierte sowjetische Invasion nach Westeuropa war mithin ein reines Hirngespinst; viel wahrscheinlicher war es, daß Stalin vor einer ernsthaften Auseinandersetzung mit den USA zurückschrecken würde, auch wenn er diese ohne jeden Zweifel bis zu einem gewissen Punkt forciert hätte, um zu prüfen, wie ernst der Westen es wirklich meinte.

Stalin konnte die Grenzen in Osteuropa ohne große Risiken festlegen, da seine Armeen diese Gebiete ja bereits besetzt hatten. Als er den dort gelegenen Ländern jedoch die nach sowjetischem Vorbild konzipierten Regime oktroyierte, ging er bedeutend umsichtiger vor: In den ersten zwei Jahren nach Kriegsende wurden nur in Jugoslawien und Albanien kommunistische Diktaturen errichtet. In den übrigen fünf Ländern, die später zu Satellitenstaaten der UdSSR werden sollten, also in Bulgarien, der Tschechoslowakei, in Ungarn, Polen und Rumänien, gab es Koalitionsregierungen, in denen die Kommunisten zwar die stärkste Partei stellten, aber nicht unangefochten waren. In zwei dieser Staaten, in der Tschechoslowakei und in Ungarn, wurden ein Jahr nach dem Krieg sogar Wahlen abgehalten, die zu einem echten Mehrparteiensystem führten. Die nicht-kommunistischen Parteien, insbesondere in Polen, wurden natürlich systematisch schikaniert, gleichwohl aber von den Sowjets noch nicht direkt unterdrückt.

Erst im September 1947 unterteilte Andrej Schdanow, der eine Zeitlang als Stalins engster Mitarbeiter galt, die »antifaschistische Front« Osteuropas, wie er sich ausdrückte, in zwei Staatengruppen. In seiner Ansprache zur Gründung der Kominform – des offiziellen weltweiten Zusammenschlusses kommunistischer Parteien, der Nachfolgeorganisation der Komintern – bezeichnete er Jugoslawien, Polen, die Tschechoslowakei und Albanien als »neue Demokratien«, was im Fall der Tschechoslowakei, wo der kommunistische Staatsstreich noch nicht stattgefunden hatte, irgendwie seltsam anmutete. Bulgarien, Rumänien, Ungarn und Finnland wurden einer anderen, allerdings noch nicht näher bezeichneten Kategorie zugeordnet.[35]

Bedeutete dies etwa, daß sich Stalin für Osteuropa eine Rückzugsposition offenhalten wollte und einigen Staaten einen Status zuzugestehen bereit war, der demjenigen Finnlands ähnelte – demokratisch und national mithin, doch unter Beachtung sowjetischer Interessen und Belange? Solange die sowjetischen Archive der Öffentlichkeit nicht zugänglich sind, bleibt dergleichen reine Spekulation. Wir wissen aber, daß Stalins Statthalter das genaue Gegenteil taten, obwohl er selbst 1945 Hopkins zugesichert hatte, er wolle in Polen eine Moskau freundlich gesinnte, aber nicht gezwungenermaßen kommunistische Regierung. Zwei Jahre später, nachdem die USA sich zu dem Hilfsprogramm für Griechenland und die Türkei verpflichtet und auf dem Gebiet der späteren Bundesrepublik Deutschland mit dem Zusammenschluß der drei westlichen Besatzungszonen begonnen hatten (siehe Kapitel 18), führte Stalin ein weiteres Gespräch mit einem amerikanischen Außenminister. Im April 1947 – die mittlerweile achtzehn Monate dauernden Verhandlungen zwischen den Außenministern der vier Siegermächte hatten sich völlig festgefahren, und die Atmosphäre war zunehmend vereist, nachdem die Sowjets eine Reihe von Drohungen ausgesprochen und Alleingänge unternommen hatten – lud Stalin Außenminister Marshall zu einem ausgedehnten Treffen ein, in dessen Verlauf er betonte, er messe einem übergreifenden Abkommen mit den Vereinigten Staaten höchste Bedeutung bei. Er argumentierte, die festgefahrene Verhandlungslage sowie die Auseinandersetzungen »seien nur die ersten Scharmützel der Aufklärung«[36] und behauptete, ein Kompromiß sei in »allen [von mir hervorgehoben. H.K.] Hauptfragen« möglich. Er fügte freilich hinzu,»man müsse Geduld haben und dürfe nicht in Pessimismus verfallen«.[37] Meinte er dies indes ernst, so hatte sich der meisterhafte Kalkulator verkalkuliert. War Amerikas Vertrauen in seine guten Absichten erst einmal zerstört, würde es für ihn kaum noch ein Zurück geben. Ohne wirkliches Gespür für den psychologischen Hintergrund der Demokratien und insbesondere Amerikas, hatte der sowjetische Diktator das Spiel zu weit getrieben. Das Ergebnis waren der Marshallplan, das Atlantische Bündnis, die Aufrüstung im Westen – Maßnahmen, die in seinem »Schlachtplan« wohl kaum vorgesehen waren.

Mit der These, der beste Moment für eine politische Klärung sei unmittelbar nach dem Krieg gewesen, hatte Churchill gewiß recht. Ob Stalin damals allerdings ausschlaggebende Zugeständnisse gemacht hätte, wäre bis zu einem gewissen Grade nicht nur vom Zeitpunkt, sondern auch davon abhängig gewesen, wie ernsthaft man ihm nicht nur den Vorschlag, sondern auch die im Falle einer Ablehnung entstehenden Konsequenzen vorgetragen hätte. Je eher nach Kriegsende dies geschehen wäre, desto besser hätten die Chancen gestanden, und je rascher Amerika sich aus Europa zurückzog, desto schwächer wurde auch die Verhandlungsposition des Westens – zumindest bis zur Einführung des Marshallplans und zum Aufbau der NATO.

Zum Zeitpunkt der Unterredung Stalins mit Marshall, 1947, hatte der sowjetische Diktator den Bogen bereits überspannt. Sosehr man sich in den Vereinigten Staaten zuvor in der Gewißheit gewiegt hatte, Stalin sei ein wohlwollender Mensch, so groß war nun das Mißtrauen gegen ihn. Mochte der abrupte Gesinnungswandel in Amerika vom blinden Wohlwollen zum undifferenzierten Argwohn auch allzu kraß wirken, so spiegelte er doch die neuen internationalen Gegebenheiten wider. Theoretisch hätten die Demokratien die Möglichkeit gehabt, sich während der Verhandlungen mit der Sowjetunion über eine umfassende Übereinkunft zu einer geeinten Front zusammenzuschließen. Aber sowohl die amerikanischen Politiker als auch ihre westeuropäischen Amtskollegen waren fest davon überzeugt, daß der Zusammenhalt und die Moral des Westens zu brüchig seien, um den Mehrdeutigkeiten einer zweigleisig angelegten Strategie gewachsen zu sein. In Frankreich und Italien stellten die Kommunisten die zweitstärkste Partei. Die Bundesrepublik Deutschland befand sich gerade im Aufbau und war darüber entzweit, ob eine nationale Einheit durch Neutralität erreicht werden könne. In Großbritannien wie in den Vereinigten Staaten protestierten Friedensbewegungen lautstark gegen die aufkommende Eindämmungspolitik.

Am 28. April 1947 jedoch gab Außenminister Marshall in einer Rundfunkansprache zu verstehen, daß der Westen jetzt an einem Punkt angelangt sei, von dem aus es kein Zurück mehr gebe. Den von Stalin angedeuteten Kompromiß wies er mit folgender Begründung zurück:»Wir können nicht ignorieren, daß hier der Zeitfaktor eine Rolle spielt. Europa erholt sich bisher viel langsamer als erwartet. Zerstörerische Kräfte treten hervor. Der Patient verfällt zusehends, während die Ärzte noch beraten. Ich glaube, daß Maßnahmen nicht so lange warten können, bis durch Erschöpfung ein Kompromiß erreicht wird. Welche Maßnahmen auch möglich sind – um diese dringlichen Probleme zu lösen, müssen sie unverzüglich ergriffen werden.«[38]

Washington hatte sich in den Ost-West-Verhandlungen somit für die Einheit des Westens entschieden. Es hatte auch gar keine andere Wahl, wollte es nicht das Risiko eingehen, Stalins Andeutungen zu folgen, nur um später feststellen zu müssen, daß er die Verhandlungen zur Unterminierung eben jener neuen Weltordnung mißbrauchte, deren Aufbau sich die Vereinigten Staaten zum Ziel gesetzt hatten. So wurde die Eindämmungspolitik zum Leitprinzip westlicher Politik. Sie sollte es vierzig Jahre lang bleiben.

Kapitel 18

# Der Erfolg und die Qualen
# der Eindämmungspolitik

*Harry S. Truman und Dwight D. Eisenhower*

Ende 1945 befanden sich die amerikanischen Politiker in großer Verlegenheit. Die Anstrengungen von Potsdam und den darauffolgenden Konferenzen der Außenminister schienen vergeblich gewesen zu sein. Offensichtlich trachtete Stalin danach, den osteuropäischen Staaten seinen Willen aufzuzwingen, ohne die amerikanischen Forderungen nach Etablierung demokratischer Verhältnisse zu berücksichtigen. In Polen, Bulgarien und Rumänien sahen sich amerikanische Diplomaten mit hartnäckiger Kompromißlosigkeit auf der sowjetischen Seite konfrontiert. Sogar im besiegten Deutschland und in Italien schien die Sowjetunion die eigentliche Bedeutung des Wortes »Partnerschaft« vergessen zu haben. Wie sollten sich amerikanische Politiker angesichts all dessen verhalten?

Im Frühjahr 1946 stellte sich Truman der Lösung dieser Frage, indem er deutlich seine Bereitschaft zu einer härteren Gangart erkennen ließ. So brachte er die Sowjets dazu, Aserbaidschan zu räumen. Er tat dies ganz und gar in der Art Wilsons: Wie Roosevelt lehnte er die Vorstellung eines Gleichgewichts der Kräfte ab, hielt nichts davon, amerikanisches Handeln mit Sicherheitsbedürfnissen zu rechtfertigen, und versuchte, die eigenen Maßnahmen unter allen Umständen mit allgemeinen Prinzipien zu verbinden, die für die gesamte Menschheit Gültigkeit haben und mit der neuen Charta der Vereinten Nationen in Einklang stehen sollten. Truman begriff den sich entwickelnden Konflikt zwischen den Vereinigten Staaten und der Sowjetunion als einen Wettkampf zwischen Gut und Böse, der nichts mit politischen Einflußsphären zu tun habe.

Aber es entstanden Einflußsphären, wie immer amerikanische Politiker diese auch bezeichnen wollten, Einflußsphären, die bis zum Zusammenbruch des Kommunismus vier Jahrzehnte später bestehen blieben. Während die westlichen Besatzungszonen Deutschlands unter Führung der Vereinigten Staaten abgesichert wurden, machte die Sowjetunion die Staaten Osteuropas zu Satelliten. Die ehemaligen Achsenmächte – Italien, Japan und, nach 1949, die Bundesrepublik Deutschland – bewegten sich allmählich auf ein Bündnis mit den Vereinigten Staaten zu. Die Sowjetunion zementierte ihre Vorherrschaft über Osteuropa durch den Warschauer Pakt, auch wenn dieses Bündnis (das nur dem Namen nach ein Bündnis war) ausschließlich durch Zwangsmaßnahmen zusammengehalten werden konnte. Zugleich scheute der Kreml keine Mühe, den Konsolidierungsprozeß im

Westen zu stören, indem er einen Guerillakrieg in Griechenland förderte und die kommunistischen Parteien Westeuropas, vor allem Frankreichs und Italiens, zu Massendemonstrationen ermutigte.

Die amerikanischen Politiker wußten, daß sie dem zunehmenden Expansionsdrang der Sowjetunion entgegenzutreten hatten. Dieser Widerstand mußte freilich irgendwie gerechtfertigt werden, und dabei kamen so gut wie alle Möglichkeiten in Betracht – alle, bis auf einen Appell an das traditionelle Gleichgewicht der Kräfte. Mit Scheinheiligkeit hatte das nichts zu tun. Als man schließlich einsehen mußten, daß Roosevelts Vision der Vier Weltpolizisten nicht umzusetzen war, zog man es vor, den Lauf der Ereignisse als einen nur vorläufigen Rückschlag auf dem Weg zu einer im wesentlichen harmonischen Weltordnung zu deuten. Hier sahen sich die Vereinigten Staaten einer konzeptionellen Herausforderung gegenüber. War die sowjetische Kompromißlosigkeit lediglich eine vorübergehende Erscheinung, die Washington einfach abwarten konnte? Waren die Amerikaner vielleicht unabsichtlich für die sowjetische Paranoia verantwortlich, weil sie – wie der ehemalige Vizepräsident Henry Wallace und seine Anhänger mahnten – Stalin ihre friedlichen Absichten nur unzureichend deutlich gemacht hatten? Oder wollte Stalin nach dem Krieg tatsächlich keine Kooperation mit der stärksten Nation der Welt? Wollte er nicht Amerikas Freund sein?

Während in Washington höchste politische Kreise über diese Fragen nachdachten, trat ein junger Rußlandexperte und Diplomat an der Moskauer US-Botschaft auf den Plan, ein gewisser George Kennan, der eine Analyse vorlegte, mit welcher er einen gedanklichen und konzeptionellen Rahmen lieferte, wie Stalins Außenpolitik zu deuten sei. Das Schriftstück, später als »Long Telegram« bekannt geworden, zählte zu den wenigen Botschaftsberichten, die dazu angetan waren, Washington dazu zu bewegen, seine Einschätzung der internationalen Lage zu ändern.[1] Kennan behauptete, die Vereinigten Staaten müßten damit aufhören, die Schuld für die mangelnde Kompromißbereitschaft Moskaus bei sich zu suchen; die Gründe für die sowjetische Außenpolitik seien tief in der Sowjetunion selbst zu suchen. Im Prinzip, so argumentierte er, sei die sowjetische Außenpolitik eine Verschmelzung von kommunistisch-ideologischem Eifertum und althergebrachtem zaristischem Expansionsdrang.

Kennan zufolge war Stalins Einstellung zum Rest der Welt untrennbar mit der kommunistischen Ideologie verbunden. Stalin betrachte die kapitalistischen Mächte des Westens als unwiderruflich feindlich gesinnt. Die Reibungen zwischen der Sowjetunion und den Vereinigten Staaten seien nicht das Ergebnis von Mißverständnissen oder unzureichender Kommunikation zwischen Moskau und Washington, sondern lägen im Wesen der sowjetischen Wahrnehmung der Außenwelt: »In diesem [kommunistischen] Dogma mit seinen im Grundsatz altruistischen Zielsetzungen«, erläuterte Kennan, »finden sie die Rechtfertigung für ihre instinktive Furcht vor der Außenwelt, für ihre Diktatur, ohne die sie nicht zu herrschen wissen, für die

Grausamkeiten, die sie nicht zu unterlassen wagen, für die Opfer, die sie glauben einfordern zu müssen. Im Namen des Marxismus opfern sie ihren Methoden und Taktiken jeden einzelnen ethischen Grundsatz. Doch sie können heute nicht auf ihn verzichten. Der Marxismus ist das Feigenblatt ihres moralischen und intellektuellen Ansehens. Ohne den Marxismus müßten sie der Geschichte im besten Falle als die letzten Glieder einer langen Reihe grausamer und verschwenderischer russischer Herrscher gegenübertreten, die ihr Land zu immer neuen militärischen Höchstleistungen gezwungen haben, um die äußere Sicherheit ihres innerlich schwachen Regimes zu garantieren.«[2]

Seit undenklichen Zeiten, führte Kennan an, hätten die Zaren alles darangesetzt, ihr Territorium zu erweitern. Sie hätten versucht, Polen zu unterwerfen und von sich abhängig zu machen; Bulgarien wäre in ihren Augen immer Bestandteil der russischen Einflußsphäre gewesen. Sie hätten auch versucht, in den Besitz eines Warmwasserhafens am Mittelmeer zu gelangen, um den Zugang zum Schwarzen Meer kontrollieren zu können. »Der wahre Grund für die neurotische Einschätzung der internationalen Lage durch den Kreml ist in dem überkommenen und instinktiven russischen Gefühl der Unsicherheit zu suchen. Ursprünglich war dies die Unsicherheit eines friedliebenden Volkes, das Landwirtschaft betrieb und auf den weiten und ungeschützten Ebenen in der Nachbarschaft von streitbaren Nomadenvölkern zu bestehen hatte. Als Rußland mit dem wirtschaftlich weit fortgeschritteneren Westen in Berührung kam, gesellte sich zu dieser Unsicherheit die Furcht vor dem Einfluß leistungsstärkerer, mächtigerer und besser organisierter Gesellschaften. Allerdings betraf diese Art von Unsicherheit viel eher die russischen Herrscher als das russische Volk, denn die russischen Herrscher waren sich immer bewußt, daß ihre Herrschaft auf relativ archaischen Formen und auf schwankenden und künstlichen psychologischen Fundamenten beruhte, die einem Vergleich oder Kontakt mit den politischen Systemen westlicher Länder nicht hätten standhalten können. Aus diesem Grund haben russische Herrscher immer fremde Einflüsse und den direkten Kontakt zwischen der westlichen Welt und ihrer eigenen gefürchtet. Und sie hatten Angst davor, was geschehen würde, wenn ihr Volk herausfände, wie die Welt außerhalb Rußlands aussah, oder was geschehen würde, wenn Fremde herausbekamen, wie die Welt innerhalb Rußlands aussah. Sie haben gelernt, sich in ihrem Streben nach Sicherheit allein auf den geduldigen, doch tödlichen Kampf um die totale Zerstörung rivalisierender Mächte zu verlassen und niemals einen Zusammenschluß oder Kompromisse mit ihnen einzugehen.«[3] Allein daraus resultierten Kennan zufolge die sowjetischen Zielsetzungen, und kein noch so gutes Zureden von seiten der Vereinigten Staaten könne daran etwas ändern. Amerika müsse sich auf einen langen Kampf gefaßt machen: Ziele und Denkungsart der Vereinigten Staaten seien mit denjenigen der Sowjetunion unvereinbar.

Die erste systematische Darstellung dieser neu gewonnenen Einsichten findet sich in einem Memorandum des Außenministeriums, das am 1. April 1946 einem interministeriellen Ausschuß vorgelegt wurde. Das Papier, entworfen von Freeman Matthews, einem Beamten des Außenministeriums, stellte den Versuch dar, George Kennans im Grundsatz allgemeine Beobachtungen in konkrete Außenpolitik umzusetzen. Zum ersten Mal behandelte eine amerikanische Denkschrift zur Außenpolitik die Auseinandersetzungen mit der Sowjetunion als ein dem sowjetischen System immanentes Phänomen. Moskau müsse »zunächst einmal mit diplomatischen Mitteln, letzten Endes jedoch, wenn notwendig, auch mit militärischer Gewalt« überzeugt werden, daß »sein gegenwärtiger außenpolitischer Kurs die Sowjetunion nur in eine Katastrophe führen« könne.[4]

Waren diese kühnen, weniger als ein Jahr nach Ende des Zweiten Weltkrieges getroffenen Äußerungen so zu verstehen, daß die Vereinigten Staaten jedes an der Peripherie der riesigen Sowjetunion gelegene Gebiet verteidigen würden? Matthews, vor seinem eigenen Wagemut zurückschreckend, traf eine doppelte Einschränkung. Die Vereinigten Staaten, so argumentierte er, beherrschten die Luft und das Meer; die Sowjetunion sei zu Lande überlegen. Das Memorandum unterstrich »die Untauglichkeit unserer Streitkräfte, was die eurasische Landmasse betrifft«, und grenzte den Einsatz von Gewalt auf jene Gebiete ein, in denen der Stärke der »sowjetischen Armeen durch die See-, Amphibien- und Luftstreitkräfte der Vereinigten Staaten und ihrer möglichen Verbündeten begegnet werden kann«.[5] Die zweite Einschränkung warnte vor einseitigem Handeln: »Die Charta der Vereinten Nationen bietet den Vereinigten Staaten das beste und unanfechtbarste Mittel, den sowjetischen Expansionsbestrebungen entgegenzutreten.«[6]

Aber wo trafen diese beiden Bedingungen zu? Das Matthews-Memorandum bezeichnete folgende Länder und Territorien als gefährdet:»Finnland, Skandinavien, Ost-, Mittel- und Südosteuropa, den Iran, den Irak, die Türkei, Afghanistan, Sinkiang und die Mandschurei«.[7] Das Problem lag darin, daß keines dieser Gebiete sich in militärischer Reichweite der USA befand – sieht man von unbedeutenden Stützpunkten einmal ab. Das Dokument belegt daneben die fortdauernde amerikanische Überschätzung der Möglichkeiten Großbritanniens, indem es ausgerechnet den Briten die Rolle zuschrieb, gegen die führende amerikanische Politiker sich nur wenige Jahre zuvor so heftig verwahrt hatten (siehe Kapitel 16), nämlich die Rolle der für das Gleichgewicht verantwortlichen Macht:»Wenn der Sowjetunion die Vormachtstellung in Europa verwehrt werden soll, muß das Vereinigte Königreich weiterhin die wirtschaftliche und militärische Hauptmacht in Westeuropa bleiben. Daher sollten die Vereinigten Staaten [...] dem Vereinigten Königreich im Rahmen der Vereinten Nationen jede nur mögliche politische, wirtschaftliche und wenn erforderlich militärische Unterstützung zuteil werden lassen...«[8] Das Matthews-Memorandum ging nicht darauf ein, inwiefern die strategische Reichweite Großbritanniens die der Vereinigten Staaten übertraf.

Der zweiten Bedingung war keineswegs einfacher zu entsprechen. Im Lauf seines kurzen und vergeblichen Bestehens hatte der Völkerbund gezeigt, daß es so gut wie unmöglich war, zu kollektivem Handeln gegen eine Großmacht zu finden. Das Land, von dem laut Matthews-Memorandum die größte Bedrohung der Sicherheit ausging, war Mitglied der Vereinten Nationen und verfügte über das Vetorecht. Wenn aber die Vereinten Nationen nicht handeln würden und die Vereinigten Staaten nicht handeln konnten, war die Rolle, die Großbritannien angeblich übernehmen sollte, nur die eines Lückenbüßers.

Es gehörte zu einer der ersten Aufgaben Clark Cliffords während seiner langen und hervorragenden Karriere als Berater im Weißen Haus, die Unklarheiten und Beschränkungen des Matthews-Memorandums auszuräumen. In einer streng geheimen Studie vom 24. September 1946 unterstrich Clifford die Einschätzung, daß eine Umkehr der Kremlstrategie nur durch die Schaffung eines Gegengewichts zur sowjetischen Macht erreicht werden könne: »Das wichtigste Mittel, um einen sowjetischen Angriff auf die Vereinigten Staaten oder auf ein Gebiet, das für unsere Sicherheit lebenswichtig ist, abzuschrecken, wird die militärische Stärke dieses Landes sein.«[9]

Heute ist das ein Allgemeinplatz. Clifford hingegen nutzte diesen Ansatz, um den amerikanischen Sicherheitsauftrag als wirklich global zu interpretieren, als einen Auftrag im Hinblick auf »*alle* demokratischen Staaten, die von der UdSSR *in irgendeiner Form bedroht* oder gefährdet sind«.[10] Dabei blieb allerdings unklar, was mit »demokratisch« gemeint war. Hieß es, daß die Verteidigungsbereitschaft der Vereinigten Staaten auf Europa beschränkt war, oder handelte es sich um eine wohlwollende Formulierung, die im Grunde jede bedrohte Region einschloß und dementsprechend bedeutete, daß der Verteidigungsfall für die südostasiatischen Dschungelgebiete und die Wüsten des Mittleren Ostens ebenso galt wie für das dichtbevölkerte Mitteleuropa? Mit der Zeit gewann die letztere Einschätzung in wachsendem Maße an Bedeutung.

Clifford wies jede Analogie zwischen der gerade im Entstehen begriffenen Eindämmungspolitik und traditionellen Formen der Diplomatie zurück. Seinem Verständnis zufolge entsprang der sowjetisch-amerikanische Konflikt nicht aufeinanderprallenden nationalen Interessen, über deren Abgrenzung man hätte verhandeln können, sondern der moralischen Unzulänglichkeit der Moskauer Führung. Ziel der amerikanischen Politik war daher nicht so sehr die Wiederherstellung des Gleichgewichts der Kräfte als die Umwälzung der sowjetischen Gesellschaft. Wie Wilson 1917 eher den Kaiser als die von Deutschland ausgehende Bedrohung dafür verantwortlich gemacht hatte, daß die Kriegserklärung unumgänglich sei, so schrieb Clifford nun die sowjetisch-amerikanischen Spannungen »einer kleinen herrschenden Gruppe und nicht dem sowjetischen Volk«[11] zu. Eine grundsätzliche Änderung der Haltung des Kreml, die wahrscheinlich nur unter einer neuen Führungsmannschaft möglich sein würde, erschien Clifford als Voraussetzung für ein umfassendes sowjetisch-amerikanisches Übereinkommen: Die neue Führung würde in irgendeinem dramatischen Augenblick »erkennen, daß wir zu stark sind, um geschlagen zu werden, und zu entschlossen, um uns Angst machen zu lassen, und dann mit uns ein ehrliches und gerechtes Abkommen schließen«.[12]

Weder Clifford noch sonst ein mit der Frage des Kalten Krieges befaßter Politiker nach ihm hat je konkrete Bedingungen für eine Beendigung des Konflikts oder Maßnahmen formuliert, die zur Aufnahme von Verhandlungen mit den Sowjets hätten führen können. Solange Moskau an seiner Ideologie festhielt, erschienen Verhandlungen sinnlos; ein Gesinnungswandel jedoch würde fast selbstverständlich ein Abkommen zur Folge haben. Gleichwohl hielt man es in jedem Fall für verfehlt, die Bedingungen für ein solches Abkommen im voraus zu formulieren, weil das die Handlungsfreiheit der Vereinigten Staaten eingeschränkt hätte. Mit demselben Argument war man während des Zweiten Weltkrieges einer Auseinandersetzung über die Nachkriegsordnung aus dem Weg gegangen.

Die amerikanische Außenpolitik verfügte nun über einen konzeptionellen Rahmen, mit dessen Hilfe sie Widerstand gegen sowjetischen Expansionismus rechtfertigen konnte. Seit Kriegsende war der Kreml mit seinen Vorstößen eindeutig den klassischen Handlungsmustern russischer Geschichte gefolgt. Die Sowjets kontrollierten den gesamten Balkan mit Ausnahme Jugoslawiens, und in Griechenland tobte ein Guerillakrieg, der von Stützpunkten im kommunistischen Jugoslawien und in dem sowjetischen Satellitenstaat Bulgarien aus unterstützt wurde. Gegenüber der Türkei machte man territoriale Ansprüche geltend und drängte auf Stützpunkte am Bosporus und an den Dardanellen, Forderungen, die sich ziemlich genau mit jenen deckten, die Stalin am 25. November 1940 gegenüber Hitler erhoben hatte (siehe Kapitel 14).

Seit Kriegsende hatte Großbritannien sowohl Griechenland als auch die Türkei wirtschaftlich und militärisch unterstützt. Als die Attlee-Regierung im Winter 1946/47 Washington mitteilte, daß London diese Last nicht länger auf sich nehmen könne, sahen sich die Vereinigten Staaten mit der Forderung konfrontiert, die historische Aufgabe der Briten zu übernehmen, ein Vordringen der Sowjets in den Mittelmeerraum zu verhindern. Truman war dazu bereit, aber weder die amerikanische Öffentlichkeit noch der Kongreß konnten sich einen geopolitischen Gedanken so traditionell britischer Prägung zu eigen machen. Sollte dem sowjetischen Expansionsstreben Einhalt geboten werden, so hatte dies Prinzipien zu entspringen, die ausschließlich auf amerikanischen Auffassungen von Außenpolitik beruhten.

Wie unumgänglich das war, zeigte sich bei einem Treffen, das am 27. Februar 1947 im Oval Office stattfand. Truman, Außenminister George F. Marshall und dessen Stellvertreter Dean Acheson bemühten sich, eine

Abordnung des Kongresses, die von dem republikanischen Senator von Michigan, Arthur Vandenberg, angeführt wurde, davon zu überzeugen, wie wichtig die Unterstützung Griechenlands und der Türkei sei – eine schwierige Aufgabe, kontrollierten doch die von jeher isolationistischen Republikaner beide Kammern des Kongresses. Marshall eröffnete das Treffen mit einer leidenschaftslosen Analyse, in der er die Beziehung des vorgeschlagenen Hilfsprogramms zu den amerikanischen Interessen darlegte. Seine Ausführungen riefen jedoch nur stereotype Reaktionen hervor: Die Abgeordneten murrten über die Sündhaftigkeit des Gleichgewichts der Kräfte, über die Belastungen durch Auslandshilfe und darüber, daß die Vereinigten Staaten »für Großbritannien die Kastanien aus dem Feuer holen« sollten. Als Acheson erkannte, daß die Regierung sich so nicht würde durchsetzen können, fragte er Marshall flüsternd, ob es sich um eine private Auseinandersetzung handle oder ob er sich auch einschalten könne. Kaum hatte Acheson das Wort, begann er, wie es ein Assistent formulierte, »alle Register zu ziehen«. Mit kräftigen Strichen entwarf er das Bild einer düsteren Zukunft, in der die Mächte des Kommunismus die Oberhand zu gewinnen drohten: »Es gab nur mehr zwei Großmächte auf der Welt. Die Vereinigten Staaten und die Sowjetunion. Wir befanden uns in einer Situation, die es seit dem Altertum nicht mehr gegeben hatte. Seit Rom und Karthago hatte es auf der Erde keine derartige Polarisierung der Macht mehr gegeben [...]. Unternahmen die Vereinigten Staaten Schritte, um von sowjetischer Aggression oder kommunistischer Unterwanderung bedrohte Staaten zu unterstützen [...], so geschah dies zum Schutz der Vereinigten Staaten, ja zum Schutz der Freiheit selbst.«[13]

Als ersichtlich wurde, daß Acheson die Delegation aufgerüttelt hatte, hielt die Regierung an seinem Ansatz fest. Von da an stellte man das griechisch-türkische Hilfsprogramm als einen Teil des weltweiten Kampfes zwischen Demokratie und Diktatur dar. Als Truman am 12. März 1947 die später nach ihm benannte Doktrin formulierte, ließ er den strategischen Aspekt der Analyse Achesons allerdings fallen und sprach in Wilsonscher Manier vom Kampf zweier Lebensweisen: »Die eine Lebensweise beruht auf dem Willen der Mehrheit und zeichnet sich aus durch freie Institutionen, eine parlamentarische Regierung, freie Wahlen, Garantie von individueller Freiheit, Rede- und Religionsfreiheit und Schutz vor politischer Unterdrückung. Die andere Lebensweise gründet im Willen einer Minderheit, der der Mehrheit gewaltsam aufgezwängt wird; sie beruht auf Terror und Unterdrückung, Kontrolle von Presse und Rundfunk, manipulierten Wahlen und der Unterdrückung persönlicher Freiheiten.«[14] Darüber hinaus handelten die USA, wenn sie unabhängige Länder verteidigten, im Auftrag der Demokratie und der Völkergemeinschaft, auch wenn ein sowjetisches Veto die formelle Billigung der Vereinten Nationen verhindern konnte: »Indem die Vereinigten Staaten freien und unabhängigen Nationen helfen, die Freiheit zu bewahren, treten sie für die Verwirklichung der in der Charta der Vereinten Nationen festgeschriebenen Prinzipien ein.«[15]

Wäre sich die Führung der Sowjetunion der amerikanischen Geschichte deutlicher bewußt gewesen, hätte sie die Bedrohlichkeit der Ausführungen des Präsidenten erkannt. Die Truman-Doktrin bezeichnete einen Wendepunkt, weil jene Art von Realpolitik, die Stalin am besten verstand, für immer ein Ende gefunden hatte, nachdem die Sowjetunion zum moralischen Gegner erklärt worden war. Von nun an war eine Lösung des Konflikts nur mehr durch eine Änderung der sowjetischen Ziele oder durch den Zusammenbruch des sowjetischen Systems möglich – oder durch beides.

Die Truman-Doktrin bezeichnete eine »Politik der Vereinigten Staaten zur Unterstützung freier Völker, die sich Unterwerfungsversuchen durch bewaffnete Minderheiten oder durch Druck von außen widersetzen«, hatte der Präsident verkündet.[16] Kritik an dieser globalen Absicht, die Demokratie zu verteidigen, mußte unvermeidlich von beiden Flügeln des geistigen Spektrums kommen: Manche wandten ein, daß Amerika Staaten verteidigte, die dergleichen – wie wichtig sie auch immer sein mochten – moralisch nicht verdienten; andere hingegen kritisierten, daß sich das Land der Verteidigung von Staaten verpflichtete, gleichviel,ob frei oder unterdrückt, die für die amerikanische Sicherheit nicht von Belang seien. Diese Streitpunkte waren nicht auszuräumen und zogen Diskussionen über die Ziele der Vereinigten Staaten nach sich, die bis zum heutigen Tag andauern. Seit damals sieht sich die amerikanische Außenpolitik immer wieder Angriffen von zwei Fronten ausgesetzt: einerseits von denen, die ihr Amoralität zur Last legen, andererseits von denen, die ihr vorwerfen, in ihrem Kreuzrittertum die angemessenen Grenzen des nationalen Interesses zu überschreiten.

Nachdem die Zukunft der Demokratie erst einmal zum vordringlichen Ziel amerikanischer Außenpolitik erklärt worden war, konnten die Vereinigten Staaten nicht warten, bis es tatsächlich irgendwo zu einem Bürgerkrieg kam, wie es etwa in Griechenland der Fall gewesen war; es lag vielmehr im Charakter der Nation, die Sache selber in die Hand zu nehmen. Genau das tat Außenminister Marshall, als er am 5. Juni 1947, weniger als drei Monate nach Verkündung der Truman-Doktrin, im Rahmen einer akademischen Festrede in Harvard die Vereinigten Staaten darauf verpflichtete, die gesellschaftlichen und wirtschaftlichen Ursachen von Aggressionen auszurotten. Marshall kündigte an, daß die amerikanische Regierung den Wiederaufbau in Europa unterstützen wolle, um »politische Unruhen« und »Verzweiflung« zu verhindern, die Weltwirtschaft zu erneuern und freie Einrichtungen zu fördern. Daher, »und dessen bin ich mir sicher, wird *jede* Regierung, die sich bereit zeigt, bei dieser Aufgabe zu helfen und den Wiederaufbau zu unterstützen, auf die unbedingte Mitwirkung der Vereinigten Staaten zählen können«.[17] Mit anderen Worten: Sogar Regierungen innerhalb der sowjetischen Einflußsphäre stand es offen, am Marshallplan teilzuhaben, eine Anregung, die in Warschau und Prag ebenso schnell aufgegriffen wie sie von Stalin im Keim erstickt wurde.

Die Vereinigten Staaten, getrieben von dem Wunsch nach gesellschaftlichen und wirtschaftlichen Reformen, erklärten, daß sie sich hinfort nicht nur jeder Regierung, sondern auch allen Organisationen in den Weg stellen würden, die den europäischen Gesundungsprozeß behinderten. Für Marshall waren das die Kommunistische Partei und deren Tarnorganisationen: »Regierungen, politische Parteien oder Gruppen, die danach trachten, das menschliche Elend zu verlängern, um politisch oder in anderer Weise daraus Gewinn zu ziehen, werden auf den Widerstand der Vereinigten Staaten stoßen.«[18]

Nur ein so idealistisches, von Pioniergeist beseeltes und vergleichsweise unerfahrenes Land wie die USA konnte einen Plan für eine *weltweite* wirtschaftliche Erneuerung vorantreiben, der sich lediglich auf die eigenen nationalen Ressourcen stützte. Und doch sollte gerade der in dieser Vision enthaltene Elan ein nationales Engagement hervorbringen, das die Generation des Kalten Krieges bis zum schließlichen Sieg durchhalten ließ. Das wirtschaftliche Erneuerungsprogramm, so führte Außenminister Marshall aus, »würde sich nicht gegen ein bestimmtes Land oder eine bestimmte Doktrin richten, sondern gegen Hunger, Armut, Verzweiflung und Chaos«.[19] Und wie im Fall der Atlantikcharta ließ sich die amerikanische Bevölkerung von einem weltweiten Kreuzzug gegen Hunger und Verzweiflung eher überzeugen als von Rücksichten auf unmittelbare Eigeninteressen oder das Gleichgewicht der Kräfte.

Diesen eher vereinzelten Initiativen amerikanischer Politik wurde im Juli 1947 durch einen anonymen Artikel in der Zeitschrift »Foreign Affairs« eine neue Richtung gegeben. Der lediglich mit »X« bezeichnete Autor – wie sich später herausstellte, handelte es sich um George F. Kennan, den damaligen Leiter des politischen Planungsausschusses im Außenministerium – führte in dieser außergewöhnlichen Analyse die verschiedenen Stränge amerikanischen Nachkriegsdenkens zusammen. Dieser Artikel sollte eine Generation lang als Bibel der Politik gelten, der er auch den Namen gab: »containment«, Eindämmungspolitik.

*Die Ursachen der sowjetischen Haltung (The Sources of Soviet Conduct)*, so der Titel, hob sich in jeder Hinsicht von den zahlreichen Artikeln ab, die seit Ende des Zweiten Weltkrieges geschrieben worden waren. Klar im Ausdruck und leidenschaftlich im Hinblick auf sein Anliegen, behandelte Kennan in dieser fast literarischen Umsetzung seines »Long Telegram« die sowjetische Herausforderung auf der Ebene geschichtsphilosophischer Betrachtungen.

Als Kennans Artikel erschien, war die Unnachgiebigkeit der Sowjetunion zum Hauptthema aller Strategiepapiere geworden. Die besondere Leistung Kennans bestand nun darin, daß er erklärte, inwiefern die feindselige Haltung der Sowjetunion gegenüber den Demokratien ihrem inneren System innewohnte und warum sich diese Strukturen für die westliche Versöhnungspolitik als unzugänglich erweisen würden.

Spannungen mit der Außenwelt, so argumentiert Kennan, gehörten zum Wesen sowjetischer Denkungsart schlechthin, darüber hinaus aber auch zur Struktur des innenpolitischen Systems der Sowjetunion. Innerhalb der Sowjetunion gab es nur eine organisierte Gruppe, die Partei, während der Rest der Gesellschaft eine völlig strukturlose und zersplitterte Masse bildete. Insofern stellte die unversöhnliche Feindschaft gegenüber dem Westen den Versuch Moskaus dar, die internationalen Angelegenheiten den eigenen, inneren Zuständen anzupassen. Das Hauptanliegen sowjetischer Politik war es mithin, »sicherzustellen, daß sie jeden im Rahmen globaler Machtverteilung für sie nur irgendwie zugänglichen Winkel der Erde besetzt hat. Stellen sich ihr jedoch unüberwindliche Hindernisse in den Weg, nimmt sie diese mit philosophischer Gelassenheit hin und paßt sich an [...]. Es gibt, was die sowjetische Psychologie betrifft, keinerlei Hinweis, daß das genannte Ziel innerhalb einer bestimmten Zeit erreicht werden muß.«[20] Um der sowjetischen Strategie erfolgreich beizukommen, bedurfte es deshalb einer »Politik der entschlossenen Eindämmung, darauf zugeschnitten, den Russen überall auf der Welt, wo sie beginnen, die Interessen einer Welt des Friedens und der Sicherheit in Frage zu stellen, mit unerschütterlicher Stärke entgegenzutreten.«[21]

Wie fast jedes außenpolitische Dokument jener Zeit verzichtet Kennans Artikel darauf, ein genaues diplomatisches Ziel zu entwickeln. Der Artikel umreißt nichts anderes als den alten amerikanischen Traum eines durch Bekehrung des Gegners erreichten Friedens, auch wenn die Sprache des Verfassers gehobener, sein Blick schärfer ist als der seiner Zeitgenossen. Doch Kennan unterschied sich von anderen Experten, indem er, auf die zu erwartenden Machtkämpfe eingehend, den Mechanismus beschrieb, durch den das sowjetische System früher oder später von Grund auf umgewälzt werden würde. Da es in diesem System nie zu einer »rechtmäßigen« Übertragung der Macht gekommen war, hielt Kennan es für wahrscheinlich, daß zu einem bestimmten Zeitpunkt verschiedene um die Macht kämpfende Bewerber »um sich blicken und sich den politisch unreifen und unerfahrenen Massen zuwenden würden, um für ihre Forderungen Unterstützung zu suchen. Wenn das je geschieht, könnte es für die Kommunistische Partei die eigentümlichsten Folgen haben, war doch bis dahin die Parteimitgliedschaft im großen und ganzen eine Sache von eiserner Disziplin und Gehorsam und nicht eine der Kunst des Kompromisses und der Anpassung [...]. Sollten also einmal Umstände eintreten, welche die Einheit und Wirksamkeit der Partei als politisches Mittel aufbrechen lassen, könnte die sowjetische Gesellschaft über Nacht von einer der stärksten zu einer der schwächsten und bedauernswertesten nationalen Gemeinschaften werden.«[22]

Es gibt kein zweites Dokument, das die Ereignisse nach der Machtübernahme Michail Gorbatschows dermaßen genau vorhergesagt hätte. Angesichts der Folgen des totalen Zusammenbruchs der Sowjetunion mag es kleinlich erscheinen, darauf hinzuweisen, wie zermürbend die Aufgabe war, die Kennan seinem Volk zuwies. Er hatte es den Vereinigten Staaten für unbestimmte Zeit aufgebürdet, sowjetischem Druck an jedem Punkt einer schier unermeßlichen, die Kulturen Asiens, des Mittleren Ostens und Mitteleuropas einschließenden Frontlinie standzuhalten. Der Kreml indes konnte wählen, wo der Angriff erfolgen sollte, und er würde nur dort angreifen, wo er sich den größten Vorteil versprach. Im Lauf der folgenden Krisen galt der Erhalt des Status quo als *politisches* Ziel der Vereinigten Staaten; all diese Bemühungen zusammengenommen würden den endgültigen Zusammenbruch des Kommunismus erst nach einer sich hinziehenden Folge allem Anschein nach ergebnisloser Auseinandersetzungen herbeiführen. Nichts hätte den nationalen Optimismus und das uneingeschränkte Selbstvertrauen der Vereinigten Staaten klarer zum Ausdruck bringen können als der Umstand, daß ein so weltkluger Beobachter wie George Kennan seiner Gesellschaft eine so globale, so ernste und so reaktive Rolle zuwies.

Diese kompromißlose, ja heldenhafte Doktrin des permanenten Kampfes legte die amerikanische Nation auf eine endlose Auseinandersetzung fest, eine Auseinandersetzung, nach deren Regeln die Initiative dem Gegner überlassen und der Handlungsspielraum amerikanischer Politik darauf beschränkt wurde, die Staaten zu stärken, die bereits auf ihrer Seite der Trennlinie standen. Dies also war nichts anderes als klassische Machtpolitik auf der Basis von Einflußsphären. Weil die Politik des »containment« Verhandlungen als von vornherein sinnlos ausschloß, vergeudete die amerikanische Außenpolitik wertvolle Zeit in einer Periode, in der die relative Macht der Vereinigten Staaten am größten war – denn noch verfügten sie über das Atomwaffenmonopol. Nimmt man die Voraussetzung der Eindämmungspolitik beim Wort, geht man also davon aus, daß es Machtpositionen erst zu schaffen galt, führte das in der Tat zu einer Militarisierung des Kalten Krieges, die auf einem verschwommenen Eindruck von der relativen Schwäche des Westens beruhte.

Die Sowjetunion zu erlösen wurde so zum höchsten, ja zum einzigen Ziel der amerikanischen Politik: Stabilität konnte nur dann entstehen, wenn man das Böse vertrieben hatte. Nicht zufällig schloß Kennan damit, seine ungeduldigen, friedliebenden Landsleute über die Tugenden der Geduld aufzuklären und ihnen die Rolle, die sie auf der internationalen Bühne spielen sollten, als Chance ans Herz zu legen, den Wert ihres Landes unter Beweis zu stellen: »Der Inhalt der sowjetisch-amerikanischen Beziehungen ist im wesentlichen eine Erprobung des Gesamtwerts der Vereinigten Staaten als einer Nation neben anderen. Für den aufmerksamen Beobachter der russisch-amerikanischen Beziehungen wird die Herausforderung der amerikanischen Gesellschaft durch den Kreml kein Grund zur Klage sein. Er wird eher eine gewisse Dankbarkeit für dieses Schicksal empfinden, hat es doch, indem es das amerikanische Volk vor eine unversöhnliche Herausforderung stellte, dessen Sicherheit als Nation davon abhängig gemacht, daß es sich aufrafft und die Verantwortung der moralischen und politischen Führung übernimmt, die ihm die Geschichte nun einmal zugewiesen hat.«[23]

An diesen edlen Gefühlen fällt vor allem eine eigenartige Ambivalenz auf. Kennan rief die Vereinigten Staaten auf, eine globale Mission zu übernehmen, die, wollte man ihr wirklich gerecht werden, das Land fast zerreißen mußte. Doch gerade diese Widersprüchlichkeit schien der amerikanischen Politik außergewöhnlichen Schwung zu verleihen. Im Hinblick auf diplomatische Beziehungen zur Sowjetunion im wesentlichen passiv, rief die Eindämmungspolitik eine ungebrochene Kreativität hervor, sobald es im militärischen und wirtschaftlichen Bereich sogenannte Machtpositionen zu schaffen galt. Denn in der Politik des »containment« liefen Lehren und Überzeugungen zusammen, die sich aus den beiden wichtigsten Erfahrungen der vorhergehenden Generation ableiteten. Aus der Zeit des New Deal stammte der Glaube, daß politische Instabilität vor allem in der Kluft, die sich zwischen wirtschaftlichen und gesellschaftlichen Erwartungen und den realen Verhältnissen auftut, ihren Ursprung hat; daher der Marshallplan. Der Zweite Weltkrieg hatte den Amerikanern gezeigt, daß überragende Stärke und der Wille, sie auch einzusetzen, den besten Schutz vor Aggression darstellt; daher das Atlantische Bündnis. Der Marshallplan sollte Europa wirtschaftlich wieder auf die Beine bringen, das Nordatlantische Verteidigungsbündnis die Sicherheit dieser Region gewährleisten.

Die NATO war das erste in Friedenszeiten geschlossene militärische Bündnis in der Geschichte der Vereinigten Staaten, ausgelöst durch den kommunistischen Staatsstreich in der Tschechoslowakei im Februar 1948. Nach Ankündigung der Marshallplanhilfe beschleunigte Stalin die Durchsetzung der kommunistischen Kontrolle über Osteuropa. Bezüglich der Vasallentreue der osteuropäischen Staaten reagierte er dabei außerordentlich hart, wenn nicht sogar paranoid. Politiker, die sich ihr Leben lang der kommunistischen Sache verschrieben hatten, wurden eliminiert, wenn sie in den Verdacht gerieten, auch nur die leisesten nationalen Gefühle zu hegen. In der Tschechoslowakei waren die Kommunisten aus freien Wahlen als stärkste Partei hervorgegangen und kontrollierten die Regierung; doch das genügte Stalin offenbar nicht. Die gewählte Regierung wurde gestürzt; der nicht-kommunistische Außenminister Jan Masaryk, Sohn des Gründers der Tschechoslowakischen Republik, kam bei einem Sturz aus dem Fenster seines Büros, für den aller Wahrscheinlichkeit nach kommunistische Schläger verantwortlich waren, ums Leben. In Prag wurde eine kommunistische Diktatur errichtet.

Die Hauptstadt der Tschechoslowakei wurde zum zweiten Mal innerhalb eines Jahrzehnts zum Symbol für den Widerstand gegen den Totalitarismus. Die Besetzung Prags durch die Nationalsozialisten hatte 1939 das Faß zum Überlaufen gebracht und die Briten bewogen, die Appeasement-Politik aufzugeben. Neun Jahre später führte der kommunistische Staatsstreich zum Schulterschluß zwischen den Vereinigten Staaten und den Demokratien Westeuropas, um zu verhindern, daß andere europäische Nationen ein ähnliches Schicksal ereilte.

Die Brutalität, mit der der Staatsstreich in der Tschechoslowakei durchgeführt worden war, schürte Ängste vor weiteren Machtübernahmen ähnlichen Stils. Die Methode bestand darin, erst einen kommunistischen *coup d'état* zu fördern, um die neue Regierung dann anzuerkennen und zu stützen, indem man militärisch die Muskeln spielen ließ. Aus diesem Grund schlossen sich 1948 mehrere westeuropäische Nationen zusammen und unterzeichneten den Brüsseler Vertrag, einen Verteidigungspakt, der dem Zweck diente, jeden militärisch unterstützten Versuch, eine demokratische Regierung zu stürzen, abzuwehren. Freilich lief jede Analyse der Kräfteverhältnisse in Europa darauf hinaus, daß die Europäer militärisch einfach nicht stark genug waren, um sich sowjetischer Übergriffe erwehren zu können. Die Vereinigten Staaten mußten also in irgendeiner Form in die europäische Verteidigung eingebunden werden, und das Nordatlantische Verteidigungsbündnis sollte den institutionellen Rahmen dazu liefern. So sorgte die NATO für eine unerwartete Wende in der amerikanischen Außenpolitik: Unter internationalem NATO-Oberbefehl schlossen sich amerikanische Truppen zusammen mit kanadischen den westeuropäischen Streitkräften an. Entlang der quer durch Mitteleuropa verlaufenden Trennlinie standen sich nun zwei Einflußsphären und zwei Militärbündnisse gegenüber.

In den Vereinigten Staaten betrachtete man die Entwicklung ganz anders. Die Wilsonsche Tradition war zu stark, als daß die amerikanische Öffentlichkeit einem Arrangement zur Sicherung des territorialen Status quo in Europa zugestimmt hätte, das als Bündnis bezeichnet werden konnte. Alle Sprecher der Regierung Truman gaben sich deshalb große Mühe, die NATO nicht mit den herkömmlichen Zusammenschlüssen zur Wahrung des Gleichgewichts der Kräfte in Zusammenhang zu bringen. Zieht man die von der Regierung Truman oft wiederholte Absicht in Betracht,»Machtpositionen« zu schaffen, kann man sich den Einfallsreichtum, den diese Aufgabe erforderte, vorstellen. Doch die Regierungssprecher zeigten sich ihrer Aufgabe gewachsen. Als Warren Austin, ein zum UNO-Botschafter bestellter ehemaliger Senator, im April 1949 vor dem Außenpolitischen Ausschuß des Senats für die NATO eintrat, löste er das Problem, indem er das Gleichgewicht der Kräfte einfach für tot erklärte.»Mit der Gründung der Vereinten Nationen«, so sagte er,»nahm der alte Kämpfer, das Gleichgewicht der Kräfte, seinen traurigen Abschied. Die Absicht der Völker der Vereinten Nationen, durch ihren internationalen Zusammenschluß ihre Kräfte zur internationalen Bewahrung von Frieden und Sicherheit zu vereinen und zu diesem Zweck entsprechende gemeinsame Maßnahmen zu ergreifen, hat offiziell einen neuen Schwerpunkt ins Spiel gebracht: Macht für den Frieden. Und das alte Gleichgewicht der Kräfte hat sich verabschiedet.«[24]

Der Außenpolitische Ausschuß des Senats nahm diese Anregung bereitwillig auf. Die meisten der Befürworter des NATO-Paktes, die vor den Ausschuß geladen wurden, stützten sich in ihrer Argumentation auf ein Papier des Außenministeriums, das den bezeichnenden Titel *Wie unterscheidet sich der Nordatlantikpakt von herkömmlichen militärischen Bündnissen?* trug.[25] Angeblich ein geschichtlicher Überblick, umriß das außerordentliche Dokument sieben verschiedene Bündnisse seit dem frühen neunzehnten Jahrhundert, von der Heiligen Allianz des Jahres 1815 bis zum Hitler-Stalin-Pakt von 1939, um zu dem Schluß zu kommen, daß sich der Nordatlantikpakt »in Geist und Wortlaut« von allen diesen Allianzen unterscheide.

Denn während »die meisten« jener traditionellen Bündnisse auch »in frommer Weise aggressive oder expansionistische Absichten« bestritten hätten, seien sie doch häufig für alles andere als defensive Ziele eingesetzt worden. Zur Überraschung der europäischen Verbündeten behauptete das Memorandum des Außenministeriums, die NATO habe nicht zum Ziel, den Status quo in Europa zu verteidigen. Dem Atlantischen Bündnis gehe es vielmehr um den Schutz von Prinzipien, nicht um Territorien; es stelle sich nicht Veränderungen entgegen, sondern allein dem Einsatz von Gewalt. Abschließend betonte die Analyse, daß der Nordatlantikpakt »sich gegen niemanden richtet; er richtet sich nur gegen Aggression. Er trachtet nicht danach, irgendein sich änderndes ›Gleichgewicht der Kräfte‹ zu beeinflussen, sondern sucht ›ein prinzipielles Gleichgewicht‹ zu stärken.« Deshalb seien sowohl der Atlantikpakt als auch der ebenfalls in jener Zeit geschlossene Rio-Pakt zur Verteidigung der westlichen Hemisphäre als »Entwicklungen des Konzepts kollektiver Sicherheit« zu begrüßen und der Erklärung Senator Connallys, des Vorsitzenden des Außenpolitischen Ausschusses des Senats, zuzustimmen, daß der Pakt kein militärisches Bündnis, sondern »ein Bündnis gegen den Krieg selber« darstelle.[26]

Kein Geschichtsstudent hätte mit einer derartigen Analyse auch nur eine einzige Prüfung bestanden. Kaum ein Bündnis in der Geschichte nannte die Staaten, gegen die es sich richtete; meist wurden lediglich die Bedingungen festgelegt, die den Bündnisfall auslösen würden – nicht anders als im NATO-Vertrag. Da außerdem 1949 die Sowjetunion in Europa der einzige in Frage kommende Aggressor war, war es sogar noch unnötiger als früher, den Gegner ausdrücklich beim Namen zu nennen. Die nachdrückliche Beteuerung, daß die Vereinigten Staaten ein Prinzip und kein Territorium verteidigten, war zwar durch und durch amerikanisch, doch kaum dazu angetan, den Nationen, die in erster Linie eine territoriale Expansion Moskaus fürchteten, ein Gefühl der Sicherheit zu vermitteln, und die Aussage, die Vereinigten Staaten stellten sich nicht Veränderungen an sich, sondern nur gewaltsam herbeigeführten Veränderungen entgegen, war nicht nur ein Klischee, sondern auch beunruhigend; denn wie viele Beispiele für territoriale Veränderungen lassen sich, wenn überhaupt, in der Geschichte Europas finden, die nicht durch Gewalt herbeigeführt worden sind?

Und dennoch: Kaum ein Schriftstück des Außenministeriums ist von dem in der Regel mißtrauischen Außenpolitischen Ausschuß des Senats mit so bedingungslosem Einverständnis aufgenommen worden wie dieses.

Senator Connally war unerbittlich, wenn es darum ging, die Anschauung der Regierung durchzusetzen, daß die NATO ein Zusammenschluß sei, der sich gegen das Prinzip der Aggression und nicht gegen eine bestimmte Nation richtete. Ein Auszug aus dem Protokoll der Aussage Achesons belegt Connallys durch nichts zu dämpfende Begeisterung:

*Vorsitzender* [Senator Connally]:»Nun, Herr Minister, Sie haben ganz klar festgestellt, daß sich das Abkommen – und es wird nicht schaden, Ihre Ausführungen in manchen Punkten zu wiederholen – nicht gegen eine bestimmte Nation wendet. Es richtet sich nur gegen alle Nationen oder Länder, die eine bewaffnete Aggression gegen die Signatarmächte in Betracht ziehen oder unternehmen. Trifft das zu?«

*Minister Acheson*:»Ja, das ist richtig, Senator Connally. Es richtet sich nicht gegen ein Land; es richtet sich einzig und allein gegen bewaffnete Aggression.«

*Vorsitzender*:»Mit anderen Worten: Sofern eine nicht den Signatarmächten angehörende Nation also weder eine Aggression noch einen bewaffneten Angriff auf eine andere Nation erwägt, überdenkt oder plant, braucht es dieses Abkommen nicht zu fürchten.«

*Minister Acheson*:»Ja, das ist richtig, Senator Connally, und ich meine, daß man jeder Nation, die behauptet, daß sich das Abkommen gegen sie richte, jene Warnung aus der Bibel in Erinnerung rufen sollte, die da heißt: ›Der Frevler flieht, obwohl ihn niemand verfolgt.‹«[27]

Einmal mit dem Geist des Themas vertraut, bereiteten die Ausschußmitglieder mit ihren Fragen die Aussagen der anderen vorgeladenen Regierungsmitglieder regelrecht vor, wie etwa der Wortwechsel mit Verteidigungsminister Louis Johnson dokumentiert:

*Vorsitzender*:»Tatsächlich handelt es sich bei diesem Abkommen nicht um irgendein allgemeines militärisches Bündnis. Es beschränkt sich auf die Abwehr bewaffneter Angriffe.«
*Minister Johnson*:»Das stimmt, Herr Vorsitzender.«
*Vorsitzender*:»Es handelt sich um das genaue Gegenteil eines militärischen Bündnisses.«
*Senator Tydings*:»Ganz und gar defensiv.«
*Vorsitzender*:»Ganz und gar defensiv. Wenn man schon von Bündnis sprechen will, dann von einem Friedensbündnis.«
*Minister Johnson*:»Der Ausdruck gefällt mir.«
*Vorsitzender*:»Es ist ein Bündnis gegen bewaffnete Angriffe, ein Bündnis gegen Krieg, und es enthält keinerlei Hinweis auf die für militärische Bündnisse in unserem Verständnis bestimmenden Verpflichtungen, ist das richtig?«
*Minister Johnson*:»Das stimmt, Herr Vorsitzender.«[28]

Kurz gesagt, das Atlantische Bündnis konnte, da es ja nicht wirklich ein Bündnis war, moralische Allgemeingültigkeit für sich in Anspruch nehmen, repräsentierte es doch die Mehrheit der Welt gegenüber einer Minderheit von Störenfrieden. In gewissem Sinne war es also die Aufgabe des Atlantischen Bündnisses, solange zu wirken, bis der Sicherheitsrat der Vereinten Nationen »die zur Wiederherstellung von Frieden und Sicherheit notwendigen Maßnahmen ergriffen hat«.[29] Dean Acheson war ein ungeheuer raffinierter Außenminister, der seine Lektionen gelernt hatte. Man kann sich unschwer das süffisante Glitzern in seinen Augen vorstellen, als er sich vom Vorsitzenden des Außenpolitischen Ausschusses des Senats befragen ließ. Acheson hatte eine klare Vorstellung von den Erfordernissen des Gleichgewichts der Kräfte; das geht schon aus seinen klugen Analysen geostrategischer Fragen hervor.[30] Doch sah er die Dinge zugleich amerikanisch genug, um – überzeugt, daß Europa, sich selbst überlassen, das Gleichgewicht der Kräfte in ein Chaos verwandelt hatte – die Notwendigkeit zu erkennen, daß das Konzept eines neuen Gleichgewichts der Kräfte in das Gewand eines erhabeneren Ideals gekleidet sein mußte, um für Amerikaner akzeptabel zu sein. Und so verteidigte Acheson geraume Zeit nach Unterzeichnung des Abkommens vor einer Versammlung ehemaliger Harvard-Studenten das Atlantische Bündnis noch immer auf charakteristisch amerikanische Art. Es repräsentiere einen völlig neuen Ansatz im Bereich internationaler Beziehungen und habe »die internationale Zusammenarbeit gefördert, wo es darum ging, den Frieden aufrechtzuerhalten, die Menschenrechte zu befördern, den Lebensstandard zu heben und sich dafür einzusetzen, daß der Grundsatz der Gleichberechtigung und Selbstbestimmung der Völker gewahrt wird«.[31]

Kurz: Die Vereinigten Staaten würden für das Atlantische Bündnis alles tun, sie würden es nur nicht als ein Bündnis bezeichnen. Sie waren bereit, so lange eine traditionelle Bündnispolitik zu verfolgen, wie ihr Handeln durch die Doktrin kollektiver Sicherheit gerechtfertigt werden konnte, die Wilson ursprünglich als Alternative zum Bündnissystem formuliert hatte. Das europäische Gleichgewicht der Kräfte war also wieder ins Leben gerufen worden – nur eben mit unverwechselbar amerikanischen Formulierungen.

Von ebenso großer Bedeutung wie das Atlantische Bündnis, wenngleich von der amerikanischen Bevölkerung weniger aufmerksam verfolgt, war die Gründung der Bundesrepublik Deutschland durch den Zusammenschluß der amerikanischen, britischen und französischen Besatzungszone. Denn einerseits setzte dieser neue Staat dem Werk Bismarcks ein Ende: Deutschland sollte auf unbestimmte Zeit geteilt bleiben. Andererseits aber stellte die Existenz der Bundesrepublik für die sowjetische Präsenz in Mitteleuropa eine dauernde Herausforderung dar, weil die Bundesrepublik den kommunistischen ostdeutschen Sowjetsatelliten, den die Sowjetunion aus ihrer Besatzungszone geformt hatte, nicht akzeptierte. Zwei Jahrzehnte

Allianzen in den 1950er Jahren

UdSSR

Nord-Korea

China

Philippinen

Süd-Vietnam

Pazifischer Ozean

Kanada

USA  Washington○

Atlantischer Ozean

Pazifischer Ozean

Australien

Neuseeland

NATO
(Belgien, Bundesrepublik, Dänemark, Frankreich, Griechenland, Großbritannien, Island, Italien, Kanada, Luxemburg, Niederlande, Norwegen, Portugal, Türkei, USA)

Warschauer Pakt
(Albanien, Bulgarien, DDR, Polen, Rumänien, Tschechoslowakei, UdSSR, Ungarn)

nicht-paktgebundene kommunisische Staaten
(China, Jugoslawien, Mongolei, Nord-Korea, Nord-Vietnam)

Island  Norwegen

Groß-
britannien  Dänemark

Moskau    UdSSR

N.  DDR Polen
B.  BRD
L.    T.
Frankreich  U.

Mongolei

Rumänien
Bulgarien

Italien  A.

Portugal  Griechen-
land  Türkei

China

Irak  Iran

Pakistan

Laos  Nord-
Vietnam

Thailand
Kam-
bodscha
Süd-
Vietnam

Indischer Ozean

SEATO
(Australien, Frankreich, Großbritannien, Neuseeland, Pakistan, Philippinen, Thailand)

CENTO
(Großbritannien, Irak, Iran, Pakistan, Türkei)

Interessengebiete der USA (Kambodscha, Laos, Süd-Vietnam)

lang verweigerte der westdeutsche Staat die Anerkennung der sogenannten Deutschen Demokratischen Republik und drohte, seine diplomatischen Beziehungen zu allen Ländern abzubrechen, die die DDR anerkannten. Erst ab 1970 gab die Bundesrepublik Deutschland die sogenannte Hallsteindoktrin allmählich auf und nahm mit dem Grundlagenvertrag offizielle Beziehungen zu dem ostdeutschen Satellitenstaat auf. Ihr Anspruch, für die Bevölkerung ganz Deutschlands zu sprechen, blieb davon jedoch unberührt.

Die Entschlossenheit, mit der die Amerikaner darangingen, das Machtvakuum in Europa zu füllen, überraschte sogar die entschiedensten Verfechter der Eindämmungspolitik. »Ende 1944 konnte ich mir kaum vorstellen«, bemerkte Churchill später, »daß das Außenministerium, mit einer überwältigenden Mehrheit der amerikanischen Öffentlichkeit im Rücken, in kaum mehr als zwei Jahren nicht nur den von uns beschrittenen Weg einschlagen und fortsetzen, sondern auch selbst auf militärischer Ebene gewaltige und kostspielige Anstrengungen auf sich nehmen würde, den Erfolg zu gewährleisten.«[32]

Vier Jahre nach der bedingungslosen Kapitulation der Achsenmächte glich die Weltordnung in vielerlei Hinsicht jener aus der Zeit unmittelbar vor dem Ersten Weltkrieg: Zwei starre Bündnisse, die kaum über diplomatischen Handlungsspielraum verfügten, standen einander gegenüber, diesmal allerdings weltweit und mit einem weiteren wesentlichen Unterschied: Vor dem Ersten Weltkrieg waren Allianzen durch die Angst aller Beteiligten zusammengehalten worden, das gemeinsame Sicherheitsgefüge könne durch den Bündniswechsel eines Partners aus den Fugen geraten. Aus diesem Grund konnte es dann auch dem aggressivsten Partner gelingen, alle anderen mit in den Abgrund zu reißen. Im Kalten Krieg hingegen wurde jede Seite von einer Weltmacht beherrscht, die wirklichen Risiken aus dem Weg ging und auf die jeder Bündnispartner in einem Maß angewiesen war, das ihn davon abhielt, die Welt in einen Krieg zu stürzen. Überdies erstickte das Vorhandensein von Atomwaffen jene verhängnisvolle Illusion im Keim, die sich im Juli 1914 breitgemacht hatte: die Illusion eines kurzen und schmerzlosen Krieges.

Die amerikanische Dominanz im neuen Nordatlantischen Bündnis brachte es zwangsläufig mit sich, daß die neue internationale Ordnung moralisch, gelegentlich sogar messianisch gerechtfertigt wurde. Spätere Kritiker haben auf den angeblichen Zynismus dieser moralischen Rhetorik verwiesen. Aber wer die Väter der Eindämmungspolitik kannte, konnte an deren Aufrichtigkeit nicht zweifeln. Zudem hätten die Vereinigten Staaten wohl kaum vier Jahrzehnte aufreibender Anstrengungen für eine Politik ertragen, wenn in ihrer Politik nicht auch ihre tiefsten Überzeugungen zum Ausdruck gekommen wären. Belegt wird dies allein schon durch das Ausmaß, in dem jene moralischen Grundsätze sogar allergeheimste Regierungspapiere durchzogen, die nie für die Öffentlichkeit freigegeben werden sollten.

Dies trifft zum Beispiel für das Dokument des Nationalen Sicherheitsrates NSC-68 aus dem April 1950 zu, das als offizielle amerikanische Festlegung der Strategie während des Kalten Krieges dienen sollte: NSC-68 bestimmte das nationale Interesse im großen und ganzen auf der Grundlage moralischer Grundsätze. Aus dieser Sicht heraus waren moralische Rückschläge sogar gefährlicher als materielle:»Eine Niederlage freier Institutionen an irgendeinem Ort der Welt ist eine Niederlage an jedem Ort der Welt. Unsere Erschütterung über die Zerstörung der Tschechoslowakei hatte ihren Maßstab nicht in der materiellen Bedeutung, die das Land für uns hatte. In materieller Hinsicht waren die Kapazitäten der Tschechoslowakei den Sowjets ja bereits verfügbar. Als jedoch die Unantastbarkeit der tschechoslowakischen Institutionen der Zerstörung anheimfiel, wurde für uns jener nicht greifbare Maßstab der Werte von einem Verlust getroffen, der viel schwerer wog als der materielle Verlust, den wir bereits erlitten hatten.«[33]

Nachdem erst einmal der Erhalt eines moralischen Prinzips zum bestimmenden Interesse der USA erklärt worden war, wurden auch die strategischen Ziele Amerikas eher nach moralischen, denn nach machtpolitischen Maßstäben formuliert: Es gehe darum,»Stärke zu entwickeln, sowohl im Hinblick auf die Art, in der wir bei der Gestaltung unseres nationalen Lebens an unseren Werten festhalten, als auch in politischer und wirtschaftlicher Hinsicht«.[34] Durchdrungen von den Ideen der amerikanischen Gründerväter, die amerikanische Nation müsse als Leuchtfeuer für die gesamte Menschheit dienen, verwerfen die Verfasser von NSC-68 isolationistisch geprägte Warnungen. Statt dessen wollten sie die eigene Nation als Kreuzritter des Westens sehen:»Im Ausland wie im eigenen Land können wir nur durch praktisches Festhalten an unseren wesentlichen Werten unsere Integrität wahren, die für die Pläne des Kreml das wahre Ärgernis darstellt.«[35]

Der Zweck des Kalten Krieges lag demnach in der Bekehrung des Gegners; man wollte»einen tiefgreifenden Wandel im Wesen des sowjetischen Systems« herbeiführen, einen Wandel, der bedeuten mußte, daß»die Sowjets jene besonderen und genau umrissenen Bedingungen akzeptieren, die zu einem internationalen Umfeld gehören, in dem freie Institutionen gedeihen und die Völker Rußlands eine neue Chance bekommen können, ihr Schicksal selber in die Hand zu nehmen«.[36]

Obgleich sich das Schriftstück im folgenden dem militärischen und wirtschaftlichen Ausbau von Machtpositionen widmete, galt sein Augenmerk in erster Linie weder dem typischen Geben-und-Nehmen traditioneller Diplomatie noch der apokalyptischen letzten Kraftprobe mit dem Gegner. Auch die Tatsache, daß man in diesen Jahren – obwohl die USA damals über das Atomwaffenmonopol verfügten – sowohl den Einsatz von als auch die Drohung mit Kernwaffen ablehnte, wurde typisch amerikanisch begründet: Ein Sieg in einem solchen Krieg könne nur zu einem vorübergehenden und daher unbefriedigenden Ergebnis führen. Dasselbe gelte für Lösungen auf der Basis von Verhandlungen:»Die einzig vorstellbare Grundlage eines allgemeinen Übereinkommens wäre eine Einigung über Einflußsphären, ein ›Übereinkommen‹, das der Kreml sofort sehr zu seinem Vorteil ausnutzen könnte.«[37] Mit anderen Worten: Die Vereinigten Staaten wollten weder einen Krieg gewinnen noch zu umfassenden Verhandlungslösungen kommen, solange der Gegner daraus nicht bekehrt hervorging.

All seinem vorgeblich erbarmungslosen Realismus zum Trotz begann das Dokument mit einer Beschwörung der Demokratie und schloß mit der Annahme, daß die Geschichte letzten Endes zugunsten der Vereinigten Staaten entscheiden werde. Seine Einzigartigkeit liegt in der Verbindung globaler Ansprüche mit der Ablehnung von Gewalt. Nie zuvor hatte eine Großmacht Zielsetzungen formuliert, die ihre eigenen Ressourcen derartig beanspruchten, ohne im Austausch dafür etwas anderes zu erwarten als die Verbreitung ihrer nationalen Werte. Außerdem sollte dieses Ziel nicht über Eroberungen – wie sonst bei Kreuzzügen üblich –, sondern auf dem Weg weltweiter Reformen erreicht werden. Dem ehrgeizigen Bemühen kam zugute, daß Amerikas Übermacht, obgleich nur für kurze Zeit, größer war als je zuvor, auch wenn es ihm gelungen war, sich selber von seiner militärischen Schwäche zu überzeugen.

Als sich die Regierung der Vereinigten Staaten der Politik des»containment« zuwandte, konnte sich niemand vorstellen, welche Belastungen die kommenden Auseinandersetzungen für die amerikanische Mentalität bedeuten sollten, zumal es kein Kriterium gab, aufgrund dessen man einen sichtbaren Erfolg der einzelnen Schritte hätte beurteilen können. Keiner der damaligen Politiker, die voll Selbstvertrauen diese Politik unterstützten, hatte geglaubt, daß sein Land binnen zwei Jahrzehnten brennende Selbstzweifel und interne Konflikte würde durchstehen müssen, bis ihre Vorhersage vom Zusammenbruch des Kommunismus in Erfüllung ging. Vollauf damit beschäftigt, die Vereinigten Staaten auf ihre neue internationale Rolle einzustimmen, wurden sie zudem davon in Anspruch genommen, sich der Kritik zu stellen, von der die revolutionäre Wende der amerikanischen Außenpolitik begleitet wurde.

Noch während die Eindämmungspolitik allmählich Gestalt annahm, rief sie aus drei unterschiedlichen Richtungen Kritik hervor. Die Gruppe der »Realisten«, für die Walter Lippmann stand, behauptete, daß die Eindämmungspolitik die Vereinigten Staaten sowohl psychisch als auch geopolitisch überfordere und die Ressourcen des Landes verzehre. Die zweite Gruppe, deren Wortführer Winston Churchill war, wollte die Verhandlungen nicht so lange aufgeschoben sehen, bis man tatsächlich Machtpositionen geschaffen hatte. Überzeugt davon, daß der Westen nie wieder in einer so überlegenen Position sein werde wie zu Beginn jener Auseinandersetzungen, die man später als Kalten Krieg bezeichnen sollte, glaubte Churchill, daß jeder Aufschub die westliche Verhandlungsposition nur verschlechtern könne. Und schließlich gab es noch Henry Wallace, der den USA überhaupt die moralische Berechtigung bestritt, eine Politik der Eindämmung zu betreiben. Ausgehend von der moralischen Gleichwertigkeit der beiden Seiten, argumentierte er, daß der sowjetische Wunsch nach Einfluß in Europa durchaus berechtigt sei und daß die amerikanischen Widerstände die Spannungen lediglich vergrößerten. Statt dessen mahnte er eine Rückkehr zu Roosevelts Politik (oder zumindest zu dem, was er darunter verstand) an, ganz so, als ob der Kalte Krieg durch einen einseitigen Entschluß Washingtons zu beenden sei.

Die Realisten, allen voran ihr außerordentlich wortgewandter Sprecher Walter Lippmann, lehnten Kennans These ab, die sowjetische Gesellschaft trage den Keim ihres Untergangs in sich. In ihren Augen war diese Theorie zu spekulativ, um als Grundlage der amerikanischen Politik dienen zu können.

»Die Einschätzung von Herrn X«, schrieb Lippmann, »kennt keine Rücklagen für schlechte Zeiten. Da gibt es keinen Sicherheitsrahmen für Pech, schlechtes Management, Irrtümer und unvorhersehbare Ereignisse. Er ersucht uns, davon auszugehen, daß die Sowjetmacht bereits im Verfall begriffen ist. Er bittet uns zu glauben, daß unsere größten Hoffnungen uns selbst betreffend schon bald in Erfüllung gegangen sein werden.«[38] Die Eindämmungspolitik, so Lippmann, würde Amerika in das ausgedehnte Hinterland des Sowjetreichs führen, wo es, aus seiner Sicht, Länder gab, die gar keine tatsächlichen Staaten im modernen Sinn waren. Ein Engagement in so weiter Ferne konnte der amerikanischen Sicherheit nicht zuträglich sein und würde die Entschlossenheit der Vereinigten Staaten nur schwächen. Nach seiner Ansicht würde die Eindämmungspolitik es der Sowjetunion ermöglichen, die USA an Schauplätzen herauszufordern, an denen sie aller Wahrscheinlichkeit nach unterliegen mußten, ohne dabei die diplomatische oder gar die militärische Initiative aus der Hand zu geben.

Deshalb sei es unumgänglich, Kriterien festzulegen, in welchen Gebieten der Widerstand gegen sowjetische Expansion wirklich im wohlverstandenen Interesse der Vereinigten Staaten lag. Ohne Kriterien dieser Art würde man sich sonst gezwungen sehen, Ordnung in eine »heterogene Ansammlung von Satelliten, Schützlingen, abhängigen Ländern und Marionettenstaaten« zu bringen; das aber würde es den neuen Verbündeten Washingtons erlauben, die Eindämmungspolitik für eigene Zwecke auszunutzen. Die Vereinigten Staaten könnten auf diese Weise in die Falle tappen, nicht eigentlich lebensfähige Regime zu unterstützen. Das Land stünde dann vor der traurigen Wahl zwischen »Beschwichtigung, Niederlage und Gesichtsverlust oder [...] der Unterstützung [dieser Verbündeten] um einen unkalkulierbaren Preis«.[39]

Lippmanns Analyse bewies fast prophetischen Scharfsinn. Allerdings vertrug sich das von ihm vorgeschlagene Alternativkonzept nur schlecht mit dem traditionellen amerikanischen Sendungsbewußtsein; dem kam Kennans Erwartung eines apokalyptischen Endes viel eher entgegen. Lippmann befürwortete eine pragmatische Lösung: Die amerikanische Außenpolitik sollte die nationalen Interessen von Fall zu Fall bestimmen. Allgemeine, universell gültige Prinzipien schienen ihm dabei als Grundlage wenig förderlich zu sein. Statt danach zu trachten, das kommunistische System zu Fall zu bringen, sollte sich die amerikanische Außenpolitik vielmehr der Aufgabe widmen, das durch den Krieg zerstörte Gleichgewicht der Kräfte in Europa wiederherzustellen. Eindämmung bedeute nichts anderes als eine Teilung Europas auf unbestimmte Zeit; dabei sollte es eigentlich im Interesse der Vereinigten Staaten liegen, die Sowjetmacht vom Kernland des Kontinents zu vertreiben:»Seit mehr als hundert Jahren hat jede russische Regierung versucht, die Macht über Osteuropa zu gewinnen. Aber erst seit die Rote Armee die Elbe erreicht hat, sehen sich die Herrscher Rußlands in der Lage, die ehrgeizigen Absichten des russischen Reiches und die ideologischen Ziele des Kommunismus in die Tat umzusetzen. Eine aufrichtige Politik müßte daher als oberstes Ziel eine Regelung anstreben, welche die Räumung Europas zur Folge hätte [...]. Die Macht Amerikas sollte nicht dazu herhalten, die Russen an verstreuten Punkten ›einzudämmen‹, sondern dazu dienen, die gesamte russische Militärmaschinerie in Schach zu halten und wachsenden Druck zur Unterstützung einer diplomatischen Politik auszuüben, die konkret den Rückzug zum Ziel hat.«[40]

Was die Zahl von politischen Talenten in Amerika unmittelbar nach Kriegsende betrifft, war das Schicksal ohne Zweifel verschwenderisch. Die politische Führung setzte sich aus hervorragenden und erfahrenen Persönlichkeiten zusammen, die ihrerseits auf eine Reihe großer Männer zurückgreifen konnten, die hinter ihnen standen, auf Männer wie John McCloy, Robert Lovett, David Bruce, Ellsworth Bunker, Averell Harriman und John Foster Dulles, die sich der Regierung immer wieder zur Verfügung stellten und stets bereit waren, auch als Parteilose für den Präsidenten ein Amt zu übernehmen.

Hinsichtlich ihres intellektuellen Potentials waren die Vereinigten Staaten in der glücklichen Lage, sich der denkerischen Fähigkeiten sowohl eines Lippmanns als auch eines Kennans bedienen zu können, als diese ihre Fähigkeiten bereits voll entfaltet hatten. Kennan verstand die grundlegende Schwäche des Kommunismus genau; Lippmann sagte präzise voraus, welche Enttäuschungen eine auf Eindämmung beruhende Außenpolitik hervorbringen würde. Kennan bestand auf Ausdauer, um die Geschichte ihre unabwendbaren Entwicklungen offenbaren zu lassen; Lippmann hielt diplomatische Initiativen für angebracht, die eine europäische Einigung herbeiführen sollten, solange Amerika noch das Sagen hatte. Kennan hatte ein besseres Gespür für die Triebfedern der amerikanischen Gesellschaft. Lippmann wiederum erkannte die Belastung, die ein allem Anschein nach unauflösbares Patt mit sich bringen würde. Die Eindämmungspolitik würde Amerika unter Umständen dazu zwingen, so sah es Lippmann, auch in fragwürdigen Fällen aktiv zu werden.

Am Ende setzte sich Lippmanns Analyse im wesentlichen durch, wenn auch vor allem bei denjenigen, die eine Konfrontation mit der Sowjetunion ablehnten. Und deren Zustimmung bezog sich meist nur auf einen Aspekt der Argumentation Lippmanns: Sie unterstrichen seine Einwände, gingen jedoch über seine Schlußfolgerungen hinweg. Sie nahmen seine Forderung nach konkreteren Zielvorgaben zur Kenntnis, ließen aber seine Vorschläge im Hinblick auf eine offensivere Diplomatie außer acht. So kam es, daß in den vierziger Jahren die überzeugendste strategische Alternative zur Eindämmungspolitik ausgerechnet vom Fraktionsführer der Opposition im britischen Unterhaus formuliert wurde, von Winston Churchill.

Die Eröffnung des Kalten Krieges ist weithin Churchill zugeschrieben worden, nachdem er seine Rede über den Eisernen Vorhang in Fulton, Missouri, gehalten hatte. In jedem Stadium des Krieges hatte sich der ehemalige Kriegspremier bemüht, den sowjetischen Expansionismus in die Schranken zu weisen, um den Demokratien nach Kriegsende einige günstigere Verhandlungspositionen zu sichern. Churchill unterstützte zwar die Eindämmungspolitik, hielt sie aber nicht für der Weisheit letzten Schluß. Nicht bereit, den Zusammenbruch des Kommunismus einfach abzuwarten, versuchte er, die Geschichte zu formen, statt sich darauf zu verlassen, daß sie seine Arbeit tat. So drängte er darauf, den Verhandlungsweg zu beschreiten, um zu festen Vereinbarungen zu kommen.

In seiner Rede in Fulton hatte Churchill Verhandlungen nur angedeutet. Am 9. Oktober 1948 griff er dann im walisischen Llandudno sein Argument wieder auf, daß sich der Westen nie mehr wieder in einer so guten Verhandlungsposition befinden werde wie im Augenblick. Eine der Schlüsselstellen dieser viel zu wenig beachteten Rede lautet folgendermaßen:»Es stellt sich die Frage, was geschehen wird, wenn sie auch die Atombombe haben und über ein großes Arsenal verfügen. Man kann diese Frage beantworten, wenn man sich umsieht, was heute geschieht. Noch sind die Triebe grün, wie wird das erst sein, wenn die Dürre kommt? [...] Wer bei Sinnen ist, kann nicht davon ausgehen, daß wir über unbegrenzte Zeit verfügen. Wir sollten die Dinge vorantreiben und zu einer endgültigen Regelung kommen. Wir sollten aufhören, sorglos dahinzutrödeln und darauf zu warten, daß etwas geschieht, und damit meine ich: auf etwas zu warten, das schlecht für uns ist. Die Nationen des Westens werden ohne Blutvergießen viel eher zu einer dauernden Regelung finden, wenn sie ihre gerechten Forderungen geltend machen, solange sie die Atommacht haben und die russischen Kommunisten noch nicht.«[41]

Zwei Jahre später unterbreitete Churchill dem Unterhaus diese Forderung noch einmal. Stark genug für Verhandlungen zum gegenwärtigen Zeitpunkt, könnten die Demokratien – selbst bei angeblichem Wachstum ihrer Waffenarsenale – durch Abwarten ihre Position nur schwächen. In einer Rede zur Verteidigung der Wiederaufrüstung im Rahmen der NATO warnte er am 30. November 1950 davor zu glauben, daß allein die Bewaffnung des Westens sozusagen von selber auch seine Verhandlungsposition begünstigen werde; diese hänge letzten Endes vom Atomwaffenmonopol der Vereinigten Staaten ab:»Es ist zwar richtig, daß wir unsere Streitkräfte so schnell wie möglich aufbauen.

Aber was wir dabei auch unternehmen mögen: Nichts wird in der genannten Zeit Rußland seine beeindruckende Überlegenheit in jenem Bereich nehmen können, den man heute als den der konventionellen Waffen bezeichnet. Einzig der europäische Zusammenhalt und das Arsenal an Abschreckungsmitteln werden immer größer werden [...]. Daher plädiere ich dafür, Anstrengungen zu unternehmen, um mit Sowjetrußland eine Regelung zu finden, sobald sich eine geeignete Gelegenheit ergibt, und dies, solange die ungeheure und maßlose Übermacht der militärischen Atommacht der Vereinigten Staaten eine sowjetische Überlegenheit in jedem anderen militärischen Bereich aufwiegt.«[42]

Aus Churchills Sicht befand sich der Westen bereits in einer Position der Stärke; die amerikanische Führung meinte, eine solche erst herstellen zu müssen. Verhandlungen verstand Churchill als Weg der Vermittlung zwischen Macht und Diplomatie. Und wenn er sich diesbezüglich auch nie ausdrücklich artikulierte, geht aus seinen öffentlichen Erklärungen doch deutlich hervor, daß er ein diplomatisches Ultimatum der westlichen Demokratien befürwortete. Die Amerikaner hingegen schreckten vor dem Gedanken zurück, ihr Atomwaffenmonopol einzusetzen, und sei es auch nur als Druckmittel. Churchill wollte zwar den Einflußbereich der Sowjetunion beschnitten sehen, war aber nach einer solchen Regelung durchaus zu einer Form der Koexistenz bereit, während die amerikanische Führung allein schon gegen die Vorstellung von Einflußsphären eine beinahe instinktive Abneigung hegte. Sie wollte die sowjetische Präsenz in Osteuropa nicht beschränken, sondern vernichten, um dann, nach einem totalen Sieg und dem Zusammenbruch des Kommunismus – mochte er auch noch in weiter Ferne liegen – eine globale Sicherheitslösung, die sich im wesentlichen an Wilsons Vorschläge anlehnen sollte, in die Wege zu leiten.

Die Uneinigkeit ergab sich im Grunde aus den unterschiedlichen historischen Erfahrungen Großbritanniens und der Vereinigten Staaten. Die Gesellschaft Churchills war mit unvollkommenen Lösungen nur allzu vertraut; Truman und seine Berater entstammten einer Tradition, in der man jedes Problem, sobald man es einmal als solches erkannt hatte, durch den Einsatz ungeheurer nationaler Ressourcen überwand: daher die Vorliebe Amerikas für endgültige Lösungen und sein Mißtrauen gegenüber jener Art von Kompromissen, die zur britischen Spezialität geworden waren. Churchill konnte sich gut vorstellen, den Aufbau von Machtpositionen mit einer aktiven, auf eine verbindliche Vereinbarung drängenden Diplomatie zu verbinden. Aus der Sicht Washingtons aber handelte es sich dabei um zwei zeitlich aufeinanderfolgende Abschnitte, so wie man dergleichen im Zweiten Weltkrieg gehandhabt hatte und in Korea und Vietnam wieder handhaben würde. Weil die Vereinigten Staaten stärker als Großbritannien waren und weil Churchill als Oppositionsführer seine Strategie nicht vorantreiben konnte, setzte sich die amerikanische Sichtweise schließlich durch.

Die neue amerikanische Außenpolitik jedoch wurde weder von den Realisten um Lippmann noch von Churchill und den Anhängern seiner Gleichgewichtsideen so entschieden attackiert wie von einer Gruppe von Kritikern, die tief in der amerikanischen Tradition verwurzelt waren. Während Lippmann wie Churchill die Prämisse der Truman-Administration, daß der sowjetische Expansionismus eine ernsthafte Bedrohung darstelle, in keinem Moment ernsthaft in Zweifel zogen, sondern sich nur gegen die Art und Weise wandten, wie diesem Einhalt zu gebieten sei, lehnten die radikalen Kritiker jeden Gesichtspunkt der Eindämmungspolitik ab. Der wichtigste Sprecher dieser Gruppe war Henry Wallace, Vizepräsident in Roosevelts dritter Amtszeit, ehemaliger Landwirtschaftsminister und Trumans Handelsminister.

Wallace, ein Kind der populistischen Tradition Amerikas, zeichnete sich durch das Nordstaatlern eigene Mißtrauen gegenüber London aus. Wie die meisten amerikanischen Liberalen seit Jefferson beharrte er darauf, daß »die moralischen Grundsätze, die im Privatleben gelten, auch im internationalen Leben gelten sollten«.[43] Er war der Ansicht, daß Amerika seine moralischen Maßstäbe abhanden gekommen seien und daß die Vereinigten Staaten eine »machiavellistischen Grundsätzen der Täuschung, der Gewalt und des Mißtrauens« verpflichtete Außenpolitik verfolgten, wie er es am 12. September 1946 vor seinen Zuhörern im Madison Square Garden ausdrückte.[44] Da internationale Konflikte stets in Vorurteil, Haß und Angst wurzeln würden, hätten die USA so lange kein moralisches Recht, im Ausland einzugreifen, bis sie dieser Geißeln nicht auch in der eigenen Gesellschaft Herr geworden seien.

Der neue Radikalismus ließ die Vision wiederaufleben, daß die Vereinigten Staaten ein Leuchtfeuer der Freiheit seien, kehrte diese aber mit der Zeit gegen sich selbst. In den Jahren des Kalten Krieges wurde die Annahme von der moralischen Gleichwertigkeit amerikanischen und sowjetischen Handelns zu einem Wesensmerkmal der radikalen Kritik. Gerade die Idee, daß die Vereinigten Staaten aufgerufen seien, international Verantwortung zu übernehmen, schien Wallace ein Beispiel für die Arroganz der Macht zu sein. Die Briten, so argumentierte er, würden die leichtgläubigen Amerikaner für ihre Ziele einspannen: »Die britische Politik zielt eindeutig darauf, zwischen den Vereinigten Staaten und Rußland Mißtrauen zu säen und so den Boden für den Dritten Weltkrieg zu bereiten.«[45]

Der Konflikt zwischen Demokratie und Diktatur, wie Truman ihn darstelle, sei reine Erfindung. 1945, zu einer Zeit also, da die mit Kriegsende einsetzenden repressiven Maßnahmen der Sowjetunion immer klarer zutage traten und man die Brutalität der Kollektivierung bereits allgemein erkannt hatte, erklärte Wallace, daß »die Russen heute mehr politische Freiheiten haben als je zuvor«. Er entdeckte auch »vermehrte Anzeichen für religiöse Toleranz« in der UdSSR und behauptete, daß es »grundsätzlich keinen Konflikt zwischen den Vereinigten Staaten und der Sowjetunion« gebe.[46] Außerdem hielt Wallace nicht Expansionismus, sondern vielmehr Furcht für den Motor sowjetischer Politik. Im März 1946, als er noch Handelsminister war, schrieb er an Truman: »Die Ereignisse der letzten Monate haben die Sowjets auf ihre Ängste von vor 1939 zurückgeworfen, auf die Furcht vor ›kapitalistischer Einkreisung‹ und den irrigen Glauben, daß ihnen die westliche Welt, die Vereinigten Staaten eingeschlossen, unveränderlich und einmütig feindselig gesonnen ist.«[47]

Und sechs Monate später forderte er in der erwähnten Rede im Madison Square Garden Truman direkt heraus. Der Präsident sah sich daraufhin veranlaßt, den Rücktritt des Ministers zu verlangen. »Uns gefällt vielleicht nicht, was Rußland in Osteuropa tut«, hatte Wallace verkündet, »die Landreform der Sowjets, die Enteignungen im industriellen Bereich und die Unterdrückung der Grundfreiheiten stören die große Mehrheit des amerikanischen Volkes. Aber ob es uns gefällt oder nicht, fest steht, daß die Russen in ihrer Einflußsphäre ebenso den Sozialismus durchzusetzen versuchen werden wie wir in unserer Einflußsphäre die Demokratie [...]. In nahezu einem Drittel der Welt werden russische Vorstellungen von sozialökonomischer Gerechtigkeit herrschen, und unsere Vorstellungen von Demokratie des freien Unternehmertums in einem Großteil des Rests der Welt. Jede der beiden Seiten wird in ihrem politischen Herrschaftsbereich zu beweisen versuchen, daß sie die einfachen Leute eher zufriedenstellen kann als die andere.«[48] Dies war in der Tat ein seltsamer Rollentausch: Der Mann, der sich selbst zum Fürsprecher der Moral in der Außenpolitik erklärt hatte, akzeptierte aus pragmatischen Gründen eine sowjetische Einflußsphäre in Osteuropa, während die von ihm wegen ihrer zynischen Machtpolitik angegriffene Regierung diese sowjetische Einflußsphäre aus moralischen Gründen ablehnte.

Wallace sprach den Vereinigten Staaten jedes Recht ab, in irgendeinem Ort der Erde Partei zu ergreifen. Ungeachtet des sowjetischen Vetorechts innerhalb der Vereinten Nationen seien Interventionen nur dann gerechtfertigt, wenn sie von den Vereinten Nationen gebilligt, und wirtschaftliche Hilfe nur dann zulässig, wenn sie über internationale Institutionen verteilt würden. Der Marshallplan würde, da er dieser Bedingung nicht entsprach, letzten Endes den USA die Feindschaft der gesamten Welt einbringen.[49]

Nach dem kommunistischen Staatsstreich in der Tschechoslowakei, der Berliner Blockade und der Invasion Südkoreas brach die Herausforderung der Radikalen indessen in sich zusammen. Während Truman 1948 bei den Präsidentschaftswahlen vierundzwanzig Millionen Stimmen bekam, entfielen auf Wallace nur eine Million, die meisten davon in New York: Wallace belegte nur den vierten Platz, noch hinter dem Kandidaten der konservativen Südstaatler, Strom Thurmond.

Nichtsdestoweniger gelang es Wallace, Themen in die Diskussion zu werfen, die während des gesamten Kalten Krieges Hauptinhalte der radikalen Kritik bleiben und in den Jahren des Vietnamkrieges in den Mittelpunkt der Aufmerksamkeit treten sollten: die moralische Unzulänglichkeit Amerikas und der von ihm unterstützten befreundeten Nationen, die grundsätzliche moralische Gleichwertigkeit der Vereinigten Staaten und ihrer kommunistischen Herausforderer, die Überzeugung, daß die USA nicht verpflichtet seien, irgendein Gebiet der Welt gegen im großen und ganzen imaginäre Bedrohungen zu verteidigen, und die Auffassung, daß die Weltöffentlichkeit sich eher als Wegweiser der Außenpolitik eigne denn geopolitische Konzepte. Als erstmals vorgeschlagen wurde, Griechenland und die Türkei zu unterstützen, drängte Wallace die Truman-Administration, die Sache vor die Vereinten Nationen zu bringen. Wenn »die Russen von ihrem Vetorecht Gebrauch machen, liegt die Last der moralischen Verantwortung bei ihnen [...]. Wenn wir unabhängig handeln [...], liegt sie bei uns«.[50] Sich im Besitz der richtigen Moral zu wissen, war wichtiger als die Frage, ob die geopolitischen Interessen der USA geschützt waren oder nicht.

Zwar hatte die von den Radikalen vorgebrachte Kritik an der Außenpolitik der Vereinigten Staaten, zu deren Fürsprecher sich Henry Wallace gemacht hatte, bereits in den vierziger Jahren eine Niederlage hinnehmen müssen. Dennoch brachte sie einen Wesenszug des amerikanischen Idealismus zum Ausdruck. Sie sollte die Nation nicht loslassen. Dieselben moralischen Überzeugungen, die dem internationalem Engagement der USA seine erstaunliche Kraft verliehen hatten, konnten sich ebensogut nach innen richten, sobald sich Enttäuschung über die Welt oder das Gefühl der eigenen Unzulänglichkeiten breitmachte. Der Isolationismus, verantwortlich für den Rückzug der Vereinigten Staaten in den zwanziger Jahren, da sie *zu gut* für diese Welt seien, lebte in der Forderung der Wallace-Bewegung wieder auf – diesmal allerdings, weil sie für die anstehenden Verpflichtungen *nicht gut genug* seien.

Als aber die Vereinigten Staaten erstmals im Frieden ein unbefristetes internationales Engagement eingingen, lagen solche Selbstzweifel noch in weiter Ferne. Die Generation, die den New Deal bewerkstelligt und den Zweiten Weltkrieg gewonnen hatte, verfügte über ungeheures Vertrauen in die eigene Kraft und die Größe des amerikanischen Unternehmungsgeistes. Tatsächlich eignete sich der nationale Idealismus nahezu perfekt für die Führungsrolle in einer zweigeteilten Welt; die subtilen Erwägungen der Gleichgewichts-Diplomatie europäischer Prägung wären dem nicht annähernd so gut gerecht geworden. Nur eine Gesellschaft, die von ihren Errungenschaften und ihrer Zukunft so überzeugt war, vermochte sowohl die Hingabe als auch die Mittel aufzubringen, die man für den Aufbau einer Weltordnung brauchte, in der unterlegene Feinde versöhnt, Gegner bekehrt und geschlagene Verbündete wiederaufgebaut werden sollten. Große Vorhaben verlangen oft einen Anflug von Naivität.

Jedenfalls führte die Eindämmungspolitik dazu, daß die Vereinigten Staaten in den Jahren ihrer größten Macht auf eine im wesentlichen passive Diplomatie zurückfielen. Dies rief weitere Kritiker auf den Plan, angeführt von John Foster Dulles, die, da sie zu den Konservativen zählten, zwar die Prämissen der Eindämmungspolitik akzeptierten, jedoch die Dringlichkeit des Anliegens unterschätzt sahen. Selbst wenn es der Eindämmungspolitik eines Tages gelingen sollte, die sowjetische Gesellschaft erfolgreich zu untergraben: Es würde zu lange dauern und zu große Kosten verursachen. Wie erfolgreich die Politik des »containment« auch immer sein mochte, Strategien der Befreiung würden mit Sicherheit schneller zum Ziel führen. So war gegen Ende der Amtszeit Trumans die Eindämmungspolitik in das Kreuzfeuer einer doppelten Kritik geraten: der Angriffe von Wallace und seinen Anhängern, die sie für zu kriegerisch hielten, und der Angriffe der konservativen Republikaner, denen sie zu passiv erschien.

Die Kontroverse verschärfte sich, weil die internationalen Krisen sich – wie von Lippmann prophezeit – mehr und mehr in Randzonen der Welt verlagerten, wo weder eindeutig auszumachen war, wer sich moralisch im Recht befand, noch ob die Sicherheit der Vereinigten Staaten wirklich unmittelbar bedroht war. Die USA sahen sich in Regionen in Kriege verwikkelt, die weder den Schutz eines Bündnisses genossen noch unzweifelhafte Absichten oder einen klaren Verlauf des Unternehmens erkennen ließen. Von Korea bis Vietnam sorgte diese Art von Engagement dafür, daß die radikale Kritik, die die moralische Berechtigung der Eindämmung in Zweifel zog, nicht verstummte.

Vor diesem Hintergrund entstand eine neue Variante dessen, was als Exzeptionalismus, als Vorstellung von der Einzigartigkeit der amerikanischen Nation bekannt ist. Trotz aller Mängel hatten sich die Vereinigten Staaten im neunzehnten Jahrhundert als Leuchtfeuer der Freiheit verstanden. In den sechziger und siebziger Jahren glaubte man, das Feuer der Fackel unruhig flackern zu sehen und es von neuem entzünden zu müssen, bevor Amerika seine historische Rolle als Quelle der Inspiration für die Sache der Freiheit wieder einnehmen konnte. Der Streit um die Eindämmungspolitik wurde zu einem Kampf um das Wesen der amerikanischen Nation.

Selbst George Kennan sah schon 1957 die Eindämmungspolitik in neuem Licht. »Meine Landsleute haben mich oft gefragt, wo man Hand anlegen soll, um der russischen Gefahr am besten entgegenzuwirken, und ich mußte ihnen antworten: bei den Dingen, in denen Amerika selbst versagt hat, bei den Dingen, deren wir uns selber schämen, bei der Rassenfrage, bei den Zuständen in unseren Großstädten, bei der Erziehung und Umwelt unserer Jugend, bei der wachsenden Kluft zwischen Fachwissen und Volksbildung […]. Ich glaube, ähnlich müßte man auch im Namen der anderen westlichen Länder antworten.«[51]

Ein Jahrzehnt zuvor, ehe er enttäuscht eine Entwicklung hatte erleben müssen, die er als Militarisierung seiner Idee empfand, hätte Kennan noch anerkannt, daß es keine derartige Wahl gab. Ein Land, das sich moralische Vollkommenheit als Maß seiner Außenpolitik abverlangt, wird weder seinem Streben nach Perfektion noch seinen Sicherheitsbedürfnissen genügen können. Die Leistung Kennans ließ sich an der Tatsache ablesen, daß die freie Welt bis 1957 alle ihre Wehrtürme bemannt hatte, und dies entschieden auch aufgrund seiner Einschätzungen. Tatsächlich war die Wehrhaftigkeit der Demokratien so erfolgreich gesteigert worden, daß die Vereinigten Staaten sich eine kräftige Prise Selbstkritik zugestehen konnten.

Die Theorie des »containment« war in mehrerlei Hinsicht außergewöhnlich: nüchtern und idealistisch zugleich, gründlich in ihrer Einschätzung der sowjetischen Beweggründe und dennoch eigentümlich abstrakt im Hinblick auf die angebotenen Lösungen. »Amerikanisch« in der Neigung zu unerfüllbaren Zielen, ging sie von der Annahme aus, den Zusammenbruch eines totalitären Gegners auf eine im wesentlichen milde Weise herbeiführen zu können. Obgleich auf dem Höhepunkt der geschichtlichen Macht Amerikas formuliert, propagierte die Doktrin die Vorstellung, daß die USA vergleichsweise schwach seien. Und indem man ein diplomatisches Zusammentreffen erst in jenem Augenblick für angebracht hielt, da die Eindämmungspolitik an ihrem Höhepunkt angelangt war, schloß man jede Möglichkeit zu diplomatischen Verhandlungen aus, bis jener letzte Akt gekommen war, in dem die Männer mit den weißen Hüten die Bekehrung der Männer mit den schwarzen Hüten erreicht hatten.

Ungeachtet all dieser Einschränkungen geleitete die Doktrin der Eindämmung die Vereinigten Staaten durch mehr als vier Jahrzehnte des Aufbaus, des Kampfes und des schließlichen Triumphes. Wie sich herausstellte, fielen nicht die Völker, die die USA verteidigen wollten – und im großen und ganzen auch erfolgreich verteidigten – den Mehrdeutigkeiten dieser Politik zum Opfer, sondern das Gewissen der amerikanischen Nation selber. Sich quälend durch ihr traditionelles Streben nach moralischer Perfektion, sollten die Vereinigten Staaten nach einem Kampf, der Generationen dauerte, erschöpft und von Strapazen und Kontroversen gezeichnet, zuletzt am Ziel fast all ihrer Wünsche anlangen.

## Kapitel 19

# Das Dilemma
# der Eindämmungspolitik:
# Der Koreakrieg

*Douglas MacArthur*
*während eines Truppenbesuches in Korea*

Die Vereinigten Staaten »brachten ihre Jungs« nicht, wie Roosevelt es vorgehabt hatte, »heim« aus Europa. Statt dessen nahmen sie auch weiterhin am europäischen Geschehen teil, riefen Einrichtungen und Programme zum Schutz vor sowjetischen Übergriffen ins Leben und setzten den Machtbereich Moskaus an jedem nur möglichen Punkt unter Druck. Drei Jahre lang entsprachen die Ergebnisse der Eindämmungspolitik den Vorstellungen ihrer Begründer. Das Atlantische Bündnis diente als militärisches Bollwerk gegen den sowjetischen Expansionismus, während der Marshallplan Westeuropa wirtschaftlich und gesellschaftlich erstarken ließ. Mit dem Hilfsprogramm für Griechenland und die Türkei konnte die sowjetische Bedrohung im östlichen Mittelmeerraum zurückgewiesen werden, und die Berliner Luftbrücke demonstrierte die Bereitschaft der Demokratien, sogar einen Krieg zu riskieren, um sich gegen eine Bedrohung ihrer bestehenden Rechte zur Wehr zu setzen. In beiden Fällen wich die Sowjetunion lieber zurück, als einer Kraftprobe mit den Vereinigten Staaten ins Auge zu sehen.

Die Theorie der Eindämmung hatte jedoch einen grundsätzlichen Fehler, der die amerikanische Führung zu zwei entscheidenden Fehleinschätzungen verleitete: Erstens glaubte sie, daß die zukünftigen Herausforderungen ebenso eindeutig sein würden wie die des Zweiten Weltkrieges, und zweitens ging sie offenbar davon aus, daß die Kommunisten dem Zerfall ihrer Herrschaft, den die Theoretiker der Eindämmung vorhergesagt hatten, tatenlos entgegensehen würden. Sie versäumte einfach, die Möglichkeit in Betracht zu ziehen, daß Moskau einmal den Versuch eines Ausbruchs unternehmen könnte, und das in einer für Amerika in politischer wie strategischer Hinsicht äußerst schwierigen Region.

Die Politik des »containment« war einem widerstrebenden Kongreß als für die Europapolitik der Vereinigten Staaten unerläßlich nahegelegt worden. Die Angst vor einem Eindringen der Sowjetunion in den Mittelmeerraum hatte zur Verabschiedung des griechisch-türkischen Hilfsprogramms geführt, während die Gefahr eines sowjetischen Angriffs auf Westeuropa die Gründung des Nordatlantischen Bündnisses zur Folge gehabt hatte. An die Möglichkeit eines sowjetischen Vorstoßes in einer anderen Region dachte man, wenn überhaupt, erst im nachhinein.

Doch schon bald, am 25. Juni 1950, waren die Vereinigten Staaten unvermittelt gezwungen, die Vielschichtigkeiten der Eindämmungspolitik in den Griff zu bekommen: Sie sahen sich mit der militärischen Aggression eines kommunistischen Stellvertreterregimes gegen ein Land konfrontiert, das Washington ausdrücklich nicht mehr dem Verteidigungsbereich der Vereinigten Staaten zugerechnet hatte und aus dem im Jahr zuvor alle amerikanischen Streitkräfte abgezogen worden waren. Der Angreifer war Nordkorea, das Opfer Südkorea – und beide waren von Europa, dem Brennpunkt der amerikanischen Strategie, denkbar weit entfernt. Nur wenige Tage nach dem Angriff Nordkoreas stellte Truman aus den in Japan stationierten (und schlecht ausgebildeten) Besatzungstruppen in aller Eile ein Expeditionskorps zusammen, um vor Ort eine Verteidigungsstrategie ins Werk zu setzen, die weder in der amerikanischen Planung vorgesehen noch vor dem Kongreß je zur Sprache gekommen war. In politischen und strategischen Überlegungen, die man nach dem Krieg in den USA anstellte, hatte die Möglichkeit einer Aggression dieser Art nie eine Rolle gespielt.

Amerikanische Spitzenpolitiker hatten lediglich zwei Konfliktsituationen für kriegsauslösend gehalten: einen sowjetischen Überraschungsangriff auf die Vereinigten Staaten oder einen Einmarsch der Roten Armee in Westeuropa. »Pläne für die nationale Sicherheit«, bekräftigte 1948 General Omar N. Bradley, Generalstabschef der Armee, »müssen die Möglichkeit in Betracht ziehen, daß die Vereinigten Staaten bereits von Anfang an Angriffen aus der Luft und Angriffen von Luftlandetruppen ausgesetzt sein können. Die Wahrscheinlichkeit und die Durchführbarkeit solcher Angriffe werden von Tag zu Tag größer [...]. Wir müßten [daher] sofort die Stützpunkte absichern, von denen aus ein Feind Luftangriffe gegen uns fliegen könnte. Im nächsten Schritt würden wir zu einem unmittelbaren Gegenangriff ausholen müssen [...] und das vor allem aus der Luft [...]. Um zurückschlagen zu können, brauchen wir Stützpunkte, über die wir im Augenblick nicht verfügen. Um sich [diese] Stützpunkte anzueignen und zu halten [...], wird man auf Kampfeinheiten der Armee zurückgreifen müssen.«[1] Bradley vergaß dabei allerdings zu erklären, wie oder warum die Sowjetunion drei Jahre nach Ende eines verheerenden Krieges trotz des Atomwaffenmonopols der Vereinigten Staaten und des Umstands, daß die UdSSR, soweit bekannt, über keine Luftstreitkräfte im Langstreckenbereich verfügte, eine solche Strategie verfolgen sollte.

Nichts im Verhalten der Vereinigten Staaten hatte die Strategen in Moskau und Pjöngjang, der Hauptstadt Nordkoreas, darauf schließen lassen, daß die Amerikaner nicht nur mit diplomatischem Protest reagieren würden, wenn die nordkoreanischen Truppen den 38. Breitengrad überschritten. Sie waren wahrscheinlich ebenso überrascht wie Saddam Hussein 1990, als Washington der Versöhnungsdiplomatie der späten achtziger Jahre den massiven Einsatz von Truppen am Persischen Golf folgen ließ. Sich auf die Versicherung prominenter Amerikaner verlassend, Korea zähle nicht zum Verteidigungsbereich der Vereinigten Staaten, waren die Kommunisten in

Moskau und Pjöngjang davon ausgegangen, daß Amerika sich einer kommunistischen Übernahme der anderen Hälfte Koreas nicht widersetzen werde. Schließlich hatte Washington sogar einen kommunistischen Sieg in China hingenommen, das ungleich wichtiger war. Offensichtlich war ihnen entgangen, daß die wiederholt erklärte moralische Pflicht, kommunistischer Aggression die Stirn zu bieten, für die amerikanischen Entscheidungsträger viel schwerer wog als strategische Analysen.

Der Koreakrieg entstand also aus einem doppelten Mißverständnis: Die Kommunisten hielten es aufgrund ihrer Analyse der amerikanischen Interessen für unwahrscheinlich, daß die Vereinigten Staaten wegen der Spitze einer Halbinsel Gegenmaßnahmen ergreifen würden, wenn sie den Kommunisten bereits den Großteil des asiatischen Festlandes überlassen hatten. Die Amerikaner hingegen, die die Herausforderung als prinzipielle Frage verstanden, hatten weniger die geopolitische Bedeutung Koreas im Auge – diese war von der politischen Führungsspitze ja bereits öffentlich verneint worden –, sondern fürchteten vielmehr die Signalwirkung, die von einer unbeantworteten kommunistischen Aggression ausgehen mußte.

Trumans mutige Entscheidung, dem Gegner in Korea die Stirn zu bieten, stand in krassem Widerspruch zu den Erklärungen, die die amerikanische Führung noch ein Jahr zuvor abgegeben hatte. So hatte beispielsweise General Douglas MacArthur, Befehlshaber der amerikanischen Streitkräfte im Pazifik, noch im März 1949 Korea eindeutig aus dem amerikanischen Verteidigungsbereich ausgeschlossen:»Unsere Verteidigungslinie«, äußerte er sich in einem Zeitungsinterview,»verläuft durch die der Küste Asiens vorgelagerte Kette von Inseln. Sie beginnt bei den Philippinen, verläuft durch das Riukiu-Archipel und dessen Hauptinsel Okinawa und schlägt dann den Bogen von Japan über die Aleuten bis nach Alaska.«[2]

Außenminister Dean Acheson war in einer Rede vor dem Nationalen Presseklub am 12. Januar 1950 sogar noch weiter gegangen. Er hatte nicht nur Korea aus dem amerikanischen Verteidigungsbereich ausgeklammert, sondern ausdrücklich auch alle Garantieabsichten für Gebiete verneint, die auf dem asiatischen Festland lagen:»Im Hinblick auf die militärische Sicherheit anderer Gebiete im pazifischen Raum muß außer Zweifel stehen, daß niemand sie gegen militärische Angriffe mit einer Garantieerklärung sichern kann. Außer Zweifel stehen muß allerdings auch, daß derartige Garantien auf der Ebene praktischer Beziehungen kaum vernünftig oder notwendig sind.«[3]

Auf Anraten der Vereinigten Stabschefs hatte Präsident Truman 1949 deshalb alle amerikanischen Streitkräfte aus Korea abgezogen. Die südkoreanische Armee war für kaum mehr als Polizeiaufgaben ausgebildet und ausgerüstet, weil Washington befürchtete, Südkorea könne versucht sein, das Land gewaltsam zu vereinigen, wenn es auch nur ansatzweise dazu in der Lage wäre.

Chruschtschow behauptet in seinen Erinnerungen, die Idee, in Südkorea einzufallen, stamme von dem nordkoreanischen Diktator Kim Il Sung. Der anfangs vorsichtige Stalin habe dem Plan schließlich zugestimmt, weil er sich von der angeblichen Mühelosigkeit des Unternehmens habe überzeugen lassen.[4] Moskau und Pjöngjang hatten unterschätzt, welche tragende Rolle moralische Werte im amerikanischen Verständnis von der Gestaltung internationaler Beziehungen spielten. Es stimmte: Wenn MacArthur und Acheson von amerikanischer Strategie sprachen, dann lediglich im Blick auf einen generellen Krieg mit der Sowjetunion; in einem solchen Krieg wäre Korea also tatsächlich nicht in den Verteidigungsbereich der Vereinigten Staaten gefallen, wären die entscheidenden Schlachten anderswo geschlagen worden. Auf eine Aggression wie die in Korea war Washington tatsächlich nicht vorbereitet. Als man sich, nur kurz nach der Berliner Blockade, dem Staatsstreich in der Tschechoslowakei und dem Sieg der Kommunisten in China, einer solchen Situation gegenübersah, nahmen die Verantwortlichen in Pentagon und Weißem Haus sie als Beweis für den Vormarsch des Kommunismus, den es aus strategischen, mehr aber noch aus prinzipiellen Gründen aufzuhalten galt.

Dennoch basierte Trumans Entscheidung, sich dem Gegner in Korea entgegenzustellen, nicht zuletzt auch auf traditionellen Sicherheitsüberlegungen. Seit Kriegsende war die freie Welt durch kommunistische Eroberungen von Jahr zu Jahr stärker herausgefordert worden. Gewissermaßen als Nebenprodukt der Besetzung durch die Rote Armee hatten die Kommunisten 1945 in Osteuropa Fuß fassen können; 1948 hatte ein kommunistisches Regime in der Tschechoslowakei durch einen Staatsstreich die Oberhand gewonnen; nur ein Jahr darauf war Mao aus dem Bürgerkrieg in China siegreich hervorgegangen. Ließ man nun zu, daß kommunistische Armeen international anerkannte Grenzen überschritten, wäre die Welt zu den Zuständen der Vorkriegszeit zurückgekehrt. Die Generation amerikanischer Politiker, die das Münchner Abkommen miterlebt hatte, mußte einfach reagieren. Außerdem hätte eine erfolgreiche Invasion in Korea einen verheerenden Einfluß auf Japan gehabt, das nur durch das kleine Japanische Meer vom asiatischen Festland getrennt war. Japan aber hatte Korea immer als strategische Schlüsselposition im südostasiatischen Raum angesehen: Eine widerstandslos hingenommene Machtübernahme dieser Schlüsselregion durch die Kommunisten mußte in Asien das Schreckgespenst eines bedrohlichen kommunistischen Blocks heraufbeschwören und Japans prowestliche Ausrichtung untergraben.

Es gibt kaum eine schwierigere außenpolitische Entscheidung als die über unvorhergesehene, improvisierte Militäraktionen. Doch Truman zeigte sich der Situation gewachsen. Am 27. Juni, nur zwei Tage nachdem die nordkoreanischen Truppen den 38. Breitengrad überschritten hatten, entschloß sich der Präsident zum Einsatz von Einheiten der amerikanischen Luft- und Seestreitkräfte. Noch vor Monatsende setzte er zu Besatzungszwecken in Japan stationierte Bodentruppen nach Korea in Marsch.

Truman bekam bei seinem Unternehmen von unerwarteter Seite Schützenhilfe – ausgerechnet die Sowjets erleichterten ihm durch ihre Unbeweglichkeit die Aufgabe, sein Land in den Krieg zu führen. Denn der sowjetische Botschafter bei den Vereinten Nationen hatte den Sicherheitsrat und andere UN-Gremien aus Protest gegen die Weigerung der Weltorganisation, den Platz Chinas Peking zu überlassen, seit Monaten boykottiert. Hätte der sowjetische Botschafter weniger Angst vor Stalin gehabt oder schneller Instruktionen erhalten, wäre er noch in der Lage gewesen, Veto gegen die von den Vereinigten Staaten beim Sicherheitsrat eingebrachte Resolution einzulegen, mit der Nordkorea aufgefordert wurde, die Feindseligkeiten einzustellen und sich auf den 38. Breitengrad zurückzuziehen. Da er nicht an der Sitzung teilnahm und deshalb von seinem Recht keinen Gebrauch machen konnte, vermochte Truman den Widerstand auf der Grundlage einer Entscheidung der Weltgemeinschaft zu organisieren und die Rolle der Vereinigten Staaten in Korea in vertraut Wilsonscher Diktion als Parteinahme in einem Konflikt zwischen Freiheit und Diktatur, zwischen Gut und Böse zu rechtfertigen. Die USA, so Truman, zogen in den Krieg, um die Beschlüsse des Sicherheitsrates durchzusetzen.[5] Sie griffen also nicht in einen weit entfernt stattfindenden regionalen Konflikt ein, sondern stellten sich vielmehr einem Angriff auf die gesamte freie Welt entgegen: »Der Angriff auf Korea«, sagte er am 27. Juni 1950, »läßt keinen Zweifel offen, daß sich der Kommunismus nicht mehr auf bloße Wühlarbeit beschränkt, um sich unabhängige Nationen zu unterwerfen, sondern jetzt auch zu Waffengewalt und zum offenen Krieg greift. Der vom Sicherheitsrat der Vereinten Nationen ergangene Befehl, Ruhe und Frieden zu wahren, wird von ihm mißachtet.«[6]

Obgleich Truman auch auf überzeugende geopolitische Gründe für die Intervention in Korea verweisen konnte, beschrieb er die Intervention eher als Verteidigung eines universellen Prinzips denn als Verteidigung nationaler Interessen: »Die Rückkehr zum Faustrecht in den internationalen Beziehungen hätte einschneidende Wirkungen. Die Vereinigten Staaten werden nach wie vor für Gesetz und Ordnung eintreten.«[7] Daß Amerika Prinzipien und nicht Interessen verteidige, sich für Recht und nicht für Macht einsetze, ist ein fast sakrosankter Grundsatz, mit dem jeder militärische Einsatz seit den beiden Weltkriegen begründet wird – ob in Vietnam 1965 oder im Golfkrieg 1991. Doch nachdem diese Prinzipien einmal über alle Machtpolitik erhoben worden waren, fiel es außerordentlich schwer, praktische Kriegsziele festzulegen. Ein unbegrenzter Krieg – und einen solchen hatte die strategische Doktrin der USA in Betracht gezogen – zielte, wie im Zweiten Weltkrieg der Fall, auf totalen Sieg und die bedingungslose Kapitulation des Gegners. Welche politische Perspektive hatte indessen ein begrenzter Krieg? Das einfachste und wohl verständlichste Kriegsziel wäre gewesen, die Beschlüsse des Sicherheitsrates wortwörtlich in die Tat umzusetzen und die koreanischen Streitkräfte an ihren Ausgangspunkt entlang des 38. Breitengrades zurückzudrängen. Aber wenn territoriale Übergriffe ungestraft blieben, wie konnte man dann zukünftige Aggressionen verhindern? Erkannten mögliche Angreifer, daß das Schlimmste, was ihnen widerfahren konnte, die Rückkehr zum Status quo ante war, drohte die Politik der Eindämmung zu einer endlosen Folge beschränkter Kriege zu geraten, die die Kräfte der Vereinigten Staaten – wie Lippmann vorhergesagt hatte – auszehren würden. Wenn man jedoch strafen wollte: Welche Art von Strafe vertrug sich mit der Festlegung auf einen begrenzten Krieg? Es gehört zur Strategie eines begrenzten Krieges unter Beteiligung der Supermächte, sei diese direkt oder indirekt, daß beide Seiten in der Lage sind, die Einsätze zu erhöhen; eben das macht sie zu Supermächten. Daher muß ein Gleichgewicht gefunden werden. Dabei wird die Seite immer im Vorteil sein, die die andere von ihrer Bereitschaft zu überzeugen vermag, das größere Risiko einzugehen. In Europa war es Stalin gelungen, die Demokratien zu bluffen: Sie glaubten tatsächlich, daß seine Bereitschaft, bis zum Äußersten – und noch weiter – zu gehen, die ihrige überragte, ungeachtet der Tatsache, daß dies jeder vernünftigen Analyse der Machtverhältnisse widersprach. In Asien wurde die kommunistische Seite durch ein bedrohlicher werdendes China gestärkt, das, gerade von den Kommunisten übernommen, den Einsatz zu erhöhen vermochte, ohne daß die Sowjetunion direkt hätte eingreifen müssen. Die Demokratien fürchteten eine Eskalation daher mehr als ihre Gegner – oder zumindest mehr, als ihre Gegner sie glauben ließen.

Überdies hemmte letzten Endes auch die Festlegung auf ein multilaterales Vorgehen über die Vereinten Nationen die amerikanische Politik. Zu Beginn des Koreakrieges genossen die Vereinigten Staaten zwar die breite Unterstützung von NATO-Ländern wie Großbritannien oder der Türkei, die beachtliche Truppenkontingente entsandten: Obschon viele Nationen dem Schicksal Koreas gleichgültig gegenüberstanden, unterstützten sie doch das Prinzip kollektiven Handelns, auf das vielleicht auch sie sich einmal zu ihrer eigenen Verteidigung würden berufen müssen. Sobald dieses Ziel jedoch erreicht war, zeigte sich die Mehrheit der Mitglieder der UN-Vollversammlung weit weniger bereit, zusätzliche Risiken einzugehen, die sich aus der Verhängung weiterer Strafmaßnahmen ergeben würden. Die Vereinigten Staaten sahen sich mithin in einen begrenzten Krieg verwickelt, auf den sie politisch nicht vorbereitet waren und in dem es um die Verteidigung eines weit entfernten Landes ging, an dem sie jedes strategische Interesse bestritten hatten. Hin- und hergerissen angesichts der Uneindeutigkeit der Situation, konnte Washington auf der koreanischen Halbinsel im Grunde kein anderes nationales strategisches Interesse wahrnehmen als jenes, den Beweis dafür anzutreten, daß Aggression bestraft wurde. Um Nordkorea in seine Schranken zu verweisen, ohne dabei einen größeren Krieg auszulösen, mußte Amerika allerdings die Länder, die zu einer Eskalation in der Lage waren – vor allem die Sowjetunion und China –, überzeugen, daß die amerikanischen Zielsetzungen tatsächlich nur begrenzter Natur waren.

Die Theorie der Eindämmung indessen, in deren Namen Amerika eingegriffen hatte, ließ unglücklicherweise genau die gegenteilige Versuchung aufkommen: Sie veranlaßte Truman und seine Mitarbeiter dazu, das politische Schlachtfeld auszuweiten.

Die maßgeblichen Mitglieder der Truman-Administration glaubten ausnahmslos an einen weltweiten Plan der Kommunisten und sahen in dem Angriff in Korea den ersten Schritt einer zwischen China und der Sowjetunion abgestimmten Strategie, der den Auftakt zu einem allgemeinen Angriff darstellen konnte. Als amerikanische Truppen nach Korea entsandt wurden, suchte die Regierung daher nach Möglichkeiten, die Entschlossenheit der Vereinigten Staaten deutlich zu machen, der kommunistischen Aggression im gesamten pazifischen Raum entgegenzutreten. Sie verband etwa die Ankündigung, Streitkräfte zu entsenden, mit dem Befehl an die Siebte Flotte, Taiwan vor dem kommunistischen China zu schützen, denn»die Besetzung Formosas durch kommunistische Streitkräfte [würde] eine direkte Gefahr für die Sicherheit des pazifischen Raums und die amerikanischen Streitkräfte bedeuten, die dort zur Durchführung ihrer unerläßlichen und völkerrechtlich begründeten Aufgaben stationiert sind.«[8] Außerdem verstärkte Truman die militärische Unterstützung für die französischen Streitkräfte, die sich dem von den Kommunisten gesteuerten Unabhängigkeitskampf in Vietnam entgegenstellten. (Regierungsbeschlüsse sind in der Regel auf mehr als ein Motiv zurückzuführen: In diesem Fall boten die ergriffenen Maßnahmen für Truman den zusätzlichen Vorteil, der Regierung die Stimmen der sogenannten China-Lobby im Senat einzubringen, die zuvor seine Regierung aufs schärfste kritisiert hatte, weil sie Festlandchina»fallengelassen« habe.)

Dem aus dem chinesischen Bürgerkrieg soeben siegreich hervorgegangenen Mao Tse-tung mußten Trumans Erklärungen als Spiegelbild der amerikanischen Angst vor einer kommunistischen Verschwörung erscheinen: Mao deutete die Maßnahmen der Vereinigten Staaten als ersten Schritt eines Versuchs, den Sieg der Kommunisten im chinesischen Bürgerkrieg rückgängig zu machen. Indem Truman Taiwan schützte, unterstützte er jene chinesische Regierung, die Washington noch immer als einzig rechtmäßige anerkannte. Die Aufstockung des Hilfsprogramms für Vietnam war aus der Sicht Pekings ein weiterer Beweis für die kapitalistische Einkreisung. Alles in allem spornte Washington Peking dergestalt an, genau das Gegenteil dessen zu tun, was Amerika wollte: Mao hatte Grund zu glauben, daß er die USA, wenn er ihnen nicht in Korea Einhalt gebot, auf dem Festland würde bekämpfen müssen. Jedenfalls gab ihm niemand Veranlassung, etwas anderes zu glauben.»Die amerikanischen Imperialisten sind von der kühnen Hoffnung erfüllt«, hieß es in der Zeitung ›People's Daily‹,»daß uns ihre bewaffnete Aggression gegen Taiwan davon abhalten wird, es zu befreien. Gerade im Umkreis Chinas beginnen sich ihre Blockadepläne in Gestalt einer ausgestreckten Schlange abzuzeichnen. Die Schlange erstreckt sich von Südkorea über Japan und die Riukiu-Inseln nach Taiwan und den Philippinen und wendet sich dann Vietnam zu.«[9] Die Militärstrategie der Vereinigten Staaten trug zur Fehleinschätzung der amerikanischen Absichten bei. Wie bereits erwähnt, begriff die amerikanische Führung seit jeher Diplomatie und Strategie als zwei voneinander getrennte Formen des politischen Handelns. Dem traditionellen Verständnis der amerikanischen Militärs zufolge war es zunächst die Armee, die ein Ergebnis erzielte oder einen Plan verwirklichte; erst danach nahmen die Diplomaten die Sache in die Hand: Keine der beiden Seiten riet der anderen zu einem bestimmten Vorgehen. Wenn in einem begrenzten Krieg jedoch militärische und politische Ziele nicht von Anfang an aufeinander abgestimmt sind, besteht immer die Gefahr, daß entweder zu viel oder zu wenig geschieht. Wird zu viel unternommen und gewinnt das militärische Moment die Oberhand, verschwimmt die Grenze zum totalen Krieg; der Gegner wird dazu verleitet, den Einsatz zu erhöhen. Geschieht zu wenig und tritt die diplomatische Seite in den Vordergrund, riskiert man, daß sich der eigentliche Zweck des Krieges in Verhandlungstaktiken erschöpft und die Neigung, sich mit einem Patt abzufinden, wächst.

In Korea tappte Amerika gleich in beide Fallen. In den ersten Phasen des Krieges beschränkten sich die Aktivitäten des amerikanischen Expeditionskorps auf die Zone um die im Südosten der koreanischen Halbinsel gelegene Hafenstadt Pusan. Das vorrangige Ziel war, zu überleben; es lag der amerikanischen Führung fern, sich mit dem Verhältnis von Krieg und Diplomatie zu beschäftigen. Das Kommando wurde Douglas MacArthur, dem fähigsten amerikanischen General dieses Jahrhunderts, übertragen. Im Unterschied zu den meisten seiner Kollegen war MacArthur kein Anhänger der bei den Amerikanern beliebten Zermürbungsstrategie. Im Zweiten Weltkrieg hatte er – trotz der dem europäischen Kriegsschauplatz eingeräumten Priorität – eine Strategie des »Inselhüpfens« entwickelt, mit der er die japanischen Stützpunkte umging und sich auf die schlecht verteidigten Inseln konzentrierte. Auf diese Weise gelang es ihm innerhalb von zwei Jahren, amerikanische Streitkräfte von Australien bis auf die Philippinen zu bringen.

In Korea wandte MacArthur dieselbe Strategie an. Entgegen dem Rat seiner sehr viel konventioneller denkenden Vorgesetzten in Washington ließ er die amerikanischen Streitkräfte in Inchon, dem Hafen von Seoul, etwa dreihundertfünfzig Kilometer hinter den feindlichen Linien an Land gehen und schnitt so die Nachschublinien Nordkoreas nach Pjöngjang ab. Die nordkoreanische Armee brach zusammen, der Weg nach Norden war frei.

Dieser Sieg führte den wahrscheinlich verhängnisvollsten Entschluß des gesamten Koreakrieges herbei. Wenn Washington jemals seine militärischen Ziele und politischen Absichten aufeinander abstimmen wollte, dann wäre das der richtige Zeitpunkt gewesen. Truman stand vor einer dreifachen

Alternative: Er konnte den Streitkräften befehlen, am 38. Breitengrad halt-zumachen und damit den Status quo ante wiederherstellen. Er konnte MacArthur zu einem Vorstoß nach Norden ermächtigen, um eine Strafaktion gegen die Aggressoren durchzuführen. Und er konnte MacArthur die Anordnung geben, ganz Korea bis zur chinesischen Grenze zu vereinigen; anders gesagt: Truman konnte sich das Ergebnis des Krieges ausschließlich von militärischen Erwägungen diktieren lassen. Die beste Entscheidung wäre gewesen, bis zu der etwa einhundertsechzig Kilometer breiten Landenge der Halbinsel, kurz vor der chinesischen Grenze, vorzudringen. Diese Linie wäre militärisch zu halten gewesen und hätte ein Gebiet betroffen, das nicht nur neunzig Prozent der Bevölkerung, sondern auch Pjöngjang, die Hauptstadt Nordkoreas, einschloß. Truman hätte mit diesem Schritt einen bedeutenden politischen Erfolg erzielt, ohne China herauszufordern.

MacArthur war ein brillanter Stratege, zeigte jedoch weniger Einfühlungsvermögen, wenn es um politische Analysen ging. Die historische Erinnerung der Chinesen an die Invasion in die Mandschurei durch Japan ignorierend, die entlang derselben Route über Korea erfolgt war, drang MacArthur darauf, bis zur chinesischen Grenze am Jalu vorzurücken. Der durch den unerwarteten Erfolg seines Befehlshabers bei Inchon geblendete Truman stimmte zu. Jeden Mittelweg zwischen Herstellung des Status quo ante und totalem Sieg ausschließend, verzichtete der Präsident darauf, sich der geographischen und demographischen Vorteile der Landenge auf der Höhe von Hungnam zu bedienen. Statt sich für eine einhundertsechzig Kilometer lange, von der chinesischen Grenze noch einigermaßen entfernte Verteidigungslinie zu entscheiden, handelte er sich die Notwendigkeit ein, eine über sechshundert Kilometer lange Front verteidigen zu müssen, in deren unmittelbarer Nähe die Hauptkräfte der chinesischen Kommunisten konzentriert waren.

Die Erinnerung an die Leiden, Verwüstungen und Opfer, die der Einfall Japans und ein erbitterter Bürgerkrieg dem Land beschert hatten, ließ China den Entschluß, die größte Militärmacht der Welt herauszufordern, sicher nicht leichtfallen. Solange die chinesischen Archive nicht zugänglich sind, wird man nicht beurteilen können, ob Mao Tse-tung nach der Überschreitung des 38. Breitengrads durch die amerikanischen Streitkräfte (ungeachtet der Begrenztheit der Absichten Washingtons) eingegriffen oder ob und wieweit er ihnen erlaubt hätte, nach Norden vorzudringen. Aber die Kunst der Politik besteht nun einmal darin, jene Abwägung von Risiken und Nutzen, die das Kalkül des Gegners bestimmen, auch in die eigenen Überlegungen einzubeziehen. Um die chinesischen Pläne im Hinblick auf eine Intervention zu beeinflussen, hätte man zum Beispiel den amerikanischen Vorstoß an der genannten Landenge der koreanischen Halbinsel abbrechen und vorschlagen können, den Rest des Landes unter internationaler Kontrolle zu entmilitarisieren.

Die amerikanische Regierung dachte wohl in diese Richtung, als sie

MacArthur befahl, nicht mit nichtkoreanischen Streitkräften zum Jalu vorzustoßen. Die Anordnung wurde indes weder in einen politischen Vorschlag an die Adresse Pekings übersetzt noch je öffentlich verlautbart. MacArthur hielt die Weisung jedenfalls für »unpraktisch«. Und Washington, gemäß seiner Tradition, einem im Felde stehenden Befehlshaber nichts vorzuschreiben, bestand auch nicht darauf. MacArthurs überraschender Erfolg in Inchon hatte die politische Führung Amerikas mehr oder weniger überzeugt, daß er Asien besser verstand als sie.

Als die chinesische Volksarmee dann angriff, traf dies die amerikanischen Streitkräfte wie ein Blitz aus heiterem Himmel: Fast wie in Panik zogen sich die Truppen MacArthurs vom Jalu bis südlich von Seoul zurück, das innerhalb von sechs Monaten zum zweiten Mal dem Feind in die Hände fiel. Ohne Doktrin für beschränkte Konflikte, verlor die Truman-Administration in dieser Krise die Kontrolle darüber, was eigentlich ihre politischen Ziele in diesem Konflikt waren. Sie begannen je nach Stand der Gefechte zu wechseln: Einmal hieß es, daß es der Aggression Einhalt zu gebieten gelte, dann wieder ging es um die Vereinigung Koreas; ein anderes Mal war davon die Rede, daß die Sicherheit der Streitkräfte der Vereinten Nationen zu gewährleisten sei, dann wiederum davon, daß der Einsatz auf einen Waffenstillstand entlang des 38. Breitengrades ziele, und schließlich wollte man die Ausbreitung des Krieges verhindern.

Als die amerikanischen Bodentruppen in den ersten Julitagen des Jahres 1950 in den Kampf eingriffen, wollte man – so das erklärte Ziel – »die Aggression abwehren«. Was man darunter verstand, wurde nie näher erläutert. Nach der Landung bei Inchon im September und dem Zusammenbruch der nordkoreanischen Armee hieß das Ziel »Vereinigung«, wie Truman am 17. Oktober 1950 verkündete, ohne freilich einen Handlungsrahmen für das Vorgehen gegenüber China zu formulieren. Die für Peking bestimmten Mitteilungen des Präsidenten erschöpften sich in den immer gleichen Beschwörungen der guten Intentionen Amerikas – und genau denen galt natürlich die Sorge Mao Tse-tungs. »Unsere einzige Absicht in Korea liegt darin«, sagte Truman, als er den Vorstoß nach Norden anordnete, »für Frieden und Unabhängigkeit zu sorgen. Unsere Truppen werden nur so lange dort bleiben, wie sie von den Vereinten Nationen zu diesem Zweck gebraucht werden. Wir sind weder in Korea noch sonstwo an einem bestimmten Gebiet oder Privileg interessiert. Und weder in Korea noch an einem anderen Ort des Fernen Ostens oder sonstwo in der Welt verfolgen wir aggressive Vorhaben.«[10]

Mao war allerdings außerstande, sich auf derartige Versicherungen seines kapitalistischen Hauptgegners zu verlassen, der gerade Rotchinas Todfeinden in Taiwan den Schutz der Vereinigten Staaten angedeihen ließ. Truman bezeichnete weder die bestrittenen »aggressiven Vorhaben« näher, noch nannte er einen Termin für den Abzug der amerikanischen Truppen aus Nordkorea. Die Vereinigten Staaten hätten, wenn überhaupt, eine Intervention Maos nur durch einen Vorschlag verhindern können, der die Einrichtung einer Art Pufferzone entlang der chinesischen Grenze in Aussicht stellte. Derartige Versuche sind jedoch nie unternommen worden.

In den kommenden Monaten würden die amerikanischen Streitkräfte den chinesischen Politikern vor Augen führen,wie groß das eingegangene Risiko war. Die chinesischen Verbände waren anfangs am Jalu siegreich gewesen, weil es ihnen gelungen war, die zerstreuten amerikanischen Streitkräfte zu überrumpeln. In der Folge wurde jedoch bald klar, daß die chinesische Armee nicht über die Feuerkraft verfügte, amerikanische Verschanzungen aufzurollen, und ohne ein gewisses Moment der Überraschung nicht in der Lage war, eine gut abgesicherte Front, wie etwa an der Landenge der Halbinsel auf der Höhe von Hungnam, zu durchbrechen. Sobald sich die amerikanischen Streitkräfte wieder gesammelt hatten, stellten sie unter Beweis, daß sie der chinesischen Armee – beim damaligen Stand der Entwicklung – an Feuerkraft weit überlegen waren.

Kaum war China in den Krieg eingetreten, änderten sich die amerikanischen Ziele abermals, und das bereits nach wenigen Tagen. Am 26. November 1950 gingen die Chinesen zum Gegenangriff über. Schon am 30. November gab Truman das Ziel der Vereinigung Koreas auf, als er äußerte, diese Frage solle »späteren Verhandlungen« vorbehalten sein. Wieder wurde das vage Konzept,»der Aggression Einhalt zu gebieten«, zum Hauptanliegen Amerikas:»Die Streitkräfte der Vereinten Nationen sind in Korea, um eine Aggression niederzuschlagen, die nicht nur das Gesamtgefüge der Vereinten Nationen selbst, sondern jede Hoffnung der Menschen auf Frieden und Gerechtigkeit bedroht. Wenn die Vereinten Nationen den Kräften der Aggression nachgeben, wird keine Nation mehr vor ihnen sicher sein.«[11]

In den ersten Januartagen des Jahres 1951 verlief die Front mehr als achtzig Kilometer südlich des 38. Breitengrades, und Seoul war abermals in den Händen der Kommunisten. In dieser Situation begingen die Chinesen den gleichen Fehler wie MacArthur drei Monate zuvor. Hätte Peking angeboten, sich mit dem Gebiet nördlich des 38. Breitengrades zufriedenzugeben, hätte Washington dies sicherlich akzeptiert, und China hätte für sich in Anspruch nehmen können, nur ein Jahr nach dem siegreichen Ende des Bürgerkrieges die Armee der Vereinigten Staaten geschlagen zu haben. Aber auch Mao war von den unerwarteten Erfolgen seiner Armee überwältigt; nun wollte er die amerikanischen Streitkräfte ganz und gar von der Halbinsel vertreiben. Er mußte dabei entscheidende Rückschläge hinnehmen. Die Chinesen erlitten bei ihren Angriffen auf die befestigten amerikanischen Stellungen im Süden von Seoul ungeheure Verluste.

Im April 1951 hatte sich das Blatt abermals gewendet, und die amerikanischen Truppen überschritten zum zweiten Mal den 38. Breitengrad. Doch das Schlachtfeld war nicht der einzige Aspekt des Krieges, der sich gewandelt hatte. Denn der Schock, den die Intervention Chinas bei der Truman-

Administration ausgelöst hatte, hatte sich mittlerweile zu einem solchen Trauma ausgewachsen, daß es zum Hauptanliegen Washingtons wurde, jedes Risiko zu vermeiden. Washingtons Einschätzung der bestehenden Risiken beruhte allerdings auf einer Reihe von Mißverständnissen. Wie ein Jahrzehnt später in Vietnam ging man davon aus, daß es sich um eine zentral gesteuerte kommunistische Verschwörung handele, die auf Weltherrschaft ziele. Wenn aber Moskau das Sagen hatte, so hieß das, daß weder China noch Nordkorea ohne die Zusicherung sowjetischer Rückendeckung in den Krieg eingetreten sein konnten. Der Kreml würde sich, davon war man in Washington überzeugt, nicht mit einer Niederlage abfinden; er würde den Einsatz nach jedem Rückschlag, den seine Schützlinge erlitten, sofort erhöhen. Wenn also die Vereinigten Staaten einen beschränkten Sieg anstrebten, liefen sie Gefahr, einen allgemeinen Krieg mit der Sowjetunion auszulösen. Die USA konnten es sich demnach nicht einmal mehr leisten, einen beschränkten Sieg zu erringen, weil der kommunistische Block jeden Preis dafür zahlen würde, um nicht zu verlieren.

Die Wirklichkeit sah anders aus. Wie erwähnt, hatte Stalin den nordkoreanischen Angriff erst gebilligt, nachdem Kim Il Sung ihm versichert hatte, man riskiere dadurch kaum einen Krieg. Insofern hatte Stalin die Chinesen wohl eher deshalb zur Intervention ermutigt, weil er die Abhängigkeit Chinas von der Sowjetunion zu vergrößern gedachte. Die wahren Fanatiker in dieser Angelegenheit saßen in Peking und Pjöngjang, nicht in Moskau. Der Koreakrieg war kein Komplott der UdSSR, die Vereinigten Staaten in Asien zu binden, um dann Europa angreifen zu können: Die Sowjets wurden durch das Strategic Air Command, das in Korea nicht zum Einsatz kam, abgeschreckt, Europa anzugreifen. Wenn überhaupt, dann stand ihnen nur geringe nukleare Schlagkraft zur Verfügung, und schon infolge dieses Ungleichgewichts hatte Stalin in einem allgemeinen Krieg viel mehr zu verlieren, als für die Vereinigten Staaten auf dem Spiel stand. Wie groß das Ungleichgewicht der Landstreitkräfte in Europa daher auch gewesen sein mag, es ist äußerst unwahrscheinlich, daß Stalin wegen Korea einen Krieg mit den Vereinigten Staaten riskiert hätte. Fest steht jedenfalls, daß er China nur widerwillig unterstützte, und dies auch nur gegen volle Bezahlung, womit er der Spaltung zwischen China und der UdSSR Vorschub leistete.

Die amerikanische Führung glaubte, die Gefahren einer Eskalation zu kennen, versäumte es aber, sich die Nachteile eines Patts bewußt zu machen. »Wir kämpfen in Korea«, sagte Truman im April 1951, »um uns einer ungeheuerlichen Aggression entgegenzustellen [...]. Wir versuchen zu verhindern, daß sich der koreanische Konflikt auf andere Gebiete ausbreitet. Zugleich müssen wir aber unsere militärischen Aktivitäten so gestalten, daß wir die Sicherheit unserer Streitkräfte gewährleisten können. Das ist entscheidend, wenn sie den Kampf so lange fortführen sollen, bis der Feind von seinem rücksichtslosen Versuch, die Republik Korea zu zerstören, Abstand nimmt.«[12]

Einen Krieg zu führen, um »die Sicherheit unserer Streitkräfte« zu gewährleisten, ist strategisch gesehen indes eine Leerformel. Da es ja der Krieg selber ist, der ihre Sicherheit in Frage stellt, ist »die Sicherheit unserer Streitkräfte« als Kriegsziel nichts weiter als eine Tautologie. Daß Truman kein anderes Kriegsziel angab als die Absicht, den Feind dazu zu bringen, von seinen Bemühungen Abstand zu nehmen, ließ Enttäuschungen aufkommen, die ihrerseits den Siegesdruck erhöhten.

MacArthur hielt nichts davon, auf eine Pattsituation hinzuarbeiten. Hartnäckig und wortgewandt wies er darauf hin, daß bereits der ursprüngliche Entschluß zur Intervention die Gefahr einer Eskalation in sich geborgen habe. Die daraus entspringenden Risiken könne man nun nicht dadurch vermindern, daß man sich bei der Durchführung der militärischen Operationen Zurückhaltung auferlege. Wenn Zurückhaltung überhaupt zu etwas führe, dann dazu, die Risiken zu vergrößern, weil man auf diese Weise den Krieg verlängere. 1951 warnte MacArthur in seinen Stellungnahmen nachdrücklich vor diesem Unterfangen:»Wir haben jetzt einen Krieg am Hals, und da kann man sich nicht einfach hinstellen und sagen:›Dieser Krieg soll ruhig so weitergehen – wir bereiten uns inzwischen auf einen anderen Krieg vor‹«.[13] Den Standpunkt der Regierung, der Krieg in Korea sei so zu führen, daß man den Sowjets keinen Vorwand für einen umfassenden Angriff liefere, teilte MacArthur nicht. Statt dessen trat er für eine Strategie ein, die es ermöglichen sollte, die chinesischen Armeen zumindest in Korea zu schlagen.

MacArthurs Vorschläge schlossen ein Ultimatum ein:»Es [China] soll innerhalb einer vernünftigen Zeit über Bedingungen für einen Waffenstillstand verhandeln«, so forderte er,»oder sein Vorgehen in Korea wird als Kriegserklärung gegenüber den dort tätigen Nationen angesehen, die dann die von ihnen für notwendig erachteten Schritte unternehmen werden, um die Angelegenheit zu Ende zu bringen«.[14] Mehrfach drang er darauf, Stützpunkte in der Mandschurei zu bombardieren, eine Blockade über China zu verhängen, die amerikanischen Truppen in Korea zu verstärken und nationalchinesische Streitkräfte aus Taiwan einzusetzen. Diese Maßnahmen entsprachen dem, was MacArthur unter »normalem Vorgehen« verstand. Sie zielten darauf,»unter Einsatz unseres gesamten Potentials mit einem Minimum an Opfern zum frühestmöglichen Zeitpunkt einen gerechten und ehrenhaften Frieden herbeizuführen«.[15]

Einige der Empfehlungen MacArthurs überschritten den Zuständigkeitsbereich eines am Kriegsschauplatz befehligenden Offiziers bei weitem. Der Einsatz nationalchinesischer Streitkräfte in Korea etwa wäre auf die Erklärung eines umfassenden Krieges gegen die Volksrepublik China hinausgelaufen. Sobald der chinesische Bürgerkrieg auch in dieses Gebiet getragen worden wäre, hätte es keine der beiden chinesischen Parteien den Krieg beenden können, ohne einen totalen Sieg errungen zu haben; die Vereinigten Staaten hätten sich in einen zeitlich unbegrenzten Konflikt gestürzt.

Entscheidender jedoch als die Beurteilung der Angemessenheit einzelner Empfehlungen war die Tatsache, daß MacArthur die Schlüsselfrage, ob es zwischen einem Patt und dem totalem Krieg überhaupt eine Wahl gab, aufgeworfen hatte. Als Truman ihn am 11. April 1951 absetzte, brach der Gegensatz offen auf. Der für seine Unerschrockenheit bekannte Präsident hatte gar keine andere Möglichkeit, als einen in aller Öffentlichkeit ungehorsamen Befehlshaber seines Amtes zu entheben. Doch gleichzeitig legte er die Vereinigten Staaten auf eine Strategie fest, die dem Gegner die Initiative überließ. Denn als Truman seine Entscheidung bekanntgab, bestimmte er die Ziele der amerikanischen Politik abermals neu. Erstmals wurde die »Abwehr der Aggression« mit der Absicht gleichgesetzt, entlang der bestehenden Waffenstillstandslinie, wo immer diese auch verlaufen mochte, zu einer Regelung zu kommen – für die Chinesen nur ein weiterer Ansporn, ihre militärischen Anstrengungen zu *verstärken*, um die für sie bestmögliche Linie zu erreichen:

»Wirklicher Friede kann durch eine Regelung erreicht werden, die auf folgenden Voraussetzungen beruht:
Erstens: Die Kampfhandlungen müssen eingestellt werden.
Zweitens: Es müssen konkrete Schritte unternommen werden, die sicherstellen, daß die Kampfhandlungen nicht wieder ausbrechen.
Drittens: Die Aggression muß ein Ende haben.«[16]

Die Vereinigung Koreas, die die Vereinigten Staaten noch sechs Monate zuvor mit Waffengewalt hatten durchsetzen wollen, wurde auf die Zukunft vertagt:»Eine Regelung auf der Grundlage dieser Punkte würde den Weg für die Vereinigung Koreas und den Abzug aller ausländischen Streitkräfte ebnen.«[17]

MacArthur wurde bei seiner Rückkehr aus Korea wie ein Held empfangen. In den bald beginnenden Anhörungen vor dem Senat, die einer breiten Öffentlichkeit zugänglich gemacht wurden, stützte er sich bei seiner Verteidigung auf das – wie er es nannte – traditionelle Verhältnis von Strategie und Politik in auswärtigen Angelegenheiten:»Der über viele Jahrzehnte anerkannte Grundsatz«, so sagte er,»bestand darin, daß Krieg das letzte Mittel der Politik ist. Wenn alle anderen politischen Mittel zu nichts mehr führen, schreitet man zur Gewalt; und wenn dies geschieht, dann unterliegt der Ausgleich der Kontrolle und der Ausgleich der Zielvorstellungen – das Hauptanliegen, um das es geht, eingeschlossen – der Kontrolle des Militärs, sobald die Zeit des Tötens gekommen ist [...]. Ich möchte hier mit allem Nachdruck feststellen, daß, sobald eine Nation einmal in einen Kampf verwickelt ist, keine sich als Politik gerierende List eine Rolle spielen sollte. Sie würde nur die eigenen Männer behindern, ihre Chancen auf den Sieg schmälern und die Verluste unter ihnen erhöhen.«[18]

MacArthur hatte recht, wenn er gegen eine nationale Politik schimpfte, die das Patt favorisierte. Er hatte politische Einschränkungen aber geradezu herausgefordert, als er sich gegen jede Formulierung politischer Ziele aussprach und davon nicht einmal diejenigen ausnahm, die zur Unterstützung eines lokalen Sieges notwendig gewesen wären.

Hinderte man die Diplomatie daran, Kriegsziele zu definieren, würde jeder Konflikt, unabhängig von Einsatz und Risiko, gewissermaßen von selber zu einem unbeschränkten Krieg eskalieren – eine Überlegung, die im Zeitalter atomarer Waffen alles andere als zu vernachlässigen war. Die Truman-Regierung ging jedoch weiter. Sie schlug nicht nur die Empfehlungen MacArthurs in den Wind, sondern bestand darauf, daß es zu ihrer Strategie keine gangbare Alternative gab. General Bradley, nun Vorsitzender der Vereinigten Stabschefs, sah drei militärische Optionen:»Entweder raus und Südkorea aufgeben oder versuchen, die Sache irgendwie dort auszufechten, wo wir jetzt stehen, ohne allzuviele Truppen einzusetzen, oder zu einem totalen Krieg übergehen und so viele Streitkräfte einsetzen, wie notwendig sind, um die anderen aus Korea zu vertreiben. Im Augenblick verfolgen wir den zweiten Weg.«[19]

Dossiers der amerikanischen Regierung, in denen Optionen formuliert werden, legen fast immer die mittlere Lösung von dreien nahe. Im Bereich der Außenpolitik werden Empfehlungen gern als Möglichkeit vorgestellt, zwei Extremen, dem des Nichtstuns und dem eines unbeschränkten Krieges, aus dem Weg zu gehen: Erfahrene Beamte wissen, daß es die Moral ihrer Untergebenen hebt, wenn sie sich für den Mittelweg entscheiden. Das traf sicher auch in diesem Fall zu, obgleich die Formulierung, man solle»die Sache irgendwie ausfechten, ohne allzuviele Truppen einzusetzen«, ganz einfach das Dilemma einer Politik demonstrierte, der keine klaren Zielsetzungen zugrunde lagen.

Dean Acheson bestätigte denn auch in der typischen Sprache der Diplomatie, daß Amerika in Korea tatsächlich auf ein Patt hinauswollte: Ziel der Vereinigten Staaten sei es,»der Aggression ein Ende zu setzen, Vorkehrungen gegen eine neuerliche Aggression zu treffen und den Frieden wiederherzustellen«.[20] Ohne auch nur einen dieser Punkte näher auszuführen, ging Acheson sofort dazu über, die Effektivität der von MacArthur vorgeschlagenen Maßnahmen in Zweifel zu ziehen:»Die fraglichen Vorteile einer anfänglich beschränkten Ausbreitung des Krieges auf das chinesische Festland«, so der Außenminister,»müssen sowohl gegen die Gefahr eines unbeschränkten Krieges mit China, eines Eingreifens der Sowjets und eines dritten Weltkrieges als auch gegen die zu erwartenden Auswirkungen auf die Solidarität der Koalition der freien Welt abgewogen werden«. Es falle ihm»schwer, sich vorzustellen, wie Moskau über einen direkten Angriff auf das chinesische Festland hinwegsehen sollte.«[21]

Wenn die Vereinigten Staaten also nicht wagten, den Krieg zu gewinnen, es sich aber auch nicht leisten konnten, ihn zu verlieren, was waren dann ihre Optionen? Wenn man die Summe der zahlreichen allgemeinen Formulierungen auf ihren konkreten Kern reduzierte, so lief es auf eine Pattsituation an der Front und daher auch am Verhandlungstisch hinaus.

In seinen Erinnerungen faßte Truman die Standpunkte aller Akteure seiner Regierung, der Militärs und der Zivilisten, mit folgenden Worten zusammen: »Jeder meiner Beschlüsse in jenen Tagen war darauf ausgerichtet, einen dritten Weltkrieg mit seinen unvorstellbaren Zerstörungen zu verhindern. Mit anderen Worten, wir mußten alles unterlassen, was den Sowjets als Vorwand dienen konnte, die freien Länder mit Krieg zu überziehen.«[22]

Die offenbar übermächtige Überzeugung, die Sowjetunion sei zu einem allgemeinen Krieg bereit, läßt erkennen, daß Washington jedes Gefühl für die tatsächlichen Machtverhältnisse verloren hatte. Stalin suchte nicht nach einem Vorwand, um einen umfassenden Krieg vom Zaun zu brechen; im Gegenteil: Er war sehr bemüht, einen solchen zu vermeiden. Wäre eine Konfrontation in seinem Sinn gewesen, hätten die Ereignisse in Europa oder die in Korea bereits stattfindenden militärischen Aktionen dafür mehr als ausgereicht. Es kann daher nicht überraschen, daß die Sowjetunion in keiner Phase des Krieges mit einer Intervention oder einer anderen Militäraktion drohte. Nichts an Stalins vorsichtiger und argwöhnischer Art ließ auf einen leichtsinnigen Abenteurer schließen; stets hatte er List und indirektes Vorgehen der tatsächlichen Konfrontation vorgezogen und war im besonderen darauf bedacht gewesen, sich unter keinen Umständen der Gefahr eines Krieges mit den Vereinigten Staaten auszusetzen – und das aus gutem Grund. Infolge der ungleichen nuklearen Möglichkeiten beider Seiten war es Moskau, das in einem Krieg ohne Schranken alles zu verlieren hatte.

Seltsamerweise nahmen alle Regierungsmitglieder, die in den Anhörungen befragt wurden, den entgegengesetzten Standpunkt ein. Marshall behauptete, daß die Vereinigten Staaten noch zwei oder drei Jahre brauchen würden, um sich auf einen allgemeinen Krieg vorzubereiten.[23] Bradley war der Auffassung, daß »wir uns nicht in der besten Position befinden, um mit einem weltweiten Krieg fertigzuwerden«[24]. Aus diesem Zusammenhang stammt auch sein vielzitierter Ausspruch, daß ein unbeschränkter Krieg wegen Korea »uns in den falschen Krieg verwickeln [würde], am falschen Ort, zur falschen Zeit, mit dem falschen Gegner«.[25] Und auch Acheson meinte, daß mehr Zeit erforderlich sei, »um effektive Abschreckungskräfte aufzubauen«.[26]

Wie konnte die Führung der Vereinigten Staaten angesichts des im Aufbau begriffenen Nuklearwaffenpotentials der Sowjetunion nur denken, daß die Bedeutung der amerikanischen Abschreckungskräfte im Lauf der Zeit zunehmen würde? Vermutlich läßt sich auch dies nur als ein weiterer Ausdruck jener merkwürdigen Prämisse der Eindämmungstheorie erklären, der zufolge Amerika schwach war, obwohl es in Wirklichkeit das Atomwaffenmonopol besaß, und seine Position der Stärke ausbauen konnte, obwohl die Sowjetunion dabei war, ein eigenes Nuklearwaffenarsenal aufzubauen. Es gelang Stalin, die Vereinigten Staaten von dem Versuch abzuhalten, in Korea einen begrenzten Sieg zu erringen, indem er aus dieser selbstverursachten Hypnose Kapital schlug. Auf eigene Drohungen konnte er verzichten.

Nach dem Eingreifen der Chinesen zog man in Washington die Option eines begrenzten Sieges nie mehr ernsthaft in Betracht. Die Überlegungen der Truman-Administration über ein Patt oder einen totalen Krieg schöpften das Spektrum der in Frage kommenden Optionen in Wahrheit nicht aus. Man hätte eine Zwischenlösung wie die oben erläuterte anstreben können, indem man die Ziehung einer Grenzlinie an der Landenge auf der Höhe Hungnams und die Entmilitarisierung des übrigen Landes unter internationaler Kontrolle ins Auge faßte; man hätte dergleichen sogar, im Falle der Ablehnung, einseitig durchsetzen können. Auch General Matthew Ridgway, der Nachfolger MacArthurs, war der Meinung, daß China wahrscheinlich nicht die Mittel gehabt hätte, einen solchen Schritt zu verhindern.[27] Gleichwohl hat er diesen Standpunkt nie nachdrücklich vertreten.

Es bestehen wohl kaum Zweifel, daß MacArthur mit seiner Einschätzung recht hatte, daß»China das Maximum seiner Schlagkraft gegen uns einsetzt«[28]. Die Sowjetunion hätte entscheiden müssen, ob das verhältnismäßig geringe Vorrücken der amerikanischen Streitkräfte über den 38. Breitengrad hinaus bis zum Engpaß der Halbinsel angesichts der gewaltigen Überlegenheit der Vereinigten Staaten im Nuklearwaffenbereich und der wirtschaftlichen Schwäche des eigenen Landes das Risiko eines unbeschränkten Krieges rechtfertigte. Es war natürlich möglich, daß China sich weder fügte noch kämpfte, sondern drohend in Stellung ging, wo immer man auch die Grenzlinie zog. Aber diese Situation hätte sich nicht wesentlich von der unterschieden, die sich schließlich entlang des 38. Breitengrades ergab. Mit an Sicherheit grenzender Wahrscheinlichkeit hätte sich Peking weiterer Drohungen enthalten, sobald seine Politik durch die Furcht vor einem sowjetischen Angriff bestimmt wurde, und sich den Vereinigten Staaten angenähert. Hätte die erste kommunistische militärische Herausforderung Amerikas einen offensichtlichen Rückschlag erlitten, wären spätere Militärs in verschiedenen Regionen, wie etwa in Indochina, vorsichtiger gewesen. Außerdem hätte die Spaltung zwischen Peking und Moskau auf diese Weise mit einiger Sicherheit an Tempo gewonnen.

Im Frühjahr 1951 begann eine neue amerikanische Offensive unter dem Kommando General Ridgways in Richtung Norden, diesmal nach den Gesetzen der traditionellen amerikanischen Zermürbungstaktik. Nachdem es gelungen war, Seoul zu befreien, und die Streitmacht den 38. Breitengrad abermals überschritten hatte, schlugen die Kommunisten im Juni 1951 vor, über einen Waffenstillstand zu verhandeln. Daraufhin befahl Washington, den Angriff abzubrechen. Von nun an mußten alle Operationen auf Bataillonsebene und darüber vom Oberbefehlshaber selber gebilligt werden, eine

Geste, von der die Truman-Administration annahm, sie werde das Verhandlungsklima fördern, indem man den Chinesen zeigte, daß Washington nicht auf einen Sieg aus war. Es war eine im klassischen Sinn amerikanische Geste. Überzeugt, daß Friede ein Normalzustand und Gutwilligkeit natürlich sei, haben amerikanische Politiker Verhandlungen meist dadurch voranzubringen versucht, daß sie den Druck verminderten und deutlich Zeichen ihres guten Willens setzten. Tatsächlich gilt in den meisten Fällen allerdings, daß einseitige Gesten wesentliche Verhandlungsvorteile zunichte machen. In der Regel entgelten Diplomaten bereits geleistete Dienste nicht, und schon gar nicht in Kriegszeiten. Nicht zufällig ist es ja gerade der Druck auf dem Schlachtfeld, der Verhandlungen zustande kommen läßt. Läßt dieser Druck nach, sinkt die Verhandlungsbereitschaft des Feindes beträchtlich; statt dessen ist er versucht, die Verhandlungen hinauszuziehen, um festzustellen, ob vielleicht weitere unilaterale Gesten folgen.

Genau dies passierte in Korea. Die amerikanische Zurückhaltung ermöglichte es China, der fortschreitenden Vernichtung seiner Armee durch die amerikanische Überlegenheit an Technik und Material ein Ende zu setzen. Von nun an war Peking ohne großes Verlustrisiko in der Lage, sich des militärischen Geschehens zu bedienen, um die Enttäuschung in den Vereinigten Staaten und das Drängen der amerikanischen Bevölkerung auf ein Ende des Krieges zu vergrößern. Die Kommunisten benutzten die Feuerpause, um nahezu uneinnehmbare Stellungen in schwer zugänglichen, gebirgigen Gegenden zu beziehen, und nahmen so der amerikanischen Drohung, die Feindseligkeiten wiederaufzunehmen, Schritt für Schritt die Spitze.[29] Es folgte ein sich endlos hinziehender Zermürbungskrieg, der nur deswegen schließlich doch ein Ende fand, weil sich ein schmerzliches Gleichgewicht zwischen den materiellen Schranken Chinas und den psychologischen Hemmungen Amerikas einstellte. Doch der Preis des Patts war hoch: Die Zahl der amerikanischen Opfer während der Verhandlungen war höher als zu jener Zeit, da der Krieg noch unter Einsatz aller Mittel geführt worden war.

Auswirkungen der amerikanischen Zielsetzung machten sich sowohl an der militärischen als auch an der diplomatischen Front bemerkbar. Brigadegeneral A.K. Ferguson, ein offizieller britischer Beobachter, hat treffend beschrieben, was das militärische Patt bei der Truppe auslöste:»Ich denke, daß die erklärte Absicht der UN-Streitkräfte in Korea, ›die Aggression zurückzuschlagen und Frieden und Sicherheit in diesem Raum herzustellen‹, unter den gegebenen Bedingungen viel zu verschwommen ist, um dem Oberbefehlshaber im Felde ein militärisches Ziel vorzugeben, dessen Erreichen den Feindseligkeiten ein Ende setzen würde [...]. Schon fragen viele britische und amerikanische Offiziere, aber auch Unteroffiziere und Mannschaften: ›Wann wird der Krieg in Korea enden?‹ – ›Wann meinen Sie, werden die UN-Truppen aus Korea abgezogen werden können?‹ – ›Welches

Ziel verfolgen wir hier in Korea?‹ Angesichts solcher Fragen neige ich zu der Auffassung, daß, wenn den britischen und amerikanischen Streitkräften in Korea nicht ein bestimmtes anzustrebendes Ziel gegeben wird, der Befehlshaber im Feld die größten Schwierigkeiten haben wird, die Moral der Truppe aufrechtzuerhalten.«[30]

Die Entscheidung Washingtons für den Pattkurs stellte erstmals nach dem Krieg den außenpolitischen Konsens Amerikas ernsthaft in Frage. Für MacArthur und seine Anhänger war der Koreakrieg eine Enttäuschung, weil die Beschränkungen der Regierung eine militärische und politische Pattsituation unausweichlich machten. Für die Truman-Administration war der Krieg ein Alptraum, weil er für ihre politischen Absichten zu groß und für ihre strategische Doktrin zu klein war. Während MacArthur eine Kraftprobe wollte, selbst wenn diese zum Krieg gegen China führen sollte, hatte sich die Regierung entschieden, mit der Widerstandskraft Amerikas sparsam umzugehen.

So gesehen, brachte der Koreakrieg die Stärken und Grenzen der Eindämmungspolitik zum Vorschein. Unter den Gesichtspunkten traditioneller Staatskunst stellte Korea den Testfall dar, um die Demarkationslinie zwischen den beiden konkurrierenden Einflußsphären festzulegen, die damals gerade entstanden. Die Amerikaner indes sahen das nicht so; sie hielten den Krieg für eine Auseinandersetzung zwischen Gut und Böse, für einen Kampf um die freie Welt. Diese Anschauung verlieh ihren Aktionen einen Schwung und eine Hingabe von beträchtlichem Ausmaß. Zugleich war sie die Ursache dafür, daß die Politik des »containment« zwischen technischer Herangehensweise einerseits und apokalyptischer Vision andererseits schwankte. Großartige konstruktive Maßnahmen wie der Wiederaufbau Europas und Japans standen neben einem ernsten Mangel an Einsicht in Nuancen der internationalen Politik und einer außerordentlichen Überschätzung der sowjetischen Möglichkeiten. Wenn man auch Probleme, für die sich eine moralische oder rechtliche Formel finden ließ, gut und wohlüberlegt handhabe, gab es doch auch eine Tendenz, eher die Formel im Auge zu behalten als den Zweck, dem sie dienen sollte. Für Acheson bemaß sich der Erfolg Amerikas in Korea weniger an den Ergebnissen auf dem Schlachtfeld als daran, wie weit es gelang, das Konzept der kollektiven Sicherheit durchzusetzen.»Die Idee der kollektiven Sicherheit«, so äußerte er gelegentlich,»ist jetzt auf die Probe gestellt worden, und sie hat die Probe bestanden. Die Nationen, die an die kollektive Sicherheit glauben, haben bewiesen, daß sie zusammenhalten und gemeinsam kämpfen können.«[31] Das Prinzip kollektiven Handelns zu etablieren wog schwerer als jedes andere Ergebnis, solange Amerika dabei keine Niederlage erlitt.

Diese Aspekte der Eindämmungspolitik bürdeten der amerikanischen Bevölkerung eine wahrscheinlich zu große Last auf. Während die Menschen schwere Opfer bringen mußten, versuchten sich ihre politischen Füh-

528

rer in einer Gratwanderung: Auf der einen Seite galt es, sich der Aggression zu widersetzen, auf der anderen, keinesfalls einen schrankenlosen Krieg ausbrechen zu lassen. Dennoch gelangte man nie zu einer praktikablen Definition dessen, was man erreichen, was man unter allen Umständen vermeiden wollte. Es kam zu einem Ausbruch enttäuschter Gefühle, Sündenböcke wurden gesucht. Marshall und vor allem Acheson wurden verleumdet. Die angebliche kommunistische Unterwanderung der Regierung in Washington wurde von Demagogen wie Senator Joseph McCarthy systematisch ausgebeutet.

Daß sich die amerikanische Öffentlichkeit wegen des unentschiedenen Krieges beunruhigte, war weniger bemerkenswert als die Tatsache, daß sie ihn überhaupt hinnahm. Trotz aller Enttäuschung wollten sich die Amerikaner der Last weltweiter Verantwortung in diesem augenscheinlich endlosen Kampf, der schwere Opfer forderte, ohne ein bestimmtes Ergebnis zu zeitigen, keineswegs entledigen. Und sie haben ihr Ziel erreicht, auch wenn sie mehr dafür bezahlt und länger dazu gebraucht haben, als notwendig gewesen wäre. Eineinhalb Jahrzehnte später sollte der Indochinakonflikt den Vereinigten Staaten noch größeres Leid bringen.

Die vom Korea-Krieg ausgelösten inneramerikanischen Spannungen unterschieden sich indessen grundsätzlich von den durch das Indochinaproblem verursachten Nöten. Während die Kritiker des Korea-Krieges den Sieg wollten, traten die Kritiker des Vietnamkrieges dafür ein, die Niederlage hinzunehmen, hielten sie teils sogar für sinnvoll. Die Debatte über den Korea-Krieg gab der Truman-Administration ein Druckmittel für Verhandlungen in die Hand; der Präsident und seine Berater konnten Nordkorea und China drohen, indem sie auf die Opposition im eigenen Land verwiesen, die dafür plädierte, den Krieg mit mehr Einsatz zu führen. Im Indochinakrieg ergab sich genau die umgekehrte Situation: Die Kriegsgegner, die für den bedingungslosen Abzug der US-Truppen aus Vietnam eintraten, schwächten die amerikanische Verhandlungsposition.

Letzten Endes war der Korea-Krieg für alle Beteiligten lehrreich. Die amerikanischen Staatslenker jener Zeit verdienen es, daß man sich ihrer erinnert. Ihr Weitblick ließ sie Truppen in ein entferntes Land entsenden, das sie noch wenige Monate zuvor als einen für amerikanische Sicherheitsinteressen unwesentlichen Schauplatz bezeichnet hatten. Konfrontiert mit der Herausforderung, hatten sie den Mut, ihre Einschätzung zu revidieren, weil sie erkannten, daß es der Stellung Amerikas in Asien und vor allem der entscheidenden Beziehung zu Japan abträglich sein würde, wenn sich die Vereinigten Staaten der Besetzung Koreas durch die Kommunisten fügten.

Die gerade zur Führungsmacht in der Welt aufgestiegenen Vereinigten Staaten bestanden ihre erste Prüfung, wenn auch mit einigen Mühen. Doch die Unschuld Amerikas war nur die Kehrseite seiner außergewöhnlichen Entschlossenheit. Ihr ist es zuzuschreiben, daß die Bevölkerung einen Krieg hinnahm, der schließlich ohne ein überzeugendes Ergebnis beendet wurde und annähernd einhundertfünfzigtausend Tote und Verwundete in den eigenen Reihen forderte. Die Krise in Korea führte zu einem Zuwachs an Stärke in Europa und der Gründung des Nordatlantischen Bündnisses; auf dieser Grundlage aber konnten die USA die lange Belastungsprobe bestehen, zu der sich der Kalte Krieg nun entwickeln mußte. Amerika hat seinen Preis gezahlt, und zwar an all jene revolutionären Führer Südostasiens und anderer Weltgegenden, die eine Kriegstaktik entwickelten, die es ihnen ermöglichte, große Terrainkämpfe zu vermeiden und dennoch die Entschlossenheit einer Supermacht zu zermürben. Die Lehren, die Peking aus dem Koreakrieg zog, waren anderer Art. Zwar konnte China trotz entscheidender Materialunterlegenheit durch eine Kombination von militärischen und diplomatischen Maßnahmen gegen die Supermacht Amerika ein Patt erzielen. Aber die Chinesen mußte auch erfahren, was es kostete, sich der amerikanischen Schlagkraft frontal zu stellen. So sollte es im Kalten Krieg zwischen China und Amerika zu keinem militärischen Zusammenstoß mehr kommen. Und die widerwillige und alles andere als großzügige Unterstützung Pekings durch Moskau legte den Keim für die Spaltung zwischen China und der Sowjetunion.

Als größter Verlierer ging schließlich die Sowjetunion aus dem Koreakonflikt hervor, das Land, das man in Washington für den Kopf des gesamten Unterfangens gehalten hatte. Bereits zwei Jahre nach der Invasion in Korea hatten die Vereinigten Staaten ihren Teil jener Einflußsphären, die den Erdball in zwei Teile zerschnitten, mobilisiert. Sie verdreifachten ihre Verteidigungsausgaben und verwandelten das Atlantische Bündnis aus einem politischen Zusammenschluß in eine integrierte militärische Organisation, der ein amerikanischer Oberbefehlshaber vorstand. Die Wiederaufrüstung Deutschlands rückte näher, und man versuchte, eine europäische Armee aufzustellen. Das Vakuum in Mitteleuropa, dem sich die sowjetischen Armeen zunächst gegenübergesehen hatten, wurde allmählich gefüllt. Selbst wenn man annimmt, daß die USA in Korea mehr erreicht haben könnten, sahen sich die Sowjets nach Korea gezwungen, ihre Erfolge daran zu messen, ob es ihnen gelang, die eigenen Verluste zu begrenzen und später vielleicht andere kommunistische Abenteurer zu ermutigen – vor allem in Indochina. Dafür mußten sie zur Kenntnis nehmen, wie das in Bewegung geratene Gleichgewicht der Kräfte infolge der Wiederaufrüstung der Alliierten und des erstarkenden alliierten Zusammenhalts deutlich kippte.

Diese Verschiebung in der – wie die Marxisten sagen – Wechselbeziehung der Kräfte konnte dem Mann, der sich darauf spezialisiert hatte, seine Politik nach solchen Analysen auszurichten, keineswegs entgehen. Nach der Invasion in Südkorea leitete Stalin innerhalb von achtzehn Monaten eine Neubestimmung der sowjetischen Politik in die Wege, die in dem bedeutendsten diplomatischen Vorschlag der Sowjets der unmittelbaren Nachkriegszeit gipfeln sollte.

## Kapitel 20

# Churchill, Eisenhower und Adenauer:
# Die Verhandlungen
# mit den Kommunisten

*Dwight D. Eisenhower und Winston Churchill*

Im März 1952, der Koreakrieg war noch nicht zu Ende, unternahm Stalin einen diplomatischen Vorstoß zur Beendigung des Kalten Krieges. Seine Motive befanden sich allerdings nicht im Einklang mit den Gründen, die man nach der Theorie der Eindämmungspolitik hätte erwarten müssen. Denn die Initiative leitete sich keineswegs aus jenem Transformationsprozeß des sowjetischen Systems ab, den die Väter des »containment« vorausgesagt hatten. Der Erzideologe Stalin versuchte vielmehr, das kommunistische System vor einem Rüstungswettlauf zu bewahren, bei dem es aller Voraussicht nach den kürzeren ziehen würde. Stalins von einer Mischung aus Marxismus und Paranoia geprägter Einschätzung zufolge war es wenig wahrscheinlich, daß es angesichts des amerikanischen Kräfteaufwands nur um defensive Zwecke ging.

Doch Stalins Angebot zielte nicht auf die Errichtung einer harmonischen Weltordnung, und damit war schon eine der Vorhersagen hinfällig geworden, die die Eindämmungspolitik über ein mögliches Ende des Kalten Krieges gemacht hatte. Es hatte statt dessen die gegenseitige Anerkennung einer amerikanischen Schreckensvision zum Inhalt, nämlich der zwei Einflußbereiche: eines amerikanischen in Westeuropa, eines sowjetrussischen in Osteuropa, und zwischen den beiden Interessensphären ein wiedervereinigtes, neutrales und bewaffnetes Deutschland.

Historiker und führende Politiker haben seitdem unentwegt über diese Offerte debattiert. War Stalins Vorstoß eine versäumte Gelegenheit zur Beendigung des Kalten Krieges? Oder hatte man darin einen klug eingefädelten Versuch zu sehen, die Demokratien an den Verhandlungstisch zu locken, wobei allein schon die Eröffnung von Gesprächen die deutsche Wiederbewaffnung blockiert haben würde? Wollte Stalin die Westmächte aufs Eis führen, um ihren Zusammenhalt aufzubrechen, oder wollte er tatsächlich das Ruder herumwerfen und von seinem Konfrontationskurs abweichen?

Die Antwort muß lauten, daß Stalin vermutlich selber noch nicht wußte, wie weit er gehen würde, um die Spannungen mit dem Westen zu verringern. Obwohl er den Demokratien ein Angebot unterbreitet hatte, das vier Jahre zuvor mit Begeisterung angenommen worden wäre, hatte sein zwischenzeitliches Verhalten es so gut wie unmöglich gemacht, an die Aufrichtigkeit seines Vorschlags zu glauben. Mehr noch: Mittlerweile war es völlig unerheblich, ob Stalin es aufrichtig meinte oder nicht. Was immer er auch bezweckt haben mochte, hätte der Westen ihm eine Chance eingeräumt, so hätte dies zu einer ernsthaften Belastung des Atlantischen Bündnisses geführt und damit den Boden zerstört, auf dem das Angebot überhaupt erst einen Sinn bekam.

Doch davon abgesehen, hatte der Diktator bei seinen Überlegungen einen entscheidenden Faktor übersehen: Auch seine Lebenszeit war begrenzt. Und nur ein Jahr nach der Unterbreitung seines Vorschlags war Stalin tot. Seinen Nachfolgern fehlte die Zähigkeit, Verhandlungen durchzusetzen, und ebenso mangelte es ihnen an jener Autorität, die nötig ist, um ernstzunehmende Zugeständnisse machen zu können. Gerade das aber ist für einen Erfolg solcher Verhandlungen unerläßlich. So hatte die Stalinsche Friedensinitiative am Ende einen Nachhall, der jedermann Kopfschmerzen bereitete. Deutlicher als zuvor war nun zutage getreten, wie unendlich weit die beiden Parteien des Kalten Krieges voneinander entfernt waren.

Im festen Vertrauen darauf, daß Verträge ihre eigene Wirklichkeit erzeugen, wartete Washington, daß Stalin den Abkommen von Jalta und Potsdam nachkäme. Stalin seinerseits hielt Abkommen nur dann für bindend, wenn sie das Kräftegleichgewicht widerspiegelten, und so wartete er darauf, daß die Demokratien ihrer Position in irgendeiner Weise Nachdruck verliehen, damit er Risiken und Vorteile einer Einhaltung abwägen konnte. Bis dahin nutzte er die Zeit, möglichst viel Verhandlungsspielraum zu gewinnen und sich so auf einen konkreten Zug der anderen Seite – oder das, was er dafür hielt – vorzubereiten.

In den frühen fünfziger Jahren schien dieser Augenblick endlich gekommen. Die Vereinigten Staaten hatten 1948 den Marshallplan, 1949 das Nordatlantische Verteidigungsbündnis ins Leben gerufen. Die Bundesrepublik Deutschland war unter westlicher Schirmherrschaft gegründet worden. Stalin reagierte in der für ihn charakteristischen Härte; daher der Staatsstreich in der Tschechoslowakei, die Berliner Blockade und sein Einverständnis mit dem Einmarsch in Südkorea. Gleichwohl gelang es den Vereinigten Staaten, sich Schritt für Schritt einen Einflußbereich zu schaffen, der sämtliche bedeutenden Industrienationen der Welt einschloß, während die Sowjetunion sich in Osteuropa einen Sicherheitsgürtel errichtete – eine Leistung, die mit der Zeit freilich zu ihrer Schwächung beitragen sollte.

Als Mann des Machtkalküls mußte Stalin erkennen – und das vermutlich schneller als die Führer der westlichen Demokratien –, daß diese Erweiterung seines Einflußbereiches keinen echten Machtzuwachs bedeutete. Unter dem Strich konnten die Satellitenstaaten nur eine Belastung der sowjetischen Ressourcen darstellen; die NATO-Staaten und Japan verkörperten dagegen eine gewaltige Wirtschaftsmacht. Selbst die von marxistischen Analytikern so gern bemühten langfristigen Entwicklungen schienen zugunsten der Amerikaner zu sprechen. Betrachtete man die Dinge also unter Gesichtspunkten der Realpolitik, dann befand sich Stalins Imperium in beträchtlichen Schwierigkeiten.

Das amerikanisch geführte Lager hatte mit dem Korea-Krieg gewissermaßen seine Geburtswehen hinter sich. Nun ging man daran, ein gewaltiges Militärpotential aufzubauen. Dem Generalsekretär hingegen war offenbar klargeworden, daß der Versuch, Keile zwischen die Westmächte zu treiben, gescheitert war. Seine harte Gangart und seine außerordentlich rigide Politik in Osteuropa hatten lediglich zu einem verstärkten Zusammenhalt im westlichen Bündnis geführt und ein wiederbewaffnetes Deutschland in greifbare Nähe rücken lassen.

Jene harmonische Weltordnung, nach der sich Amerika während des Krieges so sehr gesehnt hatte, war in zwei feindliche und bis an die Zähne bewaffnete Lager auseinandergefallen. Beide Seiten waren von Ängsten getrieben, die sich als unbegründet herausstellen sollten. Führende amerikanische Politiker hielten den Korea-Krieg für eine sowjetische Strategie, mit der die USA in weit abliegende Konflikte in Asien hineingezogen werden sollten; das wiederum würde angeblich einen sowjetischen Angriff auf alliierte Positionen in Europa erleichtern: eine gewaltige Fehleinschätzung des sowjetischen Machtpotentials ebenso wie der Stalinschen Methoden, denn in seiner ganzen Karriere hat dieser gewiefte Analytiker niemals alles auf ein Karte gesetzt. Gleichzeitig stellte sich der westliche Machtzuwachs für Stalin nicht als jenes Bedürfnis nach Verteidigung dar, das es in Wirklichkeit war, sondern als Ouvertüre zu einem Entscheidungskampf, den er schon immer befürchtet und konsequent zu vermeiden versucht hatte. So bereiteten sich beide Lager auf etwas vor, das von der jeweils anderen Seite gar nicht beabsichtigt war – auf eine unmittelbare, totale Konfrontation.

Stalin wollte nie herausfinden, ob seine Befürchtungen berechtigt waren oder nicht. Er war nun einmal nicht bereit, das damit verbundene Risiko einzugehen. Jedesmal, wenn ein militärischer Konflikt in den Bereich des Möglichen gerückt war, zog er sich zurück – so 1946, als Truman den Abzug der sowjetischen Truppen aus dem iranischen Teil Aserbaidschans verlangte, oder 1948/49 während der Blockade Berlins, die beendet wurde, bevor sie zu einem heißen Krieg eskalieren konnte. Jetzt machte er sich mit Nachdruck daran, die von ihm heraufbeschworene Konfrontation zu entschärfen, indem er in einer andeutungsreichen Rede, ganz seinem Stil entsprechend, eine Kursänderung signalisierte.

Diesmal war Stalins Vorgehen besonders gewunden. Gegenüber einem Gegner, der seine Politik immer deutlicher aus einer sogenannten »Position der Stärke« zu führen begann, wollte er das geringste Zeichen von Schwäche vermeiden. Er gab zu verstehen, daß er auf eine Konfrontation keinen Wert legte, ohne sich jedoch vor ihr zu fürchten. Dabei bezog sich Stalin auf eine einige Jahre zuvor erschienene theoretische Abhandlung des Wirtschaftswissenschaftlers Jewgeni Varga[1], der die These vertrat, daß die kapitalistischen Systeme an Stabilität gewonnen hätten, weshalb kriegerische Auseinandersetzungen zwischen kapitalistischen Staaten nicht mehr unausweichlich seien. Wenn Vargas Analyse zutraf, dann war Stalins bisherige Strategie sinnlos geworden. Seit den zwanziger Jahren hatte er versucht, die kapitalistischen Staaten gegeneinander auszuspielen; diese Taktik aber konnte jetzt nicht mehr greifen. Es war nicht einmal mehr auszuschließen, daß sich der Westen in geschlossener Front gegen das Mutterland des Sozialismus wandte, eine Möglichkeit, die seit der Schaffung der NATO und der japanisch-amerikanischen Allianz ihren Schatten vorauszuwerfen schien. Stalin reagierte auf Vargas Abhandlung mit einem weitschweifigen Aufsatz, der den Titel *Ökonomische Probleme des Sozialismus in der UdSSR* trug und im Oktober 1952 als Richtlinienpapier zum bevorstehenden Parteitag veröffentlicht wurde.[2] In diesem Artikel beschwor Stalin erneut die einzig wahre und schon 1934, 1939 und 1946 verkündete kommunistische Überzeugung: Weit davon entfernt, sich zu stabilisieren, treibe der Kapitalismus unaufhaltsam und immer schneller in die Krise. »Es wird immer wieder gesagt, die Widersprüche zwischen Kapitalismus und Sozialismus seien größer als die Widersprüche zwischen den kapitalistischen Ländern selbst«, heißt es dort. »In theoretischer Hinsicht ist das gewiß richtig. Es ist nicht nur jetzt und heute richtig, es war schon vor dem Zweiten Weltkrieg richtig. Und auch die Führer der kapitalistischen Länder haben dies mehr oder weniger erkannt. Aber dennoch begann der Zweite Weltkrieg nicht als ein Krieg mit der UdSSR, sondern als Krieg zwischen kapitalistischen Ländern.«[3]

Wann immer Stalin diese Gebetsmühle drehte und von der Unvermeidbarkeit kriegerischer Auseinandersetzungen zwischen kapitalistischen Ländern sprach, begriffen seine Anhänger, daß er sie beruhigen wollte. Denn nach Stalins verquerer Logik bedeuteten Konflikte innerhalb des kapitalistischen Lagers, daß kein Krieg zwischen diesen Ländern und der Sowjetunion drohe. Sein Artikel war deshalb als Anweisung an die sowjetische Diplomatie zu verstehen, einen Entscheidungskampf so lange hinauszuzögern, bis der Kapitalismus von internen Konflikten genügend geschwächt sei.

Im Jahre 1939 hatte Stalin mit ähnlichen Äußerungen seine Einigungsbereitschaft mit Hitler erklärt. 1952 verteidigte er den eingeschlagenen Weg; er sei schon deshalb richtig, weil die kriegslüsternen Kapitalisten bei Konflikten untereinander weniger riskierten als bei einem Krieg gegen die Sowjetunion: »Während es bei Kriegen zwischen kapitalistischen Ländern lediglich um die Frage der Vorherrschaft des einen oder anderen kapitalistischen Landes geht, geht es bei einem Krieg gegen die Sowjetunion mit Sicherheit um die Frage der Existenz des Kapitalismus als solchem.«[4]

Es war eine schwerfällige theoretische Begleitmusik. Stalin benutzte sie, um den kapitalistischen Ländern und insbesondere den Vereinigten Staaten die beruhigende Botschaft zukommen zu lassen, daß für die kapitalistische Welt kein Grund zu einem Präventivschlag bestehe, da die Sowjetunion nicht die Absicht habe, den Westen militärisch herauszufordern: »Obwohl die Kapitalisten für Zwecke der ›Propaganda‹ mit der Aggressivität der

Sowjetunion hausieren gehen, glauben sie selbst nicht daran. Sie haben die friedfertige Politik der Sowjetunion erkannt und wissen, daß wir von uns aus kein kapitalistisches Land angreifen werden.«[5] Mit anderen Worten: Die Kapitalisten sollten endlich die Regeln des Stalinschen Spiels zur Kenntnis nehmen, die darin bestanden, Macht und Einfluß der Sowjetunion zwar aufs höchste zu steigern, es jedoch nicht zum Krieg kommen zu lassen. Stalin wußte sehr wohl, daß seine ideologischen Erklärungen, die für die Genossen ausreichend waren, den Westen kaum beeindrucken würden. Seinen kapitalistischen Gegenspielern mußte er mit handfesteren Angeboten kommen. Wenn Moskau Spannungen abbauen wollte, um die Kapitalisten anschließend wieder gegeneinander ausspielen zu können, dann hatte es zumindest teilweise den Druck zu lockern, der zu dem – in Stalins Augen künstlichen – Zusammengehörigkeitsgefühl der kapitalistischen Welt geführt hatte.

So unternahm Stalin am 10. März 1952 den erwähnten Vorstoß auf diplomatischer Ebene, und diesmal bediente er sich einer für die demokratischen Länder verständlichen Sprache. Er legte die sogenannte »Friedensnote«, den Grundriß eines Friedensvertrags mit Deutschland, vor.

Nach Jahren der Konfrontation schien die Sowjetunion plötzlich an einem Ausgleich interessiert. Indem er darauf hinwies, daß ein Friedensvertrag mit Deutschland noch ausstehe, unterbreitete Stalin den drei anderen Besatzungsmächten einen entsprechenden Entwurf und drang darauf, auf einer »geeigneten internationalen Konferenz unter Teilnahme sämtlicher interessierten Regierungen« über diese Frage zu reden und die Verhandlungen schon in »nächster Zukunft«[6] abzuschließen. Die Friedensnote sah ein vereinigtes und neutrales Deutschland auf der Grundlage freier Wahlen vor. Man wollte dem Land eigene Streitmächte zugestehen und sämtliche fremden Truppen innerhalb eines Jahres abziehen.

Ich sage »schien«, weil die Friedensnote genügend Schlupflöcher offenließ, um eine Einigung selbst bei allfälliger Zustimmung des Westens auf nicht absehbare Zeit hinauszuschieben. Der Entwurf verbot beispielsweise »Organisationen, die der Demokratie und der Erhaltung des Friedens feindlich gegenüberstehen«. Nach Maßgabe sowjetischer Terminologie wären darunter sämtliche Parteien westlichen Zuschnitts gefallen, wie es in der Tat in Osteuropa bereits gehandhabt worden war. Des weiteren würden die Demokratien am Verhandlungstisch den halsstarrigen Molotow oder einen ähnlichen Mann vorfinden, der ganz gewiß nichts unversucht lassen würde, um die Bindungen Deutschlands an den Westen lose zu halten – eine Nebenerscheinung, die der Sowjetunion automatisch zunutze kam, wenn das Neutralitätsprinzip akzeptiert werden sollte –, ohne den Preis der Wiedervereinigung dafür zu entrichten.

Dennoch ging aus dem Tonfall und den präzisen Formulierungen der Stalinnote hervor, daß ihr Zweck sich nicht in bloßer Propaganda erschöpfte. Sie schien vielmehr ein Eröffnungszug für Verhandlungen zu sein, in denen die Sowjetunion zum ersten Mal in der Nachkriegsperiode möglicherweise bereit war, für den Abbau der Spannungen einen nennenswerten Preis zu zahlen. In bemerkenswerter Abweichung vom Gewohnten enthielt Stalins Friedensnote auch einen Absatz, der auf eine gewisse Flexibilität schließen ließ: »Die russische Regierung sieht in der Vorlage dieses Vertragsentwurfs einen Ausdruck ihrer Bereitschaft, auch andere Lösungsmöglichkeiten der Frage in Erwägung zu ziehen.«[7]

Wenn Stalin die Friedensnote vier Jahre früher vorgelegt hätte, also noch vor dem Staatsstreich in der Tschechoslowakei, der Blockade Berlins und dem Koreakrieg, hätte sie eine deutsche Mitgliedschaft in der NATO mit fast absoluter Gewißheit von vornherein aufgehalten. Es ist sogar wahrscheinlich, daß eine Mitgliedschaft der Deutschen im Atlantikpakt dann gar nicht diskutiert worden wäre. Schließlich hatte die Note eben jene Verhandlungen über die Zukunft Europas zum Inhalt, die Churchill im Krieg und danach dringend gefordert hatte.

Mittlerweile war die Atlantische Allianz gegründet und die deutsche Wiederbewaffnung erfolgreich eingeleitet worden. Die als Rahmen für die deutsche Wiederbewaffnung gedachte Europäische Verteidigungsgemeinschaft (EVG) war in den europäischen Parlamenten allerdings umstritten. In der Bundesrepublik war Adenauer mit nur einer Stimme Mehrheit – vermutlich seiner eigenen – in einer geheimen Abstimmung des Bundestags zum Kanzler gewählt worden, und die Sozialdemokraten, die sich nun in der Opposition befanden, verlangten statt einer Westallianz verstärkte Bemühungen zur Wiedervereinigung.

Den westlichen Führern konnte daher nicht entgehen, daß all ihre Bemühungen zur Integration des atlantischen Raumes zum Stillstand kommen würden, sollte es zu einer ernsthaften Auseinandersetzung über die sowjetischen Vorschläge kommen. Und wenn die Initiativen erst einmal gestoppt waren, würden sie kaum wieder in Gang zu setzen sein. In einigen europäischen Parlamenten, vor allem in Frankreich und Italien, hielt die kommunistische Partei beinahe ein Drittel der Stimmen, nicht weniger als die tschechoslowakischen Kommunisten vor dem Staatsstreich, und die kommunistischen Parteien Westeuropas widersetzten sich leidenschaftlich allen Maßnahmen, die zu einer atlantischen und europäischen Integration führen sollten. Auch über den Österreichischen Staatsvertrag wurde mittlerweile schon im siebten Jahr verhandelt; die Waffenstillstandsverhandlungen in Korea gingen in das zweite Jahr. Nach allem, was die Demokratien damals wußten – auch nach allem, was der Autor dieser Zeilen heute weiß –, zielte Stalins Versuch, Verhandlungen in Gang zu bringen, mit einiger Wahrscheinlichkeit darauf, den Zusammenhalt der Alliierten zu unterminieren und die eigenen Satellitenstaaten zu konsolidieren.

Dies zu erreichen war gewiß Stalins oberstes Ziel. Es gibt jedoch auch genügend gewichtige Beweise für Stalins Bereitschaft, die Möglichkeiten eines allgemeinen Abkommens auszuloten. Ein Hinweis darauf, daß er sich

537

diese Option offenhielt, ist seine Reaktion auf die Antworten, die er vom Westen auf seine Friedensnote erhielt.

Am 25. März antworteten die drei westlichen Besatzungsmächte – Frankreich, Großbritannien und die Vereinigten Staaten – mit drei identischen Noten. Aus ihnen ging hervor, daß die Westmächte ihr Ziel nicht in der Eröffnung neuer Verhandlungen, sondern in der Beendigung der Diskussion über diese Frage sahen. Man akzeptierte den Grundgedanken der deutschen Wiedervereinigung, lehnte die Idee der Neutralität indes ab. Ein vereinigtes Deutschland, so hieß es, solle frei sein, »Vereinigungen beizutreten, die sich im Einklang mit den Prinzipien und Absichten der Vereinten Nationen befinden«. Anders gesagt: Es sollte in der NATO bleiben. Außerdem bekannte sich die westliche Antwort zum Grundsatz der freien Wahlen, sofern damit auch noch Voraussetzungen wie Versammlungsfreiheit und das Recht auf freie Meinungsäußerung einhergingen. Dergleichen hätte den sowjetischen Zugriff auf das ostdeutsche Regime vermutlich empfindlich gestört, und dies lange bevor es tatsächlich zu Wahlen gekommen wäre.[8] Es war also unverkennbar: Die westlichen Noten waren darauf angelegt, einen Standpunkt klarzustellen, und nicht darauf, einen Handel einzuleiten.

Überraschenderweise antwortete Stalin postwendend und in konziliantem Ton, wie er überhaupt auch weiterhin auf jede Zurückweisung seitens der Demokratien prompt reagierte. Die westliche Note vom 25. März wurde am 9. April beantwortet; die vom 13. Mai erhielt eine Antwort am 24. Mai; auf die Note vom 10. Juli erfolgte die Reaktion am 23. August. Lediglich die Note der Demokratien vom 23. September blieb ohne Erwiderung[9]: Zu diesem Zeitpunkt war Stalin mit dem anstehenden XIX. Parteitag beschäftigt. Daneben wollte er zweifellos das Ergebnis der amerikanischen Präsidentschaftswahlen abwarten.

Auf dem Parteitag hielt Stalin, dessen Gesundheit schon sehr zu wünschen übrigließ, eine kurze Rede, in der er in kriegerischen und ideologiebefrachteten Worten die Doktrin der friedlichen Koexistenz vortrug.[10] Unmittelbar nach dem Parteitag erklärte er dann im Dezember 1952, daß er sich mit dem neugewählten Präsidenten Dwight D. Eisenhower treffen wolle. Weder Roosevelt noch Truman, noch Churchill war je die Ehre eines solchen Angebots zuteil geworden. Sie alle waren von Stalin in eine Lage manövriert worden, in der der erste Schritt stets von ihnen hatte ausgehen müssen.

Zur gleichen Zeit setzte, grimmig-vertrautes Anzeichen eines politischen Umschwungs, in der Sowjetunion eine neue Säuberungswelle ein. Stalin hatte einen neuen politischen Kurs nie gern mit Leuten eingeschlagen, die er schon auf dem vorherigen verschlissen hatte, selbst wenn sie sich seinen Anordnungen sklavisch gefügt hatten – und vielleicht gerade dann. Wer nachzudenken begann, war für Stalin ein potentieller Verräter, und im Fall einer Richtungsänderung bevorzugte er immer die Radikalkur der Liquidierung. Als sich 1952 abzeichnete, daß die loyalen Mitstreiter der vergangenen

Jahre – der Außenminister Wjatscheslaw Molotow, das alte Politbüromitglied Lazar Kaganowitsch, der Geheimpolizeichef Lawrenti Berija – zum Gegenstand stalinschen Unwillens wurden, lag offensichtlich erneut ein Umschwung in der Luft. Bald würde eine neue Riege von Marionetten auftreten, um die Pläne des Generalsekretärs in die Tat umzusetzen. Das Minimalziel von Stalins Offensive bestand in der Überprüfung gewisser Möglichkeiten. Was würde es der Sowjetunion einbringen, wenn sie das ostdeutsche kommunistische Regime opferte? Weil Stalin im Falle ernsthafter Verhandlungen einen Joker im Ärmel haben wollte, hatte er das Regime nie als souveränen Staat anerkannt und ihm auch einen anderen Status verordnet als den Regierungen seiner übrigen Satellitenstaaten. 1952 schien Stalin der rechte Moment gekommen zu sein. Indem er eine Wiedervereinigung auf der Grundlage freier Wahlen anbot, deutete er an, daß das ostdeutsche kommunistische Regime zur Disposition stand. Selbst wenn die Kommunisten in Ostdeutschland, wie die Westalliierten befürchteten, die Wahlen für sich entschieden hätten, hätte die wesentlich größere Bevölkerungszahl von Westdeutschland einen entscheidenden Abstimmungserfolg für die pro-westlichen demokratischen Parteien gesichert. Nur Stalin besaß die Willensstärke und die Skrupellosigkeit, seine Völker in eine Konfrontation mit den Demokratien zu treiben; zugleich aber war er auch der einzige kommunistische Führer, der über genügend Autorität gebot, um einen kommunistischen Satellitenstaat unter bestimmten Umständen einfach als Verhandlungsmasse einzusetzen.

Wenn Stalin sich verrechnete – und so war es diesmal –, dann immer deshalb, weil er seinen westlichen Gegenspielern unterstellte, Realpolitik zu betreiben, und zwar auf die gleiche eiskalte Art wie er selber. Zu Beginn der Nachkriegszeit dachte er wohl, er könne die demokratischen Länder einschüchtern oder doch in den Glauben versetzen, daß jeder Versuch, der Sowjetunion Konzessionen abzuringen, zu einem extrem langwierigen und anstrengenden Prozeß geraten würde. Zugleich verhielt er sich so, als ob die Vereinigten Staaten eine Einigung stets allein auf der Grundlage gegebener Bedingungen anstreben würden, völlig ungeachtet vorangegangener Vorkommnisse, wenn die Zeit nur reif dazu wäre. Augenscheinlich glaubte er, es habe ihm nichts geschadet, daß er mit den Demokratien ziemlich hart umgegangen war.

Alle diese Annahmen sollten sich als schmerzliche Fehleinschätzungen herausstellen. Die Vereinigten Staaten betrieben keine Realpolitik, jedenfalls nicht im Sinne Stalins. Für die amerikanische Führung waren moralische Ideen eine Realität und eingegangene Verpflichtungen eine Richtschnur. Stalin hatte die Berliner Blockade möglicherweise als einen Schritt zur Stärkung seiner Position, vielleicht sogar als Ausgangspunkt von Verhandlungen in der Deutschlandfrage verstanden, und den Korea-Krieg mochte er als Prüfstein für die Eindämmungspolitik betrachten. Amerika jedoch stellte sich diesen Aggressionen nicht zum Erhalt eines Interessengebiets, sondern in der Verteidigung eines Prinzips entgegen. Es hatte all diese Anstrengungen auf sich genommen, um einem universellen Anliegen zur Geltung zu verhelfen, und nicht etwa wegen der Bedrohung eines regionalen Status quo.

Ebenso wie Stalin 1945 amerikanisches Wohlwollen als belanglos abgetan hatte, machte er sich auch im Jahre 1952 keinen Begriff von der Enttäuschung, die sein zwischenzeitliches Vorgehen hervorgerufen hatte. In der Zeit von 1945 bis 1948 war der amerikanischen Führung an einer Einigung mit der Sowjetunion gelegen gewesen, doch war sie weder willens noch fähig, Druckmittel anzusetzen, die Stalin ernst genommen hätte. 1952 nahm Stalin den amerikanischen Druck durchaus ernst; nur hatte er Washington zuvor nachhaltig von seinen schlechten Absichten überzeugt. Man verstand sein Angebot deshalb lediglich als einen weiteren Schachzug in den Auseinandersetzungen des Kalten Krieges, der von jetzt an nur noch durch Sieg oder Niederlage zu beenden war. Ein Kompromiß mit Stalin stand nicht mehr zur Debatte.

Außerdem hätte Stalin keinen ungeeigneteren Zeitpunkt für seine Initiative wählen können. Seine Friedensnote wurde nicht einmal acht Monate vor einer Präsidentschaftswahl abgegeben, zu der der amtierende Präsident Truman nicht mehr kandidierte. Selbst wenn Truman und Acheson bereit gewesen wären, mit Stalin zu verhandeln, wäre ihnen also auf keinen Fall genügend Zeit geblieben, um den Prozeß auch zu einem Ende zu führen.

Doch davon einmal abgesehen, wäre die Friedensnote für die Truman-Regierung bei näherer Betrachtung sicherlich weniger interessant gewesen, als sie zunächst zu sein versprach. Das Problem lag weniger in einzelnen Bedingungen als in der Weltordnung, die die Note ins Auge faßte. Deutschland sollte neutral, aber bewaffnet sein; sämtliche fremden Truppen sollten innerhalb eines Jahres von seinem Territorium abgezogen werden. Was hatte das im einzelnen zu bedeuten? Wie war »Neutralität« zu definieren, und wer sollte sie überwachen? Würde etwa die Sowjetunion auf diese Weise eine dauerhafte Stimme, vielleicht sogar ein Vetorecht in der deutschen Politik erhalten? Möglicherweise unter dem Vorwand, den neutralen Status Deutschlands zu überwachen? Und auf welche Standorte sollten die fremden Truppen zurückgezogen werden?

Für die westlichen Besatzungsmächte stellte sich die Sache ziemlich unzweideutig dar: Für sie gab es nun einmal keine dauerhafte geographische Rückzugsbasis. Frankreich wäre in den fünfziger Jahren vielleicht zur Aufnahme eines größeren amerikanischen Truppenkontingents bereit gewesen, allerdings nicht für längere Zeit und auch nicht ohne Auflagen. Außerdem hätte der amerikanische Kongreß kaum einer solchen Stationierung zugestimmt, weil sich zwischen den sowjetischen und den amerikanischen Streitkräften dann ein neutraler Pufferstaat befunden hätte. Nach Maßgabe der Friedensnote hätten die amerikanischen Streitkräfte letztlich in die Vereinigten Staaten heimkehren müssen, während sich die sowjetischen Truppen lediglich gute einhundertsechzig Kilometer weiter nach Osten bis zur polnischen Grenze zurückzuziehen hatten. Kurz, die wörtliche Umsetzung von Stalins Vorschlägen wäre darauf hinausgelaufen, daß man für die Auflösung der sich soeben konsolidierenden NATO einen sowjetischen Truppenrückzug von ganzen einhundertsechzig Kilometern erhandelt hätte.

Natürlich hätte man die entsprechende Klausel in Stalins Vorschlag auch im Sinne eines umfassenden Rückzugs sowjetischer Truppen interpretieren können, zurück bis auf russisches Territorium. Gleichwohl wären auch dann neue Komplikationen entstanden. Es war ja höchst unwahrscheinlich, daß sich die Regierungen der Satellitenstaaten bei einer Volkserhebung ohne sowjetische Präsenz hätten halten können. Sollte sich Stalin bereitfinden, seiner Armee das neuerliche Betreten Osteuropas auch dann zu verwehren, wenn ein kommunistisches Regime in Auflösung begriffen war? Angesichts der 1952 herrschenden Bedingungen beantwortete sich diese Frage von selbst. Für die Führungen der demokratischen Nationen war es – völlig zu Recht – unvorstellbar, daß der alte Bolschewist Stalin einem solchen Aufstand tatenlos zugesehen hätte.

Der wichtigste Grund, aus dem Truman und Acheson Moskau die kalte Schulter zeigten, zielte indessen noch auf etwas anderes. Er ergab sich aus jenem Bild, das die Friedensnote von Deutschlands langfristiger Zukunft entwarf. Selbst wenn es gelingen sollte, die deutsche Neutralität in einer Form zu definieren, die ständigen sowjetischen Interventionen einen Riegel vorschob, und die deutsche Bewaffnung in einem Umfang durchzuführen, der das Land nicht der Gnade der Sowjetunion anheimgab, hätte man damit lediglich wieder etwas aus der Versenkung geholt, was sich seit der deutschen Einigung von 1871 als Europas größtes Dilemma erwiesen hatte.

Die Erfahrungen waren unabweisbar. Ein starkes, geeintes Land in der Mitte des Kontinents, das seine Politik lediglich unter Gesichtspunkten des nationalen Interesses betrieb, war mit dem Frieden in Europa unvereinbar. Ein solches Deutschland wäre stärker geworden als jede einzelne westeuropäische Nation für sich, möglicherweise sogar stärker als alle zusammen. Zudem hätte das Land in den fünfziger Jahren leicht revisionistischen Träumereien verfallen können, eine Gefahr, die nicht aus der Luft gegriffen war: Gab es doch fünfzehn Millionen Flüchtlinge aus den gerade erst verlorenen Ostgebieten, die von den meisten Deutschen noch als Teil ihrer Heimat reklamiert wurden. Mit einem Wort, es wäre eine Herausforderung des Schicksals gewesen, so kurz nach dem Krieg ein vereintes und neutrales Deutschland freizugeben. Vor allem aber hätte dergleichen dem größten deutschen Staatsmann seit Bismarck Unehre getan. Ihm nämlich gebührt das historische Verdienst, Deutschland aus den Verstrickungen der Bismarckschen Hinterlassenschaft befreit zu haben.

Konrad Adenauer wurde 1876 im katholischen Rheinland geboren, einem Gebiet, das seit dem Wiener Kongreß zu Preußen gehörte, doch gegenüber dem von Berlin aus regierten Deutschen Reich stets eine distanzierte Haltung eingenommen hatte. Von 1917 bis zu seiner Amtsenthebung durch die Nationalsozialisten im Jahre 1933 war Adenauer Oberbürgermeister von Köln. Während der Hitlerzeit zog er sich aus der Politik zurück und verbrachte einige Jahre in einem Kloster. Im März 1945 wurde er von den Alliierten wieder als Kölner Oberbürgermeister eingesetzt, Ende des Jahres jedoch erneut entlassen. Diesmal waren es die britischen Besatzungsbehörden, die sich an seinem selbstbewußten Auftreten stießen.

In der Tat war Adenauer eine höchst ungewöhnliche Erscheinung. Er besaß gleichsam »eingemeißelte« Gesichtszüge wie die Büsten der römischen Kaiser, aber auch hohe Backenknochen und leicht schräggestellte Augen, die an ehemalige hunnische Eroberer erinnern mochten. Seine gediegenen Umgangsformen – Prägung einer Erziehung, die noch vor dem Ersten Weltkrieg begonnen hatte – verströmten etwas wie Gemütsruhe. Das war erstaunlich genug für den führenden Vertreter eines besetzten Landes, in dem es kaum einen erwachsenen Bürger gab, der Grund zum Stolz auf seine Vergangenheit hatte.

Adenauers Amtssitz lag im Bonner Palais Schaumburg, einem weißen, etwas überladenen wilhelminischen Bau. Die Vorhänge waren immer zugezogen; der Besucher hatte das Gefühl, in einen Kokon einzutreten, in dem die Zeit stillstand. Aber vielleicht war Gelassenheit die Eigenschaft, die ein Politiker dieses Landes am dringendsten benötigte, wenn er sich der Aufgabe stellen wollte, Mut zur Bewältigung einer ungewissen Zukunft zu verbreiten. Als Adenauer im Alter von dreiundsiebzig Jahren Kanzler wurde, hatte es durchaus den Anschein, als sei sein ganzes bisheriges Leben lediglich eine Vorbereitung auf dieses verantwortungsvolle Amt gewesen. Es galt, einer demoralisierten und gespaltenen Gesellschaft wieder zur Selbstachtung zu verhelfen.

Adenauers Selbstsicherheit wurzelte mehr in Überzeugungen, in politischem Instinkt als in handfesten Analysen. Er war kein großer Bücherfreund, interessierte sich auch nicht – wie Churchill oder de Gaulle – für geschichtliche Studien. Die Zeit des inneren Exils hatte er zum Nachdenken genutzt, und auf diese Weise war er durch die harte Schule der Erschütterungen gegangen, die sein Land heimgesucht hatten. Vielleicht war das eine der Ursachen für sein außerordentlich feines Gespür für Strömungen der Zeit. Sein psychologischer Scharfblick, speziell für die Schwächen seiner Zeitgenossen, war durchdringend. Ich erinnere mich, daß er sich einmal über das Fehlen starker Führungspersönlichkeiten im Deutschland der fünfziger Jahre beklagte, worauf ich eine ziemlich umtriebige Figur des damaligen Zeitgeschehens erwähnte. »Man soll nie Energie mit Stärke verwechseln«, war Adenauers typisch lapidare Antwort.

Adenauer suchte die deutsche Vergangenheit zu bewältigen, indem er dem Land – mit seiner zu Extremen tendierenden Geschichte und seinem Hang zu romantischem Weltverständnis – eine Reputation als zuverlässiger Partner verschaffte. Adenauer war alt genug, um Bismarck noch als Reichskanzler erlebt zu haben. Doch den frommen Sohn des katholischen Rheinlands hatte die Realpolitik nie zu interessieren vermocht, obwohl sie zu Deutschlands Einigung geführt hatte, und die großsprecherische Weltpolitik Wilhelms II. hatte Adenauers nüchtern-sachlicher Auffassungsweise widerstrebt. Zur Junkerklasse, die das kaiserliche Deutschland geprägt hatte, fehlte ihm jede Beziehung; zudem war er der Ansicht, Bismarcks entscheidender Fehler habe darin bestanden, die Sicherheit Deutschlands auf seinen Fähigkeiten basieren zu lassen, unentwegt zwischen Ost und West zu manövrieren. In seinen Augen lag darin eine allgemeine Bedrohung, die von den Deutschen mit der eigenen Sicherheit bezahlt werden mußte.

Adenauer hatte eine eigene Antwort auf das Chaos der unmittelbaren Nachkriegszeit: Das geteilte, besetzte und von seinen historischen Wurzeln abgeschnittene Land benötigte eine konsequente Politik, wenn es seine Zukunft wieder in die Hand nehmen wollte. Adenauer verfolgte dieses Ziel, ohne sich beirren zu lassen. Er war frei von nostalgischen Anwandlungen und auch von jenen merkwürdigen, durch Haßliebe gekennzeichneten Beziehungen Deutschland zu Rußland. Er setzte bedingungslos auf den Westen, auch wenn er so die Entscheidung über die deutsche Wiedervereinigung in eine ferne Zukunft verlegte.

Adenauers Opponenten im eigenen Land, die Sozialdemokraten, konnten sich mit Blick auf das Dritte Reich ein tadelloses Zeugnis ausstellen: Sie gehörten zum Widerstand. Ihr geschichtlich gewachsenes Stammland lag jetzt in der sowjetisch besetzten Zone, der ein kommunistisches Regime aufgezwungen worden war, und auch dagegen hatten sich die Sozialdemokraten unerschrocken gestemmt. Ebenso argwöhnisch gegen die amerikanische Eindämmungspolitik wie für die Demokratie engagiert, setzten sie allerdings eher auf die deutsche Wiedervereinigung als auf atlantische Beziehungen. Sie bekämpften Adenauers prowestliche Orientierung und hätten für das Bekenntnis zur Neutralität gern Zugeständnisse hinsichtlich der nationalen Ziele in Kauf genommen. Erst Mitte der sechziger Jahre änderten sie ihren Kurs; sie unterstützten das Atlantische Bündnis und gingen 1966 die Große Koalition mit den Christdemokraten ein. Dennoch blieben sie gegenüber dem Osten taktisch stets beweglicher als die CDU.

Adenauer lehnte jenen Handel um die deutsche Neutralität ab, der den Sozialdemokraten vorschwebte. Seine Gründe waren dabei zum Teil grundsätzlicher Natur, zum Teil aber auch von nüchternen, realitätsnahen Erwägungen getragen. Der bejahrte Kanzler lehnte es ab, nationalistische Erwartungen zu wecken, insbesondere jetzt, wo es zwei deutsche Staaten gab, die – das war Churchills Warnung in seiner Rede über den »Eisernen Vorhang« gewesen – sich selbst zum Ausverkauf hätten anbieten können. Zudem hatte er sehr viel klarer als seine heimischen Gegner erkannt, daß ein vereinigtes und neutrales Deutschland angesichts der geschichtlichen Situation nur aus einem Friedensvertrag hervorgehen konnte, der sich mit einschneidenden Auflagen *gegen* den neuen Staat richtete. Internationale Kontrollorgane müßten eingerichtet werden; mächtige Nachbarn würden sich ein ständiges Recht auf Interventionen vorbehalten. Nach Adenauers Einschätzung war die Teilung für Deutschland psychologisch nicht so gefährlich wie die Unterordnung gegenüber dem Osten und Westen, und eben dies hätte im Fall der Neutralität gedroht. Deshalb entschied er sich für die Integration in den Westen, für die gleichrangige Behandlung und das Ansehen seines Landes.

Ob es Stalin hätte gelingen können, die Vorbehalte Adenauers und anderer deutscher Politiker zu überwinden und eine größere diplomatische Konferenz herbeizuführen, werden wir niemals erfahren. Ebensowenig läßt sich erahnen, welche Zugeständnisse er im einzelnen – wenn überhaupt – gemacht hätte. Sicher ist jedoch, daß der Vorschlag einer Konferenz bei Churchill Unterstützung gefunden hätte. Aber durch Stalins Tod wurden sämtliche Spekulationen zu Makulatur.

Irgendwann zwischen den frühen Morgenstunden des 1. März 1953, als er sich nach einer Kinovorstellung und einem Essen in sein Zimmer zurückzog, und drei Uhr nachts des folgenden Tages erlitt Stalin einen schweren Gehirnschlag. Als man ihn fand, lag er auf dem Boden. Die exakte Zeit des Schlaganfalls ist nicht bestimmbar, da die Wachen nicht gewagt hatten, Stalins Räumlichkeiten vor dem abgemachten Zeitpunkt zu betreten. Möglich durchaus, daß Stalin über Stunden so dagelegen hat. Von da an wachten Stalins engste Gefährten – Malenkow, Berija, Kaganowitsch – an seinem Bett, bis er dreieinhalb Tage später verstarb.[11] Man rief Ärzte herbei, die ihren Dienst sicherlich nicht ohne ein gewisses Unwohlsein taten: Gerade war das sogenannte »Ärztekomplott« aufgedeckt worden, und die angeblich Beteiligten waren einer Säuberung zum Opfer gefallen.

Noch deutlicher als Stalin selber spürten seine Nachfolger, daß sie in den Auseinandersetzungen mit dem Westen eine Atempause benötigten. Es fehlte ihnen jedoch nicht nur Stalins Autorität, sondern auch sein Feingefühl und seine Ausdauer. Vor allem waren sie untereinander zu uneins, um gemeinsam die komplizierte Politik ihres Vorgängers fortsetzen zu können. Unvermeidlich mußte ein Machtkampf folgen.

Tatsächlich kam es bald zu einem verzweifelten Kampf aller gegen alle. Jeder suchte eine Fraktion hinter sich zu versammeln, die seinen Machtanspruch stützen konnte. In dieser Situation war natürlich niemand bereit, die Verantwortung für Zugeständnisse an die Kapitalisten auf sich zu laden, wie sich leicht aus der Rechtfertigung für die Säuberungsaktion gegen Berija ablesen läßt. Berijas eigentliche Verfehlung lag, so versteht sich, nur in einem einzigen Punkt: Er wußte zuviel und stellte für zu viele mächtige Kollegen eine Bedrohung dar. Im Dezember 1953 wurde er aus einer Sitzung des Politbüros heraus verhaftet und kurz darauf hingerichtet. Angeblich hatte er ein Komplott geschmiedet und Ostdeutschland dem Westen überlassen wollen; dabei hatten doch Stalins Friedensnote und der darauf folgende Kontakt mit dem Westen in genau diese Richtung gewiesen.

Wie Chruschtschow in seinen Memoiren schreibt, wurden Stalins Nachfolger von der Angst getrieben, der Westen könne den Tod des Diktators als Gelegenheit für die seit langem erwartete Abrechnung mit dem Kommunismus nutzen. In der Tat hatte Stalin seinen Genossen häufig gedroht, daß der Westen, wenn er selber erst einmal unter der Erde sei, ihnen wie Hühnern den Hals umdrehen würde. Vielleicht wollte er damit lediglich alle Gedanken an einen Umsturz vertreiben.[12] Gleichwohl vollzog sich Ende 1957 etwas anderes: Der Machtkampf im Kreml setzte auch der Angst dem Westen gegenüber eine Grenze. Zwar war gewiß, daß eine neue Führung unbedingt eine Verschnaufpause im Kalten Krieg brauchte: Aber jeder einzelne Bewerber um die Macht wußte doch auch, daß ihm außenpolitische Flexibilität das Genick brechen konnte, solange er noch nicht im Besitz der absoluten Macht war.

An einer Fortdauer der Spannungen konnte den Sowjets jedoch ebensowenig gelegen sein. Churchill hatte 1946 angemerkt, Stalin habe die Früchte des Krieges ohne Krieg einheimsen wollen. 1953 wollten Stalins Nachfolger die Früchte möglicher Entspannung ernten, ohne willens oder fähig zu sein, die entsprechenden Zugeständnisse zu machen. Schon 1945 hatte Stalin außenpolitisch Zurückhaltung an den Tag gelegt, um dem Westen gegenüber keine Angriffsfläche zu bieten. Acht Jahre später zeigten auch seine Erben außenpolitisch plötzlich Zurückhaltung, allerdings in einer anderen Absicht: Sie wollten sich gegenseitig keine Angriffsfläche bieten.

Wenn Staatsmänner Zeit gewinnen möchten, bieten sie Gespräche an. Am 16. März, nur ein paar Tage nach dem Tod des Diktators, regte Malenkow, der jetzt Außenminister war, Gespräche an, ohne näher darauf einzugehen, was deren Inhalt sein sollte. »Zum gegenwärtigen Zeitpunkt«, schrieb er, »gibt es keine strittige oder ungelöste Frage, die nicht durch gegenseitige Übereinkunft der betroffenen Länder einer friedlichen Lösung zugeführt werden könnte. Dies gilt für unsere Beziehungen zu sämtlichen Ländern, einschließlich der Vereinigten Staaten von Amerika.«[13] Malenkow legte jedoch keine neuen Vorschläge auf den Tisch. Die neuen sowjetischen Führer, unsicher, auf welchem Weg sie eine Entspannung ansteuern sollten, verfügten bei der Formulierung neuer Doktrinen bei weitem nicht über Stalins Autorität. Gleichzeitig waren die Vorbehalte der neuen Regierung Eisenhower gegen Verhandlungen mit den Sowjets fast ebenso groß wie die der Sowjets gegenüber Zugeständnissen an die Amerikaner.

Der Grund für diese Vorbehalte war auf beiden Seiten der gleiche. Die Sowjetunion und die Vereinigten Staaten hatten Angst, Neuland zu betreten. Beide Länder taten sich schwer, die Veränderungen zu verarbeiten, die seit dem Ende des Krieges auf internationaler Ebene eingetreten waren. Der

Kreml befürchtete, die Preisgabe von Ostdeutschland könne seinen Satellitenkranz aufbrechen, wie es eine Generation später denn auch tatsächlich geschah. Aber solange die Sowjets nicht bereit waren, Ostdeutschland freizugeben, blieb Entspannung bestenfalls ein Schlagwort. Die Vereinigten Staaten ihrerseits hatten Angst, daß eine Diskussion über Deutschland das Ende der NATO heraufbeschwören könnte. Am Ende – dahin ging die Sorge – würde man das Bündnis für nichts als eine Konferenz eintauschen.

Um bewerten zu können, ob der Westen unmittelbar nach Stalins Tod eine Chance verpaßt hat, müssen drei Fragen beantwortet werden. Erstens: Hätte die Atlantische Gemeinschaft mit den Sowjets in weitreichende Verhandlungen treten können, ohne selber daran zu zerbrechen? Zweitens: Hätte sich die Sowjetunion unter Druck zu nennenswerten Angeboten bereitgefunden? Oder hätte sie – drittens – die Verhandlungen dazu mißbraucht, die Wiederbewaffnung und Westintegration Westdeutschlands zu torpedieren, ohne ihren ostdeutschen Satellitenstaat aufzugeben und ihren Griff auf Osteuropa zu lockern?

Die amerikanische Führung hatte recht mit ihrer Einschätzung: Der Spielraum bei Verhandlungen wäre sehr eng gewesen. Ein neutrales Deutschland hätte entweder eine Gefährdung oder eine Einladung zur Erpressung dargestellt. In der Diplomatie gibt es Experimente, von denen man besser die Finger läßt, weil im Fall des Mißlingens irreversibler Schaden entsteht. Und damals war das Risiko des Zusammenbruchs all dessen, was man im Atlantischen Bündnis aufgebaut hatte, beträchtlich und nicht von der Hand zu weisen.

Es lag im Interesse aller Beteiligten, insbesondere in dem der Sowjetunion, daß die Bundesrepublik ein Bestandteil des westlichen Bündnissystems blieb, auch wenn 1953 im Kreml niemand so fest im Sattel saß, daß er dergleichen hätte zugeben können. Wenn Deutschland im Atlantischen Bündnis blieb, dann gab es die Möglichkeit, sich über eine Begrenzung der Truppen zu verständigen, die entlang der neuen Demarkationslinie stationiert waren (was letztlich das Militärpotential eines vereinigten Deutschlands reduzieren würde). Wenn Gesamtdeutschland hingegen neutralisiert würde, dann wäre eine Schwächung der NATO unumgänglich, und Mitteleuropa würde entweder zum Machtvakuum oder aber zu einer potentiellen Bedrohung.

Stalins Erben hätten ein vereinigtes Deutschland innerhalb der NATO, wenn auch mit begrenztem Militärpotential, wohl allenfalls dann in Erwägung gezogen, wenn die Demokratien sich dazu verstanden hätten, mit militärischen Konsequenzen oder zumindest mit einer Intensivierung des Kalten Krieges zu drohen. Das war es vermutlich, was der 1951 wieder ins Amt des Premierministers zurückgekehrte Winston Churchill im Sinn hatte. Sein Privatsekretär John Colville berichtet: »W[inston] hat mir gegenüber mehrfach seiner Hoffnung auf ein gemeinsames Herantreten an Stalin Ausdruck gegeben, das in einer Wiener Konferenz gipfeln könnte, wo die Konferenz von Potsdam wiedereröffnet und zum Abschluß gebracht werden könnte. Falls sich die Russen nicht kooperativ verhielten, würden wir den Kalten Krieg anheizen: ›Unsere jungen Männer‹, sagte W. zu mir, ›würden dann als Wahrheitsbringer fallen und nicht als Todesbringer.‹«[14] Aber unter den führenden westlichen Politikern fand sich niemand sonst bereit, ein solches Wagnis auf sich zu nehmen oder Erklärungen abzugeben, die von Kritikern des Bündnisses ohne weiteres als einseitig hätten angegriffen werden können. Die amerikanische Führung sperrte sich daher gegen jede nennenswerte Initiative. Auf diese Weise verhinderte sie ernsthafte Versuche, die Verwirrung der sowjetischen Führung unmittelbar nach Stalins Tod dem eigenen Vorteil dienstbar zu machen; gleichzeitig jedoch wurde der Zusammenhalt des Atlantischen Bündnisses gewahrt.

Aber das Stillhalten hatte auch seinen Preis. Es wurde jetzt nicht mehr über den Inhalt von Gesprächen diskutiert, sondern darüber, ob derartige Gespräche überhaupt wünschenswert seien. Erneut tat sich Churchill, der mittlerweile dem Ende seiner Karriere entgegenging, als Fürsprecher von Verhandlungen hervor, auf deren Gegenstand er sich allerdings nie genau festlegte. In gewisser Weise hatte es etwas Schmerzliches, wie der nun über achtzigjährige Churchill, zeitlebens ein Exponent des Gleichgewichts der Kräfte, nunmehr einem Gipfeltreffen das Wort redete, das anscheinend zum reinen Selbstzweck geworden war.

Unfairerweise machten die führenden amerikanischen Politiker Churchills Alter für seine Verhandlungsbeflissenheit verantwortlich. Man sollte indessen nicht übersehen, daß Churchills Haltung durchaus beständig gewesen war, sogar in ganz ungewöhnlichem Grade. Schon während des Krieges und unmittelbar danach hatte er sich für Verhandlungen eingesetzt, desgleichen als die Politik der Eindämmung zum ersten Mal formuliert worden war (siehe Kapitel 17). Was sich in den fünfziger Jahren geändert hatte, waren allein die Verhältnisse. Auch hatte Churchill sich nie über die inhaltliche Seite des von ihm geforderten globalen Einigungsprozesses ausgelassen. Während des Krieges schien er von der Annahme auszugehen, daß die Vereinigten Staaten sich wieder zurückziehen und auf keinen Fall Truppen in Europa stationieren würden, was ja auch Roosevelts wiederholt vorgebrachten Forderungen entsprach. Und als er in den Jahren 1945 bis 1951 Führer der Opposition war, schien er folgende Bestandteile einer grundsätzlichen Einigung mit der Sowjetunion vor Augen gehabt zu haben: ein neutrales, vereinigtes Deutschland, ein westliches Bündnissystem bis zur französisch-deutschen Grenze, Rückzug der sowjetischen Truppen bis zur polnisch-russischen Grenze und die Errichtung von Regierungen nach dem finnischen Modell in den Anrainerstaaten der Sowjetunion – neutrale, demokratische Regierungen also, die zwar Rücksicht auf sowjetische Belange zu nehmen hatten, ihre Außenpolitik aber prinzipiell nach eigener Entscheidung gestalten konnten.

Eine vor 1948 erfolgte Übereinkunft auf dieser Grundlage hätte die Wiedererrichtung Europas in seinen alten Dimensionen bedeutet. Schon in den vierziger Jahren war Churchill mithin seiner Zeit weit voraus, und wäre er in den Wahlen von 1945 nicht geschlagen worden, hätte er dem sich ankündigenden Kalten Krieg sehr wohl eine andere Richtung geben können – immer vorausgesetzt, daß die USA und die anderen Alliierten bereit gewesen wären, sich gegebenenfalls auf jene Konfrontation einzulassen, auf der Churchills bevorzugte Strategie augenscheinlich basierte.

1952 war an eine Einigung auf der Grundlage von Churchills Vorschlägen jedoch nicht mehr zu denken, es sei denn, man wollte es auf ein politisches Erdbeben ankommen lassen. Umgekehrt ist es ein Merkmal der Größe Adenauers, daß die von ihm geschaffene Bundesrepublik vor 1949 unvorstellbar gewesen wäre. 1952 nämlich hätte es in einer Welt, wie Churchill sie 1944 im Auge hatte, keinen Platz für ein westlich integriertes Deutschland gegeben: Deutschland wäre gezwungen gewesen, sich auf seinen früheren Status eines ungebundenen Nationalstaates zurückzuziehen. Sieben Jahre zuvor hätten das finnische Modell Osteuropa die Rückkehr zur Normalität gebracht; 1952 waren solche Verhältnisse auf dem Verhandlungswege nicht mehr zu erreichen, und zwar schon wegen allzu unwahrscheinlicher Voraussetzungen: Entweder hätte es zu einem sowjetischen Zusammenbruch oder zu einer schwerwiegenden Konfrontation kommen müssen, die überdies noch die deutsche Einigung zum Anlaß hätte haben müssen. So kurz nach dem Weltkrieg war dergleichen schlechterdings unvorstellbar. Kein westeuropäisches Land hätte sich zugunsten des gerade erst besiegten Feindes auf solch ein Risiko eingelassen.

Wenn das Atlantische Bündnis in der Lage gewesen wäre, seine Politik einmütig zu gestalten, dann hätte es sich möglicherweise einer allgemeinen Einigung im Sinne Churchills verschrieben. Anfang der fünfziger Jahre aber war das Bündnis viel zu wenig gefestigt, um ein so waghalsiges Spiel auf sich nehmen zu können. Präsidenten aus beiden großen amerikanischen Parteien hatten gar keine andere Wahl, als ihren kräfteraubenden Weg der Härte weiter zu verfolgen und hinter Positionen der Stärke auf einen grundlegenden Wandel der Sowjets zu warten.

Für Eisenhowers Außenminister John Foster Dulles war der Ost-West-Konflikt eine moralische Frage. Verhandlungen, über welches Thema auch immer, waren aus seiner Sicht so lange undenkbar, wie sich im Sowjetsystem kein entscheidender Wandel vollzogen hatte. Mit den britischen Ansichten war das kaum zu vereinbaren. London war es in seiner langen Geschichte nur selten vergönnt gewesen, bei Verhandlungen auf freundlich gesonnene oder ideologisch gleichgerichtete Länder zu stoßen. Selbst auf dem Höhepunkt seiner Macht mangelte es Großbritannien an dem Sicherheitsspielraum, über den etwa die Amerikaner verfügten, und so hatte es auch mit ideologischen Gegnern stets im Hinblick auf praktische, der Koexistenz förderliche Ergebnisse verhandelt. Eine klare Definition des nationalen Interesses hatte der britischen Öffentlichkeit jederzeit erlaubt,

Maßstäbe zur Beurteilung von Staatsmännern zu entwickeln. Es mochte vorkommen, daß man sich über bestimmte Punkte bestimmter Abkommen uneins war, aber so gut wie nie hielt man Verhandlungen als solche für unvernünftig.

Getreu dieser Tradition suchte Churchill durch annähernd regelmäßige Verhandlungen eine erträgliche Koexistenz mit der Sowjetunion zu erreichen. Die US-Führung dagegen wollte das sowjetische System verändern, nicht mit ihm verhandeln, und so geriet der anglo-amerikanische Dialog zunehmend zu einer Debatte über die Zweckmäßigkeit etwaiger Gespräche, während Inhalte fast völlig außer acht blieben. Im Wahlkampf von 1950, in dem er am Ende unterlag, hatte Churchill ein Viermächtegipfeltreffen vorgeschlagen. Im damaligen Stadium des Kalten Krieges eine wahrhaft revolutionäre Idee: »Ich kann nicht umhin, wieder einmal auf die Idee erneuter Gespräche auf höchster Ebene mit den Sowjetrussen zurückzukommen. Diese Idee scheint mir dazu geeignet, auf wirksame Weise für die Überbrückung des Grabens zwischen den beiden Welten zu wirken, damit beide, wenn schon nicht in Freundschaft, so doch wenigstens ohne die Gehässigkeiten des Kalten Krieges leben können.«[15]

Dean Acheson dagegen, soeben von den Gründungsfeierlichkeiten des Atlantikpaktes zurückgekehrt, hielt das Unternehmen für verfrüht. »Wie wir aus mühselig erworbener Erfahrung wissen«, bemerkte er, »besteht die einzige Möglichkeit des Umgangs mit der Sowjetunion in der Schaffung von Positionen der Stärke [...]. Sobald wir sämtliche Schwächen eliminiert haben, werden wir in der Lage sein, Absprachen mit den Russen zu treffen, die auch funktionieren [...]. Es würde zu nichts Gutem führen, wenn wir zum derzeitigen Zeitpunkt die Initiative ergriffen und Gespräche forderten.«[16]

Churchill kehrte in das Amt des Premierministers erst im Oktober 1951 zurück. Er hielt es für besser, während der Präsident Truman noch verbleibenden Amtszeit nicht auf ein Gipfeltreffen zu drängen. Statt dessen entschloß er sich, die neue Regierung abzuwarten, wobei sich herausstellte, daß sein alter Kriegskamerad Dwight D. Eisenhower neuer Chef im Weißen Haus werden sollte.

In der Zwischenzeit schloß sich Churchill der vorherrschenden Meinung an, wonach Gipfeltreffen deshalb gerechtfertigt seien, weil sowjetische Führer, ganz gleich um wen es sich handelte, ein offenes Ohr für Absprachen auf höchster Ebene hätten. 1952 war Stalin noch immer der Ansprechpartner. Und so sagte Churchill im Juni jenes Jahres zu John Colville: Wenn Eisenhower gewählt würde, wolle er »noch mal einen Versuch starten, durch ein Treffen der Großen Drei zu einem Frieden zu kommen [...]. Er meinte, solange Stalin noch am Leben sei, wären wir vor einem Angriff eher sicher als nach seinem Tode, wenn unter Stalins Stellvertretern das Gerangel um die Nachfolge ausbräche.«[17]

Als Stalin kurz nach Eisenhowers Amtsantritt starb, befürwortete Churchill erneut Verhandlungen, diesmal mit der neuen sowjetischen Führung. Auf Malenkows Angebot vom 17. März 1953 reagierend, drängte er den amerikanischen Präsidenten, keine Gelegenheit auszulassen, um »herauszufinden, wie weit das Malenkow-Regime zu gehen bereit ist, um die allgemeine Lage zu entspannen.«[18] Eisenhower indessen zeigte sich für Churchills diplomatische Initiative nicht empfänglicher als sein Vorgänger. Er bat Churchill lediglich, die politische Erklärung abzuwarten, die er am 16. April vor der Amerikanischen Gesellschaft der Zeitungsherausgeber abzugeben beabsichtige und in der er Churchill de facto deutlich widersprach.[19] Eisenhower trug vor, die Ursachen der Spannungen lägen ebenso offen auf der Hand wie die Abhilfe: Ein Waffenstillstand in Korea, ein Österreichischer Staatsvertrag und »ein Ende der direkten und indirekten Angriffe auf die Sicherheit von Indochina und Malaya« würden die Situation von Grund auf ändern. Damit warf Eisenhower China und die Sowjetunion gewissermaßen in einen Topf. Spätere Ereignisse sollten zeigen, daß dies eine falsche Einschätzung der chinesisch-sowjetischen Beziehungen war, ganz zu schweigen davon, daß hiermit fraglos unerfüllbare Bedingungen geschaffen worden waren, da Malaysia und Indochina weit außerhalb des sowjetischen Einflußbereichs lagen. Verhandlungen seien nicht erforderlich, erklärte Eisenhower. Es sei Zeit für Taten, nicht für Worte.

Bei Durchsicht eines Entwurfs der Rede Eisenhowers, der ihm vorab zugegangen war, sagte Churchill besorgt: »Ein plötzlicher Frost hat die Frühlingsblüte zerstört.« Um zu zeigen, wie wenig er von den Argumenten des amerikanischen Präsidenten überzeugt war, schlug er ein Treffen der am Potsdamer Abkommen beteiligten Mächte vor – der Vereinigten Staaten, Großbritanniens und der UdSSR –, dem vorbereitende Gespräche zwischen ihm und dem inzwischen wieder zum sowjetischen Außenminister ernannten Molotow vorausgehen sollten. Churchill schickte Eisenhower ein Schreiben, in dem er an die Bande einer – wohl illusionären – Freundschaft zwischen ihm und Molotow appellierte. Einen Entwurf seiner Einladung fügte er bei: »Wir könnten in Wiederbelebung unserer Beziehungen aus den Tagen des Krieges ein Treffen zwischen mir, Monsieur Malenkow und verschiedenen Leuten aus Ihrer Führungsmannschaft veranstalten«, schrieb der britische Premier. »Natürlich gehe ich keineswegs davon aus, daß wir dabei auch nur eine der Schicksalsfragen lösen werden, die die unmittelbare Zukunft der Welt überschatten [...]. Ich würde unmißverständlich klarmachen, daß ich von diesem informellen Treffen keinerlei weitreichende Entscheidungen, sondern lediglich die Erneuerung eines unbelasteten und wohlgesonnenen Grundverhältnisses zwischen uns erwarte.«[20]

Doch für Eisenhower bedeutete ein Gipfeltreffen mit den Sowjets bereits ein gefährliches Zugeständnis. Er wiederholte, obschon in etwas zögerndem Ton, seine Forderung, daß die Sowjets gewisse Vorbedingungen zu erfüllen hätten: »In meiner Note an Sie vom 25. April habe ich meiner

Ansicht Ausdruck gegeben, daß wir die Dinge nicht zu eilig vorantreiben sollten. Wir sollten nicht zulassen, daß in unseren Ländern der Wunsch nach einem Treffen von Staats- und Regierungschefs aufkommt und uns zu überstürzten Initiativen zwingt.«[21] Churchill blieb anderer Meinung. Doch mußte er zur Kenntnis nehmen, daß er sich angesichts der Abhängigkeit seines Landes von den Vereinigten Staaten nicht den Luxus einer eigenständigen Initiative erlauben konnte, schon gar nicht in Fragen, die Washington so sehr am Herzen lagen. Er machte das Beste aus der Situation. Er wandte sich nicht direkt an Malenkow, sondern trug das, was er dem sowjetischen Premier unter anderen Umständen in einem privaten Gespräch gesagt hätte, in einer Rede vor dem Unterhaus vor. Am 11. Mai 1953 legte er dar, inwiefern er sich mit seiner Einschätzung der Lage von Eisenhower und Dulles unterschied: Während die amerikanische Führung die Gefährdung des Zusammenhalts im Atlantischen Bündnis und die Wiederbewaffnung Deutschlands fürchtete, hatte Churchill vor allem Bedenken, daß eine durchaus hoffnungsvolle innere Entwicklung der Sowjetunion in Gefahr gebracht würde.»Es wäre zu bedauern«, führte er aus,»wenn der natürliche Wunsch, auf internationaler politischer Ebene zu einer Einigung zu kommen, sich als Hindernis für eine spontane und gesunde Entwicklung innerhalb Rußlands erweisen würde. Nach meiner Einschätzung sind manche Erscheinungen in dessen Inneren und der offensichtliche Stimmungsumschwung weitaus wichtiger und bedeutsamer als das, was draußen passiert ist. Ich befürchte, daß so, wie die Dinge stehen und wie sich die Außenpolitik der NATO-Mächte präsentiert, nichts dazu angetan ist, das zu ersetzen oder im Stellenwert zu übertreffen, was sich als eine tiefgreifende Bewegung innerhalb der Sowjetunion herausstellen könnte.«[22]

Vor Stalins Tod hatte Churchill auf Gesprächen bestanden, weil ihm Stalin von allen sowjetischen Führungsfiguren noch der beste Garant für die Verwirklichung außenpolitischer Abmachungen zu sein schien; nun forcierte er ein Gipfeltreffen, um den Entwicklungen eine Chance zu geben, die sich nach dem Tod des Diktators angebahnt hatten. Mit anderen Worten: Verhandlungen waren auf jeden Fall notwendig, ungeachtet dessen, was sich in der Sowjetunion oder im Kreml abspielte. Indem er darauf drang, im Zuge einer Konferenz auf höchster Ebene die Prinzipien und die Richtung weiterführender Verhandlungen festzulegen, fuhr Churchill fort:»Diese Konferenz sollte nicht im Zeichen einer umfangreichen und starren Tagesordnung stehen, und sie sollte sich nicht in einem labyrinthischen Dschungel technischer Details verlaufen, um die sich Rudel von Experten und Beamten, die man in besorgniserregend umfangreicher Zahl herangezogen hat, eifrig in den Haaren liegen. Die Konferenz sollte vielmehr auf die kleinstmögliche Anzahl von Mächten und Teilnehmern begrenzt sein und zwanglos und mit einem hohen Maß von Privatheit und Zurückgezogenheit stattfinden. Man wird zwar nicht unbedingt gleich zu niet- und nagelfesten

Vereinbarungen gelangen; aber unter den Versammelten könnte sich das Gefühl breitmachen, daß es für sie etwas Besseres zu tun gibt, als die gesamte Menschheit, einschließlich ihrer selbst, in Stücke zu sprengen.«[23] Was genau hatte Churchill aber eigentlich vor? Wie sollten die führenden Politiker ihrer Entschlossenheit Ausdruck verleihen, daß es nicht in ihrer Absicht stand, kollektiven Selbstmord zu begehen? Der einzige Vorschlag, der in dieser Hinsicht von Churchill gekommen war, ähnelte dem Locarno-Pakt von 1925. Damals hatten Deutschland und Frankreich gegenseitig die bestehenden Grenzverläufe anerkannt, wobei Großbritannien im Fall einer Aggression der jeweils angegriffenen Seite seinen Beistand garantierte (siehe Kapitel 11).

Das Beispiel war nicht glücklich gewählt: Locarno hatte nur ein Jahrzehnt gehalten und kein einziges Problem aus der Welt geräumt. Der Gedanke, daß Großbritannien oder sonst eine Nation sich aus möglicherweise ausbrechenden politischen Konflikten so weit heraushalten würde, daß es zur selben Zeit – und mit demselben Vertragsinstrument – die Grenzen eines Verbündeten *und* eines wichtigen Gegenspielers garantieren könnte, war schon im Jahre 1925 eher bizarr; in den drei Jahrzehnten, die seitdem verstrichen waren und in die Ära der ideologischen Konfrontation einmündeten, hatte sich seine Tauglichkeit keineswegs verbessert. Wer sollte welche Grenze garantieren, und gegen welche Bedrohung? Sollten die Potsdamer Mächte eine Garantie für sämtliche Grenzen in Europa gegen jegliche Aggression übernehmen? In diesem Fall wäre die Diplomatie, gleichsam in voller Kehrtwendung, zu Roosevelts Idee von den Vier Weltpolizisten zurückgekehrt. Oder sollte es bedeuten, daß im Streitfall Widerstand erst dann statthaft war, wenn die Potsdamer Mächte ihre Einwilligung gegeben hatten? Das wäre eine Art Freibillet für sowjetische Aggression gewesen. Für die Vereinigten Staaten wie auch für die Sowjetunion stellte die jeweils andere Supermacht das Hauptsicherheitsproblem dar; wie also sollten unter diesen Umständen wechselseitige Garantien eine Lösung darstellen? Der Locarno-Pakt war als Alternative zu einem Militärbündnis zwischen Frankreich und Großbritannien konzipiert worden, und Parlamente und Öffentlichkeit hatten sich unter dieser Perspektive mit ihm befaßt. Würde ein neues, nach seinem Vorbild geschneidertes Abkommen nicht bereits bestehende Abkommen sprengen?

Churchill stützte sein Vorhaben allerdings nicht auf irgendeine konkrete Verhandlungsvorgabe. Am 1. Juli 1953 wies er die Theorie zurück, daß die Position des Kremls unabänderlich und die sowjetische Gesellschaft als erste in der Geschichte gegen historische Umbrüche gefeit sei. Laut Churchill befand sich der Westen in dem Dilemma, daß ihm einerseits die Anerkennung der Satellitenregime widerstrebte, während er andererseits nicht bereit war, für deren Beseitigung einen Krieg zu wagen. Der einzige Ausweg aus dieser Lage bestand in einer Art »gewaltsamer Aufklärung« zur Erkundung der neuen Hintergründe der sowjetischen Realität. Am 1. Juli 1953 schrieb er an Eisenhower:»Ich bin heute genausowenig wie in Fulton oder im Jahre 1945 geneigt, mich von den Russen an der Nase herumführen zu lassen. Ich glaube jedoch, daß sich das Kräfteverhältnis der Welt geändert hat, und zwar vor allem als Folge amerikanischer Initiativen und durch die Wiederaufrüstung, aber auch durch den Niedergang der kommunistischen Ideologie. Dies rechtfertigt eine in Einigkeit und Stärke durchgeführte, kaltblütige und an den Tatsachen orientierte Untersuchung durch die freien Nationen.«[24]

Churchills Hoffnung lautete:»Zehn Jahre Entspannung plus fruchtbare Erkenntnisse könnten eine neue Welt bedeuten.«[25] Er verfolgte jetzt nicht mehr die Idee einer globalen Einigung, sondern eine Politik, die später als Entspannungspolitik bezeichnet wurde. Er hatte erkannt, daß die Schwierigkeit der ursprünglichen Version des»containment«darin bestanden hatte, daß die zugrunde liegende Analyse zwar in der Tat durchschlagend war, ihre praktische Verwirklichung aber ein Durchhalten um seiner selbst willen bis zu jenem fernen Tag erforderte, an dem sich das Sowjetsystem aus sich selbst heraus wandelte. Die Eindämmung mochte deshalb sehr wohl ein beeindruckendes Ziel darstellen; sie bot jedoch wenig Beistand auf dem Weg dorthin an.

Die Alternative bestand in einer sofortigen und umfassenden Einigung. Sie erlaubte es zwar, einen leichteren Weg zu beschreiten, allerdings auch zu einem nicht so erstrebenswerten Ziel. Zugleich war sie mit dem Risiko behaftet, den Zusammenhalt des Atlantischen Bündnisses und die Westintegration Deutschlands aufs Spiel zu setzen – ein exorbitanter Preis für die zu erwartenden Gegenleistungen, es sei denn, die deutsche Führung selber hätte es so gewünscht. Was Churchill vorschlug, war daher ein Mittelweg: friedliche Koexistenz, um die Politik der Sowjets langfristig erträglich zu machen und in der Hoffnung, die Zeit werde das Ihre tun.

Der Handlungsdruck, der nach Jahren der Bewegungslosigkeit und Konfrontation entstanden war, zeigte sich auch in der neuen Haltung, mit der George Kennan an die Sache heranging. Als ihm klar wurde, daß sein früheres Konzept für den Umgang mit der Sowjetunion unter der Hand zur Rechtfertigung endloser militärischer Konfrontationen verkommen war, entwickelte er ein Verhandlungskonzept. Es zielte auf die Beförderung einer umfassenden Einigung und kam Vorstellungen nahe, wie sie Churchill in den Jahren 1944 und 1945 vorgeschwebt haben müssen.

Das Hauptanliegen von Kennans sogenanntem *Disengagement*-Konzept bestand im Abzug der sowjetischen Truppen aus Mitteleuropa. Kennan war bereit, dafür mit einem vergleichbaren amerikanischen Truppenabzug aus Deutschland zu bezahlen. Leidenschaftlich trug er vor, Deutschland könne sich mit konventionellen Waffen vollauf verteidigen, wie es dies immer getan habe, zumal die sowjetischen Armeen ja ganz Osteuropa zu durchqueren hätten, bevor sie die deutsche Grenze erreichen würden. Da Kennan es nicht für richtig hielt, sich einseitig auf die Nuklearstrategie zu verlassen, unterstützte er einen Vorschlag des polnischen Außenministers Adam Rapacki, der eine atomwaffenfreie Zone angeregt hatte. Sie sollte Deutschland, Polen und die Tschechoslowakei umfassen.[26] Die Schwierigkeiten des Kennan- wie des Rapackiplanes lagen – was auch für Stalins Friedensnote gilt – darin, daß die deutsche Westintegration so zum Preis für einen sowjetischen Rückzug aus Ostdeutschland und Teilen von Osteuropa wurde. Solange sich nicht gleichzeitig eine Garantie gegen sowjetische Interventionen zum Schutze kommunistischer Regime ergab, drohte sich daraus eine zweifache Krise zu entwickeln: zum einen in Osteuropa, zum anderen bei der Suche nach einer von Verantwortung getragenen nationalen Rolle für Deutschland – ein Problem, dessen Lösung im Grunde seit der deutschen Einigung von 1871 anstand.[27] Außerdem krankten beide Pläne daran, daß man sich dabei für einen amerikanischen Rückzug von über viereinhalbtausend Kilometern einen sowjetischen Rückzug von lediglich ein paar hundert Kilometern eingehandelt hätte. Und hinzu kam eine weitere, noch bedeutendere Schwierigkeit: Nach allen Erkenntnissen der Zeit hätte die Idee Kennans und Rapackis, konventionelle und nukleare Strategien voneinander zu trennen, einen Vorteil hinsichtlich all jener Waffengattungen bedeutet, bei denen die Sowjets ohnehin einen Vorsprung besaßen. Gleichzeitig wurden Nuklearwaffen geächtet. Dadurch wurde Aggression jedoch – um das Mindeste zu sagen – zu einem unkalkulierbaren Risiko. Das jedenfalls war meine Sichtweise damals.[28]

Wie schon oft zuvor, hatte Churchill die richtige Diagnose gestellt, auch wenn er diesmal nicht mit der richtigen Therapie aufwarten konnte. Die öffentliche Meinung der demokratischen Nationen war nicht bereit, endlose Konfrontationen hinzunehmen. Anders wäre es allenfalls gewesen, wenn die Regierungen zuvor zweifelsfrei nachgewiesen hätten, daß sämtliche Möglichkeiten, den Konflikt zu lösen, ausgelotet worden waren. Wenn es aber den Demokratien nicht gelang, ein genau umrissenes Programm zur Minderung der Spannungen zu formulieren, dann liefen die Menschen samt ihren Regierungen Gefahr, Friedensoffensiven auf den Leim zu gehen, in denen der lang erwartete Wandel der sowjetischen Gesellschaft sich in nichts anderem als in einer veränderten Tonart manifestierte. Man wollte eine Haltung vermeiden, die zwischen äußerster Halsstarrigkeit und äußerster Nachgiebigkeit schwankte; zu diesem Zweck aber mußte sich die Außenpolitik innerhalb enger Grenzen bewegen. Auf der einen Seite stand die Drohung endloser Konfrontation, die mit dem Anwachsen der Nukleararsenale immer gefährlicher wurde, auf der anderen Seite eine Beruhigungsdiplomatie, die den Menschen über die Realitäten des Kalten Krieges Sand in die Augen streute, ohne die wirkliche Situation in irgendeiner Weise zu verbessern.

Tatsächlich waren die Demokratien durchaus in der Lage, innerhalb eines solchen Spielraums zu handeln: Ihr Einflußbereich war weitaus mächtiger als der der Sowjets. Außerdem stand zu erwarten, daß sich die wirtschaftliche und soziale Kluft zwischen den Supermächten verbreitern würde. So schien die Geschichte auf der Seite der Demokratien zu sein, falls sie es verstanden, Vorstellungskraft und Disziplin miteinander zu verbinden; dies jedenfalls war der Gedanke von Nixons späterer Entspannungspolitik (siehe Kapitel 28). Und nichts anderes hatte auch Churchill im Sinn, als er in dem Brief an Eisenhower vom 1. Juli 1953 von »zehn Jahren Entspannung plus fruchtbaren Erkenntnissen« schrieb, die eine bessere Welt zu versprechen schienen.

John Foster Dulles war neben Adenauer der westliche Politiker, der sich am nachdrücklichsten dem Risiko widersetzte, den harterkämpften Zusammenhalt des Westens wegen Verhandlungen aufs Spiel zu setzen, deren Erfolg völlig ungewiß war. Seine Einschätzung der Gefahren, die Stalins Vorschläge in sich bargen und der sich später auch die Theoretiker des »disengagement« anschlossen, war in ihren Grundzügen zutreffend. Psychologisch jedoch war es kaum zu vertreten, wenn Dulles argumentierte, daß der beste Weg zur Aufrechterhaltung des westlichen Zusammenhalts darin bestünde, sich generell auf keinerlei Gespräche einzulassen, wie aus der folgenden, zur Vorsicht mahnenden Anweisung an einen Redenschreiber des Weißen Hauses vom April 1953 hervorgeht: »Es besteht eine gewisse Gefahr, daß wir auf die sowjetischen Angebote hereinfallen. Es ist offensichtlich, daß das, was sie tun, nur infolge des äußeren Drucks erfolgt, und ich wüßte nicht, was wir im Moment Besseres tun könnten, als diesen Druck aufrechtzuerhalten.«[29] Mit Erklärungen wie diesen stieß Dulles an die Grenzen der Eindämmungspolitik. Die demokratischen Gesellschaften benötigten zur Rechtfertigung des Kalten Krieges Zielsetzungen, die sich nicht in bloßer Unnachgiebigkeit erschöpften. Die vorliegenden außenpolitischen Programme vertrugen sich zwar mit den Interessen der Demokratien, doch mußte unbedingt irgendein alternatives Konzept für eine friedliche Entwicklung in Mitteleuropa gefunden werden, ein Programm, das geeignet war, Deutschland innerhalb der westlichen Institutionen zu halten und gleichzeitig die Spannungen längs des »eisernen Vorhangs« zu verringern. Dulles ging dieser Notwendigkeit aus dem Weg. Er zog es vor, ergebnislose Außenministerrunden über vertraute Positionen einzuberufen. Bestrebt, Zeit für die Konsolidierung des Atlantischen Bündnisses und für die deutsche Wiederbewaffnung zu gewinnen, bevorzugte er diese Politik, weil sie zwischen den Alliierten keine Meinungsverschiedenheiten aufkommen ließ, während sie für die dahinschlingernde sowjetische Führung nach dem Tod Stalins den Vorteil besaß, keine schmerzhaften Entscheidungen zu fordern.

Als man im Kreml erkannt hatte, daß die demokratischen Regierungen die mitteleuropäische Frage nicht von sich aus forcieren würden, suchte man die internationalen Spannungen dadurch herabzusetzen, daß man sich auf jene Themen konzentrierte, die von Eisenhower und Dulles zum Prüfstein der sowjetischen Glaubwürdigkeit erhoben worden waren: Korea, Indochina und der Österreichische Staatsvertrag. Die in diesen Fragen erzielten Vereinbarungen dienten allerdings keineswegs als Auftakt zu den von Churchill 1953 angestrebten Verhandlungen über die europäischen Probleme. Vielmehr wurden sie von *beiden* Seiten als Ersatz dafür benutzt. Im Januar 1954 fand in Sachen Deutschlandpolitik ein Außenministertreffen statt. Die Gespräche blieben sehr schnell stecken. Dulles und Molotow waren zu ähnlichen Schlußfolgerungen gelangt. Keiner von beiden wollte sich dafür einsetzen, Bewegung in die diplomatische Situation zu bringen; beide zogen es vor, den eigenen Einflußbereich zu festigen, statt das Risiko einer wagemutigeren Außenpolitik einzugehen.

Natürlich befanden sich die Kontrahenten keineswegs in derselben Position. Der eingetretene Stillstand mochte zwar in Moskaus unmittelbarem taktischem und innenpolitischem Interesse liegen, gleichzeitig aber spielte die Sowjetunion langfristig der amerikanischen Strategie in die Hände, selbst wenn sich manch führender Politiker Amerikas darüber kaum im klaren war. Da die Vereinigten Staaten und ihre Verbündeten aus einem Rüstungswettlauf mit Sicherheit als Sieger hervorgehen würden, da sie außerdem über die wirtschaftlich weit mächtigere Interessensphäre geboten, hätte eine gewisse Entspannung und realistische Beilegung der europäischen Streitfragen auf lange Sicht durchaus im wohlverstandenen sowjetischen Interesse liegen müssen. Trotzdem ging Molotow Zugeständnissen aus dem Weg, die möglicherweise schmerzhaft gewesen wären, dem Land die strategische Überbeanspruchung und den schließlichen Kollaps jedoch vielleicht erspart hätten. Auch Dulles vermied eine flexible Politik, wofür er mit unnötigen inneren Auseinandersetzungen und einer Anfälligkeit für rein kosmetische Friedensvorstöße aus Moskau bezahlte. Zugleich aber legte er damit das Fundament für die strategische Vormachtstellung der Vereinigten Staaten.

Dulles nutzte den Stillstand, um sein Ziel zu erreichen: die Integration Deutschlands in die NATO. Die Frage, wie man die Bundesrepublik in die westliche Militärstruktur einbinden sollte, war zu einem drängenden Problem geworden. Die Franzosen waren nicht erpicht darauf, ein vollständig wiederbewaffnetes Deutschland an ihrer Seite zu sehen; ebensowenig wollten sie ihr nationales Verteidigungspotential einem integrierten System westlicher Verteidigung opfern, das Deutschland einschloß. Dies hätte ja nichts anderes bedeutet, als einen Teil der französischen Sicherheit in die Hände desjenigen Landes zu legen, von dem man im Jahrzehnt zuvor noch in schwere Verwüstung gestürzt worden war. Zudem wäre Paris in der Freiheit beschränkt worden, koloniale Konflikte militärisch zu lösen. So scheiterten die Pläne einer Europäischen Verteidigungsgemeinschaft am Widerstand Frankreichs.

John Foster Dulles und Anthony Eden suchten daraufhin die Bundesrepublik Deutschland einfach in die NATO zu integrieren. Paris erklärte sich nur unter Druck mit dieser Lösung einverstanden, bestand aber darauf, daß London die Verpflichtung übernehmen müsse, ständig britische Truppen auf deutschem Territorium zu stationieren. Als Eden diese Bedingung akzeptierte, war Frankreich endlich im Besitz jener militärischen Zusicherungen, die England ihm nach dem Ersten Weltkrieg verweigert hatte: Von nun an waren britische, französische und amerikanische Truppen als Verbündete in der Bundesrepublik Deutschland stationiert. Was als eine Initiative Stalins zur Beendigung der deutschen Teilung begonnen und eine Zeitlang auch eine gewisse Unterstützung durch Churchill gefunden hatte, endete mit der Zementierung der europäischen Teilung. Und ironischerweise war es ausgerechnet der missionarische Befürworter von Einflußsphären, Winston Churchill, der am Ende versuchte, den Aufeinanderprall zu mildern oder womöglich ganz aus der Welt zu schaffen, während Dulles als der Außenminister eines Landes, das für politische Einflußbereiche nie viel übrig gehabt hatte, sich als der oberste Wortführer eben jener Politik erwies, die die Welt in Interessensphären erstarren ließ.

Amerika hatte Vertrauen in die Stabilität seiner Einflußsphäre gewonnen. Nun fühlte es sich sicher genug, um Gespräche mit den Sowjets aufzunehmen. Zugleich sah man sich der Tatsache gegenüber, daß es angesichts der verhärteten Blöcke auch innerhalb Europas immer weniger gab, über das man noch hätte sprechen können. Beide Seiten konnten sich die Freiheit nehmen, Gipfeltreffen einzuberufen; doch deren Zweck bestand keineswegs darin, den Kalten Krieg beizulegen. Ein Gipfeltreffen, so wußten beide Lager, war nur allzu geeignet, die eigentlichen Probleme auszuklammern. Churchill hatte sich aus der Politik zurückgezogen, die Bundesrepublik hatte es sich in der NATO bequem gemacht, und die Sowjetunion war zu dem Schluß gekommen, es sei sicherer, den eigenen Einflußbereich in Osteuropa zu wahren als Deutschland aus dem westlichen Lager wegzulocken.

Das Genfer Gipfeltreffen vom Juli 1955 war insofern alles andere als das, was Churchill ursprünglich vorgeschlagen hatte. Anstatt sich mit den Ursachen der Spannungen auseinanderzusetzen, erwähnten die versammelten Regierungschefs kaum einen jener Punkte, die den Kalten Krieg hervorgebracht hatten. Die Tagesordnung schwankte zwischen Versuchen, Propaganda-Pluspunkte zu sammeln, und Bemühungen, die Lösung des Ost-West-Konfliktes mit den Mitteln der Amateurpsychologie voranzutreiben. Als Eisenhower vorschlug, die Vereinigten Staaten und die Sowjetunion sollten ihre Lufträume für die je andere Seite freigeben, ging er kein großes Risiko ein: Die Sowjets hätten nichts erfahren, was sie von ihrem Geheimdienst oder ganz einfach aus zugänglichen Quellen nicht ohnehin schon gewußt hätten. Der amerikanischen Aufklärung hingegen hätten sich die Geheimnisse des gesamten sowjetischen Reiches aufgetan. Aus persönlicher Erfahrung weiß ich, daß die Politberater in Eisenhowers Umgebung, die die Idee aufgebracht hatten – allen voran Nelson Rockefeller, der damalige Präsidentenberater –, niemals ernstlich davon ausgegangen waren, daß der Vorschlag angenommen werden könnte. Die Ablehnung des Planes durch Chruschtschow konnte daher keine negativen Konsequenzen für die Sowjetunion haben. Die Frage der Zukunft Europas wurde ohne weitere Richtlinien an die Außenminister delegiert.

Was die Gipfelkonferenz in erster Linie zeigte, war das Bedürfnis der Demokratien nach einer Ruhepause. Inzwischen dauerte die Konfrontation schon ein Jahrzehnt. Gegenüber Stalins präzisen Vorschlägen war man hart geblieben; nun aber meinte man eine Änderung des sowjetischen Tonfalls ausgemacht zu haben. Dem gingen die Demokratien prompt auf den Leim. Sie verhielten sich wie ein Marathonläufer, der sich in Sichtweite der Ziellinie erschöpft am Wegesrand niedersetzt und seine Gegner aufholen läßt. Eisenhower und Dulles waren zäh und geschickt vorgegangen. Sie hatten die Wirkung von Stalins Friedensnote und von Churchills beredten Rufen nach einer Gipfelkonferenz entschärft, indem sie auf konkreten Lösungsvorschlägen für nicht minder konkrete Probleme beharrten. Am Ende jedoch kamen sie zu dem Schluß, das Warten auf einen Wandel des Sowjetsystems sei als Botschaft nicht mehr zu vermitteln und das Formulieren alternativer Verhandlungspositionen zu gefährlich: Es könnte interne Spannungen hervorrufen. Die Eindämmungspolitik lasse sich deswegen nur aufrechterhalten, wenn man der Bevölkerung Hoffnung auf ein Ende des Kalten Krieges machen könne. Anstatt jedoch ein eigenes politisches Programm vorzustellen, schlossen auch sie sich der allgemein wachsenden Tendenz an, das konziliantere Auftreten Chruschtschows und seines Ministerpräsidenten Bulganin als eine grundsätzliche Änderung gelten zu lassen. Die schlichte Tatsache, daß es ein Treffen ohne Konfrontationen gegeben hatte – mochten die eigentlichen Ergebnisse auch noch so mager sein –, beflügelte die Hoffnungen der demokratischen Staaten, daß in Moskau die lang vorausgesagte Umwälzung endlich in Gang gekommen sei.

Der Gipfel war noch nicht zusammengetreten, da hatte Eisenhower schon den Tonfall vorgegeben. Bisher hatte seine Regierungsmannschaft stets auf detaillierten Verbesserungen beharrt; jetzt schlug Eisenhower plötzlich eine andere Richtung ein und faßte die Ziele der Ost-West-Diplomatie in vorwiegend psychologischen Begriffen zusammen. Er sagte:»Viele unserer Nachkriegskonferenzen waren von einer allzu starken Detailbefangenheit bestimmt, von einer Beflissenheit, sich für alle sichtbar auf die Bearbeitung spezifischer Probleme zu stürzen, anstatt sich um jenen Geist und jene Einstellung zu bemühen, in denen an die Lösung dieser Probleme herangegangen werden kann.«[30]

Die Medien überschlugen sich in überschwenglichen Reaktionen. Allerorten herrschte Übereinstimmung, daß sich etwas Fundamentales bewegt habe, wobei allerdings nicht so recht auszumachen war, was dies eigentlich gewesen sei. »Mr. Eisenhower hat noch Besseres geleistet, als einem Feind in der Schlacht eine Niederlage beizubringen, wie es vor zehn Jahren seine Aufgabe gewesen war«, stand in einem Leitartikel der ›New York Times‹ zu lesen. »Er hat etwas geleistet, das Kriege in Zukunft verhindern wird [...]. Die Gelegenheit war in der Tat wie für Mr. Eisenhower gemacht. Andere Männer hätten auf Stärke vielleicht mit Stärke reagiert. Mr. Eisenhower besaß die Gabe, andere in den Kreis seiner guten Absichten einzubeziehen und der Haltung, wenn nicht gar den politischen Absichten der kleinen Besucherschar von jenseits der Elbe ein anderes Gesicht zu verleihen.«[31]

Selbst Dulles ließ sich vom »Geist von Genf« anstecken. »Bis Genf«, sagte er zwei Monate später zu dem britischen Außenminister Harold Macmillan, »gründete sich die sowjetische Politik auf jene Intoleranz, die der Grundton der sowjetischen Doktrin ist. Jetzt baut sich die sowjetische Politik auf Toleranz auf, und das schließt gute Beziehungen zu jedermann ein...«[32] Das Gipfeltreffen und die den Gipfel begleitende Atmosphäre waren zum Selbstzweck geworden.

Harold Macmillan, ganz im Bann der Ereignisse, vertrat die Meinung, die eigentliche Bedeutung des Genfer Gipfels habe sich nicht in einzelnen Abkommen gezeigt, sondern in den persönlichen Beziehungen der dort versammelten Politiker. Diese zu knüpfen habe das Treffen beigetragen. Selbst in Großbritannien also, dem Heimatland der Diplomatie des Kräftegleichgewichts, war das Atmosphärische in den Rang eines Schlüsselelements der Außenpolitik erhoben worden. »Warum hat diese Zusammenkunft eine Welle der Hoffnung um die Welt laufen lassen?« fragte Macmillan. »Nicht, daß es besonders bemerkenswerte Diskussionsbeiträge gegeben hätte [...]. Was die Vorstellungskraft weltweit so sehr beflügelt, ist die Tatsache, daß zwischen den Staatsoberhäuptern der beiden großen Lager, in welche die Welt geteilt ist, ein freundschaftliches Treffen stattgefunden hat. Diese Männer, auf deren Schultern eine so gewaltige Last ruht, trafen sich und sprachen und scherzten miteinander wie gewöhnliche Sterbliche [...]. Ich kann mir nicht vorstellen, daß die Idylle von Genf vom vergangenen Sommer lediglich ein fauler Zauber gewesen sein sollte.«[33]

Wenn die Geschichte doch nur etwas mehr Erbarmen kennen würde. Früher hatte man in Washington immer darauf bestanden, daß der Kalte Krieg durch genau faßbare Handlungen der Sowjets entstanden war und mit rhetorischen Übungen oder persönlichem Verhalten nichts zu tun hatte, und das war ohne jeden Zweifel richtig gewesen. Daß die Führer beider Seiten sich weigerten, die Ursachen der Spannungen beim Namen zu nennen, konnte nur eine Folge haben: Die Unstimmigkeiten dauerten fort, sie begannen zu schwären. Wieso sollte sich Moskau zu Zugeständnissen veranlaßt sehen, wenn schon die bloße Tatsache eines Treffens im Westen einen solchen Nachhall fand? In der Tat: Während der kommenden eineinhalb Jahrzehnte würde der Kreml in keiner einzigen politischen Frage zur Nachgiebigkeit bereit sein.

Die Interessensphären zu beiden Seiten der deutschen Teilungslinie wurden zementiert. Zwischen der Gründung der NATO und der Eröffnung der Verhandlungen, die zum Abkommen von Helsinki im Jahre 1975 führten, ist es nur während der von den Sowjets provozierten Berlinkrisen zu politischen Gesprächen gekommen. Die Diplomatie verlagerte sich zusehends auf des Gebiet der Rüstungskontrolle, der Kehrseite des Ansatzes einer »Position der Stärke«. Ihre Befürworter suchten in der Begrenzung oder Kontrolle der Rüstung eine Ersatzfunktion für den nicht stattfindenden politischen Dialog: In der Sprache der Eindämmungspolitik ausgedrückt, versuchten sie, die Position der Stärke auf dem niedrigsten mit der Abschreckung noch zu vereinbarenden Niveau anzusiedeln. Positionen der Stärke übersetzen sich jedoch nicht automatisch in Verhandlungen, und ebensowenig führt Rüstungskontrolle von selbst zu einer Verminderung der Spannungen.

Der Genfer Gipfel wurde im Westen noch allenthalben als Beginn einer Tauwetterperiode gefeiert, als der Kalte Krieg in seine gefährlichste Phase eintrat. Die sowjetische Führung hatte aus dem Verlauf des Gipfeltreffens eine Reihe ganz anderer Schlußfolgerungen gezogen. In einer Situation allgemeiner Verwirrung und Unsicherheit waren Stalins Erben auf die Frage gestoßen, ob die demokratischen Länder das Durcheinander im Kreml ausnutzen würden, um die kommunistischen Nachkriegseroberungen rückgängig zu machen. Dabei war es ihnen im Juni 1953, keine drei Monate nach dem Tod des Diktators, noch gelungen, einen Aufstand in Ostberlin, das technisch gesehen dem Viermächtestatus unterlag, niederzuschlagen, ohne daß im Westen irgendeine adäquate Reaktion erfolgt wäre. Ohne auf Widerstand zu stoßen, hatten sie die deutsche Wiedervereinigung damals verhindert. Auch gegen ihre politische Kontrolle Mittel- und Osteuropas wurde lediglich rhetorisch angegangen. Und auf dem Genfer Gipfel war ihnen sozusagen gute Führung bescheinigt worden, ohne daß es nötig gewesen war, sich auf eine ernsthafte Diskussion auch nur eines einzigen politischen Streitpunkts einzulassen.

Als überzeugte Marxisten zogen sie daraus den einzig möglichen Schluß: daß eine Verschiebung des Kräfteverhältnisses zu ihren Gunsten im Gange war. Dieser Glaube wurde durch das zwar noch relativ kleine, aber wachsende Arsenal an Nuklearwaffen und die Entwicklung der sowjetischen Wasserstoffbombe zweifellos gefördert. In seinen Memoiren faßt Chruschtschow den Gipfel denn auch folgendermaßen zusammen: »Unsere Gegner hatten jetzt begriffen, daß wir in der Lage waren, ihrem Druck zu widerstehen und ihre Tricks zu durchschauen.«[34]

Im Februar 1956, sechs Monate nach dem Gipfel, beurteilte Chruschtschow auf jenem legendären Parteitag, auf dem er auch mit Stalin abrechnete, die internationale Lage mit Worten, die seine Mißbilligung der Demokratien deutlich machten: »Die allgemeine Krise des Kapitalismus verschärft sich weiter [...]. Das internationale Lager des Sozialismus übt

einen stets wachsenden Einfluß auf den Gang der Ereignisse in der Welt aus
[...]. Die Position der imperialistischen Mächte wird zunehmend schwächer.«[35]

Die Hauptursache für die Mißverständnisse zwischen den Führern der
demokratischen Nationen und ihren Gegenspielern in der UdSSR lag darin,
daß der Westen Kriterien, die im Fall seiner eigenen Gesellschaften fraglos
ihre Berechtigung hatten, auf die sowjetische Nomenklatura anwandte. Das
war eine grundlegende Fehleinschätzung: Gerade die zweite Generation
der sowjetischen Führungsriege war von Erfahrungen geformt, die in einer
Demokratie absolut unvorstellbar waren. Die Sphäre Stalins konnte niemand ohne psychische Deformierungen verlassen, und allein grenzenloser
Ehrgeiz mag das Klima allgegenwärtigen Terrors und unablässiger Anspan-
nung erträglich gemacht haben. Jeder wußte, daß er bei dem geringsten
Fehlverhalten vom Gulag verschlungen würde, ja schon eine politische
Kursänderung des Diktators selber konnte über Leben und Tod entscheiden.

Die unter Stalin aufgewachsene Generation vermochte ihr Existenzri-
siko nur zu mindern, indem sie sich in Servilität den Launen des Meisters
fügte und die Kollegen systematisch denunzierte. Sie machten sich ihre alp-
traumhafte Existenz durch leidenschaftlichen Glauben an jene Sache
erträglich, der sie ihre Karriere verdankten. Und eine ganze Generation
sollte es noch dauern, bis schließlich der Schock der Desillusionierung die
sowjetische Führungsschicht ereilte.

Gromykos Memoiren ist zu entnehmen, daß die Untergebenen des Diktators von den im Namen des Kommunismus begangenen Greueltaten
durchaus Kenntnis hatten.[36] Sie beruhigten ihr vermutlich ohnehin nicht
besonders empfindliches Gewissen damit, daß sie den Stalinismus als Ent-
gleisungen eines Individuums betrachteten, nicht als grundsätzliches Versagen des kommunistischen Systems. Im übrigen war ihnen kaum eine Möglichkeit zu systematischer Analyse gegeben: Stalin achtete bei der Vergabe
hoher Funktionärsposten auf einen ständigen Wechsel, und schließlich
bedeutete der Verlust einer Führungsposition in Stalins Regime nicht etwa
die Wiederaufnahme einer normalen Existenz im »privaten Sektor«, sondern öffentliche Ächtung und völlige Isolation von den einstigen Kollegen –
sofern man überhaupt das seltene Glück hatte, den Vorfall zu überleben.

Der krankhafte Argwohn, der für die sowjetische Nomenklatura zu einer
Art Lebensstil geworden war, prägte auch nach Stalins Tod das sowjetische
Verhalten. Stalins Erben ließen im Machtkampf um die Nachfolge beinahe
fünf Jahre verstreichen: 1953 wurde Berija hingerichtet; 1955 mußte Malenkow gehen; 1957 entmachtete Chruschtschow die sogenannte Gruppe der
Parteifeinde, bestehend aus Molotow, Kaganowitsch, Schepilow und
Malenkow, und nachdem er 1958 auch Schukow beseitigt hatte, hatte er sich
die absolute Macht gesichert. Für die Kremlführung machte dieser Umsturz
einen Abbau der Spannungen mit dem Westen unumgänglich. Das aller-

dings hinderte die Sowjets nicht daran, den Ägyptern Waffen zu verkaufen und den ungarischen Aufstand niederzuwalzen.

Daß im Tonfall der sowjetischen Führung eine Änderung eintrat, hatte allerdings nicht die Annahme der westlichen Vorschläge für eine friedliche Koexistenz zur Folge. Als Malenkow 1954 von der Gefahr eines Atomkrieges sprach, mochte sich darin das Heraufdämmern einer Einsicht in die Realitäten des Atomzeitalters ankündigen. Ebenso denkbar ist jedoch, daß Malenkow lediglich versuchte, den demokratischen Ländern das Vertrauen in eben jene Waffe zu vergällen, auf die ihre Sicherheit gegründet war. Auch Chruschtschows Abrechnung mit Stalin ließ auf einen menschlicheren Führungsstil hoffen; doch Chruschtschow benutzte die Abrechnung zugleich als Waffe gegen Stalins frühere Weggenossen, aus deren Reihen sich seine schärfste Opposition rekrutierte. Außerdem diente sie ihm als Mittel zur Unterwerfung der Partei.

Es ist schon zutreffend, daß Chruschtschow den Mut zur Ausschaltung Berijas besaß oder dies zumindest in richtiger Einschätzung der eigenen Überlebensmöglichkeit getan hat. Mit dem intellektuellen Tauwetter und der Entstalinisierung in Osteuropa hat er überdies immerhin Ansätze von Experimentierfreudigkeit bewiesen. In ihm, der Veränderungsprozesse einleitete, deren Reichweite er nicht zu überblicken vermochte und deren Verlauf ihm vermutlich keineswegs gepaßt hätte, kann man insofern einen ersten Vorläufer Gorbatschows sehen. So betrachtet, könnte man sogar sagen, daß der Zusammenbruch des Kommunismus mit Chruschtschow begonnen hat.

Dieser Zusammenbruch war so vollständig, daß man geneigt ist zu vergessen, wie leichtfertig Chruschtschow die internationale Gemeinschaft herausgefordert hat. Mit intuitiver Begabung spürte er die neuralgischen Punkte jener Länder auf, die im Raster seiner Ideologie als imperialistisch ausgewiesen waren. Er heizte den Nahostkonflikt an, war für die Berlin-Ultimaten verantwortlich, ermunterte zu nationalen Befreiungskriegen und stationierte Raketen auf Kuba. Er bereitete dem Westen eine Reihe von Niederlagen. Aber es gelang ihm nicht, dies in einen dauerhaften Gewinn für die Sowjetunion umzumünzen, weil sein Geschick im Anzetteln von Krisen seine Fähigkeit, diese auch wieder zu beenden, bei weitem übertraf. Am Ende blieb der Westen bei allen Irrungen und Wirrungen hart, und so ergab sich aus Chruschtschows aggressiven Maßnahmen zuletzt kaum mehr als eine immense Vergeudung sowjetischer Kräftereserven, ohne daß er einen dauerhaften strategischen Nutzen erzielt hätte. Mit der Kubakrise hatte er sich zudem eine schlimme Demütigung eingehandelt.

Das Genfer Gipfeltreffen war der Ausgangspunkt für all diese Abenteuer. Auf der Heimreise von Genf machte Chruschtschow Station in Berlin, um die Souveränität des kommunistischen Regimes in Ostdeutschland anzuerkennen. Es war ein Schachzug, den Stalin stets vermieden hatte. Für den Rest des Kalten Krieges blieb die deutsche Wiedervereinigung von der internationalen Tagesordnung gestrichen, weil Moskau diese als Gegenstand von Verhandlungen zwischen den beiden deutschen Staaten behandelt wissen wollte. Aber da die politischen Wertesysteme dieser Staaten unvereinbar waren und keiner von ihnen auf einen Selbstmord aus war, blieb eine Vereinigung nur im Zuge eines politischen Zusammenbruchs denkbar. Auch die Berlinkrise von 1958 bis 1962 hatte ihre Wurzeln in Genf. Um 1955, zehn Jahre nach Roosevelts Tod, war die europäische Nachkriegssituation gefestigt. Der Grund dafür aber war nicht, daß die Sieger des Zweiten Weltkriegs in der Lage gewesen wären, Verhandlungen zu führen, sondern daß sie, im Gegenteil, unfähig waren, Übereinkommen zu treffen. So war genau das eingetroffen, was Roosevelt immer verhindern wollte: In der Mitte des Kontinents standen sich zwei bewaffnete Parteien gegenüber, und die Amerikaner hatten umfangreiche militärische Verpflichtungen in Europa übernehmen müssen. Es war zu einer Festlegung von Einflußsphären gekommen, wie sie unbeweglicher und härter kaum zu denken war.

Immerhin garantierte dieses Arrangement eine gewisse Stabilität. Die deutsche Frage war, wenngleich keineswegs gelöst, kein Streitpunkt mehr. Die Sowjets hatten den westdeutschen Staat zwar nicht anerkannt, aber sie akzeptierten ihn, und die Amerikaner behandelten Ostdeutschland auf die gleiche Weise.

Gleichwohl ließ Nikita Chruschtschow die amerikanische Einflußsphäre nicht unangefochten. Er sollte den Westen bald in Teilen der Welt herausfordern, die zu Zeiten Stalins stets außerhalb des sowjetischen Interessenbereichs gelegen hatten. Damit löste er die kritischen Höhepunkte jenes amerikanisch-sowjetischen Wettstreits aus, in dem beide Blöcke ihren Einfluß über Europa hinaus auszudehnen suchten. Zur ersten dieser Krisen kam es während der Suezkrise von 1956.

## Kapitel 21

# Die Eindämmungspolitik
# schlägt Kapriolen:
# Die Suezkrise

*Nikita S. Chruschtschow und Gamal Abd el Nasser*
*während eines Besuchs der Tempel von Luxor*

All das schöne Gerede von friedlicher Koexistenz, das dem Genfer Gipfel von 1955 folgte, konnte über die Wirklichkeit nicht hinwegtäuschen. Die Vereinigten Staaten und die Sowjetunion, die weitaus stärksten Weltmächte, befanden sich unwiderruflich in einem geopolitischen Wettstreit, und ein Zugewinn der einen Seite wurde in den meisten Fällen als Niederlage der anderen aufgefaßt. Mitte der fünfziger Jahre entwickelte sich die amerikanische Einflußsphäre in Westeuropa immer besser, und die ersichtliche Bereitschaft Amerikas, diese Region mit militärischer Gewalt zu verteidigen, hatte eine abschreckende Wirkung auf die sowjetische Abenteuerlust. Doch Stillstand in Europa bedeutete nicht Stillstand des Weltgeschehens.

1955, gerade zwei Jahre nach Genf, wickelte Moskau sein erstes großes Waffengeschäft mit Ägypten ab, indem es Waffen gegen Baumwolle tauschte, von der es zu diesem Zeitpunkt ein Überangebot gab: ein wagemutiger Versuch, den sowjetischen Einfluß auf den Nahen Osten auszudehnen. Mit dem Geschäft hatte Chruschtschow den *cordon sanitaire*, den die Vereinigten Staaten um die Sowjetunion gelegt hatten, praktisch übersprungen und Washington mit der Aufgabe konfrontiert, den Sowjets in Regionen zu begegnen, die bislang als gesicherte Einflußgebiete des Westens gegolten hatten.

Stalin war nie bereit gewesen, die Glaubwürdigkeit seines Landes in Entwicklungsländern aufs Spiel zu setzen. Sie waren ihm zu abgelegen und zu instabil; außerdem erschienen ihm die dortigen Führergestalten schlecht kontrollierbar. Er glaubte, die Sowjetunion sei noch nicht stark genug, um sich in abgelegenen Regionen auf Abenteuer einzulassen, und erst im Lauf der Zeit mag das Anwachsen des sowjetischen Militärpotentials seine Einstellung geändert haben. Im Jahre 1947 jedenfalls hatte Andrej Schdanow, zu diesem Zeitpunkt allem Anschein nach einer von Stalins vertrautesten Ratgebern, den Nahen Osten noch als einen Tummelplatz amerikanischer und britischer Imperialisten bezeichnet, die sich dort um die Vorherrschaft zankten.[1]

Gleichwohl war es der Kreml-Führung nicht entgangen, daß ihre erste Waffenlieferung in ein Entwicklungsland den arabischen Nationalismus anheizen und die Kontrolle des arabisch-israelischen Konflikts erschweren würde. Auch konnte nicht ausbleiben, daß der Vorgang als schwerwiegende

Bedrohung der westlichen Vorherrschaft im Nahen Osten aufgefaßt wurde. Als sich der von der Suezkrise aufgewirbelte Staub dann gelegt hatte, war der Großmachtstatus von Großbritannien und Frankreich dahin. Fortan waren auf den Bastionen des Kalten Krieges außerhalb Europas auf weite Strecken nur noch die Vereinigten Staaten zu finden. Die Partie wurde von Chruschtschow ziemlich vorsichtig eröffnet. Technisch gesehen, war die Sowjetunion an den ersten Waffenverkäufen nicht einmal beteiligt, weil die Transaktion formal unter tschechoslowakischer Flagge abgewickelt wurde. Das Versteckspiel wurde allerdings bald aufgegeben. Doch ob mit oder ohne Tarnung: Ein Verkauf sowjetischer Waffen in den Nahen Osten traf Westeuropa und ganz besonders Großbritannien an einem neuralgischen Punkt. Ägypten war nach Indien Englands wichtigstes Erbstück aus imperialer Vergangenheit, zumal der Suezkanal im zwanzigsten Jahrhundert zur Hauptschlagader für die Ölversorgung Westeuropas geworden war.

Selbst in einer Periode der Schwäche unmittelbar nach dem Zweiten Weltkrieg hatte sich Großbritannien nach wie vor als Vormacht im Nahen Osten betrachtet. Seine Stellung ruhte auf zwei Pfeilern: auf dem Iran, der durch eine anglo-iranische Gesellschaft als Öllieferant fungierte, und auf Ägypten, das die strategische Ausgangsbasis abgab. Die von Anthony Eden 1945 geschaffene Arabische Liga sollte daher als politisches Bollwerk gegen das Eindringen feindlicher Mächte in den Nahen Osten dienen. In Ägypten, im Irak und im Iran waren nennenswerte britische Truppenkontingente stationiert, und Jordaniens Arabische Legion stand unter dem Kommando eines britischen Offiziers, des Generals John Glubb, genannt Glubb Pascha.

In den fünfziger Jahren fiel diese nahöstliche Welt allmählich auseinander. Unter dem Beifall einer ersten Generation unabhängig gewordener Länder verstaatlichte der iranische Premierminister Mossadegh 1951 die Ölindustrie seines Landes. Er forderte den Abzug der britischen Truppen, die die Ölfelder von Abadan sicherten. Großbritannien fügte sich, da es sich nicht mehr stark genug fühlte, so dicht an der Grenze des sowjetischen Imperiums ohne den Beistand der USA eine Militäraktion durchzuführen, und amerikanische Unterstützung war nicht in Sicht. Trotzdem glaubte Großbritannien noch, seine große Militärbasis am Suezkanal halten zu können.

Die Herausforderung Mossadeghs wurde ein Jahr später durch einen von den Vereinigten Staaten unterstützten Staatsstreich beendet, der zur Entmachtung des iranischen Politikers führte. Es war die Zeit, als man in Washington verdeckte Operationen noch für legitimer als militärische Interventionen hielt. Um die britische Vormachtstellung im Iran war es jedoch geschehen, und 1952 begann auch in Ägypten die militärische Position Londons zu bröckeln. Eine Gruppe von jungen Offizieren, die sich von jener nationalistischen und antikolonialistischen Stimmung tragen ließ, von der die gesamte Region bestimmt wurde, setzte den korrupten König Faruk ab. Die dominierende Figur in dieser Gruppe war Oberst Gamal Abd el Nasser. Nassers machtvolle Persönlichkeit und großer Charme kamen den Bedürfnissen des arabischen Nationalismus ausgesprochen entgegen. Er wurde bald zu einer charismatischen Führerfigur. Die arabische Niederlage im Krieg mit Israel von 1948 empfand er als tiefe Demütigung; die Errichtung des jüdischen Staates betrachtete er als den Höhepunkt eines ganzen Jahrhunderts westlicher Kolonialherrschaft. Um so fester war er entschlossen, Großbritannien und Frankreich aus der Region zu vertreiben.

Nassers Erscheinen auf der internationalen Bühne ließ den latenten Konflikt über die Frage des Kolonialismus zwischen den Vereinigten Staaten und deren NATO-Partnern zum Ausbruch kommen. Schon im April 1951 hatte Churchill, zu diesem Zeitpunkt Oppositionsführer, zu gemeinsamem Vorgehen im Nahen Osten aufgerufen. »Wir sind nicht mehr stark genug«, sagte er vor dem Unterhaus, »um im östlichen Mittelmeergebiet weiter wie bisher allein die gesamte politische Verantwortung zu tragen oder auch nur eine führende Rolle bei der diplomatischen Kontrolle dieses Schauplatzes zu spielen. Aber die Vereinigten Staaten und Großbritannien zusammen, mit der Unterstützung Frankreichs [...] hätten die denkbar machtvollste Ausgangsposition, um beispielsweise mit dem ägyptischen Problem und der ganzen Frage der Verteidigung des Suezkanals fertig zu werden.«[2]

Im Nahen Osten lehnte Amerika jedoch die Rolle ab, die es in Griechenland und in der Türkei gespielt hatte, und war weder zum Antritt der Erbfolge der politischen Vorherrschaft Europas bereit, noch wollte es sich mit kolonialen Traditionen in Verbindung bringen lassen. Truman wie Eisenhower widersetzten sich unerbittlich jedweder britischen Militäraktion im Iran oder in Ägypten, wobei sie darauf beharrten, daß Auseinandersetzungen dieser Art Gegenstand von Entscheidungen der Vereinten Nationen seien. In Wirklichkeit wollten sie nichts mit dem kolonialen Vermächtnis Großbritanniens zu tun haben, von dem sie zu Recht annahmen, daß es unhaltbar geworden sei.

Amerika erlag dennoch immer wieder seinen eigenen Illusionen. Dazu zählte die Vorstellung, daß die Unabhängigkeitsbewegungen der Entwicklungsländer Parallelen zur Geschichte der Vereinigten Staaten aufwiesen. Die neugeborenen Nationen, so meinte man, würden die amerikanische Außenpolitik mit Freuden unterstützen, sobald sie begriffen hätten, daß sich die Einstellung der Vereinigten Staaten zum Kolonialismus deutlich von derjenigen der alten europäischen Mächte unterschied. Doch die Führer der Unabhängigkeitsbewegungen waren von einem anderen Kaliber als die amerikanischen Gründungsväter. Sie bedienten sich zwar der demokratischen Rhetorik, es mangelte ihnen jedoch an jener Hingabe, wie sie die Schöpfer der amerikanischen Verfassung bewiesen hatten, indem sie fest an das System der »checks and balances« glaubten. Die Mehrheit der neuen Nationen wurde höchst autoritär regiert; viele ihrer Führer waren Marxisten. Und für fast alle von ihnen war mit dem Ost-West-Konflikt die Möglichkeit gekommen, das zu stürzen, was sie für das alte imperialistische System hielten. Doch wie deutlich sich Amerika auch vom europäischen Kolonialismus distanzierte: Zu ihrem Verdruß mußten die führenden amerikanischen Politiker feststellen, daß sie in den Entwicklungsländern zwar als nützliche, aber aus dem imperialistischen Lager stammende Helfer betrachtet wurden, nicht als echte Partner in Sachen Antikolonialismus.

Daß die Vereinigten Staaten am Ende doch in die Angelegenheiten des Nahen Ostens hineingezogen wurden, war eine Folge der Eindämmungspolitik und der Doktrin der kollektiven Sicherheit. Die Eindämmungstheorie verlangte, daß sowjetischer Expansion in allen davon betroffenen Regionen zu begegnen sei; die kollektive Sicherheit erforderte die Schaffung NATO-ähnlicher Organisationen, die aktuelle oder mögliche militärische Bedrohungen verhindern sollten. Allerdings stieß Amerikas strategisches Konzept bei den Nationen des Nahen Ostens auf wenig Gegenliebe. Dort betrachtete man, umgekehrt, Moskau in erster Linie als nützlichen Hebel, um dem Westen Konzessionen abzupressen, weniger als Gefahr für die eigene Unabhängigkeit, und viele der neuen Nationen gaben unmißverständlich zu erkennen, daß ihre Übernahme durch den Kommunismus für die Vereinigten Staaten eine gefährlichere Sache sei als für sie selber, weshalb ihrerseits keinerlei Notwendigkeit bestehe, sich für amerikanische Protektion erkenntlich zu zeigen. Vor allem jedoch sahen populistische Führerfiguren wie Nasser ihre Zukunft nicht im westlichen Lager. Ihnen war daran gelegen, daß ihre beeinflußbare Anhängerschaft in ihnen den Mann erblickte, der dem Westen nicht nur die Unabhängigkeit, sondern auch die politische Handlungsfreiheit abgerungen hatte. Blockfreiheit war zwar eine außenpolitische Entscheidung, aber sie war – im selben Maße – auch eine innenpolitische Notwendigkeit.

Zu Beginn hatten weder London noch Washington in vollem Umfang begriffen, wofür Nasser eigentlich stand. Beide gingen davon aus, daß sein Widerstand gegen ihre Politik in irgendwelchen speziellen Meinungsverschiedenheiten wurzele, die man ausräumen könne. Doch falls überhaupt je Aussicht bestand, dieser Hypothese auf den Grund zu gehen, wurde sie durch die verschiedenen Denkansätze der Demokratien zunichte gemacht. Während Großbritannien versuchte, sich Nasser als historische Vormacht zu empfehlen, wollten die Vereinigten Staaten ihn in ihr strategisches Großkonzept, das »containment«, einbinden. Die Sowjetunion erkannte in diesem Durcheinander die Chance, die »kapitalistische Einkreisung« aufzubrechen und neue Verbündete zu gewinnen, indem sie diese mit Waffen ausrüstete, ohne sich dabei wie in Osteuropa Verantwortung für die inneren Zustände dieser Länder aufzubürden. Und auch Nasser machte sich das Gegeneinander der Impulse geschickt zunutze, um die verschiedenen Bewerber gegeneinander auszuspielen.

Als die sowjetischen Waffen in den unberechenbaren Nahen Osten hineinströmten, wurde dieser Prozeß beschleunigt. Für Großbritannien und Amerika hätte die wirkungsvollste Reaktion auf das Geschehen darin bestanden, Nasser so lange zu isolieren, bis allenthalben klar geworden wäre, daß ihm die Waffen nichts einbrachten. Wenn Nasser sich dann aus der Verbindung zu Moskau gelöst hätte – oder besser noch, sobald er durch einen gemäßigteren Führer ersetzt worden wäre –, hätte man eine großzügige diplomatische Initiative folgen lassen können. Zwanzig Jahre später sollte dies die amerikanische Strategie gegenüber Anwar As Sadat sein. Im Jahre 1955 jedoch verlegten sich die Demokratien auf die entgegengesetzte Taktik. Sie gaben sich allesamt Mühe, Nasser zu beschwichtigen, indem sie einer Großzahl seiner Forderungen nachkamen. Aber gleich Luftspiegelungen in der Wüste lösten sich die Hoffnungen bei dem geringsten Versuch, sie Wirklichkeit werden zu lassen, in nichts auf. London mußte feststellen, daß es sich vergeblich darum bemühte, seine militärische Präsenz im Nahen Osten den dortigen Regierungen schmackhaft zu machen. Washingtons schizophrene Politik, sich in Nahostfragen von den Briten zu distanzieren, um dergestalt Nasser auf jene globale antisowjetische Strategie zu verpflichten, die Amerika wiederum in Partnerschaft mit Großbritannien betrieb, kam über die ersten taumelnden Schritte nie hinaus. Für Nasser gab es keinen plausiblen Grund, die Verbindung zur UdSSR zu lösen. Seine Motive waren anderer Art: Jedes Geschenk der Vereinigten Staaten wurde von ihm durch einen Schritt des Entgegenkommens gegenüber der Sowjetunion oder den radikalen Neutralen, vorzugsweise aber gegenüber beiden, ausgeglichen. Je großzügiger die USA ihn zu beschwichtigen suchten, desto stärker wandte sich der gerissene Ägypter den Sowjets zu, um anschließend den Einsatz zu erhöhen und den Amerikanern noch mehr abzupressen.

Es konnte nicht ausbleiben, daß auch die Sowjetunion Enttäuschungen im Umgang mit der Gruppe der Blockfreien hinnehmen mußte. Im Anfangsstadium des sowjetischen Eindringens in den Nahen Osten war jeder Fortschritt blanker Zugewinn. Beinah zum Nulltarif hatte man die Demokratien in die Defensive gedrängt: Deren innere Konflikte spitzten sich zu, während die Sowjets in einer Region Fuß zu fassen vermochten, die bisher zur westlichen Einflußsphäre gehört hatte. Es dauerte indessen nicht lange, bis Moskau im Nahen Osten von seiner hitzigen Klientel in Wagnisse hineingezogen wurde, die in keinem Verhältnis zu irgendeinem denkbaren Gewinn standen, und sobald man versuchte, diese Risiken mit den eigenen nationalen Interessen in Einklang zu bringen, erntete man das Mißfallen, wenn nicht gar die höhnische Verachtung der neugefundenen Klientel. Das wiederum gab der westlichen Diplomatie Gelegenheit, das Unvermögen der Russen, ihre Partner zu bedienen, vor aller Welt herauszustellen, was in Sadats Abwendung von Moskau nach 1972 seinen Höhepunkt fand.

Großbritannien sah sich als erstes Land genötigt, seine Illusionen über den Nahen Osten aufzugeben. Der etwa achtzigtausend Mann starke Militärstützpunkt in der Suezkanalzone war der letzte nennenswerte Außenposten des ehemaligen Imperiums. Und da England angesichts des ägyptischen Widerstands ohne amerikanische Unterstützung nicht in der Lage war, in der Kanalzone ein Truppenkontingent von dieser Größe zu halten, erklärte man sich 1956, von den Vereinigten Staaten gedrängt, dazu bereit, seine Truppen von dort abzuziehen.

Die Amerikaner setzten alles daran, zwei politische Stoßrichtungen miteinander zu kombinieren, die sich in der Substanz widersprachen. Einerseits wollte man Großbritanniens imperialem Status ein Ende bereiten, andererseits aber die Überreste des britischen Einflusses nutzen, um dem Nahen Osten getreu der Eindämmungspolitik eine neue Struktur zu verleihen. Die Regierung Eisenhower entwarf das sogenannte »Northern Tier«-Konzept, einen Schutzgürtel, der aus der Türkei, Irak, Syrien und Pakistan, den südlichen Anrainerstaaten der Sowjetunion also, bestehen sollte und möglicherweise später noch um den Iran ergänzt werden konnte. Als nahöstliche Variante der NATO kam dieser Gruppierung die Funktion zu, der Sowjetunion an ihrer Südgrenze entgegenzutreten.

Das Konzept fand seine Umsetzung in dem von Großbritannien initiierten Bagdadpakt. Gleichwohl hatte es, wie sich herausstellen sollte, eine Reihe von Schwächen. Ein Bündnis kann seine Wirkung ja nur dann entfalten, wenn es sich auf gemeinsame Zielsetzungen stützt, von denselben Gefahren bedroht wird und die Fähigkeit besitzt, seine Kräfte zu konzentrieren: Keine dieser Voraussetzungen wurde vom Bagdadpakt erfüllt. Die Streitigkeiten und gegenseitigen Vorbehalte, die in der Region herrschten, wogen schwerer als die gemeinsame Angst vor sowjetischer Expansion. Syrien hat seinen Beitritt zum Pakt denn auch nie vollzogen. Irak beherbergte zwei Jahre lang dessen Hauptquartier; aber in dieser Zeit bereitete die Abwehr des arabischen Radikalismus dem Land viel größere Sorgen als sowjetische Aggressivität. Pakistan sah seine Sicherheit zwar bedroht, allerdings nicht von der Sowjetunion, sondern von Indien.

Zudem waren die Streitkräfte des Bagdadpakts kaum geeignet, den Nachbarländern im Fall eines Angriffs durch eine Supermacht beizustehen. Ihre eigentliche Funktion war die Herstellung der inneren Sicherheit. Nasser als die dynamischste Kraft der Region war entschlossen, den Pakt zu sprengen; er hielt ihn für eine Finte, die lediglich der Wiederherstellung kolonialer Kontrolle dienen und ihn selbst samt seinen radikalen Weggefährten isolieren sollte.

Großbritannien und die Vereinigten Staaten waren zu uneins, um über Maßnahmen übereinzukommen, mit denen sie dem sowjetischen Einfluß hätten begegnen können. Sie versuchten statt dessen, Nasser von Moskau wegzulocken, indem sie ihm die Vorteile eines Einzugs in das westliche Lager vor Augen führten. Diesem Ziel wollte man auf zwei Wegen näher kommen: durch die Vermittlung eines Friedens zwischen Ägypten und

Israel und durch die Unterstützung Nassers beim Bau des Assuanstaudamms.

Die Friedensinitiative gründete sich auf die Überzeugung, die Hauptursache des arabischen Radikalismus sei in dem 1948 mit Waffengewalt durchgesetzten jüdischen Staat zu suchen. Ein ehrenvoller Friede, so dachte man, könnte den Schandfleck beseitigen. Doch an einem Frieden mit Israel war den arabischen Radikalen und Nationalisten überhaupt nicht gelegen, weder auf eine ehrenvolle noch auf eine andere Weise. In ihren Augen war der jüdische Staat lediglich ein Fremdkörper, der sich auf der Grundlage eines zweitausend Jahre alten Anspruchs und zur Wiedergutmachung eines Leids, das die arabischen Völker nicht verschuldet hatten, in traditionell arabischen Gebieten breitgemacht hatte.

Wenn Nasser einen wirklichen Frieden mit Israel geschlossen hätte – wenn er sich also zur Koexistenz bereitgefunden hätte –, dann hätte er damit seinen Anspruch auf die Führungsposition in der arabischen Welt verwirkt. Fest entschlossen, sich vor seiner arabischen Gefolgschaft keine Blöße zu geben, forderte Nasser deshalb, daß Israel die gesamte Negev aufgeben müsse, die im Süden des Landes gelegene Wüstenregion, die 1948 erobert worden war und nunmehr über die Hälfte des israelischen Territoriums ausmachte. Weiterhin forderte er, daß den 1948 zu Hunderttausenden ausgewiesenen palästinensischen Flüchtlingen das Recht auf Rückkehr einzuräumen sei.[3]

Israel hätte sich niemals bereitgefunden, die Hälfte seines Staatsgebiets abzugeben oder die Repatriierung sämtlicher arabischer Flüchtlinge zu erlauben, ein Vorgang, der das Land geradezu überflutet hätte. Sein Ausweg bestand darin, daß es auf einem förmlichen Friedensvertrag mit der Garantie offener Grenzen bestand. Das hörte sich zunächst eher harmlos an, war indessen genau jene Forderung, deren Erfüllung den arabischen Führern am schwersten fallen mußte, da ihnen damit abverlangt wurde, den neuen Staat auf lange Sicht zu akzeptieren. Der israelischen Forderung nach Frieden ohne territorialen Verzicht stand die arabische Forderung nach eben diesem Verzicht gegenüber, ohne daß man den Frieden im Gegenzug klar definiert hätte, was notwendigerweise in eine Sackgasse führte. Jener erste und einzige Verhandlungsansatz vermochte sozusagen nur die Rollen zu verteilen, an die man sich in Ägypten bis Sadat und in der übrigen arabischen Welt noch weitere zwanzig Jahre bis zu den Vereinbarungen zwischen der PLO und Israel vom September 1993 halten sollte.

Die Vereinigten Staaten und Großbritannien waren sich mittlerweile über eine ganze Reihe von Fragen uneins geworden. Dulles verfolgte mit seiner Politik die Schaffung eines Bündnisses der südlichen Anrainerstaaten. Er war aufgebracht, weil London die Führung an sich gerissen hatte und Ägypten als Zentrum des Bagdadpaktes gewinnen wollte. Auch Ägypten bekämpfte den Pakt entschieden. England zog es vor, Nasser zu entmachten; Amerika war über Nassers Waffengeschäfte mit den Sowjets zwar nicht besonders glücklich, hielt es jedoch für klüger, ihn weiterhin zu besänftigen.

Um ihrer ramponierten Einigkeit wieder etwas Glanz zu verleihen, wandten die westlichen Führer ihre Aufmerksamkeit nunmehr einem gewaltigen Bauvorhaben zu. Es handelte sich um den Assuanstaudamm, eine über einhundertelf Meter hohe und über fünf Kilometer lange Staumauer, die am Oberen Nil nahe der sudanesischen Grenze errichtet werden sollte. Der Damm sollte die Bewässerung des Niltales regeln, von der das Überleben der ägyptischen Bevölkerung seit unvordenklichen Zeiten abhing, und er sollte das Land aus der Äbhängigkeit von den jährlichen Nilüberflutungen befreien.

Anthony Eden, Nassers unversöhnlichster Widersacher, hatte als erster den Gedanken einer anglo-amerikanischen Unterstützung des Dammprojektes in die Debatte geworfen. Amerika sollte dabei mit etwa neunzig Prozent den Löwenanteil der Belastung tragen. Daß sich ausgerechnet der an Nassers Sturz interessierte Eden als der beflissenste Advokat des Dammprojektes entpuppte, kann nur damit erklärt werden, daß er als unbeugsamer Nahostdiplomat gesehen werden wollte, der jeglichem sowjetischen Versuch, der Waffenhilfe auch noch Wirtschaftshilfe folgen zu lassen, einen Riegel vorzuschieben wußte. Am 14. Dezember 1955 wurde ein zweistufiges offizielles Angebot zum Dammbau unterbreitet: Die Vereinigten Staaten und Großbritannien würden die Gelder für die Vorbereitungsphase zur Verfügung stellen, in deren Verlauf der Beschluß über das Ausmaß und die Art der Unterstützung für die zweite Phase des eigentlichen Dammbaues zu fassen war.[4]

Es war eine merkwürdige Entscheidung. Zwei Regierungen, die beide lieber einen anderen Staatsmann an Nassers Stelle gesehen hätten und über dessen Nähe zu Moskau tief besorgt waren, engagierten sich in einem immensen Bau- und Finanzierungsunternehmen. Die uneinigen Bundesgenossen trösteten sich mit der Hoffnung, daß Ägypten selbst dann, wenn die erste Finanzspritze Nasser nicht auf ihre Seite zog, auf der zweiten Stufe des Projektes finanziell von ihnen abhängig werden würde, ähnlich wie schon der Bau des Suezkanals im neunzehnten Jahrhundert dem Westen die finanzielle Kontrolle über das Land gegeben hatte.

Doch das Assuandammprojekt nahm Nasser keineswegs den Wind aus den Segeln. Vielmehr verlieh es ihm das Gefühl, unentbehrlich zu sein. Um seinen Handlungsspielraum zu erhalten, unternahm er in schneller Folge eine Reihe ausgleichender Schritte: Er begann eine zähe Feilscherei um die finanziellen Bedingungen und stellte sich taub für die Bitten der Amerikaner, zum Zustandekommen von arabisch-israelischen Verhandlungen beizutragen. Als Großbritannien sich dann bemühte, Jordanien zum Beitritt zum Bagdadpakt zu überreden, brachen dort proägyptische Unruhen aus, die König Hussein veranlaßten, Glubb Pascha, den britischen Kommandeur der Arabischen Legion, zu entlassen.[5]

Am 16. Mai 1956 kündigte Nasser an, daß er die diplomatischen Beziehungen zur Regierung Tschiang Kai-Schek abbrechen und statt dessen solche zur Volksrepublik China aufnehmen werde. Das war ein Schritt, der sich unmittelbar gegen die Vereinigten Staaten richtete, vor allem gegen Dulles persönlich, der sich Taiwan gegenüber besonders verpflichtet fühlte. Im Juni kam der neue sowjetische Außenminister Dimitrij Schepilow nach Ägypten. In seinem Gepäck führte er nicht nur ein Angebot für die Finanzierung, sondern auch für die Bauausführung des Assuandamms mit sich, was Nasser die Gelegenheit gab, sich wieder seiner Lieblingsbeschäftigung hinzugeben: Er konnte die Supermächte gegeneinander ausspielen.

Am 19. Juli faßte Dulles den Entschluß, dem Verwirrspiel ein Ende zu machen. Die Anerkennung Rotchinas durch Ägypten hatte das Faß zum Überlaufen gebracht. Dulles hatte sich vorgenommen, dem ägyptischen Führer eine Lektion zu erteilen. Als der ägyptische Botschafter mit der Instruktion, alle amerikanischen Verfahrensvorschläge zu akzeptieren, aus Kairo nach Washington zurückkam, eröffnete ihm Dulles, Washington sei zu der Auffassung gelangt, daß der Assuandamm Ägyptens wirtschaftliche Kapazität übersteige. Man werde von der Hilfeleistung Abstand nehmen.

Dulles glaubte sich auf eine heftige Reaktion gut vorbereitet. Zum ›Time‹-Herausgeber Henry Luce sagte er, die Assuanentscheidung sei »der größte diplomatische Schachzug der US-Diplomatie seit langem« gewesen. Er meinte, Nasser sei »in einer verteufelten Zwickmühle, und gleichgültig, was er tut, man kann es immer zum amerikanischen Vorteil ausschlachten. Wenn er sich jetzt den Russen zuwendet und diese sagen ›Nein‹, dann geben sich die Sowjets mit ihrer ganzen wirtschaftlichen Scharlatanerie selbst eine Blöße. [...] Wenn die Sowjets aber einwilligen und Nasser den Damm geben, dann lassen wir uns auch etwas einfallen und machen den Satellitenländern unmißverständlich klar, daß ihre Lebensbedingungen deshalb so miserabel sind, weil Moskau für Ägypten Millionen aus dem Fenster wirft.«[6] Indessen erfordert der Entschluß, ein »großes Ding« zu starten – und das ließ Dulles bei seinen Beobachtungen ganz offensichtlich außer acht –, zugleich die Bereitschaft, dafür Risiken einzugehen. So entwickelte sich die Angelegenheit zu einem weiteren Beispiel für Dulles' Neigung, die Bedeutung der öffentlichen Meinung, insbesondere hinter dem Eisernen Vorhang, zu überschätzen.

So fadenscheinig die Begründung für den Damm ursprünglich auch gewesen sein mag: Die Art, in der das amerikanische Hilfsangebot zurückgezogen wurde, beschwor eine Krise von größten Ausmaßen herauf. Der französische Botschafter in Washington, Maurice Couve de Murville, der später de Gaulles Außenminister werden sollte, sagte präzise voraus, was als nächstes geschehen würde: »Sie werden irgend etwas mit Suez machen. Das ist ihre einzige Möglichkeit, den Westen in Verlegenheit zu bringen.«[7]

Am 26. Juli 1956 hielt Nasser auf einer Massenkundgebung in Alexandria eine an Dulles gerichtete Rede, in welcher er seine Antwort in einen Appell

an den arabischen Nationalismus kleidete.»Dies, oh Mitbürger«, rief er aus,
»ist der Kampf, in den wir jetzt verwickelt sind. Es ist ein Kampf gegen den
Imperialismus, gegen die Methoden und Taktiken des Imperialismus und
ein Kampf gegen Israel, diesen Vorposten des Imperialismus [...]. Der arabische Nationalismus schreitet voran. Der arabische Nationalismus triumphiert. Der arabische Nationalismus ist auf dem Vormarsch; er kennt seinen
Pfad und er kennt seine Stärke. Der arabische Nationalismus weiß, wer seine
Feinde sind und wer seine Freunde.«[8] Dann fügte er, in absichtsvoller Herausforderung Frankreichs, hinzu:»Niemals dürfen wir sagen, daß der
Kampf um Algerien nicht auch unser Kampf ist.«

Mitten in seiner Rede erwähnte Nasser den Namen von Ferdinand de
Lesseps, des französischen Erbauers des Suezkanals. Es war das Schlüssel-
wort für die ägyptischen Streitkräfte: Jetzt galt es, die Kontrolle des Kanals
an sich zu reißen. So war Nasser am Ende seiner Rede in der Lage, der toben-
den Menge zuzurufen:»In diesem Augenblick, in dem ich zu Euch spreche,
haben einige Eurer ägyptischen Brüder begonnen, die Kontrolle der Kanal-
gesellschaft und ihrer Liegenschaften, außerdem aber die Kontrolle der
Schiffahrt im Kanal zu übernehmen – jenem Kanal, der auf ägyptischem
Territorium liegt, [...] der ein Teil und das Eigentum Ägyptens ist.«[9]

Die unterschiedlichen Auffassungen der Demokratien, die schon vor der
Suezkrise deutlich geworden waren, vereitelten jetzt eine gemeinsame
Reaktion. Eden, im Vorjahr nach allzu langem Warten in das Amt des Premierministers aufgestiegen, war von Temperament und Naturell her unfähig, unter Druck Entscheidungen zu fällen. Die Tatsache, daß er Churchills
unmittelbarer Nachfolger war, wird für ihn Belastung genug gewesen sein;
nun aber entstand auch noch der Eindruck, er sei in seiner Leistungsfähigkeit von einer schwankenden seelischen und vor allem auch körperlichen
Verfassung abhängig. Nur wenige Monate zuvor hatte er sich einer größeren
Operation unterziehen müssen. Ständig war er auf Medikamente angewiesen. Und überdies war Eden noch immer in den Überzeugungen seiner
Lehrjahre befangen. Zu einer Zeit aufgewachsen, in der England im Nahen
Osten die Vormachtstellung innegehabt hatte, war er fest entschlossen, Nas-
ser zu stoppen – wenn nötig, auch allein.

Frankreich war auf Ägypten noch schlechter zu sprechen. Seine Hauptin-
teressengebiete in der arabischen Welt waren Marokko und Algerien:
Marokko war französisches Protektorat, Algerien ein französisches Depar-
tement, in dem über eine Million Franzosen lebten. Seit geraumer Zeit
strebten die beiden nordafrikanischen Länder nach Unabhängigkeit, und
Nassers Politik lieferte hierfür die emotionale und politische Unterstützung. Außerdem ließen die Waffenlieferungen aus Moskau befürchten, daß
von Ägypten aus auch die algerischen Guerillakämpfer mit sowjetischen
Waffen beliefert werden würden.»All das steht in den Schriften Nassers zu
lesen, genau wie Hitlers Politik in *Mein Kampf* nachzulesen war«, erklärte
der neue französische Ministerpräsident Guy Mollet.»Es ist Nassers Ehrgeiz, den Siegeszug des Islam ein zweites Mal stattfinden zu lassen.«[10]

575

Die Analogie zu Hitler war unstimmig. Sie ging davon aus, daß Ägypten die Absicht habe, fremde Nationen zu erobern, und unterstellte mit Blick auf die Grenzverläufe im Nahen Osten eine Verbindlichkeit, von der die arabischen Nationalisten selber keineswegs überzeugt waren. Anders als die Grenzen Europas, die – mit Ausnahme des Balkans – im großen und ganzen eine gemeinsame kulturelle und historische Vergangenheit widerspiegeln, waren die Grenzen des Nahen und Mittleren Ostens am Ende des Ersten Weltkriegs von fremden und meist europäischen Mächten gezogen worden, die die Beherrschung der Region einfacher gestalten wollten. In den Augen der Araber jedoch zerteilten sie – unter Mißachtung einer gemeinsamen arabischen Kultur – die arabische Nation. Ihre Abschaffung bedeutete deswegen nicht, daß ein Land sich zum Beherrscher eines anderen aufschwingen wollte, sie verhieß vielmehr die Möglichkeit, eine arabische Nation zu erschaffen, ganz ähnlich wie Italien von Cavour und Deutschland von Bismarck aus einem Flickenteppich souveräner Einzelstaaten geschaffen worden waren.

Aber so wenig Edens und Mollets Analogie zwischen Hitler und Nasser auch zutraf: Nachdem sie sich zu einer Politik des Antiappeasement entschlossen hatten, war ein Rückzieher nicht mehr möglich. Schließlich gehörten sie einer Generation an, für die Beschwichtigungspolitik eine Todsünde und München das Symbol lang wirkender Schande war, und indem sie Nasser mit Hitler oder auch nur mit Mussolini gleichsetzten, rückten sie einen Kompromiß aus dem Bereich des Möglichen. Zudem stand ihr Anspruch auf das Regierungsamt auf dem Spiel – zumindest in ihren eigenen Augen.

Die Reaktionen Edens und Mollets auf die Verstaatlichung des Suezkanals waren außerordentlich heftig. Am Tage nach Nassers Rede kabelte Eden an Eisenhower: »Wenn wir nicht [einen festen Standpunkt einnehmen], wird unser Einfluß im gesamten Nahen Osten – und ebenso Ihrer, davon sind wir überzeugt – letztlich hinfällig werden.«[11] Vor dem Unterhaus schloß er drei Tage später jeden Gedanken an einen Rückzug aus: »Für die Regierung Ihrer Majestät ist keine Regelung annehmbar, mit der die Zukunft dieser wichtigen internationalen Wasserstraße der uneingeschränkten Kontrolle einer einzigen Macht überlassen bleibt, die eine solche Situation, wie die jüngsten Ereignisse gezeigt haben, einzig und allein den Zwecken ihrer nationalen Politik dienstbar macht.«[12]

Die französische Haltung war nicht minder entschlossen. Am 29. Juli informierte der französische Botschafter in London den britischen Außenminister, daß Frankreich bereit sei, seine Streitkräfte britischem Kommando zu unterstellen und aus Algerien Truppen für ein gemeinsames Vorgehen gegen Ägypten abzuziehen.[13]

Als Dulles am 1. August zu Konsultationen nach London kam, schien er den Standpunkt seiner britischen und französischen Partner zu teilen. Er erklärte, es sei nicht annehmbar, daß sich der Kanal unter der Kontrolle einer einzigen Nation befinde, insbesondere wenn diese Nation Ägypten sei. Vehement bestand er darauf, daß »ein Weg gefunden werden muß, wie man Nasser dazu bringt, das wieder auszuspeien, was er zu verschlingen versucht hat [...]. Wir müssen wirksame Anstrengungen unternehmen, um die Weltöffentlichkeit dahin zu bringen, daß sie die internationale Verwaltung des Kanals befürwortet [...]. Es müßte möglich sein, die Meinung der Weltöffentlichkeit in solchem Maße gegen Nasser aufzubringen, daß er isoliert dasteht. Eine gegebenenfalls zu unternehmende militärische Aktion hätte jedoch bessere Erfolgsaussichten und weniger unerfreulichen Nachhall, wenn man sich nicht übereilt in ein solches Unternehmen stürzt.«[14] So schlug Dulles vor, daß sich die vierundzwanzig wichtigsten seefahrenden Nationen zwei Wochen später zu einer »Suezkanal-Konferenz« in London treffen sollten, um ein internationales Reglement für die freie Schiffahrt durch den Kanal zu entwerfen.

Dulles' Ruf nach einer Konferenz war der erste Schritt in einem befremdlichen und letztlich entwürdigenden Prozeß, der für England und Frankreich höchst irritierende Formen annehmen sollte. Es war überdies ein Versuch, harte Worte mit einer zögerlichen Diplomatie zu verbinden. Sehr schnell wurde offenbar, daß bei den Alliierten bezüglich der Krise keineswegs eine einhellige Meinung herrschte. Für Eden und Mollet lag das eigentliche Ziel in der Beseitigung oder Demütigung Nassers, während Dulles und Eisenhower die Krise im Licht langfristiger Beziehungen zur arabischen Welt betrachteten. Dabei gingen beide Seiten von fehlerhaften Voraussetzungen aus: Eden und Mollet verhielten sich, als könne ein Ende Nassers jene Situation wiederherstellen, die vor seiner Machtergreifung bestanden hatte; Dulles und Eisenhower nahmen augenscheinlich an, daß irgendeine andere nationalistische Führerfigur der Region in ein NATO-ähnliches Sicherheitssystem für den Nahen Osten integriert werden könne, wenn dies mit Nasser nicht gelingen sollte. Daneben vertraten sie die Auffassung, daß eine militärische Aktion gegen den ägyptischen Präsidenten den arabischen Nationalismus so anheizen würde, daß der westliche Einfluß für mindestens eine Generation verwirkt wäre – eine weitaus beunruhigendere Aussicht als der Verlust der Kontrolle über den Kanal.

Keine der beiden Annahmen traf zu. Das Ägypten vor Nasser war unwiederbringliche Vergangenheit, und die anderen nationalistischen Führer sahen in Nasser unbeirrbar ihr Vorbild. Sie zeigten sich taub gegenüber den Verlockungen der Eindämmungspolitik: Ihre Trumpfkarte war der Kalte Krieg als solcher, den sie mindestens ebensosehr zu ihrem Vorteil verwandten, wie sie ihn mißbilligten. Das wahre Problem bestand daher in der Frage, was den arabischen Nationalismus mehr anheizen würde: Nassers Sieg oder Nassers Niederlage?

Beobachtet man die Dinge rein analytisch, so hätte sich Amerika dem britischen und französischen Standpunkt anschließen müssen, wonach der von Nasser vertretene militante Nationalismus ein unüberwindliches Hindernis auf dem Weg zu einer konstruktiven Nahostpolitik darstellte. Eine klare Demonstration, daß das Vertrauen auf sowjetische Waffen positive Zielsetzungen nur behindere, hätte den Entwicklungsländern vielleicht Jahrzehnte des Aufruhrs erspart. Aus dieser Perspektive wäre es in der Tat wünschenswert gewesen, Nasser zu beseitigen.

Doch ein Amerika, das unter diesen Vorzeichen Nassers Sturz bewirkt hätte, hätte sich kaum an einer Wiederherstellung französischer und britischer Kolonialherrschaft beteiligen können. Die USA hätten sich, wenn überhaupt, nicht zu Beginn der Suezkrise von ihren Bundesgenossen trennen dürfen, sondern nach deren erfolgreicher Beendigung. Und der Beweis, welch verheerende Konsequenzen die sowjetische Unterstützung für Ägypten hatte, hätte von Aktionen gefolgt werden müssen, mit denen man einen moderateren Nachfolger Nassers bei seinen Zielen unterstützte – zum Beispiel in der Art und Weise, wie man in den siebziger Jahren auf Sadat reagierte.

Damals hingegen waren die Demokratien für eine derartig komplizierte Strategie noch nicht reif. London und Paris wollten nichts davon wissen, daß der Schlüssel für die Entmachtung Nassers in ihrer Bereitschaft lag, gegenüber einem gemäßigteren Nachfolger Entgegenkommen zu zeigen, selbst wenn dieser Forderungen verfolgen würde, die auch von Nasser erhoben worden waren. Amerika wiederum hatte nicht begriffen, wie wichtig es auch für seine eigene Politik war, seinen zwei engsten Bundesgenossen Spielraum zur Anpassung an neue Gegebenheiten zu lassen, ohne deren Selbstverständnis als Großmächte zu beeinträchtigen. Denn so oft man das Selbstgefühl einer Nation zerstört, schmälert man auch deren Willen, eine wichtige internationale Rolle zu übernehmen. Das war der Grund, weshalb der damalige Schatzkanzler Harold Macmillan zu Dulles' Sonderbotschafter Robert Murphy sagte: Sollte Großbritannien Nasser jetzt nicht entgegentreten, »dann wird England ein zweites Holland«.[15] Aber die amerikanische Führung suchte ihre Chance gegenüber den radikalen Nationalisten, indem sie von Frankreich und Großbritannien zunächst diplomatisch abrückte und später sogar öffentlich gegen sie Stellung nahm. So bewies man den Verbündeten, wie begrenzt ihre Möglichkeiten geworden waren, die Ereignisse im Nahen Osten noch zu bestimmen. Mit anderen Worten: Man machte ihnen unmißverständlich klar, daß sie ihre Großmachtrolle ausgespielt hatten.

Dulles behandelte die Frage, wer am Suezkanal das Sagen haben sollte, als juristische Angelegenheit. Sich auf das Problem der Blockierung von Wasserstraßen konzentrierend, legte er eine Rechtsformel vor, mit der er möglichen Behinderungen der freien Durchfahrt beizukommen gedachte. Eden und Mollet waren freilich zu keinem Zeitpunkt bereit, die Verstaatlichung des Kanals hinzunehmen; sie suchten nach einem Vorwand, Nasser zu entmachten oder doch mindestens in die Schranken zu weisen. Nasser seinerseits spielte auf Zeit, wie es Revolutionäre nach einem *fait accompli* oft tun: Je länger die von ihnen herbeigeführte Situation anhält, desto schwieriger wird es, die Dinge in ihren alten Zustand zurückzuversetzen – vor allem dann, wenn dergleichen nur noch mit Waffengewalt zu erreichen ist.

Eisenhower sprach sich leidenschaftlich gegen den Einsatz von Gewalt aus, und dies selbst hinsichtlich des Versuches, dem Prinzip der freien Durchfahrt zur Geltung zu verhelfen, das Dulles bei seinem ersten Londoner Besuch nach Beginn der Suezkrise öffentlich unterstrichen hatte. Dulles hatte Eden einen Brief des Präsidenten überbracht, in dem Eisenhower hervorhob, es sei »unklug, die Anwendung militärischer Gewalt zu diesem Zeitpunkt auch nur in Erwägung zu ziehen.« Eisenhower deutete sogar an, daß durch einen Alleingang Londons die amerikanische Bereitschaft zur Aufrechterhaltung der NATO gefährdet sei, was nichts anderes besagte, als daß die USA sich entschließen könnten, ihre Bundesgenossen der Gnade Moskaus anheimzugeben. Falls es zu kriegerischen Auseinandersetzungen kommen sollte, bevor die Briten nachgewiesen hatten, daß jedes friedliche Mittel zur Beilegung der Krise ausgeschöpft worden sei, dann »könnte dies die Einstellung unseres Volkes zu den westlichen Alliierten nachhaltig beeinträchtigen. Mir liegt nicht daran zu übertreiben. Aber ich kann Ihnen versichern, daß sich ein Meinungsumschwung so weit entwickeln könnte, daß Konsequenzen von allergrößtem Gewicht nicht auszuschließen wären«.[16]

Auf den ersten Blick schien es nahezu unmöglich, daß Großbritannien und die Vereinigten Staaten, geführt von Männern, die auf so viele gemeinsame Kriegserfahrungen zurückblickten, in Streit geraten könnten. Für Eden war es unvorstellbar, daß Eisenhowers Mißbilligung eines einseitig britisch-französischen Vorgehens in regelrechte Opposition umschlagen würde. Eisenhower wiederum war überzeugt, daß Frankreich und England es zuletzt nicht wagen würden, ohne amerikanische Rückendeckung loszuschlagen. Auf beiden Seiten pries man die »besonderen Beziehungen«, die durch die Partnerschaft im Krieg und durch persönliche Freundschaft bestärkt würden. Tatsächlich jedoch kam es während der Suezkrise zu einem fundamentalen Zusammenstoß der verschiedenen Persönlichkeiten: Die britische Führung sah in Dulles einen höchst widerspenstigen Gesprächspartner, und mit der Zeit entwickelte Eden eine regelrechte Abneigung gegen ihn.

Dabei schien Dulles angesichts seiner Familiengeschichte und seiner persönlichen Interessen für das Amt des Außenministers ungewöhnlich geeignet zu sein. Schon sein Großvater hatte dasselbe Amt unter Präsident Benjamin Harrison innegehabt; sein Onkel Robert Lansing war Wilsons Außenminister auf der Versailler Friedenskonferenz gewesen. John Foster Dulles betätigte sich bis weit in seine mittleren Jahre als Firmenanwalt, aber außenpolitische Fragen waren immer schon seine hauptsächliche, leidenschaftlich betriebene Beschäftigung.

Seit jeher haben amerikanische Außenminister den Anspruch ihres Landes auf eine Sonderstellung und auf die weltweite Gültigkeit seiner Wertvorstellungen vertreten. Auch Dulles unterschied sich in dieser Hinsicht nicht von seinen Vorgängern, wenngleich sein Verständnis von Amerikas Sonderstellung sich eher auf religiöse denn auf philosophische Werte gründete. Erste Erfahrungen im internationalen Geschehen hatte er als Leiter einer protestantischen Kommission gesammelt, die sich für die Sache des Weltfriedens engagierte, und voller Stolz bemerkte er einmal:»Niemand im State Department weiß so viel von der Bibel wie ich.«[17] Dulles suchte die Grundsätze einer streng presbyterianischen Gläubigkeit im Alltagsgeschäft der amerikanischen Außenpolitik zu verwirklichen.»Ich bin überzeugt«, schrieb er im Jahre 1950,»daß wir hier dafür Sorge zu tragen haben, daß unser politisches Denken und Tun in redlicher Weise den religiösen Glauben zum Ausdruck bringt, daß der Mensch in Gott seinen Ursprung und sein Ziel hat.«[18]

Dulles verkörperte ein zutiefst amerikanisches Phänomen, mit dem britische Politiker zu Zeiten eines Gladstone noch gut hatten umgehen können. Die führenden Politiker der britischen Nachkriegsgeneration freilich waren von der Selbstgerechtigkeit ihres amerikanischen Kollegen alles andere als angetan. Außerdem hielten sie Dulles weniger für religiös als für doppelzüngig.

Unglücklicherweise wurden Dulles' vorzügliche Kenntnisse des internationalen Geschehens, insbesondere seine aufmerksamen Analysen des sowjetischen Systems, zu oft von Predigten überlagert, mit denen er seine Gesprächspartner entnervte. Churchill beschrieb ihn als»einen sturen Puritaner, ein weißes Brillengesicht mit Sprechschlitz«. In kurzweiligeren Momenten nannte er ihn»Dullith«, mit gelispeltem »s« am Ende. Auch Eden konnte mit dem Amerikaner wenig anfangen. Im Jahre 1952, noch bevor Eisenhower Dulles zum Außenminister ernannte, gab Eden seiner Hoffnung Ausdruck, daß ihm ein anderer Partner vergönnt sein möge:»Ich glaube nicht, daß es mir möglich wäre, mit ihm zusammenzuarbeiten.«[19]

Doch andererseits verfügte Dulles über vielerlei Qualitäten, die ihn zu einer einflußreichen Figur machten. Eisenhower hatten seine Arbeitsmoral und seine Prinzipientreue beeindruckt, und Konrad Adenauer betrachtete ihn als»den großartigsten Mann, den ich je kennengelernt habe«, einen Mann,»der zu seinem Wort stand«.[20] Dulles' starres Konzept einer zweigeteilten Welt, sein unablässiger Bedacht, sich von Moskau keine Zugeständnisse abschwatzen oder abpressen zu lassen, und seine eiserne Entschlossenheit brachten ihm den Respekt Adenauers und anderer Staatsmänner ein, die einen sowjetisch-amerikanischen Handel fürchteten, der ihre Länder ausschloß.

Als sich Dulles jedoch bei den Briten auf höhere moralische Instanzen berief, zeigte dies nur die zunehmenden Meinungsverschiedenheiten zwischen London und Washington. Er ließ es zwar nie an wortreicher Unterstützung der von England und Frankreich vertretenen Ziele fehlen, sträubte sich aber gegen den Einsatz gewaltsamer Mittel zu deren Durchsetzung. Mit außergewöhnlichem Einfallsreichtum entwickelte er Ideen zur Lösung der Krise, welche sich bei näherem Hinsehen als zeitaufwendige Hinhaltemanöver erwiesen, um der anglo-französischen Kriegsneigung entgegenzuwirken. Dabei waren Dulles' Vorschläge vermutlich durchaus dazu angetan, eine praktikable Lösung der Suezkrise herbeizuführen, wäre er nur bereit gewesen, sich stärker für sie einzusetzen. Sie hätten zwar nicht unbedingt die von England und Frankreich bevorzugte Lösung gebracht, immerhin aber eine Lösung, mit der diese Länder hätten leben können.

Doch Dulles war kaum in die Vereinigten Staaten zurückgekehrt, da rückte er schon von der Anwendung von Gewalt ab, und dies selbst dann, wenn seine eigenen Vorschläge für eine Suezkanal-Konferenz auf Nassers Ablehnung treffen würden. Am 3. August sagte er: »Wir wollen [...] Gewalt nicht mit Gewalt beantworten. Wir wollen vor allem zuerst die Meinung der ernstlich betroffenen Nationen kennenlernen, weil wir überzeugt sind, daß alle Betroffenen einschließlich Ägyptens die nüchterne Meinung jener Nationen respektieren werden, die den Internationalen Vertrag von 1888 unterzeichnet haben oder nach den Vertragsbedingungen die Begünstigten sind.«[21]

Aber moralische Reden konnten nicht über die Tatsache hinwegtäuschen, daß die Weigerung, Gewaltanwendung auch nur in Erwägung zu ziehen, die Außenpolitik der Alliierten in eine Sackgasse trieb. Die einzige geeignete Maßnahme, um Nasser zur Annahme der von Dulles vorgeschlagegen Kanalverwaltung zu zwingen, wäre die Drohung mit einer britisch-französischen Militärintervention gewesen. Dennoch tarierte Dulles jeden seiner raffinierten internationalen Kontrollvorschläge mit einer Erklärung aus, in der einer Gewaltanwendung emphatisch abgeschworen wurde. Auf Nasser mußte das nahezu wie eine Einladung wirken, den Vorschlag abzulehnen.

Im Verein mit England und Frankreich hatte Dulles die Konferenz der vierundzwanzig Hauptbenutzerstaaten des Suezkanals einberufen. Darunter waren auch die acht Unterzeichnerstaaten der Suezkonvention von Konstantinopel aus dem Jahre 1888, welche jene Kanalverwaltung ins Leben gerufen hatte, deren Abschaffung Nasser nunmehr betrieb. Die Vereinigten Staaten stimmten zusammen mit einer Mehrheit von achtzehn Nationen, darunter auch England und Frankreich, für die Einrichtung einer neuen Kanalverwaltung, wobei die ägyptische Souveränität im Kanalgebiet und die Beteiligung von ägyptischem Verwaltungspersonal akzeptiert wurde. Zugleich jedoch bestimmten sich die Konferenzteilnehmer zu De-facto-Verwaltern des Kanals. Dulles war zwar außerordentlich einfallsreich, wenn es galt, immer neue Auswege zu ersinnen, doch zeigte er sich nicht geneigt, ein schärferes Druckmittel als die Kraft der öffentlichen Meinung zu dulden. Indem er in Abrede stellte, daß sich zwischen seinen Vorschlägen und dem, was er zu ihrer Durchsetzung zu tun bereit war, ein Mißverhältnis auftat, berief er sich auf die Kraft moralischer Argumente, durch die Nasser am

Ende von selber zum Aufgeben gezwungen werde.»Die meisten Menschen respektieren die Ansichten der übrigen Menschheit [...]. Und weil ich daran glaube, bin ich zuversichtlich, daß von dieser Konferenz ein Urteil von solch moralischer Schlagkraft ausgehen wird, daß wir zuversichtlich sein können, daß der Suezkanal weiterhin, wie er in den letzten hundert Jahren bestanden hat, auch in Zukunft friedvoll den Interessen der Menschheit dienen wird.«[22]

Es sollte sich allerdings herausstellen, daß moralischer Druck in genau dem Maße an Wirksamkeit einbüßte, wie man von Gewaltmaßnahmen Abstand nahm: Am 10. September lehnte Nasser die Vorschläge der Londoner Suezkanal-Konferenz ab.

Drei Tage darauf trat Dulles mit einem neuen Gedanken an die Öffentlichkeit. Diesmal schlug er vor, eine Benutzergesellschaft solle den Kanal betreiben und an beiden Enden des Kanals die Gebühren kassieren, aber nicht in den Häfen von Port Said und Suez, sondern durch eine aus Schiffen bestehende Postenkette knapp außerhalb der ägyptischen Hoheitsgewässer. Wenn Nasser nicht nachgab, würde die Benutzergesellschaft einfach ohne ihn arbeiten, und wenn er sich einverstanden erklärte, hätte er seine Kontrolle über die Durchfahrtsgebühren an eine internationale Körperschaft abgetreten.

Der komplizierte Plan hätte in der Tat funktionieren können, hätte Dulles nicht, wie schon bei der Londoner Konferenz, seine eigenen Vorschläge empfindlich abgeschwächt. Auf einer Pressekonferenz am 2. Oktober schwor Dulles zum zweiten Mal dem Einsatz von Gewalt ab. Zugleich nutzte er die Gelegenheit und belehrte Eden, daß sein Vorschlag, die NATO solle sich künftig mit Problemen wie der Suezkrise auseinandersetzen, unangemessen sei.»Es gibt unterschiedliche Ansätze«, äußerte er,»wie an das Suezkanalproblem herangegangen werden soll. Dieser Unterschied hat vermutlich mit einigen sehr grundsätzlichen Dingen zu tun. In manchen Regionen sind die drei Nationen durch Verträge aneinander gebunden, wie zum Beispiel im Geltungsbereich des Atlantikpakts [...]. In diesen Regionen [...] stehen die drei zusammen. Andere Probleme haben mit anderen Regionen zu tun und drehen sich auf die eine oder andere Weise um den sogenannten Kolonialismus. Bei diesen Problemen spielen die Vereinigten Staaten eine eher unabhängige Rolle.«[23] Formaljuristisch traf Dulles' Bewertung durchaus zu, obschon er später nichts mehr davon wissen wollte. Denn in Zukunft sollten sich auch die amerikanischen Verbündeten auf dieses Urteil berufen, wenn die USA in Vietnam oder ähnlichen Gebieten »außerhalb des Geltungsbereichs« die Unterstützung ihrer Bundesgenossen suchten, und während des Nahostkriegs von 1973 verweigerten sie den Amerikanern sogar die Benutzung ihres Luftraums für Luftlandetruppen, die auf dem Weg nach Israel waren. Von diesem Moment an waren es die mit den USA verbündeten Staaten, die jegliche Beistandsverpflichtung außerhalb des streng definierten NATO-Vertragsgebietes zurückwiesen.

Was England und Frankreich 1956 so sehr verärgerte, war in erster Linie nicht einmal Dulles' Betonung des juristischen Standpunktes. Der Stein des Anstoßes war vielmehr jene unabweisliche Implikation, die der Haltung des amerikanischen Außenministers zugrunde lag und die besagte, daß die Vereinigten Staaten ihre wichtigsten Interessen im Nahen Osten grundsätzlich anders definierten als die europäischen Alliierten. Insbesondere für London war das eine bittere Erkenntnis. Schließlich hatte Eden nur einen Tag vor der bewußten Pressekonferenz an Eisenhower telegraphiert, daß es mittlerweile nicht mehr um Nasser, sondern um die Sowjetunion gehe:»Für uns steht außer Zweifel, daß Nasser sich nunmehr, ob es ihm paßt oder nicht, in den Händen der Sowjetunion befindet, genauso wie Mussolini sich in Hitlers Händen befand. Es wäre jetzt ebenso wirkungslos, Nasser gegenüber schwach aufzutreten, um ihn zu besänftigen, wie es wirkungslos war, Mussolini gegenüber schwach aufzutreten.«[24] Für Eden konnte Dulles' Stellungnahme folglich nur bedeuten, daß die Vereinigten Staaten die britische Einschätzung nicht zu teilen vermochten. Er wollte die Ägyptenfrage unter den Vorzeichen der Eindämmungspolitik betrachtet wissen, während Dulles die ganze Sache als koloniales Zwischenspiel abzutun schien, von dem die Vereinigten Staaten, bedacht darauf, ihr Image moralischer Reinheit zu bewahren, sich fernhalten würden.

Im Grunde ist es kaum vorstellbar, daß Dulles die Gefährlichkeit seines Spiels entgangen sein sollte. Obwohl sein Verhalten den Anschein erweckte, als sei er im Ernst der Meinung, die amerikanische Öffentlichkeit werde hochtrabende und selbstgerechte moralistische Erklärungen am meisten honorieren, war er doch ohne Zweifel ein Mann mit eminenter praktischer Erfahrung. Er hat für seinen Standpunkt in der Suezkrise keine Erklärung hinterlassen, doch ist anzunehmen, daß er von zwei gegensätzlichen Impulsen hin- und hergerissen wurde. Was den Kommunismus und die sowjetische Gefahr im Nahen und Mittleren Osten anging, befand er sich aller Wahrscheinlichkeit nach im Einklang mit Edens und Mollets Analyse. So ließe sich auch die Tatsache erklären, daß sich Dulles in seiner Interpretation der Motive Nassers von Eden in nichts unterschied, weshalb dann die abrupte Absage des Assuandammprojekts – trotz warnender Vorzeichen – selbst für das britische Kabinett wie ein Blitz aus heiterem Himmel kam.

Gleichzeitig war Dulles der Außenminister eines Präsidenten, der ein so leidenschaftlicher Kriegsgegner war, wie nur ein mit den Schrecken des Krieges vertrauter Mann es sein kann. Eisenhower war an einzelnen Nuancen des globalen Kräftegleichgewichts nicht interessiert. Selbst wenn im Nahen Osten auf lange Sicht eine Gefährdung des globalen Gleichgewichts heranwuchs, blieb er überzeugt, Amerika sei stark genug, um auch noch später zu reagieren, ohne daß sich gleich die Überlebensfrage stellte. Eisenhower schätzte die Gefahr, die von der Suezkrise ausging, nicht so hoch ein, daß die Anwendung gewaltsamer Mittel gerechtfertigt gewesen wäre. Ungeachtet seines freundlichen Lächelns war er eine ungemein starke Persönlichkeit, und er konnte sehr unangenehm werden, wenn man ihm zu nahe trat.

Dean Acheson bemerkte einmal, die Effektivität eines Außenministers hinge davon ab, ob dieser wisse, wen er als Präsidenten habe. Es ist sicher, daß Dulles dies wußte. Eden und Mollet dagegen, die Eisenhower für eine freundliche Galionsfigur hielten, wußten es nicht. Sie glaubten die eigentliche Bedeutung eines Briefes ignorieren zu können, den der amerikanische Präsident am 20. September mit Blick auf die Suezkanal-Konferenz an Eden geschrieben hatte und in dem er vor der Anwendung von Gewalt warnte: »Die Völker des Nahen Ostens und von Nordafrika, in gewissem Umfang auch von Asien und Afrika insgesamt, würden alle zusammen in einem Ausmaß gegen den Westen zusammengeschweißt, das, wie ich fürchte, in einer ganzen Generation, ja vielleicht noch nicht einmal in einem ganzen Jahrhundert rückgängig gemacht werden könnte – insbesondere wenn man die Fähigkeit der Russen, Unheil zu stiften, in Rechnung stellt.«[25]

Dulles befand sich mithin in einer schwierigen Lage: Auf der einen Seite stand der unerbittliche Eisenhower, auf der anderen eine Gruppe hochgradig erzürnter europäischer Verbündeter. Eden und Mollet hatten jene Grenze bereits überschritten, wo Umkehr noch möglich gewesen wäre, und der Widerspruch zwischen der Härte, mit der Dulles seine Ziele formulierte, und seiner wiederholten Absage an den Einsatz von Gewalt, mit welcher man eben diese Ziele hätte erreichen können, verärgerte sie. Ihnen blieb stets verborgen, in welchem Ausmaß Eisenhower Gewalt ablehnend gegenüberstand und wie ausschlaggebend seine Einschätzungen waren. Für Dulles lag das Problem daher weniger in den Zwistigkeiten, die seine Verbündeten mit Nasser hatten, als in der Kluft, die sich zwischen seinem Präsidenten und dessen persönlichen Freunden in Europa aufgetan hatte. Darauf setzend, die Differenzen mit Geschicklichkeit überbrücken zu können, hoffte er, daß die Zeit entweder die Position der Verbündeten oder die Eisenhowers wandeln würde. Vielleicht beging ja auch Nasser einen Fehler, der für jedermann die Lösung des Dilemmas brächte. Statt dessen erreichte Dulles, daß Frankreich und England in einem verzweifelten Zug alles auf eine Karte setzten.

Die innere Widersprüchlichkeit von Dulles' Taktik fand ihre präzise Zusammenfassung auf einer Pressekonferenz am 13. September, als ein Journalist die Frage stellte:»Herr Außenminister, die Vereinigten Staaten erklären vorab, daß sie keine Gewalt anwenden werden, und die Russen stärken mit ihrer Propaganda Ägypten den Rücken. Hat Nasser damit nicht sämtliche Trümpfe in der Hand?«[26] Dulles konterte zwar mit dem pathetischen und doch vagen Hinweis, daß die moralischen Kräfte die Oberhand behalten würden. Aber die Frage hatte den Nagel auf den Kopf getroffen.

Die wachsenden Dissonanzen zwischen den Demokratien ermunterten den Kreml, seinen Einsatz zu erhöhen. Zum Erstaunen Washingtons sprang Moskau beim Assuandammprojekt nach der Absage des Westens in die Bresche; gleichzeitig wurden die Waffenlieferungen an den Nahen Osten ausgeweitet. Ausgelassen sagte Chruschtschow zum jugoslawischen Botschafter:»Vergessen Sie nicht, wenn es Krieg gibt, gilt unsere ganze Unterstützung Ägypten. Wenn mein Sohn sich freiwillig zum Einsatz in Ägypten melden wollte, ich würde ihn noch ermuntern, dorthin zu gehen.«[27]

Nachdem Dulles auf der Pressekonferenz vom 2. Oktober ein zweites Mal Gewaltanwendung ausgeschlossen hatte, entschieden sich England und Frankreich in ihrer Verzweiflung für einseitige Maßnahmen. Bis zu einer britisch-französischen Militärintervention fehlten jetzt nur noch ein paar taktische Schritte. Einer davon war ein letzter Appell an die Vereinten Nationen.

Die UNO hatte in der gesamten Affaire eine merkwürdige Rolle gespielt. Zunächst hatten England und Frankreich, gestützt von den Amerikanern, den Versuch gemacht, die Vereinten Nationen ganz aus dem Spiel zu lassen: Sie fürchteten die Solidarität der Blockfreien mit Ägypten. Als sie indessen ihre diplomatischen Möglichkeiten so gut wie erschöpft hatten, appellierten beide Staaten in einer letzten und im Grunde bedeutungslosen Geste an die Weltorganisation, um zu demonstrieren, daß ihnen angesichts von deren Tatenlosigkeit nur noch der Alleingang geblieben war. Die Vereinten Nationen waren somit von einem Instrument zur Lösung internationaler Streitigkeiten zu einem letzten Hindernis geworden, das es zu überwinden galt, bevor man zur Gewalt greifen konnte – und in gewisser Weise sogar zur Rechtfertigung der Gewalt.

Unerwarteterweise zeigten sich die Vereinten Nationen ihrer Aufgabe gewachsen, wenn auch nur für kurze Zeit. Private Konsultationen zwischen den Außenministern Ägyptens, Englands und Frankreichs zeitigten eine sechs Punkte umfassende Übereinkuft, die dem Mehrheitsbeschluß der Suezkanal-Konferenz ziemlich nahe kam. Ein ägyptisches Verwaltungsgremium und ein Aufsichtsorgan der Benutzerstaaten wurden eingerichtet; Meinungsverschiedenheiten zwischen diesen beiden Gremien waren durch Verhandlungen zu schlichten. Vor Fernsehpublikum äußerte sich Eisenhower erleichtert.»Ich habe eine Mitteilung zu machen«, sagte er.»Ich habe die beste Mitteilung zu machen, die ich Amerika meiner Meinung nach an diesem Abend machen kann. Der Fortschritt in der Beilegung der Suezkrise, der heute nachmittag bei den Vereinten Nationen erzielt werden konnte, ist höchst befriedigend. Ägypten, England und Frankreich haben sich bei einem Treffen ihrer Außenminister auf eine Reihe von Prinzipien als Grundlage von Verhandlungen geeinigt. Es sieht so aus, als hätten wir eine schwere Krise hinter uns.«[28]

Eisenhower hatte keineswegs gesagt, der Frieden sei in greifbare Nähe gerückt. Die von seiner Rede ausgelösten Freudenfeiern waren deswegen verfrüht. Als der Sicherheitsrat am nächsten Abend, dem 13. Oktober, die Sechs Prinzipien verabschieden sollte, gab es eine unliebsame Überraschung: In zwei getrennten Abstimmungen wurden die Sechs Prinzipien einstimmig verabschiedet. Aber die Ausführungsbestimmungen stießen auf das Veto der Sowjetunion.

Die Sechs Prinzipien waren die letzte Gelegenheit zur friedlichen Beilegung der Krise. Ägypten hätte durch amerikanischen Druck womöglich dazu gebracht werden können, die Sowjetunion um die Rücknahme des Vetos zu bitten, immer vorausgesetzt, daß das Veto nicht zwischen beiden Ländern abgesprochen war. Auch amerikanischer Druck hätte die Sowjetunion vielleicht von ihrem Veto abhalten können, sofern man deutlich gemacht hätte, daß die USA im Fall einer Kraftprobe an der Seite ihrer Verbündeten zu finden sein würden. Die Vereinigten Staaten wollten sich jedoch unbedingt die Freundschaft ihrer Alliierten *und* sämtliche Optionen hinsichtlich der Blockfreien erhalten, und eben dieser Versuch, unvereinbare politische Zielsetzungen zur Deckung zu bringen, machte den Krieg unvermeidlich.

Eden und Mollet hatten jede zur Verhinderung des Krieges ersonnene Formel anerkannt: die Suezkanal-Konferenz, die Betreibergesellschaft der Benutzerstaaten und schließlich die Sechs Prinzipien. In allen Fällen war ein vielversprechender Anfang im Sande verlaufen, und in keinem hatte Amerika seinen diplomatischen Einfluß geltend gemacht, um die Vorschläge zu unterstützen, die Dulles selber in die Debatte geworfen oder doch unterstützt hatte. So gab es für England und Frankreich viele gute Gründe, einen Krieg zu beginnen; aber die fast lächerlich durchsichtige Taktik, die man sich zurechtgelegt hatte, sollte sich als verhängnisvoll erweisen. Der von Frankreich entwickelte Plan sah vor, daß Israel in Ägypten einmarschierte und auf den Suezkanal vorrückte. Darauf würden England und Frankreich im Namen der ungehinderten Schiffahrt die Forderung erheben, daß sich beide Seiten zehn Meilen vom Kanal zurückzögen. Falls Ägypten sich weigerte, womit fest zu rechnen war, würden England und Frankreich die Kanalzone besetzen. Was anschließend geschehen sollte, war offen. Eine Woche vor der amerikanischen Präsidentenwahl sollte die Operation durchgeführt werden.

Der Plan war für alle Beteiligten kein Ruhmesblatt. Zunächst einmal stellte er einen völligen Bruch mit jener Diplomatie dar, die seit Nassers Annexion des Kanals verfolgt worden war und deren Ziel darin bestand, eine internationale Verwaltung des Kanals zustande zu bringen. Da die verschiedenen international befürworteten Pläne zur Garantie der ungehinderten Durchfahrt mittlerweile gescheitert waren, hätte für England und Frankreich der nächste logische Schritt eigentlich darin bestehen müssen, einen davon gewaltsam durchzusetzen. Dergleichen wäre zwar auf breite Kritik gestoßen, doch im Licht der vorangegangenen Diplomatie wäre er zweifellos verständlich gewesen. Das französisch-britische Manöver hingegen war allzu durchsichtig und zu zynisch.

Die an der Aktion beteiligten Partner wären gut beraten gewesen, ihre Ziele unabhängig voneinander zu verfolgen. London und Paris schwächten den eigenen Großmachtanspruch, indem sie offenkundig machten, daß sie gegen Ägypten auf die Hilfe Israels angewiesen waren. Israel verlor jenen moralischen Vorrang, der ihm zugefallen war, als seine Nachbarn ihm Friedensgespräche verweigerten, indem es sich allem Anschein nach für die Ziele des Kolonialismus einspannen ließ. Die britischen Schlüsselpositionen im Nahen Osten, in Jordanien und Irak gelegen, wurden geschwächt. Selbst Eisenhower war tief gekränkt über ein Manöver, das so unverblümt sein Widerstreben ins Kalkül zog, die jüdische Wählerschaft in der letzten Woche das Wahlkampfes vor den Kopf zu stoßen.[29] Es ist gewiß nicht leicht, eine Politik zu finden, die bei jedem Schritt alle nur denkbaren Fehler einschließt, oder eine Koalition zusammenzubringen, die mit einem einzigen Schlag jeden beteiligten Partner schwächt. England, Frankreich und Israel indessen gelang genau dies.

In offensichtlicher Ahnungslosigkeit hinsichtlich des Aufschreis der Empörung, den sie international zu gewärtigen hatten, verschlimmerten England und Frankreich ihre problematische Lage zusätzlich durch eine militärische Strategie, die gleichsam zeitlupenartig und in bedächtigen Schrittchen voranging. Am 29. Oktober marschierte Israel im Sinai ein. Am 30. Oktober forderten England und Frankreich den Rückzug der beiden Kampfparteien vom Suezkanal, den die israelischen Truppen noch gar nicht erreicht hatten. Am 31. Oktober kündigten die beiden Regierungen ihre Intervention im Kampfgebiet an. Es dauerte allerdings noch weitere vier Tage, bis ihre Truppen in Ägypten landeten, und in den wenigen Tagen, die sie im Kampfgebiet verweilten, gelang es ihnen nicht, den Kanal in die Hand zu bekommen.

Niemand hatte zudem mit dem Gerechtigkeitsgefühl Amerikas gerechnet. Am 30. Oktober, vierundzwanzig Stunden nach dem Beginn des israelischen Angriffs, brachten die USA im Sicherheitsrat eine barsch formulierte Erklärung vor, mit der sie die israelischen Streitkräfte zum »unverzüglichen Rückzug [...] hinter die vereinbarten Waffenstillstandslinien« aufforderten.[30] Auf jegliche Verurteilung des von Ägypten unterstützten Terrorismus oder der illegalen Blockade des Golfes von Akaba durch die Araber wurde verzichtet. Und als Großbritannien und Frankreich am 31. Oktober in den Konflikt eintraten, wandte sich Eisenhower noch am selben Tage mit einer Fernsehansprache an sie:»Jede dieser Nationen hat das unbestrittene Recht zu derlei Entscheidungen und Schritten. Ebenso unbestritten aber ist unser Recht, anderer Meinung zu sein, wann immer unsere Beurteilung dies verlangt. Wir glauben, daß es ein Irrtum war, diese Schritte zu unternehmen, denn für uns ist Gewalt kein vernünftiges und angemessenes Mittel zur Beilegung internationaler Zwistigkeiten.«[31]

Nie zuvor hatte sich die Eisenhower-Administration eine derart *absolute* Absage an Gewalt als Handlungsprinzip zu eigen gemacht; ein Beispiel dafür ist der Putsch gegen die guatemaltekische Regierung, den man zwei Jahre vor der Suezkrise arrangierte. Auch zwei Jahre später, als Eisenhower amerikanische Truppen in den Libanon abkommandierte, hielt man sich nicht daran. Die Suezkrise war das erste und einzige Mal, daß Amerika zusammen mit der Sowjetunion gegen seine engsten Verbündeten stimmte: Eisenhower teilte dem amerikanischen Volk mit, daß er angesichts des zu erwartenden Vetos der Briten und der Franzosen im Sicherheitsrat den Fall vor die Vollversammlung der Vereinten Nationen zu bringen gedenke, in der das Veto keine Gültigkeit besaß.

Am 2. November forderte die Vollversammlung mit einem überwältigenden Stimmenverhältnis von vierundsechzig zu fünf die Beendigung der Feindseligkeiten. In einer Nachtsitzung vom 3. auf den 4. Oktober wurde sogar eine noch entschiedenere Resolution verabschiedet; außerdem eröffnete man eine Diskussion über die Entsendung einer Friedenstruppe in die Kanalzone. Dies war ein Scheinmanöver: Den Briten und Franzosen sollte der Rückzug erleichtert werden: Denn UN-Truppen werden auf dem Territorium eines souveränen Staates nicht ohne dessen Einwilligung belassen, und es war gewiß, daß Nasser den Abzug der Friedenstruppe fordern würde.

Am 5. November war die Friedenstruppe der Vereinten Nationen aufgestellt. Am selben Tag kündigten London und Paris an, daß sie ihre Truppen zurückbeordern würden, sobald die UN-Friedenstruppe an Ort und Stelle sei – möglicherweise mit dem Hintergedanken, sich mit den eigenen Streitkräften dem UN-Kontingent anzuschließen. Das amerikanisch-sowjetische Zusammenspiel bei der Demütigung der engsten amerikanischen Verbündeten, an sich schon bitter genug, wurde noch gravierender dadurch, daß die Truppen Moskaus an eben diesem Tag den Aufstand der ungarischen Freiheitskämpfer niederschlugen, wobei die Vereinten Nationen sich in einer Haltung gefielen, die man selbst bei äußerster Nachsichtigkeit bestenfalls als Scheinopposition bezeichnen kann.

Am Abend des 5. November, eine Woche nach dem britisch-französischen Ultimatum und vierundzwanzig Stunden nach der Niederschlagung des ungarischen Aufstands, trat die Sowjetunion wieder auf den Plan. Die unübersehbare Kluft zwischen Amerika und seinen engsten Verbündeten gab Moskau Gelegenheit, sich mit minimalem Risiko als Ägyptens Beschützer aufzuspielen und eine wahre Flut von Stellungnahmen in aller Welt zu Gehör zu bringen. Außenminister Schepilow schrieb an den Vorsitzenden des Sicherheitsrats der Vereinten Nationen; Ministerpräsident Bulganin gab sich die Ehre bei Eden, Mollet, Eisenhower und David Ben-Gurion, dem israelischen Ministerpräsidenten. Alle fünf Botschaften kreisten um das gleiche Thema: Die »räuberische« Aggression gegen Ägypten sei zu beenden; zu diesem Zweck müßten nun seitens der Vereinten Nationen gemeinsame Anstrengungen unternommen werden; auch die Sowjetunion sei bereit, mit ihren See- und Luftstreitkräften ihren Beitrag zu leisten.

Als ob dies nicht genug der Drohung gewesen wäre, enthielten Bulganins Briefe noch eine gesonderte Warnung an jeden einzelnen der Adressaten. Eden beispielsweise hatte die Ehre, der ersten ausdrücklichen Drohung

eines sowjetischen Raketenangriffs gegen einen der westlichen Bündnispartner für würdig befunden zu werden, auch wenn diese in eine rhetorische
Frage gekleidet war:»In welcher Situation würde England sich befinden,
wenn es von stärkeren Staaten angegriffen werden würde, die im Besitze
aller möglichen modernen Zerstörungswaffen sind? Diese Länder könnten,
so wie die Dinge heute stehen, davon absehen, ihre See- oder Luftstreitkräfte an die Küsten Englands zu entsenden; sie könnten andere Mittel einsetzen – zum Beispiel Raketenwaffen.«[32] Um keinerlei Mißverständnisse
aufkommen zu lassen, fügte Bulganin hinzu:»Wir sind fest entschlossen,
die Aggressoren unter Einsatz von Gewalt zu vernichten und den Frieden
im Nahen Osten wiederherzustellen.«[33] Eine ähnliche Warnung erhielt
Mollet. Der Brief an Ben-Gurion ging zwar nicht so sehr ins Detail, war aber
insgesamt noch bedrohlicher, da er den Hinweis enthielt, daß durch das Vorgehen Jerusalems»die staatliche Existenz Israels als solche auf dem Spiel
steht«.[34]

In seinem Brief an Eisenhower schließlich schlug Bulganin eine gemeinsame amerikanisch-sowjetische Militäraktion zur Beendigung der Feindseligkeiten im Nahen Osten vor. Er ging sogar so weit, die Möglichkeit eines
Dritten Weltkriegs anzudeuten:»Wenn diesem Krieg kein Einhalt geboten
wird, könnte er sich zu einem Dritten Weltkrieg ausweiten.«[35] Ausgesprochen von dem einzigen Land, das in der Lage war, einen solchen Krieg zu
beginnen, war ein solcher Satz in der Tat mehr als bedenklich.

Die sowjetischen Drohungen ließen jene außergewöhnliche Tollkühn-
heit erkennen, die zum Charakteristikum von Chruschtschows Außenpolitik werden sollte. War es nicht purer Zynismus, daß Moskau in just dem
Moment, im dem man die Opfer des westlichen Imperialismus zu beklagen
schien, die ungarischen Freiheitskämpfer in brutalster Weise niederwerfen
ließ? Im Jahre 1956, als die Sowjetunion militärisch noch unvergleichlich
viel schwächer war als die Vereinigten Staaten, vor allem auf dem Gebiet der
Atomwaffen, konnte wohl nur äußerster Wagemut Chruschtschow veranlassen, mit dem Dritten Weltkrieg zu drohen. Die UdSSR wäre einem Entscheidungskampf in keiner Weise gewachsen gewesen, und falls es dazu
gekommen wäre, hätte Chruschtschow ohne Frage schon damals jenen fast
kleinlauten Rückzieher machen müssen, zu dem er sich sechs Jahre später
in der Kubakrise tatsächlich gezwungen sah.

Entrüstet lehnte Eisenhower jegliche gemeinsame Militäraktion ab. Warnend fügte er hinzu, die Vereinigten Staaten würden einseitigen Aktionen
der Sowjets in jedem Fall entgegentreten. Doch mit der sowjetischen Drohung wuchs auch der Druck Washingtons auf England und Frankreich. Als
dann am 6. November der Stand des englischen Pfunds alarmierende Ausmaße annahm, verhielten sich die USA im Gegensatz zu früheren Gepflogenheiten abwartend. In Washington unternahm man nichts zur Beruhigung des Devisenmarktes.

Eden gab daraufhin auf. Im Unterhaus stand er in der Kritik, im Commonwealth gab es kaum Unterstützung, und Amerika hatte ihn gänzlich allein gelassen. Am 6. November willigte er in einen Waffenstillstand ein, der am nächsten Tag beginnen sollte. Die britischen und französischen Truppen hatten keine achtundvierzig Stunden in ihrem Einsatzgebiet verbracht.

Der britisch-französischen Expedition hatte ein unzulängliches Konzept zugrunde gelegen. Auch die Ausführung war amateurhaft gewesen. Aus Enttäuschung geboren, ließ der Plan klar umrissene politische Zielsetzungen vermissen, so daß er zum Scheitern verurteilt war: Ein Unternehmen, das von vornherein so deutliche Schwächen aufwies, hätten die Vereinigten Staaten niemals unterstützen können. Dennoch bleibt die Frage, ob die Distanzierung von den Bundesgenossen in so harter Form hätte erfolgen müssen. Gab es für die Vereinigten Staaten wirklich keine andere Wahl? Mußten sie das britisch-französische Abenteuer entweder unterstützen oder auf ganzer Linie von sich weisen? Rechtlich gesehen hatte Washington außerhalb des klar definierten NATO-Vertragsgebietes keinerlei Verpflichtungen; aber es handelte sich eben nicht um ein streng juristisches Problem. Lag es wirklich im nationalen Interesse der USA, zwei unersetzlichen Bündnispartnern auf so strenge Weise klarzumachen, daß ihnen die Fähigkeit zu autonomem Handeln abhanden gekommen war?

Zudem bestand für die Vereinigten Staaten im Grunde kein Zwang, den Entscheidungsprozeß der Vereinten Nationen so sehr voranzutreiben und Resolutionen zu fördern, welche die Ursachen der Provokation außer acht ließen und sich allein auf die unmittelbaren Probleme richteten. Man hätte die Aufmerksamkeit auf die zahlreichen internationalen Vorschläge lenken können, das Problem des Kanals zu isolieren; man hätte die Verurteilung der illegalen Blockade des Golfs von Akaba oder der ägyptischen Unterstützung von terroristischen Anschlägen auf Israel verlangen können. Vor allem aber hätte man das britisch-französische Vorgehen nicht tadeln dürfen, ohne den Einmarsch der Roten Armee in Ungarn zu verurteilen. Amerika verhielt sich so, als ginge es bei der Suezkrise um ein ausschließlich juristisches und moralisches Problem, das nicht auch eine geopolitische Seite hatte. So versäumten es die Vereinigten Staaten, die grundlegende Tatsache zur Kenntnis zu nehmen: Ein bedingungsloser Sieg Ägyptens – wobei sich Nasser hinsichtlich der Betreibung des Suezkanals in keiner Weise festlegte – bedeutete auch den Sieg einer radikalen Politik, die durch sowjetische Waffen ermuntert und durch sowjetische Drohungen gestützt worden war.

Im Kern war das Problem eine Frage des politischen Konzepts. Die amerikanische Führung brachte im Verlauf der Suezkrise drei Prinzipien zur Geltung, in denen alte Überzeugungen grundsätzlicher Art zum Ausdruck kamen: zum einen, daß Amerikas Pflichten gegenüber seinen Verbündeten in präzise gefaßten juristischen Dokumenten fixiert seien; sodann, daß Gewaltanwendung unzulässig sei, es sei denn im eng gefaßten Rahmen der

Selbstverteidigung; schließlich aber und vor allem, daß die wahre Berufung der USA darin bestehe, gegenüber den Entwicklungsländern eine Führungsrolle zu übernehmen – und die Gelegenheit dazu hatte sich durch die Suezkrise ergeben. Den ersten Punkt formulierte Eisenhower in seiner Ansprache vom 31. Oktober, in der er das ganze diplomatische Gewicht Amerikas gegen England und Frankreich warf:»Es gibt keinen Frieden – ohne Gesetz. Und ein Gesetz kann es nicht geben, wenn wir uns vor denen, die gegen uns stehen, auf den einen Kodex des internationalen Zusammenlebens berufen, vor unseren Freunden dagegen auf einen anderen.«[36] Die Vorstellung, daß internationale Beziehungen in ausreichender Weise durch internationales Recht zu definieren seien, hat ihre Wurzeln tief in der amerikanischen Geschichte. Auch die Annahme, Amerika müsse sich, unvoreingenommen gegenüber nationalen Interessen, geopolitischen Zusammenhängen oder bestehenden Bündnissen, als eine Art unparteiischer moralischer Schiedsrichter zur Geltung bringen, ist Teil dieser alten Sehnsucht. Doch in der Realität wurzelt Diplomatie zumindest zu einem guten Teil in der Fähigkeit, zwischen einzelnen Fällen zu unterscheiden und Freunde von Feinden zu trennen.

Daß allein die Notwendigkeit der Selbstverteidigung einen Krieg rechtfertigen könne, wurde im Dezember 1956 von John Foster Dulles vorgebracht. Dulles' Auffassung zufolge verpflichtete Artikel Eins des NATO-Vertrags zur Einhaltung dieses Prinzips.»Der strittige Punkt war«, so sagte er,»daß wir die Meinung vertraten, ein derartiger Angriff stellte unter diesen Umständen einen Verstoß gegen die Charta der Vereinten Nationen dar, außerdem jedoch eine Verletzung von Artikel Eins des Nordatlantischen Vertrages, der vorschreibt, daß sämtliche Parteien des Bündnisses auf den Einsatz von Gewalt verzichten und ihre Streitigkeiten mit friedlichen Mitteln beilegen. Eben darauf richtet sich unsere Kritik: daß der Vertrag verletzt wurde, und nicht etwa, daß Konsultationen unterlassen worden sind.«[37]

Niemand hatte bislang Artikel Eins des Nordatlantikpakts nach einer derart pazifistischen Lesart interpretiert, und auch in Zukunft sollte es nie wieder dazu kommen. Der Gedanke, daß die Charta eines militärischen Bündnisses eine bindende Verpflichtung zur friedlichen Beilegung von Konflikten enthalte, war gewiß nicht alltäglich. In jedem Fall ging es hier nicht wirklich um eine juristische Frage, sondern darum, ob ein Bündnis nicht vielleicht sogar die schweigende Übereinkunft einschloß, auch den Definitionen vitaler Interessen eines Verbündeten ein gewisses Verständnis entgegenzubringen, die außerhalb des eigentlichen Vertragsgebiets lagen, und vielleicht sogar Nachsicht für gelegentliche Meinungsverschiedenheiten zu zeigen.

George Kennan und Walter Lippmann, die beiden großen Antagonisten der vormaligen amerikanischen Debatte über die Eindämmungspolitik, waren eindeutig dieser Meinung. George Kennan riet dringend zu Nachsicht:»Auch wir haben in der Vergangenheit bei gewissen Gelegenheiten ein schlechtes Bild abgegeben, und unsere Freunde haben sich nicht gegen uns gestellt. Darüber hinaus tragen wir ein großes Maß an Verantwortung für die Verzweiflung, durch die sich die französische und die britische Regierung zu dieser unbedachten und jämmerlichen Aktion hatten hinreißen lassen.«[38]

Walter Lippmann ging über einen Aufruf zur Nachsicht hinaus und vertrat die Meinung, daß ein Erfolg der Briten und Franzosen durchaus im amerikanischen Interesse lag:»Man wird die franko-britische Aktion nach ihrem Ergebnis beurteilen [...]. Wir waren zwar mit der Entscheidung als solcher nicht einverstanden, aber es liegt im amerikanischen Interesse, daß Frankreich und England jetzt zum Erfolg kommen. Sosehr wir uns auch wünschen mögen, daß sie nicht angefangen hätten, die Hoffnung, sie werden nun scheitern, können wir uns nicht leisten.«[39]

Die dritte Prämisse der amerikanischen Politik, der heimliche amerikanische Traum, sich als Führer der Entwicklungsländer zu sehen, erwies sich als unerfüllbar. Richard Nixon, der sich so scharfsinnig wie vielleicht sonst kein anderer amerikanischer Nachkriegspolitiker um die Ergründung des nationalen Interesses bemühte, sah Amerika in der vordersten Front der antikolonialen Auseinandersetzungen, als er am 2. November, vier Tage vor der Wahl, erklärte:»Zum ersten Mal in der Geschichte haben wir Unabhängigkeit von der anglo-französischen Politik in Asien und Afrika demonstriert, da diese Politik in unseren Augen die koloniale Tradition widerspiegelt. Diese Unabhängigkeitserklärung lief wie ein elektrischer Impuls durch die ganze Welt.«[40]

Vergleicht man diese Stellungnahme einmal mit Nixons späteren Verlautbarungen, so kann man nur zu dem Schluß kommen, daß er am 2. November auf Anweisungen von anderer Seite gehandelt haben muß.

Doch es sollte alles ganz andes kommen. Nasser schlug gegenüber dem Westen und seinen arabischen Bundesgenossen keine gemäßigteren Töne an. Seine radikale Anhängerschaft hätte ihm das Eingeständnis verwehrt, daß er seine Rettung amerikanischem Druck verdankte (auch wenn Nasser selbst vielleicht sogar bereit war, das zuzugeben). Im Gegenteil, um genau diese Kreise zu beeindrucken, wurden die gemäßigten und prowestlichen Regierungen des Nahen Ostens jetzt erst recht von ihm attackiert. Zwei Jahre nach der Suezkrise war die prowestliche irakische Regierung entmachtet und durch eines der radikalsten Regime der arabischen Welt ersetzt, ein Regime, in dem schließlich ein Saddam Hussein die Hebel der Macht an sich reißen sollte. Auch Syrien gebärdete sich zunehmend radikaler. Es dauerte keine fünf Jahre, und ägyptische Truppen marschierten im Jemen ein. Doch der Versuch, die dortige Regierung zu entmachten, mißlang. Da die Vereinigten Staaten schließlich doch das Erbe der von Großbritannien aufgegebenen strategischen Positionen antraten, richtete sich die ganze Wucht des Nasserschen Antikolonialismus nunmehr gegen Amerika und kulminierte im Abbruch der diplomatischen Beziehungen nach dem Sechstagekrieg im Jahre 1967. Auch gegenüber dem Rest der blockfreien Staaten besserte sich das amerikanische Ansehen nicht. Schon ein paar Monate nach der Suezkrise stand Amerika bei den Blockfreien genauso schlecht im Kurs wie Großbritannien. Dabei hegte die Mehrheit der Blockfreien nicht einmal Ressentiments gegenüber Amerika, sie hatte nur gemerkt, wo sie den Hebel ansetzen mußte. Es war nicht Amerikas Unterstützung für Nasser, die sich diesen Nationen in der Suezkrise am tiefsten eingeprägt hatte, sondern die Tatsache, daß Nasser großen Erfolg gehabt hatte, als er die Supermächte geschickt gegeneinander ausspielte. Die Suezkrise brachte den Blockfreien auch die erste Berührung mit einer Wahrheit des Kalten Krieges, die leicht in Gewinn umzumünzen war: Wenn man die Vereinigten Staaten in die Zange nahm, gab es zumeist reflexartige Beteuerungen des guten Willens sowie Bemühungen, den vorgetragenen Beschwerden Rechnung zu tragen, während Druck auf die Sowjetunion eine riskante Sache war, pflegten doch die Russen unweigerlich mit einer gepfefferten Dosis Gegendruck zu reagieren.

In den auf die Suezkrise folgenden Jahrzehnten verstärkten sich diese Tendenzen immer mehr. Die Verurteilung der amerikanischen Politik wurde zum Ritual der Konferenz der blockfreien Staaten. Andererseits erfolgte eine Verurteilung sowjetischen Vorgehens in den Erklärungen, die die blockfreien Staaten nach ihren Treffen veröffentlichten, höchst selten und extrem vorsichtig. Da es schon aus statistischen Gründen wenig wahrscheinlich war, daß sich immer nur die Vereinigten Staaten im Unrecht befanden, ließ die Einseitigkeit der Blockfreien auf ein Interessenkalkül schließen und war nicht etwa das Ergebnis einer moralischen Stellungnahme.

Die tiefgreifendste Auswirkung der Suezkrise war jedoch beiderseits des Grabens spürbar, der sich durch Mitteleuropa zog. Anwar As Sadat, damals ägyptischer Chefpropagandist, schrieb am 19. November:»Heute gibt es nur noch zwei Großmächte auf der Welt, die Vereinigten Staaten und die Sowjetunion [...]. Das Ultimatum verwies England und Frankreich auf den ihnen zukommenden Platz als Mächte, die weder groß noch stark sind...«[41]

Amerikas Bundesgenossen kamen zum gleichen Schluß. Die Suezkrise hatte ihnen deutlich vor Augen geführt, daß eine der Voraussetzungen des Atlantischen Bündnisses – der Interessengleichklang zwischen Europa und den Vereinigten Staaten – bestenfalls nur teilweise gegeben war. Von diesem Moment an wurden jedesmal Erinnerungen an Suez wach, wenn das Argument vorgetragen wurde, daß Europa keine Atomwaffen brauche, weil es stets auf den Schutz Amerikas zählen könne. Großbritannien hatte stets über eigene Mittel zur Abschreckung verfügt und sich damit unabhängig gemacht. Was Frankreich betraf, so brachte ein Artikel in der französischen Tageszeitung ›Le Populaire‹ vom 9. November 1956 zum Ausdruck, was alsbald französische Grundeinstellung wurde:»Die französische Regierung wird zweifelsohne in Kürze die Entscheidung zur Herstellung von Atomwaffen fällen [...]. Die sowjetische Drohung, Raketen einzusetzen, hat sämtlichen Fiktionen und Illusionen den Garaus gemacht.«[42]

Die Teilnehmer an der Spielerrunde um Suez waren nicht die einzigen, die es als Schock erlebten, wie Amerika seinen engsten Verbündeten eine Abfuhr erteilt hatte. Bundeskanzler Adenauer, gewiß einer derjenigen, die im Nachkriegseuropa Amerika am meisten zugetan waren, war ein großer Bewunderer von Dulles. Doch selbst auf ihn machte die amerikanische Suezpolitik den Eindruck, als sei sie möglicherweise der Vorläufer eines globalen Arrangements zwischen den Vereinigten Staaten und der Sowjetunion, für das Europa den Preis zu entrichten haben würde.

Am 6. November 1956 war Adenauer zufällig in Paris. Es war der Tag, an dem Eden und Mollet übereinkamen, sich dem amerikanischen Druck zu beugen. Wie der französische Außenminister Christian Pineau berichtet, sagte Adenauer:»Frankreich und England werden niemals Mächte sein, die mit den Vereinigten Staaten und der Sowjetunion verglichen werden können. Auch Deutschland nicht. Es gibt für sie nur einen Weg, eine entscheidende Rolle in der Welt zu spielen, und der bedeutet, daß sie Europa gemeinsam gestalten. England ist noch nicht reif dafür, aber die Sache mit Suez wird dazu beitragen, daß England diesem Gedanken gegenüber aufgeschlossener wird. Wir dürfen keine Zeit verlieren: Europa wird Ihre Revanche sein.«[43]

Diese Aussage veranschaulicht das Denken sehr gut, auf das sich die spätere französisch-deutsche Politik gründete, die 1963 in de Gaulles Konsultations- und Freundschaftsvertrag mit Adenauer gipfelte.

In England führte die Analyse der relativen Schwäche vielfach zu ganz ähnlichen Ergebnissen wie in Frankreich, aber sie flossen in eine völlig andere Politik ein. England wandte sich vom Gedanken der europäischen Einigung ab und setzte auf die dauernde Unterordnung unter die Politik der Amerikaner. Schon vor Suez war England sich seiner Abhängigkeit von den Vereinigten Staaten bewußt gewesen, auch wenn es immer noch das Verhalten einer Großmacht an den Tag gelegt hatte. Nach Suez interpretierte Großbritannien sein »besonderes Verhältnis« zu Amerika als das Mittel, das maximale Einflußnahme auf Entscheidungen garantierte, die im wesentlichen in Washington getroffen wurden.

Wie verheerend die Auswirkungen der Suezkrise tatsächlich waren, ließ sich an der Sowjetunion ablesen. In dem Jahr, das seit dem »Geist von Genf« vergangen war, hatten es die Sowjets geschafft, in den Nahen Osten vorzudringen, einen Aufstand in Ungarn niederzuschlagen und Westeuropa mit Raketenangriffen zu bedrohen. Während der ganzen Zeit hatten England und Frankreich als Zielscheibe schärfster internationaler Kritik herhalten müssen, während das wesentlich brutalere Vorgehen der Sowjets in Ungarn schlimmstenfalls beiläufig getadelt wurde.

Chruschtschows Ideologie und seine Persönlichkeitsstruktur ließen ihn das amerikanische Verhalten als ein Zeichen von Schwäche verstehen und keineswegs als die Umsetzung hehrer Prinzipien. Was als tastender Versuch von Waffengeschäften zwischen der Tschechoslowakei und Ägypten begonnen hatte, entwickelte sich zu einem sowjetischen Durchbruch auf breiter Front, der das Atlantische Bündnis spaltete und die Entwicklungsländer in die Arme Moskaus trieb, weil sich damit für die Dritte Welt ein größerer Verhandlungsspielraum ergab. Die notwendige Folge war, daß sich Chruschtschow auf einer Welle der Euphorie schwungvoll von einer Konfrontation zur anderen tragen ließ – vom Berlin-Ultimatum von 1958 bis zur Kubakrise von 1962.

Bei aller Schmerzlichkeit markiert die Suezkrise den Schritt Amerikas zur führenden Nation der Welt. Mit einem Seufzer der Erleichterung nahm Amerika die Suezkrise zum Anlaß, sich von Bundesgenossen zu lösen, die es stets der Realpolitik mit ihrem verderblichen Einfluß und der zweifelhaften Neigung zur Politik des Kräftegleichgewichts verdächtigte. Aber wie das Leben nun einmal spielt, Amerika war es nicht vergönnt, sich allzulange im Stande seiner Unschuld zu sonnen. Suez erwies sich für Amerika vor allem als Einweihung in die Grundsätze der globalen Machtverteilung, zu deren Lehren gehört, daß sich Machtvakuen stets wieder füllen, wobei die grundsätzliche Frage dabei nicht lautet, *ob*, sondern durch *wen* sie gefüllt werden. Nachdem Großbritannien und Frankreich durch Amerika aus ihrer historischen Rolle im Nahen Osten vertrieben worden waren, mußte Amerika plötzlich feststellen, daß die drückende Last der Verantwortung für den Kräfteausgleich in dieser Region auf seinen eigenen Schultern ruhte.

In einer begeisterten Reaktion auf ein Gipfeltreffen der Führer der Bagdadpaktstaaten Pakistan, Irak, Türkei und Iran, das kurz zuvor stattgefunden hatte, erklärte die Regierung der Vereinigten Staaten am 19. November 1956: »Eine Bedrohung der territorialen Integrität oder der politischen Unabhängigkeit der Mitgliedstaaten würde von den Vereinigten Staaten als ein äußerst bedenklicher Vorgang aufgefaßt werden.«[44] In der verklausulierten Ausdrucksweise der Diplomatie bedeutete dies, daß die Vereinigten Staaten bereit waren, die Rolle des Verteidigers der Bagdadpaktstaaten zu übernehmen, wofür Großbritannien mittlerweile zu schwach und viel zu sehr in Verruf geraten war.

Am 5. Januar sandte Eisenhower dem Kongreß mit der Bitte um Billigung eine Botschaft, die unter der Bezeichnung Eisenhowerdoktrin bekannt werden sollte. Es war ein dreifaches Nahostprogramm aus Wirtschaftshilfe, Militärbeistand und Schutz gegen kommunistische Aggression.[45] In seinem Bericht zur Lage der Nation vom 1. Januar 1957 ging Eisenhower sogar noch einen Schritt weiter und verkündete Amerikas Entschlossenheit zur Verteidigung der gesamten freien Welt:

»Erstens: Die amerikanischen Interessen sind weltweit und betreffen beide Hemisphären und jeden Kontinent.

Zweitens: Für uns herrscht eine Gemeinsamkeit der Interessen mit jeder Nation der freien Welt.

Drittens: Die gegenseitige Abhängigkeit der Interessen voneinander fordert einen angemessenen Respekt für die Rechte und den Frieden aller Völker.«[46]

Der Versuch Amerikas, sich von Europa zu lösen, hatte es in eine Position manövriert, in der Amerika sich die Bürde des Schutzes einer jeden freien (daß heißt nichtkommunistischen) Nation in allen Regionen des Erdballs aufgeladen hatte. Während der Suezkrise versuchte Amerika zwar noch, mit dem höchst instabilen Gleichgewicht innerhalb der Entwicklungsländer mittels der Vereinten Nationen fertig zu werden, aber schon zwei Jahre später landeten amerikanische Truppen im Libanon, um die Eisenhowerdoktrin durchzusetzen. Zehn Jahre später war Amerika in Vietnam ganz auf sich alleine gestellt – und mußte mit sich selbst ringen. Die meisten seiner Verbündeten hatten sich von Amerika distanziert, und zwar unter Berufung auf eben jene Argumente, die Amerika zur Zeit der Suezkrise in eigener Sache geltend gemacht hatte.

Kapitel 22

# Ungarn:
# Aufstand im Reich

*Ungarische Freiheitskämpfer in Budapest im Oktober 1956*

Im Jahre 1956 veränderten zwei gleichzeitig eintretende Ereignisse die internationalen Beziehungen der Nachkriegszeit. Mit der Suez-Krise verlor die westliche Allianz ihre Unschuld; fortan würde es den westlichen Verbündeten unmöglich sein, ihren eigenen Bekenntnissen hinsichtlich einer perfekten Symmetrie der Interessen noch vollen Glauben zu schenken. Zugleich zeigten die Ereignisse im Zusammenhang mit dem ungarischen Aufstand, daß das Gerede über Befreiung nur leeres Geschwätz und die Sowjetunion bereit war, zum Schutz ihrer Interessensphäre auch Gewalt einzusetzen. Es konnte keinen Zweifel mehr geben: Der Kalte Krieg würde langwierig und erbittert sein, und bis auf weiteres sollten sich beiderseits der europäischen Trennlinie feindliche Armeen gegenüberstehen.

Der zum Scheitern verurteilte Kampf der Ungarn gegen die sowjetische Vorherrschaft besaß viele Motive. Zusammen bildeten sie eine explosive Mischung, in welche der historische Imperialismus Rußlands und die Sowjetideologie ebenso eingegangen waren wie der unbändige ungarische Nationalismus. In gewisser Hinsicht war Ungarn lediglich ein weiteres Opfer des russischen Expansionsstrebens, das seit der Zeit Peters des Großen unbarmherzig fortgeführt worden war. Von jeher hat Rußland alles darangesetzt, all jene Nationen entlang der russischen Grenzen zu unterdrücken, die bestrebt waren, eine unabhängige Politik zu betreiben – eine Versuchung, die auch heute, nach dem Ende des Kalten Krieges, durchaus noch besteht. Doch in der Regel begannen die Probleme Rußlands mit solchen Aktionen überhaupt erst. Nachdem man nämlich die Unabhängigkeitsversuche erstickt hatte, war man gezwungen, in den jeweiligen Nachbarstaaten eine kostspielige militärische Präsenz aufrechtzuerhalten, wodurch die Staatskasse immer leerer, Rußlands Sicherheit aber keineswegs gefestigt wurde. Wie George Kennan schrieb, ging »das Zarenreich deshalb zugrunde, weil es die westlichen Minderheiten in Europa, die es in seiner Dummheit geschluckt hatte, nicht verdauen konnte«.[1]

Dasselbe wiederholte sich unter kommunistischer Herrschaft. Stalin hatte den Teil des zaristischen Reiches, der am Ende des Ersten Weltkriegs verlorengegangen war, zurückerobert und noch jene Gebiete in Osteuropa hinzugewonnen, die später als sogenannte Satelliten von der Roten Armee besetzt würden; dort herrschten kommunistische Regierungen, die von Moskau eingesetzt wurden. War die Herrschaft über das Reich bereits unter den Zaren schwierig, so wurde sie unter den Kommunisten noch problematischer, denn diese verstärkten den Haß der unterworfenen Völker auch noch dadurch, daß sie ihnen ein unerträgliches Wirtschaftssystem aufzwangen.

Langfristig erwies sich die Planwirtschaft nach sowjetischem Vorbild selbst in der Sowjetunion als untragbar, in den Satellitenstaaten aber hatte sie von Anfang an katastrophale Auswirkungen. Vor dem Zweiten Weltkrieg war der Lebensstandard in der Tschechoslowakei beispielsweise etwa so hoch wie in der Schweiz gewesen; danach sank er auf das graue und eintönige Niveau zurück, das in der gesamten kommunistischen Sphäre herrschte. Polen verfügte über eine ebenso breite industrielle Basis wie Italien und über größere Ressourcen, wurde jedoch zur Subsistenz auf dem osteuropäischen Standard verordneter Armut verdammt. Auch die Ostdeutschen erblickten im kommunistischen System das einzige Hindernis, um denselben wirtschaftlichen Wohlstand wie die Bundesrepublik zu erreichen. Die Menschen sämtlicher osteuropäischer Länder wußten nur zu gut, daß sie ihren eigenen Wohlstand der kommunistischen Ideologie und der sowjetischen Hegemonie opferten.

Während sich der Kommunismus in der Sowjetunion als ein im eigenen Land entstandenes Phänomen ausgeben konnte, war er in Osteuropa zweifellos unter Zwang durchgesetzt worden: Gewachsene nationale Traditionen wurden unterdrückt. Selbst als sie die Politik, die Massenmedien und das Bildungssystem kontrollierten, waren die Kommunisten in den Satellitenstaaten noch immer eine umzingelte Minderheit – und so fühlten sie sich auch. Lenin hatte geschrieben, daß es eine Dummheit wäre, wenn die Bolschewisten die Politik von Zar Nikolaus II. fortsetzen würden, indem sie den Nachbarn ihren Willen aufzwängen. Doch als Stalin starb, unterschied sich die kommunistische Herrschaft von der des autokratischsten Zaren vor allem dadurch, daß die stalinistische weitaus brutaler und rigoroser war. Am Ende stand Moskau vor einem Problem, das Rußland bereits früher zum Verhängnis geworden war: Osteuropa, das man in kommunistische Staaten verwandelt hatte, um die Sicherheit des Sowjetstaates zu erhöhen, verbrauchte derart viele Ressourcen und verlangte ein so hohes Maß an politischer und militärischer Aufmerksamkeit, daß es eher eine Belastung als einen strategischen Vorteil darstellte.

Stalin glaubte, die osteuropäischen Satelliten nur mittels totaler und umfassender Kontrolle durch Moskau halten zu können. 1948 ließ Tito, der als einziger kommunistischer Herrscher in Osteuropa weitgehend aus eigener Kraft an die Macht gekommen war, erkennen, daß Belgrad hinfort seinen eigenen Weg gehen werde, unbeeinflußt von den Direktiven aus Moskau. Stalin schlug zurück: Jugoslawien wurde aus dem Kominform ausgeschlossen. Doch entgegen seiner Erwartung, Titos Herrschaft werde rasch kollabieren, konnte sich dieser mit Hilfe der westlichen Demokratien halten, die ihre ideologischen Vorbehalte für einen Moment zugunsten ganz altmodischer Erwägungen des Kräftegleichgewichts zurückstellten.

Stalin reagierte auf die von Tito gezeigte Selbständigkeit, indem er auf seine altbewährte Methode zur Wiederherstellung von Disziplin zurückgriff: auf Schauprozesse gegen all jene Menschen in der sowjetischen Einflußsphäre, die sich zu eigenständigem Denken in der Lage zeigten. Wie schon bei den Moskauer Säuberungsprozessen des vorausgegangenen Jahrzehnts waren allenfalls einige wenige der Opfer dieses jüngsten Terrors wirklich in der Opposition aktiv. Schließlich waren sie zeit ihres Lebens Kommunisten gewesen, die der sowjetischen Armee geholfen hatten, die kommunistische Herrschaft zu etablieren. Dies gilt für Rudolf Slánsky in der Tschechoslowakei, László Rajk in Ungarn, Traicho Kostov in Bulgarien und Wladislaw Gomulka in Polen, der als einziger überlebte. Die Ausschaltung dieser Männer, die doch von ihren Völkern gerade als Werkzeuge Moskaus betrachtet wurden, überzeugte selbst jene vom moralischen Bankrott des kommunistischen Systems, die bis zu diesem Zeitpunkt seinen Erklärungen noch Glauben geschenkt hatten.

Stalins Nachfolger waren zu unsicher, um die Repression stalinscher Prägung fortzusetzen, zugleich aber zu uneinig, um eine gewisse Meinungsvielfalt innerhalb des sowjetischen Lagers hinnehmen zu können. Sie wurden von zwei gegensätzlichen Befürchtungen in Schach gehalten: zum einen, daß die Repression in Osteuropa möglicherweise die dringend erforderliche Entspannung mit dem Westen aufs Spiel setzen würde, zum anderen, daß eine Liberalisierung innerhalb des Ostblocks das ganze kommunistische Gebäude zum Einsturz bringen könne. (Die Furcht vor der Reaktion des Westens konnte sie indessen nicht davon abhalten, 1953 Panzer zur Niederschlagung des Aufstandes nach Ostdeutschland zu schicken). 1955 entschied Moskau, sich mit dem osteuropäischen Nationalismus abzufinden, solange die Führung sämtlicher Länder nur fest in kommunistischer Hand blieb. Um für diesen »Kurswechsel« ein Zeichen zu setzen, leitete man die Aussöhnung mit Tito ein. Im Mai 1955 besuchten Chruschtschow und Bulganin Belgrad, um die Freundschaft zu kitten. Wie bei jedem späteren Reformversuch öffnete ihr Besuch jedoch lediglich die Schleusen.

Nach Chruschtschows Rede vor dem XX. Parteitag der KPdSU im Februar 1956, in der er ausführlich auf Stalins Verbrechen einging, war der Kommunismus als Ideologie noch weiter diskreditiert. Eine Ausnahme stellte Jugoslawien dar, in dem sich der Kommunismus mit der nationalen Sache zu verbünden schien. Schnell stellte sich heraus, daß Stalins Einschätzung, daß der Titoismus eine Bedrohung für die Sowjetunion darstelle, durchaus zutraf. Denn die Führer der Satellitenstaaten sahen sich der paradoxen Situation gegenüber, daß sie auch in nationaler Hinsicht Glaubwürdigkeit erringen mußten, wenn sie weiterhin auf irgendeine Form der öffentlichen Zustimmung rechnen wollten; sie mußten sich als polnische, tschechoslowakische oder ungarische Kommunisten präsentieren, nicht aber als Marionetten des Kremls. Unmittelbar nach Chruschtschows Besuch in Belgrad geriet Moskaus Kontrolle der osteuropäischen Satellitenregime unter zunehmenden Druck.

Während all dieser Ereignisse und Entwicklungen verhielten sich die Vereinigten Staaten weitgehend passiv. Ein wesentlicher Grundsatz der Eindämmungspolitik bestand ja darin, die Befreiung Osteuropas dem nagenden Zahn der Zeit zu überlassen und die sowjetische Kontrolle nicht direkt in Frage zu stellen. In einem für das Magazin ›Life‹ verfaßten Artikel mit dem Titel *Eine Politik der Unerschrockenheit* kritisierte John Foster Dulles diese Politik als zu passiv. Die Staaten Osteuropas, die er unter dem Terminus »gefangene Nationen« subsummierte, seien der Verzweiflung nahe, »weil die Vereinigten Staaten, historische Anführer der Kräfte der Freiheit, sich einer negativen Politik der ›Eindämmung‹ und des ›Stillstands‹ verschrieben zu haben scheinen«. Dulles forderte sein Land auf, »öffentlich den Wunsch und die Erwartung zu äußern, daß die Befreiung tatsächlich stattfinde«.[2]

Was aber war mit »Befreiung« eigentlich gemeint? Dulles kannte die sowjetischen Verhältnisse zu genau, um Zweifel zu hegen, daß der Kreml jeden Aufstand niederschlagen würde. Schließlich lebte Stalin noch, als Dulles seinen Artikel schrieb. Aus diesem Grund distanzierte er sich ausdrücklich davon, »eine Serie von blutigen Aufständen und Vergeltungsmaßnahmen« heraufbeschwören zu wollen. Vielmehr schwebe ihm eine »friedliche Trennung von Moskau« nach dem Modell Titos vor, die von der amerikanischen Propaganda und anderen, nicht-militärischen Maßnahmen unterstützt werden sollte.

Acheson hatte Tito und dessen auf realpolitischen Erwägungen basierenden Bruch mit Moskau unterstützt. Dulles verfolgte im Grunde dieselbe Politik, die er jedoch mit einem Quentchen Universal-Idealismus anreicherte und »Befreiungspolitik« nannte. In der Praxis stellte Dulles' Befreiungstheorie den Versuch dar, Moskau für die Konsolidierung seiner Eroberungen bezahlen zu lassen, ohne dabei das Risiko für die Vereinigten Staaten zu erhöhen. Dulles förderte den Titoismus, nicht die Demokratie; der Unterschied zwischen seinen Ideen und denen Achesons lag in den Feinheiten der Ausdrucksweise.

Ohne Frage wurden Dulles von seinen Kritikern immer wieder Positionen zur Befreiung Osteuropas unterstellt, die er so nie formuliert hatte. Genauso richtig ist allerdings, daß er es unterließ, sie ausdrücklich zu korrigieren. Dulles gehörte zu den wichtigsten Förderern von Institutionen wie Radio Free Europe und Radio Liberty, deren oberstes Ziel darin lag, die Prinzipien der Freiheit in Osteuropa zu vertreten und gleichzeitig eine Gegenstimmung zu schüren, die eine Revolte auszulösen imstande war. In der Tat verkündete Radio Free Europe ziemlich einfache Vorstellungen. Gestützt auf die Überzeugung, daß seine Erklärungen keine offiziellen Stellungnahmen waren, sprach es sich für Befreiung im wörtlichsten und militantesten Sinne aus. Leider stellte sich heraus, daß die Unterschiede zwischen »privaten« und »offiziellen« Betrachtungen der von der Regierung finanzierten amerikanischen Institutionen zu unklar waren, als daß die osteuropäischen Freiheitskämpfer sie hätten erkennen können.

So kam es, daß zwischen der Sowjetunion und zwei ihrer wichtigsten Satellitenstaaten, Ungarn und Polen, fast genau zu jenem Zeitpunkt erhebliche Spannungen bestanden, als die westlichen Demokratien von der Suezkrise in Anspruch genommen waren. Polen war das erste Land, in dem es zu einer Entladung kam. Im Juni 1956 wurden Aufstände in der Industriestadt Posen blutig niedergeschlagen. Es gab Dutzende von Toten und Hunderte von Verletzten. Im Oktober entschlossen sich jene Führer des Zentralkomitees der Kommunistischen Partei Polens, die Stalins Säuberungen vom Vorjahr überlebt hatten, sich der Sache des polnischen Nationalismus anzuschließen. Wladislaw Gomulka, 1951 in einem Schauprozeß verurteilt und bereits zuvor schmachvoll aus seinen Ämtern vertrieben, wurde gebeten, wieder in das Amt des ersten Sekretärs der Partei zurückzukehren. Am 13. Oktober 1956 leitete er die erste Sitzung des neuen Politbüros. Der sowjetische Marschall Konstantin Rokossowski, der bislang als Verteidigungsminister fungierte und seit 1949 dem polnischen Politbüro angehört hatte, wurde entlassen, und so eines der demütigendsten Symbole sowjetischer Vormundschaft abgeschafft. Die Kommunistische Partei Polens ließ verkünden, Polen werde fortan einen »eigenen Weg zum Sozialismus« einschlagen. Diese Äußerung mußte angesichts der leidenschaftlichen Nationalgefühle des Landes und seiner tiefen Gleichgültigkeit gegenüber dem Sozialismus nicht gerade beruhigend auf Moskau wirken.

Für kurze Zeit spielte der Kreml mit der Idee einer militärischen Intervention. Sowjetische Panzer setzten sich in Bewegung und näherten sich bereits den wichtigsten Städten, als Chruschtschow, begleitet von seinen Politbürokollegen Mikojan und Molotow, am 19. Oktober plötzlich in Warschau auftauchte.

Die polnischen Führer ließen sich auch jetzt nicht einschüchtern. Sie informierten den sowjetischen Generalsekretär, sein Besuch werde nicht als Treffen auf Parteiebene behandelt, und man könne ihn daher nicht im Hauptquartier des Zentralkomitees der Kommunistischen Partei empfangen. Die sowjetische Delegation werde daher gebeten, sich zu dem für Staatsgäste vorgesehenen Belvedere-Palast zu begeben.

Im letzten Augenblick machte Chruschtschow einen Rückzieher. Am 20. Oktober wurden die Truppen angewiesen, in die Kasernen zurückzukehren. Am 22. Oktober akzeptierte der sowjetische Regierungschef die Einsetzung Gomulkas als Generalsekretär der Kommunistischen Partei. Im Gegenzug mußten die neuen Führer versprechen, das sozialistische System beizubehalten und Polens Verbleib im Warschauer Pakt zu gewährleisten. Formal war das sowjetische Verteidigungssystem mithin intakt geblieben.

Gleichwohl konnte die Verläßlichkeit der polnischen Truppen in einem etwaigen Krieg mit dem Westen – vorsichtig ausgedrückt – nicht mehr ohne weiteres vorausgesetzt werden.

Die Sowjetunion gab nach und ließ den Kommunismus nationaler Prägung in Polen den Sieg davontragen, zum Teil, weil Repression bedeutet hätte, es mit einem Volk von mehr als dreißig Millionen aufnehmen zu müssen, dessen Mut und althergebrachte Entschlossenheit, Ausländern die Stirn zu bieten, ohne jeden Zweifel nur noch vergrößert worden wären, hätte man Erinnerungen an die historische Unterdrückung durch Rußland und die sowjetischen Greueltaten wachgerufen. Vor allem aber wurde der Kreml zur gleichen Zeit in Ungarn auf eine noch härtere Probe gestellt.

Ungarn mit seinen nur neun Millionen Menschen hatte denselben Zyklus sowjetischer Unterdrückung durchlaufen wie seine Nachbarn. Seit 1945 war das Land von Mátyás Rákosi, einem orthodoxen Stalinisten, skrupellos regiert worden. Stalin hatte Rákosi 1940 gegen ein paar ungarische Flaggen, die 1849 von der zaristischen Armee beschlagnahmt worden waren, aus einem Budapester Gefängnis ausgelöst, ein Handel, den viele Ungarn aus gutem Grund bereuen sollten; denn bei seiner Rückkehr wurde Rákosi von der Roten Armee begleitet und etablierte ein repressives System, das selbst für stalinistische Maßstäbe außerordentlich rigide war.

Kurz nach dem Berliner Aufstand von 1953 indessen schien Rákosis Zeit zu Ende zu gehen. Man bestellte ihn nach Moskau, und Berija erklärte ihm in der unnachahmlich brutalen Manier der stalinistischen Gefolgsleute, daß Ungarn, obwohl es von verschiedenen Nationalitäten regiert worden sei, noch nie einen jüdischen König gehabt habe und die sowjetische Führung auch jetzt einen solchen nicht zulassen werde.[3] Rákosi wurde durch Imre Nagy ersetzt, der in dem Ruf stand, ein Reformkommunist zu sein und zufällig selber Jude war, allerdings weniger tyrannische Methoden anwandte als sein Vorgänger. Zwei Jahre später, nach dem Sturz Georgi Malenkows in Moskau, wurde Nagy entlassen, Rákosi kehrte als Ministerpräsident an die Macht zurück. Erneut zog ein Klima strenger kommunistischer Orthodoxie in Ungarn ein. Wieder wurden Künstler und Intellektuelle unterdrückt, und Nagy wurde aus der Kommunistischen Partei ausgeschlossen.

Stalins Nachfolger besaßen jedoch nicht dieselbe tödliche Entschlossenheit wie dieser selbst. Nagy überlebte nicht nur, er veröffentlichte sogar eine Abhandlung, in welcher er das Recht der Sowjetunion, sich in die inneren Angelegenheiten verbündeter kommunistischer Staaten einzumischen, in Frage stellte. Unterdessen wurde deutlich, daß Rákosi, inzwischen zum zweiten Mal an der Macht, nicht gewillt war, stärker auf die Wünsche seines Volkes einzugehen, als er es beim ersten Mal getan hatte. Nachdem Stalin auf dem XX. Parteitag von Chruschtschow öffentlich denunziert worden war, wurde er erneut ersetzt, diesmal durch seinen engen Vertrauten Ernö Gerö.

Gerö gab sich zwar als Nationalist, wurde aber gemeinhin mit Rákosi in enge Verbindung gebracht; so war er kaum in der Lage, die patriotische Flut, die das Land überschwemmte, noch aufzuhalten. Am 23. Oktober 1956, einen Tag nachdem Gomulka in Warschau auch formal an die Macht zurückgekehrt war, kochte der Volkszorn in Budapest über. Studenten verteilten eine Liste mit Forderungen, die weit über die in Polen durchgesetzten Reformen hinausgingen; unter anderem verlangten sie Redefreiheit, einen Prozeß gegen Rákosi und seine Verbündeten, den Abzug der sowjetischen Truppen und Nagys Rückkehr ins Amt. Als Nagy auf dem Parlamentsplatz vor einer riesigen Menschenmenge sprach, war er noch immer nicht viel mehr als ein Reformkommunist, und sein Programm beschränkte sich auf die Einführung einiger weniger demokratischer Verfahrensweisen innerhalb des kommunistischen Systems. Er bat die enttäuschte Menge, bei der Durchsetzung der notwendigen Reformen auf die kommunistische Partei zu vertrauen.

Doch war es bereits zu spät. Das ungarische Volk war nicht länger bereit, der verhaßten kommunistischen Partei bei der Wiedergutmachung eigener Verfehlungen Glauben zu schenken. Was dann folgte, gleicht einem Film, in dem der Hauptdarsteller, wenn auch widerwillig, ja vielleicht sogar ohne echtes Verständnis des Geschehens schließlich dazu gebracht wird, eine Rolle zu übernehmen, die ihn derart in Anspruch nimmt, daß sie schließlich zu seinem Schicksal wird. Nagy, der zeit seines Lebens ein standhafter, obgleich zu Reformen neigender Kommunist gewesen war, schien – ähnlich wie Gomulka in Polen – bei seinen ersten Auftritten während des Aufstandes noch entschlossen, die kommunistische Partei zu retten. Doch die Leidenschaft seines Volkes ließ dergleichen nicht länger zu. Sie verwandelte ihn in diesen Tagen gleichsam zu einem lebenden Symbol jener Lehren, die Tocqueville ein Jahrhundert zuvor verkündet hatte, als er schrieb: »Die Erfahrung lehrt, daß für eine schlechte Regierung der gefährlichste Moment immer dann gekommen ist, wenn sie sich zu reformieren beginnt. Einen Fürsten, der nach langer Unterdrückung seinen Untertanen Erleichterung gewährt, kann nur ein großes Genie retten. Ein Übel, das man voller Geduld als unvermeidlich hinnimmt, scheint unerträglich zu werden, sobald man Hoffnung schöpft, sich ihm entziehen zu können.«[4] Für die Vision der Demokratie, die damals von ihm Besitz ergriff, sollte Nagy mit seinem Leben bezahlen. Nachdem die Sowjets die Revolution niedergeschlagen hatten, bot man Nagy an zu widerrufen. Seine Weigerung und die kurz darauf erfolgte Exekution sicherten ihm einen Platz im Pantheon der Märtyrer, die für die Sache der Freiheit in Osteuropa ihr Leben ließen.

Am 24. Oktober wurde aus den öffentlichen Demonstrationen eine regelrechte Revolution. Sowjetische Panzer, die hastig in den Kampf eingriffen, wurden in Brand gesteckt; Regierungsgebäude besetzt. An dem Tag, an dem Nagy zum Ministerpräsidenten ernannt wurde – es war der 29. Oktober –, trafen zwei Mitglieder des sowjetischen Politbüros, Mikojan und Suslow, in

Ungarn ein, um die Lage zu beurteilen. Offenbar waren die sowjetischen Besucher tags zuvor zu einer ähnlichen Schlußfolgerung gekommen wie Chruschtschow in Warschau. Ein titoistisches Ungarn schien in den Bereich des Möglichen zu rücken, und die sowjetischen Panzer zogen sich aus Budapest zurück. Doch im Gegensatz zu Polen konnte die Situation selbst dadurch nicht entspannt werden. Die Demonstranten forderten jetzt nichts weniger als die Errichtung eines Mehrparteiensystems, den Abzug der sowjetischen Truppen und den Ausstieg aus dem Warschauer Pakt.

Die amerikanische Politik verhielt sich im Fortgang dieser Ereignisse auffällig zurückhaltend. Obwohl ständig von »Befreiung« geredet wurde, schien Washington auf derart große Unruhen in Osteuropa nicht eingestellt und war nun anscheinend völlig ratlos. Einerseits wollte man den Prozeß so weit wie möglich unterstützen, andererseits fürchtete man, daß eine allzu forsche Politik den Sowjets als Vorwand für eine Intervention dienen könnte. Vor allem aber demonstrierte Washington, daß es kaum in der Lage war, zwei Krisen gleichzeitig zu bewältigen. Während Studenten und Arbeiter auf den Straßen gegen sowjetische Panzer kämpften, schwiegen die Führer in Washington. Nicht ein einziges Mal erging eine Warnung an Moskau, daß die Androhung oder der Gebrauch von Gewalt seine Beziehungen zu Washington gefährden könnten.

Aufgrund der »in Ungarn durch das Eingreifen ausländischen Militärs entstandenen Situation«[5] appellierten die Vereinigten Staaten am 27. Oktober an den Sicherheitsrat der Vereinten Nationen. Doch das Verfahren wurde derart hinausgezögert, daß es erst am 4. November zur Abstimmung über eine entsprechende Resolution des Sicherheitsrats kam. Die sowjetische Intervention hatte zu diesem Zeitpunkt bereits stattgefunden.

In der Zwischenzeit war Radio Free Europe tätig geworden, und dort interpretierte man die amerikanische Haltung auf eigene Faust. Man drängte die Ungarn, den Fortgang ihrer Revolution zu beschleunigen und jeglichen Kompromiß abzulehnen. Als Imre Nagy am 29. Oktober als neuer Premierminister eingesetzt wurde, kommentierte Radio Free Europe dies beispielsweise mit folgender feindseliger Meldung: »Imre Nagy und seine Anhänger wollen die Geschichte vom Trojanischen Pferd überarbeiten und modernisieren. Sie brauchen eine Feuerruhe, damit die augenblicklich in Budapest an der Macht befindliche Regierung ihre Stellung solange wie möglich halten kann. Die für die Freiheit Kämpfenden dürfen die Pläne der sie bekämpfenden Regierung nicht für eine Minute aus dem Auge verlieren.«[6]

Am 30. Oktober schaffte Nagy das Einparteiensystem ab und setzte eine Koalitionsregierung ein, die aus Vertretern aller demokratischen Parteien bestand, die 1946 an den letzten freien Wahlen in Ungarn beteiligt gewesen waren. Doch auch in diesem Fall gab sich Radio Free Europe skeptisch: »Das Verteidigungsministerium und das Innenministerium sind immer noch in kommunistischen Händen. Duldet das nicht, Freiheitskämpfer. Hängt Eure Waffen nicht an den Nagel.«[7] Radio Free Europe wurde zwar von der amerikanischen Regierung finanziell unterstützt, aber von einer unabhängigen Kommission und von Verwaltern geleitet, die keine offiziellen Instruktionen aus Washington erhielten. Dennoch konnte man nicht erwarten, daß Ungarns Freiheitskämpfer den Unterschied zwischen den Erklärungen der Regierung der Vereinigten Staaten und den Verlautbarungen eines Senders verstehen würden, der ausdrücklich mit dem Ziel geschaffen worden war, zur Verbreitung einer »Befreiungspolitik« beizutragen, die der Außenminister als seine eigene Erfindung ausgab.

Die wenigen Male, da sich die Eisenhower-Administration zu den Vorgängen äußerte, war sie sichtlich bemüht, die Sowjets nicht zu verärgern. Doch unbeabsichtigterweise erwiesen sich ihre Stellungnahmen als fast ebenso aufwieglerisch wie die Sendungen von Radio Free Europe. Als sich die sowjetischen Truppen am 27. Oktober aus der ungarischen Hauptstadt allem Anschein nach zurückziehen wollten, hielt Dulles eine Rede in Dallas, die den Eindruck erweckte, als hofften die Vereinigten Staaten, Ungarn aus dem sowjetischen Einflußbereich herausziehen zu können, ohne daß Moskau Kenntnis davon nähme. Jedes osteuropäische Land, das mit Moskau breche, so Dulles, könne mit der Hilfe der Amerikaner rechnen. Und diese Hilfe sei nicht daran gebunden, daß »diese Länder eine bestimmte Gesellschaftsform annehmen.« Anders ausgedrückt: Um von Amerika unterstützt zu werden; mußte ein osteuropäisches Land nicht demokratisch werden, es genügte, den titoistischen Kurs einzuschlagen und aus dem Warschauer Pakt auszutreten. In einer geradezu archetypisch amerikanischen Stellungnahme verband der amerikanische Außenminister diese Äußerung mit der Beteuerung, dies alles geschehe völlig selbstlos. Dulles zufolge verbanden die Vereinigten Staaten weder »bestimmte Absichten, wenn sie Unabhängigkeit für die Satellitenstaaten wünschten«, noch betrachteten sie diese »als potentielle militärische Verbündete.«[8]

Die ausschweifende Rhetorik der amerikanischen Diplomatie jedoch, ihr Anspruch, bei ihren Entscheidungen keine bestimmten nationalen Ziele zu verfolgen, wurde für gewöhnlich selbst von nicht-marxistischen Führern entweder als Zeichen der Unberechenbarkeit oder als solches der Willkür ausgelegt; eine beruhigende Wirkung hatte sie nicht. Jedenfalls war Moskau zu diesem Zeitpunkt viel stärker um das Vorgehen als um die Motive der USA besorgt. Acht Jahre zuvor hatte Moskau gegen eine osteuropäische Beteiligung am Marshall-Plan sein Veto eingelegt, weil es die amerikanische Hilfe als eine Form kapitalistischer Umgarnung Osteuropas verstanden hatte. Dulles' Angebot, den vom Warschauer Pakt abgefallenen Staaten wirtschaftlich zu helfen, konnte nur als Bekräftigung dieser Schreckensvision verstanden werden. Die ziemlich pompöse Andeutung des Secretary of State, Ungarn habe seine Militärbündnisse vor allem deshalb nicht revidiert, weil Amerika sich zurückgehalten habe, ließ einen möglichen politischen Erdrutsch um so plausibler erscheinen. Eisenhower, der Dulles' Beruhigungskurs gegenüber den Sowjets folgte, hielt am 31. Oktober eine Rede, die vor allem deshalb bemerkenswert ist, weil sie auch nicht eine einzige Andeutung enthielt, daß die Sowjetunion Sanktionen zu gewärtigen hätte, falls sie zu repressiven Mitteln greifen sollte. Möglicherweise hatte sich Eisenhower durch die tags zuvor von Moskau verkündeten (trotz scheinbaren Entgegenkommens allerdings höchst unverbindlichen) Kriterien für eine Stationierung sowjetischer Truppen in Osteuropa überzeugen lassen, einen versöhnlichen Ton anzuschlagen. Zugleich hätte ihm jedoch die massive Verstärkung sowjetischer Kräfte in ganz Ungarn auffallen müssen, die zur selben Zeit einsetzte. Eisenhowers Zurückhaltung gegenüber Moskau wird noch auffälliger, wenn man sie mit den scharfen Verweisen vergleicht, die der amerikanische Präsident in derselben Rundfunkansprache hinsichtlich der Suezkrise gegen Großbritannien und Frankreich richtete.

Was Ungarn anging, so betonte er, daß die Vereinigten Staaten zwar auf ein Ende der Sowjetherrschaft in Osteuropa hofften, aber »diese Politik *natürlich* nicht unter Anwendung von Gewalt durchsetzen konnten«.[9] Schließlich würde ein solches Vorgehen »nicht nur den besten Absichten der osteuropäischen Völker, sondern auch den festen Prinzipien der Vereinten Nationen zuwiderlaufen.«[10] Offensichtlich war Radio Free Europe und den Freiheitskämpfern, die zu diesem Zeitpunkt um amerikanische Hilfe baten, diese Wahrheit entgangen. Unterdessen, so Eisenhower weiter, habe er versucht, »alle unbegründeten Ängste, daß wir in den neuen Regierungen dieser osteuropäischen Länder mögliche militärische Verbündete sehen könnten, auszuräumen. Wir verfolgen keine solchen Absichten. Wir betrachten diese Völker als Freunde und wünschen nichts weiter, als daß sie Freunde in Freiheit sind.«[11]

Weder der Präsident noch sein Außenminister konnten den Kreml davon überzeugen, daß Amerika tatsächlich keine konkreten Interessen verfolgte. Die Sowjets, deren Außenpolitik eine Mischung war aus marxistischer Ideologie und russischem nationalen Interesse, konnten einfach nicht glauben, daß sich hinter den amerikanischen Dementi keine eigennützigen Motive verbargen. Daß die Amerikaner Gewaltverzicht übten, verstand das Politbüro hingegen sehr wohl; nicht zuletzt waren damit Moskaus größte Befürchtungen ausgeräumt, was geschehen würde, wenn es sich in Osteuropa rächte. Und augenscheinlich beabsichtigte es, das zu tun.

Die Ironie der beiden formalen Versicherungen, die die Eisenhower-Administration mitten in der ungarischen Revolution gab, lag darin, daß beide entgegen ihrer eigentlichen Absicht eine provozierende Wirkung hatten. Amerikas Beteuerung, keine Verbündeten in Osteuropa zu suchen, klang für die Kreml-Führer beunruhigend, weil sie den Eindruck erweckte, als habe Osteuropa jetzt die Chance, seine Bündnisse zu wechseln. Und der

Verzicht auf Gewalt seitens der Amerikaner verschärfte diese Krise noch, da durch ihn auch die letzten sowjetischen Bedenken ausgeräumt wurden, der Einsatz der Roten Armee zur Niederschlagung des Aufstandes würde eine ernsthafte amerikanische Reaktion nach sich ziehen.

In der Zwischenzeit hatte selbst die politische Führung der Reformer die Kontrolle über die Lage in Budapest verloren. Am 30. Oktober besetzten Revolutionäre das Budapester Büro der Kommunistischen Partei. Die Anwesenden wurden ermordet, darunter seltsamerweise auch einer von Nagys engsten Verbündeten. Am gleichen Nachmittag verkündete Nagy die Bildung einer neuen Regierung auf der Grundlage von 1945, als eine Koalition aus demokratischen Parteien die Regierung bildete. Das Ende der kommunistischen Einparteienherrschaft wurde dabei durch die Anwesenheit von Béla Kovács als Repräsentanten der bürgerlichen Kleinbauernpartei im Parlament zum Ausdruck gebracht. Nur wenige Jahre zuvor war Kovács noch des Verrats bezichtigt worden. Kardinal Joszef Mindszenty, langjähriges Symbol des Widerstands gegen den Kommunismus, wurde aus dem Gefängnis entlassen; er sprach vor einer begeisterten Menschenmenge. Und auch Nagy begann die Verhandlungen mit den beiden Gesandten des Politbüros, Mikojan und Suslow, mit der Forderung nach dem Abzug der sowjetischen Truppen aus ganz Ungarn. Zahlreiche politische Parteien eröffneten Büros, gaben Zeitungen und Flugblätter heraus.

Nachdem sie Nagy den Eindruck vermittelt hatten, man könne über seinen Vorschlag verhandeln, reisten Mikojan und Suslow nach Moskau zurück. Offenbar beabsichtigten sie, dort die nächste Gesprächsrunde vorzubereiten. Und noch am Abend jenes 31. Oktober veröffentlichten ›Prawda‹ und ›Iswestija‹ eine bereits am Vortag abgegebene Erklärung, daß die Stationierung ausländischer Truppen in einem befreundeten kommunistischen Land der Zustimmung des Gastlandes sowie des gesamten Warschauer Paktes bedürfe: »Die Stationierung von Truppen eines Mitgliedstaates des Warschauer Pakts auf dem Gebiet eines anderen Mitgliedstaates erfolgt in Übereinstimmung sämtlicher Mitglieder und bedarf der Zustimmung des Staates, auf dessen Gebiet und auf dessen Anfrage hin die Truppen stationiert werden oder ihre Stationierung geplant wird.«[12] Es war diese Äußerung, die Eisenhower bewogen haben mag, in der bereits erwähnten Rundfunksendung vom 31. Oktober die Erklärung der sowjetischen Regierung höchst optimistisch auszulegen:»Wenn die Sowjetunion tatsächlich ihren erklärten Absichten gemäß handelt«, sagte er, »dann wird die Welt den größten Schritt hin zu Gerechtigkeit, Vertrauen und Verständigung zwischen den Völkern in unserer Generation erleben.«[13]

So entgegenkommend die sowjetische Erklärung jedoch in grundsätzlichen Fragen auch klingen mochte: Washington hatte die beiden entscheidenden Schwächen der Verlautbarung offensichtlich ignoriert. Setzte man nämlich voraus, daß ein Abzug von Truppen dasselbe Verfahren notwendig mache wie deren Stationierung, dann verschaffte man damit der Sowjetunion ein Vetorecht. Zum anderen aber enthielten die des näheren an Ungarn gerichteten Sätze die ominöse Warnung, die Sowjetunion werde es nicht»zulassen«, daß die»sozialistischen Errungenschaften« Ungarns zunichtegemacht würden. Vielmehr wolle man diese, notfalls im Verbund mit den anderen sozialistischen Ländern, verteidigen.»Zum gegenwärtigen Zeitpunkt«, so hieß es in der sowjetischen Regierungserklärung,»ist es die höchste und heilige Pflicht der Arbeiter, Bauern, der Intelligentsia und der gesamten arbeitenden Bevölkerung Ungarns, die sozialistischen Errungenschaften der Volksdemokratie Ungarn zu bewahren. Die sowjetische Regierung bringt ihre Zuversicht zum Ausdruck, daß die Völker der sozialistischen Länder weder aus- noch inländischen reaktionären Kräften erlauben werden, an den Grundfesten des Systems der Volksdemokratie zu rütteln. [...] Sie werden die brüderliche Einheit und gegenseitige Hilfe verstärken, um die große Sache des Friedens und des Sozialismus zu fördern.«[14]

Tatsächlich verdiente das, was hier als»Volksdemokratie Ungarn« bezeichnet wurde, diesen Namen natürlich schon längst nicht mehr: Ungarn war keinesfalls mehr in der Lage, sich selbst oder die sogenannten »sozialistischen Errungenschaften« zu schützen. Nagy, der zeit seines Lebens Mitglied des kommunistischen Kaders gewesen war, kann die Tragweite der sowjetischen Warnungen sowie der Veränderungen, die er selber zu unterstützen bereit war, kaum verkannt haben. Doch zu jenem Zeitpunkt befand er sich, getrieben einerseits vom Zorn seines Volkes, andererseits aber von der Unerbittlichkeit seiner kommunistischen Verbündeten, gleichsam auf einer Woge, die er weder niederhalten noch lenken konnte. Im Gegensatz zum polnischen Volk verlangten die Ungarn ja nicht die Liberalisierung des kommunistischen Systems, sondern dessen völlige Zerschlagung, nicht die Gleichstellung mit der Sowjetunion, sondern den endgültigen Bruch mit ihr.

Nachdem er bereits eine Regierung gebildet hatte, die de facto aus mehreren Koalitionspartnern bestand, tat Nagy am 1. November den letzten, unwiderruflichen Schritt. Er erklärte die Neutralität seines Landes und dessen Austritt aus dem Warschauer Pakt. Auch dieser Schritt ging weit über das hinaus, was Gomulka in Polen unternommen hatte. In einer förmlichen Erklärung, die sein Todesurteil bedeuten würde, verkündete Nagy über das ungarische Radio:»Die ungarische Regierung erklärt in tiefer Verantwortung gegenüber dem Volk und der Geschichte Ungarns und im Namen des einmütig geäußerten Willens von Millionen von Ungarn die Neutralität der ungarischen Volksrepublik. Das ungarische Volk wünscht, mit seinen Nachbarn, der Sowjetunion und allen Völkern der Welt auf der Basis von Unabhängigkeit und Gleichheit und im Einklang mit dem Geist der Charta der Vereinten Nationen in echter Freundschaft zu leben. Das ungarische Volk will die Errungenschaften seiner nationalen Revolution festigen und fortführen, ohne einem der Machtblöcke anzugehören.«[15] Noch am selben Tag ersuchte Nagy die Vereinten Nationen um Anerkennung der ungarischen Neutralität. Er erhielt niemals eine Antwort.

So ergreifend Nagy an die Vereinten Nationen appellierte, so gleichgültig behandelte die sogenannte Weltgemeinschaft seinen Hilferuf. Weder die Vereinigten Staaten noch ihre europäischen Verbündeten unternahmen Schritte, um die UNO dazu zu bewegen, die Botschaft aus Budapest als dringliche Angelegenheit zu behandeln. Unterdessen waren die Sowjets bereits über Aufrufe zur Mäßigung hinausgegangen. Am Morgen des 4. November schlugen ihre ohne Vorwarnung in Ungarn eingedrungenen Streitkräfte zu und unterdrückten die Revolution auf brutale Weise. János Kádár, ehemaliges Opfer der stalinistischen Säuberungen, den Nagy zum Generalsekretär der Kommunistischen Partei erhoben hatte und der wenige Tage zuvor auf mysteriöse Weise verschwunden war, tauchte nun mit den Truppen der Roten Armee wieder auf, um eine neue kommunistische Regierung einzusetzen. Der Befehlshaber der ungarischen Armee, Pál Maléter, wurde festgenommen, während er mit dem Kommandanten der sowjetischen Streitkräfte in Ungarn über einen Abzug der sowjetischen Truppen verhandelte. Nagy, der in die jugoslawische Botschaft geflüchtet war, akzeptierte das Versprechen, sicher nach Jugoslawien reisen zu können, wurde jedoch beim Verlassen des Gebäudes festgenommen. Kardinal Mindszenty nahm Zuflucht in der amerikanischen Gesandtschaft, wo er bis 1971 blieb. Nagy und Maléter wurden später exekutiert. Stalins Geist war nach wie vor lebendig und spukte durch den Kreml.

Erst am 4. November befaßten sich die Vereinten Nationen, die während der gesamten kritischen Phase sowjetischer Truppenmassierung ausschließlich damit beschäftigt gewesen waren, Großbritannien und Frankreich wegen Suez zu verurteilen, mit den Ereignissen – oder besser: mit dem, was sich inzwischen zu einer ungarischen Tragödie entwickelt hatte. Gegen die Resolution des Sicherheitsrats, in der Moskau zum Rückzug aufgefordert wurde, legte der sowjetische Botschafter bei den Vereinten Nationen umgehend sein Veto ein. Eine Sondersitzung der Vollversammlung stimmte über eine ähnliche Resolution ab, in der Ungarns Recht auf Unabhängigkeit bekräftigt und die Entsendung von UN-Beobachtern verlangt wurde. Dies war die zweite Resolution dieses schicksalsträchtigen Tages, nachdem die Vollversammlung zuvor bereits Voraussetzungen für die Aufstellung einer UN-Eingreiftruppe für den Nahen Osten geschaffen hatte. Diese Resolution war einstimmig verabschiedet worden; selbst Großbritannien und Frankreich gaben ihre Zustimmung. Die Ungarn-Resolution ging mit fünfzig zu acht Stimmen bei fünfzehn Enthaltungen durch. Gegen sie stimmte der Sowjet-Block, während führende Vertreter der Blockfreien wie Indien oder Jugoslawien und sämtliche arabischen Länder sich der Stimme enthielten. Die Resolution zum Nahen Osten wurde in die Tat umgesetzt, die Ungarn-Resolution hingegen fallengelassen.

Nachdem die brutale Niederschlagung des ungarischen Aufstandes vorüber war, erhob sich die Frage, ob die Tragödie durch eine nachdrücklichere

610

und einfallsreichere westliche Diplomatie hätte verhindert oder in ihrem Ausmaß begrenzt werden können. Außer Frage stand, daß die sowjetischen Truppen in Ungarn über mehrere Tage hinweg massive Verstärkung erhalten hatten. Hätte es in der Macht der Demokratien gelegen, sie von einem Einsatz abzuhalten? Die amerikanische Regierung hatte als erste das Banner der Befreiung gehißt. Ihre Propaganda über Radio Free Europe und Voice of Amerika hatte eine Welle der Hoffnung hervorgerufen, die größer war, als selbst Dulles dies 1952 in seinem ›Life‹-Artikel vorhergesagt hatte. Als die Situation in Ungarn explodierte, muß die amerikanische Gesandtschaft in Budapest dem State Department übermittelt haben, was bereits jeder Journalist wußte: daß die politische Struktur des kommunistischen Ungarn in der Auflösung begriffen war. Es ist unbegreiflich, daß man die Möglichkeit einer sowjetischen Intervention offenbar nicht einmal erwogen hat, obwohl dem State Department ausgewiesene Kreml-Experten wie Charles Bohlen, Llewellyn Thompson, Foy Kohler und George Kennan als Berater zur Seite standen. Jedenfalls unternahm die Eisenhower-Administration keinerlei Anstrengungen, die das Risiko eines Eingriffs von seiten Moskaus wenigstens erhöht hätten.

Als es in Ungarn tatsächlich zu einem Aufstand kam, blieb Amerika weit hinter seinen schwungvollen Reden zurück. Ein Jahrzehnt lang hatte sich die amerikanische Politik ausdrücklich darauf festgelegt, keinen Krieg um die Beendigung der kommunistischen Kontrolle über Osteuropa zu führen. Washingtons Versäumnis, abgesehen von einer militärischen Intervention nicht alle Möglichkeiten zur Beeinflussung der Entwicklung ernsthaft erwogen zu haben, riß eine tiefe Kluft zwischen den von den USA geschürten Hoffnungen und ihrer tatsächlichen Handlungsbereitschaft auf. Niemals hatten die Vereinigten Staaten der eben erst flügge gewordenen ungarischen Regierung klargemacht, daß der amerikanischen Unterstützung unter Umständen Grenzen gesetzt seien; noch hatten sie die ungarische Regierung über einen der vielen ihnen zur Verfügung stehenden Kanäle einen Rat zukommen lassen, wie das Erreichte zu sichern sei, bevor man weitere, irreversible Schritte unternahm. In ihrer Kommunikation mit der sowjetischen Führung verließen sich die Vereinigten Staaten weitgehend auf öffentliche Erklärungen, durch welche letztlich genau die Handlungsanreize geschaffen wurden, die man in der Eisenhower-Administration beabsichtigt hatte.

Eine entschlossenere und klarere Haltung wäre notwendig gewesen, um den Sowjets die Kalkulation ihrer Risiken zu erschweren oder ein militärisches Eingreifen zumindest nicht als gänzlich folgenlos erscheinen zu lassen. Man hätte den Kreml warnen können, daß die Repression in Ungarn einschneidende politische und wirtschaftliche Konsequenzen nach sich ziehen und auf absehbare Zeit zum Einfrieren der Ost-West-Beziehungen führen würde. Ferner hätten die Haltungen der USA und der Vereinten Nationen besser mit der Suez-Entscheidung abgestimmt werden können. Statt dessen verhielten sich Amerika und seine Verbündeten wie Zuschauer, ganz so, als besäßen sie kein unmittelbares Interesse am Ausgang der Entwicklung.

Ohne Frage befanden sich die Demokratien nicht in der Lage, wegen Ungarn einen Krieg zu beginnen. Gleichwohl hätten sie in jedem Fall das Schreckgespenst politischer und wirtschaftlicher Nachteile wachrufen können, sollte die Sowjetunion zu repressiven Maßnahmen greifen. So aber mußte der Kreml, genau besehen, überhaupt keinen Preis für sein Vorgehen in Ungarn zahlen, nicht einmal einen wirtschaftlichen. Kaum mehr als zwei Jahre nach der ungarischen Tragödie und trotz des sowjetischen Berlin-Ultimatums besuchte der britische Premierminister Harold Macmillan Moskau: Es war der erste Besuch eines Premierministers seit Kriegsende. Und nur ganze drei Jahre vergingen, bis Eisenhower und Chruschtschow den Geist von Camp David feierten.

Suez bot nicht allein den arabischen Ländern, sondern auch so wichtigen Vertretern der Blockfreien wie Indien und Jugoslawien Gelegenheit, Großbritannien und Frankreich zu attackieren. Im Fall Ungarns aber weigerte sich dieselbe Gruppierung, das sowjetische Vorgehen der Kritik zu unterziehen, geschweige denn es vor den Vereinten Nationen zu verurteilen. Eine gewisse Kohärenz im Stimmverhalten der Vereinten Nationen hinsichtlich Ungarns und Suez wäre wünschenswert gewesen; zumindest aber hätte man die amerikanischen Maßnahmen gegen Großbritannien und Frankreich durch eine entsprechende Reaktion der Blockfreien gegenüber den Sowjets ergänzen müssen. So freilich zeigte sich, daß Moskau trotz der Ereignisse in Ungarn nichts von seinem Einfluß gegenüber den Blockfreien eingebüßt hatte, während die USA mit ihrer Haltung zur Suezkrise keineswegs einen zusätzlichen Einfluß auf diese Gruppierung gewannen.

In den fünfziger Jahren stellte die Gruppe der sogenannten Blockfreien ein Novum in den internationalen Beziehungen dar. Selbstverständlich hatte es immer schon neutrale Nationen gegeben; doch deren Kennzeichen war stets eine passive Außenpolitik gewesen. Im Gegensatz dazu verstanden die Blockfreien in der Zeit des Kalten Krieges ihre Neutralität nicht als Pflicht zur Nichteinmischung. Vielmehr übernahmen sie eine aktive, mitunter auch eine exponierte Rolle und versuchten ihre untereinander abgestimmten Anliegen auf die internationalen Tagesordnungen zu setzen – ein Verfahren, das geeignet war, ihre Kräfte zu bündeln und ihren Einfluß zu stärken, und schließlich sogar im Bündnis der Blockfreien mündete. Obgleich sie internationale Spannungen stets lautstark beklagten, verstanden sie es, von ihnen zu profitieren; sie begriffen, wie man die Supermächte gegeneinander ausspielen konnte. Und da sie die Sowjetunion im allgemeinen mehr fürchteten als die Vereinigten Staaten, ergriffen sie in den meisten Fällen die Partei Moskaus, ohne sie dabei mit jener moralischen Härte zu behandeln, auf die sie sich gegenüber den USA beriefen.

Am 16. November präsentierte Premierminister Jawaharlal Nehru dem indischen Parlament seine eigene, schwülstige Erklärung, weshalb Indien die Resolution der Vereinten Nationen zur Verurteilung der sowjetischen Vorgehensweise in Ungarn abgelehnt habe.[16] Die Fakten, so sagte er, seien »obskur«, die Resolution unsauber formuliert gewesen; die Forderung nach freien, von den Vereinten Nationen überwachten Wahlen stelle eine Verletzung der nationalen Souveränität Ungarns dar. Tatsächlich war die Faktenlage klar und Indiens Reaktion auf die Resolution eher realpolitischen Überlegungen zuzuschreiben. Der Grund für die Äußerungen Nehrus war schlicht und einfach, daß Indien in internationalen Foren nicht auf die Unterstützung der Sowjets verzichten wollte. Warum sollte Indien wegen eines kleinen und weit entfernten europäischen Landes den Zorn Moskaus auf sich ziehen und mögliche Waffenlieferungen gefährden, wo doch China und Pakistan direkte Nachbarn waren und die Sowjetunion selber nicht allzu fern lag?

Außenpolitik war für Indien keineswegs vergleichbar mit einer Diskussion in einem Oxforder Debattierclub, auch wenn seine Diplomaten gern den Anschein erweckten, sie seien gewissermaßen umsichtige Zuschauer, denen das Recht zukomme, einen Gewinner ausschließlich nach Maßgabe seines moralischen Verdienstes zu bestimmen. Indiens Führer hatten englische Schulen besucht und amerikanische Klassiker gelesen; sie verbanden die Rhetorik eines Wilson und Gladstone mit den Praktiken Disraelis und Theodore Roosevelts. Dies war aus ihrer Sicht so lange sinnvoll, wie ihre Gesprächspartner sich nicht der Illusion hingaben, die indische Rhetorik sei der Maßstab für ein auffälliges konkretes Vorgehen oder die Außenpolitik Neu-Delhis werde von einer abstrakten höheren Moral bestimmt.

Am 18. Dezember, sechs Wochen nach der ungarischen Tragödie, erläuterte Dulles auf einer Pressekonferenz die amerikanischen Überlegungen, die hinter der Reaktion auf die Volkserhebung gestanden hatten. Erstaunlicherweise versuchte er nach wie vor, die Sowjetunion von Amerikas friedlichen Absichten zu überzeugen. »Es ist nicht unsere Absicht«, sagte er bei dieser Gelegenheit, »die Sowjetunion mit einem Gürtel aus feindlichen Staaten zu umgeben und den sogenannten *cordon sanitaire*, der nach dem Ersten Weltkrieg hauptsächlich von den Franzosen mit dem Ziel entwickelt worden war, die Sowjetunion mit feindlichen Mächten einzukreisen, wiederaufleben zu lassen. Diesbezüglich haben wir unsere Politik klar zum Ausdruck gebracht, und zwar in der Hoffnung, auf diese Weise die Entwicklung – die friedliche Entwicklung – der Satellitenstaaten zu echter Unabhängigkeit zu erleichtern.«[17]

Dies war nun wahrlich eine erstaunliche Bemerkung. Worin bestand eigentlich der Sinn der Eindämmungspolitik, wenn nicht in dem Versuch, die Sowjetunion mit Mächten zu umgeben, die ihrem Expansionsstreben Widerstand entgegensetzen konnten? Gleichermaßen überraschend war Dulles' apologetischer Tonfall, und das in einer Situation, in der die Sowjets gerade erst ihre Skrupellosigkeit unter Beweis gestellt und auch im Nahen Osten mit dem Säbel gerasselt hatten. Ein paar Monate später, am 13. März 1957, faßte Dulles auf einer Pressekonferenz in Australien die amerikanische Haltung recht schonungslos zusammen. Jurist bis auf die Knochen, versuchte er die Angelegenheit mit dem Verweis auf das Fehlen einer rechtlichen Verpflichtung beizulegen:»Es gab keine Grundlage dafür, Ungarn militärisch zu helfen. Wir hatten dazu keine Verpflichtung und glaubten, daß ein solches Vorgehen weder dem Volk Ungarns, noch dem europäischen, noch dem Rest der Welt nutzen würde.«[18] Im Grund hatte Dulles noch immer nichts begriffen. Es ging hier nicht um eine rechtliche Frage, nicht darum, ob Amerika seinen Verpflichtungen nachgekommen war, sondern vielmehr darum, ob es den Folgen seiner Stellungnahmen gerecht geworden war. Washington hatte eine Weltmission übernommen. Unvermeidlicherweise aber mußte es bemerken, daß sich eine Lücke zwischen seinen Prinzipien und den Zwängen seiner nationalen Interessen auftat, und das Zusammentreffen von Suez und Ungarn war nur dazu angetan, diese Lücke noch zu verdeutlichen. Insgeheim hatten die Vereinigten Staaten immer von einer Außenpolitik geträumt, die mit bestechenden und universalen Maximen alle Probleme zu lösen vermochte. Ein Jahrzehnt lang fühlten sich die amerikanischen Politiker daher von den Unwägbarkeiten einer weltweiten Führungsrolle enttäuscht: Im Dienst der Tagesdiplomatie Unvollkommenheiten hinnehmen und den Ansichten von Alliierten mit höchst unterschiedlichen geschichtlichen Perspektiven Aufmerksamkeit schenken zu müssen – all das blieb weit hinter ihren Erwartungen zurück. Suez schien eine Gelegenheit, diesem Mißstand abzuhelfen und die amerikanische Politik in Übereinstimmung mit den ethischen Prinzipien der Neuen Welt zu bringen. Der Schmerz darüber, daß man sich in diesem Fall gegen seine engsten Verbündeten gestellt hatte, wirkte wie eine Beichte; jetzt konnte man sich seiner moralischen Reinheit wieder sicher sein.

In Ungarn war die Lage komplexer, weil sie in der einen oder anderen Form den Einsatz von Macht erfordert hätte. Doch die führenden Politiker der Vereinigten Staaten waren nicht gesonnen, das Leben ihrer Landsleute für eine Sache aufs Spiel zu setzen, die – wenngleich sie ihr Gewissen belastete – amerikanische Sicherheitsinteressen nicht direkt berührte. In Suez hatte Washington auf einer uneingeschränkten Umsetzung seiner Prinzipien bestanden, weil etwaige Konsequenzen kein unmittelbares Risiko einschlossen. In Ungarn hingegen verfolgte Amerika einen realpolitischen Kurs, wie dies auch andere Nationen tun, weil ein Beharren auf Prinzipien fast unausweichlich die Gefahr eines Krieges, womöglich sogar eines Atomkrieges heraufbeschworen hätte. Wenn aber Menschenleben auf dem Spiel stehen, ist ein Staatsmann sowohl seinem Volk als auch sich selbst eine Erklärung darüber schuldig, in welchem Verhältnis Wagnis und Interesse, gleichviel wie breit und allgemein diese definiert sein mögen, zueinander stehen. Zweifellos war die Sowjetunion zur Wahrung ihrer Position in Osteuropa darauf vorbereitet, größere Risiken auf sich zu nehmen als die Vereinigten Staaten zur Befreiung Ungarns; daran führte letztlich kein Weg vorbei. Gemessen an seinen großartigen Verlautbarungen vor dem Aufstand vermittelte die Politik Amerikas im Fall Ungarn folglich ein schwaches Bild; gemessen an seinen Interessen war es ebenso unerläßlich wie gerechtfertigt, die Gefahr zu meiden – was noch lange keine Erklärung für die Weigerung ist, das Risiko einer Intervention für die Sowjets durch nicht-militärische Maßnahmen zu erhöhen.

Das zeitliche Aufeinandertreffen von Ungarn und Suez steckte die Koordinaten für die nächste Phase des Kalten Krieges ab. Der Sowjetunion war es gelungen, ihre Position in Osteuropa zu halten; die Position der Demokratien – einschließlich der Vereinigten Staaten – im Nahen Osten war geschwächt worden. Moskau hatte einen Weg gefunden, die Eindämmung zu umgehen. Am Tag nach der Verwüstung Budapests, ja noch während die Kämpfe andauerten, drohte Chruschtschow mit einem Raketenangriff auf Westeuropa und lud gleichzeitig die Vereinigten Staaten dazu ein, im Nahen Osten gemeinsam gegen ihre engsten Verbündeten vorzugehen. Washington hatte Ungarn den rauhen Gefilden historischer Umwälzungen preisgegeben und seine Verbündeten mit einem Gefühl der Ohnmacht alleingelassen.

Zu diesem Zeitpunkt war die innere Schwäche des Sowjetreiches noch nicht klar erkennbar. Es war eine Ironie der Geschichte, daß sich die marxistischen Befürworter der neuen Machtverhältnisse auf ein Unternehmen eingelassen hatten, das sie nicht durchzuhalten vermochten. Mochten die sowjetischen Führer auch feierlich über die objektiven Gegebenheiten dozieren, auf denen ihre Anschauungen basierten: All dies änderte nichts an der Tatsache, daß Revolutionen in entwickelten Ländern nur innerhalb der kommunistischen Sphäre auftraten. Auf lange Sicht wäre die Sowjetunion sicherer und wirtschaftlich stärker gewesen, wenn sie in Osteuropa von Regierungen nach finnischem Zuschnitt umgeben gewesen wäre; sie hätte dann nämlich nicht die Verantwortung für die innere Stabilität und den ökonomischen Fortschritt dieser Staaten übernehmen müssen. Statt dessen zehrte der sowjetische Imperialismus in Osteuropa die Ressourcen des Landes auf und verängstigte überdies die westlichen Demokratien, ohne jedoch die Sowjetunion zu stärken. Zu keinem Zeitpunkt gelang es dem Kommunismus, seine Kontrolle über die Regierungen und die Medien so zu gestalten, daß er dadurch in der Öffentlichkeit allgemein akzeptiert worden wäre. Wollten die kommunistischen Führer Osteuropas ihre Herrschaft nicht ausschließlich auf sowjetische Bajonette stützen, mußten sie sich den Programmen ihrer nationalistischen Opponenten annähern. Aus diesem Grund eignete sich auch Kádár, nachdem eine anfängliche Periode des Terrors vorüber war, schrittweise die von Nagy abgesteckten Ziele an – wenngleich er natürlich nicht so weit ging, aus dem Warschauer Pakt auszutreten. Eine Generation später ließ die latente sowjetische Schwäche den ungarischen Aufstand als einen ersten Vorboten des Bankrotts des gesamten kommunistischen Systems erscheinen. Trotz aller Unruhen war Ungarn binnen zehn Jahren im Innern freier geworden als Polen, und in seiner Außenpolitik agierte es wesentlich unabhängiger von der Sowjetunion. Fünfunddreißig Jahre später, in der nächsten Phase der Liberalisierung, verloren die Sowjets völlig die Kontrolle über die Ereignisse.

Die Ereignisse des Jahres 1956 läuteten eine neue Ära des Leidens und der Unterdrückung ein. Doch wie kurz die Zeit bis zum endgültigen Zusammenbruch des Kommunismus den Historikern auch erscheinen mag: Es ist schier unmöglich, das Leid zu ermessen, das der totalitäre Charakter dieses Systems über seine zahllosen Opfer gebracht hat. Zu jener Zeit hatte Moskau, das die Kräfteverhältnisse ebenso falsch eingeschätzt hatte wie die westlichen Staaten, allen Grund zur Zufriedenheit. Da das Politbüro in den Vorgängen von 1956 eine Verschiebung der Machtbalance zu seinen Gunsten sah, leitete es seine bis dahin schwerwiegendste Herausforderung der demokratischen Welt ein: die Ultimaten über den Status von Berlin.

Kapitel 23

# Chruschtschows Ultimatum: Die Berlin-Krise zwischen 1958 und 1963

*Nikita S. Chruschtschow im Gespräch mit John F. Kennedy*
*während des Wiener Gipfeltreffens im Juni 1961*

Auf der Konferenz von Potsdam hatten die drei Sieger beschlossen, daß Berlin von den vier Besatzungsmächten, die gemeinschaftlich auch ganz Deutschland verwalteten, regiert werden solle – von den Vereinigten Staaten, Großbritannien, Frankreich und der Sowjetunion. Die Vier-Mächte-Verwaltung Deutschlands sollte jedoch kaum länger als ein Jahr bestehen. Die westlichen Zonen wurden nach und nach zur Bundesrepublik verschmolzen, aus der sowjetischen Zone entstand die Deutsche Demokratische Republik.

Der für Berlin ausgehandelte Vier-Mächte-Status sah vor, die Stadt der Herrschaft der vier siegreichen Alliierten des Zweiten Weltkriegs zu unterstellen. So besetzten die Sowjets einen großen Sektor im Ostteil der Stadt, die Amerikaner einen Sektor im Süden, während die Briten und Franzosen ihre Sektoren im Westen und im Norden hatten. Ganz Berlin war nun eine Insel in der sowjetischen Besatzungszone, aus der später die DDR entstehen sollte.

Im Lauf der Jahre empfanden die Ostdeutschen und die Sowjets freilich die drei Westsektoren Berlins zusehends als eine Art Stachel im eigenen Fleisch, als Schaufenster des Wohlstandes inmitten der grauen Tristesse des kommunistischen Blocks. Vor allem aber war West-Berlin das Durchgangstor für all jene Ostdeutschen, die nach Westen auswandern wollten: Sie mußten, um dies zu erreichen, lediglich in einen der westlichen Sektoren der Stadt fahren und dort ihre Ausreise beantragen, weiter nichts.

Erstaunlicherweise waren, obwohl der Vier-Mächte-Status Berlins doch offenkundig war, niemals eindeutige Abkommen über den Zugang zur Stadt ausgehandelt worden. Zwar hatten die vier Mächte verschiedene Transitstraßen und Luftkorridore nach Berlin festgelegt. Doch über die Transitformalitäten hatten sie sich nie verständigt. 1948 hatte Stalin diese Lücke denn auch zu nutzen versucht, indem er die Instandsetzung der Zufahrtsstraßen als technisch bedingten Grund für die Errichtung der Berlin-Blockade ausgab. Nachdem die Westsektoren ein Jahr lang von den Westalliierten aus der Luft versorgt worden waren, wurde der Zugang schließlich wiederhergestellt; die Rechtshoheit blieb indessen nach wie vor ungeklärt.

In den Jahren nach der Blockade entwickelte West-Berlin sich rasch zu einem bedeutenden Industriezentrum, und im Notfall wäre eine ausreichende Versorgung über eine Luftbrücke jetzt gar nicht mehr möglich gewesen. Obwohl die gesamte Stadt rein formal noch immer den vier Mächten unterstand und die Verantwortung für freien Zugang der Sowjetunion oblag, kontrollierten de facto die Ostdeutschen von ihrer Hauptstadt Ostberlin aus die Zugangswege. Die Position der Westsektoren war daher äußerst verwundbar: Straßen-, Schienen- und Luftverbindungen konnten jederzeit unterbrochen werden, wobei die einzelnen Störungen für sich genommen so trivial waren, daß sie kaum den Einsatz von Gewalt rechtfertigten, in ihrer Gesamtheit aber durchaus die Freiheit der Stadt bedrohten. Theoretisch hätte der gesamte Militärverkehr von und nach West-Berlin eine sowjetisch kontrollierte Transitstelle passieren müssen; tatsächlich aber übernahm ein ostdeutscher Wachmann diese Aufgabe, während die sowjetischen Offiziere es sich in einer nahe gelegenen Baracke gemütlich machten, sollte es doch einmal Unstimmigkeiten geben.

Es nimmt kaum wunder, daß Chruschtschow, stets auf der Suche nach Gelegenheiten, die ständigen Verschiebungen im Kräfteverhältnis zu demonstrieren, beschloß, die Verletzlichkeit der Insel-Stadt auszunutzen. »Um es ganz grob auszudrücken«, so schrieb er in seinen Memoiren, »an dem Fuß, den Amerika nach Europa gesetzt hat, gab es eine wunde Stelle. Das war West-Berlin. Immer wenn wir den Amerikanern auf diesen Fuß treten wollten, um sie den Schmerz spüren zu lassen, mußten wir nur die Kommunikationsverbindungen des Westens mit dieser Stadt blockieren, die über das Territorium der Deutschen Demokratischen Republik verliefen.«[1]

Chruschtschow forderte den Westen in Berlin genau zu dem Zeitpunkt heraus, da die Demokratien sich einmal mehr davon überzeugt hatten, daß dieser Generalsekretär ihre größte Friedenshoffnung sei. Selbst ein so skeptischer Beobachter der sowjetischen Szene wie John Foster Dulles bekannte, nach Chruschtschows Rede vor dem XX. Parteitag im Februar 1956 eine »deutliche Verschiebung« in der sowjetischen Politik ausgemacht zu haben. Die sowjetischen Führer, so führte er aus, seien zu dem Schluß gekommen, »daß die Zeit gekommen ist, ihren Umgang mit der nicht-kommunistischen Welt grundlegend zu verändern. [...] Nunmehr verfolgen sie ihre außenpolitischen Ziele mit weniger Intoleranz, und sie legen dabei weniger Gewicht auf Gewalt.«[2] Überdies berichtete im September 1957, knapp ein Jahr nach den Krisen in Ungarn und Suez, Botschafter Llewellyn Thompson aus Moskau, daß Chruschtschow es nicht nur aufrichtig wünsche, sondern geradezu gezwungen sei, »eine Entspannung in den Beziehungen zum Westen herbeizuführen«.[3]

Chruschtschow gab nicht viel Anlaß zu Optimismus. Als es den Sowjets im Oktober 1957 gelang, den Sputnik, einen künstlichen Satelliten, auf eine Erdumlaufbahn zu bringen, deutete der Kremlchef diese Leistung, im Grunde eher ein Glückstreffer, als Beleg dafür, daß die Sowjetunion sich anschickte, die Demokratien nicht nur auf wissenschaftlichem, sondern auch auf militärischem Gebiet zu überrunden. Die Behauptung, die Planwirtschaft werde sich letztlich als der Marktwirtschaft überlegen erweisen, gewann nun selbst im Westen an Glaubwürdigkeit.

Präsident Eisenhower gehörte zu den wenigen, die damals nicht in Panik ausbrachen. Als Soldat wußte er sehr wohl einen Prototyp von einer militärisch einsetzbaren Waffe zu unterscheiden. Chruschtschow hingegen glaubte den eigenen Prahlereien und eröffnete eine langwierige diplomatische Offensive mit dem Ziel, die vermeintliche Überlegenheit der sowjetischen Raketen in einen diplomatischen Durchbruch umzumünzen. Im Januar 1958 sagte er einem dänischen Journalisten:»Der Start der sowjetischen Sputniks zeigt vor allem [...], daß eine ernstzunehmende Verschiebung in der Verteilung der Kräfte zwischen den Ländern des Sozialismus und denen des Kapitalismus zugunsten der sozialistischen Nationen stattgefunden hat.«[4] In Chruschtschows Vorstellung war die Sowjetunion den Vereinigten Staaten zu jenem Zeitpunkt nicht nur wissenschaftlich und militärisch überlegen, sondern würde diese auch in der industriellen Produktion bald übertreffen. So äußerte er am 4. Juni 1958 auf dem VII. Parteitag der Kommunistischen Partei Bulgariens:»Wir sind fest davon überzeugt, daß die Zeit naht, in der die sozialistischen Länder die entwickelten kapitalistischen Staaten nicht nur im Tempo, sondern auch im Umfang der industriellen Produktion übertreffen werden.«[5]

Als eifriger Kommunist sah Chruschtschow sich gewissermaßen genötigt, die angebliche Verschiebung im weltweiten Kräfteverhältnis auch in einen diplomatischen Erfolg umzumünzen. Und sein erstes Ziel in dieser Hinsicht war Berlin. Am 10. November 1958 nahm er eine Rede auf dem sogenannten Freundschaftstreffen der Völker der Sowjetunion und der Volksrepublik Polen zum Anlaß, um die Abschaffung der»Reste des Besatzungsregimes«zu verlangen und die Welt davon in Kenntnis zu setzen, daß die Sowjetunion beabsichtige, die Kontrolle der ihr unterstellten Zufahrtswege der DDR zu übertragen. Von diesem Tag an, so erklärte Chruschtschow feierlich, mußten»die USA, Großbritannien und Frankreich ihre eigenen Beziehungen zur Deutschen Demokratischen Republik aufbauen und mit ihr zu einer Übereinkunft kommen, wenn sie an irgendwelchen Fragen bezüglich Berlin interessiert sind«.[6] Gut zwei Wochen später, am 27. November, faßte Chruschtschow die wichtigsten Aussagen dieser Rede in offiziellen Noten an die Vereinigten Staaten, Großbritannien und Frankreich zusammen: Der Vier-Mächte-Status für Berlin sei zu beenden, so erklärte er, Berlin sei statt dessen in eine entmilitarisierte,»freie Stadt«zu verwandeln. Sollte binnen sechs Monaten keine Einigung erzielt werden, so drohte Chruschtschow, würde die Sowjetunion einen Friedensvertrag mit der DDR unterzeichnen und seine Besatzungsrechte und Zufahrtsstraßen an diese übertragen.[7] Chruschtschows Verlautbarungen kamen einem Ultimatum an die westlichen Verbündeten gleich.

Am 10. Januar 1959 dann übermittelte Chruschtschow den drei westlichen Besatzungsmächten seinen Entwurf eines Friedensvertrags zwischen der UdSSR und der DDR, in dem der neue Status Berlins und Ostdeutschlands festgelegt wurde. Und noch im selben Monat setzte er dem XXI. Parteitag der KPdSU die Grundprinzipien seiner Politik auseinander. Wie ein Hochstapler seine Waren anpreisend, übertrieb er seine eh schon überhöhte Einschätzung der Sowjetmacht noch und behauptete, die Sowjetunion bestreite *schon jetzt* zusammen mit der Volksrepublik China die Hälfte der Industrieproduktion der Welt. Daher, so schloß er,»werde sich die internationale Lage rasch verändern«.[8]

Chruschtschow hatte seinen Angriffspunkt mit großer Sorgfalt gewählt, erlaubte er ihm doch, den Westen durch die an sich harmlose Forderung, daß die Kontrolle über die Zufahrtsstraßen nach Berlin an die DDR übergehen solle, nur indirekt herauszufordern. Damit stellte er die Demokratien vor die Wahl, den ostdeutschen Satelliten entweder anzuerkennen oder aber die Gefahr auf sich zu nehmen, um der technischen Frage willen, wer denn nun die Transitdokumente zu stempeln habe, einen Krieg zu riskieren. Indessen kaschierten jene Prahlereien, zu denen Chruschtschow von Natur aus neigte, im Grunde eine tatsächliche Schwäche im sowjetischen Machtbereich: Während Hunderttausende seiner Bürger, häufig die begabtesten Fachleute, über Berlin nach Westdeutschland flohen, büßte Ostdeutschland erheblich an Arbeitskräften ein. Berlin erwies sich mithin als gigantisches Loch im Eisernen Vorhang, und würde sich dieser Trend fortsetzen, dann blieben dem selbsternannten»Arbeiterparadies«Ostdeutschland am Ende keine Arbeiter mehr.

Der ostdeutsche Staat war somit das schwächste Glied in der sowjetischen Einflußsphäre. Konfrontiert mit dem größeren und wohlhabenderen Westdeutschland jenseits seiner Grenze und diplomatisch lediglich von den anderen sowjetischen Satellitenstaaten anerkannt, besaß es überdies keine Legitimität. So stellte die Abwanderung von Arbeitskräften über Berlin sein Überleben ernsthaft in Frage: Wenn dagegen nichts unternommen wurde, so die Überlegung der Regierung in Ostberlin, dann konnte der ganze Staat innerhalb weniger Jahre zusammenbrechen. Dies aber hätte für die sowjetische Einflußsphäre, die Chruschtschow gerade zu konsolidieren suchte, einen vernichtenden Schlag bedeutet. Durch die Blockade des Fluchtwegs wollte der Kremlchef dem ostdeutschen Satelliten also eine neue Lebenschance geben; außerdem hoffte er, indem er den Rückzug der Westmächte aus Berlin forcierte, die Bindungen der Bundesrepublik an den Westen schwächen zu können.

Chruschtschows Ultimatum zielte unmittelbar gegen den Kurs, den Adenauer für die Bundesrepublik abgesteckt hatte: Fast ein Jahrzehnt lang hatte der Bundeskanzler sämtliche Vorschläge, die deutsche Einheit durch Preisgabe der Westbindung zu erzielen, verworfen. Schon mit Stalins Friedensnote von 1952 hatte die Sowjetunion den Deutschen die Neutralität verlockend in Aussicht gestellt; der Plan war von Adenauers innenpolitischen

Gegnern auch unterstützt worden. Adenauers Absichten für die Zukunft seines Landes jedoch basierten auf der Annahme, daß amerikanische und deutsche Interessen identisch seien, und stillschweigend war man übereingekommen, daß die Bundesrepublik dem atlantischen Verteidigungssystem beitreten und die Alliierten dafür die Wiedervereinigung zu einem integralen Bestandteil ihrer Ost-West-Diplomatie machen sollten. Für Adenauer war die Berlin-Krise daher weit mehr als nur eine Frage von Transitformalitäten. Die gesamte Westbindung der Bundesrepublik stand auf dem Prüfstand.

Aus Adenauers Sicht führte kein Weg an der Tatsache vorbei, daß alles, was den staatsrechtlichen Status Ostdeutschlands stärkte, dem sowjetischen Anspruch Nachdruck verlieh, die Wiedervereinigung müsse durch direkte Verhandlungen zwischen den beiden deutschen Staaten erzielt werden. Zu einer Zeit, da die SPD noch immer Neutralitätskonzepten anhing, hätte eine solche faktische Anerkennung der DDR durch die Alliierten die innerdeutsche Politik revolutioniert. De Gaulle zufolge teilte Adenauer denn auch auf einem Gipfel der Westmächte im Dezember 1959 mit: »Wenn Berlin verlorengeht, wird meine politische Situation unhaltbar. Dann werden in Bonn die Sozialisten die Macht übernehmen. Sie werden sich direkt mit Moskau verständigen, und dann ist es aus mit Europa.«[9]

In den Augen des Bundeskanzlers zielte Chruschtschows Ultimatum vornehmlich darauf, sein Land zu isolieren. Der sowjetische Verhandlungsplan manövrierte Bonn in eine aussichtslose Position. Als Gegenleistung für mögliche Konzessionen würde der Westen jetzt bestenfalls erhalten, was er ohnehin schon besaß: Zugang zu Berlin. Dem ostdeutschen Satellitenstaat aber wäre gleichzeitig ein Vetorecht in der Frage der Wiedervereinigung zugestanden worden, und dies hätte am Ende entweder zu einem politischen Patt oder aber zu einer Situation geführt, die Adenauer in seinen Memoiren folgendermaßen beschrieb: »Wir [können] die Wiedervereinigung Deutschlands nicht um den Preis der Loslösung Deutschlands aus dem westlichen Bündnis und der Aufgabe der Errungenschaften der europäischen Integration erkaufen. [...] Denn das Ergebnis würde sein, daß ein schutzloses und ungebundenes Deutschland in der Mitte Europas geschaffen würde, das notwendigerweise versucht wäre, den Osten gegen den Westen auszuspielen.«[10] Kurzum: Adenauer konnte keinen Nutzen darin erkennen, *überhaupt* Verhandlungen unter den von Chruschtschow vorgezeichneten Bedingungen zu führen. Falls sie aber dennoch unumgänglich werden sollten, so wollte er durch sie bestätigt sehen, daß sein Vertrauen in den Westen gerechtfertigt war. Mit großer Entschiedenheit wandte er sich deshalb dagegen, auf Chruschtschows Ultimatum mit Konzessionen zu reagieren; vielmehr drang er darauf, der Westen solle freie Wahlen zur Grundlage seiner Vereinigungspläne machen.

Adenauers Ansichten wurden indes von seinen anglo-amerikanischen Verbündeten nicht geteilt, am allerwenigsten von Großbritannien. Weder

Premierminister Harold Macmillan noch die britische Öffentlichkeit waren gewillt, wegen der Hauptstadt eines besiegten Feindes einen Krieg zu riskieren, zumal dieser Feind weitgehend für den Verlust der ehemaligen Großmachtstellung Großbritanniens verantwortlich war. Im Gegensatz zu Frankreich verbanden die Briten ihre Sicherheit auf lange Sicht nicht mit der Zukunft Deutschlands: Binnen einer Generation war Großbritannien zweimal nur durch amerikanische Interventionen vor den Übergriffen Deutschlands, das den größten Teil Europas erobert hatte, gerettet worden. Obwohl die Briten am Bestand der Atlantischen Allianz interessiert waren, hätten sie im Zweifelsfall eher die Isolation von Europa als die Loslösung von den Vereinigten Staaten riskiert. Adenauers innenpolitische Probleme beschäftigten britische Spitzenpolitiker daher weit weniger als die Eisenhowers, war doch im Falle einer ernsthaften Krise dessen Fähigkeit, die Unterstützung der amerikanischen Nation zu gewinnen, für das Überleben Großbritanniens weitaus bedeutsamer. Aus all diesen Gründen lehnte London es ab, größere Einsätze für die deutsche Einheit zu riskieren. Adenauers Befürchtungen deutete man vielmehr als einen Nationalismus, der sich hinter legalistischer Pedanterie verbarg.

Passionierte Pragmatiker, die sie waren, fanden es die Briten bizarr, einen Atomkrieg zu riskieren, nur weil sowjetische Beamte ihre Befugnisse bei der Ausgabe eines Stempels an ihre ostdeutschen Vertreter übergaben. Angesichts der entsetzlichen Konsequenzen eines Atomkriegs würde die Losung »Pourquoi mourir pour Danzig?« (»Warum für Danzig sterben?«), die schon 1940 zu Frankreichs Demoralisierung beigetragen hatte, gegenüber der noch weitaus unpopuläreren Losung »Warum für einen Transitstempel sterben?« verblassen.

So ist es kein Wunder, daß Macmillan zu einem engagierten Befürworter von Verhandlungen wurde – und zwar jeglicher Art –, die geeignet waren, das Transitverfahren zu »verbessern«, zumindest aber Zeit kosten würden. »Wenn alle Staatsoberhäupter ständig in den Gebieten der anderen herumgondelten«, so notierte er später, »dann wäre eine plötzliche und fatale Explosion kaum denkbar.«[11]

Von den Alliierten trug Eisenhower allerdings die größte Verantwortung: Die Entscheidung, ob man das Risiko eines Atomkriegs einging oder nicht, lag letztlich auf seinen Schultern. Die USA gewannen aus der Berlin-Krise die Einsicht, daß Atomwaffen in dem Jahrzehnt, da Amerika als einziges beziehungsweise fast als einziges Land solche Waffen besessen hatte, vielleicht noch ein schnelles und relativ kostengünstiges Instrument zur Wahrung der Sicherheit gewesen waren; im Zeitalter des beginnenden nuklearen Gleichgewichts hingegen setzten sie der eigenen Risikobereitschaft deutliche Grenzen und engten so auch die diplomatische Handlungsfreiheit des Landes ein.

Solange die Vereinigten Staaten gegen Angriffe weitgehend immun blieben, verschafften die Atomwaffen ihnen einen Vorteil, den keine Nation je genossen hatte. Wie so häufig, wurde dieser Vorteil jedoch dann am treffendsten formuliert, als Amerika bereits kurz davor stand, ihn wieder einzubüßen. Als sich das amerikanische Atomwaffen-Monopol (oder das Fast-Monopol) seinem Ende zuneigte, entwickelte Dulles das Konzept der sogenannten »massiven Vergeltung«, um einerseits sowjetische Aggressionen abzuschrecken, andererseits aber langwierige Pattsituationen wie in Korea künftig vermeiden zu können. Dulles meinte, die USA sollten Aggressionen weniger an dem Ort entgegentreten, an dem sie sich tatsächlich ereigneten, als vielmehr zu gegebener Zeit und mit den Waffen ihrer Wahl gegen die eigentlichen Ursachen der Spannungen vorgehen. Doch just zu dem Zeitpunkt, als dieses Konzept diskutiert wurde, begann die Sowjetunion ihre eigenen thermonuklearen Waffen und strategischen Interkontinentalraketen zu entwickeln. Die Strategie der massiven Vergeltung verlor infolgedessen rasch an Glaubwürdigkeit, und zwar in der Wahrnehmung sogar noch schneller als in der Wirklichkeit. Ein allgemeiner Atomkrieg stand als strategisches Mittel schließlich in keinem Verhältnis zu den meisten der absehbaren Krisen, die Berlin-Krise eingeschlossen. Gewiß: Die demokratischen Staatschefs nahmen Chruschtschows weit übertriebene Verlautbarungen über die sowjetische Raketenstärke viel zu ernst (Eisenhower bildete eine rühmliche Ausnahme). Doch schon 1958 stand außer Frage, daß ein allgemeiner Atomkrieg die Zahl der Todesopfer aus beiden Weltkriegen binnen weniger Tage um ein Vielfaches übertreffen würde.

Dieses Mißverhältnis führte dazu, daß die Diplomatie, die eigentlich erforderlich gewesen wäre, um die nukleare Drohung glaubhaft zu machen, völlig unvereinbar wurde mit jener anderen Diplomatie, derer es bedurft hätte, um der demokratischen Öffentlichkeit bewußt zu machen, daß im Atomzeitalter jedes Risiko apokalyptische Ausmaße annehmen konnte. Glaubwürdigkeit angesichts von Armageddon bedeutete, auf Herausforderungen prompt zu reagieren und eine Unbekümmertheit zur Schau zu stellen, die so jenseits aller normalen Berechenbarkeit lag, daß kein Aggressor es wagen würde, sie auf die Probe zu stellen. Der durchaus berechtigte Wunsch der demokratischen Öffentlichkeit nach einer behutsamen, klugen, berechnenden und flexiblen Diplomatie jedoch würde den Gegner dazu veranlassen, Amerikas Entschlossenheit, im äußersten Fall einen allgemeinen Atomkrieg einzugehen, in Frage zu stellen.

Schon früh in der Berlin-Krise beschloß Eisenhower, daß es wichtiger sei, die amerikanische Öffentlichkeit zu beruhigen, als den Kreml zu schockieren. Auf Pressekonferenzen am 18. Februar und am 11. März 1959 unterbreitete er eine Reihe von Vorschlägen, um die atomare Drohung, die die Grundlage der amerikanischen Strategie war, zu entschärfen. »Wir werden mit Sicherheit keinen Bodenkrieg in Europa führen«[12], erklärte der Präsident und stellte insbesondere auch die Verteidigung Berlins in diesen Zusammenhang. Es sei ebenso unwahrscheinlich, daß sich die USA »ihren

Weg nach Berlin freischießen würden«.[13] Und um auch nicht ein Schlupfloch offenzulassen, schloß er die Verteidigung Berlins mit Atomwaffen
ebenfalls aus:»Ich weiß nicht, wie man irgend etwas mit Atomwaffen
befreien könnte.«[14] Diese Statements konnten nur den Eindruck vermitteln,
daß Amerikas Bereitschaft, wegen Berlin einen Krieg zu riskieren, außerordentlich begrenzt war.

Eisenhowers Reaktion war zum Teil auch deshalb so moderat ausgefallen, weil er, nicht anders als viele andere amerikanische Politiker, Chruschtschow als den Mann im Kreml betrachtete, der der Hoffnung des
Westens auf Frieden entgegenzukommen bereit war. Selbst Chruschtschows Berlin-Ultimatum hatte an den Ansichten, die Botschafter
Thompson zwei Jahre zuvor geäußert hatte, nichts ändern können. Am
9. März 1959 wiederholte dieser sogar seine Einschätzung, wonach die wichtigsten Anliegen des Kremlchefs innenpolitischer Natur seien. Dem Botschafter zufolge hatte dieser eine Politik am Rand des Abgrundes gewählt,
um Modelle für eine Form von Koexistenz zu entwickeln, welche die Voraussetzungen für wirtschaftliche Reformen und innenpolitische Liberalisierung schaffen würden.[15] Wie freilich ausgerechnet die Kriegsdrohung
eine Form der Koexistenz etablieren konnte, wurde nicht erklärt.

Das vierte Mitglied des internationalen Quartetts – Frankreichs Präsident
Charles de Gaulle, der nach zwölf Jahren in der politischen Wüste gerade
wieder ins Amt zurückgekehrt war – konnten derlei Analysen indessen nicht
beeindrucken. Er teilte die anglo-amerikanische Deutung der Chru-
schtschowschen Motive nicht und war entschlossen, Adenauer anläßlich
der Berlin-Krise zu beweisen, daß Frankreich unentbehrlicher Partner der
Bundesrepublik sei. Mehr noch als Chruschtschows Drohungen nämlich
fürchtete de Gaulle ein Wiedererwachen des deutschen Nationalismus, und
so wollte er Adenauer wenigstens eine Zuflucht im Westen anbieten; wenn
möglich würde er darüber hinaus versuchen, den desillusionierten deutschen Kanzler in eine weniger amerikanisch geprägte europäische Struktur
einzubinden.

Während Eisenhower und Macmillan sich bemühten, eine sowjetische
Forderung zu finden, die ohne oder allenfalls mit geringen Langzeitschäden
erfüllt werden konnte, war de Gaulle ein ausgesprochener Gegner dieser
Strategie.»Erkundungsgespräche« lehnte er ab, weil er nichts für den
Westen Vorteilhaftes erkennen konnte, das einer Erkundung wert gewesen
wäre. Auch in den von Washington und London erarbeiteten Plänen zur
Änderung und»Verbesserung« der Transitverfahren konnte er keinerlei
Nutzen sehen; schließlich hatte Chruschtschow sein Ultimatum ja nicht
deshalb aufgestellt, weil er dem Westen den Zugang erleichtern wollte.
Nach de Gaulles Ansicht lag die Ursache des Problems in der inneren Struk-
tur der Sowjetunion, nicht in irgendwelchen speziellen Beschwerden seitens der Sowjets.

Eisenhower hatte begriffen, daß die Sowjetunion militärisch unterlegen war; de Gaulle aber ging noch einen Schritt weiter und interpretierte Chruschtschows Ultimatum als Ausdruck eines im Grunde maroden, fragilen und weitgehend unterlegenen *politischen* Systems. »Dieser Ausbruch von Flüchen und Forderungen, den die Sowjets veranstalteten«, sagte er im September 1961 auf einer Pressekonferenz, »hat etwas derart Zwiespältiges und Künstliches, daß man geneigt ist, ihn entweder der vorsätzlichen Entfesselung furchtbarer Absichten zuzuschreiben oder aber dem Wunsch, von großen Schwierigkeiten abzulenken: Ich halte die zweite Hypothese für die plausiblere. Denn trotz aller Einschränkungen, Isolationen und Gewaltakte, mit denen das kommunistische System die von ihm unterjochten Länder umgibt [...], empfinden die Eliten und die Massen, die zu täuschen und zu unterwerfen immer schwerer wird, die tatsächlichen Lücken, die Knappheiten, die internen Fehlschläge und vor allem die unmenschliche Unterdrückung durch das kommunistische System immer stärker.«[16] Aus diesem Grund sei die sowjetische Militärmacht eine Fassade, lediglich dazu dienend, die endlosen internen Kämpfe innerhalb des sowjetischen Systems zu verschleiern: »...in ihren Reihen führen die Kämpfe zwischen politischen Strömungen, die Intrigen der Clans und die Rivalitäten einzelner in regelmäßigen Abständen zu schweren Krisen, deren Folgen ebenso wie deren Frühsymptome sie zwangsläufig beunruhigen müssen.«[17]

Gäbe man dem sowjetischen Druck nach, dann ermuntere man Chruschtschow lediglich, seine außenpolitischen Abenteuer weiter auszudehnen, um auf diese Weise von der fundamentalen inneren Krise seines Systems abzulenken. Deutschland aber mochte dann vielleicht »im Osten eine Zukunft suchen, die es im Westen nicht mehr garantiert sieht«.[18]

De Gaulle konnte sich eine derart klarsichtige Analyse leisten, weil er, anders als der amerikanische Präsident, nicht die letzte Verantwortung dafür trug, ob ein Atomkrieg ausgelöst wurde oder nicht. Im Ernstfall aber wäre äußerst fraglich gewesen, ob de Gaulle tatsächlich eher als Eisenhower bereit gewesen wäre, einen Atomkrieg zu riskieren; vermutlich wäre seine Bereitschaft – stellt man die Verletzlichkeit seines Landes in Rechnung – dann sogar geringer gewesen. Aber gerade weil er überzeugt war, daß die größte Kriegsgefahr in der mangelnden Entschlußkraft des Westens lag und die Amerikaner als einzige Nation imstande waren, die Sowjets im Zaum zu halten, glaubte de Gaulle, so taktieren zu können, daß Amerika entweder hart bleiben oder aber die Verantwortung für etwaige Konzessionen übernehmen mußte. Das war gewiß kein schönes Spiel. Aber die Lektionen der *raison d'état* sind hart. Und es war die *raison d'état*, die de Gaulle eine Revision der Tradition Richelieus nahelegte, derzufolge man versuchen mußte, Deutschland schwach und zersplittert zu halten – eine Tradition, die drei Jahrhunderte lang die Mitteleuropapolitik Frankreichs wesentlich bestimmt hatte.

De Gaulles Einsatz für die deutsch-französische Freundschaft war also nicht das Resultat eines plötzlichen Anflugs von Sentimentalität. Seit Richelieu war es das Ziel französischer Politik gewesen, den ominösen deutschen Nachbarn entweder zu schwächen oder zu spalten, nach Möglichkeit aber beides zugleich zu erreichen. Im neunzehnten Jahrhundert hatte Frankreich erfahren, daß es allein zu schwach war, um Deutschland in Schach zu halten; infolgedessen kam es zu Bündnissen mit Großbritannien, Rußland und einer Reihe kleinerer Länder. Nach dem Zweiten Weltkrieg indes waren selbst diese Optionen hinfällig: Sogar gemeinsam waren Großbritannien und Frankreich in zwei Weltkriegen nicht stark genug gewesen, Deutschland zu besiegen. Und nun, da die sowjetischen Armeen an der Elbe standen und Ostdeutschland ein sowjetischer Satellit geworden war, hätte eine Allianz mit Moskau wahrscheinlich eher zur sowjetischen Vorherrschaft in Europa als zur Kontrolle über Deutschland geführt. Aus diesem Grund gab de Gaulle die traditionelle Gegnerschaft zu Deutschland auf und vertraute Frankreichs Zukunft der Freundschaft mit dem Erbfeind an.

Die Berlin-Krise bot de Gaulle die Chance, seine Strategie umzusetzen. Vorsichtig wies er Frankreich die Rolle des Verteidigers der europäischen Identität zu und nutzte die Krise, um das Verständnis seines Landes für die europäische Wirklichkeit und die Sensibilität der französischen Nation gegenüber den nationalen Belangen Deutschlands unter Beweis zu stellen. De Gaulles Vorgehen, äußerst vielschichtig angelegt, verlangte subtile Balanceakte; es sollte Unterstützung für die nationalen Ziele Deutschlands signalisieren, ohne die Deutschen gleichzeitig zu ermutigen, diese Ziele auf eigene Faust oder in Absprache mit der Sowjetunion umzusetzen. De Gaulle fürchtete inzwischen, daß Moskaus vollkommene Gewalt über Ostdeutschland es den sowjetischen Führern ermöglichen könnte, als die Helden der deutschen Einheit aufzutreten oder aber ein völlig ungebundenes Deutschland entlang der französischen Grenze zu schaffen. Aus dem uralten Alptraum Deutschland war der Alptraum einer deutsch-sowjetischen Einigung geworden.

De Gaulle reagierte auf diese Schreckensvision mit der ihm eigenen Kühnheit. Frankreich würde Deutschlands militärische und ökonomische Stärke tolerieren, ja sogar seine Überlegenheit auf diesen Gebieten, es würde die deutsche Wiedervereinigung unterstützen, sofern Bonn dafür Frankreichs *politische* Führerschaft in Europa anerkannte. Dies war kalte Berechnung, nicht Leidenschaft. Und gewiß ist de Gaulle nicht unzufrieden gestorben, weil zu seinen Lebzeiten Deutschland nicht wiedervereinigt wurde.

Auf der Suche nach einem Ausgleich zwischen de Gaulles schroffer Kompromißlosigkeit und Macmillans Forderung nach demonstrativen Verhandlungen griff Dulles auf jene bewährte Taktik zurück, die ihm, jedenfalls seiner Ansicht nach, schon bei der Suez-Krise zustatten gekommen war: Er verwirrte die ganze Angelegenheit, indem er sie mit juristischen Details überschwemmte. Am 24. November 1958, zwei Wochen nach Chruschtschows Drohrede, begann Dulles die Möglichkeiten für eine Änderung des Transitverfahrens auszuloten, ohne jedoch greifbare Ergebnisse zu erzielen. Er schrieb an Adenauer, er werde versuchen, »die Sowjetunion an ihre Verpflichtungen zu binden«, während er zugleich »auf der Grundlage faktischer Gegebenheiten mit niederen [DDR-]Funktionären« verhandeln wolle, »solange diese die gegenwärtigen Abmachungen auch nur oberflächlich ausführen«.[19] Auf einer Pressekonferenz am 26. November äußerte Dulles die Ansicht, ostdeutsche Regierungsbeamte könnten als »Agenten« für die Sowjetunion fungieren, eine List, die an seine Gesellschaft der Kanalbenutzer aus den Tagen der Suez-Krise erinnerte (siehe Kapitel 21).[20]

Am 13. Januar 1959 ging Dulles – wiederum auf einer Pressekonferenz – noch einen Schritt weiter und signalisierte einen Wandel der traditionellen amerikanischen Position zur Frage der deutschen Vereinigung. Nachdem er ausgeführt hatte, daß freie Wahlen die »natürliche Methode« zur Vereinigung Deutschlands seien, fügte er hinzu: »Ich würde nicht sagen, daß es der einzige Weg ist, auf dem die Wiedervereinigung erzielt werden könnte.«[21] Er deutete sogar an, daß eine Art Konföderation der beiden deutschen Staaten unter Umständen annehmbar wäre: »Es gibt die unterschiedlichsten Wege, wie Länder und Völker zusammenfinden können...«[22] Außerdem gab er deutlich zu verstehen, daß die Verantwortung für die Vereinigung durchaus von den Alliierten an die Deutschen selbst übertragen werden könnte, damit kurzerhand die Grundlagen der Adenauerschen Politik unterhöhlend.

Die Reaktion der Deutschen war vorhersehbar, auch wenn niemand sie vorhergesagt hatte. Willy Brandt, der damalige Regierende Bürgermeister von Berlin, sprach von »Schock und Entsetzen«. Dulles' Agententheorie, so Brandt, ermutige die Sowjets dazu, eine noch »kompromißlosere« Haltung einzunehmen.[23]

Unbeherrschtheit gehörte normalerweise nicht zu Adenauers Stil. Auch war er ein großer Bewunderer des amerikanischen Außenministers. Dennoch reagierte er auf dessen Überlegungen wie ehedem Eden während der Suez-Krise. In einer Unterredung mit Botschafter David Bruce argumentierte Adenauer aufgebracht, die Äußerungen Dulles' würden seine Regierungspolitik unterminieren, deren Ziel es sei, eine Vereinigung mit Hilfe des Westens und auf der Basis freier Wahlen herbeizuführen. Er bestand darauf, daß »eine Konföderation in jedweder Form vollkommen inakzeptabel« sei.[24]

Die unterschiedlichen Vorstellungen wurden auf schmerzhafte Weise deutlich, als Adenauer Mitte Januar 1959 den Ministerialdirektor im Auswärtigen Amt, Herbert Dittmann, nach Washington schickte, um den »Schock« über den sowjetischen Vorschlag für einen Friedensvertrag mit Deutschland zum Ausdruck zu bringen und auf eine Verhandlungsposition zu drängen, die auf der bisherigen Politik des Westens basieren sollte. Dittmanns Gegenüber jedoch, der amerikanische Unterstaatssekretär Livingston Merchant, machte deutlich, daß sich Adenauer in der gegenwärtigen Krise nicht wie sonst auf Dulles' uneingeschränkte Unterstützung verlassen könne. Dulles, so führte er aus, wolle jede »extreme Position« vermeiden und »die Russen an den Konferenztisch bekommen«. Hierzu könnten die Deutschen am besten beitragen, indem sie »uns neue Ideen liefern«.[25] Wann immer Amerika und Großbritannien im weiteren Verlauf der Krise »neue Ideen« einforderten, so bedeutete dies nichts anderes als einen Euphemismus, der verbergen sollte, daß man gewillt war, das ostdeutsche Regime aufzuwerten, oder aber nach einer Formel suchte, die es erlauben würde, bestimmten sowjetischen Forderungen entgegenzukommen.

Ironischerweise drängten gerade Großbritannien und die Vereinigten Staaten Deutschland auf einen Kurs, der mit hoher Wahrscheinlichkeit den deutschen Nationalismus stärken würde, während Adenauer selber, der seinen Landsleuten weit weniger vertraute, nach wie vor entschlossen war, sie dieser Versuchung nicht erst auszusetzen. Eisenhower und Macmillan setzten ihre ganze Hoffnung auf einen Sinneswandel der Deutschen; Adenauer dagegen konnte deren Ursünde niemals vergessen.

Macmillan tanzte als erster aus der Reihe. Am 21. Februar 1959 reiste er allein zu »Erkundungsgesprächen« nach Moskau. Da Adenauer dem ganzen Unterfangen skeptisch gegenüberstand und es keinen Konsens unter den Alliierten gab, mußte Macmillans »Erkundung« möglicher Zugeständnisse auch den üblichen Katalog von »Verbesserungen« des Transitverfahrens und seinen gängigen Aufruf zum Frieden einschließen, der auf persönliche Beziehungen der wichtigsten Staatschefs untereinander gestützt sein solle. Chruschtschow deutete den Besuch des britischen Premiers als eine weitere Bestätigung dafür, daß sich das internationale Kräfteverhältnis zu seinen Gunsten verschoben hatte. Mehr noch: Er sah ihn als Anzeichen dafür, daß sich dieser Trend in Zukunft sogar noch verstärken werde. Während Macmillans Besuch hielt Chruschtschow daher eine Rede, in der er lärmend und kompromißlos seine Forderungen bekräftigte. Und kaum war der Premierminister abgereist, wies der Kremlchef in einer weiteren Rede Macmillans Vorstellung, derzufolge gute persönliche Beziehungen zwischen den Mächtigen der Welt die Straße zum Frieden ebneten, barsch zurück: »Die Geschichte lehrt, daß Staatsgrenzen nicht durch Konferenzen verändert werden. Die dort getroffenen Entscheidungen können lediglich ein neues Kräfteverhältnis widerspiegeln. Dieses aber ist entweder das Resultat von Sieg oder Niederlage am Ende eines Krieges oder von anderen Umständen.«[26] Ein derart unverfrorenes Bekenntnis zur Realpolitik hätte auch aus dem Mund eines Richelieu oder Bismarck stammen können.

Adenauers Wutausbruch indessen bewirkte, daß Dulles seine provozierenden Positionen zurücknahm. Am 29. Januar ließ er die »Agententheorie« fallen und enthielt sich auch jeglicher Andeutungen im Hinblick auf eine Konföderation als möglichen Weg zur deutschen Einheit. Dieser

Schritt war allerdings weitgehend taktischer Natur: Sowohl die Überzeugungen als auch die Persönlichkeiten waren nach wie vor dieselben. Wie zwei Jahre zuvor während der Suez-Krise, so hing auch diesmal die amerikanische Politik davon ab, ob es gelang, die subtilen Meinungsverschiedenheiten zwischen Dulles und Eisenhower in Einklang zu bringen. Geht man von jener Analyse des sowjetischen Systems aus, die Dulles selber vertreten hat, dann muß der amerikanische Außenminister Adenauers Standpunkt verstanden und auch weitgehend geteilt haben. Dennoch mußte Dulles einmal mehr einen Weg finden, seine eigene Strategie mit dem viel elementareren Ansatz Eisenhowers zu vereinbaren.

Denn nach allem, was gesagt und getan worden war, schienen Eisenhower die meisten der für Adenauer wichtigen Belange theoretisch, wenn nicht sogar irrelevant zu sein. Es war in der Tat ein Glück, daß Chruschtschow nichts von Eisenhowers privaten Grübeleien wußte. Schon am 27. November 1958 – dem Tag, an dem Chruschtschow formal sein Ultimatum ausgesprochen hatte – hatte Eisenhower in einem Telefongespräch mit Dulles angedeutet, daß er der Idee einer freien Stadt ohne amerikanische Truppen durchaus nicht abgeneigt sei. Voraussetzung hierfür sei lediglich, daß Berlin und seine Zufahrtsstraßen der Rechtsprechung der Vereinten Nationen unterlägen.

Wenn Präsidentenberater oder Kabinettsmitglieder mit ihrem Chef nicht übereinstimmen, müssen sie abwägen, ob sie ihren Standpunkt vortragen, solange der Dissens noch weitgehend theoretischer Natur ist, oder ob sie den Augenblick abwarten, in dem die Entscheidung tatsächlich gefällt wird. Der Ausgang dieser Überlegung bestimmt das künftige Maß an Einflußnahme; Präsidenten sind in der Regel starke Persönlichkeiten, denen man nicht zu häufig widersprechen sollte. Gehen Berater schon in hypothetischen Fällen auf Konfrontationskurs, so führt dies meistens zu unnötigen Mißstimmungen, da der Präsident seine Meinung ja ohnedies noch ändern kann. Warten sie die Ereignisse aber zu lange ab, so laufen sie Gefahr, ins Abseits zu geraten. Dulles entschied sich für einen Mittelweg: Er warnte Eisenhower vor Abkommen, die nur auf dem Papier existierten, und gab zugleich zu bedenken, daß die Freiheit Berlins nur durch die Präsenz amerikanischer Truppen gewährleistet werden könne.[27] Doch Dulles sollte an der tatsächlichen Entscheidungsfindung gar nicht mehr teilnehmen können; er war bereits unheilbar krank und verstarb nur sechs Monate später, am 24. Mai 1959.

Am 1. Juli kam Eisenhower auf seinen Wunsch auf Beilegung des Streits zurück. Anläßlich eines Treffens mit dem stellvertretenden sowjetischen Ministerpräsidenten Frol Koslow antwortete er auf den sowjetischen Vorwurf, daß die amerikanische Position zu Berlin unlogisch sei:»Zugegeben, sie ist unlogisch, aber wir werden unsere Rechte und unsere Verantwortung nicht aufgeben – es sei denn, man weist uns einen Weg, um dies zu tun.«[28]

Seine Rechte nur dann beizubehalten, wenn sich kein Weg finden läßt, um sie aufzugeben, kann wohl kaum als ein energischer Schlachtruf bezeichnet werden.

Als der Präsident sich im September 1959 mit Chruschtschow in Camp David traf, bekräftigte er, daß die Vereinigten Staaten nicht die Absicht hätten, für immer in Berlin zu bleiben. »Zweifellos«, so erklärte er Chruschtschow, »haben wir nicht vorgehabt, dort fünfzig Jahre lang Besatzer zu sein.«[29] Zu behaupten, man werde einen Atomkrieg wegen einer Stadt riskieren, die man ohnehin bald zu verlassen hofft, ist freilich ebenfalls keine besonders glaubwürdige Herausforderung.

Einige Tage später ging Eisenhower noch einen Schritt weiter, als er jene wesentlichen Prämissen anerkannte, auf die die Sowjets ihre Provokation stützten, die Behauptung nämlich, daß die Situation in Berlin in der Tat »unnormal« sei: »Sie entstand durch eine Waffenruhe, eine militärische Waffenruhe nach dem Ende des Krieges, durch einen Waffenstillstand«, so verkündete Eisenhower am 28. September, »und sie brachte auf merkwürdige Weise einige oder eine Reihe freier Menschen in eine sehr unangenehme Lage.«[30]

Man möchte lieber nicht darüber nachdenken, was hätte passieren können, wenn Chruschtschow seine Drohung wahr gemacht oder aber, den vielen Andeutungen folgend, irgendeinen »Kompromiß« formuliert hätte. Glücklicherweise führten Chruschtschows begrenzte Aufmerksamkeit, die Fehleinschätzung seiner eigenen Macht und womöglich auch Zwistigkeiten innerhalb des Führungskaders zu einer eigentümlichen Unentschlossenheit im sowjetischen Vorgehen. Chruschtschows Ultimaten wechselten ab mit Ruhepausen, in denen Termine verstrichen und neue benannt wurden, ohne daß die Sowjets je auf der Erfüllung ihrer Forderungen oder auf Verhandlungen bestanden hätten. Ersteres hätte wohl offenbart, wie entschlossen die Alliierten tatsächlich waren; letzteres hätte die sichtliche Bereitschaft zumindest Großbritanniens und der Vereinigten Staaten, den Zugang zu Berlin und den Status der Stadt neu zu regeln, auf die Probe gestellt. Chruschtschow selbst ersparte, indem er nicht an seinem Ziel festhielt, der Atlantischen Allianz ihre vielleicht schwerste Krise.

Weder den Konfrontations- noch den Verhandlungskurs verfolgte Chruschtschow mit der nötigen Konsequenz, und allein dies hätte im Westen Zweifel an der Kohärenz des sowjetischen Systems schüren müssen. Die Tatsache, daß die Sowjetunion mit einem Atomkrieg drohte und den europäischen Status quo in Frage stellte, ohne eine geeignete Strategie zu haben, um zumindest eine diplomatische Kraftprobe herbeizuführen, bot einen Vorgeschmack auf die Lähmung, von der das System zwanzig Jahre später erfaßt wurde. Augenscheinlich sah Chruschtschow sich im Politbüro zwischen den »Falken«, die seinen Prahlereien über eine Verschiebung des Kräfteverhältnisses Glauben schenkten und der Ansicht waren, daß die Angebote des Westens nicht weit genug gingen, und den

»Tauben«, die angesichts der tatsächlichen militärischen Gegebenheiten nicht gewillt waren, auch nur das kleinste Risiko eines Krieges mit den Vereinigten Staaten einzugehen, gefangen.

Inmitten dieses seltsamen Vorgangs ließ Chruschtschow sein erstes Ultimatum verstreichen, ohne daß es mehr als eine Außenministerkonferenz bewirkt hätte, die zwei Wochen vor seinem Ablauf stattfand. Bei dem Treffen wurden allerdings keine Fortschritte erzielt, weil Andrej Gromyko, der eben erst zum Außenminister ernannt worden war, die Gelegenheit nutzte, um sein Geschick für Verschleppungstaktiken unter Beweis zu stellen. Eine ganze Generation lang sollte er die demokratischen Außenminister mit dieser Gabe peinigen. Tatsächlich aber war ein toter Punkt nicht das, was die Sowjets kurz vor Ablauf ihres Ultimatums brauchen konnten. Immerhin gestattete dies Eisenhower, etwas Zeit zu gewinnen, indem er Chruschtschow zu einem Besuch in die Vereinigten Staaten einlud.

Der sowjetische Herrscher bereiste die USA vom 15. bis zum 27. September und löste in der amerikanischen Öffentlichkeit ähnlich euphorische Reaktionen aus, wie schon vier Jahre zuvor auf dem Genfer Gipfel. Einmal mehr war das Treffen der beiden Regierungschefs eher von Atmosphäre als von greifbaren Inhalten geprägt; der »Geist von Camp David« war in aller Munde. Das Magazin ›Newsweek‹ veröffentlichte eine Wertungsliste, aus der hervorging, daß die Ergebnisse des Besuchs die Fehlschläge angeblich bei weitem übertrafen. Was immer nämlich es auch für Fehlschläge seien, sie beträfen, so hieß es, vor allem die Unfähigkeit der beiden Staatschefs, in der Berlin-Frage Fortschritte zu erzielen – als ob dies eine unbedeutende Angelegenheit gewesen wäre. Die Liste der Fortschritte umfaßte die Ausweitung des Handels, den kulturellen Austausch und größere wissenschaftliche Zusammenarbeit, alles Themen, die keineswegs ein Treffen von Regierungschefs erforderlich gemacht hätten. Der eigentliche Gewinn dieser Reise lag nach Überzeugung vieler denn auch darin, daß der sowjetische Führer vermutlich etwas über seine Gastgeber gelernt hatte. Solche Ansichten spiegelte die in Amerika übliche Auffassung wider, daß Konflikte zwischen Nationen eher durch Mißverständnisse als durch kollidierende Interessen hervorgerufen werden und daß folglich niemand, der Amerika besucht und gesehen hat, diesem Land bei seiner Abreise noch feindlich gesonnen sein könne.

Laut einer von ›Newsweek‹ durchgeführten Umfrage glaubte die Bevölkerung, Chruschtschow habe endlich begriffen, »daß die Amerikaner bis hinauf zum Präsidenten nichts anderes wollen als Frieden«.[31] Sollte Chruschtschow allerdings tatsächlich zu diesem Urteil gekommen sein, dann war der Effekt gewiß zweischneidig. Jedenfalls behielt er dergleichen besondere Einsichten wie ein Staatsgeheimnis für sich. Und Anfang Dezember, also wenige Wochen später, erklärte er unverändert, daß »die kapitalistische Welt unter den Schlägen des sozialistischen Lagers erzittert [...]. Wir sind fest entschlossen zu siegen.«[32]

Auch Eisenhower ließ nach dem Gipfel keinen wesentlichen Sinneswandel erkennen: Nach wie vor war er entschlossen, wenn nicht sogar begierig, den Status von Berlin zu ändern. Am 1. Oktober, nach dem Ende des Gipfels, erläuterte er seinem Sicherheitsberater Gordon Gray, wie er sich einen geeigneten Ausweg aus der Krise vorstelle: »Wir dürfen nicht vergessen, daß sich Berlin in einer unnormalen Situation befindet, ferner, daß wir es für erforderlich gehalten haben, mit dieser Situation zu leben, und daß sie durch gewisse Fehler unserer Führer – Churchill und Roosevelt – hervorgerufen wurde. Dennoch meinte er [Eisenhower], es müsse einen Weg geben, um eine Art freie Stadt zu schaffen, die in irgendeiner Form ein Teil Westdeutschlands wäre; dies könne bedeuten, daß die Vereinten Nationen wesentlich dazu beitragen würden, die Freiheit sowie die zivile und militärische Sicherheit der Stadt, die bis auf die Polizeikräfte unbewaffnet bliebe, zu gewährleisten. Er wiederholte, daß es irgendwann an der Zeit sei, unsere Streitkräfte einfach abzuziehen, und daß dieser Zeitpunkt vielleicht nicht mehr allzu fern sei.«[33]

Da Chruschtschow glücklicherweise nicht bereit war, auf solche oder etwaige andere Ideen näher einzugehen, erreichten die westlichen Alliierten durch dieses Versäumnis ihr prinzipielles Ziel: Sie gewannen Zeit. Der Genfer Gipfel von 1955 hatte es Chruschtschow ermöglicht, eine Entspannung der internationalen Lage zu erzielen, ohne substantielle Zugeständnisse machen zu müssen; 1959 erreichte Eisenhower dank des sogenannten »Geistes von Camp David« dasselbe.

Wichtigstes Ergebnis von Camp David war mithin ein weiterer Aufschub. Eisenhower und Chruschtschow waren übereingekommen, ein Treffen der vier Besatzungsmächte von Berlin einzuberufen. Eisenhower bestand darauf, zunächst seine Verbündeten zu konsultieren; de Gaulle jedoch weigerte sich, an einem Gipfel teilzunehmen, wenn Chruschtschow nicht zuvor Paris besuchte. Unter Berücksichtigung all dieser Vorbedingungen konnte der geplante Gipfel frühestens im Mai 1960 stattfinden. Doch zwei Wochen vor dem Treffen wurde über der Sowjetunion ein amerikanisches U2-Spionageflugzeug abgeschossen, was Chruschtschow den perfekten Vorwand in die Hand gab, die Konferenz, die zu diesem Zeitpunkt schon in der Vorbereitung war, platzen zu lassen. Allerdings stellte sich heraus, daß dies vielleicht nicht die schlechteste Lösung war, hatten doch die Amerikaner inzwischen als diplomatische Rückzugsposition in der Berlin-Frage einen Plan für eine »garantierte Stadt« erarbeitet, der vieles von dem beinhaltete, was Eisenhower Gordon Gray gegenüber bereits angedeutet hatte. Konkret unterschied sich dieser Plan und Chruschtschows Vorschlag einer freien Stadt eigentlich nur noch darin, wie man den neuen Status der Stadt bezeichnen wollte – »frei« oder »garantiert«.

Obwohl die westlichen Alliierten einige Tage fürchteten, daß Chruschtschow nun endlich seinen Vorwand für eine Kraftprobe gefunden habe, wurde rasch deutlich, daß der sowjetische Generalsekretär genau das

Gegenteil suchte – nämlich einen Vorwand, um die Kraftprobe doch noch zu verhindern. Verbale Ausfälle traten an die Stelle der Konfrontation, die Chruschtschow ebenso beharrlich angedroht hatte, wie er immer wieder vor ihr zurückgeschreckt war. Allen Erwartungen zum Trotz kündigte er sogar, als er auf dem Rückweg von dem geplatzten Pariser Treffen in Berlin Halt machte, einen weiteren Aufschub des Ultimatums an, diesmal bis nach den amerikanischen Präsidentschaftswahlen.

Als John F. Kennedy die Präsidentschaft übernahm, waren schon fast drei Jahre vergangen, seit Chruschtschow erstmals das Ultimatum verkündet hatte. Angesichts dieser langen Zeitspanne hatte nicht nur die Glaubwürdigkeit seiner Drohung, sondern auch das allgegenwärtige Gefühl der Gefahr abgenommen. Als die Berlin-Krise gerade abzuklingen schien, hinterließen der fehlgeschlagene Versuch der Kennedy-Administration, Fidel Castro durch das Abenteuer in der Schweinebucht zu stürzen, und die Unentschlossenheit des amerikanischen Präsidenten in der Laos-Frage bei Chruschtschow offensichtlich den Eindruck, daß Kennedy ein Schwächling sei. Auf einem Gipfeltreffen mit Kennedy in Wien Anfang Juni 1961 ließ Chruschtschow deshalb das Ultimatum wiederaufleben, setzte erneut eine Frist von sechs Monaten und leitete damit eine der schärfsten Konfrontationsphasen während des gesamten Kalten Krieges ein.

Am 15. Juni nutzte der sowjetische Staatschef seinen Bericht über den Gipfel, um der Welt mitzuteilen, daß der Abschluß eines deutschen Friedensvertrags nun keinen weiteren Aufschub mehr dulde. »Noch dieses Jahr muß ein Friedensabkommen in Europa geschlossen werden.« Zu einer seiner Ansprachen erschien Chruschtschow plötzlich in der Uniform eines Generalleutnants, ein Ehrenrang, den Stalin ihm während des Krieges verliehen hatte. Bei anderer Gelegenheit teilte Chruschtschow dem britischen Botschafter mit, schon sechs Atombomben reichten aus, um England zu zerstören; Frankreich könne mit neun ausgelöscht werden.[34] Im September 1960 beendete Chruschtschow den informell vereinbarten Atomwaffen-Teststopp, den beide Seiten für die Dauer von drei Jahren eingehalten hatten; im Rahmen des wiederaufgenommenen Testprogramms lösten die Sowjets unter anderem eine gigantische Explosion mit einer Sprengkraft von fünfzig Megatonnen aus.

Chruschtschows Forderung nach einer Friedensregelung war im Grunde nichts Neues: Churchill hatte bereits 1943 darauf gedrängt; Stalin machte in seiner Friedensnote von 1952 einen entsprechenden Vorschlag, und George Kennan setzte sich Mitte der fünfziger Jahre für eine Übereinkunft in der Deutschland-Frage ein. Doch im Gegensatz zu anderen Kriegen hatte man nach dem Zweiten Weltkrieg keine formale Nachkriegsordnung geschaffen. Die amerikanische wie die sowjetische Einflußsphäre hatten sich Schritt für Schritt und eher durch Anerkennung von *faits accomplis* als durch formale Vereinbarungen etabliert.

In den frühen Morgenstunden des 13. August 1961 trat die Festlegung der Einflußsphären in Europa in ihre letzte Phase ein. An diesem Tag erwachten die Westberliner buchstäblich in einem Gefängnis.

Die Ostdeutschen hatten über Nacht zwischen dem sowjetischen Sektor und den von den Westmächten besetzten Sektoren Barrikaden aus Stacheldraht errichtet und Berlin rundherum eingezäunt; Familien, deren Mitglieder zu beiden Seiten dieser Mauer lebten, waren getrennt. Im Lauf der folgenden Tage wurde die Mauer verstärkt, und fortan waren Beton, Tretminen und Wachhunde die Symbole der geteilten Stadt und sowjetischer Unmenschlichkeit. Der Bankrott eines kommunistischen Regimes, das seine Bürger nicht im eigenen Land zu halten vermochte, wurde so vor aller Augen offenkundig. Nichtsdestoweniger hatten die Kommunisten das Loch im Deich des sowjetischen Blocks gestopft, wenn auch nur vorübergehend.

Die Mauer offenbarte aber auch die Widersprüche und Zwiespältigkeiten in der Haltung der Demokratien zur Berlin-Frage. Sie waren zwar willens, die Freiheit der Stadt gegen offene Aggression zu verteidigen, hatten sich aber weder entschieden, wie sie unterhalb dieser Schwelle reagieren würden, noch was mit Aggression überhaupt gemeint war. Kennedy jedenfalls bestimmte fast unmittelbar nach Bekanntwerden des Mauerbaus, daß dieser Akt nicht unter die amerikanische Definition von Aggression fiel, und beschloß, militärisch nicht dagegen vorzugehen. Daß die Amerikaner den Bau der Berliner Mauer zunächst zu bagatellisieren suchten, verdeutlichte die Tatsache, daß Kennedy an jenem Tag zum Segeln ging und Außenminister Rusk einem Baseballspiel beiwohnte. Von Krisenstimmung war in Washington nichts zu merken.

Tatsächlich waren Kennedys militärische Möglichkeiten auch ziemlich begrenzt. Würden amerikanische Truppen wirklich die Barrieren an der Sektorengrenze beseitigen, so stießen sie womöglich nach einigen hundert Metern auf eine weitere Mauer. Sollten sie dann, um auch diese abzureißen, nach Ostberlin eindringen? Und würde die Öffentlichkeit im Westen einen Krieg um die Bewegungsfreiheit *innerhalb* Berlins unterstützen – nachdem man doch schon vor geraumer Zeit der DDR Ostberlin als Hauptstadt des kommunistischen Satellitenstaates zugestanden hatte? Als deutlich wurde, daß die Vereinigten Staaten den Bau der Mauer nicht gewaltsam verhindern würden, durchlebten die Menschen in Ost- und West-Berlin, in der Bundesrepublik und der DDR jene Art von Schock, der einen dann trifft, wenn man mit einer Realität konfrontiert wird, die man zwar im Unterbewußten immer gefürchtet hat, aber nie anerkennen wollte. Spätestens nach der ungarischen Revolution hätte man sich ja darüber klar sein müssen, daß der Westen die bestehenden Einflußsphären nicht militärisch verändern würde. Brandt sollte später behaupten, seine Ostpolitik, die zur Anerkennung des ostdeutschen Regimes führte, habe aus seiner Enttäuschung über die amerikanische Reaktion auf den Mauerbau resultiert. Wahrscheinlich aber hätten die Deutschen einen noch größeren Schock erlitten, wenn der Versuch, die Berliner Mauer niederzureißen, einen Krieg zur Folge gehabt hätte. Selbst Adenauer teilte Acheson mit, er wünsche nicht, daß Berlin durch einen Atomkrieg verteidigt werde – und das in dem Bewußtsein, daß es keinen anderen Weg gab, die Stadt tatsächlich zu verteidigen.

Beide Supermächte gingen auch weiterhin der Aufgabe aus dem Weg, ihr Engagement sowie dessen Grenzen klar zu definieren. Im Juli erhöhte Kennedy das amerikanische Verteidigungsbudget erheblich, berief Reservisten ein und sandte zusätzliche Streitkräfte nach Europa. Nachdem dann die Mauer gebaut war, schickte er im August 1961 überdies ein Kontingent von eintausendfünfhundert Soldaten über die Autobahn, die durch die DDR führte, nach West-Berlin, um die Reaktion der Sowjets zu prüfen. Nachdem die Soldaten ohne Zwischenfälle angekommen waren, wurden sie von Vizepräsident Johnson, der vorausgeflogen war, mit einer packenden Rede empfangen. Kurz darauf wurde General Lucius Clay, der Held der Berlin-Blockade von 1948, zum persönlichen Repräsentanten des Präsidenten in Berlin ernannt. Für die Freiheit Berlins setzte Kennedy die Glaubwürdigkeit Amerikas aufs Spiel.

Chruschtschow indes hatte sich erneut in dieselbe Sackgasse manövriert wie schon zu Zeiten der Eisenhower-Administration. Seine Drohungen hatten bei den Amerikanern eine Reaktion hervorgerufen, die er, so zeigte sich, nicht herausfordern wollte. Und aus Berichten von Oberst Oleg Penkowsky, einem hervorragenden amerikanischen Agenten im militärischen Abschirmdienst der Sowjets, ging hervor, daß hochrangige Offiziere sich sehr wohl bewußt waren, wie mangelhaft sie auf die Situation vorbereitet waren, und daß sie sich untereinander über Chruschtschows Leichtfertigkeit beklagten.[35] Eisenhower hatte Chruschtschows Bluff bereits 1960 durchschaut: Einem Besucher teilte er damals mit, er mache sich weit mehr Sorgen über den radioaktiven Niederschlag von Amerikas eigenen Waffen als über die sowjetische Vergeltung. Und auch Kennedy erkannte, als er Präsident wurde, bald, daß die Sowjetunion mit ihrem strategischen Potential insgesamt unterlegen war.

Der Stand der Dinge begünstigte die Seite, die den Status quo erhalten wollte. Dennoch brachte Kennedy noch deutlicher als Eisenhower zum Ausdruck, daß er nicht im geringsten geneigt war, wegen Berlin das Risiko eines Atomkrieges einzugehen. »Es wäre wohl eine ausgesprochene Dummheit«, gab er auf dem Rückweg vom Wiener Gipfeltreffen zu bedenken, »das Leben von einer Million Amerikanern wegen einer Auseinandersetzung über Zugangsrechte zu einer Autobahn zu riskieren [...] oder weil die Deutschen wollen, daß Deutschland wiedervereinigt wird. Wenn ich Rußland mit einem Atomkrieg drohe, dann nur um bedeutenderer und schwerwiegenderer Gründe willen als diesen.«[36]

Hinter Eisenhowers Strategie steckte das Konzept der Eindämmung. Sein Ziel war es, die Sowjets überall dort zu stoppen, wo sie den Westen herausforderten. Kennedy hingegen hatte ehrgeizigere Pläne; er hoffte, den sowjetisch-amerikanischen Konflikt durch direkte Verhandlungen zwischen den Supermächten ein für allemal beizulegen – und die Berlin-Krise hierbei als Wendepunkt zu nutzen. Unter Kennedy drängte das Weiße Haus deshalb auf eine flexiblere und, nötigenfalls, auch einseitige Diplomatie in der Berlin-Frage. Eisenhower hatte die Berlin-Krise als Herausforderung verstanden, die es auszuhalten und zu überstehen galt; aus Kennedys Sicht war sie nur eine Station zu seinem Entwurf einer neuen Weltordnung. Eisenhower oder Dulles hätten wohl versucht, eine gezielte Bedrohung mit leeren Phrasen zu entschärfen, während Kennedy ein ständiges Hindernis auf dem Weg zum Frieden beseitigen wollte.

Auch in ihrer Haltung zur NATO wichen die beiden Präsidenten voneinander ab. Während Eisenhower zu Kriegszeiten die Alliierten in Europa befehligt hatte, hatte Kennedy am Krieg im Pazifik teilgenommen, wo der Einsatz der Amerikaner jedoch unter viel nationaleren und unilateraleren Gesichtspunkten geführt worden war. Kennedy war nicht bereit, seinen Verbündeten ein Vetorecht bei Verhandlungen einräumen. Er zog es statt dessen vor, direkt mit der Sowjetunion zu verhandeln, wie man aus einer Direktive an Außenminister Dean Rusk vom 21. August 1961, also gut eine Woche nach Errichtung der Berliner Mauer, ersehen kann:»Sowohl der Verhandlungsplan als auch die Grundlagen der westlichen Verhandlungsposition sind nach wie vor ungeklärt«, konstatierte der Präsident,»und ich glaube nicht länger daran, daß zufriedenstellende Fortschritte allein durch Vier-Mächte-Gespräche erzielt werden können. Ich denke, wir sollten in beiden Bereichen direkt auf eine starke Position der Vereinigten Staaten hinarbeiten und deutlich machen, daß wir kein Veto von einer anderen Macht dulden können. [...] Noch diese Woche sollten wir unseren drei Alliierten klar zu verstehen geben, daß wir dies zu tun beabsichtigen und daß sie entweder diesen Weg mitgehen oder aber zurückbleiben müssen.«[37]

Dean Rusk folgte dieser Direktive und ließ die Vier-Mächte-Verhandlungen zugunsten eines direkten Dialogs mit Moskau fallen. Rusk und Gromyko trafen sich in diesem Herbst daher mehrmals bei den Vereinten Nationen; weitere Unterredungen fanden zwischen Botschafter Thompson und Gromyko in Moskau statt. Doch nicht einmal ein Terminplan für Verhandlungen über die Berlin-Frage fand die Zustimmung der Sowjets.

Das Problem war, daß beide Seiten sich in einem für das Nuklearzeitalter typischen Dilemma befanden. Zwar vermochten sie dank ihrer Atomwaffen einem gewissen Druck zu widerstehen; doch konnten mit diesen Waffen allein noch keine positiven Veränderungen herbeigeführt werden. Und wie hoch auch immer das Maß an Überlegenheit theoretisch veranschlagt werden mochte: Das Risiko eines Atomkrieges stand in keinem Verhältnis zu irgendeinem erreichbaren Ziel. Selbst ein Kriegsrisiko von nur fünf Prozent ist unerträglich, wenn der Preis dafür die Zerstörung der eigenen Gesellschaft, ja sogar der ganzen Zivilisation ist. Aus diesem Grund schreckten letzten Endes beide Seiten vor dem Risiko eines Krieges zurück.

Gleichzeitig aber waren beide nicht in der Lage, strategische Macht durch Diplomatie zu ersetzen. Trotz wachsender Spannung schienen die Argumente für die Beibehaltung des Status quo noch immer stärker zu sein als alle Anreize, ihn zu modifizieren. Der Westen war nicht imstande, einen Konsens zu erreichen; auf kommunistischer Seite hatte möglicherweise Chruschtschows Prahlerei die Erwartungen seiner Kollegen derartig gesteigert, daß selbst die weitestgehenden Konzessionen, die der Westen einzugehen bereit war, den Verfechtern eines harten Kurses im Kreml als unzulänglich erscheinen mußten. Am Ende versuchte Chruschtschow, die Pattsituation durch ein verhängnisvolles Abenteuer aufzubrechen: Die Stationierung von Raketen auf Kuba machte deutlich, wie hoch die Einsätze sein mußten, damit militärische Macht sich auf die Diplomatie auswirken konnte.

Stagnationstendenzen dieser Art lähmten die Versuche der Kennedy-Administration, durch diplomatische Initiativen einen Weg aus der Sackgasse zu finden. Alle für Chruschtschow akzeptablen Zugeständnisse hätten die Atlantische Allianz, alle für die Demokratien annehmbaren Lösungen hätten Chruschtschow geschwächt. Das Bemühen der Kennedy-Administration, im Katalog der sowjetischen Forderungen auch nur eine zu finden, die risikolos erfüllt werden konnte, war folglich zum Scheitern verurteilt. Am 28. August 1961 faßte McGeorge Bundy, der Sicherheitsberater Kennedys, die Überlegungen des Weißen Hauses in einem an den Präsidenten gerichteten Memorandum zusammen:»Die Hauptüberlegung derer, die zur Zeit an den Grundlagen unserer Verhandlungsposition arbeiten, ist, daß wir uns darauf einlassen können und sollten, die DDR, die Oder-Neiße-Linie, einen Nichtangriffspakt und sogar die Idee zweier Friedensverträge anzuerkennen.«[38] Das Memorandum sagte wiederum nichts darüber aus, was die USA als Gegenleistung erwarteten.

Es war unvermeidlich, daß Washington sich immer weiter von Adenauer entfernte. Am 23. September wurde durch eine undichte Stelle in der Regierung folgende unmißverständliche Verlautbarung bekannt:»Eine offizielle Quelle der Vereinigten Staaten hat Westdeutschland heute aufgefordert, die ›Realität‹ der Existenz zweier deutscher Staaten in seinem eigenen Interesse zu akzeptieren. Diese Quelle sagte, daß Westdeutschland bessere Chancen habe, die deutsche Wiedervereinigung herbeizuführen, wenn es ›mit den Ostdeutschen rede‹, anstatt sie zu ignorieren.«[39] Sicherheitsberater Bundy hatte im Dezember 1961 versucht, Bonn zu beschwichtigen, indem er darauf hinwies, es sei die»feste« Absicht der Vereinigten Staaten, sicherzustellen, daß das deutsche Volk»keinen berechtigten Grund haben solle, sein Vertrauen in uns zu bedauern«. Zugleich warnte er davor, diese Rückversicherung im Sinne eines Blankoschecks fehlzuinterpretieren:»Wir können Deutschland kein Veto hinsichtlich der Politik des Westens zugestehen – und wurden auch von keinem deutschen Staatsmann darum gebeten. Eine Partnerschaft freier Männer kann niemals nur der Weisung eines einzigen Mitglieds folgen.«[40] Letztlich hoben sich diese vermittelnden Äußerungen gegenseitig auf.

Da die erklärten Positionen Deutschlands und Amerikas unvereinbar waren und da Deutschland in der Verteidigung Berlins vollkommen von den Vereinigten Staaten abhängig war, ließ die Tatsache, daß man den Bonnern das Vetorecht verweigerte, nur eine von zwei Möglichkeiten zu: Entweder man riskierte einen Krieg für eine Sache, an die die Kennedy-Administration bekanntlich nicht glaubte, oder aber man verordnete Bonn bestimmte Ansichten, die von den führenden Politikern Deutschlands bekanntermaßen zurückgewiesen worden waren. Der eine Kurs hätte weder die Unterstützung des amerikanischen Kongresses noch der amerikanischen Öffentlichkeit gefunden; der andere hätte Deutschlands West-Orientierung und den Zusammenhalt der Atlantischen Allianz zunichte gemacht.

Die Beziehungen zwischen Washington und Bonn wurden immer gereizter. Aus Furcht vor einer ausweglosen Situation und einem Bruch mit Adenauer ließ sich das Außenministerium mit der Durchführung der Direktive Kennedys, in direkte Verhandlungen einzutreten, einige Monate Zeit, und hätte Chruschtschow einen Sinn für Feinheiten besessen, dann hätte er vielleicht erkannt, daß dies der Moment war, um herauszufinden, welche der vielen Andeutungen des Westens in harte politische Münze umgesetzt werden konnten und welche nicht. Statt dessen aber steigerte er die Spannungen und mied Verhandlungen.

Ich selber war zu jener Zeit, als die Diplomatie vorübergehend außer Kraft gesetzt und die Atmosphäre zwischen den Alliierten gespannt war, als Berater des Nationalen Sicherheitsrats am Rande in die Politik des Weißen Hauses involviert. Ich wußte zwar, worüber gerade debattiert wurde und welchen verschiedenen Strömungen der Präsident ausgesetzt war, war aber persönlich an den schließlich getroffenen Entscheidungen nicht beteiligt. NATO-Traditionalisten – und hier insbesondere Acheson, der, wenn er ob seiner scharfen Zunge nicht gerade die Gunst des Präsidenten verloren hatte, als außenpolitischer Berater fungierte – waren nicht willens, überhaupt zu verhandeln. Wie de Gaulle und Adenauer konnten auch sie in neuen Transitverfahren keine spürbare Verbesserung erkennen und erwarteten von Versuchen, die Frage der deutschen Vereinigung zu verhandeln, nichts als eine Verschlechterung des Klimas.

Sosehr ich Acheson bewunderte, ich glaubte nicht daran, daß eine derartige Verschleppungstaktik durchzuhalten war. Chruschtschow konnte Verhandlungen erzwingen, wann immer er wollte; kein westlicher Repräsentant, nicht einmal de Gaulle, wäre in der Lage gewesen, vor seinem Volk die Notwendigkeit einer tatsächlichen Auseinandersetzung zu vertreten, wenn er nicht nachweisen konnte, daß er im Vorfeld alle erdenklichen Mittel ausgeschöpft hatte, um sie zu verhindern. Da ich es für gefährlich hielt, auf der Grundlage einer sowjetischen Tagesordnung verhandeln zu müssen, schien es mir unabdingbar, dieser durch einen amerikanischen Plan für die Zukunft Deutschlands zuvorzukommen. Ich fürchtete um den Zusammenhalt der Alliierten, sollten anstehende Entscheidungen auf Konferenzen verschoben oder dem Ablauf von Ultimaten überlassen werden. Was das Verfahren betraf, war ich für Verhandlungen; in der Sache stand ich den Positionen Adenauers und Achesons nahe.

Während der kurzen Zeit, die ich unter Kennedy im Weißen Haus tätig war, boten sich mir mehrere Gelegenheiten, mit Adenauer zusammenzutreffen. Diese Begegnungen machten mir auf schmerzhafte Weise deutlich, wie tief mittlerweile das Mißtrauen war, das die Berlin-Krise zwischen den ehemals engen Verbündeten gesät hatte. 1958, kurz nach Veröffentlichung meines Buches *Kernwaffen und Auswärtige Politik*[41], hatte Adenauer mich zu einem Besuch eingeladen, obwohl ich damals noch ein relativ unbekannter junger Professor war. Bei dieser Unterhaltung sagte er mir nachdrücklich, ich solle mich von dem Erscheinungsbild eines monolithischen kommunistischen Blocks, der von der Ostsee bis nach Südostasien reiche, nicht täuschen lassen: Aus seiner Sicht sei ein Bruch zwischen China und der Sowjetunion unvermeidbar. Er hoffe, so fügte er hinzu, die Demokratien würden diesen Bruch zu nutzen wissen.

Weder hatte ich diese Auffassung je zuvor gehört, noch glaubte ich an sie. Doch Adenauer muß mein erstauntes Schweigen wohl als Zustimmung gedeutet haben. Als er nämlich drei Jahre später mit Kennedy zusammentraf, schloß er eine weitschweifige Rede über den zwangsläufigen Bruch zwischen China und der Sowjetunion mit der Bemerkung, daß ich ihm in dieser Frage zustimmte. Kurz darauf erreichte mich eine Botschaft von Kennedy des Inhalts, daß er dankbar wäre, wenn ich meine geopolitischen Einsichten nicht nur dem deutschen Kanzler, sondern auch ihm mitteilen würde.

Das Weiße Haus nahm – vielleicht aufgrund dieses Austauschs zwischen Adenauer und Kennedy – an, daß ich Adenauer näher stünde, als dies vermutlich de facto der Fall war, und bat mich daher zu Beginn des Jahres 1962, ich solle versuchen, den Kanzler in seinem immer deutlicher formulierten Unbehagen gegenüber der Berlin-Politik der Kennedy-Administration zu besänftigen. Mein Auftrag war insbesondere, Adenauer über die amerikanische Verhandlungsposition, militärische Eingreifpläne für Berlin und – als Zeichen besonderer Wertschätzung – über die atomare Schlagkraft Amerikas zu unterrichten. Letzteres war, wie man mir gesagt hatte, noch keinem Verbündeten außer Großbritannien zuteil geworden.

Die Erfüllung dieser Aufgabe gestaltete sich außerordentlich schwierig. Kaum hatte ich meine Ausführungen begonnen, da unterbrach mich Adenauer auch schon: »Das hat man mir bereits in Washington erzählt. Es hat mich dort nicht beeindruckt; warum glauben Sie, daß es mich hier beeindrucken könnte?« Ich reagierte scharf und antwortete, daß ich kein Angestellter der Regierung sei, man mich aber gebeten habe, ihn zu besuchen, um auf seine Sorgen einzugehen; ferner solle er mich anhören, bevor er seine Schlüsse ziehe.

Dies brachte Adenauer in Verlegenheit. Er fragte mich, wieviel Zeit ich eigentlich damit zubrächte, als Berater für das Weiße Haus zu arbeiten. Als ich ihm sagte, es wären etwa fünfundzwanzig Prozent, antwortete er gelassen:»In diesem Fall gehe ich davon aus, daß Sie mir fünfundsiebzig Prozent der Wahrheit sagen.« Diese Äußerung fiel in Gegenwart des amerikanischen Botschafters Walter C. Dowling, der also, Adenauers Rechnung zufolge, die ganze Zeit über hätte lügen müssen.

Doch selbst an diesem Tiefpunkt der deutsch-amerikanischen Beziehungen machte Adenauer deutlich, daß Verläßlichkeit für ihn ein moralischer Imperativ war. Obgleich Nuklearstrategie nicht sein vorrangiges Interessengebiet war, schätzte er das Vertrauen, das darin zum Ausdruck kam, daß Washington ihn durch mich von seinem nuklearen Potential in Kenntnis setzte. Weil ich bereits fünfundzwanzig Jahre zuvor im Alter von fünfzehn Jahren aus Deutschland ausgewandert war, hielt ich meinen deutschen Wortschatz nicht für ausreichend, um eine Diskussion über Atomwaffen führen zu können, und bestritt meinen Teil der Konversation daher auf englisch. Unser Dolmetscher war Mitglied des Kanzlerbüros. Fünfundzwanzig Jahre später schrieb mir dieser Beamte, der inzwischen pensioniert war, er habe, wie jeder Dolmetscher, der sein Geld wert sei, eine Zusammenfassung meiner Informationen zum amerikanischen Nuklearpotential verfaßt, die er Adenauer dann vorgelegt habe. Der Kanzler habe daraufhin erklärt, er habe sein Wort gegeben, daß diese Instruktionen streng vertraulich behandelt würden; es sei mit diesem Versprechen nicht zu vereinbaren, daß auch nur eine einzige Aktenkopie aufbewahrt werde. Er ordnete an, sämtliche Aufzeichnungen, die sich auf diesen Teil unserer Unterredung bezogen, zu vernichten.

Trotz alledem gerieten die deutsch-amerikanischen Beziehungen im April 1962 außer Kontrolle. Mitte April wurde durch eine Indiskretion ein Plan der amerikanischen Regierung bekannt, der die Schaffung einer»Internationalen Zugangsbehörde« für den Berlin-Verkehr vorsah. Sie sollte aus fünf westlichen Parteien (den drei westlichen Besatzungsmächten, der Bundesrepublik und West-Berlin), fünf kommunistischen Vertretern (der Sowjetunion, Polen, der Tschechoslowakei, der DDR und Ostberlin), sowie aus drei neutralen Mitgliedern (Schweden, der Schweiz und Österreich) bestehen. Die deutsche Vereinigung sollte von mehreren Komitees, zu gleichen Teilen aus west- und ostdeutschen Vertretern zusammengesetzt, vorangetrieben werden.

Es überraschte nicht, daß Adenauer sich ganz entschieden gegen die Schaffung einer solchen Zugangsbehörde aussprach, in der West- und Ostdeutschland den gleichen Status haben sollten: Vertreter aus Ost- und West-Berlin in diese Behörde einzusetzen, würde den ohnehin schon fragilen Vier-Mächte-Status der Stadt weiter schwächen und die Rolle der DDR weiter stärken. Da die kommunistische Seite in der Zugangsbehörde darüber hinaus zahlenmäßig ebenso stark vertreten war wie die der Demokratien, hätten drei neutrale, von der Sowjetunion erpreßbare Länder die ausschlaggebende Stimme gehabt. All dies war in Adenauers Augen ein dürftiger Ersatz für eine eindeutige Verpflichtung der Amerikaner.

Vor diesem Hintergrund entschied sich Adenauer dafür, seinem Unmut Luft zu machen und den wichtigsten Verbündeten öffentlich zu kritisieren, ein bis zu diesem Zeitpunkt einmaliger Vorgang. Auf einer Pressekonferenz am 7. Mai 1962 sprach er sich energisch gegen die Internationale Zugangsbehörde aus:»Mir scheint, dieser ganze Plan kann nicht in die Tat umgesetzt werden. Wie Sie wissen, werden letztlich drei Länder, nämlich Schweden, Österreich und die Schweiz, den Ausschlag geben, da sich die Stimmen der Vertreter von Ost und West vermutlich die Waage halten werden. Nun, ich möchte Sie fragen, ob diese Länder wohl mit Ja antworten würden, wenn man sie fragt, ob ihnen diese Rolle behagt? Ich glaube nicht!«[42] Und um das Ausmaß seines Unbehagens zu unterstreichen, fügte Adenauer noch eine bittere Bemerkung über den Versuch der Kennedy-Administration hinzu, den Entwicklungsländern eine höhere Priorität einzuräumen:»Auch ich bin gegen Kolonien und ganz und gar für Entwicklungshilfe. Aber ich verlange auch, daß sechzehn Millionen Deutsche [in Ostdeutschland] ihr eigenes Leben leben dürfen. Wir werden dies unseren Freunden und unseren Feinden sagen.«[43]

Diese Differenzen wurden niemals ausgeräumt. Noch am 17. Juli 1962 teilte Kennedy dem neuen sowjetischen Botschafter Anatoli Dobrynin mit, daß»es durchaus noch andere Fragen gäbe, in denen wir geneigt wären, die Deutschen unter Druck zu setzen; hierzu gehört beispielsweise auch die Struktur der Zugangsbehörde«.[44] Da Adenauer seinen Widerspruch sowohl gegen die Zusammensetzung als auch gegen die Funktion einer solchen Behörde bereits öffentlich und detailliert erklärt hatte, hätte Chruschtschow eigentlich wissen müssen, daß er den Schlüssel in Händen hielt, innerhalb der Atlantischen Allianz eine schwere Krise auszulösen.

Erstaunlicherweise änderte Chruschtschow seinen Kurs gerade in dem Augenblick, als ein sowjetischer Erfolg bereits unmittelbar bevorzustehen schien. Um auf einen Schlag jenen Durchbruch zu erzielen, der ihm drei Jahre lang nicht gelungen war, stationierte er sowjetische Mittelstreckenraketen auf Kuba. Offensichtlich ging sein Kalkül dahin, daß er eine ausgezeichnete Verhandlungsposition in einer eventuellen Berlin-Runde innehaben würde, sollte ihm dieses Abenteuer gelingen. Aus eben diesem Grund aber konnte Kennedy eine Ausdehnung der strategischen Macht der Sowjets bis hin in die westliche Hemisphäre keinesfalls zulassen. Sein mutiges und geschicktes Vorgehen in dieser Krise zwang nicht nur Chruschtschow dazu, seine Raketen wieder abzuziehen, sondern bewirkte ferner, daß dessen Berlin-Diplomatie auch den letzten ihr verbliebenen Rest an Glaubwürdigkeit einbüßte.

Als er erkannte, daß ihm kein Ausweg mehr blieb, verkündete Chruschtschow im Januar 1963, der »Erfolg« der Berliner Mauer mache eine andere Berlin-Regelung überflüssig. Nach fünf Jahren war die Berlin-Krise endlich vorüber. Den Alliierten war es – allen Schwankungen zum Trotz – gelungen, ihre Position in den entscheidendsten Fragen während dieser Krise aufrechtzuerhalten. Chruschtschow dagegen hatte nicht mehr erreicht als den Bau einer Mauer, um die unwilligen Untertanen in Ostdeutschland daran zu hindern, die kommunistische Utopie platzen zu lassen.

Der Westen konnte von Glück sagen, daß Chruschtschow seine Karten überreizt hatte; die Allianz nämlich war ihrer Auflösung bereits gefährlich nahe gerückt. Sowohl während der Eisenhower- als auch während der Kennedy-Administration basierte die amerikanische Position auf der traditionellen Maxime, daß die Vereinigten Staaten nur Veränderungen, die durch Androhung von Gewalt herbeigeführt werden, nicht aber Veränderungen an sich Widerstand entgegensetzen müßten. Als akademische Äußerung war diese Auffassung durchaus gang und gäbe, vorausgesetzt, es herrschte weitgehende Einigkeit darüber, die Substanz des Wandels und nicht die Art, wie er durchgesetzt wurde, bestimmte den Ausgang der Krise. Hinsichtlich ihrer Substanz aber waren die verschiedenen Projekte, die von den beiden Administrationen erwogen worden waren, um die Krise zu lösen, äußerst gefährlich. Ohne Unterschied hatten sie den Nachteil, daß sie die bestehenden Verhältnisse in die von den Sojwets erzwungene Richtung verändern würden. Darin lag ja auch der Sinn der Krise, die die Sowjetunion bestimmt nicht herbeigeführt hatte, um ihre eigene Position zu verschlechtern: Jedes vorgeschlagene *quid pro quo* hätte es Moskau ermöglicht, die Bedrohung, die niemals von dort hätte ausgehen dürfen, gegen objektive Statusgewinne ihres ostdeutschen Satelliten und gegen Änderungen der bestehenden Zugangsbestimmungen einzutauschen. Adenauers doppelter Alptraum – daß nämlich die ostdeutschen Kommunisten die Mittel in die Hand bekämen, um die Verwundbarkeit Berlins auszunutzen, und daß zwischen Bonns Verpflichtungen gegenüber der Allianz und seinem Bemühen um die nationale Einheit eine Kluft entstehen könnte – lauerte in allen Verhandlungsschemata, die vorgeschlagen worden waren.

Dean Acheson, der nach seinen eigenen Worten, »beim Aufbau« des nach dem Krieg entstandenen Allianzsystems »präsent« gewesen war, hatte dies deutlich erkannt. In einem Brief an Truman vom 21. September 1961 sagte er voraus, der Westen werde in der Berlin-Frage eine vernichtende Niederlage erleiden, verpackt als »Staatskunst der neuen Ordnung«.[45] Sollte dies wirklich nicht vermieden werden können, so sein Argument, dann hinge die Zukunft der westlichen Allianz wesentlich davon ab, wer die Verantwortung für dieses Debakel übernehmen würde. »Besser die Gefolgschaft verläßt den Führer«, schrieb er im Januar 1962 an General Lucius Clay, »als daß dieser der Gefolgschaft nachläuft. Wer wird dann die Scherben auflesen? Wem wird man beim Neubeginn die Führungsrolle zutrauen?«[46] Dies war die genaue Umkehrung der Strategie de Gaulles.

Die deutschen Prioritäten veränderten sich im Verlauf der Berlin-Krise. In der gesamten Nachkriegsperiode hatte sich Adenauer vor allem auf die Vereinigten Staaten verlassen. Ein Jahr nach Chruschtschows Ultimatum war dies nicht mehr der Fall. Adenauers Sorge um den Mangel an Einigkeit unter den Verbündeten wurde auch in einem geheimdienstlichen Bericht des amerikanischen Außenministeriums vom 26. August 1959 festgehalten. Darin hieß es, Adenauer hoffe zwar noch immer darauf, daß die Einheit der Allianz wiederhergestellt werde. Wenn sich aber »die Vereinigten Staaten und Großbritannien gemeinsam auf eine Verständigung mit Chruschtschow hinbewegen, wird Adenauer gezwungen sein, sich hauptsächlich auf Frankreich zu verlassen«.[47]

Chruschtschow indes benahm sich die ganze Krise hindurch wie ein Schachspieler, der seinen Gegner mit einem brillanten Eröffnungszug verblüfft und sich dann zurücklehnt in der Erwartung, daß dieser, nachdem er sein Dilemma erkannt hat, kapituliert, ohne die Partie zu Ende zu spielen. Wenn man die diplomatischen Unterlagen liest, versteht man kaum, weshalb Chruschtschow niemals eine der unzähligen Verhandlungsoptionen, die ihm entweder direkt angeboten, allgemein erörtert oder – was häufig der Fall gewesen war – angedeutet worden waren, geprüft hat. Da wären zum Beispiel die Zugangsbehörde, die beiden separaten Friedensverträge, das Konzept der »garantierten Stadt« zu nennen. Am Ende stellte sich heraus, daß Chruschtschow nach Ablauf seiner Ultimaten niemals konkrete Schritte ergriff und auch auf keine der vielen Möglichkeiten, mit den westlichen Verbündeten zu verhandeln, einging. Der einzige »Erfolg«, den er nach drei Jahren voller Ultimaten und schreckenerregender Drohungen erreicht hatte, war der Bau der Berliner Mauer, die letztlich zum Symbol für das Scheitern der sowjetischen Berlin-Politik wurde.

So verfing Chruschtschow sich in jenem Netz, das er selber ausgelegt hatte. Einmal in der Falle, erkannte er, daß er nicht darauf hoffen konnte, seine Forderung friedlich durchzusetzen. Obwohl er niemals wirklich bereit war, einen Krieg anzufangen, wagte er nicht, auf die Offerten des Westens einzugehen; schließlich mußte er fürchten, daß die Falken im Kreml gemeinsam mit Peking ihm vorwerfen würden, er habe sich mit zu wenig zufriedengegeben. Einerseits zu schwach, um seine »Tauben« zu einem schärferen Konfrontationskurs zu bewegen, andererseits zu unsicher in seiner Position, um den »Falken« Zugeständnisse abzuverlangen, zögerte Chruschtschow, so lange er nur konnte. Zum Schluß setzte er in einem verzweifelten Versuch alles auf eine Karte und stationierte Raketen auf Kuba.

Die Berlin-Krise, einschließlich ihrer Zuspitzung in der kubanischen Raketenkrise, markierte einen Wendepunkt im Verlauf des Kalten Krieges, auch wenn sie damals nicht so verstanden wurde. Hätten interne Auseinandersetzungen die Demokratien nicht so stark in Anspruch genommen, hätten sie die Berlin-Krise vielleicht als das gesehen, was sie war: eine Demonstration der latenten Schwäche der Sowjetunion. Chruschtschow mußte sich letztlich mit der Existenz eines westlichen Vorpostens mitten auf sowjetisch kontrolliertem Gebiet abfinden, ohne auch nur eines der zu Beginn der Krise großmäulig verkündeten Ziele erreicht zu haben. Wie schon anläßlich des ungarischen Aufstandes von 1956, so war auch diesmal die Teilung Europas in zwei Blöcke bestätigt worden. Beide Seiten sollten diesen Zustand zwar beklagen, waren aber nicht bereit, ihn gewaltsam zu verändern. Die gescheiterten Vorstöße Chruschtschows in Berlin und auf Kuba führten außerdem dazu, daß es die Sowjetunion – mit Ausnahme eines kurzen Aufflackerns am Ende des Nahost-Krieges 1973 – nicht mehr wagte, die USA direkt herauszufordern: Obwohl die Sowjets ein riesiges Potential an Langstreckenraketen aufgebaut hatten, hielt der Kreml diese niemals für ausreichend, um damit fest verankerte amerikanische Ansprüche direkt zu bedrohen. Statt dessen wandten sich sowjetische Militärs der Unterstützung sogenannter nationaler Befreiungskriege in Entwicklungsländern wie Angola, Äthiopien, Afghanistan und Nikaragua zu. In der gesamten Dekade, die der Berlin-Krise folgte, unternahmen die Sowjets keinen weiteren Versuch mehr, den Zugang zu Berlin, der unverändert unter denselben Bedingungen abgewickelt wurde, zu erschweren. In dieser Zeit erfolgte auch die schrittweise Anerkennung des ostdeutschen Regimes, und zwar als freie, von allen großen Parteien Westdeutschlands getragene Entscheidung, nicht als Resultat einer von den USA verordneten Initiative. Zu gegebener Zeit nutzten die Verbündeten das sowjetische Interesse an der allgemeinen Anerkennung der DDR zur Durchsetzung ihrer Bedingungen: Im Vier-Mächte-Abkommen von 1971 wurden diese Bedingungen von der UdSSR schließlich auch formal akzeptiert. Bis zum Fall der Mauer 1989, der zur Wiedervereinigung Deutschlands führte, wurden Berlin und seine Zufahrtsstraßen nie wieder bedroht. Die Strategie der Eindämmung hatte funktioniert.

# Konzeption einer westlichen Einheit: Macmillan, de Gaulle, Eisenhower und Kennedy

*Charles de Gaulle und Konrad Adenauer*

Die Berlinkrise markierte die endgültige Konsolidierung der beiden Einflußsphären: Immer wieder war es entlang der Trennlinie, die den europäischen Kontinent zerschnitt, zu Reibereien gekommen. In der ersten Phase dieses Prozesses, von 1945 bis 1949, hatte Stalin die osteuropäischen Länder zu sowjetischen Satellitenstaaten gemacht und damit zugleich eine latente Bedrohung für die Freiheit Europas geschaffen. In der zweiten Phase, von 1950 bis 1955, reagierten die westlichen Demokratien mit der Gründung der NATO, der Umwandlung ihrer Besatzungszonen in die Bundesrepublik Deutschland und der Einleitung des Prozesses der europäischen Integration.

Während dieses Konsolidierungsprozesses gab es in regelmäßigen Abständen Versuche beider Lager, die Einflußsphäre des Gegners aufzubrechen. Alle diese Versuche schlugen fehl. Stalins Friedensnote von 1952, mit der er versucht hatte, Deutschland aus dem westlichen Lager zu locken, führte zu keinem Ergebnis; zum Teil ganz einfach deshalb, weil Stalin in der Zwischenzeit verstarb. Im Jahr 1956 war die von John Foster Dulles propagierte Strategie zur »Befreiung« Osteuropas durch die Ereignisse in Ungarn als leere Phrase entlarvt worden. Das Berlin-Ultimatum Chruschtschows von 1958 stellte einen weiteren Versuch dar, die Bundesrepublik Deutschland vom Westen zu trennen, auch wenn die Sowjets sich am Ende damit begnügen mußten, ihre Machtposition gegenüber dem ostdeutschen Satelliten zu stärken. Nach der Kubakrise konzentrierte sich Moskau auf den Vorstoß in die Entwicklungsländer. Das Ergebnis war eine Stabilität, deren paradoxes Wesen von dem großen französischen Politologen Raymond Aron auf den Begriff gebracht worden ist: »Die gegenwärtige Situation in Europa ist anomal oder absurd, aber sie ist klar umrissen; jeder weiß, wo die Demarkationslinie liegt, und niemand hat ernste Sorgen um das, was geschehen könnte. Wenn auf der anderen Seite des Eisernen Vorhangs etwas geschieht – und das haben wir vor einem Jahr erlebt –, dann geschieht auf dieser Seite nichts. Eine so klare Teilung Europas hält man zu Recht oder zu Unrecht für weniger gefährlich als jede andere Ordnung der Dinge.«[1]

Zugleich war es gerade diese Stabilität, die dafür sorgte, daß die latenten Differenzen innerhalb der Atlantischen Gemeinschaft zutage traten. In den unmittelbaren Nachwehen der Berlinkrise waren Macmillan für Großbritannien, de Gaulle für Frankreich und Kennedy für die Vereinigten Staaten genötigt, ihre gegensätzlichen Standpunkte im Hinblick auf die Natur des Bündnisses, die Rolle der Kernwaffen und die Zukunft Europas miteinander in Einklang zu bringen.

Harold Macmillan war der erste britische Premier, der sich offen der schmerzlichen Realität stellte, daß sein Land keine Weltmacht mehr war. Churchill war sowohl von den Vereinigten Staaten wie von der Sowjetunion als gleichberechtigter Verhandlungspartner erachtet worden; doch obschon er dank seines Selbstbewußtseins das wahre Kräfteverhältnis nicht in Betracht zog, konnte er die Lücke zwischen seinen Vorstellungen und der Realität nur mit Hilfe seines Genies und unter Berufung auf die heroischen Anstrengungen Englands im Kriege überbrücken. Wenn Churchill 1946 als Führer der Oppositionspartei und später als Premierminister auf Verhandlungen mit Moskau drang, tat er dies als Wortführer einer Großmacht, die zwar nicht mehr in vorderster Linie stand, aber noch immer in der Lage war, die Berechnungen aller anderen Mitspieler durcheinanderzubringen. Auch Eden verhielt sich während der gesamten Suezkrise stets wie das Regierungsoberhaupt einer im wesentlichen autonomen Großmacht, die zu einseitigen Schritten durchaus imstande ist. Spätestens jedoch als Macmillan mit der Berlinkrise konfrontiert war, ließ sich die Illusion, daß Großbritannien aus eigener Kraft fähig sei, die strategischen Überlegungen der Supermächte zu beeinflussen, nicht länger aufrechterhalten.

Macmillan, ein urbaner, vornehmer Skeptiker, war einer der letzten Tories alten Stils. Er blieb ein Produkt der Epoche König Edwards, als das Empire eine Weltmacht allerersten Ranges darstellte und der Union Jack über jedem Kontinent aufgezogen war. Obgleich er über einen recht boshaften Humor verfügte, schwang bei ihm stets eine gewisse Melancholie mit, die mit dem stetigen Machtverlust seines Landes nach dem Ersten Weltkrieg und der Dezimierung einer ganzen Generation in Zusammenhang stand. Macmillan mußte diesen Niedergang bewußt miterleben. Immer wieder erzählte er bewegt von einem Treffen der Überlebenden seines Jahrgangs am Christ Church College in Oxford: Es waren vier Männer, die dort zusammenkamen. Während des Bergarbeiterstreiks von 1984 sagte mir Macmillan, der damals seit über zwanzig Jahren nicht mehr im Amt war, trotz seiner Hochachtung für Margaret Thatcher und seines Verständnisses für ihr Vorgehen wäre er niemals imstande gewesen, bis zum bitteren Ende einen Kampf gegen die Söhne jener Männer durchzustehen, die er im Ersten Weltkrieg in die Schützengräben hatte schicken müssen und die sich so selbstlos geopfert hatten.

Macmillan gelangte im Gefolge des Suezdebakels, einem Wendepunkt in der weltpolitischen Rolle seines Landes, an die Spitze der britischen Regierung. Er spielte diese Rolle in der Haltung eines Grandseigneurs, aber nicht ohne ein gewisses Widerstreben. Als ehemaliger Schatzkanzler wußte er nur allzu gut, daß die britische Wirtschaft im Niedergang begriffen war und daß sein Land bei künftigen globalen militärischen Konflikten angesichts der immensen Arsenale der Atomsupermächte lediglich von untergeordneter Bedeutung sein würde. Als die Europäische Wirtschaftsgemeinschaft, die EWG, im März 1957 ins Leben gerufen wurde, lehnte Großbritannien einen Beitritt ab. Knapp zwanzig Jahre zuvor, 1938, hatte Chamberlain von der Tschechoslowakei als einem kleinen, fernen Land gesprochen, von dem in Großbritannien kaum jemand etwas wußte, und damit exakt die Gleichgültigkeit beschrieben, mit der ein Land, das anderthalb Jahrhunderte damit zugebracht hatte, auf der anderen Seite der Erdkugel Kriege zu führen, auf europäische Krisen blickte, die sich nur einige hundert Kilometer entfernt abspielten.

Ende der fünfziger Jahre indessen konnte Europa für Großbritannien nicht länger der Ort sein, wo britische Streitkräfte gelegentlich intervenierten, um irgendeinen Tyrannen zu stürzen. So unterzog Macmillan die britische Politik der Zurückhaltung einer Revision und betrieb die Aufnahme seines Landes in die Europäische Gemeinschaft. Doch ungeachtet des Suezdebakels blieb es für ihn von außerordentlicher Bedeutung, zugleich die »besonderen Beziehungen« zu den Vereinigten Staaten zu pflegen.

Großbritannien sah sich nicht als eine ausschließlich europäische Macht. Die Gefahren, denen es sich im Lauf seiner Geschichte stellen mußte, waren allzuoft aus Europa gekommen, die Rettung hingegen von der anderen Seite des Atlantischen Ozeans. Macmillan teilte deshalb die Einschätzung de Gaulles nicht, eine Trennung von den Vereinigten Staaten erhöhe die Sicherheit Europas: Vermutlich war England letztlich nicht weniger als Frankreich bereit, für Berlin zu kämpfen, aber es ging ihm dabei nicht so sehr um die Wahrnehmung von mehr oder weniger unbestimmten alliierten Besatzungsrechten als um die Unterstützung der US-amerikanischen Position, derzufolge das globale Kräftegleichgewicht bedroht war.

Paris und London hatten während der Suezkrise gleichermaßen unter der Erniedrigung durch die USA zu leiden gehabt. Gleichwohl zogen sie aus der Demütigung völlig entgegengesetzte Schlüsse. Frankreich entschied sich für eine stärkere Unabhängigkeit; Großbritannien zog es vor, seine Partnerschaft mit den Vereinigten Staaten zu festigen. Natürlich hatte es bereits vor dem Zweiten Weltkrieg Vorstellungen von einer anglo-amerikanischen Partnerschaft gegeben – Vorstellungen, die stets genährt worden waren. Schon 1935 hatte Premierminister Stanley Baldwin diese in einer Rede in der Albert Hall umrissen: »Ich war seit jeher der Überzeugung«, sagte er damals, »daß die größte Sicherheit gegen einen Krieg in irgendeinem Teil der Welt, ob in Europa oder in Asien, überall, in einem engen Zusammengehen des Britischen Empire mit den Vereinigten Staaten von Amerika besteht [...]. Es kann vielleicht noch hundert Jahre dauern, bis dieses wünschenswerte Ziel erreicht ist; vielleicht wird es nie dazu kommen. Doch manchmal dürfen wir unsere Träume haben. Ich blicke nach vorn in die Zukunft, und ich sehe jenes Bündnis der Kräfte für Frieden und Gerechtigkeit in der Welt, und es kommt mir der Gedanke, auch wenn wir selbst noch nicht offen dafür eintreten können, daß die Zeit und der Tag kommen wird, da die nachfolgenden Generationen es möglicherweise erleben werden.«[2] Es brauchte keine hundert Jahre, damit dieser Traum in Erfüllung ging.

Seit dem Zweiten Weltkrieg waren Großbritannien und die Vereinigten Staaten durch wechselseitige Erfordernisse aneinander gebunden, auch wenn diesen Erfordernissen gänzlich unterschiedliche historische Erfahrungen zugrunde lagen.

Eine wesentliche Rolle für die Aufrechterhaltung der Verbundenheit zwischen beiden Nationen spielte die außerordentliche Fähigkeit Großbritanniens, sich veränderten Verhältnissen anzupassen. Es war durchaus möglich, daß London, wie Dean Acheson bemerkte, zu lange an der Illusion des Empire festgehalten und es versäumt hatte, sich eine zeitgemäße Rolle in Europa zu suchen.[3] Auf der anderen Seite demonstrierte England in seinen Beziehungen zu Washington fast täglich, daß man sich als ein Land mit langer Geschichte in grundlegenden Fragen keiner Selbsttäuschung hingab. Sobald man zutreffend erkannt hatte, daß man nicht länger damit rechnen konnte, die amerikanische Politik mit den herkömmlichen Methoden eines Ausgleichs von Nutzen und Wagnis zu bestimmen, beschloß man in London – zumal nach der Suezkrise –, wenigstens ein bestimmtes Maß an Einfluß geltend zu machen. Und mit der Zeit gelang es den Führern beider britischen Parteien, sich den amerikanischen Entscheidungsträgern so unentbehrlich zu machen, daß die US-Präsidenten und ihre Berater Konsultationen mit London nicht als besondere Gunst gegenüber einem schwächeren Bündnispartner, sondern als unerläßlichen Bestandteil ihrer eigenen Regierungspolitik betrachteten.

Natürlich stimmte Großbritannien nicht in allen Punkten mit dem außenpolitischen Vorgehen der USA überein. Im Gegensatz zu den Amerikanern haben die Briten schließlich zu keiner Zeit geglaubt, man könne den Menschen zu einem vollkommenen Wesen umformen, und nur ganz selten haben sie moralische Grundsätze zur Richtschnur ihres politischen Handelns gemacht. In ihrem Welt- und Menschenbild orientierten sie sich überwiegend an Thomas Hobbes: Da sie vom Menschen stets das Schlechteste annahmen, mußten sie nur selten eine Enttäuschung erleben. Auch außenpolitisch neigte man in London zu einer bequemen Form des ethischen Egoismus, einfacher ausgedrückt: Was gut für Großbritannien war, war auch für die übrige Welt am besten.

Es braucht schon ein gewisses historisches Selbstbewußtsein, verbunden mit einem Gefühl angeborener Überlegenheit, um eine solche Vorstellung über Jahrhunderte aufrechtzuerhalten. Als im neunzehnten Jahrhundert ein französischer Diplomat dem Premierminister Lord Palmerston erzählte, in Paris habe man sich bereits daran gewöhnt, daß Palmerston im allerletzten Moment einen diplomatischen Trumpf aus dem Ärmel ziehe, antwortete der Brite forsch:»Die schiebt mir der Herrgott in den Ärmel.«

Andererseits freilich setzte Großbritannien seinen nationalen Egoismus mit soviel Sinn für das rechte Maß in die Praxis um, daß seine stillschweigende Annahme, es repräsentiere das Allgemeinwohl, nicht selten durchaus gerechtfertigt schien.

Unter Macmillan erlebte Großbritannien die Schlußphase seiner früheren Überlegenheit und den Übergang von einer Position der Macht in eine der Einflußnahme. Macmillan entschied sich dafür, die britische Politik in der Politik der Vereinigten Staaten zu verankern und das Spektrum britischer Optionen durch eine sorgfältige Pflege der Beziehungen zu Washington so weit wie möglich auszudehnen. Niemals stritt er um eine weltanschauliche oder ideologische Frage, nur selten zog er die wesentlichen politischen Strategien der Vereinigten Staaten offen in Zweifel. Er überließ Amerika bereitwillig den Standort im Rampenlicht, während er gleichzeitig bemüht war, den Gang der Dinge aus dem Hintergrund zu beeinflussen. De Gaulle benahm sich häufig widerspenstig, damit die Amerikaner ihn nicht einfach ignorieren konnten; Macmillan dagegen machte es den Vereinigten Staaten so leicht, die Briten um ihre Meinung zu fragen, daß es nachgerade peinlich gewesen wäre, wenn man ihn übergangen hätte.

Die Taktik Macmillans während der Berlinkrise entsprach ganz dieser Linie. Der freie Zugang nach Berlin war in seinen Augen keinen atomaren Holocaust wert. Andererseits wollte er um keinen Preis die guten Beziehungen zu den USA aufs Spiel setzen. Deshalb würde er den Amerikanern auch im Fall einer atomaren Kraftprobe zur Seite stehen, und das war mehr, als die meisten übrigen Verbündeten zusagen konnten. Macmillan war jedoch entschlossen, alle vorhandenen Alternativen zu erkunden, bevor es zu dieser letzten Entscheidung kam. Indem er aus der Not eine Tugend machte, beschloß er, als westlicher Vorkämpfer des Friedens aufzutreten, überstürzten Aktionen der Amerikaner zuvorzukommen und der britischen Öffentlichkeit zu demonstrieren, daß ihre »Führer alles getan haben, um zu einer Verständigung und zu einem Ausgleich zu gelangen«.[4]

Das Mittel wurde bald zum Zweck. Macmillan setzte genügend Vertrauen in seine Fähigkeiten, um einen Versuch zu machen, durch die Aufnahme geschickt geführter Verhandlungen der sowjetischen Bedrohung den Wind aus den Segeln zu nehmen. Nach seiner Einschätzung würde schon der Verhandlungsprozeß als solcher Chruschtschows Berlin-Ultimatum die Spitze nehmen können: Man mußte nur eine ergebnislose Unterredung nach der anderen dazu benutzen, jedes neue Ultimatum, das der impulsive sowjetische Führer verkündete, in die Länge zu ziehen.

Zum Mißvergnügen Adenauers unternahm Macmillan im Februar und März 1959 eine elftägige Reise nach Moskau, ungeachtet der Tatsache, daß Chruschtschow zu diesem Zeitpunkt sein ursprüngliches Ultimatum erneuert hatte. Und obwohl Macmillan keine greifbaren Ergebnisse erzielte und Chruschtschow seine Anwesenheit nur dazu nutzte, dem Westen weiterhin zu drohen, verfolgte der britische Premierminister unermüdlich und unerschütterlich das Ziel, eine Reihe von Zusammenkünften zu vereinbaren – aus dem einfachen Grund, daß ihm dies als das probateste Mittel erschien, Chruschtschows Ultimaten zu umgehen. In seinen Memoiren schrieb Macmillan:»Es ging mir um die Verwirklichung der Idee einer Reihe von Konferenzen, die sich beharrlich von einem Streitpunkt zum nächsten durcharbeiteten, damit es auf der Welt eine dauerhafte ›friedliche Koexistenz‹ (wie die Sowjets es nannten) – wenn nicht sogar einen Frieden – geben konnte.«[5]

Wenn Gespräche jedoch zum Selbstzweck werden, ist stets die Partei im Vorteil, die am ehesten bereit ist, die Unterredung zu beenden, oder jedenfalls diesen Eindruck erweckt. So konnte Chruschtschow selber darüber befinden, was tatsächlich »verhandlungsfähig« war und was nicht. In seinem Bemühen, den Dialog nicht abbrechen zu lassen, verwandte Macmillan seinen ganzen Einfallsreichtum darauf, einzelne Punkte im Forderungskatalog der Sowjets aufzuspüren, auf die man ohne allzu großes Risiko eingehen konnte. Einen Tag nachdem er Chruschtschows erste offizielle Berlin-Note vom 27. November 1958 erhalten hatte, schrieb er an seinen Außenminister Selwyn Lloyd:»Wir werden Verhandlungen nicht vermeiden können. Wie sollen sie geführt werden? Werden sie zwangsläufig zu einer Erörterung der Zukunft eines vereinigten Deutschland und eventueller ›Disengagementpläne‹ führen?«[6]

Alle verschiedenen Disengagementpläne sahen die Schaffung einer atomwaffenfreien Zone in Ost- und Westdeutschland, Polen und der Tschechoslowakei vor. Für den britischen Premier und in gewissem Maße auch für die amerikanische Führung hatte der Standort der Atomwaffen in erster Linie eine symbolische Bedeutung, und da eine Nuklearstrategie nur auf US-amerikanischen Atomwaffen basieren konnte, die zum weitaus größten Teil nicht auf dem europäischen Kontinent stationiert waren, hielt Macmillan eine Erörterung von Disengagement-Modellen mit den Sowjets für eine relativ unschädliche Methode, Zeit zu gewinnen.

Adenauer widersetzte sich diesen Plänen. Er wußte, daß die aus Westdeutschland abgezogenen Waffen in die Vereinigten Staaten zurückverlegt werden würden; damit wäre für ihn in der atomaren Verteidigung das entscheidende politische Bindeglied zwischen Europa und Amerika zerbrochen. Nach seiner Überzeugung – oder der seiner Verteidigungsexperten – konnten die Sowjets, solange Kernwaffen auf westdeutschem Boden stationiert waren, einen Angriff auf Mitteleuropa nicht riskieren, ohne diese Waffen zu zerstören. Und da dergleichen einen Atomschlag voraussetzte, würde dadurch gewissermaßen automatisch ein amerikanischer Gegenschlag ausgelöst werden. Waren jedoch keine amerikanischen Atomwaffen mehr auf westdeutschem Boden stationiert, dann war ein Angriff auf Deutschland auch mit konventionellen Waffen denkbar, und Adenauer und de Gaulle hegten Zweifel, ob die USA auch in diesem Fall einen atomaren Vergeltungsschlag führen würden: Sie mußten schließlich wissen, daß sie damit die Verwüstung ihres eigenen Landes provozierten. So wurde das Abtasten von Verhandlungsoptionen in der Berlinfrage zum Ersatz für eine Debatte über die militärische Strategie des Atlantischen Bündnisses.

Die wechselseitigen Reaktionen Macmillans und Eisenhowers, sobald einer der beiden einen nicht zuvor abgesprochenen diplomatischen Vorstoß unternahm, machen deutlich, daß auch in den Beziehungen zwischen Staatsmännern stets verletzte Eitelkeit im Spiel ist. Obwohl beide Staatsmänner persönlich miteinander befreundet waren, zeigte sich Eisenhower im Frühjahr 1959 verärgert über Macmillans Ausflug nach Moskau, während Macmillan im Herbst desselben Jahres verdrossen reagierte, als er erfuhr, daß Eisenhower Chruschtschow nach Camp David eingeladen hatte.»Der Präsident«, so schrieb er,»der sich in der Doktrin ›Kein Gipfel ohne Fortschritte auf der Konferenz der Außenminister‹ verheddert hat, versucht nunmehr, sich daraus zu befreien. Der einzige Weg, an den er gedacht hat, besteht darin, an die Stelle sachlicher Gespräche Geplauder zu setzen. Deshalb lädt er Chruschtschow ein, ihn in Amerika zu besuchen, und verspricht ihm einen Gegenbesuch in Rußland. Das alles hat mit Diplomatie nicht mehr viel zu tun.«[7]

Doch ob es noch viel mit Diplomatie zu tun hatte oder nicht: Es war einfach unvermeidlich. Nachdem Chruschtschow erkannt hatte, daß Großbritannien sich nie von Amerika lossagen würde, konzentrierte er seine Bemühungen auf Eisenhower. Für Chruschtschow hatte Macmillan seine Aufgabe erfüllt, sobald es ihm gelungen war, Washington zu Verhandlungen zu bewegen: Letzten Endes war der einzige Gesprächspartner, der das anzubieten hatte, was Moskau haben wollte, der Präsident der Vereinigten Staaten. Wie sich zeigte, kamen die wirklich wesentlichen Gespräche denn auch während der Begegnungen Chruschtschows mit Eisenhower in Camp David und später mit Kennedy in Wien zustande. Aber je mehr die Vereinigten Staaten und die Sowjetunion den internationalen Dialog für sich vereinnahmten, desto stärker wurde für manche der NATO-Verbündeten der Anreiz, ein Mindestmaß an Unabhängigkeit für sich zurückzugewinnen. Als die Bedrohung Westeuropas dann zusammen mit der weitverbreiteten Furcht vor Moskau abnahm, schienen Meinungsverschiedenheiten innerhalb der Atlantischen Allianz weniger riskant zu werden. De Gaulle nutzte diese Situation, um eine unabhängigere europäische Politik zu fördern.

In Großbritannien indessen rief die Frage, welcher Partei man folgen sollte, keine Kontroverse hervor. Da Macmillan eine Unterordnung unter die USA einer Unterordnung unter Europa vorzog, vermochte er schwerlich einen Anlaß zu entdecken, de Gaulle in seinen Absichten zu ermutigen. Macmillan hat sich den Versuchen, die USA und Europa – ganz gleich aus welchen Gründen – auseinanderzutreiben, nie angeschlossen. Gleichwohl legte er nicht weniger Hartnäckigkeit als de Gaulle an den Tag, wenn es darum ging, die wesentlichen Interessen Großbritanniens zu verteidigen. Das wurde auch während der sogenannten Skybolt-Affäre offenkundig.

Um die Lebensdauer seiner betagten Bomberflotte zu verlängern, hatte Großbritannien beschlossen, von den Amerikanern Raketen vom Typ Skybolt zu kaufen, eine Luft-Boden-Rakete für lange Strecken, die sich damals gerade im Stadium der Entwicklung befand. Im Herbst 1962 stoppte die Kennedy-Administration das Projekt ohne jede Vorwarnung, angeblich aus technischen Gründen, tatsächlich jedoch, um sich nicht von Flugzeugen abhängig zu machen, von denen man annahm, daß sie verwundbarer seien als Raketen, und um die Briten davon abzuhalten, eine eigene Atomstreitmacht aufzubauen. Diese einseitige Entscheidung Washingtons, die ohne vorherige Rücksprache mit Großbritannien zur Ausführung gelangte, machte aus den britischen Bomberverbänden einen Schrotthaufen. Die französischen Warnungen vor einer Abhängigkeit von den Vereinigten Staaten schienen in diesem Moment nur allzu berechtigt zu sein.

Die nächste Phase der Skybolt-Affäre offenbarte jedoch die Vorzüge der »besonderen Beziehung« zwischen London und Washington. Macmillan forderte einen Teil des Guthabens ein, das er bei seiner geduldigen Pflege der anglo-amerikanischen Beziehungen angehäuft hatte. Dabei nahm er keineswegs übertriebene Rücksichten: »Wenn die Schwierigkeiten, die sich im Lauf der Entwicklung von Skybolt ergeben haben, als Mittel benutzt werden sollten [...], um England am Aufbau einer eigenen atomaren Streitmacht mit Gewalt zu hindern, so hätte dies in der Tat gravierende Konsequenzen. Es wäre ein schwerer Affront gegen die Parteigänger einer eigenen Atomstreitmacht wie gegen deren Opponenten in unserem Land. Es würde das Gefühl des Nationalstolzes beleidigen, und wir würden uns mit allen zu Gebote stehenden Mitteln dagegen zur Wehr setzen.«[8]

Kennedy und Macmillan kamen in Nassau auf den Bahamas zusammen, wo sie sich am 21. Dezember 1962 darauf einigten, die Definition ihrer »besonderen Beziehung« mit Blick auf die atomare Bewaffnung neu festzulegen. Amerika würde Großbritannien für die Skybolt-Raketen entschädigen, indem es ihm fünf Polaris-Unterseeboote samt den dazugehörigen Raketen verkaufte; London sollte dafür seine eigenen atomaren Gefechtsköpfe entwickeln. In Anerkennung des amerikanischen Interesses an einer zentralen Kontrolle der Kernwaffen stimmte Großbritannien zu, diese Unterseeboote der NATO »zuzuordnen«, sofern nicht »das oberste nationale Interesse betroffen war«.[9]

Wie sich zeigen sollte, besaß die Eingliederung britischer Streitkräfte in die NATO weitgehend symbolischen Charakter. Da Großbritannien die Unterseeboote einsetzen konnte, wann immer sein »oberstes nationales Interesse betroffen war«, und da andererseits der Einsatz von Atomwaffen per definitionem nur dann in Frage kam, wenn das oberste nationale Interesse tatsächlich berührt *war*, gestand das Abkommen von Nassau England auf der Grundlage von Gesprächen de facto dieselbe Handlungsfreiheit zu, die Frankreich durch Konfrontation erzwingen wollte. Der Unterschied zwischen der englischen und der französischen Einstellung zu den Atomwaffen lag darin, daß Großbritannien getreu seinem traditionellen Konzept bereit war, die Form dem Inhalt zu opfern. De Gaulle dagegen, bestrebt, für sein Land eine Identität zurückzugewinnen, setzte Form und Inhalt gleich. Frankreich befand sich in einer anderen Situation. Es konnte nicht darauf hoffen, auf die politischen Entscheidungen der Vereinigten Staaten einen ähnlichen Einfluß zu gewinnen wie Großbritannien. Deshalb brachte es unter der Führung de Gaulles die theoretische Frage nach dem Wesen der atlantischen Kooperation in einer Weise vor, aus der sehr schnell ein Wettstreit um die Führung in Europa entstand. Für Amerika entwickelte sich daraus zugleich eine Wiederbegegnung mit dem historischen Stil europäischer Diplomatie.

Seit dem Ende des Zweiten Weltkriegs hatten die Vereinigten Staaten die Weltpolitik in einem Grade bestimmt, wie es in früheren Zeiten keiner einzelnen Nation möglich gewesen war. Obschon das Land nur einen sehr kleinen Teil der Weltbevölkerung umfaßte, produzierte es knapp ein Drittel aller Güter und Dienstleistungen der Welt. Zusammen mit seiner weit fortgeschrittenen Nukleartechnologie besaß es dadurch einen außerordentlichen Vorsprung vor jedem denkbaren Rivalen, seien es einzelne Nationen oder ganze Gruppen.

Gesegnet mit allen nur vorstellbaren Vorzügen, vergaßen die amerikanischen Politiker freilich über mehrere Jahrzehnte, wie vergleichsweise wenig repräsentativ das Verhalten eines verwüsteten, zeitweilig ohnmächtigen und somit leicht zu beeinflussenden Europas war, eines Kontinents, der immerhin mehr als zweihundert Jahre lang das Weltgeschehen bestimmt hatte. Vergessen war die europäische Dynamik, von der die industrielle Revolution ausgegangen war, vergessen die politische Philosophie, die den Begriff der nationalen Souveränität hervorgebracht hatte, vergessen auch der europäische Stil der Diplomatie, der drei Jahrhunderte lang ein kompliziertes System des Kräftegleichgewichts aufrechtzuerhalten wußte. Als Europa sich dank der unentbehrlichen Hilfe der USA erholt hatte, erschien es kaum ungewöhnlich, daß manche der traditionellen diplomatischen Handlungsmuster wiederkehrten, insbesondere in Frankreich, wo unter Richelieu die moderne Staatskunst schlechthin entstanden war.

Insbesondere Charles de Gaulle wollte die alten Wege aufs neue beschreiten. In den sechziger Jahren, auf dem Höhepunkt seiner Auseinandersetzungen mit den Vereinigten Staaten, sah sich der französische Staatspräsident regelmäßig dem Vorwurf ausgesetzt, er leide an Größenwahn. Tatsächlich hatte er das entgegengesetzte Problem: Wie konnte man einem Land wieder zu seiner Identität verhelfen, das von einem Gefühl des Scheiterns und der Verletzlichkeit erfüllt war? Anders als Amerika war Frankreich kein übermächtiges Land; im Unterschied zu Großbritannien verstand es den Zweiten Weltkrieg nicht als einigende oder auch nur als eine letzten Endes ermutigende Erfahrung.

Nur wenige Länder hatten solche Qualen erduldet wie Frankreich. Einen Großteil seiner jungen Männer hatte das Land bereits im Ersten Weltkrieg verloren.[10] Den Überlebenden war klar, daß man nicht die Kraft haben würde, eine weitere derartige Heimsuchung zu überstehen. So blickte Frankreich auf den Zweiten Weltkrieg gleichsam wie auf einen Alptraum zurück, der Wirklichkeit geworden war, zumal es den Zusammenbruch von 1940 gleichermaßen als psychologischen wie als militärischen Schlag empfunden hatte. Und obwohl Frankreich auf dem Papier als eine der Siegermächte aus dem Krieg hervorgegangen war, wußten seine politischen Führer sehr wohl, daß sie ihre Rettung weitgehend den Anstrengungen anderer zu verdanken hatten. Der Frieden brachte keine wirkliche Erleichterung. Die Vierte Republik erlebte hinsichtlich ihrer Regierungen dieselbe Instabilität wie die Dritte; außerdem mußte sie den dornigen Pfad der Entkolonialisierung gehen. Die 1940 gedemütigte französische Armee, die nach dem Krieg erst wieder neu aufgestellt werden mußte, sah sich gezwungen, fast zwanzig Jahre lang aufreibende Kolonialkriege zu führen, die ohne Ausnahme mit einer Niederlage endeten – zunächst in Indochina, dann in Algerien.

Gesegnet mit einer stabilen Regierung und einem Selbstbewußtsein, das durch den Sieg noch größer geworden war, konnten sich die Vereinigten Staaten zielstrebig jeder Aufgabe annehmen, die ihre Wertvorstellungen ihnen nahelegten. De Gaulle dagegen, verantwortlich für ein Land, das in anhaltende Konflikte verwickelt war und jahrzehntelange Demütigungen hinnehmen mußte, beurteilte politische Konzeptionen weniger nach pragmatischen Gesichtspunkten als danach, wieweit sie zur Wiederherstellung der französischen Selbstachtung beitragen konnten.

Der Konflikt, der sich daraus zwischen Frankreich und den Vereinigten Staaten ergab, verschärfte sich bald zusätzlich, weil beide Seiten, einander gründlich mißverstehend, nur in den seltensten Fällen von derselben Sache zu reden schienen. Während die politischen Führer der Vereinigten Staaten persönlich im allgemeinen bescheiden auftraten, neigten sie zu einer gewissen Anmaßung, was die Richtigkeit ihrer praktischen Rezepte anging. De Gaulle wiederum, der es mit einer im ganzen skeptischen Bevölkerung zu tun hatte, deren Enthusiasmus enttäuscht und deren Träume gescheitert waren, hielt es mitunter für erforderlich, die tiefsitzende Unsicherheit der Franzosen durch zur Schau getragene Herablassung wettzumachen. Die Verbindung von persönlicher Bescheidenheit und politischer Anmaßung in der Führung der USA spiegelte sich so, mit vertauschten Positionen, im Verhalten de Gaulles, der persönliche Arroganz mit historischer Bescheidenheit vereinte. Das machte nicht zum wenigsten die psychologische Kluft zwischen Amerika und Frankreich aus.

Da Washington wie selbstverständlich von einer Homogenität der Interessen unter den Mitgliedsstaaten des westlichen Bündnisses ausging, glaubte es in beratenden Gesprächen eine Art Allheilmittel für Meinungsverschiedenheiten zu besitzen. In den Augen der Amerikaner glich ein Bündnis in diesem Betracht einer Aktiengesellschaft: Der intern ausgeübte Einfluß hatte der Höhe des von jeder Partei gehaltenen Anteils zu entsprechen. Mit anderen Worten, der Einfluß der einzelnen Mitglieder sollte in direktem Verhältnis zu dem materiellen Beitrag stehen, den sie zu dem gemeinsamen Unternehmen leisteten.

In der jahrhundertelangen diplomatischen Tradition Frankreichs gab es nichts, was dessen Führern diese Schlußfolgerung nahegelegt hätte. Seit Richelieu waren die politischen Initiativen des Landes stets einer Abwägung von Nutzen und Risiken entsprungen. Als das stolze Produkt dieser Tradition machte sich de Gaulle weniger Gedanken um die Funktionsweise von Beratungen als darum, daß ihm für den Fall von Meinungsverschiedenheiten bestimmte Optionen offenstanden, denn der französische Staatspräsident war überzeugt, daß es letztlich diese Entscheidungsmöglichkeiten seien, welche die relative Verhandlungsmacht der Bündnismitglieder ausmachten: Für ihn beruhten stabile Beziehungen zwischen den Nationen auf dem Ausgleich von Interessen, nicht auf formellen Verfahren zur Schlichtung von Meinungsverschiedenheiten, und Eintracht hielt er nicht für einen Naturzustand, sondern für etwas, das dem Konflikt unterschiedlicher Interessen abgerungen werden mußte:»Dem Menschen sind durch seine Natur Grenzen gesetzt‹, aber ›seine Begierden sind grenzenlos‹. Die Welt ist voller Kräfte, die sich gegenseitig bekämpfen. Gewiß ist es menschlicher Weisheit oft gelungen zu verhindern, daß solche Rivalitäten in mörderische Konflikte ausarten. Aber das Leben besteht aus einem Wettbewerb der Leistungen [...]. Letzten Endes wird die Welt den Frieden nur im Gleichgewicht finden.«[11]

Meine eigene kurze Bekanntschaft mit de Gaulle verhalf mir zu einem nüchternen Einblick in dessen Grundanschauungen. Zu unserer ersten Begegnung kam es während Nixons Besuch in Paris im März 1969. Wir befanden uns im Elyséepalast, wo de Gaulle zu einem großen Empfang eingeladen hatte, und einer seiner Berater machte mich in der Menge aus. Er teilte mir mit, daß der französische Präsident mich zu sprechen wünsche. Etwas ehrfurchtsvoll näherte ich mich der hochaufgerichteten Gestalt. Als de Gaulle mich erblickte, verabschiedete er die Gruppe, die ihn umgab, und ohne ein Wort der Begrüßung oder einer anderen Höflichkeitsfloskel begrüßte er mich mit der Frage:»Warum ziehen Sie sich nicht aus Vietnam zurück?«Ich erwiderte mit einer gewissen Schüchternheit, ein einseitiger Rückzug würde die Glaubwürdigkeit der Vereinigten Staaten erschüttern. De Gaulle war von dieser Antwort wenig beeindruckt und fragte, in welcher Region es denn zu diesem Verlust an Glaubwürdigkeit kommen könnte. Als ich ihm den Nahen Osten nannte, schlug seine Unnahbarkeit in Melancholie um; er antwortete:»Das ist schon merkwürdig. Ich dachte, es seien Ihre Feinde, die im Nahen Osten ein Problem mit der Glaubwürdigkeit haben«.

Am folgenden Tag, nach einer Zusammenkunft mit dem Staatspräsidenten, forderte Nixon mich auf, etwas zu de Gaulles Vision von einem »Europa der Vaterländer« zu sagen. Nun schätzte es der General überhaupt nicht, sich auf ein Gespräch mit unteren Chargen einzulassen oder – was für diese Situation zutraf – in der Gegenwart eines Assistenten zu sprechen. Aus diesem Grund war meine an ihn gerichtete Frage, wie er Deutschland daran hindern wolle, das von ihm angestrebte Europa zu beherrschen, reichlich verwegen. Eine solche Frage war offenbar keiner ausführlichen Antwort würdig. »Par la guerre«, erwiderte er kurz angebunden: »Durch Krieg.« Dabei hatte er erst vor sechs Jahren einen dauerhaften Freundschaftsvertrag mit Adenauer geschlossen.

Es war seine aufrichtige Hingabe gegenüber den nationalen Interessen Frankreichs, die de Gaulles reservierten und kompromißlosen diplomatischen Stil prägte. Die amerikanischen Führer setzten auf Partnerschaft; er dagegen betonte die souveräne Verantwortung der Staaten: Sie mußten selber zusehen, wie sie für ihre Sicherheit sorgten. Während der US-Präsident jedem Mitglied des Bündnisses einen Anteil an der Gesamtaufgabe übertragen wollte, war de Gaulle der Meinung, eine solche Arbeitsteilung werde sein Land auf eine untergeordnete Position verweisen und die nationale Identität Frankreichs zunichte machen. »Es ist für einen großen Staat nicht tragbar«, sagte er 1961, »sein Schicksal den Entscheidungen und den Taten eines anderen – wenn auch noch so befreundeten – Staates zu überlassen. Dazu kommt, daß in der Integration das integrierte Land geneigt ist, seine nationale Verteidigung zu vernachlässigen, da es nicht für sie verantwortlich ist.«[12]

Diese Einstellung erklärt de Gaulles fast stereotypes diplomatisches Vorgehen. Seine Taktik bestand immer wieder darin, Vorschläge mit einem Minimum an Erläuterungen vorzulegen, um sie anschließend, sollten sie abgelehnt werden, einseitig in die Tat umzusetzen. Für ihn zählte vor allem, daß die Franzosen in dem Bewußtsein leben konnten, aus eigenem, freiem Willen handeln zu können, und daß dies auch allen anderen deutlich war. Die Demütigung von 1940 betrachtete er als vorübergehenden Rückschlag, der durch eine eiserne, kompromißlose Führung überwunden werden könne.

Mit dieser Einstellung allerdings mußte Frankreich bereits dem leisesten Verdacht, es habe sich in irgendeinem Punkt unterzuordnen, entgegentreten, und handele es sich auch um Unterordnung unter seinen ebenso gefürchteten wie respektierten amerikanischen Verbündeten. »Frankreich lag materiell und moralisch durch die Niederlage von 1940 und durch die Kapitulation des Vichy-Regimes am Boden«, sagte de Gaulle einmal auf einer Pressekonferenz. »Daher befand es sich den reichen, aktiven und mächtigen Vereinigten Staaten gegenüber in einer Lage der Abhängigkeit. Es bedurfte ständig ihrer Hilfe, um eine Währungskatastrophe zu vermeiden; es erhielt die Waffen für seine Truppen aus den Vereinigten Staaten, und von ihrem Schutz allein hing die Sicherheit Frankreichs ab. Was die internationalen Projekte angeht [an denen sich seine Führer damals beteiligten], setzten diese Projekte unter dem vorgeblichen Streben nach Integration die amerikanische Autorität als selbstverständlich voraus. Das traf für das Projekt eines sogenannten ›supranationalen‹ Europa zu, in dem von Frankreich nichts übriggeblieben wäre [...], eines Europa ohne politische Realität, ohne wirtschaftlichen Antrieb, ohne die Mittel, sich zu verteidigen, und deshalb – angesichts der Gefährdung durch den Sowjetblock – dazu verurteilt, nicht mehr als ein Anhängsel jener westlichen Großmacht zu sein, die selbst eine eigene Politik, eine Wirtschaft und Verteidigung besaß: der Vereinigten Staaten von Amerika.«[13]

De Gaulle war nicht aus Prinzip antiamerikanisch. Er war durchaus zur Kooperation bereit, sobald in seinen Augen die europäischen Interessen wirklich mit den amerikanischen in Einklang standen. So waren die US-Regierungsvertreter während der Kubakrise verblüfft über de Gaulles umfassende Unterstützung: Von keinem anderen Führer der Alliierten war ihnen dergleichen in so vorbehaltloser Form zuteil geworden. Auch lehnte er Pläne ab, amerikanische Streitkräfte aus Europa abzuziehen, vor allem weil dies die US-Streitkräfte zu weit von Europa entfernen, die Sowjetarmee dagegen zu sehr in der Nähe Europas lassen würde:»Dieses ›Herauslösen‹ oder ›Disengagement‹ an sich hat für uns keine besondere Bedeutung. Denn wenn sich eine Abrüstung nicht auf eine Zone erstreckt, die ebenso nah an den Ural heranreicht wie an den Atlantik, wie soll Frankreich dann geschützt werden? Was sollte dann im Fall eines Konflikts einen Aggressor daran hindern, das unverteidigte deutsche Niemandsland zu überspringen oder zu überfliegen?«[14]

De Gaulles Beharren auf der Unabhängigkeit Frankreichs wäre allerdings nichts als eine leere Demonstration geblieben, hätte er es nicht mit einer Reihe von Behauptungen verknüpft, deren Absicht darin bestand, Amerikas Rolle in Europa zu schwächen. Immer wieder betonte er, die Europäer könnten sich nicht darauf verlassen, daß die Vereinigten Staaten ihre Streitkräfte für unbegrenzte Zeit in Europa stationiert hielten. Deshalb müsse der Kontinent sich – unter der Führung Frankreichs – darauf vorbereiten, seine Zukunft allein zu meistern. De Gaulle behauptete nicht, daß er eine solche Entwicklung bevorzuge. Aber er schien blind gegenüber der Möglichkeit zu sein, daß er mit seiner Politik eben das bewirken konnte, was er nach eigenem Bekunden befürchtete.

Während eines Besuchs in Paris im Jahre 1959 packte Eisenhower den Stier bei den Hörnern. Unverblümt fragte er den französischen Staatspräsidenten:»Warum zweifeln Sie eigentlich daran, daß Amerika sein Schicksal mit dem Europas verbindet?«[15] Wenn man bedenkt, wie Eisenhower sich im Fall der Suezkrise, wie er sich seit Chruschtschows Berlin-Ultimatum verhalten hatte, war das eine eigenartige und etwas selbstgerechte Frage. In seiner Antwort erinnerte de Gaulle Eisenhower daran, daß in den Zweifeln

Europas die Lehren zum Ausdruck kämen, die es aus seiner Geschichte gezogen habe. Die USA seien Frankreich im Ersten Weltkrieg erst nach drei Jahren zu Hilfe gekommen, drei Jahre, in denen das Land tödlicher Gefahr ausgesetzt war, und auch in den Zweiten Weltkrieg seien sie erst eingetreten, nachdem Frankreich bereits besiegt und besetzt worden war. Im Atomzeitalter wären beide Interventionen zu spät gekommen.

De Gaulle ließ keine Gelegenheit ungenutzt, um darauf hinzuweisen, daß die Einschätzungen der USA in bestimmten Fällen weniger »europäisch« waren als diejenigen Frankreichs, und er nutzte Chruschtschows Berlin-Ultimatum in dieser Hinsicht rücksichtslos aus. In Bonn sollte Paris als verläßlicher Partner gewürdigt werden, verläßlicher als die Amerikaner: Nach und nach wollte Frankreich die Vereinigten Staaten bei der Führung Europas ersetzen. Und als nach einigen einseitigen amerikanischen Initiativen eine Reihe bislang unberührter Grundsätze westlicher Berlinpolitik auf die Tagesordnung gesetzt wurde, brachte die wachsende Unruhe Adenauers den Franzosen eine Gefahr, aber auch eine Chance. Die Gefahr bestand darin, daß »im Fall eines Seitenwechsels der Westdeutschen das europäische Gleichgewicht zerstört [wäre], und das könnte das Signal zu einem Krieg sein«. Die Chance wiederum lag in einer Stärkung des französischen Einflusses.[16]

Was de Gaulle vorschwebte, war ein Europa, das in etwa Bismarcks Deutschland entsprechen sollte, eine Gemeinschaft von Staaten, von denen einer, nämlich Frankreich, die anderen dominieren und damit dieselbe Funktion übernehmen würde, die Preußen innerhalb des kaiserlichen Deutschland innegehabt hatte. In de Gaulles Adaption des alten Richelieu-Traums von französischer Vormachtstellung würde jede Nation eine Rolle zu übernehmen haben: Die Sowjetunion sollte sich um die Teilung Deutschlands kümmern und die Vereinigten Staaten um die Verteidigung Westeuropas gegenüber der Sowjetunion; Frankreich sollte dafür sorgen, daß sich die deutschen nationalstaatlichen Bestrebungen in einen Wunsch nach europäischer Einheit verwandelten. Doch im Gegensatz zum Preußen des neunzehnten Jahrhunderts war Frankreich keineswegs mehr der stärkste Staat in Europa. Es besaß weder die wirtschaftliche Kraft, um die anderen Länder zu beherrschen, noch war es in der Lage, ein Gleichgewicht zu kontrollieren, das die beiden Supermächte einbezog.

Alle diese Unstimmigkeiten hätten sich im Lauf der Zeit wahrscheinlich von selber erledigt, zumal Adenauer um jeden Preis im amerikanischen Lager bleiben wollte. Überhaupt waren sich alle führenden Politiker Deutschlands über die ungleiche Machtverteilung zwischen Frankreich und den Vereinigten Staaten durchaus im klaren, weshalb es höchst unwahrscheinlich schien, daß sie den Schutz amerikanischer Atomwaffen gegen die größere Wachsamkeit Frankreichs in politischen Fragen tauschen würden.

Es gab allerdings eine Streitfrage, die den Kern des ganzen Problems berührte und keinen Aufschub duldete: die Bestimmung der Militärstrategie im Atomzeitalter. Hier waren das amerikanische Beharren auf einer Integration und Frankreichs Forderung nach Autonomie in vieler Hinsicht tatsächlich miteinander unvereinbar, und es existierte nichts, was den Disput abgemildert hätte. Da das Zerstörungspotential von Kernwaffen historisch etwas völlig Neuartiges war, konnte die Geschichte für die Formulierung einer Militärstrategie kein zuverlässiger Leitfaden sein. Jeder Staatsmann tappte im dunkeln, sobald er versuchte, die Auswirkung der neuen Technologie auf Politik und Strategie abzuschätzen; alle diesbezüglichen Schlußfolgerungen beruhten auf akademischen Theorien, für die keine empirischen Befunde oder Daten vorlagen.

Während des ersten Jahrzehnts der Nachkriegsära sah es so aus, als ob das amerikanische Atomwaffenmonopol Allmachtsvisionen hätte Wirklichkeit werden lassen. Doch gegen Ende der fünfziger Jahre wurde offensichtlich, daß die atomaren Supermächte in absehbarer Zeit in der Lage sein würden, sich gegenseitig Zerstörungen zuzufügen, deren Ausmaß in der gesamten Menschheitsgeschichte ohne Beispiel war und das Überleben der Zivilisation selber bedrohte.

Diese Erkenntnis bildete den Ausgangspunkt einer Revolution, die das Wesen der internationalen Beziehungen verändern sollte. Zu allen Zeiten hatte die Waffentechnik sich weiterentwickelt, doch bis zum Ende des Zweiten Weltkriegs war der Umfang ihrer Zerstörungskraft relativ begrenzt geblieben. Kriege erforderten eine umfassende Mobilisierung von Hilfsmitteln und Soldaten, und hierfür benötigte man gewisse Zeit. Wenn ein Krieg begann, gab es daher stets noch verhältnismäßig wenige Gefallene; erst allmählich stieg ihre Zahl an. Zumindest theoretisch war es mithin möglich, einen Konflikt zu beenden, bevor er außer Kontrolle geraten war.

Da sich politische Macht vormals nur in eher kleinen Schritten steigern ließ, war jeder territoriale Zugewinn von strategischer Bedeutung. Die Vorstellung, daß ein Staat eines Tages über mehr Macht verfügen könnte, als sich mit rationalen politischen Zwecken vereinbaren ließ, wäre absurd erschienen. Doch genau das war der Fall im Atomzeitalter. Das zentrale strategische Problem der Supermächte bestand am Ende nicht mehr in der Anhäufung weiterer Machtfülle, sondern in der Bändigung des ungeheuren Zerstörungspotentials in ihren Händen, und bis heute ist es keiner atomaren Großmacht gelungen, auf diese Herausforderung eine Antwort zu finden. Politische Spannungen, die in früheren Zeiten fast unweigerlich einen Krieg heraufbeschworen hätten, wurden nunmehr aus Angst vor atomarer Verwüstung in Schranken gehalten. Anders gesagt: Die Atomwaffen schufen eine Risikoschwelle, die ein halbes Jahrhundert lang den Frieden bewahrte.
Dieser Zustand indessen brachte zugleich ein Gefühl politischer Handlungsunfähigkeit mit sich, dem sich auf der anderen Seite die Tatsache verband, daß die Wahrscheinlichkeit und die Häufigkeit von kriegerischen Aus-

einandersetzungen mit konventionellen Waffen zunahmen. Noch nie in der Geschichte war das militärische Übergewicht der Supermächte größer gewesen, und noch nie war es so unwahrscheinlich wie jetzt, daß Staatsoberhäupter davon Gebrauch machten. Daher ließen sich weder Nordkorea noch Nordvietnam durch das Kernwaffenarsenal der Vereinigten Staaten davon abhalten, ihre Ziele zu verfolgen, und dies auch dann nicht, wenn US-Streitkräfte gegen sie eingesetzt wurden. Ebensowenig wurden auf der anderen Seite die afghanischen Guerillakämpfer durch das atomare Potential der Sowjetunion eingeschüchtert.

Seit der Erfindung von Kernwaffen war es zum erstenmal in der Geschichte möglich, daß Entwicklungen, die allein im Innern eines souveränen Staats vor sich gingen, das Kräftegleichgewicht verschoben. Ja, mehr noch: In der Vergangenheit wäre keine territoriale Eroberung denkbar gewesen, die eine vergleichbare Veränderung des Kräftegleichgewichts herbeigeführt hätte wie der Erwerb von Kernwaffen durch einen Staat unserer Zeit. Und dennoch hat mit der einen Ausnahme eines von Israel gegen einen irakischen Reaktor geführten Militärschlags 1981 kein Land während des gesamten Kalten Krieges zu militärischen Mitteln gegriffen, um einen solchen Machtzuwachs gegnerischer Staaten zu verhindern.

Mit dem Aufkommen des Atomzeitalters waren die Militärs gezwungen, Strategie durch Abschreckung zu ersetzen und diese gleich einer esoterischen intellektuellen Übung zu betreiben. Da Abschreckung jedoch nur negativ erprobt werden kann, durch Ereignisse nämlich, die gerade *nicht* stattfinden, und da sich nicht eindeutig beweisen läßt, daß die genannten Ereignisse aus präzise dem oder dem Grund nicht stattgefunden haben, wurde es überaus schwierig zu beurteilen, ob eine Politik tatsächlich die bestmögliche war oder lediglich einen vereinzelten gewünschten Zweck erfüllte. Vielleicht war Abschreckung sogar völlig unnötig: Wie sollte man sich je Gewißheit darüber verschaffen, ob der Gegner überhaupt die Absicht zum Angriff hatte? Das waren Unwägbarkeiten, die dazu führten, daß bei innenpolitischen wie internationalen Debatten über Fragen der atomaren Rüstung die unterschiedlichsten Positionen vertreten wurden, von einer pazifistischen Strategie bis zu einer Politik kompromißloser Konfrontation, von lähmenden Zweifeln bis zu einem verstiegenen Gefühl von Macht, von unbeweisbaren Theorien der Verteidigung bis zu unbeweisbaren Theorien einer kontrollierten Rüstungsbeschränkung.

Die latenten Spannungen, die es in jedem Bündnis gibt, wurden durch diese Unsicherheit nur verstärkt. Blickt man auf die Geschichte, dann haben Nationen in der Regel, wenngleich fraglos nicht immer, an einem Bündnis festgehalten, weil sie dessen Aufkündigung mit all ihren Konsequenzen für riskanter hielten als die Erfüllung von Bündnispflichten. Im Atomzeitalter war dergleichen nicht mehr uneingeschränkt gültig. Wer einen Partner im Stich ließ, riskierte *möglicherweise* die atomare Verwüstung seines Landes; doch wer sich an der Seite eines Bündnispartners auf einen Atomkrieg einließ, beschwor eine *unmittelbare* Katastrophe herauf.

Um die Wirkung der nuklearen Abschreckung zu erhöhen, mußten Amerika und seine Verbündeten sowohl den Automatismus als auch die Härte ihrer Antwort auf einen Angriff unterstreichen. Um die Glaubwürdigkeit der Abschreckung zu erhöhen und das Ausmaß der Katastrophe zu begrenzen, falls das Konzept fehlschlug, suchten die USA nach Mitteln und Wegen, einen Atomkrieg zugleich berechenbarer und weniger desaströs zu machen. Eine begrenzte Wahl der Ziele, eine zentrale Kommandostelle, eine Steuerung und eine Strategie der flexiblen Antwort, das alles wurde zum Credo der Intellektuellen im US-Verteidigungsministerium. Doch die Verbündeten der Vereinigten Staaten widersetzten sich diesen Vorhaben. Sie befürchteten, je berechenbarer und hinnehmbarer ein Atomkrieg gemacht würde, desto wahrscheinlicher werde es zu einer atomaren Aggression kommen. Und andererseits konnte auch der Fall eintreten, daß die USA im letzten Augenblick davor zurückschreckten, ihre Kernwaffen einzusetzen, wie begrenzt eine solche Option auch immer sein mochte, so daß für Europa am Ende nur die nachteiligen Auswirkungen beider Möglichkeiten übrigbleiben konnten: mangelnde Abschreckung und eine fehlgeschlagene Strategie.

Die Befürchtungen waren durchaus ernst zu nehmen. Doch dies galt ebenso für die Sorge der amerikanischen Führung: Wenn über den Einsatz französischer und britischer Atomwaffen jeweils autonom entschieden werden konnte, so erhöhte sich ganz einfach die Anzahl der Mitspieler am Roten Knopf. Sollten die europäischen Streitkräfte in eine Situation geraten, die sie zu einem Schlag gegen die Sowjetunion zwang, dann würden sie die Vereinigten Staaten womöglich gegen deren Willen in einen Atomkrieg hineinziehen. Es war ja durchaus vorstellbar, daß Moskau seinen Vergeltungsschlag gegen die Vereinigten Staaten führen würde, um zu verhindern, daß die Amerikaner aus dem der Sowjetunion zugefügten Schaden ihren Vorteil zogen. In einem wahrscheinlicheren Szenario jedoch war die Antwort der Sowjets auf die Verbündeten der USA so massiv, daß sich die Frage stellte, ob Amerika wirklich untätig bleiben durfte, während seine engsten Verbündeten vernichtet wurden – was immer diesen Gegenschlag ausgelöst haben würde.

Insofern hatten die amerikanischen Politiker allen Grund, sich nicht in einen Atomkrieg hineinzwingen zu lassen. Der Gedanke, daß man die Existenz der eigenen Gesellschaft aufs Spiel setzte, war selbst dann noch bedrohlich genug, wenn man nicht zu befürchten brauchte, eine solche Entscheidung von den Bündnispartnern aufgezwungen zu bekommen. Auf der anderen Seite beschwor das, was von amerikanischer Seite als die »Lösung« des Dilemmas präsentiert wurde – der Versuch nämlich, den Verbündeten die Möglichkeit zu unabhängigem Vorgehen zu nehmen –, die Alpträume der europäischen Geschichte herauf. Die Europäer waren bestens vertraut mit Situationen, in denen man die eigenen Partner im Stich lassen mußte oder von ihnen im Stich gelassen wurde, und zwar aus weit weniger zwingenden Gründen als dem einer atomaren Verwüstung. Für sie hing das Überleben von der Frage ab, ob es ihnen gelänge, Amerika so weit wie irgend möglich der Option zu berauben, sich im Fall eines drohenden Nuklearkrieges aus dem Bündnis zu lösen – oder ob sie, falls ihnen dies nicht glückte, als eine Form der Rückversicherung über eigene Nuklearstreitkräfte verfügten.

Die unterschiedlichen Auffassungen der Amerikaner und Europäer über nukleare Strategien stellten alle Beteiligten vor ein unlösbares Problem. Das Bedürfnis Englands und Frankreichs, wenigstens eine gewisse Kontrolle über Entscheidungen zu behalten, die das Schicksal ihrer Länder betrafen, war verständlich; dies befand sich überdies im Einklang mit ihrer Vergangenheit. Doch das Bestreben der Vereinigten Staaten, die nuklearen Risiken nicht noch dadurch zu erhöhen, daß man Alleingänge verbündeter Staaten möglich machte, war ebenfalls verständlich. Unter dem Gesichtspunkt der Abschreckung hatte die Entschlossenheit der Briten und Franzosen, weitere Entscheidungsstellen einzurichten, manches für sich: Die Gefahrenabwägung eines Aggressors würde ohne Zweifel weitaus komplizierter, wenn dieser die Existenz unabhängiger Atomstreitkräfte in Rechnung stellen mußte. Angesichts der Notwendigkeit freilich, eine für alle akzeptable Strategie zu finden, war auch das Beharren der USA auf einer zentralisierten Kommandostruktur sinnvoll. Beide Anliegen waren nicht miteinander zu vereinbaren, schon weil sie den Versuch verschiedener Nationen darstellten, ihr Schicksal unter völlig neuartigen Bedingungen und angesichts unvorstellbarer Gefahren selber zu bestimmen. Die Reaktion Amerikas auf das Dilemma bestand in dem Versuch, es zu »lösen«; de Gaulle dagegen, der es für unlösbar hielt, war bestrebt, die französische Unabhängigkeit zu verwirklichen.

Die amerikanische Politik wurde in zwei Phasen und deutlich unterscheidbaren Formen proklamiert, in denen die gegensätzlichen Persönlichkeiten der jeweils im Amt befindlichen US-Präsidenten zum Ausdruck kamen. Eisenhowers Lösungsversuch bestand darin, den starrsinnigen de Gaulle davon zu überzeugen, daß eine unabhängige französische Atomstreitmacht nicht notwendig und der Aufbau einer solchen ein Akt des Mißtrauens sei. Mit einer typisch amerikanischen Mischung aus Legalismus und Idealismus bemühte sich Eisenhower, der Schreckensvision seines Landes zu begegnen, jenem Alptraum, es könne zu einem von den Verbündeten entfesselten Atomkrieg kommen: Das war eine technisch-organisatorische Lösung. Bei einem Besuch in Paris 1959 fragte er de Gaulle, auf welche Weise die verschiedenen atomaren Streitkräfte innerhalb des Bündnisses in einen einheitlichen Militärplan einbezogen werden könnten. Denn zu diesem Zeitpunkt hatte Frankreich sein eigenes Atomprogramm bereits angekündigt, aber noch keine Atomwaffentests unternommen.

Eisenhower erhielt darauf eine Antwort, die er nicht hinnehmen wollte.

Für de Gaulle war die Integration der atomaren Streitkräfte ein politisches und kein organisatorisches Problem. Es war bezeichnend für die Kluft, die sich zwischen diesen beiden Konzepten aufgetan hatte, daß es Eisenhower offenbar entgangen war, daß de Gaulle auf die Frage des amerikanischen Präsidenten im Grunde bereits ein Jahr zuvor reagiert hatte, als er ein politisches Direktorium innerhalb der Atlantischen Allianz vorschlug. Der Amerikaner erstrebte strategische, der Franzose politische Optionen, und während es Eisenhower primär um eine effiziente Kommandostruktur für den Kriegsfall ging, war de Gaulle weniger an Plänen für die Führung eines allgemeinen Krieges interessiert – der in seinen Augen ohnehin nicht zu gewinnen war – als an der Erweiterung diplomatischer Alternativen durch die Sicherung der französischen Handlungsfreiheit *vor* einem Krieg.

Am 17. September 1958 ließ de Gaulle ein Memorandum an Eisenhower und Macmillan übergeben, in dem seine Vorstellungen von einer geeigneten NATO-Struktur festgehalten waren. Er schlug ein politisches Direktorium innerhalb des Atlantischen Bündnisses vor, das aus den Regierungschefs der drei Atommächte USA, Großbritannien, Frankreich bestehen sollte. Das Direktorium sollte in regelmäßigen Abständen zusammentreten, einen gemeinsamen Stab einrichten und eine gemeinsame Strategie entwerfen, vor allem im Hinblick auf Krisen außerhalb des NATO-Gebiets. »Politische und strategische Fragen von Weltbedeutung«, so die Denkschrift, »sollten einem neuen Gremium anvertraut werden, das aus den Vereinigten Staaten von Amerika, Großbritannien und Frankreich besteht. Dieses Gremium sollte die Befugnis haben, gemeinsame Entscheidungen zu allen politischen Fragen im Hinblick auf die Weltsicherheit zu treffen und strategische Pläne, insbesondere im Zusammenhang mit dem Einsatz von Kernwaffen, zu entwickeln und notfalls in die Tat umzusetzen. Darüber hinaus sollte es zuständig sein für die Organisation der Verteidigung von einzelnen Operationsgebieten wie der Arktis, dem Atlantik, dem Pazifik und dem Indischen Ozean, wo dies zweckdienlich ist. Diese Regionen können ihrerseits nötigenfalls noch weiter unterteilt werden.«

Um zu beweisen, wie ernst er es mit seinen Vorschlägen meinte, verband de Gaulle diese mit der Drohung, er werde andernfalls den Austritt Frankreichs aus der NATO bewirken. »Die französische Regierung«, schrieb er, »hält eine solche Sicherheitsorganisation für unverzichtbar. Künftig wird die gesamte weitere Entwicklung der gegenwärtigen NATO-Mitgliedschaft Frankreichs auf ihr beruhen.«[17]

Es war eine Argumentation auf zwei Ebenen: Auf der einen verlangte de Gaulle für Frankreich den gleichen Status gegenüber den USA wie Großbritannien; auf einer niedrigeren schlug er ein Sicherheitsabkommen vor, das Roosevelts Idee von den Vier Weltpolizisten nicht unähnlich war, wobei Frankreich die Sowjetunion als Mitwirkenden ersetzen sollte: ein umfassendes Konzept einer globalen kollektiven Sicherheit auf der Basis von Kernwaffen, auch wenn das atomare Potential der Franzosen zum damaligen Zeitpunkt zweifellos noch äußerst gering war.

De Gaulle war zum Kern des atomaren Problems vorgestoßen. Im Atomzeitalter, so hatte er erkannt, konnte es keine technisch-organisatorischen Mittel zur Gewährleistung einer Zusammenarbeit geben. Das potentielle Risiko, das mit *jeglichem* Einsatz von Kernwaffen einherging, war so exorbitant, daß die Notwendigkeit seiner Vermeidung die Akteure veranlaßte, eine stark national geprägte, egoistische Haltung einzunehmen. Die einzige Hoffnung auf ein gemeinsames Vorgehen bestand darin, möglichst enge politische Beziehungen herzustellen, so daß sich die einzelnen Teilnehmer am Beratungsprozeß als absolute Einheit begreifen würden. Doch dergleichen ist unter souveränen Nationen schwer zu erreichen, und de Gaulles diplomatischer Stil machte es fast unmöglich.

Betrachtete de Gaulle das Direktorium nur als Notbehelf, bis die im Entstehen begriffenen französischen Atomstreitkräfte stark genug wären, um mit einer unabhängigen Vorgehensweise zu drohen? Oder zielte er auf eine bislang beispiellose Form der Zusammenarbeit ab, für die Frankreich mit einer besonderen Führungsrolle auf dem europäischen Kontinent belohnt werden sollte? Die Antwort werden wir nie erfahren. Denn die Idee eines Direktoriums wurde von Eisenhower und Macmillan sehr kühl aufgenommen. Großbritannien war nicht bereit, seine »besondere Beziehung« zu den Vereinigten Staaten zu verwässern, und diese wiederum verspürten nicht den Wunsch, einen Anreiz für die Verbreitung von Atomwaffen zu schaffen, indem sie ein Direktorium ins Leben riefen, in welchem ausschließlich Atommächte – womöglich auch noch zukünftige – vertreten wären. Die übrigen NATO-Mitglieder lehnten die mit dem Vorschlag verbundene Unterstellung ab, daß es zwei Kategorien von NATO-Staaten gebe: solche, die über Atomwaffen verfügten, und die übrigen. Und die politische Führung der Vereinigten Staaten zog es vor, das Atlantische Bündnis so zu behandeln, als wäre es eine einzige Einheit, selbst wenn kaum ersichtlich war, wie sich diese Vorstellung mit den jüngsten Meinungsverschiedenheiten über Suez und Berlin vereinbaren ließen.

Die offiziellen Reaktionen Eisenhowers und Macmillans waren ausweichend. Nachdem sie sich an die verhältnismäßig leicht beeinflußbaren und stets nur für kurze Zeit im Amt befindlichen Ministerpräsidenten der Vierten Republik gewöhnt hatten, reagierten sie auf de Gaulle, indem sie im wesentlichen höchst bürokratische Pläne vorlegten. Sie hofften, mit der Zeit werde sich die Widerspenstigkeit des Generals schon geben, und wenn sie das Prinzip regelmäßiger Konsultationen auch akzeptierten, so suchten sie diese doch auf eine Ebene unterhalb der Regierungschefs zu beschränken. Es war unverkennbar, daß sie es am liebsten gesehen hätten, wenn die Beratungen sich auf reine Militärfragen konzentrierten.

Die Taktik Eisenhowers und Macmillans lief auf den Versuch hinaus, die sachlichen Probleme mit Fragen der Prozedur zu überdecken. Das konnte nur dann einen Sinn ergeben, wenn man davon ausging, daß de Gaulle zum einen von geradezu großsprecherischem Leichtsinn war und zum anderen über keinen Handlungsspielraum verfügte, zwei Annahmen, die sich als vollkommen falsch erwiesen. Nachdem er eingesehen hatte, daß seine Vorschläge auf fruchtlosen Boden gefallen waren, griff de Gaulle zu einer für ihn bezeichnenden Vorgehensweise: Er machte seinen Gesprächspartnern klar, daß er durchaus über Alternativen verfügte. Er befahl den Abzug amerikanischer Kernwaffen von französischem Boden; dann entzog er zunächst die französische Flotte und schließlich sämtliche französischen Streitkräfte dem Oberbefehl der NATO. Bevor er zu diesem letzten, folgenreichen Mittel griff, geriet de Gaulle freilich noch mit einem dynamischen und jungen US-Präsidenten aneinander – mit John F. Kennedy.

Kennedy stand für eine neue Generation amerikanischer Staatsmänner. Sie hatten im Zweiten Weltkrieg mitgekämpft, ihn jedoch nicht geführt; sie hatten den Aufbau der Nachkriegsordnung unterstützt, gehörten jedoch nicht zu deren Schöpfern. Kennedys Vorgänger im Amt, die von Anfang an dabeigewesen waren, richteten ihre Anstrengungen auf die Bewahrung dessen, was sie aufgebaut hatten. Der Regierungsapparat unter Kennedy strebte etwas ganz Neues an. Für Truman und Eisenhower hatte der Zweck des Atlantischen Bündnisses darin bestanden, einer sowjetischen Aggression Widerstand entgegenzusetzen; Kennedy wollte eine Atlantische Gemeinschaft formen, die den Weg zu der neuen Weltordnung weisen sollte.

Bei der Verfolgung dieses Projekts entwickelte die Kennedy-Administration eine zweigleisige Strategie: Einerseits versuchte sie, eine vernünftige Anwendung von Atomwaffen herauszuarbeiten, andererseits bemühte sie sich um eine politische Definition dessen, was sie sich unter der Atlantischen Gemeinschaft vorstellte. Kennedy war entsetzt über die katastrophalen Konsequenzen der noch immer geltenden Militärdoktrin einer massiven Vergeltung. Unter der Führung seines brillanten Verteidigungsministers Robert McNamara suchte er nach Wegen, um für die westlichen Demokratien eine Situation zu vermeiden, in der sie nur noch die Wahl zwischen einem dritten Weltkrieg und einer Kapitulation hatten. Die US-Regierung legte das Schwergewicht ihrer Strategie in zunehmendem Maße auf konventionelle Streitkräfte; sie bemühte sich um einen Katalog differenzierter atomarer Gegenschläge im Falle eines sowjetischen Angriffs. Daher führte die Einsicht in Amerikas wachsende Verwundbarkeit gegenüber einem atomaren Angriff zur Strategie der sogenannten flexiblen Reaktion, deren Befehlsstruktur und vielfältige Optionen die Vereinigten Staaten in den Stand setzen sollten, je nach Maßgabe der Kooperationsbereitschaft des Gegners und nach Lage des einzelnen Falles darüber zu entscheiden, auf welche Weise und mit welchen Waffen ein Krieg geführt und zu welchen Bedingungen er beendet werden sollte.

Damit eine solche Strategie funktionierte, mußten die Atomwaffen unter einer zentralen – das heißt US-amerikanischen – Kontrolle gehalten werden. Kennedy bezeichnete das französische Atomwaffenprogramm daher als »NATO-feindlich«, während sein Verteidigungsminister die Vorstellung von europäischen Atomstreitkräften einschließlich derjenigen Großbritanniens scharf kritisierte und sich dabei einer Reihe polemischer Begriffe wie »gefährlich«, »teuer«, »schnell veraltend« und »Mangel an Glaubwürdigkeit« bediente. Und Unterstaatssekretär George Ball schaltete sich mit dem Argument ein: »Der Weg der nuklearen Proliferation hat kein logisches Ende«.[18] So drängte die Regierung Kennedy auf eine »Integration« aller NATO-Atomstreitkräfte. Sie legte ein Programm vor, mit dem dieses Ziel erreicht werden sollte: die Schaffung der sogenannten »NATO Multilateral Force« (MLF). Einige hundert Mittelstreckenraketen mit einer Reichweite von zweitausendfünfhundert bis dreitausendzweihundert Kilometer sollten auf Schiffen unter dem Oberbefehl der NATO stationiert werden. Um den gemeinsamen Charakter dieser Streitmacht augenfällig zu machen, seien die Schiffe mit Soldaten aller am Bündnis beteiligten Nationalitäten zu bemannen.[19]

Am 4. Juli 1962 verkündete Kennedy seine hochherzige »Erklärung gegenseitiger Abhängigkeit« (»Declaration of Interdependence«) zwischen den USA und einem vereinten Europa. Das politisch und wirtschaftlich integrierte Europa würde zu einem gleichberechtigten Partner der Vereinigten Staaten werden, es würde mit diesen die Lasten und Verpflichtungen einer Weltführung teilen,[20] ein Bild, das Kennedy auch in einer Ansprache am 25. Juni 1963 in der Frankfurter Paulskirche beschwor. Er verknüpfte die Zukunft der atlantischen Partnerschaft mit der Integration Europas: »Nur ein in sich gefestigtes Europa«, sagte er, »kann uns alle vor der Zersplitterung des Bündnisses bewahren. Nur ein solches Europa ermöglicht eine echte Reziprozität in allem Tun und Trachten über den Ozean hinweg, angesichts unseres wahrhaft atlantischen Arbeitsprogramms. Nur mit einem solchen Europa ist ein uneingeschränktes Geben und Nehmen zwischen Gleichberechtigten möglich und eine gleichmäßige Verteilung der Verantwortung wie auch der Opfer.«[21]

Doch Kennedys beredte Aufforderung blieb in dem Morast europäischer Gegensätze stecken, jener besonderen Disparatheit zwischen zunehmender wirtschaftlicher Stärke und dem Gefühl militärischer, vor allem atomarer Ohnmacht. Eben jene Eigenschaften, die die Doktrin für die Vereinigten Staaten so attraktiv und notwendig machten, lösten bei ihren NATO-Verbündeten Zweifel aus. Die praktische Konsequenz der Strategie der flexiblen Reaktion bedingte, daß Washington bei der Entscheidung für oder gegen einen Krieg seinen politischen Handlungsspielraum zu erweitern vermochte, ein Ziel, das auch Paris mit seiner *force de frappe* angestrebt hatte, wie de Gaulle die französische Nuklearstreitmacht taufte, als sie in den sechziger Jahren aufgestellt wurde. Doch gerade die Elemente von Bedachtsamkeit und Flexibilität, die Amerika so erstrebenswert erschienen, stärkten die französischen Argumente: In Paris sprach man sich für eine nukleare Autonomie Europas als einer Art Rückversicherung aus, falls die USA es sich in einer konkreten Krise doch anders überlegen sollten. Ziel der Vereinigten Staaten war es, die Abschreckung zu erhöhen, indem man die nukleare Bedrohung glaubhafter machte. Die meisten Alliierten hingegen zogen es vor, eine Abschreckung mit den entgegengesetzten Mitteln zu erreichen: Indem man an der Strategie der massiven Vergeltung festhielt, beabsichtigte man, das Risiko für den Angreifer zu erhöhen, ganz gleich, welche Konsequenzen daraus folgen mochten. Wie man verfahren sollte, falls der Bluff seine Wirkung verfehlte, wurde allerdings nie erörtert. Nicht auszuschließen ist, daß manche an eine Kapitulation gedacht haben.

Die Debatte über die militärische Integration hatte etwas Scholastisches an sich. In Friedenszeiten hat das NATO-Kommando ja vornehmlich eine Planungsaufgabe: Die Militärstreitkräfte der einzelnen Verbündeten unterstehen dem nationalen Kommando, und das Recht, die eigenen Streitkräfte abzuziehen, war so fest verankert, daß es nie in Frage gestellt wurde. Das zeigte sich beim Rückruf französischer Truppen, die in Algerien eingesetzt werden sollten, und von US-Truppen während mehrerer Nahostkrisen – im Libanon 1958, beim arabisch-israelischen Krieg von 1973 und im Golfkrieg von 1991. Während all der Debatten um Inhalt und Nutzen des Begriffs »Integration« legten sich weder die Vereinigten Staaten noch Frankreich fest, welche gemeinsamen Maßnahmen es unter dem Stichwort »Eingliederung« gebe, die durch die offenere französische Konzeption der »Kooperation« bereits ausgeschlossen waren. Eine auf die Befehlsstruktur gerichtete Vorkehrung vermochte das in letzter Konsequenz politische Problem nicht zu lösen, das von de Gaulle folgendermaßen formuliert wurde: »Die Amerikaner, unsere Verbündeten und unsere Freunde, haben lange Zeit allein eine Atomrüstung besessen. Solange das der Fall war und sie den Willen bekundeten, diese, im Falle eines Angriffs, direkt und sofort zur Verteidigung Europas einzusetzen..., bewirkten die Amerikaner, daß sich für Frankreich die Frage einer Invasion kaum stellte, da ein Angriff unwahrscheinlich war [...]. Inzwischen ist es so weit gekommen, daß auch die Sowjets eine Atomrüstung besitzen, die ausreicht, selbst das Leben Amerikas zu gefährden. Selbstverständlich stelle ich hier keine Überlegungen über eine Wertabschätzung an – wenn man überhaupt in der Lage wäre, einen Vergleich zwischen dem Ausmaß des einen oder des anderen Todes zu ziehen. Doch dieses neue und gewaltige Faktum ist nun einmal vorhanden.«[22]

Die Skybolt-Kontroverse brachte all diese latenten Konflikte zum Ausbruch. Während seines ganzen politischen Lebens hatte sich de Gaulle der »besonderen Beziehung« zwischen Amerika und England einzig aus dem Grund widersetzt, weil dadurch in seinen Augen die Gleichsetzung Großbritanniens als Großmacht mit den Vereinigten Staaten symbolisiert wurde, während man Frankreich auf eine zweitrangige Position abschob. Kennedy hatte Paris bei der Entwicklung eines Raketenprogramms durchaus dieselbe Hilfe angeboten wie London. Aber für de Gaulle machte der feine Unterschied zwischen »Integration« und »Koordination« das Wesen einer wahrhaft europäischen Politik aus. Auf jeden Fall bot die Tatsache, daß das Abkommen von Nassau zwischen den Regierungschefs von England und Amerika ausgehandelt und sein Inhalt dem französischen Staatspräsidenten erst über die Medien mitgeteilt worden war, die sichere Gewähr dafür, daß de Gaulle es ablehnte. Und ebensowenig würde er die atomaren Streitkräfte seines Landes an eine Technologie binden, die wie das Skybolt-Projekt jederzeit gestoppt werden konnte. Auf einer Pressekonferenz vom 14. Januar 1963 lehnte er daher Kennedys Angebot ebenso öffentlich ab, wie er davon in Kenntnis gesetzt worden war, und bemerkte bissig: »Selbstverständlich spreche ich von diesem Vorschlag und von diesem Abkommen nur, weil man sie veröffentlicht hat und ihr Inhalt bekannt ist.«[23]

Er nutzte die Gelegenheit außerdem, um sein Veto gegen einen Beitritt Großbritanniens zur EWG einzulegen. Daneben wies er Kennedys Auffassung zurück, der europäische Teil des Doppelpfeilers müsse nach übernationalen Gesichtspunkten organisiert werden. »Jedes System, das darauf beruht, daß wir unsere Souveränität an erlauchte internationale Gremien abtreten«, erklärte er, »wäre unvereinbar mit den Rechten und Pflichten der Französischen Republik. Zugleich wäre ein solches System ohne Zweifel seiner Kräfte beraubt, um die Völker und vor allem unser eigenes Volk mitzureißen und ihnen in jenen Bereichen Führer zu sein, wo sie mit Leib und Seele die Betroffenen sind.«[24]

Wenige Tage darauf brüskierte er die Vereinigten Staaten erneut. Zusammen mit Adenauer unterzeichnete er einen gegenseitigen Freundschaftsvertrag, der dauerhafte Konsultationen in allen wesentlichen Fragen vorsah: »Die beiden Regierungen konsultieren sich vor jeder Entscheidung in allen wichtigen Fragen der Außenpolitik und in erster Linie in den Fragen von gemeinsamem Interesse, um soweit wie möglich zu einer gleichgerichteten Haltung zu gelangen.«[25] Der Inhalt des Vertrags war an sich nicht bemerkenswert. Genaugenommen handelte es sich um eine reine Absichtserklärung, die von den beiden Vertragspartnern in den kommenden Jahren erst noch konkretisiert werden mußte. Symbolisch dagegen war der Vertrag von beträchtlicher Bedeutung. Seit Bismarcks Abdankung im Jahr 1890 hatte man Frankreich und Großbritannien in allen internationalen Krisen stets auf der Seite der Gegner Deutschlands gefunden. Als jedoch de Gaulle trotz starkem amerikanischem Druck den Beitritt Großbritanniens zur EWG verhinderte, war es ein deutscher Kanzler, der Paris vor der Isolation bewahrte. Frankreich mochte nicht stark genug sein, um sich in Fragen von herausragender Bedeutung allein durchzusetzen. Aber mit der Unterstützung Deutschlands war es stark genug, die politischen Pläne anderer Staaten zu durchkreuzen.

Schließlich beschränkte sich der Streit auf die Frage, warum Nationen überhaupt zusammenarbeiten sollten. Dem amerikanischen Glauben zufolge mußten alle vernünftigen Völker am Ende stets zu demselben Ergebnis gelangen; mithin ergäben sich gemeinsame Zielsetzungen geradezu automatisch: So gesehen, kam es bloß noch auf die Methode an, mit der die allem zugrundeliegende Harmonie verwirklicht werden konnte. Die europäische Annäherung an dieses Problem dagegen rührte aus einer langen Geschichte kollidierender nationaler Interessen. Stets war es die vorrangige Aufgabe europäischer Diplomatie gewesen, diese Interessen in Einklang zu bringen. Alle Übereinkunft war für sie ein Zustand, der immer wieder und von Fall zu Fall durch staatsmännische Handlungen mühsam errungen werden mußte.

Genau diese Überzeugung stand zur Diskussion, als es in den sechziger Jahren um die Kontrolle der Nuklearwaffen ging. Als de Gaulle die Idee eines supranationalen Europa ablehnte, war dieser Punkt das wichtigste Motiv seiner Überlegungen, und auch in der Debatte um die Maastrichter Verträge von 1990 sollte die Frage wieder gestellt werden. Natürlich hatte de Gaulle für seine Haltung auch weniger theoretische Beweggründe. Als Schüler Richelieus sah er Frankreichs führende Rolle innerhalb der Europäischen Gemeinschaft durch den Eintritt der Briten bedroht, was ebenso mit den Ansprüchen zusammenhing, die Großbritannien geltend machen würde, wie auch mit der Nähe Londons zu den Vereinigten Staaten.

Doch so sehr de Gaulles Antworten von eigennützigen Beweggründen zeugen mochten – die Fragen, die er aufwarf, trafen die Problematik, die mit der internationalen Rolle der USA einherging. Das gilt heute, nach dem Kalten Krieg, noch nachdrücklicher als damals. Denn eine der schwierigsten Aufgaben, die Amerika noch zu bewältigen haben wird, besteht darin, daß Nationen nur dann bereit sind, über längere Zeiträume zusammenzuarbeiten, wenn sie über gemeinsame politische Zielsetzungen verfügen. Washingtons Politik wird sich also auf die Zielsetzungen selber konzentrieren müssen, nicht auf die Mechanismen, mit denen diese erreicht werden können. Dabei muß eine funktionierende internationale Ordnung genügend Freiraum für unterschiedliche nationale Interessen lassen: Sie muß dieselben miteinander in Einklang zu bringen suchen, ohne diesen Einklang zu irgendeinem Zeitpunkt als gegeben vorauszusetzen.

Kennedys erhabene Vision einer atlantischen Partnerschaft, welche die beiden Pfeiler Europa und Nordamerika tragen sollten, stieß auf den unerbittlichen Widerstand de Gaulles, der seine eigene Konzeption eines weit komplizierteren, wenngleich weniger erhabenen Geflechts von Beziehungen verfolgte. Beide Konzeptionen brachten die historischen Erfahrungen sowie die Werte Amerikas und Europas zum Ausdruck. Die atlantische Partnerschaft Kennedys war eine modernisierte Version der Vermächtnisse von Wilson und Franklin D. Roosevelt; de Gaulles Programm war eine komplizierte Fortentwicklung des klassischen europäischen Kräftegleichgewichts, grundiert von den geschichtlichen Tatsachen eines geteilten Deutschlands, einer wirtschaftlich überlegenen Bundesrepublik, eines in politischer Hinsicht in Europa dominierenden Frankreich und eines Amerika, dessen nuklearer Schutz für die Alte Welt eine Art Rückversicherung darstellte. Letzten Endes wurde de Gaulle gerade vom Gewicht jener althergebrachten nationalen Interessen besiegt, die er selber so entschieden heraufbeschworen hatte. Gerade ein kluger Staatsmann, sieht man daran, sollte den Bogen nicht überspannen. De Gaulles Analyse war brillant und wahrscheinlich auch in sich schlüssig, ja sogar zutreffend. Doch bei seinen Schlußfolgerungen ließ er außer Betracht, daß es nicht im nationalen Interesse der Franzosen liegen konnte, wenn er die Meinungsverschiedenheiten mit den Vereinigten Staaten bis zu einem Punkt trieb, an dem Amerika sich möglicherweise von Europa lossagte – zumindest nicht, solange die Sowjetunion noch intakt war. Denn es stand zwar in Frankreichs Macht, die amerikanischen Pläne hier und da zu vereiteln; doch in keiner Hinsicht war Paris stark genug, anderen seine eigenen Pläne aufzuzwingen.

Ob de Gaulle diese Wahrheit mißachtete oder ob er zu stolz war, sie zur Kenntnis zu nehmen, jedenfalls nutzte er häufig eher weltanschauliche Aussagen, um sich gegen die Absichten der Vereinigten Staaten zu wenden, ganz als liege der Grundzug französischer Außenpolitik darin, Zwietracht innerhalb des Bündnisses zu säen. Auf diese Weise machte de Gaulle seine eigene Konzeption schließlich zunichte. Seine Behauptung, daß jede Entscheidung über Krieg und Frieden zuletzt eine politische sei, war nur zu wahr. So lenkte das von ihm vorgeschlagene Direktorium die Aufmerksamkeit mit Recht auf das Gebot, die politischen Ziele aufeinander abzustimmen, gerade auch außerhalb des Geltungsbereichs der Atlantischen Allianz.

Der französische Präsident neigte dazu, seine an sich triftigen Argumente so stark zuzuspitzen, daß sie ihren Sinn verloren. Es schien durchaus vertretbar, wenn de Gaulle Strukturen ablehnte, die mit verfahrenstechnischen Mitteln Einigkeit zur Pflicht machen und ein einseitiges Vorgehen verhindern sollten, aber es war etwas ganz anderes, wenn er den atlantischen Beziehungen die Form einer ständigen Konfrontation zwischen Europa und Amerika geben wollte. Allzu sehr stand seine selbstherrliche Taktik im Widerspruch zu dem, was sich die Amerikaner unter internationalen Beziehungen, vor allem unter einem Bündnis vorstellten. Und sie war unvereinbar mit den Einstellungen der anderen NATO-Partner, die sich mit Sicherheit für die USA entschieden hätten, wären sie gezwungen gewesen, zwischen Washington und Paris zu wählen.

Das galt besonders im Hinblick auf die Beziehungen Frankreichs zur Bundesrepublik. De Gaulle hatte die deutsch-französische Zusammenarbeit zu einem Eckpfeiler seiner Außenpolitik gemacht. Aber selbst wenn er in Bonn Unterstützung für seine Berlinpolitik und Verständnis für seine Ansichten zur nuklearen Kontrolle fand, gab es doch eine Grenze, die kein westdeutscher Staatsmann überschreiten konnte oder wollte, sofern es um die Loslösung von den Vereinigten Staaten ging. Welche Bedenken sie auch immer gegen einzelne US-amerikanische Maßnahmen hegen mochten: Politiker in der Bundesrepublik Deutschland verspürten schwerlich ein Bedürfnis, am Ende allein mit der Unterstützung Frankreichs der Sowjetunion gegenüberzustehen.

Und was immer sie von den anglo-amerikanischen Vorstellungen von atomarer Kontrolle und europäischer Integration halten mochten: Keiner von ihnen hätte vernünftigerweise die unbedeutende französische atomare Streitmacht dem riesigen Arsenal der USA oder die politische Unterstützung Frankreichs derjenigen Amerikas vorziehen können. Schon dadurch waren den Zielen, die de Gaulle mit seiner antiamerikanischen Haltung zu erreichen trachtete, enge Grenzen gezogen. Darüber hinaus ging er in den Bemühungen, das Aufkommen eines nationalistischen Deutschland zu verhindern, noch ein weiteres Wagnis ein: Der deutsche Nationalismus könnte in Versuchung geraten, zwischen seinen verschiedenen Optionen hin und her zu manövrieren.

Es gehörte zu den Besonderheiten von Krisen in den sechziger Jahren, daß sie sich mit der Zeit von selber totliefen. Nach der Berlinkrise zwischen 1958 und 1963 kamen aus Moskau keine unverhüllten Kampfansagen an die westlichen Interessen innerhalb Europas mehr. Nach den Krisen innerhalb der Allianz in der ersten Hälfte der sechziger Jahre wich der Streit um die NATO gleichsam einer friedlichen Koexistenz der amerikanischen und der französischen Konzeption. In den siebziger Jahren bemühte sich die Nixon-Administration in ihrem »Europajahr«, den Geist der Kennedy-Vision auf der Grundlage bescheidenerer Vorschläge wenigstens zum Teil neu zu beleben. Erneut scheiterte Washington am altbekannten Felsen der gaullistischen Opposition, und zwar aus weitgehend denselben Gründen wie Kennedy. Von Zeit zu Zeit versuchte Frankreich, ein wirklich unabhängiges europäisches Militärpotential zu schaffen, doch amerikanische Zurückhaltung und westdeutsche Gespaltenheit bewirkten, daß die Pläne nicht weit gediehen. Im Lauf der Jahrzehnte wurden die amerikanischen wie die französischen Vorstellungen von den Ereignissen überholt.

Ironischerweise sehen sich die beiden Kontrahenten nach dem Ende des Kalten Krieges vor einer Situation, in der ihre Zusammenarbeit zu guter Letzt zum Schlüssel für eine produktive atlantische und europäische Beziehung geworden ist. Die Vision Wilsons von einer Gemeinschaft demokratischer Staaten, die auf der Grundlage einheitlicher Zielsetzungen arbeitsteilig operieren, war der internationalen Ordnung der fünfziger und sechziger Jahre angemessen, einer Epoche also, die einerseits durch die alles überschattende Bedrohung einer totalitären Ideologie, andererseits durch das faktische Kernwaffenmonopol und die wirtschaftliche Überlegenheit der Vereinigten Staaten gekennzeichnet war.

Doch mit dem Zusammenbruch des Kommunismus ist auch jene Bedrohung verschwunden, die das Lager der westlichen Verbündeten einte. Dies sowie der voranschreitende Prozeß einer gleichmäßigeren Verteilung wirtschaftlicher Macht bedingt einen subtileren Ausgleich nationaler und regionaler Interessen innerhalb der internationalen Ordnung. Als die Sowjetunion implodierte, stellte sich heraus, daß die neue Welt ganz anders aussah, als Frankreich oder die Vereinigten Staaten es sich vorgestellt hatten. Der Kommunismus war geschlagen, wie Kennan, Acheson und Dulles es prophezeit hatten. Am Ende dieser Entwicklung jedoch wartete keine Welt im Sinne des Wilsonschen Idealismus, sondern eine geradezu ansteckende Form jenes Nationalismus, den Wilson und seine Schüler einst als »altmodisch« bezeichnet hatten. Für de Gaulle hätte diese neue Welt keine Überraschungen bereitgehalten. Höchstwahrscheinlich hätte er sie nicht einmal als »neu« bezeichnet. Er hätte eingewendet, sie habe die ganze Zeit existiert, nur leicht verhüllt durch das vorübergehende Phänomen einer Zwei-Mächte-Hegemonie.

Gleichzeitig führten der Zusammenbruch des Kommunismus und die deutsche Einigung freilich auch dazu, daß die meisten der Annahmen de Gaulles hinfällig wurden. Skeptisch gegenüber allem, nur nicht gegenüber der internationalen Rolle seines Landes, überschätzte der Präsident die Fähigkeit Frankreichs, die historischen Prozesse aus eigener Kraft zu meistern. Aber die »neue Weltordnung« hat sich gegenüber seinem Traum von einer politischen Vorherrschaft Frankreichs in Europa ebenso unfreundlich gezeigt wie gegenüber der unangefochtenen Führung der Vereinigten Staaten in der Weltpolitik. Ein vereinigtes Deutschland hat es nicht mehr nötig, sich von den Verbündeten seine überlegene Legitimation gegenüber dem ostdeutschen Rivalen bestätigen zu lassen. Nachdem die ehemaligen sowjetischen Satellitenstaaten Osteuropas zu Mitspielern des internationalen Systems geworden sind, fehlt Paris die Kraft, ohne fremde Hilfe ein neues europäisches Gleichgewicht zustande zu bringen. Seine traditionelle Option war die Eindämmung Deutschlands durch Annäherung an Rußland; das allerdings ist heute ausgeschlossen, wie auch immer die weitere Entwicklung der ehemaligen Sowjetunion verläuft: Wenn sie in Chaos und Auflösung endet, wird Rußland als Gegengewicht zu Deutschland zu schwach sein; wenn hingegen der russische Nationalismus den Sieg davonträgt und die Macht aufs neue zentralisiert, dann wird ein Staat, der nach wie vor über Tausende von Kernwaffen verfügt, zu stark sein, um als Partner Frankreichs dienen zu können. Überdies ist keineswegs ausgemacht, ob Moskau unter diesen Umständen überhaupt für ein Bündnis mit Frankreich optieren würde. Ein Zusammengehen mit Deutschland oder den Vereinigten Staaten könnte mindestens ebenso verlockend sein. Vor allem aber würde jeder Versuch einer Einkreisung Deutschlands eben jenen deutschen Nationalismus wiederbeleben, den Bonn über lange Zeit erfolgreich vermieden hat und der noch immer der Schrecken Frankreichs ist. Deshalb bleibt Amerika für Frankreich nicht nur der verläßlichste, wenngleich in außenpolitischer Hinsicht schwierigste Partner, sondern auch die einzig verfügbare Rückversicherung im Rahmen jener Freundschaft mit Deutschland, die für Paris zu einem notwendigen Bestandteil der Politik geworden ist.

Hier endet vorläufig der Weg, den de Gaulle einschlug, um sich nicht völlig von Amerika abhängig zu machen, und der die USA zu der Hoffnung beflügelte, Frankreich ließe sich womöglich doch noch vollständiger in die NATO integrieren. Jetzt erweist sich eine enge Zusammenarbeit zwischen diesen beiden Ländern als Schlüssel zum europäischen Gleichgewicht – so wie es auf amerikanischer Seite bereits zwei Generationen zuvor geplant war, als Wilson nach Paris kam, um die Alte Welt von ihren Narrheiten zu befreien und ihre Blicke auf eine Welt jenseits der Nationalstaaten zu richten.

## Kapitel 25

# Vietnam –
# der Anfang der Verwicklung:
# Truman und Eisenhower

Ursprünglich erfolgte alles in bester Absicht. Nach dem Ende des Zweiten Weltkriegs hatten die Vereinigten Staaten zwei Jahrzehnte lang bei der Errichtung einer neuen internationalen Ordnung die Führung übernommen. Die alte Welt lag in Trümmern; aber Amerika hatte bei den Leidenden wieder Hoffnung geweckt und zum Wiederaufbau Europas und Japans wesentlich beigetragen. Es war dem sowjetischen Expansionismus in Griechenland, der Türkei, in Berlin und Korea entgegengetreten, hatte seine ersten Bündnisse im Frieden geschlossen und ein technisches Hilfsprogramm für die noch nicht industrialisierten Länder ins Leben gerufen. Die von den USA geschützten Staaten genossen Frieden, wirtschaftlichen Wohlstand und politische Stabilität.

In Indochina jedoch wurden alle bisherigen Muster des amerikanischen Auslandsengagements über den Haufen geworfen. Zum ersten Mal im zwanzigsten Jahrhundert begann die direkte, fast kausale Beziehung, die die Nation stets zwischen ihren Werten und ihren außenpolitischen Taten gesehen hatte, brüchig zu werden. Man hatte einer allzu universellen Anwendung der eigenen Ideen angehangen: Jetzt sah man sich gezwungen, seine Werte zu überdenken, zumal diese das Land nach Vietnam gebracht hatten. Eine Kluft tat sich auf; hier stand der Glauben der Amerikaner an die Unvergleichlichkeit ihrer nationalen Geschichte, dort die Reihe der Kompromisse und Unklarheiten, die mit dem geopolitischen Bemühen zur Eindämmung des Kommunismus einhergingen. Vor allem ersteres richtete sich in Vietnam zunehmend gegen die USA selber. Denn die amerikanische Gesellschaft stellte nicht die praktischen Konsequenzen ihrer Politik in Frage, wie andere dies vielleicht getan hätten. Sie zog vielmehr in Zweifel, daß das amerikanische Volk würdig sei, *überhaupt* eine internationale Rolle zu übernehmen. Es war dieser Aspekt der Vietnamdebatte, der jene Wunden schlug, die so schmerzhaft und so schwer zu heilen waren.

Wohl nur selten in der Geschichte hat es ein ähnliches Mißverhältnis gegeben zwischen den Absichten einer Nation und den Folgen ihrer Handlungen. In Vietnam verlor Amerika das Prinzip der Außenpolitik aus den Augen, das Richelieu drei Jahrhunderte zuvor formuliert hatte: »Die Sache, die unterstützt werden soll, und die Kraft, die dazu erforderlich ist, müssen in einem bestimmten mathematischen Verhältnis zueinander stehen« (siehe Kapitel 3).

Ein geopolitischer Ansatz unter Berücksichtigung nationaler Interessen hätte zunächst eine grundlegende Unterscheidung gemacht. Man hätte die Dinge, die für die nationale Sicherheit strategisch von Bedeutung waren, von denen getrennt, die nebensächlich erschienen. Man hätte die Frage gestellt, warum sich die USA im Jahr 1948 abseits gehalten hatten, als die Kommunisten die riesige Beute China endgültig eroberten, um später dann ihre nationale Sicherheit mit einem wesentlich kleineren asiatischen Land zu identifizieren, das seit einhundertfünfzig Jahren nicht mehr unabhängig gewesen war und auch in seinen neuen territorialen Grenzen keine Unabhängigkeit genoß.

Bismarck, das Urbild eines Realpolitikers, hatte Mitte des neunzehnten Jahrhunderts vor einer in gewisser Hinsicht vergleichbaren Situation gestanden: Die beiden engsten Verbündeten Deutschlands hatten sich wegen der Aufstände auf dem Balkan entzweit, einer Region, die etliche hundert Kilometer von der deutschen Grenze entfernt lag. Damals hatte er keinen Zweifel daran gelassen, daß Deutschland wegen dieser Streitigkeiten keinen Krieg vom Zaun brechen werde; für ihn war der Balkan nach eigenen Worten eben nicht einmal »die Knochen eines einzigen pommerschen Grenadiers wert«.

Die Vereinigten Staaten legten ihren Kalkulationen ganz andere Maßstäbe zugrunde. Gut hundertfünfzig Jahre zuvor hatte Präsident John Quincey Adams, ein gewiefter Außenpolitiker, seine Landsleute davor gewarnt, sich in fremde Länder zu wagen, um ferne Ungeheuer zu jagen. Doch Wilsons außenpolitischer Weg erlaubte es nicht, eine lohnende Beute von Ungeheuern zu unterscheiden, die es zu vernichten galt. Universalistisch wie die Wilsonschen Vorstellungen waren, machten sie die Analyse der relativen Bedeutung von Nationen unmöglich. So war Amerika verpflichtet, für das Recht zu kämpfen – ganz gleich, auf welche Bedingungen es stoßen sollte, und unabhängig von allen geopolitischen Erwägungen.

Während des gesamten zwanzigsten Jahrhunderts verkündete jeder US-Präsident, sein Land verfolge keine »selbstsüchtigen« Interessen; sein vorrangiges, wenn nicht einziges internationales Ziel sei allgemeiner Frieden und Fortschritt. In diesem Geist hatte Truman in der Rede zum Antritt seiner zweiten Amtsperiode am 20. Januar 1949 die Vereinigten Staaten voller Pathos auf eine Weltordnung verpflichtet, in der »alle Nationen und alle Völker die Freiheit haben, sich so zu regieren, wie sie es für richtig halten«. Die Vereinigten Staaten, fuhr er fort, würden keine Politik rein national bestimmter Interessen betreiben: »Wir haben nicht nach territorialem Gewinn gestrebt. Wir haben niemandem unseren Willen aufgezwungen. Wir haben keine Vorrechte gefordert, die wir nicht auch anderen einräumen würden.« Die Vereinigten Staaten würden »die friedliebenden Nationen gegen die Gefahren von Aggressionen stärken«, indem sie »freien Nationen, die mit uns an der Wahrung von Frieden und Sicherheit zusammenarbeiten, militärische Beratung und Ausrüstung« zur Verfügung stellten.[1] Die

Freiheit jeder einzelnen unabhängigen Nation war zu einer nationalen Aufgabe erhoben worden, und dies ohne Berücksichtigung ihrer strategischen Bedeutung für die USA. In seinen beiden Antrittsreden griff Eisenhower das Thema in einer noch gehobeneren Sprache auf. Er malte eine Welt, in der Throne gestürzt, riesige Reiche hinweggefegt, neue Nationen geboren wurden, und inmitten all dieses Aufruhrs habe das Schicksal den USA die Verpflichtung zugedacht, die Freiheit zu verteidigen. Diese Aufgabe lasse keine geographischen Erwägungen oder Beschränkungen zu, die auf Überlegungen des nationalen Interesses beruhten. Eisenhower gab sogar zu verstehen, daß derartige Überlegungen dem amerikanischen Wertesystem zuwiderliefen, demzufolge alle Nationen und Völker gleich zu behandeln seien: »Da wir die Verteidigung der Freiheit ebenso wie die Freiheit selbst für etwas absolut Unteilbares halten, bringen wir allen Kontinenten und Völkern die gleiche Wertschätzung und Hochachtung entgegen. Wir weisen jede Unterstellung zurück, daß diese oder jene Rasse, dieses oder jenes Volk in irgendeinem Sinne minderwertig oder entbehrlich sei.«[2]

Eisenhower definierte die Außenpolitik der Vereinigten Staaten im Unterschied zu der anderer Länder als eine Politik, die ihren Auftrag allein den moralischen Pflichten Amerikas verdanke, ohne daß Risiken und Vorteile abgewogen wurden. Bei der US-Außenpolitik komme es nicht darauf an, ob sie durchzuführen sei – das wurde anscheinend für selbstverständlich gehalten –, sondern ob die USA der Aufgabe würdig seien, »denn die Geschichte überträgt die Sorge um die Freiheit den Schwachen oder Zaudernden nicht für lange«.[3] Die Führung innezuhaben, das also war die einzige Belohnung. Was Amerika selber von einer solchen Außenpolitik hatte, bestimmte man als das Privileg, anderen Hilfe zur Selbsthilfe zu leisten. Ein so verstandener Altruismus kannte keine politischen oder geographischen Grenzen.

In seiner Antrittsrede im Jahre 1961 führte Kennedy das Thema amerikanischer Selbstlosigkeit und weltumspannender Pflichterfüllung weiter aus. Indem er verkündete, seine Generation gehe in direkter Linie auf die Väter der ersten demokratischen Revolution der Welt zurück, verhieß er in hehren Worten, unter seiner Regierung werde die »schleichende Aushöhlung der Menschenrechte, auf die sich diese Nation stets verpflichtet habe«, keine Fortsetzung finden. »Jede Nation, ob sie uns gut oder böse will, soll wissen, daß wir jeden Preis bezahlen, jede Bürde auf uns nehmen, jede Unbill ertragen, jeden Freund unterstützen, uns jedem Feind widersetzen werden, um die Fortdauer und den Erfolg der Freiheit zu sichern.«[4] Eine umfassende und weltweite amerikanische Verpflichtung wurde an keinerlei besonderes nationales Sicherheitsinteresse gebunden; kein Land und keine Region war davon ausgenommen. Kennedys Schlußbemerkung war eine Umkehrung eines Ausspruchs von Palmerston, daß Großbritannien keine Freunde, nur Interessen habe: Amerika hatte in seinem Streben nach Freiheit keine Interessen, nur Freunde.

Als Lyndon B. Johnson am 20. Januar 1965 sein Amt antrat, gipfelte das außenpolitische Glaubensbekenntnis in der Erklärung, die Auslandsverpflichtungen der USA, die sich organisch aus dem demokratischen System ergäben, hätten den Unterschied zwischen innenpolitischen und internationalen Verpflichtungen gänzlich zum Verschwinden gebracht. Was Amerika angehe, beteuerte Johnson, so brauche niemand im Ausland die Hoffnung aufzugeben:»Furchtbare Gefahren und Mißhelligkeiten, die wir früher als ›fremd‹ bezeichnet haben, gehören inzwischen zu unserem Alltag. Wenn in Ländern, die wir kaum kennen, Amerikaner ihr Leben lassen müssen, wenn amerikanisches Gut hingegeben werden muß, dann ist dies der Preis, den der Wandel unserer Überzeugung und unserem bindenden Versprechen abverlangt hat.«[5]

Etliche Jahre später wurde es Mode, solche Erklärungen als Beispiel für die Arroganz der Macht anzuführen. Inzwischen sah man in ihnen nichts als heuchlerische Vorwände für das Streben der USA nach einer Vormachtstellung. Gleichwohl geht solch gefälliger Zynismus am Wesen der politischen Überzeugung Amerikas vorbei, die gelegentlich das Adjektiv »naiv« verdienen mag, aus dieser Naivität jedoch auch Impulse zu außerordentlichen Unternehmungen gezogen hat. Die meisten Länder ziehen in den Krieg, um konkreten, benennbaren Bedrohungen ihrer Sicherheit zu begegnen. Die Vereinigten Staaten hingegen sind in diesem Jahrhundert – vom Ersten Weltkrieg bis zum Golfkrieg – überwiegend im Namen einer moralischen Verpflichtung zum Widerstand gegen Aggression oder Ungerechtigkeit und als Treuhänder der kollektiven Sicherheit in den Krieg gezogen.

Diese Verpflichtung war bei jener Generation amerikanischer Staatsmänner besonders ausgeprägt, in deren Jugend das Desaster von München gefallen war. Sie hatten von Grund auf die Lektion gelernt, daß man sich gegen einen Angriff, dem man nicht unverzüglich entschlossen entgegentritt, mit Sicherheit zu einem späteren Zeitpunkt zur Wehr setzen muß, und dann unter wesentlich ungünstigeren Umständen. Seit Cordell Hull brachte jeder amerikanische Außenminister dieses Thema erneut zur Sprache. Es war der einzige Punkt, in dem Dean Acheson und John Foster Dulles übereinstimmten.[6]

Die geopolitische Analyse der spezifischen Gefahren, die sich aus der kommunistischen Eroberung eines weitentfernten Landes ergaben, blieb von untergeordneter Bedeutung. Wichtiger schien das doppelte Schlagwort vom Widerstand gegen jede denkbare Aggression und von der Eindämmung des Kommunismus. Der Sieg der Kommunisten in China hatte die amerikanischen Politiker in der Überzeugung bestärkt, daß eine weitere Ausdehnung des Kommunismus nicht mehr hingenommen werden könne.

Dokumente und offizielle Verlautbarungen jener Zeit zeigen, daß diese Anschauung fast allgemein geteilt wurde. Im Februar 1950, sechs Monate vor dem Ausbruch des Koreakonflikts, waren die Autoren des Dokuments Nummer 64 des National Security Council (NSC) zu dem Schluß gelangt, daß Indochina »eine wichtige Region in Ostasien« und »unmittelbar bedroht« sei.[7] Das Memorandum markierte den Beginn der sogenannten Dominotheorie. Sollte Indochina fallen, so meinte man, würden Birma und Thailand bald folgen. »Das Gleichgewicht in Ostasien wäre dann ernsthaft gefährdet«.[8]

Im Januar 1951 erklärte der spätere Außenminister Dean Rusk: »Wenn wir unseren gegenwärtigen Kurs nicht mit allen Kräften weiterverfolgen, so wird dies katastrophale Folgen haben, was unsere Interessen in Indochina angeht, und konsequenterweise auch für das übrige Südostasien.«[9] Im April des vorangegangenen Jahres hatte es im NSC-Dokument 68 geheißen, in Indochina stehe das globale Kräftegleichgewicht auf dem Spiel: »Jede substantielle weitere Ausdehnung des unter der Herrschaft des Kreml stehenden Gebiets würde unter Umständen eine Lage schaffen, in der es nicht mehr möglich wäre, ein Bündnis zustande zu bringen, das sich dem Kreml mit größerer Stärke widersetzen könnte.«[10]

Aber traf es, wie das Dokument behauptete, wirklich zu, daß jeder Sieg der Kommunisten das vom Kreml kontrollierte Gebiet erweiterte? Ließ sich dergleichen etwa auch vom Titoismus sagen? Und war es wirklich vorstellbar, daß allein der Anschluß Indochinas an das kommunistische Lager das globale Gleichgewicht der Kräfte zerstören konnte? Doch solche Fragen wurden weder damals noch später gestellt. So entging den US-Politikern die Tatsache, daß die Vereinigten Staaten in Südostasien einen Punkt erreicht hatten, an dem ihre globale Verpflichtung in übermäßige Einflußnahme umgeschlagen war. Es war genau jene Entwicklung, vor der Walter Lippmann schon früher gewarnt hatte (siehe Kapitel 18).

Tatsächlich bestanden, was das Wesen der Bedrohung anging, erhebliche Unterschiede. In Europa ging jede potentielle Bedrohung ohne Frage von der sowjetischen Supermacht aus. In Asien entstand sie durch die Bestrebungen zweitrangiger Länder, die bestenfalls Stellvertreter der Sowjetunion waren. Überdies stand deren Abhängigkeit von Moskau keineswegs fest, und das hätte man damals durchaus erkennen können. Als es zum Vietnamkrieg kam, kämpften die USA gegen Vietnam als den Stellvertreter eines Stellvertreters, und jeder dieser Stellvertreter mißtraute den anderen zutiefst. Folgte man der amerikanischen Analyse, so wurde das globale Gleichgewicht von Nordvietnam, dem Stellvertreter Pekings, bedroht, das seinerseits wiederum von Moskau kontrolliert wurde. In Europa verteidigte Amerika historisch gewachsene Staaten; in Indochina dagegen ging es um Gesellschaften innerhalb neu gezogener Grenzen, die zum ersten Mal vor der Aufgabe standen, einen Staat zu errichten. Die europäischen Nationen verfügten über eine traditionell bewährte Bündnispolitik zur Erhaltung des Kräftegleichgewichts, während in Südostasien der Prozeß der Staatenbildung gerade erst eingesetzt hatte: Die Idee eines »Kräftegleichgewichts« war dort fremd, und natürlich hatte sich zwischen den bestehenden Staaten auch noch keine Tradition der Kooperation herausgebildet. Der Staatsstreich in der Tschechoslowakei, die Blockade Berlins, der erste sowjetische Atomwaffenversuch, der Sieg der Kommunisten in China und der kommunistische Angriff auf Südkorea – das alles bestärkte die Führung der Vereinigten Staaten in der Überzeugung, daß sie einer einzigen globalen Bedrohung, ja sogar einer zentral gesteuerten Verschwörung gegenüberstehe. Hätte man sich an realpolitische Grundsätze gehalten, so hätte man sich bemüht, den Krieg so weit wie möglich zu begrenzen; Amerikas manichäische Betrachtungsweise des Konfliktes indessen wirkte in die entgegengesetzte Richtung.

Truman hatte bei der Entsendung der US-Truppen eine beträchtlich verstärkte Militärhilfe für Frankreich angekündigt: Paris sollte in seinem Kampf gegen die kommunistische Guerrilla in Indochina, damals Vietminh genannt, unterstützt werden. Damals maß Truman Korea eine globale Bedeutung zu. Gleichzeitig beorderte er die Siebte US-Flotte vor die Küste von Taiwan, um die Sicherheit der Insel zu gewährleisten. Die US-Politiker interpretierten den chinesischen Vorstoß über den Fluß Jalu, der die Grenze zu Korea bildete, nach dem Muster des Zweiten Weltkriegs: Auch damals hatte man sich einer doppelten Aggression in Europa und Ostasien gegenübergesehen. Jetzt freilich ging es nicht mehr um Deutschland und Japan, sondern um die Sowjetunion und China. Im Jahr 1952 wurde ein Drittel der französischen Ausgaben in Indochina von den USA bestritten.

Mit dem Engagement der Vereinigten Staaten in Indochina stellten sich gänzlich neue moralische Fragen. Die NATO schützte die Demokratien. Die amerikanische Besetzung Japans am Ende des Zweiten Weltkriegs hatte demokratische Institutionen in das Land gebracht; nun sollte mit dem Eintritt in den Koreakrieg ein Angriff auf die Unabhängigkeit kleiner Nationen zurückgeschlagen werden. Doch in Indochina wurde das Eingreifen der Vereinigten Staaten zunächst fast ausschließlich mit geopolitischen Argumenten begründet. Das machte es um so schwerer, die Situation auf die amerikanische Ideologie abzustimmen. Zum einen stand die Verteidigung Indochinas der antikolonialistischen Tradition Washingtons diametral entgegen: De facto noch immer französische Kolonien, waren die Staaten Indochinas keine Demokratien, ja noch nicht einmal unabhängig. Zwar hatte Frankreich 1950 seine drei Kolonien Vietnam, Laos und Kambodscha zur »Indochinesischen Föderation« erklärt; aber die neue Bezeichnung hatte nichts mit irgendeiner Form echter Unabhängigkeit zu tun, da Paris befürchtete, wenn es den Staaten die volle Unabhängigkeit gewähre, könne es dasselbe Recht auch seinen drei nordafrikanischen Besitzungen – Tunesien, Algerien, Marokko – nicht länger vorenthalten.

Die antikoloniale Gesinnung Amerikas im Zweiten Weltkrieg hatte sich besonders auf Indochina gerichtet. Roosevelt hegte eine Abneigung gegen de Gaulle und hatte aus diesem Grunde auch nicht viel für Frankreich übrig, zumal nach dessen schnellem Zusammenbruch von 1940. Während des

Kriegs hatte er immer wieder mit dem Gedanken gespielt, Indochina einer Treuhandverwaltung der Vereinten Nationen zu unterstellen,[11] obgleich er in Jalta erstmals Abstriche an diesem Plan gemacht hatte. Schließlich wurde der Gedanke von der Truman-Administration, die zum Aufbau der Atlantischen Allianz auf französischen Beistand angewiesen war, gänzlich aufgegeben.

1950 gelangte die Regierung Truman zu dem Schluß, die Sicherheit der freien Welt mache es erforderlich, daß Indochina nicht den Kommunisten in die Hände fiel. Das bedeutete in der Praxis, daß mit der Unterstützung Frankreichs in Indochina traditionelle amerikanische Prinzipien gebeugt werden mußten. Aber Truman und Acheson sahen keinen anderen Weg, da die Vereinigten Stabschefs erklärt hatten, die US-Streitkräfte seien durch ihr Engagement in der NATO und im Koreakrieg bis an ihre Grenzen belastet; für die Verteidigung Indochinas könnten deshalb keine Truppen mehr abgestellt werden, selbst wenn die Chinesen dort einmarschieren sollten.[12] So blieb ihnen nicht viel anderes übrig, als sich auf die französische Armee zu verlassen, die sich mit der finanziellen und logistischen Hilfe der Vereinigten Staaten den indochinesischen Kommunisten widersetzen sollte. Nach einem Sieg beabsichtigte Amerika, seine strategischen und seine antikolonialen Überzeugungen wieder in Einklang zu bringen, indem es auf Unabhängigkeit drängte.

Wie sich zeigte, entstand aus der ersten Intervention der Vereinigten Staaten in Indochina das Modell für ihr späteres Engagement in dieser Region: Sie ging weit genug, um sich ernstlich in die Angelegenheit zu verwickeln, war jedoch nicht massiv genug, um die Lage entscheidend zu ändern. In den frühen Phasen der Indochinakatastrophe lag dies vorwiegend daran, daß man über die tatsächlichen Verhältnisse schlecht informiert war; außerdem war es nahezu unmöglich, Operationen durchzuführen, ohne sich zuvor durch zwei Ebenen der französischen Kolonialverwaltung und durch die von den Franzosen zugelassenen Lokalbehörden der Indochinesischen Föderation hindurchzuarbeiten.

Da sie Amerika nicht zu einem Parteigänger des Kolonialismus machen lassen wollten, drängten die Vereinigten Stabschefs ebenso wie das US-Außenministerium darauf, Frankreich müsse seinen Kolonien in Indochina die Unabhängigkeit zusagen.[13] Die Ausführung dieses Balanceakts blieb schließlich dem Außenministerium überlassen. Da es zum Ausdruck bringen wollte, daß es sich der Schwierigkeiten der Angelegenheit wohl bewußt war, gab es dem Programm die Bezeichnung »Operation Eierschale«: Leider ließ nur dieses Etikett, nicht jedoch sein Inhalt ein wirkliches Verständnis der Lage erkennen. Der Grundgedanke ging dahin, Frankreich so zu beeinflussen, daß es einerseits die Unabhängigkeit Indochinas in die Wege leitete, andererseits aber seinen Krieg gegen die Kommunisten fortsetzte.[14] Niemand machte sich die Mühe zu erklären, warum Paris eigentlich das Leben seiner Soldaten aufs Spiel setzen sollte, wenn dieser Krieg den

Zweck verfolgte, die französische Präsenz in der Region überflüssig zu machen. Dean Acheson brachte das Dilemma wie immer auf den Punkt. Auf der einen Seite, so sagte er, könnten die USA in eine Sackgasse geraten, wenn sie weiterhin Frankreichs »altmodische Kolonialattitüden« pflegten. Wenn man Paris allerdings zu hart bedrängte, würde es sich aus der Sache möglicherweise mit der Aufforderung zurückziehen: »Übernehmt ihr doch das ganze Land; uns interessiert es nicht mehr.«[15] Achesons »Lösung« brachte die Widersprüche der US-Außenpolitik freilich nur in eine neue Form; er schlug eine Aufstockung der US-Hilfe vor, während man zugleich Druck auf Frankreich und dessen lokale Marionette Bao Dai ausüben sollte, um »die Nationalisten auf seine Seite zu ziehen«.[16] Einen Plan zur Lösung des Problems legte er damit nicht vor.

Als die Mitarbeiter der Truman-Administration sich auf ihre Amtsübergabe vorbereitete, war ihre Taktik, Problemen einfach aus dem Weg zu gehen, zur offiziellen Regierungspolitik avanciert. Im Juni 1952 erhielt die Dominotheorie in einem weiteren NSC-Dokument ihre verbindliche Form. Ihr Charakter war nun entschieden radikaler: Das Dokument bezeichnete einen militärischen Angriff auf Indochina als eine Gefahr, »die in der Existenz eines feindseligen und aggressiven kommunistischen China beschlossen liegt«[17], und folgerte, daß der Verlust auch nur eines einzigen ostasiatischen Landes »in relativ kurzer Zeit zu einer Unterwerfung unter den Kommunismus oder zu einem Zusammenschluß mit demselben bei den übrigen dortigen Ländern führen wird. Auf diesen Prozeß wird nach und nach wahrscheinlich ein Zusammengehen der restlichen südostasiatischen Länder mit dem Kommunismus folgen. Dasselbe gilt langfristig vermutlich auch für die Staaten des Nahen und Mittleren Ostens (mit der wahrscheinlichen Ausnahme zumindest Pakistans und der Türkei).«[18]

Wenn dies eine realistische Einschätzung war, dann würde ein solcher Zusammenbruch auf der ganzen Linie zweifelsohne auch die Sicherheit und Stabilität Europas in Gefahr bringen und »es zuletzt äußerst schwierig machen, die Anpassung Japans an den Kommunismus zu verhindern«.[19] Das NSC-Memorandum enthielt indessen keine Analyse, warum es zwangsläufig und auf globaler Ebene zu dieser Entwicklung kommen würde. Vor allem versäumte es, einer Möglichkeit nachzugehen, die auch die britische Führung bevorzugt hätte: Warum suchte man nicht entlang der Grenzen Malayas und Thailands, deren Regierungen wesentlich stabiler waren, eine Art Feuerschneise zu schlagen? Die Einschätzung der Gefahren, vor denen Europa angeblich stand, wurde überdies von den europäischen Verbündeten der USA überhaupt nicht geteilt. Während der kommenden Jahre sollten sie sich beharrlich weigern, sich in der Verteidigung Indochinas zu engagieren.

Der Diagnose folgte die Empfehlung eines Heilmittels, das dem Problem auch nicht annähernd angemessen war, sofern man es im vorliegenden Fall überhaupt als Heilmittel bezeichnen konnte. Denn die Pattsituation in Korea hatte zumindest vorläufig die Bereitschaft Amerikas zunichte gemacht, in Südostasien einen weiteren Landkrieg zu führen. »Wir konnten kein zweites Korea haben, wir konnten keine Bodentruppen in Indochina einsetzen«, argumentierte Acheson. Es wäre »nutzlos und ein Fehler, Indochina in Indochina zu verteidigen«.[20] Diese kryptische Bemerkung sollte augenscheinlich bedeuten: Wenn Indochina tatsächlich der Angelpunkt des globalen Gleichgewichts geworden war und wenn China tatsächlich die Ursache des Problems darstellte, dann müßten die USA China selber angreifen, zumindest mit Luft- und Seestreitkräften. Dies wäre genau jene Konsequenz gewesen, die Acheson im Fall Koreas entschieden abgelehnt hatte. Außerdem blieb dabei die Frage unbeantwortet, wie die USA reagieren sollten, falls die Franzosen und ihre indochinesischen Verbündeten nicht durch den Kriegseintritt Chinas, sondern durch kommunistische Streitkräfte im eigenen Land geschlagen würden. Wenn Hanoi ein Vorposten Pekings und Peking ein Stellvertreter Moskaus war – und Präsident wie Kongreß waren überzeugt davon –, dann würden die Vereinigten Staaten zwischen ihren geopolitischen und ihren antikolonialistischen Idealen unweigerlich zu wählen haben.

Wir wissen heute, daß die Volksrepublik China schon bald nach dem Bürgerkrieg die größte Gefahr für ihre Unabhängigkeit in der Sowjetunion gesehen hat und daß Vietnam aus historischer Erfahrung dieselben Befürchtungen gegenüber China hegte. Daher liegt die Vermutung nahe, daß ein kommunistischer Sieg in Indochina in den fünfziger Jahren diese Rivalitäten virulent gemacht hätte. Auch das allerdings hätte für den Westen eine Herausforderung bedeutet, wenn auch nicht die einer zentral gesteuerten Weltverschwörung.

Gleichwohl waren die Argumente des NSC-Memorandums nicht so oberflächlich, wie sie später erschienen. Auch ohne Verschwörung und nach allen Erkenntnissen, über die der Westen damals verfügte: Die Dominotheorie hätte durchaus so funktionieren können, wie man befürchtete. Singapurs Premierminister, der kluge, nachdenkliche Lee Kuan Yew, war ohne Frage dieser Meinung, und für gewöhnlich erwies sich, daß er recht hatte. Man darf nicht vergessen, daß der Kommunismus in der unmittelbaren Nachkriegszeit noch beträchtliche ideologische Durchschlagskraft besaß. Das völlige Versagen seiner Wirtschaftspolitik sollte sich erst eine Generation später erweisen. In den demokratischen Ländern, vor allem aber in jenen Staaten, die gerade erst ihre Unabhängigkeit errungen hatten, waren viele Menschen überzeugt, daß die kommunistische Welt kurz davorstehe, die kapitalistische Welt wirtschaftlich zu überflügeln. Nicht selten waren die Regierungen der neuen unabhängigen Staaten schwach und von Aufständen im Innern bedroht. Nicht zufällig war ja das NSC-Memorandum gerade fertiggestellt, als in Malaya ein von außen gesteuerter kommunistischer Guerillakrieg ausbrach.

Die Politiker in Washington hatten allen Grund, besorgt zu sein: Indochina schien von einer Bewegung erfaßt zu werden, die sich bereits Osteuropa einverleibt und auch China überrollt hatte. Gleichviel, ob die Ausbreitung des Kommunismus dabei zentral gesteuert war oder nicht, sie schien mit genügend Schwungkraft zu erfolgen, um die schwachen, unerfahrenen Nationen Südostasiens in das antiwestliche Lager zu treiben. Die eigentliche Frage war deshalb nicht, ob einige Dominosteine in Südostasien fallen würden – das war wahrscheinlich –, sondern ob es in Südostasien keine geeignetere Region gab, um Flagge zu zeigen, zum Beispiel in Ländern mit stabilen Regimen und zuverlässigen Sicherheitskräften wie etwa Malaysia und Thailand.

Trumans Hinterlassenschaft in Punkto Indochina bestand in einem jährlichen militärischen Hilfsprogramm in Höhe von rund zweihundert Millionen Dollar – das entspricht etwas mehr als einer Milliarde Dollar im Jahre 1991 – und einer strategischen Theorie, die noch ihrer politischen Umsetzung harrte. Die Truman-Regierung hatte sich mit dergleichen Schwierigkeiten noch nicht herumschlagen müssen. Die potentielle Kluft zwischen ihrer strategischen Doktrin und ihren militärischen Möglichkeiten, die unumgängliche Abstimmung geopolitischer Erwägungen auf die realen Möglichkeiten ihres Landes – all das stand den US-Regierungen erst bevor. Das erste Problem mußte von Eisenhower, das zweite von Kennedy, Johnson und Nixon angegangen werden.

Die Eisenhower-Administration stellte das Engagement der Vereinigten Staaten für die Sicherheit Indochinas, das sie von ihrer Vorgängerin übernommen hatte, nicht in Frage. Sie versuchte, Strategie und Moral miteinander zur Deckung zu bringen, indem sie in wachsendem Maß auf innenpolitische Reformen in Indochina drang. Im Mai 1953, vier Monate nach seinem Amtseid, erteilte Eisenhower dem US-Botschafter in Paris, Douglas Dillon, eine Anweisung: Er sollte die Franzosen zur Ernennung neuer Führer bewegen, die über genügend Macht verfügten, um in Indochina »den Sieg zu erringen«. Gleichzeitig sollte Paris »klare und unmißverständliche, nach Möglichkeit mehrfach wiederholte öffentliche Erklärungen abgeben«, daß diesen Ländern die Unabhängigkeit gewährt würde, »sobald der Sieg gegen die Kommunisten errungen sei«.[21] Im Juli beklagte sich Eisenhower gegenüber Senator Ralph Flanders, das Unabhängigkeitsversprechen der französischen Regierung sei in »unklaren und gewundenen Worten [erfolgt] – keineswegs deutlich, direkt und wiederholt«.[22]

Für Frankreich ging es bei alldem schon lange nicht mehr nur um eine politische Reform. Seine Streitkräfte in Indochina waren in einen zermürbenden Guerillakrieg verwickelt, eine Form des Kampfes, in der sie über keinerlei Erfahrung verfügten. In einem konventionellen Krieg mit klarem Frontverlauf trägt in der Regel die Partei mit der überlegen Feuerkraft den Sieg davon. Demgegenüber wird ein Guerillakrieg im allgemeinen nicht von festen Stellungen aus geführt, zumal die Guerrillakämpfer sich unter der Zivilbevölkerung verstecken. Bei einem herkömmlichen Krieg geht es den Verteidigern um die Behauptung eines Territoriums; beim Guerrillakampf muß die Sicherheit der Zivilbevölkerung garantiert werden. Da eine Armee von Guerilleros aber nicht an die Verteidigung eines Territoriums gebunden ist, kann sie das Schlachtfeld weitgehend selber bestimmen und die Zahl der Gefallenen auf *beiden* Seiten beeinflussen.

In einem konventionellen Krieg würde im Gefecht die erfolgreiche Verteidigung von fünfundsiebzig Prozent eines Gebietes einen Sieg bedeuten. In einem Guerrillakrieg dagegen ist ein fünfundsiebzigprozentiger Schutz der Zivilbevölkerung gleichbedeutend mit einer Niederlage, und unter diesen Umständen ist es weitaus besser, fünfundsiebzig Prozent des Landes hundertprozentig als hundert Prozent des Landes nur fünfundsiebzigprozentig zu schützen. Wenn die Verteidigungskräfte nicht in der Lage sind, zumindest für einen bestimmten, strategisch wichtigen Teil des jeweiligen Territoriums eine fast absolute Sicherheit zu gewährleisten, werden die Guerrilleros den Kampf wahrscheinlich gewinnen.

So einfach indessen die Grundformel jedes Guerrillakriegs ist, so schwierig ist deren Verwirklichung: Die Guerrillaarmee gewinnt, solange sie eine Niederlage vermeiden kann; eine konventionelle Armee hingegen wird verlieren, wenn sie keinen entscheidenden Sieg erringt. Hier kommt es fast nie zu einer Pattsituation. Jedes Land, das sich auf einen Krieg dieser Art einläßt, muß sich auf langwierige Auseinandersetzungen einstellen, denn die Guerrilleros können ihre Angriffstaktik des »Hit-and-run« auch mit zahlenmäßig stark geschwächten Kräften über einen längeren Zeitraum hinweg fortsetzen. Ein eindeutiger Sieg kommt sehr selten vor; erfolgreich geführte Guerrillakriege verlaufen in der Regel nach einem längeren Zeitraum im Sand. Die bemerkenswertesten Beispiele für einen Sieg über eine Guerrillastreitmacht bieten Malaya und Griechenland, wo die angegriffenen Verbände die Oberhand behielten, weil die Guerrilla von ihren Versorgungslinien aus dem Ausland abgeschnitten wurde – in Malaya aufgrund der geographischen Bedingungen, in Griechenland infolge des Bruchs zwischen Tito und Stalin.

Weder der französischen noch der amerikanischen Armee, die ihr ein Jahrzehnt später folgte, gelang es jemals, die Rätsel des Guerrillakriegs zu lösen und seine Schwierigkeiten zu meistern. Beide kämpften die einzige Art von Krieg, von der sie etwas verstanden und für die man sie ausgebildet und ausgerüstet hatte: einen klassischen Krieg mit konventionellen Mitteln auf der Grundlage klar definierter Frontlinien. Beide Armeen verließen sich auf ihre überlegene Feuerkraft und strebten einen Abnutzungskrieg an. Beide mußten erleben, daß diese Strategie gegen sie selbst eingesetzt wurde von einem Feind, der im eigenen Land kämpfte, der sie allein durch Geduld zermürben und einen so starken innenpolitischen Druck erzeugen konnte, daß sich Paris wie Washington letztlich aus dem Konflikt zurückzogen. Die

Zahl der Gefallenen stieg unablässig, ohne daß sichtbare Erfolge zu verzeichnen gewesen wären. Frankreich gestand seine Niederlage schneller ein als die USA. Seine Streitkräfte operierten in weit geringerer Konzentration; die Franzosen hatten den vergeblichen Versuch unternommen, ganz Vietnam mit nur einem Drittel der Kräfte zu halten, die Amerika am Ende einsetzen sollte, um auch nur die Hälfte des Landes zu verteidigen. Wie die Vereinigten Staaten ein Jahrzehnt später, mußte sich Frankreich von der Guerrilla an der Nase herumführen lassen: Zog es seine Kräfte in den Städten und Ballungszentren zusammen, herrschten die Kommunisten auf dem Land; versuchte es, die ländlichen Ansiedlungen zu schützen, dann griffen die Gegner der Reihe nach die Städte und Stützpunkte an.

Irgend etwas in Vietnam machte beständig das Denkvermögen all der Ausländer zuschanden, die sich in das Land wagten. Groteskerweise konzentrierte sich der Vietnamkrieg der Franzosen zuletzt auf einen französischen Stützpunkt in der Nähe eines Straßenknotens mit Namen Dien Bien Phu, der in der abgelegenen Nordwestecke des Landes nahe der Grenze zu Laos lag. Hier hatte Paris eine Elitetruppe stationiert in der Hoffnung, die Kommunisten in einen zermürbenden Stellungskrieg zu locken. Tatsächlich aber hatte es sich damit in eine Lage manövriert, in der es unmöglich gewinnen konnte. Entschieden sich die Vietminh dafür, die französischen Stellungen zu ignorieren, dann saßen diese dort – abseits der strategisch wirklich bedeutsamen Gebiete – nutzlos fest. Schluckten die Kommunisten dagegen den Köder, dann nur aus dem Grund, weil sie ihrer Sache absolut sicher waren. So standen Frankreich nur noch zwei Möglichkeiten offen: in Belanglosigkeit zu versinken oder die Niederlage hinzunehmen.

Es war derselbe Fehler, den später auch die Amerikaner begingen: Die Franzosen schätzten die Zähigkeit und den Einfallsreichtum ihrer Gegner viel zu gering ein. Am 13. März 1954 eröffneten die Nordvietnamesen eine Großoffensive auf Dien Bien Phu, bei der sie gleich am Anfang zwei vorgeschobene Forts erstürmten, die das Hochland sichern sollten. Das gelang ihnen durch den Einsatz von Artillerie, deren Besitz man ihnen nicht zugetraut hatte; sie hatten die Waffen von China erhalten, gleichsam als Restbestände des Koreakriegs. Von da an war es nur noch eine Frage der Zeit, bis die Überreste der französischen Streitmacht aufgerieben sein würden. Nachdem sich die Auseinandersetzung, ohne Zweifel zum Nachteil der Franzosen, zu einem Abnutzungskrieg entwickelt hatte und es wenig sinnvoll erschien, den Kampf fortzusetzen, nur um durch die Amerikaner zum Rückzug aus Indochina gedrängt zu werden, akzeptierte eine neue französische Regierung einen Vorschlag der Sowjets: Man beschloß, eine Indochinakonferenz abzuhalten, die noch im April desselben Jahres in Genf stattfinden sollte.

Allein die Anberaumung der Konferenz hatte zur Folge, daß die Vietminh ihre Anstrengungen vor Dien Bien Phu verdoppelten. Dadurch zwangen sie die Eisenhower-Administration, sich zwischen Theorie und Praxis zu entscheiden. Der Fall von Dien Bien Phu würde Paris nötigen, einen Großteil Vietnams, eventuell sogar das gesamte Land den Vietminh zu übergeben. Andererseits konnte Dien Bien Phu nur durch eine beträchtliche Verstärkung der Streitkräfte gerettet werden, und dazu besaßen die Franzosen weder die Mittel noch den Willen. Die Vereinigten Staaten ihrerseits mußten sich entscheiden, ob sie aus ihrer Dominotheorie die Konsequenz einer unmittelbaren Militärintervention ziehen wollten.

Als der französische Stabschef General Paul Ely am 23. März 1954 in Washington vorsprach, hinterließ Admiral Arthur Radford, der Vorsitzende der Vereinigten Stabschefs, bei ihm den Eindruck, er werde einen massiven Luftangriff gegen die kommunistischen Stellungen um Dien Bien Phu empfehlen – möglicherweise sogar unter Einschluß von Atomwaffen. Dulles war jedoch zu entschieden auf das Prinzip der kollektiven Sicherheit eingeschworen, um einen solchen Schritt in Erwägung zu ziehen, ohne zuvor mit diplomatischen Mitteln den Boden dafür zu bereiten. In einer längeren Rede am 29. März 1954 empfahl er nachdrücklich eine kollektive Militäraktion, um Indochina vor den Kommunisten zu retten, indem er das traditionelle Argument der Gegner einer Beschwichtigungspolitik einsetzte: daß die Unterlassung sofortiger Gegenmaßnahmen zu einem späteren Zeitpunkt weit kostspieligere Aktionen zur Folge haben würde. »Die Einführung des politischen Systems des kommunistischen Rußland und seines chinesischen kommunistischen Verbündeten, mit welchen Mitteln auch immer durchgesetzt, wäre eine schwere Bedrohung für die gesamte freie Welt«, so führte er aus. »Die Vereinigten Staaten sind der Meinung, daß diese Möglichkeit nicht passiv hingenommen werden darf, sondern daß wir darauf mit einem gemeinsamen Vorgehen reagieren müssen. Das ist möglicherweise mit schweren Risiken behaftet. Doch sind diese wesentlich geringer als die Risiken, die uns einige Jahre später drohen, wenn wir heute nicht den Mut zu entschlossenem Handeln finden.«[23]

Unter dem Banner des »gemeinsamen Vorgehens« schlug Dulles vor, eine Koalition aus den Vereinigten Staaten, Großbritannien, Frankreich, Neuseeland, Australien und der Indochinesischen Föderation zu bilden, um den kommunistischen Vormarsch in Indochina zu stoppen. Eisenhower unterstützte ihn in dem Bemühen um ein kollektives Vorgehen, hegte dabei jedoch insgeheim mit einiger Gewißheit die Hoffnung, die Intervention werde sich nicht beschleunigen, sondern scheitern. Sherman Adams, der Stabschef Eisenhowers, beschrieb die Position des Präsidenten mit folgenden Worten: »Nachdem er einen totalen Krieg mit Rotchina im Jahr zuvor in Korea vermieden hatte, obwohl die Vereinten Nationen ihn unterstützten, hatte er keine Lust [...], ohne die britischen und andere westlichen Verbündeten einen weiteren [Krieg] in Indochina vom Zaun zu brechen.«[24]

Eisenhower war ein lebendes Beispiel für ein merkwürdiges Phänomen der amerikanischen Politik, demzufolge gerade jene Präsidenten, die besonders arglos wirken, sich am Ende als besonders schwer einschätzbar erweisen. In dieser Hinsicht war er ein Vorläufer von Ronald Reagan: Er verstand es, außerordentliches Geschick im Manipulieren hinter einer leutseligen Fassade zu verbergen. Nicht anders als während der Suezkrise zwei Jahre später und erneut im Verlauf der Berlinkrise schienen Dulles' Worte auf eine harte Linie hinzudeuten; in diesem Fall war es der Radfordplan, der eine Intervention von Luftstreitkräften oder etwas Vergleichbares vorsah. Eisenhower hingegen wäre es zweifellos am liebsten gewesen, wenn er eine Militäraktion überhaupt hätte vermeiden können. Er verstand zu viel von militärischen Angelegenheiten, um zu glauben, ein einziger Schlag aus der Luft könne entscheidend sein, zögerte aber, auf die offizielle Strategie der massiven Vergeltung zurückzugreifen. Außerdem hatte er keine Neigung zu einem längeren Landkrieg in Südostasien. Er hatte hinlängliche Erfahrungen mit der Bündnisdiplomatie gemacht; folglich war er sich darüber im klaren, wie außerordentlich unwahrscheinlich es war, daß man ein gemeinsames Vorgehen rechtzeitig genug zum Abschluß bringen könnte, um das Schicksal von Dien Bien Phu noch einmal zu wenden. Für Eisenhower bot dies ohne Frage einen glücklichen Ausweg. Schließlich wollte er lieber den Verlust Indochinas in Kauf nehmen, als die Vereinigten Staaten in den Ruch des Prokolonialismus zu bringen.»Die Stellung der Vereinigten Staaten«, so schrieb er in einer unveröffentlichten Passage seiner Erinnerungen,»als stärkste der antikolonialen Mächte ist ein Aktivposten von unschätzbarem Wert für die freie Welt [...]. So erklärt es sich, daß die moralische Haltung der USA mehr geschützt werden mußte als das Tongking-Delta oder überhaupt ganz Indochina.«[25]

Doch ungeachtet ihrer persönlichen Vorbehalte unternahmen Eisenhower und Dulles noch einen größeren Versuch, um das Programm eines »gemeinsamen Vorgehens« zu verwirklichen. Am 4. April 1954 sandte der Präsident ein langes Schreiben an Churchill, damals in seinem letzten Jahr als Premierminister.»Wenn sie [die Franzosen] die Sache nicht bis zum Schluß durchstehen und Indochina den Kommunisten in die Hände fällt«, schrieb er,»dann besteht die Möglichkeit, daß die Wirkung auf unsere und Ihre globale strategische Position mit der daraus folgenden Verschiebung des Kräftegleichgewichts in ganz Asien und im pazifischen Raum am Ende verheerend ist. Zweifelsohne wäre dergleichen weder für Sie noch für mich akzeptabel. Es ist schwer abzuschätzen, wie Thailand, Birma und Indonesien vor den Kommunisten geschützt werden können. Auch das könnten wir uns nicht leisten. Die Bedrohung für Malaya, Australien und Neuseeland wäre unmittelbar; die Inselkette vor der Küste wäre zerbrochen. Der wirtschaftliche Druck auf Japan, das seiner nichtkommunistischen Märkte und seiner Nahrungsmittel- und Rohstoffquellen dann ja beraubt wäre, würde im Lauf der Zeit so stark, daß schwer zu erkennen ist, wie man dieses

Land daran hindern sollte, eine Einigung mit der kommunistischen Welt zu erreichen, in der die Arbeitskräfte und die natürlichen Hilfsquellen Asiens mit dem industriellen Potential Japans verbunden wären.«[26] Churchill allerdings war von dieser Diagnose nicht überzeugt, und Eisenhower unternahm keinen weiteren Versuch, ihn für seine Auffassung zu gewinnen. Churchill mochte zwar ein Verfechter der »besonderen Beziehungen« zu Amerika sein; in erster Linie aber war er Engländer, und in Indochina witterte er mehr Gefahr als Gewinn. Er war überdies keineswegs der Meinung, daß die Dominosteine so unerbittlich fallen oder daß ein einziger kolonialer Rückschlag automatisch zu globalen Katastrophen führen mußten.

Da Churchill und sein Außenminister Eden der Meinung waren, Südostasien werde am besten an den Grenzen Malayas verteidigt, antwortete der Premier unverbindlich, Eden werde die Kabinettsentscheidung Dulles übermitteln, der sich gerade auf den Weg nach London machte. Daß Churchill sich inhaltlich nicht festlegte, ließ kaum einen Zweifel daran, daß Großbritannien vorsichtig nach Mitteln und Wegen suchte, seine Ablehnung des »gemeinsamen Vorgehens« zu kaschieren. Wäre die Antwort positiv ausgefallen, so hätte Churchill sie zweifellos persönlich überbracht. Außerdem war Edens Abneigung gegen Dulles allgemein bekannt. Noch vor dessen Eintreffen hatte er bemerkt: »Ich hielt es für weltfremd, zu erwarten, daß die Bedingungen eines Siegers einem unbesiegten Feind aufgezwungen werden könnten.«[27]

Am 26. April brachte Churchill seine Vorbehalte in einem persönlichen Gespräch mit Admiral Radford zum Ausdruck, der sich gerade in London aufhielt. Den offiziellen Quellen zufolge warnte er vor einem »Krieg an den Randzonen, wo die Russen stark waren und die Begeisterung nationalistischer und unterdrückter Völker mobilisieren konnten«.[28] Tatsächlich gab es keine politische Grundlage für die Beteiligung Großbritanniens an einer Sache, die von Churchill mit folgenden Worten charakterisiert wurde: »Die britische Bevölkerung war nicht leicht zu beeinflussen durch das, was in den weit entfernten Dschungeln Südostasiens vor sich ging. Sie wußte jedoch, daß es einen starken US-Militärstützpunkt in East Anglia gab und daß ein Krieg mit China, das sich auf einen Beistandspakt mit Rußland berufen würde, einen Angriff mit Atomwaffen auf die britischen Inseln bedeuten würde.«[29] Vor allem aber hätte ein solcher Krieg jenen großen Traum zunichte gemacht, den dieser alte Kämpfer in seinem letzten Amtsjahr hegte, die Einberufung eines Gipfeltreffens mit der nachstalinistischen Führungsspitze der Sowjetunion, »in der Absicht, den Russen die vollen Konsequenzen der westlichen Stärke und die Sinnlosigkeit eines Krieges deutlich zu machen«[30](vgl. Kapitel 20).

Inzwischen war so viel Zeit verstrichen, daß unabhängig von der Entscheidung Großbritanniens auch ein gemeinsames Vorgehen Dien Bien Phu nicht mehr retten konnte. Es fiel am 7. Mai, als die Diplomaten in Genf über Indochina diskutierten. »Gemeinsames Handeln« bedeutete nichts anderes als Untätigkeit – wie es so oft der Fall ist, wenn an das Prinzip der kollektiven Sicherheit appelliert wird.

Die Debatte über eine Intervention in Dien Bien Phu hatte vor allem gezeigt, wie früh sich in der amerikanischen Vietnampolitik Verwirrung bemerkbar machte und wie schwer es bereits zu diesem Zeitpunkt war, geopolitische Analyse, strategische Doktrin und moralische Überzeugung zu vereinbaren. Wenn es zutraf, daß ein kommunistischer Sieg in Indochina die Dominosteine von Indonesien bis Japan purzeln ließ, wie Eisenhower in seinem Brief an Churchill und auf einer Pressekonferenz vom 7. April behauptet hatte, dann mußte Amerika etwas unternehmen, wie immer die Reaktionen Großbritanniens oder der übrigen Adressaten des Projekts »gemeinsames Vorgehen« ausfallen mochten – und dies schon deshalb, weil der militärische Beitrag der übrigen Partner ohnehin eher von symbolischer Bedeutung gewesen wäre. Kollektive Maßnahmen wären in der Tat vorzuziehen gewesen. Doch waren sie sicherlich keine unentbehrliche Vorbedingung für eine Verteidigung des globalen Gleichgewichts, sofern dieses überhaupt auf dem Spiel stand. Andererseits hatten sich die Vereinigten Staaten etwa zu dieser Zeit eine neue Militärdoktrin, den Grundsatz der »massiven Vergeltung«, zu eigen gemacht. Der Gedanke, die eigentliche Quelle der Aggression zu bekämpfen, hätte in diesem konkreten Fall geheißen, daß ein Krieg um Indochina gegen China geführt werden mußte. Gleichwohl gab es weder eine moralische noch eine politische Grundlage für Luftangriffe gegen ein Land, das allenfalls indirekt an dem Krieg in Vietnam beteiligt war, zumal die Sache, wie Churchill zu Radford gesagt hatte, zu unbedeutend und zu riskant war, als daß man sie gegenüber der westlichen Öffentlichkeit auf die Dauer hätte vertreten können.

Zweifellos waren die Nachfolger Stalins im Kreml kaum gewillt, sich gegen die Vereinigten Staaten für China in die Bresche zu werfen. Da aber die amerikanische Militärführung nicht in der Lage war, die Angriffsziele und das wahrscheinliche Ergebnis eines Luftkriegs gegen China (ja nicht einmal in Indochina) anzugeben, entbehrte eine Intervention jeder realistischen Grundlage, ganz abgesehen davon, daß die Unabhängigkeit Indochinas überhaupt noch nicht in die Tat umgesetzt worden war. Eisenhower war klug genug, eine Kraftprobe so lange aufzuschieben, bis die verschiedenen Determinanten der amerikanischen Indochinapolitik sich miteinander in Einklang bringen lassen würden. Leider waren sie auch noch ein Jahrzehnt später nicht aufeinander abgestimmt, als die Vereinigten Staaten – blind gegenüber dem Ausmaß dieses Unterfangens – sich zuversichtlich einer Aufgabe annahmen, an der Frankreich schmachvoll gescheitert war.

Sowohl die Sowjetunion als auch China fürchteten eine amerikanische Intervention. So trug die Diplomatie von Eisenhower und Dulles mit ihren versteckten Drohungen dazu bei, daß in Genf beim ersten Hinsehen ein wesentlich besseres Verhandlungsergebnis erzielt wurde, als die reale militärische Lage vor Ort es gerechtfertigt hätte. Die Vereinbarungen der »Schlußerklärung« der Konferenz vom Juli 1954 sahen die Teilung Vietnams entlang des Ben-Hai-Flusses in der Nähe des 17. Breitengrads vor. Um den Weg für eine Wiederherstellung der staatlichen Einheit des Landes offenzuhalten, wurde nicht von einer »politischen Grenze« gesprochen, sondern von einer administrativen Maßnahme, durch welche die Umgruppierung militärischer Kräfte erleichtert werden sollte, bevor es zu Wahlen unter internationaler Aufsicht käme. Das sollte innerhalb von zwei Jahren geschehen. Alle ausländischen Streitkräfte hatten die drei indochinesischen Staaten innerhalb von dreihundert Tagen zu räumen; Militärstützpunkte fremder Mächte und Bündnisse mit anderen Ländern wurden untersagt.

Betrachtet man die einzelnen Bestimmungen der Vereinbarung, erhält man den irreführenden Eindruck, das Genfer Abkommen habe einen formellen und bindenden Charakter besessen. Es gab bei den verschiedenen Teilen der Schlußerklärung viele Signatarmächte, aber keine »vertragschließenden Parteien« und deshalb auch keine »kollektive Verpflichtung«.[31] Richard Nixon beschrieb das Durcheinander später mit folgenden Worten: »Neun Länder kamen auf der Konferenz zusammen und brachten sechs einseitige Erklärungen, drei bilaterale Waffenstillstandsvereinbarungen und eine von niemandem unterzeichnete Erklärung zustande.«[32]

Die Verhandlungen liefen darauf hinaus, ein Mittel zur Beendigung der Kampfhandlungen zu finden, Vietnam zu teilen und eine politische Lösung der Zukunft zu überlassen. Selbsternannte Politanalytiker führen häufig die Zweideutigkeit solcher Abkommen als Beleg für die Verwirrung oder Doppelzüngigkeit der Verhandlungspartner an. Auch über die Pariser Vietnamkonferenz von 1973 hat man so geurteilt. Doch in den allermeisten Fällen bringen uneindeutige Dokumente wie die Genfer Schlußerklärung eine bestimmte Realität zum Ausdruck: Sie regeln das, was sich regeln läßt, in dem Bewußtsein, daß man für eine Verbesserung der Abmachungen neue Entwicklungen abwarten muß. Manchmal ermöglicht eine solche Unterbrechung die Bildung einer neuen politischen Konstellation, ohne daß es zu einem Konflikt kommt; manchmal bricht der Konflikt erneut aus und zwingt jede Partei, ihr Verhandlungsangebot zu überdenken.

1954 hatten sich die Dinge im Hinblick auf Indochina festgefahren, und keine der beteiligten Parteien war zunächst in der Lage, den Karren wieder flottzumachen. Die Sowjetunion war so kurz nach Stalins Tod auf eine Konfrontation nicht vorbereitet und verfolgte in Südostasien nur untergeordnete nationale Interessen; China war zu einem weiteren Krieg mit den Vereinigten Staaten nach Beendigung des Koreakriegs nicht in der Lage (erst recht nicht angesichts der neuen Doktrin von einer massiven Vergeltung); Frankreich stand im Begriff, sich aus der Region zurückzuziehen; den Vereinigten Staaten fehlte es an einer Strategie und an öffentlicher Unterstützung für eine Intervention, und die Vietminh waren noch nicht stark genug, um den Krieg auch ohne Hilfe von außen fortzusetzen.

Gleichzeitig änderte keine der Vereinbarungen der Genfer Konferenz etwas an den Grundeinstellungen der Hauptkontrahenten. Die Eisenhower-Administration war nach wie vor überzeugt, Indochina sei der Schlüssel zum asiatischen – vielleicht sogar zum globalen – Kräftegleichgewicht. Sie hatte auch einer militärischen Intervention noch nicht abgeschworen, höchstens einer Intervention an der Seite des kolonialen Frankreich. Nordvietnam hatte sein Ziel, ganz Indochina unter kommunistischer Herrschaft zu einigen, für das seine Führer zwei Jahrzehnte lang gekämpft hatten, nicht aufgegeben. Die neue sowjetische Führung bekannte sich auch weiterhin zum internationalen Klassenkampf. Was die kommunistische Doktrin anging, so gab Peking sich am radikalsten, obwohl es, wie sich erst Jahrzehnte später zeigte, seine ideologischen Überzeugungen in der Regel dem nationalen Interesse unterordnete. Und dieses nationale Interesse, wie China es sah, erzeugte in seiner Führung einen tiefen inneren Zwiespalt bei dem Gedanken, daß an seinen südlichen Grenzen eine Großmacht entstand, auch wenn es eine kommunistische Macht war: Das nämlich würde unvermeidlich das Ergebnis der Einigung Indochinas unter kommunistischer Herrschaft sein.

Dulles manövrierte sich geschickt durch dieses Dickicht hindurch. Aller Wahrscheinlichkeit nach hat er eine Militärintervention und die Niederschlagung des Kommunismus befürwortet, auch im Norden. Im Frühjahr 1954 erklärte er beispielsweise, für ihn sei das einzige »befriedigende« Ergebnis ein vollständiger Rückzug der Kommunisten aus Indochina.[33] Statt dessen fand er sich auf einer Konferenz wieder, deren einzig wahrscheinliches Resultat darin bestehen konnte, der kommunistischen Herrschaft in Nordvietnam einen Anschein von Legitimität zu verleihen, nur damit diese im Gegenzug den Einfluß des Kommunismus auf ganz Indochina ausdehnte. Dulles fühlte sich wie »ein Puritaner in einem Haus von zweifelhaftem Ruf«[34]. Er versuchte eine Regelung zustande zu bringen, die einerseits etwas darstellte, »worüber wir nur noch Witze reißen konnten«, andererseits jedoch »frei vom Makel des französischen Kolonialismus« war.[35] Zum ersten Mal im Verlauf des amerikanischen Engagements in Vietnam fielen strategische Analyse und moralische Überzeugung zusammen. Dulles definierte das Ziel seines Landes als Unterstützung beim »Zustandekommen von Entscheidungen, die den Nationen dieser Region behilflich sein werden, sich in Frieden der territorialen Unversehrtheit und politischen Unabhängigkeit unter stabilen und freien Regierungen zu erfreuen und die Chance zu einer Ausdehnung ihrer Wirtschaft zu haben«.[36]

Die unmittelbare Schwierigkeit bestand natürlich darin, daß die Vereinigten Staaten sich geweigert hatten, offiziell an der Genfer Konferenz teilzunehmen. Sie versuchten, gleichzeitig anwesend und abwesend zu sein: präsent genug, um ihre Grundsätze zur Geltung zu bringen, und doch wieder hinreichend weit im Hintergrund, um nicht im eigenen Land Schmähungen ausgesetzt zu werden, weil sie einige dieser Grundsätze aufgeben mußten.

Der Zwiespalt der amerikanischen Teilnehmer kam am besten in einer Abschlußerklärung zum Ausdruck, in der es hieß, die Vereinigten Staaten würden die Schlußerklärung »zur Kenntnis nehmen« und sich »jeder Drohung oder Gewaltanwendung enthalten, mit denen diese gestört werden könnte«. Gleichzeitig warnte die Erklärung, die USA würden »jede Wiederaufnahme der Aggression unter Verletzung der vorgenannten Vereinbarungen mit großer Besorgnis und als ernsthafte Bedrohung des internationalen Friedens und der Sicherheit aufnehmen«.[37] Mir ist kein zweiter Fall in der Geschichte der Diplomatie bekannt, daß eine Nation sich zur Einhaltung eines Abkommens verpflichtete, dessen Unterzeichnung sie abgelehnt und demgegenüber sie so viele Vorbehalte geäußert hatte.

Dulles war nicht imstande gewesen, dem Ausbau der kommunistischen Machtstellung in Nordvietnam wirksam entgegenzutreten. Er hoffte jedoch darauf, Bedingungen schaffen zu können, die verhinderten, daß die Dominosteine auch im restlichen Indochina umstürzten. Konfrontiert mit dem, was er und Eisenhower als das zweifache Übel des Kolonialismus und des Kommunismus betrachteten, hatte er dem französischen Kolonialismus eine Absage erteilt und würde sich künftig darauf konzentrieren, den Kommunismus einzudämmen. Dulles sah das Positive an der Genfer Indochina-Konferenz darin, daß diese einen politischen Rahmen geschaffen hatte, der Amerikas politische und militärische Ziele miteinander in Einklang brachte, sowie eine legale Grundlage, um einem weiteren kommunistischen Vordringen Einhalt zu gebieten.

Die Kommunisten ihrerseits hatten genug damit zu tun, ihr Regierungssystem nördlich des 17. Breitengrads einzuführen, ein Vorhaben, das sie mit der für sie typischen Grausamkeit durchsetzten: Mindestens fünfzigtausend Menschen wurden getötet, weitere hunderttausend in Konzentrationslager eingewiesen. Während etwa achtzig- bis hunderttausend kommunistische Soldaten in den Norden verlegt wurden, flohen rund eine Million Nordvietnamesen nach Südvietnam, wo die Vereinigten Staaten in Ngo Dinh Diem einen Führer gefunden zu haben glaubten, den sie zu unterstützen vermochten. Er hatte einen makellosen Ruf als Nationalist. Unglücklicherweise zeigte sich, daß die Einhaltung demokratischer Spielregeln nicht gerade seine stärkste Seite war.

Eisenhowers kluge Entscheidung, sich 1954 nicht in den Vietnamkrieg verwickeln zu lassen, war von taktischen, nicht von strategischen Überlegungen bestimmt. Tatsächlich waren er und Dulles nach Genf mehr denn je von der entscheidenden strategischen Bedeutung Indochinas überzeugt. Während Indochina allmählich zur Ruhe kam, legte Dulles letzte Hand an eine Rahmenkonzeption für kollektive Sicherheit, die einige Monate früher noch versagt hatte. Dem im September 1954 geschlossenen Südostasienpakt (SEATO) gehörten neben den Vereinigten Staaten Pakistan, Singapur, die Philippinen, Thailand, Australien, Neuseeland, Großbritannien und

Frankreich an. Was ihm fehlte, war ein gemeinsames Ziel oder ein Mittel zur gegenseitigen Unterstützung. Tatsächlich waren die Länder, die sich weigerten, dem Bündnis beizutreten, von größerer Wichtigkeit als dessen Mitglieder. Das Genfer Abkommen hinderte die drei indochinesischen Staaten daran, sich zusammenzuschließen, und so bedeutende südostasiatische Nationen wie Indien, Indonesien, Malaya und Birma zogen es vor, ihre Sicherheit in der Neutralität zu suchen. Was die europäischen Verbündeten der Vereinigten Staaten anging, so zeigten Frankreich und Großbritannien wenig Neigung, Risiken wegen einer Region einzugehen, aus der sie erst vor kurzem vertrieben worden waren. Vermutlich traten Frankreich und – in geringerem Maße – England der SEATO hauptsächlich deshalb bei, weil sie sich ein Vetorecht gegen vorschnelle amerikanische Aktionen sichern wollten.

Die formalen Verpflichtungen der SEATO-Staaten waren reichlich verschwommen. Nach dem Wortlaut des Vertrags sollten die Unterzeichner durch ihre »konstitutionellen Verfahren« einer »gemeinsamen Gefahr« begegnen, ohne daß näher erläutert wurde, was unter einer »gemeinsamen Gefahr« zu verstehen sei. Ebensowenig war ein Verfahren für gemeinsame Aktionen wie etwa in der NATO vorgesehen. Trotzdem diente die SEATO Dulles' Zwecken: Der Vertrag stellte einen rechtlichen Rahmen zur Verteidigung Indochinas dar. Das war auch der Grund, warum er merkwürdigerweise präzisere Angaben für den Fall eines kommunistischen Angriffs auf die drei Nationen Indochinas enthielt – die ja nach den Bestimmungen des Genfer Abkommens der SEATO nicht angehören durften – als für den Fall eines Angriffs auf die Mitgliedstaaten selber. Ein eigenes Protokoll bezeichnete Aggressionen gegen Laos, Kambodscha oder Südvietnam als feindselige Akte gegen den Frieden und die Sicherheit der Signatarmächte. Letzten Endes war das eine einseitig abgegebene Garantie.[38]

Nunmehr hing alles davon ab, ob aus den neuen Staaten Indochinas, insbesondere aus Südvietnam, voll funktionsfähige Nationen gemacht werden konnten. Keines dieser Länder war innerhalb seiner damaligen Grenzen als politisches Gebilde regiert worden. Hué war die Hauptstadt des alten Reiches gewesen. Die Franzosen hatten Vietnam in drei Regionen zerteilt: in Tongking, Annam und Kotschinchina mit den jeweiligen Hauptstädten Hanoi, Hué und Saigon. Das Umland von Saigon und das Mekong-Delta waren von den Vietnamesen erst während des neunzehnten Jahrhunderts kolonisiert worden, etwa zur selben Zeit, als die Franzosen dorthin kamen. Der vorhandene Behördenapparat bestand zum Teil aus Beamten, die von den Franzosen ausgebildet worden waren, zum Teil aus einem Gewirr von Geheimgesellschaften, den sogenannten Sekten, von denen einige religiös ausgerichtet waren. Alle aber bestritten ihren Unterhalt und bewahrten ihren autonomen Status, indem sie die Bevölkerung aussaugten.

Diem, der neue Herrscher, war der Sohn eines Beamten am kaiserlichen Hof von Hué. Nach dem Besuch katholischer Schulen war er eine Zeitlang

Beamter in der Kolonialverwaltung in Hanoi gewesen, hatte den Dienst jedoch quittiert, als die Franzosen sich weigerten, einige der von ihm vorgeschlagenen Reformen einzuführen. Für die beiden folgenden Jahrzehnte ein gelehrter Eremit, mal im eigenen Land, mal in der Verbannung - zumeist in den Vereinigten Staaten -, lehnte er Angebote der Japaner, der Kommunisten und der von Paris protegierten vietnamesischen Führer ab, sich an der Regierung zu beteiligen.

Die Führer sogenannter Freiheitsbewegungen sind im allgemeinen keine demokratischen Persönlichkeiten. In den Jahren des Exils und der Gefangenschaft halten sie sich mit Visionen von dem Wandel aufrecht, den sie bewerkstelligen wollen, wenn sie erst einmal an der Macht sind. Bescheidenheit kann man ihnen, wie überhaupt allen echten Revolutionären, nur selten nachsagen. Die Errichtung eines Regierungssystems, in dem die politischen Führer von den Wählern abgesetzt werden können - ein wesentliches formales Merkmal jeder Demokratie -, erscheint den meisten von ihnen ein Widerspruch in sich. Die Anführer in Unabhängigkeitskämpfen sind häufig Helden, und Helden geben in aller Regel kaum bequeme Gefährten ab.

Diems persönliche Eigenschaften wurden durch die am Konfuzianismus ausgerichtete politische Tradition Vietnams noch gesteigert. Im Gegensatz zur demokratischen Theorie, derzufolge die Wahrheit sich aus dem Zusammenprall unterschiedlicher Ideen ergibt, behauptet der Konfuzianismus, Wahrheit sei etwas Objektives: Sie existiere einfach und könne durch eifriges Studium und durch Bildung erkannt werden, wozu freilich nur sehr wenige Menschen imstande sind. Bei der Suche nach Wahrheit werden widerstreitende Ideen nicht als gleichberechtigt behandelt, wie die demokratische Theorie dies fordert. Da es nur eine einzige Wahrheit gibt, kann das, was nicht wahr ist, weder einen eigenen Rang haben, noch kann es durch einen Wettbewerb deutlicher zutage treten. Der Konfuzianismus ist durch und durch hierarchisch und elitär; er stellt die Loyalität gegenüber Familie, Institutionen und Obrigkeit in den Vordergrund. Keine der Gesellschaften, die von ihm beeinflußt wurden, hat bislang ein funktionierendes pluralistisches System hervorgebracht - wobei Taiwan seit Beginn der neunziger Jahre einem solchen System noch am nächsten kommt.

Im Jahre 1954 existierten in Südvietnam kaum Grundlagen für eine souveräne Nation und noch weniger für eine Demokratie. Doch weder die strategische Einschätzung der Vereinigten Staaten noch deren Überzeugung, Südvietnam müsse durch demokratische Reformen gerettet werden, stellte die Realitäten in Rechnung. Mit dem Enthusiasmus der Unschuld nahm sich die Regierung Eisenhower sozusagen Hals über Kopf der Aufgabe an, Südvietnam gegen die kommunistische Aggression zu verteidigen und aus dem Land eine Nation zu machen. Und all das geschah in der Absicht, eine Gesellschaft, deren Kultur von der der Vereinigten Staaten himmelweit entfernt war, in den Stand zu setzen, ihre neuerrungene Unabhängigkeit zu behaupten und eine Freiheit nach amerikanischem Verständnis zu praktizieren.

Dulles trat dafür ein, Diem rückhaltlos zu unterstützen. Er sei »das einzige Pferd«, auf das man setzen könne. Im Oktober 1954 machte Eisenhower aus der Not eine Tugend und versprach Diem schriftlich US-Hilfe, die er allerdings von Zusicherungen abhängig machte, und zwar »hinsichtlich der Maßstäbe [...] bei der Durchführung erforderlicher Reformen«. Die Hilfe sei mithin an ein unabhängiges Vietnam geknüpft, »ausgestattet mit einer starken Regierung [...], die den nationalistischen Bestrebungen ihrer Bevölkerung in einer Weise gerecht wird«, daß sie im eigenen Land wie im Ausland Respekt einflößt.[39]

Einige Jahre lang schien alles gutzugehen. Bis zum Ablauf der Amtszeit Eisenhowers hatten die Vereinigten Staaten an Südvietnam Hilfe im Wert von einer Milliarde Dollar geleistet. Im Land befanden sich eintausendfünfhundert Kräfte aus den Vereinigten Staaten; die amerikanische Botschaft in Saigon wurde zu einer der größten US-Botschaften der Welt. Die Gruppe der US-Militärberater, 692 Personen stark, hatte die Bestimmungen der Genfer Schlußerklärung, die ihre Zahl begrenzte, schlicht ignoriert.[40]

Entgegen allen Erwartungen und mit massiver Unterstützung durch den US-Geheimdienst gelang es Diem, die Geheimgesellschaften zu unterdrücken. Er stabilisierte die Wirtschaft und führte eine Zentralverwaltung ein, erstaunliche Leistungen, die in den Vereinigten Staaten gut aufgenommen wurden. Nach einem Besuch in Südvietnam im Jahr 1956 berichtete Senator Mike Mansfield, Diem vertrete einen »echten Nationalismus« und habe sich einer Aufgabe angenommen, »die eine verlorene Sache der Freiheit war, und ihr neues Leben eingehaucht«.[41] Auch Senator John F. Kennedy machte sich das Bild von den beiden Pfeilern der Sicherheit und Demokratie zu eigen, auf denen die amerikanische Vietnampolitik ruhe. Vietnam, so sagte er, sei nicht nur der »Schlußstein im Gewölbe« der Sicherheit in Südostasien, sondern auch das »Versuchsfeld für eine Demokratie in Asien«.[42]

Die Ereignisse sollten bald zeigen, daß es sich bei dem, was die US-Außenpolitiker in den höchsten Tönen priesen, um ein trügerisches Bild handelte. Der Entwicklung war keine Dauer beschieden. Denn die Annahme der USA, ihre eigene, einzigartige Form der Demokratie lasse sich mühelos auf andere Länder übertragen, erwies sich als Irrtum. Im Westen war der politische Pluralismus in kohärenten Gesellschaften zur Blüte gelangt, in denen ein hinreichender gesellschaftlicher Konsens eine tolerante Haltung gegenüber der politischen Opposition ermöglichte, ohne daß der Staat selber dadurch in Gefahr geriet. In Ländern dagegen, wo eine Nation erst noch zu schaffen ist, erscheint eine Opposition leicht als Bedrohung der nationalen Existenz, namentlich wenn sich noch keine Zivilgesellschaft als eine Art Sicherheitsnetz herausgebildet hat. Unter diesen Umständen besteht eine starke oder gar übermächtige Versuchung, Opposition mit Verrat gleichzusetzen.

Alle diese Tendenzen werden durch einen Guerrillakrieg noch gefördert. Guerrilleros verfolgen schließlich die Strategie, alles systematisch zu unterhöhlen, was die staatlichen Institutionen möglicherweise an gesellschaftlichem Zusammenhalt geschaffen haben. In Südvietnam hatte es auch nach 1954 weiterhin eine ungebrochene Aktivität der Guerrilla gegeben; ab 1959 nahm dies eine besondere Intensität an. Das erste Ziel einer Guerrillabewegung besteht darin, die Etablierung stabiler, legitimer Institutionen zu verhindern. Ihre Angriffe gelten daher in der Regel einerseits den besten, andererseits den schlechtesten Regierungsbeamten. Letztere sind zumeist korrupte oder besonders repressive Beamte, und indem man diese »bestraft«, verschafft man sich die Sympathien der Bevölkerung. Die besten Beamten dagegen werden umgebracht, weil das die wirksamste Methode ist, einen Zuwachs an Legitimität zu verhindern und begabte Leute davon abzuhalten, sich der Regierung zur Verfügung zu stellen. Ende der fünfziger, Anfang der sechziger Jahre fielen in Südvietnam jährlich rund zweitausendfünfhundert Beamte Terroranschlägen zum Opfer.[43] Es bedeutete demnach ein hohes Risiko, als Beamter für die Regierung tätig zu sein. Nur einige wenige Idealisten und eine weit höhere Zahl von korrupten Personen nahmen dieses Wagnis auf sich. In einem Wettrennen zwischen dem Aufbau der Nation und dem Chaos, zwischen Demokratie und Unterdrückung, hatte die Guerrilla von vornherein die Vorteile auf ihrer Seite. Selbst wenn Diem tatsächlich ein Reformer nach dem Wunsch der Amerikaner gewesen wäre, bliebe zweifelhaft, ob er den ungleichen Kampf hätte gewinnen können: Reformen kosten nun einmal wesentlich mehr Zeit als jene Verbreitung von Schrecken und Verwirrung, auf die die Rebellen zielten.

Auch ohne die Existenz einer Guerrillabewegung allerdings wäre die Regierung Diem wohl kaum demokratischer gewesen. Als Mandarin orientierte Diem sich am konfuzianischen Modell eines Herrschers, der kraft seiner Tugend und nicht aufgrund eines gesellschaftlichen Konsenses herrschte. Seine Legitimität, das Mandat des Himmels, war durch Erfolg unter Beweis zu stellen. Vor der Idee einer legitimen Opposition wäre er rein instinktiv zurückgeschreckt wie alle politischen Führer nach chinesischem Muster von Peking bis Singapur und fast alle Führer in Südostasien, die mit weit weniger innenpolitischen Schwierigkeiten zu kämpfen hatten. Eine Zeitlang verschleierten Diems Erfolge beim Aufbau der Nation das Hinterherhinken der demokratischen Reformen. Je unsicherer die Lage in Südvietnam jedoch wurde, desto deutlicher traten die schlummernden Konflikte zwischen amerikanischen Wertvorstellungen und südvietnamesischen Traditionen zutage.

Trotz der von den Vereinigten Staaten geförderten Aufstellung einer südvietnamesischen Armee verschlechterte sich die innere Sicherheitslage unaufhaltsam. Das US-Militär war von derselben Selbstsicherheit beseelt, die auch die von den Vereinigten Staaten nach Südvietnam entsandten politischen Reformer antrieb. Beide waren überzeugt, sie hätten ein unfehlbares Heilmittel für ein zutiefst zerstrittenes Land entdeckt, das von den Vereinigten Staaten nicht nur geographisch, sondern auch kulturell denkbar weit entfernt war. Man ging daran, eine vietnamesische Armee aufzubauen, die das getreue Abbild der US-Streitkräfte sein sollte. Die amerikanischen Streitkräfte waren jedoch darauf eingerichtet, in Europa zum Einsatz zu kommen; ihre bislang einzigen Erfahrungen in Entwicklungsländern hatten sie in Korea machen können, wo ihre Aufgabe darin bestand, eine konventionelle Armee zu bekämpfen, die eine international anerkannte Demarkationslinie überschritten hatte, und all dies inmitten einer größtenteils kooperativen Bevölkerung. Danach ähnelte die Situation durchaus den Plänen, die die militärischen Stäbe für Europa aufgestellt hatten. In Vietnam hingegen gab es keinen festen Frontverlauf, und der von Hanoi unterstützte Feind verteidigte kein Gelände. Er griff heute hier, morgen dort an und war gleichzeitig überall und nirgendwo.

Von jenem Tag an, als die amerikanischen Militärberater erstmals vietnamesischen Boden betraten, brachten sie den Vietnamesen die ihnen vertrauten Methoden der Kriegführung bei: Zermürbung des Feindes in einem Stellungskrieg durch überlegene Feuerkraft und Motorisierung sowie eine Beweglichkeit, wie sie in Ländern erreicht werden kann, die über gut ausgebaute Verkehrswege verfügen. Auf die in Südvietnam herrschenden Verhältnisse war eine solche Taktik überhaupt nicht anwendbar. Die von US-Offizieren ausgebildete südvietnamesische Armee sah sich daher sehr bald in derselben Falle wie das französische Expeditionsheer ein Jahrzehnt zuvor. Eine Zermürbungstaktik funktioniert am besten gegen einen Gegner, dem keine andere Wahl bleibt, als ein lebenswichtiges Terrain zu verteidigen. Da Guerrilleros aber in der Regel nichts zu verteidigen haben, war die von einer Motorisierung abhängige und in Divisionen aufgeteilte südvietnamesische Armee für den Kampf im eigenen Land kaum noch von Bedeutung.

In der Anfangszeit des US-Engagements in Vietnam steckte die Guerrillabewegung noch in den Kinderschuhen. Das militärische Problem stand noch nicht im Vordergrund. Alles sah so aus, als wären wirkliche Fortschritte zu verzeichnen. Erst ganz am Ende der Regierungszeit Eisenhowers nahm der von Hanoi geschürte Kampf eine neue Intensität an, und selbst dann brauchte es noch einige Zeit, bis Nordvietnam imstande war, die logistischen Grundlagen zu schaffen, mit denen der Nachschub für einen umfassenden Guerrillakrieg gesichert werden konnte. Zu diesem Zweck drang man in Laos ein, einen kleinen, friedlichen und neutralen Staat. Dort legte man einen Verbindungsweg an, der später als Ho-Chi-Minh-Pfad bekannt wurde.

Als Eisenhower sich auf die Übergabe seines Amtes vorbereitete, galt seine Hauptsorge Laos. In seinen Erinnerungen schrieb er:»Der Fall von

Laos könnte bedeuten, daß anschließend, wie eine Reihe umstürzender Dominosteine, auch die noch freien Nachbarländer Kambodscha und Südvietnam – sowie aller Wahrscheinlichkeit nach Thailand und Birma – fallen würden. Eine solche Kettenreaktion würde der kommunistischen Eroberung ganz Südostasiens Tür und Tor öffnen.«[44] Für Eisenhower war die Unabhängigkeit von Laos ein so entscheidender Faktor, daß er bereit war zu kämpfen – »mit oder ohne unsere Verbündeten«.[45] Die Verteidigung von Laos sollte deshalb auch die konkreteste Maßnahme sein, die er dem zukünftigen US-Präsidenten John F. Kennedy während der Übergangszeit im Januar 1961 ans Herz legte.

Zum Zeitpunkt des Regierungswechsels hatten der Umfang und die Form des amerikanischen Engagements in Indochina eine Dimension angenommen, die die Glaubwürdigkeit der US-Regierung noch nicht in irreparablem Maß aufs Spiel setzte. Bis dahin stand die Unterstützung Südvietnams durch die Vereinigten Staaten noch in einem angemessenen Verhältnis zu deren Sicherheitszielen in der Region; noch hatte das Engagement keine Größenordnung erreicht, die seine Rechtfertigung zu einer Frage von vorrangigem nationalem Interesse gemacht hätte.

Die Dominotheorie war unter US-Politikern zum intellektuellen Allgemeingut geworden. Sie wurde kaum in Zweifel gezogen. Wie die meisten außenpolitischen Theorien Wilsonscher Prägung war sie auch nicht eigentlich falsch, lediglich undifferenziert. Die wesentlichen Fragen, die mit der Situation in Vietnam aufgeworfen worden waren, lauteten nicht, ob man dem Kommunismus in Asien Widerstand entgegensetzen sollte, sondern ob der 17. Breitengrad der richtige Ort war, um die Grenze zu ziehen. Es ging nicht darum, was mit Indochina geschehen würde, wenn der südvietnamesische Dominostein fiel, sondern ob es möglich war, eine andere Verteidigungslinie zu errichten, zum Beispiel entlang der Grenzen Malayas.

Diese Punkte sind unter geopolitischen Prämissen nie sorgfältig geprüft worden. Jene Generation von US-Politikern, für die die Lehren von München prägend waren, blieb überzeugt, daß ein Zurückweichen vor dem Feind die nächste Begegnung mit ihm nur schlimmer machen werde. Vor allem aber war ein Zurückweichen moralisch nicht zu rechtfertigen. Und genau mit diesem Argument begründete Eisenhower das amerikanische Engagement in Vietnam im Jahr 1959, als er in einer Rede äußerte:»Unsere eigenen nationalen Interessen erfordern eine gewisse Hilfe von uns, um in Vietnam die Moral, den wirtschaftlichen Fortschritt und die militärische Stärke aufrechtzuerhalten, die erforderlich sind, damit das Land auch weiterhin in Frieden leben kann [...]. Der Preis, den wir nach einer fortgesetzten Vernachlässigung dieser Probleme zu zahlen haben, wird weit höher sein als das, mit dem wir gegenwärtig zu rechnen haben – sogar mehr, als wir dann noch aufbringen könnten.«[46] Die universalistische Tradition der Vereinigten Staaten ließ es einfach nicht zu, anhand strategischer Zweckmäßigkeitsüberlegungen zwischen den potentiellen Opfern zu unterscheiden. Die amerikanischen Staatsmänner appellierten an die Selbstlosigkeit ihrer Nation, weil sie fest daran glaubten: Wenn sie ein Land verteidigten, so geschah dies, weil sie damit zugleich amerikanische Prinzipien verteidigten, nicht allein aus Gründen des nationalen Interesses der USA.

Die Tatsache, daß Amerika sich für Vietnam als die Region entschied, in der es der kommunistischen Expansion die Stirn bieten wollte, führte dazu, daß es in den kommenden Jahren immer wieder in eine schlimme Zwangslage geriet. Wenn politische Reformen der Weg waren, um die Guerrilla zu schlagen, bedeutete deren wachsende Stärke dann, daß die amerikanischen Empfehlungen nicht richtig in die Tat umgesetzt wurden? Oder waren die Empfehlungen zumindest in der gegenwärtigen Phase des Kampfes einfach irrelevant? Und wenn Vietnam tatsächlich für das globale Gleichgewicht so entscheidend war, wie fast alle führenden Politiker der Vereinigten Staaten behaupteten, hieß das dann nicht, daß geopolitische Erwägungen letzten Endes Vorrang vor allen anderen hatten und die USA nötigten, zwölftausend Meilen entfernt von der Heimat einen Krieg auf sich zu nehmen? Die Antworten auf diese Fragen blieben den Amtsnachfolgern Eisenhowers vorbehalten, John F. Kennedy und Lyndon B. Johnson.

Kapitel 26

# Vietnam:
# Auf dem Weg zur Verzweiflung
# Die Jahre unter Kennedy und Johnson

*Lyndon B. Johnson*

Als letzter jener drei US-Präsidenten, die sich mit dem Indochinaproblem auseinandersetzen mußten, erbte John F. Kennedy ein Konglomerat von eingefahrenen politischen Leitsätzen. Für Kennedy wie für seine Vorgänger besaß Vietnam eine entscheidende Bedeutung in bezug auf Amerikas gesamtgeopolitische Position. Wie Truman und Eisenhower glaubte er, daß es unbedingt zu den amerikanischen Interessen zähle, einen kommunistischen Sieg in Vietnam zu verhindern, und genau wie seine Amtsvorgänger war er der Überzeugung, die kommunistische Führung in Hanoi werde vom Kreml aus gesteuert. Kurz, in diesem Punkt stimmte Kennedy den beiden Regierungen vor ihm durchaus zu: Die Verteidigung Südvietnams war auch für ihn ein unerläßlicher Bestandteil der umfassenden Strategie weltweiter Eindämmungspolitik.

Obwohl Kennedys Vietnampolitik in mancher Hinsicht eine Fortführung von Eisenhowers Politik zu sein schien, gab es einige wichtige Unterschiede. Eisenhower hatte den Konflikt stets aus der Perspektive des Soldaten bewertet, und zwar als einen Krieg zwischen zwei genau voneinander zu trennenden Parteien – Nordvietnam und Südvietnam. Für die Kennedy-Mannschaft dagegen stellten die Angriffe des Vietkong auf Südvietnam nicht so sehr einen traditionellen Krieg als einen bürgerkriegsähnlichen Zustand dar, dessen herausragendes Merkmal das bislang relativ unbekannte Phänomen des Guerillakriegs war. Die Antwort darauf, so behauptete Kennedy, könne für die Vereinigten Staaten nur heißen, aus Südvietnam in sozialer, politischer, wirtschaftlicher und militärischer Hinsicht eine Nation zu formen; so würde das Land in der Lage sein, die Guerillas zu besiegen, ohne daß das Leben amerikanischer Soldaten aufs Spiel gesetzt werden müsse.

Zugleich interpretierte die neue Regierungsmannschaft die militärische Seite des Konflikts unter bislang noch nie in Betracht gezogenen Gesichtspunkten. Während Eisenhower das militärische Risiko in Vietnam stets unter Aspekten konventioneller Kriegsführung beurteilt hatte, sah die Regierung Kennedy die entscheidende Herausforderung im Guerillakrieg. Das Team um den Präsidenten war damals der – wie wir heute wissen – voreiligen Meinung, daß zwischen den Vereinigten Staaten und der Sowjetunion ein atomares Patt bestehe, wodurch ein Krieg im großen Maßstab undenkbar werde – um eine Wendung des Verteidigungsministers Robert

McNamara zu gebrauchen. Die Regierung glaubte überdies, daß der Militärapparat der USA den Kommunisten die Möglichkeit nehme, begrenzte Kriege nach dem Muster des Koreakriegs zu führen. Und indem man systematisch verschiedene Optionen durchspielte und deren Praktikabilität der Reihe nach verneinte, gelangte man schließlich zu der Einschätzung, der Guerillakrieg sei die Herausforderung der Zukunft, durch welche die Fähigkeit Amerikas, dem Kommunismus entgegenzutreten, einer letzten Probe unterzogen würde.

Am 4. Januar 1961, zwei Wochen vor Kennedys Amtsantritt, bezeichnete Chruschtschow »nationale Befreiungskriege« als »gerechtfertigt« und versprach für sie sowjetische Unterstützung. Kennedys junge Regierungsmannschaft betrachtete dieses Versprechen als eine Kriegserklärung gegen ihr eigenes Programm, das darin bestand, die Beziehungen der USA zu den Entwicklungsländern stärker in den Vordergrund zu stellen. Heute wird allgemein angenommen, daß die Rede Chruschtschows sich in erster Linie gegen dessen ideologische Herausforderer in Peking richtete, die ihn beschuldigt hatten, von Weg und Sache des Leninismus abzuweichen, weil er soeben das Berlin-Ultimatum ein drittes Mal verlängert und im übrigen häufig Vorbehalte gegen einen Atomkrieg geäußert hatte.

Damals jedoch reagierte Kennedy in seinem ersten Bericht zur Lage der Nation vom 31. Januar 1961 auf Chruschtschows Rede, indem er sie als Beweis für die »Ambitionen [der Sowjetunion und Chinas] auf die Weltherrschaft« anführte. »Beide«, so fügte er hinzu, »haben diese ihre Ziele erst vor kurzem nachdrücklich betont.« [1]

Im September 1965 sollte es innerhalb der Johnson-Administration im Hinblick auf China zu demselben Mißverständnis kommen. In einem Manifest des chinesischen Verteidigungsministers Lin Piao über den »Volkskrieg« war vollmundig davon die Rede, die Industriemächte der Erde durch Revolutionen überall in der dritten Welt »einzukreisen«. [2] Die Johnson-Administration sah in dieser Äußerung eine Warnung, daß China Hanoi unterstützen werde, ignorierte dabei aber, was zwischen den Zeilen stand, die Ermahnung nämlich, daß Revolutionäre sich auf sich selbst verlassen müssen. Hinzu kam eine Bemerkung Maos, die chinesische Armee werde nicht im Ausland tätig werden – ein versteckter Hinweis darauf, daß China keineswegs die Absicht hatte, in einen weiteren kommunistischen Befreiungskrieg verwickelt zu werden. Offenbar hatten während des Koreakriegs beide Seiten etwas gelernt, und die Chinesen waren fest entschlossen, daß sich eine solche Situation nicht wiederholen sollte.

Da die Regierungen Kennedy und Johnson die kommunistischen Verlautbarungen aber auf die genannte Weise interpretierten, vermochten sie den Krieg in Indochina nicht mehr als einen Konflikt des Kalten Krieges unter vielen anzusehen, wie ihre Vorgänger es getan hatten. Für die von Kennedy verkündete »New Frontier« stellte der Indochinakrieg *die* entscheidende Schlacht dar: Hier würde sich zeigen, ob die Vereinigten Staaten den Guerillakrieg beenden und den Kalten Krieg gewinnen konnten. Kennedys Auffassung, bei dem Konflikt handele es sich um eine zentral gesteuerte, weltweite Verschwörung, seine Überzeugung, Chruschtschow habe ihn auf dem Wiener Gipfel im Juni 1961 einzuschüchtern versucht, zwangen ihn zu dem Schluß, Südostasien sei der Ort, um seine Glaubwürdigkeit wiederherzustellen. »Unser Problem ist es nun«, sagte er zu James Reston, damals der führende Kolumnist der ›New York Times‹, »unsere Macht glaubwürdig zu demonstrieren, und es sieht ganz so aus, als sei Vietnam das richtige Land dafür.« [3]

Wie in einer griechischen Tragödie, wo der Held durch eine Kette scheinbar zufälliger Ereignisse immer unentrinnbarer in sein verhängnisvolles Schicksal getrieben wird, wurde die Kennedy-Administration jetzt durch eine Krise in das Vietnamdrama gezogen, die ihren Vorgängern erspart geblieben war: die Entwicklung in Laos. Es gab wohl kaum ein Volk, das die ihm zugefügten Leiden so wenig verdient hatte wie die freundlichen, friedliebenden Laoten. Eingekeilt zwischen den bedrohlich hohen Bergketten, die die Grenze zu Vietnam bilden, und dem breiten Mekong, dem Grenzfluß zwischen Laos und Thailand, verlangten die dort lebenden Bevölkerungsgruppen von ihren kriegslüsternen Nachbarn nichts, als in Frieden gelassen zu werden. Das freilich war ein Wunsch, den Nordvietnam ihnen nicht erfüllte. Denn als Hanoi im Jahre 1959 den Guerillakrieg gegen Südvietnam begann, bedeutete dies unvermeidlich, daß auch der Druck auf Laos zunahm. Hätte Hanoi versucht, seine im Süden stationierten Guerillatruppen durch vietnamesisches Territorium mit Nachschub zu versorgen, dann hätte es heimlich die sogenannte entmilitarisierte Zone durchqueren müssen, welche, nicht länger als knapp sechzig Kilometer, auf der Höhe des 17. Breitengrads lag und als Demarkationslinie den Norden vom Süden Vietnams trennte. Dieser schmale Grenzstreifen jedoch hätte von der südvietnamesischen Armee mit Unterstützung der USA mühelos abgeriegelt werden können. Die zweite Möglichkeit hätte darin bestanden, den 17. Breitengrad mit regulären Truppen zu überqueren und Südvietnam offen anzugreifen, was höchstwahrscheinlich eine Intervention der Vereinigten Staaten, vielleicht auch der SEATO-Staaten, zur Folge gehabt hätte. Ein solches Risiko wollte Hanoi lange Zeit nicht eingehen, jedenfalls nicht vor 1972, und da befand sich der Vietnamkrieg bereits in einer sehr späten Phase.

Aufgrund der kaltblütigen Logik, die die Strategie der Kommunisten während des gesamten Krieges kennzeichnete, gelangte Hanoi zu der Einschätzung, daß eine Infiltration Südvietnams über die neutralen Länder Laos und Kambodscha auf schwächere Sanktionen des Auslands stoßen werde als ein direkter Vorstoß über den 17. Breitengrad. Und obwohl die Neutralität von Laos und Kambodscha im Genfer Abkommen garantiert und mit dem SEATO-Vertrag bekräftigt worden war, wurden die Nordvietnamesen von den Ereignissen in ihrem Urteil bestätigt. Indem sie den südlichen Zipfel des souveränen Laos im Grunde annektierten, errichteten sie hier sowie in Kambodscha militärische Stützpunkte, ohne damit auf eine nennenswerte Opposition der übrigen Staaten der Erde zu stoßen. Ja, es stellte sich heraus, daß amerikanische und südvietnamesische Versuche, dieses ausgedehnte Infiltrationsnetz zu zerstören, sogar als »Ausweitungen« des Krieges angeprangert wurden.

Den südlichen Zipfel von Laos nutzten die Nordvietnamesen zum Anlegen von Zugangsrouten, die sich, geschützt von einem Dschungeldach, rund tausend Kilometer entlang der südvietnamesichen Grenze zu Laos und Kambodscha hinzogen. 1959 drangen dann mehr als sechstausend nordvietnamesische Soldaten in Laos mit dem angeblichen Auftrag ein, die von Hanoi geförderte kommunistische Pathet-Lao-Bewegung zu unterstützen, die seit dem Genfer Abkommen von 1954 zwei nordöstliche Provinzen entlang der Grenze zu Vietnam beherrschte.

Als erfahrener General erkannte Eisenhower, daß man in Laos ansetzen mußte, um Südvietnam zu verteidigen. Offenbar hat er Kennedy in den Wochen vor dessen Amtsübernahme klargemacht, daß er zu einer Intervention bereit war, nötigenfalls auch im Alleingang.

Die ersten Erklärungen, die Kennedy als Präsident zu Laos abgab, befanden sich denn auch im Einklang mit den Empfehlungen Eisenhowers. Auf einer Pressekonferenz vom 23. März 1961 sprach er folgende Warnung aus: »Die Ruhe ganz Südostasiens wird gefährdet sein, wenn Laos seine Neutralität und Unabhängigkeit verliert. Wir alle sind nur sicher, wenn auch Laos sicher ist, in wirklicher, von allen eingehaltener Neutralität.« [4] Nur wenige Tage später freilich, in einer an den Kongreß gerichteten Sonderbotschaft zum Militärhaushalt, beteuerte Kennedy: »Die fundamentalen Probleme, vor denen die Welt heute steht, lassen sich nicht mit militärischen Mitteln lösen.« [5] Zwar stand dies nicht unbedingt im Widerspruch zu der Absicht, Laos zu verteidigen, doch es war auch nicht gerade ein Fanfarenstoß, der zu militärischen Gegenmaßnahmen aufrief. Hanoi gab sich keinen Illusionen hin. Es wußte, daß es sich im Krieg befand, und es würde alle zur Verfügung stehenden Mittel einsetzen, um zu gewinnen. Kennedy war sich seiner Sache nicht so sicher. Er hoffte, die Oberhand zu behalten und den Kommunismus zurückzudrängen, aber mit politischen Mitteln und möglichst durch friedliche Kompromisse.

Im April 1961, noch unter dem Eindruck des Fiaskos in der Schweinebucht, entschied sich Kennedy gegen eine Intervention. Statt dessen setzte er auf Verhandlungen zur Respektierung der laotischen Neutralität. Doch sobald die Drohung einer US-Intervention nicht mehr über Nordvietnam schwebte, konnte man weitgehend sicher sein, daß alle Verhandlungen Hanoi in seiner Gewalt über Laos nur bestätigen würden. Tatsächlich war es das zweite Mal, daß Hanoi die Neutralität seines Nachbarstaats verletzte, obgleich es sich bereits auf der Genfer Indochinakonferenz von 1954 verpflichtet hatte, diese zu respektieren.

Während die Nordvietnamesen ihre Nachschublinien in Laos ausbauten, zögerten sie die Verhandlungen ein Jahr lang hinaus. Schließlich schickte Kennedy im Mai 1962 Soldaten des Marineinfanteriekorps in das benachbarte Thailand: Das machte der Aussicht auf Verhandlungen ein abruptes Ende. Die ausländischen Soldaten und Militärberater wurden aufgefordert, sich an internationalen Kontrollstellen zu melden und Laos zu verlassen. Alle thailändischen und amerikanischen Berater hielten sich an die Vereinbarung; von den über sechstausend vietnamesischen Soldaten und Offizieren, die nach Laos verlegt worden waren, meldeten sich sage und schreibe vierzig Mann an den Kontrollpunkten, um nach Vietnam zurückzukehren. Damit lag Südvietnam für feindliche Invasionen weit offen.

Eisenhower hatte also recht gehabt. Wenn Indochina wirklich der Schlußstein der amerikanischen Sicherheit im Pazifik war, wie die politischen Führer in Washington seit zehn Jahren behaupteten, dann war Laos ein geeigneterer Ort, um Indochina zu verteidigen, als Vietnam – ja vielleicht sogar überhaupt der einzige. Denn wenn Laos auch ein abgelegener Binnenstaat war, hätten die Nordvietnamesen doch als gefürchtete und verhaßte Ausländer dort keinen Guerillakrieg führen können. So wären die USA in der Lage gewesen, die Art von Krieg zu führen, für welche die Armee ausgebildet worden war; zudem wären die US-Soldaten in Laos höchstwahrscheinlich von thailändischen Truppen unterstützt worden. Mit einer solchen Situation konfrontiert, hätte Hanoi vermutlich zurückgesteckt und einen günstigeren Zeitpunkt für einen regelrechten Krieg abgewartet.

Noch aber wurde der Konflikt weitgehend unter ideologischen Vorzeichen betrachtet, und so hielt man eine derart kaltblütige strategische Analyse für unangemessen (was zu diesem Zeitpunkt auch meine Auffassung war). Zehn Jahre lang hatten die führenden Politiker der USA Argumente für die Verteidigung Vietnams vorgebracht, weil es innerhalb eines Verteidigungskonzepts für Asien eine Schlüsselfunktion einnehme; hätte man diese Strategie nun plötzlich umgeworfen, indem man ein weitab in den Bergen liegendes, rückständiges Königreich zum Dreh- und Angelpunkt der Dominotheorie erklärte, dann wäre der innenpolitische Konsens fraglos in Gefahr geraten.

Aus all diesen Gründen gelangten Kennedy und seine Berater zu dem Schluß, daß Indochina in Südvietnam – wo sich die Amerikaner unter kommunistischer Aggression am ehesten etwas vorstellen konnten – verteidigt werden müsse. Sie vergaßen dabei zu berücksichtigen, daß sie soeben eine Entscheidung getroffen hatten, die eine militärische Lösung des Problems nahezu unmöglich machte. Denn jetzt waren nicht nur die durch Laos führenden Nachschublinien für den Vietkong frei; darüber hinaus war der listige und reaktionsschnelle Staatschef Kambodschas, Prinz Sihanuk, nun zu dem Schluß gelangt, daß das Spiel gelaufen sei, und duldete fortan die Errichtung kommunistischer Stützpunkte entlang der Grenze Kambodschas zu Südvietnam. Damit war erneut eine Catch-22-Situation geschaffen: Wenn man die kommunistischen Stützpunkte in Kambodscha unbehelligt ließ, dann konnten die Nordvietnamesen von dort aus nach Belieben in Südvietnam einfallen und sich anschließend wieder in ihre sicheren Schlupfwinkel zurückziehen, so daß Südvietnam nicht wirksam verteidigt werden konnte. Wurden die Stützpunkte dagegen angegriffen, dann würden Südvietnam und seine Verbündeten angeprangert, sie verübten eine »Aggression« gegen ein »neutrales« Land.

Angesichts der gerade aufgetretenen Krise um Berlin war seine Weigerung, einen Krieg in Laos zu riskieren, einem Land, von dem weniger als ein Prozent der US-Bevölkerung je etwas gehört hatte und das überdies direkt an die Volksrepublik China grenzte, verständlich. Die einzige Alternative, darin bestehend, daß man Indochina gänzlich sich selbst überließ, wurde zu keiner Zeit in Betracht gezogen. Kennedy scheute sich, eine außenpolitische Linie, die von den US-Regierungen seit zehn Jahren vertreten und von Republikanern und Demokraten gleichermaßen getragen wurde, einfach aufzugeben. Außerdem hätte ein Rückzug bedeutet, daß man eine Niederlage in einer Situation hinnahm, die als Testfall für die Bekämpfung der neuen kommunistischen Strategie des Guerillakriegs angesehen wurde. Vor allem jedoch vertraute Kennedy seinen Ratgebern, die ihm versicherten, der Kampf gegen die kommunistischen Guerillas könne von der südvietnamesischen Armee mit Unterstützung amerikanischer Truppen gewonnen werden. In jenen unschuldigen Tagen hegte kein führender US-Politiker der beiden großen Parteien auch nur den leisesten Argwohn, die USA könnten sich in einem Sumpf verirren.

Kennedy hatte sich bereits vor seiner Amtszeit als US-Präsident über zehn Jahre lang öffentlich zu Indochina geäußert. Schon 1951 hatte er das Thema angeschnitten, und es sollte ihn nie wieder loslassen: Gewalt allein genüge nicht, um dem Kommunismus Einhalt zu gebieten. Die Verbündeten Amerikas in diesem Kampf seien vielmehr aufgerufen, dem Unterfangen eine politische Basis zu schaffen: »Es ist durchaus angebracht, den Vorstoß des Kommunismus nach Süden aufzuhalten, aber nicht nur durch den Einsatz von Waffengewalt. Die Aufgabe besteht vielmehr darin, eine starke nicht-kommunistische Gesinnung unter der Landesbevölkerung in jenen Regionen zu entwickeln und sich auf diese als die Speerspitze der Verteidigung zu stützen statt auf die Legionen des Generals de Lattre [des damaligen französischen Kommandeurs in Indochina].«[6]

Im Jahre 1954, während Dulles' Kampagne für eine gemeinsame Vorgehensweise zur Rettung Dien Bien Phus, hatte Kennedy sich gegen eine Intervention ausgesprochen, solange Indochina eine französische Kolonie sei.[7] Erst 1956, nachdem Frankreich abgezogen und Südvietnam in die Unabhängigkeit entlassen worden war, war Kennedy bereit, sich der herrschenden Lehre anzuschließen: »Das ist unser Sprößling – wir können ihn nicht im Stich lassen.« Zugleich wiederholte er, Amerika sehe sich hier weniger einer militärischen als einer ungeheuren politischen und moralischen Herausforderung gegenüber,»in einem Land, in dem die Begriffe der freien Marktwirtschaft und des Kapitalismus keine Bedeutung haben, wo Armut und Hunger nicht Feinde auf der anderen Seite des 17. Breitengrads sind, sondern Feinde im eigenen Land [...]. Was wir ihnen anbieten müssen, ist eine Revolution - eine politische, wirtschaftliche und soziale Revolution, die weit über das hinausgeht, was der Kommunismus ihnen bieten kann.« Nichts weniger als die Glaubwürdigkeit Amerikas stehe dabei auf dem Spiel, fuhr Kennedy fort: »Und wenn [dieses Land] einer der Gefahren erliegt, die seine Existenz bedrohen - Kommunismus, politische Anarchie, Armut und alles andere -, dann wird man mit einiger Berechtigung die Vereinigten Staaten dafür verantwortlich machen, und unser Ansehen in Asien wird auf einen neuen Tiefpunkt sinken.«[8]

Der Trick, so schien Kennedy sagen zu wollen, bestand darin, das Opfer weniger anfällig für Angriffe von außen zu machen. Aus dieser Anschauung entwickelte sich ein neues Konzept unter einem Begriff, den das diplomatische Vokabular bislang nicht gekannt hatte, auf den man heute aber immer wieder stößt - den Begriff des »nation building«, des »Erschaffens von Nationen«. Kennedys Strategie bestand darin, Südvietnam zu stärken, damit es den Kommunisten aus eigener Kraft Widerstand leisten könne. Staatsbürgerlichem Handeln und inneren Reformen kam dabei besondere Bedeutung zu, und der offizielle Sprachgebrauch wurde so modifiziert, daß der Eindruck entstand, mit dem amerikanischen Prestige und der amerikanischen Glaubwürdigkeit in Vietnam - nicht notwendig freilich auch mit der amerikanischen Sicherheit - sei alles in Ordnung.

Jede neue US-Regierung, die sich mit dem Indochinaproblem auseinandersetzen mußte, schien tiefer in den Morast gezogen zu werden: Truman und Eisenhower hatten ein militärisches Hilfsprogramm aufgeboten; Kennedys Eintreten für Reformen führte zu einer immer tieferen Verstrickung der USA in die Innenpolitik Südvietnams. Das Problem lag darin, daß es Jahrzehnte dauern würde, bevor Reformen und Bemühungen um den Aufbau eines stabilen Staates in Südvietnam erste Früchte tragen würden. Im Europa der späten vierziger und der fünfziger Jahre hatte Amerika Nationen mit tiefverwurzelten politischen Traditionen unterstützt, indem es die Hilfsgelder des Marshallplanes aufstockte und die NATO ins Leben rief. Vietnam hingegen war ein völlig fremdes Land, das nicht über Institutionen verfügte, auf denen sich etwas aufbauen ließ. Daraus ergab sich die Hauptschwierigkeit: Washington hatte es sich zum Ziel gesetzt, in Südvietnam eine stabile Demokratie zu errichten; dies aber ließ sich nicht so schnell erreichen, daß ein Sieg der Guerilla dadurch hätte verhindert werden können, und eben darin bestand wiederum Amerikas strategisches Ziel. Mit einem Wort: Die Vereinigten Staaten würden entweder ihre politischen oder ihre militärischen Ziele revidieren müssen.

Als Kennedy im Frühjahr 1961 sein Amt antrat, hatte der Guerillakrieg in Südvietnam ein Ausmaß an Gewalt erreicht, das groß genug war, um die

Autorität der Regierung Diem zu untergraben, und doch keine entscheidende Krise auszulösen vermochte. Ein dem Anschein nach geringes Ausmaß an Guerillatätigkeit verleitete die Kennedy-Administration zu der Annahme, schon mit einer verhältnismäßig bescheidenen Verstärkung der Anstrengungen ließe sich ein vollständiger Sieg erringen. Die Atempause hing indessen damit zusammen, daß Nordvietnam mit seiner militärischen Etablierung in Laos beschäftigt war; sie war nichts als die Ruhe vor dem Sturm. Nachdem die neuen Nachschubwege durch Laos geöffnet waren, nahm die Guerillatätigkeit im Süden erneut zu. Das Dilemma, vor dem die USA standen, erwies sich in wachsendem Maße als unlösbar.

Der Weg der Vereinigten Staaten in den vietnamesischen Sumpf begann im Mai 1961 mit einer Mission von Vizepräsident Lyndon B. Johnson nach Saigon. Er sollte die Lage »einschätzen«. Solche Missionen sind in der Regel ein Zeichen dafür, daß eine Entscheidung bereits getroffen worden ist: Kein Vizepräsident ist imstande, sich während eines Besuchs von zwei bis drei Tagen ein unabhängiges Urteil über einen zehn Jahre andauernden Guerillakrieg zu bilden. Zwar hat er (je nachdem, wie er mit dem amtierenden Präsidenten steht) einen mehr oder weniger umfassenden Zugang zu geheimdienstlichen und sonstigen Berichten. Gleichwohl verfügt er über zuwenig Mitarbeiter, um umfangreiche Analysen anfertigen zu lassen, ganz abgesehen davon, daß er keine Möglichkeit hat, Nachuntersuchungen anzustellen. Die Entsendung eines US-Vizepräsidenten nach Übersee dient daher im allgemeinen dem Zweck, das amerikanische Prestige in die Waagschale zu werfen oder bereits gefaßte Entscheidungen glaubwürdig zu machen.

Johnsons Besuch in Südvietnam war ein Lehrbuchbeispiel für diese Regeln. Bevor er die Mission bekanntgab, kam Kennedy mit Senator J. William Fulbright zusammen, dem damaligen Vorsitzenden des Außenpolitischen Ausschusses des Senats, und teilte ihm mit, möglicherweise müßten US-Truppen nach Vietnam und Thailand entsandt werden. Fulbright versprach seine Unterstützung unter der Bedingung, daß die betroffenen Länder eine solche Hilfe wünschten. [9] Er reagierte damit auf klassisch amerikanische Art und Weise. Ein Richelieu, ein Palmerston oder Bismarck hätten gefragt, welchen nationalen Interessen die Maßnahme dienen solle; Fulbright hingegen sorgte sich eher um Amerikas rechtliche und moralische Position.

Am 11. November desselben Jahres kam es zu einer Direktive des Nationalen Sicherheitsrats, in der mit Blick auf Vietnam erklärt wurde, daß die Verhinderung eines Siegs der Kommunisten ein Ziel von nationalem Interesse darstelle. In dem Dokument ging es um »die Schaffung einer lebensfähigen und zunehmend demokratischen Gesellschaft in diesem Land«, einzuleiten durch militärische, politische, wirtschaftliche, psychologische und verdeckte Maßnahmen. [10] »Containment«-Politik und »nation building« näherten sich einander an.

Johnson berichtete, die größte Gefahr in Indochina sei nicht die kommunistische Herausforderung – aus unerfindlichen Gründen bezeichnete er diese als »vorübergehend« –, sondern Hunger, Unwissenheit, Armut und Krankheit. Er charakterisierte Diem als bewundernswert, aber »ohne Verbindung zu seinem Volk«; die USA hätten nur die Wahl, ihn zu unterstützen oder sich ganz aus der Region zurückzuziehen.[11] Südvietnam könne gerettet werden, sofern Washington schnell und entschlossen handelte. Johnson sagte nichts darüber, wie die USA Hunger, Armut und Krankheit innerhalb eines zeitlichen Rahmens erfolgreich bekämpfen sollten, der dem beschleunigten Tempo des Guerillakriegs angemessen war.

Nachdem die Regierung die Prinzipien ihrer Politik verkündet hatte, mußte sie ein politisches Programm vorlegen. Doch in den folgenden drei Monaten war sie mit der Berlinkrise beschäftigt. Und als sie sich im Herbst 1961 wieder der Vietnamfrage zuwenden konnte, hatte sich die Sicherheitslage so sehr verschlechtert, daß ein amerikanischer Militäreinsatz in dieser oder jener Form unvermeidlich war.

General Maxwell Taylor, Militärberater des Präsidenten, und Walt Rostow, Leiter des Politischen Planungsstabs im US-Außenministerium, wurden nach Vietnam entsandt, um zu erkunden, welche Maßnahmen die US-Regierung nun zur Anwendung bringen könnte. Im Unterschied zum Vizepräsidenten gehörten Taylor und Rostow zum inneren Beraterkreis Kennedys; ebenso wie Johnson aber hatten sie schon vor ihrer Reise eine feste Vorstellung von der Politik, die die Vereinigten Staaten in Vietnam verfolgen sollten. Der wahre Zweck ihrer Mission bestand infolgedessen in der Klärung der Frage, in welchem Umfang und in welchen Bereichen die Vereinigten Staaten ihr Engagement verstärken sollten.

Nach ihrer Rückkehr empfahlen Taylor und Rostow eine beträchtliche Verstärkung der Beratertätigkeit der USA auf allen Ebenen der südvietnamesischen Administration. Eine sogenannte militärlogistische Truppe von achttausend Mann sollte dorthin entsandt werden, vorgeblich, um bei der Bekämpfung von Überschwemmungsschäden im Mekongdelta zu helfen. Doch sollten sie mit ausreichender Kampfausrüstung versehen sein, um sich verteidigen zu können. Außerdem wurde empfohlen, die Anzahl der Zivilberater zu erhöhen.

Das Ergebnis war ein Kompromiß zwischen jener Fraktion innerhalb der Kennedy-Administration, die das amerikanische Engagement in Südvietnam auf eine Beraterfunktion beschränken wollte, und denjenigen, die für den sofortigen Einsatz von Kampftruppen eintraten. Letztere waren sich keineswegs einig, welchen Auftrag die US-Kampftruppen dabei eigentlich haben sollten; ihre Gemeinsamkeit lag lediglich darin, daß sie die Größenordnung des Problems völlig unterschätzten. Der Stellvertretende Außenminister William Bundy beispielsweise glaubte, daß die Entsendung von Kampftruppen in einer von den Vereinigten Stabschefs empfohlenen Stärke von vierzigtausend Mann eine siebzigprozentige Chance habe, »die Dinge aufzuhalten«.[12] Doch ein Guerillakrieg macht nicht irgendwo auf halbem Weg zwischen Sieg und Niederlage halt;»die Dinge aufzuhalten« bedeutete deshalb, daß man das Debakel bestenfalls würde aufschieben können, damit aber zugleich die globale Glaubwürdigkeit Amerikas aufs Spiel setzte.

Als ob er eine Vorahnung des Kommenden gehabt hätte, fügte Bundy hinzu, die dreißigprozentige Chance eines Fehlschlags impliziere ein Ergebnis, das Frankreich schon 1954 habe hinnehmen müssen. Auf der anderen Seite waren Verteidigungsminister McNamara und die Vereinigten Stabschefs der Meinung, ein Sieg erfordere den Einsatz von maximal zweihundertfünftausend amerikanischen Soldaten; das gelte auch für den Fall, daß Hanoi und Peking offen intervenierten.[13] Am Ende sollte sich zeigen, daß dies weniger als die Hälfte der Soldaten war, die von den Vereinigten Staaten allein für den Kampf gegen Hanoi nach Vietnam geschickt wurden.

Ein bürokratischer Kompromiß bringt häufig die unbewußte Hoffnung zum Ausdruck, es werde sich in der Zwischenzeit irgend etwas ereignen, wodurch das Problem sich von allein erledigt. Im Fall Vietnams allerdings entbehrte eine solche Hoffnung jeder Grundlage. Wenn die offiziellen Schätzungen von vierzigtausend Mann zur Herstellung einer Pattsituation bis zu zweihundertfünftausend Mann für einen Sieg reichten, dann mußte die Kennedy-Administration die Entsendung von achttausend Soldaten entweder als völlig ungenügend oder als einen ersten Schritt auf dem Weg zu einem ständig wachsenden Engagement ihres Landes in Vietnam ansehen. Und ungeachtet der verführerischen Wirkung, die eine Gewinnchance von siebzig zu dreißig Prozent auf die Regierung ausgeübt haben mag, hätte dies doch unter allen Umständen gegen das Desaster, das wenige Jahre zuvor Frankreich getroffen hatte, und seinen Einfluß auf das Weltgeschehen abgewogen werden müssen.

Die äußeren Anzeichen sprachen eindeutig für ein verstärktes Engagement, da sich an Kennedys Einschätzung dessen, was auf dem Spiel stand, nichts geändert hatte. Am 14. November 1961 erklärte der Präsident gegenüber seinen Mitarbeitern, die Reaktion der Vereinigten Staaten auf eine kommunistische »Aggression« werde »auf beiden Seiten des Eisernen Vorhangs [...] als ein Maßstab für die Absichten und die Entschlossenheit unserer Regierung gewertet«. Sollte Amerika sich für Verhandlungen entscheiden, statt Verstärkungen zu entsenden, so werde es »praktisch noch schwächer erscheinen als in Laos«.[14] Die von Chester Bowles und Averell Harriman vorgeschlagene »Verhandlung«, die die Genfer Vereinbarungen von 1954 verwirklichen helfen sollte, lehnte er mit der Begründung ab, das sei lediglich ein Euphemismus dafür, die Anstrengungen in Südvietnam aufzugeben.

Wenn der Verhandlungsweg indessen abgelehnt und eine Truppenverstärkung als unabdingbar angesehen wurde, dann ließ sich ein zeitlich unbegrenztes Engagement der USA in Südvietnam nur umgehen, falls Hanoi klein beigab. Das jedoch hätte eine massive, sofortige Verstärkung erfordert, sofern sich dergleichen überhaupt hätte durchführen lassen. Amerika war einfach nicht bereit, sich der unangenehmen Tatsache zu stellen, daß es letztlich nur die Wahl hatte zwischen einem umfassenden Engagement oder einem Rückzug, anders ausgedrückt: daß eine stufenweise Eskalation die gefährlichste Option von allen darstellte.

Leider stand die Politik einer stufenweisen Eskalation damals hoch im Kurs. Dazu gedacht, einer Aggression Einhalt zu gebieten, ohne dabei ein Übermaß an Gewalt anzuwenden, sollte sie insbesondere verhindern, daß die militärische Planung sich von politischen Entscheidungen unabhängig machte, wie dies am Vorabend des Ersten Weltkriegs geschehen war. Sukzessive Reaktion war ursprünglich als Strategie für einen Atomkrieg entwickelt worden: Sie sollte den totalen atomaren Holocaust verhindern. Wandte man sie indessen auf einen Guerillakrieg an, lief sie Gefahr, die Gegenseite zu endloser Eskalation zu ermutigen: Jedes begrenzte Engagement konnte als Zeichen des Zauderns mißdeutet werden. Für den Gegner schien es unter diesen Umständen günstiger, die Angriffe so lange zu intensivieren, bis die Risiken nicht mehr zu kalkulieren waren; verhandeln konnte man dann ja immer noch.

Eine eingehendere Beschäftigung mit der Geschichte Indochinas hätte gezeigt, daß die Führer in Hanoi sich durch komplizierte Strategietheorien nicht ohne weiteres den Schneid abkaufen ließen, daß sie zudem über genügend Einfallsreichtum verfügten, um auch gegen westliche Technologien zu bestehen, und daß Demokratie weder zu ihren erklärten Zielen noch auch nur zu den von ihnen bewunderten Eigenschaften gehörte. Die Freuden eines friedlichen Wiederaufbaus waren keine Verlockung für diese hartgesottenen Veteranen, die unter den Franzosen jahrelang in Einzelhaft saßen und Jahrzehnte als Guerillakämpfer hinter sich hatten. Der amerikanischen Art von Reformen brachten sie nur Verachtung entgegen. Ihr ganzes Leben lang hatten sie gekämpft und gelitten, um ein vereintes, kommunistisches Vietnam zu errichten und jeden äußeren Einfluß fernzuhalten, und der revolutionäre Krieg war das einzige, womit sie sich je beschäftigt hatten. Auf der ganzen Welt hätten die USA wohl kaum einen widerspenstigeren Gegner finden können.

Folgt man Roger Hilsman, dem damaligen Leiter des Bureau of Intelligence and Research im Außenministerium, dann hatte Washington sich das Ziel gesetzt, aus den Vietkong »hungernde, marodierende Banden von Gesetzlosen [zu machen], die ihre ganze Energie darauf verwandten, am Leben zu bleiben«.[15] Doch gab es in der Geschichte überhaupt einen Guerillakrieg, der sich bei solchen Plänen als Präzedenzfall angeboten hätte? In Malaysia hatten achtzigtausend britische und doppelt so viele malaiische Soldaten fast dreizehn Jahre gebraucht, um einen Gegner niederzuringen, der höchstens zehntausend Mann zählte, kaum Unterstützung aus dem Ausland bekam, fast keine sicheren Verbindungslinien unterhielt und seine zahlenmäßige Stärke zu keiner Zeit wesentlich erhöhen konnte. In Vietnam dagegen zählte die Guerillaarmee nach Zehntausenden, und der Norden hatte sich selbst zum Nachschubgebiet des Kampfes gemacht, hatte Stützpunkte entlang einer tausend Kilometer langen Grenze angelegt und besaß überdies stets die Möglichkeit, mit regulären Einheiten einzugreifen, falls die Guerillaarmee zu hart bedrängt würde.

Die Vereinigten Staaten hatten sich in eine Lage manövriert, in der sie bestenfalls ein Patt erreichen konnten, wobei die nach der Schätzung Bundys erforderliche Mindestzahl von 40.000 Soldaten noch lange nicht erreicht war. Bei der Amtsübernahme Kennedys befanden sich in Vietnam fast 900 US-Militärberater. Ende 1961 hatte sich ihre Zahl auf 3.164 erhöht; zum Zeitpunkt des Attentats auf Kennedy waren es 16.263, und weitere sollten folgen. Im Jahr 1960 betrug die Zahl der US-Gefallenen in Vietnam 5 Soldaten; ein Jahr darauf waren es 16 und im Jahre 1963 123. Bis 1964, dem letzten Friedensjahr, stieg ihre Zahl auf über 200. Die militärische Lage jedoch hatte sich während dieses Zeitraums nicht wesentlich verbessert.

Je mehr die militärische Präsenz der USA in Südvietnam zunahm, desto lauter wurde in Washington der Ruf, das Land möge politische Reformen in Angriff nehmen. Und je mehr Washington auf diesen Reformen bestand, desto mehr amerikanisierte es den Krieg. In seinem ersten Bericht zum Militärhaushalt vom 28. März 1961 wiederholte Kennedy sein zentrales Thema: Trotz der Schlagkraft seiner strategischen Waffen sei Amerika in Gefahr, an seiner Peripherie langsam »von Kräften der Subversion, Infiltration, Einschüchterung, indirekter oder verdeckter Aggression, interner Revolution, diplomatischer Erpressung, des Guerillakriegs«[16] aufgezehrt zu werden – Gefahren, denen letztlich nur durch politische und soziale Reformen, die den potentiellen Opfern die Möglichkeit zur Selbsthilfe gaben, wirksam zu begegnen sei.

Bei ihren Überlegungen ging die Kennedy-Administration von einem Axiom aus, das sich, so sicher es in ihren Augen schien, später als eines der vielen unlösbaren Dilemmata Indochinas erweisen sollte. Indem man darauf bestand, daß die politischen und militärischen Ziele gleichzeitig verwirklicht werden müßten, setzte man gleichsam einen Teufelskreis in Gang. Die Guerilleros waren nun einmal in der Lage, die Intensität der Kriegsführung und damit das Maß an allgemeiner Sicherheit oder Unsicherheit zu bestimmen, ein Umstand, an dem das Tempo der Reformen zumindest auf kurze Sicht kaum etwas ändern würde. Je größer aber die Unsicherheit, desto autoritärer wurden die Maßnahmen der Regierung in Saigon. Und solange Washington die Erfolge der Guerillabewegung wenigstens zu einem Teil den unterlassenen Reformen in Südvietnam zuschrieb, hatten die Nordvietnamesen es in der Hand, ob die USA ihren Druck auf die Regierung in Saigon schwächten oder verstärkten. Gefangen zwischen den fanatischen Ideologen in Hanoi und den unerfahrenen Idealisten in Washington, erstarrte die Regierung Diems in Untätigkeit, bis sie schließlich gänzlich zermürbt war.

Und selbst ein politischer Führer, der von der konfuzianischen Tradition weniger stark geprägt gewesen wäre als Diem, hätte diese Aufgabe wohl als schier unlösbar empfunden: Inmitten eines Guerillakriegs und in einer Gesellschaft, die in Regionen, Sekten und Clans gespalten war, war eine pluralistische Demokratie zu errichten. Daß das gesamte amerikanische Unternehmen von vornherein unter mangelnder Glaubwürdigkeit litt, lag daher kaum daran, daß die politische Führung der USA die Öffentlichkeit in die Irre geführt hätte. Vielmehr hatte man sich hinsichtlich der eigenen Fähigkeiten ebenso getäuscht wie hinsichtlich der Größenordnung des zu Leistenden, als man sich vornahm, vertraute westliche Institutionen auf andere Gesellschaften zu übertragen. Im Grunde handelte die Kennedy-Administration auf der Basis Wilsonscher Vermutungen: Wilson hatte geglaubt, er könne mit seinen Vierzehn Punkten amerikanische Vorstellungen von Demokratie und Diplomatie auf Europa übertragen, und in ganz ähnlicher Weise versuchte nun die Kennedy-Administration, den Vietnamesen neue – und in ihrem Wesen durch und durch amerikanische – Regeln zu vermitteln, damit Südvietnam sich selber regieren könne. Sollte es gelingen, so sagte man sich, die Despoten im Süden durch gute Demokraten zu ersetzen, so würde sich der in Indochina tobende Konflikt sicherlich bald beruhigen.

Jede neue US-Regierung bemühte sich, ihre Aufstockung der Vietnamhilfe an die Bedingung von Reformen zu knüpfen. Eisenhower hatte dies 1954 getan; Kennedy stellte sieben Jahre später die Bedingung nachdrücklicher, als er auf der Entsendung von US-Beratern auf *allen* Verwaltungsebenen bestand. Wie zu erwarten war, lehnte Diem ab; die Führer eines Unabhängigkeitskampfes versprechen sich in der Regel nichts von einer Bevormundung. Senator Mansfield, der Vietnam Ende 1962 besuchte, revidierte seine frühere Einschätzung (siehe Kapitel 25) und gab zu, daß die Administration Diems »einer Regierung, die dem Volk gegenüber verantwortlich ist und seinen Wünschen Rechnung trägt, nicht nähergekommen ist, sondern sich davon sogar entfernt hat«.[17]

Seine Einschätzung war zutreffend. Die Kernfrage lautete, in welchem Grad sich die Zustände in Indochina den Unzulänglichkeiten der Regierung, einer kulturellen Kluft zwischen Vietnam und den Vereinigten Staaten oder der subversiven Tätigkeit der Guerillas verdankten. Im Verlauf des Jahres 1963 verschlechterten sich die Beziehungen zwischen der Kennedy-Administration und Diem; die Haltung der amerikanischen Presse, die bislang das US-Engagement positiv kommentiert hatte, wurde zunehmend feindselig. Die Kritik stellte zwar die Ziele der Regierung noch nicht an sich in Frage, dafür aber die Möglichkeit, unter einem repressiven Politiker wie Diem die Idee eines demokratischen, nichtkommunistischen Südvietnam zu verwirklichen. Ja, noch mehr: Diem wurde verdächtigt, einen Kompromiß mit Hanoi anzustreben, ein Kurs, den einige Jahre später der Nachfolger Diems, Nguyen Van Thieu, ablehnen sollte – wofür er im Westen freilich massive Kritik erntete.

Der endgültige Bruch wurde durch einen Konflikt zwischen den südvietnamesischen Buddhisten und Diem ausgelöst, dessen Regierung es den religiösen Gruppen, Sekten oder politischen Parteien des Landes untersagt hatte, ihre Fahnen in der Öffentlichkeit zu zeigen. Als Buddhisten am 8. Mai 1963 in Hué gegen das Verbot demonstrierten, schossen Soldaten in die Menge und töteten mehrere Demonstranten. Die durchaus berechtigten Beschwerden der Demonstranten wurden bald von der internationalen Presse aufgegriffen. Die Buddhisten aber, selber ebenso autoritär wie Diem, lehnten es ab, irgendwelche Bedingungen zu nennen, über die die Regierung hätte verhandeln können, wenn sie es denn gewollt hätte. Doch letzten Endes ging es weniger um Demokratie als um Macht. Die Diem-Regierung, durch den Guerillakrieg und ihre eigenen Unzulänglichkeiten wie gelähmt, konnte es sich nicht leisten, Zugeständnisse zu machen. Daraufhin verstärkte Washington den Druck und forderte Diem zum Einlenken auf. Man drang auf die Entfernung von Diems Bruder Ngo Dinh-Nhu aus seinem Amt als Chef der Sicherheitskräfte, eine Demarche, in der Diem den Versuch sah, ihn der Gnade oder Ungnade seiner Feinde auszuliefern. Zum endgültigen Bruch kam es am 21. August, als Nhus Agenten in mehreren buddhistischen Tempeln Razzien durchführten und eintausendvierhundert Mönche verhafteten.

Am 24. August wurde Botschafter Henry Cabot Lodge instruiert, Nhus Entlassung zu fordern. Zugleich sollte er Diem warnen: Falls er sich weigerte, müßten die Vereinigten Staaten»die Möglichkeit ins Auge fassen, daß Diem selber nicht mehr gehalten werden könne«.[18] Saigons Militärführer sollten formell davon unterrichtet werden, daß eine zukünftige US-Hilfe von der Entlassung Nhus abhängig gemacht werde, was die vietnamesischen Gesprächspartner des US-Botschafters so verstanden, daß Diem gestürzt werden müsse. In der Folge äußerten sich Kennedy und McNamara dann auch öffentlich in ähnlicher Weise. Und damit den Generälen der zarte Wink ja nicht entging, teilte man ihnen mit, die USA würden ihnen»im Fall eines Zusammenbruchs des zentralen Regierungsapparats während der Übergangszeit eine direkte Unterstützung« zukommen lassen.[19]

Die südvietnamesischen Generäle benötigten fast zwei Monate, um all ihren Mut zusammenzunehmen und dem Drängen ihres mächtigen Verbündeten nachzugeben. Schließlich stürzten sie Diem am 1. November. Im Verlauf des Putschs wurden der Staatschef und sein Bruder Nhu getötet.

Mit der Ermunterung zum Sturz Diems zementierte die US-Regierung ihr Engagement in Vietnam. Letzten Endes geht es bei allen revolutionären Kriegen um die Legitimität der amtierenden Regierung; deren Untergrabung ist deshalb stets das wichtigste Ziel einer Guerillabewegung. Mit dem Sturz Diems hatte Hanoi dieses Ziel ohne eigene Anstrengungen erreicht. Und es war eine Folge von Diems autoritärem, feudalistischen Regierungsstil, daß sich sein Sturz auf allen Ebenen der Verwaltung bis hinunter zu den

Dörfern auswirkte. Jetzt mußte die staatliche Autorität von unten nach oben aufs neue errichtet werden. Die Geschichte lehrt ein ehernes Gesetz der Revolutionen: Je umfassender die Beseitigung der bestehenden Staatsgewalt, desto länger und nachhaltiger müssen sich deren Nachfolger auf die Anwendung nackter Gewalt stützen, um ihre frisch errungene Macht zu behaupten. Denn jede Legitimität bedeutet auf Dauer die Anerkennung einer Regierung ohne Zwang, und solange dergleichen fehlt, artet jede Auseinandersetzung in eine Machtprobe aus. Vor dem Staatsstreich bestand für Washington daher zumindest theoretisch die Möglichkeit, sich aus einer direkten Verwicklung in militärische Operationen herauszuhalten, ähnlich wie Eisenhower es getan hatte, der ein knappes Jahrzehnt zuvor einen Rückzieher machte, als es um Dien Bien Phu ging. Doch da der Regierungssturz in Südvietnam mit dem Argument gerechtfertigt wurde, dies werde eine effektivere Durchführung des Krieges erlauben, entfiel von nun an die politische Option eines Rückzugs.

Der Sturz Diems führte indessen nicht dazu, daß die Bevölkerung sich hinter die Generäle scharte, wie Washington gehofft hatte. Zwar begrüßte die ›New York Times‹ den Staatsstreich als eine Chance, »einem weiteren kommunistischen Vordringen in ganz Südostasien Einhalt zu gebieten«[20], doch die Folgen des Ereignisses waren genau die entgegengesetzten. Das Fundament einer pluralistischen Gesellschaft ist ein Grundkonsens in gemeinsamen Werten, der den Ansprüchen einzelner Individuen und Gruppen unausgesprochen bestimmte Grenzen setzt. In Vietnam war dieser Konsens von vornherein nur schwach ausgeprägt. So zerstörte der Putsch ein staatliches Gefüge, für dessen Aufbau man über zehn Jahre benötigt hatte, und hinterließ statt dessen eine Anzahl rivalisierender Generäle, die weder über politische Erfahrung noch über eine entsprechende Anhängerschaft verfügten.

Allein während des Jahres 1964 fanden sieben weitere Regierungswechsel statt. Aber keine der aufeinanderfolgenden Regierungen hatte etwas mit Demokratie im Sinn, und alle waren das Ergebnis eines Putschs in dieser oder jener Form. Die Nachfolger Diems, die weder über sein Ansehen als Nationalist noch über sein Charisma als Vaterfigur verfügten, hatten kaum eine andere Wahl, als die Führung des Krieges den Amerikanern anzuvertrauen. In der Zeit nach Diems Sturz, so hat ein Beobachter zutreffend bemerkt, »lautete die Frage nicht, was man für die Errichtung eines Regimes in Südvietnam tun könnte, das der US-Hilfe würdig war, sondern wie man ein Regime finden sollte, das [den USA] behilflich sein würde, den Kampf gegen die triumphierenden Kommunisten fortzusetzen«.[21]

Die Drahtzieher in Hanoi nahmen die ihnen gebotene Chance unverzüglich wahr. Auf einer Zusammenkunft des Zentralkomitees der kommunistischen Partei im Dezember 1963 wurde die neue Strategie beschlossen: Die Guerillaeinheiten sollten verstärkt, die Infiltration des Südens beschleunigt werden. Das Wichtigste war jedoch, daß nunmehr auch reguläre nordvietnamesische Einheiten in die Kämpfe eingreifen sollten: »Es ist für den Norden an der Zeit, die Hilfe für den Süden zu verstärken; der Norden muß seine Rolle als revolutionäre Basis für die gesamte Nation mehr zur Geltung bringen«.[22] Bald darauf setzte sich die 325. reguläre nordvietnamesische Division nach Süden in Marsch. Bis zum Putsch war die Infiltration aus dem Norden in der Hauptsache durch ehemalige Südvietnamesen erfolgt, die man im Jahre 1954 umgesiedelt hatte; in der Folge stieg der Anteil der Nordvietnamesen ständig an, bis nach der Tet-Offensive von 1968 fast nur noch Nordvietnamesen nach Südvietnam einsickerten. Mit dem Eintritt regulärer nordvietnamesischer Streitkräfte in den Krieg hatten beide Seiten ihren Rubikon überschritten.

Kurz nach dem Sturz Diems wurde Kennedy ermordet. Der neue Präsident, Lyndon B. Johnson, verstand die Intervention regulärer nordvietnamesischer Truppen als einen klassischen Fall unverhüllter Aggression. Der Unterschied freilich war, daß Hanoi dabei einer Strategie folgte, während Washington bestenfalls über ein paar widerstreitende Theorien verfügte, von denen keine konsequent verfolgt wurde.

Amerika, hin- und hergerissen zwischen seinem sehnsuchtsvollen Verlangen nach einem nichtmilitärischen Sieg und seinen bösen Vorahnungen, es könne zu einem militärischen Desaster kommen, sah sich vor ein neues tragisches Dilemma gestellt. Am 21. Dezember 1963 berichtete McNamara dem neuen Präsidenten, in betreff der inneren Sicherheit sei die Lage Südvietnams höchst besorgniserregend. Die USA konnten sich nicht länger vor der Entscheidung drücken: Wenn sie ihr militärisches Engagement nicht beträchtlich verstärkten, fiel Südvietnam den Kommunisten in die Hände. Die Kennedy-Administration hatte sich gescheut, an der Seite eines undemokratischen Verbündeten in den Krieg einzutreten; die Johnson-Administration hingegen schreckte mehr davor zurück, die neue Regierung in Saigon im Stich zu lassen, als am Krieg teilzunehmen.

Rückblickend war der letzte Zeitpunkt, zu dem sich Amerika noch zu erträglichen, wenngleich fraglos hohen Kosten aus Vietnam hätte zurückziehen können, irgendwann kurz vor oder nach dem Sturz Diems. Die Einschätzung der Kennedy-Regierung, mit Diem könne sie nicht gewinnen, traf zu; die Johnson-Regierung gab sich einem Trugschluß hin, wenn sie glaubte, sie könne mit Diems Nachfolgern gewinnen. Im Licht der auf den Putsch folgenden Ereignisse wäre es für die USA vermutlich leichter gewesen, sich einem Engagement zu entziehen, wenn sie abgewartet hätten, bis Diem über seine eigenen Fehler stürzte, oder wenn sie sich zumindest nicht den Verhandlungen in den Weg gestellt hätten, die er möglicherweise insgeheim mit Hanoi führte. Kennedy hatte auf der analytischen Ebene recht, alle derartigen Pläne mit der Begründung abzulehnen, dies werde unweigerlich zu einer Machtübernahme durch die Kommunisten führen. Das Problem bestand eben darin, daß Amerika weder bereit war, die ihm gegebenen Heilmittel mit aller Konsequenz anzuwenden, noch das Resultat jenes Prozesses zu akzeptieren, der aller Wahrscheinlichkeit nach in Gang kommen würde, wenn es sich aus seinem Engagement befreite und den Dingen ihren Lauf ließ.

Einige frühere Mitglieder der Kennedy-Administration haben behauptet, ihr Präsident habe die Absicht gehegt, die US-Streitkräfte, deren Zahl immer weiter erhöht wurde, nach den Präsidentschaftswahlen von 1964 wieder aus Südvietnam abzuziehen. Andere haben dies bestritten, und es ist unmöglich, die Frage nach so vielen Jahren noch zu entscheiden. Alles, was wir heute über Kennedys letzte Absichten sagen können, ist dies: Jede weitere Verstärkung der US-Truppen in Vietnam engte den Spielraum der Entscheidungsmöglichkeiten weiter ein und machte ein weiteres Engagement ebenso wie einen Rückzug samt allen damit verbundenen Konsequenzen immer schmerzhafter und kostspieliger. Mit jedem Monat, der verstrich, wurden die Einsätze der USA weiter erhöht, zunächst nur militärisch, doch bald auch im Hinblick auf die internationale Stellung der Vereinigten Staaten.

Das Attentat auf Kennedy machte es den Amerikanern abermals schwerer, sich aus Vietnam zurückzuziehen. Wäre der Umstand, daß Amerika sich auf ein aussichtsloses Unternehmen eingelassen hatte, Kennedy tatsächlich schmerzhaft ins Bewußtsein gelangt, dann hätte er seinen Entschluß umstoßen müssen. Johnsons Problem bestand nun darin, daß er die einleuchtende Politik seines allseits verehrten und gewaltsam zu Tode gekommenen Vorgängers einfach hätte über Bord werfen müssen und daß keiner der Berater, die er von Kennedy übernommen hatte, die Empfehlung aussprach, das Unternehmen abzubrechen (mit der bemerkenswerten Ausnahme von Unterstaatssekretär George Ball, der jedoch nicht zum inneren Beraterkreis gehörte), machte die Sache nicht einfacher. Es hätte eines Führers von wahrhaft außergewöhnlicher Stärke und Kenntnis der Sachlage bedurft, um einen Rückzug in dieser Größenordnung und so bald nach der Amtsübernahme in die Wege zu leiten, zumal Johnson sich auf dem Gebiet der Außenpolitik nicht besonders sicher fühlte.

Aus der Rückschau kann man nur bedauern, daß der neue Präsident keine Analyse in Auftrag gab, ob die militärischen und politischen Ziele, in deren Namen Amerika bereits so viel investiert hatte, wirklich erreichbar waren, ob die Voraussetzungen, auf denen die eingegangenen Verpflichtungen beruhten, überhaupt gegeben waren, und mit welchen Mitteln und innerhalb welchen Zeitraums sie eingehalten werden konnten. Doch abgesehen davon, daß Johnsons Berater sich in der überwiegenden Mehrheit für eine Fortsetzung des Unternehmens ausgesprochen hatten (auch hier mit der Ausnahme George Balls), ist ohnehin zweifelhaft, ob das Ergebnis einer solchen Analyse ein wesentlich anderes gewesen wäre. Das Verteidigungsministerium unter McNamara und die Mitarbeiter Bundys im Weißen Haus erstellten fortwährend irgendwelche Analysen. Beide Politiker waren Männer von überragender Intelligenz. Was ihnen fehlte, waren Kriterien, mit deren Hilfe die Beurteilung einer Herausforderung möglich gewesen wäre, die so völlig von dem abwich, was amerikanische Erfahrung und amerikanische Ideologie nahelegten.

Das ursprüngliche Motiv der USA für ein Engagement in Vietnam war die Vorstellung gewesen, der Verlust des Landes werde den Zusammenbruch der nichtkommunistischen asiatischen Länder und eine Einigung Japans mit dem Kommunismus nach sich ziehen. Nach der Logik dieses Ansatzes kämpften die Vereinigten Staaten, indem sie Südvietnam verteidigten, für sich selber, ganz unabhängig davon, ob Südvietnam ein demokratisches Land war oder jemals zu einem solchen werden konnte. Doch eine Analyse dieser Art stützte sich im Verständnis der amerikanischen Öffentlichkeit allzusehr auf geopolitische und machtpolitische Gründe, weshalb man ihr bald das Mäntelchen des Wilsonschen Idealismus umhängte. Eine US-Regierung nach der anderen hatte sich eine zweifache Aufgabe gestellt, von der allein schon die eine Hälfte schwer zu verwirklichen gewesen wäre: den siegreichen Kampf gegen eine Guerillaarmee, die über sichere Stützpunkte entlang einer ausgedehnten Peripherie verfügte, und die Demokratisierung einer Gesellschaft, in der es keine pluralistische Tradition gab.

So lernte Amerika im Hexenkessel Vietnams, daß selbst seine heiligsten Grundsätze ihre Grenzen hatten, und es war gezwungen, sich mit der Kluft auseinanderzusetzen, die sich zwischen Macht und Prinzipien öffnen kann. Gerade weil die USA sich sträubten, eine Lektion zu akzeptieren, die ihren historischen Erfahrungen so nachdrücklich widersprach, war es für ihre Politiker schwierig, das Projekt fahrenzulassen. Der Schmerz allerdings, der mit jenen Enttäuschungen einherging, war das Ergebnis der besten und nicht der schlechtesten Eigenschaften dieses Landes. Amerikas Weigerung, nationale Interessen als Grundlage von Außenpolitik anzuerkennen, ließ es steuerlos in einem Meer undifferenzierter Moralismen treiben.

Im August 1964 führte ein angeblich nordvietnamesischer Angriff auf den US-Zerstörer *Maddox* zu einem Vergeltungsschlag der USA gegen Nordvietnam, der vom Senat mit der sogenannten Tongking-Resolution fast einhellig gebilligt wurde. Diese Resolution diente als rechtliche Grundlage für Vergeltungsangriffe aus der Luft. Anfang Februar 1965 griffen kommunistische Verbände den US-Stützpunkt Pleiku im zentralen Hochland an, worauf die Amerikaner wiederum mit Vergeltungsangriffen reagierten, die innerhalb kurzer Zeit in eine systematische Bombardierung Nordvietnams unter dem Codenamen »Rolling Thunder« übergingen. Im Juli 1965 waren US-Gefechtseinheiten voll an den Kämpfen beteiligt. Bis Anfang 1969 wurde die amerikanische Truppenstärke auf 543.000 Mann angehoben.

In der Folgezeit wurde die Frage, ob die Regierung Johnson die Bevölkerung über den Tongking-Zwischenfall wahrheitsgemäß unterrichtet hatte, zu einem festen Bestandteil der immer erbitterter geführten Vietnamdebatte; damit sollte die Tongking-Resolution ebenso in Mißkredit gebracht werden wie die aktive Beteiligung von US-Truppen an den Kampfhandlungen. Die Tongking-Resolution beruhte ohne Zweifel nicht auf einer umfassenden Darlegung aller Tatsachen. Auf der anderen Seite jedoch besaß sie auch keine wesentliche Bedeutung für die Entscheidung der Vereinigten Staaten, in die Bodenkämpfe in Südvietnam einzugreifen. Sie war vielmehr ein kleiner Schritt auf einem Weg, der die Vereinigten Staaten – stellt man die Überzeugung aller maßgeblichen Beteiligten in Rechnung – ohnehin dorthin geführt hätte, wo sie am Ende standen.

Die Methoden, mit denen die Mitglieder des US-Kongresses zur Annahme der Tongking-Resolution bewogen wurden, wären heute nicht mehr denkbar, und im Interesse der amerikanischen Demokratie ist das auch gut so. Andererseits waren weder die Taktik noch der Umgang mit der Wahrheit auf seiten Johnsons wesentlich anders als im Fall Franklin D. Roosevelts, als dieser die USA zu einem Engagement im Zweiten Weltkrieg drängte: Auch Roosevelt hatte damals keinen völlig korrekten Bericht über jenen Torpedoangriff auf den Zerstörer *Greer* gegeben, der 1941 zum Vorwand für den Eintritt der USA in den atlantischen Seekrieg wurde. In beiden Fällen definierte der Präsident sozusagen im Alleingang, was sein Land nicht hinnehmen würde: einen deutschen Sieg nach 1940 und eine Machtübernahme der Kommunisten in Indochina nach 1960. Beide Präsidenten waren bereit, die Streitkräfte ihres Landes einer gefährlichen Situation auszusetzen und entsprechend zu reagieren, sollte es – was zu erwarten war – wirklich zum Ernstfall kommen. Und in beiden Fällen erfolgte die endgültige Entscheidung zugunsten eines Kriegseintritts auf der Grundlage von Überlegungen, die weit über die unmittelbaren Anlässe hinausgingen.

Der wirkliche Alptraum des Vietnamkriegs bestand nicht in der Art und Weise, wie Amerika in ihn eintrat, sondern darin, daß die Regierung in Washington zuvor keine sorgfältige Untersuchung der voraussichtlichen Kosten und der möglichen Ergebnisse in Auftrag gab. Eine Nation darf einfach nicht eine halbe Million junger Männer in einen entfernten Kontinent schicken oder ihre internationale Stellung und den gesellschaftlichen Zusammenhalt aufs Spiel setzen, solange die führenden Politiker des Landes nicht in der Lage sind, ihre politischen Ziele zu beschreiben und eine realistische Strategie zur ihrer Erreichung anzubieten – wie dies Präsident Bush während des Golfkriegs gelang. Washington hätte sich zwei grundsätzliche Fragen stellen müssen: War es überhaupt möglich, mehr oder weniger gleichzeitig eine Demokratie zu errichten und einen militärischen Sieg zu erringen? Und was noch wichtiger war: Würde der Nutzen die Kosten rechtfertigen? Die Präsidenten und ihre Berater, die Amerika in Vietnam in den Bodenkrieg verwickelten, schienen diese Fragen ganz offensichtlich zu bejahen.

Die erfolgreiche Durchführung eines Guerillakrieges erfordert eine subtile Mischung von militärischen und politischen Strategien. Die amerikanischen Militärs haben sich jedoch von jeher unbehaglich gefühlt, wenn es um die Verknüpfung militärischer und politischer Ziele ging. Für den gesamten Vietnamkrieg gilt, daß die Mittel, die zur Umsetzung der formulierten Ziele zur Verfügung standen, unzulänglich waren und daß die Ziele – wenn überhaupt – nur unter Risiken zu erreichen waren, die Washington nicht bereit war einzugehen.

Eine der wichtigsten Lehren aus dem Koreakrieg hätte sein müssen, daß erfolglose Kriege, zumal wenn sie sich lange Zeit hinziehen, den inneren Konsens Amerikas ins Wanken bringen. Doch Washington hatte daraus offenbar genau den entgegengesetzten Schluß gezogen: daß der eigentliche Mißerfolg in Korea der Vormarsch MacArthurs zum Jalu und sein Streben nach einem umfassenden Sieg gewesen sei. Im Lichte dieser Auffassung wurde aus dem Koreakrieg der erfolgreiche Versuch, einen chinesischen Sieg zu verhindern. Und so beschränkte man Amerikas Engagement in Vietnam bewußt auf ein ähnliches Ziel: Ohne eine chinesische Intervention zu provozieren, wollte man den Nordvietnamesen beweisen, daß die USA sie daran hindern würden, Südvietnam zu erobern, und daß sie deshalb keine andere Wahl hätten, als zu verhandeln. Worüber allerdings sollten sie verhandeln, zumal sie sich einem Feind gegenübersahen, für den ein Kompromiß gleichbedeutend mit einer Niederlage war? In Washington hatte man vergessen, daß die beiden letzten Jahre des Koreakriegs und die McCarthy-Ära die amerikanische Gesellschaft, die einen in die Länge gezogenen Krieg ohne greifbare Ergebnisse nicht mitmachen wollte, fast gespalten hatten.

Theoretisch gibt es nur zwei Strategien, die in einem Guerillakrieg eine Chance auf den Sieg eröffnen. Die eine, im Grunde genommen defensiv, sucht den Gegner daran zu hindern, die Kontrolle über die Bevölkerung zu erlangen; dies erfordert, daß man dem Großteil der Bevölkerung eine fast vollkommene Sicherheit garantieren kann, so daß die Kontrolle der Guerilla über den restlichen Teil des Landes für eine zusammenhängende politische Basis nicht mehr ausreicht. Anscheinend hatte General Maxwell Taylor eine solche Strategie im Sinn, als er empfahl, eine Reihe von Enklaven unter dem Schutz von US-Streitkräften zu schaffen, während die südvietnamesische Armee die Konsolidierung einer klar definierten kommunistischen Zone verhindern sollte, ohne zu versuchen, auch noch den letzten Bezirk Tag und Nacht zu sichern. Die zweite denkbare Strategie besteht darin, Ziele anzugreifen, die von den Guerilleros verteidigt werden müssen wie Schlupfwinkel, Nachschubdepots und Aufmarschgebiete. So hätte man etwa die Versorgung über den Ho-Chi-Minh-Pfad mit Bodentruppen unterbrechen und die nordvietnamesischen und kambodschanischen Häfen, von denen aus die Schlupfwinkel versorgt wurden, blockieren können. Möglicherweise hätte das, zumindest auf dem Papier, jenen verhältnismäßig kurzen Abnutzungskrieg herbeigeführt, den das amerikanische Militär mit allen Mitteln anstrebte und der den Gegner an den Verhandlungstisch gezwungen hätte.

Was jedenfalls nicht funktionieren konnte, war die Strategie, die von den amerikanischen Regierungspolitikern tatsächlich ergriffen wurde: die Illusion, eine hundertprozentige Sicherheit in hundert Prozent des Landes zu erreichen, und das Bemühen, die Guerilla durch Operationen nach dem Prinzip »Aufspüren und zerstören« – »search and destroy« – zu zermürben. Wie groß das Expeditionsheer auch sein mochte: Es hätte niemals ausgereicht, um gegen einen Feind Erfolg zu haben, dessen Nachschublinien außerhalb Vietnams lagen und der über eine Vielzahl von Schlupfwinkeln und einen eisernen Willen verfügte. Ende 1966 erklärte der nordvietnamesische Premierminister Pham Van Dong gegenüber Harrison Salisbury von der ›New York Times‹, die Vereinigten Staaten seien zwar militärisch stärker, würden den Krieg aber auf die Dauer verlieren, weil es mehr Vietnamesen als Amerikaner gebe, die bereit seien, für Vietnam ihr Leben zu lassen und lange genug zu kämpfen, um die Amerikaner zu überdauern.[23] Seine Einschätzung erwies sich als zutreffend.

Johnson lehnte jede »Ausweitung« des Krieges nachdrücklich ab. Washington war zu der Überzeugung gelangt, daß die vier indochinesischen Staaten getrennte Einheiten bildeten, obwohl die Kommunisten sie seit zwei Jahrzehnten als einen zusammenhängenden Schauplatz betrachtet und in Indochina im Hinblick auf diese Staaten eine koordinierte Strategie verfolgt hatten. Washingtons Einschätzungen der internationalen Gesamtzusammenhänge hatten übertriebene Befürchtungen vor einer chinesischen Intervention zur Folge gehabt; was die USA dabei allerdings ignorierten, war Lin Baos Feststellung, daß die chinesische Armee nicht im Ausland tätig werde. Mao wiederholte dies gegenüber Edgar Snow, einem amerikanischen Journalisten mit Sympathien für die Chinesen: China, so sagte er, unterhalte keine Truppen außerhalb seiner Grenzen und habe nicht die Absicht, gegen irgend jemanden zu kämpfen, solange chinesisches Territorium nicht angegriffen werde.[24] Auf diese Weise bezahlten die USA in zwei, gerade fünfzehn Jahre auseinanderliegenden Kriegen einen hohen Preis dafür, daß sie wichtige chinesische Erklärungen nicht ernst genommen hatten: In Korea hatten sie die chinesischen Warnungen mißachtet und waren zum Jalu marschiert, womit sie China zur Intervention provozierten; in Vietnam schenkten sie den Versicherungen Chinas, es nehme von einer Intervention Abstand, keinen Glauben, womit sie die einzige Strategie aufgaben, die erfolgversprechend hätte sein können.

Johnson, der eine Intervention Chinas befürchtete, die Option für eine Entspannung gegenüber der Sowjetunion offenhalten und innenpolitisch den Konsens für sein Programm einer »Großen Gesellschaft« nicht aufs Spiel setzen wollte, entschied sich für halbherzige Maßnahmen. Damit drohte er nicht nur Amerikas internationale Stellung zu verspielen, sondern machte auch die Umsetzung seiner eigenen Ziele unmöglich. In ihrem Bestreben, die Niederschlagung einer weltweiten Verschwörung mit der Vermeidung eines Konflikts von globalen Ausmaßen zu vereinbaren, gelang der amerikanischen Politik nur eines, ihre Unglaubwürdigkeit zu demonstrieren.

Eine Taktik der Zermürbung konnte nicht zum Erfolg führen, solange die Guerilleros entscheiden konnten, wann und wo die Kämpfe stattfanden. Luftoperationen, die den Nordvietnamesen einen ständig wachsenden Schmerz zufügen sollten, erwiesen sich als wirkungslos, da das nordvietnamesische Transportsystem viel zuwenig entwickelt war, um nutzbringend außer Funktion gesetzt zu werden, und strategisch zu irrelevant, um als neuralgisches Ziel zu dienen. Eine Pattsituation wirkte sich für Hanoi vorteilhaft aus, vor allem aber ein Patt, das auf das Territorium Südvietnams begrenzt werden konnte und bei dem die Amerikaner schwere Verluste hinnehmen mußten. Alle diese Faktoren führten in den Vereinigten Staaten selber zu einer wachsenden Opposition gegen den Krieg, zu einer Opposition, die sich zunächst unter der Parole zusammenfand, man müsse gerade jene Bombenangriffe auf Nordvietnam einstellen, die Hanoi klarmachen sollten, daß es den Krieg unmöglich gewinnen könne.

Die US-Regierung war bestrebt, dem Gegner zu beweisen, daß Aggression sich nicht auszahlt und der Guerillakrieg keine Zukunft hat. Was sie jedoch nie ganz verstehen konnte, waren die Maßstäbe, nach denen der Gegner Kosten und Nutzen berechnete. Johnson glaubte, der Ausweg bestehe darin, eine gemäßigte Haltung zu demonstrieren, Nordvietnam zu beruhigen, einen Kompromiß anzubieten. Doch all das diente eher dazu, Hanoi zum Durchhalten zu ermutigen. So mußte Amerika in der Folgezeit erkennen, daß es sich nicht viel Ehre einhandelte, wenn es Niederlagen in Kauf nahm. Johnson brachte seine Haltung mit folgenden Worten zum Ausdruck: »Wir beabsichtigen nicht, Nordvietnam auszuradieren. Wir beabsichtigen nicht, seine Regierung zu ändern. Wir beabsichtigen nicht, ständige Militärstützpunkte in Südvietnam zu unterhalten... Wir sind dort, weil wir die Kommunisten in Nordvietnam dazu bringen wollen, nicht mehr auf ihre Nachbarn zu schießen [...], weil wir zeigen wollen, daß ein Guerillakrieg, der von einer Nation gegen eine andere angezettelt wird, niemals erfolgreich sein kann. [...] Wir müssen so lange weitermachen, bis die Kommunisten in Nordvietnam einsehen, daß der Preis für eine Aggression zu hoch ist – und entweder einer friedlichen Regelung oder einer Einstellung der Kampfhandlungen zustimmen.«[25] Und an die kommunistischen Führer in Hanoi richtete er die Worte: »Wenn Sie erst einmal eingesehen haben, daß ein militärischer Sieg eine Utopie ist, und wenn Sie aufhören, Gewalt anzuwenden, werden Sie feststellen, daß wir bereit und willens sind, Ihnen entgegenzukommen. [...] Wir wollen einen ehrenhaften Frieden in Vietnam. In Ihren Händen liegt der Schlüssel zu diesem Frieden. Sie brauchen ihn nur ins Schloß zu stecken und umzudrehen.«[26]

Johnson hatte den von Hohn begleiteten Haß nicht verdient, den solche Appelle auslösten. Schließlich formulierte er mit diesen Worten nur traditionelle amerikanische Grundwahrheiten. Weder er noch die Gesellschaft der Vereinigten Staaten verfügten jedoch über ein begriffliches Instrumentarium zum Verständnis eines Gegners, der solche Versicherungen als lächerlich abtat und dem obendrein die amerikanische Auffassung von einem Kompromiß als Aufforderung erschien, einem Kampf abzuschwören, der seinen Lebensinhalt bildete.

Für die kampferprobten, ganz ihrer Sache ergebenen Führer in Hanoi hatte die Vorstellung von Stabilität keine praktische Bedeutung. Seitdem sie erwachsen waren, hatte jeder von ihnen sein ganzes Leben damit verbracht, für den Sieg zu kämpfen, zuerst gegen Frankreich, jetzt gegen eine Supermacht. Sie hatten entsetzliche Leiden heraufbeschworen, indem sie ihrem Volk den Kommunismus aufzwangen; den »Nachbarn in Frieden zu lassen« war infolgedessen gerade das, wozu die Führer in Hanoi ihrem ganzen Wesen nach nicht imstande waren. Bismarck hat einmal gesagt, die deutsche Einheit sei nicht durch Gespräche, sondern allein durch »Blut und Eisen« zu erreichen gewesen. Das entsprach exakt der Einstellung Hanois zur vietnamesischen Einheit.

Amerikaner der unterschiedlichsten politischen Überzeugungen appellierten immer wieder an Hanoi, es solle seine Ziele mit demokratischen Mitteln zu verwirklichen suchen, und zerbrachen sich den Kopf über geeignete Wahlverfahren. Doch keines der Grundelemente im außenpolitischen Denken Amerikas war für Hanoi auch nur im geringsten von Interesse, es sei denn als ein Mittel, um die Amerikaner in Verwirrung zu stürzen. Nachdem es eine der härtesten Diktaturen der Welt errichtet hatte, konnte das Politbüro in Hanoi sich nicht mehr damit begnügen, in Südvietnam als eine politische Partei unter anderen zugelassen zu werden. Für Hanoi gab es keinen ersichtlichen Grund, die Gewalt zu beenden; schließlich marschierte man auf der Straße des Sieges, solange man nicht verlor, und man konnte ja überhaupt nicht verlieren, da die amerikanische Strategie mit ihrem Ziel, eine Pattsituation zu schaffen oder zu bewahren, erst gar nicht auf eine Niederlage Hanois ausgerichtet war. Johnsons Angebot eines umfassenden Wiederaufbauprogramms, von dem alle profitieren sollten, auch Nordvietnam, stieß auf taube Ohren.[27] Hanoi wollte einen Sieg, keine Entwicklungshilfe, und es verhielt sich mit der für das Regime typischen Arroganz – so, als bestehe gar keine Notwendigkeit, sich für eines von beidem zu entscheiden.

Nachdem es in der öffentlichen Meinung der Vereinigten Staaten zu einem Umschwung zugunsten eines Rückzugs aus Vietnam gekommen war, sah Johnson sich einer zunehmend heftiger werdenden Kritik ausgesetzt, weil keine diplomatischen Fortschritte erreicht wurden. Soweit die Vorwürfe der Kritiker die stillschweigende Unterstellung enthielten, Johnson sei nicht verhandlungswillig, gingen sie am eigentlichen Punkt vorbei. Die Bereitschaft Johnsons, Verhandlungen aufzunehmen, war offenkundig bis zur Absurdität. Doch damit bestärkte er Hanoi lediglich in der Überzeugung, daß es mit einer Verzögerungstaktik noch großzügigere Angebote herausschlagen konnte. Johnson befahl einen Bombenstopp nach dem anderen - in seinen Erinnerungen ist von fünfzehn solcher Stopps die Rede - und ließ keinen Zweifel daran, daß die Vereinigten Staaten zu einer einseitigen Vorleistung bereit seien, um die Gegenseite an den Verhandlungstisch zu bringen. Folglich fühlte sich Hanoi mehr als ermutigt, den Umfang der Vorleistung möglichst hochzuschrauben.

Ich war an einer der Initiativen beteiligt, an denen sich sowohl die Verhandlungsbereitschaft der Johnson-Administration als auch das Geschick Hanois verdeutlichen läßt, diese Bereitschaft für eigene Zwecke zu nutzen. Meine persönliche Verwicklung in den Vietnamkrieg setzte ganz allmählich ein. Die fünfziger Jahre hindurch hatte sich meine Beschäftigung mit Außenpolitik auf Europa und die atomare Strategie konzentriert; zu Beginn der Regierungszeit Kennedys, der zahlreiche Politiker um sich versammelt hatte, die ich bewunderte, stand ich seiner Indochinapolitik positiv gegenüber, ohne mir jedoch allzu viele Gedanken darüber zu machen. Erst nachdem ich in den Jahren 1965 und 1966 als Berater von Botschafter Henry Cabot Lodge drei Reisen nach Südvietnam unternommen hatte, begann ich ernsthaft über Vietnam nachzudenken. Auf den Reisen ergab sich Gelegenheit, viele der dortigen Provinzen kennenzulernen und mich mit den sogenannten Provinzberichterstattern der US-Botschaft zu unterhalten, einer außerordentlich fähigen und engagierten Truppe von jungen Mitarbeitern im diplomatischen Dienst, die aus den verschiedenen Distrikten des Landes berichteten. Diese Besuche bestärkten mich in der Meinung, daß der Krieg mit der damals verfolgten Strategie nicht zu gewinnen sei und daß die USA sich deshalb aus dem Kampf zurückziehen sollten, indem sie mit Hanoi Verhandlungen aufnahmen. Zunächst freilich hatte ich keine genauen Vorstellungen, worum es bei solchen Verhandlungen gehen sollte.

Im Sommer 1967 wohnte ich einer der sogenannten Pugwash-Konferenzen bei, auf denen Wissenschaftler zusammenkamen, die sich mit Fragen der atomaren Abrüstung beschäftigten. Zwei der Teilnehmer, die von meinen Besuchsreisen in Südvietnam erfahren hatten, traten mit einem Vorschlag an mich heran, der äußerst vielversprechend zu sein schien. Raymond Aubrac, ein Mitarbeiter der Weltgesundheitsorganisation WHO, hatte Ho Chi Minh 1946 persönlich kennengelernt, als dieser während Verhandlungsgesprächen mit der französischen Regierung in Paris sein Gast war. Aubrac bot sich an, nach Hanoi zu reisen, begleitet von einem wissenschaftlichen Kollegen aus der Friedensbewegung, Herbert Marcovich, um sich wegen möglicher Verhandlungen persönlich an Ho Chi Minh zu wenden. Ich informierte den Stellvertretenden Außenminister William Bundy und Verteidigungsminister McNamara. Sie befürworteten den Besuch unter der Bedingung, daß die beiden Wissenschaftler als Privatpersonen reisten und nicht behaupteten, offizielle Auffassungen der amerikanischen Regierung zu vertreten.

Aubrac und Marcovich reisten nach Hanoi und wurden von Ho Chi Minh empfangen. Nachdem dieser eine formelhafte Verurteilung der amerikanischen »Aggression« ausgesprochen hatte, gab er zu erkennen, daß Hanoi zu Verhandlungen bereit sei, sofern die USA ihre Bombenangriffe auf Nordvietnam einstellten. Mai Van Bo, der diplomatische Vertreter Nordvietnams in Paris, wurde als offizielle Kontaktperson benannt. Es folgten mehrere Notenwechsel mit Washington nach einem komplizierten und völlig grotesken Verfahren. Da Hanoi vor einer Einstellung der Bomberflüge keine direkten Gespräche mit Washington aufnehmen wollte, diente ich, ein Privatbürger, als Mittelsmann. Doch Hanoi, das nichts aus der Hand gab, das seine Verhandlungsposition stärken konnte, ermächtigte seinen Vertreter nicht, auch nur mit einem inoffiziellen Abgesandten der USA Botschaften auszutauschen. So gab ich die Noten Washingtons, die ich gewöhnlich von McNamara erhielt, an die zwei Franzosen weiter, die sie ihrerseits Mai Van Bo mit den Erläuterungen weiterreichten, zu denen ich ermächtigt worden war. McNamara war sehr daran interessiert, den Krieg zu beenden, und er beschwor mich des öfteren, meinen unsichtbaren Gesprächspartnern einen wenn auch noch so versteckten Hinweis zu entlocken, der es ihm erlauben würde, sich für Verhandlungen einzusetzen.

Ich wohnte damals zum Teil jenem Gespräch zwischen Präsident Johnson und seinen Beratern bei, auf dem das endgültige Angebot Washingtons besprochen wurde. Es war ein trauriges Erlebnis. Offenbar wehrte sich alles in Johnson dagegen, die Einstellung der Bomberflüge anzuordnen. Obwohl keineswegs ein Experte auf dem Gebiet der Außenpolitik, verfügte Johnson als Politiker über genügend Erfahrung, um zu bezweifeln, daß es etwas einbrachte, eine Verhandlung mit einem einseitigen Zugeständnis zu eröffnen. Verzweifelt bestrebt, den Krieg zu beenden, im eigenen Lande belagert von Kritikern und nicht bereit, sich den Beratern entgegenzustellen, die auf die Diplomatie setzten, gab der Präsident schließlich auf. Das Resultat – bei dessen Formulierung ich nicht mehr anwesend war – war die sogenannte San-Antonio-Formel, die Johnson in einer Rede am 29. September 1967 öffentlich verkündete: »Die USA sind bereit, alle Bombardierungen Nordvietnams [...] einzustellen, wenn dies zu sofortigen produktiven Gesprächen führt. Dabei setzen wir natürlich voraus, daß Nordvietnam den Bombenstopp beziehungsweise die Beschränkung der Luftangriffe nicht ausnutzt.«[28]

Die San-Antonio-Formel führte einen der entscheidenden Wendepunkte des Kriegs herauf. Amerika unterbreitete das Angebot, seine Kampfeinsätze gegen Nordvietnam einzustellen – womit es eine präzise Verpflichtung einging –, und erwartete dafür »produktive« Gespräche, sofern Nordvietnam den Stopp der Bomberflüge nicht ausnutzte. Es wurde nicht näher erläutert, was »produktiv« oder »ausnutzen« genau bedeuten sollten. Da Hanoi jedoch unter Beweis gestellt hatte, daß es imstande war, die innenpolitische Debatte in den USA zu beeinflussen, konnte es kaum daran zweifeln, daß jeder amerikanische Versuch, die Einstellung der Bombardierungen zurückzunehmen, nicht nur eine Kontroverse auslösen, sondern auch zeitraubend sein würde. Den Stopp nicht »auszunutzen« verpflichtete Hanoi daher offensichtlich nicht zu einer Beendigung des Guerrilakriegs oder überhaupt dazu, etwas abzubrechen, das es gerade begonnen hatte. Es konnte bestenfalls heißen, daß Hanoi eine bestimmte Strategie nicht bis zur Eskalation verfolgte.

Es war typisch für die Verhandlungstaktik Nordvietnams, daß dieses einseitig erfolgte Angebot in erster Linie als eine Art Sicherheitsnetz für einen umfassenden militärischen Versuch genutzt wurde, die eigene Verhandlungsposition noch weiter zu verbessern. Innerhalb weniger Tage wurde meine Verbindung nach Hanoi unterbrochen. Nachdem man dort begriffen hatte, daß der Preis für eine Einstellung der amerikanischen Bombenangriffe ebenso bescheiden wie absurd war, versuchte man zunächst, den Druck auf Johnson zu verstärken, bevor man sich an den Verhandlungstisch begab, um sich mit dem eigentlichen Vorschlag zu befassen. Die Tet-Offensive sollte nur wenige Monate später beginnen.

Hanoi hatte den zutreffenden Eindruck, daß die wachsende Unzufriedenheit der amerikanischen Bevölkerung einen anhaltenden Krieg in Vietnam so wenig hinnehmen würde wie seinerzeit den Koreakrieg. Gleichwohl bestand ein qualitativer Unterschied im Hinblick auf das Wesen der innenpolitischen Kontroversen, die sich daraus ergaben: Die Klugheit einer amerikanischen Intervention selber war damals nie in Zweifel gezogen worden; die Meinungsverschiedenheiten betrafen allein die für einen Erfolg erforderlichen Maßnahmen. Im Hinblick auf Vietnam hingegen hatte sich die ursprünglich weitverbreitete Zustimmung zur Politik der USA mit einem Mal verflüchtigt. Und während die Kritiker der Regierung im Koreakrieg von dieser gefordert hatten, mehr zu tun – ihre Alternative zur Politik Trumans war MacArthurs Strategie der Eskalation –, drängte im Falle Vietnams die überwiegende Mehrheit der Kritiker darauf, die Kriegsanstrengungen der USA zu reduzieren, ja diese nach einiger Zeit ganz aufzugeben, wobei die Vorstellungen von einer Änderung der amerikanischen Strategie bis zu bedingungslosem Rückzug reichten. In Korea wären die Gegner der USA mit einer wesentlich schlimmeren Alternative konfrontiert gewesen, wenn die Opposition sich durchgesetzt hätte. Als dagegen im Vietnamkrieg das Ausmaß der Spaltung innerhalb der amerikanischen Gesellschaft offenbar geworden war, erkannten die Nordvietnamesen schnell, daß festgefahrene Verhandlungen in Verbindung mit militärischem Druck für sie von Vorteil sein würden. Fehlende Fortschritte würden den mangelhaften diplomatischen Initiativen der Regierung Johnson angelastet werden, und die steigende Zahl amerikanischer Gefallener würde Forderungen nach einer Deeskalation oder gar einer Beendigung des Krieges nach sich ziehen.

Die Kritik an der Vietnampolitik der Vereinigten Staaten begann zunächst ganz moderat und mit sachlichen Fragen. Wie groß, so überlegte man, waren die Chancen, den Krieg zu gewinnen, und in welchem Verhältnis standen die eingesetzten Mittel zu den Zielen? Am 11. März 1968 wandte Walter Lippmann seine bereits Allgemeingut gewordene Kritik an der Eindämmungspolitik auf Vietnam an. Amerika, so sein Argument, habe sich übernommen: Die Politik der Eindämmung mache jedes vernünftige Gleichgewicht zwischen den nationalen Zielen und den Mitteln, mit denen diese möglicherweise erreicht würden, zunichte: »Tatsache ist, daß seine [Johnsons] Kriegsziele unbegrenzt sind: Sie versprechen die Befriedung ganz Asiens. Bei derart grenzenlosen Zielen ist es nicht möglich, einen Krieg mit begrenzten Mitteln zu gewinnen. Da unsere Ziele grenzenlos sind, werden wir mit Sicherheit ›besiegt‹ werden.«[29] Um die Irrelevanz traditioneller Denkkategorien deutlich zu machen, wenn man sie auf Vietnam anzuwenden suchte, setzte Lippmann das Wort »besiegt« in Anführungszeichen. Das sollte heißen: Trotz des Einsatzes von einer halben Million Soldaten war Vietnam für die Sicherheit der USA unerheblich, und insofern würde ein Rückzug die Stellung der Vereinigten Staaten in der ganzen Welt eher festigen.

Dasselbe hatte Senator Fulbright schon 1966 geäußert, als er die Vereinigten Staaten kritisierte, sie erlägen »der Arroganz der Macht«, da sie »ihre Macht mit Tugend und ihre vordringlichen Verpflichtungen mit einer weltweiten Mission« verwechselten.[30] Weniger als zwei Jahre zuvor hatte Fulbright de Gaulle angegriffen und gesagt, es trage nur zu einer »Verwirrung der Lage« bei, wenn de Gaulle vorschlage, Vietnam für neutral zu erklären. Damals hatte Fulbright gewarnt, ein solcher Kurs könne »eine unvorhersehbare Kette von Ereignissen auslösen, [denn Frankreich] ist weder eine große Militärmacht noch ein wichtiger Wirtschaftsfaktor in Fernost und deshalb wohl kaum in der Lage, die Ereignisse, die durch seinen Vorstoß ausgelöst werden können, zu steuern oder nennenswert zu beeinflussen«. Im Jahre 1964 hatte Fulbright nur zwei »realistische« Optionen ausgemacht: »Die Ausweitung des Konflikts auf die eine oder andere Weise oder ein erneuter Versuch zur Stärkung der Fähigkeiten Südvietnams, den Krieg in seinem gegenwärtigen Umfang erfolgreich fortzusetzen«.[31]

Was war innerhalb von knapp zwei Jahren geschehen, das den Senator bewog, aus einem für die Interessen Amerikas lebenswichtigen ein unbedeutendes Land zu machen? Und warum ging er überheblich darüber hinweg, daß es sich um seine eigenen Empfehlungen handelte, die in der Zwischenzeit von der Johnson-Administration in die Tat umgesetzt worden waren? Getreu den nationalen Traditionen, hatte sich Washington nicht damit begnügt, das Projekt einer Unterstützung Vietnams mit Sicherheitserwägungen zu begründen, was früher oder später eine Debatte über Kosten und Nutzen ermöglicht hätte. Statt dessen verbrämte man die Unterstützung als eine Mission mit dem Ziel, die Demokratie nach Südostasien zu bringen, und beraubte sich damit der Möglichkeit, irgendwo auf dem Hinweg und – wie sich zeigte – auch auf dem Rückweg einen Moment der Selbstbesinnung einzulegen.

Die Kritiker des Krieges befanden sich auf demselben Weg wie die Politiker, die ihn führten, nur in der entgegengesetzten Richtung. Bei ihren Schlußfolgerungen begannen beide, sich auf ganz praktische Überlegungen zu stützen: Der Krieg war nicht zu gewinnen; seine Kosten überstiegen seinen Nutzen; Amerika hatte sich übernommen. Doch die Kritiker, Abkömmlinge ein und desselben amerikanischen Idealismus, dehnten ihre Einwände sehr bald auch auf die moralische Ebene aus, und zwar in zwei Schritten. Zunächst behaupteten sie, unter moralischen Gesichtspunkten bestehe kein wirklicher Unterschied zwischen Hanoi und Saigon, womit jedes ideologische Argument für den Krieg elegant entkräftet wurde. Zum zweiten erklärten sie, daß die hartnäckige Fortsetzung des Krieges durch die USA in den Augen von deren Gegnern nicht etwa ein Zeichen für eine fehlerhafte praktische Einschätzung, sondern für eine moralische Fäulnis im Innern des amerikanischen Systems sei. So kam es, daß die anfangs nahezu allgemeine Unterstützung der Vietnampolitik in der Öffentlichkeit sich im Lauf von zwei Jahren in eine Verurteilung der moralischen Grundlagen der gesamten US-Außenpolitik und kurze Zeit darauf in eine Kritik der amerikanischen Gesellschaft selber verkehrte.

In den Jahren unmittelbar nach dem Zweiten Weltkrieg waren die Vereinigten Staaten in der glücklichen Lage gewesen, nie eine Wahl zwischen ihren moralischen Überzeugungen und ihren strategischen Analysen treffen zu müssen. Alle wichtigen Entscheidungen ließen sich mühelos damit rechtfertigen, daß sie der Demokratie dienten oder einer potentiellen Aggression den Riegel vorschoben. Doch Vietnam ließ sich beim besten Willen nicht als demokratisch bezeichnen. Alle Regime nach Diem sahen sich von Feinden geradezu umzingelt: Südvietnamesische Generäle, die bis zu diesem Zeitpunkt der Öffentlichkeit unbekannt gewesen waren, waren fraglos alles andere als erpicht darauf, ihre Popularität an den Wahlurnen unter Beweis zu stellen. Ein triftiges Argument wäre die Behauptung gewesen, daß die neuen Herrscher in Saigon weit weniger repressiv waren als die Kommunisten in Hanoi; der Gedanke wurde denn auch immer wieder vorgebracht, aber nie ernst genommen. Ein solcher moralischer Relativismus schien unakzeptabel für eine Nation, die im Glauben an den absoluten Unterschied zwischen Gut und Böse erzogen worden war.

Die Kritiker des Krieges machten zunehmend geltend, daß Saigon, wenn es nicht in der Lage sei, demokratischen Ansprüchen umfassend zu genügen – eine, wie sie wohl wußten, utopische Forderung –, völlig aufgegeben werden müsse. Tatsächlich wurde im Lauf der Zeit die Dominotheorie, die zentrale sicherheitspolitische Voraussetzung, mit der man seit fast zwei Jahrzehnten die Verteidigung Südvietnams begründet hatte, ebenfalls aufgegeben und schließlich lächerlich gemacht. In einem außerordentlich kenntnisreichen Artikel verband Professor Richard Renfield von der Yale University die Kritik Lippmanns an den zu weit gesteckten Zielen der USA mit dem Vorwurf, die beiden Kontrahenten im Vietnamkonflikt seien moralisch gleichwertig, und deshalb sei dieser Krieg sinnlos. In Vietnam, so das Fazit Renfields, stelle sich Amerika nur in geringerem Umfang einer Aggression entgegen; vielmehr unterstütze es den Konservatismus gegen die Kräfte des sozialen Wandels.[32] Alle Kritiker verwiesen auf die zahlreichen Mängel des Regimes in Saigon, um zu beweisen, daß das amerikanische Unternehmen moralisch unhaltbar sei. 1968 stellte James Reston die Frage, die so viele amerikanische Bürger gepeinigt hatte:»Welches Ziel rechtfertigt das Gemetzel? Wie können wir Vietnam retten, wenn wir es im Krieg zerstören?«[33] Und 1972 erklärte Fulbright, Johnson habe nie erkannt, daß»der Krieg nicht zwischen einem ›freien Volk‹ und einem ›totalitären Regime‹ geführt wurde, sondern zwischen rivalisierenden totalitären Regimen; daß der Krieg nichts mit einer internationalen ›direkten‹ oder sonstigen Aggression zu tun hatte, sondern anfangs ein antikolonialer und später ein Bürgerkrieg war«.[34]

Zu dieser Zeit wuchs das Fernsehen gerade in seine Rolle hinein. Die regelmäßigen Abendnachrichten zogen ein Millionenpublikum an, weit mehr Menschen, als selbst die populärsten Zeitungsjournalisten in ihrem ganzen Leben jemals erreichen konnten. Außerdem hatten die TV-Nachrichten den Vorteil, daß die gezeigten Hintergrundfilme einen laufenden redaktionellen Kommentar abgaben. Die Fernsehnachrichten brachten somit ein Bemühen um Dramatik und Effekthascherei zum Ausdruck, das selbst bei den besten Absichten nicht immer ausgewogen sein konnte, und sei es nur aus dem Grund, daß es technisch unmöglich war, auch die Greuel zu zeigen, die der Vietkong in den von ihm kontrollierten Gebieten beging. Der Nachrichtensprecher wurde insofern zu einer Art politischen Persönlichkeit: Nur ein Präsident vermochte sonst ein solches Publikum anzusprechen – und auch das nicht mit vergleichbarer Regelmäßigkeit.

Während der gesamten Nachkriegsära hatten die Amerikaner auf die Appelle ihrer Politiker reagiert, Opfer zu bringen, um weit entfernten Gesellschaften Hilfe zu leisten. In Vietnam begann die Überzeugung Amerikas von seiner besonderen Mission – jener Glaube an die universelle Anwendbarkeit amerikanischer Werte, der dem Wiederaufbau nach dem Zweiten Weltkrieg so viele Impulse verliehen hatte – sich gegen sich selbst zu richten, indem er sich auf eine moralische Politik der verbrannten Erde zu verlegen schien. Als die Zahl der Gefallenen weiter anstieg, wurde aus dem Zweifel an der Effektivität des Krieges der Zweifel an seiner Notwendigkeit, aus einem Angriff auf die Würde des südvietnamesischen Verbündeten ein Angriff auf die Würde Amerikas, und zwar nicht nur in Vietnam, sondern auf der ganzen Erde.

Was diesen Angriffen auf das Vermögen der USA, eine globale Politik zu betreiben, ihre besondere Schärfe verlieh, war der Umstand, daß sie zu einem großen Teil von den Universitäten und den Intellektuellen kamen, die bis zu jener Zeit überzeugte Befürworter des internationalen Idealismus der Vereinigten Staaten gewesen waren.[35] An den Entscheidungsprozessen unter Kennedy selber beteiligt und niedergeschmettert, als die Ermordung des Präsidenten der Politik der »New Frontier« abrupt ein Ende machte, wurden zahlreiche der intellektuellen Wortführer durch die Proteste ihrer Studenten gegen den Krieg noch tiefer erschüttert. Die Modalitäten einer Absetzbewegung aus Vietnam interessierten sie nicht mehr. Unter dem Druck der Studenten befürworteten sie mehr und mehr einen einseitigen, bedingungslosen Rückzug.

Der radikale Flügel des Vietnamprotests stellte die Voraussetzungen einer seit zwanzig Jahren von beiden Parteien getragenen US-Außenpolitik in Frage. Er verhöhnte den Antikommunismus als archaisches Relikt: »Wir lehnen es ab, antikommunistisch zu sein«, sagten zwei Pilger nach Hanoi, Staughton Lynd und Tom Hayden. »Wir bleiben dabei, daß dieser Begriff jeden spezifischen Inhalt, den er einmal gehabt hat, verloren hat. Statt dessen dient er heute als Schlüsselkategorie für ein abstraktes Denken, von dem die Amerikaner Gebrauch machen, um eine Außenpolitik zu rechtfertigen, die häufig nicht mehr ist als eine schlichte Vergewaltigung«.[36] Selbst Hans Morgenthau, der Nestor der amerikanischen Ideologen des nationalen Interesses, fühlte sich bewogen, die Unmoral Amerikas zu verkünden: »Wenn wir über die Verletzung von Kriegsregeln sprechen, dann müssen wir dabei stets daran denken, daß die fundamentale Verletzung, aus der alle anderen besonderen Verletzungen folgen, allein schon in der Führung eines solchen Krieges besteht.«[37]

Für die Politiker einer Generation, die im Sinne der weitgehend unumstrittenen Wahrheiten des Kalten Krieges erzogen worden war, bedeutete dieser Einbruch ein wahrhaft erschütterndes Erlebnis. Lyndon B. Johnson, der in den Jahren nach dem Krieg selber eine maßgebliche Rolle gespielt hatte, befand sich in Verlegenheit: Wie sollte er einer Herausforderung begegnen, die von Männern und Frauen jener großen Universitäten ausging, deren Zustimmung er um so sehnlicher wünschte, je weniger er es vermochte, eine gemeinsame Sprache mit ihnen zu finden? David Halberstam, der sich 1966 zu einem erbitterten Kritiker des Krieges entwickelte, hatte früher einmal erklärt: »Vietnam ist ein legitimer Bestandteil dieses weltweiten Engagements [der USA], vielleicht eine von höchstens fünf oder sechs Nationen auf der Welt, die für die Interessen der USA wirklich von Bedeutung sind. Und wenn es so wichtig *ist*, dann ist es wohl ein länger andauerndes Engagement von unserer Seite wert.«[38]

Johnson reagierte, indem er sich auf die Lehrmeinungen seiner Amtsvorgänger von Truman bis Kennedy berief. Doch diese klangen den Kritikern bereits altmodisch, wenn nicht gar irrelevant in den Ohren. Sein wiederholtes Angebot von Verhandlungen ohne Vorbedingungen wurde von Hanoi abgelehnt; dort verstand man sein Geschäft viel zu gut, als daß man sich als Sicherheitsventil für die innenpolitischen Schwierigkeiten der USA hergegeben hätte. Um sich dem Strom entgegenzustemmen, änderte Johnson allmählich seine Verhandlungsposition. Von einem nordvietnamesischen

735

Rückzug als Bedingung für die Einstellung der Kampfhandlungen auf amerikanischer Seite wechselte er zur San-Antonio-Formel, in welcher er einen Bombenstopp als Vorleistung für Verhandlungen ankündigte, und von der Weigerung, mit den militärischen Statthaltern Hanois im Süden, der Nationalen Befreiungsfront NLF, Gespräche aufzunehmen, zu der Bereitschaft, mit einzelnen ihrer Vertreter zu sprechen und schließlich die NLF bei Verhandlungen als eigene Gruppe zuzulassen. Außerdem versuchte er, die Nordvietnamesen mit einem wirtschaftlichen Hilfsprogramm für ganz Indochina zu locken. Jeder dieser Vorstöße jedoch wurde von Hanoi als unzureichend und von der Mehrheit der Kritiker im eigenen Land als unaufrichtig abgetan. Die nationale Debatte drehte sich nur noch um einen Sieg, für den es keine Strategie, und um einen Rückzug, für den es keine politische Linie gab.

Die gemäßigteren Kritiker der Regierung, zu denen auch ich gehörte, drängten auf einen Kompromiß auf dem Verhandlungsweg. Das eigentliche Hindernis hierbei war allerdings nicht Washington, sondern Hanoi. Die nordvietnamesischen Kommunisten hatten nicht ihr ganzes Leben lang einen tödlichen Kampf ausgefochten, um sich am Ende damit zufriedenzugeben, die Macht zu teilen oder den Guerillakrieg, ihr wirksamstes Druckmittel, zu deeskalieren. Ebensowenig wie Stalin eine Generation vor ihnen, konnten sie sich mit der unrealistischen Vorstellung von Verhandlungen anfreunden, die völlig losgelöst von einem bestehenden Mächtegleichgewicht blieben oder deren Ausgang einfach den verhandelnden Parteien überlassen war. Johnsons ständige Beteuerungen, er sei flexibel und unvoreingenommen, erschienen Hanoi naiv und bedeutungslos.

Was die Vereinigten Staaten betraf, so war der Preis für einen Kompromiß ironischerweise derselbe wie für einen Sieg. Hanoi hätte einen Kompromiß nur dann akzeptiert, wenn es sich für einen Sieg zu schwach gefühlt hätte, mit anderen Worten: nach einer Niederlage. Die Vereinigten Staaten ihrerseits waren erst nach dem Krieg in der Lage, Mäßigung zu zeigen, nicht aber solange er andauerte. Alle erprobten »Lösungen« der Regierung und der gemäßigten Kritiker scheiterten an Hanois blinder Entschlossenheit. Ein vorübergehender Waffenstillstand, der den Amerikanern als willkommene Möglichkeit erschien, dem Töten ein Ende zu machen, hätte in den Augen Hanois die Amerikaner lediglich von dem Druck befreit, sich zurückzuziehen. Eine Koalitionsregierung, die mehr gewesen wäre als ein Feigenblatt auf dem Weg zu einer vollständigen kommunistischen Machtübernahme, hätte für die nordvietnamesischen Führer das Fortbestehen Saigons geradezu garantiert.

Die wirkliche Wahl, vor der Amerika stand, war nicht die zwischen einem Sieg und einem Kompromiß, sondern zwischen Sieg und Niederlage. Und der Unterschied zwischen den Nordvietnamesen und den Amerikanern bestand darin, daß Hanoi diese Realität begriff, während weder Johnson noch seine gemäßigten Kritiker bereit waren, sich dies einzugestehen. Die

Führung in Hanoi handelte aus realpolitischen Erwägungen, und so war sie davon überzeugt, daß das Schicksal Vietnams von den militärischen Kräfteverhältnissen am Boden, nicht aber von einem Zusammentreffen am Konferenztisch abhing.

Blickt man heute zurück, dann besteht kaum ein Zweifel, daß Washington für die Aufnahme von Verhandlungen mit Nordvietnam überhaupt keinen Preis hätte zahlen müssen. Noch vor den amerikanischen Präsidentschaftswahlen von 1968 war Hanoi zu Verhandlungen entschlossen, und sei es nur, um Republikaner wie Demokraten auf den Verhandlungsweg festzulegen. Doch die politischen Führer in Hanoi wollten keine Gespräche aufnehmen, ohne zunächst einen großangelegten Versuch zu machen, das militärische Gleichgewicht zu ihren Gunsten zu verschieben. Das Instrument zu einer Verbesserung ihrer Verhandlungsposition wurde aus diesem Grund die Tet-Offensive, eröffnet am vietnamesischen Neujahrstag »Tet«. Jahr für Jahr, auch 1968, hatte man für diese Zeit einen Waffenstillstand vereinbart. Gleichwohl starteten kommunistische Verbände am 31. Januar einen breitangelegten Angriff gegen dreißig südvietnamesische Provinzhauptstädte. Und da der Ansturm völlig überraschend kam, eroberten sie wichtige Ziele in Saigon, ja drangen bis zur US-Botschaft und zum Hauptquartier General Westmorelands vor. Auch die alte Hauptstadt Hué fiel den Kommunisten in die Hände. Fünfundzwanzig Tage lang wurde sie von ihnen gehalten.

Unter militärischen Gesichtspunkten gilt die Tet-Offensive heute als schwere kommunistische Niederlage.[39] Es war das erstemal, daß die Guerilleros sich zeigten, daß sie sich an offenen Gefechten beteiligten, und die Entscheidung zu einem Angriff auf breiter Front zwang sie, sich auf einem Gelände zum Kampf zu stellen, das sie normalerweise nie gewählt hätten. Die überlegene amerikanische Feuerkraft vernichtete fast die gesamte Infrastruktur der Guerilla, so wie es die militärischen Lehrbücher der Amerikaner prophezeit hatten. Während des ganzen übrigen Krieges stellten die Vietkong keine schlagkräftige Truppe mehr dar: Von nun an wurden die Kämpfe fast ausschließlich von regulären Einheiten der nordvietnamesischen Armee geführt.

In mancher Hinsicht bestätigte die Tet-Offensive mithin die Militärdoktrin der USA. Alles auf eine Karte setzend, nahmen die Kommunisten die Zermürbungsschlacht an, die von den US-Strategen so sehnlich herbeigewünscht worden war. Möglicherweise hatten sie mehr Gefallene zu beklagen, als in offiziellen Meldungen genannt wurden; vielleicht hatten sie auch auf die Verhandlungsbereitschaft der Amerikaner gesetzt, wohl wissend, daß sie dadurch mit einer Art Sicherheitsnetz versehen werden würden.

Gleichwohl bedeutete die Tet-Offensive in psychologischer Hinsicht einen großen Sieg für Hanoi. Nur mit leiser Wehmut kann man darüber spekulieren, wie die Dinge sich entwickelt hätten, wenn die amerikanischen Führer nach der Tet-Offensive ihren Druck auf die Hauptstreitmacht Nordvietnams erhöht hätten, die nunmehr ihrer Guerilla-Hilfstruppen beraubt war. Hätten die USA wirklich alles riskiert, dann hätte Johnson wahrscheinlich jene bedingungslosen Verhandlungen erreicht, die er vorgeschlagen hatte, ja vielleicht sogar eine Einstellung der Kampfhandlungen ohne Bedingungen. Das ergibt sich schon aus der Schnelligkeit – es dauerte weniger als zweiundsiebzig Stunden –, mit der Hanoi Johnsons erneutes Verhandlungsangebot annahm, das sich mit der Offerte einer aus der San-Antonio-Formel resultierenden partiellen Einstellung der Bombardierungen verband.

Und doch gab Washington auf. Der Grund dafür war freilich nicht, daß die öffentliche Meinung mit der Politik der Regierung nicht länger einverstanden gewesen wäre. Meinungsumfragen zeigten, daß einundsechzig Prozent der amerikanischen Bevölkerung die Lage in einer Weise beurteilten, die den Anschauungen der »Falken« entsprach; dreiundzwanzig Prozent hielten sich selbst für »Tauben«; insgesamt siebzig Prozent befürworteten die Fortsetzung der Bombardierung.[40]

Die Gruppe, die damals die Nerven verlor, bestand ausgerechnet aus jenen erfahrenen Mitarbeitern der Regierung, welche die Intervention von Anfang an unterstützt hatten. Johnson rief eine Reihe von führenden Persönlichkeiten früherer US-Regierungen zusammen, die meisten von ihnen »Falken«, darunter auch so treue Kämpen wie Dean Acheson, John McCloy, George McBundy und Douglas Dillon. Fast einstimmig sprachen sie sich dafür aus, den Krieg nicht weiter eskalieren zu lassen, sondern Vorbereitungen zu seiner Beendigung zu treffen. Doch angesichts der Einstellung Hanois, die man damals nicht völlig durchschaute, mußte diese Entscheidung der Anfang der Niederlage sein. Fairerweise muß ich zugeben, daß ich im großen und ganzen mit diesen »Weisen« einer Meinung war. So erweist sich erneut, daß Wendepunkte im Rückblick leichter auszumachen sind als zu dem Zeitpunkt, da sie sich ereignen.

Am 27. Februar 1968 sorgte der TV-Kommentator Walter Cronkite, damals auf dem Gipfel seines Einflusses, für ein kleines Erdbeben im Weißen Haus, als er das Scheitern in Vietnam prophezeite. »Es scheint heute mehr denn je gewiß«, sagte er, »daß die blutige Erfahrung in Vietnam in einer Sackgasse enden muß. Das fast unvermeidliche Patt dieses Sommers wird entweder zu echten Kompromißverhandlungen führen oder zu einer furchtbaren Eskalation; und in jedem Mittel, über das wir hinsichtlich einer Eskalation verfügen, ist uns der Gegner ebenbürtig.«[41] Diese letzte Behauptung war mehr als anfechtbar: Es konnte einfach nicht wahr sein, daß Nordvietnam das einzige Land in der Geschichte sein sollte, an dem alle denkbaren Risiko- und Nutzenüberlegungen zuschanden wurden. Zugegeben, man hatte dort mehr Leidensfähigkeit und Durchhaltewillen bewiesen als nahezu jedes andere Land. Doch auch hier gab es eine Grenze. Und das letzte, woran Hanoi interessiert gewesen wäre, war ein Kompromiß auf dem Verhandlungsweg. Trotzdem enthielt Cronkites Übertreibung ein wesentliches Körnchen

Wahrheit: Für die Vereinigten Staaten würde die Schmerzgrenze schneller erreicht sein als für Nordvietnam. Das ›Wall Street Journal‹, das bislang die Regierung unterstützt hatte, verließ als nächster das sinkende Schiff.»Bringen die Entwicklungen unsere ursprünglichen löblichen Absichten durcheinander? Wenn praktisch nichts mehr übrigbleibt von der Regierung oder Nation, was gibt es dann noch zu retten und wofür?« Das Blatt äußerte, daß »die amerikanische Bevölkerung sich an den Gedanken gewöhnen sollte – sofern sie es nicht bereits getan hat – daß das ganze Unternehmen Vietnam möglicherweise zum Scheitern verurteilt ist...«[42] Am 10. März beschloß der Fernsehsender NBC eine Sondersendung über Vietnam mit einem Satz, der innerhalb kurzer Zeit zu einem allgemeinen Refrain wurde:»Einmal abgesehen von allen sonstigen Argumenten ist es jetzt für uns an der Zeit, zu entscheiden, ob es nicht ein müßiges Unterfangen ist, Vietnam zu zerstören, um es zu retten.«[43] Und am 15. März stimmte auch das Magazin ›Time‹ in den Chor mit ein:»1968 hat uns vor Augen geführt, daß ein Sieg in Vietnam – oder auch nur eine vorteilhafte Regelung – möglicherweise für die größte Macht der Welt unerreichbar ist.«[44]

Führende Senatoren griffen in die Auseinandersetzung ein. Mansfield erklärte:»Wir sind am falschen Ort, und wir kämpfen die falsche Art von Krieg.«[45] Fulbright stellte die Frage nach der »Befugnis der Regierung, den Krieg ohne die Zustimmung des Kongresses und ohne jede Debatte oder Erörterung im Kongreß auszuweiten«.[46]

Unter der Wirkung dieser Attacken ging Johnson in die Knie. Am 31. März verkündete er eine einseitige partielle Einstellung der Bombenabwürfe für das Gebiet nördlich des 20. Breitengrads und erklärte sich zu einer völligen Einstellung der Bomberflüge bereit, sobald substantielle Verhandlungen aufgenommen würden. Er deutete an, daß keine weiteren nennenswerten Verstärkungen nach Vietnam entsandt werden würden, und wiederholte einmal mehr die Zusicherung,»unser Ziel in Vietnam war zu keiner Zeit die Auslöschung des Feindes«.[47] Sechs Wochen nachdem Nordvietnam einen formellen Waffenstillstand gebrochen und einen verheerenden Angriff auf amerikanische Militäranlagen geführt hatte, dem zahlreiche Soldaten und allein in Hué Tausende von Zivilisten zum Opfer gefallen waren, richtete Johnson an Hanoi das Angebot, an der wirtschaftlichen Entwicklung Südostasiens teilzuhaben – ein versteckter Hinweis auf eine mögliche Wirtschaftshilfe. Außerdem gab er bekannt, er werde nicht zur Wiederwahl antreten. Der Präsident, der fünfhunderttausend Soldaten nach Südvietnam geschickt hatte, wollte deren Rückzug seinem Nachfolger überlassen.

Es war eine der verhängnisvollsten Entscheidungen eines US-Präsidenten in der Nachkriegszeit. Hätte Johnson nicht diesen dramatischen Verzicht ausgesprochen, dann wäre der Vietnamkrieg das Hauptthema des Wahlkampfs geworden, und er hätte darüber auf die eine oder andere Weise eine Art Volksentscheid herbeiführen können. Und wenn seine Gesundheit es ihm nicht erlaubte, eine zweite Amtsperiode auf sich zu nehmen, dann hätte Johnson für den Rest seiner Amtszeit zumindest den Druck auf Hanoi aufrechterhalten müssen, um seinem Nachfolger alle Optionen für die Entscheidungen offenzuhalten, die der neue Präsident und der Kongreß nach der Wahl treffen würden. Angesichts der Schwäche Hanois nach der Tet-Offensive hätte im Jahr 1968 ein fortgesetzter Druck höchstwahrscheinlich eine wesentlich bessere Ausgangsbasis für Verhandlungen geschaffen, als es später tatsächlich der Fall war.

Indem Johnson den Krieg deeskalierte, von vornherein auf die Möglichkeit einer zweiten Amtsperiode verzichtete und gleichzeitig Verhandlungen anbot, schwächte er seine Verhandlungsposition in jeder Hinsicht. Seine potentiellen Nachfolger überboten einander mit Friedensversprechungen, ohne indessen einen Termin dafür festzusetzen. So wurden die Voraussetzungen für die Enttäuschung geschaffen, die sich in der Öffentlichkeit breitmachte, als die Verhandlungen tatsächlich begannen. Hanoi hatte die Einstellung der Bombardierungen erreicht – als Gegenleistung für Gespräche, bei denen es im wesentlichen nur um Verfahrensfragen ging. Und überdies erhielt es jene Atempause, die es benötigte, um seine logistische Struktur in Südvietnam wiederherzustellen, auch wenn es jetzt dafür seine eigenen Leute einsetzen mußte. In Hanoi hatte man gar keinen Anlaß, sich mit Johnson zu einigen, im Gegenteil: Alles sprach dafür, die Kraftprobe mit seinem Nachfolger zu wiederholen.

## Kapitel 27

# Die Räumung Vietnams: Die Nixon-Jahre

*Henry A. Kissinger im Gespräch mit Le Duc Tho*

Der Nixon-Administration fiel es zu, die Vereinigten Staaten aus Vietnam wieder herauszuholen – Vietnam, das war nicht nur das erste erfolglose Kriegsunternehmen der USA, es war auch das erste Engagement in einem fremden Land, in dessen Verlauf die moralischen Überzeugungen der amerikanischen Gesellschaft auf jede erdenkliche Weise mit den Gegebenheiten kollidierten. Kaum eine außenpolitische Aufgabe setzt einen Politiker einer härteren Zerreißprobe aus; kein Land hat einen solchen Übergang je ohne Qualen bewerkstelligt. Zwar wurde der Rückzug Frankreichs aus Algerien Washington häufig als beispielhaftes Modell vorgehalten. Tatsächlich aber benötigte de Gaulle mehr als nur jene vier Jahre, die Nixon brauchte, um die Verstrickung der USA in Indochina zu beenden. Um Algerien räumen zu können, mußte de Gaulle eine Million französische Siedler, deren Familien zum Teil seit mehreren Generationen dort ansässig waren, im Stich lassen. Mit der Räumung Vietnams mußte Nixon ein Engagement aufkündigen, das von vier US-Präsidenten im Lauf zweier Jahrzehnte als lebenswichtig für die Sicherheit aller freien Völker bezeichnet worden war.

Nixon übernahm diese keineswegs beneidenswerte Aufgabe unter innenpolitischen Bedingungen, die die schwierigsten seit dem amerikanischen Bürgerkrieg waren. Selbst heute, mit einer zeitlichen Distanz von fünfundzwanzig Jahren, erleben wir die Plötzlichkeit, mit der damals der nationale Konsens über Vietnam zerfiel, noch als einen Schock. 1965 hatten sich die Vereinigten Staaten unter allgemeiner Zustimmung entschlossen, sich einer (wie man damals glaubte) großangelegten kommunistischen Verschwörung entgegenzustellen, den Guerillakrieg zu gewinnen und in Südostasien freie Institutionen zu errichten. Gerade zwei Jahre später, 1967, galt dasselbe Unternehmen nicht nur als Fehlschlag, sondern als irregeleitete Politik kriegsbegeisterter US-Politiker. Im einen Augenblick feierte die intellektuelle Gemeinde den Amtsantritt eines fortschrittlichen, jungen Präsidenten; im nächsten machte sie seinen Nachfolger für begangene Kriegsgreuel verantwortlich und beschuldigte ihn der systematischen Lüge und der Kriegstreiberei – ungeachtet der Tatsache, daß die Strategie oder zumindest der Kreis seiner strategischen Berater sich von denen des betrauerten Amtsvorgängers im wesentlichen nicht unterschieden. 1968, gegen Ende seiner Präsidentschaft, konnte Johnson sich in der Öffentlichkeit nur noch auf Militärstützpunkten oder an anderen Orten zeigen, die gegen gewalttätige Demonstranten gesichert werden konnten. Und obgleich noch amtierender Präsident, hielt er es im selben Jahr nicht einmal für möglich, auf dem Nationalkonvent seiner eigenen Partei zu erscheinen. Nach einer Unterbrechung von nur wenigen Monaten lebte die gewalttätige Opposition gegen den Krieg wieder auf, ja sie nahm unter Johnsons Nachfolger Richard Nixon sogar noch zu. Was die innenpolitische Debatte so erbittert und die bestehende Kluft fast unüberbrückbar machte, war die Tatsache, daß die öffentlich zutage tretenden Meinungsverschiedenheiten in Wirklichkeit der Ersatz für eine viel tiefer reichende und gleichsam philosophische Kontroverse waren. Nixon strebte einen ehrenhaften Rückzug auf dem Verhandlungsweg an, der in seinen Augen alles einschließen konnte, nur nicht die Auslieferung von Millionen Menschen, denen seine Vorgänger weitreichende Versprechungen gemacht hatten, an die nordvietnamesischen Kommunisten. Er nahm Glaubwürdigkeit und Ehre sehr ernst, weil gerade diese Werte Amerikas Fähigkeit begründeten, eine friedliche internationale Ordnung zu formen.

Für die Anführer der Friedensbewegung auf der anderen Seite war der Vietnamkrieg hingegen so abstoßend, daß ihnen ein ehrenhafter Abzug aus Vietnam vollkommen absurd vorkam. Was in den Augen der Nixon-Regierung eine potentielle nationale Demütigung war, galt ihren Gegnern als notwendige nationale Läuterung. Die Regierung strebte ein Ergebnis an, das es den Vereinigten Staaten ermöglichen würde, trotz des Vietnam-Debakels an ihrer internationalen Nachkriegsrolle als Schutzmacht und Stütze freier Völker festzuhalten; eben diese Rolle aber sahen viele Anhänger der Friedensbewegung lediglich als Ausdruck der Arroganz und Anmaßung einer fehlgeleiteten Gesellschaft: Sie sei deshalb schleunigst aufzugeben.

Im Verlauf einer einzigen Generation hatten die Vereinigten Staaten den Zweiten Weltkrieg, den Korea-Krieg und eine anderthalb Jahrzehnte währende Folge von Krisen im Rahmen des Kalten Krieges durchgestanden. Es zeigte sich, daß Vietnam eine Anstrengung zuviel war, das Opfer, das sich nicht mehr tragen ließ, weil es den amerikanischen Wertvorstellungen und Erwartungen allzusehr zuwiderlief. In den zwanziger und dreißiger Jahren, als die Generation Nixons und Johnsons heranwuchs, hatten sich die Amerikaner über das machiavellistische Verhalten der Europäer erhaben gefühlt. Im Verlauf der vierziger und fünfziger Jahre, als jene Generation erwachsen wurde, glaubte die amerikanische Gesellschaft zu einer weltweiten Gerechtigkeitsmission aufgerufen zu sein, und tatsächlich traten die Vereinigten Staaten bald als unumstrittene Anführer der freien Welt auf. Als die betreffende Generation von Politikern jedoch in den sechziger Jahren den Gipfel ihrer politischen Karriere erreichte, begann die Vietnam-Friedensbewegung diese globale Mission in Frage zu stellen, und zu Beginn der siebziger Jahre schließlich war eine neue Generation von Amerikanern herangewachsen, nach deren Empfinden die USA nicht länger rein und unschuldig waren. Wenn Amerika auch weiterhin das Recht für sich in Anspruch nehmen wollte, weltweit aktiv zu sein, so mußte es in den Augen dieser neuen Generation erst einmal eine Periode der Selbstfindung und Besserung durchleben.

Der Generationswechsel erfolgte just in dem Augenblick, als die USA vor der schwierigsten moralischen Herausforderung der gesamten Nachkriegszeit standen. Die Kritiker im eigenen Land, angewidert angesichts der Kriegsgreuel, die ihnen allabendlich über die Bildschirme ins Haus geliefert wurden, bezweifelten zunehmend das moralische Format des amerikanischen Bündnispartners. Überzeugt davon, daß es *irgendeine* Lösung geben mußte, die es erlaubte, dem Töten sofort ein Ende zu machen, wurden sie immer ungehaltener. Die traditionelle Annahme von der besonderen Bestimmung der USA offenbarte nun ihr zweischneidiges Wesen: der durch sie ausgelöste Idealismus, die auf dieser Überzeugung basierende Unschuld und die Hingabe der amerikanischen Nation hatten eine der größten Epochen der amerikanischen Politik getragen; jetzt aber schlug diese Haltung um in Unerbittlichkeit, sowohl gegenüber den Verbündeten der USA, von denen man denselben Perfektionismus, als auch gegenüber der eigenen Politik, von der man eindeutige Entscheidungen erwartete. Würde diesen Forderungen nicht entsprochen, dann sei nur noch Schmach für das eigene Land und Untergang für seinen Verbündeten zu erwarten.

Amerikas moralische Rechtschaffenheit behinderte eine flexible Diplomatie. Vietnam bot bestenfalls unbefriedigende Alternativen und schmerzliche Entscheidungen. Die intuitive Reaktion der Kriegsgegner bestand darin, vor dieser Welt zurückzuweichen, und in Amerikas ursprünglicher Vision, ein unbefleckter Pfeiler der Tugend zu sein, Frieden zu suchen. Vielleicht hätte ein charismatischer Politiker vom Schlage eines Franklin D. Roosevelt, eines John F. Kennedy oder Ronald Reagan einen Weg gefunden, mit dieser Sehnsucht umzugehen. Doch Charisma zählte nicht zu den ansonsten außerordentlichen Fähigkeiten Richard Nixons. Anders als Johnson war Nixon in internationalen Angelegenheiten äußerst erfahren, und schon als er sein Amt als Präsident antrat, war er ebenso wie viele Kritiker des Krieges überzeugt, daß ein eindeutiger Sieg in Vietnam nicht mehr möglich sei, sofern er es überhaupt je gewesen war. Von Anfang an erkannte er, daß das Schicksal ihm die undankbare Aufgabe zugedacht hatte, einen Rückzug zu bewerkstelligen und irgendeinen Ausweg aus diesem demoralisierenden Konflikt zu finden. Daß er wünschte, diese Aufgabe in Ehren zu erledigen, war nur natürlich für einen Präsidenten: Es entsprach einfach den Anforderungen, die an sein Amt gestellt wurden. Womit er jedoch weder psychisch noch intellektuell fertig wurde, war der Umstand, daß die Absolventen der besten Schulen und die Mitglieder des Establishments, die er ebenso bewunderte wie beneidete, ein Vorgehen forderten, das – aus seiner Sicht – auf eine demütigende Niederlage der Vereinigten Staaten und den Verrat an einem Verbündeten hinauslief.

Nixon zog es vor, die oftmals gewalttätigen Proteste derjenigen, die er als privilegiert betrachtete, als Höhepunkt eines persönlichen Angriffs seiner lebenslangen ideologischen Gegner auf ihn selbst zu verstehen. In seinen Augen machte dies aus der Vietnamfrage eine politische Schlacht. Denn so sensibel und vorsichtig Nixon sich auf diplomatischem Parkett bewegte, so hemdsärmelig verhielt er sich in Fragen der Innenpolitik; hier griff er zu Methoden, von denen er bis zuletzt überzeugt war, sie seien für viele seiner Vorgänger ebenso selbstverständlich gewesen.

Wir werden nie erfahren, ob eine vom Präsidenten ausgesprochene Amnestie die Wut hätte besänftigen können, die schon lange vor Nixons Amtsübernahme Teile der amerikanischen Gesellschaft erfaßt hatte. Der gewalttätige Protest der Studenten war Ende der sechziger Jahre zu einem weltweiten Phänomen geworden und zeigte sich in Frankreich nicht weniger als in den Niederlanden und in Deutschland, in Staaten also, die nicht in einen ähnlichen Krieg verwickelt waren und auch nicht mit vergleichbaren Rassenproblemen zu kämpfen hatten wie die USA. Nixon jedenfalls war zu unsicher und zu verletzlich, als daß er in seiner damaligen Lebensphase als erster hätte eine Brücke bauen können.

Der Gerechtigkeit halber muß angemerkt werden, daß Nixon wenig Unterstützung durch das Establishment erhielt, das ihn mit dem Problem allein gelassen hatte. Hohe Beamte der vorherigen Administrationen, die die USA überhaupt erst in den Krieg hineingezogen hatten, teilten viele Überzeugungen der Nixon-Administration. Männer wie Averell Harriman und der ehemalige Verteidigungsminister Clark Clifford zum Beispiel hatten den Zwei-Parteien-Konsens über die Grundzüge amerikanischer Außenpolitik der Nachkriegszeit maßgeblich mitgestaltet; unter normalen Umständen hätten sie sich genötigt gesehen, in einer Zeit der Krise zumindest einen gewissen Grad an nationalem Zusammenhalt zu bewahren, und hätten mit der belagerten Regierung auf der Grundlage eines begrenzten Friedensprogramms den Schulterschluß gesucht.

Diesmal aber konnten sie sich nicht überwinden, ihren Präsidenten zu unterstützen. Tatsächlich waren sie selber die ersten Ziele der Antikriegsdemonstrationen gewesen, ein Schicksal, das sie als besonders schmerzlich empfanden, da an der Seite der Friedensbewegung Männer und Frauen standen, die sie geschätzt und für den Kern ihrer Wählerschaft gehalten hatten. Sie waren die Infanteristen der »New Frontier« gewesen und betrachteten die Protestierer quasi als ihre eigene Nachkommenschaft. Ohne die Methoden der Friedensbewegung zu billigen, schlitterten maßgebliche Mitglieder der Johnson-Regierung so de facto in ein Bündnis mit der radikaleren Fraktion der Protestierer. Ihr endloses Sperrfeuer scheinbar gemäßigter Einwände gegen die von der Regierung ergriffenen Schritte sorgte dafür, daß zwischen ihnen und Nixon stets eine letzte, unüberbrückbare Kluft bestehenblieb, und verstärkte die Empfindung des Präsidenten, daß sie auf diese Weise den Weg zu einem nationalen Konsens versperrten.

Nixon entschied sich weiterzumachen, um einen ehrenvollen Frieden zustande zu bringen. Weil ich bei diesem Versuch sein engster Mitarbeiter war, ist meine Darstellung auf den folgenden Seiten zwangsläufig durch meine persönliche Beteiligung an dem Prozeß und meine Übereinstimmung mit den zugrundeliegenden Prämissen dieser Politik beeinflußt.

Noch vor seinem Amtseid hatte Nixon mich gebeten, die Nordvietnamesen darüber zu informieren, daß er an einem durch Verhandlungen erzielten Ergebnis interessiert sei. Ihre Antwort machte uns mit der Standardforderung der Kommunisten in Hanoi bekannt: bedingungsloser Abzug der USA aus Vietnam, verbunden mit dem Sturz der Regierung Nguyen Van Thieu in Saigon.

Hanoi machte sich nicht einmal die Mühe, die Aufrichtigkeit der Beteuerungen Nixons auf die Probe zu stellen. Nur drei Wochen nach Nixons Amtsübernahme startete Nordvietnam eine neue Offensive - die sogenannte»Mini-Tet«-Offensive -, in deren Verlauf während der folgenden vier Monate viertausend US-Soldaten getötet wurden. Offensichtlich war es Nixon mit seinem Angebot zu einem Kompromiß nicht gelungen, bei diesen unerbittlichen Führern auch nur die kleinste Geste des Entgegenkommens auszulösen, und ebensowenig fühlte Hanoi sich durch die 1968 mit Johnson getroffene»Vereinbarung«, keinen Vorteil aus dem Bombardierungsstopp zu ziehen, auch nur im geringsten eingeschränkt.

Die Nixon-Administration hatte ihre Amtsgeschäfte in der Hoffnung aufgenommen, durch vernünftige Kompromißvorschläge einen nationalen Konsens stiften und auf diese Weise Hanoi als Führung einer im wesentlichen geeinten Nation gegenübertreten zu können. Es zeigte sich freilich sehr bald, daß Nixon nicht anders als seine Vorgänger die Hartnäckigkeit und Entschlossenheit Hanois unterschätzt hatte. Mehr und mehr davon überzeugt, daß die Streitkräfte Hanois angesichts der unfähigen Saigoner Führung und Amerikas zögerlichem Engagement auf ganzer Linie siegen würden, war Ho Chi Minh, ganz ein Mann der Realpolitik, nicht bereit, am Verhandlungstisch etwas zuzugestehen, das er auf dem Schlachtfeld vielleicht noch erreichen würde.

Es konnte kaum schwierigere Verhandlungspartner für einen Kompromißfrieden geben als die halsstarrigen Halbgötter, aus denen sich die Führung in Hanoi zusammensetzte. Als Nixon sein Amt antrat, war die Demokratische Partei, die sich als erste in das Vietnam-Abenteuer gestürzt hatte, hinsichtlich des Vietnamkrieges in zwei Lager gespalten: Das eine vertrat die offizielle Linie, das andere setzte sich aus einer Minderheit von»Tauben«zusammen, die zwar vom Nationalkonvent der Partei abgelehnt, dafür jedoch von so namhaften Politikern wie Ted Kennedy, George McGovern und Eugene McCarthy unterstützt wurde. Es dauerte nur neun Monate, da war die republikanische Nixon-Administration selbst über die Position der »Tauben« in der Demokratischen Partei hinausgegangen. Doch Hanoi steckte jedes amerikanische Zugeständnis ein, ohne auch nur das geringste Anzeichen von Entgegenkommen zu zeigen, und hielt unbeirrt an seinen Forderungen nach einem festen, an keinerlei Bedingungen geknüpften Datum für den Abzug der US-Truppen und die Ablösung der Regierung in Saigon durch ein nur notdürftig kaschiertes kommunistisches Regime fest. Man beharrte darauf, daß man keine amerikanischen Gefangenen freilassen werde, solange nicht *beide* Forderungen gleichzeitig erfüllt würden. Im Grunde verlangte Hanoi mithin nichts anderes als eine unehrenhafte Kapitulation.

Präsidenten aber können eine Aufgabe nicht einfach fallenlassen, weil sie sich als schwieriger denn erwartet erweist. Noch vor seiner Amtseinführung hatte Nixon eine systematische Untersuchung in Auftrag gegeben, wie sich der Krieg in Indochina am besten beenden ließe. Analysiert wurden drei Optionen: Einseitiger Truppenabzug, eine Kraftprobe mit Hanoi durch Verbindung von militärischem und politischem Druck, eine allmähliche Abgabe der Verantwortung für diesen Krieg an die Regierung in Saigon, um es den Vereinigten Staaten so zu ermöglichen, sich Schritt für Schritt aus Vietnam zurückzuziehen.

Die erste Option, die eines einseitigen Rückzugs, wurde später zum Gegenstand zahlreicher revisionistischer Spekulationen. Es wurde argumentiert, Nixon hätte gleich nach seiner Amtsübernahme ein Datum für den Truppenabzug festsetzen und den Krieg durch eine einseitige amerikanische Entscheidung beenden sollen.[1]

Wenn die Geschichte nur so einfach wäre wie der Journalismus. Denn obwohl US-Präsidenten ohne Frage einen weiten Spielraum für eigene Entscheidungen haben, ist dieser doch durch die politischen Umstände und die konkreten Gegebenheiten beschränkt, und als Nixon 1969 das Amt des Präsidenten der USA übernahm, hatte noch keine der beiden großen Parteien einen einseitigen Rückzug befürwortet, und auch von den Meinungsumfragen war nie gezeigt worden, daß eine solche Politik Unterstützung in der Bevölkerung fände. Das Programm der »Tauben«, auf dem Nationalkonvent der Demokraten 1968 noch abgelehnt, hatte eine Reduzierung der offensiven Einsätze der US-Truppen, einen beidseitigen Abzug fremder Truppen (einschließlich der nordvietnamesischen Verbände) und die Förderung einer Politik der Aussöhnung zwischen der Regierung in Saigon und der »Nationalen Befreiungsfront Süd-Vietnams« gefordert. Zusammenarbeit auf der Basis von Gegenseitigkeit, so hatte das Grundprinzip gelautet: Von einem einseitigen Rückzug war keine Rede gewesen.

Das Friedensprogramm der Johnson-Administration indes war in der Manila-Formel zusammengefaßt: Vorgeschlagen wurde, die US-Streitkräfte erst sechs Monate nach einem Abzug der Nordvietnamesen und nach einem deutlichen Rückgang der Gewalttätigkeiten mit dem Rückzug beginnen zu lassen. Doch auch dann noch sollte, wie schon in Korea, ein beträchtliches amerikanisches Restkontingent in Südvietnam stehenbleiben. Das

Mehrheitsprogramm der Demokraten hatte einen freien politischen Wettbewerb in Südvietnam ins Auge gefaßt, allerdings erst nach Beendigung aller Militäroperationen. Die Republikaner schließlich traten für eine »Entamerikanisierung« des Krieges, eine Änderung der militärischen Strategie und für Verhandlungen ein, allerdings weder auf der Grundlage eines »Friedens um jeden Preis« noch auf der Basis einer verschleierten Kapitulation. Insofern hatten, als Nixon US-Präsident wurde, sämtliche Flügel beider großen Parteien in den USA ausnahmslos ein Ergebnis gefordert, bei dem Hanoi bestimmte Auflagen zu erfüllen hatte, bevor die Vereinigten Staaten sich zurückziehen würden. Alle waren von einem Kompromiß, nicht von einer Kapitulation ausgegangen.

Ein sofortiger, bedingungsloser und einseitiger Abzug der US-Truppen hätte außerdem unüberwindliche praktische Probleme aufgeworfen. Über eine halbe Million Amerikaner kämpften an der Seite einer südvietnamesischen Armee mit einer Truppenstärke von rund siebenhunderttausend Mann; ihnen standen mindestens zweihundertfünfzigtausend nordvietnamesische reguläre Soldaten und eine gleiche Anzahl von Guerillakämpfern gegenüber. Zu Beginn der Nixon-Administration hätte das Versprechen eines einseitigen Truppenabzugs ein riesiges amerikanisches Expeditionsheer einerseits dem Zorn der Südvietnamesen, der verratenen Bündnispartner, und andererseits den unversöhnlichen Angriffen der Nordvietnamesen ausgesetzt.

Nach Schätzungen des Verteidigungsministeriums mußten für die Abwicklung eines geordneten Rückzugs mindestens fünfzehn Monate veranschlagt werden. Während dieses Zeitraums wäre die Stellung der US-Streitkräfte indessen allmählich bis zu einem Punkt geschwächt worden, an dem die restlichen Truppen zu Geiseln beider vietnamesischen Parteien hätten werden können. Selbst wenn man einmal annimmt, daß die südvietnamesische Armee einfach zusammengebrochen wäre und sich nicht gegen ihre ehemaligen Verbündeten gewandt hätte, wäre das Ergebnis ein Rückzug inmitten eines unaussprechlichen Chaos gewesen, zumal Hanoi zweifellos versucht hätte, seine immer stärker werdende Position zu nutzen, um noch härtere Friedensbedingungen zu diktieren. Ein einseitiger Truppenabzug hätte mit Sicherheit in einem fürchterlichen und blutigen Fiasko geendet.

Vor allem jedoch war die Nixon-Administration der festen Überzeugung, daß ein einseitiger Truppenabzug auch ein geopolitisches Desaster heraufbeschworen hätte. In zwanzig Jahren war mühsam Vertrauen in die Verläßlichkeit der USA aufgebaut worden. Dies aber war das maßgebliche Element im Gefüge der freien Welt. Eine völlige Kehrtwendung bei einem so wichtigen und von vier aufeinanderfolgenden Regierungen vorangetriebenen amerikanischen Engagement durch einen Präsidenten, der bislang für eine konservative Außenpolitik gestanden hatte, hätte daher bei den Verbündeten der USA zu einer tiefen Ernüchterung führen müssen; das galt ganz besonders für jene, die am meisten auf amerikanische Hilfe angewiesen waren, unabhängig davon, wie sie im einzelnen die Vietnampolitik der USA beurteilen mochten.

Unter diesen Umständen kam die Nixon-Administration zu dem Schluß, man müsse eine Strategie entwickeln, um Hanois festen Glauben zu erschüttern, daß der Sieg nunmehr unvermeidlich und es möglich sei, Washington einen einseitigen Rückzug aufzuzwingen. So entstand die zweite Option, die darauf hinauslief, daß man die Angelegenheit durch eine Kombination von politischen und militärischen Maßnahmen denkbar schnell zur Entscheidung brachte. Das war auch die Strategie, die ich persönlich bevorzugte, da ich überzeugt war, sie könne der ermüdenden innenpolitischen Debatte ein Ende machen und der Regierung den nötigen Freiraum verschaffen, um sich konstruktiveren und konsensfähigeren Aufgaben zuzuwenden. Die Option bestand aus drei Komponenten: Erstens mußte der Kongreß der Fortsetzung des Krieges zustimmen; es mußte zweitens ein ernsthafter Versuch zu Verhandlungen unternommen werden, in denen die USA weitreichende Zugeständnisse machen konnten, ohne dabei einer Machtübernahme durch die Kommunisten zuzustimmen; und drittens war eine veränderte militärische Strategie erforderlich, darauf konzentriert, die dichtbevölkerten Gebiete in Südvietnam zu verteidigen und gleichzeitig die Nachschubwege Hanois zu zerstören, also den Ho-Chi-Minh-Pfad in Laos zu unterbrechen, die Nordvietnamesen aus ihren Stützpunkten in Kambodscha zu vertreiben und die nordvietnamesischen Häfen zu verminen. Im Lauf der nächsten vier Jahre wurden all diese Maßnahmen schließlich ergriffen, was zur Folge hatte, daß Hanoi 1972 Bedingungen akzeptierte, die es ein Jahrzehnt lang hartnäckig abgelehnt hatte. Hätten wir sie alle gleichzeitig zu einem Zeitpunkt angewandt, als die USA noch ein beträchtliches Kontingent an Bodentruppen in Südvietnam stationiert hatten, wäre die Wirkung möglicherweise kriegsentscheidend gewesen.

Gleich zu Beginn seiner Amtszeit hätte Nixon vor den Kongreß treten, seine Vorstellung von einem ehrenvollen Abschluß des Vietnamkriegs erläutern und Unterstützung dafür einfordern können, alles unter deutlichem Hinweis darauf, daß, sollte der Kongreß eine solche Unterstützung verweigern, ihm dann trotz fürchterlicher Konsequenzen keine andere Möglichkeit bleibe, als die Truppen einseitig abzuziehen. Doch Nixon verschloß sich derartigen Ratschlägen. Zum einen vertrug sich ein solches Vorgehen seiner Meinung nach nicht mit der Verantwortung, die er als Präsident übernommen hatte. Zum anderen aber hatte er selber sechs Jahre im Kongreß verbracht und war – mit einiger Sicherheit zu Recht – davon überzeugt, daß der Kongreß einer klaren Entscheidung aus dem Weg gehen und dem Präsidenten bestenfalls halbherzige Unterstützung zukommen lassen werde, die zudem an derartig viele Bedingungen geknüpft sein würde, daß sie das Problem eher verkomplizierten.

Zunächst zögerte Nixon, das logistische System Nordvietnams anzugreifen. Die Beziehungen zur Sowjetunion und zu China, die noch immer prekär waren, hätten sich womöglich weiter verschlechtert, und jenes Dreiecksverhältnis, das später so viel zur Flexibilität der US-Außenpolitik beitragen sollte, wäre möglicherweise verzögert oder gar vereitelt worden.

Enttäuschte Hoffnungen auf eine Entspannung in Vietnam drohten überdies, der Friedensbewegung weiteren Auftrieb zu geben: Der militärische Ausgang war unsicher, und die Kosten im eigenen Land ließen sich möglicherweise nicht mehr unter Kontrolle halten. Darüber hinaus wäre eine solche »Vorwärtsstrategie« bei den engsten Beratern Nixons auf so viel Widerstand gestoßen, daß zu ihrer Realisierung eine vollständige Kabinettsumbildung und ein derartiger Kraftaufwand von seiten des Präsidenten notwendig gewesen wäre, daß ihm kaum noch Energien für weitere wichtige, langfristige Initiativen geblieben wären.

Von ihrer Regierung schienen die Amerikaner zu verlangen, zwei miteinander unvereinbare Zielsetzungen gleichzeitig zu verfolgen: Der Krieg sollte beendet werden, aber die USA durften nicht kapitulieren. Auch Nixon und seine Berater teilten diese Ambivalenz. In dem Versuch, die amerikanische Politik an diesen Widersprüchen nicht zerschellen zu lassen, wählte Nixon daher die dritte Option, den sogenannten Weg der »Vietnamisierung«, nicht weil er sie für einen brillanten *deus ex machina* hielt, sondern weil diese Option seiner Einschätzung nach die drei Schlüsselelemente des amerikanischen Rückzugs aus Vietnam noch am ehesten miteinander in Einklang brachte: die Moral in der Bevölkerung aufrechtzuerhalten, der Regierung in Saigon eine reelle Chance zu lassen, auf eigenen Füßen zu stehen, und Hanoi einen Anreiz zu geben, eine Verhandlungslösung anzustreben. Die Lösung des Problems, diese drei Dimensionen der amerikanischen Politik in ein handhabbares Verhältnis zueinander zu bringen, wurde zum endgültigen Prüfstein für den Rückzug aus Vietnam.

Die amerikanische Öffentlichkeit mußte durch den Teilabzug von US-Truppen und ernsthafte Verhandlungsbemühungen beruhigt werden; Südvietnam mußte durch massive Unterstützung mit Material und Ausbildern in die Lage versetzt werden, sich selbst zu verteidigen; Hanoi würde die Wahl haben zwischen Zuckerbrot und Peitsche, zwischen Friedensinitiativen und periodischen Vergeltungsschlägen, die es erschöpfen und ihm als Warnung dienen würden, daß die Zurückhaltung der USA ihre Grenzen hatte. Das Programm der Vietnamisierung war zwar eine wohldurchdachte Strategie, barg jedoch das enorme Risiko, daß es einfach nicht möglich sein würde, die drei Elemente konstant aufeinander abzustimmen: Es konnte passieren, daß uns die Zeit davonlief und wir am Ende mit dieser Politik zwischen allen Stühlen sitzen würden. Das gesamte Unternehmen war also bestenfalls heikel zu nennen, denn jeder Rückzug würde Hanoi ermutigen, jeder abgegebene Schuß die Friedensbewegung in Rage versetzen.

In einer Denkschrift an den Präsidenten, die das Datum des 10. September 1969 trug und zum großen Teil auf einem Entwurf von Anthony Lake basierte, damals mein Erster Assistent und gegenwärtig der Nationale Sicherheitsberater Clintons, setzte ich Nixon die Risiken der Vietnamisierung auseinander.[2] Sollte die Vietnamisierung zu lange dauern, so hieß es in der Denkschrift, dann könne die öffentliche Unruhe eher zunehmen als nachlassen. Die Regierung liefe dann Gefahr, sich plötzlich in einem Niemandsland zwischen Falken und Tauben wiederzufinden: zu versöhnlich für die Falken, zu kriegerisch für die Tauben:»Erklärungen von Regierungsbeamten, die den Versuch unternehmen, die Falken oder die Tauben zu beschwichtigen, werden Hanoi verwirren, es aber auch in seinem Entschluß bestätigen, die Verzögerungstaktik fortzusetzen. [...] Außerdem wird uns die ›Vietnamisierung‹ im weiteren Fortschreiten auf diesem Weg immer größere Schwierigkeiten machen. Der Abzug der amerikanischen Truppen wird auf die amerikanische Öffentlichkeit wie gesalzene Erdnüsse wirken: Je mehr amerikanische Soldaten nach Hause kommen, einen desto rascheren Truppenabzug wird man verlangen. Das könnte schließlich praktisch dazu führen, daß man von uns den einseitigen Truppenabzug verlangt – vielleicht innerhalb eines Jahres. Je mehr Truppen abgezogen werden, desto stärker wird Hanoi ermutigt werden. [...] Jeder amerikanische Soldat, der das Land verläßt, wird für den Süden eine größere Bedeutung haben, denn er wird einen höheren Prozentsatz der amerikanischen Kräfte darstellen als der vor ihm in die Heimat Entlassene.[...] Es wird immer schwerer werden, die Moral der Zurückbleibenden aufrechtzuerhalten, gar nicht zu reden von der Moral ihrer Mütter. Die ›Vietnamisierung‹ wird vielleicht erst in den letzten Stadien zu einer Verringerung der amerikanischen Verluste führen, denn unsere Verlustziffer wird unter Umständen mit der Gesamtstärke der amerikanischen Truppen in Südvietnam nichts zu tun haben. Um 150 amerikanische Soldaten wöchentlich zu töten, muß der Feind nur einen kleinen Teil unserer Streitkräfte angreifen...«[3] Traf all dies zu, so die Denkschrift, dann würde Hanoi sich darauf konzentrieren, den Vereinigten Staaten statt einer militärischen eine psychologische Niederlage zuzufügen; es würde den Krieg in die Länge ziehen, Verhandlungen einfrieren und die weitere Entwicklung der innenpolitischen Lage in den USA abwarten – eine Prognose, die sich im wesentlichen bewahrheiten sollte.

Diese Denkschrift sah viele unserer späteren Schwierigkeiten voraus. Im übrigen war sie zur Bedeutungslosigkeit verurteilt. Das lag zum Teil daran, daß sie dem Präsidenten zwar vorgelegt wurde, ich es aber unterließ, sie im Oval Office persönlich vorzustellen. In Washington verkaufen Ideen sich nicht von selbst. Verfasser von Memoranden, die nicht bereit sind, sich persönlich für deren Inhalt einzusetzen, werden wahrscheinlich feststellen, daß ihre Ausführungen eher als *Alibi ex post facto* denn als Anleitung zu politischem Handeln benutzt werden. Aus Scheu vor der erbitterten Opposition und vor inneren Unruhen, die mit Sicherheit zu erwarten waren, falls wir es als Alternative zur Vietnamisierung doch auf eine Kraftprobe mit Hanoi ankommen ließen, drang ich zu keiner Zeit auf eine systematische Erörterung des Memorandums. Auch der Präsident schenkte ihm – vermutlich aus denselben Gründen – kaum Beachtung. Nixon sah keinen Anlaß, seine Entscheidung für die Vietnamisierung umzustoßen, solange keine der mit Vietnam befaßten politischen Stellen dagegen Einwände erhob. Und tatsächlich wurden keine erhoben, wohl hauptsächlich deshalb, weil man auch dort von den Protestdemonstrationen zu eingeschüchtert war, um sich wissentlich in die Schußlinie zu bringen.

Ich habe die mit dieser Entscheidung verbundenen Qualen so detailliert geschildert, um deutlich zu machen, daß man zum Zeitpunkt von Nixons Amtsantritt im Hinblick auf Vietnam nur zwischen mehreren Übeln wählen konnte. Selbst die ungeheuren Schwierigkeiten, vor die sich Washington durch die Vietnamisierung gestellt sah, machten die anderen Optionen nicht attraktiver. Diese zentrale Tatsache entging den amerikanischen Kritikern dieses Krieges, so wie es auch in anderen Fällen großen Teilen der amerikanischen Öffentlichkeit verborgen geblieben ist, daß Außenpolitik oftmals dazu zwingt, zwischen zwei unbefriedigenden Alternativen wählen zu müssen. Und im Fall Vietnams sah sich Nixon zwei solchen Optionen gegenüber: Die eine war so unangenehm wie die andere. Nach zwanzig Jahren »containment« zahlten die Vereinigten Staaten nun den Preis dafür, daß sie sich zu weit vorgewagt hatten. Es gab keine einfachen Alternativen mehr.

Obschon riskant, war die Vietnamisierung alles in allem doch noch die beste der gangbaren Alternativen. Sie bot den Vorteil, daß sowohl die Amerikaner als auch die Südvietnamesen sich allmählich an den unausweichlichen amerikanischen Rückzug gewöhnen konnten. Wenn es den USA im Verlauf dieser fortwährenden Truppenreduzierung gelang, Südvietnam zu stärken – und die Nixon-Administration beabsichtigte, eben dies zu tun –, dann war das Ziel dieser Politik erreicht. Schlug sie dagegen fehl, blieb also als Alternative nur noch ein einseitiger Rückzug, dann wäre die Anzahl der US-Streitkräfte in Südvietnam wenigstens schon auf ein Maß reduziert, das die Risiken eines chaotischen und demütigenden Aufbruchs beträchtlich vermindern würde.

Als diese Politik erste Konturen annahm, war Nixon entschlossen, in Verhandlungen einzutreten. Er beauftragte mich mit der Durchführung. Es war der französische Staatspräsident Pompidou, der meinen Auftrag auf eine bündige Formel brachte. Da sein Mitarbeiterstab die nötigen Vorbereitungen für meine Geheimgespräche mit den Vertretern Hanois in Paris traf, informierte ich ihn nach fast jeder Verhandlungsrunde persönlich. Bei einer dieser Zusammenkünfte, als ich mich angesichts der scheinbar ausweglosen Lage besonders entmutigt fühlte, bemerkte Pompidou in seiner sachlichen, ganz und gar pragmatischen Art: »Sie sind zum Erfolg verurteilt.«

Staatsbedienstete können sich den Zeitpunkt, an dem sie ihrem Staat dienen müssen, nicht aussuchen, gleiches gilt für die Aufgabe, die man ihnen zuweist. Hätte ich in dieser Angelegenheit irgendeine Wahl gehabt, dann hätte ich mir zweifellos einen umgänglicheren Verhandlungspartner ausgesucht als Le Duc Tho. Die Erfahrung hatte seiner Ansicht nach bestätigt, was die Ideologie ihn und seine Kollegen im Politbüro in Hanoi gelehrt hatte: daß nämlich Guerillakriege am Ende nur Sieger und Verlierer kennen, nicht aber Kompromisse. In den Anfängen konnte die Vietnamisierung ihn deshalb nicht beeindrucken:»Wie können Sie erwarten, daß die südvietnamesische Armee allein die Oberhand behält, wenn sie dazu nicht einmal mit Unterstützung von fünfhunderttausend Amerikanern in der Lage war?«, fragte 1970 ein höchst selbstsicherer Le Duc Tho. Dies war in der Tat eine quälende Frage, die auch uns keine Ruhe ließ. Nach vier Jahren jedoch ließ die von uns verfolgte Politik, Saigon zu stärken und gleichzeitig Hanoi zu schwächen, eine positive Antwort in greifbare Nähe rücken. Dennoch bedurfte es noch einer Blockade, einer erfolglosen nordvietnamesischen Offensive und heftiger Bombenangriffe, bis Hanoi dazu gebracht werden konnte, ein Abkommen zu schließen.

Das Phänomen, daß es da einen absolut unversöhnlichen Gegner gab, an Kompromissen nicht interessiert, sondern im Gegenteil bestrebt, einen Stillstand in den Verhandlungen als Waffe zu benutzen, war eine ungewohnte Erfahrung für die Amerikaner. Immer mehr Menschen in den USA sehnten eine Kompromißlösung herbei. Die kommunistischen Führer in Hanoi freilich hatten den Krieg begonnen, um ihn zu gewinnen, nicht um ein Abkommen zu schließen. Deshalb waren die Kategorien der in den Vereinigten Staaten geführten Debatte – die zahlreichen Vorschläge für eine Einstellung der Bomberflüge, Waffenruhen, Fristen für einen Abzug der US-Truppen und eine Koalitionsregierung in Saigon – für das Kalkül Hanois nicht einmal von Bedeutung. Hanoi verhandelte nur, wenn es in ernste Bedrängnis geriet, besonders dann, wenn die USA die Bombardierungen wiederaufnahmen, und vor allem nach der Verminung der nordvietnamesischen Häfen. Doch eine Verstärkung des militärischen Drucks auf Hanoi war genau das, was die Kritiker daheim am ehesten auf die Barrikaden trieb.

Die Verhandlungen mit den Nordvietnamesen fanden auf zwei Ebenen statt. Es gab einerseits formelle Gespräche im Hotel Majestic in Paris, an denen vier Parteien teilnahmen: Vertreter der Vereinigten Staaten, der Regierung Thieu, der Nationalen Befreiungsfront (der südvietnamesischen Frontorganisation Hanois) und der nordvietnamesischen Regierung. Obgleich man Monate damit zugebracht hatte, über die Form des Tischs zu debattieren, an dem auch die Vertreter der Nationalen Befreiungsfront sollten sitzen können, ohne daß die Anordnung als Anerkennung der Befreiungsfront durch Saigon gedeutet werden konnte, fuhren sich die Verhandlungen sehr schnell fest. Das Forum war zu groß, die Presse zu aufdringlich und Hanoi nicht bereit, die Vertreter Saigons oder auch nur die des eigenen Ablegers, der Nationalen Befreiungsfront, als gleichberechtigte Partner anzuerkennen.

Aus diesem Grund setzte die Nixon-Administration die sogenannten privaten – das heißt geheimen – Gespräche fort, die vorher, auf die amerikanische und die nordvietnamesische Delegation beschränkt, von Averell Harriman und Cyrus Vance begonnen worden waren, die während der letzten Monate der Amtszeit als Unterhändler Johnsons fungiert hatten. In der Regel signalisierte das Eintreffen Le Duc Thos in Paris, daß Hanoi zu einer erneuten Gesprächsrunde bereit war. Obwohl er in der Hierarchie Hanois den fünften Platz einnahm, war es Le Duc Thos Marotte, sich lediglich als Sonderberater von Xuan Thuy zu bezeichnen, einem Funktionär des Außenministeriums, der formal der nordvietnamesischen Delegation im Hotel Majestic vorstand.

Die amerikanische Verhandlungsposition lautete, militärische und politische Fragen voneinander zu trennen; daran änderte sich auch nach 1971 nichts mehr. Dieses Programm sah einen Waffenstillstand, gefolgt von einem vollständigen Rückzug der amerikanischen Streitkräfte und ein Ende der Nachschublieferungen aus dem Norden vor. Die politische Zukunft Südvietnams sollte dem freien politischen Wettbewerb überlassen bleiben. Hanoi hingegen bestand bis zum Durchbruch der Verhandlungen im Oktober 1972 auf einem konkreten, an keine weiteren Bedingungen geknüpften Datum für den totalen amerikanischen Truppenabzug und auf dem Sturz der Thieu-Regierung. Der Termin für den Truppenabzug galt gewissermaßen als Eintrittspreis, um überhaupt über irgendeine Frage verhandeln zu können, und würde aufrechterhalten werden, unabhängig davon, ob in anderen Punkten Erfolge erzielt wurden oder nicht. Washington wollte einen Kompromiß, Hanoi die Kapitulation. Einen Mittelweg würde es erst geben, wenn ein prinzipielles Gleichgewicht der Kräfte einen Kompromiß möglich machte – der wiederum nur so lange Bestand haben konnte, wie dieses Gleichgewicht existierte.

Die einzelnen Sitzungen wurden regelmäßig von den amerikanischen Delegierten erbeten. General Vernon Walters, Militärattaché an der US-Botschaft in Paris, fungierte dabei als Mittelsmann. (Walters machte später eine glänzende Karriere als Stellvertretender Direktor der CIA, Ständiger Vertreter der USA bei den Vereinten Nationen und als US-Botschafter in der Bundesrepublik Deutschland, während er außerdem in zahlreichen heiklen Präsidenten-Missionen unterwegs war.) Es zählte zu den ständig angewandten Tricks der Nordvietnamesen, um des psychologischen Vorteils willen den Vertretern der Vereinigten Staaten den ersten Schritt zu überlassen: Die Taktik verriet, wie gut Hanoi die innenpolitische Krise der USA durchschaut hatte. Sobald Le Duc Tho sich einige Tage in Paris aufhielt, ohne daß die US-Vertreter ihn aufgesucht hatten, ließ er mit Sicherheit gegenüber Journalisten oder besuchsweise anwesenden Mitgliedern des US-Kongresses eine Bemerkung darüber fallen, daß die Nixon-Administration es unterlasse, Hanois offensichtlichen Friedensabsichten ihre Aufmerksamkeit zu schenken. Angesichts der innenpolitischen Debatte in den

USA fanden solche Andeutungen zweifellos überall offene Ohren, und er unterließ sie selbst dann nicht, wenn tatsächlich längst Gespräche stattfanden.

Während jedes Besuches Le Duc Thos in Paris zwischen 1970 und 1972 fanden, jeweils über einige Monate verteilt, fünf bis sechs Gesprächssitzungen statt. (Es gab auch einige Sitzungen allein mit Xuan Thuy, doch ohne die Anwesenheit Le Duc Thos erwiesen sie sich als reine Zeitverschwendung.) Der Ablauf der Verhandlungen folgte einem stereotypen Muster. Als formeller Leiter der nordvietnamesischen Delegation begann Xuan Thuy mit derselben endlosen Litanei der nordvietnamesischen Verhandlungsforderungen, die uns bereits von den Sitzungen im Hotel Majestic vertraut waren. Anschließend gab er »das Wort weiter an Sonderberater Le Duc Tho«. Makellos gekleidet in einen braunen oder schwarzen Mao-Anzug, hielt Le Duc Tho sodann eine mindestens ebensolange Rede über grundsätzliche politische Fragen, durchsetzt von weitschweifigen Schilderungen früherer vietnamesischer Kämpfe um Unabhängigkeit.

Bis fast zum Ende der Verhandlungen verharrte Le Duc Tho bei den immer gleichen Themen: Das ohnedies für Hanoi günstige Kräfteverhältnis werde sich auch weiterhin zu dessen Gunsten entwickeln; Kriege würden um politischer Ziele willen geführt, deshalb sei der amerikanische Vorschlag, die Kampfhandlungen einzustellen und Gefangene auszutauschen, absurd und unannehmbar; die politische Lösung aber könne nur mit dem Sturz der Regierung in Saigon durch die Amerikaner eingeleitet werden. (Einmal schlug Le Duc Tho sogar hilfreich vor, dieses Ziel könne beispielsweise durch die Ermordung Thieus erreicht werden.)

Das alles wurde mit untadeliger Höflichkeit vorgetragen, mit förmlich zur Schau gestellter moralischer Erhabenheit und in einem marxistischen Vokabular, das für eventuelle Einwände unbedarfter Imperialisten unempfindlich war. Le Duc Tho indes ließ sich keine Gelegenheit zu ideologischer Belehrung entgehen, mochte sie auch noch so absurd sein. So war mir einmal nach einer kleinen Pause in den Gesprächen zumute, und ich bediente mich deshalb einer, wie ich glaubte, taktvoll genug gewählten marxistischen Formel – daß nämlich die »objektive Notwendigkeit« eine Unterbrechung erforderlich mache. Le Duc Tho hielt mir daraufhin einen weiteren, zehnminütigen Vortrag darüber, daß es einem Imperialisten wie mir nicht zustehe, marxistische Begriffe zu gebrauchen.

Der eigentliche Zweck von Le Duc Thos Verzögerungstaktik bestand darin, der Gegenseite vor Augen zu führen, daß die Zeit für ihn arbeite, da er in der Lage war, den inneramerikanischen Konflikt zu seinem Vorteil zu nutzen. Im Lauf der ersten Gesprächsrunde zwischen Februar und April 1970 lehnte er eine Einstellung der Kampfhandlungen ebenso wie einen Truppenabzug im Verlauf von fünfzehn Monaten ab[4], wies eine Deeskalation der Kämpfe ebenso wie die Neutralisierung Kambodschas zurück. (Es war dabei interessant, daß Le Duc Tho, der ansonsten, wenn es um Beschuldigungen ging, kein Detail aussparte, die »geheime« Bombardierung von nordvietnamesischen Schlupfwinkeln in Kambodscha nie erwähnte.) Während der zweiten Verhandlungsrunde von Mai bis Juli 1971 erreichte der Zynismus Le Duc Thos einen neuen Höhepunkt. In den öffentlich geführten Verhandlungen im Hotel Majestic hatte die Nationale Befreiungsfront einen Sieben-Punkte-Plan vorgelegt. Le Duc Tho hingegen schlug in den Geheimgesprächen einen inhaltlich etwas abweichenden, außerdem aber wesentlich spezifischeren Neun-Punkte-Plan vor, darauf beharrend, daß dieser den eigentlichen Verhandlungen zugrunde gelegt werde. Mittlerweile aber forderten kommunistische Sprecher lautstark eine Antwort auf ihren öffentlich bekanntgegebenen Sieben-Punkte-Plan, und die Nixon-Administration sah sich erneuten Angriffen ausgesetzt, weil sie nicht auf einen Vorschlag einging, den die Nordvietnamesen in den Geheimgesprächen als Verhandlungsgrundlage schon ausdrücklich abgelehnt hatten. Diese Scharade dauerte so lange, bis Nixon das Manöver der Öffentlichkeit enthüllte; Hanoi veröffentlichte daraufhin eine zwei Punkte umfassende »Erläuterung« des Sieben-Punkte-Plans, die schon bald weiteren öffentlichen Druck auf Nixon auslöste. Nach der Beendigung der letzten Geheimgespräche fragte ich Le Duc Tho, was die nachgeschobene Erläuterung denn eigentlich erläutert habe. »Nichts«, erwiderte er und lächelte freundlich.

Während der dritten Verhandlungsrunde schließlich, von August 1972 bis Januar 1973, kam es zum Durchbruch. Am 8. Oktober gab Le Duc Tho seine Standard-Forderung, die USA müßten die Regierung in Saigon stürzen, auf und stimmte einem Waffenstillstand zu. Von nun an bewegten sich die Dinge rasch auf einen Abschluß zu. Le Duc Tho zeigte, daß er bei der Suche nach Lösungen ebenso einfallsreich sein konnte, wie er zuvor in seiner Obstruktionspolitik halsstarrig gewesen war. Er änderte sogar den Wortlaut seiner Eröffnungsansprache, die, obwohl nicht kürzer als vorher, nun zu einer Ermahnung wurde, Fortschritte zu machen. Doch änderte auch der Beginn ernsthafter Verhandlungen nichts an seiner Neigung, sich unbeliebt zu machen. Ein Satz, den er unverändert jeden Morgen als Teil seiner neuen Litanei vortrug, lautete: »Sie geben sich große Mühe, und wir werden uns große Mühe geben.« Eines Morgens verkündete er, an einer Stelle das Adjektiv auslassend, die Amerikaner sollten sich große Mühe geben, und als Gegenleistung werde er sich Mühe geben. Um die Monotonie zu unterbrechen, wies ich ihn auf seine Auslassung hin. »Ich bin außerordentlich erfreut, daß Sie es bemerkt haben«, sagte mein gleichmütiger Gesprächspartner. »Aber gestern haben wir uns große Mühe gegeben und Sie sich nur Mühe. Deshalb kehren wir heute das Verfahren um; Sie müssen sich sehr anstrengen, und wir werden uns nur anstrengen.«

Ein Teil der Schwierigkeiten resultierte daraus, daß Le Duc Tho nur ein einziges Ziel verfolgte, während die USA als Supermacht mehrere Ziele im

Auge behalten mußten. Le Duc Tho war entschlossen, seine revolutionäre Karriere mit einem Sieg zu krönen; die Vereinigten Staaten dagegen mußten innenpolitische mit außenpolitischen Erwägungen in Einklang bringen, die Zukunft Vietnams mit der Wahrung der amerikanischen Weltgeltung. Le Duc Tho ging mit der amerikanischen Psyche so um wie ein geschickter Chirurg vielleicht mit dem Körper seines Patienten; die Nixon-Administration hingegen mußte an so vielen Fronten kämpfen, daß sie nur selten die Gelegenheit ergreifen konnte, offensive Außenpolitik zu betreiben.

Tatsächlich mußte die Regierung Nixon von Beginn der Verhandlungen an einen bedeutenden Teil ihrer Energie darauf verwenden, Angriffe auf ihre guten Absichten abzuwenden. Ungeachtet der vielen einseitigen, unerwiderten Gesten, die Nixon Hanoi gegenüber bereits gemacht hatte, wurde ihm fast sofort nach seiner Amtsübernahme vorgeworfen, er setze sich nicht genügend für einen Frieden ein. Bis zum September 1969 hatten die USA angeboten, die Nationale Befreiungsfront am politischen Prozeß und an den gemischten Wahlausschüssen zu beteiligen, hatten über zehn Prozent ihrer Streitkräfte abgezogen und sich zum Abzug auch der verbliebenen Truppen bereit erklärt, sobald eine Vereinbarung getroffen sei – ohne für diese Zugeständnisse andere Reaktionen zu erhalten als die üblichen Forderungen Hanois nach einseitigem Truppenabzug und Sturz der Regierung in Saigon.

Nichtsdestoweniger gab der republikanische Senator Charles Goodell aus New York am 25. September 1969 bekannt, er werde eine Resolution einbringen, die den Rückzug aller amerikanischer Streitkräfte aus Vietnam bis Ende 1970 fordere. Am 15. Oktober fanden überall in den Vereinigten Staaten sogenannte »Moratoriums«-Demonstrationen statt. Im New Yorker Börsenviertel kamen zwanzigtausend Menschen zu einer Mittagskundgebung zusammen, um Bill Moyers, den ehemaligen Assistenten und Pressesprecher Präsident Johnsons, den Krieg verurteilen zu hören. Dreißigtausend Demonstranten versammelten sich in den Grünanlagen von New Haven, fünfzigtausend auf dem Rasen vor dem Washington Monument unweit des Weißen Hauses. In Boston waren es hunderttausend Menschen, die in den Parks zusammenkamen, um einer Rede von Senator McGovern zu lauschen, während ein Flugzeug über ihnen ein Friedenssymbol in den Himmel malte, um nahezulegen, daß der Regierung an Frieden nicht gelegen sei.

Die Vorstellung von der besonderen Mission Amerikas, wie die Friedensbewegung sie auffaßte, ließ eine Erörterung der praktischen Modalitäten des Truppenabzugs aus Vietnam nicht zu. Entsprechende Versuche bewiesen in ihren Augen nichts anderes als den heimlichen Wunsch der Regierung, den Krieg fortzusetzen. Nachdem sie den Krieg in Vietnam in einen innenpolitischen Konflikt zwischen Gut und Böse verwandelt hatte, zog die Friedensbewegung – und zwar aus ihrer Sicht aus hochmoralischen Gründen – eine Kapitulation der USA in Vietnam einem Ergebnis vor, das, gerade weil es als »ehrenhaft« betrachtet werden mochte, möglicherweise nur den Appetit der Regierung auf neue Abenteuer im Ausland weckte.

Aus diesem Grund war es unmöglich, irgendeine gemeinsame Basis für die Friedensbewegung und die Regierung zu finden. Nixon hatte die amerikanischen Truppen in Vietnam innerhalb von drei Jahren von fast fünfhundertfünfzigtausend auf zwanzigtausend Mann reduziert; die Zahl der amerikanischen Kriegstoten hatte sich von etwa sechzehntausend im Jahre 1968 (das waren achtundzwanzig Prozent der Truppenstärke) auf etwa sechshundert (oder ein Prozent) im Jahre 1972, dem letzten Kriegsjahr, verringert. Am generellen Mißtrauen, am Schmerz vermochte dies jedoch nichts zu ändern. Denn der fundamentale Gegensatz konnte nicht überbrückt werden: Nixon wollte sich in Ehren aus Vietnam zurückziehen; die Friedensbewegung indessen war der Überzeugung, gerade die Ehre erfordere, Vietnam ohne Wenn und Aber zu verlassen.

In den Augen der Kritiker, deren einziges Ziel darin bestand, den Krieg zu beenden, entwickelte sich Saigon zunehmend von einem Verbündeten zu einem Hindernis für den Frieden. Die anfängliche Überzeugung, Südvietnam sei für die Sicherheit der USA von großer Bedeutung, war seit langem aufgegeben worden. Geblieben war der Eindruck, daß die USA sich in Vietnam in schlechter Gesellschaft befanden. Die Kritiker waren nun der Ansicht, daß Thieu durch eine Koalitionsregierung ersetzt werden müsse, nötigenfalls mit Hilfe eines Stopps der amerikanischen Hilfslieferungen für Südvietnam. Die Idee einer Koalitionsregierung wurde in der innenpolitischen Debatte gerade zu dem Zeitpunkt zum Patentrezept erklärt, als die nordvietnamesischen Unterhändler deutlich machten, daß nach ihrem Verständnis eine Koalitionsregierung lediglich eine vornehme Umschreibung für eine kommunistische Machtübernahme im Süden des Landes darstellte.

Mit der »Koalitionsregierung« hatten die Nordvietnamesen in der Tat eine geschickte Formel gefunden, um die amerikanische Öffentlichkeit endgültig durcheinanderzubringen. Diese Regierung nämlich, so behauptete Hanoi, solle sich aus drei Parteien zusammensetzen: aus Vertretern der Nationalen Befreiungsfront (also ihren eigenen Strohmännern), aus Repräsentanten einer neutralen Gruppe und aus denjenigen Angehörigen der Regierung in Saigon, die für »Frieden, Freiheit und Unabhängigkeit« stünden. Doch wie bei so vielen dreisten Manövern Hanois mußte man das Kleingedruckte lesen, um die wahre Bedeutung der zunächst ganz vernünftig klingenden Vorschläge zu erkennen. Dann zeigte sich, daß dieses Gremium aus drei Parteien nicht als Regierung für Saigon gedacht war, sondern lediglich *mit der Nationalen Befreiungsfront* ein endgültiges Abkommen aushandeln sollte. Mit anderen Worten: Ein von Kommunisten beherrschtes Gremium würde mit einer rein kommunistischen Gruppe über die politische Zukunft Südvietnams verhandeln. Der Vorschlag bedeutete demnach nichts anderes, als daß Hanoi, um den Krieg zu beenden, einen Dialog mit sich selbst führen wollte.

In der inneramerikanischen Debatte wurde das Thema jedoch ganz anders diskutiert. In seinem Buch *The Crippled Giant* behauptete Senator J. William Fulbright, die Auseinandersetzung werde zwischen rivalisierenden totalitären Regimes geführt.[5] Senator George McGovern, Kandidat der Demokraten für die Präsidentschaftswahlen von 1972, forderte nicht nur den Abzug der US-Truppen aus Südvietnam, sondern auch das Einfrieren der US-Militärhilfe[6]; ein Jahr zuvor noch hatte er die Einführung einer »gemischten Regierung« in Saigon vertreten. Die Nixon-Administration war zwar bereit, die Regierung Thieus dem Risiko freier Wahlen unter internationaler Aufsicht auszusetzen; sie weigerte sich allerdings, eine verbündete und von Nixons Vorgänger selbst eingesetzte Regierung fallenzulassen, um auf diese Weise den Rückzug Amerikas aus Vietnam zu erreichen.

Die Friedensbewegung ließ als einziges Erfolgskriterium gelten, ob der Krieg beendet wurde oder nicht. Solange dies nicht geschah, war die Verhandlungsposition der USA in ihren Augen mangelhaft. Hanoi wurde dabei freilich nicht verurteilt, weder wegen seiner Verhandlungspositionen noch wegen seiner Art der Kriegsführung – ein Grund mehr für die Nordvietnamesen, ihre Obstruktionspolitik weiterzuverfolgen.

Bis 1972 hatten die Vereinigten Staaten einseitig fünfhunderttausend Soldaten abgezogen. Saigon hatte offiziell angeboten, innerhalb von vier Monaten nach einer Vereinbarung mit Hanoi freie Wahlen abzuhalten, die USA, in dieser Zeit auch ihre restlichen Truppen abzuziehen. Thieu hatte sich sogar bereit erklärt, einen Monat vor den Wahlen zurückzutreten, und die Vereinigten Staaten hatten die Bildung einer gemischten Kommission zur Beaufsichtigung der Wahlen vorgeschlagen. Als Gegenleistung verlangte man eine international überwachte Feuereinstellung und die Freilassung aller Kriegsgefangenen. Doch all diese Maßnahmen vermochten nicht, die schweren Attacken gegen die Motive oder die politische Vorgehensweise der US-Regierung zu mildern.

Im Lauf der Monate konzentrierte sich die Debatte in den USA zunehmend auf jene Vorbedingung Hanois, die besagte, die Vereinigten Staaten sollten, gewissermaßen als Patentlösung zur Beendigung des Krieges, von sich aus ein Datum für den Abzug der US-Truppen festsetzen. Dieses Datum wurde zum Hauptthema zahlreicher Resolutionen gegen den Vietnamkrieg im US-Kongreß (1971 waren es an die zweiundzwanzig, ein Jahr später fünfunddreißig). Ihr unverbindlicher Charakter verhieß ihren Urhebern die beste aller Welten: eine Distanzierung von der Regierung, ohne die Verantwortung für die Folgen tragen zu müssen. Es gab scheinbar nichts Leichteres auf der Welt, als den Krieg dadurch zu beenden, daß man sich schlicht aus ihm zurückzog. Doch nichts in Vietnam war so einfach, wie es den Anschein hatte.

Nach einer Zusammenkunft mit Vertretern Nordvietnams und der Nationalen Befreiungsfront erklärten Mitglieder der amerikanischen Friedensbewegung gegenüber der Presse mehrfach, sie »wüßten«, daß die Freilassung der Gefangenen und die Regelung anderer Streitfragen innerhalb kurzer

Zeit erfolgen würden, sobald die USA einen verbindlichen, unwiderruflichen Termin für einen Truppenabzug genannt hätten. Tatsächlich hatte Hanoi niemals ein solches Versprechen gegeben; statt dessen verhielt es sich ebenso zweideutig wie schon 1968 im Hinblick auf die Einstellung der Bombenabwürfe. Die Festlegung eines Abzugstermins werde »günstige Bedingungen« für die Lösung weiterer Probleme schaffen, so beteuerte Le Duc Tho. Als es jedoch zu konkreten Verhandlungen kam, bestand er darauf, daß der Termin für den Truppenabzug, einmal festgesetzt, verbindlich sein müsse, ungeachtet dessen, was in den anderen Verhandlungen über einen Waffenstillstand oder die Freilassung von Kriegsgefangenen noch passieren mochte. In Wirklichkeit machte Hanoi die Einstellung der Kampfhandlungen und die Freilassung der Gefangenen von der Absetzung der Regierung in Saigon abhängig. Wieder und wieder erklärte Le Duc Tho, als hätte er es mit Erstsemestlern in einem politikwissenschaftlichen Proseminar zu tun, der Sturz der Saigoner Regierung sei das eigentliche Kriegsziel.

Die Ironie lag, was die innenpolitische Debatte in Amerika anging, im Grunde darin, daß Hanoi in Wahrheit an einem einseitigen amerikanischen Rückzug gar kein Interesse hatte. Noch immer wird dieser Sachverhalt in einem Großteil der Literatur zum Thema Vietnam ignoriert. Bis kurz vor Schluß der Verhandlungen wich Hanoi nicht von seiner Standardformel ab: ein endgültiges Datum für den Abzug der Amerikaner, geknüpft an die Verpflichtung, die südvietnamesische Regierung zu stürzen. Hanoi interessierten die Nuancen der verschiedenen Abzugspläne eigentlich überhaupt nicht, die ihm wohlmeinende Mitglieder des Kongresses zu Füßen legen wollten; sie waren lediglich ein probates Mittel, die innere Zerrissenheit Amerikas zu verschärfen. Selbst wenn man Hanoi die ganze Sache versüßte, indem man ihm einen etwas konzilianteren Abzugsplan vorschlug, änderte dies noch lange nichts an der Verhandlungsposition der Nordvietnamesen. Ein Ergebnis in dem Konflikt konnte nur durch Gewalt zustande kommen, von dieser Denkweise war Hanoi nicht abzubringen. Es würde alles einstecken, was man ihm anbot, seine Haltung allerdings davon nicht beeinflussen lassen. Die Kritiker des Krieges glaubten, daß Hanoi zur Vernunft zu bewegen sei, wenn Washington seine Bereitschaft zu Zugeständnissen zeige; doch sie irrten sich. Alles, was Washington aus Hanoi vernahm, lief auf eine ständig wiederkehrende Forderung nach Kapitulation hinaus: bedingungsloser Rückzug, danach der Sturz der bestehenden Regierung in Saigon, Einsetzung einer Marionettenregierung von Hanois Gnaden und schließlich, wenn die USA alle Karten ausgespielt hatten, Verhandlungen über die Kriegsgefangenen, die man ohne weiteres als Druckmittel benutzen konnte, um weitere Zugeständnisse zu erpressen.

So wie sich die Dinge entwickelten, markierte die Debatte um den Truppenabzug einen Wendepunkt im Vietnamkrieg, da sie zeigte, daß viele Siege der US-Regierung in Wirklichkeit Pyrrhussiege waren. Nixon hielt an seiner Position fest, keinen festen Termin für einen Truppenabzug zu nennen, solange nicht im Gegenzug andere wichtige Ziele der USA erfüllt würden. Gleichwohl mußte er den Preis eines totalen Rückzugs bezahlen, *nachdem* seinen Bedingungen entsprochen worden war. Südvietnam wurde dadurch gezwungen, sich allein gegen einen Feind zur Wehr zu setzen, der unversöhnlicher war als irgendein Feind anderer Verbündeter der USA, und das unter Bedingungen, deren Erfüllung Washington keinem anderen Verbündeten je zuvor abverlangt hatte. Amerikanische Truppen standen zwei Generationen lang in Europa; der Waffenstillstand in Korea wurde mehr als vierzig Jahre lang durch US-Soldaten geschützt. Nur in Vietnam stimmten die Vereinigten Staaten unter dem Druck inneramerikanischer Kontroversen einem vollständigen Abzug ihrer Truppen zu und beraubten sich so jedes Sicherheitsspielraums, um das letztlich erreichte Abkommen auch schützen zu können.

Nixon hat die amerikanischen Bedingungen für ein Abkommen mit Hanoi in zwei großen Reden am 25. Januar und am 8. Mai 1972 dargelegt. Diese Bedingungen lauteten: Einstellung aller Kampfhandlungen unter internationaler Aufsicht; Freilassung aller Gefangenen und Aufklärung des Schicksals aller vermißten Soldaten; Fortsetzung der wirtschaftlichen und militärischen US-Hilfe an Saigon und Regelung der politischen Zukunft Südvietnams auf der Basis freier Wahlen und durch die vietnamesischen Parteien selbst. Am 8. Oktober 1972 akzeptierte Le Duc Tho Nixons Vorschläge, und Hanoi ließ schließlich von seiner Forderung ab, die Vereinigten Staaten sollten mit Nordvietnam gemeinsame Sache machen und in Saigon eine kommunistische Regierung einsetzen. Hanoi stimmte einer Waffenruhe, der Rückkehr aller amerikanischen Gefangenen sowie einer Auflistung der Vermißten zu. Die Regierung Thieu blieb unangetastet, und den Vereinigten Staaten wurde gestattet, ihr auch weiterhin wirtschaftliche und militärische Hilfe zu gewähren.

Bislang hatte sich Le Duc Tho geweigert, über diese Bedingungen auch nur zu diskutieren. Und so wählte er für seinen Vorschlag, der den Durchbruch herbeiführte, die folgenden Worte: »Aber dieser neue Vorschlag ist genau das, was Präsident Nixon selbst vorgeschlagen hat: Waffenstillstand, Beendigung des Krieges, Entlassung der Kriegsgefangenen und Truppenabzug... Und wir schlagen eine Reihe von Grundsätzen zur Lösung der politischen Probleme vor. Auch das haben Sie vorgeschlagen. Und wir werden es den südvietnamesischen Parteien überlassen, diese Fragen zu regeln.«[7]

Keine der späteren Tragödien und Kontroversen konnte jenes Hochgefühl auslöschen, das wir, die wir doch die US-Außenpolitik gestaltet hatten, empfanden, als uns bewußt wurde, daß wir kurz davor standen, ein Ziel zu erreichen, das wir vier quälend lange Jahre angestrebt hatten, und daß Amerika darüber hinaus nicht gezwungen sein würde, die Menschen, die sich auf seine Hilfe verlassen hatten, im Stich zu lassen. Nixon hatte bei zahllosen

Gelegenheiten erklärt, daß er unverzüglich ein Abkommen schließen werde, sobald seine Bedingungen erfüllt seien. Noch am 14. August 1972 hatte ich Thieu mitgeteilt: Sollte Hanoi die Vorschläge Präsident Nixons ohne Abstriche akzeptieren, werde Washington sofort eine Vereinbarung treffen. Und wir hatten auch gar keine andere Wahl, als uns an unser Versprechen zu halten. Hätten wir die Sache hinausgezögert, dann hätte Hanoi seine Vorschläge an die Öffentlichkeit gebracht. Die Administration wäre dadurch zu einer Erklärung gezwungen gewesen, warum sie ihre eigenen Vorschläge ablehne, der Kongreß hätte sofort mit der Streichung der Vietnamhilfe reagiert.

Es mußten mehrere Faktoren zusammenwirken, um Hanoi dazu zu bewegen, unsere bislang so hartnäckig abgelehnten Forderungen zu akzeptieren: das zunehmende Versickern seines Nachschubs als Folge unserer Verminung nordvietnamesischer Häfen, unsere Angriffe gegen die Schlupfwinkel in Laos und Kambodscha 1970 und 1971, das Fehlschlagen der nordvietnamesischen Frühjahrsoffensive von 1972, die ausbleibende politische Unterstützung aus Moskau und Peking, als die Nixon-Administration die Bomberflüge gegen Nordvietnam wiederaufnahm, und die Befürchtung, daß Nixon es nach seiner Wiederwahl auf eine Kraftprobe ankommen lassen werde.

Entscheidend war vermutlich, daß die vorsichtigen Rechner in Hanoi die Folgen der US-Präsidentschaftswahlen von 1972 falsch eingeschätzt hatten. Offenbar war man überzeugt, daß Nixon nach seinem so gut wie sicheren Wahlsieg bei der Fortsetzung des Krieges über einen größeren Spielraum verfügen werde. Die Nixon-Administration wußte es allerdings besser, denn der neue Kongreß würde der Vietnampolitik Nixons nicht wohlwollender und ihm persönlich vermutlich noch feindseliger gegenüberstehen. So war anzunehmen, daß eine der buchstäblich unzähligen Resolutionen im Kongreß, in denen eine Kürzung der Mittel für den Krieg gefordert wurde, diesen auch passieren würde – wahrscheinlich als Anhang zu einem Ergänzungsgesetz, das Anfang 1973 eingebracht werden mußte, um die Kosten für die Niederschlagung der Frühjahrsoffensive von 1972 zu bewilligen.

Ich begrüßte die Aussicht auf Frieden in der Hoffnung, daß dieser es den USA ermöglichen werde, den nationalen Heilungsprozeß in Gang zu setzen und jenen außenpolitischen Konsens der beiden großen Parteien wiederherzustellen, der die Außenpolitik der USA nach dem Zweiten Weltkrieg geprägt hatte. Die Friedensbewegung hatte schließlich ihr Ziel eines Friedensschlusses erreicht, während diejenigen, die ein ehrenhaftes Ergebnis angestrebt hatten, zufrieden sein konnten, daß ihre Standfestigkeit Früchte getragen hatte. In meiner Erklärung, in der die Bedingungen der Abschlußvereinbarungen festgehalten waren, bemühte ich mich um den Brückenschlag zu den innenpolitischen Gegnern der letzten vier Jahre: »Und was uns hier zu Hause betrifft, so sollte es jetzt klar sein, daß in diesem Krieg niemand das Monopol auf Besorgnisse und daß in dieser Diskussion niemand das Monopol auf die richtigen moralischen Einsichten gehabt hat. Und nun, da wir endlich zu einer Vereinbarung gelangt sind, in der die Vereinigten Staaten ihren Verbündeten nicht die politische Zukunft diktieren, einer Vereinbarung, in der die Würde und die Selbstachtung aller Parteien gewahrt werden sollte, während die in Indochina gerissenen Wunden heilen können, dürfen wir damit beginnen, auch die Wunden Amerikas zu heilen.«[8]

Die vagen Hoffnungen auf eine Wiederherstellung des nationalen Konsenses scheiterten jedoch unwiderruflich an der Kambodschafrage. Da Kambodscha der einzige Kriegsschauplatz in Indochina war, den Nixon nicht von seinen Vorgängern übernommen hatte, entzündeten sich daran Kontroversen, die sich zu den erbittertsten Auseinandersetzungen der Vietnam-Ära entwickelten. Es ist nicht meine Absicht, diese Debatten hier neu zu eröffnen. Ihre näheren Einzelheiten sind an anderer Stelle behandelt worden.[9] Letztlich lassen sich die Beschuldigungen der Kritiker der Nixon-Administration auf zwei Punkte zusammenfassen: Nixon habe den Krieg auf Kambodscha ausgeweitet, ohne daß dies wirklich notwendig gewesen sei, und deshalb treffe die US-Politik die Hauptschuld an dem Völkermord, der von den Roten Khmer nach ihrem Sieg von 1975 verübt wurde.

Der Gedanke, Nixon habe den Krieg leichtsinnig ausgeweitet, beruhte auf derselben strategischen Fehleinschätzung, die schon 1961/62 im Hinblick auf Laos eine Rolle gespielt hatte: daß sich nämlich die Beteiligung der Vereinigten Staaten am Indochina-Krieg auf Südvietnam beschränken lasse, obwohl Hanoi den Krieg auf allen drei indochinesischen Schauplätzen führte. Die nordvietnamesische Armee hatte in Kambodscha, unmittelbar vor der Grenze zu Südvietnam, ein ganzes System von versteckten Lagern angelegt, von denen aus Truppen in Divisionsstärke Angriffe auf amerikanische und südvietnamesische Einheiten starteten. Die Versorgung dieser Stützpunkte erfolgte über den Ho-Chi-Minh-Pfad durch Laos oder über den kambodschanischen Seehafen Sihanoukville, und zwar immer unter eklatanter Verletzung der kambodschanischen Neutralität. Als der amerikanische Truppenabzug voranschritt, wurde die militärische Lage der südvietnamesischen wie der amerikanischen Streitkräfte zwangsläufig unhaltbar, solange man dieses logistische Netz intakt ließ; die immer kleiner werdenden US-Streitkräfte sahen sich unverminderten nordvietnamesischen Truppenkontingenten gegenüber, die von außen unbegrenzt mit Nachschub versorgt wurden. Deshalb traf die Nixon-Administration sowohl 1969 als auch 1970 aus taktischen Gründen die Entscheidung, die Rückzugsgebiete der Nordvietnamesen zunächst aus der Luft und dann auch vom Boden aus anzugreifen. Die Luftangriffe waren eine deutliche Antwort auf eine Welle nordvietnamesischer Angriffe im Süden, bei denen jede Woche vierhundert GIs getötet wurden und die gegen die »Vereinbarung« verstießen, die Präsident Johnson 1968 zur Zeit des Bombardierungsstopps mit Hanoi getroffen hatte. Die Bodenangriffe dagegen sollten den amerikanischen Truppenabzug schützen, der jährlich damals immerhin einen Umfang von einhundertfünfzigtausend Mann erreichte. Ohne Unterbrechung der nordvietnamesischen Nachschubwege hätte keine Rückzugsstrategie für die US-Truppen funktioniert. In jedem einzelnen Fall wurde die amerikanische Offensive von der kambodschanischen Regierung begrüßt, die darin eine Verteidigung der Neutralität ihres Landes sah. Schließlich hatte niemand die Nordvietnamesen aufgefordert, nach Kambodscha zu kommen.

Trotz dieser Umstände waren die beiden militärischen Maßnahmen in den Vereinigten Staaten stark umstritten und lösten eine Debatte aus, die weit über rein militärstrategische Fragen hinausging. Kambodscha wurde bald in die grundsätzliche Vietnamdebatte mit einbezogen. Die Regierungspolitik war Ausdruck strategischer Überlegungen; die Kritik dagegen konzentrierte sich auf die moralische Berechtigung des Krieges selber. Verschärft wurde diese Haltung noch durch die Unfähigkeit der Nation, das Wesen und die Unversöhnlichkeit einer revolutionären Ideologie zu erfassen. Alles spricht dafür, daß die Roten Khmer bereits in den fünfziger Jahren, als einige von ihnen in Paris studierten, fanatische Ideologen waren, entschlossen, die bestehende kambodschanische Gesellschaft auszumerzen und eine Art Steinzeitkommunismus einzuführen, indem sie all jene ausrotteten, die auch nur im geringsten eine »bürgerliche« Bildung genossen hatten.[10] Die Unterstellung, sie seien erst durch die Handlungen der Amerikaner zu Mördern geworden, steht moralisch auf derselben Stufe wie das Argument, der Holocaust sei erst durch die strategischen Bombardierungen Deutschlands durch die Vereinigten Staaten provoziert worden.

Mir geht es auf diesen Seiten nicht um ein definitives Urteil über Dinge, die die Gemüter so stark bewegt haben, daß sie inzwischen ihre eigene Kultliteratur hervorgebracht haben. Doch wie immer das endgültige Urteil über die amerikanischen Entscheidungen in Kambodscha ausfallen mag, eines sollten die Amerikaner sich klarmachen: Es waren traurigerweise die Roten Khmer, die die Morde begingen, und es waren die Kambodschaner, die am teuersten für die Spaltungen innerhalb der US-Gesellschaft bezahlen mußten. Die Kritiker, die es Washington unmöglich machten, die kambodschanische Regierung auch weiterhin in ihren Bemühungen, dem Angriff der Roten Khmer zu widerstehen, zu unterstützen, erkannten nicht, daß der Stopp der Hilfe, den sie forderten und auch durchsetzten, ein Blutbad nach sich ziehen würde. Sie waren mit Sicherheit entsetzt, als sie dessen gewahr wurden. Dennoch spielte in ihren nachträglichen Betrachtungen ihre Verkennung des mörderischen Gegners eine weitaus geringere Rolle als die Verurteilung ihrer eigenen Landsleute.

Ob eine Gesellschaft einen inneren Zusammenhalt hat, entscheidet sich an der Frage, ob sie in der Lage ist, bei der Verwirklichung gemeinsamer Ziele ihre Meinungsverschiedenheiten aus dem Spiel zu lassen, und ob sie sich stets bewußt bleibt, daß Gesellschaften nur durch Versöhnungen, nicht durch Zwistigkeiten gedeihen können. Diese Probe haben die Amerikaner in Indochina nicht bestanden.

Die Wunden waren so tief, daß auch der Frieden nur wenig Freude brachte. Sofern je eine Chance bestanden hatte, daß das Abkommen zwischen Washington und Hanoi den nationalen Heilungsprozeß beschleunigte, so wurde sie durch die drei Monate, die zwischen dem Tag der Einigung und dem der endgültigen Unterzeichnung des Vertrags vergingen, vor allem aber durch die erneuten Bombardierungen des Gebiets um Hanoi im Dezember 1972 sehr geschmälert. Zwar waren die Schäden für die Zivilbevölkerung gering, doch die dadurch ausgelösten Massendemonstrationen der Kriegsgegner in den USA hatten zur Folge, daß die Paraphierung des Abkommens am 27. Januar 1973 nicht mehr als das Gefühl einer matten und vorsichtigen Erleichterung auslöste.

Was die demonstrierenden Kriegsgegner anging, so wurden sie durch die Annahme der amerikanischen Friedensbedingungen durch Hanoi nicht ausgesöhnt. Sie befürchteten, bei einem Festhalten an Nixons Formel von einem »ehrenvollen Frieden« könnten die Vereinigten Staaten möglicherweise wieder in Versuchung geraten, sich an einem internationalen Überengagement nach dem verhaßten Vorbild Vietnams zu beteiligen. Deshalb reagierten sie auf das Friedensabkommen mit demselben Zynismus, mit dem sie schon während des Krieges der Art der Kriegsführung und der Diplomatie begegnet waren. Die Kritiker behaupteten verschiedentlich, das Abkommen sei ein wahltaktisches Manöver, einen Frieden zu diesen Bedingungen hätte man schon vier Jahre früher abschließen können, und das Ganze stelle einen Verrat an Thieu dar – kein Wort davon, daß die Absetzung Thieus jahrelang eine der zentralen Forderungen der Friedensbewegung gewesen war.

Nichts hätte weiter von der Wahrheit entfernt sein können als die Behauptung, das Abkommen mit Hanoi sei geschlossen worden, um den Ausgang der Präsidentschaftswahlen zugunsten Nixons zu beeinflussen. Alles in allem hatte Nixon es für seine Pflicht und Schuldigkeit gehalten, noch vor den Wahlen ein Abkommen zu schließen; sein Vorsprung vor McGovern in den Meinungsumfragen war uneinholbar und hätte nur durch eine Debatte über die Friedensbedingungen gefährdet werden können.[11] Sein Motiv, sich mit dem Abkommen zu beeilen, war genau das Gegenteil von dem, was seine Kritiker ihm unterstellten: Er wollte gerade nicht, daß wahlkampftaktische Überlegungen einem Abkommen im Weg stünden, das seinen wiederholten Versprechungen gegenüber der amerikanischen Bevölkerung zufolge unverzüglich geschlossen werden sollte, nachdem die Bedingungen der Regierung erfüllt waren.

Einer der hartnäckigeren Mythen um die Vietnampolitik der Nixon-Administration war die Behauptung, Nixon habe den Krieg unnötigerweise um vier Jahre in die Länge gezogen, da der Frieden zu denselben Bedingungen schon vier Jahre zuvor zu haben gewesen sei. Das Problem an dieser Behauptung ist, daß sie über alle bekannten Tatsachen großzügig hinweggeht. Das historische Material belegt eindeutig, daß Washington ein Abkommen geschlossen hat, sobald die Nordvietnamesen die Bedingungen, die sie vier Jahre lang beständig zurückgewiesen hatten, endlich erfüllten.

Das amerikanische Engagement in Indochina endete 1975 zweifellos in einem Debakel, das sich auch zu jedem früheren Zeitpunkt hätte ereignen können, wenn die Regierung der USA eine Kapitulation angestrebt hätte. Doch weder die Administration noch die amerikanische Bevölkerung waren jemals an einem solchen Ergebnis interessiert; im Wahlkampf von 1968 hatten sich *alle* Präsidentschaftskandidaten für einen Kompromiß und nicht für eine Kapitulation ausgesprochen. Noch 1972 wurde der Kandidat, der für eine Kapitulation eintrat, mit einer erdrutschartigen Niederlage bestraft. Auch wenn der Leser oder die Leserin trotzdem nachträglich zu dem Schluß gelangen mag, daß die USA 1969 eine Kapitulation hätten anstreben sollen, nichts in der politischen Debatte von 1968 wies darauf hin, daß die amerikanische Öffentlichkeit oder die politischen Parteien ein solches Ergebnis bevorzugt hätten.

Die quälende Situation wurde auch mit dem Pariser Vertrag nicht beendet. Kaum war der Krieg vorüber, als erneut ein Streit entbrannte, nur darüber, ob Washington das Recht habe, das Friedensabkommen auch durchzusetzen. Es gab kein einziges ranghohes Mitglied der Nixon-Administration, das an der Fragwürdigkeit des Abkommens die geringsten Zweifel gehabt hätte. Wir waren mit unseren Zugeständnissen bis an die Grenze des Zumutbaren gegangen, wie Nixon dies immer versprochen hatte. Und die innenpolitischen Unruhen ließen der Regierung nur einen geringen Handlungsspielraum.

Dennoch waren Nixon und ich ebenso wie viele bedeutende Regierungsmitglieder davon überzeugt, daß die militärischen und wirtschaftlichen Bestimmungen des Vertrags Südvietnam in die Lage versetzen würden, dem absehbaren Druck aus dem Norden zu widerstehen, sofern die Nordvietnamesen sich an ihren Teil des Abkommens hielten, der eine weitere Infiltration des Südens untersagte. Nixon rechnete freilich stets damit, daß es zu Verletzungen des Vertrags kommen werde, und zwar in einer Größenordnung, der die Südvietnamesen ohne amerikanische Hilfe nicht gewachsen sein würden. Er war bereit, Nordvietnam einzuladen, im Rahmen der internationalen Gemeinschaft an einem Programm für Wirtschaftshilfe teilzunehmen. Doch wenn alles andere fehlschlug, dann waren auch erneute Luftangriffe zur Durchsetzung der Vereinbarungen nicht ausgeschlossen, weder im Bewußtsein der Mitglieder der Nixon-Administration noch in deren öffentlichen Verlautbarungen.

Sobald der Krieg beendet war, biß die Regierung die Zähne für die nächste Kraftprobe zusammen, zu der es ihrer Erfahrung nach kommen mußte, wenn es um die Umsetzung des Abkommens ging. Wir hielten es für ausgemacht, daß wir das Recht, ja sogar die Pflicht hatten, ein Abkommen zu verteidigen, für das fünfzigtausend Amerikaner ihr Leben gegeben hatten. Andernfalls wäre *jedes* Friedensabkommen mit den Vereinigten Staaten das juristische Äquivalent zu einer Kapitulationserklärung: Bedingungen, die nicht verteidigt werden, sind gleichbedeutend mit einer bedingungslosen Preisgabe. Und wenn es einer Nation nicht gestattet ist, vertraglich vereinbarte Friedensbestimmungen durchzusetzen, dann tut sie besser daran, ihre Sache schlicht und einfach aufzugeben. Nixon und seine engsten Berater taten ihre Absicht, das Abkommen zu verteidigen, bei mehreren Gelegenheiten öffentlich kund[12], so zum Beispiel am 3. Mai 1973 in dem jährlichen Bericht des Präsidenten über die US-Außenpolitik.»Ein solches Vorgehen [massive Verletzungen des Abkommens] würde die schwer erkämpften Errungenschaften für einen Frieden in Indochina aufs Spiel setzen«, heißt es dort.»Es wäre mit der Gefahr verknüpft, die Konfrontation mit uns wiederaufleben zu lassen [...].[13] Wir haben Hanoi gegenüber sowohl vertraulich als auch öffentlich erklärt, daß wir Verstöße gegen das Abkommen nicht hinnehmen werden.«[14]

Das Muster der letzten fünf Jahre wiederholte sich auch diesmal. Vielleicht hätte ein unbeschädigter, frisch wiedergewählter Präsident auf regelmäßigen, deutlichen militärischen Maßnahmen, die zur Durchsetzung des Abkommens erforderlich gewesen wären, bestehen können. Doch angesichts der Watergate-Affäre, die die Stellung des Präsidenten bereits bedenklich erschüttert hatte, bestand darauf keine Aussicht. Selbst als sich Tausende von nordvietnamesischen Lastwagen über den Ho-Chi-Minh-Pfad bewegten, knapp fünfzigtausend nordvietnamesische Soldaten in Südvietnam eindrangen und Hanoi keine Anstalten machte, das Schicksal der Vermißten auf amerikanischer Seite umfassend aufzuklären – alles eklatante Verletzungen des Vertrages –, bestanden die Gegner jener Politik, die zu dem Abkommen geführt hatte, darauf, daß Nixon nicht das Recht habe, es auch durchzusetzen, ganz gleich wie drastisch die Vertragsverletzungen sein mochten. Sie behandelten das Abkommen, als beinhalte es jenen einseitigen Abzug, den sie immer befürwortet hatten. Im Juni 1973 verweigerte der Kongreß weitere Mittel »zur direkten oder indirekten Unterstützung von Kampfhandlungen durch die Streitkräfte der Vereinigten Staaten in oder über Kambodscha, Laos, Nordvietnam und Südvietnam« nach dem 15. August. Dies galt auch für Operationen zur Luftaufklärung.[15] Im Juli 1973 wurde deutlich, daß ein wirtschaftliches Hilfsprogramm für Nordvietnam im Kongreß keine Unterstützung mehr finden würde.

Das Friedensabkommen konnte sich nicht aus sich selbst heraus Geltung verschaffen; keine Vereinbarung dieser Art konnte das. Noch immer wünschte Nordvietnam ein vereinigtes Vietnam unter seiner Herrschaft, und das Stück Papier, das in Paris unterzeichnet worden war, konnte an Hanois langfristigen Zielen nichts ändern. Das Pariser Abkommen hatte zwar die Vereinigten Staaten vom militärischen Konflikt in Vietnam befreit, doch die Lebensdauer Südvietnams hing unmittelbar von amerikanischer Unterstützung ab. Der Kongreß mußte nun entscheiden, ob in Indochina auch nach dem Abzug der amerikanischen Truppen eine Politik im Sinne des »containment« fortgesetzt werden sollte. Er entschied dagegen. Selbst die Wirtschaftshilfe für Südvietnam wurde gedrosselt. 1972 hatte der Kongreß noch eine Unterstützung in Höhe von zwei Milliarden Dollar bewilligt; 1973 wurde dieser Betrag auf 1,4 Milliarden und 1974 nochmals um die Hälfte zusammengestrichen, obwohl die Ölpreise sich mittlerweile vervierfacht hatten. 1975 debattierte der Kongreß über eine letztmalige Beihilfe in Höhe von sechshundert Millionen Dollar. Für Kambodscha wurden überhaupt keine Gelder mehr bewilligt, und zwar mit dem Argument, dies werde dazu beitragen, Leben zu retten – eine beschönigende Umschreibung für die Preisgabe des Landes und ein böser Scherz angesichts des Völkermordes, der folgen sollte. 1975 wurden Kambodscha und Südvietnam im Abstand von nur zwei Wochen von den Kommunisten überrannt. Das setzte zwar der seelischen Not der Amerikaner ein Ende, nicht aber der Not der Menschen in Indochina.

Der amerikanische Idealismus, Inspiration für so viele Entwicklungen der Nachkriegswelt nach 1945, hatte sich mit seinen eigenen Waffen geschlagen. Vier Präsidenten hatten Vietnam als lebenswichtig für die amerikanische Sicherheit bezeichnet. Zwei Präsidenten – der eine Demokrat, der andere Republikaner – hatten die Ehre Amerikas darin gesehen, die Völker, die sich auf seine Versprechen verlassen hatten, nicht im Stich zu lassen. Nixon hatte, weil er dieses Thema 1972 in den Mittelpunkt seines Wahlkampfs gestellt hatte, sogar einen überwältigenden Sieg errungen. In klassisch amerikanischer Manier hatten beide Seiten in der Vietnamdebatte ihre Ziele in rigorosen moralischen Begriffen definiert und zu keiner Zeit einen Weg gefunden, die zwischen ihnen bestehende Kluft zu überbrücken.

Selbst nach zwanzig Jahren hat die öffentliche Vietnam-Debatte in den USA keine Distanz zu ihrem Gegenstand gewonnen. Die Kontrahenten sind offenbar noch immer eher daran interessiert, Sündenböcke zu finden, als aus den Erfahrungen zu lernen. Der Sieg der Kommunisten beendete zumindest die ständige innenpolitische Diskussion darüber, ob das Schreckgespenst eines Blutbads, das im Gefolge einer kommunistischen Machtübernahme erwartet wurde, vielleicht nur eine Erfindung von Politikern sei, die einen Vorwand suchten, um den Krieg fortsetzen zu können.

In Kambodscha kam es zweifellos zu einem Völkermord. Die neuen Machthaber ermordeten mindestens fünfzehn Prozent der eigenen Bevölkerung. In Vietnam war das Leiden zwar weniger dramatisch als in Kambodscha; gleichwohl wurden Hunderttausende von Südvietnamesen in sogenannten

»Umerziehungslagern«, die in Wahrheit nichts anderes als Konzentrationslager waren, zusammengepfercht. Zu Beginn des Jahres 1977 räumten die kommunistischen Behörden ein, es gebe fünfzigtausend politische Gefangene, während die meisten unabhängigen Beobachter eine Zahl von knapp zweihunderttausend für realistisch hielten.[16] Der sogenannten Nationalen Befreiungsfront Südvietnams, die man im Westen zehn Jahre lang als vermeintlichen Kern einer demokratischen Koalitionsregierung gepriesen hatte, erging es kaum besser: Die siegreichen Nordvietnamesen machten deutlich, daß sie mittlerweile andere Pläne verfolgten. 1969 war die Nationale Befreiungsfront zur sogenannten Provisorischen Revolutionsregierung Süd-Vietnams umgewandelt worden. Im Juni 1975, zwei Monate nach dem Fall Saigons, trat das »Kabinett« der Provisorischen Revolutionsregierung zusammen und faßte einen Beschluß über eine begrenzte Wiederherstellung des Bankenwesens in Südvietnam. Es wurden Berater-Ausschüsse gebildet, die an der Verwaltung des Landes mitwirken sollten und denen auch einige nichtkommunistische Politiker angehörten, die zu Thieu in Opposition gestanden hatten; außerdem nahm die Provisorische Revolutionsregierung diplomatische Beziehungen zu zweiundachtzig Ländern auf.

Obwohl Südvietnam sich unter kommunistischer Herrschaft befand, wünschte Hanoi nichts weniger als einen unabhängigen Süden. Jeder mutmaßlich titoistische Ansatz wurde bereits im Keim erstickt. Die »Kabinettsentscheidung« wurde unverzüglich annulliert, die Berater-Ausschüsse erhielten keine Funktion, und es wurden auch keine Botschafter der Provisorischen Revolutionsregierung ins Ausland geschickt. Die Regierung Südvietnams blieb in den Händen lokaler Militärausschüsse unter Führung der Kommunistischen Partei Nordvietnams und Angehöriger des Militärs. Im Juni 1975 begannen Presse und Führung in Hanoi eine Kampagne zur baldigen Wiedervereinigung des Landes – das hieß, zur formalen Annexion des Südens –, die im Lauf eines Jahres auch vollendet wurde.[17]

Obwohl Kambodscha und Laos strenggenommen die einzigen Dominosteine waren, die umfielen, fühlten sich anti-westliche Revolutionäre in vielen anderen Regionen der Erde dadurch ermuntert. Es ist zweifelhaft, ob Castro in Angola interveniert hätte oder die Sowjetunion in Äthiopien, wenn nicht der Eindruck entstanden wäre, daß Amerika in Indochina erst gescheitert, nach der Watergate-Affäre dann demoralisiert sei und sich danach auf sich selbst zurückgezogen habe. Andererseits wurde ebenfalls plausibel argumentiert, daß, wäre Südvietnam bereits zu Beginn der sechziger Jahre gefallen, der von den Kommunisten 1965 in Indonesien versuchte Staatsstreich möglicherweise geglückt wäre. Das aber hätte dann zu einer anderen strategischen Katastrophe geführt.

Wie auch immer, die Vereinigten Staaten bezahlten jedenfalls für ihr Abenteuer in Vietnam einen Preis, der in keinem Verhältnis zu irgendeinem vorstellbaren Gewinn stand. Es war zweifellos ein Fehler, einen so hohen

Einsatz in einer so fragwürdigen Sache zu wagen. Die USA waren in den Indochina-Krieg verwickelt worden, weil sie die Maximen ihrer erfolgreichen Europapolitik auf eine Region mit grundlegend anderen politischen, sozialen und wirtschaftlichen Strukturen übertragen hatten. Der Idealismus Wilsonscher Prägung erlaubte keine Unterscheidungen zwischen verschiedenen Gesellschaftssystemen, und nach der Theorie der kollektiven Sicherheit, derzufolge Sicherheit unteilbar war, würde das Gewebe der gesamten internationalen Ordnung zerfasern, wenn man auch nur einen einzigen Faden aus ihm herauszog.

Zu idealistisch, um ihre Politik auf das nationale Interesse zu gründen, und in ihrer strategischen Doktrin zu sehr auf die Erfordernisse eines allgemeinen Krieges fixiert, waren die Amerikaner unfähig, ein ihnen ungewohntes strategisches Problem, bei dem zudem politische und militärische Ziele nicht voneinander zu trennen waren, zu meistern. In vollem Vertrauen auf die universelle Geltung ihrer Werte, unterschätzten sie die Hindernisse, die sich der Demokratisierung in einer Gesellschaft in den Weg stellen mußten, die nicht nur vom Konfuzianismus geprägt war, sondern außerdem um ihre politische Identität kämpfte, während sie von außen angegriffen wurde.

Der vielleicht schwerwiegendste, aus amerikanischer Sicht zweifellos aber schmerzlichste Dominostein, der als Folge des Vietnam-Kriegs fiel, war der Zusammenhalt der amerikanischen Gesellschaft. Der amerikanische Idealismus hatte Regierungsbeamte ebenso wie Kritiker zu der irrigen Annahme verleitet, die vietnamesische Gesellschaft lasse sich relativ mühelos und schnell in eine Demokratie nach amerikanischem Muster umwandeln. Als dieser optimistische Plan in sich zusammenbrach und offenkundig wurde, daß Vietnam alles andere als eine Demokratie war, war die Enttäuschung unvermeidlich. Außerdem gab es eine nahezu unbegreifliche Fehleinschätzung der Natur des militärischen Problems, das sich in Vietnam stellte. Da aus diesem Grund die Kriterien für eine Beurteilung der Lage fehlten, machten sich Regierungsbeamte häufig ein unzutreffendes Bild von den Problemen und stellten sie deshalb ebenso häufig falsch dar. Doch wenn dieselben Leute behaupteten, sie sähen ein Licht am Ende des Tunnels, dann glaubten sie tatsächlich, es zu sehen, und auch wenn ihre Einschätzungen völlig in die Irre gingen, so täuschten sie doch in erster Linie sich selbst.

Die Probleme, mit denen Spitzenpolitiker fertig werden müssen, sind in der Regel komplexer Natur; einfachere und weniger kontroverse Fragen werden auf niedrigeren Ebenen der Regierung durch Konsens geregelt. Doch sobald ein Politiker eine Entscheidung getroffen hat, wird er, ganz gleich wie groß seine Zweifel auch sein mögen, voll und ganz hinter ihr stehen. Deshalb kann der Anschein der Zuversicht, mit der solche Entscheidungen bekanntgegeben werden, über den wahren Sachverhalt hinwegtäuschen. Verstärkt wird der falsche Eindruck oft noch durch die Neigung bürokratischer Systeme, ihre Leistungen besonders herauszustreichen.

770

Es gehört zu den entscheidenden Aufgaben der Medien und des Kongresses, bewußte Falschdarstellungen der Exekutive aufzudecken. Und es gibt keine Entschuldigung für eine vorsätzliche Täuschung der Öffentlichkeit. Auf der anderen Seite gibt es aber auch keine Grundlage für die Behauptung, die Hauptprobleme der Vorgänge in Vietnam seien durch mangelnde Glaubwürdigkeit der offiziellen Stellen mitverursacht worden. Die USA waren mit wehenden Flaggen nach Vietnam gesegelt, niemand hatte sie heimlich dort eingeschmuggelt. Der Kongreß war über den Umfang des Engagements der Vereinigten Staaten genau im Bilde, denn schließlich mußte er die hierfür benötigten Mittel Jahr für Jahr aufs neue bewilligen. Der Wunsch, die kommunistische Übernahme einer jungen Nation zu verhindern, mag naiv gewesen sein. Aber er hätte nicht notwendig zu jenem Angriff auf den Kern amerikanischer Wertvorstellungen führen müssen, der einen so zentralen Stellenwert innerhalb der nationalen Debatte einnahm.

Diese erbitterten Auseinandersetzungen verhindern bis heute eine klare Antwort auf die Frage, was in Indochina eigentlich geschehen ist. Sie erzeugen ein regelrechtes intellektuelles Vakuum im Hinblick auf eine Zeit, die sich immerhin über zwei Jahrzehnte erstreckte und vier US-Administrationen beider politischen Parteien erlebte. Die amerikanische Gesellschaft wird sich vom Trauma des Vietnamkriegs erst erholen, wenn sie anfängt, aus dieser schmerzhaften Erfahrung Lehren zu ziehen, die jenseits der politischen Gegensätze zwischen Demokraten und Republikanern liegen. Wie aber sollten diese Lehren aussehen?

Erstens: Bevor die USA sich erneut in einem militärischen Konflikt engagieren, sollten sie eine klare Vorstellung davon haben, welcher Art die Bedrohung ist, der sie begegnen wollen. Dasselbe gilt für die Ziele, die sie realistischerweise erreichen können. Sie müssen eine klare militärische Strategie und unzweideutige Kriterien dafür haben, was ein erfolgreiches politisches Ergebnis ausmacht.

Zweitens: Wenn die Vereinigten Staaten sich wirklich militärisch engagieren, dann kann es – wie schon General Douglas MacArthur riet – keine Alternative zu einem Sieg geben. Zweifel lassen sich nicht durch zögerliches Handeln zerstreuen; eine zu lang andauernde Pattsituation wird die Geduld und damit auch den Willen der amerikanischen Öffentlichkeit untergraben. Dies erfordert eine sorgfältige Ausarbeitung nicht nur der politischen Ziele, sondern auch der militärischen Strategie, die nötig ist, um diese auch zu erreichen, und zwar bevor die Entscheidung für einen Krieg getroffen wird.

Drittens: Eine Demokratie kann keine ernsthafte Außenpolitik betreiben, wenn die einander befehdenden Fraktionen in ihrem Innern sich nicht ein Mindestmaß an gegenseitiger Zurückhaltung auferlegen. Wenn der Sieg über die innenpolitischen Gegner zum alleinigen Ziel von Politik wird, dann löst sich der gesellschaftliche Zusammenhalt auf. Nixon war überzeugt, die eigentliche Aufgabe des Präsidenten bestehe darin, das nationale Interesse selbst auch gegen die hitzköpfigen Andersdenkenden im eigenen Lande zu verteidigen – vielleicht gerade gegen diese. Doch Vietnam hat gezeigt, daß US-Präsidenten einen Krieg nicht aus eigener Machtvollkommenheit führen können. Nixon, der sich nicht nur mit gewalttätigen Demonstrationen auseinandersetzen mußte, sondern auch mit einem Kongreß, der zunehmend einen einseitigen Rückzug forderte, und überdies mit der Feindseligkeit der Medien, hätte sich nach seinem Amtsantritt frühzeitig an den Kongreß wenden, seine Strategie darlegen und eine eindeutige Unterstützung seiner Politik sichern müssen. Hätte der Kongreß ihm diese Unterstützung verweigert, dann hätte er grünes Licht für eine Beendigung des Krieges beantragen und den Kongreß für das politische Ergebnis mitverantwortlich machen müssen.

Wie bereits erwähnt, lehnte Nixon derartige Ratschläge ab, weil er der Überzeugung war, die Geschichte werde die entsetzlichen Konsequenzen dessen, was er als Abdankung der Verantwortung der Exekutive auffaßte, niemals vergeben. Es war eine ehrenhafte, sogar eine hochmoralische und intellektuell korrekte Entscheidung. Doch im amerikanischen System der Kontrollen und Gegengewichte ist es nicht vorgesehen, daß die Bürde, die Nixon auf sich nahm, von einem einzigen allein getragen wird.

Die Vietnam-Ära zwang die Vereinigten Staaten, sich ihrer Grenzen bewußt zu werden. Während des größten Teils ihrer Geschichte hatte die Nation aufgrund ihres Glaubens an die besondere Mission Amerikas eine moralische Überlegenheit für sich in Anspruch genommen, die durch den materiellen Überfluß untermauert wurde. In Vietnam hingegen fand sich Amerika plötzlich in einen Krieg verwickelt, der moralisch immer fragwürdiger zu werden schien und in dem die materielle Überlegenheit der USA fast keine Rolle spielte. Die Bilderbuchfamilien, die die Fernsehbildschirme der fünfziger Jahre zierten, stellten die kulturelle Entsprechung der moralisch hohen Gesinnung eines John Foster Dulles und des hochfliegenden Idealismus eines John F. Kennedy dar. Als diese Erwartungen nicht erfüllt wurden, begab sich die amerikanische Gesellschaft auf die Suche nach ihrer Seele. Zweifellos hätte keine andere Gesellschaft ein derartiges Vertrauen in ihren innersten Zusammenhalt aufgebracht, daß sie trotz der tiefen Gräben, die zwischen einzelnen Gruppen aufgerissen wurden, stets daran geglaubt hätte, diese eines Tages auch wieder zuschütten zu können. Kaum ein anderes Volk hätte so unbekümmert seinen Zusammenbruch riskiert, um daraus dann Kraft für einen neuen Anfang zu schöpfen.

Unter dem Blickwinkel der unmittelbaren Folgen war das innenpolitische Drama eine Tragödie. Auf lange Sicht jedoch war der Schmerz vielleicht der Preis, den die Amerikaner zahlen mußten, um ihren moralischen Perfektionismus, der so viele hochherzige amerikanische Unternehmungen beseelt hat, mit den Erfordernissen einer internationalen Umgebung in Einklang zu bringen, die weniger entgegenkommend und komplizierter ist als jemals in der Vergangenheit.

772

Die Erfahrung des Vietnamkriegs bleibt den Amerikanern tief eingeprägt, während die Geschichte einige ihrer aufschlußreichsten Lehren
anscheinend sich selbst vorbehalten hat. Nachdem das Land in sich gegangen war, erlangte Amerika sein Selbstvertrauen wieder. Die Sowjetunion
hingegen büßte trotz ihres scheinbar monolithischen Zusammenhalts mit
einer tödlichen Strafe dafür, daß sie moralisch, politisch und wirtschaftlich
über ihr Ziel hinausgeschossen war. Nach einer kurzen und heftigen Phase
des Expansionismus blieb sie im Sumpf ihrer eigenen Widersprüche stek-
ken und erlebte schließlich ihren Zusammenbruch.

Diese Entwicklungen geben Anlaß zu einigen eher ironischen Reflexio-
nen über das Wesen historischer Lehren. Die Vereinigten Staaten engagierten sich in Vietnam, um etwas aufzuhalten, was in ihren Augen eine zentral
gesteuerte kommunistische Verschwörung war, und erlitten Schiffbruch.
Aus diesem Fehlschlag der USA zogen die Sowjets genau den Schluß, den
die Vertreter der Dominotheorie befürchtet hatten: daß nämlich das historische Kräfteverhältnis sich zu ihren Gunsten verschoben habe. Folglich versuchten sie, im Jemen, in Angola, in Äthiopien und schließlich auch in
Afghanistan Fuß zu fassen. Dabei mußten sie allerdings feststellen, daß geopolitische Realitäten nicht nur für kapitalistische, sondern auch für kommunistische Gesellschaften gelten. Da die sowjetische Gesellschaft jedoch
weniger flexibel als die amerikanische war, führte diese Überanstrengung
nicht zu einer Katharsis wie in den USA, sondern zur Auflösung.[18]

Es bleibt die Frage, ob die Ereignisse dieselbe Entwicklung genommen
hätten, wenn die Vereinigten Staaten einfach untätig geblieben wären und
im Hinblick auf die kommunistische Herausforderung ganz der Evolution
der Geschichte vertraut hätten. Oder hätte ein solcher Verzicht der kommunistischen Welt genug Auftrieb und festen Glauben an den unausweichlichen Sieg verliehen, um den Zusammenbruch des Sowjetimperiums hinauszuschieben, ja gar ganz aufzuhalten?

Wie auch immer die akademische Antwort ausfallen mag, ein Staatsmann kann Verzicht als Grundsatz der Politik unmöglich akzeptieren. Er
mag lernen, sein Vertrauen in seine Urteile zu mäßigen und das Unvorhersehbare in sein Kalkül einzubeziehen; doch sich darauf zu verlassen, daß ein
bedrohlicher Gegner schon irgendwann zusammenbrechen wird, ist eine
Strategie, die für die Millionen von unmittelbar betroffenen Opfern keinen
Trost bereithält und statt praktischer Politik ein leichtsinniges Setzen auf
Intuition propagiert.

Amerikas Zerrissenheit über der Frage Vietnams war ein außerordentliches Zeugnis für seine moralischen Skrupel, an sich schon eine gute Antwort auf all die Fragen über die ethische Bedeutsamkeit der amerikanischen
Erfahrung. Nach einem vergleichsweise kurzen Zeitraum erholten sich die
Amerikaner in den achtziger Jahren von ihrem inneren Leiden. In den
neunziger Jahren haben die freien Völker der Erde erneut auf die Vereinigten Staaten geblickt, die beim Aufbau einer anderen neuen Weltordnung

wieder die Führung übernehmen sollen. Und ihre größte Furcht galt nicht etwa einem anmaßenden Engagement der USA in der Welt, sondern, wie schon zuvor, ihrem Rückzug aus dieser. Das ist der Grund, warum die traurigen Erfahrungen in Indochina uns daran erinnern sollten, daß die innere Einheit Amerikas beides zugleich ist – eine Pflicht und die Hoffnung der Welt.

## Kapitel 28

# Außenpolitik als Geopolitik: Nixons Dreiecksdiplomatie

*Leonid Breschnew und Richard Nixon*
*während des Washingtoner Gipfeltreffens im Juni 1973*

Aus der Sicht Nixons ging es bei dem schmerzlichen Prozeß, den die Räumung Vietnams für die USA bedeutete, letztlich darum, das Ansehen der Vereinigten Staaten in der Welt zu wahren. Doch selbst ohne dieses Fegefeuer wäre eine Neubestimmung amerikanischer Außenpolitik notwendig geworden, neigte sich doch die Ära der nahezu unumschränkten Vorherrschaft der Vereinigten Staaten dem Ende zu. Die nukleare Überlegenheit begann bereits zu bröckeln; die wirtschaftliche Vormachtstellung der USA wurde durch das dynamische Wirtschaftswachstum in Europa und Japan herausgefordert, die beide mit amerikanischen Mitteln wiederaufgebaut und durch amerikanische Sicherheitsgarantien geschützt worden waren. Vietnam signalisierte nun, daß es höchste Zeit war, die Rolle der USA in der sich entwickelnden Welt neu zu definieren und einen tragbaren Kompromiß zwischen Verzicht und übermäßigem Engagement zu finden.

Auf der anderen Seite eröffneten sich der amerikanischen Diplomatie auch Möglichkeiten, seit der zu Zeiten des Kalten Krieges als monolithisch betrachtete kommunistische Block immer deutlichere Risse zeigte. Sowohl Chruschtschows Enthüllungen 1956 über die stalinistischen Grausamkeiten als auch der sowjetische Einmarsch in die Tschechoslowakei 1968 hatten die ideologische Anziehungskraft des Kommunismus geschwächt. Vor allem aber hatte die Spaltung zwischen China und der Sowjetunion den Anspruch Moskaus unterhöhlt, Anführer einer geeinten kommunistischen Bewegung zu sein. All diese Entwicklungen legten nahe, daß es nun endlich Raum für neue diplomatische Flexibilität gab.

Zwanzig Jahre lang hatte die von Wilson geprägte idealistische Tradition amerikanische Spitzenpolitiker bewogen, ihre weltweite Rolle mit missionarischem Eifer wahrzunehmen. Ende der sechziger Jahre jedoch war es angesichts der festgefahrenen Situation in Indochina und der innenpolitischen Konflikte erforderlich geworden, die globale Rolle der Vereinigten Staaten komplexer und nuancierter zu definieren. Wilson hatte an der Spitze einer Nation gestanden, die in internationalen Angelegenheiten ein Neuling war und darauf vertraute, sie werde schon für alle Probleme eine endgültige Lösung finden. Nixon hingegen war mit einer enttäuschten Gesellschaft konfrontiert, deren Zukunft von ihrer Fähigkeit abhing, langfristige und realisierbare Ziele zu formulieren und auch dann – ohne in Selbstzweifel zu verfallen – daran festzuhalten, wenn sie auf Widerstände stieß.

Richard Milhous Nixon hatte nahezu bürgerkriegsähnliche Zustände geerbt. Das Verhältnis zwischen dem Präsidenten und dem Establishment war auf beiden Seiten von tiefem Mißtrauen geprägt. Trotzdem hielt er an seiner Überzeugung fest, daß die führende Demokratie der Welt weder ihrer Verantwortung entsagen noch sich von ihrem Schicksal lossagen dürfe. Nur wenige Präsidenten waren im Persönlichen so kompliziert wie Nixon: Er war schüchtern, aber bestimmt; unsicher, aber nach außen hin resolut; Intellektuellen gegenüber mißtrauisch, aber privat sehr nachdenklich; er reagierte gelegentlich heftig, zeigte aber bei seinen strategischen Vorhaben Geduld und Weitsicht. Vor ihm lag die Aufgabe, sein Land durch eine beschwerliche Übergangsphase zu leiten: von der Vorherrschaft zur Führungsrolle. Obwohl er in seinen Äußerungen häufig kleinlich wirkte und unfähig war, persönliche Wärme auszustrahlen, bestand er doch, und zwar unter schwierigsten Umständen, die entscheidende Prüfung als Staatsoberhaupt, indem er seine Gesellschaft aus dem ihr vertrauten Umfeld heraus- und in eine unbekannte Welt hineinführte.

Kein amerikanischer Präsident war auf dem Feld internationaler Beziehungen so bewandert wie Richard Nixon. Kein anderer, mit Ausnahme Theodore Roosevelts, ist so oft ins Ausland gereist wie er oder hat mit solch aufrichtigem Interesse versucht, die Sichtweisen anderer Staatschefs nachzuvollziehen. Nixon war nicht in ähnlicher Weise an Geschichte interessiert, wie Churchill oder de Gaulle es gewesen waren. Im allgemeinen eignete er sich gerade soviel wie nötig über die Vergangenheit eines Landes an, um die grundlegenden Fakten auf die jeweiligen Umstände beziehen zu können – und häufig nicht einmal das. Er besaß jedoch ein besonders ausgeprägtes Gespür für die politische Dynamik eines jeden Landes, das seine Aufmerksamkeit erregte, und die bemerkenswerte Gabe, geopolitische Zusammenhänge wirklich zu begreifen. Nixons Umgang mit innenpolitischen Problemen mag manchmal durch Ehrgeiz und persönliche Unsicherheit belastet gewesen sein. Im Bereich der Außenpolitik aber war er ein hervorragender Analytiker mit ungewöhnlicher geopolitischer Intuition, der die eigentliche Problematik immer treffend unter dem Blickwinkel amerikanischer Interessen betrachtete.

Die idealistischen Wahrheiten Wilsons, daß der Mensch von Natur aus gut sei und eine Grundharmonie zwischen den Nationen existiere, die durch kollektive Sicherheit aufrechterhalten werden müsse, teilte Nixon nicht. Wilson war von einer Welt ausgegangen, die sich unaufhaltsam in Richtung Frieden und Demokratie entwickelte; Amerikas Mission dabei sollte es sein, dem Unvermeidlichen auf den Weg zu helfen. Für Nixon hingegen ließ sich die Welt in Freunde und Widersacher aufteilen, an einigen Orten kam es zu Kooperation, an anderen kollidierten die Interessen. Aus seiner Sicht bedeuteten Frieden und Harmonie keineswegs den natürlichen Verlauf der Dinge, sondern vergängliche Augenblicke in einer Welt voller Gefahren, in der Stabilität sich nur durch mühsame Anstrengungen erreichen ließ.

Nixon wollte einen politischen Kurs einschlagen, der die nationalen Interessen der USA berücksichtigte, so abstoßend diese Vorstellung vielen traditionellen Idealisten auch erschien. Wenn die Großmächte ihre Eigeninteressen rational und berechenbar verfolgten, so mußte – wie Nixon ganz im Geiste der Aufklärung des achtzehnten Jahrhunderts glaubte – aus diesem Zusammenprall konkurrierender Zielsetzungen ein Gleichgewicht erwachsen. Wie Theodore Roosevelt (doch im Gegensatz zu allen anderen amerikanischen Präsidenten des zwanzigsten Jahrhunderts) baute er auf das Gleichgewicht der Kräfte, um Stabilität zu schaffen, und erachtete ein starkes Amerika als unentbehrlich für das weltweite Gleichgewicht. Beide Ansichten wirkten damals höchst altmodisch. Am 3. Januar 1972 erklärte Nixon dazu in einem Interview mit dem ›Time‹-Magazin:»Wir sollten uns daran erinnern, daß die einzigen längeren Friedensperioden in der Geschichte jene waren, in denen es ein Gleichgewicht der Kräfte gegeben hat. Wenn eine Nation im Verhältnis zu ihren potentiellen Konkurrenten unmäßig an Macht gewinnt, dann entsteht die Gefahr eines Krieges. Daher glaube ich an eine Welt, in der die Vereinigten Staaten mächtig sind. Ich bin der Meinung, daß dies eine sicherere Welt und eine bessere Welt sein wird, wenn die Vereinigten Staaten, Europa, die Sowjetunion, China und Japan stark und gesund sind, sich gegenseitig ausgleichen statt sich gegeneinander auszuspielen und ein ausgewogenes Gleichgewicht schaffen.«[1]

Gleichzeitig spiegelte Nixon die tiefverwurzelte Ambivalenz der amerikanischen Gesellschaft wider, die unbedingt als nüchtern empfunden werden wollte und doch so abhängig davon war, aus ihrem traditionellen Idealismus innere Kraft zu ziehen. Merkwürdigerweise war es gerade Woodrow Wilson, den Nixon von allen seinen Vorgängern am meisten bewunderte, obwohl seine eigenen Grundsätze ganz und gar nicht denen Wilsons entsprachen. Jeder neue Präsident kann die Porträts der Vorgänger auswählen, die er im Kabinettzimmer aufzuhängen wünscht. Nixon entschied sich für die von Wilson und Eisenhower. Als er jedoch anordnete, Wilsons alten Schreibtisch im Oval Office aufzustellen, spielte ihm das Schicksal allerdings einen Streich: Der Schreibtisch, den der Verwalter des Weißen Hauses hervorholen ließ, hatte nicht Woodrow Wilson, sondern Henry Wilson gehört, der unter Ulysses Grant Vizepräsident gewesen war.

Nixon bediente sich des öfteren Wilsonscher Standardformulierungen. »Unsere Bestimmung ist es«, so sagte er einmal,»der Welt mehr zu geben, als andere Länder in der Vergangenheit es zu tun in der Lage waren [...], ein Vorbild an geistiger Führung und Idealismus, das mit wirtschaftlicher Macht und militärischer Stärke nichts zu tun hat.«[2] Tatsächlich teilte auch Nixon die Sehnsucht der Amerikaner nach einer Form der Außenpolitik, die jenseits von Eigeninteressen zu gestalten sei:»Für die Vereinigten Staaten kann ich folgendes sagen: Wir begehren niemandes Land; wir trachten nicht nach Herrschaft über andere Völker. Wir streben nicht nur für uns selbst nach dem Recht, in Frieden zu leben, sondern wünschen dies für alle Völker dieser Erde. Wir werden unsere Macht nur einsetzen, um den Frieden zu wahren, nicht um ihn zu brechen, nur um die Freiheit zu verteidigen, nie aber um sie zu zerstören.«[3]

Der Umstand, daß derselbe Präsident, der hier eine nahezu altruistische Außenpolitik heraufbeschwor, im gleichen Atemzug darauf bestand, die Entscheidungen über die Zukunft der Welt in die Hände von fünf Großmächten zu legen, die ihre jeweiligen nationalen Interessen verfolgten, war Ausdruck einer neuartigen Synthese aus den amerikanischen Erfahrungen. Nixon nahm den amerikanischen Idealismus in dem Sinne ernst, daß er Wilsons leidenschaftlich verfochtenen Internationalismus ebenso wie dessen Glauben an die Unentbehrlichkeit der Vereinigten Staaten teilte. Zugleich aber hatte er daraus eigene Schlüsse hinsichtlich der Frage gezogen, wie die Welt tatsächlich funktionierte, und fühlte sich verpflichtet, diese in Amerikas Auftrag einzubeziehen. Gerade weil Nixon wollte, daß sein Land für die von Wilson vertretenen Werte eintrat, war er sich schmerzlich bewußt, daß ihm das Schicksal die undankbare Aufgabe übertragen hatte, amerikanische Soldaten von ihren Kreuzzügen zur Verbreitung dieser Wertbegriffe wieder nach Hause zu holen.

Amerikanisches Sendungsbewußtsein bildete also den Ausgangspunkt auch für Richard Nixons politisches Denken. Doch hatten ihn seine zahlreichen Bekanntschaften mit ausländischen Staatsoberhäuptern gelehrt, daß nur die wenigsten von ihnen altruistisch gesonnen waren. Wenn man nur ein bißchen tiefer bohrte, so wurde offenkundig, daß die meisten von ihnen einen gewissen Grad an Berechenbarkeit in der amerikanischen Außenpolitik vorgezogen hätten: Amerikas Eigeninteresse schien ihnen leichter kalkulierbar als sein Altruismus. Daher operierte Nixon zweigleisig; einerseits benutzte er Wilsons Diktion, um seine Ziele zu erklären, andererseits berief er sich auf das nationale Interesse, um seine Taktik zu stützen.

Es entbehrt nicht einer gewissen Ironie, daß Nixon, der sich einem entscheidenden Beitrag der USA am Zustandekommen eines weltweiten Friedens verpflichtet fühlte, auf den Widerstand so vieler berühmter amerikanischer Zeitgenossen stoßen sollte, die, vormals erklärte Anhänger Wilsons, nun auf eine Politik drängten, die in Nixons Augen zur Folge hatte, auf eine international bedeutsame Rolle der Vereinigten Staaten zu verzichten. Nixon, der sich wohl bewußt war, daß auch seine Auffassung von globaler Verantwortung – verglichen mit denen seiner unmittelbaren Vorgänger – auf Einschränkung hinauslief, betrachtete es als seine Aufgabe, eine *tragbare* Rolle für eine idealistische Nation in einem internationalen Umfeld zu finden, das so kompliziert war wie nie zuvor. Eine derartige Rolle mußte seinem Empfinden nach die Ideen Wilsons und der Realpolitik miteinander verschmelzen.

Die »containment«-Strategie der frühen Nachkriegszeit hatte die Vereinigten Staaten in jeder internationalen Krise direkt an die Frontlinie katapultiert. Die hochfliegende Rhetorik der Kennedy-Ära hatte Ziele gesteckt, die weit über die physischen und emotionalen Möglichkeiten der Vereinigten Staaten hinausgingen. Infolgedessen hatte sich Amerikas Rechtschaffenheit in Selbsthaß und die Kritik an einem übermäßigen Engagement in Verzicht verwandelt. Unter diesen Umständen betrachtete Nixon es als seine vorrangige Aufgabe, die Erfahrungen aus dem Engagement in Vietnam in ein gedankliches Konzept umzusetzen. Die Vereinigten Staaten würden auch weiterhin für die internationale Stabilität von grundlegender Bedeutung bleiben; das sorglose Interventionsdenken jedoch, durch das fünfhunderttausend amerikanische Soldaten ohne jegliche Erfolgsstrategie nach Indochina geschickt worden waren, war nicht länger tragbar. Das Überleben der Menschheit hing in letzter Instanz von dem Verhältnis zwischen den beiden Supermächten ab; für den Weltfrieden jedoch war es entscheidend, ob man in Washington die jeweiligen Verantwortlichkeiten richtig einzuschätzen vermochte. Die Amerikaner mußten sich Klarheit darüber verschaffen, wann sie lediglich eine hilfreiche und wann sie eine unverzichtbare Rolle übernehmen mußten, und ob sie letztere durchhalten konnten, ohne selber dabei zugrunde zu gehen.

Der Präsident wählte eine ungewöhnliche Gelegenheit, um seine Antworten auf diese umfassenden Probleme öffentlich zu präsentieren. Am 25. Juli 1969, er hatte gerade eine Weltreise angetreten, die ihn von Südostasien nach Rumänien führen sollte, befand er sich auf Guam. Am Morgen dieses Tages hatte er noch miterlebt, wie die ersten Astronauten, die auf dem Mond gelandet waren, im Pazifik in der Nähe von Johnston Island gewassert waren. Moderner Nachrichtenjournalismus aber hält sich selbst mit sensationellen historischen Ereignissen nicht lange auf, sondern fordert für jeden Nachrichtenzyklus neue Ereignisse, gerade während einer Präsidentenreise. Guam war von dem Punkt, wo die Raumkapsel gewassert wurde, durch die internationale Datumsgrenze getrennt, was dazu führte, daß die Landung der Kapsel unter dem 24. Juli verzeichnet wurde, während Nixon bereits Gegenstand eines neuen Nachrichtenzyklus war.

Sich dieses Umstandes bewußt, nutzte Nixon den Augenblick, um die Grundsätze vorzustellen, von denen sein Land sich in Zukunft in den internationalen Beziehungen leiten lassen sollte. Obwohl er diesen neuen außenpolitischen Ansatz häufig mit seinen Beratern erörtert hatte, war nicht vereinbart worden, sie der Öffentlichkeit bei eben dieser Gelegenheit zu unterbreiten. Zur allgemeinen – und auch zu meiner – Verblüffung verkündete Nixon nun die neuen Kriterien für Amerikas außenpolitisches Engagement.[4] Diese seitdem als Nixon-Doktrin bekannten Prinzipien wurden erstmals im November 1969 im Rahmen einer Rede ausführlich erläutert und dann erneut im Februar 1970, als Nixon im ersten – neu eingeführten – Jahresbericht des Präsidenten zur Außenpolitik die wichtigsten Prämissen seines außenpolitischen Ansatzes skizzierte.

Die Nixon-Doktrin befaßte sich mit dem Widerspruch, daß die beiden militärischen Engagements, die die USA nach dem Zweiten Weltkrieg eingegangen waren – Korea und Vietnam – sich um Staaten gedreht hatten, denen gegenüber Washington formal gar nicht verpflichtet war und die darüber hinaus in Regionen lagen, die genaugenommen durch kein Bündnis abgedeckt waren. Im Hinblick auf solche Gebiete sollte mit Hilfe der Nixon-Doktrin ein Mittelweg zwischen übermäßigem Engagement und Verzicht gefunden werden, indem man drei Kriterien festlegte, anhand derer über Eingreifen oder Nicht-Eingreifen entschieden werden sollte:

–  Die Vereinigten Staaten würden ihre vertraglichen Verpflichtungen einhalten.

–  Die Vereinigten Staaten würden als »Schutzschild dienen, wenn eine Nuklearmacht die Freiheit einer mit uns verbündeten Nation bedroht oder einer Nation, deren Überleben wir für unsere Sicherheit als lebenswichtig erachten«.

–  In Fällen nicht-nuklearer Aggressionen würden die Vereinigten Staaten sich »um die direkt bedrohte Nation kümmern und vorrangig die Verantwortung übernehmen, die zur Verteidigung notwendigen Truppen zur Verfügung zu stellen«.[5]

Doch die Wirklichkeit ließ sich nicht in solch formale Kriterien pressen. Die Zusage, Amerika werde sich an seine Verpflichtungen halten, war nichts weiter als eine Worthülse; wie bei einem Keuschheitsgelübde war ihre Glaubwürdigkeit begrenzt, da ihre Nichteinhaltung vorher wohl kaum angekündigt würde. Auf jeden Fall war im Atomzeitalter die Schlüsselfrage nicht die, ob Verpflichtungen eingehalten, sondern wie sie konkret definiert und interpretiert wurden. Die Nixon-Doktrin bot keinerlei Richtlinien dafür, wie Streitigkeiten unter den Alliierten über nuklearstrategische Fragen zu lösen seien: ob also Nuklearwaffen eingesetzt werden sollten und, brutal ausgedrückt, auf wessen Territorium; ob die Alliierten eher auf einen allgemeinen Atomkrieg setzen sollten – was primär die Supermächte betraf – oder aber auf eine Form der sogenannten »flexiblen Reaktion«, die allerdings in erster Linie das Territorium des Aggressionsopfers bedrohen würde.

Auch die Bestimmung, derzufolge die Vereinigten Staaten für jene Staaten, »die für unsere Sicherheit lebenswichtig sind«, eine Schutzschildfunktion übernehmen würden, sollten diese von einer Atommacht bedroht werden, war zweideutig: Wenn die Vereinigten Staaten Länder, die für ihre eigene Sicherheit als lebenswichtig eingestuft wurden, nur dann verteidigten, wenn diese von einer Atommacht bedroht wurden, wie würden sie sich dann verhalten, wenn ein solches Land von einem nicht zu den Atommächten zählenden Staat oder aber von einer Atommacht angegriffen wurde, die sich für den Einsatz konventioneller Waffen entschied? Und falls Unterstützung angesichts einer nuklearen Bedrohung wirklich mehr oder weniger automatisch erfolgte, waren dann offizielle Bündnisse überhaupt noch notwendig?

Außerdem verlangte die Nixon-Doktrin von bedrohten Staaten, ihre eigene konventionelle Verteidigung zu verstärken. Was aber würde Washington tun, wenn ein bedrohtes Land sich – insbesondere durch Druck seitens einer Atommacht – auf amerikanische Unterstützung verließ, ohne seinen Verteidigungshaushalt zusätzlich belastet zu haben? Ironischerweise mochte gerade die Tatsache, daß die Nixon-Regierung den Schwerpunkt auf das nationale Interesse legte, einige Nationen dazu bewegen, die ausdrückliche Aufforderung zu einer Erhöhung eigener Verteidigungsanstrengungen zu ignorieren. War nämlich das nationale Interesse tatsächlich der Leitfaden, dann wären die Vereinigten Staaten sowieso zur Verteidigung *aller* Gebiete verpflichtet, die als wichtig für ihre Sicherheit galten, gleichgültig, wie hoch das Verdienst des Opfers oder sein Beitrag zur gemeinsamen Verteidigung war. Darin lag das ganze Dilemma, das schließlich unter dem Begriff der alliierten »Lastenteilung« bekannt wurde.

Die Nixon-Doktrin war daher in erster Linie für Krisen in jenen Gebieten an der Peripherie relevant, die nicht durch Bündnisse gesichert waren und von sowjetischen Stellvertretern bedroht wurden – dies traf allerdings nur für wenige zu. In ihrem Bemühen, eine Doktrin zur Verhinderung vietnamähnlicher Konflikte zu entwickeln, konstruierte die Nixon-Administration ein Modell, das sich *vor allem* auf jene vietnam-ähnlichen Situationen anwenden ließ, die man doch unter allen Umständen vermeiden wollte.

Doch zur Zeit von Nixons Amtsantritt mußten vor allem die Ost-West-Beziehungen selber dringend neu bewertet werden. Der Konflikt mit der Sowjetunion hatte Amerika in globale Verpflichtungen hineingetrieben; unter dem Eindruck des Vietnam-Traumas mußte diese Konfliktstrategie nun überdacht werden. Die Aufgabe war um so schwieriger, als während des Kalten Krieges ein Großteil der innenpolitischen Debatten über die Eindämmungspolitik auf der Grundlage jenes klassischen amerikanischen Denkens geführt worden war, das geopolitische Erwägungen ganz einfach ausschloß. Die eine Gruppierung betrachtete Außenpolitik als eine Unterabteilung der Theologie, während ihre Gegner sie für eine Unterabteilung der Psychiatrie hielten.

Die Väter der »containment«-Politik – Acheson, Dulles und ihre Kollegen – hatten, all ihrem Geschick in internationalen Angelegenheiten zum Trotz, ihr Werk fast ausschließlich mittels theologischer Kategorien konzipiert. Überzeugt, daß den Sowjets der Hang zur Weltherrschaft gewissermaßen angeboren sei, waren die sowjetischen Staatschefs in ihren Augen keine geeigneten Verhandlungspartner, solange der Kreml die kommunistische Ideologie nicht aufgab. Da man den Sturz der Sowjets als Hauptaufgabe amerikanischer Außenpolitik betrachtete, waren umfassende Verhandlungen, ja selbst ein entsprechender diplomatischer Plan, so lange zwecklos (wenn nicht gar unmoralisch), wie eine »Position der Stärke« keinen Wandel ihrer Absichten herbeiführte.

Einer Gesellschaft, die keine Erfahrungen mit unlösbaren Konflikten hatte, statt dessen aber überwältigendes Vertrauen in den Kompromiß als ein Instrument der Konfliktlösung setzte, fiel es schwer genug, die nötige Geduld für einen derart rigiden Kurs aufzubringen. Viele von denen, die an Achesons und Dulles' moralische Prämissen glaubten, suchten den Verhandlungsbeginn zu beschleunigen, indem sie behaupteten, das sowjetische System habe sich bereits geändert oder sei doch im Begriff dazu. Die Sehnsucht der amerikanischen Bevölkerung nach einem Ende der Konfrontation machte sogar die unnachgiebigen Verfechter der Eindämmungspolitik anfällig für atmosphärische Veränderungen, wie sie sich beispielsweise zu Dulles' Zeiten als Außenminister im »Geist« von Genf und Camp David widerspiegelten.

Der Fraktion der »Psychiater« zufolge unterschied sich die sowjetische Führung in ihrem Streben nach Frieden gar nicht so sehr von der amerikanischen; vielmehr beruhe die kompromißlose Haltung der Sowjets teilweise auf einer von den Amerikanern hervorgerufenen Verunsicherung. Insofern mahnten die »Psychiater« zur Geduld, um die friedliebenden Mitglieder der sowjetischen Führung zu stärken, die angeblich – ähnlich wie die amerikanische Regierung – in »Falken« und »Tauben« gespalten war. In den USA drehten sich die Debatten zunehmend um die Frage, welches Ausmaß der vermeintliche innersowjetische Wandel wohl haben mochte, ohne dabei jedoch das ursprüngliche Dilemma zu lösen, daß nämlich die Eindämmungspolitik zwischen Konfrontation und Status quo keinen Mittelweg kannte und daher die Frage nach möglichen Verhandlungsinhalten nie beantwortete.

Anfang der siebziger Jahre wurden diese beiden Gedankenströmungen durch eine neue, radikale Gruppierung herausgefordert. Die aus den vierziger Jahren stammenden Ansätze von Henry Wallace wurden nun unter anderen Vorzeichen neu formuliert, diesmal allerdings mit weitaus aufsehenerregenderen Thesen, die die Politik des »containment« schlicht auf den Kopf stellten. Man argumentierte nicht nur, wie Wallace es getan hatte, daß Amerika keine moralische Berechtigung habe, gegen den Kommunismus zu protestieren, sondern behauptete, daß Widerstand diesen lediglich verstärken werde. Dem neuen Radikalismus zufolge war wichtiger, den Kommunismus zu überleben als ihn zu bekämpfen. Letzten Endes nämlich werde die Geschichte schon selber für seine Niederlage sorgen, sollte er sie wirklich verdienen. Der Romanschriftsteller Norman Mailer, der für den bedingungslosen Rückzug aus Vietnam plädierte, nutzte die Beschreibung eines Protestmarsches auf Washington, um die Grundzüge dieser Haltung zusammenzufassen. »Sollten aber die Kommunisten wirklich die Länder dort aufsaugen«, schrieb er in seinem Buch *Heere aus der Nacht*, »und gelang es ihnen, sie in blühende Nationen zu verwandeln, die den Übergang zur technischen Kultur ohne übermäßiges Leiden schafften – ja, dann war man eben gezwungen zu applaudieren. [...] Aber es war andererseits durchaus wahrscheinlich, daß die Kommunisten, falls sie in Asien obsiegten, genau den gleichen Kümmernissen entgegengingen: Teilungen, Schismen, Sekten würden ihnen zu schaffen machen [...]. Sich aus Asien zurückzuziehen bedeutete daher für die USA: das Gleichgewicht der Kräfte erwirken! [...] Und je mehr der Kommunismus expandierte, desto gewaltiger wurden seine Probleme, desto weniger war er imstande, sich mit Welteroberungsplänen zu befassen. [...] In der Ausdehnung des Kommunismus liegt seine Eindämmung!«[6]

Mit der Behauptung, der Kommunismus könne am ehesten – ja vielleicht überhaupt nur – durch seine Erfolge besiegt werden, nicht aber durch Amerikas Gegnerschaft, predigte die radikale Bewegung das exakte Gegenteil der Eindämmungspolitik. Da übermäßiges Engagement für die Schwäche des Kommunismus verantwortlich sei, würde sich dieser auf die Dauer mit jeder weiteren Ausdehnung unweigerlich zu Tode siegen. Diese These indes, daß der Kern des Sieges über den Kommunismus darin liege, daß die Vereinigten Staaten sich jeglichen Widerstands gegen ihn enthielten, war in der Tat eine paradoxe Idee, die nur von einem Schriftsteller stammen konnte.

Mailers romanhafte Betrachtungsweise wurde durch Analysen sehr viel raffinierterer Akademiker gestützt, die sich nicht ganz so idiosynkratisch ausdrückten. Die »Konvergenztheorie«, die so prominente Intellektuelle wie John Kenneth Galbraith[7] vertraten, bestätigte nämlich, daß es sinnlos sei, im Kampf gegen den Kommunismus enorme Risiken einzugehen, da beide Gesellschaftssysteme sich ohnehin durch den natürlichen Lauf der Dinge immer mehr aneinander angleichen würden.

Die Ost-West-Beziehungen waren in eine Sackgasse geraten. Die traditionelle Eindämmungstheorie hatte eine diplomatische Pattsituation herbeigeführt. Die bedeutendste Alternative zu ihr jedoch war reine Häresie, da sie die Preisgabe all dessen verlangte, dem eine ganze Generation sich verpflichtet gefühlt hatte. Kein verantwortungsbewußter US-Präsident aber konnte das Schicksal seines Landes einfach irgendwelchen mutmaßlichen Kräften der Geschichte überlassen: Schließlich bedeutete es auch für das von den römischen Eroberern dem Erdboden gleichgemachte Karthago keinen Trost, daß ein paar Jahrhunderte später auch das Römische Reich unterging.

Alle drei Ansätze zurückweisend, machte Nixon sich statt dessen daran, das nationale Interesse als maßgebliches Kriterium für eine langfristige amerikanische Außenpolitik zu verankern.

Wichtigstes Instrument bei diesem Versuch war der Jahresbericht des Präsidenten zur amerikanischen Außenpolitik. Vier solcher Berichte sind seit 1970 erschienen. Von meinen Mitarbeitern und mir entworfen, spiegelten sie die Ansichten des Präsidenten wider und wurden auch in Nixons Namen herausgegeben. Und wie bei allen derartigen Erklärungen zählte auch hier weniger die tatsächliche Urheberschaft als vielmehr die Tatsache, daß der Präsident die Verantwortung dafür übernahm. Diese Berichte waren eigentlich dafür gedacht, die Grundkonzepte der neuen Administration der Öffentlichkeit vorzustellen; der erhoffte Erfolg war ihnen allerdings nicht beschieden. Da die Medien stärker an Ereignissen als an Konzepten interessiert waren, nahmen sie die Berichte mit Ausnahme der Stellungnahmen zu Vietnam großenteils überhaupt nicht zur Kenntnis. Und auch im Ausland wurden sie im wesentlichen als Papiere des Mitarbeiterstabes behandelt, mit denen man sich erst dann beschäftigen würde, wenn die Umstände, auf die in den Berichten Bezug genommen wurde, sich tatsächlich einstellten.

Für all diejenigen, die sich heute näher mit dieser Zeit befassen, sind diese Dokumente gleichwohl ein hervorragender Leitfaden durch die Außenpolitik der Nixon-Ära; in diesem Sinne hätten sie auch Journalisten und ausländischen Staatsmännern nutzen können. Doch zeigte sich, daß diese manchen deutlichen Hinweis übersahen, weil sie sich vornehmlich auf das diplomatische Tagesgeschehen konzentrierten. Die US-Außenpolitik, so der Grundtenor der Berichte, werde sich fortan nicht auf Ideologie, sondern auf die Analyse des nationalen Interesses konzentrieren, und die Vereinigten Staaten würden sich eher für politische Belange als für die Auslegung von Rechtsprinzipien einsetzen. So kann man beispielsweise im ersten Jahresbericht des Präsidenten zur Außenpolitik vom 18. Februar 1970 lesen: »Unser Ziel ist es in erster Linie, unsere *Interessen* langfristig durch eine vernünftige Außenpolitik zu stützen. Je mehr diese Politik auf einer realistischen Einschätzung unserer Interessen und der Interessen anderer basiert, desto besser können wir unsere Rolle in der Welt spielen. Wir engagieren uns nicht in der Welt, weil wir Verpflichtungen haben; wir haben Verpflichtungen, weil wir uns in der Welt engagieren. Unsere Interessen müssen unsere Verpflichtungen beeinflussen, und nicht umgekehrt.«[8]

In einem französischen oder britischen Dokument hätten derartige Erklärungen als Gemeinplätze gegolten, und niemand hätte es für notwendig gehalten, eigens darauf einzugehen. In Amerika jedoch lagen die Dinge anders: Erstmals machte ein amerikanischer Präsident ausdrücklich das nationale Interesse zum Ausgangspunkt seiner Politik. Mit Ausnahme Theodore Roosevelts hatte keiner von Nixons Vorgängern in diesem Jahrhundert den spezifischen Idealismus der amerikanischen Nation als nur einen Faktor unter vielen behandelt oder die Zukunft unter der Voraussetzung eines ständigen internationalen Engagements betrachtet, waren doch bislang lediglich einzelne, zeitlich genau festgelegte Kreuzzüge unternommen worden.

Was den Umgang mit der Sowjetunion betreffe, so wurde in dem Bericht erklärt, müsse die US-Politik auf einer präzisen Kenntnis des sowjetischen

Systems beruhen, die weder die Ernsthaftigkeit der ideologischen Bindungen des Kommunismus unterschätzen noch der Illusion anheimfallen dürfe, die kommunistischen Machthaber »hätten ihre Überzeugungen bereits aufgegeben oder seien im Begriff, dies zu tun...«[9] Man dürfe nicht zulassen, emotional von den Beziehungen zur Sowjetunion abhängig zu werden. Fortschritte in den gegenseitigen Beziehungen seien deshalb ausschließlich an konkreten Ergebnissen, die Ausdruck der jeweiligen Interessen seien, zu messen, nicht aber an atmosphärischen Veränderungen. Vor allem jedoch gelte es, auf breiter Front Entspannung voranzutreiben: »Wir werden unsere kommunistischen Gegner zuallererst als Staaten betrachten, die ihre Interessen so verfolgen, wie *sie* sie auffassen, ebenso wie wir unseren Interessen, so wie wir sie sehen, nachgehen. Wir werden sie nach ihren Taten beurteilen, so wie auch wir nach den unsrigen beurteilt werden wollen. Einzelne Vereinbarungen werden sich ebenso wie die Friedensordnung, die sie mitgestalten, aus einer realistischen Anpassung kollidierender Interessen ergeben.«[10]

Auch der Jahresbericht 1971 widmete sich diesem Thema. »Ziel unserer Politik«, hieß es dort, »ist nicht die innere Ordnung der UdSSR als solche, wenngleich wir nicht verhehlen, daß wir sie in vielerlei Hinsicht ablehnen. Unsere Beziehungen zur UdSSR wie auch zu anderen Ländern sind von deren internationalem Verhalten bestimmt.«[11]

Die Betonung des nationalen Interesses wurde vor allem von konservativen Kritikern unerbittlich attackiert, insbesondere nachdem der Vietnamkrieg beendet war und der Drang, sich von internationalen Spannungen fernzuhalten, nachgelassen hatte. Das eigentliche Problem war jedoch nicht die Frage, ob Nixon zuviel Vertrauen in die sowjetischen Machthaber setzte, wie die Kritiker meinten – angesichts des Gewichts, das Nixon auf konkrete Ergebnisse legte, und seiner pessimistischen Sicht der menschlichen Natur ein völlig absurder Vorwurf –, sondern welche Strategie am ehesten geeignet war, den sowjetischen Expansionsdrang zu bremsen. Der Präsident hielt, gerade inmitten der damaligen Tumulte aufgrund des Vietnamkriegs, das nationale Interesse für das geeignetste Mittel, das zudem auch auf Unterstützung durch die Öffentlichkeit hoffen ließ. In den Augen seiner Kritiker hingegen handelte es sich um eine Form moralischer Abrüstung.

In ihrer Entschlossenheit, eine weitere Ausdehnung der kommunistischen Einflußsphäre zu verhindern, unterschieden sich die Ansichten der Regierung Nixon weder von den bereits bekannten Auffassungen Achesons und Dulles' noch von den Ansichten, die später Ronald Reagan in diesem Punkt vertreten sollte. Selbst während der Vietnamkrieg tobte, reagierte die Regierung neuralgisch auf jede erkennbare geopolitische oder strategische Bedrohung aus der Sowjetunion: so 1970 auf die Errichtung eines sowjetischen Flottenstützpunktes in Kuba, die Verlagerung sowjetischer Boden-Luft-Raketen an den Suezkanal und auf den syrischen Einmarsch nach Jordanien. 1971 gab die Rolle der UdSSR im indisch-pakistanischen Krieg

Anlaß zur Besorgnis und 1973 die Andeutung Breschnews, militärisch in den arabisch-israelischen Krieg eingreifen zu wollen. Die Regierung Ford teilte diese Haltung, wie sich in ihrer Reaktion auf die Entsendung kubanischer Truppen nach Angola ablesen ließ.

Dennoch unterschied sich die Eindämmungspolitik der Regierung Nixon wesentlich von der Achesons oder Dulles': Nixon nämlich machte die Umstrukturierung der sowjetischen Gesellschaft nicht zur Vorbedingung von Verhandlungen. Anders als die Väter der Eindämmungspolitik glaubte Nixon – ähnlich übrigens wie Churchill 1953, als er nach Stalins Tod darauf drängte, in Gespräche mit den Sowjets einzutreten –, daß ein Fortgang der Verhandlungen und eine lange Periode friedlichen Wettstreits die Umbildung des sowjetischen Systems beschleunigen und die Demokratien stärken würden.

Außerdem diente die von Nixon propagierte Ära der Verhandlungen als Strategie, die diplomatische Initiative zurückzugewinnen, solange der Krieg in Vietnam noch im Gang war. Nixons Ziel war es, dafür zu sorgen, daß die Friedensbewegung sich auf die Vietnamproblematik beschränkte, sie davon abzuhalten, die gesamte amerikanische Außenpolitik zu lähmen. Gleichwohl wäre es verfehlt anzunehmen, daß er diesen Ansatz vorrangig aus taktischen Gründen verfolgte. Er und seine Berater glaubten tatsächlich, daß bei beiden atomaren Supermächten zumindest zeitweise durchaus ein Interesse bestand, eine etwas entspanntere Atmosphäre herbeizuführen. Das nukleare Gleichgewicht schien sich mehr oder weniger stabilisiert zu haben oder konnte doch durch einseitige Maßnahmen oder Rüstungskontrollverhandlungen wenigstens gesichert werden. Washington jedenfalls benötigte dringend eine Atempause, um sich aus dem Vietnamkonflikt zu lösen und für die Zeit danach neue politische Konzepte zu erarbeiten, während es für die Sowjetunion möglicherweise noch viel gewichtigere Gründe gab, um eine Ruhepause nachzusuchen: Die Konzentration sowjetischer Divisionen an der chinesischen Grenze ließ darauf schließen, daß sich das Land mittlerweile an zwei Fronten, die Tausende von Kilometern voneinander entfernt lagen, mit Spannungen auseinandersetzen mußte und deshalb durchaus bereit sein könnte, mit den Vereinigten Staaten nach politischen Lösungen zu suchen, vor allem, falls Amerikas Öffnung nach China – einer der Eckpfeiler der Außenpolitik Nixons – Erfolg haben sollte. Ungeachtet ihrer ideologischen Überzeugungen würde die sowjetische Führung so vielleicht genügend Interesse an den Beziehungen zum Westen entwickeln, um eine Konfrontation zu vertagen. Und je länger die Konfrontation mit dem Westen hinausgezögert würde, so dachten wir, desto schwieriger würde es den Sowjets fallen, ihr Imperium zusammenzuhalten, zumal die politischen Probleme dort durch die wirtschaftliche Stagnation noch verschärft wurden. Mit anderen Worten: Nixon und seine Berater glaubten, die Zeit sei auf ihrer Seite, nicht auf der ihrer Gegner.

Nixon bewertete das Verhältnis zu Moskau sehr viel nuancierter als seine Vorgänger. Aus seiner Sicht ging es bei den Beziehungen zur Sowjetunion keineswegs um alles oder nichts; ihm war wohl bewußt, daß es eine Fülle offener Fragen gab, von denen manche sich lösen lassen würden und andere nicht. Also versuchte er, die zahlreichen Bestandteile des komplizierten Verhältnisses zwischen den beiden Supermächten zu einem umfassenden Ansatz zu verweben, weder auf totale Konfrontation (im Sinne der»Theologen«) noch auf totale Versöhnung (wie die »Psychiater« forderten) ausgerichtet. Sein Gedanke ging dahin, die Bereiche zu betonen, in denen Kooperation möglich war, und eben diese Zusammenarbeit als Hebel zu nutzen, um das sowjetische Verhalten in jenen Bereichen zu modifizieren, in denen sich die Supermächte unversöhnlich gegenüberstanden. Das war es, was die Nixon-Regierung unter »Entspannungspolitik« verstand. Das Zerrbild, das die nachfolgende Kontroverse bestimmte, hatte damit nichts zu tun.

Dieser sogenannten »linkage«-Politik, die besagte, daß die Kooperation auf einem Gebiet von Fortschritten auf anderen Gebieten abhängen sollte, stellten sich allerdings von Beginn an eine ganze Reihe von Hindernissen in den Weg. Der an Besessenheit grenzende Wunsch vieler einflußreicher Amerikaner nach Rüstungskontrolle erwies sich als eine dieser Klippen. In den Abrüstungsverhandlungen der zwanziger Jahre hatte man versucht, Waffen auf ein nicht bedrohliches Maß zu reduzieren, und war kläglich gescheitert. Im Atomzeitalter war das Ziel noch komplizierter geworden, da ein »sicherer« Besitz von Nuklearwaffen eigentlich einen Widerspruch in sich darstellte. Außerdem hatte niemand eine Vorstellung, wie auf einem so riesigen Territorium wie dem der Sowjetunion überprüft werden sollte, ob das Niveau tatsächlich so niedrig war wie verlangt. Erst gegen Ende des Kalten Krieges wurden die Bestände tatsächlich reduziert. Doch während der sechziger und siebziger Jahre wurde Abrüstung der Verminderung spezifischer, definierbarer Gefahren untergeordnet, deren herausragendste die eines Überraschungsangriffs war. Die Bemühungen, diesen auf dem Verhandlungswege auszuschließen, liefen dann unter der Bezeichnung Rüstungskontrolle.

Die politischen Entscheidungsträger hatten indes nicht damit gerechnet, daß der Versuch, das Risiko eines Überraschungsangriffs zu verringern, zur Kernfrage der Rüstungskontrollverhandlungen werden sollte. Der gesunde Menschenverstand schien nahezulegen, daß das riesige Zerstörungspotential der Supermächte sich gegenseitig aufheben würde, da jede Seite zu jedem Zeitpunkt in der Lage wäre, der anderen heillosen Schaden zuzufügen, gleichgültig, was die gegnerische Seite tun würde. 1959 zeigte jedoch Albert Wohlstetter, damals als Wissenschaftler für die Rand Corporation tätig, in einem der außergewöhnlichsten Aufsätze, die über den Kalten Krieg geschrieben worden sind, daß gesunder Menschenverstand keine adäquate Richtlinie für nukleare Beziehungen sei. Die Tatsache, daß Nuklearwaffen von Flugzeugen transportiert wurden, die wiederum auf relativ wenigen Stützpunkten konzentriert waren, machte es technisch möglich, die strategischen Streitkräfte des Gegners noch vor deren Einsatz auszuschalten.[12] Unter solchen Umständen würde der Aggressor den Gegenschlag auf ein tolerierbares Maß herunterschrauben können und wäre somit in der Lage, sich militärisch durchzusetzen. Zugleich konnte die Angst vor einem Überraschungsangriff zu einem Präventivschlag verleiten, zu einem Angriff also, der keinem anderen Zweck diente, als einem vermuteten Überraschungsangriff zuvorzukommen. Wohlstetters Meinung nach war das nukleare Gleichgewicht im Grunde hochgradig instabil. Die angebliche Kluft zwischen der Fähigkeit zum sogenannten Erstschlag und der Fähigkeit zum Zweitschlag wurde zur Obsession von Verteidigungsspezialisten und Rüstungskontrollexperten. So entstand der Gedanke, beide Seiten seien eventuell daran interessiert, Vereinbarungen auszuhandeln, um sich vor dieser ultimativen Gefahr, die jede Seite für die andere darstellte, zu schützen. In Universitätsseminaren in Harvard, am Massachusetts Institute of Technology, in Stanford und am California Institute of Technology wurden Theorien und praktische Vorschläge zur Rüstungskontrolle und zur strategischen Stabilität entwickelt, auf die sich die politischen Entscheidungsträger während der nächsten zwanzig Jahre stützen sollten.

Wohlstetters Artikel bewirkte für die strategische Analyse das, was Kennan mit seinem 1947 unter dem Kürzel »X« erschienenen Beitrag für die politische Analyse erreicht hatte. Die Rüstungskontrolldiplomatie bemühte sich von nun an, die Zusammensetzung und die operativen Eigenschaften der strategischen Streitkräfte zu begrenzen, um den Anreiz für einen Überraschungsangriff auf ein Minimum zu reduzieren.

Doch auch Rüstungskontrolle brachte ihre eigenen Verwicklungen. Das Thema war so kompliziert, daß es sowohl bei Politikern als auch in der breiten Öffentlichkeit enorme Ängste entstehen ließ. Zunächst einmal wurde das Problem in seinem Kern zu stark vereinfacht. Die Entscheidung, einen Atomkrieg auszulösen, würde nicht von Wissenschaftlern getroffen werden, die mit dieser Waffengattung vertraut waren, sondern von gehetzten Politikern, die sich dessen bewußt waren, daß der geringste Rechenfehler ihre Völker, wenn nicht gar die gesamte Zivilisation zerstören würde. Keine der beiden Seiten besaß irgendeine militärtaktische Erfahrung mit der neuen Technologie; um aber in einem Atomkrieg die Oberhand zu behalten, müßte man Tausende von atomaren Sprengköpfen gleichzeitig abschießen. Während des gesamten Kalten Krieges hatte die UdSSR nur ganze drei Raketen gleichzeitig getestet, und die Vereinigten Staaten zündeten von ihren unterirdischen Raketenabschußrampen keine einzige (weil sie mitten im Land lagen und Washington Angst hatte, eine abstürzende Testrakete könne Waldbrände auslösen. Soviel im Vertrauen).

Daher wurde die reale Gefahr eines Überraschungsangriffs von zwei Gruppen mit gegensätzlichen Zielen übertrieben: von denjenigen, die zum

Schutz vor einem Überraschungsangriff einen hohen Verteidigungshaushalt propagierten, und von denen, die sich auf die Furcht vor einem Überraschungsangriff beriefen, um Beschneidungen im Rüstungsbudget zu erreichen. Da die Problematik schon kompliziert genug war, hing viel davon ab, wie geschickt man sie darstellte. Überdies war die Debatte in einer Weise emotionsgeladen, die es wahrlich nicht einfach machte zu sagen, ob die Experten aufgrund wissenschaftlicher Studien zu ihren Schlußfolgerungen gelangt waren oder ob sie sich der Wissenschaft bedienten, um vorgefertigte Schlüsse zu stützen – zu oft war letzteres der Fall. Gnade dem politischen Entscheidungsträger, der sich den Ratschlägen von Wissenschaftlern auslieferte, deren Ansichten weit auseinandergingen und die der Untersuchung der Atomproblematik mehr Jahre geopfert hatten, als ein Staatsmann Stunden zur Verfügung hatte, um darüber nachzudenken. Debatten über so schwer analysierbare Inhalte wie Verwundbarkeit, Exaktheit und Berechenbarkeit standen der Komplexität mittelalterlicher Dispute über Theologie in nichts nach. Eigentlich aber wurden diese Diskussionen stellvertretend für alte und tiefergehende Kontroversen geführt, die aus den frühen Tagen der Eindämmungspolitik stammten.

In den siebziger Jahren erreichten die Debatten über die Rüstungskontrolle ihren Höhepunkt. Konservative Kritiker warnten vor der Unberechenbarkeit der sowjetischen Machthaber und der Feindseligkeit der sowjetischen Ideologie. Die Verfechter der Rüstungskontrolle hingegen betonten, welchen Beitrag Rüstungskontrollvereinbarungen unabhängig vom Wert der aktuellen Vereinbarungen zu einer allgemeinen Entspannung der Beziehungen leisten könnten. Die alte Auseinandersetzung zwischen Theologen und Psychologen flammte, nun im technologischen Gewand, wieder auf.

Anfangs pfropfte man die Rüstungskontrolle der Eindämmungstheorie einfach auf. Durch Vertrauen auf Positionen der Stärke, verknüpft mit einem Rüstungskontrollkonzept, sollte die Eindämmung angeblich weniger risikoreich werden. Im Lauf der Zeit stellte sich heraus, daß Rüstungskontrolle die Eindämmung aber auch beständiger machte. Immer weniger war von politischen Vereinbarungen die Rede; immer seltener wurden Versuche unternommen, Verhandlungen in Gang zu bringen. Je sicherer die Welt den Rüstungskontrolleuren erschien, desto weniger Gründe fanden die Politiker dafür, vertraute Positionen zugunsten des unerforschten Terrains politischer Einigung zu verlassen.

Die Krisen kamen und gingen und loderten mal in Südostasien, mal in der Karibik oder in Mitteleuropa auf. Beide Seiten schienen darauf zu warten, daß ihr Gegner unter dem Einfluß der geschichtlichen Entwicklung mehr oder weniger von selber zusammenbrechen werde. Solange noch nicht erkennbar war, wessen Erwartung im Hinblick auf die geschichtliche Entwicklung sich bewahrheiten würde, sollte das Leben durch Rüstungskontrollverhandlungen erträglicher gestaltet werden. Alles schien auf ein Patt hinauszulaufen: Die politische Doktrin – die Eindämmung – bot keine Antwort auf den Rüstungswettlauf, und die strategische Theorie – die Rüstungskontrolle – eröffnete keine Lösung für den politischen Konflikt.

In dieser Atmosphäre wurde Nixon, kaum hatte er sein Amt übernommen, vom Kongreß und den Medien gedrängt, unverzüglich Rüstungskontrollverhandlungen mit den Sowjets in Angriff zu nehmen. Seit dem sowjetischen Einmarsch in die Tschechoslowakei waren jedoch noch nicht einmal sechs Monate vergangen, und so weigerte er sich hartnäckig, Diplomatie so zu betreiben, als sei nichts geschehen. Er wollte zumindest vermeiden, daß sich Rüstungskontrolle in ein Sicherheitsventil für den sowjetischen Expansionismus verwandelte. Die Regierung Nixon nahm sich statt dessen vor zu sondieren, ob man den offensichtlichen Wunsch des Kremls, die jetzige US-Regierung – die von ihnen als bedeutend unnachgiebiger und folglich für die sowjetischen Interessen auch bedrohlicher eingeschätzt wurde als deren Vorgängerin – zu beschwichtigen, nutzen konnte, um die Sowjets zur Zusammenarbeit in Spannungsgebieten zu bewegen. Das bedeutete konkret: Verbesserung der Lage Berlins, Entspannung im Nahen Osten und vor allem Beendigung des Vietnamkrieges. Das war es, was die Nixon-Administration unter »linkage«-Politik verstand. In der Folge wurde um diesen Ansatz heftig gestritten.

Eine der vorrangigen Aufgaben der Staatskunst ist es zu erkennen, welche Themen in Bezug zueinander stehen und sich gegenseitig positiv beeinflussen können. Meistens haben Politiker hier keine große Wahl; am Ende ist es die Realität und nicht die Politik, die Ereignisse miteinander verbindet. Die Aufgabe des Staatsmannes ist es jedoch, einen solchen Bezug, falls er denn besteht, wahrzunehmen und zu nutzen. Mit anderen Worten: Er muß ein Netz von Anreizen und Strafen schaffen, um das günstigste Ergebnis zu erreichen.

In einem Brief an jene Kabinettsmiglieder, die sich mit Fragen der Sicherheit befaßten, erläuterte Nixon am 4. Februar 1969 seine Vorstellungen:»Ich glaube, daß Krisen und Konfrontationen einerseits und eine echte Zusammenarbeit andererseits nicht lange gleichzeitig nebeneinander bestehen können. Ich erkenne an, daß die vorige Regierung die Auffassung vertreten hat, wir sollten uns, wenn wir feststellen, daß wir in einer bestimmten Frage die gleichen Interessen vertreten wie die UdSSR, um eine Vereinbarung bemühen und versuchen, die Angelegenheit so weit wie möglich gegen das Auf und Ab der Konflikte an anderer Stelle abzuschirmen. Das mag im Hinblick auf zahlreiche bilaterale und praktische Angelegenheiten, wie etwa beim Kultur- und Wissenschaftsaustausch, die richtige Methode sein. Ich glaube aber, in den entscheidenden Fragen unserer Zeit müssen wir versuchen, auf einer genügend breiten Front vorzugehen, um deutlich werden zu lassen, daß wir einen Zusammenhang zwischen politischen und militärischen Fragen sehen.«[13]

Der außenpolitische Ansatz des »linkage« wurde so lange debattiert, daß man fast vergaß, wie einfach Nixons anfänglicher Vorschlag im Grunde war. Der Kalte Krieg wurde als Gegnerschaft der beiden Supermächte definiert. Nixon sagte nicht mehr – und nicht weniger –, als daß es absurd sei, innerhalb dieser Beziehung nur einen Bereich verbessern zu wollen und gleichzeitig in allen anderen weiter auf Konfrontationskurs zu bleiben. Selektive Entspannung erschien ihm und seinen Beratern als eine sichere Strategie, die Position der Demokratien zu unterhöhlen: Es ergab keinen Sinn, daß ein so komplexer und undurchsichtiger Themenbereich wie Rüstungskontrolle den Testfall für die Aussicht auf Frieden abgeben sollte, während sowjetische Waffen Konflikte im Nahen Osten förderten und amerikanische Soldaten in Vietnam töteten.

Das »linkage«-Konzept schlug in der Gemeinschaft derer, die sich mit Außenpolitik beschäftigten, hohe Wellen. Die Bürokratie des US-Außenministeriums rekrutiert sich großenteils aus Mitarbeitern, die sich nach den in Amerika herrschenden gesellschaftlichen Maßstäben einer ziemlich unkonventionellen Karriere verschrieben haben, so daß sie ihre eigenen Vorstellungen von einer besseren Welt öffentlich kundtun und durchsetzen können. Darüber hinaus sind ihre Meinungen das Ergebnis eines Reifungsprozesses, in dem Politik aus bürokratischen Kämpfen hervorgeht, die niemals endgültig geklärt werden, wie Außenminister George Shultz es später einmal formulierte. Da amerikanische Außenpolitik in eine Reihe hochgradig problemspezifischer, zuzeiten sogar isolierter Einzelinitiativen zersplittert ist, wird sie nur selten vom Standpunkt eines übergreifenden Konzepts aus in Angriff genommen. Ad-hoc-Lösungsvorschläge auf Ministerialebene finden mehr – und leidenschaftlichere – Fürsprecher als Gesamtkonzepte, die oft von niemandem öffentlich befürwortet werden. Nur ein ungewöhnlich starker und entschlossener Präsident, der sich in den ungeschriebenen Gesetzen Washingtons gut auskennt, kann solche Strukturen aufbrechen.

Nixons Versuch, die Aufnahme von Verhandlungen über strategische Waffen an Fortschritte in politischen Fragen zu knüpfen, lief daher sowohl den unverrückbaren Positionen der Rüstungskontrolleure zuwider, die brennend an einer Begrenzung dieser Waffengattung interessiert waren, als auch denen der Kreml-Spezialisten, die der felsenfesten Überzeugung waren, die amerikanische Außenpolitik solle den »Kreml-Tauben« bei den angeblichen politischen Auseinandersetzungen mit den »Kreml-Falken« den Rücken stärken. Tag für Tag demontierte die Bürokratie die im Brief des Präsidenten skizzierte Politik ein bißchen mehr, indem man Rüstungskontrolle als Selbstzweck herausstellte. Es sickerten zum Beispiel Pressemitteilungen durch, die zwar nicht »autorisiert« waren, aber auch nie dementiert wurden. Am 18. April 1969 bezeichneten »Offizielle« in der ›New York Times‹ Waffenabkommen mit der Sowjetunion als »ein vorrangiges Ziel der Außenpolitik Nixons«.[14] Am 22. April 1969 kündigten »amerikanische

Diplomaten« in der ›New York Times« sogenannte SALT-Gespräche über die Begrenzung strategischer Waffen für den Juni an.[15] Am 13. Mai zitierte die ›Washington Post‹ Quellen aus Regierungskreisen, denen zufolge bis zum 29. Mai ein Datum für die Aufnahme der Gespräche festgesetzt würde.[16] Nixon wurde niemals direkt mit diesem geballten Druck konfrontiert, der ihn zur Änderung seiner erklärten Position hinsichtlich der Koppelung von Rüstungskontrolle an politische Fragen bewegen sollte; statt dessen nutzte man eine Reihe taktischer, tagtäglicher Kommentare, um die Dinge in die von den Bürokraten bevorzugte Richtung zu lenken.

Spezialisten außerhalb der Regierung warteten schon bald mit eigener Kritik auf. Am 3. Juni 1969 nannte die ›New York Times‹ die Bindung von Handelsbeschränkungen an andere Fragen »hinderlich und sinnlos«. Dies sei eine »Politik des Kalten Krieges«, die »nicht mit der Theorie der Regierung Nixon in Einklang stehe, daß es an der Zeit sei, das Kapitel der Konfrontation abzuschließen und sich Verhandlungen und Kooperation zu öffnen«.[17] Die ›Washington Post‹ brachte dasselbe Argument. Am 5. April schrieb sie: »Die Realität ist zu komplex und schwierig, um irgendeinen Präsidenten glauben zu lassen, er könne so viele verschiedene Ziele auf einmal verfolgen. Der Wert und die Dringlichkeit von Rüstungskontrolle liegen jenseits des Stellenwerts politischer Fragen.«[18] Nixon hingegen beabsichtigte, die SALT-Verhandlungen hinauszuzögern, um so den Dialog mit den Sowjets zu erweitern. Die verwaltungsinterne Dynamik zusammen mit den konzeptionellen Meinungsverschiedenheiten kosteten ihn wertvolle Kräfte, mit denen er lieber sparsam umgegangen wäre.

Man kann nicht behaupten, daß der Ansatz der Nixon-Regierung sofort Erfolge gezeitigt hätte. Im April 1969 schlug ein Versuch fehl, den künftigen Außenminister Cyrus Vance mit einer Verhandlungsvollmacht für die Beschränkung strategischer Waffen wie für die Vietnamproblematik nach Moskau zu entsenden.[19] Die beiden Themenbereiche waren freilich zu verschieden, der Ausgang der Diskussionen über strategische Waffen zu unsicher, Hanois Führung zu halsstarrig und der für beide Verhandlungsbereiche erforderliche zeitliche Rahmen kaum abzustimmen.

Letzten Endes aber waren Nixon und seine Berater doch erfolgreich in ihrem Bemühen, die verschiedenen Stränge ihrer Politik produktiv aufeinander abzustimmen. Das »linkage«-Konzept begann zu funktionieren, weil es der Regierung in Washington gelungen war, die Sowjets durch die dramatische Öffnung der USA nach China zur Mäßigung zu bewegen. Lernt jemand Schach spielen, so gilt als Grundregel bei der Auswahl der Züge, ruhig die Anzahl der Felder zu zählen, die man infolge der jeweiligen Entscheidung beherrschen könnte. Generell heißt das: Je mehr Felder ein Spieler beherrscht, desto größer sind seine Möglichkeiten und um so eingeschränkter die seines Gegners. Ähnlich ist es in der Diplomatie: Je mehr Möglichkeiten eine Seite hat, desto weniger hat die andere und desto sorgfältiger muß sie im Verfolg ihrer Ziele vorgehen. Insofern kann eine solche

Situation mit der Zeit den Gegner dazu anspornen, nach Wegen zu suchen, seine Rolle als Widersacher zu beenden.

Würde die UdSSR einmal nicht mehr auf die ständige Feindschaft zwischen den beiden mächtigsten und bevölkerungsstärksten Staaten der Welt setzen können, ja gewänne man darüber hinaus den Eindruck, die beiden würden allmählich sogar zusammenarbeiten, so würde der Raum für starre Positionen deutlich schrumpfen, vielleicht sogar ganz verschwinden. Die sowjetischen Machthaber müßten sich dann zurückhalten, da Drohgebärden die chinesisch-amerikanische Kooperation eventuell noch intensivieren würden. Unter den weltpolitischen Bedingungen am Ende der sechziger Jahre wurde die Verbesserung der chinesisch-amerikanischen Beziehungen deshalb zu einem Schlüsselelement in den Beziehungen der Nixon-Administration zur Sowjetunion.

Die traditionell freundschaftlichen Gefühle, die die Amerikaner den Chinesen gegenüber hegten, waren wie weggeblasen gewesen, als die Kommunisten 1949 den chinesischen Bürgerkrieg gewonnen hatten und 1950 in den Koreakrieg eintraten. An ihre Stelle trat eine Politik, die auf eine bewußte Isolierung der neuen Pekinger Machthaber zielte. Diese Geisteshaltung wurde aufschlußreich von Dulles demonstriert, der sich 1954 bei der Genfer Indochina-Konferenz weigerte, Tschou En-lai die Hand zu schütteln – eine Geste, die den chinesischen Ministerpräsidenten noch siebzehn Jahre später wurmte, als er mich in Peking begrüßte und sich erkundigte, ob ich auch zu jenen Amerikanern gehöre, die chinesischen Staatsmännern nicht die Hand reichen wollten. Diplomatische Kontakte zwischen beiden Staaten bestanden nur noch auf der Ebene der jeweiligen Botschafter in Warschau, die sich in unregelmäßigen Abständen trafen, um Beschimpfungen auszutauschen. Als während der Kulturrevolution in den späten sechziger und in den siebziger Jahren, die ähnlich viele Menschenleben forderte und Leid verursachte wie Stalins Säuberungsaktionen, alle chinesischen Botschafter nach China zurückbeordert (aus irgendeinem unerfindlichen Grund wurde nur der Botschafter in Kairo auf seinem Platz belassen) und deshalb auch die Warschauer Gespräche abgebrochen wurden, war der diplomatische Kontakt zwischen Washington und Peking gänzlich unterbrochen.

Interessanterweise waren es die beiden großen alten Männer der europäischen Diplomatie, Adenauer und de Gaulle, die als erste auf die Möglichkeiten eines sowjetisch-chinesischen Zerwürfnisses hinwiesen. Adenauer sprach, unter Rückgriff auf ein Buch, das er zu diesem Thema gelesen hatte, bereits 1957 davon, obgleich die Bundesrepublik zu diesem Zeitpunkt noch nicht in der Position war, Politik in globalem Maßstab zu betreiben. De Gaulle waren solche Grenzen nicht gesetzt. In den frühen sechziger Jahren hatte er richtig erkannt, daß die Sowjets sich an ihrer langen Grenze zu China mit ernsthaften Problemen konfrontiert sahen, die sie letzten Endes dazu zwingen würden, ihr Verhältnis zum Westen kooperativer zu gestalten. Charakteristischerweise ging er davon aus, daß diese Tatsache die französisch-sowjetische Entspannung fördern werde: Angesichts der Probleme, die Moskau mit China hatte, war es für de Gaulle durchaus denkbar, daß Moskau und Paris in Verhandlungen den Eisernen Vorhang beseitigten und de Gaulles Vision eines »Europa vom Atlantik bis zum Ural« verwirklichten. Doch de Gaulles Frankreich war nicht annähernd stark genug für eine derartige diplomatische Revolution. Moskau betrachtete Paris ja nicht einmal als ebenbürtigen Partner für eine lohnende Entspannungspolitik. Doch auch wenn de Gaulles politische Rezepte etwas verzerrt wirkten, weil er sie stets durch das Prisma französischer Wahrnehmung betrachtete, sollte sich zeigen, daß seine grundsätzlichen Analysen zutreffend waren. Über lange Zeit indes blieb amerikanischen Politikern, geblendet von ideologischen Vorurteilen, verborgen, welche strategischen Möglichkeiten der Bruch zwischen der Sowjetunion und China dem Westen bot.

In Amerika war man – entlang den für den Kalten Krieg typischen Konfliktlinien – über die damalige Situation in China geteilter Meinung. Eine kleine Gruppe von Chinaexperten sah hinter der Spaltung psychologische Gründe; sie drängte die USA, China hinsichtlich seiner Beschwerden entgegenzukommen, indem man Peking den Sitz Chinas in den Vereinten Nationen überließ und Spannungen durch weitreichende Kontakte abzubauen versuchte. Die breite Mehrheit der informierten Öffentlichkeit hingegen sah in der Volksrepublik China einen unheilbar expansionistisch orientierten und fanatisch ideologischen Staat, der sich auf Gedeih und Verderb der Weltrevolution verschrieben hatte. Das Engagement der Vereinigten Staaten in Indochina basierte vornehmlich auf dem Wunsch, das in ihren Augen von China angeführte kommunistische Komplott zur Übernahme Südostasiens zu unterlaufen. Noch stärker als im Fall der Sowjetunion herrschte allgemein die Überzeugung, das kommunistische System Chinas müsse sich erst wandeln, bevor man Verhandlungen in Erwägung ziehen könne.

Diese Sichtweise erhielt aus einer völlig unerwarteten Ecke Unterstützung. Sowjetexperten nämlich, die über ein Jahrzehnt auf einen dauerhaften Dialog mit Moskau gedrängt hatten, nahmen nun im Hinblick auf China genau die entgegengesetzte Position ein. Zu Beginn der ersten Amtszeit Nixons wandte sich eine Gruppe ehemaliger Botschafter in Moskau, die über Washingtons erste Versuche, vorsichtig Fühler nach Peking auszustrecken, beunruhigt war, mit einer ernsten Warnung an den Präsidenten. Ihrer Meinung nach reagierten die sowjetischen Machthaber auf das kommunistische China derart paranoid, daß jeder Versuch, die Beziehungen zwischen Peking und Washington zu verbessern, unweigerlich das Risiko einer ernsten Konfrontation mit der Sowjetunion nach sich zog.

Die Nixon-Administration teilte diese Auffassung von internationalen Beziehungen nicht. Ein Land von der Größe Chinas aus dem Geflecht diplomatischer Optionen einfach auszuklammern, hätte bedeutet, daß die USA auf dem internationalen Parkett gleichsam nur mit einer auf den Rükken gebundenen Hand hätten agieren können. Wir aber waren fest davon überzeugt, daß wir, indem wir unseren diplomatischen Handlungsspielraum erweiterten, Moskaus Haltung erweichen, nicht verhärten würden. In einer politischen Erklärung, die ich für Nelson Rockefeller verfaßt hatte, als er sich 1968 um die Präsidentschaftskandidatur der Republikaner bewarb, stand zu lesen:»Ich würde einen Dialog mit dem kommunistischen China beginnen. Mit einem subtilen Dreiecksverhältnis zwischen Washington, Peking und Moskau verbessern wir sowohl die Möglichkeiten der Verständigung mit jeder dieser Mächte als auch unsere Optionen beiden gegenüber.«[20] Nixon hatte ähnliche Ansichten sogar schon eher geäußert, sich dabei begrifflich an die traditionelle amerikanische Vorstellung von einer Weltgemeinschaft anlehnend. Schon im Oktober 1967 hatte er in der Zeitschrift ›Foreign Affairs‹ geschrieben:»Langfristig können wir es uns einfach nicht leisten, China für immer aus der Völkerfamilie auszuschließen und es so seine Phantasien nähren, seine Haßgefühle pflegen und seine Nachbarn bedrohen zu lassen. Auf diesem kleinen Planeten ist nicht genügend Platz, als daß dort eine Milliarde seiner potentiell fähigsten Menschen in wütender Isolation leben könnten.«[21]

Kurz nach seiner Ernennung zum Präsidenten äußerte Nixon sich präziser. Im September 1968 erklärte er in einem Zeitungsinterview:»Wir dürfen China nicht vergessen. Wir müssen immer nach Gesprächsmöglichkeiten suchen, so wie wir es mit der UdSSR auch tun [...]. Wir dürfen nicht nur nach Veränderungen Ausschau halten. Wir müssen versuchen, Veränderungen zu bewirken.«[22]

Schließlich erreichte Nixon sein Ziel, auch wenn der Entschluß Pekings, wieder in die Völkergemeinschaft zurückzukehren, weniger in der Aussicht auf einen Dialog mit den Vereinigten Staaten, als in der Furcht vor einem Angriff seitens seines angeblichen Verbündeten, der Sowjetunion, begründet lag. Die Regierung Nixon, die diese Dimension der chinesisch-sowjetischen Beziehungen nicht gleich begriffen hatte, wurde erst von Moskau selbst darauf aufmerksam gemacht. Dies war nicht das erste und auch nicht das letzte Mal, daß die sowjetische Außenpolitik durch ihre Ungeschicklichkeit genau jene Entwicklungen beschleunigte, vor denen sie sich am meisten fürchtete.

Im Frühjahr 1969 fanden an einem entlegenen Teilstück der chinesisch-sowjetischen Grenze entlang des Flusses Ussuri in Sibirien etliche Zusammenstöße zwischen chinesischen und sowjetischen Streitkräften statt. Ausgehend von den Erfahrungen zweier Jahrzehnte, betrachtete Washington es anfangs als selbstverständlich, daß fanatische chinesische Führungskräfte die Anstifter dieser Scharmützel seien. Erst die schwerfällige sowjetische Diplomatie veranlaßte Washington zu einer Neubeurteilung. Sowjetische Diplomaten nämlich lieferten eingehende Darstellungen ihrer Sicht der Ereignisse und erkundigten sich, wie Washington sich verhalten würde, falls diese Zusammenstöße eskalierten.

Dieser noch nie dagewesene Eifer des Kremls, die amerikanische Regierung wegen eines Themas zu konsultieren, an dem die Vereinigten Staaten gar kein besonderes Interesse gezeigt hatten, bewog uns zu der Überlegung, ob diese ungewöhnlichen Unterrichtungen eventuell dazu gedacht sein mochten, einem sowjetischen Angriff auf China den Boden zu bereiten. Dieser Verdacht erhärtete sich noch durch Untersuchungen des amerikanischen Geheimdienstes, die durch die sowjetischen Mitteilungen ausgelöst worden waren. Sie enthüllten, daß die Scharmützel ausnahmslos in der Nähe großer sowjetischer Nachschubbasen und weit entfernt von Chinas Kommunikationszentren stattfanden – eine Konstellation, die man nur erwarten würde, wenn man die sowjetischen Truppen in der Position des Angreifers sah. Die Glaubwürdigkeit der Analyse wurde auch durch die Tatsache bekräftigt, daß entlang der gesamten sechstausendfünfhundert Kilometer langen chinesisch-sowjetischen Grenze ein unermüdlicher Aufmarsch sowjetischer Streitkräfte stattfand, so daß dort schon bald über vierzig Divisionen zusammengezogen worden waren.

Trafen die Schlußfolgerungen der Regierung Nixon zu, dann stand eine ernste internationale Krise bevor, auch wenn sich ein Großteil der Welt dessen überhaupt nicht bewußt war. Eine sowjetische Intervention in China wäre die schwerwiegendste Bedrohung für das weltweite Gleichgewicht der Kräfte seit der Kuba-Krise gewesen. Die Anwendung der Breschnew-Doktrin auf China würde bedeuten, daß Moskau sich die Regierung in Peking ebenso unterwerfen würde wie ein Jahr zuvor die der Tschechoslowakei. Das größte Volk der Welt wäre dann einer atomaren Supermacht untergeordnet: eine unheilvolle Kombination, durch die jener chinesisch-sowjetische Block wiederhergestellt worden wäre, dessen monolithische Natur in den fünfziger Jahren so viele Ängste ausgelöst hatte. Daß die Sowjetunion zu einem solch waghalsigen Unternehmen wirklich in der Lage war, schien indessen keineswegs sicher. Es war jedoch offensichtlich – und das galt besonders für eine Regierung, die ihre Außenpolitik auf ein geopolitisches Konzept gründete –, daß man dieses Risiko auf keinen Fall eingehen durfte. Nahm man das Gleichgewicht der Kräfte ernst, dann mußte man bereits der bloßen *Aussicht* auf geopolitische Umwälzungen entgegenwirken; denn war der Wandel erst einmal vollzogen, dann wäre es vermutlich zu spät, noch etwas zu ändern. Zumindest aber würden sich die Kosten eines solchen Unternehmens explosionsartig vervielfachen.

Erwägungen dieser Art veranlaßten Nixon im Sommer 1969 zu zwei außergewöhnlichen Entscheidungen. Erstens sollten alle Fragen, die den bestehenden chinesisch-amerikanischen Dialog belasteten, beiseite geschoben werden. Während der Warschauer Gespräche war eine ebenso komplizierte wie zeitraubende politische Tagesordnung erstellt worden. Jede Seite hatte ihre Beschwerden herausgestrichen: Chinas Klagen betrafen die Zukunft Taiwans und in den USA eingefrorenes chinesisches Vermögen; die Vereinigten Staaten verlangten einen Gewaltverzicht gegenüber

Taiwan, Chinas Teilnahme an Rüstungskontrollverhandlungen und eine Regelung für die wirtschaftlichen Forderungen der USA gegenüber China. Statt auf diese Probleme weiter einzugehen, konzentrierte Nixon sich nun auf die allgemeinere Frage, wie die chinesische Haltung zu einem Dialog mit den Vereinigten Staaten generell einzuschätzen sei. Der Gestaltung der sich abzeichnenden chinesisch-sowjetisch-amerikanischen Dreiecksbeziehung wurde absolute Priorität eingeräumt. Sollte sich erhärten, was wir vermuteten – daß nämlich die Sowjetunion und China sich gegenseitig mehr fürchteten als die Vereinigten Staaten –, dann würden sich der amerikanischen Diplomatie noch nie dagewesene Möglichkeiten eröffnen. Verbesserten sich die Beziehungen auf dieser Grundlage, so würden die hergebrachten Streitpunkte sich von selber erledigen; verbesserten sie sich nicht, so würden die alten Streitpunkte auch weiterhin unlösbar bleiben. Mit anderen Worten: Die praktischen Fragen würden sich zwar infolge einer prinzipiellen chinesisch-amerikanischen Annäherung lösen lassen, nicht aber den Weg dahin ebnen.

Um ihrer Strategie, die bislang bipolare Welt um ein drittes Gegengewicht zu erweitern, zum Durchbruch zu verhelfen, kündigten die Vereinigten Staaten im Juli 1969 eine Reihe einseitiger Initiativen an, die den Gesinnungswandel andeuten sollten. So wurde das Reiseverbot für Amerikaner in die Volksrepublik China aufgehoben, Amerikaner durften fortan chinesische Waren im Wert von einhundert Dollar in die Vereinigten Staaten einführen, und auch der begrenzte Export von Getreide aus den USA nach China wurde erlaubt. Wenngleich diese Maßnahmen an sich unbedeutend waren, so waren sie doch dazu angetan, den neuen Ansatz Washingtons zu vermitteln.

In einer eigens von Nixon gebilligten Rede ging Außenminister William P. Rogers schließlich zu klareren Worten über. Am 8. August 1969 verkündete er in Australien, die USA würden es begrüßen, wenn das kommunistische China in Angelegenheiten sowohl des asiatischen als auch des pazifischen Raumes zukünftig eine wichtige Rolle spielte. Sollte die chinesische Führung ihre introvertierte »Sicht der Welt« aufgeben, würde Washington ihr neue »Kommunikationskanäle eröffnen«. Es war die entgegenkommendste Stellungnahme, die ein amerikanischer Außenminister in den letzten zwanzig Jahren je zu China abgegeben hatte, und Rogers lenkte die Aufmerksamkeit auch auf die einseitigen amerikanischen Initiativen im wirtschaftlichen Bereich: Sie sollten dazu dienen, so sagte er, »daß das Volk auf dem chinesischen Festland sich an unsere historische Freundschaft mit ihm erinnern möge«.[23]

Doch wenn im Sommer 1969 ein sowjetischer Angriff tatsächlich vor der Tür gestanden hätte, dann wäre für die Entfaltung dieser komplexen Manöver kaum genügend Zeit geblieben. Daher unternahm Nixon den vielleicht kühnsten Schritt seiner Präsidentschaft: Er warnte die Sowjetunion, die Vereinigten Staaten würden nicht gleichgültig reagieren, falls China angegriffen würde. Ungeachtet Chinas damaliger Einstellung gegenüber den USA betrachteten Nixon und seine Berater dessen Unabhängigkeit als unabdingbar für das globale Gleichgewicht und beurteilten diplomatische Kontakte mit China als wesentlich für die weitere Flexibilität der amerikanischen Diplomatie. Nixons Warnung an die UdSSR war außerdem deutlicher Ausdruck der Tatsache, wie wichtig es der neuen Regierung war, ihre Politik auf einer sorgfältigen Einschätzung des nationalen Interesses aufzubauen. Besorgt über den sowjetischen Aufmarsch entlang der chinesischen Grenze, genehmigte der US-Präsident am 5. September 1969 eine energische, an beide Seiten gerichtete Erklärung, die darauf hinauslief, daß die Vereinigten Staaten angesichts der Möglichkeit eines sowjetisch-chinesischen Krieges »tief besorgt« seien. Der Stellvertretende Außenminister Elliott Richardson wurde beauftragt, die Botschaft zu überbringen; er stand in der Hierarchie hoch genug, um außer Zweifel zu lassen, daß er im Namen des Präsidenten sprach, war aber andererseits auch nicht so prominent, daß die Sowjetunion sich durch ihn frontal herausgefordert fühlen konnte: »Es ist nicht unser Ziel, die Feindschaft zwischen der Sowjetunion und der Volksrepublik zu unserem Vorteil auszunutzen. Ideologische Differenzen zwischen den beiden kommunistischen Riesen interessieren uns nicht. Dennoch können wir nicht unsere tiefe Besorgnis darüber verhehlen, daß dieser Streit in eine massive Verletzung des internationalen Friedens und der allgemeinen Sicherheit eskalieren könnte.«[24]

Schwört ein Staat seiner Absicht ab, einen Konflikt zwischen zwei anderen Parteien auszunutzen, dann heißt das im Grunde nichts anderes, als daß er dazu durchaus in der Lage wäre und daß beide Parteien gut daran täten, etwas für die Wahrung dieser neutralen Haltung zu tun. Bringt eine Nation ihre »tiefe Besorgnis« über das eventuelle Eintreten einer militärischen Situation zum Ausdruck, so deutet sie damit an, daß sie dem Opfer dieser Aggression – auf noch nicht näher erläuterte Weise – beistehen wird. Als einziger amerikanischer Präsident dieses Jahrhunderts zeigte Nixon die Bereitschaft, ein Land zu unterstützen, zu dem die Vereinigten Staaten zwanzig Jahre lang keine diplomatischen Beziehungen unterhalten hatten, mit dem seine Regierung bis dahin auf keiner Ebene *irgendwelche* Kontakte gehabt hatte und dessen Diplomaten und Medien den amerikanischen »Imperialismus« bei jeder Gelegenheit verteufelten. All dies signalisierte die Rückkehr der Vereinigten Staaten in die Welt der Realpolitik.

Um dem neuen Ansatz Gewicht zu verleihen, wurde die Bedeutung verbesserter Beziehungen zwischen China und den USA in jedem Jahresbericht des Präsidenten zur Außenpolitik erneut hervorgehoben. Im Februar 1970 – noch bevor direkte Kontakte zwischen Washington und Peking erfolgt waren – forderte der Bericht konkrete Verhandlungen mit China und unterstrich, daß die Vereinigten Staaten sich nicht mit der Sowjetunion gegen China zusammenschließen würden. Das war natürlich die Kehrseite der

Warnung an Moskau: Sie bedeutete, daß Washington diese Möglichkeit durchaus nutzen würde, falls man es dazu zwang. In dem Bericht vom Februar 1971 wurde die Bereitschaft Amerikas, Kontakte mit China aufzunehmen, wiederholt. Man versicherte Peking, daß Washington keine feindlichen Absichten hegte:»Wir sind bereit, mit Peking in einen Dialog zu treten. Wir können seine ideologischen Grundsätze oder seine Vorstellung, die Vorherrschaft über Asien ausüben zu müssen, nicht akzeptieren. Doch möchten wir China auch keine internationale Position aufzwingen, die seine legitimen nationalen Interessen verleugnet.«[25]

Und noch einmal griff der Bericht Amerikas Neutralität im Konflikt zwischen den beiden großen kommunistischen Machtzentren auf:»Wir werden weder etwas unternehmen, um den Konflikt zu verschärfen, noch um ihn zu fördern. Es wäre absurd zu glauben, wir könnten mit einer der Parteien gemeinsame Sache gegen die andere machen [...]. Gleichzeitig werden wir es aber nicht zulassen, daß die Volksrepublik China oder die UdSSR uns unsere Politik und Verhaltensweise dem anderen gegenüber diktiert [...]. Wir werden China ebenso wie die UdSSR nicht nach seinen Worten, sondern nach seinen Taten beurteilen müssen.«[26]

Die ostentative Weigerung, sich zum Komplizen eines der kommunistischen Giganten zu machen, diente beiden als Aufforderung, die Beziehungen zu Washington zu verbessern, und war jedem eine Warnung vor den Konsequenzen fortgesetzter Feindseligkeiten. Da sowohl China als auch die Sowjetunion sich ausrechneten, daß sie Amerikas Wohlwollen brauchten, um nicht befürchten zu müssen, daß Washington auf den jeweiligen Gegner zuging, fühlten beide sich zur Verbesserung ihrer Beziehungen mit den USA veranlaßt. Zudem war beiden so unmißverständlich wie möglich – nämlich schwarz auf weiß – mitgeteilt worden, daß die Grundvoraussetzung für engere Beziehungen zu Washington darin bestand, Amerikas wesentliche Interessen nicht länger zu bedrohen.

Es sollte sich freilich zeigen, daß es einfacher war, eine neue Politik China gegenüber zu entwerfen, als diese auch durchzusetzen. Die Vereinigten Staaten und China hatten sich so vollständig gegeneinander abgeschottet, daß keiner der beiden wußte, wie er Kontakte zum anderen aufnehmen, geschweige denn, wie man eine gemeinsame Sprache finden sollte, um sich zu versichern, daß die Annäherung nicht als Falle gedacht war.

China hatte dabei größere Schwierigkeiten, was teilweise damit zusammenhing, daß in Peking Diplomatie so subtil und verhalten betrieben wurde, daß sie den Horizont der Washingtoner Politiker weit überstieg. Am 1. April 1969, zwei Monate nach Nixons Amtsantritt, ließ Lin Piao, Chinas Verteidigungsminister, der als Maos Nachfolger gehandelt wurde, in einem Bericht anläßlich des IX. Parteitags der Kommunistischen Partei die bisherige Standardbezeichnung der Vereinigten Staaten als Chinas Hauptfeind fallen. Und indem er die Sowjetunion zugleich als ebenbürtige Bedrohung charakterisierte, war die grundlegende Bedingung für eine Dreiecksdiplomatie erfüllt. Zugleich bestätigte Lin Piao eine Erklärung, die Mao 1965 gegenüber dem Journalisten Edgar Snow abgegeben hatte, daß nämlich China weder Truppen außerhalb seiner Grenzen stehen noch die Absicht habe, gegen irgend jemanden zu kämpfen, solange sein Territorium nicht angegriffen werde.

Einer der Gründe, weshalb Maos Signale ignoriert worden waren, lag darin, daß die Chinesen Edgar Snows Einfluß in Amerika maßlos überschätzt hatten. Die Pekinger Machthaber glaubten, daß Snow, der als amerikanischer Journalist mit den chinesischen Kommunisten lange sympathisiert hatte, in den Vereinigten Staaten besondere Glaubwürdigkeit genieße. Washington hielt ihn jedoch für ein Werkzeug der Kommunisten und war nicht bereit, ihm seine Geheimnisse anzuvertrauen. Maos Gesten – so reservierte er beispielsweise Snow bei der Abnahme der Militärparade anläßlich des chinesischen Unabhängigkeitstages im Oktober 1970 einen Platz an seiner Seite – waren uns einfach entgangen, und dies traf auch auf ein Interview zu, daß Snow im Dezember 1970 von Mao gewährt worden war. Hierin lud er Richard Nixon nach China ein, ob als Touristen oder als amerikanischen Präsidenten. Doch wenngleich Mao, um seine ehrlichen Absichten zu unterstreichen, seiner Dolmetscherin befohlen hatte, Snow ihre Notizen zu geben, erfuhr Washington erst von dieser Einladung, als Nixons Besuch viele Monate später bereits über andere Kanäle zum Gesprächsgegenstand geworden war.

Unterdessen wurden im Dezember 1969 in Warschau diplomatische Kontakte zwischen den Vereinigten Staaten und China aufgenommen. Diese verliefen jedoch nicht zufriedenstellender als in der Vergangenheit. Nixon hatte den amerikanischen Botschafter in Warschau, Walter Stoessel, einen äußerst fähigen und diskreten Mann, instruiert, sich bei der nächstbesten Gelegenheit an den Vertreter Chinas, den man inzwischen wieder in sein Amt eingesetzt hatte, zu wenden und ihn zur Aufnahme von Gesprächen auf Botschafterebene einzuladen. Erst am 3. Dezember 1969 konnte Stoessel anläßlich einer jugoslawischen Modenschau im Warschauer Kulturpalast, einem höchst merkwürdigen Schauplatz, aktiv werden. Doch der chinesische Geschäftsträger, der keinerlei Instruktionen für den unvorhergesehenen Fall besaß, daß ein amerikanischer Diplomat an ihn herantrat, lief davon. Erst als Stoessel den Dolmetscher stellte, konnte die Nachricht übermittelt werden. Am 11. Dezember hatte der chinesische Gesandte endlich Instruktionen erhalten, wie er mit den Amerikanern umgehen solle, und lud Stoessel in die chinesische Botschaft zur Wiederaufnahme der abgebrochenen Warschauer Gespräche ein.

Das Scheitern war programmiert. Weder die chinesische noch die amerikanische Tagesordnung eignete sich dazu, die anstehenden geopolitischen Probleme näher zu untersuchen, die sowohl nach Nixons als auch, wie sich später herausstellte, nach Maos und Tschous Meinung entscheidend für die Zukunft der chinesisch-amerikanischen Beziehungen sein würden. Darüber hinaus war diese Problematik auf amerikanischer Seite durch schwerfällige Beratungen mit dem Kongreß und wichtigen Verbündeten belastet. Sie alle waren der festen Überzeugung, daß der Fortschritt, falls es überhaupt einen gebe, ermüdend und Gegenstand vieler Einsprüche sein werde. Das Ergebnis war, daß die Warschauer Gespräche mehr Kontroversen innerhalb der US-Regierung hervorriefen, als auf den Treffen zwischen den beiden Seiten selbst diskutiert wurden. Nixon und ich waren daher irgendwie erleichtert, als wir erfuhren, daß China die Gespräche zwischen den Diplomaten unterbrochen hatte, um gegen den amerikanischen Angriff auf die nordvietnamesischen Schlupfwinkel in Kambodscha im Mai 1970 zu protestieren. Von nun an suchten beide Seiten nach flexibleren Kanälen. Pakistan übernahm schließlich die Vermittlerrolle. In immer kürzeren Abständen fanden Treffen statt, die im September 1971 in meiner geheimen Reise nach Peking gipfelten.

Besser als jene Gruppe von Gesprächspartnern, die ich dort antraf, hätte wohl kaum jemand Nixons diplomatischen Stil aufgenommen. Nicht anders als der amerikanische Präsident hielt auch die chinesische Führung die hergebrachten Streitpunkte für zweitrangig und war vor allem darum bemüht, herauszufinden, ob eine Zusammenarbeit auf der Grundlage übereinstimmender Interessen möglich wäre. Entsprechend lautete später eine der ersten Bemerkungen Maos gegenüber Nixon: »Das kleinere Problem ist Taiwan, das große Problem ist die Welt.«[27]

Die chinesische Führung wollte von den Vereinigten Staaten die Zusicherung, bei der Umsetzung der Breschnew-Doktrin nicht mit dem Kreml zusammenzuarbeiten; Nixon wiederum mußte wissen, ob China eventuell bereit war, gemeinsam mit den Vereinigten Staaten die geopolitische Offensive der Sowjets zu durchkreuzen. Die Ziele beider Seiten waren zunächst vorwiegend konzeptioneller Art, obschon klar war, daß früher oder später praktische diplomatische Ergebnisse folgen mußten. Ob sich daraus ein Gefühl für gemeinsame Interessen entwickeln würde, hing davon ab, wie überzeugend beide Seiten ihre jeweilige Weltsicht vorbrachten – eine Aufgabe, für die Nixon außerordentlich geeignet war.

Aus diesen Gründen zielte der chinesisch-amerikanische Dialog in der Anfangsphase stärker darauf, Konzepte zu verknüpfen und grundsätzliche Möglichkeiten der Annäherung auszuloten. Mao, Tschou und später auch Deng-Xiaoping, sie alle waren außergewöhnliche Persönlichkeiten. Mao war der Visionär, der rücksichtslose und manchmal geradezu blutdürstige Revolutionär, Tschou der brillante Verwalter mit Eleganz und Charme, Deng der Reformer von Grundüberzeugungen. Alle drei waren gewissenhafte Analytiker, und so spiegelten sich in ihnen die Tradition und die Quintessenz der Erfahrungen eines alten Volkes wider, das ein intuitives Gespür dafür besaß, ob etwas von Dauer sein würde oder lediglich Taktik war.

Ihr Verhandlungsstil unterschied sich grundlegend von dem ihrer sowjetischen Kollegen: Die Moskauer Diplomaten diskutierten fast nie über konzeptionelle Fragen. Ihre Strategie war es, ein den Kreml unmittelbar betreffendes Problem aufzugreifen und mit verbissener Ausdauer auf seiner Lösung zu beharren, um so den Gesprächspartner langsam zu zermürben, anstatt ihn zu überzeugen. Die Unnachgiebigkeit und Vehemenz, mit der sowjetische Unterhändler den Konsens des Politbüros vorbrachten, zeigten, wie brutal und mit welchem Druck innerhalb der sowjetischen Politik verfahren worden war, und machten aus hoher Politik Krämergeschäfte. Gromyko war geradezu das Sinnbild dieser Auffassung von Diplomatie.

Die chinesische Führung hingegen vertrat eine Gesellschaft, die emotional bedeutend zuverlässiger war als die sowjetische. Peking war weniger an ausgetüftelten Aspekten als an der Schaffung von Vertrauen interessiert. Bei seinem ersten Treffen mit Nixon verlor Mao deshalb auch keine Zeit, dem amerikanischen Präsidenten zu versichern, daß man nicht mit Gewalt gegen Taiwan vorgehen werde. »Wir können vorläufig mit ihnen [Taiwan] leben, und das kann noch hundert Jahre dauern.«[28] Auf eine Gegenleistung für diese Zusicherung, auf die Washington zwanzig Jahre lang gewartet hatte, verzichtete Mao.

Als ich gemeinsam mit Tschou En-lai das Shanghai-Kommuniqué abfaßte, bot ich ihm irgendwann an, eine anstößige Formulierung im chinesischen Entwurf in der amerikanischen Version durch eine Formulierung auszutauschen, die *ihm* vielleicht nicht behagte. »So werden wir niemals etwas erreichen«, erwiderte er. »Wenn Sie mich davon überzeugen können, warum unsere Formulierung anstößig klingt, dann können Sie sie haben.«

Tschous Einstellung war nicht das Ergebnis eines diffusen Wohlwollens, sondern seines Gespürs für langfristige Prioritäten. Peking wollte damals Vertrauen erwecken; es wäre nicht in seinem Interesse gewesen, Streitpunkte anzuhäufen. Nach Maos Meinung war die Sowjetunion das größte Sicherheitsproblem: »Gegenwärtig ist die Frage einer von den Vereinigten Staaten oder von China ausgehenden Aggression relativ unbedeutend. [...] Sie wollen einen Teil Ihrer Truppen abziehen und in Ihr eigenes Land zurückbringen. Unsere Truppen gehen nicht ins Ausland.«[29] Mit anderen Worten: China fürchtete die Vereinigten Staaten nicht, auch nicht in Indochina; es würde die Interessen, die die USA als entscheidend für ihre Sicherheit erachteten (gleichgültig, was sie in Vietnam unternahmen), nicht herausfordern und war in erster Linie wegen der Drohungen aus der Sowjetunion (und, wie es später andeutete, aus Japan) besorgt. Um hervorzuheben, welche Bedeutung er dem globalen Gleichgewicht beimesse, tat Mao seine anti-imperialistischen Äußerungen als »leere Kanonenrohre« ab.

Dieser konzeptionelle Ansatz erleichterte unsere frühen Zusammenkünfte um einiges. Im Februar 1972 unterzeichnete Nixon das Shanghai-Kommuniqué, das während des folgenden Jahrzehnts als Marschroute für die chinesisch-amerikanischen Beziehungen dienen sollte. Das Kommuniqué wies eine noch nie dagewesene Besonderheit auf: Über die Hälfte des

Textes nämlich galt der Feststellung gegensätzlicher Ansichten der beiden Seiten zu ideologischen und internationalen Fragen, zu Vietnam und Taiwan. Seltsamerweise jedoch verlieh dieser Katalog von Meinungsverschiedenheiten den Themen, in denen beide übereinstimmten, noch mehr Gewicht. In dem Kommuniqué hieß es:»Beide Seiten [haben] erklärt, daß Fortschritt in Richtung auf eine Normalisierung der Beziehungen zwischen China und den Vereinigten Staaten im Interesse aller Länder liegt; daß beide die Gefahr internationaler militärischer Konflikte zu verringern wünschen; daß keine von beiden Seiten die Hegemonie im asiatisch-pazifischen Raum anstreben sollte und daß sich jede Seite den Bemühungen eines jeden anderen Landes oder einer Gruppe von Ländern widersetzt, eine solche Hegemonie zu errichten, und daß keine Seite bereit ist, mit der anderen zugunsten einer dritten Seite zu verhandeln oder Verträge oder Vereinbarungen zu schließen, die sich gegen andere Staaten richten.«[30]

Ließ man die diplomatischen Floskeln einmal beiseite, so bedeuteten diese Vereinbarungen, daß China zumindest nichts unternehmen würde, um die Situation in Indochina oder Korea zu verschärfen, daß weder China noch die Vereinigten Staaten mit dem sowjetischen Block kooperieren und sich jedem Versuch eines jeden Landes entgegenstellen würden, nach der Herrschaft über Asien zu greifen. Da die Sowjetunion als einzige dazu fähig gewesen wäre, Asien zu unterwerfen, entstand auf diesem Wege ein stillschweigendes Bündnis, dem sowjetischen Expansionsdrang in Asien entgegenzutreten (ein Bündnis übrigens, das sich von der britisch-französischen Entente Cordiale von 1904 und der britisch-russischen Entente von 1907 nicht sonderlich unterschied).

Innerhalb eines Jahres wurde die Übereinkunft zwischen den Vereinigten Staaten und China sogar noch expliziter und globaler formuliert: In einem im Februar 1973 veröffentlichten Kommuniqué vereinbarten China und die USA, *gemeinsam* (im Shanghai-Kommuniqué hatte es noch »in getrennter Verpflichtung« geheißen) gegen den Versuch eines jeden Landes, die *Welt*-Herrschaft (statt lediglich »über Asien«) zu ergreifen, *Widerstand zu leisten* (anstelle des schwächeren Ausdrucks »sich entgegenzustellen«). In knapp anderthalb Jahren hatten sich die chinesisch-amerikanischen Beziehungen von krasser Feindschaft und Abschottung in ein Bündnis gegen die alles überragende Bedrohung verwandelt.

Das Shanghai-Kommuniqué sowie die dahin führende Diplomatie ermöglichten es der Regierung Nixon, ein neues, vielleicht etwas großsprecherisch als »Friedensordnung« bezeichnetes Verhältnis aufzubauen. Sobald Amerikas Öffnung nach China bekannt geworden war, nahmen die internationalen Beziehungen eine dramatische Wende. Später sollte das Verhältnis zu China im Westen als »chinesische Karte« bezeichnet werden, als könne die Politik der unbeugsamen Herrscher aus der Verbotenen Stadt von nun an von Washington aus geplant werden. Dabei war es im Grunde so, daß die

»chinesische Karte« sich entweder von selber ausspielte oder überhaupt nicht existierte. Aufgabe der amerikanischen Politik war es nun, ein System zu schaffen, das die Bereitschaft beider Nationen widerspiegelte, sich gegenseitig in all den Belangen zu unterstützen, in denen die jeweiligen nationalen Interessen übereinstimmten.

Den Überlegungen Nixons und seiner Berater zufolge würde China, solange es mehr von der Sowjetunion als von den Vereinigten Staaten zu befürchten hatte, aufgrund seiner Eigeninteressen mit letzteren zusammenarbeiten. Und umgekehrt verfolgte China seinen Oppositionskurs gegen den sowjetischen Expansionismus nicht, um damit den Vereinigten Staaten einen Gefallen zu tun (wenngleich sie damit natürlich sowohl den Amerikanern als auch den Chinesen dienlich waren). So beeindruckt Nixon von der klaren Gedankenführung der chinesischen Politiker – vor allem von der Tschou En-lais – auch war, so wenig erkennbares Interesse zeigte er, im Konflikt zwischen China und der Sowjetunion eindeutig Partei zu ergreifen. Seiner Meinung nach war die Verhandlungsposition Washingtons dann am besten, wenn man zu *beiden* kommunistischen Giganten ein engeres Verhältnis hatte als diese untereinander.

Amerikas Öffnung nach China zeigt beispielhaft, welche Rolle einzelne Persönlichkeiten in der Außenpolitik spielen können. Was uns heute als Aufbruch zu neuen Ufern erscheint, ergibt sich gewöhnlich aus einer Reihe mehr oder weniger zufälliger Schritte, so daß sich später schwer unterscheiden läßt, was gezielt und was spontan war. Weil die chinesisch-amerikanischen Beziehungen nach zwanzigjähriger, nahezu absoluter Isolation entstanden, war alles neu und im Blick auf spätere Ereignisse bedeutungsvoll. Und da beide Seiten dringend auf eine Annäherung angewiesen waren, hätte der Versuch dazu irgendwann, unabhängig von der jeweiligen Regierung, ohnehin unternommen werden müssen. Daß der Annäherungsprozeß sich jedoch so reibungslos und vor allem so weitreichend vollzog, war in gewisser Hinsicht der Scharfsinnigkeit und Zielstrebigkeit der Staatsoberhäupter zu verdanken, die ihn bewirkten, und auf seiten der Amerikaner insbesondere der Tatsache, daß Nixon dem nationalen Interesse des eigenen Landes zum ersten Mal entscheidende Bedeutung beimaß.

Mao, durch und durch Kommunist, bezog seine Selbstsicherheit aus dem Bewußtsein, daß er die Tradition eines Landes weiterführte, das sich seit dreitausend Jahren ununterbrochen selbst regiert hatte. Nachdem er sein riesiges Land dem ideologischen Sturm und dem fürchterlichen Aderlaß der Kulturrevolution ausgesetzt hatte, war er im Begriff, die chinesische Außenpolitik mit einer gewissen Sachlichkeit anzureichern. Jahrhundertelang hatte das Reich der Mitte seine Sicherheit dadurch bewahrt, daß es weit entfernte Barbaren gegen unmittelbare Nachbarn ausspielte. Mao, tief besorgt angesichts des sowjetischen Expansionsdrangs, wandte diese Strategie nun auch bei der Öffnung Chinas gegenüber den Vereinigten Staaten an.

Nixon kümmerten Maos Beweggründe indessen nicht. Ihm kam es in erster Linie darauf an, daß die Vereinigten Staaten die Initiative in der Außenpolitik zurückgewinnen konnten. Bei dem Versuch, die von ihm so genannte Ära der Verhandlungen zwischen den Vereinigten Staaten und der Sowjetunion in Gang zu setzen, mit der das Vietnamtrauma überwunden werden sollte, verließ Nixon sich weder auf persönliche Beziehungen, noch vertraute er auf eine wie auch immer geartete ideologische Umkehr der Sowjets; statt dessen setzte er allein auf ein System ausgewogener Anreize, um den Kreml gefügiger zu machen.

Nach Amerikas Öffnung gegenüber China sah sich die UdSSR nun an zwei Fronten herausgefordert – im Westen von der NATO, im Osten von China. In einer Zeit, in der das Selbstvertrauen der Sowjets in anderer Hinsicht seinen Höhepunkt und das der Amerikaner seinen Tiefpunkt erreicht hatte, war es der Regierung Nixon gelungen, die Karten neu zu mischen. Sie war weiterhin darum bemüht, darauf zu achten, der Sowjetunion einen allgemeinen Krieg als entschieden zu risikoreich erscheinen zu lassen. Nachdem die Vereinigten Staaten sich China gegenüber geöffnet hatten, wurde es für die Sowjets mittlerweile sogar dann gefährlich, wenn sie Druck ausübten, der von der Androhung eines Krieges weit entfernt war, weil auch dies die gefürchtete chinesisch-amerikanische Annäherung weiter befördert hätte. Nachdem die Öffnung einmal vollzogen war, blieb der Sowjetunion infolgedessen nichts anderes übrig, als selbst auf eine Entspannung mit Washington hinzuarbeiten. Und da der Kreml von der Annahme ausging, er habe den Vereinigten Staaten mehr zu bieten als China, spielte er sogar mit dem Gedanken, Washington zu einem Quasi-Bündnis gegen Peking zu bewegen, eine Idee, die Breschnew Nixon sowohl 1973 als auch 1974 unbeholfen vorschlug.[31]

Ihrem neuen außenpolitischen Ansatz folgend, dachten die Vereinigten Staaten freilich gar nicht daran, innerhalb der Konstellation des Kräftegleichgewichts den Stärkeren gegenüber dem Schwächeren zu unterstützen. Da die Sowjetunion das Land mit dem größten materiellen Potential zur Bedrohung des Friedens war, mußte man ihr Anreize bieten, damit sie sich angesichts des Widerstandes an zwei Fronten in den bestehenden Krisen moderat verhielt und keine neuen heraufbeschwor. Und China, selbst stark genug, das Gleichgewicht in Asien durcheinanderzubringen, würde aufgrund seiner Abhängigkeit vom Wohlwollen Washingtons davon abgehalten werden, die Abenteuerlust der Sowjets in ihre Grenzen zu weisen. Das waren die Rahmenbedingungen, innerhalb derer die Regierung Nixon nun versuchen würde, praktische Fragen mit der Sowjetunion zu lösen und gleichzeitig mit den Chinesen einen Dialog über globale Konzepte aufrechtzuerhalten.

Obwohl die meisten Kreml-Experten Nixon gewarnt hatten, daß verbesserte Beziehungen zu China das sowjetisch-amerikanische Verhältnis belasten würden, trat genau das Gegenteil ein. Vor meiner geheimen Reise nach

China hatte Moskau die Vereinbarung eines Gipfeltreffens zwischen Breschnew und Nixon mehr als ein Jahr lang blockiert und in einer Art umge-
kehrten »linkage« versucht, dieses Treffen auf höchster Ebene von einem
ganzen Katalog von Bedingungen abhängig zu machen. Ich war kaum einen
Monat aus Peking zurück, da machte der Kreml eine vollständige Kehrtwendung: Man lud den Präsidenten nach Moskau ein. Nun, nachdem die sowjetischen Machthaber einmal von ihren Versuchen abgelassen hatten, den
Amerikanern einseitige Konzessionen abzuringen, schritten die sowjetisch-
amerikanischen Verhandlungen schnell voran.

Nixon war der erste amerikanische Präsident seit Theodore Roosevelt, der
Amerikas Außenpolitik weitgehend im Zeichen des nationalen Interesses
konzipierte. Leider stieß dies bei den Amerikanern emotional kaum auf
Resonanz. Zwar sprach Nixon häufig von neuen Friedensstrukturen, doch
solche Vorstellungen rufen in den Herzen und Köpfen einer Gesellschaft
nicht von sich aus Bindungen wach, vor allem nicht, wenn eine Gesellschaft
so von Sendungsbewußtsein durchdrungen ist wie die amerikanische.
Überdies war das nationale Interesse auch gar nichts so Selbstverständli-
ches, wie die Berichte des Präsidenten zur Außenpolitik manchmal vermu-
ten ließen. Da es den USA an tiefverwurzelten Traditionen fehlt, fühlten
sich die politisch Verantwortlichen mit dem Konzept vom nationalen Interesse weit weniger wohl als etwa jene in Großbritannien, Frankreich oder
China. So hätte selbst unter vorzüglichen Bedingungen und in einer politisch entspannten Situation wohl jeder Präsident einen Großteil seiner
Regierungszeit für die Etablierung einer solchen, auf nationalem Interesse
beruhenden außenpolitischen Linie aufwenden müssen.
    Während seiner ersten Amtsperiode fand Nixon nur wenig Gelegenheit,
diese eigentlich erzieherische Aufgabe in Angriff zu nehmen, angesichts
einer Gesellschaft, die durch Vietnam ebenso wie durch die Überzeugung
gespalten war, daß die Regierung übermäßig auf die Gefahr des Kommunismus fixiert sei. Und Nixons zweite Regierungsperiode stand von Anfang an
unter dem unheilvollen Stern der Watergate-Affäre. Ein von öffentlicher
Anklage bedrohter Präsident aber wird kaum als eine Führungspersönlichkeit akzeptiert, der man zutraut, traditionelle Denkstrukturen aufzubrechen.
    Im übrigen brachten Nixon und seine Mitarbeiter ihren neuen Ansatz auf
eine Art und Weise vor, die mit Amerikas politischen Traditionen nicht har-
monieren konnte. Zehn Jahre zuvor hatte John Foster Dulles seine realistischen Analysen in Floskeln verpackt, die dem amerikanischen Bewußtsein,
etwas Besonderes darzustellen, eher entsprachen, und auch Ronald Reagan
sollte die amerikanische Öffentlichkeit zehn Jahre später für eine Außenpolitik gewinnen, deren handfeste Details sich von denen Nixons zwar nicht
sonderlich unterschieden, dennoch aber mit einem idealistischeren
Anstrich präsentiert wurden. Hätte sich Nixon, dessen Amtszeit in die Viet-

nam-Ära fiel, der Rhetorik eines Dulles oder Reagan bedient, so hätte er damit nur Öl ins Feuer gegossen – darin bestand sein Dilemma. Doch selbst in politisch ruhigeren Zeiten hätte er derartige rhetorische Stilmittel vermutlich nie benutzt, weil sein ganzes Denken dafür wohl zu verstandesbetont war.

Die durch Nixons Außenpolitik erzielten Errungenschaften wurden bald als selbstverständlich betrachtet, und nachdem mit ihrer Hilfe die Gefahren überwunden worden waren, wurden seine (und meine) Ansätze immer umstrittener. Ohne Watergate hätte Nixon die USA vielleicht für seinen diplomatischen Stil gewinnen und zeigen können, daß dies tatsächlich der realistischste Weg war, den amerikanischen Idealismus in die Praxis umzusetzen. Doch das Zusammentreffen von Vietnam und Watergate machte einen neuen Konsens unmöglich. Zwar war es Nixon gelungen, seinem Land trotz der Tragödie in Indochina zu einer international führenden Position zu verhelfen; dennoch war seine zweite Amtszeit von einer ungewöhnlich heftigen Debatte über die Rolle der USA in der Welt und insbesondere über ihre Einstellung zum Kommunismus geprägt.

# Das Unbehagen
# an der Entspannungspolitik

*Leonid Breschnew und Richard Nixon*

Die Räumung Vietnams, die dem demoralisierenden Blutvergießen ein Ende setzte, und die Rückbesinnung Washingtons auf umfassendere internationale Fragen, die von der Nixon-Administration in die Wege geleitet wurde, waren erste Schritte zu jener etwas großspurig als neue »Friedensordnung« bezeichneten diplomatischen Neuorientierung, welche die Regierung zu etablieren suchte. Das Dreiecksverhältnis zwischen den Vereinigten Staaten, der Sowjetunion und China eröffnete eine Reihe bedeutender außenpolitischer Durchbrüche: das Ende des Vietnamkriegs, eine Vereinbarung, die den Zugang zum geteilten Berlin sicherstellte, einen dramatischen Rückgang des sowjetischen Einflusses im Nahen Osten sowie den Beginn des arabisch-israelischen Friedensprozesses und schließlich die Konferenz über Sicherheit und Zusammenarbeit in Europa, KSZE, die von der Ford-Administration weitergeführt wurde. Ein Ergebnis trug zum Zustandekommen des nächsten bei. Die »linkage«-Politik funktionierte wie gewünscht.

Die Entspannungspolitik verlieh auch der europäischen Diplomatie eine neue Beweglichkeit. Seitdem nämlich 1961 die Einflußsphären des Westens und des Ostens endgültig festgelegt worden waren, hatte die europäische Politik faktisch in Erstarrung verharrt: Bis zur Wahl Willy Brandts zum Bundeskanzler im September 1969 hatten sämtliche vorangegangenen westdeutschen Regierungen bruchlos die Politik Konrad Adenauers fortgesetzt, der zufolge Bonn für sich in Anspruch nahm, die einzig rechtmäßige – weil frei gewählte – Regierung aller Deutschen zu sein. Die Bundesrepublik Deutschland weigerte sich deshalb nicht nur, das ostdeutsche Regime anzuerkennen, sondern brach auch zu jedem Drittland, das diese Anerkennung vollzog, die diplomatischen Beziehungen ab, entsprechend der sogenannten »Hallstein-Doktrin«.

Nach dem Bau der Berliner Mauer im August 1961 verschwand die Frage der deutschen Wiedervereinigung allmählich von den Tagesordnungen der Ost-West-Verhandlungen. Die deutsche Einheit wurde auf unbestimmte Zeit zurückgestellt. In diesen Jahren sondierte nun de Gaulle die Möglichkeiten, unabhängig von den Vereinigten Staaten mit Moskau zu verhandeln, indem er eine Politik proklamierte, die »Entspannung, Bündnisse und Zusammenarbeit« mit Osteuropa zum Ziel habe. De Gaulle hoffte, er könne die Kremlführer nicht zuletzt angesichts der Probleme, die diese mit China hatten, dazu bewegen, die Unterdrückung Osteuropas etwas zu lockern, wenn sie in Europa keinen Satelliten der USA, sondern Staaten mit eigenem Handlungsspielraum sähen. Die Bundesrepublik, so wünschte er, sollte sich bis zu einem gewissen Grad von Washington lösen und sich statt dessen jenen diplomatischen Bemühungen anschließen, die Frankreich gerade mit den Sowjets einleitete.

De Gaulles Analysen trafen durchaus zu. Doch hatte er die Fähigkeiten seines Landes überschätzt, als er glaubte, sich die in Bewegung geratene Situation der internationalen Politik zunutze machen zu können: Die Bundesrepublik war keineswegs bereit, einem mächtigen Amerika den Rücken zu kehren. Gleichwohl fielen de Gaulles Vorstellungen bei manchen deutschen Politikern auf fruchtbaren Boden; sie gelangten zu der Überzeugung, die Bundesrepublik verfüge über die Verhandlungsmasse, die Paris fehle. Willy Brandt, der Außenminister war, als de Gaulle seine Eröffnungszüge ausspielte, verstand die eigentliche Bedeutung von dessen Vision freilich nur zu gut. Die Deutschen, die de Gaulles Initiative unterstützten, so erinnerte sich Brandt,»hatten nicht begriffen, daß der General nicht gewillt war, ihre Träume einer europäischen nuklearen Abschreckung zu verfolgen (er hatte die Teilnahme Deutschlands ausdrücklich ausgeschlossen). Sie haben auch die Tatsache übersehen, daß er sich für eine Entspannungspolitik engagiert hat, die vom rechten Flügel der Unionsparteien niemals unterstützt werden würde und uns tatsächlich in vieler Hinsicht den Weg für unsere zukünftige Ostpolitik geebnet hat.«[1]

Der sowjetische Einmarsch in die Tschechoslowakei 1968 bedeutete das Ende von de Gaulles Initiative. Ironischerweise jedoch öffnete er einige Jahre darauf Willy Brandt die Türen, als dieser 1969 Bundeskanzler wurde.

Brandt vertrat eine bislang unerhörte These: Die Einheit Deutschlands, so seine Überzeugung, müsse durch eine Annäherung an den Osten angestrebt werden, da die Politik einer einseitigen Westbindung die Bundesrepublik in eine Sackgasse geführt habe. Er drängte darauf, den ostdeutschen Satelliten Moskaus ebenso wie die Oder-Neiße-Linie als endgültige Westgrenze Polens anzuerkennen und das Verhältnis zur Sowjetunion zu verbessern. Wenn die Ost-West-Beziehungen auf diese Weise entlastet wären, so rechnete er, dann würde sich die Sowjetunion in der Frage der deutschen Wiedervereinigung vielleicht entgegenkommender zeigen. Zumindest aber würden sich die Lebensbedingungen der ostdeutschen Bevölkerung durch diese Schritte verbessern.

Die Nixon-Administration hegte anfangs ernsthafte Vorbehalte gegenüber der »Ostpolitik« Brandts. Wenn beide deutschen Staaten versuchten, den jeweils anderen zu irgend etwas zu verführen, dann vereinigten sie sich vielleicht eines Tages auf der Grundlage eines nationalistischen und neutralistischen Programms, wie schon Adenauer und de Gaulle befürchtet hatten. Die Bundesrepublik hatte das attraktivere politische und gesellschaftliche System; die Kommunisten konnten sich zugute halten, daß die Anerkennung ihres Staates, war sie erst einmal ausgesprochen, nicht mehr rückgängig zu machen sei. Sie hielten den Schlüssel zur deutschen Einheit in ihren Händen. Vor allem aber sorgte sich die Nixon-Administration um den Zusammenhalt des Westens. De Gaulle hatte die geschlossenen Reihen gegenüber Moskau bereits aufgebrochen, als er Frankreich aus der NATO löste und seine Sonderpolitik mit dem Kreml in Angriff nahm. So sah Washington nun mit Bestürzung ein neues Schreckgespenst auf sich zukommen: Westdeutschland könnte versucht sein, auf eigene Faust aus dem Verbund auszubrechen.

Aber je erfolgreicher die Initiative Brandts wurde, desto deutlicher erkannten Nixon und seine Berater, daß die Alternativen zur Ostpolitik – ungeachtet all ihrer Tücken – letzten Endes die größeren Risiken bargen. In den vergangenen Jahren hatte sich immer unmißverständlicher gezeigt, daß die Hallstein-Doktrin nicht mehr zu halten war. Schon seit Mitte der sechziger Jahre hatte Bonn selber die Anwendung der Doktrin im Hinblick auf die kommunistischen Regierungen Osteuropas modifiziert, allerdings mit dem etwas lahmen Argument, daß diese nicht die Freiheit besäßen, eigene Entscheidungen zu treffen.

Das Problem reichte indessen tiefer. In den sechziger Jahren war es unvorstellbar, daß Moskau mit ansehen würde, wie sein ostdeutscher Satellit zusammenbrach, ohne eine größere Krise zu inszenieren. Jede Krise aber, die dem deutschen Beharren auf einer nationalen Wiedervereinigung entsprang – oder sich wenigstens so darstellen ließ –, konnte das westliche Bündnis sprengen. Denn keiner der Bündnispartner war bereit, für die Vereinigung eines Landes, um dessentwillen man in Kriegszeiten so gelitten hatte, das Risiko eines Krieges auf sich zu nehmen. Niemand war auf die Barrikaden gestiegen, als Nikita Chruschtschow gedroht hatte, die Zufahrtswege nach Berlin den ostdeutschen Kommunisten zu übergeben, und ohne Ausnahme hatten die westlichen Bündnispartner den Bau der Mauer hingenommen, die Berlin teilte und die Teilung ganz Deutschlands symbolisierte. Jahrelang hatten die Demokratien Lippenbekenntnisse zur deutschen Einheit abgegeben, ohne etwas zu ihrem Zustandekommen beizutragen. Die Deutschlandpolitik des Atlantischen Bündnisses war am Ende.

Deshalb nahm die Nixon-Administration schließlich die Ostpolitik Brandts als notwendig hin, auch wenn sie davon überzeugt blieb, daß Brandt – ganz im Gegensatz zu Adenauer – sich im Grunde seines Herzens an das Atlantische Bündnis niemals wirklich gebunden gefühlt hatte. Es gab nur drei Mächte, die in der Lage waren, den Status quo im Nachkriegseuropa grundsätzlich zu erschüttern: die beiden Supermächte und Deutschland, sollte dieses sich entscheiden, alle anderen Fragen der internationalen Politik der deutschen Einheit unterzuordnen. Der in den sechziger Jahren unternommene Versuch de Gaulles, die Einflußsphären aufzulösen, war fehlgeschlagen. Doch wenn Deutschland, die stärkste Wirtschaftsmacht Europas und zudem das Land, das in territorialer Hinsicht am meisten

Grund zur Klage hatte, den Versuch unternahm, die Nachkriegsordnung zu verändern, dann mußten die Folgen in der Tat schwerwiegend sein. Als Brandt seine Absicht erkennen ließ, auf eigene Faust Annäherungsversuche gegenüber dem Osten zu unternehmen, kam man in Washington deshalb zu dem Ergebnis, es sei klüger, ihn in seinen Bemühungen zu unterstützen, als ihm entgegenzuarbeiten und damit die Bindungen Westdeutschlands an die NATO und die Europäische Gemeinschaft aufs Spiel zu setzen.

Darüber hinaus aber konnten die Vereinigten Staaten die Ostpolitik Brandts als Druckmittel benutzen, um die seit zwanzig Jahren schwelende Berlin-Krise zu beenden. Die Regierung Nixon bestand daher auf einem strikten Junktim zwischen der Ostpolitik und dem Zugang zu Berlin sowie zwischen diesen beiden Fragen und einer insgesamt gemäßigten Haltung der Sowjets. Da die Ostpolitik auf konkreten Zugeständnissen seitens der Bundesrepublik beruhte – auf der Anerkennung der Oder-Neiße-Grenze und des ostdeutschen Regimes als Gegenleistung für ein so wenig konkretes Angebot wie der Verbesserung der Beziehungen –, würde Brandt im Deutschen Bundestag niemals ausreichende Unterstützung für seine Politik finden, wenn mit ihr nicht neue Garantien für den Zugang nach Berlin und für die Freiheit der Stadt verknüpft wurden. Andernfalls würde Berlin, inmitten eines ostdeutschen Staates von Moskaus Gnaden gelegen, immer wieder kommunistischen Schikanen ausgeliefert sein, zumal nun ja auch noch die Souveränität Ostdeutschlands von der internationalen Gemeinschaft anerkannt würde, und eben dies war genau jene Situation, die Stalin und Chruschtschow zuvor durch Blockaden und Ultimaten herbeizuführen versucht hatten. Doch Bonn verfügte nicht über genügend Machtmittel, um die Berlin-Frage im Alleingang einer Lösung zuzuführen. Nur die Vereinigten Staaten waren sowohl machtpolitisch als auch diplomatisch einflußreich genug, um jedem denkbaren Druck auf das isolierte Berlin entgegenzutreten und auch im Hinblick auf den Zugang zu dieser Stadt einen Wandel herbeizuführen.

Der rechtliche Status Berlins als Enklave inmitten eines von den Sowjets kontrollierten Territoriums gründete sich auf die juristische Fiktion, daß die Stadt von den vier Siegermächten des Zweiten Weltkriegs formal auch weiterhin »besetzt« war. Verhandlungen über Berlin mußten infolgedessen von allen vier Besatzungsmächten – den USA und Frankreich, Großbritannien und der Sowjetunion – geführt werden. Zu gegebener Zeit wandten sich deshalb beide Seiten, die sowjetische ebenso wie Brandt (letzterer über seinen außerordentlich geschickten Vertrauensmann Egon Bahr), an Washington: Man bat um Hilfe bei der Überwindung der festgefahrenen Lage. Im Sommer 1971 wurde nach komplizierten Verhandlungen schließlich ein neues Vier-Mächte-Abkommen formuliert, das die Freiheit West-Berlins und den ungehinderten Zugang des Westens zur Stadt garantierte. Von da an verschwand Berlin aus dem Kreis der internationalen Krisenherde. Auf der

Agenda internationaler Politik tauchte es erst wieder auf, als die Mauer fiel und die Deutsche Demokratische Republik zusammenbrach.

Neben dem Berlin-Abkommen führte Brandts Ostpolitik zu Verträgen zwischen Westdeutschland und der Sowjetunion, zwischen Westdeutschland und Polen sowie der Tschechoslowakei und zum sogenannten »Grundlagenvertrag« zwischen West- und Ostdeutschland. Die Tatsache, daß die Sowjets der westdeutschen Anerkennung jener Grenzen, die Stalin festgelegt hatte, einen so hohen Stellenwert beimaßen, zeugte freilich von ihrer damaligen Schwäche und Unsicherheit, war doch der westdeutsche Rumpfstaat augenscheinlich nicht in der Lage, eine nukleare Supermacht herauszufordern. Zugleich aber waren die Verträge ein nicht unbeträchtlicher Anreiz für Moskau, sich künftig etwas maßvoller zu verhalten, zumindest solange die Vereinbarungen ausgehandelt und ratifiziert wurden. Während die Verträge im Bundestag diskutiert wurden, vermieden die Sowjets alles, was zu einer Ablehnung hätte führen können, und auch nach der Ratifizierung trugen sie Sorge, daß die Bundesrepublik nicht wieder auf den Kurs Adenauers einschwenkte. Dies war nicht zuletzt einer der Gründe dafür, daß Moskau auf die Verminung der nordvietnamesischen Häfen und die Wiederaufnahme der amerikanischen Bombardierungen Hanois äußerst zurückhaltend reagierte. Solange Nixon sich innenpolitisch in einer starken Position befand, verknüpfte die Entspannungspolitik erfolgreich all jene offenen Fragen, die überall auf der Welt zwischen Ost und West bestanden. Und wenn die Sowjets die Früchte nachlassender Spannungen ernten wollten, so waren auch sie gezwungen, zur Entspannungspolitik beizutragen.

Während die Nixon-Administration nunmehr in Mitteleuropa mehrere Verhandlungsbereiche miteinander verbinden konnte, nutzte sie im Nahen Osten die Entspannungspolitik gleichsam als Sicherheitsnetz für ihren Versuch, den sowjetischen Einfluß in dieser Region zurückzudrängen. In den sechziger Jahren hatte sich Moskau zum bedeutendsten Waffenlieferanten für Syrien und Ägypten entwickelt; außerdem galt der Kreml als Unterstützer radikaler arabischer Gruppen, denen er organisatorisch und technisch zur Seite stand. Auch auf internationalen Foren trat die Sowjetunion als Fürsprecherin für die Sache der Araber auf, ja häufig vertrat sie sogar deren radikalste Positionen.

Solange dieses Muster nicht aufgebrochen wurde, würden diplomatische Fortschritte durchweg sowjetischem Beistand zugeschrieben werden; Pattsituationen aber bargen stets das Risiko erneuter Krisen in sich. Den toten Punkt konnte man folglich nur überwinden, wenn alle Parteien sich gezwungen sähen, die grundlegenden geopolitischen Realitäten im Nahen Osten anzuerkennen – daß nämlich Israel zu stark war (oder zu stark gemacht werden konnte), um geschlagen zu werden, selbst wenn alle seine Nachbarn gemeinsam gegen das Land vorgingen, und daß die Vereinigten Staaten eine sowjetische Intervention in dieser Region nicht hinnehmen würden. So bestand die Nixon-Administration darauf, daß alle Parteien – und nicht nur die amerikanischen Verbündeten – ihre Bereitschaft zu Zugeständnissen bekundeten, bevor sich Amerika im Friedensprozeß engagierte. Moskau war zwar in der Lage, die Spannungen nach Belieben zu verschärfen, es verfügte jedoch nicht über die Mittel, die Krisen dann auch in seinem Sinne zum Abschluß zu bringen oder den Anliegen seiner Freunde auf diplomatischem Weg zu nützen. Der Kreml konnte mit Intervention drohen, wie er es schon 1956 getan hatte. Aber die Erfahrung hatte gezeigt, daß man vor amerikanischem Widerstand jedesmal zurückgewichen war. Der Schlüssel zum Frieden in Nahost lag somit in Washington und nicht in Moskau. Wenn die Vereinigten Staaten ihre Karten umsichtig ausspielten, dann wären entweder die Sowjets irgendwann genötigt, ihren Beitrag zu einer echten Lösung des Problems zu leisten, oder aber einer ihrer arabischen Schutzbefohlenen würde aus der Front ausscheren, um eine Annäherung an die USA zu suchen. In beiden Fällen würde sich der sowjetische Einfluß unter den radikalen arabischen Staaten verringern. Aus diesem Grund hatte ich gleich zu Beginn von Nixons erster Amtsperiode einem Journalisten gegenüber die Zuversicht geäußert, die neue Regierung werde bemüht sein, die Sowjetunion aus dem Nahen Osten zu vertreiben – eine unvorsichtige Bemerkung, die zwar viel Staub aufwirbelte, jedoch zutreffend die Strategie beschrieb, die in den kommenden Jahren von der Nixon-Administration verfolgt werden sollte.

Ohne sein strategisches Dilemma zu erkennen, mühte sich der Kreml indes, Washington zu diplomatischen Vereinbarungen zu bewegen, die lediglich den sowjetischen Einfluß in der arabischen Welt stärken würden. Doch solange Moskau nicht davon abließ, den radikalen Nahoststaaten den größten Teil ihrer Waffen zu liefern, solange sich an seiner außenpolitischen Linie nichts änderte, so lange hatten auch die Vereinigten Staaten kein Interesse an einer wie auch immer gearteten Zusammenarbeit – selbst wenn dies den politischen Gruppierungen, die eine Kooperation mit der Sowjetunion als wünschenswertes Ziel an sich ansahen, nicht immer ganz klar war. Nixon und seinen Beratern schien es am klügsten, zu zeigen, daß die Fähigkeit der Sowjets, Krisen zu schüren, nicht mit der Fähigkeit einherging, diese auch zu lösen. Gleichzeitig wollte man die Araber zur Mäßigung anhalten, indem man diejenigen ihrer Vertreter, die man als zuverlässig und verantwortungsbewußt erachtete, bei berechtigten Beschwerden unterstützte. In solchen Fällen blieben der Sowjetunion nur zwei Möglichkeiten: Sie würde sich daran beteiligen müssen oder in der Nahost-Diplomatie an den Rand gedrängt werden.

Im Verfolg dieses Ziels entschied sich Washington für zwei einander ergänzende Vorgehensweisen: Man blockierte jeden arabischen Schritt, der sich aus sowjetischer Militärhilfe ergab oder bei dem eine militärische Drohung der Sowjets im Spiel war, und man übernahm nach dem Nahostkrieg von 1973 die Führung im Friedensprozeß, als die Enttäuschung über das

Patt einige einflußreiche arabische Führer dazu bewogen hatte, sich von der Sowjetunion loszusagen und den Vereinigten Staaten zuzuwenden.

Bis es soweit war, mußte Washington allerdings einen steinigen Weg zurücklegen. Im Jahr 1969 legte Außenminister Rogers jenen nach ihm benannten Plan vor, dem zufolge Israels Grenzen aus dem Jahr 1967 mit »geringfügigen« Berichtigungen im Gegenzug für eine umfassende Friedensregelung gebilligt werden sollten. Der Plan erlitt das übliche Schicksal aller Initiativen, die unternommen wurden, ehe die zugrundeliegenden Verhältnisse sich geändert hatten: Israel lehnte ihn ab, weil es den vorgesehenen Grenzverlauf nicht akzeptieren wollte; die arabischen Länder wiederum waren gegen den Vorschlag, weil sie zu einem Friedensbekenntnis damals noch nicht bereit waren (wie vage ein solches Unternehmen auch immer sein mochte).

1970 kam es zu schweren militärischen Zusammenstößen. Der erste davon ereignete sich entlang des Suezkanals, als Ägypten den sogenannten Zermürbungskrieg gegen Israel begann. Bald nachdem Israel mit massiven Vergeltungsangriffen aus der Luft tief ins Landesinnere Ägyptens vorgestoßen war, errichtete die Sowjetunion in Ägypten ein umfassendes Luftabwehrsystem, das von rund fünfzehntausend sowjetischen Soldaten und Technikern betrieben wurde.

Doch der Krisenherd blieb nicht auf Ägypten beschränkt. Noch im selben Jahr entführte die Palästinensische Befreiungsorganisation PLO, die in Jordanien fast einen Staat im Staate aufgebaut hatte, vier israelische Flugzeuge nach Jordanien. König Hussein befahl daraufhin seinen Truppen, militärisch gegen die PLO vorzugehen und deren oberste Führung aus dem Land zu vertreiben; Syrien marschierte in Jordanien ein, Israel machte mobil. Der Nahe Osten schien kurz vor einem Krieg zu stehen. Die Vereinigten Staaten verstärkten ihre Seestreitkräfte im Mittelmeer beträchtlich und machten unmißverständlich klar, daß sie keinerlei Intervention von außen dulden würden. Und sehr bald zeigte sich, daß die Sowjetunion keine Konfrontation mit den USA riskieren wollte. Syrien zog seine Truppen zurück; die Krise war beendet. In ihrem Verlauf aber war der gesamten arabischen Welt vor Augen geführt worden, welche der beiden Supermächte für die künftige Entwicklung der Region die entscheidende Rolle spielen würde.

Den ersten Hinweis darauf, daß Nixons Strategie Wirkung zu zeigen begann, gab es 1972. Der ägyptische Präsident Anwar as-Sadat entließ seine sowjetischen Militärberater und forderte alle sowjetischen Techniker auf, das Land zu verlassen. Zu gleicher Zeit wurden heimlich diplomatische Kontakte zwischen Sadat und dem Weißen Haus aufgenommen, die allerdings anfangs durch die Präsidentschaftswahlen und später auch noch durch die Watergate-Affäre behindert wurden.

1973 griffen Ägypten und Syrien dann Israel an. Jerusalem wie Washington wurden von diesem Ereignis vollkommen überrascht, woran man wieder einmal sieht, in welchem Ausmaß geheimdienstliche Erkenntnisse von vorgefaßten Meinungen beeinflußt werden.[2] Die amerikanische Lagebeurteilung war so stark vom Glauben an eine erdrückende israelische Überlegenheit geprägt, daß man alle arabischen Warnungen als Bluff abgetan hatte; doch gab es keinerlei Anzeichen dafür, daß die Sowjetunion Ägypten und Syrien zu diesem Krieg ermutigt hätte. Sadat bestätigte uns dies später, als er erzählte, der Kreml hätte sogar von Anfang an auf eine Einstellung der Kampfhandlungen gedrängt. Zudem waren die militärischen Lieferungen der Sowjets an ihre arabischen Freunde in Umfang und Wirkung mit der amerikanischen Luftbrücke nach Israel nur entfernt vergleichbar. Als der Krieg beendet war, hatten die arabischen Armeen wirkungsvoller gekämpft als in jedem früheren Konflikt. Doch Israel hatte den Suezkanal überquert, war nur noch dreißig Kilometer von Kairo entfernt und hielt syrisches Territorium bis knapp vor Damaskus besetzt. Nun brauchte man die Unterstützung der USA, um zunächst den Status quo ante wiederherzustellen und anschließend konkrete Schritte zu einem Friedensschluß zu unternehmen.

Von allen arabischen Spitzenpolitikern war es Sadat, der dies zuerst erkannte. Er gab seine bisherige Haltung des Alles-oder-Nichts auf, wandte sich von Moskau ab und suchte in Washington um tatkräftige Unterstützung bei einem schrittweise zu verwirklichenden Friedensplan nach. Selbst der syrische Präsident Hafis Assad, der als weitaus radikaler galt und den Sowjets sehr viel enger verbunden war, wandte sich nun an Washington, um zu einer Vereinbarung über die Golanhöhen zu gelangen. So kam es 1974 zu Zwischenvereinbarungen mit Ägypten und Syrien, die den stufenweisen Abzug der Israelis im Austausch für arabische Sicherheitsgarantien einleiteten. 1975 schlossen Israel und Ägypten ein zweites Disengagement-Abkommen und 1979 schließlich einen formellen Friedensvertrag, der unter der Schirmherrschaft Präsident Carters zustande kam. Seither hat jede US-Regierung einen wesentlichen Beitrag zum Friedensprozeß im Nahen Osten geleistet: Dies gilt besonders für die 1991 von US-Außenminister James Baker organisierten direkten Verhandlungen zwischen Arabern und Israelis, die in jener israelisch-palästinensischen Vereinbarung mündeten, die im September 1993 unter der Ägide Präsident Clintons getroffen wurde. Der Kreml indes spielte bei keiner dieser Initiativen eine nennenswerte Rolle.

Ich kann an dieser Stelle unmöglich auf die Einzelheiten der amerikanischen Nahostpolitik eingehen. Grundsätzlich aber ging es stets um die Frage, wie Washington seine Beziehungen zu Moskau nutzte, um den sowjetischen Einfluß im Nahen Osten zu verringern, ohne eine größere Krise heraufzubeschwören. In den Debatten der siebziger Jahre machten sich Nixons Kritiker wiederholt über dessen angeblichen Wunsch lustig, die Sowjetunion in Abkommen, die einzig um ihrer selbst willen geschlossen würden, verstricken zu wollen, um auf diese Weise eine trügerische Verminderung der Spannungen durchzusetzen. Tatsächlich war Nixons Nahostdi-

817

plomatie ein gutes Beispiel dafür, wie die Friedensordnung, die der Präsident so häufig anführte, nach seiner Meinung und der seines Stabes aussehen sollte. Weit entfernt davon, blauäugig Kooperation als Selbstzweck zu betreiben, sahen wir in der Zusammenarbeit vielmehr eine Methode, den geopolitischen Machtkampf auszutragen. Dieser Strategie lag die Annahme zugrunde, daß die Sowjetunion nunmehr vor die Wahl gestellt werden müsse: Entweder sollte sie sich von ihren radikalen arabischen Vasallen bis zu einem gewissen Grad distanzieren oder aber eine Schmälerung ihres Einflusses hinnehmen. Denn letzten Endes wurde der sowjetische Einfluß dergestalt in jedem Fall beschnitten, während den Vereinigten Staaten die Schlüsselposition in der Nahostdiplomatie zufiel.

Die Nixon-Regierung verfolgte zwei Wege, um dieses Ziel zu erreichen. Während des Nahostkriegs sorgte sie einerseits dafür, daß die Kommunikation mit dem Kreml nicht abriß, ja man führte fast täglich Gespräche mit Moskau, um zu vermeiden, daß dort im Eifer des Gefechts oder aufgrund unzulänglicher Informationen falsche Entscheidungen getroffen wurden. Zwar konnten auf diese Weise nicht alle Spannungen vermieden werden, die sich aus den vorherrschenden Interessengegensätzen ergaben; dennoch wurde die Gefahr von Mißverständnissen auf diese Weise bedeutend vermindert. Andererseits führte die Regierung Nixon in dieser Zeit weitläufige Verhandlungen über die verschiedensten Streitfragen, um den Sowjets Anreize zu bieten, den Dialog nicht leichtfertig abzubrechen. Die Berlin-Verhandlungen beispielsweise trugen bis weit in das Jahr 1973 hinein zur Zurückhaltung Moskaus im Nahen Osten bei. In den Jahren danach, während derer es zu verschiedenen diplomatischen Vorstößen kam, die Moskau letztlich an den Rand der Nahost-Politik drängten, erfüllte die KSZE dieselbe Funktion. Allerdings mußte Washington stets darauf bedacht sein, deutliche Kriterien für einen Fortschritt zu definieren, wenn es verhindern wollte, daß die Vereinbarungen zum Selbstzweck und die USA vom guten Willen der Sowjetunion abhängig würden. Schließlich führte die Entspannungspolitik nicht nur zur Beruhigung der internationalen Lage, sie schuf auch Bedingungen, aufgrund derer Moskau am Ende eine Entwicklung akzeptierte, die für die Sowjetunion auf einen umfassenden geopolitischen Rückzug hinauslief.

Trotz dieser Erfolge sah sich Nixon wegen seines außenpolitischen Kurses wachsenden Anfeindungen ausgesetzt. Jede Veränderung in der Außenpolitik trifft ja bei den Anhängern des alten Kurses unweigerlich auf Widerstand; jede erfolgreiche Verhandlung wird von denjenigen kritisiert, die nicht einsehen wollen, daß ein Abkommen in der Regel Zugeständnisse beider Seiten voraussetzt, und nicht nur die Wünsche der einen Seite befriedigen kann. Der außenpolitische Ansatz der »linkage«-Politik lief den legalistischen Traditionen der alten Garde im US-Außenministerium zuwider. Die Öffnung nach China stieß die – an Taiwan orientierte – China-Lobby vor den Kopf. Die Mischung aus Widersetzlichkeit und Kooperation, die das Wesen der Entspannungspolitik ausmachte, vertrug sich nicht mit der Annahme, daß die Welt in Schwarz und Weiß, in Freunde und Feinde einzuteilen sei, keinesfalls aber ein Land das eine und das andere gleichzeitig sein könne – auch wenn die Wirklichkeit dem widersprach.

Doch Nixon war nicht der erste, dem dies widerfuhr. Schon Wilson hatte in den Jahren 1915 bis 1917 Ähnliches erlebt, als er seiner isolationistisch gesinnten Nation eine bedeutendere Rolle auf der Weltbühne nahelegte. Roosevelt hatte sich zwischen 1939 und 1941 Auseinandersetzungen stellen müssen, als er die USA zum Bündnispartner Großbritanniens machte, und auch Truman erging es schließlich in den Jahren 1946 bis 1949, in denen er die Politik des Kalten Krieges konzipierte, nicht anders.

Der wesentliche Unterschied zu den vorangegangenen Debatten bestand jedoch darin, daß die Kontroversen diesmal inmitten der Unruhen wegen Vietnam aufkamen, unmittelbar gefolgt von der Watergate-Affäre. Im Regierungssystem der USA aber ist der Präsident die einzige von der ganzen Nation gewählte Persönlichkeit; er ist zugleich die einzige Instanz, die gesamtstaatliche Ziele festlegt. Andere Institutionen können zwar Erklärungen zur Außenpolitik abgeben, doch nur der Präsident kann sie über einen längeren Zeitraum hinweg in die Tat umsetzen. Der Kongreß als gesetzgebende Körperschaft neigt dazu, komplexe Probleme in eine Reihe von Einzelfragen zu zerlegen, die er dann durch Kompromisse zu lösen sucht. Die Medien können zwar eine politische Linie empfehlen, gleichwohl sind sie nicht in der Lage, die Feinheiten der von Tag zu Tag neu zu treffenden Entscheidungen zu berücksichtigen; und doch besteht das Wesen der Außenpolitik gerade darin, derartige Feinheiten aufzunehmen und in langfristige Vorhaben eingehen zu lassen. So fällt dem Präsidenten die Aufgabe zu, den politischen Kurs zu bestimmen. Die übrigen Institutionen können diese Entscheidung modifizieren oder auch blockieren; trotzdem sind sie niemals in der Lage, eine zusammenhängende Alternative vorzubringen.

So kommt es, daß alle großen Neuanfänge in der amerikanischen Außenpolitik auf die Wechselwirkung zwischen einem starken Präsidenten und den übrigen politischen Institutionen zurückgegangen sind. Der Präsident übernimmt die Rolle eines Pädagogen, dessen moralische Vision den Rahmen der Debatte bildet. Hätte es kein Watergate gegeben, dann hätte Nixon vielleicht die beachtlichen außenpolitischen Erfolge seiner ersten Amtszeit in dauerhafte Richtlinien verwandeln können, ähnlich wie es Franklin D. Roosevelt gelungen war, eine neue amerikanische Innenpolitik zu konzipieren und anschließend institutionell zu verankern, oder wie Truman und Acheson den Weg für die Eindämmungspolitik geebnet hatten. Watergate aber machte all diese Möglichkeiten zunichte. Es ist hier nicht der Ort, auf die Tragödie, die sich damals abspielte, näher einzugehen. So mag der Hinweis genügen, daß Watergate Nixon der moralischen Autorität beraubte, ohne die er seine Politik keinesfalls durchzusetzen vermochte. In Routine-angelegenheiten handelte er bis zum Schluß entschieden und scharfsinnig; wenn es hingegen um langfristige oder konzeptionelle Kontroversen ging, konnte er zwar nach wie vor die Probleme formulieren, hatte aber nicht mehr genügend Kraft, um sie auch seinen Vorstellungen gemäß zu lösen. Ohne das Gegengewicht eines starken Präsidenten aber, der als vermittelnde und integrative Kraft wirkte, konnte jede der rivalisierenden Gruppen ihre Sicht der Dinge im Übermaß zur Geltung bringen. Über weite Strecken der siebziger Jahre gab es infolgedessen immer wieder Auseinandersetzungen um Themen, die bereits wesentliche Bestandteile früherer großer amerikanischer Initiativen gewesen waren: Jetzt jedoch fehlte jene Synthese, die in früheren Perioden dem Aufbruch der USA zu neuen politischen Ufern unvergleichliche Durchschlagskraft verliehen hatte.

Nixons neuer außenpolitischer Ansatz forderte das amerikanische Sonderbewußtsein und das damit verbundene Gebot, daß Politik auf höhere Werte gegründet sein müsse, heraus. In den Augen Nixons und seiner Berater standen die Vereinigten Staaten vor der Aufgabe, ihre traditionellen Ideale den neuen Erfordernissen der internationalen Politik anzupassen. Ihre innenpolitischen Erfahrungen hatten die Amerikaner dazu verleitet, die internationale Ordnung als im wesentlichen vorteilhaft und Diplomatie als Ausdruck guter Absichten sowie einer grundsätzlichen Bereitschaft zum Kompromiß zu deuten. In einem solchen Weltbild konnte Feindseligkeit nur als Verirrung aufgefaßt werden. Nixons Außenpolitik dagegen ging von einer Welt aus, die sich mehrdeutigen Herausforderungen stellen mußte und sich aus Nationen zusammensetzte, die von Interessen, nicht aber von guten Absichten geleitet wurden, und in der Wandlungen allmählich und nicht mit einem Schlag erfolgten – kurzum, von einer Welt, die man zwar möglicherweise gestalten, die man aber weder beherrschen noch zurückweisen konnte. In einer solchen Welt lockte kein klar umrissenes Endziel, und die Lösung eines Problems stieß in vielen Fällen lediglich die Tür zum nächsten auf.

Eine solche Welt erforderte eine Außenpolitik, die sich in erster Linie nicht mehr als Heilsbringerin verstand, sondern vor allem einen langen Atem hatte. Die traditionellen amerikanischen Werte waren vielleicht wichtiger denn je; doch im Unterschied zur Ära Wilson ließen sie sich jetzt nicht mehr in ein Programm unmittelbarer, endgültiger Ergebnisse umsetzen. Statt dessen würde man sie benötigen, um Amerika die innere Kraft zu geben, sich durch mehrdeutige Situationen hindurch auf eine Welt hinzubewegen, die hoffentlich besser war als die bisherige und die doch niemals eine endgültige Form finden würde.

Nixon und seine Mitstreiter sahen keinen Widerspruch darin, die kommunistische Welt als Gegner und zugleich als Partner anzusehen: gegnerisch in der Weltanschauung und eine Gefahr für das globale Gleichgewicht, Partner aber in dem Bemühen, trotz aller ideologischen Gegensätze einen

Atomkrieg zu vermeiden. Nachdem sie jedoch die ganze emotionale Bandbreite eines tiefen Ernüchterungsprozesses im Verlauf des Vietnamkriegs durchlaufen hatten, suchten viele Amerikaner ihr nationales Selbstgefühl durch die erneute Bekräftigung der moralischen Verpflichtung Amerikas anstatt durch Interessenabwägung zurückzugewinnen.

Da es an einem moralisch überzeugenden Präsidenten fehlte, schlossen sich viele von denen, die noch im Geist der alten amerikanischen Außenpolitik aufgewachsen waren – im liberalen ebenso wie im konservativen Lager –, zu einer Opposition gegen Nixons neuen Kurs zusammen: die Liberalen, weil sie die neue Betonung des nationalen Interesses für unmoralisch hielten, und die Konservativen, weil es ihnen mehr um die ideologische Auseinandersetzung mit Moskau als um geopolitischen Wettstreit ging. Da das außenpolitische Denken der USA seit Woodrow Wilson durch liberale Vorstellungen geprägt worden war, gab es in der amerikanischen Wählerschaft keinen ausgeprägten Rückhalt für Nixons diplomatischen Stil. Nixon hielt nichts von einem pragmatischen Vorgehen von Fall zu Fall, wie dies von den Außenpolitikern der alten Schule und jenen Juristen bevorzugt wurde, die die liberalen amerikanischen Auffassungen von internationalen Beziehungen so entscheidend mitgeformt hatten. Ebensowenig übernahm er die Wilsonschen Vorstellungen von kollektiver Sicherheit; denn er glaubte weder an die Möglichkeit, Streitfragen auf rein juristischer Basis lösen zu können, noch hielt er die Konzentration auf Abrüstung für den einzigen oder auch nur vorrangigen Weg zu einer internationalen Ordnung. Infolgedessen sah sich die Gemeinschaft der Liberalen in einer ungemütlichen Zwangslage: Diplomatische Erfolge wie die Verminderung der Spannungen mit der Sowjetunion und die Öffnung nach China, deren Inhalte von ihnen nachdrücklich gebilligt wurden, waren auf außenpolitische Prinzipien zurückzuführen, die der liberalen Tradition ein Greuel waren, was sowohl für die Betonung des nationalen Interesses als auch für die Berücksichtigung des Gleichgewichts der Kräfte galt. Selbst als die Regierung mit Erfolg politische Maßnahmen förderte, die direkt Wilsonschen Idealen entsprangen, beispielsweise die Erhöhung der sowjetischen Auswanderungsquoten, verstärkte ihre Neigung, diese Ziele mit den Mitteln der Geheimdiplomatie zu erreichen, die Entfremdung zwischen Nixon und den Anhängern einer traditionell geführten amerikanischen Außenpolitik.

Auf der anderen Seite war Nixons Strategie, die Sowjetunion als geopolitischen Faktor zu behandeln, auch den Konservativen nicht recht geheuer. Die große Mehrheit von ihnen verstand die Auseinandersetzung mit dem Kommunismus fast ausschließlich als ideologischen Konflikt. Überzeugt, daß die USA geopolitischen Herausforderungen gegenüber unempfindlich seien, behandelten sie Probleme, die an den Fronten der Eindämmungspolitik auftraten, als nebensächlich und fühlten sich durch sie lediglich an jene traditionellen Konflikte der europäischen Mächte erinnert, die sie zutiefst geringschätzten. Schon unter Johnson hatten sie hinsichtlich des Vietnamkrieges resigniert, den sie hauptsächlich als Ablenkung von der eigentlichen Auseinandersetzung betrachteten, nicht wie Nixon als einen ihrer wesentlichen Bestandteile. Als moralische Rigoristen mißtrauten sie jeglichen Verhandlungen mit der Sowjetunion, jeden Kompromiß werteten sie als Rückzug. Der konservative Flügel der Republikanischen Partei war zwar zähneknirschend bereit, die Öffnung nach China als einen Beitrag zur Verunsicherung Moskaus und, darüber hinaus, als eine Art taktischer Notwendigkeit hinzunehmen, um die USA aus Vietnam herauszulösen. Doch da sie Verhandlungen mit Moskau von jeher argwöhnisch beobachtet hatten und sich bei der alten Strategie von Acheson und Dulles – sie bestand darin, in einer Position der Stärke einfach den Zusammenbruch des Kommunismus abzuwarten – am wohlsten fühlten, waren umfassende Verhandlungen über politische und militärische Fragen in ihren Augen nichts anderes als eine Preisgabe des moralischen Standpunkts.

Mit der Zeit erhielten die traditionellen Konservativen dann Zulauf aus einer unerwarteten Ecke: Es waren liberale, entschieden antikommunistische Demokraten, die sich ihrer Partei, seit der radikale Flügel dort überwog, entfremdet hatten. Die Kandidatur McGoverns im Jahr 1972 hatte die Ernüchterung dieser Neokonservativen von eigenen Gnaden vervollkommnet; der Nahostkrieg von 1973 gab ihnen erstmals Gelegenheit, ihre außenpolitischen Ansichten zusammenhängend und auf nationaler Ebene zu formulieren.

Als überzeugte Antikommunisten hätten die Neokonservativen sich durchaus als moralische Hilfstruppen einer Regierung verstehen können, die in Vietnam ja weitgehend deshalb so lange ausgeharrt hatte, weil sie den Anspruch der USA aufrechterhalten wollte, das Vordringen des Kommunismus zu verhindern. Ebenso wie den Konservativen war den Neokonservativen die Ideologie jedoch wichtiger als die Geopolitik. Einige ihrer einflußreichsten Persönlichkeiten hatten sich dem Vietnamkrieg leidenschaftlich widersetzt. In das neue Lager nun brachten sie all ihre alten Vorbehalte gegenüber Nixon mit, ohne ihm die Tatsache, daß er einen bitteren Kampf um einen ehrenvollen Frieden durchhielt, als Verdienst anzurechnen. Und da sie den Präsidenten weder mochten noch ihm vertrauten, befürchteten sie, er könne in dem Bemühen, sich im Amt zu behaupten, lebenswichtige Interessen des Landes preisgeben.

Auch der arrogante Umgang des Weißen Hauses mit den langjährigen Beamten der Regierungsbürokratie trug nicht gerade dazu bei, die Dinge zu vereinfachen. Während seiner ersten Amtszeit hatte Nixon, wie im Wahlkampf angekündigt, die Erledigung eines Großteils der anfallenden diplomatischen Aufgaben ins Weiße Haus verlagert. Nachdem die sowjetischen Führer erkannt hatten, daß der Präsident die wichtigsten außenpolitischen Entscheidungen unter keinen Umständen delegieren würde, wurde ein direkter Kontakt zwischen dem sowjetischen Botschafter Anatoli Dobrynin und dem Weißen Haus eingerichtet. Auf diese Weise konnten der US-Präsident und die oberste Führung im Kreml die wichtigsten Fragen auf direktem Wege erörtern.

Niemand indes ist so ungehalten wie ein übergangener Beamter, und das Weiße Haus verschlimmerte die Situation noch, indem es sich über festgefügte Vorgehensweisen einfach hinwegsetzte. Das Wesen von Verhandlungen liegt schließlich im Aushandeln von gegenseitigen Zugeständnissen; diejenigen jedoch, die von dem mühseligen Tauziehen bei Verhandlungen ausgeschlossen sind, kennen keinerlei Hemmungen, sich das Wunschbild einer Verhandlung auszumalen, in der Zugeständnisse allein von der Gegenseite gemacht werden. Sie glauben, auch die kleinste Nachgiebigkeit wäre vermeidbar gewesen, hätte man *sie* nur um Rat gefragt. Ohne das übliche bürokratische Sicherheitsnetz den Angriffen nervöser Konservativer, enttäuschter Liberaler und aggressiver Neokonservativer ausgesetzt, fand sich das Weiße Haus unter Nixon somit in der eigenartigen Lage, eine Außenpolitik verteidigen zu müssen, die im großen und ganzen ziemlich erfolgreich war.

Letzten Endes verlangten die Kritiker von der Regierung, sie solle zu einem Zeitpunkt auf einen Konfrontationskurs umschwenken, da sie unter den Angriffen der Friedensbewegung wankte, der Präsident unter Anklage stand (sein Nachfolger Gerald R. Ford wurde bald darauf ernannt, nicht gewählt), da in jeder Sitzung des Kongresses die Befugnis des Präsidenten, Gewaltmaßnahmen anzudrohen, weiter beschnitten und der Militärhaushalt in Frage gestellt wurde. In den Augen der Regierung Nixon hingegen ging es nun darum, aus Vietnam ohne geopolitische Verluste herauszukommen und den Kommunisten gegenüber eine Politik durchzusetzen, die sich auf die wirklich entscheidenden Kampfgebiete konzentrierte. Nixon verstand Entspannungspolitik als eine Taktik in einem langwierigen geopolitischen Kampf; seine liberalen Kritiker indessen betrachteten sie als Selbstzweck, während Konservative und Neokonservative den geopolitischen Ansatz als historisch pessimistisch ablehnten und eine Politik unnachgiebiger ideologischer Konfrontation befürworteten.

Es entbehrt nicht einer gewissen Ironie, daß gerade die Außenpolitik Nixons die Ost-West-Beziehungen bis 1973 so weit beruhigt hatte, daß die innenpolitische Debatte um eben diesen außenpolitischen Ansatz gefahrlos geführt werden konnte. Letztlich ging es dabei um die Frage, ob es möglich oder überhaupt wünschenswert sei, der bisherigen US-Außenpolitik, die auf endgültige Ergebnisse und zeitlich begrenzte Engagements vertraut hatte, eine neue Orientierung zu geben. Nixon argumentierte, in einer multipolaren Welt könne Wandel nur durch Evolution herbeigeführt werden. Dies aber erforderte Geduld – nicht gerade eine der Stärken traditioneller amerikanischer Außenpolitik. Die Kritiker, aus deren Worten der althergebrachte Glaube an die besondere Mission der Vereinigten Staaten sprach, bestanden allerdings darauf, daß es das Ziel amerikanischer Außenpolitik sein müsse, die sowjetische Gesellschaft innerhalb kürzester Zeit umzuformen – eine Zielsetzung, die nicht einmal zu der Zeit ins Auge gefaßt worden war, als die USA noch über das Atomwaffenmonopol verfügten. Eine grundsätzliche nationale Debatte zwischen den Befürwortern einer im wesentlichen strategischen Außenpolitik und den Fürsprechern einer eher missionarischen Außenpolitik war ebenso unvermeidlich wie notwendig: Schließlich ging es darum, ob es klüger sei, eine rivalisierende Supermacht im Zaum zu halten oder das Böse zu bestrafen. Nicht unvermeidlich hingegen war der moralische Kollaps der Präsidentschaft, der eine wirkliche Lösung der Debatte verhinderte.

Ohne die Bindungskraft gemeinsamer Grundüberzeugungen konzentrierte sich jede Partei in der Auseinandersetzung auf das, was ihr als besonders bedrohlich erschien. Nixons Alptraum war es, geopolitisch für den schleichenden sowjetischen Expansionismus verwundbar zu werden. Die Konservativen befürchteten moralische Abrüstung oder eine atomare Kraftprobe apokalyptischen Ausmaßes, sollte den Sowjets der technologische Durchbruch gelingen. Die Sorge der Liberalen galt der ihrer Ansicht nach übermäßigen Betonung der militärischen Sicherheit. Die Konservativen wiederum fürchteten die eventuelle militärische Vorherrschaft der Sowjets. Die Liberalen wollten vermeiden, daß die USA sich ein weiteres Mal übernahmen. Nixon suchte nach einer tragfähigen langfristigen Strategie.

Am Ende geriet die Politik in einen regelrechten Strudel kollidierender und unauflösbarer Zwänge. Die Liberalen verfolgten argwöhnisch alle Anzeichen, aus denen möglicherweise ein nachlassendes Engagement für Rüstungskontrollen sprach. Nixon wiederum widerstand wachsam geopolitischen Drohungen von Kuba bis zum Nahen Osten, während die Konservativen eine Entwicklung attackierten, die in ihren Augen den Rückzug Amerikas aus der ideologischen Konfrontation und der Nuklearstrategie darstellte. All dies führte zu der grotesken Situation, daß die Liberalen die Rüstungsausgaben des Präsidenten als zu hoch kritisierten, die Konservativen hingegen die Rüstungskontrollpolitik Nixons als zu versöhnlich anprangerten. Und so wurde der Militärhaushalt von Nixon schließlich mit Hilfe der Konservativen gegen die liberale Opposition durchgebracht, während Maßnahmen zur Rüstungsbeschränkung, soweit sie der Bewilligung durch den Kongreß bedurften, mit Unterstützung der Liberalen gegen die Konservativen durchgesetzt wurden.

Hinter den meisten Vorwürfen (letztlich selbst hinter denen der Liberalen) steckte die Forderung, zu den ursprünglichen Prämissen der Eindämmungspolitik zurückzukehren: Erneut wollte man hinter starken Verteidigungslinien auf die Wandlung des sowjetischen Systems warten. Nixon war ebenfalls für eine starke Verteidigung, hielt jedoch nichts von einer Politik, die es einerseits Moskau ermöglichen würde, die diplomatische Tagesordnung zu bestimmen, und andererseits zur Folge hätte, daß die innenpolitische Krise in den Vereinigten Staaten außer Kontrolle geriet. Während die Kritiker glaubten, eine aktive Ost-West-Diplomatie werde die Wachsamkeit der amerikanischen Bevölkerung einschläfern, war Nixon überzeugt, daß Amerikas Bereitschaft, sich dem Kommunismus entgegenzustellen, durch flexible Diplomatie gestützt werden müsse. Er war entschlossen, jedem Vordringen der Sowjetunion entgegenzutreten, was einige Kritiker wiederum so deuteten, als ob Geopolitik nach europäischem Muster hier in einen vorrangig ideologischen Konflikt einbezogen werde.

Im Juni 1974 brachte Senator Henry Jackson in seinem Unterausschuß über Rüstungskontrolle ein kritisches, von einer Reihe namhafter Wissenschaftler verfaßtes Papier zur Entspannungspolitik in Umlauf, in dem es hieß:»Im gegenwärtigen sowjetischen Sprachgebrauch bezeichnet Entspannung oder ›friedliche Koexistenz‹ eine strategische Alternative zur offen militanten Frontstellung gegen die sogenannten ›kapitalistischen Länder‹. Sie bedeutet keineswegs den Verzicht der Sowjetunion und ihrer Verbündeten auf Auseinandersetzungen mit den liberalen westlichen Ländern [...]. An die Stelle der direkten Konfrontation treten indirekte Methoden des Kampfes unter Verwendung nichtmilitärischer Mittel, die als ›ideologische‹ bezeichnet werden: In der sowjetischen Praxis umfaßt dieser Begriff Subversion, Propaganda, politische Erpressung und Geheimdienstoperationen.«[3]

George Meany, Präsident des amerikanischen Gewerkschaftsbundes AFL-CIO (American Federation of Labor and Congress of Industrial Organizations), brachte dieselben Ansichten vor dem Außenpolitischen Ausschuß des Senats in allgemeinverständlicher Sprache zum Ausdruck:»Das ist es, was die Sowjetunion unter Entspannung versteht: Entspannung beruht auf der Schwäche der USA. Entspannung bedeutet Verstärkung der ideologischen Kriegsführung. Entspannung bedeutet Unterhöhlung der NATO. Entspannung bedeutet letzten Endes militärische Überlegenheit der Sowjets über den Westen. Entspannung bedeutet, daß der Westen anerkennt, daß Osteuropa zur Sowjetunion gehört. Entspannung bedeutet den Abzug der US-Streitkräfte aus Europa.«[4]

Auf diese Kritik reagierten Nixon und seine Mitarbeiter allerdings wirklich verärgert, hatten sie doch nie daran gezweifelt, daß die Entspannungspolitik auch für den Kreml ihre nützlichen Seiten hatte – sonst hätte er sich wohl auch kaum daran beteiligt. Die entscheidende Frage war freilich, ob die Entspannung auch den Zwecken der Vereinigten Staaten diente. Und in dieser Hinsicht waren Nixon und seine Berater überzeugt, daß die Zeit für die Demokratien arbeite, da eine Periode des Friedens ohne Expansion unweigerlich die zentrifugalen Kräfte innerhalb des Sowjetblocks stärken würde.

Als Außenminister der Regierung Ford, die Nixons Politik praktisch weiterführte und sich insofern auch denselben Gegnern gegenübersah, bin ich im März 1976 nochmals auf die Überlegungen eingegangen, die der Entspannungspolitik zugrunde lagen:»Die Sowjets sind nicht auf allen Gebieten gleichmäßig stark; die Schwächen und Unzulänglichkeiten des Sowjetsystems springen ins Auge und sind eindeutig belegt. Trotz ihres unvermeidlichen Machtzuwachses bleibt die Sowjetunion im Hinblick auf die militärische, wirtschaftliche und technische Entwicklung alles in allem weit hinter uns und unseren Verbündeten zurück; es wäre also ausgesprochen leichtsinnig, würde die Sowjetunion die demokratischen Industrienationen herausfordern. Und die sowjetische Gesellschaft ist nicht mehr isoliert von den Einflüssen und Reizen der Außenwelt oder unempfindlich für die Notwendigkeit von Außenkontakten.«[5]

Im Laufe der Zeit wäre die letztlich theoretische Debatte um die Entspannungspolitik vielleicht von den Ereignissen überholt worden. Doch der intellektuelle Führer der Kritiker, der eindrucksvolle Senator Henry Jackson, war keineswegs bereit, so lange zu warten, und mobilisierte alle verfügbaren Kräfte, um diese Politik zu Fall zu bringen. Ein Demokrat aus dem Bundesstaat Washington und einer der beeindruckendsten Politiker der USA, hatte Jackson sich eingehend mit außenpolitischen Fragen, insbesondere mit der Sowjetunion, beschäftigt und war überdies ein hochkarätiger Rüstungsexperte. In ihm, der den Kongreß mit Leuten aus der Exekutive zusammenbrachte, die auf seiner Seite standen, verband sich Belesenheit mit einem meisterhaften Gefühl dafür, wie man die einzelnen Abteilungen der Regierung manipulieren konnte. Jacksons Mitarbeiter, angeführt von dem scharfsinnigen Richard Perle, standen ihm im Hinblick auf ihre Bildung in nichts nach, ja sie übertrafen ihn teilweise sogar noch an manipulativem Geschick.

Obwohl Jackson ursprünglich Nixons Wunschkandidat als Verteidigungsminister gewesen war, sollte er schließlich zum unversöhnlichsten Gegner der Entspannungspolitik werden. Fast die gesamte erste Amtsperiode Nixons hindurch hatte Jackson nicht nur eine ziemlich geradlinige Vietnampolitik verfolgt, sondern auch beharrlich die Bemühungen des Präsidenten unterstützt, gegen den anhaltenden Druck des Kongresses, den Verteidigungshaushalt einseitig zu beschneiden, die nötigen Mittel für die Verteidigung bereitzustellen. Ihm war es vor allem zu verdanken, daß das von Nixon vorgeschlagene Raketenabwehrsystem (ABM-System) alle Hürden im Senat sicher überwand. Dennoch trennten sich zum Ende der ersten Amtszeit Nixons die Wege der beiden, obwohl sie in ihrer Analyse der Absichten der Sowjetunion im Grunde weitgehend übereinstimmten. Jackson aber war mit dem ABM-Vertrag nicht einverstanden, der die Zahl der unterirdischen Raketen-Abschußrampen für beide Supermächte auf je zwei begrenzte. Und es sollte nicht lange dauern, bis er seine Ablehnung auch auf den gesamten Bereich der Ost-West-Beziehungen ausdehnte.

Nixons ursprüngliches Raketenabwehrprogramm hatte insgesamt zwölf unterirdische Raketenanlagen entlang den Küsten der USA vorgesehen. Damit hätten nicht nur Angriffe kleinerer Atommächte, beispielsweise Chinas, sondern auch begrenzte sowjetische Atomschläge abgewehrt werden können. Außerdem hätte dieses System auch den Kern einer späteren umfassenden Abwehr gegen die Sowjetunion bilden können. Doch der Kongreß verringerte die Zahl der Raketenstellungen jedes Jahr aufs neue, so daß das Pentagon 1971 für das kommende Haushaltsjahr nur mit zwei Abschußrampen rechnen konnte. Eine Raketenabwehr von derart begrenztem Umfang aber diente keinem realistischen strategischen Zweck mehr, sondern hatte lediglich einen experimentellen Nutzen. Dazu kam, daß der Kongreß – als Antwort auf den antimilitaristischen Zeitgeist – den Verteidigungshaushalt in jeder Sitzungsperiode weiter beschnitten hatte (nicht zu reden von den Programmen, die von der Nixon-Administration gar nicht erst vorgelegt wurden, da sie mit Sicherheit gescheitert wären).

Diese Widerstände führten dazu, daß sich das Verteidigungsministerium plötzlich zum Fürsprecher der Rüstungskontrolle entwickelte. So drängte schon Anfang 1970 der Stellvertretende Verteidigungsminister David Packard den Präsidenten zu einer neuen SALT-Initiative zwecks Begrenzung der strategischen Waffen,»mit deren Hilfe wir versuchen können, bis Mitte Oktober oder spätestens bis November in Wien eine Vereinbarung zu erzielen«. Er hielt eine baldige, wenn auch begrenzte Vereinbarung für wichtig, weil»die zu erwartenden Kürzungen im Staatshaushalt [. . .] wahrscheinlich auch zu großen Abstrichen im Verteidigungsprogramm und bei den strategischen Streitkräften führen« würden. Ohne ein solches Abkommen aber würden einseitige Entscheidungen des Kongresses fortschreitend den Verhandlungsspielraum der USA einschränken.[6]

Vor diesem politischen Hintergrund nahm Nixon im Sommer 1970 einen Notenwechsel mit dem sowjetischen Ministerpräsidenten, Alexej Kossygin, auf, der den Rahmen für das zwei Jahre später unterzeichnete SALT-Abkommen schuf. Bis dahin war der Sowjetunion daran gelegen gewesen, die Produktion von Defensivwaffen, bei denen die Vereinigten Staaten über einen technischen Vorsprung verfügten, zu begrenzen, die Beschränkung von Offensivraketen hingegen, von denen die Sowjetunion jährlich zweihundert Stück in den unterschiedlichsten Ausführungen, die USA aber keine einzige produzierte, aufzuschieben. Nixon stellte schnell klar, daß er einem derart einseitigen Handel seine Zustimmung verweigern würde. Das Ergebnis des Schriftwechsels zwischen Kossygin und Nixon war, daß die Sowjets sich schließlich bereit erklärten, über eine Begrenzung sowohl von Offensiv- als auch von Defensivwaffen zu verhandeln.

Die folgenden Verhandlungen mündeten in zwei Vereinbarungen. Der ABM-Vertrag von 1972 begrenzte die Zahl der Raketenabschußbasen auf zwei und die Raketenwerfer auf zweihundert – zuwenig, um auch nur einen kleinen Atomschlag abzuwehren. Gleichwohl erklärte sich Nixon mit dieser Beschränkung einverstanden, weil er ein Mindestmaß an Raketenabwehr erhalten wollte und überdies befürchtete, der Kongreß werde andernfalls das gesamte Versuchsprogramm streichen. Zum damaligen Zeitpunkt waren die Bestimmungen im großen und ganzen auch nicht umstritten.

Was die Wogen hingegen hochgehen ließ, war ein auf fünf Jahre befriste-tes Interimsabkommen, das beide Supermächte verpflichtete, die Zahl ihrer strategischen Offensivraketen, ob land- oder seegestützt, auf einem verein-barten Niveau einzufrieren. Die Vereinigten Staaten hatten die Höchstzahl ihrer Offensivraketen bereits fünf Jahre zuvor festgelegt und seitdem – selbst wenn man diese Beschränkung vielleicht für unzureichend hielt – nie versucht, die Anzahl zu erhöhen. Die Sowjetunion indessen produzierte jährlich zweihundert Raketen; um die vereinbarte Höchstgrenze einhalten zu können, mußte sie daher zweihundertzehn Langstrecken-Flugkörper älterer Bauart verschrotten. Bomber – hier besaßen die USA einen Vor-sprung – waren in das Abkommen nicht einbezogen worden. Beide Seiten hatten jedoch die Möglichkeit, ihre Waffen technisch zu »modernisieren«.

Die strategische Rüstung der beiden Mächte miteinander zu vergleichen, war allerdings mit erheblichen Schwierigkeiten verbunden. Die US-Rake-ten waren kleiner und zielgenauer; zudem war die Hälfte von ihnen mit ato-maren Mehrfachsprengköpfen ausgerüstet. Die sowjetischen Raketen waren größer, weniger treffsicher und nicht so flexibel in der Anwendung, doch übertraf ihre Zahl die der amerikanischen immerhin um dreihundert Stück. Solange jede Seite ihre eigenen Entscheidungen getroffen hatte, schien diese Verschiedenartigkeit niemanden zu stören, zweifellos weil die Amerikaner einen nicht unbeträchtlichen Vorsprung bei den Flugzeugen und – dank der Mehrfachgefechtsköpfe – auch einen ständig wachsenden Vorsprung bei den Gefechtsköpfen hatten, ein Vorsprung, der auch in den fünf Jahren, für die das Abkommen geschlossen wurde, noch größer werden würde.

Doch kaum war das SALT-Abkommen auf dem Moskauer Gipfeltreffen im Mai 1972 unterzeichnet, entzündete sich ein Streit daran, daß man für beide Seiten eine unterschiedliche Anzahl an Abschußvorrichtungen aus-gehandelt hatte. Es war schon eine merkwürdige Angelegenheit. Noch bevor überhaupt jemand an SALT-Vereinbarungen dachte, hatten die USA die bestehenden Höchstgrenzen festgelegt. Das Pentagon hatte während der gesamten ersten Amtszeit Nixons keinerlei Anstalten unternommen, jenes Niveau nach oben zu verschieben: Entsprechende Gesuche des Penta-gons waren nicht etwa abgelehnt, sondern gar nicht eingereicht worden. Selbst nachdem man sich 1974 in Wladiwostok auf höhere und – was noch wichtiger war – auf gleiche Obergrenzen geeinigt hatte, schlug das Verteidi-gungsministerium zu keiner Zeit vor, die Zahl der Abschußvorrichtungen, die 1967 installiert worden waren, zu erweitern.

Einem Besucher aus dem Weltall, der die innenpolitische Debatte in den USA zu jener Zeit verfolgt hätte, wäre eine seltsame Geschichte zu Ohren gekommen. Die amerikanische Regierung, so hätte er erfahren, habe ungleiche Raketenbestände »zugestanden«, da sie sich vertraglich verpflich-tet hatte, sich mit ihrem eigenen, einseitig ausgearbeiteten Programm zu begnügen. Für dieses Programm waren bis zum Abschluß des SALT-

Abkommens keine Veränderungen vorgesehen, und zwar nicht einmal die geringsten. Das blieb auch dann so, als zwei Jahre darauf neue Höchstgrenzen erlaubt wurden; ja selbst die Reagan-Administration sah sich zu einer Neubewertung nicht veranlaßt. Noch einmal: Eine strategische Obergrenze, welche die Vereinigten Staaten von sich aus festgelegt hatten, weil sie damit noch immer über mehr Gefechtsköpfe verfügten als die Sowjetunion, und an der sie während der fünfjährigen Dauer des Abkommens nichts ändern durften, wurde plötzlich, nachdem sie im Rahmen des Abkommens lediglich bestätigt worden war, als gefährlich eingestuft.[7]

Es war das Unglück Nixons und seiner Berater, daß »Ungleichheit« zu jenen Schlüsselwörtern zählt, die ihre eigene Realität schaffen. Als die Regierung zu ihrer Rechtfertigung die Zahlen der Raketenanlagen und Gefechtsköpfe beider Seiten sowie die geplanten und tatsächlich ausgehandelten Höchstwerte einander gegenüberstellte, hinterließ sie in der Öffentlichkeit nur das unbehagliche Gefühl, sie wolle eine »Raketenlücke« zum Nachteil der Vereinigten Staaten verteidigen.

Die Nixon-Administration aber sah im SALT-Abkommen ein Mittel, um ein in ihren Augen unentbehrliches Verteidigungsprogramm gegen Angriffe aus dem Kongreß zu schützen, und dies auf zweierlei Weise: Sie bestand erstens darauf, daß die durch SALT I festgelegten Obergrenzen vom Kongreß als Bezugsgrößen behandelt wurden, und sie verknüpfte – zweitens – das Abkommen mit einer Aufstockung des Militärhaushalts um 4,5 Milliarden Dollar, vorgesehen für Modernisierungsmaßnahmen. Die meisten der noch heute bedeutsamen strategischen Programme der USA – die B-1-Bomberflotte, die »Stealth«-Bomber, die MX-Raketen, die strategischen Marschflugkörper und die Trident-Raketen samt U-Booten – wurden unter Nixon und Ford konzipiert, zu eben jener Zeit, da SALT I in Kraft war.

Was bei oberflächlicher Betrachtung wie eine Debatte über Raketenbestände aussah, ging jedoch auf ein weit tieferes, überaus ernst zu nehmendes Anliegen zurück. Jackson und seine Anhänger sahen in der zunehmenden Betonung von Rüstungskontrolle – einem Thema, dessen Behandlung bei den Medien und innerhalb der akademischen Gemeinschaft mittlerweile nahezu obsessive Züge angenommen hatte – die potentielle Aushöhlung *jeder* sinnvollen Verteidigungspolitik. Neue Militärprogramme wurden immer häufiger damit gerechtfertigt, daß sie als eine Art Unterpfand bei künftigen SALT-Verhandlungen dienen könnten. Die Gruppe um Jackson befürchtete, wenn dieses Beispiel Schule mache, werde zu guter Letzt jeder strategischen Begründung von Verteidigungsmaßnahmen der Boden entzogen. Was sollte es schließlich für einen Sinn haben, knappe Ressourcen in kostspielige Programme fließen zu lassen, wenn deren vorrangiger Zweck darin bestand, als Gegenleistung für sowjetische Abrüstungsmaßnahmen wieder verschrottet zu werden?

So ging es in der Debatte um die Bestimmungen des Abkommens letztlich darum, wie man sich mit dem Ende der strategischen Überlegenheit der

USA auseinandersetzen sollte. Im Grunde wußte man ja bereits seit einem Jahrzehnt, daß es in einem Atomkrieg keinen Sieger geben werde, weil die mit ihm verbundenen Kosten vernünftigerweise von keinem Politiker getragen werden könnten. Aufgrund dieser Erkenntnis hatte die Kennedy-Administration die strategische Doktrin der »sicheren Vernichtung« entwickelt, die die Abschreckung darauf gründete, daß *beide* Seiten in der Lage waren, die andere atomar zu verwüsten. Doch diese strategische Doktrin hatte das Problem nur anders definiert, es aber keineswegs gelöst. Eine Strategie, die sich darauf stützte, daß man mit nationalem Selbstmord drohte, mußte früher oder später in einer Sackgasse enden. SALT dagegen rückte der Öffentlichkeit nun eine Tatsache ins Bewußtsein, die den Experten seit mindestens zehn Jahren bewußt war, und so gab man nun SALT I unversehens die Schuld an einer Sachlage, die bei schrankenloser Aufrüstung noch weitaus schmerzhafter zutage getreten wäre. Das Dilemma war durchaus real. Aber SALT I hatte es nicht hervorgebracht. Solange Abschreckung mit gegenseitiger Vernichtung gleichgesetzt wurde, würden die psychischen Hemmungen gegen einen Atomkrieg überwältigend sein; entsprechend produzierten die Vereinigten Staaten Atomwaffen ausschließlich zu dem Zweck, den Gegner davon abzuhalten, Atomwaffen einzusetzen, nicht aber für den tatsächlichen Einsatz in einer politischen Krise. Sollte diese Erkenntnis je in Vergessenheit geraten, dann drohte die Fähigkeit zur gegenseitigen Verwüstung die Moral zu untergraben und die bestehenden Bündnisse zu zerstören. Und darin – nicht im SALT-Abkommen – bestand das eigentliche nukleare Dilemma.

Im Grunde brachte die Debatte um das SALT-Abkommen (und um die Entspannungspolitik überhaupt) die Empörung über eine Welt zum Ausdruck, in der ein tödlicher ideologischer Konflikt ausgetragen wurde, aus dem jedoch – aufgrund des strategischen Gleichgewichts – keine Seite als Sieger hervorgehen konnte. Dieses Patt wurde allerdings von den um SALT I streitenden Parteien grundsätzlich anders beurteilt, und genau hier lag der eigentliche Konflikt: Nixon und seine Berater waren zu der Überzeugung gelangt, daß diejenige Seite, die in der Lage war, mit militärischen Schlägen knapp unter der Grenze zum Atomkrieg zu drohen, die Gegenseite im Lauf der Zeit immer wirkungsvoller erpressen und einen schleichenden Expansionismus betreiben könne. Das war der Grund, warum Nixon solches Gewicht darauf legte, jeder geopolitischen Bedrohung von Anfang an entgegenzutreten. Beraubte man sich der Fähigkeit, den Gegner mit einem Erstschlag zu entwaffnen, würde das strategische Potential der USA hinsichtlich der Verteidigung von Gebieten in Übersee und sogar in Europa immer mehr an Nutzen verlieren (siehe Kapitel 24).

Die Anhänger Jacksons sahen dies nicht anders. Folglich drängten sie auf die Wiederherstellung der strategischen Überlegenheit. Sie kleideten ihr Anliegen allerdings in die Befürchtung, Amerika werde die Fähigkeit zu einem wirksamen Erstschlag verlieren – was zutraf –, während sich die

Sowjetunion diese Fähigkeit im Lauf der Zeit aneignen werde – was nicht zutraf, vor allem nicht innerhalb des Zeitrahmens, der für die Debatte relevant war.

Jackson fürchtete die strategische, Nixon die geopolitische Verwundbarkeit. Jacksons Sorge galt dem Gleichgewicht der militärischen Kräfte, Nixon hingegen war hauptsächlich an der globalen Verteilung der politischen Macht interessiert.[8] Jackson und seine Anhänger versuchten, mit Hilfe von SALT die Sowjetunion zu zwingen, ihr gesamtes strategisches Konzept nach amerikanischen Wünschen umzustrukturieren. Nixon und seine Berater indessen bezweifelten, daß die USA angesichts ständiger Kürzungen des Verteidigungshaushaltes durch den Kongreß solche Pläne würden durchsetzen können, obwohl Ronald Reagan später die politische Zweckdienlichkeit entschlossener amerikanischer Aufrüstung beweisen sollte. Die Bedrohung des strategischen Kräftegleichgewichts, der Jacksons Hauptsorge galt, war in seinen Augen ein weitgehend technisches Problem, während die Nixon-Administration bemüht war, die Vereinigten Staaten auf eine in ihrer Geschichte ganz neuartige Rolle vorzubereiten, die in Wirklichkeit freilich so alt war wie das Staatensystem selber: die Verhinderung von scheinbar unbedeutenden geopolitischen Verschiebungen, die im Lauf der Zeit nichtsdestoweniger das Gleichgewicht der Kräfte umstoßen könnten. Jackson stand geopolitischen Veränderungen verhältnismäßig gleichgültig gegenüber (so stimmte er beispielsweise 1975 gegen eine Unterstützung der nicht-kommunistischen Gruppen in Angola); sein Augenmerk richtete sich vielmehr auf mögliche Konsequenzen aus den neuesten Entwicklungen moderner Waffentechnik.

Der absolute Stillstand zwischen diesen gegensätzlichen Positionen führte dazu, daß die Debatte über die SALT-Vereinbarungen in immer abstrusere Gefilde abglitt, bis die Auseinandersetzung sich schließlich an waffentechnischen Detailfragen festbiß, die ein Laie unmöglich verstehen konnte und über die selbst Waffenexperten sich zutiefst uneins waren. Aus dem Abstand eines Jahrzehnts lesen sich die Erörterungen darüber, wie amerikanische Marschflugkörper mit sowjetischen Langstreckenbombern, Abschußvorrichtungen mit Gefechtsköpfen zu verrechnen seien, gleichsam wie mittelalterliche Traktate, von Schreibern in einem weltabgeschiedenen Kloster verfaßt.

Die in der Debatte angesprochenen Fragen waren dennoch fraglos ebenso grundlegend wie unvermeidlich. Die fatale Lage, in der der Präsident sich befand, verhinderte jedoch eine Annäherung der Standpunkte. So konnte sich der typisch amerikanische Idealismus auf allen Seiten ungehemmt entfalten:Es gab keine Anreize mehr für einen politischen Kompromiß. Der Präsident konnte schließlich, obwohl sein Amt ihn eigentlich dazu befugt hätte, weder Strafen verhängen noch Vergünstigungen anbieten. Seine Kritiker wiederum versprachen sich von einer Änderung ihres Standpunktes keinen politischen Gewinn. So kam es, daß die Debatte zunehmend den Charakter einer Fakultätsversammlung eigensinniger Professoren annahm. Der Historiker allerdings wird davon profitieren, daß die einzelnen Positionen klarer zu erkennen sind, als dies normalerweise in politischen Prozessen der Fall ist. Amerika bezahlte den Preis für seine Selbstkasteiung, indem es sich den Erfordernissen seiner geopolitischen Lage erst mit einer Verspätung von einem Jahrzehnt zu stellen vermochte.

Der Zusammenbruch des Kommunismus war letztlich zum Teil das Ergebnis seiner eigenen Verkrustung, zum Teil aber auch Folge jenes Drucks, der von dem wiedererstarkten Westen ausging. Aus diesem Grund wird das Urteil der Geschichte über die sich befehdenden Lager in der inneramerikanischen Debatte von damals zweifellos versöhnlicher sein, als es die Kontrahenten selber waren. Und es wird sich zeigen, daß die Konzepte Nixons und seiner konservativen Gegner einander eher ergänzten als ausschlossen, betonte doch die eine Seite den geopolitischen, die andere den strategisch-technischen Aspekt einer Auseinandersetzung, deren moralischer Kern von beiden Parteien in durchaus ähnlicher Weise wahrgenommen wurde.

Die technischen Probleme der Rüstungskontrolle waren indessen zu schwerfällig, um die gewichtige Auseinandersetzung um das Wesen der amerikanischen Außenpolitik zu tragen. Mit der Zeit verlagerte sich die Debatte deshalb auf ein Thema, das der amerikanischen Vorliebe für idealistische Missionen eher entsprach und außerdem in der breiten Öffentlichkeit auf stärkeren Widerhall stieß: die Forderung nämlich, zu den vorrangigen Zielen amerikanischer Außenpolitik müßte auch die Verbreitung der Menschenrechte gehören.

Die Menschenrechtsdebatte begann mit einem Appell an die US-Regierung, sie möge Einfluß auf den Kreml ausüben, um die Behandlung der Sowjetbürger zu verbessern; sie mündete im Lauf der Zeit jedoch in der Forderung, die Menschenrechtsfrage als politische Strategie zu nutzen, um innere Unruhen in der Sowjetunion zu fördern. Wie im Fall der Rüstungskontrolle drehte sich der Streit auch hier nicht um das Ziel an sich; in dieser Hinsicht bestand durchaus Einigkeit. Vielmehr ging es um die Frage, bis zu welchem Grad die ideologische Konfrontation die amerikanische Außenpolitik bestimmen sollte.

Die Kontroverse entspann sich an der Frage der Auswanderungsquoten sowjetischer Juden. Als Gegenstand diplomatischer Bemühungen war die jüdische Auswanderung aus der Sowjetunion erstmals von der Nixon-Administration erörtert worden. Bis 1969 hatte die Problematik in keinem einzigen Ost-West-Dialog eine Rolle gespielt; alle bisherigen US-Regierungen, die der Demokraten nicht anders als die der Republikaner, hatten sie als eine Angelegenheit betrachtet, die allein in die innenpolitische Zuständigkeit Moskaus fiel: Keine von ihnen war je bereit gewesen, die ohnehin angespannten Ost-West-Beziehungen mit einer weiteren Kontroverse zu belasten. Im Jahr 1968 hatten lediglich vierhundert sowjetische Juden eine Aus-reisegenehmigung erhalten, und nicht ein einziges demokratisches Land hatte dies zu einer Streitfrage erhoben.

Als sich die amerikanisch-sowjetischen Beziehungen jedoch zunehmend verbesserten, kam die Nixon-Administration über den vertraulichen Kanal des US-Präsidenten zum Botschafter der UdSSR auf das Problem zu spre-chen. Man gab zu verstehen, sowjetische Schritte in dieser Hinsicht würden in den USA auf höchster Regierungsebene nicht unbemerkt bleiben. Der Kreml zeigte daraufhin erste Reaktionen auf die »Anregungen« aus Washington, vor allem nachdem die Beziehungen zu den Vereinigten Staa-ten weiter voranschritten. Nunmehr stieg die Zahl jüdischer Emigranten aus der Sowjetunion Jahr für Jahr an, bis 1973 schließlich fünfunddreißigtau-send Juden die Ausreise erlaubt wurde. Darüber hinaus übermittelte das Weiße Haus dem Kreml regelmäßig eine Liste von Härtefällen – einzelne Personen, denen man das Ausreisevisum verweigert hatte, deren Familien auseinandergerissen worden waren oder die sich zum Teil im Gefängnis befanden. Den meisten dieser Sowjetbürger wurde die Auswanderung ebenfalls gestattet.

All das vollzog sich in einem Rahmen, den Diplomatie-Historiker als »stillschweigende Verhandlungen« bezeichnen würden. Es wurden weder formelle Ersuchen eingereicht, noch gab es formelle Antwortschreiben. Sowjetische Schritte in der genannten Richtung wurden zwar registriert, doch nicht offiziell zur Kenntnis genommen. Tatsächlich wurden die Aus-wanderungsbestimmungen sogar immer mehr gelockert, obwohl Washing-ton keinerlei entsprechende Forderungen gestellt hatte: Die Nixon-Admi-nistration hielt sich so peinlich genau an die diplomatischen Grundregeln, daß sie zu keiner Zeit für sich das Verdienst, die sowjetische Auswande-rungspraxis erleichtert zu haben, in Anspruch nahm – nicht einmal im Wahl-kampf. Dies änderte sich, als Henry Jackson das Problem zum Thema einer öffentlichen Auseinandersetzung machte.

Jackson wurde durch eine merkwürdige Entscheidung des Kreml vom Sommer 1972 zu diesem Schritt bewogen. Es ging darum, daß Auswanderer von diesem Zeitpunkt an mit einer sogenannten »Ausreisesteuer« belegt werden sollten, angeblich als eine Entschädigung für den sowjetischen Staat, dem die Auswanderer ja ihre berufliche Ausbildung verdankten. Die Maßnahme wurde nie offiziell begründet. Möglicherweise war sie ein Ver-such, einen gewissen Ansehensverlust Moskaus in der arabischen Welt wie-der wettzumachen, der kurz zuvor durch die Ausweisung des sowjetischen Militärpersonals aus Ägypten augenfällig geworden war. Vielleicht diente die Ausreisesteuer aber auch dem Zweck der Devisenbeschaffung, da die Moskauer Führung damit gerechnet haben mag, daß das Geld von interes-sierten amerikanischen Kreisen aufgebracht werde. Aus Furcht, der Aus-wandererstrom könne versiegen, wandten sich jüdische Gruppen nun gleichzeitig an die Regierung Nixon und an Henry Jackson, der ihr Anliegen seit langem unterstützt hatte.

Doch während die Nixon-Administration weiterhin versuchte, das Problem mit Botschafter Dobrynin im stillen zu lösen, dachte Jackson sich einen raffinierten Schachzug aus, um die Sowjetunion öffentlich unter Druck zu setzen. Im Rahmen des Gipfeltreffens von 1972 hatten die Vereinigten Staaten eine Vereinbarung unterzeichnet, durch welche Moskau als Gegenleistung für eine endgültige Regelung der aus dem Zweiten Weltkrieg stammenden Verbindlichkeiten für Kriegslieferungen die sogenannte »Meistbegünstigungsklausel« eingeräumt wurde. Im Oktober 1972 nun brachte Jackson einen Ergänzungsantrag ein, dem zufolge jedem Land die Meistbegünstigung verwehrt werden sollte, das die Auswanderung seiner Bürger behinderte. Es war eine taktische Glanzleistung. Meistbegünstigung klingt wesentlich gewichtiger, als sie in Wirklichkeit ist. Gemeint ist damit nur, daß das betreffende Land in den Handelsbeziehungen mit dem Vertragspartner nicht benachteiligt wird; mithin wurden der Sowjetunion damit keine besonderen Vorteile gewährt, sondern lediglich all jene Privilegien, welche die Vereinigten Staaten allen Nationen – damals mehr als hundert – eingeräumt hatten, mit denen sie normale Handelsbeziehungen unterhielten. Die Gewährung der Meistbegünstigung erleichtert ausschließlich den *normalen* Handel auf der Grundlage von Gegenseitigkeit, und angesichts des Zustands der sowjetischen Wirtschaft war kein besonders hohes Handelsvolumen zwischen den USA und der UdSSR zu erwarten. Jackson erreichte jedoch mit seinem Ergänzungsantrag, daß die Auswanderungsbeschränkungen der Sowjets zum Gegenstand nicht nur der öffentlichen Diplomatie, sondern auch der gesetzgeberischen Tätigkeit des amerikanischen Kongresses wurden.

Es gab keine inhaltlichen Meinungsverschiedenheiten zwischen Nixon und Jackson. Im Gegenteil: Die Regierung hatte in einer ganzen Reihe weiterer Fälle von Menschenrechtsverletzungen Position bezogen. Auch ich selber hatte beispielsweise mehrfach und nachdrücklich zugunsten des Schriftstellers und Dissidenten Alexander Solschenizyn an Dobrynin appelliert, was mit dazu beigetragen hat, daß dieser die Sowjetunion verlassen konnte. Aber Jackson hielt wenig von Geheimdiplomatie, wenn es um Menschenrechte ging. Er beharrte darauf, die amerikanische Verpflichtung zu ihrer Einhaltung müsse sichtbar bekräftigt, ihre Verdienste müßten gerühmt und ihre Versäumnisse bestraft werden.

Anfangs diente der vom Kongreß ausgeübte Druck als willkommene Unterstützung der Schritte, die die Regierung in dieser Richtung ohnehin schon unternahm. Bald jedoch zeigte sich, daß die Meinungsverschiedenheiten über methodische Fragen hinausgingen. Nixon, der sich als erster um die Auswanderungsfragen gekümmert hatte, betrachtete dergleichen hauptsächlich als humanitäre Gesten (und am Rande vielleicht auch als politische, auch wenn er seine Initiative niemals öffentlich für seine Zwecke eingesetzt hatte). Gleichwohl ging er nie so weit, die Ost-West-Beziehungen der Auswanderungsfrage unterzuordnen, weil er nicht der Meinung war, daß diese Angelegenheit amerikanische Interessen maßgeblich berührte.

Für Jackson und seine Anhänger indes entwickelte sich die Auseinandersetzung um die Auswanderungsquoten sowjetischer Juden gleichsam zum Ersatz für die ideologische Konfrontation mit dem Kommunismus. Es konnte nicht überraschen, daß sie jedes Zugeständnis der Sowjets als einen Beweis dafür auffaßten, daß ihre Taktik offen ausgeübten Drucks erfolgreich sei. Tatsächlich hoben die Sowjets die Ausreisesteuer wieder auf. Ob dies allerdings Vorhaltungen aus dem Weißen Haus, ob es dem sogenannten Jackson-Amendment – dem von Jackson eingereichten Ergänzungsantrag – oder, was wahrscheinlicher ist, beidem zu verdanken war, werden wir erst erfahren, wenn eines Tages die sowjetischen Archive zugänglich gemacht werden. Nunmehr kühner geworden, forderten die Kritiker von Moskau nicht nur eine Verdoppelung der Auswanderungsgenehmigungen für jüdische Sowjetbürger, sondern auch die Aufhebung jeglicher Ausreisebeschränkungen für die Angehörigen anderer Nationalitäten – und das alles gemäß einem von den Vereinigten Staaten gebilligten Zeitplan. Außerdem sorgten die Anhänger Jacksons durch Gesetzesänderungen und -ergänzungen dafür, daß Kredite an die Sowjetunion durch die Export-Import-Bank bestimmten Beschränkungen unterworfen wurden (entsprechend dem sogenannten Stevenson-Amendment), so daß die Sowjetunion sich in ihren Handelsbeziehungen mit den USA im Zuge der Entspannungspolitik schließlich schlechter gestellt sah als zuvor.

Als politisches Oberhaupt eines Landes, das gerade einen zermürbenden Krieg hinter sich hatte und dessen Präsidentschaft auf eine schwere Krise zusteuerte, beabsichtigte Nixon in den Beziehungen zur UdSSR nur solche Risiken einzugehen, die das nationale Interesse – wie er es verstand – erforderlich machten und bei denen er auf Unterstützung aus der Bevölkerung rechnen konnte. Seine Kritiker dagegen wollten, daß mit den Mitteln der Diplomatie der Sturz des sowjetischen Systems herbeigeführt werde, und zwar durch Forderungen nach einseitiger sowjetischer Abrüstung, durch Behinderung des Ost-West-Handels und durch provokatives Eintreten für die Einhaltung der Menschenrechte. Im Verlauf dieser politischen Auseinandersetzung vollführten einige der exponiertesten Teilnehmer der nationalen Debatte überraschende Kehrtwendungen. So hatte beispielsweise die ›New York Times‹ noch 1971 in einem Leitartikel warnend geäußert, daß der »Einsatz von Handelsbeschränkungen als Druckmittel für spätere Verhandlungen über Fragen, die damit überhaupt nichts zu tun haben, die sowjetische Politik höchstwahrscheinlich weniger in unserem Sinne beeinflussen wird als der Handel selbst...«[9] Zwei Jahre später hatte der Verfasser dieser Zeilen seine Meinung radikal geändert. Nun verurteilte er eine Reise von Finanzminister George Shultz in die Sowjetunion. Sie sei nichts anderes als ein Beleg dafür, so bemerkte er, daß »die Regierung auf Handelsbeziehungen und Entspannung so sehr versessen ist, daß sie bereit ist, das ebenso wichtige Anliegen der amerikanischen Bürger, überall auf der Erde für die Menschenrechte einzutreten, beiseite zu schieben«.[10]

Nixon hatte versucht, über Anreize im Ost-West-Handel die *außenpoliti-schen* Ziele der Sowjetunion zu mäßigen. Seine Gegner aber gingen noch einen Schritt weiter und forderten, den sowjetisch-amerikanischen Handel auch dazu zu benutzen, einen *innenpolitischen* Wandel in der Sowjetunion herbeizuführen – und das zu einer Zeit, da die Sowjetunion noch stark und überaus selbstbewußt war. Nachdem man Nixon vier Jahre zuvor noch als kalten Krieger angegriffen hatte, wurde er jetzt gerügt, der Sowjetunion ge-genüber zu nachgiebig und vertrauensselig zu sein – zweifellos das erstemal, daß dieser besondere Vorwurf ausgerechnet gegen den Mann erhoben wurde, der seine politische Laufbahn in den antikommunistischen Untersu-chungsausschüssen der späten vierziger Jahre begonnen hatte.

Es dauerte nicht lange, da wurde bereits das gesamte Konzept der verbes-serten sowjetisch-amerikanischen Beziehungen in Frage gestellt. So konnte man etwa in einem Leitartikel der ›Washington Post‹ im September 1973 lesen:»Die äußerst schwierige Frage, worin denn der Inhalt der sowjetisch-amerikanischen Entspannung bestehen soll, geht aus dem Stadium der Dis-kussion in das Stadium politischer Entscheidungen über. Offenbar ist inzwi-schen eine große Zahl amerikanischer Bürger überzeugt, daß es weder wün-schenswert noch möglich oder ungefährlich ist, die Beziehungen mit der Sowjetunion zu verbessern, solange der Kreml innenpolitisch nicht zu einer gewissen Liberalisierung bereit ist.«[11]

Amerika wandte sich wieder den Glaubenssätzen zu, die von Acheson und Dulles vertreten und im Dokument Nr. 68 des Nationalen Sicherheits-rates zum Ausdruck gekommen waren: der Überzeugung, daß nur bei einer grundlegenden Änderung der Ziele wie der innenpolitischen Praxis der Sowjetunion konkrete und ernsthafte Verhandlungen zwischen den USA und der UdSSR wünschenswert seien. Doch während die kalten Krieger frü-herer Jahre sich noch mit der Erwartung begnügt hatten, daß die Eindäm-mungspolitik zur gegebenen Zeit diesen Wandel herbeiführen werde, ver-hießen ihre Nachfolger, daß einschneidende Veränderungen eher durch unmittelbaren amerikanischen Druck und öffentliche Kampagnen ausge-löst werden könnten.

Nixon und seine Mitstreiter hatten sich während der Breschnew-Ära mehr-fach den sowjetischen Führern entgegengestellt, als deren Machtwille noch ungebrochen war. Sie trafen auf furchtbare Gegner. Ein umfassender Angriff auf das kommunistische System unter den Bedingungen atomaren Gleichstands versprach anhaltend und erbittert zu werden. Nach Vietnam und auf dem Höhepunkt der Watergate-Affäre befanden wir uns daher in derselben Lage wie ein Schwimmer, der, gerade knapp dem Tod durch Ertrinken entronnen, aufgefordert wird, den Ärmelkanal zu durchqueren, und dem man Pessimismus vorwirft, weil er über dieses neue Ansinnen nicht gerade in Begeisterung ausbricht. Jackson hatte sich im geopolitischen Kampf gegen den Kommunismus ausgezeichnet (und er würde es wieder tun), was man von vielen seiner Anhänger nicht behaupten konnte. Wir zweifelten weniger an ihrer Aufrichtigkeit als an ihrem Stehvermögen. In einer internationalen Krise ist der Präsident die unentbehrliche Klammer, die das Land zusammenhält. Schon unter diesem Aspekt war die Zeit der Watergate-Affäre kaum der ideale Augenblick, um zu einer entschlossenen Politik amerikanisch-sowjetischer Konfrontation zurückzukehren. Der Präsident stand kurz vor der öffentlichen Anklage, die Wunden des Vietnamkriegs waren noch nicht verheilt, und das Mißtrauen gegenüber der Regierung war so nachhaltig, daß ein angesehener Journalist im Oktober 1973, nachdem Moskau unmißverständlich mit einer Intervention im Nahen Osten gedroht hatte, auf einer Pressekonferenz ungeniert die Frage stellte, ob die US-Streitkräfte im Mittelmeer vielleicht in Alarmbereitschaft versetzt worden seien, um die Aufmerksamkeit von Watergate abzulenken.

Der Kern der Auseinandersetzung drehte sich erneut um jene Frage, die auf John Quincy Adams zurückgeht: Sollten sich die Vereinigten Staaten damit begnügen, ihre moralischen Werte vorzuleben, oder sollten sie um ihretwillen Kreuzzüge führen? Nixon hat sich bemüht, Amerikas außenpolitische Ziele mit seinen Fähigkeiten in Einklang zu bringen. Innerhalb dieser Grenzen war er bereit, den Einfluß der USA zu nutzen, um auch den amerikanischen Werten Geltung zu verschaffen, wie sein Einsatz in der Auswanderungsfrage bewies. Seine Kritiker hingegen bestanden darauf, man müsse jene allgemeinen Grundsätze ohne Wenn und Aber durchzusetzen suchen, und werteten alle Fragen nach der Realisierbarkeit solcher Forderungen ungeduldig als Zeichen mangelhafter Moral oder einer pessimistischen Geschichtsauffassung. Als die Regierung Nixon darauf beharrte, daß die amerikanischen Ideale nicht unterschiedslos angewandt werden dürften, tat sie dies deshalb in der Überzeugung, eine wichtige pädagogische Rolle für Amerika zu übernehmen. Denn war es nicht ein Hohn, daß die US-Regierung gerade in dem Augenblick, da die Vereinigten Staaten mühsam lernen mußten, daß ihnen in Vietnam geopolitisch Grenzen gesetzt wurden, von einigen Persönlichkeiten – die zum Teil an der Spitze der Vietnamgegner gestanden hatten – gedrängt wurde, sich im Namen humanitärer Werte einem unbegrenzten, globalen Interventionismus zu verschreiben?

Wie die Jahre unter Ronald Reagan zeigen sollten, hatte eine entschlossenere Politik gegenüber der Sowjetunion manches für sich, obwohl diese Erfolge erst in einem späteren Entwicklungsstadium der sowjetisch-amerikanischen Beziehungen überhaupt möglich waren. Die Vereinigten Staaten mußten sich erst von Vietnam erholen und Watergate verwinden. Dem Kreml seinerseits stand noch ein entscheidender Generationswechsel bevor. Die Art und Weise jedoch, in der sich die Debatte zu Beginn der siebziger Jahre abspielte, verhinderte einen angemessenen Mittelweg zwischen jenem Idealismus, der alle bedeutenden amerikanischen Initiativen beseelt hatte, und jenem Realismus, der aufgrund der veränderten Weltlage geboten war.

Die Kritiker der Entspannungspolitik machten sich ihre Sache viel zu einfach; die Nixon-Administration trug das ihrige zu der verfahrenen Debatte bei, indem sie ihren Kritikern auch nicht einen Fußbreit entgegenkam. Persönlich getroffen durch den Angriff früherer Freunde und Verbündeter, unterstellte Nixon seinen Kontrahenten, ihre Kritik habe politische Motive. Dies mag zum Teil richtig gewesen sein, doch zeugt es kaum von tiefer Einsicht, wenn man Berufspolitikern den Vorwurf macht, sie ließen sich von politischen Motiven leiten. Die Regierung hätte sich lieber fragen sollen, warum so viele Politiker es für ratsam hielten, sich Jackson und seinen Leuten anzuschließen.

Gefangen zwischen undifferenziertem Moralismus und reiner Geopolitik, geriet die amerikanische Außenpolitik während der zweiten Amtsperiode Nixons in eine Sackgasse. Das »Zuckerbrot« erweiterter Handelsbeziehungen mit der Sowjetunion wurde der Regierung genommen, ohne daß man ihr dafür die »Peitsche« gesteigerter Rüstungsausgaben oder zumindest der entschlossenen Unterstützung ihres geopolitischen Kurses in die Hand gegeben hätte. Die SALT-Verhandlungen fuhren sich fest; der Strom jüdischer Auswanderer aus der Sowjetunion schmolz zu einem kleinen Rinnsal. Und schließlich wurde die kommunistische geopolitische Offensive wiederaufgenommen, als kubanische Expeditionsstreitkräfte nach Angola entsandt wurden, um dort eine kommunistische Regierung einzusetzen. Die *Konservativen* in den USA widersetzten sich gleichwohl einer energischen Antwort. Damals habe ich die Schwierigkeiten folgendermaßen dargelegt: »Wenn die eine Gruppe von Kritikern die Abrüstungsverhandlungen unterhöhlt und der Aussicht auf ein konstruktiveres Verhältnis zur Sowjetunion entgegenarbeitet, während die andere unseren Militärhaushalt kürzt, die Arbeit der Geheimdienste in Zweifel zieht und amerikanischen Widerstand gegen sowjetisches Abenteurertum vereitelt, dann werden beide Seiten – ob sie dies beabsichtigt haben oder nicht – am Ende die Fähigkeit der Nation, eine entschlossene, kreative, gemäßigte und kluge Außenpolitik zu betreiben, zunichte machen.«[12]

Es kam so weit, daß selbst wichtige diplomatische Errungenschaften jener Zeit zum Gegenstand endloser Kontroversen wurden. Die amerikanische Diplomatie, die im Nahen Osten seit 1973 dominierte und den sowjetischen Einfluß in dieser strategisch wichtigen Region deutlich zurückgedrängt hatte, wurde jahrelang als Rückschlag dargestellt, bis endlich die nachhaltige Wirkung des Friedensprozesses selbst die Vorbehalte der hartnäckigsten Zweifler zerstreute.

Dasselbe Schicksal blühte auch jenem Unternehmen, das später als eine bedeutende Errungenschaft westlicher Diplomatie gewertet werden sollte: der Konferenz über Sicherheit und Zusammenarbeit in Europa, die schließlich zur Schlußakte von Helsinki führte. Dieser gewaltige diplomatische Prozeß, an dem sich fünfunddreißig Nationen beteiligten, erwuchs aus Moskaus tiefverwurzeltem Gefühl von Unsicherheit und seinem unstillbaren

Bedürfnis nach Legitimität. Obwohl der Kreml einerseits einen gigantischen Militärapparat aufbaute und sich zahlreiche Nationen unterworfen hatte, verhielt er sich andererseits, als müsse er fortwährend beruhigt werden.

Ungeachtet seines riesigen und ständig weiter wachsenden Arsenals an atomaren Waffen verlangte Moskau ausgerechnet von jenen Ländern, die man seit Jahrzehnten bedroht und eigentlich für den Mülleimer der Geschichte bestimmt hatte, eine Vertragsformel, mit deren Hilfe man sich seine Erwerbungen bestätigen lassen konnte. In diesem Sinne wurde die Europäische Sicherheitskonferenz für Breschnew zum Ersatz für den deutschen Friedensvertrag, den Chruschtschow trotz des Berlin-Ultimatums nicht erreicht hatte – und zu einer großartigen Bestätigung des nach dem Krieg entstandenen Status quo.

Was die Sowjets sich von alldem eigentlich versprachen, war nicht sofort zu erkennen. Die Beharrlichkeit, mit der das Mutterland der ideologischen Revolution von den Ländern, die es doch gleichsam zu Opfern der historischen Notwendigkeit erklärt hatte, die Legitimität seiner Herrschaft bestätigt zu sehen wünschte, war ein Zeichen außerordentlicher Selbstzweifel. Wahrscheinlich hoffte man, daß aus der Konferenz einige Institutionen hervorgingen, die die NATO verwässern oder bedeutungslos machen könnten.

In diesem Punkt täuschte man sich freilich. Kein NATO-Mitgliedsstaat würde die juristischen oder bürokratischen Bestimmungen einer Europäischen Sicherheitskonferenz gegen die militärische Realität der NATO und die Präsenz von US-Streitkräften auf dem europäischen Kontinent eintauschen. So sollte sich zeigen, daß Moskau weit mehr als die Demokratien auf einer Konferenz zu verlieren hatte, die am Ende allen Teilnehmerstaaten, einschließlich der USA, ein Mitspracherecht bei der politischen Gestaltung Osteuropas einräumte.

Nach anfänglichem Zögern war die Nixon-Administration schließlich mit der vorgeschlagenen Konferenz einverstanden. Ohne zu verkennen, daß die Sowjetunion ihre eigenen, völlig entgegengesetzten Absichten verfolgte, sahen wir hier eine langfristige Chance. Die Grenzen der Länder Osteuropas waren bereits durch Friedensverträge anerkannt, die nach Beendigung des Zweiten Weltkriegs zwischen den Alliierten und den während des Krieges gezwungenermaßen an der Seite der Deutschen kämpfenden Ländern Osteuropas geschlossen wurden. Sie waren außerdem ausdrücklich in den von Willy Brandt ausgehandelten bilateralen Abkommen zwischen der Bundesrepublik und den osteuropäischen Staaten sowie in Abkommen anderer NATO-Mitgliedsstaaten, insbesondere Frankreichs, mit den Ostblockländern (einschließlich Polens und der Sowjetunion) bestätigt worden. Zudem drängten alle NATO-Mitgliedsstaaten auf eine Europäische Sicherheitskonferenz; bei jeder Zusammenkunft mit sowjetischen Gesprächspartnern ließen westeuropäische Spitzenpolitiker deutlicher erkennen, daß sie an der vorgeschlagenen Konferenz interessiert waren.

Aus all diesen Gründen hatte sich die Regierung Nixon 1971 entschieden, die Europäische Sicherheitskonferenz in den Katalog jener Anreize aufzunehmen, die die Sowjetunion zu einem maßvollen Verhalten in internationalen Angelegenheiten bewegen sollten. Wir setzten wieder auf die »linkage«-Politik, die der Berater des Außenministeriums Helmut Sonnenfeldt später ebenso großspurig wie zutreffend mit folgenden Worten charakterisierte: »Wir haben damit den deutsch-sowjetischen Vertrag erhandelt, das Berlin-Abkommen und die Eröffnung der MBFR [Mutual Balanced Force Reductions]-Verhandlungen.«[13]

Die Vereinigten Staaten hatten es nicht eilig. Die Regierungen Nixon und Ford machten die Mitwirkung ihres Landes davon abhängig, daß die Sowjetunion sich in allen übrigen Fragen kooperativ zeigte. Zunächst bestand die US-Regierung auf einem zufriedenstellenden Abschluß der Berlin-Verhandlungen und auf der Aufnahme von Verhandlungen über einen gegenseitigen Truppenabzug in Europa. Nachdem diese abgeschlossen waren, versammelten sich in Genf Delegationen aus fünfunddreißig Nationen, deren zähe Verhandlungen in der westlichen Presse kaum erwähnt wurden. Erst 1975 trat die Konferenz aus ihrem Schattendasein heraus, als angekündigt wurde, es seien Vereinbarungen erreicht worden, die in Helsinki auf einem Treffen auf Gipfelebene unterzeichnet werden würden. Der amerikanische Einfluß hatte dazu beigetragen, daß die Anerkennung von Grenzen auf die Verpflichtung beschränkt wurde, diese nicht gewaltsam zu ändern, was so bereits in der Charta der Vereinten Nationen stand. Da sich zudem kein europäisches Land in der Lage sah, Grenzänderungen gewaltsam herbeizuführen oder eine entsprechende Politik zu betreiben, war dieser formelle Verzicht kaum ein Gewinn für die sowjetische Seite. Und selbst diese eingeschränkte Anerkennung der Rechtmäßigkeit der bestehenden Grenzen wurde durch eine Grundsatzerklärung, die ihr vorausging, aufgehoben, eine Erklärung, die weitgehend von den Vereinigten Staaten ausgehandelt worden war. Darin hieß es, daß die »Teilnehmerstaaten [...] der Auffassung [sind], daß ihre Grenzen, in Übereinstimmung mit dem Völkerrecht, durch friedliche Mittel und durch Vereinbarungen verändert werden können.«[14]

Als folgenreichste Bestimmung des Abkommens von Helsinki erwies sich der sogenannte »Korb III« über die Menschenrechte (die »Körbe« I und II behandelten politische und wirtschaftliche Fragen). Korb III sollte eine große Rolle beim Zerfall des sowjetischen Satellitensystems spielen und wurde zu einem Manifest für alle Menschenrechtsaktivisten in den NATO-Mitgliedsländern. Die Vereinigten Staaten waren aktiv an den Bestimmungen der Schlußakte von Helsinki beteiligt, und doch gebührt die eigentliche Hochachtung den Menschenrechtsaktivisten, denn ohne den Druck, den diese auf die einzelnen Delegationen ausübten, hätten sich die Verhandlungen mit Sicherheit länger hingezogen und wären mit großer Wahrscheinlichkeit nicht so erfolgreich abgeschlossen worden.

Korb III der Schlußakte von Helsinki verpflichtete alle Unterzeichnerstaaten, bestimmte, im einzelnen aufgeführte Menschenrechte einzuhalten und für sie einzutreten. Der Westen hoffte, sein Verständnis von Menschenrechten international durchsetzen und dergestalt die Unterdrückung von Dissidenten und Revolutionären durch die sowjetischen Machthaber einschränken zu können. Wie sich zeigen sollte, machten heroische Reformer in Osteuropa Korb III später zum Ausgangspunkt ihres Kampfs um die Befreiung ihrer Länder von der sowjetischen Herrschaft, und Václav Havel in der Tschechoslowakei und Lech Walesa in Polen erwarben sich einen Platz im Pantheon der Freiheitskämpfer, als sie die Bestimmungen dazu benutzten, nicht nur die Fremdherrschaft der Sowjets, sondern auch die kommunistischen Regime im eigenen Land ins Wanken zu bringen.

Die Konferenz für Sicherheit und Zusammenarbeit in Europa und ihre Folgekonferenzen erfüllten letzten Endes eine wichtige Doppelrolle: In ihrer Planungsphase mäßigte die Aussicht auf das Zustandekommen der Konferenz das Verhalten der Sowjetunion Europa gegenüber, und später beschleunigte der sogenannte KSZE-Prozeß den Zusammenbruch des Sowjetreichs.

Über die Reaktionen der Zeitgenossen auf die Konferenz von Helsinki hat sich im Lauf der Jahre ein barmherziger Schleier des Vergessens gebreitet. So sah sich Präsident Ford dem Vorwurf ausgesetzt, einen historisch beispiellosen Ausverkauf amerikanischer Interessen betrieben zu haben, weil er an der Konferenz teilgenommen und die Schlußakte 1975 unterzeichnet hatte. »Die Konferenz über Sicherheit und Zusammenarbeit in Europa unter Beteiligung von fünfunddreißig Nationen, die nunmehr nach zweiunddreißig Monaten semantischer Spitzfindigkeiten ihren Höhepunkt erreicht, hätte besser gar nicht erst stattgefunden«, war in einem Leitartikel der ›New York Times‹ zu lesen. »Noch nie haben so viele Leute so lange um so wenig gestritten [...]. Wenn es zu spät ist, den Gipfel von Helsinki abzublasen [...], dann sollte man wenigstens öffentlich und privat alles daransetzen, um zu verhindern, daß im Westen Euphorie darüber aufkommt.«[15]

Ich selbst habe dann die Haltung der Ford-Administration drei Wochen später in einer Rede zusammengefaßt. »Die Vereinigten Staaten«, so erläuterte ich damals, »verfolgen eine Politik, welche die bestehenden Spannungen aus einer Position des Selbstvertrauens und der Stärke heraus vermindern will. Nicht wir waren es, die sich in Helsinki in der Defensive befanden; nicht wir waren es, die von allen Delegationen aufgerufen wurden, sich an die beschlossenen Grundsätze zu halten. In Helsinki wurden zum erstenmal in der Nachkriegszeit die Menschenrechte und Grundfreiheiten als Gegenstand von Gesprächen und Verhandlungen zwischen Ost und West anerkannt. Die Konferenz brachte *unsere* Maßstäbe menschlichen Verhaltens zur Geltung, die bis auf den heutigen Tag ein Fanal der Hoffnung für Millionen geblieben sind.«[16]

Es war eine betrübliche Zeit. Alle Versuche, die Gegner dieser Politik zu

überzeugen, schienen vergeblich. Schließlich schlug ich gereizt zurück.
»Keine Politik kann innerhalb kurzer Zeit, wenn überhaupt, die Rivalität
und die unversöhnlichen ideologischen Differenzen zwischen den Vereinigten Staaten und der Sowjetunion aus dem Weg räumen«, erklärte ich im
März 1976.»Ebensowenig kann sie alle Interessen miteinander in Einklang
bringen. Wir befinden uns in einem langfristigen Prozeß mit unvermeidlichen Höhen und Tiefen. Doch es gibt keine Alternative zu einer Politik, die
Abenteurertum mit Sanktionen und Selbstbeschränkung mit Anreizen
beantwortet. Was haben all jene, denen Begriffe wie ›Einbahnstraßen‹ oder
›Vorleistungen‹ so leicht von den Lippen gehen, denn konkret vorzuschlagen? Was sollte dieses Land ihrer Meinung nach tun? Was haben wir aufgegeben? Auf welcher Ebene streben sie eine Konfrontation an? Welche Drohungen würden sie wählen? Welche Risiken eingehen? Welche präzisen
Änderungen unserer Verteidigung, welche Höhe der Militärausgaben in
welchem Zeitraum halten sie für richtig? Wie sollte man ihres Erachtens
konkret die amerikanisch-sowjetischen Beziehungen im Zeitalter des strategischen Gleichgewichts gestalten?«[17]

Nixons »Friedensordnung« war eine Antwort auf die Sehnsucht der
Nation gewesen, die Abenteuer in fernen Ländern endlich zu beenden.
Über weite Strecken ihrer Geschichte jedoch hatten die Amerikaner Frieden eigentlich für selbstverständlich gehalten; doch Frieden lediglich als
Abwesenheit von Krieg zu definieren, war zu passiv und zu wenig beflü-
gelnd, um von der US-Politik dauerhaft übernommen zu werden. Die von
Nixon vertretene Konzeption internationaler Beziehungen war zwar
wesentlich realistischer als jene, die er gleichsam als Erbe übernommen
hatte; überdies stellte sie eine Anpassung der US-Außenpolitik an die Erfordernisse internationaler Politik dar, die über kurz oder lang ohnehin unumgänglich gewesen wäre. Sie gründete sich allerdings nicht auf vertraute Prinzipien – eine Lücke, die von späteren Regierungen geschlossen wurde.
Unter den besonderen Bedingungen amerikanischer Außenpolitik war die
geopolitische Deutung der internationalen Beziehungen so notwendig, wie
sie – für sich genommen – unzureichend war. Auf der anderen Seite aber
verhielten sich Nixons Kritiker, als spiele das internationale Umfeld eigentlich keine Rolle, ja als könnten alle Optionen einseitig durchgesetzt werden,
ohne daß dazu mehr erforderlich gewesen wäre, als sie von amerikanischer
Seite aus zu proklamieren.

Auf der Suche nach einem tragfähigen politischen Ansatz angesichts
jener revolutionären Veränderungen, mit denen man sich konfrontiert sah,
war die Nixon-Administration allzusehr darauf bedacht, die geopolitischen
Erfordernisse der Vereinigten Staaten, wie sie sie verstand, in den Vordergrund zu rücken. Ihre Kritiker und unmittelbaren Nachfolger suchten diesem Kurs entgegenzusteuern, indem sie die amerikanischen Prinzipien zu
einem absoluten Maßstab erhoben. Diese unvermeidliche Auseinandersetzung wurde durch den Zerfall des inneramerikanischen Konsenses unter

der Doppelbelastung des Vietnamkriegs und der Watergate-Affäre unnötig verschärft.

Nachdem Amerika die Welt während des Kalten Krieges zusammengehalten hatte, besann es sich auf seine Kraft und drehte den Spieß um, das heißt gegen seinen sowjetischen Gegner. Als dann mit der ideologischen auch die geopolitische Bedrohung dahinschwand, sahen sich die Vereinigten Staaten, ironischerweise und ohne eine andere Wahl zu haben, in den neunziger Jahren gezwungen, völlig neu darüber nachzudenken, worin ihr nationales Interesse eigentlich bestehen könnte.

## Kapitel 30

# Das Ende des Kalten Krieges:
# Reagan und Gorbatschow

*Michail Gorbatschow und Ronald Reagan*

Der Kalte Krieg hatte zu einem Zeitpunkt begonnen, da man in den Vereinigten Staaten mit einer Periode des Friedens gerechnet hatte. Als der Kalte Krieg zu Ende ging, wappneten die USA sich gerade für eine Zeit langwieriger Konflikte. Das sowjetische Weltreich brach noch schneller zusammen, als es über seine Grenzen hinausgeschossen war, und ebenso schnell änderte Amerika auch seine Haltung Rußland gegenüber, die innerhalb weniger Monate von Feindschaft in Freundschaft umschlug.

Dieser folgenschwere Wandel vollzog sich unter der Ägide zweier Staatsoberhäupter, von denen eigentlich niemand geglaubt hatte, daß sie je zusammenarbeiten könnten. Ronald Reagan, der in Reaktion auf die vorangegangene Periode innenpolitischer Zerwürfnisse und eines scheinbaren außenpolitischen Rückzugs gewählt worden war, trat sein Amt mit dem Ziel an, den traditionellen Inhalten des amerikanischen Exzeptionalismus wieder Bedeutung zu verleihen. Gorbatschow, infolge außerordentlich harter Kämpfe innerhalb der kommunistischen Hierarchie an die Macht gelangt, war fest entschlossen, die in seinen Augen überlegene sowjetische Ideologie wiederzubeleben. Reagan wie Gorbatschow glaubten, daß letzten Endes ihr System siegen werde. Dennoch bestand zwischen diesen beiden, die unerwarteterweise zu Partnern werden sollten, ein grundlegender Unterschied: Reagan wußte, was die Amerikaner bewegte; Gorbatschow hingegen hatte den Bezug zu seinem Volk verloren. Jeder berief sich auf das, was er an seinem System für das Beste hielt. Während Reagan jedoch in seinem Volk neue Lebenskräfte freisetzte und verschütteten Unternehmergeist und neues Selbstbewußtsein weckte, beschleunigte Gorbatschow den Zusammenbruch des sowjetischen Systems, indem er ihm Reformen abzuverlangen suchte, zu denen es nicht in der Lage war.

Dem Zusammenbruch in Indochina von 1975 folgten auf seiten Amerikas der Rückzug aus Angola und wachsende innenpolitische Spannungen, auf seiten der Sowjetunion hingegen außerordentliche expansionistische Erfolge. Kubanische Streitkräfte waren zusammen mit Tausenden sowjetischer Kriegsberater von Angola nach Äthiopien vorgedrungen. Vietnamesische Truppen, von der Sowjetunion unterstützt und mit Nachschub beliefert, unterwarfen sich das gequälte Kambodscha. Afghanistan war von mehr als einhunderttausend sowjetischen Soldaten besetzt. Im Iran wurde die prowestliche Regierung des Schahs gestürzt und durch ein radikal antiamerikanisches Fundamentalistenregime ersetzt, das zweiundfünfzig Amerikaner, fast alles Beamte des Außenministeriums, als Geiseln nahm. Aus irgendeinem Grund schienen die Dominosteine zu kippen.

Doch gerade zu dem Zeitpunkt, da die internationale Stellung der Vereinigten Staaten auf dem Nullpunkt angekommen zu sein schien, setzte der Zerfall der kommunistischen Welt ein. Anfang der achtziger Jahre sah es so aus, als seien die kommunistischen Bewegungen überall auf dem Vormarsch; nur kurz darauf zerstörte der Kommunismus sich selbst. Innerhalb eines Jahrzehnts löste sich das osteuropäische Satellitensystem auf, und das sowjetische Weltreich fiel auseinander, wobei es fast alle jene Gebiete einbüßte, die Rußland sich seit der Zeit Peters des Großen einverleibt hatte. Keine Weltmacht ist jemals so gründlich und so schnell zugrunde gegangen, ohne einen Krieg verloren zu haben.

Eine Ursache für das Scheitern des sowjetischen Weltreichs bestand darin, daß seine eigene Geschichte es gewissermaßen dazu verlockte, sich bedenkenlos immer weiter – zu weit – auszudehnen. Der sowjetische Staat war zwar unter ungünstigen Vorzeichen entstanden, hatte aber ungeachtet dieser Anfänge Bürgerkrieg, Isolation und eine Reihe verbrecherischer Herrscher überlebt. Geschickt münzte die Sowjetunion zwischen 1939 und 1941 den heraufziehenden Zweiten Weltkrieg in einen sogenannten »vaterländischen Krieg« um und schlug den nationalsozialistischen Ansturm mit Hilfe seiner westlichen Verbündeten nieder. Nach dem Krieg gelang es der UdSSR trotz des amerikanischen Atomwaffenmonopols, sich in Osteuropa Satellitenstaaten zu schaffen und nach Stalins Tod zu einer internationalen Supermacht aufzusteigen. Anfangs bedrohten die sowjetischen Armeen nur angrenzende Territorien, später auch Gebiete auf entfernten Kontinenten. Ihre Raketenbestände wurden in einem solchen Tempo aufgestockt, daß amerikanische Experten befürchteten, die Sowjets wären ihnen bald strategisch überlegen. Wie schon Palmerston und Disraeli im neunzehnten Jahrhundert, so gingen nun auch amerikanische Staatsmänner davon aus, daß Rußland überall auf der Welt auf dem Vormarsch war.

Die fatale Schwäche des aufgedunsenen Sowjetimperialismus wurzelte in der Tatsache, daß seinen Machthabern im Laufe der Zeit jedes Gefühl für Verhältnismäßigkeiten abhanden gekommen war. Sie hatten die Fähigkeit des sowjetischen Systems, seine militärischen wie wirtschaftlichen Erfolge zu festigen, überschätzt und völlig aus den Augen verloren, daß die Basis, von der aus sie alle anderen Großmächte herausforderten, eigentlich außerordentlich schwach war. Außerdem konnten sich sowjetische Machthaber nie eingestehen, daß ihr System in tödlichem Ausmaß unfähig war, Initiative und Kreativität zu fördern, und daß die Sowjetunion trotz ihrer militärischen Macht in Wirklichkeit noch immer ein rückständiges Land war. Den unbarmherzigen Überlebenskampf verloren sie deshalb, weil gerade die Qualitäten, durch die die Mitglieder des Politbüros an die Spitze gelangt waren, eben jene Kreativität im Keim erstickten, derer sie so dringend bedurft hätten, um nicht nur die Modernisierung der sowjetischen Gesellschaft einzuleiten, sondern auch den Konflikt durchstehen zu können, den sie selbst provoziert hatten. Die Sowjetunion war für die Rolle, die ihre Führung ihr zugedacht hatte, schlichtweg weder stark noch dynamisch genug. Vielleicht hatte Stalin, als er 1952 mit seiner Friedensnote auf die Aufrüstung der USA während des Korea-Krieges reagierte (siehe Kapitel 20), eine böse Vorahnung gehabt, wie die Kräfteverteilung wirklich war. In der hoffnungslosen Übergangszeit nach seinem Tod schätzten seine Nachfolger, da sie die fehlende Bedrohung von außen als Beweis für die Schwäche des Westens interpretierten, ihre Überlebensfähigkeit falsch ein. Sie täuschten sich ebenfalls im Hinblick auf die angeblich so weltbewegenden Erfolge der Sowjetunion in den Entwicklungsländern. Chruschtschow und seine Nachfolger zogen daraus die Schlußfolgerung, sie könnten ihr tyrannisches Spiel noch weiter treiben; statt die kapitalistische Welt zu spalten, wie Stalin es versucht hatte, setzten sie sich zum Ziel, diese durch Berlin-Ultimaten, Raketen in Kuba und eine abenteuerliche Politik in den Entwicklungsländern zu besiegen. All diese Unternehmungen überstiegen die Kräfte der Sowjetunion jedoch in einem solchen Maße, daß Stagnation schließlich im kompletten Zusammenbruch mündete.

Der Zerfall der kommunistischen Welt hatte sich bereits während Reagans erster Amtsperiode angekündigt und war, als dieser aus dem Amt ausschied, unumkehrbar geworden. Sowohl Reagans Vorgänger als auch sein unmittelbarer Nachfolger George Bush, der geschickt über den Ausgang dieser Entwicklung wachte, verdienen Anerkennung. Die eigentliche Wende vollzog sich indessen unter der Präsidentschaft Ronald Reagans.

Reagans Leistung war erstaunlich, ja sie erschien kundigen Beobachtern nahezu unglaublich. Der Präsident verstand so gut wie nichts von Geschichte, und das wenige, was er wußte, schneiderte er sich so zurecht, daß es als Beleg für seine hartnäckig vertretenen Vorurteile dienen konnte. Die biblischen Hinweise auf Armageddon, den letzten, großen Kampf zwischen Gut und Böse, waren für ihn praktische Handlungsanweisungen, und viele der historischen Anekdoten, die er so gern erzählte, entsprachen in keiner Hinsicht den Tatsachen oder dem, was man landläufig unter Tatsachen versteht. In einer privaten Unterredung stellte er einmal Gorbatschow auf eine Stufe mit Bismarck und behauptete, beide hätten durch ihre Abwendung von der zentralen Planwirtschaft und ihre Hinwendung zur freien Marktwirtschaft dieselben innenpolitischen Hindernisse überwunden. Ich riet daraufhin einem gemeinsamen Freund, er solle Reagan davor warnen, diese absurde These in Gegenwart eines deutschen Gesprächspartners zu wiederholen. Dieser Freund hielt es jedoch für unklug, die Warnung weiterzugeben, denn sonst werde Reagan sich den Vergleich womöglich noch stärker einprägen.

Detailfragen der Außenpolitik langweilten Reagan. Er hatte sich zwar einige wenige Annahmen über die Gefahren der »Appeasement«-Politik, die Übel des Kommunismus und die Größe des eigenen Landes angeeignet, doch die Beschäftigung mit substantiellen Problemen war nicht seine Stärke. All dies veranlaßte mich während einer Historikertagung in der Library of Congress, von der ich annahm, es werde nicht offiziell darüber berichtet, zu folgender Bemerkung: »Wenn man mit Reagan redet, fragt man sich manchmal, warum es irgend jemanden in den Sinn kommen solle, ausgerechnet er sei Präsident oder auch nur Gouverneur. Sie als Historiker aber sind aufgerufen zu erklären, warum ein so wenig intellektueller Mann acht Jahre in Kalifornien und nun schon fast sieben Jahre in Washington regieren konnte.«

Gierig stürzten sich die Medien auf den ersten Teil meiner Aussage. Für Historiker allerdings ist der zweite bedeutend interessanter. Denn letzten Endes sollte gerade dieser nur mit äußerst seichtem akademischem Hintergrundwissen ausgestattete Präsident eine außergewöhnlich konsequente und wirkungsvolle Außenpolitik entwickeln. Vielleicht hat Reagan tatsächlich nur einige wenige Grundideen gehabt; zufällig aber trafen diese genau den Kern der damaligen außenpolitischen Problematik, was beweist, daß ein gewisser Richtungssinn und starke Überzeugungen für eine politische Führungsrolle absolut unersetzlich sind. Die Frage, von wem Reagans außenpolitische Erklärungen stammen – kein Präsident entwickelt sie selber –, ist im Grunde unwichtig. Es wird allgemein behauptet, Reagan sei das Werkzeug derer gewesen, die seine Reden schrieben; doch dies ist eine Vorstellung, die schon so mancher Redenschreiber genährt hat. Immerhin hat sich Reagan die für die Ausarbeitung seiner Reden zuständigen Referenten persönlich ausgewählt. Wenn man ihn auch nur annähernd kannte, bestand eigentlich kein Zweifel daran, daß diese tatsächlich seine momentane Meinung zum Ausdruck brachten und er seiner Umgebung in einigen Fragen, wie beispielsweise der Strategischen Verteidigungsinitiative (SDI), weit voraus war.

Im amerikanischen Regierungssystem, in dem der Präsident der einzige Repräsentant ist, der von der gesamten Nation gewählt wird, ergibt sich eine einheitliche außenpolitische Linie allenfalls aus den Verlautbarungen des Präsidenten. Sie sind für den eigensinnigen, weitverzweigten Regierungsapparat eine äußerst wirksame Direktive und setzen auch Maßstäbe für Diskussionen in der Öffentlichkeit oder im Kongreß. Reagan entwickelte eine außenpolitische Doktrin von großer Kohärenz und beachtlicher intellektueller Kraft. Er verfügte über eine außergewöhnliche Intuition dafür, was Amerika in seinem Innersten bewegte. Zugleich aber hatte er erkannt, wie brüchig das sowjetische System im Grunde war, eine Auffassung, die der Meinung der meisten Experten, selbst der aus seinen eigenen konservativen Kreisen, zuwiderlief.

Reagan besaß ein nahezu schlafwandlerisches Talent, das amerikanische

Volk zusammenzuhalten. Er hatte eine ungewöhnlich freundliche, äußerst umgängliche Art; selbst diejenigen, die Opfer seiner Rhetorik wurden, nahmen dies in der Regel nicht persönlich. Obgleich er mir 1976 während seiner gescheiterten Kandidatur zur Präsidentschaftsnominierung übel mitspielte – schließlich hatte ich ihn in meiner Funktion als Nationaler Sicherheitsberater jahrelang (und ohne daß es von ihm aus zu Protesten gekommen wäre) in eine Politik eingewiesen, die er nun attackierte –, konnte ich ihm dies eigentlich nicht lange nachtragen. Und wenn ich im nachhinein an diese Zeit denke, kommt mir weniger die Wahlkampfrhetorik in den Sinn, als die Mischung aus gesundem Menschenverstand und grenzenlosem Wohlwollen, die Reagan bei den Unterweisungen an den Tag gelegt hat. Während des Nahost-Kriegs von 1973 erzählte ich ihm, wir würden die Verluste der israelischen Luftwaffe ausgleichen, hätten jedoch keine Erklärung parat, mit der wir die Reaktion der Araber in Grenzen halten könnten. »Warum sagen Sie nicht einfach, daß Sie alle Flugzeuge ersetzen wollen, von denen die Araber behaupten, sie hätten sie abgeschossen?« schlug Reagan vor – eine Erklärung, mit der man die wild aufgebauschte arabische Propaganda gegen ihre Urheber gerichtet hätte.

Hinter Reagans oberflächlicher Verbindlichkeit verbarg sich ein komplizierter Charakter. Einerseits war er sehr umgänglich, andererseits unnahbar; immer schien er gut gelaunt und blieb doch im letzten reserviert. Häufig versuchte er, zwischen sich und seinem Gegenüber durch Jovialität Distanz zu schaffen. Wenn er alle gleich behandelte und alle mit denselben Geschichten erfreute, dann würde niemand besondere Ansprüche an ihn stellen. Sein Repertoire an Witzen, die er bei Unterhaltungen immer wieder neu auftischte, zeigt, daß er nicht für humorlos gehalten werden wollte. Wie die meisten Schauspieler war auch Reagan ein klassischer Einzelgänger – egozentrisch und gleichwohl äußerst charmant. Eine Person, die viele als seinen Vertrauten bezeichnen, sagte mir einmal, sie sei noch nie jemandem begegnet, der so freundschaftlich und gleichzeitig so distanziert sei wie Reagan.

Ungeachtet der Rhetorik, derer er sich 1976 während der Wahlkampagne bediente, bestand zwischen seiner Beurteilung des internationalen Geschehens und der Einschätzung seitens der Regierungen Nixon oder Ford kein grundlegender konzeptioneller Unterschied. Alle drei wollten sich der geopolitischen Offensive der Sowjets entschlossen entgegenstellen und waren der Ansicht, die Geschichte sei auf seiten der Demokratien. Allerdings bestanden enorme Differenzen im taktischen Bereich und darin, wie die einzelnen Regierungen dem amerikanischen Volk ihre Politik nahebrachten.

Schockiert durch das innenpolitische Zerwürfnis, das durch den Vietnamkrieg entstanden war, glaubte Nixon, ernsthafte Friedensbemühungen seien die Vorbedingung dafür, jene Konfrontationen durchstehen zu können, die man möglicherweise auf sich nehmen mußte, um eine weitere Ausdehnung des sowjetischen Machtbereichs zu verhindern. Da Reagan zu einem Zeitpunkt an die Regierung kam, als das Land des Rückzugs müde war, entschied er sich für einen unnachgiebigen Konfrontationskurs, um den sowjetischen Expansionsdrang zu bremsen. Wie Woodrow Wilson hatte auch Ronald Reagan begriffen, daß das amerikanische Volk in seiner Geschichte immer dem Trommelschlag des Exzeptionalismus gefolgt war und sich somit letztlich von überlieferten Idealen, nicht aber von geopolitischen Analysen leiten lassen würde. In diesem Sinne war Nixon für Reagan das, was Theodore Roosevelt für Woodrow Wilson gewesen war. Wie Roosevelt wußte auch Nixon bedeutend besser, wie die internationalen Beziehungen funktionierten; Reagan aber hatte wie Wilson einen sichereren Blick dafür, wie die amerikanische Seele funktionierte.

Die Redewendungen, mit denen Reagan Amerikas einzigartigen moralischen Auftrag zum Ausdruck brachte, spiegelten wider, was fast alle Präsidenten irgendwann in diesem Jahrhundert schon einmal gesagt hatten. Was Reagans Variante nichtsdestoweniger exzeptionell machte, war die Tatsache, daß er sie wörtlich nahm und zur Richtlinie tagtäglicher Außenpolitik erhob. Während seine Vorgänger sich auf jene amerikanischen Prinzipien berufen hatten, um besondere Initiativen – beispielsweise den Völkerbund oder den Marshall-Plan – durchzusetzen, nutzte Reagan sie als Waffen im täglichen Kampf gegen den Kommunismus, zum Beispiel am 22. Februar 1983 in einer Rede vor der American Legion:»Wir haben die zeitlosen Wahrheiten und Wertvorstellungen, die die Amerikaner von jeher hochhalten, mit den Gegebenheiten der heutigen Welt verknüpft und so der amerikanischen Außenpolitik eine grundsätzlich neue Richtung gegeben. Es ist eine Politik, die auf dem unschätzbaren Wert unserer freiheitlichen Institutionen beruht, die keiner Rechtfertigung bedürfen und derer wir uns nicht zu schämen brauchen.«[1]

Reagan wies den»Schuldkomplex«, den die Regierung Carter seiner Meinung nach hatte, zurück und verteidigte stolz Amerikas Ruf als»weltweit bedeutendste Kraft für den Frieden«.[2] In seiner ersten Pressekonferenz bezeichnete er die Sowjetunion als ein verbrecherisches Weltreich, das bereit sei,»jedes Verbrechen zu begehen, zu lügen und zu betrügen«, um seine Ziele zu erreichen.[3] Diese Charakterisierung sollte 1983 schließlich in der Gleichsetzung der Sowjetunion mit dem»Reich des Bösen« gipfeln – eine direkte moralische Herausforderung, vor der seine Vorgänger sicherlich zurückgeschreckt wären. Reagan jedoch setzte sich über konventionelle diplomatische Erkenntnisse einfach hinweg und vergröberte stark die amerikanischen Tugenden, um seine Landsleute im Rahmen seines selbsterklärten Auftrages davon zu überzeugen, daß der ideologische Ost-West-Konflikt von Bedeutung sei und daß es bei internationalen Kämpfen um Sieger und Verlierer, nicht aber um Stehvermögen oder Diplomatie gehe.

Reagans Redeweise, derer er sich während seiner ersten Amtszeit bediente, kennzeichnete das offizielle Ende der Entspannungsperiode.

Washingtons Ziel war es nicht mehr, auf entspannte Beziehungen hinzuarbeiten, sondern einen Kreuzzug auszutragen, um den Feind zu bekehren. Reagan war wegen seines Versprechens, einen militanten Antikommunismus zu verfolgen, gewählt worden, und er hielt Wort. In der glücklichen Lage, es mit einer Sowjetunion zu tun zu haben,die sich mittlerweile im fortgeschrittenen Zustand des Verfalls befand, tat er Nixons am nationalen Interesse ausgerichtete Politik als zu relativistisch und Carters Zurückhaltung als zu mutlos ab. Statt dessen entwarf er von dem Konflikt ein geradezu apokalyptisches Bild, das jedoch zu ertragen sei, da über den geschichtlichen Ausgang dieses Dramas kein Zweifel bestehen könne. Im Juni 1982 schilderte er in einer Rede in der Londoner Westminster Hall seine Sicht der Sowjetunion:

»In einem ironischen Sinne hatte Karl Marx recht. Wir sind heute Zeugen einer großen revolutionären Krise, einer Krise, bei der die Forderungen der Wirtschaftsordnung mit denen der politischen Ordnung zusammenprallen. Doch die Krise findet nicht im freien, nicht-marxistischen Westen, sondern im Reich des Marxismus-Leninismus statt, in der Sowjetunion [...].

Das überzentralisierte Sowjetsystem mit seinen geringen oder ganz fehlenden Anreizen leitet Jahr für Jahr seine wertvollsten Ressourcen in die Herstellung von Massenvernichtungswaffen. Der beständige Rückgang der Wirtschaft im Verein mit dem Wachstum in der Rüstungsindustrie ist eine schwere Belastung für das russische Volk.

Was wir hier vor uns haben, ist eine politische Struktur, die nicht mehr mit den wirtschaftlichen Grundlagen übereinstimmt, eine Gesellschaftsform, in der produktive Kräfte durch politische gehemmt werden.«[4]

Als Nixon und ich zehn Jahre zuvor dasselbe gesagt hatten, hatte das die Kritik der Konservativen an der Entspannungspolitik nur verschärft. Die Konservativen betrachteten es mit Mißtrauen, wenn man die geschichtliche Entwicklung in den Dienst der Entspannung stellte, aus Furcht, Verhandlungen mit den Kommunisten könnten dazu führen, daß der Westen seinen Anspruch moralischer Überlegenheit aufgeben müsse. Als Werkzeug einer konfrontativen Politik aber hielten sie den Gedanken, der Sieg sei letztlich unabwendbar, durchaus für reizvoll.

Reagan glaubte, die Beziehungen zur Sowjetunion würden sich verbessern, wenn auch sie Angst vor einem nuklearen Armageddon hätte. Daher war er fest entschlossen, dem Kreml vor Augen zu führen, wie risikoreich die Fortsetzung des expansionistischen Kurses sei. Zehn Jahre zuvor hätten solche Aussprüche in den USA eine unkontrollierbare Welle zivilen Ungehorsams ins Rollen gebracht, ja hätten womöglich zur Konfrontation mit der damals noch selbstsicheren Sowjetunion geführt; zehn Jahre später hätte man sie für antiquiert gehalten. Doch unter den Bedingungen der achtziger Jahre schufen sie die Grundlage für einen bis dahin einmaligen Ost-West-Dialog.

Es war unvermeidlich, daß Reagans Verlautbarungen von denjenigen, die felsenfest an die Lehren der Entspannungspolitik glaubten, scharf attackiert wurden. Unter dem Pseudonym »TRB« äußerte sich am 11. April 1983 in ›The New Republic‹ ein entrüsteter Verfasser darüber, daß Reagan die Sowjetunion als »Reich des Bösen« gekennzeichnet habe, und nannte dies »primitive Prosa und apokalyptischen Symbolismus«.[5] »Primitiv«, so lautete auch der Kommentar von Anthony Lewis in der ›New York Times‹ vom 10. März 1983.[6] 1981 bezeichnete der bekannte Harvard-Professor Stanley Hoffmann Reagans militanten Stil als »Machismo«, »Neonationalismus« und als eine Art »fundamentalistische Reaktion«, die der komplizierten Welt, in der die wirtschaftliche Schwäche der Vereinigten Staaten angeblich nicht minder ernst sei als die der Sowjetunion, wohl kaum angemessen sei.[7]

Es sollte sich jedoch herausstellen, daß wichtige Verhandlungen entgegen den Vorhersagen der Kritiker durch Reagans Rhetorik nicht blockiert wurden. Im Gegenteil: In Reagans zweiter Amtsperiode entwickelte sich ein umfassender und intensiver Ost-West-Dialog, wie es ihn seit Nixons Entspannungspolitik nicht mehr gegeben hatte. Dieses Mal freilich wurden die Verhandlungen von der Öffentlichkeit mitgetragen und von den Konservativen begrüßt.

Basierte schon Reagans Herangehensweise an den ideologischen Konflikt auf einer vereinfachten Version der Lehren Wilsons, so war auch sein Lösungskonzept für diesen Kampf tief im amerikanischen Utopismus verwurzelt. Wenn er auch die Problematik plakativ als Kampf zwischen Gut und Böse darstellte, so war er doch weit davon entfernt zu behaupten, daß dieser auch bis zum Letzten ausgetragen werden müsse. In typisch amerikanischer Manier war er eher der Überzeugung, daß die Unnachgiebigkeit der Kommunisten auf Unkenntnis und nicht auf angeborener Böswilligkeit, auf Mißverständnissen und nicht auf bewußter Feindseligkeit beruhe. Seiner Meinung nach würde der Konflikt deshalb vermutlich mit einem Gesinnungswandel des Gegners enden. Während seiner Genesung von einem Attentat schickte der US-Präsident 1981 einen handschriftlichen Brief an Leonid Breschnew, in dem er versuchte, das Mißtrauen der Sowjets gegenüber den Vereinigten Staaten zu zerstreuen – als ob fünfundsiebzig Jahre kommunistischer Ideologie durch einen solchen persönlichen Appell einfach weggewischt werden könnten. Sein Brief stimmte fast wörtlich mit einer Zusicherung überein, die schon Truman am Ende des Zweiten Weltkriegs Stalin hatte zukommen lassen (siehe Kapitel 17):

»Häufig denkt man [...]«, schrieb Reagan, »wir verfolgten imperialistische Pläne und seien daher eine Bedrohung für Ihre Sicherheit und die der neu entstehenden Staaten. Eine solche Anschuldigung ist nicht nur völlig haltlos, sondern es zeigt sich im Gegenteil, daß die Vereinigten Staaten immer dann, wenn sie die Welt gefahrlos hätten beherrschen können, nicht die geringsten Anstalten in diese Richtung unternommen haben [...]. Ich würde sagen, daß die Anschuldigung, die Vereinigten Staaten hätten sich des Imperialismus schuldig gemacht oder versucht, anderen Ländern mit Gewalt ihren Willen aufzuzwingen, jeder Grundlage entbehrt [...]. Mr. President, sollte es nicht eher in unserem Sinne sein, die Hindernisse zu beseitigen, die unsere Völker, Ihres und meines, daran hindern, ihre höchsten Ziele zu erreichen?«[8]

Drückte der versöhnliche Tonfall dieses Briefes etwa die Vorstellung des Verfassers aus, daß er bei dem Empfänger eine besondere Glaubwürdigkeit genieße, obwohl er noch einige Wochen zuvor von der sowjetischen Führung behauptet hatte, sie sei zu allen Verbrechen fähig? Reagan fühlte sich nicht im geringsten genötigt, diesen augenscheinlichen Widerspruch aufzuklären, vielleicht weil er an *beides* glaubte: an das Böse im Verhalten der Sowjets und an die Fähigkeit der sowjetischen Führung zur ideologischen Umkehr.

Daher schickte er nach Breschnews Tod im November 1982 am 11. Juli 1983 eine handschriftliche Note an dessen Nachfolger Juri Andropow, in der er jegliche aggressiven Vorhaben neuerlich in Abrede stellte.[9] Als Andropow dann ebenfalls starb und der altersschwache Konstantin Tschernenko ihm ins Amt folgte – was ganz offenkundig eine Interimslösung war –, schrieb Reagan in sein Tagebuch, das er ohne Frage mit dem Ziel einer Veröffentlichung angelegt hatte: »Ich habe so ein Gefühl im Bauch, daß ich gern von Mann zu Mann mit ihm über unsere Probleme sprechen und sehen würde, ob ich ihn davon überzeugen kann, daß es von materiellem Nutzen für die Sowjets wäre, wenn sie sich der Völkerfamilie anschlössen, usw.«[10]

Sechs Monate später, am 28. September 1984, stattete Gromyko Reagan seinen ersten Besuch ab. Wieder vertraute der US-Präsident seinem Tagebuch an, es sei sein Hauptziel, das Mißtrauen der sowjetischen Machthaber gegenüber den Vereinigten Staaten aus der Welt zu schaffen: »Ich habe das Gefühl, daß wir in puncto Abrüstung nirgendwohin kommen werden, solange sie unsere Motive mit ebensolchem Mißtrauen betrachten wie wir ihre. Ich glaube, wir brauchen ein Treffen, um zu sehen, ob wir ihnen begreiflich machen können, daß wir nichts Böses gegen sie im Schilde führen, aber denken, daß sie etwas gegen uns im Schilde führen.«[11]

War das Verhalten der Sowjets zwei Generationen lang tatsächlich von Mißtrauen den Vereinigten Staaten gegenüber bestimmt worden, dann konnte Reagan durchaus davon ausgehen, daß dieses Gefühl inzwischen in System und Geschichte der Sowjetunion verankert war. Die glühende Hoffnung, die Vorbehalte der Sowjets könnten durch ein einziges Gespräch mit deren Außenminister, der zudem als Inbegriff kommunistischer Herrschaft galt, aus der Welt geschafft werden, läßt sich – noch dazu, wenn sie von einem derart überzeugten Antikommunisten stammte – eigentlich nur mit der ungebrochenen Überzeugung der Amerikaner erklären, daß Verständigung unter den Völkern der Normalzustand, Spannung indes eine Verirrung sei und daß Vertrauen durch eifrige Bezeugungen guten Willens geschaffen werden könne.

Nur so ist es zu erklären, daß Reagan, der Erzfeind des Kommunismus, sich in der Nacht vor seinem ersten Treffen mit Gorbatschow, am 19. November 1985, in erwartungsvoller Vorfreude zu der Hoffnung hinreißen ließ, dieses Treffen könne Konflikte aus der Welt schaffen, die bereits seit zwei Generationen die internationale Lage bestimmten. In diesem Punkt entsprach seine Haltung eher der Jimmy Carters als der Richard Nixons: »Beginnend mit Breschnew, hatte ich davon geträumt, einem Sowjetführer Auge in Auge gegenüberzutreten; ich glaubte, daß wir dabei Dinge erreichen könnten, die unsere Diplomaten nicht bewerkstelligen konnten, weil sie nicht die Kompetenz dafür besaßen. Umgekehrt hatte ich mir gesagt, daß die Bürokraten, wenn die Spitzenleute auf einem Gipfeltreffen miteinander verhandelt hatten und dann Arm in Arm herauskamen und verkündeten: ›Wir haben dies und jenes vereinbart‹, hinterher nicht in der Lage wären, diese Vereinbarungen zu zerpflücken. Bis zu Gorbatschow hatte ich jedoch nie die Gelegenheit bekommen, meine Idee auszuprobieren. Jetzt hatte ich meine Chance.«[12]

Trotz seiner Reden über die ideologische Konfrontation und ungeachtet seines tatsächlichen Umgangs mit dem geopolitischen Konflikt glaubte Ronald Reagan letzten Endes keineswegs daran, daß die Spannungen strukturelle oder geopolitische Ursachen hätten. In seinen Augen – und in denen seiner Mitstreiter – war die Sorge um das Gleichgewicht ein zu einschränkender und zu pessimistischer Ansatz. Ihnen war nicht an schrittweisen Erfolgen, sondern an einem definitiven Ergebnis gelegen, und dieser Glaube ermöglichte es Reagans Mitarbeiterstab, sich taktisch außerordentlich flexibel zu verhalten.

Ein Biograph Reagans hat einen der »Träume« des Präsidenten beschrieben, den auch ich von ihm gehört habe. »Eine der Wunschvorstellungen Reagans als Präsident war«, so heißt es da, »daß er Michail Gorbatschow auf eine Reise durch die Vereinigten Staaten mitnähme, damit der sowjetische Staatschef sehen könne, wie normal die Amerikaner lebten. Reagan erzählte häufig davon. Er stellte sich vor, er und Gorbatschow flögen mit einem Hubschrauber über eine Arbeitersiedlung, sähen von oben eine Fabrik mit einem Parkplatz voller Autos, zögen dann einen Kreis über die freundlichen Wohngebiete, wo die Fabrikarbeiter in Häusern ›mit Rasen und Gärten dahinter lebten, vielleicht noch mit einem Zweitwagen oder einem Boot in der Einfahrt, und nicht in den Betonsilos, die ich in Moskau gesehen hatte.‹ Der Hubschrauber würde dann aufsetzen, und Reagan würde Gorbatschow dazu auffordern, an die Türen zu klopfen und die Bewohner zu fragen, ›was sie von unserem System hielten‹. Die Arbeiter würden ihm dann erzählen, wie schön es sei, in Amerika zu leben.«[13]

Reagan glaubte offenbar, er habe die Pflicht, Gorbatschow oder irgendeinen der anderen sowjetischen Anführer zu der unumgänglichen Einsicht zu bringen, daß die kommunistische Theorie verfehlt sei. Wäre dann das Bild, das die Sowjets sich fälschlicherweise von Amerika gemacht hatten, einmal zurechtgerückt, werde unverzüglich eine Ära der Versöhnung folgen. In diesem Sinne blieben Reagans Ansichten über das Wesen des internationalen Machtkampfes – trotz all seiner ideologischen Verve – strikt vom amerikanischen Wunschdenken beherrscht. Weil er nicht an die Unvereinbarkeit nationaler Interessen glaubte, konnte es auch keine unlösbaren Konflikte zwischen Staaten geben. Hätten die sowjetischen Machthaber ihre ideologischen Anschauungen einmal abgelegt, würde die Welt von den für die klassische Diplomatie typischen Streitigkeiten verschont bleiben. Zwischen ständigem Konflikt und dauerhafter Aussöhnung aber gab es für ihn keine Zwischenstufen.

Und doch: Wie optimistisch oder gar »liberal« Reagans Ansichten über den endgültigen Ausgang auch sein mochten, er beabsichtigte, seine Ziele durch gnadenlose Konfrontation zu erreichen. Seiner Auffassung zufolge konnte ein Ende des Kalten Krieges nicht dadurch herbeigeführt werden, daß man sich um eine »günstige« Atmosphäre oder um einseitige Gesten bemühte, die von den Fürsprechern dauerhafter Verhandlungen so gepriesen wurden. Reagan war zwar Amerikaner genug, um Konfrontation und Versöhnung als politische Folgephasen zu bewerten, er war aber auch der erste Nachkriegspräsident, der den Ost-West-Konflikt zugleich als ideologische und als geostrategische Auseinandersetzung begriff.

Seit der Amtszeit John Foster Dulles' hatte die Sowjetunion sich nicht mehr mit einem solchen Phänomen befassen müssen – und Dulles war weder Präsident gewesen, noch hatte er je ernsthaft versucht, seine »Befreiungspolitik« umzusetzen. Im Gegensatz dazu nahmen Reagan und seine Mitarbeiter ihre Beteuerungen wörtlich und verfolgten vom ersten Amtstag an zwei Ziele: Erstens wollten sie den von den Sowjets ausgeübten geopolitischen Druck so lange bekämpfen, bis der Expansionsprozeß aufgehalten und schließlich in sein Gegenteil verkehrt werden konnte; zweitens starteten sie ein Aufrüstungsprogramm, um so den Versuch der Sowjets, die strategische Überlegenheit zu erreichen, abrupt zum Stillstand zu bringen und auch hier die gegenläufige Entwicklung einzuleiten.

Erreicht werden sollte dieser Rollentausch mit Hilfe der Menschenrechtsproblematik, die Reagan und seine Berater als ideologische Waffe einzusetzen gedachten, um das sowjetische System zu untergraben. Natürlich hatten auch seine unmittelbaren Vorgänger die Bedeutung der Menschenrechte schon hervorgehoben. Nixon hatte sie im Zusammenhang mit den jüdischen Auswanderern aus der Sowjetunion angesprochen; Ford hatte mit Korb III der Schlußakte von Helsinki (siehe Kapitel 29) den größten Schritt nach vorn unternommen; Carter hatte die Menschenrechtsfrage sogar zum Kernstück seiner Außenpolitik erhoben und sie den amerikanischen Verbündeten gegenüber so nachdrücklich vorgebracht, daß seine

Forderung nach Rechtschaffenheit gelegentlich sogar deren innenpolitischen Zusammenhalt gefährdete. Reagan und seine Berater indessen gingen noch weiter. Sie betrachteten die Menschenrechtsproblematik als ein
Werkzeug zum Sturz des Kommunismus und zur Demokratisierung der
Sowjetunion, folglich als Schlüssel zu einer friedlicheren Welt – so, wie es
der Präsident am 25. Januar 1984 in seiner Ansprache zur Lage der Nation
betonte:»Regierungen, die sich auf Einverständnis mit den Regierten stützten, führen keinen Krieg gegen ihre Nachbarn.«[14] Im Juni 1982 erklärte Reagan in der Londoner Westminster Hall, der Siegeszug der Demokratien
überall auf der Welt habe begonnen; die freien Nationen seien nun aufgerufen,»die Infrastruktur der Demokratie zu fördern – das System der Presse-
freiheit, der freien Gewerkschaften, politischen Parteien und Universitäten,
das den Menschen erlaubt, ihren Weg selbst zu wählen, und dem Volk, seine
eigene Kultur zu entwickeln und seine Differenzen mit friedlichen Mitteln
zu schlichten.«[15] Jener Appell, die Demokratie im eigenen Lande zu vervoll-
kommnen, war das Vorspiel zu einem klassisch Wilsonschen Thema:
»Wenn wir wollen, daß Freiheit und demokratische Ideale sich bis zum
Ende dieses Jahrhunderts weiterentwickeln, müssen wir uns tatkräftig an
der Kampagne für die Demokratie beteiligen.«[16]
    Tatsächlich hatte Reagan Wilsons Lehre konsequent zu Ende gedacht.
Washington würde weder passiv auf die Weiterentwicklung freiheitlicher
Institutionen warten noch sich darauf beschränken, Widerstand gegen
direkte Bedrohungen der weltweiten Sicherheit zu leisten. Statt dessen
würde es die Sache der Demokratie aktiv voranbringen, jene Länder belohnen, die seine Ideale umsetzten, und diejenigen bestrafen, die sie außer acht
ließen – selbst wenn diese die Vereinigten Staaten in anderer Hinsicht nicht
sichtbar herausforderten oder bedrohten. Reagan und seine Mitarbeiter
stellten damit die Behauptungen der ersten Bolschewiken auf den Kopf:
Demokratische Werte – und nicht die des Kommunistischen Manifests –
würden die Zukunft bestimmen. Und Reagans Regierungsmannschaft verhielt sich konsequent: Sie zwang das konservative Pinochet-Regime in
Chile und das autoritäre Marcos-Regime auf den Philippinen zu Reformen.
Pinochet wurde veranlaßt, sich mit einem Volksentscheid und freien Wahlen einverstanden zu erklären, die zu einem Regierungswechsel führten,
Marcos wurde mit amerikanischer Unterstützung gestürzt.
    Gleichzeitig aber blieb der Kreuzzug für die Demokratie auf manche
grundlegenden Fragen eine Antwort schuldig, auf Fragen, die heute, nach
dem Ende des Kalten Krieges, für uns von besonderer Bedeutung sind. Wie
sollte man diesen Kreuzzug mit der in den Vereinigten Staaten lange vertretenen Doktrin der Nichteinmischung in innenpolitische Angelegenheiten
anderer Staaten in Einklang bringen? In welchem Maße würden ihm andere
Ziele, beispielsweise die nationale Sicherheit, untergeordnet werden? Welchen Preis war man zu zahlen bereit, um die eigenen Werte verbreitet zu
sehen? Wie wollte man übermäßige Einflußnahme wie auch Verzicht ver-

meiden? Die Welt, wie sie heute, nach dem Kalten Krieg, existiert und die Reagans erste Amtsjahre wie längst vergangene Geschichte erscheinen läßt, wird Antworten auf diese Fragen finden müssen.

Doch als Reagan 1981 ins Weiße Haus einzog, bereiteten ihm solche Unklarheiten weit weniger Kopfzerbrechen als die Frage, wie er den gnadenlosen sowjetischen Vormarsch der vorangegangenen Jahre strategisch aufhalten könne. Ziel der geostrategischen Offensive Reagans war es, den Sowjets deutlich zu machen, daß sie den Bogen überspannt hatten. Unter Zurückweisung der Breschnew-Doktrin, der zufolge kommunistische Gewinne unumkehrbar waren, brachte Reagan seinerseits die Überzeugung zum Ausdruck, der Kommunismus könne nicht nur eingedämmt, sondern sogar besiegt werden. Unter seiner Ägide kam es zur Aufhebung des »Clark-Amendment«, eines Zusatzartikels von 1975, der jegliche amerikanische Hilfe für antikommunistische Kräfte in Angola verhindert hatte; er stockte die Unterstützung für die antisowjetischen Untergrundkämpfer in Afghanistan beträchtlich auf, entwickelte ein umfassendes Programm, um den kommunistischen Guerilleros in Mittelamerika zu begegnen, und erhöhte sogar die humanitäre Hilfe für Kambodscha. Die Tatsache, daß ein Präsident kaum mehr als fünf Jahre nach dem Desaster in Indochina dem sowjetischen Expansionsdrang in der ganzen Welt – und dieses Mal erfolgreich – den Kampf ansagen konnte, ist vor allen Dingen dem bemerkenswerten Zusammenhalt der amerikanischen Gesellschaft zu verdanken.

Die Sowjetunion mußte, zum Teil allerdings erst unter der Regierung Bush, auf einen Großteil ihrer Gewinne aus den siebziger Jahren verzichten. Die vietnamesische Besatzung Kambodschas endete 1990; 1993 wurden freie Wahlen abgehalten, und die Flüchtlinge bereiten sich auf ihre Rückkehr vor. 1991 zogen die kubanischen Truppen aus Angola ab. Die kommunistisch gestützte Regierung in Äthiopien brach ebenfalls 1991 zusammen. Die Sandinisten in Nicaragua konnten 1990 dazu gebracht werden, mit der Durchführung freier Wahlen ein politisches Risiko einzugehen, zu dem bis dahin keine kommunistische Regierungspartei je bereit gewesen war. Am wichtigsten war vielleicht, daß 1989 die sowjetischen Truppen aus Afghanistan abzogen. All diese Entwicklungen trugen dazu bei, dem ideologischen Elan und den geopolitischen Überzeugungen der kommunistischen Welt den Wind aus den Segeln zu nehmen. Sowjetische Reformkräfte, die mit ansehen mußten, wie die UdSSR ihren gesamten Einfluß in der sogenannten Dritten Welt verlor, betrachteten schon bald Breschnews kostspielige und aussichtslose Abenteuer als Beweis für den Bankrott des kommunistischen Systems, dessen undemokratische Entscheidungsprozesse dringend überholungsbedürftig seien.[17]

Erzielt wurden diese Erfolge der Regierung Reagan durch die Umsetzung der sogenannten Reagan-Doktrin, der zufolge die Vereinigten Staaten antikommunistische Regimegegner in dem Bemühen unterstützen würden, ihre Länder aus der sowjetischen Einflußsphäre herauszulösen. Konkret bedeutete dies: Bewaffnung der afghanischen Mudschahedin im Kampf gegen die Russen, Unterstützung der Contras in Nicaragua und Hilfeleistungen zugunsten antikommunistischer Kräfte in Äthiopien und Angola. In den sechziger und siebziger Jahren hatten die Sowjets kommunistische Aufstände gegen Regierungen angezettelt, die den Vereinigten Staaten freundlich gesonnen waren. Nun, in den achtziger Jahren, lieferte Washington der UdSSR eine Kostprobe seines Machtinstrumentariums. Im Februar 1985 erläuterte Außenminister George Shultz in einer Rede in San Francisco, worum es ging:»Jahrelang haben wir mit angesehen, wie unsere Gegner hemmungslos überall in der Welt Aufstände zur Verbreitung kommunistischer Diktaturen unterstützt haben [...], jeden Sieg des Kommunismus hielt man für unwiderruflich [...]. Heute jedoch erlahmt das Sowjetreich unter dem Gewicht seiner internationalen Probleme und äußeren Verwicklungen [...]. Die demokratischen Kräfte überall in der Welt verdienen, daß wir uns an ihre Seite stellen. Sie aufzugeben, wäre ein schändlicher Verrat – nicht nur ein Verrat an tapferen Männern und Frauen, sondern ein Verrat an unseren höchsten Idealen.«[18]

Jene hochfliegende Diktion, die Wilson gewählt hatte, um Freiheit und Demokratie in aller Welt zu unterstützen, erhielt nun durch einen nahezu machiavellistischen Realismus Auftrieb. Amerika zog nicht»in die Fremde, um Ungeheuer zu vernichten«, wie John Quincy Adams' denkwürdiger Ausspruch lautete; die Reagan-Doktrin lief eher darauf hinaus, den Feind des Feindes zu unterstützen – was Richelieu sicherlich von Herzen gebilligt hätte. Die Reagan-Administration ließ nicht nur ehrlichen Demokraten – wie etwa in Polen – Hilfe zukommen, sie unterstützte auch islamische Fundamentalisten in Afghanistan (die mit dem Iran unter einer Decke steckten), Rechtsregierungen in Mittelamerika und kriegerische Stammesfürsten in Afrika. Die Vereinigten Staaten hatten mit den Mudschahedin nicht mehr gemeinsam als Richelieu mit dem Sultan des Osmanischen Reiches. Doch man hatte einen gemeinsamen Feind, und dies schweißte beide Seiten in einer von nationalen Interessen geprägten Welt zu Bündnispartnern zusammen. Die Ergebnisse beschleunigten zwar den Zusammenbruch des Kommunismus, konfrontierten die USA aber letztlich mit jener quälenden Frage, die sie in weiten Teilen ihrer Geschichte immer wieder zu umgehen versucht hatten, die jedoch das zentrale Dilemma eines jeden Staatsmannes ausmacht: Welche Ziele rechtfertigen welche Mittel?

Reagans grundlegendste Kampfansage an die Sowjetunion war seine militärische Aufrüstung. In all seinen Wahlkampfreden hatte er beklagt, daß Amerikas Verteidigung nicht ausreichend sei, und vor einer baldigen Überlegenheit der Sowjets gewarnt. Heute wissen wir, daß solche Ängste ein allzu vereinfachtes Bild von militärischer Überlegenheit im Atomzeitalter widerspiegelten. Doch gleichgültig, ob Reagan die von den Sowjets ausgehende militärische Gefahr richtig einschätzte oder nicht: Er schweißte seine konservative Wählerschaft unter dem Eindruck der Bedrohung jedenfalls viel enger zusammen, als Nixon es mit seiner Beschwörung geopolitischer Gefahren vermocht hatte.

Bevor Reagan ins Weiße Haus einzog, hatten radikale Kritiker der US-Politik im Zeichen des Kalten Krieges immer wieder behauptet, militärische Aufrüstungsprogramme seien sinnlos, da die Sowjets diese immer und auf jedem Niveau ausgleichen würden. Diese Einschätzung entsprach jedoch noch weniger der Wirklichkeit als die Vorstellung von einer baldigen sowjetischen Überlegenheit. Die Vereinigten Staaten rüsteten unter Reagan in allen Bereichen in so rasantem Tempo auf, daß sich die bereits durch die Tragödien in Afghanistan und Afrika bei der sowjetischen Führung ausgelösten Zweifel, ob sich die Sowjetunion einen solchen Rüstungswettlauf wirtschaftlich überhaupt erlauben und – wichtiger noch – ob sie ihn in technologischer Hinsicht gewinnen könne, noch verstärkten.

Reagan ließ unter Carter ausrangierte Waffensysteme wie etwa die B-1-Bomber wieder instand setzen und begann mit der Stationierung von MX-Raketen, den ersten neuen bodengestützten US-Interkontinentalraketen seit zehn Jahren. Die beiden strategischen Entscheidungen allerdings, die den größten Beitrag zur Beendigung des Kalten Krieges leisteten, waren einerseits der Beschluß der NATO, amerikanische Mittelstreckenraketen in Europa zu stationieren, und andererseits die Entscheidung Washingtons für die Strategische Verteidigungsinitiative (SDI).

Der NATO-Beschluß zur Stationierung von Mittelstreckenraketen (mit einer Reichweite von zweitausendvierhundert Kilometern) in Europa datierte bereits aus der Regierungszeit Carters, gefaßt, um Bundeskanzler Helmut Schmidt zu besänftigen, der sich darüber empört hatte, daß Washington einseitig die sogenannte Neutronenbombe gestrichen hatte, von der man annahm, daß sie die verheerenden Folgen eines Atomkrieges in Grenzen halten könne. Gerade für diese Waffe hatte Schmidt sich gegen Widerstand in der eigenen Partei eingesetzt. Die Mittelstreckenraketen – teils ballistische Raketen, teils bodengestützte Cruise Missiles – waren eigentlich mit Blick auf ein ganz anderes Problem konzipiert worden: Sie sollten ein Gegengewicht zu der großen Anzahl neuer sowjetischer SS-20-Raketen bilden, die selbst tief aus dem sowjetischen Staatsgebiet heraus alle europäischen Ziele erreichen konnten.

Im Grunde waren die Argumente für Mittelstreckenwaffen politischer, nicht strategischer Natur und gingen auf dieselben Befürchtungen zurück, die bereits zwanzig Jahre zuvor Strategiediskussionen zwischen den Bündnispartnern ausgelöst hatten. Dieses Mal jedoch versuchte Washington den Ängsten seiner europäischen Alliierten Rechnung zu tragen. Genau gesagt ging es wieder einmal um die Frage, ob Westeuropa darauf zählen konnte, daß die Vereinigten Staaten ihre Nuklearwaffen einsetzten, um einen auf Europa begrenzten sowjetischen Angriff zurückzuschlagen. Wären Amerikas europäische Bündnispartner der Bereitschaft der USA sicher gewesen, vom amerikanischen Festland aus oder mit seegestützten Waffen einen nuklearen Vergeltungsschlag durchzuführen, dann hätte man in Europa keine neuen Raketen stationiert. Eben dies aber wurde bezweifelt. Doch die US-Regierung hatte ihre Gründe, auf Europas Ängste einzugehen. Amerikanische Mittelstreckenraketen in Europa ermöglichten es den USA, nun alle militärischen Optionen der NATO-Strategie der »abgestuften Reaktion« auszuschöpfen. Bestand vordem nur die Alternative, entweder einen totalen Atomkrieg, der auch das Territorium der Vereinigten Staaten betroffen hätte, zu führen oder aber sich nuklearen Erpressungsversuchen der Sowjets zu beugen, waren nun auch atomare Drohungen unterhalb der Grenze zum totalen Vernichtungskrieg möglich.

Natürlich gab es noch einen anderen komplizierteren Beweggrund für die Stationierung als lediglich gegenseitiges unterschwelliges Mißtrauen auf beiden Seiten der atlantischen Partnerschaft. Die neuen Waffen nämlich würden die strategische Verteidigung Europas eng mit der der Vereinigten Staaten verknüpfen. Man argumentierte, daß die Sowjetunion nicht mit konventionell ausgerüsteten Streitkräften angreifen würde, ohne zuvor zu versuchen, die Mittelstreckenraketen in Europa zu zerstören, weil diese aufgrund ihrer räumlichen Nähe und Exaktheit sowjetische Kommandozentralen ausschalten und so den strategischen US-Streitkräften den Weg für einen verheerenden Erstschlag ebnen könnten. Andererseits wäre es aber auch zu gefährlich, amerikanische Mittelstreckenraketen anzugreifen und gleichzeitig Amerikas Vergeltungsmaschinerie intakt zu lassen. Die Gefahr – aus Sicht der Sowjets – bestand darin, daß genügend Mittelstreckenraketen ein solches Unternehmen überstehen würden, um ernsthaften Schaden anzurichten, so daß letzten Endes der noch intakte amerikanische Vergeltungsapparat den Ausgang der Dinge würde bestimmen können. Die Stationierung der Mittelstreckenraketen in Europa schloß also eine Lücke, die bisher in der Abschreckung bestanden hatte. Im damaligen Fachjargon hieß das, die Verteidigung Europas und die der Vereinigten Staaten würden auf diese Weise »gekoppelt«: Die Sowjetunion werde keines der beiden Gebiete angreifen können, ohne dabei ein maßloses Risiko einzugehen – einen unbegrenzten Atomkrieg.

Die technische »Kopplung« reagierte auch auf die wachsende Angst der Europäer, insbesondere der Franzosen, vor deutscher Neutralität. Als Schmidt 1982 durch ein konstruktives Mißtrauensvotum im Deutschen Bundestag gestürzt wurde, sah es so aus, als kehre die SPD zu Nationalismus und Neutralitätskonzepten zurück. Dies ging so weit, daß Oskar Lafontaine während des Bundestagswahlkampfes 1986 darauf drängte, Deutschland solle aus dem integrierten Verteidigungssystem der NATO ausscheren. Großdemonstrationen gegen die Raketenstationierung erschütterten die Bundesrepublik.

Da Breschnew und sein Nachfolger Andropow eine Gelegenheit witterten, Deutschlands Bindung an die NATO zu schwächen, machten sie den Protest gegen die Aufstellung amerikanischer Mittelstreckenraketen zum

Dreh- und Angelpunkt der sowjetischen Außenpolitik. Anfang 1983 warnte Gromyko während eines Besuchs in Bonn, die UdSSR werde die Genfer Rüstungskontrollverhandlungen noch am selben Tag, an dem die Pershings in der Bundesrepublik einträfen, verlassen – eine Drohung, dazu angetan, die deutschen Stationierungsgegner aufzuschrecken. Als Kohl im Juli 1983 dem Kreml einen Besuch abstattete, warnte Andropow den Kanzler, falls er die Aufstellung der Pershing II akzeptiere,»werde die militärische Bedrohung der Bundesrepublik um ein Vielfaches wachsen. Die Beziehungen zwischen unseren beiden Ländern werden unweigerlich belastet werden. Was die Deutschen in der Bundesrepublik und die Deutschen in der DDR betrifft, so werden sie, wie jemand [die ›Prawda‹] es kürzlich ausdrückte, durch dichte Raketenpalisaden aufeinanderschauen.«[19]

Moskaus Propagandaapparat setzte europaweit eine enorme Kampagne in Gang. Auf Massendemonstrationen verschiedener Friedensgruppen wurde gefordert, Abrüstung müßte Vorrang vor der Aufstellung neuer Raketen haben, die atomaren Kapazitäten müßten eingefroren werden.

Immer dann, wenn die Bundesrepublik versucht schien, sich der Neutralität zuzuwenden – in den Köpfen der Franzosen mit Nationalismus gleichgesetzt –, warteten Frankreichs Staatspräsidenten in Bonn mit einer europäischen oder atlantischen Alternative auf. War es in den sechziger Jahren de Gaulle, der die Position der Bundesrepublik zur Berlinfrage standhaft verteidigte, so war es 1983 Mitterrand, der sich völlig unerwartet am nachdrücklichsten für die geplante Stationierung amerikanischer Mittelstreckenraketen einsetzte und für die Aufstellung der Raketen auf dem Gebiet der Bundesrepublik warb.»Jeder, der mit dem Gedanken spielt, Europa von den Vereinigten Staaten abzukoppeln, gefährdet unserer Meinung nach das Gleichgewicht der Kräfte und damit die Aufrechterhaltung des Friedens«, warnte er den Deutschen Bundestag.[20] In den Augen des französischen Staatspräsidenten übertraf Frankreichs nationales Interesse an der Raketenstationierung auf deutschem Boden zweifellos alle eventuellen ideologischen Affinitäten, die die französischen Sozialisten mit ihren Genossen in der SPD teilen mochten.

Aber auch Reagan selbst hatte noch einen Trumpf in der Hand, mit dem er der diplomatischen Offensive der Sowjets die Spitze zu nehmen hoffte. Er schlug vor, amerikanische Mittelstreckenraketen im Austausch gegen sowjetische SS-20 abzuschaffen.[21] Da die SS-20 eher ein Vorwand als ein Grund für die Stationierung amerikanischer Raketen waren, löste der Vorschlag heftige Diskussionen darüber aus, ob Europas Verteidigung von der der Vereinigten Staaten»abgekoppelt« werden solle. Waren die Argumente für eine»Koppelung« jedoch schwer nachvollziehbar gewesen, so war der Vorschlag, eine gesamte Waffengattung abzuschaffen, leicht zu verstehen. Und da die Sowjets ihre Verhandlungsposition völlig überschätzten und Reagans Angebot rundheraus ablehnten, erleichterte es die sogenannte Null-Lösung den europäischen Regierungen, die Raketenstationierung durchzusetzen. Für Reagan und Bundeskanzler Helmut Kohl, der den amerikanischen Plan standhaft unterstützt hatte, war dies ein phänomenaler Sieg. Er zeigte, daß die altersschwache Führung im Kreml ihre Fähigkeit, Westeuropa einzuschüchtern, allmählich verlor.

Die Stationierung der Mittelstreckenraketen in Europa hatte die Strategie der Abschreckung ohne Frage gestärkt. Als Reagan jedoch am 23. März 1983 seine Absicht ankündigte, er wolle ein strategisches Verteidigungssystem gegen sowjetische Raketen entwickeln, drohte er mit nichts weniger als dem strategischen Durchbruch schlechthin: »Ich rufe die Wissenschaftler unseres Landes, die uns schon die Atomwaffen gegeben haben, dazu auf, nun ihre großartigen Fähigkeiten in den Dienst der Menschheit und des Weltfriedens zu stellen und uns die Mittel an die Hand zu geben, um diese Atomwaffen machtlos und überflüssig zu machen.«[22]

Bei den beiden letzten Wörtern, »machtlos und überflüssig«, ist der Kreml vermutlich innerlich erstarrt, gründete sich doch der Status der UdSSR als Supermacht hauptsächlich auf das sowjetische Atomwaffenarsenal. Während der zwanzigjährigen Herrschaft Breschnews war es das oberste Ziel der Sowjets gewesen, strategischen Gleichstand mit den Vereinigten Staaten zu erreichen. Und nun schlug Reagan vor, durch einen einzigen technologischen Streich all das zunichte zu machen, was die Sowjetunion unter Aufbietung aller Kräfte bis hin zum vollständigen Bankrott zu erreichen versucht hatte.

Sollte Reagans Forderung nach einer hundertprozentig wirkungsvollen Verteidigung auch nur annähernd erfüllt werden, dann wäre die strategische Überlegenheit der Vereinigten Staaten erreicht. Ein amerikanischer Erstschlag könnte dann Erfolg haben, weil das Verteidigungssystem den relativ kleinen und desorganisierten Raketenbestand der UdSSR, der noch übrig wäre, vermutlich binden könnte. Zumindest aber machte Reagans SDI-Projekt der sowjetischen Führung bewußt, daß der unerbittliche Rüstungswettlauf, den die Russen in den sechziger Jahren begonnen hatten, entweder ihre Kräfte aufzehren oder aber zu einem durchschlagenden strategischen Erfolg für die USA führen würde.

Reagans SDI-Vorschlag berührte einen wunden Punkt in der Debatte über die amerikanische Verteidigungspolitik. Vor dem Atomzeitalter wäre es grotesk erschienen, die Verteidigung eines Landes auf der Verwundbarkeit seiner Bevölkerung aufzubauen. Nun aber bekam die Strategiediskussion einen völlig neuen Charakter, zum Teil deshalb, weil ganz neue Gruppen an ihr beteiligt waren. Vor der Erfindung der Atombombe war Militärstrategie Sache der Generalstäbe oder Militärschulen gewesen, unterstützt vielleicht von wenigen Militärhistorikern wie beispielsweise B.H. Lidell Hart. Wegen des ungeheuren Zerstörungspotentials von Nuklearwaffen indes hatte traditioneller militärischer Sachverstand an Bedeutung verloren. Jeder, der etwas von der neuen Technologie verstand, konnte sich nun zu Wort melden, in der Hauptsache Naturwissenschaftler, zusammen mit einigen wenigen Akademikern anderer Fakultäten.

Entsetzt über die zerstörerische Kraft, die sie entfesselt hatten, war die Mehrheit der technischen Experten überzeugt, Politiker seien verantwortungslos genug, um bei der geringsten Aussicht, die Folgen eines Atomkriegs begrenzen zu können, der Versuchung zu erliegen, ihn auch tatsächlich auszulösen. Daher sahen sie es als ihre moralische Pflicht an, Strategien zu verfechten, die so katastrophale Folgen haben würden, daß selbst der leichtsinnigste Politiker davor zurückschrecken müßte. Das Paradoxe dieses Ansatzes war, daß gerade diejenigen, die von sich selber zu Recht sagten, sie seien am meisten um die Zukunft der Zivilisation besorgt, einer nihilistischen Militärstrategie das Wort redeten, die, sollte sie jemals angewandt werden, die gesamte Menschheit vernichten würde.

Die Verteidigungsspezialisten hatten sich nur mühsam zu diesem Ansatz durchgerungen. Noch in den ersten zehn Jahren des Atomzeitalters hatten viele auf Verteidigungsmaßnahmen gedrängt, um gegen die – bis dahin allerdings noch kaum existierende – sowjetische Bedrohung aus der Luft gefeit zu sein. Von dem Gefühl getrieben, einen Atomkrieg unbedingt verhindern zu müssen, dachten sie zweifellos auch, daß es durchaus nützlich sein könne, Ressourcen, die eigentlich für die Entwicklung und Produktion von Angriffswaffen gedacht waren, abzuzweigen und die Anreize für einen amerikanischen Präventivschlag zu verringern. Als sich jedoch zeigte, daß das nukleare Potential der Sowjetunion immer weiter aufgestockt wurde und die Verwüstung der Vereinigten Staaten bereits im Bereich des Möglichen lag, nahmen eben jene Wissenschaftler widersinnigerweise von ihren bislang vorgebrachten Ratschlägen Abstand. Von nun an befürworteten die meisten von ihnen das sogenannte Konzept der Abschreckung durch angedrohte gegenseitige Vernichtung, das davon ausging, daß keine der beiden Seiten einen Atomkrieg beginnen werde, wenn die zu erwartende Anzahl ziviler Todesopfer nur hoch genug sei.

Das Konzept der Abschreckung durch angedrohte gegenseitige Vernichtung bedeutete Vernunftverzicht zugunsten strategischer Theorie: Man gründete ein Verteidigungskonzept auf dem drohenden Selbstmord. Praktisch bot das derjenigen Seite einen enormen und sicherlich auch psychologischen Vorteil, die sich als eine Herausforderung darzustellen verstand, der sich der Gegner allein durch einen allgemeinen Atomkrieg entziehen konnte. In den sechziger und siebziger Jahren war fraglos die Sowjetunion in dieser Position gewesen: Ihre konventionellen Streitkräfte waren nach allgemeiner Einschätzung denen des Westens weit überlegen. Zugleich aber machte eine solche Strategie natürlich auch unausweichlich, daß ein Atomkrieg die gesamte Zivilisation vernichten würde. Daher wurde SDI vorwiegend von denjenigen befürwortet, die die qualvolle Entscheidung zwischen Resignation und Armageddon zu umgehen suchten.

Die Mehrheit der Medien und Verteidigungstheoretiker blieb jedoch bei

864

ihrer Auffassung. Man sprach sich gegen SDI aus. Die beste und fairste Zusammenstellung der unterschiedlichen Vorbehalte findet sich in einem Buch, das Harold Brown herausgegeben hat, Verteidigungsminister unter Carter und unter Johnson Minister für die Luftwaffe.[23] Brown fordert darin zwar Forschungsvorhaben, wendet aber ein, SDI sei noch nicht anwendbar.[24] Einer seiner Mitarbeiter, Richard Betts, vertrat die Meinung, die Sowjets könnten das Verteidigungssystem mattsetzen, ganz gleich, in welchem Entwicklungsstadium, indem sie mehr Raketen einsetzten, als SDI verkraften könnte; selbst finanziell würde dies die Sowjetunion in weit geringerem Ausmaße belasten als die SDI-Entwicklungskosten die Vereinigten Staaten.[25] George Liska, Professor an der Johns-Hopkins-Universität, vertrat die entgegengesetzte Ansicht. Er ging davon aus, daß SDI funktionieren könne, Amerika jedoch, wenn es einmal geschützt sei, keine weitere Veranlassung mehr sehe, seine europäischen Verbündeten zu verteidigen.[26] Robert Osgood, der all diese Kritikpunkte verknüpfte, zeigte sich besorgt darüber, der ABM-Vertrag von 1972 könne unterlaufen und neue Rüstungskontrollmaßnahmen erschwert werden.[27]

Großbritanniens Außenminister Geoffrey Howe, der die Meinung zahlreicher westlicher Verbündeter vertrat, äußerte warnend, man solle nicht versuchen, eine »Maginot-Linie im Weltraum« zu schaffen. »Dies impliziert womöglich eine jahrelange Phase neuer Stationierungen«, sagte er. »Jahrelange Unsicherheit und Instabilität können nicht unser Ziel sein. Alle Bündnispartner müssen weiterhin auf allen Ebenen derselben Meinung sein, und das heißt, daß die Sicherheit auf NATO-Territorium unteilbar ist. Denn sonst könnten die beiden Pfeiler des Bündnisses in sich zusammenbrechen.«[28] Daß aber der Preis für die Aufrechterhaltung eines Bündnisses darin bestand, die Zivilbevölkerung jedes Verbündeten total verwundbar zu lassen, war ein neuartiges und – auf lange Sicht gesehen – höchst demoralisierendes Konzept. Zudem war es irreführend. Denn zweifellos würde die Bereitschaft der Amerikaner, einen Atomkrieg für die europäischen Verbündeten zu riskieren, in nahezu demselben Maß steigen wie ihre Fähigkeit, die eigene Zivilbevölkerung zu schützen.

Die Experten hatten alle technischen Argumente auf ihrer Seite. Doch Reagan konnte ein elementares politisches Faktum vorbringen: In einer von Atomwaffen beherrschten Welt würden Regierungen, die nichts zum Schutz ihrer Völker vor Unglücksfällen, verrückten Gegnern, nuklearer Auswucherung und einer ganzen Reihe anderer absehbarer Gefahren unternehmen, von der Nachwelt unweigerlich zur Rechenschaft gezogen, falls eine Katastrophe tatsächlich eintreten sollte. Und daß es zu Beginn eines komplizierten Forschungsprojektes nicht möglich war, die maximale Wirkung von SDI zu demonstrieren, lag lediglich an der Komplexität des Problems. Schließlich wäre niemals auch nur eine einzige Waffe entwickelt worden, wäre sie von Beginn an nach Kriterien beurteilt worden, welche sich nach absoluter Vollkommenheit richteten.

Bei dem allseits beliebten Argument, jede Verteidigung könne zunichte gemacht werden, wenn man ihr ein noch größeres Angriffspotential entgegenstellte, wurde außer acht gelassen, daß ein solcher Sättigungsprozeß nicht geradlinig verläuft. Bis zu einem gewissen Niveau mochte SDI mehr oder weniger so funktionieren, wie Reagan es darstellte; dann aber würde seine Wirkung schrittweise abnehmen. War der Preis für einen atomaren Angriff jedoch hoch genug, so würde sich der Abschreckungseffekt trotzdem erhöhen, vor allem deshalb, weil der Angreifer nie wissen konnte, welche Sprengköpfe durchkämen oder welche Ziele sie treffen würden. Und schließlich würde ein Verteidigungssystem, das eine große Zahl sowjetischer Raketen abfangen konnte, die bedeutend kleineren Angriffe junger Atommächte erst recht wirkungsvoll abwehren können.

Ein Großteil der technisch begründeten Kritik prallte an Reagan einfach ab, da er für SDI nicht in erster Linie aus strategischen Erwägungen eingetreten war. Er hatte es vielmehr unter dem eher »liberalen« Aspekt vorgeschlagen, den Atomkrieg für immer abzuschaffen. Der Nachkriegspräsident, der sich am stärksten dafür eingesetzt hatte, Amerikas militärische Stärke einschließlich seines Atomwaffenpotentials auszubauen, trat gleichzeitig auch für die pazifistische Vision einer Welt ein, aus der alle Nuklearwaffen verbannt wären. Der Ausspruch, daß ein »nuklearer Krieg nie gewonnen werden kann und nie ausgetragen werden darf«[29] – Reagan strapazierte seine Zuhörer häufig damit –, unterschied sich nicht im geringsten von den erklärten Zielen seiner radikalen Kritiker. Wie Reagans Umgang mit der Sowjetunion von Dualität gekennzeichnet war, so nahm er auch sowohl das von ihm in Gang gesetzte Aufrüstungsprogramm als auch seinen Pazifismus gleichermaßen ernst.

In seinen Memoiren beschreibt Reagan sein Verhältnis zu Atomwaffen folgendermaßen: »*Niemand* könnte einen Atomkrieg ›gewinnen‹. Doch solange Nuklearwaffen existierten, bestand auch immer das Risiko ihres Einsatzes – und war erst einmal die erste Atomrakete abgeschossen, wer vermochte dann noch zu sagen, wohin das alles führen würde? Eine atomwaffenfreie Welt wurde zu meinem Traum.«[30]

Reagans persönlicher Abscheu vor einem Atomkrieg wurde dadurch, daß er die biblische Prophezeiung des Armageddon wörtlich nahm, noch verstärkt. Sein Biograph beschrieb seine Ansichten mehr oder weniger so, wie auch ich sie schon von ihm selber gehört hatte: »Er redete, als beschriebe er eine Filmszene, und berichtete von einer furchterregenden Episode aus dem biblischen Endkampf, dem Armageddon, in dem ein von Osten einfallendes, zwanzigtausend mal zehntausend Mann starkes Heer durch eine Plage vernichtet wird. Reagan glaubte, die ›Plage‹ prophezeie einen Atomkrieg, in dem ›die Augen aus dem Kopf gebrannt werden, die Haare vom Körper fallen und so fort‹. Er glaubte, daß insbesondere dieser Passus eine Voraussage im Hinblick auf Hiroshima sei.«[31] Kein Anhänger der Friedensbewegung hätte den Gebrauch von Atomwaffen anschaulicher verurteilen können als Ronald Reagan. Als er am 16. Mai 1983 die Stationierung der MX-Interkontinentalraketen ankündigte, verband er dies mit dem sehnlichen Wunsch, daß der Prozeß sich umkehren ließe und alle Atomwaffen beseitigt werden würden:»Ich kann einfach nicht glauben«, sagte er,»daß unsere Generation und die nachfolgenden Generationen in dieser Welt mit dieser Waffengattung, die beide Seiten aufeinander richten, überdauern können, ohne daß eines Tages irgendein Irrer oder Verrückter oder ein Unfall genau den Krieg auslöst, der unser aller Ende ist.«[32]

Wenn Reagan für SDI warb, dann in einer ebenso leidenschaftlichen wie ungewöhnlichen Sprache, was um so beachtenswerter ist, als seine Erklärungen bereits im Rahmen eines bürokratischen»Filterungsprozesses«, dem generell jeder Präsident unterzogen wird, sprachlich bereinigt worden waren. Sollten die Rüstungskontrollverhandlungen zu lange dauern, würden die Vereinigten Staaten der atomaren Gefahr eigenmächtig durch SDI ein Ende setzen. Amerikanische Wissenschaft, so glaubte Reagan, könne Atomwaffen schließlich überflüssig machen.[33]

Die Moskauer Führung ließ sich von Reagans moralischen Appellen nicht beeindrucken, kam aber nicht umhin, das technologische Potential der USA ebenso wie die strategischen Auswirkungen eines wenn auch unvollkommenen Verteidigungssystems ernst zu nehmen. Wie schon vierzehn Jahre zuvor, als Nixon seine ABM-Vorschläge zur Diskussion gestellt hatte, reagierten die Sowjets auch jetzt völlig anders, als die Verfechter von Rüstungskontrollmaßnahmen es vorausgesagt hatten. SDI öffnete Rüstungskontrollverhandlungen Tür und Tor. Die Sowjets nahmen die Rüstungskontrollgespräche, die sie wegen der Stationierung der Mittelstreckenraketen in Europa abgebrochen hatten, wieder auf.

Kritiker unterstellten Reagan Zynismus; er nutze die überwältigende Aussicht auf die Beseitigung aller Atomwaffen lediglich als Deckmantel für seine Bemühungen, das Tempo des Rüstungswettlaufs weiter anzuziehen. Doch Reagan war alles andere als zynisch; er brachte vielmehr den optimistischen Glauben aller Amerikaner zum Ausdruck, daß sich alles, was notwendig sei, auch erreichen ließe. Seine ausdrucksvollsten Erklärungen zur Abschaffung von Nuklearwaffen waren in der Tat die, die er aus dem Stehgreif abgab.

Somit trug paradoxerweise ausgerechnet der Präsident, der so viel für die Modernisierung des strategischen Arsenals der USA aufgewendet hatte, gleichzeitig entscheidend dazu bei, eben jenen Waffen die Legitimation zu entziehen. Gegner wie Verbündete, die Reagans öffentliche Erklärungen zu Atomwaffen und seine privaten Äußerungen über den bevorstehenden Endkampf beim Wort nahmen, konnten nur zu der Schlußfolgerung gelangen, sie hätten es mit einem Präsidenten zu tun, der mit größter Wahrscheinlichkeit eben nicht jene Waffen einsetzen würde, auf die Amerika seine Verteidigung aufgebaut hatte.

Wie häufig durfte ein Präsident seinen Standardsatz,»ein nuklearer Krieg dürfe nie ausgetragen werden«, wiederholen, ohne daß die nukleare Bedrohung an Glaubwürdigkeit verlor? Wieweit konnten Atomwaffenbestände reduziert werden, ohne die Strategie der abgestuften Reaktion technisch zu gefährden? Glücklicherweise waren die Sowjets mittlerweile schon zu schwach, um diese potentielle Verwundbarkeit auf die Probe zu stellen, und die Vorbehalte der Bündnispartner Washingtons wurden letztlich durch den rasanten Niedergang der Sowjetunion entkräftet.

Daß Reagan keineswegs zynisch war, zeigte sich immer dann, wenn er eine Gelegenheit zu sehen glaubte, seinen Traum von einer atomwaffenfreien Welt wahr zu machen. Überzeugt, die Abschaffung von Atomwaffen sei objektiv von so überragender Bedeutung, daß jeder vernünftige Mensch darin mit ihm einer Meinung sein müsse, war er nur allzu bereit, mit den Sowjets bilateral auch Fragen von entscheidender Bedeutung in Angriff zu nehmen, ohne sich mit den eigenen Verbündeten, deren nationale Interessen doch ebenfalls betroffen sein konnten, auch nur zu beraten. Dies zeigte sich 1986 während des Gipfeltreffens mit Gorbatschow in Reykjavik auf höchst dramatische Weise. Nach einem turbulenten und gefühlsbetonten achtundvierzig Stunden dauernden Hin und Her einigten Reagan und Gorbatschow sich schließlich grundsätzlich darauf, alle strategischen Langstreckenraketen innerhalb von fünf Jahren um die Hälfte zu reduzieren und alle ballistischen Raketen binnen zehn Jahren zu vernichten. Fast hätte Reagan sogar ein Angebot der Sowjets angenommen, alle Nuklearwaffen abzuschaffen.

So rückte Reykjavik das von Verbündeten wie von neutralen Staaten seit langem gleichermaßen befürchtete sowjetisch-amerikanische Kondominium ein Stück näher. Sollten die anderen Atommächte hinsichtlich des sowjetisch-amerikanischen Abkommens ihr Einverständnis verweigern, wären ihnen verheerende Urteile der Öffentlichkeit, Druck seitens der Supermächte oder Isolation sicher; erklärten sie aber ihre Zustimmung, dann sähen Großbritannien, Frankreich und China sich letztlich von den Vereinigten Staaten und der Sowjetunion dazu gezwungen, ihr unabhängiges atomares Abschreckungspotential aufzugeben. Dazu jedoch waren weder Thatcher und Mitterrand noch die chinesische Führung bereit.

Im letzten Augenblick schlug das Reykjaviker Abkommen aus zwei Gründen fehl. Gorbatschow, der erst seit kurzem an der Macht war, hatte den Bogen einfach überspannt. In Fehleinschätzung sowohl seines Gegenübers als auch seiner Verhandlungsposition hatte er versucht, die Abschaffung strategischer Waffen mit einem zehnjährigen Testverbot für SDI zu verbinden. Es wäre indessen klüger gewesen, vorzuschlagen, die Punkte, über die bereits Einigkeit erzielt worden war – namentlich die Abschaffung der Raketenarsenale –, zu veröffentlichen und die Testphasenproblematik den Genfer Rüstungskontrollverhandlungen zu überlassen. Die bereits ausgehandelten Punkte hätten dann eingefroren werden können und sicherlich sowohl im Atlantischen Bündnis als auch in den chinesisch-amerikanischen Beziehungen zu einer schweren Krise geführt. Indem Gorbatschow aber auf mehr drang, forderte er das von Reagan vor dem Gipfel geleistete Versprechen, SDI in den Verhandlungen nicht als Faustpfand einzusetzen, heraus. Als er trotzdem darauf beharrte, reagierte Reagan, wie es ihm kein außenpolitischer Profi geraten hätte: Er stand einfach auf und verließ den Raum. Einige Jahre später fragte ich einen ehemaligen Berater Gorbatschows, der in Reykjavik zugegen gewesen war, warum die Sowjets sich nicht mit einer vertraglichen Vereinbarung dessen, zu dem die USA ihre Zustimmung schon signalisiert hatten, begnügen wollten. Er antwortete mir: »Wir hatten mit allem gerechnet, nur nicht damit, daß Reagan den Raum verlassen würde.«

Kurz darauf hielt George Shultz eine wohlüberlegte Rede, in der er erläuterte, weshalb Reagans Wunsch, sämtliche Nuklearwaffen zu beseitigen, eigentlich dem Westen zum Vorteil gereiche.[34] Die Wortwahl seiner Rede allerdings, in kunstvollen Formulierungen eine Welt heraufbeschwörend, die »weniger von Nuklearwaffen bestimmt« sei, verdeutlichte, daß das Außenministerium sich der Sorgen der Bündnispartner schmerzlich bewußt war und daß sich Reagans Vision von der völligen Abschaffung nuklearer Waffen noch nicht abgezeichnet hatte.

Nach dem Gipfeltreffen verfolgte die US-Regierung jenen Teil der in Reykjavik erörterten Fragen weiter, der unmittelbar in die Praxis umgesetzt werden konnte, das heißt die fünfzigprozentige Reduzierung strategischer Waffen, die man als ersten Schritt auf dem Weg zu einem völligen Atomwaffenverzicht ins Auge gefaßt hatte. Man vereinbarte die Vernichtung sowjetischer und amerikanischer Kurz- und Mittelstreckenraketen, die in Europa stationiert waren. Da weder die britischen Nuklearbestände noch die französische »force de frappe« von diesem Abkommen berührt wurden, brachen Streitigkeiten, wie sie fünfundzwanzig Jahre zuvor das Atlantische Bündnis erschüttert hatten, nicht wieder aus. Ferner wurde in der Bundesrepublik jener Prozeß in Gang gesetzt, der das Land schließlich in eine atomwaffenfreie Zone verwandeln sollte. Dies barg allerdings auch die Gefahr in sich, daß die Bundesrepublik sich allmählich von der Atlantischen Allianz abkoppeln würde. Denn sie würde nur dann wirklichen Nutzen aus ihrem atomwaffenfreien Status ziehen können, wenn dieser mit einem Verzicht des Bündnisses auf den atomaren Erstschlag einherging – unvereinbar sowohl mit der NATO-Strategie als auch mit der amerikanischen Stationierungspolitik. Wäre der Kalte Krieg fortgesetzt worden, dann wäre eine stärker national ausgerichtete, weniger bündnisorientierte Außenpolitik Bonns gewiß die Folge gewesen. Das war auch der Grund, weshalb die britische Premierministerin Margaret Thatcher über die neuen Tendenzen in den Rüstungskontrollverhandlungen so beunruhigt war.

Reagan hatte einen Marathon in einen Kurzstreckenlauf verwandelt. Zu Beginn des Kalten Krieges, als Stalin gerade gestorben war und die beiden

Interessensphären sich noch nicht konsolidiert hatten, hätte Reagans Konfrontationskurs in Verbindung mit einer risikobereiten Diplomatie wahrscheinlich auch funktioniert. Im Grunde war dies ja genau die diplomatische Vorgehensweise, die Churchill vorgeschlagen hatte, als er 1951 in das Amt des Premierministers zurückkehrte. Nachdem sich die Teilung Europas jedoch einmal gefestigt hatte, und solange die Sowjetunion noch selbstbewußt agierte, hätte jeder Versuch, ein solches Abkommen zu erzwingen, mit großer Sicherheit zu einem schweren Zusammenstoß geführt und das Atlantische Bündnis belastet, dessen Mitglieder sich mehrheitlich gegen unnötige Spannungen aussprachen. In den achtziger Jahren dagegen ließ die Stagnation in der Sowjetunion eine Vorwärtsstrategie wieder sinnvoll erscheinen. Hatte Reagan erkannt, wie weit die Willenskraft der Sowjets bereits geschwächt war, oder kamen hier einfach sein Eigensinn und die passende Gelegenheit zusammen?

Letzten Endes allerdings macht es keinen Unterschied, ob Reagan instinktiv oder analytisch vorging. Der Kalte Krieg neigte sich dem Ende zu, zum Teil auch aufgrund des Drucks, den die Regierung Reagan auf das sowjetische System ausübte. Gegen Ende der Präsidentschaft Reagans hatte der Ost-West-Dialog wieder zu den Mustern der Entspannungsperiode zurückgefunden. Wiederum war Rüstungskontrolle das Kernstück der Ost-West-Verhandlungen, diesmal freilich mit einem Schwerpunkt auf Abrüstung und geprägt von der zunehmenden Bereitschaft, ganze Waffengattungen zu vernichten. In zahlreichen regionalen Krisenregionen war die Sowjetunion in die Defensive geraten, kaum mehr in der Lage, die USA an irgendeinem Punkt der Erde herauszufordern. Und in dem Maße, in dem die konkreten Ängste um die eigene Sicherheit abnahmen, rückten auf beiden Seiten des Atlantiks nationale Ziele wieder stärker in den Vordergrund, auch wenn die Einheit im Bündnis weiterhin propagiert wurde. Amerika verließ sich zunehmend auf seine eigenen land- oder seegestützten Waffen, Europa hingegen bezog in seine politischen Optionen verstärkt den Osten ein. Doch diese negativen Entwicklungen wurden am Ende durch den Zusammenbruch des Kommunismus bedeutungslos.

Am radikalsten aber hatte sich die Art und Weise verändert, in der die Ost-West-Politik der amerikanischen Öffentlichkeit nahegebracht wurde. Instinktiv hatte Reagan die unnachgiebige Geopolitik, die er im Rahmen des Kalten Krieges verfolgte, sowohl als ideologischen Kreuzzug als auch als – wenngleich utopische – Beschwörung des Weltfriedens verbrämt; so kam er beiden Strömungen, die das politische Denken in den USA bestimmten, entgegen: den »Missionaren« und den »Isolationisten«, den »Theologen« und den »Psychiatern«.

Reagan stand den klassischen amerikanischen Denkmustern näher, als Richard Nixon es getan hatte. Dieser hätte die Sowjetunion niemals als »Reich des Bösen« bezeichnet, hätte allerdings auch niemals angeboten, auf Atomwaffen völlig zu verzichten, oder etwa erwartet, den Kalten Krieg allein durch einen großartigen Akt persönlicher Versöhnung mit der sowjetischen Führung auf einem einzigen Gipfeltreffen beenden zu können. Reagans aggressive Ideologie schützte ihn, wann immer er sich zu halb-pazifistischen Stellungnahmen hinreißen ließ, für die ein liberaler Präsident mit Sicherheit beschimpft worden wäre. Umgekehrt nahmen sein vor allem in der zweiten Amtsperiode gezeigtes Engagement für die Verbesserung der Ost-West-Beziehungen ebenso wie seine Erfolge der von ihm verwandten kriegerischen Rhetorik die Schärfe. Es steht allerdings zu bezweifeln, ob Reagan diesen Drahtseilakt hätte durchhalten können, wenn die Sowjetunion eine gefährliche Konkurrentin geblieben wäre. Doch Reagans zweite Amtszeit fiel zusammen mit dem beginnenden Zerfall des kommunistischen Machtbereichs – ein Prozeß, der durch seine Regierungspolitik beschleunigt worden war.

Michail Gorbatschow, der siebte Nachfolger Lenins, war in einer Sowjetunion aufgewachsen, die sich beispielloser Macht und unerhörten Ansehens erfreute. Doch war er dazu bestimmt, den Niedergang dieses Reiches mit anzusehen, das mit so viel Blut und Schweiß errichtet worden war. Als Gorbatschow 1985 sein Amt antrat, war er Chef einer atomaren Supermacht, die ihrem wirtschaftlichen und sozialen Ruin entgegensah. Als er 1991 zum Rücktritt gezwungen wurde, unterstützte die sowjetische Armee nicht mehr ihn, sondern seinen Rivalen Boris Jelzin, die Kommunistische Partei war für gesetzwidrig erklärt worden und das von den russischen Herrschern seit Peter dem Großen mit so viel Blutvergießen aufgebaute Weltreich auseinandergebrochen.

Als Gorbatschow im März 1985 zum Generalsekretär ernannt wurde, wäre ein solcher Zusammenbruch noch völlig absurd erschienen. Ebenso wie alle seine Vorgänger erweckte auch Gorbatschow zugleich Hoffnungen und Befürchtungen: Gefürchtet als Führer einer Supermacht, erschien er wegen seines rätselhaften Regierungsstils um so bedrohlicher; gleichwohl löste er Hoffnung aus, weil man glaubte, der neue Generalsekretär könne die langersehnte Wende zum Frieden einleiten. Jedes Wort aus Gorbatschows Mund wurde genauestens auf Anzeichen möglicher Entspannung hin analysiert. Gefühlsmäßig waren die Demokratien ohnehin bereit, in ihm, wie auch schon in allen anderen Nachfolgern Stalins, den Beginn einer neuen Ära zu sehen.

Diesmal hatten die demokratischen Nationen ihre Hoffnung jedoch auf den Richtigen gesetzt. Gorbatschow gehörte nicht zu der Generation sowjetischer Machthaber, deren geistiges Rückgrat durch Stalin gebrochen worden war, und im Gegensatz zu sämtlichen vorherigen Produkten der Nomenklatura war er alles andere als plump. Hochintelligent und zuvorkommend, hatte er in mancher Hinsicht Ähnlichkeit mit den leicht träumerischen Figuren russischer Romane des neunzehnten Jahrhunderts: weltmännisch und provinziell zugleich; intelligent, doch etwas unkonzentriert;

von großer Auffassungsgabe und doch das eigene Dilemma nicht erkennend.

Ein kaum vernehmlicher Seufzer der Erleichterung ging um die Welt: Endlich schien in der Sowjetunion die lang erwartete und bis dahin absolut undenkbare ideologische Wandlung zu erfolgen. Noch bis 1991 hielt man Gorbatschow in Washington für einen unersetzlichen Partner beim Aufbau einer neuen Weltordnung – und zwar in einem solchen Ausmaß, daß George Bush ausgerechnet das ukrainische Parlament als freilich aussichtsloses Forum wählte, um die Vorzüge Gorbatschows zu preisen und die Notwendigkeit zu betonen, daß die Sowjetunion zusammengehalten werden müsse. Gorbatschow weiterhin im Amt zu halten, wurde zu einer der wichtigsten außenpolitischen Devisen der politischen Entscheidungsträger im Westen, die überzeugt waren, mit jedem anderen werde es weitaus mehr Probleme geben. Während des merkwürdigen, vermeintlich gegen Gorbatschow gerichteten Putsches im August 1991 schlugen sich alle demokratischen Staatsoberhäupter auf die Seite der »Legalität«, indem sie jene kommunistische Verfassung unterstützten, mit der Gorbatschow ins Amt gelangt war.

Aber Schwächen sind in der hohen Politik nicht erlaubt, selbst wenn das Opfer nicht einmal Schuld daran trägt. Gorbatschows mystische Ausstrahlung war auf ihrem Höhepunkt, als man in ihm die Gestalt des versöhnlich gestimmten Machthabers einer ideologisch feindlichen, mit Atomwaffen bestückten Sowjetunion sah. Als seine Politik jedoch immer orientierungsloser und verworrener erschien, geriet sein Ansehen ins Wanken: Fünf Monate nach dem kommunistischen Putsch wurde er zum Rücktritt gezwungen, Jelzin trat in seine Fußstapfen, und zwar mit denselben »illegalen« Methoden, die noch fünf Monate zuvor den Zorn des Westens hervorgerufen hatten. Jetzt aber stellten sich die Demokratien unverzüglich mit fast genau denselben Argumenten hinter Jelzin, die sie noch kurz zuvor zugunsten Gorbatschows vorgebracht hatten. Unbeachtet von der Welt, die ihn gerade noch gefeiert hatte, geriet Gorbatschow rasch in Vergessenheit, nicht anders als andere Staatsmänner auch, die mit ehrgeizigen Plänen, von denen sie im Grunde überfordert werden, Schiffbruch erlitten haben.

Dabei hatte Gorbatschow in der Tat eine der bedeutendsten Revolutionen seiner Zeit bewerkstelligt: Er zerstörte die ehedem speziell zum Zweck der Machtergreifung und -erhaltung gegründete Kommunistische Partei, welche das Leben in der Sowjetunion bis in den hintersten Winkel kontrolliert hatte; er hinterließ ein in Stücke gesprungenes Weltreich, das über Jahrhunderte hinweg mühevoll zusammengefügt worden war. Die neu entstandenen, unabhängigen Staaten auf dem ehemaligen Gebiet der Sowjetunion aber wurden, getrieben von ihrer Angst vor Rußlands Sehnsucht nach dem alten Weltreich, wiederum zu instabilen Elementen, von ihren ehemaligen imperialen Herren ebenso bedroht wie von Nachfahren verschiedener ethnischer Gruppen – häufig Russen –, die in den Jahrhunderten russischer

Herrschaft auf ihrem Boden angesiedelt worden waren. Keines dieser Ergebnisse war auch nur im entferntesten das, was Gorbatschow beabsichtigt hatte. Er wollte Modernisierung, nicht Freiheit; er hatte versucht, die Kommunistische Partei nach außen hin zu öffnen, nicht aber den Zusammenbruch jenes Systems einleiten wollen, das ihn hervorgebracht hatte und dem er seinen Aufstieg verdankte.

Gorbatschow, der von seinem eigenen Volk für das Ausmaß des während seiner Amtszeit eingetretenen Desasters verantwortlich gemacht wurde, der bei den Demokratien in Vergessenheit geraten ist und unfähig war, sich an der Macht zu halten, verdiente weder die Euphorie noch die Schande, die ihm zuteil wurden. Er sah sich ungemein schwierigen, vielleicht unüberwindlichen Problemen gegenüber. Als er an die Macht kam, zeichnete sich das Ausmaß der Katastrophe in der UdSSR bereits ab: Vierzig Jahre Kalter Krieg hatten die Industrienationen zu einem mehr oder weniger festen Bündnis gegen die Sowjetunion zusammengeführt. Selbst der ehemalige Verbündete der UdSSR, China, hatte sich, in erster Linie aus praktischen Erwägungen, dem gegnerischen Lager angeschlossen. Die einzigen noch verbliebenen Bündnispartner der Sowjetunion waren die osteuropäischen Satellitenstaaten, die allerdings – entsprechend der Breschnew-Doktrin – nur unter Androhung von Gewalt zusammengehalten wurden und für die Sowjetunion weniger einen Rückhalt als eine Art Aderlaß bedeuteten. Die abenteuerlichen Unterfangen der Sowjetunion in der Dritten Welt hatten sich als teuer und ergebnislos herausgestellt. Afghanistan erwies sich für die UdSSR als eine ähnliche Belastung, wie Vietnam es für die USA gewesen war, mit dem einzigen wirklichen Unterschied, daß sich dies unmittelbar an den Grenzen ihres eigenen weitgedehnten Weltreichs ereignete, nicht auf irgendeinem entlegenen Außenposten. Von Angola bis nach Nicaragua verwandelten die wiedererstarkenden Vereinigten Staaten sowjetischen Expansionismus in kostspielige, aussichtslose Unternehmen, wenn nicht gar Fehlschläge. Gleichzeitig stellte die strategische Aufrüstung der USA, vor allem SDI, eine technologische Herausforderung dar, der die stagnierende, strapazierte sowjetische Wirtschaft nicht gewachsen war. Als dann der Westen mit der Weiterentwicklung des Mikrochips noch eine Supercomputer-Revolution in Gang setzte, sah der neue sowjetische Generalsekretär sein Land in die technologische Unterentwicklung abdriften.

Trotz der letztlich verheerenden Entwicklungen verdient Gorbatschow Anerkennung, weil er bereit war, sich mit dem Dilemma der UdSSR auseinanderzusetzen. Anfangs mag er geglaubt haben, er könne dem System durch Säuberungen innerhalb der Kommunistischen Partei und durch die Einführung marktwirtschaftlicher Elemente in die zentrale Planwirtschaft neuen Schwung verleihen. Wenngleich er noch keine Vorstellung von dem Umfang seiner innenpolitischen Vorhaben hatte, so wußte er doch, daß er dafür eine Zeit außenpolitischer Ruhe brauchte. In dieser Hinsicht unterschieden sich Gorbatschows Schlußfolgerungen kaum von denen all seiner

Vorgänger bis hin zu Stalin. Während Chruschtschow in den fünfziger Jahren jedoch noch davon überzeugt war, die sowjetische Wirtschaft werde das kapitalistische System schon bald überrundet haben, mußte Gorbatschow in den achtziger Jahren notgedrungen einsehen, daß die Sowjetunion noch viel Zeit benötigen würde, um im Bereich der industriellen Produktion ein Wettbewerbsniveau zu erreichen, das auch nur von ferne mit dem der kapitalistischen Welt vergleichbar wäre.

Um die nötige Atempause für all diese Vorhaben zu gewinnen, leitete der Generalsekretär eine umfassende Neubewertung der sowjetischen Außenpolitik ein. 1986, während des XXVII. Parteitages der KPdSU, wurde fast die gesamte marxistisch-leninistische Ideologie über Bord geworfen. Zuvor hatte man Zeiten friedlicher Koexistenz als vorübergehende Ruhepausen gerechtfertigt, in denen das Gleichgewicht der Kräfte neu geordnet, der Klassenkampf aber weitergeführt werden sollte. Gorbatschow war der erste sowjetische Machthaber, der den Klassenkampf als solchen verwarf und statt dessen Koexistenz als Selbstzweck proklamierte. Er betonte zwar weiterhin die ideologischen Unterschiede zwischen Ost und West, unterstrich jedoch nachdrücklich, daß die Notwendigkeit internationaler Zusammenarbeit diese überlagere. Mehr noch: Koexistenz wurde nun nicht mehr – wie noch unter Gorbatschows Vorgängern – als Intermezzo auf dem Weg zur unvermeidlichen Konfrontation betrachtet, sondern als dauerhafter Bestandteil der Beziehungen zwischen der kommunistischen und der kapitalistischen Welt. Sie wurde nicht etwa als notwendiges Stadium auf dem Weg zum Sieg des Kommunismus, sondern als Beitrag zum Wohl der gesamten Menschheit gerechtfertigt.

In seinem Buch *Perestroika* beschrieb Gorbatschow diesen neuen Ansatz mit folgenden Worten: »Solche Unterschiede werden mit Sicherheit bestehenbleiben. Aber müssen wir uns deswegen gleich duellieren? Wäre es nicht richtiger, daß wir uns über die uns trennenden Dinge erheben, den Interessen der Menschheit insgesamt und dem Leben auf der Erde zuliebe? Wir haben unsere Wahl getroffen und durch verbindliche Aussagen und gezielte Aktionen und Taten eine neue politische Richtung festgelegt. Die Menschen sind der Spannungen und Konflikte müde. Sie möchten sich lieber auf die Suche machen nach einer sichereren und vertrauenswürdigeren Welt, einer Welt, in der jeder seine philosophischen, politischen und ideologischen Überzeugungen und seine Lebensart beibehalten kann.«[35] Bereits zwei Jahre zuvor, während einer Pressekonferenz nach Abschluß seines Genfer Treffens mit Reagan 1985, hatte Gorbatschow auf jene veränderte Sichtweise angespielt: »Für die gegenwärtige internationale Situation ist eine sehr wichtige Besonderheit charakteristisch, die sowohl wir als auch die Vereinigten Staaten von Amerika in ihrer Außenpolitik berücksichtigen müssen. Ich meine folgendes: Unter den heutigen Bedingungen geht es schon nicht mehr nur um die Konfrontation zweier Gesellschaftssysteme, sondern auch um die Wahl zwischen Überleben oder gegenseitiger Vernichtung.«[36]

Die Veteranen des Kalten Krieges hatten anfangs unvermeidliche Schwierigkeiten zu erkennen, daß Gorbatschows Ansatz viel weiter ging als all jene früheren Modelle, die zu Zeiten friedlicher Koexistenz verkündet worden waren. Anfang 1987 traf ich mich in Moskau mit Anatoli Dobrynin, dem damaligen Chef der Internationalen Abteilung des ZK, der mehr oder weniger ein Pendant zum Nationalen Sicherheitsberater im Weißen Haus darstellte. Dobrynin machte zu der von Moskau gestützten afghanischen Regierung so viele abschätzige Bemerkungen, daß ich ihn fragte, ob die Breschnew-Doktrin eigentlich noch Gültigkeit habe. Dobrynin entgegnete: »Was veranlaßt Sie zu denken, die Regierung in Kabul sei kommunistisch?« Als ich daraufhin nach Washington berichtete, dieser Kommentar bedeute, daß die Sowjets bereit seien, die sowjetische Marionettenregierung in Afghanistan aufzugeben, war man dort allgemein der Meinung, Dobrynin habe sich vermutlich von dem Wunsch hinreißen lassen, einem alten Freund gefallen zu wollen – eine Schwäche, die mir trotz annähernd zehnjähriger Erfahrung mit sowjetischen Gesprächspartnern noch nie aufgefallen war. Und doch schien der skeptische Einwand durchaus berechtigt, hatten doch Gorbatschows gewandelte außenpolitische Ansichten noch nicht in erkennbaren politischen Veränderungen Ausdruck gefunden. Gleichsam rein mechanisch beschrieb die Moskauer Führung auch diesmal die neue Doktrin sowjetischer Außenpolitik als eine Methode, mit deren Hilfe »dem Westen sein Feindbild genommen« und so dessen Zusammenhalt geschwächt werden solle. Im November 1987 erklärte auch Gorbatschow, das von ihm selber proklamierte »neue Denken« habe bereits in die Weltpolitik Eingang gefunden und »stereotype, UdSSR-feindliche Bilder ebenso wie das Mißtrauen gegen unsere Initiativen und Maßnahmen zerstört«.[37] Die Taktiken der Sowjets bei den Rüstungskontrollgesprächen schienen ebenfalls die Muster der frühen Nixon-Jahre zu wiederholen: Sie versuchten kompromißlos, die Defensivsysteme zu untergraben, während die offensive Grundbedrohung unangetastet blieb.

Der Regierungsapparat einer Großmacht verhält sich wie ein Supertanker, der Hunderttausende von Tonnen wiegt und einen mehrere Meilen großen Wendekreis hat. Ein Regierungschef muß daher versuchen, den Eindruck, den er nach außen hin erzielen möchte, mit der Haltung des eigenen Apparates in Einklang zu bringen. Formal hat zwar nur das Oberhaupt der Regierung das Vorrecht, die politische Richtung festzulegen; der Apparat jedoch übernimmt anschließend die Deutung dessen, was der Chef damit gemeint haben könnte. Hinzu kommt, daß Regierungschefs eigentlich nie über die nötige Zeit oder den entsprechenden Mitarbeiterstab verfügen, um die tägliche Umsetzung ihrer Richtlinien bis ins letzte Detail zu überprüfen, und dies trifft um so mehr zu, je größer und je komplizierter der Verwaltungsapparat ist. Selbst in weniger starren Regierungsstrukturen als denen der Sowjetunion werden politische Kursänderungen meistens nur äußerst schleppend in die Praxis umgesetzt.

Aber nicht einmal der Apparat, den Gromyko als Außenminister dreißig Jahre lang fest geprägt hatte, konnte sich im Laufe der Zeit dem von Gorbatschow eingeleiteten Wandel entziehen. Denn das von Gorbatschow propagierte »neue Denken« bedeutete nicht lediglich eine Anpassung der offiziellen politischen Linie an neue Gegebenheiten; es zerstörte den intellektuellen Unterbau der sowjetischen Außenpolitik schlechthin. Als der sowjetische Generalsekretär die Idee des Klassenkampfes mit Wilsons Theorie globaler Interdependenz vertauschte, setzte er eine Welt voraus, in der Interessen durchaus zu vereinbaren und Harmonie grundsätzlich möglich sei. Mit den orthodoxen Lehren des Marxismus-Leninismus vertrug sich diese Sichtweise allerdings nicht mehr.

Der Zusammenbruch der Ideologie beraubte die sowjetische Außenpolitik allerdings nicht nur ihrer historisch gewachsenen Grundprinzipien und Überzeugungen; er verschlimmerte auch die schon bestehenden Schwierigkeiten des Landes. Mitte der achtziger Jahre sahen sich die Gestalter der sowjetischen Politik mit Problemen konfrontiert, die jedes für sich kaum zu lösen waren, alle zusammen jedoch schier unüberwindlich schienen. Dazu zählten nicht nur die Beziehungen zum Westen und zu China, sondern auch Spannungen im sowjetischen Machtbereich, das Wettrüsten sowie – in innenpolitischer Hinsicht – die Stagnation der Volkswirtschaft und des politischen Systems.

Gorbatschows anfängliche Maßnahmen unterschieden sich nicht von denen, auf die nach Stalins Tod auch alle seine Vorgänger zurückgegriffen hatten: Er suchte Entspannung auf dem Weg eines verbesserten Klimas zwischen den Supermächten zu erreichen. Am 9. September 1985 veröffentlichte ›Time‹ ein Interview mit Gorbatschow, in dem dieser seine Auffassung von friedlicher Koexistenz darlegte. »Sie fragten, was in den sowjetisch-amerikanischen Beziehungen das Wichtigste, das Entscheidende ist«, sagte er zu seinen Gesprächspartnern.»Ich denke, es ist eine unumstößliche Tatsache, daß wir nur gemeinsam überleben oder untergehen können, ganz gleich, ob wir einander mögen oder nicht. Die Hauptfrage, auf die wir uns eine Antwort geben müssen, lautet, ob wir letztlich bereit sind, anzuerkennen, daß es keinen anderen Weg gibt, als in Frieden miteinander zu leben, ob wir also bereit sind, unsere Denk- und Handlungsweise von kriegerischen auf friedliche Bahnen umzulenken.«[38]

Die Zwickmühle, in der Gorbatschow sich befand, war folgende: Einerseits wurden seine Erklärungen im Westen immer im Zusammenhang mit Äußerungen gesehen, die dreißig Jahre zuvor schon von Malenkow und Chruschtschow abgegeben worden waren; andererseits aber waren sie zu vage, um eine präzise Antwort zu ermöglichen. Solange kein Vorschlag für eine politische Vereinbarung vorlag, blieb Gorbatschow in den etablierten Denkstrukturen der letzten zwanzig Jahre befangen, in denen Ost-West-Diplomatie gleichbedeutend mit Rüstungskontrolle war.

Rüstungskontrolle allerdings ist ein äußerst kompliziertes Thema, dessen Detailfragen so schwer verständlich sind, daß sie auch bei besten Absichten erst nach Jahren gelöst werden können. Was die Sowjetunion jedoch benötigte, war sofortige Entlastung, und zwar nicht nur von internationalen Spannungen, sondern vor allem von dem wirtschaftlichen Druck, den der Rüstungswettlauf für die sowjetische Wirtschaft bedeutete. Es bestand jedoch keinerlei Hoffnung, dies durch umständliche Prozeduren zur Vereinbarung eines neuen Kräfteniveaus, durch Gegenüberstellung nicht vergleichbarer Systeme und Aushandlung unzuverlässiger Prüfverfahren zu erreichen, deren Umsetzung zudem noch einmal mehrere Jahre in Anspruch nehmen würde. So entwickelten sich die Rüstungskontrollverhandlungen mit der Zeit zu einem äußerst wirkungsvollen Druckmittel gegen das marode sowjetische System – und sie waren um so effektiver, weil sie ursprünglich gar nicht für diesen Zweck entworfen worden waren.

In Reykjavik hatte Gorbatschow 1986 seine letzte Chance vertan, den Rüstungswettlauf schnell zu beenden oder zumindest die Spannungen im Atlantischen Bündnis zu verschärfen. Doch nicht anders als Chruschtschow ein Vierteljahrhundert zuvor in der Berlin-Frage, schien auch Gorbatschow zwischen den »Falken« und »Tauben« im Kreml gefangen zu sein. Er mag durchaus begriffen haben, wie verwundbar die amerikanische Verhandlungsposition war, und mit Sicherheit hat er seine eigenen Zwänge erkannt. Doch vermutlich haben seine militärischen Berater ihn gewarnt, daß irgendeine zukünftige US-Regierung – sollte er dem Abbau aller strategischen Streitkräfte zustimmen und gleichzeitig grünes Licht für SDI signalisieren – die Vereinbarung unterlaufen und so im Vergleich zu dem dann weitgehend reduzierten (oder gar abgebauten) sowjetischen Raketenbestand einen entscheidenden Vorteil erlangen könne. Dies war sachlich zwar zutreffend; ebenso richtig aber war, daß der amerikanische Kongreß mit größter Wahrscheinlichkeit keine Gelder für SDI bereitgestellt hätte, wenn ein sich auf Reykjavik gründendes Rüstungskontrollabkommen die Beseitigung aller Raketen ermöglicht hätte. Überdies ließ eine solche Einschätzung außer acht, welcher Nutzen der Sowjetunion aus jener mehr oder weniger unvermeidlichen Kontroverse erwachsen wäre, die der Reykjaviker Plan zwischen den USA und allen anderen Atommächten hervorrufen mußte.

In der Regel neigt die Nachwelt dazu, Personen, nicht Umstände für Fehlschläge verantwortlich zu machen. Außenpolitisch aber und besonders auf dem Gebiet der Rüstungskontrolle brachte Gorbatschow die sowjetische Nachkriegsstrategie im Grunde geschickt auf den neuesten Stand. Sie befand sich zudem auf dem besten Wege, Deutschland zur atomwaffenfreien Zone zu machen und so die Voraussetzungen für eine stärker national orientierte deutsche Politik zu schaffen, und zwar aus zwei Gründen: Die Vereinigten Staaten würden kaum einen Atomkrieg für ein Land riskieren, das bei seiner eigenen Verteidigung vor den Gefahren der nuklearen Strategie zurückschreckte, und zum anderen konnte Bonn zunehmend in Versuchung geraten, den angestrebten atomwaffenfreien Status durch eine Art Sonderstatus für sich selber zu stützen.

Die Atlantische Allianz hoffte Gorbatschow mit Hilfe eines Vorschlags zu schwächen, den er 1989 in einer Rede vor dem Europarat vorstellte: Gemeint ist das »Gemeinsame Europäische Haus« – ein eher vages Ordnungssystem, in dessen Rahmen jeder mit jedem verbündet wäre und so die Bedeutung von Bündnissen bis zur Unkenntlichkeit verwässert würde. Was Gorbatschow jedoch fehlte, war Zeit – die wichtigste Voraussetzung, um eine politische Idee reifen lassen zu können. Nur ein wie auch immer gearteter, abrupter Wandel hätte es ermöglicht, die Prioritäten neu festzulegen. Nach Reykjavik jedoch mußte er gezwungenermaßen zu dem zeitaufwendigen diplomatischen Prozeß von Rüstungskontrollverhandlungen zurückkehren, die Halbierung der strategischen Streitkräfte aber und selbst die Nullösung für Mittelstreckenraketen würden Jahre beanspruchen und änderten deshalb am sowjetischen Grundproblem – daß nämlich der Rüstungswettlauf das Land auszehrte – nichts.

Im Dezember 1988 hatte Gorbatschow seine langfristigen Zielsetzungen, die schon nahezu in Reichweite gelegen hatten, aufgegeben; er beschränkte sich nun auf einen einseitigen Abbau der sowjetischen Streitkräfte. In einer Grundsatzrede vor den Vereinten Nationen kündigte er am 7. Dezember eine einseitige Kürzung um fünfhunderttausend Mann und zehntausend Panzer an, darin eingeschlossen die Hälfte jener Panzer, die der NATO gegenüberstanden. Die restlichen in Mitteleuropa stationierten Streitkräfte sollten so umstrukturiert werden, daß sie nur noch zu Verteidigungszwecken einsetzbar wären. Um China zu beschwichtigen, kündigte er zusätzlich den Abzug eines »Großteils« sowjetischer Truppen aus der Mongolei an. Die Maßnahmen wurden ausdrücklich als »einseitig« bezeichnet, obwohl Gorbatschow mit leicht klagendem Unterton hinzufügte: »Wir hoffen, daß die Vereinigten Staaten und die Europäer auch Schritte unternehmen werden.«[39]

Gorbatschows Sprecher Gennadi Gerassimow erläuterte, was sich hinter all dem verbarg: »Wir legen den endlos wiederholten Mythos, daß die Sowjetunion eine Bedrohung sei, daß der Warschauer Pakt eine Bedrohung sei und daß ein Angriff auf Europa geplant sei, endgültig ad acta.«[40] Doch einseitige Kürzungen dieses Ausmaßes weisen entweder auf außerordentliches Selbstvertrauen oder auf außergewöhnliche Schwäche hin. Zum damaligen Zeitpunkt freilich hatte die Sowjetunion alles andere als Selbstvertrauen, und ihre Geste, völlig undenkbar in den vorangegangenen fünfzig Jahren, zeigte, daß Kennan mit seiner ursprünglichen Version der Eindämmungstheorie recht behalten hatte: Amerika hatte Positionen der Stärke bezogen, und die Sowjetunion war innerlich zerfallen.

Staatsmänner brauchen Glück ebenso wie ein gutes Urteilsvermögen. Doch das Glück schien Michail Gorbatschow einfach nicht hold zu sein. Noch an jenem Tag, an dem er seine aufsehenerregende Rede vor der UNO gehalten hatte, mußte er seinen Besuch in den Vereinigten Staaten abbrechen und in die Sowjetunion zurückkehren. Armenien war von einem verheerenden Erdbeben heimgesucht worden, das Gorbatschows radikaler Abkehr vom Wettrüsten die Schlagzeilen stahl.

Mit den Chinesen fanden keine Rüstungskontrollverhandlungen statt, und Peking bezeugte auch keinerlei Interesse daran. China betrieb seine Diplomatie nach altmodischer Manier und setzte Entspannung mit irgendeiner Form von politischer Vereinbarung gleich. Gorbatschow begann seine Öffnung nach Peking mit dem Angebot, über verbesserte Beziehungen zu verhandeln. Im Juni 1986 sagte er bei einer Rede in Wladiwostok:»Ich möchte versichern, daß die Sowjetunion zu jeder Zeit und auf jeder Ebene bereit ist, mit China über zusätzliche Maßnahmen zur Schaffung gutnachbarlicher Beziehungen zu reden. Wir hoffen, daß die uns trennende – ich möchte lieber sagen, die uns verbindende – Grenze schon bald zu einer Grenze des Friedens und der Freundschaft wird.«[41]

In Peking gab es jedoch keine»psychiatrische«Fraktion wie in den USA, die bereit gewesen wäre, allein schon wegen eines veränderten Tonfalls zu Vereinbarungen zu schreiten. Die chinesische Führung unterbreitete drei Bedingungen für eine Verbesserung der Beziehungen: die Beendigung der vietnamesischen Besatzung in Kambodscha, den Abzug der Sowjets aus Afghanistan und den Rückzug sowjetischer Truppen von der chinesisch-sowjetischen Grenze. Es lag in der Natur der Sache, daß diesen Forderungen nicht sofort entsprochen werden konnte. Zuerst mußte die Zustimmung der sowjetischen Führungsgremien eingeholt werden; dann waren langwierige Verhandlungen nötig, bevor die Forderungen umgesetzt werden konnten. Es kostete Gorbatschow fast drei Jahre, bis er bei allen Bedingungen der Chinesen so viele Fortschritte erzielt hatte, daß seine zähen Verhandlungspartner in Peking ihn zu Gesprächen über eine umfassende Verbesserung der Beziehungen einluden.

Doch wieder war er vom Pech verfolgt. Bei seiner Ankunft in Peking im Mai 1989 waren die Studentendemonstrationen auf dem Platz des Himmlischen Friedens in vollem Gange. Die Begrüßungszeremonie wurde von Protesten gegen die chinesischen Gastgeber unterbrochen; später drangen die Rufe der Demonstranten bis in den Verhandlungsraum in der Großen Halle des Volkes. Nicht Pekings Beziehungen zu Moskau standen mithin im Mittelpunkt der Weltöffentlichkeit, sondern die verzweifelt um ihre Machterhaltung ringende chinesische Führung. Erneut war der um eine Einigung bemühte Gorbatschow durch den Lauf der Dinge aus dem Felde geschlagen worden.

Ganz gleich, welches Problem Gorbatschow in Angriff nahm: Er stand immer vor demselben Dilemma. Zur Zeit seines Amtsantritts sah er sich einem widerspenstigen Polen gegenüber, in dem die Gewerkschaft Solidarność sich seit 1980 zu einem wachsenden Machtfaktor entwickelt hatte. Von

General Jaruzelski 1981 unterdrückt, tauchte sie als politische Gruppierung wieder auf und konnte von Jaruzelski nun nicht mehr ignoriert werden. In der Tschechoslowakei, in Ungarn und in der DDR wurde die Vorherrschaft der kommunistischen Parteien durch Gruppierungen herausgefordert, die mehr Freiheit forderten und sich auf Korb III der Menschenrechtsvereinbarungen von Helsinki beriefen. Und die regelmäßig stattfindenden KSZE-Folgekonferenzen sorgten dafür, daß das Thema aktuell blieb.

Die kommunistischen Herrscher Osteuropas steckten in einer letzten Endes ausweglosen Klemme. Um den innenpolitischen Druck abzubauen, mußten sie eine stärker national bestimmte Politik praktizieren, die sie wiederum dazu zwang, ihrer Abhängigkeit von Moskau entgegenzuwirken. Da sie von der Bevölkerung aber als Werkzeuge des Kreml betrachtet wurden, war auch eine nationale Außenpolitik kaum länger dazu angetan, die Öffentlichkeit der jeweiligen Länder zu beschwichtigen. So sahen sich die kommunistischen Machthaber gezwungen, ihrem zunehmenden Verlust an Glaubwürdigkeit durch Demokratisierung der innenpolitischen Strukturen entgegenzuwirken. Schon bald indessen wurde deutlich, daß die kommunistischen Parteien – auch dann, wenn sie die Medien noch unter Kontrolle hatten – für den demokratischen Wettstreit nicht geeignet waren, waren sie doch mit dem Ziel organisiert worden, die Macht zugunsten weniger zu ergreifen und zu erhalten. Die Kommunisten wußten zwar, wie man mit Hilfe der Geheimpolizei regierte, nicht jedoch, wie man eine Regierung auf Wählerstimmen aufbaute. Die kommunistischen Machthaber des Ostblocks befanden sich in einem Teufelskreis: Je stärker ihre Außenpolitik nationale Schwerpunkte aufwies, desto lauter wurden die Rufe nach Demokratisierung; je mehr demokratische Elemente sie aber zuließen, desto intensiver würde der Druck werden, sie zu stürzen.

Die UdSSR befand sich in einer noch verzwickteren Situation. Der Breschnew-Doktrin zufolge hätte der Kreml die schwelende Revolution, die an den Grundfesten des sowjetischen Satellitensystems nagte, im Keim ersticken müssen. Doch war Gorbatschow nicht nur aufgrund seines Temperaments für eine solche Rolle ungeeignet; sie hätte auch seine gesamte Außenpolitik ad absurdum geführt. Denn die Unterdrückung Osteuropas hätte die NATO und die de facto bestehende chinesisch-amerikanische Koalition gestärkt und das Wettrüsten forciert. Aus diesem Grunde sah sich Gorbatschow zunehmend vor die Wahl gestellt, politisch Selbstmord zu begehen oder aber den schleichenden Verfall seiner politischen Macht hinzunehmen.

Gorbatschows Patentrezept war verstärkte Liberalisierung, und zehn Jahre zuvor hätte dies vielleicht noch funktioniert. Doch Ende der achtziger Jahre konnte Gorbatschow den Machtverfall nicht mehr aufhalten. Seine Regierungszeit kennzeichnet deshalb den schrittweisen Rückzug von der Breschnew-Doktrin. Liberale Kommunisten erlangten in Ungarn die Macht; Jaruzelski wurde es erlaubt, in Polen mit Solidarność zu verhandeln.

Im Juli 1989 schien Gorbatschow in einer Rede vor dem Europarat nicht nur die Breschnew-Doktrin, die sich das Recht auf Einmischung der Sowjetunion in die Angelegenheiten Osteuropas ausbedungen hatte, aufzugeben, sondern auch den Satellitengürtel selbst, indem er sich vom Konzept der »Einflußsphären« lossagte: »Die soziale und politische Ordnung des einen oder anderen Landes hat sich in der Vergangenheit geändert und tut dies vielleicht auch in Zukunft. Dieser Wandel ist jedoch einzig und allein eine Angelegenheit des Volkes dieses Landes. Das Volk muß entscheiden [...]. Jede Einmischung in die inneren Angelegenheiten und jeder Versuch, die Souveränität von Staaten einzuschränken – ob Freund, Verbündeter oder jemand anders – sind unzulässig [...]. Es ist Zeit, die Postulate des Kalten Krieges, da Europa als Schauplatz für Konfrontationen galt, aufgeteilt in ›Einflußsphären‹, zu den Akten zu legen.«[42] Die Kosten für den Erhalt des Satellitensystems waren, so schien es, unerschwinglich geworden. Selbst die Rede vor dem Europarat klang noch allzu verblümt, obschon sie vor dem Hintergrund traditioneller sowjetischer Standards eindeutig genug war. Während eines Finnlandbesuchs im Oktober 1989 jedoch gab Gorbatschow die Breschnew-Doktrin auf. Sein Sprecher Gerassimow witzelte vor der Presse, daß »Moskau nun die ›Sinatra-Doktrin‹ auf Europa« anwende. »Sie kennen doch bestimmt das Lied *I Did It My Way* von Frank Sinatra? Ungarn und Polen ›are doing it their way‹.«[43]

Es war zu spät, um die Kommunisten in Osteuropa, ja selbst in der Sowjetunion noch zu retten. Gorbatschows Liberalisierungsbestrebungen waren zum Scheitern verurteilt. Je mehr die kommunistischen Parteien ihren monolithischen Charakter verloren, desto stärker wurden sie demoralisiert. Die Liberalisierung war mit der kommunistischen Herrschaft nicht zu vereinbaren, weil die Kommunisten sich nicht in Demokraten verwandeln konnten, ohne den Kommunismus aufzugeben – eine Gleichung, die Gorbatschow im Gegensatz zu Jelzin nie begriffen hat.

Ebenfalls im Oktober 1989 reiste Gorbatschow anläßlich der Feierlichkeiten zum vierzigjährigen Bestehen der Deutschen Demokratischen Republik nach Berlin, um den Stalinisten Erich Honecker zu einem reformorientierteren Kurs zu drängen. Sicherlich wäre er zu einer solchen Feier nicht erst gekommen, hätte er damals bereits vorausgesehen, daß es einen einundvierzigsten Jahrestag nicht mehr geben werde. Seine Festrede verdeutlicht dies: »Immer wieder werden wir dazu aufgerufen, diese oder jene Division abzuziehen. Häufig müssen wir hören: ›Soll die UdSSR die Berliner Mauer doch aufgeben! Dann glauben wir an ihre friedlichen Absichten.‹ Wir idealisieren die in Europa etablierte Ordnung nicht. Es ist jedoch eine Tatsache, daß der Frieden auf diesem Kontinent bis jetzt dadurch gesichert wurde, daß die Nachkriegssituation anerkannt wurde. Jedesmal, wenn der Westen versucht hat, die europäische Landkarte nach dem Zweiten Weltkrieg umzugestalten, bedeutete dies eine Verschlechterung der internationalen Situation.«[44]

Doch nur vier Wochen später war die Mauer bereits gefallen, und zehn Monate später hatte Gorbatschow nicht nur der Wiedervereinigung Deutschlands seine Zustimmung gegeben, sondern auch der Tatsache, daß Deutschland auch weiterhin der NATO angehörte. Bis zu diesem Zeitpunkt waren alle kommunistischen Regierungen in den ehemaligen Satellitenstaaten gestürzt worden; auch der Warschauer Pakt war zusammengebrochen. Jalta hatte sich in sein Gegenteil verkehrt. Die Geschichte hatte Chruschtschows Prahlereien, der Kommunismus werde den Kapitalismus zu Grabe tragen, als unsinnig entlarvt, und die Sowjetunion, die vierzig Jahre lang bis zur Erschöpfung versucht hatte, den Zusammenhalt des Westens durch Drohungen und Druck zu untergraben, war nun gezwungen, um dessen Wohlwollen zu werben: Sie war mehr auf die Hilfe des Westens als auf den Satellitengürtel angewiesen. Am 14. Juli 1989 appellierte Gorbatschow an den G-7-Gipfel, an die Staats- und Regierungschefs der demokratischen Industrienationen: »Unsere Perestroika ist untrennbar mit einer Politik verbunden, die unsere volle Beteiligung an der Weltwirtschaft zum Ziel hat. Die Welt kann von der Öffnung eines so großen Marktes wie dem der Sowjetunion nur profitieren.«[45]

Gorbatschow hatte alles auf zwei Annahmen aufgebaut: daß die Liberalisierung die Sowjetunion modernisieren werde und daß diese daraufhin in der Lage sei, sich international als Großmacht zu behaupten. Keine dieser Erwartungen wurde erfüllt. Seine innenpolitische Basis brach ebenso schmählich zusammen wie schon das Satellitensystem.

Der griechische Philosoph und Mathematiker Archimedes hat einmal gesagt: »Gebt mir einen festen Punkt, und ich werde die Welt aus den Angeln heben.« Revolutionen fressen ihre Kinder, weil Revolutionäre nur selten ein Gespür dafür haben, daß es ab einem bestimmten Grad des sozialen Zerfalls keine festen archimedischen Punkte mehr gibt, von denen aus Druck ausgeübt werden kann. Als Gorbatschow sein Amt antrat, war er der Überzeugung, eine reformierte Kommunistische Partei könne die sowjetische Gesellschaft auf das Niveau der modernen Welt bringen. Aber er vermochte sich nicht zu der Einsicht durchzuringen, daß der Kommunismus selber das Problem und nicht dessen Lösung war. Zwei Generationen lang hatte die Kommunistische Partei eigenständiges Denken unterdrückt, hatte individuelle Initiative im Keim erstickt. 1990 war die zentrale Planwirtschaft schließlich völlig verkrustet, und die einzelnen Institutionen, die das Leben bis in den hintersten Winkel kontrollieren sollten, schlossen statt dessen mit eben jenen Gruppen Nichtangriffsverträge, die sie angeblich überprüften. Disziplin hatte sich in Routine verwandelt, und Gorbatschows Versuch, Eigeninitiative freizusetzen, löste das Chaos aus.

Bei dem Versuch, die Produktivität zu steigern und einige marktwirtschaftliche Elemente einzuführen, stieß Gorbatschow bereits auf der einfachsten Ebene auf Schwierigkeiten. Fast sofort wurde deutlich, daß es in einer Planwirtschaft keine Verantwortlichkeit gibt; daher aber fehlt die wichtigste Voraussetzung für eine leistungsfähige Ökonomie. Die stalinistische Theorie hatte zwar die Herrschaft des zentralen Plans postuliert. Doch die Realität sah ganz anders aus. Denn das, was als »der Plan« bezeichnet wurde, war im Grunde ein abgekartetes Spiel zwischen gigantischen Verwaltungs- apparaten, das mit der Zeit solche Ausmaße angenommen hatte, daß es schließlich auf einen Riesenschwindel hinauslief, mit dem die zentralen Autoritäten irregeführt wurden. Die verantwortlichen Produktionsleiter, die für die Verteilung zuständigen Ministerien und die vermeintlich mit der Ausarbeitung von Richtlinien befaßten Planwirtschaftler handelten gewis- sermaßen wie im Blindflug: Sie hatten nicht die geringste Vorstellung von der Höhe der Nachfrage und konnten die einmal festgelegten Programme im nachhinein nicht mehr korrigieren. Infolgedessen setzte jede Einheit in diesem System nur Minimalziele fest und vertuschte jedes Defizit durch inoffizielle Abmachungen mit den anderen Einheiten, immer hinter dem Rücken des zentralen Apparates. Alle Anreize arbeiteten Innovationen ent- gegen. Dieser Zustand jedoch ließ sich nicht beheben, weil es der angebli- chen Führung unmöglich war, den wirklichen Stand der Dinge auszuma- chen. Die Sowjetunion war zu den Anfängen des russischen Staates zurück- gekehrt. Sie hatte sich in ein riesiges Potemkinsches Dorf verwandelt.

Jeder Reformversuch brach unter dem Gewicht des festverwurzelten Sta- tus quo zusammen, eine Erfahrung, die auch Chruschtschow und später Kossygin gemacht hatten. Da mindestens fünfundzwanzig Prozent des sowjetischen Haushalts in die Preissubventionierung flossen, existierte weder für die Leistungsfähigkeit noch für die tatsächliche wirtschaftliche Nachfrage ein objektiver Maßstab. In einem System, in dem Waren eher zugewiesen als gekauft wurden, wurde Korruption so zum einzigen Aus- druck des Marktes.

Gorbatschow hatte die allseitige Stagnation zwar erkannt, besaß jedoch nicht die entsprechenden Ideen oder Fähigkeiten, die dem System inne- wohnenden Verkrustungen aufzubrechen. Im Lauf der Zeit waren sogar die einzelnen Kontrollmechanismen des Systems zum Bestandteil des Pro- blems selber geworden. Früher einmal war die Kommunistische Partei ein Instrument der Revolution gewesen; doch in einem voll entwickelten kom- munistischen System diente sie nur noch dazu, Dinge zu überprüfen, die sie nicht verstand. Sie löste dieses Problem, indem sie mit dem angeblich Kon- trollierten gemeinsame Sache machte. Die kommunistische Elite aber hatte sich zu einer Mandarinklasse der Privilegierten entwickelt; offiziell verant- wortlich für die Wahrung des rechten ideologischen Glaubens, konzen- trierte sie sich mittlerweile darauf, ihre Vergünstigungen zu retten.

Gorbatschow hatte sein Reformprogramm auf zwei Konzepten aufge- baut: auf der Perestroika, dem wirtschaftlichen Wiederaufbau, mit dem er die Unterstützung der neuen Technokraten gewinnen wollte, und auf Glas- nost, der politischen Liberalisierung des Landes, um die seit langem gepei- nigte Intelligenzija auf seine Seite zu ziehen. Da aber keine Institutionen existierten, die die Redefreiheit kanalisieren und echte öffentliche Diskussionen fördern konnten, trat Glasnost auf der Stelle. Zudem waren außer für den Militärhaushalt keine freien Ressourcen vorhanden, so daß sich die Lebensbedingungen nicht verbesserten. So aber beraubte sich Gorbatschow immer mehr der Unterstützung durch die Institutionen, konnte freilich auch keine breite Unterstützung in der Bevölkerung für sich gewinnen. Glasnost kollidierte immer stärker mit der Perestroika. Selbst Angriffe auf ehemalige sowjetische Machthaber hatten ihre Schattenseiten. 1989 bemerkte ein junger Mitarbeiter Gorbatschows, der abkommandiert worden war, um mich zum Kreml zu begleiten, mir gegenüber: »All das bedeutet, daß jeder sowjetische Staatsbürger über fünfundzwanzig sein Leben vertan hat.«

Die einzigen, die die Dringlichkeit von Reformen begriffen – ohne jedoch bereit zu sein, sich auch das Rezept dazu zu eigen zu machen –, waren die Sicherheitskräfte. Der KGB wußte genau, wie weit die Sowjetunion im technologischen Wettbewerb mit dem Westen in Rückstand geraten war. Die Streitkräfte wiederum hatten ein professionelles Interesse daran zu ermitteln, über welche Kapazitäten ihr Hauptgegner verfügte. Das Problem zu erkennen hieß jedoch nicht, es zu lösen. Die Sicherheitskräfte trugen viel zu Gorbatschows inkonsequenten Entscheidungen bei: Der KGB wollte Glasnost – die politische Liberalisierung – nur so lange unterstützen, als dadurch nicht der zivile Gehorsam untergraben wurde; die Militärs hingegen waren der Perestroika – dem wirtschaftlichen Wiederaufbau – nur so lange zugetan, wie Gorbatschow nicht versuchte, durch eine Reduzierung der Streitkräfte weitere Mittel für das Modernisierungsprogramm herauszuschinden.

Gorbatschows ursprüngliches Vorhaben, die Kommunistische Partei in ein Reforminstrument zu verwandeln, war am Widerstand der maßgeblichen Kreise gescheitert. Sein nächster Schritt aber – die kommunistischen Strukturen zwar zu schwächen, sie aber gleichwohl zu bewahren – zerstörte das grundlegende Instrument sowjetischer Herrschaft. Zwei Schritte waren damit verbunden: Gorbatschow beabsichtigte zum einen, den Schwerpunkt seiner Macht aus der Partei heraus zu verlagern und in die parallel dazu bestehenden staatlichen Strukturen zu überführen; zum anderen wollte er zu einer Entwicklung in Richtung regionaler und lokaler Autonomie ermutigen.

Gorbatschow verkalkulierte sich in beiden Punkten. Seit Lenin war die KPdSU das einzige Gremium, in dem richtungweisende politische Entscheidungen getroffen wurden. Die Regierung hatte zwar exekutive Befugnisse, konnte indessen aber keine politischen Leitlinien entwerfen. Die Schlüsselposition im sowjetischen System war immer die des Parteiführers gewesen; von Lenin bis Breschnew hatte kaum ein kommunistischer Führer ein Regierungsamt innegehabt. Das Ergebnis war, daß die Ambitionierten und Unternehmungslustigen zur kommunistischen Hierarchie hin strebten, während die staatlichen Strukturen vornehmlich Verwaltungskräfte anzogen, denen politische Neigungen oder gar Interesse an der Gestaltung von Politik völlig abgingen. Indem Gorbatschow jedoch seine Basis von der Kommunistischen Partei weg hin zu den staatlichen Institutionen des sowjetischen Systems verlagerte, vertraute er seine Revolution einem Heer von Bürokraten an.

Gorbatschows Bemühungen im Hinblick auf regionale Autonomie führten in eine ähnliche Sackgasse. Es war ihm unmöglich, seinen Wunsch, eine populäre Alternative zum Kommunismus zu schaffen, mit seinem durch den Leninismus geprägten Mißtrauen dem Volkswillen gegenüber in Einklang zu bringen. Daher entwickelte er ein im wesentlichen lokal orientiertes Wahlsystem, in dem überregional aktive Parteien – mit Ausnahme der KPdSU – verboten waren. Als dann zum ersten Mal in der Geschichte Rußlands lokale und regionale Regierungen vom Volk gewählt wurden, rächten sich die Sünden der russischen Geschichte: Dreihundert Jahre lang hatte Rußland sich in Europa, Asien und im Nahen Osten Nationalitäten einverleibt, es aber versäumt, diese mit der Zentralgewalt zu versöhnen. So überrascht es nicht, daß die meisten der neu gewählten nicht-russischen Regierungen, die fast die Hälfte der sowjetischen Bevölkerung repräsentierten, ihren ehemaligen Herren nun den Kampf ansagten.

Gorbatschow fehlte es an einer zuverlässigen Wählerschaft. Er machte sich das riesige Netzwerk von Interessengruppen, das für den leninistischen Staat charakteristisch war, zum Feind, ohne jedoch neue Anhänger auf seine Seite ziehen zu können, da er sich nicht dazu durchrang, eine lebensfähige Alternative zum Kommunismus oder aber zum Konzept des zentralistischen Staates vorzubringen. Gorbatschow hatte die Probleme seiner Gesellschaft treffend erkannt, wenn seine Sicht auch immer durch die Scheuklappen des inhumanen Systems, von dem er geprägt worden war, behindert wurde: Folglich gingen die Lösungen über seinen Verstand. Wie jemand, der in einem Raum aus unzerbrechlichen Glasscheiben gefangen ist, konnte Gorbatschow die Vorgänge in der Außenwelt zwar deutlich genug verfolgen, war aber aufgrund der Bedingungen innerhalb des Raums dazu verdammt, nicht genau zu begreifen, was er dort eigentlich sah.

Je länger Perestroika und Glasnost anhielten, desto isolierter und unsicherer wurde Gorbatschow. Als ich ihn 1987 zum ersten Mal in Moskau traf, wirkte er unbekümmert und strömte eine ungeheure Zuversicht aus, daß er seinem Land ermöglichen könne, den Marsch zur Vorherrschaft wiederaufzunehmen. Ein Jahr später war er sich dessen schon nicht mehr so sicher. »Auf jeden Fall«, sagte er, »wird die Sowjetunion nicht mehr so sein wie vorher«, eine Aussage, die im Hinblick auf einen solchen Kraftakt schon seltsam ambivalent klang. Als wir uns Anfang 1989 erneut trafen, erzählte er mir, daß er und Schewardnadse bereits irgendwann in den siebziger Jahren zu dem Schluß gekommen seien, das kommunistische System müsse von Kopf bis Fuß überholt werden. Ich fragte ihn, wie er als Kommunist dazu gekommen sei. »Zu wissen, was falsch war, war einfach«, bemerkte er. »Viel schwieriger war es zu wissen, was richtig war.«

Gorbatschow fand nie eine Antwort auf diese Frage. Während seines letzten Jahres an der Macht war er wie ein Mann, der in jenem Alptraum gefangen ist, in dem man eine Katastrophe in rasendem Tempo auf sich zukommen sieht, sie jedoch weder abwenden noch selbst zur Seite springen kann. Normalerweise besteht der Sinn und Zweck von Zugeständnissen darin, sich Freiraum zu schaffen, um etwas zu bewahren, das man für besonders wichtig hält. Gorbatschow erreichte das Gegenteil. Jede seiner kurzsichtigen neuen Reformen blieb in halbherzigen Kompromissen stecken und trieb so den Niedergang der Sowjetunion voran. Jedes Zugeständnis ebnete dem nächsten den Weg. 1990 begann die Sowjetunion mit der Abspaltung der baltischen Staaten dann allmählich auseinanderzubrechen. Es kann nur als bittere Ironie verstanden werden, daß Gorbatschows größter Rivale den Zerfall des in drei Jahrhunderten zusammengefügten russischen Reiches nutzte, um ihn zu stürzen. In seiner Eigenschaft als Präsident Rußlands bestätigte Jelzin Rußlands Unabhängigkeit (dadurch indirekt natürlich auch die der anderen Sowjetrepubliken) und schaffte so im Grunde die Sowjetunion mitsamt ihrem Präsidenten ab. Gorbatschow wußte um seine Probleme, handelte aber zugleich zu schnell und zu langsam: zu schnell im Hinblick auf die Widerstandsfähigkeit des Systems, zu zögerlich gleichwohl, um den fortschreitenden Zusammenbruch aufzuhalten.

In den achtziger Jahren benötigten beide Supermächte Zeit, um wieder zu Kräften zu kommen. Doch während Reagan die Energien der amerikanischen Gesellschaft freisetzen konnte, brachte Gorbatschow nur die Funktionsstörungen seines Systems ans Tageslicht. Amerika war in all seinen Problemen empfänglich für politische Veränderungen; in der Sowjetunion führten Reformen nur dazu, die Krise des Systems zu beschleunigen.

1991 hatten die Demokratien den Kalten Krieg schließlich gewonnen. Doch kaum hatten sie erreicht, was sie eigentlich nie für möglich gehalten hatten, da flammte die ursprüngliche Debatte über den Kalten Krieg überall wieder auf. War die Sowjetunion jemals eine wirkliche Bedrohung gewesen? Wäre sie nicht auch ohne die Strapazen des Kalten Krieges in Schutt und Asche zerfallen? War der Kalte Krieg die Erfindung überreizter Politiker gewesen, die nur den Fortgang der eigentlich harmonischen Entwicklung der internationalen Ordnung unterbrochen hatten?

Im Januar 1990 machte ›Time‹ Gorbatschow zum »Mann des Jahrzehnts« und nutzte die Gelegenheit, um einen Artikel zu veröffentlichen, der diese These vertrat. »Die Tauben in der großen Debatte der letzten vierzig Jahre hatten auf ganzer Linie recht«, stellte der Verfasser fest.[46] Das sowjetische Weltreich sei nie eine tatsächliche Bedrohung gewesen. Die amerikanische Politik aber sei entweder bedeutungslos gewesen oder habe den Umbruch in der Sowjetunion nur verzögert. Die vom Westen während der letzten vier Jahrzehnte betriebene Politik verdiene mithin keine besondere Anerkennung – nicht einmal dafür, Veränderungen in der sowjetischen Außenpolitik bewirkt zu haben. Wenn aber nichts wirklich erreicht worden war, die Ereignisse sich vielmehr aus eigenem Antrieb so entwickelt hatten, dann konnten natürlich aus dem Zusammenbruch des sowjetischen Reichs auch keine Lehren gezogen werden – vor allem keine, aus denen sich ergeben würde, daß die Vereinigten Staaten sich an dem Aufbau jener neuen Weltordnung würden beteiligen müssen, die mit dem Ende des Kalten Krieges notwendig geworden war.

Die Debatte in den Vereinigten Staaten kam nun voll in Schwung. Es war der alte Sirenengesang des amerikanischen Isolationismus: Nicht die USA hätten den Kalten Krieg gewonnen, sondern die Sowjetunion habe ihn verloren; die Anstrengungen der letzten vierzig Jahre seien deshalb unnötig gewesen, weil sich die Dinge auch ohne Amerikas Zutun ebensogut – vielleicht sogar noch besser – entwickelt hätten.

Einer anderen Version zufolge hatte es zwar tatsächlich einen Kalten Krieg gegeben, der auch gewonnen worden sei, doch müsse darin der Sieg der demokratischen *Idee* gesehen werden, die sich – ungeachtet der im Rahmen des Ost-West-Konflikts ergriffenen geostrategischen Maßnahmen – durchgesetzt habe. Auch dies war freilich nur eine Form von Flucht vor der Wirklichkeit. Politische Demokratie und die Idee der Freiheit hatten ohne Zweifel den Unzufriedenen als Sammelbecken gedient, insbesondere in Osteuropa. Die Unterdrückung derjenigen, die an diese Werte glaubten, wurde zunehmend schwieriger, als die Moral der einzelnen Regierungen immer mehr sank. In erster Linie aber wurde die Demoralisierung durch die Stagnation des Systems und die zunehmende Einsicht seitens der kommunistischen Elite verursacht, daß ihr System den in seiner langen, brutalen Geschichte als oberstes Ziel proklamierten Kampf tatsächlich verlieren werde. Im besten Fall handelte es sich also um die Frage nach dem Huhn und dem Ei: Die demokratische Idee hat sicherlich den Widerstand gegen den Kommunismus gebündelt, doch ohne den Zusammenbruch der kommunistischen Außenpolitik und letztlich der sowjetischen Gesellschaft hätte die demokratische Idee andererseits nicht so schnell den Sieg davontragen können.

Dies war mit Sicherheit auch die Sichtweise marxistischer Experten für internationale Angelegenheiten, die daran gewöhnt waren, das »Kräfteverhältnis« zu analysieren. Ihnen fiel es viel leichter als den amerikanischen Beobachtern, die Gründe für den Zusammenbruch der UdSSR aufzudecken. 1989 kam Fred Halliday, marxistischer Professor an der London School of Economics, zu dem Schluß, daß sich das Gleichgewicht der Kräfte zu Amerikas Gunsten verlagert habe.[47] Halliday hielt dies zwar für eine Tragödie, doch anders als jene von Selbstzweifeln gequälten Amerikaner, die ihrem Land und ihrer Regierung nur widerwillig Glauben schenkten, räumte er ein, daß unter Reagan eine bedeutende Verschiebung innerhalb der internationalen Politik stattgefunden habe. Washington war es gelungen, die Kosten für die sowjetischen Unternehmungen in der Dritten Welt derart in die Höhe zu treiben, daß Halliday Gorbatschows »neues Denken« in einem Kapitel mit der treffenden Überschrift »Der Sozialismus in der Defensive« als einen Versuch interpretierte, den von den Amerikanern ausgeübten Druck zu lindern. Der aussagekräftigste Beweis dafür stammt aus der Sowjetunion selbst. Bereits 1988 gaben einige sowjetische Wissenschaftler zu, die Sowjets seien für das Scheitern der Entspannungspolitik verantwortlich. Mit tieferem Verständnis für die Voraussetzungen der Entspannungspolitik als viele der Kritiker in den USA legten die sowjetischen Kommentatoren dar, Washington habe Moskau mit Hilfe der Entspannung davon abhalten wollen, den bestehenden militärischen und politischen Status quo in Frage zu stellen. Die Tatsache, daß unter Breschnew gegen diese stillschweigende Übereinkunft verstoßen worden und man auf einseitige Vorteile aus gewesen sei, habe dann die Reaktion der Reagan-Jahre hervorgerufen – dieser aber sei die Sowjetunion nicht mehr gewachsen gewesen.

Einer der ersten und interessantesten dieser »revisionistischen« Kommentare aus der UdSSR stammt von Wjatscheslaw Daschitschew, Professor am Institut für die Wissenschaft des sozialistischen Weltsystems. Am 18. Mai 1988 wies Daschitschew in einem Artikel in der ›Literaturnaya Gazeta‹[48] darauf hin, daß die historischen »Fehleinschätzungen und inkompetenten Ansätze der Regierung Breschnew« alle anderen maßgeblichen Mächte der Welt zu einer Koalition gegen die Sowjetunion vereint und einen Rüstungswettlauf ausgelöst hätten, den sich die Sowjetunion einfach nicht hätte leisten können. Die traditionelle sowjetische Politik, sich von der Weltgemeinschaft abseits zu halten und gleichzeitig zu versuchen, diese zu untergraben, müsse deshalb aufgegeben werden. »Nach Meinung des Westens«, so schrieb Daschitschew, »nutzte die sowjetische Führung die Entspannung bewußt aus, um ihre eigenen Streitkräfte auszubauen und militärische Parität mit den Vereinigten Staaten – und generell mit allen gegnerischen Mächten – zu erreichen, eine historisch bisher einmalige Tatsache. Die Vereinigten Staaten, durch die Vietnam-Katastrophe wie gelähmt, reagierten auf die Ausdehnung des sowjetischen Einflusses in Afrika, im Nahen Osten und in anderen Regionen äußerst empfindlich. [...] Die Wirkung des ›Rückkopplungseffekts‹ aber brachte die Sowjetunion in außenpolitischer und wirtschaftlicher Hinsicht in eine außerordentlich schwierige Lage. Die Großmächte der Welt – die Vereinigten Staaten, Großbritannien, Frankreich, die Bundesrepublik Deutschland, Italien, Japan, Kanada und China – standen ihr nun gegenüber. Widerstand gegen weit überlegenes Potential hätte die Möglichkeiten der UdSSR in gefährlichem Maße überstiegen.«[49]

Der sowjetische Außenminister Eduard Schewardnadse brachte in einer Rede anläßlich eines Treffens im sowjetischen Außenministerium am 25. Juli 1988 dasselbe Argument vor.[50] Er listete Fehler der UdSSR auf wie beispielsweise das Debakel in Afghanistan, die Fehde mit China, die langjährige Unterschätzung der Europäischen Gemeinschaft, den kostspieligen Rüstungswettlauf, das Verlassen der Genfer Rüstungskontrollgespräche in den Jahren 1983/1984, den sowjetischen Beschluß, überhaupt SS-20-Raketen aufzustellen, sowie die sowjetische Verteidigungsdoktrin, nach der die UdSSR so stark wie jede potentielle Koalition gegnerischer Staaten sein mußte. Mit anderen Worten: Schewardnadse stellte fast alles in Frage, was die Sowjetunion in den vergangenen fünfundzwanzig Jahren getan hatte. Es war ein indirektes Eingeständnis, daß die Politik des Westens einen bedeutenden Einfluß auf die Sowjetunion gehabt hatte; denn hätten die Demokratien deren Abenteuer nicht bestraft, hätte die Politik der UdSSR durchaus als erfolgreich und nicht als änderungsbedürftig bezeichnet werden können.

Das Ende des Kalten Krieges, um das sich die Politik acht amerikanischer Regierungen beider Parteien bemüht hatte, verlief weitgehend so, wie George Kennan es 1947 vorausgesagt hatte. Gleichgültig, wie entgegenkommend die Politik des Westens auch gewesen wäre: Das sowjetische System hatte immer ein Schreckgespenst benötigt, einen ständigen äußeren Feind, mit dem es all das Leid, das es seiner Bevölkerung aufgebürdet hatte, rechtfertigen und seine Streitkräfte sowie den für seine Herrschaft unentbehrlichen Sicherheitsapparat erhalten konnte. Als der XXVII. Parteitag unter dem geballten westlichen Druck, der unter Reagan seinen Höhepunkt erreichte, die offizielle Doktrin von Koexistenz in Interdependenz – also in die Anerkenntnis gegenseitiger internationaler Abhängigkeit – änderte, verschwand die moralische Grundlage für die Unterdrückung im Innern. Wie von Kennan prophezeit, wurde nun deutlich, daß die Sowjetunion, deren Bürger stets zur Disziplin erzogen worden waren und nicht unvermittelt auf Kompromiß- und Einigungsbereitschaft umschalten konnten, über Nacht von einer der mächtigsten zu »einer der schwächsten und bedauernswertesten nationalen Gesellschaften« werden würde.[51]

Wie bereits angemerkt, glaubte Kennan schließlich, seine »containment«-Politik sei zu stark militärisch ausgelegt worden. Richtiger wäre es zu sagen, daß man auf den Vereinigten Staaten, wie immer, zwischen übersteigertem Vertrauen in Militärstrategie und extremer emotionaler Abhängigkeit von der Bekehrung des Gegners geschwankt hatte. Auch ich stand vielen jener politischen Einzelinitiativen, die unter der Bezeichnung »containment« eingeleitet wurden, kritisch gegenüber. Die prinzipielle Richtung der US-Politik jedoch war bemerkenswert weitsichtig und blieb bemerkenswert beständig, trotz wechselnder Regierungen und eines verblüffend vielfältigen Aufgebots an Persönlichkeiten.

Hätte Amerika nicht den Widerstand zu einer Zeit organisiert, da das selbstbewußte kommunistische Weltreich nicht nur so handelte, als repräsentiere es die Zukunft, sondern auch die Völker und politisch Verantwortlichen der Welt glauben machte, daß dies möglicherweise zutreffe, hätten die kommunistischen Parteien, die damals bereits die größten Einzelparteien im Nachkriegseuropa waren, möglicherweise durchaus die Oberhand gewonnen. Die Berlin-Krisen hätten nicht bewältigt werden können; es hätte noch weitere gegeben. Amerikas Vietnam-Trauma ausnutzend, ließ der Kreml Stellvertreterkriege in Afrika ausfechten und schickte eigene Truppen nach Afghanistan; doch hätte er sich bedeutend besser behaupten können, wenn Washington das globale Gleichgewicht der Kräfte nicht geschützt und den Wiederaufbau demokratischer Gesellschaften nicht unterstützt hätte. Die Tatsache, daß die Vereinigten Staaten ihre Rolle nicht aus dem Blickwinkel des »balance of power«-Konzepts wahrnahmen, verschlimmerte zwar ihre Pein und komplizierte den Prozeß, brachte aber umgekehrt auch ein beispielloses Engagement und eine noch nie dagewesene Kreativität hervor. Auch änderte es nichts an der Tatsache, daß es letzten Endes doch die Vereinigten Staaten waren, die weltweit Gleichgewicht und folglich den Frieden der Welt bewahrt hatten.

Natürlich war der Sieg in diesem Kalten Krieg nicht nur das Verdienst einer einzigen Regierung. Er war vielmehr das Ergebnis gemeinsamer Anstrengungen der beiden amerikanischen Parteien über vierzig Jahre hinweg, und er war ebenso das Ergebnis in siebzig Jahren entstandener Verkrustung des kommunistischen Systems. Reagan war deshalb ein Phänomen, weil mit ihm, rein zufällig, die richtige Person zur richtigen Zeit kam: Zehn Jahre früher hätte er zu militant gewirkt, zehn Jahre später zu eingleisig. Die Mischung aus ideologischer Militanz, um die amerikanische Öffentlichkeit aufzurütteln, und diplomatischer Flexibilität, die die Konservativen einem anderen Präsidenten nie verziehen hätten, war indessen genau das, was in dieser Zeit der Schwäche und der aufkommenden Selbstzweifel in der Sowjetunion vonnöten war.

Und doch hatte Reagans Außenpolitik mehr von einem glorreichen Abschied als von dem Beginn einer neuen Ära. Der Kalte Krieg war wie gemacht für die vorgefaßten Meinungen der Amerikaner. Es hatte eine überragende ideologische Herausforderung gegeben, die allgemeingültige Maximen – wenn auch in stark vereinfachter Form – auf die meisten Probleme der Welt anwendbar machte. Darüber hinaus hatte es eine unverkennbare und allgegenwärtige militärische Bedrohung gegeben, deren Verursacher eindeutig auszumachen war. Doch selbst unter diesen Umständen erwuchsen die Schwierigkeiten der Vereinigten Staaten, von der Suez-Krise bis hin zu Vietnam, aus dem Fehler, daß allgemeingültige Prinzipien auf Sonderfälle angewandt wurden, die sich gegen solche Grundsätze sperrten.

Jetzt, nach dem Kalten Krieg, existiert keine vorherrschende ideologische Herausforderung mehr. Während ich diese Sätze schreibe, gibt es auch nicht eine einzige geostrategische Konfrontation mehr. Fast jede Situation stellt einen Sonderfall dar. Der amerikanische Exzeptionalismus hat der amerikanischen Außenpolitik Impulse verliehen und den Vereinigten Staaten die Kraft gegeben, den Kalten Krieg zu überstehen; in der multipolaren Welt des einundzwanzigsten Jahrhunderts jedoch muß er mit bedeutend mehr Fingerspitzengefühl angewandt werden. Amerika muß sich nun der Frage stellen, der es in weiten Teilen seiner Geschichte ausweichen konnte: nämlich ob sein traditionelles Selbstverständnis, sich *entweder* als eine Art Leitstern *oder* als Kreuzfahrer zu sehen, seine Optionen weiterhin bestimmen kann, oder ob es sie nicht vielmehr begrenzt. Irgendwann wird Amerika nun eine Definition seines nationalen Interesses entwickeln müssen.

Kapitel 31

# Noch einmal:
# Zur Frage einer neuen Weltordnung

Zu Beginn der letzten Dekade des zwanzigsten Jahrhunderts schien es, als hätten die Lehren Wilsons triumphiert. Die Herausforderung durch die kommunistische Ideologie und die sowjetische Geopolitik waren gleichzeitig überwunden worden. Das Ziel, dem Kommunismus moralischen Widerstand entgegenzusetzen, war mit der geopolitischen Aufgabe, dem sowjetischen Expansionsstreben Einhalt zu gebieten, verschmolzen. Kein Wunder also, daß Präsident Bush seiner Hoffnung auf eine neue Weltordnung in klassisch Wilsonscher Manier Ausdruck gab:»Uns schwebt die Vision einer neuen Partnerschaft der Nationen vor, die den Kalten Krieg hinter sich läßt«, sagte er Anfang des Jahres 1990 vor den Vereinten Nationen.»Eine Partnerschaft auf der Grundlage von Konsultation, Kooperation und gemeinsamem Handeln, insbesondere mit Hilfe internationaler und regionaler Organisationen. Eine Partnerschaft, die geeint ist durch Prinzipien und die Herrschaft des Gesetzes und getragen von gerechter Verteilung der Kosten und Pflichten. Eine Partnerschaft, die es sich zum Ziel macht, die Demokratie zu verbreiten, den Wohlstand zu mehren und den Frieden zu fördern, Waffen aber zu reduzieren.«[1]

Bushs demokratischer Nachfolger, Präsident Bill Clinton, formulierte Amerikas Zielsetzungen auf eine ganz ähnliche Weise; es gehe nun um die»Verbreitung der Demokratie«.»In einer neuen Ära der Risiken und Chancen«, so verkündete er vor der Vollversammlung der UNO,»muß es unser vordringliches Ziel sein, die Weltgemeinschaft der marktwirtschaftlich orientierten Demokratien auszuweiten und zu stärken. Während des Kalten Krieges haben wir uns bemüht, eine Gefahr für das Überleben der freiheitlichen Institutionen einzudämmen. Nun wollen wir den Kreis der unter diesen freien Institutionen lebenden Nationen vergrößern, denn wir träumen von dem Tag, an dem sich die Meinungen und Kräfte aller Menschen voll entfalten können in einer Welt blühender Demokratien, die zusammenarbeiten und in Frieden leben.«[2]

Zum dritten Mal in diesem Jahrhundert verkündete Amerika seine Absicht, durch Übertragung seiner Werte auf die Welt als Ganzes eine neue Weltordnung zu schaffen. Es war auch das dritte Mal, daß Amerika das internationale Geschehen zu bestimmen schien. 1918 hatte Wilson eine Pariser Friedenskonferenz dominieren können, weil die Verbündeten der USA zu

894

sehr von ihrem großen Partner abhängig waren, als daß sie ihren Befürchtungen angemessen Ausdruck zu geben vermocht hätten. Und gegen Ende des Zweiten Weltkrieges schien es, als seien nun Franklin Delano Roosevelt und Truman in der Lage, den gesamten Globus nach amerikanischem Vorbild umzuformen.

Das Ende des Kalten Krieges bot eine noch weitaus größere Versuchung, die internationale Landschaft nach amerikanischen Vorstellungen neu zu gestalten. Wilson waren durch den Isolationismus im eigenen Land die Hände gebunden gewesen; Truman hatte es mit dem stalinistischen Expansionismus aufnehmen müssen. Nach dem Kalten Krieg hingegen sind die Vereinigten Staaten die einzige verbleibende Supermacht, die imstande ist, in jedem Teil der Welt zu intervenieren. Doch die Macht ist heute breiter gestreut, die Zahl der Streitfälle, für die militärische Stärke von Bedeutung ist, hat sich vermindert. Der Gewinn des Kalten Krieges hat Amerika in eine Welt versetzt, die in vielerlei Hinsicht dem europäischen Staatensystem des achtzehnten und neunzehnten Jahrhundert ähnelt: Es sieht sich nun zu Handlungsweisen gezwungen, die amerikanische Staatsmänner und Denker immer wieder in Frage gestellt haben. Ohne überragende ideologische oder strategische Bedrohungen nämlich können Nationen eine Außenpolitik betreiben, welche in wachsendem Maße ihren unmittelbaren nationalen Interessen gehorcht, und in einem internationalen System, das aus vielleicht fünf oder sechs Großmächten und einer Vielzahl kleinerer Staaten besteht, wird – ähnlich wie in vergangenen Jahrhunderten – Ordnung aus der Versöhnung und Abwägung widerstreitender nationaler Interessen erwachsen müssen.

Sowohl Bush als auch Clinton sprachen von der neuen Weltordnung so, als ob diese bereits zum Greifen nah sei. Tatsächlich aber muß sie erst noch reifen, und ihre endgültige Gestalt wird sie wohl erst weit im nächsten Jahrhundert annehmen. Zusammengesetzt aus tradierten wie auch aus völlig neuen Elementen, wird die neue Weltordnung, nicht anders als schon die alte, aus der Beantwortung dreier Fragen hervorgehen: Was sind die Grundeinheiten der internationalen Ordnung? Mit welchen Mitteln werden sie sich gegenseitig beeinflussen? Und um welcher Ziele willen?

Internationale Systeme führen ein unsicheres Dasein. Jede »Weltordnung« drückt einen Anspruch auf Dauerhaftigkeit aus, ja der Begriff selber wird von einer Aura der Ewigkeit umgeben. Dabei sind die Komponenten, die diese Ordnung ausmachen, in ständigem Fluß, und tatsächlich hat die Beständigkeit internationaler Systeme von Jahrhundert zu Jahrhundert abgenommen. Die aus dem Westfälischen Frieden entstandene Ordnung währte einhundertfünfzig Jahre; das vom Wiener Kongreß ins Leben gerufene internationale System konnte sich einhundert Jahre halten. Die Ordnung schließlich, die der Kalte Krieg geprägt hat, endete nach vierzig Jahren. (Der Versailler Vertrag funktionierte niemals als ein System, an das die

Großmächte gebunden waren; er war letztlich nicht mehr als eine Waffenruhe zwischen zwei Weltkriegen.) Nie zuvor haben sich die Komponenten der Weltordnung, ihre Fähigkeit zur Interaktion und ihre Ziele derart rasch, derart tiefgreifend und derart global verändert. Wann immer die Gebilde, die das internationale System konstituieren, sich wandeln, kommt es unweigerlich zu einer Periode der Unruhe. Der Dreißigjährige Krieg war weitgehend eine Auseinandersetzung um den Übergang von Feudalgesellschaften, die auf Tradition und dem Anspruch auf Universalität beruhten, zum modernen Staatensystem, das sich auf die »Raison d'état« gründete. Die Kriege der Französischen Revolution markierten den Übergang zum Nationalstaat, der sich durch gemeinsame Sprache und Kultur definierte. Die Kriege des zwanzigsten Jahrhunderts wiederum wurden verursacht durch die Auflösung des Habsburger- und des Osmanischen Reiches, durch den Kampf um die Vormachtstellung in Europa und durch das Ende des Kolonialismus. Bei jedem Übergang wurde plötzlich anachronistisch, was ehedem als selbstverständlich galt: Vielvölkerstaaten im neunzehnten, Kolonialismus im zwanzigsten Jahrhundert.

Seit dem Wiener Kongreß setzte Außenpolitik die Nationen zueinander in Beziehung; daher der Begriff »internationale Beziehungen«. Im neunzehnten Jahrhundert zog die Schaffung eines einzigen Staates – etwa des Deutschen Kaiserreiches – Jahrzehnte der Unruhe nach sich. Seit dem Ende des Zweiten Weltkrieges indessen sind fast einhundert neue Staaten entstanden, die sich von den historischen europäischen Nationalstaaten oft grundlegend unterscheiden, und zuletzt haben der Zusammenbruch des Kommunismus und das Auseinanderbrechen Jugoslawiens zum Entstehen von bald zwanzig neuen Nationen geführt, von denen gegenwärtig nicht wenige in die Neuinszenierung jahrhundertealter, blutrünstiger Streitigkeiten zu stürzen scheinen.

Die europäische Nation des neunzehnten Jahrhunderts war auf eine gemeinsame Sprache und Kultur gegründet und hatte sich, berücksichtigt man die technischen Möglichkeiten der Zeit, den denkbar günstigsten Rahmen für ihre Sicherheit, ihr wirtschaftliches Wachstum und ihre Einflußnahme auf die internationalen Ereignisse geschaffen. In der Welt nach dem Kalten Krieg verfügen die traditionellen europäischen Nationalstaaten – die Länder also, die das Europäische Konzert bis zum Ersten Weltkrieg prägten – nicht über jene Kräftereserven, jene Ressourcen, die erforderlich sind, um eine globale Rolle einzunehmen. Ihr künftiger Einfluß wird deshalb davon abhängen, ob es ihnen gelingt, die Europäische Union zu festigen oder nicht: Als Union wird Europa weiterhin eine Großmacht darstellen; zerfällt es freilich in Nationalstaaten, so wird sein Status zweitrangig sein.

Die Unruhen, die mit dem Entstehen einer neuen Weltordnung Hand in Hand gehen, resultieren zum Teil aus der Tatsache, daß mindestens drei Formen von Staaten, die sich allesamt »Nation« nennen, aufeinander einwirken, dabei jedoch im Grunde wenig mit den historischen Attributen von Nationalstaaten gemein haben.

Auf der einen Seite stehen die ethnischen Splitter aufgelöster Reiche, etwa die Nachfolgestaaten Jugoslawiens oder der Sowjetunion. Geprägt von historischen Ressentiments und dem von jeher andauernden Ringen um Identität, sind diese Staaten vor allem darum bemüht, sich in ihren alten ethnischen Rivalitäten zu behaupten; das Zustandekommen einer internationalen Ordnung hingegen liegt jenseits ihres Interesses und nicht selten auch jenseits ihres Vorstellungsvermögens. Wie vor ihnen die kleineren Staaten, die in den Dreißigjährigen Krieg verwickelt waren, suchen sie allein ihre Unabhängigkeit zu bewahren, suchen ihre Macht ohne Rücksicht auf die eher kosmopolitischen Überlegungen einer internationalen politischen Ordnung auszubauen.

Einige der post-kolonialen Nationen wiederum verkörpern ein weiteres Phänomen. Ihre gegenwärtigen Grenzen sind größtenteils das Ergebnis der administrativen Willkür der Kolonialmächte: Der französische Teil Afrikas mit seiner ausgedehnten Küstenlinie beispielsweise wurde in siebzehn Verwaltungseinheiten unterteilt, aus denen in der Folgezeit Staaten geworden sind. Belgisch-Afrika – ehedem Kongo, jetzt Zaire genannt – hatte lediglich einen schmalen Zugang zum Meer und wurde daher als eine einzige Einheit regiert, obgleich es ein Gebiet umfaßt, das so groß ist wie Westeuropa. Unter solchen Umständen wurde »Staat« mitunter gleichbedeutend mit »Armee«, da diese die einzige »nationale« Institution darstellte, und wo dieser Anspruch nicht aufrechterhalten werden konnte, war nicht selten Bürgerkrieg die Folge. Würde man die im neunzehnten Jahrhundert geltenden Maßstäbe zur Definition einer Nation oder die Wilsonschen Prinzipien der Selbstbestimmung auf diese Länder anwenden, dann wäre eine radikale und unvorhersehbare Neubestimmung der Grenzen unvermeidlich. Für sie besteht die Alternative zum territorialen Status quo oftmals nur in endlosen, brutalen Bürgerkriegen.

Schließlich haben wir es mit den Staaten kontinentalen Typs zu tun, die möglicherweise die Säulen der neuen Weltordnung darstellen werden. Die indische Nation, hervorgegangen aus der britischen Kolonialherrschaft, vereinigt eine Vielzahl von Sprachen, Religionen, Nationalitäten in sich. Da sie für religiöse und ideologische Strömungen in den Nachbarstaaten weitaus empfänglicher ist, als es die europäischen Nationen des neunzehnten Jahrhunderts waren, ist die Trennlinie zwischen ihrer Außen- und Innenpolitik entschieden dünner; auch verläuft sie anders, als sie bei diesen verlief. Auch China stellt ein Konglomerat aus verschiedenen Sprachen dar, das von einer gemeinsamen Schrift, Geschichte und Kultur zusammengehalten wird: Es ist jetzt das, was Europa hätte werden können, wenn es die Religionskriege des siebzehnten Jahrhunderts nicht gegeben hätte, und wozu es sich nunmehr vielleicht entwickelt, falls die Europäische Union die Hoffnungen erfüllt, die ihre Befürworter in sie setzen. Doch auch die beiden Supermächte des Kalten Krieges waren niemals Nationalstaaten im europäischen Sinne. Amerika gelang es, aus einer vielfältigen Mischung von Nationen eine eigene Kultur zu schaffen; die Sowjetunion ihrerseits war ein aus vielen Nationalitäten zusammengesetztes Reich, und ihre Nachfolgestaaten, insbesondere die Russische Föderation, sind gegenwärtig hin- und hergerissen zwischen Auflösung und Wiederherstellung dieses Reiches – ähnlich wie das Habsburger- und das Osmanische Reich im neunzehnten Jahrhundert.

All das hat die Substanz und die Methoden, vor allem aber die Tragweite der internationalen Beziehungen grundlegend verändert. Bis zur Moderne verfolgten die Kontinente ihre Interessen weitgehend unabhängig voneinander, und es wäre unmöglich gewesen, die Macht Frankreichs gegen die Macht Chinas aufzuwiegen, da es zwischen beiden Ländern keine wechselseitige Beeinflussung gab. Nachdem sich jedoch die Reichweite der technischen Erfindungen ausgedehnt hatte, wurde die Zukunft der anderen Kontinente vom Konzert der europäischen Mächte bestimmt. Das war etwas radikal Neues: Nie zuvor hat es eine internationale Ordnung gegeben, deren Machtzentren um den gesamten Globus verteilt waren, und ebensowenig waren Staatsmänner je zuvor gezwungen gewesen, bei ihren diplomatischen Bemühungen den Umstand zu berücksichtigen, daß Politiker und die Öffentlichkeit gleichzeitig und unmittelbar von den Ereignissen erfuhren.

Angesichts der Tatsache, daß es immer mehr Staaten gibt, deren Interaktionsmöglichkeiten zugleich unablässig größer werden, stellt sich die Frage nach den Prinzipien, die der Organisation einer neuen Weltordnung zugrunde liegen sollten. Ist es angesichts der Komplexität des neuen internationalen Systems möglich, daß Wilsonsche Konzepte wie die »Verbreitung von Demokratie« der amerikanischen Außenpolitik weiterhin als Leitlinien und als Ersatz für die Eindämmungsstrategie des Kalten Krieges dienen? Fest zumindest steht, daß diese Konzepte weder uneingeschränkt erfolgreich noch ein absoluter Fehlschlag gewesen sind. Manche der brillantesten diplomatischen Leistungen des zwanzigsten Jahrhunderts wurzeln ja ohne Frage im Idealismus Woodrow Wilsons: der Marshall-Plan, die tapfere Verpflichtung, dem Kommunismus entgegenzutreten, die Verteidigung eines freien Westeuropa, ja sogar der unglückselige Völkerbund und seine Nachfolgeorganisation, die Vereinten Nationen.

Zugleich aber hat der Wilsonianismus eine Fülle von Problemen geschaffen. Das kritiklose Eintreten für ethnische Selbstbestimmung, das die Vierzehn Punkte aufs Schild gehoben hatte, ließ die wahren Machtverhältnisse ebenso wie jene destabilisierenden Auswirkungen ethnischer Gruppen unberücksichtigt, die nichts anderes als angestaute Rivalitäten und alte Haßgefühle verfolgen, und das Versäumnis, den Völkerbund auch in militärischer Hinsicht handlungsfähig zu machen, unterstreicht die Problematik, die Wilsons Vorstellung von kollektiver Sicherheit innewohnte. Der kraftlose Briand-Kellogg-Pakt von 1928, mit dem die Nationen auf den Krieg als politisches Mittel verzichteten, zeigte die Grenzen von Einschränkungen auf, die ausschließlich rechtlicher Natur sind. In der Welt der Diplomatie ist ein geladenes Gewehr oftmals wirkungsvoller als ein juristischer Schriftsatz; Hitler hat dafür den Beweis angetreten. Und so hat Wilsons an die Amerikaner gerichteter Appell, im Namen der Demokratie voranzuschreiten, sein Land zu Taten von großer schöpferischer Kraft inspiriert, aber auch zu so katastrophalen Kreuzzügen wie dem Krieg in Vietnam geführt.

Das Ende des Kalten Krieges hat etwas hervorgebracht, was Beobachter eine »unipolare« oder »one superpower«-Welt nennen. Gleichwohl befinden sich die Vereinigten Staaten zur Zeit keineswegs in einem höheren Grade in der Lage, die internationale Tagesordnung zu bestimmen, als zu Beginn des Kalten Kriegs. Amerika mag in den vergangenen zehn Jahren an Überlegenheit gewonnen haben; doch ist die Macht heute auch breiter gestreut. Tatsächlich haben deshalb die Möglichkeiten der USA, ihre Macht einzusetzen, um den Rest der Welt nach ihren Wünschen zu formen, sogar abgenommen.

Durch den Sieg im Kalten Krieg ist es wesentlich schwieriger geworden, den Wilsonschen Traum von weltweiter kollektiver Sicherheit in die Tat umzusetzen. Da keine Macht existiert, die zu globaler Herrschaft noch in der Lage wäre, nehmen die führenden Nationen Bedrohungen des Friedens nicht mehr auf dieselbe Weise wahr, und ebensowenig sind sie bereit, dieselben Risiken einzugehen, um einer erkannten Bedrohung entgegenzutreten (siehe Kapitel 10, 11, 15 und 16). Die Weltgemeinschaft ist wohl willens, für den *Erhalt* des Friedens zusammenzuarbeiten; das freilich bedeutet nichts anderes, als bestehende Abkommen zu überwachen, die von keiner der Parteien in Frage gestellt werden. Dagegen hat man sich als überaus zurückhaltend erwiesen, wenn es darum geht, Frieden zu *schaffen* und konkrete Angriffe auf die internationale Ordnung abzuwehren, ein Umstand, der kaum überraschen kann, haben doch bislang noch nicht einmal die Vereinigten Staaten ein klares Konzept entwickelt, wem sie sich in der Welt nach dem Kalten Krieg widersetzen oder wogegen sie ankämpfen wollen.

Wilsons Lehren, nimmt man sie als außenpolitischen Ansatz, gehen davon aus, daß Amerika mit außergewöhnlichen Wesensmerkmalen ausgestattet ist, die sich ebenso in unvergleichlicher Tugendhaftigkeit wie in unvergleichlicher Macht ausdrücken. Die Vereinigten Staaten waren damals von ihrer Stärke und von den Vorzügen ihrer Zielsetzungen so überzeugt, daß sie sich vorstellen konnten, überall auf der Welt für ihre Werte zu kämpfen; mithin ist der amerikanische Exzeptionalismus der notwendige Ausgangspunkt für eine Außenpolitik Wilsonscher Prägung.

Nun aber nähert sich das einundzwanzigste Jahrhundert. Überall auf der Welt sind ungeheure Kräfte am Werk, die Amerika mit der Zeit weniger außergewöhnlich erscheinen lassen werden. Und wenn die USA auch, was die absehbare Zukunft anbelangt, militärisch konkurrenzlos bleiben werden, wird doch der Wunsch der Amerikaner, diese Macht bei den unzähligen Konflikten, denen sich die Welt in den kommenden Jahrzehnten mit großer Wahrscheinlichkeit gegenübersehen wird – Bosnien, Somalia, Haiti –, auch einzusetzen, eine konzeptionelle Herausforderung von grundsätzlichen Ausmaßen für die amerikanische Außenpolitik nach sich ziehen. Mit einiger Gewißheit werden die Vereinigten Staaten auch in ökonomischer Hinsicht bis weit in das kommende Jahrhundert hinein die weltweit einflußreichste Nation darstellen, und doch werden auch Wohlstand und all die Technologien, die Wohlstand ermöglichen, künftig immer breiter verteilt sein: Amerika wird sich einer wirtschaftlichen Konkurrenz stellen müssen, die es während des Kalten Krieges nicht gegeben hat.

Die USA werden die größte und die mächtigste Nation sein, aber ebenbürtige Partner an ihrer Seite haben; sie werden ein *primus inter pares* sein und doch eine Nation wie jede andere. Der amerikanische Exzeptionalismus, unentbehrlicher Bestandteil einer Außenpolitik Wilsonscher Prägung, wird im kommenden Jahrhundert wahrscheinlich an Bedeutung verlieren.

Die Amerikaner sollten eine solche Entwicklung indessen nicht als Demütigung, als Zeichen des Niedergangs betrachten. Schließlich waren die Vereinigten Staaten während des größten Teils ihrer Geschichte tatsächlich eine Nation unter anderen, nicht eine überlegene Supermacht. Schon deshalb sollte das Entstehen anderer Machtzentren – in Westeuropa, in Japan und China – Amerika nicht erschrecken, ist es doch seit dem Marshall-Plan das erklärte Ziel Washingtons gewesen, die Ressourcen dieser Welt zu teilen und andere Gesellschaften und wirtschaftliche Systeme in ihrer Entwicklung zu fördern.

Wenn aber die Wilsonschen Prämissen an Bedeutung verlieren, wenn die Gebote Wilsonscher Außenpolitik – kollektive Sicherheit, die Bekehrung des Gegners zur amerikanischen Denkungsart, ein internationales System, das Streitigkeiten auf rechtlichem Wege beilegt, und die bedingungslose Unterstützung des Selbstbestimmungsrechts der Völker – im nächsten Jahrhundert immer weniger anwendbar sind, auf welche Prinzipien werden die Vereinigten Staaten dann ihre Außenpolitik stützen? Die Geschichte bietet keinen Leitfaden, nicht einmal wirklich befriedigende Analogien. Doch Geschichte lehrt durch Beispiele, und wenn Amerika sich jetzt in fremde Gewässer begibt, wird es gut daran tun, die Zeit vor Woodrow Wilson und dem »amerikanischen Jahrhundert« auf Fingerzeige für die kommenden Jahrzehnte zu untersuchen.

Richelieus Konzept der »Raison d'état«, der Gedanke also, daß die Interessen des Staates stets die Mittel rechtfertigen, die zu deren Umsetzung notwendig sind, hat bei den Amerikanern von jeher Widerwillen geweckt. Das bedeutet allerdings keineswegs, daß die Vereinigten Staaten die »Raison d'état« niemals praktiziert hätten; vielmehr hat es für eine Politik im Sinne Richelieus auch in Amerika zahlreiche Beispiele gegeben, von den Gründungsvätern zur Zeit der Unabhängigkeitserklärung und ihren schlauen Geschäften mit den europäischen Mächten bis hin zu jener zielstrebigen

Expansion nach Westen, die man damals als »manifest destiny«, als offenkundige Bestimmung, gerechtfertigt hat. Gleichwohl haben die Amerikaner es immer vermieden, der Öffentlichkeit ihr Eigeninteresse einzugestehen. Ganz gleich, ob es um regionale Konflikte oder Weltkriege ging: Die führenden Politiker in Washington haben stets behauptet, im Namen von Prinzipien und nicht im eigenen Interesse zu handeln.

Wer immer sich mit der europäischen Geschichte auseinandersetzt, wird das Konzept des Kräftegleichgewichts uneingeschränkt einleuchtend finden. Und dennoch: Das Gleichgewicht der Kräfte ist, genau wie die »Raison d'état«, eine Entwicklung der vergangenen zwei Jahrhunderte, ursprünglich propagiert von Wilhelm III., König von England, der dem expansionistischen Schwung Frankreichs Einhalt gebieten wollte. An sich war die Vorstellung einer Koalition schwächerer Staaten als Gegengewicht zu einem starken natürlich nicht sonderlich bemerkenswert; das Gleichgewicht der Kräfte freilich verlangt ein ständiges Austarieren, eine unablässige, komplizierte Abstimmung.

Im kommenden Jahrhundert werden die amerikanischen Politiker ein Konzept für die nationalen Interessen ihres Landes entwickeln müssen. Sie werden es der Öffentlichkeit zu präsentieren haben, und sie werden erklären müssen, wie diesem Interesse – in Europa wie in Asien – durch die Aufrechterhaltung des Gleichgewichts der Kräfte gedient ist. Die Vereinigten Staaten werden Partner benötigen, um das Gleichgewicht in den unterschiedlichsten Regionen der Welt zu bewahren; diese Partner wird man nicht immer allein auf der Grundlage moralischer Erwägungen auswählen können. Eine klare, eindeutige Definition der nationalen Interessen muß dann in gleichem Maße zur grundlegenden Richtschnur der amerikanischen Politik werden.

Das internationale System, das am längsten Bestand hatte, ohne von einem größeren Krieg unterbrochen zu werden, war dasjenige, das aus dem Wiener Kongreß hervorging. Es verband Legitimität und Gleichgewicht, gemeinsame Wertvorstellungen und eine der »balance of power« angepaßte Diplomatie. Gemeinsame Werte beschränkten das Ausmaß der Forderungen einzelner Nationen, während das Gleichgewicht wiederum die Möglichkeit begrenzte, auf solchen Forderungen zu bestehen. Im zwanzigsten Jahrhundert hat Amerika zweimal den Versuch unternommen, eine Weltordnung zu schaffen, die nahezu ausschließlich auf seinen eigenen Wertvorstellungen beruhte, und betrachtet man die positiven Seiten unserer heutigen Welt, dann hat es Heldenhaftes geleistet. Nach dem Kalten Krieg allerdings können Wilsons Lehren nicht mehr die einzige Grundlage für die internationale Politik sein.

Die Vereinigten Staaten werden auch weiterhin vorrangig darum bemüht sein, die Demokratie zu fördern; gleichwohl ist es notwendig, die Hindernisse zu erkennen, denen das Land just in dem Augenblick gegenübersteht, da seine Anschauungen allem Anschein nach triumphiert haben. Westlichen politischen Denkern ging es in erster Linie immer darum, die Macht der Zentralgewalt zu beschränken, während die politische Theorie in den meisten anderen Gesellschaften eher darauf zielte, die Macht des Staates zu stützen: Nirgendwo sonst hat man in vergleichbarem Ausmaß auf der Erweiterung persönlicher Freiheit bestanden. Denn die Demokratie westlicher Prägung ist in Gesellschaften entstanden, die kulturell homogen waren und über eine lange, gemeinsame Geschichte verfügten; ja selbst die Vereinigten Staaten mit ihrem Nationalitätengemisch haben eine starke kulturelle Identität entwickelt. Die Gesellschaft, und in gewisser Hinsicht auch die Nation, ist hier dem Staat vorausgegangen; sie ist nicht erst von ihm erschaffen worden. Vor einem solchen Hintergrund repräsentieren politische Parteien Varianten eines grundsätzlichen Konsenses: Die Minderheiten von heute sind möglicherweise die Mehrheiten von morgen.

In den meisten anderen Teilen der Welt hingegen ist der Staat der Nation vorausgegangen, ja oftmals war er – und oftmals blieb er – das einzige strukturierende Element. Wo sie überhaupt existieren, spiegeln politische Parteien dort infolgedessen relativ feststehende, gewöhnlich von kleineren Volksgruppen geprägte Identitäten wider, und an Minderheiten und Mehrheiten ändert sich kaum etwas. In solchen Gesellschaften dreht sich der politische Prozeß schlicht um die Herrschaft, nicht um Amtswechsel, die sich höchstens per Staatsstreich, nicht aber auf dem Wege verfassungsgemäßer Verfahren ereignen. Das Modell der loyalen Opposition – Wesen der modernen Demokratie – setzt sich selten durch. Viel häufiger wird Opposition als Bedrohung des nationalen Zusammenhalts betrachtet, mit Verrat gleichgesetzt und gnadenlos unterdrückt.

Die Demokratie westlichen Zuschnitts setzt, mit anderen Worten, einen Wertekonsens voraus, der der Parteilichkeit Grenzen zieht: Amerika würde sich untreu werden, würde es nicht auf der universellen Anwendbarkeit des freiheitlichen Gedankens bestehen. Daß die Vereinigten Staaten demokratischen Regierungen den Vorzug geben und, darüber hinaus, bereit sein sollten, einen gewissen Preis für ihre moralischen Überzeugungen zu zahlen, steht außer Frage, auch daß es einen bestimmten Ermessensspielraum zugunsten von Regierungen und Institutionen geben sollte, welche die demokratischen Werte und Menschenrechte fördern. Die Schwierigkeit liegt indes darin festzulegen, welchen Preis man dafür zu zahlen bereit ist und in welchem Verhältnis dieser zu anderen amerikanischen Prioritäten steht, beispielsweise zur nationalen Sicherheit oder zu einem umfassenden geopolitischen Gleichgewicht. Wenn Washington in seinen Ermahnungen über patriotische Rhetorik hinausgehen möchte, dann muß es ein realistisches Verständnis dessen beweisen, was es erreichen kann; es muß dafür Sorge tragen, daß die moralischen Verpflichtungen sich nicht erhöhen, während die finanziellen und militärischen Ressourcen für eine globale Außenpolitik gleichzeitig gekürzt werden. Pathetische Erklärungen, die nicht durch die Fähigkeit oder die politische Bereitschaft, sie auch durchzusetzen, ergänzt werden, werden den Einfluß der USA auch in allen anderen Angelegenheiten verringern.

Wie das Verhältnis zwischen Moral und Strategie in der amerikanischen Außenpolitik genau auszusehen hat, läßt sich abstrakt nicht beschreiben. Doch der erste Schritt zu einer Politik der Klugheit wird in der Anerkennung der Tatsache bestehen, daß diese Elemente austariert werden müssen. Wie mächtig Amerika jedoch auch sein wird: Kein Land ist fähig, dem Rest der Menschheit seine Vorlieben aufzuzwingen; und so wird es darum gehen müssen, Prioritäten zu setzen. Denn selbst wenn die Grundlagen dafür vorhanden wären, würde ein undifferenzierter Wilsonianismus keine Unterstützung mehr finden, sobald die amerikanische Öffentlichkeit klar erkannt hat, wo ihre logischen Verpflichtungen liegen. Andernfalls werden die Lehren Wilsons zu Schlagworten verkommen, mit deren Hilfe man sich schwierigen geopolitischen Fragen entziehen kann, indem man sich auf Verlautbarungen beschränkt und Risiken vermeidet. In der amerikanischen Politik droht somit ein Graben aufzureißen zwischen Absichten und tatsächlicher Handlungsbereitschaft, und die nahezu unvermeidliche Ernüchterung, die den Amerikanern bevorsteht, könnte sich allzu leicht in eine Entschuldigung für den vollständigen Rückzug aus den internationalen Angelegenheiten verwandeln.

In der Welt nach dem Kalten Krieg benötigt der amerikanische Idealismus infolgedessen die Triebkraft geopolitischer Analyse: Nur dann wird Amerika in einer komplexer gewordenen Welt seinen Weg finden. Das wird nicht leicht sein. Die Vereinigten Staaten haben sich einem dominanten Auftreten selbst zu einer Zeit verweigert, da sie noch über das Atomwaffenmonopol verfügten, und sie haben das Gleichgewicht der Kräfte auch dann abgelehnt, als sie, wie während des Kalten Krieges, faktisch eine an Einflußsphären orientierte Diplomatie betrieben haben. Im einundzwanzigsten Jahrhundert werden die Amerikaner genau wie andere Nationen lernen müssen, zwischen dem Notwendigen und dem Möglichen zu navigieren, zwischen den unveränderlichen Konstanten internationaler Beziehungen und jenen Elementen, die dem politischen Ermessen überlassen bleiben.

Wo immer aber das Gleichgewicht zwischen Werten und Notwendigkeiten sich auch einpendeln wird: Außenpolitik muß zunächst einmal eine Definition dessen finden, was das lebenswichtige Interesse eines Staates ausmacht – eine Veränderung der internationalen Landschaft etwa, welche die nationale Sicherheit so stark zu unterwandern droht, daß man ihr entgegentreten muß, ganz unabhängig davon, welche Form die Bedrohung annimmt und wie gerechtfertigt sie aus anderer Perspektive auch erscheinen mag. In seiner besten Zeit wäre Großbritannien einen Krieg eingegangen, um die Besetzung der niederländischen Kanalhäfen zu verhindern, selbst wenn diese von einer von Heiligen regierten Großmacht übernommen worden wären. Über weite Strecken der amerikanischen Geschichte diente die Monroe-Doktrin als praktikable Definition des nationalen Interesses Amerikas. Seit Woodrow Wilsons Eintritt in den Ersten Weltkrieg haben die Vereinigten Staaten es jedoch vermieden, ihr nationales Interesse zu definieren, und zwar mit dem Argument, sie stellten sich nicht Veränderungen als solchen entgegen, sondern nur der Anwendung von Gewalt. Keine dieser beiden Definitionen ist heute mehr angemessen: Die Monroe-Doktrin ist zu restriktiv, der Wilsonianismus zu vage und zu legalistisch. Die Kontroverse, die fast jede amerikanische Militäraktion nach dem Kalten Krieg begleitete, zeigt, daß es einen tragfähigen Konsens darüber, wo die Vereinigten Staaten die Linie ziehen sollten, noch nicht gibt. Dies zu bewerkstelligen, ist eine der größten Herausforderungen für die Führung des Landes.

Geopolitisch betrachtet, ist Amerika eine Insel weitab der riesigen Landmasse Eurasiens, dessen Ressourcen und Bevölkerung die der Vereinigten Staaten bei weitem übertreffen. Und nach wie vor ist die Beherrschung einer der beiden Hauptsphären Eurasiens – Europas also und Asiens – durch eine einzige Macht eine gute Definition für die strategische Gefahr, der sich die Vereinigten Staaten einmal gegenübersehen könnten, gleichviel, ob unter den Bedingungen eines Kalten Krieges oder nicht. Denn ein solcher Zusammenschluß wäre imstande, die USA wirtschaftlich und letztlich auch militärisch zu überflügeln, eine Gefahr, der es selbst dann entgegenzutreten gälte, wenn die dominante Macht offenkundig freundlich gesinnt wäre. Sollten sich deren Absichten nämlich jemals ändern, dann stieße sie auf eine amerikanische Nation, deren Fähigkeit zu wirkungsvollem Widerstand sich erheblich vermindert hätte und die folglich immer weniger in der Lage wäre, die Ereignisse zu beeinflussen.

Die Vereinigten Staaten wurden in den Kalten Krieg getrieben, weil sie sich der Bedrohung durch den sowjetischen Expansionismus gegenübersahen. Viele der Erwartungen, die man heute, nach dem Ende des Kalten Krieges, in den USA hegt, sind darauf gegründet, daß die kommunistische Bedrohung verschwunden ist. Die sowjetische Feindseligkeit hat die Haltung Washingtons gegenüber der globalen Ordnung bestimmt und zur Eindämmungspolitik geführt; heute wird das amerikanische Denken in ganz ähnlicher Weise von den Reformbemühungen in Rußland beherrscht. Amerikanische Politik beruht auf der Prämisse, daß nur ein durch Demokratie gezügeltes Rußland, das seine Energien in die Entwicklung der Marktwirtschaft steckt, eine Gewähr für den Frieden bieten könne. Insofern sehen die Vereinigten Staaten es als ihre vorrangige Aufgabe an, die russischen Reformen zu unterstützen, und zwar mit Mitteln, die eher auf den Erfahrungen des Marshall-Plans beruhen als auf traditionellen Mustern von Außenpolitik.

Bei keinem anderen Land war die amerikanische Politik so nachhaltig darauf gerichtet, eher die Absichten als die Möglichkeiten oder die tatsächliche Politik einzuschätzen. Franklin D. Roosevelts Hoffnungen auf eine friedliche Nachkriegswelt gründeten sich vor allem auf eine gemäßigtere Haltung Stalins, und während des Kalten Krieges setzte sich die Strategie Washingtons – die Eindämmung – erklärtermaßen das Ziel, die sowjetischen Intentionen zu ändern: Die Debatte darüber war in der Regel von der Frage geprägt, ob der erwartete Wandel der sowjetischen Intentionen bereits eingetreten sei oder nicht. So kommt es, daß von allen Nachkriegspräsidenten einzig Nixon die Sowjetunion durchweg als eine geopolitische Gefahr behandelt hat; selbst Reagan setzte ja große Hoffnungen in einen Sinneswandel des Kreml. Kein Wunder also, daß man nach dem Zusammenbruch des Kommunismus annahm, alle feindlichen Absichten seien verschwunden, und daß die amerikanische Politik nach dem Kalten Krieg so betrieben wurde, als ob traditionelle außenpolitische Erwägungen nicht länger Geltung hätten. Schließlich kennt die Wilsonsche Tradition keine widerstreitenden Interessen.

Experten auf dem Gebiet der Geopolitik und der Geschichte werden ein gewisses Unbehagen ob der Einseitigkeit dieses Ansatzes empfinden. Sie werden befürchten, daß die USA – indem sie ihre Fähigkeiten, die innere Entwicklung Rußlands zu beeinflussen, überschätzen – Gefahr laufen, sich unnötigerweise in die internen Kontroversen Moskaus einzumischen, dadurch nationalistische Gegenströmungen erzeugen und die eigentlichen Aufgaben der Außenpolitik am Ende vernachlässigen. Statt dessen würden die Fachleute eher eine Politik unterstützen, die darauf zielt, Rußlands traditionelle Wildheit zu zähmen, und sich daher vermutlich für Wirtschaftshilfe und mehr Zusammenarbeit in Fragen der Weltpolitik einsetzen. Sie würden argumentieren, daß Rußland – gleichviel, von wem es regiert wird – unverrückbar auf jenem Gebiet sitzt, das Halford Mackinder das geopolitische Herzland genannt hat, und daß es der Nachkomme einer der mächtigsten imperialen Traditionen überhaupt ist.[3] Und selbst wenn die angekündigte moralische Wandlung tatsächlich eintreten sollte, würde sie Zeit brauchen. Amerika aber sollte diese Zeit nutzen, um sich vor Verlusten zu schützen.

Auch sollte Washington nicht erwarten, daß die Wirtschaftshilfe für Rußland dieselben Resultate wie seinerzeit die Marshall-Plan-Hilfe zeitigt. Das Westeuropa der unmittelbaren Nachkriegszeit verfügte über ein funktionierendes Marktsystem, festgefügte Verwaltungsapparate und – jedenfalls in den meisten Ländern – über demokratische Traditionen. Aufgrund der militärischen und ideologischen Bedrohung seitens der Sowjetunion war Westeuropa damals überdies an die Vereinigten Staaten gebunden. Geschützt durch die Atlantische Allianz, konnte mittels wirtschaftlicher Reform eine bereits vorgegebene geopolitische Struktur wiederhergestellt werden; dank des Marshall-Plans konnte Europa seine traditionellen Regierungsgewalten erneut etablieren.

In Rußland hingegen gibt es nach dem Kalten Krieg nirgendwo vergleichbare Voraussetzungen. Linderung von Not und Ermunterung zu Wirtschaftsreformen sind wesentliche Instrumente amerikanischer Außenpolitik; gleichwohl können sie nicht den ernsthaften Versuch ersetzen, die globale Machtbalance gegenüber einem Land mit langer expansionistischer Geschichte zu wahren.

Heute befindet sich das riesige russische Reich, entstanden und gewachsen über zwei Jahrhunderte, in einer Phase der Auflösung, die in vielerlei Hinsicht den Jahren zwischen 1917 und 1923 gleicht. Von dieser Periode allerdings erholte sich das Land, ohne seinen traditionellen Expansionismus zu unterbrechen. Den Niedergang eines großen Reiches in den Griff zu bekommen ist dagegen eine der anspruchsvollsten diplomatischen Aufgaben. Die Diplomatie des neunzehnten Jahrhunderts verlangsamte den Verfall des Osmanischen Reiches: Sie verhinderte, daß die Entwicklung sich zu einem allgemeinen Krieg auswuchs; die Diplomatie des zwanzigsten Jahrhunderts war nicht imstande, die Folgen der Auflösung Österreich-Ungarns in Grenzen zu halten. Der Zusammenbruch eines Reiches aber erzeugt in aller Regel zwei Arten von Spannungen: einerseits Versuche der Nachbarländer, die Schwäche des imperialen Zentrums auszunutzen, andererseits Bemühungen des zusammenbrechenden Landes, seine Autorität an der Peripherie wiederherzustellen.

Beide Prozesse sind heute in den Folgestaaten der früheren Sowjetunion zu beobachten. Iran und die Türkei etwa versuchen, ihre Rolle in den zentralasiatischen Republiken, deren Bevölkerung weitgehend muslimisch ist, auszubauen. Der entscheidende geopolitische Vorstoß indessen ging von Rußland aus, als es versuchte, seine Vorherrschaft in den ehedem von Moskau kontrollierten Gebieten wiederherzustellen. Im Namen der Friedenserhaltung möchte Rußland wieder eine Art russischer Schutzherrschaft durchsetzen, was von den Vereinigten Staaten, die auf die guten Absichten einer »reformistischen« Regierung setzen und zögern, sich eine geopolitische Strategie entschlossen zu eigen zu machen, bislang gebilligt wurde. Die USA haben daher wenig unternommen, um den Nachfolgerepubliken – die baltischen Staaten einmal ausgenommen – zu internationaler Anerkennung zu verhelfen. Nur vereinzelt gab es Besuche höherer amerikanischer Regierungsvertreter; die Hilfeleistungen sind minimal; selbst die Aktivitäten der russischen Militärs in diesen Ländern, geschweige denn deren Präsenz, werden nur selten in Frage gestellt. De facto wird Moskau als das imperiale Zentrum betrachtet, für das es sich selber hält.

Das liegt zum Teil daran, daß Washington mit den beiden Revolutionen, die augenblicklich auf dem Boden der früheren Sowjetunion stattfinden – der antikommunistischen und der antiimperialistischen –, so umgeht, als wären sie ein und dasselbe Phänomen. Tatsächlich jedoch haben die Entwicklungen ganz unterschiedliche Stoßrichtungen. Die antikommunistische Revolution stieß im früheren Machtbereich des Kreml fast ausnahmslos auf breite Unterstützung; die antiimperialistische Revolution hingegen, die sich gegen die Vorherrschaft Rußlands richtet, ist zwar in den nicht-russischen Republiken ungemein populär, innerhalb der Russischen Föderation aber außerordentlich unbeliebt. Denn da die politisch Verantwortlichen in Rußland historisch ihrem Staat stets eine »zivilisatorische« Mission zumaßen (siehe Kapitel 7 und 8), weigert sich die überwiegende Mehrheit der führenden Köpfe Rußlands, ganz unabhängig von ihrer politischen Couleur, den Zusammenbruch des Sowjetreichs oder die Legitimität seiner Folgestaaten – insbesondere der Ukraine, die die Wiege der russischen Orthodoxie ist – zu akzeptieren. Selbst Alexander Solschenizyn, der schreibt, daß sich Rußland des Ballasts widerspenstiger ausländischer Untergebener entledigen sollte, empfiehlt Moskau, an einer Kerngruppe festzuhalten, bestehend aus der Ukraine, Weißrußland und fast der Hälfte Kasachstans[4], mithin annähernd neunzig Prozent des ehemaligen Imperiums. Mit anderen Worten: Nicht jeder Antikommunist auf dem Gebiet der früheren Sowjetunion ist ein Demokrat, und nicht jeder Demokrat ist ein Gegner des russischen Imperialismus.

Eine realistische Politik müßte zur Kenntnis nehmen, daß selbst die zu Reformen geneigte Regierung unter Boris Jelzin in den meisten früheren Sowjetrepubliken – allesamt Mitglieder der Vereinten Nationen – auch weiterhin Truppen belassen hat, und dies fast durchgehend gegen den ausdrücklichen Wunsch der dortigen Regierungen. Hinzu kommt, daß diese Streitkräfte in zahlreichen Republiken an Bürgerkriegen beteiligt sind und daß der russische Außenminister wiederholt ein Konzept vorgeschlagen hat, dem zufolge allein Rußland für die Friedenserhaltung im »benachbarten Ausland« sorgen solle – was kaum von dem Versuch zu unterscheiden ist, die Vorherrschaft Moskaus wiederherzustellen. So werden Friedensaussichten, die langfristig von der Entwicklung der Reformen in Rußland abhängig sind, kurzfristig davon bestimmt werden, ob man die russischen Armeen bewegen kann, zu Hause zu bleiben oder nicht. Sollten sie in Europa oder im Nahen Osten erneut entlang der Grenze des alten Reiches auftauchen, wird die historische, aus Furcht und gegenseitigem Argwohn bestehende Spannung zwischen Rußland und seinen Nachbarn ohne Zweifel wiederaufleben (siehe Kapitel 6 und 7).

Natürlich hat Rußland im »benachbarten Ausland«, wie man in Moskau sagt – in den Republiken der ehemaligen Sowjetunion also –, besondere Sicherheitsinteressen, entschieden mehr als in den Ländern jenseits des alten Reiches. Gleichwohl ist es für die Erhaltung des Weltfriedens unabdingbar, daß diese Interessen ohne Druck des Militärs und ohne einseitige Militärinterventionen befriedigt werden. Die Schlüsselfrage lautet daher, ob die Welt Rußlands Beziehungen zu den neuen Republiken als ein internationales Problem betrachtet, das den althergebrachten Regeln der Außenpolitik unterliegt, oder ob man diese als Angelegenheit einseitiger Entscheidungen Moskaus ansieht, welche die Vereinigten Staaten, wenn überhaupt, durch Appelle an den guten Willen der russischen Führer zu beeinflussen suchen. In bestimmten Regionen, beispielsweise in den vom islamischen Fundamentalismus bedrohten Republiken Zentralasiens, sind die nationalen Interessen Rußlands und der Vereinigten Staaten vermutlich ähnlich gelagert – zumindest was den Widerstand gegen den iranischen Fundamentalismus betrifft. Hier wäre eine Zusammenarbeit mithin durchaus denkbar, solange sie nicht als Grundlage für die Rückkehr zum traditionellen russischen Imperialismus dient.

Zum gegenwärtigen Zeitpunkt freilich sind die Chancen für eine Demokratisierung in Rußland nach wie vor ungewiß. Es ist nicht abzusehen, ob Rußland, selbst wenn es demokratisch würde, eine Politik betreiben wird, die zur internationalen Stabilität beiträgt. In seiner ganzen dramatischen Geschichte marschierte Rußland stets nach einem anderen Rhythmus als der Rest der westlichen Welt. Es gab dort nie eine unabhängige Kirche; Reformation und Aufklärung, das Zeitalter der Entdeckungen und die moderne Marktwirtschaft sind an diesem Land vorbeigegangen, und nur ganz wenige Politiker verfügen über Erfahrungen mit der Demokratie, zumal fast alle Entscheidungsträger Rußlands – wie auch der neuen Republiken – im Kommunismus hohe Ämter innehatten. Es war deshalb keineswegs ihr erster Impuls, für Pluralismus einzutreten, und vielleicht ist es auch nicht ihr letzter.

Hinzu kommt, daß sich der Übergang von der zentralen Planwirtschaft zur Marktwirtschaft, wo immer er ins Auge gefaßt wurde, als äußerst schmerzhaft erwies. Russische Manager haben keine Erfahrung mit Märkten und Anreizen; die Arbeiter haben ihre Motive verloren; die Minister mußten sich niemals mit Finanzpolitik befassen. So ist Stagnation, ja sogar wirtschaftlicher Niedergang eine fast unausbleibliche Folge: Bislang ist es keiner zentralen Planwirtschaft gelungen, den Übergang zur Marktwirtschaft ohne peinvolle Engpässe zu vollziehen. Verschärft wird das Problem durch die Radikalkur, die so viele amerikanische Experten auf dem Weg zur Marktwirtschaft empfahlen. Die Unzufriedenheit mit den sozialen und ökonomischen Kosten des Übergangs aber führte dazu, daß die Kommunisten in den post-kommunistischen Ländern Polen, Slowakei und Ungarn erneut beträchtliche Erfolge erzielen; ja bei den russischen Parlamentswahlen im Dezember 1993 kamen die kommunistischen und nationalistischen Parteien zusammen auf annähernd fünfzig Prozent der Stimmen.

Indessen könnten auch ernstzunehmende Reformer versucht sein, im russischen Nationalismus eine reinigende Kraft zur Durchsetzung ihrer Ziele zu sehen. In Rußland hatte der Nationalismus ja seit jeher missionarischen und imperialen Charakter, und wenn die Psychologen sich auch darüber streiten mögen, ob der Grund hierfür in einem tiefverwurzelten Gefühl der Unsicherheit oder in angeborener Aggressivität zu suchen ist – für die Opfer der russischen Expansion hat diese Unterscheidung rein akademischen Charakter. In Rußland gehen Demokratisierung und eine zurückhaltende Außenpolitik nicht notwendigerweise Hand in Hand. Die

Behauptung, der Frieden sei vor allem durch innenpolitische Reformen zu sichern, findet deshalb in Osteuropa, Skandinavien oder China so wenig Anhänger, und deshalb auch ist Polen, der Tschechischen Republik, der Slowakei und Ungarn so viel daran gelegen, der Atlantischen Allianz beizutreten.

Ein an außenpolitischen Überlegungen orientiertes Vorgehen würde versuchen, ein Gegengewicht zu absehbaren Entwicklungen zu schaffen, und nicht alles auf die eine Karte innerer Reformen setzen. Vielmehr wäre man bestrebt, parallel zur Unterstützung der freien Marktwirtschaft und der Demokratie in Rußland auch die Hemmnisse für diesen russischen Expansionsdrang zu erhöhen. Mit gutem Recht könnte man argumentieren, daß die Reform in Rußland dann gestärkt würde, sollte sich das Land – zum ersten Mal in seiner Geschichte – auf die Entwicklung seines nationalen Territoriums konzentrieren, das ja mit seiner elf Zeitzonen umfassenden Ausdehnung von Petersburg bis Wladiwostock nicht gerade Grund zur Platzangst gibt.

Seit dem Ende des Kalten Krieges hat sich die amerikanische Politik gegenüber dem post-kommunistischen Rußland vor allem auf eine Art angewandte Sozialwissenschaft gestützt, die ganz auf einzelne Politiker abgestimmt war. Während der Bush-Administration war dies Michail Gorbatschow, unter Clinton ist es Boris Jelzin. Da man meinte, sie seien der Demokratie verpflichtet, wurden beide als persönliche Garanten einer friedlichen russischen Außenpolitik und der Integration Rußlands in die internationale Gemeinschaft behandelt, und so bedauerte Bush die Auflösung von Gorbatschows UdSSR, während Clinton die Bemühungen zur Wiederherstellung der alten Einflußsphäre Rußlands immerhin duldet. Aus Furcht, man könnte Jelzins – und ehedem Gorbatschows – vermeintliche nationalistische Gegner provozieren, war man in Washington nicht gewillt, das traditionelle diplomatische Instrumentarium gegen die russische Politik einzusetzen.

Was die russisch-amerikanischen Beziehungen jetzt dringend benötigen, ist ein ernsthafter Dialog über Fragen der Außenpolitik. Man tut Rußland keinen Gefallen, wenn man es so behandelt, als ob es völlig immun für normale außenpolitische Erwägungen sei; denn die praktische Folge solcher Zurückhaltung kann nur sein, daß Moskau sich eines Tages genötigt sieht, einen höheren Preis für seine Politik zu zahlen – wenn es nämlich auf einen Kurs gelockt wird, von dem es kein Zurück gibt. Die politisch Verantwortlichen in den USA sollten sich daher nicht scheuen, eine offene Diskussion über die Frage zu führen, wo amerikanische und russische Interessen übereinstimmen und wo sie voneinander abweichen. Die Veteranen der internen innenpolitischen Kämpfe Rußlands sind keine Neulinge, die leicht in Verlegenheit geraten; ihr psychisches Wohlbefinden könnte durch einen nüchternen Dialog schwerlich gestört werden. Sie sind durchaus in der

Lage, eine Politik zu begreifen, die auf der gegenseitigen Respektierung des nationalen Interesses beruht, ja mit großer Wahrscheinlichkeit ist ihnen ein solches Kalkül sogar geläufiger als der Appell an abstrakte und utopische Vorstellungen.

Die Integration Rußlands in das internationale System stellt ein zentrales Problem der jetzt entstehenden internationalen Ordnung dar. Diese setzt sich aus zwei Elementen zusammen, die im richtigen Verhältnis zueinander stehen müssen: Es gilt, sowohl auf Moskaus Haltung als auch auf sein Kalkül Einfluß zu nehmen. Großzügige Wirtschaftshilfe und technische Beratung sind notwendig, um die Härten des Übergangs abzufedern, und ohne Frage sollte Rußland in Institutionen wie der Konferenz über Sicherheit und Zusammenarbeit in Europa, von welcher wirtschaftliche, kulturelle und politische Zusammenarbeit gefördert wird, Aufnahme finden. Verschließt man dagegen die Augen vor dem Wiederaufleben historischer russischer Reichsansprüche, wird man die russische Reform eher behindern als fördern. Die Unabhängigkeit der neuen Republiken, von den Vereinten Nationen anerkannt, darf nicht stillschweigend entwertet werden, indem man russisches Militär auf ihrem Territorium duldet.

Die Rußlandpolitik der Vereinigten Staaten sollte sich stärker auf langfristige Interessen, weniger auf die Schwankungen der russischen Innenpolitik konzentrieren. Wenn die amerikanische Außenpolitik der Innenpolitik Rußlands erste Priorität einräumt, dann wird sie das Opfer von Kräften werden, die sich weitgehend ihrer Kontrolle entziehen, und sämtliche Kriterien für eine objektive Beurteilung verlieren. Sollten all die Erschütterungen, die mit einem im Grunde revolutionären Prozeß einhergehen, das Maß von Außenpolitik sein? Wird sich Amerika von Rußland distanzieren, wann immer innenpolitische Verwerfungen auftreten, die es nicht billigt? Können die USA es sich leisten, Moskau und Peking gleichzeitig zu isolieren und so die chinesisch-sowjetische Allianz nur um innenpolitischer Präferenzen willen wiederaufleben zu lassen? Würde Rußland zum gegenwärtigen Zeitpunkt eine weniger aufdringliche Politik betreiben, dann würde dies langfristig auch einen stabileren Kurs erlauben.

Die Vertreter einer Richtung, die ich in Kapitel 28 als die »psychiatrische« Schule der Außenpolitik bezeichnet habe, neigen dazu, Argumente wie die hier vorgetragenen als »pessimistisch« zurückzuweisen. Sie sagen, auch Deutschland und Japan hätten sich geändert: Warum also nicht Rußland? Ebenso wahr ist aber, daß das demokratische Deutschland in den dreißiger Jahren genau die entgegengesetzte Richtung einschlug und daß jene, die sich damals auf die Absichten Berlins verließen, sich plötzlich mit seiner Schlagkraft konfrontiert sahen.

Ein Staatsmann kann den Dilemmata, mit denen er konfrontiert wird, stets dadurch entkommen, daß er günstige Prognosen für die Zukunft stellt. Seine Fähigkeiten aber bemessen sich nicht zuletzt danach, ob er in der Lage ist, auch auf ungünstige und sogar unvorhersehbare Zufälle zu reagieren.

Die neue russische Führung hat durchaus ein Recht auf Verständnis für die Nöte, die der Versuch, zwei Generationen kommunistischer Mißherrschaft zu überwinden, mit sich bringt. Doch sie hat kein Anrecht auf die Einflußsphäre, die Zaren und Kommissare dreihundert Jahre lang rund um Rußlands riesige Grenzen zu behaupten suchten. Wenn Moskau ein ernstzunehmender Partner bei der Errichtung einer neuen Weltordnung sein soll, dann muß es bereit sein, nicht nur die Vorteile der Stabilität zu genießen, sondern auch die damit verbundene Disziplin in Kauf zu nehmen.

Die amerikanische Politik, die dem, was man allgemein unter der Festlegung lebenswichtiger Interessen versteht, noch am nächsten kam, war jene, die Washington gegenüber seinen Verbündeten im atlantischen Raum vertreten hat. Der Nordatlantikpakt, obgleich gewöhnlich im Sinne Wilsons als Instrument kollektiver Sicherheit, nicht als klassisches Bündnis gerechtfertigt, war letztlich jene Institution, die die moralischen und geopolitischen Ziele der USA am besten miteinander in Einklang brachte (siehe Kapitel 16). Gegründet zu dem Zweck, die Vorherrschaft der Sowjets in Europa zu verhindern, diente die NATO zugleich der geopolitischen Zielsetzung, die europäischen und asiatischen Machtzentren davor zu bewahren, in den Herrschaftsbereich eines feindlichen Landes zu gelangen – wie immer man dergleichen auch rechtfertigen mochte.

Hätte jemand den Architekten der Atlantischen Allianz gesagt, daß ihr Sieg im Kalten Krieg Zweifel an der Zukunft ihres Werkes aufkommen lassen werde, so hätten sie ihn kaum ernst genommen. Ihnen galt es als selbstverständlich, daß der Preis für diesen Sieg eine dauerhafte atlantische Partnerschaft sein würde: Nicht zuletzt wurden im Namen dieses Zieles einige der entscheidenden politischen Schlachten des Kalten Krieges ausgetragen und gewonnen. Im Fortgang dieses Prozesses jedoch wurden die Vereinigten Staaten durch die Einrichtung ständiger Konsultationen und ein integriertes militärisches Kommandosystem an Europa gebunden, eine Bündnisstruktur, deren räumliche Reichweite und Dauer in der Geschichte der Koalitionen einmalig ist.

Die sogenannte Atlantische Gemeinschaft – ein nostalgischer Begriff, der seit dem Ende des Kalten Krieges weniger gebräuchlich ist – tritt seit dem Zusammenbruch des Kommunismus auf der Stelle. Allzu üblich ist es seitdem geworden, die Beziehungen zu Europa in ihrer Bedeutung herabzusetzen. Ungeachtet des Wertes, den Washington auf die Verbreitung von Demokratie legt, scheint man dort jenen Gesellschaften, die vergleichbare Institutionen haben und die amerikanischen Anschauungen zu Fragen der Menschenrechte und anderen Grundwerten teilen, weniger Aufmerksamkeit zu schenken als anderen Regionen der Welt. Die Begründer der atlantischen Bindung – Truman, Acheson, Marshall und Eisenhower – teilten zwar die meisten Vorbehalte, die die Amerikaner im allgemeinen gegenüber der europäischen Diplomatie hegten; dennoch übersahen sie nicht, daß Amerika ohne seine atlantischen Bindungen einer Welt gegenüberstünde, mit der es, von den Nationen der westlichen Hemisphäre abgesehen, nur wenige moralische Werte oder Traditionen teilt. Unter solchen Umständen aber wären die Vereinigten Staaten gezwungen, reine Realpolitik zu betreiben, und das wiederum wäre wohl kaum mit der amerikanischen Tradition in Einklang zu bringen.

Daß all das, was ehedem wichtigster Bestandteil amerikanischer Politik war, heute zugrunde geht, liegt zum Teil auch daran, daß man begonnen hat, die NATO als eine Selbstverständlichkeit zu betrachten, als einen Teil der Landkarte, um den man sich nicht weiter kümmern muß. Noch schwerer wiegt möglicherweise die Tatsache, daß die Generation amerikanischer Politiker, die in den letzten anderthalb Jahrzehnten an die Macht gekommen ist, vorwiegend aus dem Süden und Westen der USA stammte, Regionen, in denen die emotionalen und persönlichen Bindungen an Europa weitaus schwächer sind als im alten Establishment des Nordostens. Hinzu kommt, daß sich die amerikanischen Liberalen – gleichsam die Bannerträger des Wilsonianismus – von ihren demokratischen Verbündeten, die eher eine am nationalen Interesse ausgerichtete Politik als eine Politik kollektiver Sicherheit und der Bindung an internationale Gesetze vertreten, oft im Stich gelassen fühlten. Bosnien und der Nahe Osten gelten diesen Liberalen als Beispiele dafür, daß auch bei gemeinsamen Werten nicht in jedem Fall eine Einigung erzielt wird. Zugleich aber war der isolationistische Flügel des amerikanischen Konservatismus, die andere klassische Ausprägung des amerikanischen Exzeptionalismus, immer versucht, sich von jenem Zug europäischer Politik abzuwenden, den man als Relativismus und machiavellistische Selbstsucht verachtete.

Meinungsverschiedenheiten mit Europa haben etwas vom unangenehmen Charakter eines Familienkrachs. Und doch hat sich Europa in fast allen entscheidenden Fragen als weitaus kooperativer erwiesen denn irgendeine andere Region. Um der Fairneß willen muß man sagen, daß in Bosnien französische und britische, nicht amerikanische Truppen präsent waren, obwohl in der Öffentlichkeit ein gegenteiliges Bild entstanden ist, und auch im Golfkrieg haben Briten und Franzosen neben den Amerikanern die größten Verbände gestellt. Zweimal innerhalb einer Generation brachten gemeinsame Werte und Interessen amerikanische Truppen nach Europa, und sollte sich Europa nach dem Kalten Krieg nicht zu einer neuen atlantischen Politik durchringen können, dann bleiben die Vereinigten Staaten es sich gleichwohl schuldig, in der Stunde des Sieges nicht die Politik dreier Generationen aufzugeben. Die Hauptaufgabe der Allianz liegt darin, jene beiden wichtigsten Institutionen, die die atlantische Beziehung ausmachen – nämlich den Nordatlantikpakt (NATO) und die Europäische Union (die frühere Europäische Wirtschaftsgemeinschaft) –, den veränderten Gegebenheiten in der Welt nach dem Kalten Krieg anzupassen.

Nach wie vor ist der Nordatlantikpakt schließlich das wichtigste institutionelle Bindeglied zwischen Amerika und Europa. Als die NATO geschaffen wurde, standen sowjetische Truppen in einem geteilten Deutschland an der Elbe. Rasch verfügte das sowjetische Militär, dem man ohnedies zutraute, Westeuropa mit seinen konventionellen Streitkräften zu überrollen, auch über ein wachsendes Potential an Atomwaffen. Während des gesamten Kalten Krieges war die Sicherheit Westeuropas abhängig von den USA, ein Sachverhalt, den auch die nach dem Kalten Krieg fortbestehenden NATO-Institutionen widerspiegeln. Noch immer kontrollieren die Vereinigten Staaten die integrierte Kommandostruktur, der ein amerikanischer General vorsteht, noch immer haben sie sich französischen Plänen zur Schaffung eines genuin europäischen Verteidigungssystems mit Erfolg entgegengestellt.

Der europäische Gedanke, die Bewegung zur europäischen Integration, wurzelt in zwei Annahmen: zum einen, daß Europa allmählich in die Bedeutungslosigkeit driftet, wenn es nicht mit einer Stimme zu sprechen lernt; zum anderen, daß das geteilte Deutschland nicht in eine Lage versetzt werden sollte, in der es versucht wäre, zwischen den beiden Blöcken des Kalten Krieges hin und her zu pendeln, ja diese gegeneinander auszuspielen. Während ich diese Zeilen schreibe, ist die Europäische Union, die ursprünglich aus sechs Nationen bestand, auf zwölf Mitglieder angewachsen und befindet sich in einem Stadium der Erweiterung; Skandinavien, Österreich und schließlich wohl auch einige der ehemaligen Satellitenstaaten der Sowjetunion stehen kurz vor der Aufnahme.

So werden die Prämissen, die den beiden großen Institutionen zugrunde lagen, durch den Zusammenbruch der Sowjetunion und die Wiedervereinigung Deutschlands erschüttert. Es gibt keine sowjetische Armee mehr, und die russische Armee steht einige hundert Meilen weiter östlich als ihre Vorgängerin. In absehbarer Zukunft machen die innenpolitischen Unruhen in Rußland einen Angriff auf Westeuropa überdies eher unwahrscheinlich. Doch zur selben Zeit hat die russische Neigung zur Wiedererrichtung des alten Reiches die traditionelle Furcht vor dem russischen Expansionismus vor allem in den früheren Satellitenstaaten in Osteuropa wieder wach werden lassen. In keinem der direkten Nachbarstaaten Rußlands teilt auch nur ein Staatsmann die in den USA vertretene Hoffnung, daß die »Bekehrung« Rußlands der Schlüssel zur Sicherheit des eigenen Landes sein könnte. Und wenn deren Regierungen auch alle Boris Jelzin seinen Gegnern vorziehen, dann tun sie es nur in der Absicht, das kleinere Übel zu wählen, nicht dagegen in der Befürwortung eines Mannes, der ihren von jeher unsicheren Status festigen könnte.

Diese Ängste erhielten durch die Wiedervereinigung Deutschlands neue Nahrung. Geprägt von der Erfahrung, daß die beiden Giganten des Kontinents entweder ihre Nachbarländer unter sich aufgeteilt oder aber ihre Schlachten auf deren Gebieten ausgetragen haben, fürchten die zwischen ihnen liegenden Staaten die Entstehung eines Sicherheitsvakuums. Deshalb ihr dringender Wunsch nach amerikanischem Schutz, der sich in der Bewerbung um die NATO-Mitgliedschaft ausdrückt.

Während die NATO also auf den Zusammenbruch der Sowjetmacht reagieren muß, sieht sich die Europäische Union mit einer Reihe neuer Tatsachen konfrontiert, die durch die Wiedervereinigung Deutschlands geschaffen wurden. Jetzt nämlich ist jene stillschweigende Übereinkunft in Frage gestellt, die lange Zeit das Kernstück der europäischen Integration gebildet hat: Die Bundesrepublik akzeptierte Frankreichs politische Führungsrolle in der Europäischen Gemeinschaft und erhielt im Gegenzug eine gewichtige Stimme in wirtschaftlichen Angelegenheiten. Auf diese Weise war die Bundesrepublik einerseits – auf militärischem Sektor – durch die Führungsrolle der USA innerhalb der NATO, andererseits jedoch durch Frankreichs politische Führungsrolle innerhalb der Europäischen Union in den Westen eingebunden.

In den vor uns liegenden Jahren werden sich alle traditionellen atlantischen Beziehungen verändern. Europa wird nicht mehr das alte Bedürfnis nach amerikanischem Schutz verspüren und seine wirtschaftlichen Interessen weitaus aggressiver verfolgen; Amerika seinerseits wird nicht mehr bereit sein, derart hohe Opfer für die europäische Sicherheit zu bringen und in der einen oder anderen Form auch isolationistischen Versuchungen ausgesetzt sein. Zu gegebener Zeit wird Deutschland den politischen Einfluß geltend machen wollen, der ihm, gemessen an seiner militärischen und wirtschaftlichen Stärke, zukommt, und emotional nicht mehr in dem Maße wie bisher von der militärischen Unterstützung der USA und der politischen Unterstützung Frankreichs abhängig sein. Solange Helmut Kohl, Erbe der Adenauer-Tradition, im Amt ist, werden diese Tendenzen freilich noch nicht offen zutage treten. Doch ist Kohl der letzte Staatsmann dieses Schlages. Die nachrückende Generation kennt weder den Krieg noch Amerikas Rolle bei der Rehabilitierung des völlig zerstörten Nachkriegs-Deutschland aus eigener Erfahrung. Sie hat keinen gefühlsmäßigen Grund mehr, sich einer supranationalen Institution zu beugen oder sich in ihren Ansichten den USA oder Frankreich unterzuordnen.

Das große Verdienst der Nachkriegsgeneration amerikanischer und europäischer Staatsmänner war die Einsicht, daß ein Amerika, das nicht ständig am europäischen Prozeß teilhaben würde, früher oder später unter Bedingungen, die für beide Seiten des Atlantiks weit weniger günstig wären, doch eingreifen müßte. Das stimmt heute mehr denn je: Inzwischen ist Deutschland so stark geworden, daß die bestehenden europäischen Institutionen aus eigener Kraft keine Balance zwischen Deutschland und seinen europäischen Partnern mehr herzustellen vermögen; andererseits aber könnte Europa, selbst mit Deutschland, weder dem Wiedererstarken noch dem Zerfall Rußlands – den beiden bedrohlichsten Entwicklungen der postsowjetischen Unruhen – allein entgegentreten.

Kein Land kann ein Interesse daran haben, daß sich Deutschland und Rußland wieder aufeinander fixieren, sei es als Partner, sei es als Kontrahenten. Sind sie sich zu nahe, so schüren sie die Furcht vor einem Kondominium; liegen sie im Streit, so wird ganz Europa in eskalierende Krisen verwickelt. Daher ist es im gemeinsamen Interesse Amerikas und Europas, eine entfesselte nationale Politik Deutschlands und Rußlands im Zentrum Europas zu vermeiden. Ohne die Vereinigten Staaten freilich können Großbritannien und Frankreich das politische Gleichgewicht in Europa nicht wahren, wäre Deutschland der Versuchung des Nationalismus ausgesetzt und Rußland seines globalen Ansprechpartners beraubt. Die USA ohne Europa wiederum würden sich in psychologischer und geographischer Hinsicht zu einer Insel weitab der Küsten Eurasiens entwickeln.

Die internationale Ordnung nach dem Kalten Krieg stellt das Nordatlantische Verteidigungsbündnis vor drei Hauptprobleme: die internen Beziehungen innerhalb der traditionellen Bündnisstruktur, die Beziehungen der Nordatlantik-Staaten zu den früheren Satellitenstaaten der Sowjetunion in Osteuropa und schließlich die Beziehungen der Nachfolgestaaten der Sowjetunion, insbesondere der Russischen Föderation, zu den Nordatlantik-Staaten und den Staaten Osteuropas.

Die Beziehungen innerhalb der Nordatlantischen Allianz sind vom ständigen Tauziehen zwischen Amerika und Frankreich darüber, wie diese Beziehungen auszusehen hätten, geprägt worden. Die Vereinigten Staaten dominierten die NATO unter dem Banner der Integration, während Frankreich, die Unabhängigkeit Europas hervorhebend, die Europäische Gemeinschaft gestaltete. Das Ergebnis dieser Meinungsverschiedenheiten ist, daß die Rolle der USA auf dem militärischen Sektor zu dominant ist, um die politische Identität Europas zu fördern, Frankreich dagegen zu sehr auf die politische Autonomie Europas fixiert ist, um dem Zusammenhalt der NATO dienlich zu sein.

In der Geschichte der politischen Ideen wiederholt dieser Streit den Konflikt zwischen den Konzepten Richelieus und den Überzeugungen Wilsons, zwischen Außenpolitik als einem Instrument des Interessenausgleichs und einer Diplomatie, die sich als Bestätigung eines prinzipiellen Einvernehmens versteht. Aus der Sicht der Vereinigten Staaten war die integrale Befehlsgewalt der NATO Ausdruck alliierter Einheit; für Frankreich freilich war sie lediglich ein rotes Tuch. Amerikanische Politiker können schwerlich nachvollziehen, weshalb ein Land auf seinem Recht auf eigenmächtiges Vorgehen beharrt, sofern es sich nicht die Option vorbehalten möchte, den Verbündeten im Stich zu lassen. Frankreich, umgekehrt, deutete Amerikas Unbehagen an einer militärisch unabhängigen Rolle Europas als den versteckten Versuch, den alten Kontinent unter die Herrschaft Washingtons zu bringen.

So hat in der Tat jeder Partner ein aus der eigenen Geschichte abgeleitetes Konzept internationaler Beziehungen verfochten. Frankreich ist Erbe einer europäisch geprägten Diplomatie, die vor über dreihundert Jahren entstanden ist, und während London seine Rolle als Hüter des Kräftegleichgewichts aufgeben mußte, steht Paris auch heute noch eher für eine Politik der

»Raison d'état« und für präzises Abwägen von Interessen als für das Streben nach abstrakter Harmonie. Ebenso nachdrücklich, wenngleich nicht ganz so lange, praktizierten die USA eine Politik Wilsonscher Prägung. Überzeugt von der Existenz eines grundsätzlichen Einvernehmens, bestanden die Vereinigten Staaten darauf, daß europäische Autonomie – wenn doch europäische und amerikanische Ziele im Grunde identisch sind – entweder unnötig oder gefährlich sei.

Keine der beiden großen Herausforderungen unserer Epoche indessen – die Integration des vereinten Deutschlands in den Westen und die Beziehung der Atlantischen Allianz zu Rußland – ist durch die wörtliche Anwendung der Staatskunst eines Richelieu oder Wilson zu meistern. Richelieus Konzept fördert den Nationalismus der einzelnen europäischen Staaten, er führt zu einem zersplitterten Europa. Starrer Wilsonianismus wiederum würde das europäische Identitätsgefühl schwächen. Der Versuch, europäische Institutionen in Opposition zu den Vereinigten Staaten zu schaffen, wird letzten Endes sowohl die europäische Einheit als auch den atlantischen Zusammenhalt zerrütten; auf der anderen Seite jedoch brauchen die USA eine gestärkte europäische Identität innerhalb der NATO nicht zu fürchten, da ein militärisches Vorgehen Europas – gleich welcher Größenordnung und auf welchem Gebiet – ohne die politische und logistische Unterstützung durch die Vereinigten Staaten kaum vorstellbar bleibt. Schließlich entsteht Einheit ja nicht aus einer integrierten Kommandostruktur, sondern aus gemeinsamen Interessen in politischen und sicherheitsrelevanten Belangen.

Zudem ist die Kontroverse zwischen den Vereinigten Staaten und Frankreich, zwischen den Idealen Wilsons und Richelieus, von den Ereignissen inzwischen überholt worden. Die Atlantische Allianz wie die Europäische Union sind unersetzliche Bausteine einer neuen, stabilen Weltordnung: Die NATO gewährt den besten Schutz gegen militärische Erpressung, aus welcher Richtung diese auch immer kommen mag; die Europäische Union ist ein wesentlicher Mechanismus für die Stabilität in Mittel- und Osteuropa. Beide Institutionen werden benötigt, um die ehemaligen Satellitenstaaten ebenso wie die Nachfolgestaaten der Sowjetunion in eine friedliche internationale Ordnung einzubinden.

Die Zukunft Osteuropas und der Nachfolgestaaten der UdSSR läßt sich nicht aus demselben Blickwinkel betrachten. Osteuropa war von der Roten Armee besetzt. Kulturell und politisch aber hat es sich stets den westeuropäischen Traditionen verbunden gefühlt, was insbesondere auf die sogenannten Višegrad-Länder Polen, die Tschechische Republik, Ungarn und die Slowakei zutrifft. Ohne feste Bindungen an westeuropäische und atlantische Institutionen werden sich diese Nationen zum Niemandsland zwischen Deutschland und Rußland entwickeln, und um diese Bindungen sinnvoll zu gestalten, werden die genannten Staaten sowohl der Europäischen Union als auch der Atlantischen Allianz angehören müssen: der Europäischen Union, um in politischer und wirtschaftlicher Hinsicht lebensfähig zu bleiben; der Atlantischen Allianz, um ihre Sicherheit garantiert zu sehen. Genaugenommen bringt ja die Mitgliedschaft in der einen Institution die in der anderen mit sich: Da die meisten Mitglieder der Europäischen Union auch solche der NATO sind und es kaum vorstellbar ist, daß sie, wenn die europäische Integration erst einmal einen bestimmten Punkt erreicht hat, Angriffe auf eines der anderen Mitglieder ignorieren würden, wird die Mitgliedschaft in der Europäischen Union de facto in irgendeiner Form auch zu einer Ausdehnung von NATO-Garantien führen.

Bislang ist man diesen Fragen aus dem Weg gegangen, weil osteuropäischen Staaten die Mitgliedschaft in beiden Institutionen verwehrt ist. Die Überlegungen, die hinter diesen Ausschlüssen stehen, unterscheiden sich voneinander ebenso wie die politischen Traditionen Europas und Amerikas. Europa hat seine Entscheidung, die Europäische Union nach Osten zu erweitern, auf realpolitische Erwägungen gestützt: Den neuen Sachverhalt an sich hat es bereits akzeptiert und eine assoziierte Mitgliedschaft bis zur Reform der osteuropäischen Wirtschaft angeboten (und auf diesem Wege auch versucht, die Wirtschaft des Westens noch eine Weile vor neuer Konkurrenz zu schützen). Insofern ist eine Vollmitgliedschaft nur noch eine technische Frage, die es im Laufe der Zeit zu lösen gilt.

Die amerikanischen Vorbehalte gegen eine NATO-Mitgliedschaft der Višegrad-Länder sind prinzipieller Natur. Sie gehen zurück auf Wilsons historische Vorbehalte Bündnissen gegenüber, die eigentlich nur dann geschlossen würden, wenn Konfrontationen zu erwarten seien. Präsident Clinton hat den NATO-Gipfel im Januar 1994 genutzt, um ein alternatives Modell anzubieten: Wenn die Vereinigten Staaten, so äußerte er, es nicht befürworteten, Polen, Ungarn, die Tschechische Republik und die Slowakei in die NATO aufzunehmen, so deshalb, weil die Atlantische Allianz es sich nicht leisten könne, »eine neue Grenzlinie zwischen Ost und West zu ziehen, die zukünftige Konfrontationen heraufbeschwören könnte. [...] Ich sage all denjenigen in Europa und den Vereinigten Staaten, die uns drängen, einfach eine neue, weiter im Osten verlaufende Linie in Europa zu ziehen, daß wir uns den Weg zur bestmöglichen Zukunft für ganz Europa nicht verbauen dürfen: Demokratie, freie Marktwirtschaft und Menschen, die überall und für die Sicherheit aller zusammenarbeiten.«[5]

In diesem Geiste unterbreitete Clinton einen Vorschlag, den er »Partnerschaft für den Frieden« nannte. Er lud *alle* Nachfolgestaaten der Sowjetunion und *alle* ehemaligen osteuropäischen Satellitenstaaten Moskaus dazu ein, in einem etwas verschwommenen System kollektiver Sicherheit mitzuwirken. Zusammengesetzt aus Wilsonschen Lehren auf der einen und der von Wallace vorgebrachten Kritik an der Eindämmungspolitik (wie in Kapitel 16 beschrieben) auf der anderen Seite, wendet dieses Modell die Grundsätze kollektiver Sicherheit an, und indem es Opfern und Tätern des sowjetischen und russischen Expansionismus die gleiche Behandlung zukommen läßt, räumt es den zentralasiatischen Republiken an den Grenzen zu Afghanistan denselben Status ein wie Polen, dem Opfer von vier Teilungen, an denen Rußland mitgewirkt hat. Die »Partnerschaft für den Frieden« ist mithin nicht, wie fälschlicherweise oftmals angenommen wird, eine Zwischenstation auf dem Weg zur NATO, sondern eine Alternative dazu, so wie der Locarnopakt (siehe Kapitel 11) eine Alternative zu dem Bündnis mit Großbritannien war, um das Frankreich sich in den zwanziger Jahren bemühte.

Locarno hat jedoch gezeigt, daß es keinen Mittelweg gibt zwischen einem auf gemeinsamen Zielsetzungen beruhenden Bündnis einerseits und einer multilateralen Institution andererseits, die nicht auf der gemeinsamen Wahrnehmung von Gefahren beruht, sondern auf der Erfüllung bestimmter Bedingungen, die die innenpolitische Regierungsgewalt stellt. Die »Partnerschaft für den Frieden« birgt daher das Risiko in sich, daß in Europa zwei Arten von Grenzen entstehen: Die einen werden durch Sicherheitsgarantien geschützt, die anderen nicht. Damit aber wäre ein Zustand geschaffen, der potentielle Aggressoren in Versuchung führen muß, potentielle Opfer indes demoralisiert. Folglich gilt es zu verhindern, daß man, nur um Schwierigkeiten zu vermeiden, in Mittel- und Osteuropa ein strategisches und konzeptionelles Niemandsland erwachsen läßt – die Quelle schon so vieler europäischer Konflikte.

Es wird sich als unmöglich erweisen, die verschwisterten Probleme der Sicherheit Osteuropas und der Integration Rußlands in die internationale Gemeinschaft im Rahmen ein und desselben Programms zu lösen. Wird die »Partnerschaft für den Frieden« zu einem Teilaspekt der NATO, so besteht die Gefahr, daß sie die Atlantische Allianz untergräbt; diese würde sich dann in Aufgaben verlieren, die keinen Bezug mehr zu einem realistischen Sicherheitsauftrag haben, und dergestalt das Gefühl der Unsicherheit in Osteuropa noch verstärken. Ferner wäre eine vieldeutig gewordene NATO nicht mehr in der Lage, Rußland in Schach zu halten. Vor allem aber droht der »Partnerschaft für den Frieden«, von den potentiellen Opfern einer Aggression als bedeutungslos, wenn nicht gar als gefährlich abgetan zu werden, während sie in Asien als eine Art ethnischer Club betrachtet werden könnte, der vorwiegend gegen China und Japan gerichtet ist.

Gleichzeitig ist die Anbindung Rußlands an die atlantischen Staaten von großer Bedeutung. Und eine Institution, die sich »Partnerschaft für den Frieden« nennt, ist daher durchaus vorstellbar, solange es um Aufgaben geht, die von allen Mitgliedern grundsätzlich akzeptiert werden; im Bereich der Wirtschaftsentwicklung, der Ausbildung und Kultur sind solche Aufgaben in großer Zahl vorhanden. Zu diesem Zweck könnten die Funktionen der Konferenz über Sicherheit und Zusammenarbeit in Europa erweitert und die Institution insgesamt in »Partnerschaft für den Frieden« umbenannt werden.

Folgt man diesem Ansatz, dann könnte die Atlantische Allianz einen gemeinsamen politischen Rahmen bilden und für die Sicherheit insgesamt sorgen. Die Europäische Union würde den Beitritt der ehemaligen osteuropäischen Satellitenstaaten beschleunigen, der Nordatlantikrat sowie die Konferenz über Sicherheit und Zusammenarbeit in Europa würden die Republiken der ehemaligen Sowjetunion, insbesondere die Russische Föderation, in die atlantische Struktur einbinden. Überdies würde der Sicherheitsschirm so über die neuen Demokratien in Osteuropa ausgedehnt. Verbliebe Rußland dann innerhalb seiner Grenzen, würde sich das Gewicht nach und nach von der Sicherheitspolitik hin zu Partnerschaft verlagern – eine Situation, in welcher die Beziehungen zwischen Ost und West zunehmend von politischen und wirtschaftlichen Projekten bestimmt sein würden.

Die Zukunft der atlantischen Beziehungen aber liegt nicht in den Ost-West-Beziehungen, sondern in der entscheidenden Rolle, die diese spielen müssen, um den Vereinigten Staaten bei der Bewältigung der vorhersehbaren Entwicklungen des einundzwanzigsten Jahrhunderts zu helfen. Heute läßt sich noch nicht sagen, welche der Mächte, deren Aufstieg denkbar ist, am dominantesten oder gefährlichsten sein wird und in welcher Kombination dies geschehen könnte: Rußland, China oder die islamischen Fundamentalisten kämen dafür in Frage. Doch die Fähigkeit Amerikas, dergleichen Entwicklungen zu meistern, kann durch die Zusammenarbeit der Nordatlantik-Staaten nur verbessert werden. Was früher einmal außerhalb des Gültigkeitsbereichs dieses Bündnisses zu liegen schien, wird sich bald zu einem der Kernprobleme der Atlantischen Allianz entwickeln, die zu diesem Zweck reorganisiert werden sollte.

Mittlerweile richtet sich eine Woge amerikanischen Interesses auf Asien, symbolisiert unter anderem durch den von Präsident Clinton bei einem Treffen mit den asiatischen Regierungschefs 1993 geäußerten Vorschlag, eine Pazifische Gemeinschaft einzurichten. Doch der Begriff »Gemeinschaft« kann auf Asien nur im begrenztesten Sinne angewendet werden: Die Beziehungen im pazifischen unterscheiden sich grundlegend von jenen im atlantischen Raum. Während die europäischen Nationen durch gemeinsame Institutionen zusammengehalten werden, betrachten sich die asiatischen Nationen als eigenständig. Untereinander sieht man sich eher als Konkurrenten. Die wechselseitigen Verbindungen der wichtigsten Nationen Asiens entsprechen demnach in vielerlei Hinsicht dem europäischen System der »balance of power« aus dem neunzehnten Jahrhundert: Gewinnt eine von ihnen erheblich an Stärke, zieht dies mit größter Wahrscheinlichkeit ein ausgleichendes Manöver der anderen nach sich.

Die USA könnten hier gewissermaßen die Rolle des Jokers spielen. Sie haben die Fähigkeit, in etwa die Funktion zu übernehmen, die Großbritannien bei der Wahrung des europäischen Kräftegleichgewichts bis zu den beiden Weltkriegen zukam, auch wenn dies nicht unbedingt ihren politischen

Überzeugungen entspricht. Die Stabilität der asiatisch-pazifischen Region, der Unterbau ihres vielgepriesenen Wohlstands, ist kein Naturgesetz, sondern das Resultat eines Gleichgewichts, das man nach dem Kalten Krieg in zunehmendem Maße im Auge behalten und pflegen müssen wird.

Der Wilsonianismus hat in Asien kaum Anhänger. Es gibt dort keinerlei Anzeichen für ein kollektives Sicherheitsdenken oder gar für Bestrebungen, Zusammenarbeit auf gemeinsame innenpolitische Werte zu gründen, was im übrigen auch auf die wenigen Demokratien dieser Region zutrifft: Statt dessen stehen Gleichgewichtskonzepte und nationale Interessen im Vordergrund. Die Militärausgaben steigen bereits in allen wichtigen asiatischen Ländern. China ist auf dem besten Weg, eine Supermacht zu werden. Mit einer Wachstumsrate von acht Prozent – weniger als noch in den achtziger Jahren behauptet – wird das chinesische Bruttosozialprodukt sich gegen Ende des zweiten Jahrzehnts des kommenden Jahrhunderts dem amerikanischen annähern. Doch schon lange vorher wird China, wie restriktiv seine gegenwärtige Politik auch immer sein mag, politisch und militärisch seinen Schatten über Asien werfen und das Kalkül der anderen Mächte beeinflussen. Die anderen asiatischen Nationen werden vermutlich versuchen, Gegengewichte zu einem immer mächtigeren China aufzubauen, wie sie es derzeit bereits Japan gegenüber tun. So sind die südostasiatischen Nationen durchaus bereit, das gefürchtete Vietnam in ihren Verbund (ASEAN) aufzunehmen – auch wenn sie dies abstreiten –, um China und Japan etwas entgegenzusetzen. Das ist zugleich der Grund, warum die ASEAN-Staaten ein weiteres Engagement der USA in ihrer Region wünschen.

Japan wird seine Rolle unweigerlich an diese veränderten Bedingungen anpassen müssen, wenngleich die Führung Japans die Anpassung, gemäß dem japanischen Stil, durch eine Vielzahl scheinbar nicht erkennbarer Nuancen vollziehen wird. Während des Kalten Krieges hatte sich Japan, unter Verzicht auf sein traditionelles Selbstvertrauen, im Schutz der Vereinigten Staaten gesonnt. Als entschlossener Konkurrent zahlte es für seine Handlungsfreiheit auf wirtschaftlichem Gebiet damit, daß es sich in Fragen der Außen- und Sicherheitspolitik Washington unterordnete, und solange man die Sowjetunion als wichtigstes gemeinsames Sicherheitsrisiko betrachten konnte, war es auch durchaus schlüssig, amerikanische und japanische Sicherheitsinteressen als identisch einzustufen.

Aber diese Konstellation gehört heute vermutlich der Vergangenheit an. Zu einer Zeit, da Korea und China an militärischer Stärke gewinnen und sich der besterhaltene Teil der sowjetischen Militärmacht in Sibirien befindet, werden Japans Zukunftsplaner die bruchlose Identität amerikanischer und japanischer Interessen nicht einfach als Selbstverständlichkeit hinnehmen. Wenn jede neugewählte amerikanische Regierung ihre Arbeit damit beginnt, daß sie eine Neuorientierung der bestehenden Politik verkündet – oder zumindest andeutet, daß diese endlich geändert werden müsse –, und wenn Konflikte in Wirtschaftsfragen eher die Regel als die Ausnahme werden, dann läßt sich schwerlich behaupten, daß die außenpolitischen Interessen Amerikas und Japans niemals divergieren könnten. In jedem Fall hat Japan ein anderes Verhältnis zum asiatischen Festland als Amerika, was nicht allein an der geographischen Nähe, sondern auch an geschichtlichen Erfahrungen liegt. So wuchs der japanische Verteidigungshaushalt nach und nach zum drittgrößten der Welt an und ist, gemessen an seiner Effektivität – stellt man die internen Probleme Rußlands in Rechnung –, heute weltweit wohl an zweiter Stelle.

Als man 1992 den damaligen japanischen Ministerpräsidenten Kiichi Miyazawa fragte, ob Japan das nukleare Potential Nordkoreas einfach hinnehmen werde, antwortete er mit einer für japanische Verhältnisse sehr untypischen Direktheit mit einem einzigen Wort: »Nein«. Sollte dies heißen, daß Japan eine eigene nukleare Streitkraft aufzubauen beabsichtigt? Oder aber, daß es versuchen wird, derjenigen Nordkoreas ein Ende zu bereiten? Die bloße Tatsache, daß derlei Fragen gestellt werden können, läßt die Möglichkeit erkennen, daß sich Japan durchaus bis zu einem gewissen Grad aus seiner festen Anbindung an die Außen- und Sicherheitspolitik der USA zu lösen vermag.

Daß im Hinblick auf andere wichtige Mächte eine noch weitaus pointiertere Analyse denkbar wäre, zeigt, wie unstetig, ja heikel das asiatische Gleichgewicht werden könnte. Sollten die USA überhaupt versuchen, dieses Gleichgewicht zu erhalten, dann dürfen sie damit nicht so lange warten, bis die Balance erst in Gefahr ist. Ihre Politik muß flexibel genug sein, um alle erreichbaren asiatischen Gremien zu beeinflussen, und bis zu einem gewissen Grad ist dies ja auch bereits der Fall. So haben die Vereinigten Staaten gegenüber der ASEAN (und damit für den südostasiatischen Raum) eine unterstützende Funktion übernommen. Auch an der asiatisch-pazifischen Wirtschaftsgemeinschaft (APEC) nehmen sie teil.

Indessen sind bereits die Grenzen amerikanischer Einflußnahme auf diese multilateralen Institutionen sichtbar geworden. Clintons Eintreten für eine stärker institutionalisierte Pazifische Gemeinschaft nach europäischem Vorbild stieß vor allem deshalb auf höfliche Zurückhaltung, weil die asiatischen Nationen sich selber nicht als Gemeinschaft sehen: Sie wollen keine institutionelle Verankerung, die den potentiellen asiatischen Supermächten – oder gar den USA – ein ernstzunehmendes Mitspracherecht in ihren Belangen einräumen könnte. Die Nationen Asiens stehen einem Gedankenaustausch mit den USA offen gegenüber, mehr noch: Amerika soll so weit in ihre Belange einbezogen bleiben, daß es im Notfall helfen könnte, Bedrohungen für ihre Unabhängigkeit abzuwehren. Und doch sind diese Länder gegenüber mächtigen Nachbarn und in gewisser Weise auch gegenüber den USA zu mißtrauisch, um der Schaffung einer Institution zuzustimmen, die den gesamten pazifischen Raum erfaßt.

So kommt es, daß Washingtons Einflußmöglichkeiten letztlich von seinen bilateralen Beziehungen zu den wichtigsten asiatischen Ländern abhängen werden. Und das ist auch der Grund dafür, daß der Politik der USA gegenüber Japan und China – die zum Zeitpunkt der Entstehung dieses Buches so sehr von Kontroversen überschattet wird – ein hoher Stellenwert zukommt. Bei dem Bemühen, die Koexistenz von Japan und China trotz des beträchtlichen Mißtrauens zwischen beiden Ländern zu fördern, ist Amerikas Rolle von zentraler Bedeutung. Es ist ja nicht unmöglich, daß sich Japan schon in unmittelbarer Zukunft angesichts seiner immer älter werdenden Bevölkerung und einer stagnierenden Wirtschaft dazu entschließt, seine technologische und strategische Überlegenheit auszubauen, ehe China zur Supermacht wird und Rußland seine alte Stärke zurückgewinnt. Danach wird es womöglich Zuflucht bei dem großen Stabilisator Atomtechnologie suchen.

Mit Rücksicht auf alle Eventualitäten stellen enge japanisch-amerikanische Beziehungen einen wichtigen Beitrag zur Zügelung Japans und eine wertvolle Versicherung für die übrigen asiatischen Nationen dar. Denn solange sie an Amerika gebunden bleibt, ist die militärische Schlagkraft Japans für China und die anderen asiatischen Nationen weit weniger bedrohlich als ein rein nationaler japanischer Militärapparat. Japan wird zu dem Schluß kommen, daß es seine militärische Stärke so lange nicht auszubauen braucht, wie das amerikanische Sicherheitsnetz existiert – selbst wenn es weniger dicht geknüpft sein wird als zuvor. Amerikas spürbare militärische Präsenz in Nordostasien, in Japan und Korea, wird allerdings unerläßlich sein. Fehlte sie, so würde Amerikas Verpflichtung auf ein dauerhaftes Engagement in Asien an Glaubwürdigkeit verlieren. Japan und China wären dann um so mehr versucht, ihre eigenen Interessen zu verfolgen; das jedoch könnte letztlich nicht nur zu einem Konfrontationskurs dieser beiden Staaten gegeneinander, sondern auch gegen die dazwischen liegenden Pufferstaaten führen.

Die Wiederbelebung und Klärung der japanisch-amerikanischen Beziehungen auf der Grundlage gleichgerichteter geopolitischer Interessen wird durch schwerwiegende Faktoren behindert. Die wirtschaftlichen Auseinandersetzungen sind hinreichend bekannt; als sehr viel heimtückischer könnten sich gleichwohl die kulturellen Hemmnisse erweisen. Insbesondere die nationalen Gepflogenheiten bei der Entscheidungsfindung lassen die Differenzen auf ein schmerzhafte – und mitunter unerträgliche – Weise deutlich werden. In Amerika wird nach Status entschieden; jemand, der dazu autorisiert ist – also gewöhnlich der Präsident, mitunter auch der Außenminister –, fällt die Entscheidung mehr oder weniger kraft seiner Position, nach Abwägung verschiedener Optionen für einen bestimmten Kurs. Japan hingegen entscheidet nach Konsens, so daß keine Einzelperson, nicht einmal der Ministerpräsident, über die Autorität verfügt, einen Entschluß zu fassen. Alle an der Umsetzung eines Beschlusses beteiligten Personen nehmen auch an der Entscheidungsfindung teil; ein Konsens jedoch gilt erst dann als tragfähig, wenn er die Zustimmung aller findet.

All dies macht es nahezu unausweichlich, daß bei Begegnungen zwischen amerikanischen Präsidenten und japanischen Regierungschefs die sachlichen Differenzen noch durch Mißverständnisse verstärkt werden. Bringt der amerikanische Präsident Zustimmung zum Ausdruck, so deutet er damit bereits konkrete Schritte an; stimmt hingegen der japanische Ministerpräsident zu, so gibt er lediglich einer bestimmten Haltung Ausdruck, die jedoch nicht auf sein Einverständnis mit der amerikanischen Position schließen läßt, sondern nur besagt, daß er diese verstanden hat und der entscheidungsbefugten Gruppe unterbreiten wird. Dabei setzt er voraus, daß sein Gegenüber weiß, wo die Grenzen seiner Autorität liegen. Sollen die Verhandlungen über die Zukunft Asiens daher fruchtbar sein, so müssen sich die Vereinigten Staaten in Geduld üben. Japan muß sich Möglichkeiten schaffen, ernsthaft über jene langfristige Politik zu diskutieren, von der die künftige Zusammenarbeit mit den USA letztlich abhängen wird.

Auf eigentümliche Weise wird die Beständigkeit der japanisch-amerikanischen Beziehungen die Kehrseite der chinesisch-amerikanischen Beziehungen sein. Trotz einer beachtlichen Affinität zur chinesischen Kultur ist Japan immer zwischen Bewunderung und Furcht, zwischen dem Wunsch nach Freundschaft und dem Drang zur Herrschaft hin- und hergerissen gewesen. Spannungen zwischen China und Amerika könnten Japan indes bewegen, sich von den USA zu lösen, vielleicht aus dem Bestreben, seinen Einfluß China gegenüber zu stärken, zumindest aber dafür Sorge zu tragen, daß er nicht abnimmt, nur weil Japan sich zu sehr an seinen Nachbarn jenseits des Pazifiks bindet. Umgekehrt könnte ein Annäherungsversuch, den die Japaner auf eigene Faust unternehmen, in Peking als Ausdruck japanischen Herrschaftswillens verstanden werden. Aus diesem Grund sind gute amerikanische Beziehungen zu China der Grundstein sowohl für gute Beziehungen zu Japan als auch für gute chinesisch-japanische Beziehungen. Zusammengenommen stellen diese drei Nationen ein Dreieck dar, das keine Partei verlassen kann, ohne größere Risiken einzugehen. Zugleich aber ergibt sich eine unklare Situation, mit der sich die USA nicht ohne weiteres arrangieren können, da sie mit der amerikanischen Neigung, Nationen kurz und bündig in Freunde und Feinde zu unterteilen, nicht zu vereinbaren ist.

Von allen Großmächten – oder potentiellen Großmächten – ist China die aufstrebendste. Die Vereinigten Staaten sind bereits am mächtigsten, Europa muß sich um größere Einheit bemühen, Rußland ist ein taumelnder Gigant und Japan zwar reich, aber bislang zu ängstlich. China jedoch, dessen jährliche Wachstumsraten an die Zehnprozentmarke heranreichen, das einen ausgeprägten Sinn für nationalen Zusammenhalt und ein immer stärkeres Militär besitzt, wird unter den Großmächten vermutlich am ehesten an Statur gewinnen. 1943 hatte Roosevelt China zu einem der »Vier Weltpolizisten« machen wollen, bis das Land kurz darauf von den Wirren des Bürgerkriegs heimgesucht wurde. Das maoistische China, das daraus hervorging, wollte eine unabhängige Großmacht werden, wurde aber durch ideologische Scheuklappen daran gehindert. Seitdem hat China seine ideologischen Erschütterungen hinter sich gebracht, hat die reformorientierte Führung das nationale Interesse des Landes mit Hartnäckigkeit und Geschick verfolgt.

Eine Politik der Konfrontation diesem Land gegenüber liefe Gefahr, Amerika in Asien zu isolieren. Kein asiatisches Land würde in einem Konflikt, der als eine Folge verfehlter amerikanischer Politik China gegenüber aufgefaßt würde, die USA unterstützen wollen; keines könnte sich dergleichen leisten. Die überwiegende Mehrheit der asiatischen Nationen würde sich dann wohl mehr oder weniger von Amerika abwenden, auch wenn sie es insgeheim vorzöge, anders zu handeln. Denn fast jedes Land hofft darauf, daß Washington tragfähige, stabile Rahmenbedingungen schafft, die China wie Japan zu integrieren vermögen – eine Option, die beiden Ländern gegenüber durch eine chinesisch-amerikanische Konfrontation verwirkt wäre.

Als die Nation, die auf die längste Geschichte unabhängiger Außenpolitik zurückblickt und die diese zudem traditionellerweise auf nationale Interessen stützt, begrüßt China das amerikanische Engagement in Asien in der Hoffnung, so ein Gegengewicht zu seinen gefürchteten Nachbarn Japan, Rußland und – wenn auch in geringerem Maße – zu Indien herstellen zu können. Eine amerikanische Politik allerdings, die gleichzeitig die Freundschaft zu Peking und zu Ländern sucht, die in Peking als potentielle Gefahren für die chinesische Sicherheit eingestuft werden – und eben das ist gegenwärtig die amerikanische Haltung –, gebietet einen besonnenen und regelmäßigen Dialog zwischen Washington und Peking.

Vier Jahre lang wurde nach den Ereignissen auf dem Platz des Himmlischen Friedens von 1989 dieser Dialog durch die Weigerung der USA, Kontakte auf höchster Ebene herzustellen, behindert, eine Maßnahme, die der Sowjetunion gegenüber selbst in der Hochphase des Kalten Krieges niemals ergriffen wurde. Die Menschenrechte rückten dergestalt ins Zentrum der chinesisch-amerikanischen Beziehungen. Klugerweise stellte die Clinton-Administration nunmehr die Kontakte auf höchster Ebene wieder her, und die Zukunft der chinesisch-amerikanischen Beziehungen wird ganz entscheidend vom Inhalt dieser Begegnungen abhängen. Und wenn auch die Vereinigten Staaten ihr traditionelles Bemühen um Menschenrechte und demokratische Werte nicht einfach aufgeben können, so liegt doch das eigentliche Problem nicht darin, daß Amerika für seine Werte eintritt, sondern vielmehr in der Frage, ob man sämtliche Aspekte des chinesisch-amerikanischen Verhältnisses von diesen Werten abhängig machen soll. Die Vorstellung, daß die chinesisch-amerikanischen Beziehungen nicht auf gegenseitigen Interessen, sondern auf dem von Washington nach Gutdünken gesteuerten Wohlwollen Amerikas beruhen, muß für China erniedrigend wirken. Zudem ließe eine solche Haltung die Vereinigten Staaten als aufdringlich und unzuverlässig erscheinen. In den Augen der Chinesen aber ist Unzuverlässigkeit die größere Schwäche.

In einem Land wie China, das in seiner Region von jeher eine Vormachtstellung einnimmt – und dafür auch weltweit bekannt ist –, wird jeder Versuch, die Institutionen und innenpolitischen Praktiken zu bevormunden, beträchtliche Ressentiments hervorrufen. Diese grundsätzliche Empfindlichkeit wird durch die geschichtlichen Erfahrungen noch gesteigert, welche die Chinesen mit westlicher Einmischung gemacht haben: Seit die Opiumkriege das Land zu Beginn des neunzehnten Jahrhunderts gewaltsam öffneten, wurde der Westen von ihnen als Urheber einer endlosen Serie von Demütigungen betrachtet. Gleichrangigkeit indessen, die entschiedene Weigerung, sich fremden Vorschriften zu beugen, sind für die chinesischen Führer nicht nur Taktik, sondern moralische Imperative.

Was China von den USA erwartet, ist eine strategische Beziehung, mit der es ein Gegengewicht zu seinen potentiell gefährlichen und habgierigen Nachbarn herstellen kann. Um diese Stufe außenpolitischer Balance herzustellen, wäre China möglicherweise durchaus bereit, in der Frage der Menschenrechte Zugeständnisse zu machen, vorausgesetzt allerdings, daß diese sich nach außen als Resultat einer freien Entscheidung darstellen lassen. Daß Amerika darauf besteht, in aller Öffentlichkeit Vorschriften zu erteilen, wird in China deshalb einerseits als Versuch gedeutet, der eigenen Gesellschaft amerikanische Werte zu verordnen – und mithin als demütigend empfunden –, andererseits aber wird es als Zeichen mangelnder Seriosität angesehen. Denn diese Haltung legt aus chinesischer Sicht den Schluß nahe, daß Amerika kein nationales Interesse an einem asiatischen Gleichgewicht als solchem hat. Solange aber die Vereinigten Staaten diese Absicht nicht erkennen lassen, so lange wird auch China seinerseits keine Konzessionen machen wollen. Der Schlüssel zu den chinesisch-amerikanischen Beziehungen, und paradoxerweise auch zur Durchsetzung der Menschenrechte, ist die stillschweigende Zusammenarbeit bei globalen – und insbesondere asiatischen – Strategiefragen.

Was Europa betrifft, so teilt Amerika zwar dessen Werte. Doch war es bislang nicht imstande, eine gemeinsame Politik oder adäquate Institutionen für die Periode nach dem Kalten Krieg zu entwerfen. Im Hinblick auf Asien sind die Vereinigten Staaten zwar in der Lage, eine im gemeinsamen Interesse liegende Gesamtstrategie festzulegen, aber zu einer Wertegemeinschaft wird es mit diesem Teil der Welt kaum kommen. In der westlichen Hemisphäre dagegen zeigt sich, ganz unerwartet, daß moralische und geopolitische Zielsetzungen, Wilsonianismus und Realpolitik, immer mehr zusammenlaufen.

In ihren Anfängen entsprach die Außenpolitik der USA in der westlichen Hemisphäre weitgehend einer interventionistischen Großmachtpolitik. Franklin D. Roosevelts 1933 verkündete Politik der guten Nachbarschaft markierte dann die Wende zu gewachsener Kooperation. Der Vertrag von Rio 1947 und die Akte von Bogotá 1948 erweiterten diese um eine Sicherheitskomponente, die in Gestalt der Organisation Amerikanischer Staaten (OAS) institutionalisiert wurde. Präsident Kennedys Allianz für den Fortschritt aus dem Jahr 1961 schließlich führte zu Auslandshilfe und wirtschaftlicher Zusammenarbeit, obschon diese weitblickende Politik aufgrund der dirigistischen Orientierung der Empfänger zum Scheitern verurteilt war.

Während des Kalten Krieges wurden die meisten lateinamerikanischen Länder von autoritären Regierungen, zumeist Militärregimen, beherrscht, deren Wirtschaft staatlich geleitet wurde. Erst Mitte der achtziger Jahre begann Lateinamerika seine wirtschaftliche Lähmung abzuschütteln und entwickelte sich mit bemerkenswerter Geschlossenheit hin zu Marktwirtschaft und Demokratie. Brasilien, Argentinien, Chile überwanden die Militärregime zugunsten demokratischer Regierungen. Mittelamerika beendete seine Bürgerkriege. Infolge einer völlig gedankenlosen Schuldenpolitik in den Bankrott geraten, unterwarf sich Südamerika finanzieller Disziplin; fast überall wurden die staatlich gelenkten Wirtschaftssysteme zusehends den Kräften des Marktes geöffnet. Die von Bush 1990 angekündigte gesamtamerikanische Initiative – »Enterprise for the Americas Initiative« – und der von Clinton 1993 erfolgreich beendete Kampf mit Mexiko und Kanada um die Schaffung einer nordamerikanischen Freihandelszone, der NAFTA, markieren den Höhepunkt innovativer amerikanischer Politik gegenüber den Staaten Lateinamerikas.

So scheint die westliche Hemisphäre nach einer langen Reihe von Fort- und Rückschritten heute an einem Punkt angelangt zu sein, von dem aus sie zum Schlüsselelement einer neuen, humanen Weltordnung werden kann. Eine Gruppe demokratischer Nationen hat sich auf vom Volk gewählte Regierungen, auf die Marktwirtschaft und einen die ganze Hemisphäre umfassenden Freihandel eingeschworen. Die einzig verbleibende marxistische Diktatur in der westlichen Welt ist Kuba; überall sonst werden nationalistische und protektionistische Managementmethoden durch freie Volkswirtschaften abgelöst, die ausländischen Investitionen positiv gegenüberstehen und offene internationale Handelssysteme aktiv unterstützen. Das größte und aufregendste Ziel wäre dabei die Einrichtung einer von Alaska bis Kap Hoorn reichenden Freihandelszone, wobei gegenseitige Verpflichtung und gemeinsames Vorgehen besonders hervorgehoben werden müßten – ein Konzept, das noch vor kurzem als hoffnungslos utopisch abgetan worden wäre.

Ein die gesamte westliche Hemisphäre umfassendes Freihandelssystem, zu dem die NAFTA den ersten Schritt darstellt, würde dem amerikanischen Doppelkontinent unweigerlich eine Führungsrolle zuweisen. Sollten die 1993 von der Uruguay-Runde der GATT-Vertragsparteien formulierten Prinzipien tatsächlich verwirklicht werden, dann wird sich die westliche Hemisphäre zu einem bedeutenden Faktor des Weltwirtschaftswachstums entwickeln. Aber selbst wenn es verstärkt zur Bildung einzelner, regionaler Systeme kommen sollte, wird die westliche Hemisphäre mit ihrem riesigen Markt fraglos in der Lage sein, mit den anderen regionalen Handelsblöcken zu konkurrieren; ja man kann sogar sagen, daß die NAFTA das wirkungsvollste Instrument ist, um einem solchen Wettstreit vorzubeugen und sich, falls es denn dazu kommt, auch zu behaupten. Eine erweiterte NAFTA könnte, indem sie auch Nationen außerhalb der westlichen Hemisphäre assoziierte Mitgliedschaften anbietet, Anreize zur Unterstützung des Freihandels schaffen und jene Nationen bestrafen, die auf restriktiveren Regeln bestehen. In einer Welt, in der die Vereinigten Staaten oft gezwungen sind, ihre Werte mit praktischen Notwendigkeiten auszubalancieren, haben sie nunmehr herausgefunden, daß ihr Idealismus und ihre geopolitischen Zielsetzungen in der westlichen Hemisphäre ineinandergreifen. Dort wurzeln ihre Ambitionen, und dort wurden ihre ersten bedeutenden außenpolitischen Initiativen ausgeführt.

Zum dritten Mal in diesem Jahrhundert setzt Amerika an, eine neue Weltordnung zu schaffen. Seine Aufgabe wird es dabei vor allem sein, ein Gleichgewicht zwischen jenen zwei Versuchungen zu finden, denen es aufgrund seines traditionellen Exzeptionalismus ausgesetzt ist: der Vorstellung, die Vereinigten Staaten müßten jeden Mißstand beheben und jeder kleinen Erschütterung entgegenwirken, und dem unterschwelligen Bedürfnis, sich auf sich selber zurückzuziehen. Wahllose Einmischungen in alle ethnischen Unruhen und Bürgerkriege der Welt nach dem Kalten Krieg würde die amerikanischen Kreuzritter schnell ihrer Kräfte berauben. Ein Amerika hingegen, das sich nur auf die Pflege seiner inneren Werte beschränkt, würde seine Sicherheit und sein Wachstum letzten Endes den Entscheidungen überantworten, die andere Nationen an ganz anderen Orten treffen, und es würde die Kontrolle über diese Entscheidungen in zunehmendem Maße verlieren.

Als John Quincy Adams im Jahre 1821 die Amerikaner vor der Neigung warnte, »entfernte Ungeheuer« zu vernichten, vermochte er sich natürlich die Vielzahl und Größe der Ungeheuer in der Welt nach dem Kalten Krieg nicht vorzustellen. Nicht jedes Übel kann von den Vereinigten Staaten bekämpft werden, schon gar nicht, wenn sie gezwungen sind, diesen Kampf allein auszutragen. Und doch müssen manche Ungeheuer wenn nicht erlegt, so doch aufgehalten werden. Was die Vereinigten Staaten dazu vor allem benötigen, sind Kriterien der Auswahl.

In der Vergangenheit haben amerikanische Staatsmänner in den meisten Fällen Motivation über Struktur gestellt. Es war ihnen wichtiger, auf die Einstellungen ihres Gegenübers einzuwirken als auf dessen Absichten und Ziele, woraus sich erklärt, daß die amerikanische Gesellschaft den Lehren der Geschichte eigentümlich unentschlossen gegenübersteht. In vielen amerikanischen Filmen wird der Böse durch ein dramatisches Ereignis in einen (manchmal nicht weniger unangenehmen) Ausbund von Tugend verwandelt, eine Spiegelung der vorherrschenden nationalen Überzeugung, daß die Vergangenheit niemals vollendete Tatsachen zu schaffen vermag und ein Neubeginn stets möglich ist. In der Realität hingegen bemerkt man solche Veränderungen an Individuen höchst selten, erst recht nicht an Nationen, die sich aus den Entscheidungen so vieler Individuen zusammensetzen.

Wer die Geschichte zurückweist, preist die Vorstellung des universellen Menschen, der sich an allgemeingültige Prämissen hält und dabei die Vergangenheit, geographische oder andere unveränderliche Bedingungen schlicht außer acht läßt. Die Amerikaner haben seit je universelle Wahrheiten über nationale Wesensmerkmale gestellt. Entsprechend haben auch ihre Politiker im allgemeinen multilaterale Ansätze gegenüber nationalen bevorzugt: die Abrüstungsverhandlungen, den Atomwaffensperrvertrag und die Menschenrechte gegenüber grundlegenden nationalen, geopolitischen, strategischen Fragen.

Die Weigerung der Vereinigten Staaten, sich von der Geschichte bremsen zu lassen, ihr Beharren auf unausgesetzt möglicher Erneuerung verleihen dem »american way of life« eine gewisse Erhabenheit, ja sogar Schönheit. Die nationale Sorge, daß diejenigen, die sich nicht von der Geschichte zu lösen wissen, Gefahren geradezu heraufbeschwören, ist zu einer weitverbreiteten Volksweisheit geworden. Und doch lassen sich für George Santayanas Diktum, daß derjenige, der die Geschichte ignoriert, dazu verdammt sein werde, sie zu wiederholen, sehr viel mehr Beispiele finden.

Ein Land mit der idealistischen Tradition Amerikas kann seine Politik nicht allein auf das Gleichgewicht der Kräfte als das einzige Kriterium für eine neue Weltordnung stützen. Aber es muß lernen, daß das Gleichgewicht der Kräfte eine grundlegende Voraussetzung für den Verfolg seiner traditionellen Ziele ist, auch wenn man diese nicht durch schöne Reden und eindrucksvolle Posen erreicht. Das internationale System, das heute im Entstehen begriffen ist, wird weitaus komplexer sein als alle anderen, mit denen die amerikanische Diplomatie jemals zu tun gehabt hat. Außenpolitik muß nunmehr von einem politischen System betrieben werden, das sich in erster Linie auf unmittelbare Herausforderungen konzentriert und dabei einige wenige langfristige Vorgaben schafft. Seine Politiker müssen überdies mit einer Wählerschaft umgehen verstehen, die sich vorrangig auf dem Wege der visuellen Wahrnehmung informiert: Die Akzente liegen eher im Bereich des Emotionalen und auf der Stimmung des Augenblicks, und das zu einer Zeit, da es eigentlich gilt, neue Prioritäten zu setzen und die eigenen Möglichkeiten genau zu analysieren.

Die Geschichte jedenfalls entschuldigt Fehlschläge nicht mit der Größe einer Aufgabe. Die Vereinigten Staaten müssen den Übergang bewältigen und den Weg von einem Zeitalter, in dem alles möglich schien, zu einer Periode zurücklegen, in der sie noch mehr als alle übrigen Nationen erreichen können, zugleich aber lernen müssen, die eigenen Grenzen zu akzeptieren. Über weite Strecken ihrer Geschichte kannten die USA keine Gefahr, die ihr Überleben in existentieller Weise bedroht hätte, und als schließlich im Kalten Krieg ein solche Gefahr auftauchte, wurde sie besiegt. Diese Erfahrung bestärkte Amerika in seinem Glauben, daß es unter allen Nationen der Welt die einzig unverwundbare sei und daß es sich kraft des Beispiels seiner Tugenden und guten Werke behaupten werde.

In der Welt nach dem Kalten Krieg indessen besteht die Gefahr, daß bei einer solchen Haltung aus Unschuld Bequemlichkeit wird. Da Amerika weder die Welt beherrschen noch sich aus ihr zurückziehen kann, da es zugleich allmächtig und verwundbar ist, darf es die Ideale, denen es seine Größe verdankt, nicht einfach aufgeben. Genausowenig aber darf es diese Größe dadurch aufs Spiel setzen, daß es Illusionen über das Ausmaß seiner Macht nährt. Es gehört zu Amerikas Macht, zu seinen Wertvorstellungen, die Führungsrolle in der Welt zu spielen; das freilich schließt keineswegs das Privileg ein, so auftreten zu können, als würden die USA anderen Nationen einen Gefallen tun, wenn sie sich mit ihnen verbünden, und ebensowenig bedeutet es, daß Amerika ungehindert in der Lage ist, seinen Willen durch die Verweigerung seiner Gunst durchzusetzen. Wann immer die Vereinigten Staaten sich auf einen realpolitischen Kurs einlassen, dürfen sie die Grundwerte der ersten Gesellschaft in der Geschichte, die explizit im Namen der Freiheit gegründet wurde, nicht vernachlässigen. Zugleich jedoch werden das Überleben und der Fortschritt der USA von ihrem Vermögen abhängen, Entscheidungen zu fällen, die den gegenwärtigen Gegebenheiten gerecht werden – andernfalls wird Außenpolitik zu einer selbstgerechten Pose. Die Art der Herausforderungen und das Format der Politiker, die sich ihnen stellen müssen, werden sich deshalb künftig danach bemessen, welchen Stellenwert man diesen Komponenten einräumt und wie hoch der Preis für die Durchsetzung bestimmter Prioritäten sein wird. Ein Staatsmann darf niemals so tun, als hätte nicht jede Entscheidung ihren Preis und als gäbe es kein Gleichgewicht, das hergestellt werden müsse.

Jetzt, da sich Amerika zum dritten Mal in der Moderne auf dem Weg zu einer neuen Weltordnung befindet, ist der amerikanische Idealismus so wichtig wie eh und je, vielleicht sogar noch wichtiger. In der neuen Weltordnung nämlich wird ihm die Aufgabe zukommen, das nötige Vertrauen zu schaffen, das Amerika durch alle Unwägbarkeiten einer unvollkommenen Welt begleiten und stützen wird. Doch der traditionelle amerikanische Idealismus muß sich mit einer besonnenen Einschätzung aktueller Gegebenheiten verbinden, damit aus ihm eine brauchbare Definition amerikanischer Interessen erwachsen kann. In der Vergangenheit waren die Bemühungen amerikanischer Außenpolitik von der utopischen Vision eines Endpunktes inspiriert, jenseits dessen sich die vorgegebene Harmonie der Welt selber zur Geltung bringen würde.

Von nun an aber stehen endgültige Ergebnisse kaum in Aussicht. Die

Erfüllung amerikanischer Ideale wird man statt dessen in der geduldigen Ansammlung von Teilerfolgen suchen müssen. Die Gewißheiten einer physischen Bedrohung und einer feindlichen Ideologie, die das Zeitalter des Kalten Krieges kennzeichneten, existieren nicht mehr. Um die jetzt entstehende Welt meistern zu können, bedarf es eher abstrakter Überzeugungen: Zukunftsvisionen, die sich nicht ohne weiteres veranschaulichen lassen, Einschätzungen des Verhältnisses von Hoffnung und realer Möglichkeit, die im Grunde auf Mutmaßungen beruhen. Die Wilsonschen Ideale, die Ideale der amerikanischen Vergangenheit – Frieden, Stabilität, Fortschritt und Freiheit für die Menschheit –, gilt es nun auf einer Reise zu verfolgen, die niemals enden wird. »Reisender«, so sagt ein spanisches Sprichwort, »es gibt keine Straßen. Sie entstehen beim Gehen.«

# Anhang

# Anmerkungen

## Kapitel 2

1 Robert W. Tucker und David C. Hendrickson, *Thomas Jefferson and American Foreign Policy*, zit. nach ›Foreign Affairs‹, Frühjahr 1990, Bd. 69, Nr. 2, S. 148.

2 Thomas G. Paterson, J. Garry Clifford und Kenneth J. Hagan, *American Foreign Policy: A History*, Lexington 1977, S. 60.

3 Tucker/Hendrickson, *Thomas Jefferson and American Foreign Policy*, a.a.O., S. 140.

4 William A. Williams (Hg.), *The Shaping of American Diplomacy*, Chicago 1956, Bd. I, S. 122.

5 Abschiedsrede George Washingtons am 17. September 1796, wiederaufgelegt als Senatsdokument Nr. 3, 102. Kongreß, 1. Sitzung, Washington, D.C. 1991, S. 24.

6 Jefferson an Mme La Duchesse D'Auville am 2. April 1790, in: ders., *The Writings of Thomas Jefferson*, hg. v. Paul Leicester Ford, New York 1892-1899, Bd. V, S. 153.

7 Thomas Paine, *Die Rechte des Menschen*, Frankfurt/M. 1973, S. 75.

8 Alexander Hamilton in der sechsten Ausgabe des ›Federalist‹, zit. nach *The Federalist*, hg. v. Edward Mead Earle, New York 1941, S. 30-31.

9 Jefferson an John Dickinson am 6. März 1801, in: *The Life and Selected Writings of Thomas Jefferson*, hg. v. Adrienne Koch und William Peden, New York 1944, S. 561.

10 Jefferson an Joseph Priestly am 19. Juni 1802, in: *The Writings of Thomas Jefferson*, a.a.O., Bd. VIII, S. 158-159.

11 Zit. nach Tucker/Hendrickson, *Thomas Jefferson and American Foreign Policy*, a.a.O., S. 141.

12 John Quincy Adams, Ansprache vom 4. Juli 1821, zit. nach *John Quincy Adams and American Continental Empire*, hg. v. Walter Lafeber, Chicago 1965, S. 45.

13 Präsident Monroe, Botschaft an den Kongreß vom 2. Dezember 1823, zit. nach *The Record of American Diplomacy*, hg. v. Ruhl J. Bartlett, New York 1956, S. 182.

14 Zit. nach ebda.

15 Präsident James Polk in seiner Antrittsrede am 4. März 1845, zit. nach *The Presidents Speak*, kommentiert von David Newton Lott, New York 1969, S. 95.

16 Zit. nach Williams, *Shaping of American Diplomacy*, a.a.O., Bd. I, S. 315.

17 Vgl. Paul Kennedy, *The Rise and Fall of the Great Powers*, New York 1987, S. 201 und 242 ff.; vgl. auch Fareed Zakaria, *The Rise of Great Power, National Strength, State Structure, and American Foreign Policy 1865-1908*, unveröffentlichte Doktorarbeit, Harvard University 1992, Kapitel 3, S. 4 ff.

18 Vgl. Zakaria, *The Rise of a Great Power*, a.a.O., S. 7 f.

19 Vgl. Zakaria, *The Rise of a Great Power*, a.a.O., S. 71.

20 Zit. nach Paterson u.a., *American Foreign Policy*, a.a.O., S. 189.

21 Roosevelt vor dem Kongreß am 6. Dezember 1904, zit. nach *The Record of American Diplomacy*, a.a.O., S. 539.

22 Erklärung Präsident Roosevelts vor dem Kongreß, 1902, zit. nach John Morton Blum, *The Republican Roosevelt*, Cambridge 1967, S.127.

23 Zit. nach Blum, *The Republican Roosevelt*, a.a.O., S.137.

24 Roosevelts Brief an Hugo Munsterberg vom 3. Oktober 1914, zit. nach *The Letters of Theodore Roosevelt*, hg.v. Elting E. Morison, Cambridge 1954, Bd. VIII, S. 824 f.

25 Zit. nach Blum, *The Republican Roosevelt*, a.a.O., S.131.

26 *Selections from the Correspondence of Theodore Roosevelt and Henry Cabot Lodge 1884-1918*, hg. v. H.C. Lodge und C.F. Redmont, New York 1925, Bd. II, S.162.

27 Zit. nach Blum, *The Republican Roosevelt*, a.a.O., S.135.

28 Zit. nach Blum, *The Republican Roosevelt*, a.a.O., S.134.

39 Zit. nach John Milton Cooper, Jr., *Pivotal Decades: The United States, 1900-1920*, New York 1990, S.103.

30 Zit. nach Blum, *The Republican Roosevelt*, a.a.O., S.134.

31 Roosevelt, zit. nach ›Outlook‹, Bd.107, 22. August 1914, S.1012.

32 Roosevelt an Hugo Munsterberg am 3. Oktober 1914, zit. nach *The Letters of Theodore Roosevelt*, a.a.O., S.823.

33 Roosevelt an Cecil Arthur Spring Rice am 3. Oktober 1914, zit. nach *The Letters of Theodore Roosevelt*, a.a.O., S.821.

34 Roosevelt an Rudyard Kipling, 4. November 1914, zit. nach Robert Endicott Osgood, *Ideals and Self-Interest in America's Foreign Relations*, Chicago 1953, S.137.

35 Woodrow Wilson: Rede zur Lage der Nation am 2. Dezember 1913, zit. nach *The Papers of Woodrow Wilson*, hg. v. Arthur S. Link, Princeton 1966, Bd.29, S.4.

36 Roosevelts Brief an einen Freund von Dezember 1914, zit. nach Osgood, *Ideals and Self-Interest*, a.a.O., S.144.

37 Woodrow Wilson: Rede an die beiden Häuser des Kongresses am 8. Dezember 1914, zit. nach Woodrow Wilson, *Das staatsmännische Werk des Präsidenten in seinen Reden*, hg. v. Georg Ahrens, Berlin 1919, S.36.

38 Zit. nach Wilson, *Das staatsmännische Werk*, a.a.O., S.35.

39 Woodrow Wilson: Ansprache an die Graduierten der Kriegsakademie der Vereinigten Staaten am 13. Juni 1916, zit. nach Wilson, *Das staatsmännische Werk*, a.a.O., S.116.

40 Woodrow Wilson: Ansprache an die Versammlung der Veteranen-Konföderation in Washington am 5. Juni 1917, zit. nach Wilson, *Das staatsmännische Werk*, a.a.O., S.187.

41 Woodrow Wilson: Rede an die Häuser des Kongresses am 7. Dezember 1915, zit. nach Wilson, *Das staatsmännische Werk*, a.a.O., S.70.

42 Woodrow Wilson: Ansprache im Princess-Theater, Cheyenne, Wyoming, 24. September 1919, zit. nach *The Papers of Woodrow Wilson*, a.a.O., Bd.63, S.474.

43 Woodrow Wilson: Ansprache anläßlich einer gemeinsamen Sitzung des Kongresses am 2. April 1917, zit. nach *Die Reden Woodrow Wilsons*, hg. vom Committee on Public Information of the United States of America, Englisch und deutsch, Bern 1919, S.1.

44 Zit. nach *Die Reden Woodrow Wilsons*, a.a.O., S.35.

45 Woodrow Wilson: Ansprache an den Senat am 22. Januar 1917, zit. nach *Die Reden Woodrow Wilsons*, a.a.O., S.11.

46 Selig Adler: *The Isolationist Impulse, Its Twentieth-Century Reaction*, New York, London 1957, S.38.

47 Ebda.

48 Woodrow Wilson: Ansprache anläßl. einer gemeinsamen Sitzung des Kongresses am 2. April 1917, zit. nach *Die Reden Woodrow Wilsons*, a.a.O., S.35.

49 Woodrow Wilson: Rede bei der Ankunft in Boston nach der ersten Reise zur Pariser Konferenz am 24. Februar 1919, zit. nach Wilson, *Das staatsmännische Werk*, a.a.O., S. 302.

50 Woodrow Wilson: Ansprache an den Senat am 22. Januar 1917, zit. nach *Die Reden Woodrow Wilsons*, a.a.O., S. 9.

51 Woodrow Wilson: Ansprache auf dem Suresnes Cemetery anläßlich des amerikanischen Heldengedenktages am 30. Mai 1919, zit. nach *The Papers of Woodrow Wilson*, a.a.O., Bd. 59, S. 608-609.

52 Woodrow Wilson: Ansprache an die Amerikanische Friedensliga in Washington am 27. Mai 1916, zit. nach Wilson, *Das staatsmännische Werk*, a.a.O., S. 107.

53 Woodrow Wilson: Ansprache am Grabe George Washingtons, 4. Juli 1918, zit. nach *Die Reden Woodrow Wilsons*, a.a.O., S. 165.

54 Woodrow Wilson: Ansprache anläßlich der dritten Vollversammlung der Friedenskonferenz am 14. Februar 1919, zit. nach *The Papers of Woodrow Wilson*, a.a.O., Bd. 55, S. 175.

55 Roosevelt: Brief an James Bryce vom 19. November 1918, zit. nach *The Letters of Theodore Roosevelt*, a.a.O., Bd. VIII, S. 1400.

56 Roosevelt an Philander Chase Knox am 6. Dezember 1918, zit. nach *The Letters of Theodore Roosevelt*, a.a.O., Bd. VIII, S. 1413.

## Kapitel 3

1 Louis Auchincloss, *Richelieu*, New York 1972, S. 256.

2 In: *Quellenbuch zur Österreichischen Geschichte*, hg. v. Otto Frass, Wien 1956-1959, Bd. II, S. 101 f.

3 *Quellenbuch zur Österreichischen Geschichte*, a.a.O., S. 100.

4 Ebda.

5 Zit. nach Joseph Strayer, Hans Gatzke und E. Harris Harbison, *The Mainstream of Civilization since 1500*, New York 1971, S. 420.

6 Zit. nach Carl J. Burckhardt, *Richelieu*, München 1935-1967, Bd. III, S. 87.

7 Zit. nach Burckhardt, *Richelieu*, a.a.O., S. 190.

8 Jansenius (d.i.: Cornelius Jansen), *Mars Gallicus*, zit. nach William F. Church, *Richelieu and Reason of State*, Princeton 1972, S. 388.

9 Daniel de Priezac, *Défence de Droits et Prérogatives des Roys de France*, zit. nach Church, *Richelieu and Reason of State*, a.a.O., S. 398.

10 Mathieu de Morgues, *Catholicon François*, zit. nach Church, *Richelieu and Reason of State*, a.a.O., S. 376.

11 Richelieu, *Politisches Testament*, in der Übersetzung von W. Mommsen, Berlin 1926, S. 201 [=Klassiker der Politik, Bd. 4].

12 Zit. nach Voltaire, *Siècle de Louis XIV*, in: ders., *Œuvres Complètes*, Paris 1878, Bd. 4, S. 159 f.

13 Zit. nach F.H. Hinsely: *Power and the Pursuit of Peace*, Cambridge 1963, S. 162.

14 Emer[ick] de Vattel, *Le Droit des Gens ou Principes de la Loi Nature*, Tübingen 1959, S. 391.

15 Zit. nach Gordon A. Craig und Alexander L. George, *Zwischen Krieg und Frieden*, München 1984, S. 35.

16 G.C. Gibbs, *The Revolution in Foreign Policy*, in: Geoffrey Holmes: *Britain after the Glorious Revolution*, London 1969, S. 61.

17 Winston S. Churchill, *Der Zweite Weltkrieg*, Bd. 1: *Der Sturm zieht auf*, Bern 1948, S. 259.

18 Zit. nach Gibbs, *The Revolution in Foreign Policy*, a.a.O., S.62.

19 Rede des Außenministers Earl of Granville vor dem Oberhaus am 27. Januar 1744, in: Joel H. Wiener, *Great Britain: Foreign Policy and the Span of Empire, 1689-1971*, New York/London 1972, Bd. I, S.84-86.

20 Churchill, *Der Zweite Weltkrieg*, Bd. 1, a.a.O., S.258.

21 Pitt-Plan, in: *British Diplomacy, 1813-1815*, hg. v. Sir Charles Webster, London 1921, S.389 ff.

## Kapitel 4

1 Zit. nach Martin Wight, *Power Politics*, New York 1978, S.173. Wight zitiert Sir Thomas Overbury, *Observations on his Travels*, in: *Stuart Tracts 1603-1693*, hg. v. C. H. Firth, London 1903, S.27.

2 Lord Castlereagh, Memorandum vom 12. August 1815, zit. nach *British Diplomacy, 1813-1815*, hg. v. C.K. Webster, London 1921, S.61.

3 Talleyrand, zit. nach Harold Nicholson, *The Congress of Vienna*, New York/San Diego/London 1974, S.155.

4 Wilhelm Schwarz, *Die Heilige Allianz. Tragik eines europäischen Friedensbundes*, Stuttgart 1935, S.2.

5 Zit. nach Asa Briggs, *The Age of Improvement, 1783-1867*, London 1959, S.359.

6 Clemens Metternich, *Aus Metternich's nachgelassenen Papieren*, 8 Bde., hg. v. Alfons von Klinkowström, Wien 1880, Bd. VIII, S.57 f.

7 Die folgenden Passagen greifen auf das Material eines anderen Werkes des Verfassers zurück: Henry A. Kissinger, *Großmachtdiplomatie. Von der Staatskunst Castlereaghs und Metternichs*, Düsseldorf/Wien 1962

8 Kissinger, *Großmachtdiplomatie*, a.a.O., S.368

9 Metternich an Lebzeltern am 29. April 1813, zit. nach Wilhelm Oncken, *Österreich und Preussen im Befreiungskriege*, 2 Bde., Berlin 1876-1879, Bd. 2, S.32 (im Original französisch).

10 Metternich, *Aus Metternich's nachgelassenen Papieren*, a.a.O., Bd. VIII, S.365.

11 Metternich an Schwarzenberg am 28. März 1813, zit. nach Oncken, *Österreich und Preussen im Befreiungskriege*, a.a.O., Bd. I, S.441 (im Original französisch).

12 Metternich, *Aus Metternich's nachgelassenen Papieren*, a.a.O., Bd. I, S.316 f.

13 Ludwig Lebzeltern, *Les Rapports Diplomatiques du Lebzeltern*, St. Petersburg 1913, S.37 f.

14 Zit. nach Schwarz, *Die Heilige Allianz*, a.a.O., S.34.

15 Alfred Stern, *Geschichte Europas seit den Verträgen von 1815 bis zum Frankfurter Frieden von 1871*, 10 Bde., Berlin 1894 ff., Bd. I, S.298.

16 Vgl. Hans W. Schmalz, *Versuche einer Gesamteuropäischen Organisation 1815-1820*, Aarau 1940, S.66.

17 Castlereagh, vertrauliches Regierungsdokument vom 5. Mai 1820, zit. nach *Cambridge History of British Foreign Policy*, hg. v. A.W. Ward u. G.P. Gooch, New York 1923, Bd. II, S.632.

18 Viscount Castlereagh [d.i.: Londonderry, Robert Stewart], *Correspondence, Dispatches and Other Papers*, 12 Bde., hg. v. seinem Bruder, dem Marquis von Londonderry, London 1848-52, Bd. XII, S.394.

19 Zit. nach Sir Charles Webster, *The Foreign Policy of Castlereagh*, 2 Bde., London 1925 – 1931, Bd. II, S.366.

20 Zit. nach Kissinger, *Großmachtdiplomatie*, a.a.O., S.317.

21 Kissinger, *Großmachtdiplomatie*, a.a.O., S. 357.
22 Alan John Percivale Taylor, *The Struggle for Mastery in Europe, 1848-1918*, Oxford 1957, S. 54.
23 Canning, zit nach R.W. Seton-Watson, *Britain in Europe, 1789-1914*, Cambridge 1955, S. 73.
24 Ebda.
25 Canning: *Plymouth Speech* von 1823, zit. nach Seton-Watson, *Britain in Europa*, a.a.O., S. 119.
26 Palmerston an Clarendon am 20. Juli 1856, zit. nach Harold Temperley und Lillian M. Penson, *Foundations of British Foreign Policy from Pitt (1792) to Salisbury (1902)*, Cambridge 1938, S. 88.
27 Sir Edward Grey, zit. nach Seton-Watson, *Britain in Europe*, a.a.O, S. 1.
28 Palmerston, zit. nach Briggs, *The Age of Improvement*, a.a.O., S. 352.
29 Palmerstons Depesche Nr. 6 an den Marquis von Clanricarde (Botschafter in St. Petersburg) vom 11. Januar 1841, zit. nach Temperley/Penson, *Foundations of British Foreign Policy*, a.a.O., S. 136.
30 Zit. nach Nicholson, *Diplomatie*, a.a.O. S. 105.
31 Palmerston, zit. nach Briggs, *The Age of Improvement*, a.a.O., S. 357.
32 Disraeli vor dem Unterhaus am 1. August 1870, zit. nach *Parliamentary Debates* (Hansard) 3. Serie, Bd. CCIII, London 1870, Sp. 1289.
33 Palmerston vor dem Unterhaus am 21. Juli 1849, zit. nach Temperley/Penson, *Foundations of British Foreign Policy*, a.a.O., S. 173.
34 Palmerston, zit. nach Briggs, *The Age of Improvement*, a.a.O., S. 353.
35 Clarendon vor dem Oberhaus am 31. März 1854, zit. nach Seton-Watson, *Britain in Europe*, a.a.O., S. 327.
36 Palmerston vor dem Unterhaus am 21. Juli 1849, zit. nach Temperley/Penson, *Foundations of British Foreign Policy*, a.a.O., S. 76.
37 Zit. nach Wiener, *Great Britain: Foreign Policy and the Span of Empire*, Bd. I, a.a.O., S. 404.
38 Metternich am 30. Juni 1841, zit. nach Seton-Watson, *Britain in Europe*, a.a.O., S. 221.

# Kapitel 5

1 Joseph Alexander Graf von Hübner, *Neun Jahre der Erinnerungen eines österreichischen Botschafters in Paris unter dem zweiten Kaiserreich, 1851-1859* Berlin 1904, Bd. I, S. 109.
2 Hübner, *Neun Jahre der Erinnerungen*, a.a.O., Bd. I, S. 93.
3 Hübner an Kaiser Franz Joseph am 23. September 1857, in: Hübner, *Neun Jahre der Erinnerungen*, a.a.O., Bd. II, S. 31.
4 Zit. nach William Echard, *Napoleon III. and the Concert of Europe*, Baton Rouge 1983, S. 72.
5 Echard, *Napoleon III. and the Concert of Europe*, a.a.O., S. 2.
6 Napoleon III. an Franz Joseph am 17. Juni 1866, in: Hermann Oncken, *Die Rheinpolitik Napoleons III.*, Stuttgart/Berlin 1926, Bd. I, S. 280 (im Original französisch).
7 Franz Joseph an Napoleon III. am 24. Juni 1866, in: Oncken, *Die Rheinpolitik Napoleons III.*, a.a.O., Bd. I, S. 284 (im Original französisch).
8 Zit. nach Taylor, *The Struggle for Mastery in Europe*, a.a.O., S. 102
9 Hübner an Buol am 9. April 1858, in: Hübner, *Neun Jahre der Erinnerungen*, a.a.O., Bd. II, S. 83 f.

10 Hübner, *Neun Jahre der Erinnerungen*, a.a.O., Bd. II, S.93.

11 Droyn de Lhuys an La Tour D'Auvergne am 10. Juni 1864, zit. nach *Origines Diplomatiques de la Guerre de 1870/71*, Paris 1910-30, Bd. III, S.203.

12 Zit. nach Wilfried Radewahn, *Französische Außenpolitik vor dem Krieg von 1870*, in: *Europa vor dem Krieg von 1870*, hg. v. Eberhard Kolb, München 1983, S.38 (im Original französisch).

13 Zit. nach Wilfried Radewahn, *Die Pariser Presse und die Deutsche Frage*, Frankfurt/M. 1977, S.104 (im Original französisch).

14 Goltz an Bismarck am 17. Februar 1866 über sein Gespräch mit Napoleon, zit. nach Oncken, *Die Rheinpolitik Napoleons III.*, a.a.O., Bd. 1, S.90 (im Original französisch).

15 Zit. nach Radewahn, *Die Pariser Presse*, a.a.O., S.110.

16 Goltz an Bismarck am 25. April 1866, in: Oncken, *Die Rheinpolitik Napoleons III.*, a.a.O., Bd. I, S.140.

17 Talleyrand an Drouyn 7. Mai 1866, in: *Origines Diplomatiques*, a.a.O., Bd. IX, S.47.

18 Thiers' Rede am 3. Mai 1866, zit. nach Oncken, *Die Rheinpolitik Napoleons III.*, a.a.O., Bd. I, S.154ff. (im Original französisch).

19 Zit. nach ebda.

20 Zit. nach Taylor, *The Struggle for Mastery in Europe*, a.a.O., S.163.

21 Vgl. Taylor, *The Struggle for Mastery in Europe*, a.a.O., S.205f.

22 Die Analyse des politischen Denkens Bismarcks greift auf einen Aufsatz des Verfassers zurück: Henry A. Kissinger, *The White Revolutionary: Reflections on Bismarck*, in: ›Daedalus‹, Bd. 97., Nr. 3 (Sommer 1968), S.888-924.

23 Rede Bismarcks vor dem Preußischen Landtag am 3. Dezember 1850, in: ders., *Die politischen Reden des Fürsten Bismarck*, hg. v. Horst Kohl, Stuttgart 1892, Bd. 1, S.268.

24 Bismarck an Manteuffel am 10. Mai 1856, in: ders., *Gesammelte Werke*, Bd. 2, Politische Schriften 1.1.1855-1.3.1859, Berlin 1924, S.150f.

25 Bismarck an Gerlach am 28. April 1856, in: ders., *Gesammelte Werke*, Bd. 14.1, Briefe 1822-1861, Berlin 1933, S.441.

26 Vgl. Leopold von Gerlach an Bismarck am 5. Mai 1856, in: ders., *Briefe des Generals Leopold von Gerlach an Otto von Bismarck*, hg. v. Horst Kohl, Stuttgart/Berlin 1912, S.192-93.

27 Bismarck an Gerlach am 11. April 1857, in: ders., *Werke in Auswahl*, Darmstadt 1963, Bd. 2., Teil 2, S.138.

28 Leopold von Gerlach an Bismarck am 29. April 1857, in: ders., *Briefe des Generals Leopold von Gerlach an Otto von Bismarck*, a.a.O., S.206.

29 Gerlach an Bismarck am 6. Mai 1857, in: ders., *Briefe*, a.a.O. S.211

30 Bismarck an Leopold von Gerlach am 2. Mai 1857, in: ders., *Gesammelte Werke*, Bd. 14.1, a.a.O., S.64f.

31 Bismarck, *Gesammelte Werke*, Bd. 14.1, a.a.O., S.468.

32 Bismarck an Gerlach am 2./4. Mai 1860, in: Bismarck, *Gesammelte Werke*, Bd. 14.1, a.a.O., S.549.

33 Ebda.

34 Bismarcks Denkschrift an den Prinzen von Preußen im September 1853, in: ders., *Gesammelte Werke*, Bd. 1, Politische Schriften bis 1854, Berlin 1924, S.375.

35 Bismarck: *Einige Bemerkungen über Preußens Stellung am Bunde*, März 1858, in: *Gesammelte Werke*, Bd. 2, a.a.O., S.320f.

36 Bismarck am 20. Februar 1854, in: ders., *Bismarcks Briefe an den General Leopold von Gerlach*, hg. v. H. Kohl, Berlin 1896, S.13.

37 Bismarck an Gerlach am 2. Mai 1857, in: *Briefwechsel des Generals Leopold von Gerlach mit dem Bundestags-Gesandten Otto von Bismarck*, Berlin 1893, S. 334.
38 Bismarck an Gerlach am 19. Dezember 1853, in: ebda., S. 128.
39 Bismarck an Gerlach am 13. Oktober 1854, in: ebda., S. 194.; Bismarck an Gerlach am 18. Oktober 1854, in: ders., *Bismarcks Briefe an den General Leopold von Gerlach*, a.a.O., S. 172.
40 Bismarck an G.v.Alvensleben am 5. Mai 1859, in: ders., *Gesammelte Werke*, Bd. 14.1, a.a.O., S. 517..
41 Bismarck an Gerlach am 19. Oktober 1854, in: *Briefwechsel des Generals Leopold von Gerlach mit dem Bundestags-Gesandten Otto von Bismarck*, a.a.O., S. 199.
42 Bismarck an v. Manteuffel am 8./9. September 1854, in: ders., *Werke in Auswahl*, a.a.O., Bd. 2., Teil 2, S. 44.
43 Bismarck an v. Manteuffel am 26. April 1856, in: ders., *Werke in Auswahl*, a.a.O., Bd. 2, Teil 2, S. 101 f.
44 Ebda.
45 Bismarck, *Werke in Auswahl*, a.a.O., Bd. 2, Teil 2, S. 103.
46 Bismarck, *Werke in Auswahl*, a.a.O., Bd. 2, Teil 2, S. 105.
47 Otto Pflanze, *Bismarck and the Development of Germany: the Period of Unification, 1815-1871*, Princeton, durchgesehene Ausgabe 1990, S. 85.
48 Vgl. John Ashley Soames Grenville, *Europe Reshaped, 1848-1878*, Hassocks 1971, S. 358.
49 Bismarck an seine Braut am 17. Februar 1847, in: ders., *Gesammelte Werke*, Bd. 14.1, a.a.O., S. 60.
50 Emil Ludwig, *Bismarck: Geschichte eines Kämpfers*, Berlin 1926, S. 494.

## Kapitel 6

1 Laurent Berenger, Bericht aus St. Petersburg vom 3. September 1762, zit. nach *A Source Book for Russian History: From Early Times to 1917*, hg. v. George Vernadsky, 3. Bde., New Haven 1972, Bd. 2, S. 397.
2 Friedrich von Gentz, *Depeches inedites du Chevalier de Gentz, aux hospodars de Valachie*, Paris 1876, Bd. I, S. 354-379; hier zit. nach Mack Walker (Hg.), *Metternich's Europe*, New York 1968, S. 80.
3 Zit. nach V. O. Kliutschewsky, *A Course in Russian History: The Seventeenth Century*, Chicago 1969, S. 97.
4 Fürst Potemkin, Memorandum, zit. nach *A Source Book for Russian History*, a.a.O., Bd. 2, S. 411.
5 Vizekanzler Fürst Alexander Michailowitsch Gortschakow, Memorandum aus dem Jahre 1864, zit. nach *A Source Book for Russian History*, a.a.O., Bd. 3, S. 160.
6 Friedrich von Gentz, zit. nach Walker, *Metternich's Europe*, a.a.O., S. 80.
7 M.N. Katkov, Leitartikel vom 10. Mai 1883, in: *A Source Book for Russian History*, a.a.O., Bd. 3, S. 676.
8 Fjodor M. Dostojewski, *Polnoe sobranie sochinenii F.M. Dostoevskogo*, Bd. 11 (April 1877), St. Petersburg 1894-95, S. 117, in: *A Source Book for Russian History*, a.a.O., Bd. 3, S. 81.
9 Katkov, a.a.O., 1882, in: *A Source Book for Russian History*, a.a.O., Bd. 3, S. 76.
10 Zit. nach Benedict Humphrey Sumner, *Russia and the Balkans, 1870-1880*, London 1962, S. 71-73.
11 George F. Kennan, *The Sources of Soviet Conduct*, in: ›Foreign Affairs‹, Bd. 25, Nr. 4 (Juli 1947).

12 Zit. nach Robert Blake, *Disraeli*, Frankfurt/M. 1980, S. 73.
13 George F. Kennan, *Bismarcks europäisches System in der Auflösung. Die französisch-russische Annäherung 1875 bis 1890*, Frankfurt/M. 1981.
14 Vgl. Kennan, *Bismarcks europäisches System in der Auflösung*, a.a.O., S. 25.
15 Otto v. Bismarck am 19. Februar 1878, in: Otto v. Bismarck, *Die Politischen Reden*, hg.v. Horst Kohl, Bd. 7, Stuttgart 1893, S. 93.
16 Zit. nach Taylor, *The Struggle for Mastery in Europe*, a.a.O., S. 236.
17 Zit. nach Blake, *Disraeli*, a.a.O., S. 481.
18 Zit. nach Taylor, *The Struggle for Mastery in Europe*, a.a.O., S. 237.
19 Disraeli, Rede vom 24. Juni 1872, in: Joel H. Wiener (Hg.), *Great Britain: Foreign Policy and the Span of Empire*, New York/London 1972, Bd. III, S. 2500.
20 Lord Augustus Loftus, *Diplomatic Reminiscences*, 2. Serie, London 1892, Bd. 2, S. 46.
21 Zitiert nach Firuz Kazemzadeh, *Russia and the Middle East*, in: Ivo J. Lederer (Hg.), *Russian Foreign Policy*, New Haven/London 1962, S. 498.
22 Kazemzadeh, *Russia and the Middle East*, a.a.O., S. 499.
23 Kazemzadeh, *Russia and the Middle East*, a.a.O., S. 500.
24 Bismarck an Bülow am 14. August 1876, zitiert nach Alan Palmer, *Glanz und Niedergang der Diplomatie*, Düsseldorf 1986, S. 267.
25 Vgl. ebda.
26 Zit. nach Palmer, *Glanz und Niedergang*, a.a.O., S. 270.
27 Zit. nach Blake, *Disraeli*, a.a.O., S. 570.
28 »Deutschland, das bezüglich der Ostfrage keinerlei Interessen verfolgt«. Zit. nach William Norton Medlicott, *The Congress of Berlin and After*, Hamden, Conn. 1963, S. 37.
29 Otto v. Bismarck, *Die Politischen Reden*, a.a.O., Bd. 7, S. 102.
30 Vgl. Medlicott, *The Congress of Berlin*, a.a.O., S. 39
31 Zit. nach Kennan, *Bismarcks europäisches System in der Auflösung*, a.a.O., S. 88 f.
32 Zit. nach Kennan, *Bismarcks europäisches System in der Auflösung*, a.a.O., S. 164.
33 Rede Gladstones vom 9. September 1876, in der er die von den Türken in Bulgarien verübten Greueltaten anprangerte, in: Wiener, *Great Britain: Foreign Policy and the Span of Empire*, a.a.O., Bd. III, S. 448.
34 Gladstone, zitiert nach Andrew Norman Wilson, *Eminent Victorians*, New York 1990, S. 122.
35 Gladstone, zitiert nach Carsten Holbraad, *The Concert of Europe: A Study in German and British International Theory, 1815-1914*, London 1970, S. 166.
36 Holbraad, *The Concert of Europe*, a.a.O., S. 45.
37 Otto von Bismarck an Kaiser Wilhelm am 22. Oktober 1883, in: ders., *Gesammelte Werke*, Bd. 6C, Berlin 1935, S. 282-283.
38 Gladstone an Lord Granville am 22. August 1873, in: William Ewart Gladstone, *The Political Correspondence of Mr. Gladstone and Lord Granville, 1868-1876*, hg. v. Agatha Ramm, Bd. 2, London 1952, S. 401.
39 Zit. nach Kennan, *Bismarcks europäisches System in der Auflösung*, a.a.O., S. 54.
40 Zit. nach Kennan, *Bismarcks europäisches System in der Auflösung*, a.a.O., S. 289.

Kapitel 7

1 Franz Schnabel, *Das Problem Bismarck*, in: Hochland, 42, 1949-50, S. 1-27.
2 Winston Churchill, *Große Zeitgenossen*, Frankfurt/M. 1959, S. 146, S. 150.

3 Friedrich der Große, zit. nach *Memoirs of Prince von Bülow, From Secretary of State to Imperial Chancellor*, Boston 1931, S. 52.

4 Zit. nach Maurice Bompard, *Mon Ambassade en Russie, 1903-1908*, Paris 1937, S. 40.

5 Vgl. Benedict Humphrey Sumner, *Russia and the Balkans, 1870-1880*, Hamden, Conn. 1962, S. 23 ff.

6 Sergej Witte, zit. nach Hugh Seton-Watson, *The Russian Empire, 1801-1917*, Oxford 1967, S. 581.

7 Ebda.

8 Zit. nach Raymond Sontag, *European Diplomatic History, 1871-1932*, New York 1933, S. 59.

9 Nikolai de Giers, zit. nach Ludwig Reiners, *In Europa gehen die Lichter aus. Der Untergang des Wilhelminischen Reiches*, München 1981, S. 30.

10 Baron Staal, zit. nach William L. Langer, *The Diplomacy of Imperialism*, New York 1960, S. 7.

11 Zit. nach George F. Kennan, *Die schicksalhafte Allianz, Frankreich und Rußland am Vorabend des Ersten Weltkrieges*, Köln 1984, S. 204-205.

12 Kaiser Wilhelm, zit. nach Johannes Lepsius (Hg.), *Die große Politik der europäischen Kabinette, 1871-1914*, 1923, Bd. 10, S. 254.

13 Lord Salisbury, zit. nach Gordon A. Craig, *Deutsche Geschichte, 1866-1945*, München 1980, S. 215.

14 Zit. nach Fritz Stern, *Das Scheitern illiberaler Politik*, Frankfurt/M. 1974, S. 122.

15 Zit. nach Malcolm Carroll, *Germany and the Great Powers 1866-1914*, Hamden, Conn. 1966, S. 372.

16 Rede Chamberlains vom 30. November 1899, in: Wiener, *Great Britain: Foreign Policy and the Span of Empire*, a.a.O., Bd. I, S. 510.

17 Zit. nach Raymond Sontag, *European Diplomatic History*, a.a.O., S. 60.

18 Zit. nach Valentin Chirol, *Fifty Years in a Changing World*, London 1927, S. 284.

19 Vermerk des Marquis of Salibury vom 29. Mai 1901, in: *British Documents on the Origins of the War*, hg. von G. P. Gooch und Harold Temperly, London 1927, Bd. II, S. 68.

20 Zit. nach Sontag, *European Diplomatic History*, a.a.O., S. 169.

21 Sontag, *European Diplomatic History*, a.a.O., S. 170.

22 Kaiser Wilhelm, zit. nach Reiners, *In Europa gehen die Lichter aus*, a.a.O., S. 106.

23 Kaiser Wilhelm, zit. nach Craig, *Deutsche Geschichte*, a.a.O., S. 291.

24 Der Marquis of Lansdowne an Sir E. Monson, 2. Juli 1903, in: Sontag, *European Diplomatic History*, a.a.O., S. 293.

25 Sir Edward Grey an Sir F. Bertie am 31. Januar 1906, in: Viscount Grey, *Twenty-Five Years 1892-1916*, New York 1925, S. 76-79.

26 Sir Edward Grey an Paul Cambon, den französischen Botschafter in London, am 22. November 1912, in: Grey, *Twenty-Five Years 1892-1916*, a.a.O., S. 94-95.

27 Zit. nach Taylor, *The Struggle for Mastery in Europe*, a.a.O., 443.

28 z.B. Paul Schroeder: *World War I as Galloping Gertie: A Reply to Joachim Remak*, in: ›Journal of Modern History‹ 44, 1972, S. 328.

29 Crowe-Memorandum vom 1. Januar 1907, zit. nach Kenneth Bourne und D. Cameron Watt (Hgg.): *British Documents on Foreign Affairs*, Frederick, Md. 1983, Teil I, Bd. 19, S. 367 ff.

30 *British Documents on Foreign Affairs*, a.a.O., Teil I, Bd. 19, S. 384.

31 Zit. nach Sontag, *European Diplomatic History*, a.a.O., S. 140.

32 Zit. nach Carroll, *Germany and the Great Powers*, a.a.O., S. 657.

33 Zit. nach Klaus Wernecke, *Der Wille zur Weltgeltung. Außenpolitik und Öffentlichkeit am Vorabend des Ersten Weltkrieges*, Düsseldorf 1970, S. 33.

34 Ansprache des Schatzkanzlers David Lloyd George am 12. Juli 1911, in: Wiener, *Great Britain: Foreign Policy and the Span of Empire*, Bd. I, a.a.O., S. 577.

35 Zit. nach Carroll, *Germany and the Great Powers*, a.a.O., S. 643.

36 Zit. nach D.C.B. Lieven, *Russia and the Origins of the First World War*, London 1983, S. 46.

37 Zit. nach Taylor, *The Struggle for Mastery in Europe*, a.a.O., S. 507.

38 Zit. nach Lieven, *Russia and the Origins of the First World War*, a.a.O., S. 69.

39 Zit. nach Taylor, *The Struggle for Mastery in Europe*, a.a.O., S. 510.

40 Zit. nach Taylor, *The Struggle for Mastery in Europe*, a.a.O., S. 492.

41 Zit. nach Lieven, *Russia and the Origins of the First World War*, a.a.O., S. 48.

42 Zit. nach Sontag, *European Diplomatic History*, a.a.O., S. 185.

43 Zit. nach Craig, *Deutsche Geschichte*, a.a.O., S. 295.

## Kapitel 8

1 Memorandum von Obrutschew an Giers vom 7./19. Mai 1892, zit. nach Kennan, *Die schicksalhafte Allianz*, a.a.O., S. 350.

2 Zit. nach Kennan, *Die schicksalhafte Allianz*, a.a.O., S. 351 f.

3 Zit. nach ebda.

4 Zit. nach Kennan, *Die schicksalhafte Allianz*, a.a.O., S. 355.

5 Zit. nach Kennan, *Die schicksalhafte Allianz*, a.a.O., S. 213.

6 Vgl. Gerhard Ritter, *Der Schlieffen-Plan*, München 1956.

7 Zit. nach Frank A. Golder (Hg.), *Documents of Russian History 1914-1917*, New York 1927, S. 3-23.

8 Ebda.

9 Ebda.

10 Ebda.

11 Bethmann Hollweg, zitiert nach Stern, *Das Scheitern illiberaler Politik*, a.a.O., S. 20.

12 Bethmann Hollweg an Eisendecher am 13. März 1913, zitiert nach Konrad Jarausch, *The Illusion of Limited War: Chancellor Bethmann Hollweg's Calculated Risk, July 1914*, in: ›Central European History‹, März 1969, S. 48-77.

13 Szögyény, Telegramm aus Berlin, 6. Juli 1914, in: *Österreich-Ungarns Außenpolitik von der Bosnischen Krise 1908 bis zum Kriegsausbruch 1914*, Wien 1930, Bd. 8, S. 320.

14 Sergej Sasonow, *Sechs schwere Jahre*, Berlin 1927, S. 39.

15 Sasonow, *Sechs schwere Jahre*, a.a.O., S. 192.

16 N. V. Tscharykow (Tcharykow), *Glimpses of High Politics*, London 1931, S. 271.

17 Sasonow, *Sechs schwere Jahre*, a.a.O., S. 48.

18 Geheime militärische Verhandlungen mit anderen Mächten betreffende Stellungnahme Sir Edward Greys vor dem Unterhaus am 11. Juni 1914, in: Wiener, *Great Britain: Foreign Policy and the Span of Empire*, Bd. I, a.a.O., S. 607.

19 Telegramm von Sir Richard Grey an den britischen Botschafter in Berlin, Sir E. Goschen, vom 30. Juli 1914, in: Wiener, *Great Britain: Foreign Policy and the Span of Empire*, Bd. I, a.a.O., S. 07.

20 Zit. nach Lieven, *Russia and the Origins of First World War*, a.a.O., S. 6.

21 Lieven, *Russia and the Origins of First World War*, a.a.O., S. 143.

22 Vgl. Lieven, *Russia and the Origins of First World War*, a.a.O., S. 147.

23 Sasonow, *Sechs schwere Jahre*, a.a.O., S. 233.

24 Zitiert nach L.C.F. Turner, *The Russian Mobilization in 1914*, in: ›Journal of Contemporary History‹, 3 (1968), S. 70.

## Kapitel 9

1 Zit. nach Hermann Graml, *Europa zwischen den Kriegen*, München 1969, S. 9.

2 Zit. nach Taylor, *The Struggle for Mastery in Europe*, a.a.O., S. 535.

3 Zit. nach Taylor, *The Struggle for Mastery in Europe*, a.a.O., S. 53.

4 Vgl. Werner Maser, *Hindenburg. Eine politische Biographie*, Frankfurt/Berlin 1992, S. 138.

5 Edward Grey an E.M. House am 22. September 1915, in: *Die vertraulichen Dokumente des Obersten House*, hg.v. Charles Seymour, Stuttgart 1931, S. 93.

6 Woodrow Wilson am 27. Mai 1916 vor der Amerikanischen Friedensliga, in: ders., *Das staatsmännische Werk*, a.a.O., S. 109.

7 Woodrow Wilson, Rede vor dem Senat am 22. Januar 1917, in: *Das staatsmännische Werk*, a.a.O., S. 154.

8 Arthur S. Link, *Wilson the Diplomatist*, Baltimore 1957, S. 100.

9 Link, *Wilson the Diplomatist*, a.a.O., S. 100 ff.

10 Woodrow Wilson, Ansprache an den Kongreß vom 8. Januar 1918, in: ders., *Das staatsmännische Werk*, a.a.O., S. 225 f.

11 Woodrow Wilson, Ansprache in der Guildhall von London am 29. Dezember 1918, in: ders., *Das staatsmännische Werk*, a.a.O., S. 283.

12 Woodrow Wilson, Rede vor dem Senat am 22. Januar 1917, in: ders., *Das staatsmännische Werk*, a.a.O., S. 151.

13 Vgl. Anthony Adamthwaite, *France and the Coming of the Second World War, 1936-1939*, London 1977, S. 4.

14 André Tardieu, *The Truth about the Treaty*, Indianapolis 1921, S. 165.

15 Brief von Wilsons Berater David Hunter Miller an Senator Elihu Root vom 19. März 1919, zit. nach David Hunter Miller, *The Drafting of the Covenant*, New York 1928, Bd. 1, S. 300.

16 Zit. nach Tardieu, *The Truth about the Treaty*, a.a.O., S. 173.

17 Zit. nach Tardieu, *The Truth about the Treaty*, a.a.O., S. 174.

18 Bowman-Memorandum vom 10. Dezember 1918, in: *Die vertraulichen Dokumente des Obersten House*, a.a.O., S. 353.

19 Zit. nach Seth P. Tillman, *Anglo-American Relations at the Paris Peace Conference of 1919*, Princeton 1961, S. 133.

20 Bowman-Memorandum, in: *Die vertraulichen Dokumente des Obersten House*, a.a.O., S. 353.

21 Zit. nach Tillmann, *Anglo-American Relations*, a.a.O., S. 126.

22 Miller, *The Drafting of the Covenant*, a.a.O., Bd. 1, S. 49.

23 Zit. nach Paul Birdsall, *Versailles Twenty Years After*, Hamden, Conn. 1962, S. 128.

24 Zit nach Miller, *The Drafting of the Covenant*, a.a.O., Bd. 1, S. 216.

25 *Der Vertrag von Versailles*, mit Beiträgen von Sebastian Haffner u.a., München 1978, S. 125

26 Zit. nach Tardieu, *The Truth about the Treaty*, a.a.O., S. 160.

27 Zit. nach Tardieu, *The Truth about the Treaty*, a.a.O., S. 202.

28 Zit. nach Tardieu, *The Truth about the Treaty*, a.a.O., S. 204.

29 House, Tagebucheintrag vom 27. März 1919, in: *Die vertraulichen Dokumente des Obersten House*, a.a.O., S. 388.

30 Charles Webster, *The Congress of Vienna*, London 1963.
31 Memorandum von Lloyd George für Präsident Wilson vom 25. März 1919, in: Ray Stannard Baker, *Woodrow Wilson – Memoiren und Dokumente*, Leipzig 1923, Bd. III, S. 388.
32 Zit. nach Louis L. Gerson, *Woodrow Wilson und die Wiedergeburt Polens 1914-1920*, Würzburg 1956, S. 57 f.
33 Harold Nicholson, *The Congress of Vienna*, London 1964, S. 187.

## Kapitel 10

1 Woodrow Wilson, Rede im Metropolitan Opera House am 27. September 1918, in: ders., *Das staatsmännische Werk*, a.a.O., S. 257.
2 Zit. nach Edward Hallett Carr, *The Twenty Years's Crisis, 1919-1939*, New York 1964 (Nachdruck der 2. Aufl. New York 1946), S. 34.
3 Zit. nach Carr, *The Twenty Year's Crisis*, a.a.O., S. 35.
4 Zit. nach Adamthwaite, *France and the Coming of the Second World War*, a.a.O., S. 17.
5 Zit. nach Stephen A. Schuker, *The End of French Predominance in Europe*, Chapel Hill 1976, S. 254. Schuker zitiert hier ein Memorandum des britischen Generalstabes, das sich mit den militärischen Aspekten des zukünftigen Status des Rheinlandes beschäftigte.
6 Memorandum von J.C. Sterndale Bennett (Central Department), *British Policy regarding Occupied Territories of Germany*, 5. Februar 1924, zit. nach Schuker, *The End of French Predominance in Europe*, a.a.O., S. 251.
7 Ebda.
8 *British Policy in the Rhineland with Specials Refernce to Franch Security*, Memorandum der Admiralität vom 22. März 1924, zit. nach Schuker, *The End of French Predominance in Europe*, a.a.O., S. 254.
9 Zit. nach F.L. Carsten, *Britain and the Weimar Republic*, New York 1984, S. 128.
10 Zit. nach Graml, *Europa zwischen den Kriegen*, a.a.O., S. 117 f.
11 Staatsarchiv, Public Record Office, Cabinet Office: CAB 23/29, Minutes of Cabinet Meetings; Conferences of Ministers, Cabinet Conclusions: 1(22), 10. Januar 1922.
12 Vgl. Carr, *Twenty Year's Crisis*, a.a.O., S. 200 ff.
13 Zit. nach Carsten, *Britain and the Weimar Republic*, a.a.O., S. 81.
14 Zit. nach Tardieu, *The Truth about the Treaty*, a.a.O., S. 136.
15 John Maynard Keynes, *Die wirtschaftlichen Folgen des Friedensvertrages*, München 1920; Titel der Originalausgabe: *Treatise on the Economic Consequences of the Peace*.
16 Edward Hallett Carr, *The Bolshevik Revolution, 1917-1923*, London 1966, Bd. 3, S. 16.
17 *Dekret über den Frieden* vom 26. Oktober 1917, vgl. W.I. Lenin, *Werke*, Bd. 26, Berlin 1961, S. 239 ff.
18 Lenin, *Werke*, Bd. 26, a.a.O., S. 448.
19 Carr, *The Bolshevik Revolution*, a.a.O., S. 44.
20 Lenin, *Werke*, a.a.O., Bd. 26, S. 449.
21 Zit. nach Carr, *The Bolshevik Revolution*, a.a.O., S. 70.
22 Zit. nach Carr, *The Bolshevik Revolution*, a.a.O., S. 161.
23 Zit. nach Edward Hallett Carr, *Berlin-Moskau. Deutschland und Rußland zwischen den beiden Weltkriegen*, Stuttgart 1954, S. 56.

24 Zit. nach Francis L. Carsten, *Reichswehr und Politik, 1918-1933*, Köln 1964, S. 79.

25 Zit. nach George F. Kennan, *Sowjetische Außenpolitik unter Lenin und Stalin*, Stuttgart 1961, S. 294 f.

26 »Der Wein ist gezapft, nun muß er auch getrunken werden.« Zit. nach Kennan, *Sowjetische Außenpolitik unter Lenin und Stalin*, a.a.O., S. 99.

27 Vgl. Kennan, *Sowjetische Außenpolitik unter Lenin und Stalin*, a.a.O., S. 301 f..

## Kapitel 11

1 Zit. nach Graml, *Europa zwischen den Kriegen*, a.a.O., S. 154.

2 Zit. nach Viscount d'Abernon, *Ein Botschafter der Zeitwende. Memoiren*, Leipzig 1929, Bd. I, S. 264.

3 Vgl. Graml, *Europa zwischen den Kriegen*, a.a.O., S. 130.

4 *General Staff Memorandum on the Military Aspect of the Future Status of the Rhineland*, zit. nach Schuker, *The End of French Predominance in Europe*, a.a.O., S. 255.

5 Zit. nach Henry L. Bretton, *Stresemann and the Revision of Versailles*, Stanford 1953, S. 38.

6 Zit. nach Marc Trachtenberg, *Reparations in World Politics*, New York 1980, S. 48.

7 Zit. nach ebda.

8 Vgl. Bretton, *Stresemann*, a.a.O., S. 21.

9 Zit nach F.L. Carsten, *Britain and the Weimar Republic*, New York 1984, S. 37.

10 Zit. nach Hans W. Gatzke, *Stresemann and the Rearmament of Germany*, Baltimore 1954, S. 12.

11 Gustav Stresemann, *Vermächtnis. Der Nachlaß in drei Bänden*, Berlin 1932, Bd. I, S. 227.

12 Zit. nach David Dutton, *Austen Chamberlain, Gentleman in Politics*, Bolton 1985, S. 250.

13 Zit. nach Dutton, *Austen Chamberlain*, a.a.O., S. 5.

14 Zit. nach Jon Jacobson, *Locarno Diplomacy*, Princeton 1972, S. 90.

15 Zit. nach Raymond J. Sontag, *A Broken World, 1919-1939*, New York 1971, S. 133.

16 Zit. nach Adler, *The Isolationist Impulse*, a.a.O., S. 217.

17 D. W. Brogan, *The French Nation, 1814-1940*, London 1957, S. 267.

18 Zit. nach Dutton, *Austen Chamberlain*, a.a.O., S. 251.

19 Vgl. F. L. Carsten, *The Reichswehr and Politics, 1918-1933*, Berkley 1973, S. 139.

20. Edgar Stern-Rubarth: *Drei Männer suchen Europa. Briand – Chamberlain – Stresemann*, München 1948, S. 318.

21 Zit. nach Adamthwaite, *France and the Coming of the Second World War*, a.a.O., S. 29.

22 Zit. nach Churchill, *Der Zweite Weltkrieg*, Bd. 1., a.a.O., S. 9.

23 Zit. nach ebda.

24 MacDonald im Gespräch mit Paul-Boncour am 2. Dezember 1932, zit. nach Alan John Percival Taylor, *The Origins of the Second World War*, New York 1961, S. 66.

## Kapitel 12

1 Vgl. Alan Bullock, *Hitler und Stalin. Parallele Leben*, Berlin 1991, S. 508.

2 Henry Picker, *Hitlers Tischgespräche im Führerhauptquartier 1941-1941*, Bonn 1951.

3 Phipps an Simon am 21. November 1933, zit. nach Taylor, *Die Ursprünge des Zweiten Weltkriegs*, a.a.O., S. 100.

4 MacDonald im Gespräch mit Daladier am 16. März 1933, zit. nach ebda.

5 Vgl. ebda.

6 Englisch-französische Konsultationen am 22. September 1933, zit. nach Taylor, *Die Ursprünge des Zweiten Weltkriegs*, a.a.O., S. 102.

7 Zit. nach Martin Gilbert, *Churchill. A Life*, New York 1991, S. 523.

8 Zit. nach Gilbert, *Churchill*, a.a.O., S. 524.

9 Zit. nach Gilbert, *Churchill*, a.a.O., S. 523.

10 Zit. nach Robert J. Young, *In Command of France. French Foreign Policy and Military Planning 1933-1940*, Cambridge 1978, S. 37.

11 Zit. nach Adamthwaite, *France and the Coming of the Second World War*, a.a.O., S. 30.

12 Zit. nach Paul Johnson, *Modern Times. The World from the Twenties to the Eighties*, New York 1983, S. 341.

13 Zit. nach Gilbert, *Churchill*, a.a.O., S. 531.

14 Zit. nach Gilbert, *Churchill*, a.a.O., S. 531 f.

15 Vgl. Gilbert, *Churchill*, a.a.O., S. 537.

16 Zit. nach Gilbert, *Churchill*, a.a.O., S. 538.

17 Zit. nach Adamthwaite, *France and the Coming of the Second World War*, a.a.O., S. 75.

18 Haile Selassie am 30. Juni 1936, zit. nach David Large, *Between Two Fires. Europe's Path in the 1930s*, London 1990, S. 177-178.

19 Zit. nach Josef Henke, *England in Hitlers politischem Kalkül*, Schriftenreihe des Deutschen Bundesarchivs Nr. 20, Koblenz 1973, S. 41.

20 Gerhard Weinberg, *The Foreign Policy of Hitler's Germany: Diplomatic Revolution in Europa*, Chicago 1970, S. 241.

21 Anthony Eden, Earl of Avon, *Angesichts der Diktatoren. Memoiren 1923-1938*, Köln/Berlin 1962, S. 393.

22 Zit. nach Weinberg, *Hitler's Foreign Policy*, a.a.O., S. 259.

23 Zit nach Weinberg, *Hitler's Foreign Policy*, a.a.O., S. 254.

24 Zit. nach Winston S. Churchill, *Der Zweite Weltkrieg*, Bd. I: *Der Sturm zieht auf*, Olten 1954, S. 244.

25 Zit. nach Gilbert, *Churchill*, a.a.O., S. 553.

26 Zit. nach *Parliamentary Debates*, 10. März 1936, 5. Serie, Bd. 309, London 1936, Sp. 1976.

27 Zit. nach Adamthwaite, *France and the Coming of the Second World War*, a.a.O., S. 41.

28 Zit. nach Adamthwaite, *France and the Coming of the Second World War*, a.a.O., S. 53.

29 Zit. nach ebda.

30 Memorandum des Außenministeriums, Rundschreiben vom 22. November 1937, zit. nach Taylor, *Die Ursprünge des Zweiten Weltkriegs*, a.a.O., S. 181-182.

31 Zit. nach Adamthwaite, *France and the Coming of the Second World War*, a.a.O., S. 68.

32 Zit. nach Adamthwaite, *France and the Coming of the Second World War*, a.a.O., S. 69.

33 Zit. nach Craig, *Deutsche Geschichte*, a.a.O., S. 614.

34 Zit. nach Craig, *Deutsche Geschichte*, a.a.O., S. 207.

35 Halifax an Phipps am 22. März 1938, zit. nach Taylor, *Die Ursprünge des Zweiten Weltkriegs*, a.a.O., S. 204.

36 Taylor, *Die Ursprünge des Zweiten Weltkriegs*, a.a.O., S. 247.

37 Zit. nach ebda.
38 Zit. nach Bullock, *Hitler und Stalin*, a.a.O., S. 778.
39 Zit. nach Taylor, *Die Ursprünge des Zweiten Weltkriegs*, a.a.O., S. 248.
40 Premierminister W. L. Mackenzie King am 29. September 1983, zit. nach John A. Munro (Hg.), *Documents on Canadian External Relations*, Ottawa 1972, Bd. 6, S. 1099.
41 Premierminister J. A. Lyons am 30. September 1938, zit. nach R. G. Neale (Hg.), *Documents on Australian Foreign Policy, 1937-1949,* Canberra o. Jahr, Bd. I, S. 476.
42 Chamberlain vor dem Unterhaus, zit. nach *Parliamentary Debates*, 3. Oktober 1938, 5. Serie, Bd. 339, London 1938, Sp. 48.

## Kapitel 13

1 Zit. nach T. A. Taracouzio, *War and Peace in Soviet Diplomacy*, New York 1940, S. 139 f.
2 Stalins Rede vor dem XV. Parteitag am 3. Dezember 1927, zit. nach Nathan Leites, *A Study of Bolshevism*, Glencoe, Ill. 1953, S. 501.
3 Stalins Rede vor dem XVII. Parteitag am 26. Januar 1934, zit. nach Alvin Z. Rubinstein (Hg.), *The Foreign Policy of the Soviet Union*, New York 1960, S. 108.
4 Rede vor dem VII. Kongreß der Kommunistischen Internationale im August 1935, zit. nach *The Foreign Policy of the Soviet Union*, a.a.O., S. 133-136.
5 Vgl. Robert Legvold, *After the Soviet Union. From Empire to Nations*, New York 1992, S. 7.
6 Zit. nach Robert Coulondre, *Von Moskau nach Berlin, 1936-1939*, Bonn 1950, S. 240; vgl. auch Adamthwaite, *France and the Coming of the Second World War*, a.a.O., S. 264.
7 Zit. nach Anthony Read und David Fisher, *The Deadly Embrace: Hitler, Stalin and the Nazi-Soviet Pact*, New York 1988, S. 57.
8 Vgl. Donald Cameron Watt, *How War Came: The Immediate Origins of the Second World War, 1938-1939*, London 1989, S. 109.
9 Zit. nach Read/Fisher, *Deadly Embrace*, a.a.O., S. 59.
10 Zit. nach ebda.
11 Zit. nach Keith Feiling, *The Life of Neville Chamberlain*, London 1946, S. 403.
12 Zit. nach Watt, *How War Came*, a.a.O., S. 221 f.
13 Halifax an Seeds, in: *Documents on British Foreign Policy, HMSO*, zit. nach Read/Fisher, *Deadly Embrace*, a.a.O., S. 69.
14 Zit. nach Read/Fisher, *Deadly Embrace*, a.a.O., S. 72
15 Zit. nach Bullock, *Hitler und Stalin*, a.a.O., S. 807.
16 Zit. nach Carl J. Burckhardt, *Meine Danziger Mission*, München 1962, S. 272. Der Wert der Quelle steht nach jüngsten Forschungen allerdings in Frage. Die Richtigkeit der Aussage bleibt davon indessen unberührt.
17 Zit. nach Bullock, *Hitler und Stalin*, a.a.O., S. 810.
18 Zit. nach ebda.
19 Zit. nach Bullock, *Hitler und Stalin*, a.a.O., S. 815.
20 Vgl. Taylor, *Die Ursprünge des Zweiten Weltkriegs*, a.a.O., S. 298.

# Kapitel 14

1 Vgl. Bullock, *Hitler und Stalin*, a.a.O., S. 894.
2 Zit. nach Bullock, *Hitler und Stalin*, a.a.O., S. 897.
3 Zu dem Brief Rippentrops vom 13. Oktober 1940 an Stalin siehe Eber Malcolm Caroll und Fritz Theodor Epstein (Hgg.), *Das nationalsozialistische Deutschland und die Sowjetunion. Akten aus dem Archiv des deutschen Auswärtigen Amts*, Berlin 1948, S. 233-240.
4 Siehe Caroll/Epstein, *Das nationalsozialistische Deutschland*, a.a.O., S. 243.
5 Zit. nach Caroll/Epstein, *Das nationalsozialistische Deutschland*, a.a.O., S. 188.
6 Zit. nach Caroll/Epstein, *Das nationalsozialistische Deutschland*, a.a.O., S. 251.
7 Zit. nach ebda.
8 Zit. nach Caroll/Epstein, *Das nationalsozialistische Deutschland*, a.a.O., S. 252.
9 Zit. nach Caroll/Epstein, *Das nationalsozialistische Deutschland*, a.a.O., S. 255.
10 Vgl. Read/Fisher, *Deadly Embrace*, a.a.O., S. 519.
11 Zit. nach Caroll/Epstein, *Das nationalsozialistische Deutschland*, a.a.O., S. 256.
12 Zit. nach Bullock, *Hitler und Stalin*, a.a.O., S. 905.
13 Vgl. Read/Fisher, *Deadly Embrace*, a.a.O., S. 530.
14 Vgl. Read/Fisher, *Deadly Embrace*, a.a.O., S. 532.
15 Heute wird – unzutreffenderweise, wie ich meine – argumentiert, daß es sich hierbei nicht wirklich um einen sowjetischen »Vorschlag« gehandelt hat. Vgl. dazu ,im Gegensatz zu denjenigen Zbigniew Brzezinskis, die Überlegungen von Raymond L. Garthoff, *Detente and Confrontation: American-Soviet Relations from Nixon to Reagan*, Washington 1985, S. 941 f.
16 Vgl. Bullock, *Hitler und Stalin*, a.a.O., S. 903.
17 Zit. nach Bullock, *Hitler und Stalin*, a.a.O., S. 936; vgl. auch Read/Fisher, *Deadly Embrace*, a.a.O., S. 568.
18 Vgl. Read/Fisher, *Deadly Embrace*, a.a.O., S. 576.
19 Zit. nach ebda.; vgl. auch Bullock, *Hitler und Stalin*, a.a.O., S. 936.
20 Zit. nach Read/Fisher, *Deadly Embrace*, a.a.O., S. 640.
21 Zit. nach Read/Fisher, *Deadly Embrace*, a.a.O., S. 647 f.
22 Zit. nach Read/Fisher, *Deadly Embrace*, a.a.O., S. 629.

# Kapitel 15

1 Isaiah Berlin, *Personal Impressions*, hg. von Henry Hardy, New York 1981, S. 26.
2 Vgl. Berlin, *Personal Impressions*, a.a.O., S. 23-31.
3 Zit. nach Berlin, *Personal Impressions*, a.a.O., S. 25-26.
4 U.S. Senat: Konferenz über Rüstungsbegrenzungen, zit. nach *Senate Documents*, Bd. 10, 67. Kongreß, 2. Sitzung, 1921-1922, Washington, D.C. 1922, S. 11.
5 Vgl. Adler, *The Isolationist Impulse*, a.a.O., S. 142.
6 U.S. Senat, Konferenz über Rüstungsbegrenzungen, zit. nach *Senate Documents*, a.a.O., S. 867-868.
7 Zit. nach Adler, *The Isolationist Impulse*, a.a.O., S. 214.
8 Zit. nach Adler, *The Isolationist Impulse*, a.a.O., S. 216.
9 Vgl. Adler, *The Isolationist Impulse*, a.a.O., S. 214.
10 Frank B. Kellogg: *The Settlement of International Controversies by Pacific Means*, Rede vor der World Alliance for International Friendship am 11. November 1928, Washington, D.C. 1928.

11 Zit. nach ebda.

12 Henry L. Stimson und McGeorge Bundy, *On Active Service in Peace and War*, New York 1948, S. 259.

13 Ansprache vor der Woodrow-Wilson-Stiftung am 28. Dezember 1933, zit. nach Franklin D. Roosevelt, *The Public Papers and Adresses of Franklin D. Roosevelt*, New York 1938, Jahresband 1933, S. 548-549.

14 Vgl. Adler, *The Isolationist Impulse*, a.a.O., S. 235-236.

15 Ruhl J. Bartlett (Hg.), *The Record of American Diplomacy*, New York 1956, S. 572-577. Erstes Neutralitätsgesetz, unterzeichnet von Roosevelt am 31. August 1935: Waffenembargo plus Reiseverbot für Amerikaner auf Schiffen kriegführender Länder. Zweites Neutralitätsgesetz, unterzeichnet von Roosevelt am 29. Februar 1936 (eine Woche vor der Wiederbesetzung des Rheinlandes durch die Deutschen am 7. März): Erweiterung der Geltungsdauer des ersten Gesetzes bis zum 1. Mai 1936 und zusätzliches Verbot von Anleihen- oder Darlehnsvergabe an kriegführende Länder. Drittes Neutralitätsgesetz, unterzeichnet von Roosevelt am 1. Mai 1937: Verlängerung der Geltungsdauer der zwei vorherigen Gesetze, die um Mitternacht desselben Tages ausgelaufen wären, sowie »cash and carry«-Bestimmungen für einige nicht-militärische Waren.

16 Vertrag zwischen den USA und Deutschland zur Wiederherstellung freundschaftlicher Beziehungen und Beendigung des Kriegszustands, unterzeichnet in Berlin am 25. August 1921.

17 Hull-Memorandum an Roosevelt vom 9. März 1936, zit. nach William Appleman Williams (Hg.): *The Shaping of American Diplomacy*, Bd. II: *1914-1968*, 2. Auflage, Chicago 1973, S. 199.

18 Ansprache in Chicago am 5. Oktober 1937, in: F.D. Roosevelt, *Public Papers*, Jahresband 1937, a.a.O. S. 410.

19 Roosevelts Einleitung für den Jahresband 1939 der *Public Papers*, a.a.O., S. xxviii.

20 Vgl. Charles A. Beard, *American Foreign Policy in the Making, 1932-1940: A Study in Responsibilities*, New Haven 1946, S. 188 ff.

21 Zit. nach Beard, *American Foreign Policy in the Making*, a.a.O., S. 190.

22 Zit. nach ebda. [Hervorhebung v. Verf.]

23 Zit. nach Beard, *American Foreign Policy in the Making*, a.a.O., S. 193.

24 Zit. nach ebda.

25 Adler, *The Isolationist Impulse*, a.a.O., S. 244-245.

26 Zit. nach Adamthwaite, *France and the Coming of the Second World War*, a.a.O., S. 209.

27 Zit. nach ebda.

28 Rundfunkansprache vor dem Herald-Tribune-Forum am 26. Oktober 1938, zit. nach F.D. Roosevelt, *Public Papers*, Jahresband 1938, a.a.O., S. 564.

29 Zit. nach F.D. Roosevelt, *Public Papers*, Jahresband 1938, a.a.O., S. 565.

30 Zit. nach Watt, *How War Came*, a.a.O., S. 130.

31 Jahresansprache an den Kongreß vom 4. Januar 1939, zit. nach F.D. Roosevelt, *Public Papers*, Jahresband 1939, a.a.O., S. 3; siehe auch Adler, *The Isolationist Impulse*, a.a.O., S. 248.

32 Franklin D. Roosevelt, *Complete Presidential Press Conferences of Franklin Delano Roosevelt*, Bd. 13, 1939, New York 1972, S. 262.

33 Zit. nach F.D. Roosevelt, *Public Papers*, Jahresband 1939, a.a.O., S. 198-199.

34 Vgl. Watt, *How War Came*, a.a.O., S. 261.

35 »The President Again Seeks a Way to Peace. A Message to Chancellor Adolf Hitler and Premier Benito Mussolini«, 14. April 1939; vgl. F. D. Roosevelt, *Public Papers*, Jahresband 1939, S. 201-205.

36 Rede Vandenbergs vor dem U.S. Senat: *It Is Not Cowardice to Think of America First* vom 27. Februar 1939, zit. nach *Vital Speeches of the Day*, Bd. V, Nr. 12 (1. April 1939), S. 356-357.

37 Adler, *The Isolationist Impulse*, a.a.O., S. 248.

38 Vgl. Ted Morgan, *FDR: A Biography*, New York, S. 520.

39 Ansprache in der Universität von Virginia am 10. Juni 1940, zit. nach F.D. Roosevelt, *Public Papers*, Jahresband 1940, a.a.O., S. 263-264.

40 Rede Churchills vor dem Unterhaus am 4. Juni 1940, zit. nach Gilbert, *Churchill*, a.a.O., S. 656.

41 Roosevelts Jahresansprache zur Lage der Nation am 6. Januar 1941, zit. nach *Vital Speeches*, Bd. VII, Nr. 7 (15. Januar 1941), S. 198.

42 Vgl. Adler, *The Isolationist Impulse*, a.a.O., S. 282.

43 Zit. nach ebda.

44 Zit. nach Adler, *The Isolationist Impulse*, a.a.O., S. 284.

45 Winston S. Churchill, *Der Zweite Weltkrieg*, Bd. III: *Die große Allianz*, Bern 1950, S. 173.

46 Rundfunkansprache vom 27. Mai 1941 zur Ausrufung eines unbegrenzten nationalen Ausnahmezustandes, zit. nach F.D. Roosevelt, *Public Papers*, New York 1950, Jahresband 1941, S. 192.

47 *The Atlantic Charter: Official Statement on Meeting Between the President and Prime Minister Churchill, August 14, 1941*, zit. nach F.D. Roosevelt, *Public Papers*, Jahresband 1941, a.a.O., S. 314.

48 Zit. nach F.D. Roosevelt, *Public Papers*, Jahresband 1941, a.a.O., S. 315.

49 »Kamingespräch« am 11. September 1941, zit. nach F.D. Roosevelt, *Public Papers*, Jahresband 1941, a.a.O., S. 384-392.

50 Vgl. Adler, *The Isolationist Impulse*, a.a.O., S. 257.

## Kapitel 16

1 *Churchill & Roosevelt: The Complete Correspondence*, hg. von Warren F. Kimball, Bd. II: *Alliance Forged, November 1942-Februar 1944*, Princeton 1984, S. 767.

2 Zit. nach Herbert Feis, *Churchill, Roosevelt, Stalin: The War They Waged and the Peace They Sought*, Princeton 1967, S. 340.

3 James McGregor Burns, *Roosevelt: The Soldier of Freedom*, New York 1970, S. 566.

4 Nachricht an Churchill vom 1. Juni 1942, zit. nach *Churchill & Roosevelt: The Complete Correspondence*, Bd. I: *Alliance Emerging: Oktober 1933 - November 1944*, a.a.O., S. 502.

5 Zit. nach Elliott Roosevelt, *Wie er es sah*, Zürich 1947, S. 149f.

6 Zit. nach Robert Dallek, *Franklin D. Roosevelt and American Foreign Policy, 1932-1945*, New York 1979, S. 324.

7 Cordell Hull: Ansprache vor dem Kongreß am 18. November 1934 über die Moskauer Konferenz, in: *Department of State Bulletin*, Bd. IX, Nr. 230 (20. November 1943) S. 343.

8 Winston S. Churchill, *Der Zweite Weltkrieg*, Bd. IV: *Schicksalswende*, Bern 1951, S. 251.

9 Zit nach William Roger Louis, *Imperialism at Bay. The United States and the Decolonization of the British Empire, 1941-1945*, New York 1978, S. 121.

10 Zit. nach Louis, *Imperialism at Bay*, a.a.O., S. 129.

11 Zit. nach Louis, *Imperialism at Bay*, a.a.O., S. 154-155.

12 Einen Großteil dieser Untersuchung verdanke ich dem in Kürze erscheinenden Buch von Peter Rodman über die Ansätze von USA und UdSSR zu einem Dritten Weltkrieg.

13 Charles Taussig-Memorandum vom 15. März 1944, zit. nach Louis, *Imperialism at Bay*, a.a.O., S. 486.

14 Zit. nach Robert E. Sherwood, *Roosevelt und Hopkins: An Intimate History*, New York 1948, S. 493.

15 Feis, *Churchill, Roosevelt, Stalin*, a.a.O., S. 11-13.

16 Vgl. Eric Larrabee, *Commander in Chief, Franklin Delano Roosevelt, His Lieutenants, and Their War*, New York 1987, S. 501.

17 Burns, *Roosevelt*, a.a.O., S. 374.

18 Diese Informationen verdanke ich einer unveröffentlichten Rede von Arthur Schlesinger, Jr.: *Franklin D. Roosevelt and U.S. Foreign Policy*, Vassar College, 18. Juni 1992.

19 John W. Wheeler Bennett und Anthony Nicholls, *The Semblance of Peace*, London 1972, S. 46 f.

20 Zit. nach Cordell Hull, *The Memoirs of Cordell Hull*, New York 1948, Bd. II, S. 1452.

21 Feis, *Churchill, Roosevelt, Stalin*, a.a.O., S. 49.

22 Vgl. Hull, *Memoirs*, a.a.O., S. 1167.

23 Feis, *Churchill, Roosevelt, Stalin*, a.a.O., S. 59.

24 William G. Hyland, *The Cold War is Over*, New York 1990, S. 32.

25 Vgl. Sherwood, *Roosevelt and Hopkins*, a.a.O., S. 573.

26 Zit. nach Sherwood, *Roosevelt and Hopkins*, a.a.O., S. 572.

27 Zit. nach Redemanuskript Schlesinger, a.a.O., S. 18.

28 Zit. nach Schlesinger, *Franklin D. Roosevelt*, a.a.O., S. 17.

29 Zit. nach John Colville, *The Fringes of Power. 10 Downing Street Diaries 1939-1955*, New York/London 1985, S. 404.

30 Zit. nach Feis, *Churchill, Roosevelt, Stalin*, a.a.O., S. 131-132.

31 Vgl. Bullock, *Hitler und Stalin*, a.a.O., S. 1070 f.

32 Zit. nach Feis, *Churchill, Roosevelt, Stalin*, a.a.O., S. 285 [Hervorhebung v. Verf.].

33 Frances Perkins, *Roosevelt. Wie ich ihn kannte*, Berlin/München 1949, S. 84-85.

34 Zit. nach Bertram D. Hulen, *Washington Hails Reds' Step As Great Gain for the Allies*, in: ›The New York Times‹ vom 23. Mai 1943, S. 30.

35 Vgl. ›Fortune‹-Beilage: *The United States in a New World*, April 1943.

36 Franklin D. Roosevelt, »Heiligabend-Kamingespräch« über die Konferenzen von Teheran und Kairo am 23. Dezember 1943, in: F. D. Roosevelt, *Public Papers*, Jahresband 1943, a.a.O., S. 558.

37 Vgl. Winston S. Churchill, *Der Zweite Weltkrieg*, Bd. VI/I: *Triumph und Tragödie*, Olten 1954, S. 269 f.; vgl. auch *Churchill & Roosevelt: The Complete Correspondence*, a.a.O., Bd. III, S. 351 f.; und Hyland, *The Cold War*, a.a.O. S. 36.

38 Vgl. Feis, *Churchill, Roosevelt, Stalin*, a.a.O., S. 522 f.

39 Zit. nach Dallek, *Franklin D. Roosevelt*, a.a.O., S. 520.

40 Zit. nach Sherwood, *Hopkins und Roosevelt*, a.a.O., S. 712-713.

41 Franklin D. Roosevelts Antrittsrede vom 20. Januar 1945, zit. nach Davis Newton Lott (Hg.), *The President Speaks*, New York 1986, S. 248.

42 Dallek, *Franklin D. Roosevelt*, a.a.O., S. 521.

43 Milovan Djilas, *Conversations with Stalin*, New York 1962, S. 114.

44 Zit. nach Feis, *Churchill, Roosevelt, Stalin*, a.a.O., S. 607-608.

45 Bullock, *Hitler und Stalin*, a.a.O., S. 1149 f.

46 Winston S. Churchill, *Der Zweite Weltkrieg*, Bd. VI: *Triumph und Tragödie*, Bern 1954, S. 179.

47 Vgl. Dimitri Wolkogonow, *Stalin, Triumph und Tragödie. Ein politisches Porträt*, Düsseldorf 1989, S. 484 ff.
48 Vgl. Bullock, *Hitler und Stalin*, a.a.O., S. 697 ff.
49 Joachim C. Fest, *Hitler. Eine Biographie*, Berlin 1973, S. 949.
50 Vgl. Churchill, *Der Zweite Weltkrieg*, Bd. VI/II: *Triumph und Tragödie*, Olten 1954, S. 15.
51 Zit. nach Dallek, *Franklin D. Roosevelt*, a.a.O., S. 505.
52 Feis, *Churchill, Roosevelt, Stalin*, a.a.O., S. 270.

## Kapitel 17

1 Vgl. Burns, *Roosevelt*, a.a.O., S. 448 f.
2 Zit. nach Adler, *The Isolationist Impulse*, a.a.O., S. 285.
3 Bemerkung Trumans bei einem Treffen Ende Mai 1945 mit führenden Vertretern des National Citizens Political Action Committee, zit. nach Richard J. Walton, *Henry Wallace, Harry Truman, and the Cold War*, New York 1976, S. 119.
4 Harry S. Truman, Ansprache vor dem Kongreß am 16. April 1945, zit. nach *Public Papers of the Presidents of the United States, Harry S. Truman, 1945*, Washington, D.C. 1961, S. 5, und Ansprache vom 25. April 1945, S. 22.
5 Zit. nach W. Averell Harriman und Elie Abel, *In geheimer Mission. Als Sonderbeauftragter Roosevelts bei Churchill und Stalin, 1941-1946*, Stuttgart 1979, S. 370.
6 Churchill, *Der Zweite Weltkrieg*, Bd. VI: *Triumph und Tragödie*, Bern 1954, S. 183.
7 Harry S. Truman, *Memoiren, Das Jahr der Entscheidungen*, Stuttgart 1955, Bd. I, S. 232.
8 Vgl. Feis, *Churchill, Roosevelt, Stalin*, a.a.O., S. 133.
9 Zit. nach Feis, *Churchill, Roosevelt, Stalin*, a.a.O., S. 652.
10 Zit. nach Flottenadmiral William D. Leahy, *I Was There. The Personal History of the Chief of Staff to Presidents Roosevelt and Truman Based on His Notes and Diaries Made at the Time*, New York/London/Toronto 1950, S. 379-380.
11 Zit. nach Leahy, *I was There*, a.a.O., S. 380.
12 Zit. nach Sherwood, *Roosevelt and Hopkins*, a.a.O., S. 890.
13 Vgl. Sherwood, *Roosevelt und Hopkins*, a.a.O., S. 900-901.
14 *British Plans for a Western European Block*, 4. Juli 1945, in: *Foreign Relations of the United States: The Conference of Berlin (The Potsdam Conference) 1945*, Washington, D.C. 1945, Bd. I., S. 262-263 (Hervorhebung im Original).
15 Zit. nach Terry H. Anderson, *The United States, Great Britain, and the Cold War, 1944-1947*, Columbia, Mo. 1981, S. 69.
16 Zit. nach Robert J. Donovan, *Conflict and Crisis: The Presidency of Harry S. Truman 1945-1948*, New York 1977, S. 81.
17 Zit. nach Donovan, *Conflict and Crisis*, a.a.O., S. 84.
18 Truman, *Das Jahr der Entscheidungen*, a.a.O., S. 426.
19 Vgl. Churchill, *Der Zweite Weltkrieg*, Bd. VI: *Triumph und Tragödie*, Bern 1954, S. 582.
20 Zit. nach John Lewis Gaddis, *The United States and the Origins of the Cold War*, New York 1972, S. 266.
21 Truman-Ansprache zur Außenpolitik anläßlich der Navy Day-Feierlichkeiten in New York City am 27. Oktober 1945, zit. nach *Public Papers, Harry S. Truman, 1945*, a.a.O., S. 431-438.
22 Zit. nach Gaddis, *The United States and the Origins of the Cold War*, a.a.O., S. 280.

23 Djilas, *Conversations with Stalin*, a.a.O., S. 114.

24 Vgl. Robert Conquest, *The Evil of this Time*, in: ›The New York Review of Books‹, Bd. XL, Nr. 15 (23. September 1993), S. 27.

25 Zit. nach ›Prawda‹, 25. September 1946.

26 Zit. nach ›Prawda‹, 17. Juli 1949.

27 Zit. nach Bullock, *Hitler und Stalin*, a.a.O., S. 1177.

28 Stalins Rede zu den neuen Fünfjahresplänen, gesendet am 9. Februar 1946 von Radio Moskau, zit. nach dem Nachdruck in der ›New York Times‹ vom 10. Februar 1946.

29 Zit. nach ebda.

30 Zit. nach ebda.

31 Vgl. P.M.S. Blackett, *Atomic Weapons and East-West Relations*, New York 1956.

32 Churchill-Rede: *The Sinew of Peace*, gehalten am 5. März 1946 im Westminster College, Fulton, Missouri, zit. nach Robert Rhodes James (Hg.): *Winston S. Churchill: His Complete Speeches 1897-1963*, New York/London 1974, Bd. VII: *1943-1949*, S. 7285 ff.

33 Zit. nach James, *Winston S. Churchill: His Complete Speeches*, a.a.O., S. 7292.

34 George F. Kennan: *The Charge in the Soviet Union (Kennan) to the Secretary of State* aus Moskau vom 22. Februar 1946 (»Long Telegram«), zit. nach *Foreign Relations of the United States, 1946*, Washington, D.C. 1969, Bd. VI, S. 697 [Hervorhebung v. Verf.].

35 Andrej Schdanow: *The International Situation*, Rede vor der Gründungsversammlung der Kominform im September 1947, abgedruckt in den Sitzungsprotokollen des Kommitees für internationale Angelegenheiten des Repräsentantenhauses des U.S. Kongresses, *Strategy and Tactics of World Communism*, Ergänzungsband I: *One Hundred Years of Communism, 1848-1948*, 80. Kongreß, 2. Sitzung Dokument Nr. 619, Washington, D.C. 1948, S. 211 ff.

36 Zit. nach Bullock, *Hitler und Stalin*, a.a.O., S. 1196.

37 Zit. nach ebda. [Hervorhebung v. Verf.].

38 Zit. nach ebda.

## Kapitel 18

1 George F. Kennan, *The Charge in the Soviet Union (Kennan) to the Secretary of State*, in: *Foreign Relations of the United States, 1946*, Washington, D.C. 1969, Bd. VI, S. 666-709.

2 Zit. nach Kennan, *The Charge in the Soviet Union*, a.a.O., S. 700.

3 Zit. nach Kennan, *The Charge in the Soviet Union*, a.a.O., S. 699.

4 Memorandum des diensthabenden Beamten im Außenministerium H. Freeman Matthews an das State-War-Navy Coordinating Committee: *Political Estimate of Soviet Policy for Use in Connection with Military Studies* vom 1. April 1946, in: *Foreign Relations of the United States, 1946*, a.a.O., Bd. I, S. 1169.

5 Zit. nach ebda.

6 Zit. nach Matthews, *Political Estimate of Soviet Policy*, a.a.O., S. 1170.

7 Zit. nach Matthews, *Political Estimate of Soviet Policy*, a.a.O., S. 1168.

8 Zit. nach Matthews, *Political Estimate of Soviet Policy*, a.a.O., S. 1170.

9 *American Relations with the Soviet Union: A Report to the President by the Special Counsel to the President*, 24. September 1946, zit. nach Thomas H. Etzold und John Lewis Gaddis (Hgg.), *Containment: Documents on American Policy and Strategy 1945-1950*, New York 1978, S. 66.

10 Zit. nach *American Relations with the Soviet Union*, a.a.O., S. 67 [Hervorhebungen v. Verf.].

11 Zit. nach *American Relations with the Soviet Union*, a.a.O., S. 68.

12 Zit. nach *American Relations with the Soviet Union*, a.a.O., S. 71.

13 Zit. nach Joseph M. Jones, *The Fifteen Weeks (February 21-June 5, 1947)*, New York 1955, S. 141.

14 Zit. nach *Public Papers of the Presidents of the United States, Harry S. Truman*, Jahresband 1947, Washington, D. C. 1963, S. 178.

15 Zit. nach *Public Papers, Harry S. Truman, 1947*, a.a.O., S. 179.

16 Zit. nach *Public Papers, Harry S. Truman, 1947*, a.a.O., S. 178.

17 George Marshall: *European Initiative Essential to Economic Recovery*, Rede anläßlich eines akademischen Festaktes an der Harvard University am 5. Juni 1947, zit. nach *Department of State Bulletin*, a.a.O., Bd. XVI, Nr. 415 (5. Juni 1947), S. 1160 [Hervorhebung v. Verf.].

18 Zit. nach ebda.

19 Zit. nach ebda.

20 Zit. nach »X« (George F. Kennan), *The Sources of Soviet Conduct*, in: ›Foreign Affairs‹, Bd. 25, Nr. 4 (Juli 1947), S. 575.

21 Zit. nach »X«, a.a.O., S. 581.

22 Zit. nach »X«, a.a.O., S. 579 f.

23 Zit. nach »X«, a.a.O., S. 582.

24 Aussage des Botschafters Warren Austin vom 28. April 1949, zit. nach U.S. Senate, Committee on Foreign Relations, *Report on the North Atlantic Treaty, Hearings*, 81. Kongreß, 1. Sitzung, Washington, D.C. 1949, 1. Teil, S. 97.

25 Siehe *Report on the North Atlantic Treaty*, a.a.O., Teil 1, Anhang, S. 334-337.

26 Zit. nach ebda., S. 337.

27 Zit. nach *Report on the North Atlantic Treaty*, a.a.O., Teil 1, S. 17.

28 Zit. nach *Report on the North Atlantic Treaty*, a.a.O., Teil 1, S. 150.

29 Zit. nach *Report on the North Atlantic Treaty*, a.a.O., Teil 1, S. 23.

30 Vgl. etwa Achesons Ansprache vor der Handelskammer der Vereinigten Staaten am 30. April 1951, in: *Department of State Bulletin*, a.a.O., Bd. XXIV, Nr. 619 (14. Mai 1951), S. 766-770, sowie seine Stellungnahme vor dem Außenpolitischen Ausschuß und dem Heeresausschuß des Senats am 8. August 1949, in: *Department of State Bulletin*, a.a.O., Bd. XXI, Nr. 529 (22. August 1949), S. 265 ff.

31 Achesons Ansprache vor der Harvard Alumni Association, Cambridge, Mass., am 22. Juni 1950: *Achieving a Community Sense Among Free Nations – A Step Toward World Order*, in: *Department of State Bulletin*, a.a.O., Bd. XXIII, Nr. 574 (3. Juli 1950), S. 17.

32 Zit. nach Winston S. Churchill: *The Second World War*, Bd. 6: *Triumph and Tragedy*, Boston 1985, S. 266.

33 NSC-68: *United States Objectives and Programs for National Security*, 14. April 1950, in: *Foreign Relations of the United States, 1950*, a.a.O., Bd. I, S. 240.

34 Zit. nach NSC-68, a.a.O., S. 241.

35 Zit. nach ebda.

36 Zit. nach NSC-68, a.a.O., S. 241-242.

37 Zit. nach NSC-68, a.a.O., S. 279.

38 Walter Lippmann, *The Cold War: A Study in U.S. Foreign Policy*, New York/London 1947, S. 13.

39 Zit. nach Lippman, *The Cold War*, a.a.O., S. 23.

40 Zit. nach Lippman, *The Cold War*, a.a.O., S. 61 f.

41 Winston S. Churchill: *His Complete Speeches*, hg. von Robert Rhodes James, New York 1974, Bd. VII: *1943-1949*, S. 7710.
42 Zit. nach James, *His Complete Speeches*, a.a.O., Bd. VIII: *1950-1963*, S. 8132.
43 Henry A. Wallace, *Dem Weltfrieden entgegen*, Zürich 1949, S. 124.
44 Henry A. Wallace, Rede im Madison Square Garden am 12. September 1946, in: Walter LaFeber (Hg.), *The Dynamics of World Power: A Documentary History of United States Foreign Policy, 1945-1973*, Bd. II: *Eastern Europe and the Soviet Union*, New York 1973, S. 260.
45 Zit. nach J. Samuel Walker, *Henry A. Wallace and American Foreign Policy*, Westport, Conn. 1976, S. 129.
46 Zit. nach Walker, *Henry A. Wallace and American Foreign Policy*, a.a.O., S. 121.
47 Wallace, Memorandum für Truman vom 12. März 1946, zit. nach Harry S. Truman, *Memoirs*, Bd. 1: *Years of Decisions*, New York 1955, S. 555.
48 Zit. nach LaFeber, *The Dynamics of World Power*, a.a.O., S. 258 f.
49 Wallace am 29. Dezember 1947 in seiner Ankündigung der Präsidentschaftskandidatur, zit. nach Thomas G. Paterson (Hg.), *Cold War Critics. Alternatives to American Foreign Policy in the Truman Years*, Chicago 1971, S. 98.
50 Wallace, zit. nach Alonzo Hanby, *Henry A. Wallace, the Liberals, and Soviet-American Relations*, in: ›Review of Politics‹, Bd. XXX (April 1968), S. 164.
51 George F. Kennan, *Rußland, der Westen und die Atomwaffe*, Frankfurt/M. 1958, S. 21 f.

# Kapitel 19

1 U.S. House of Representatives, Subcommittee of the Committee on Appropriations: *Military Functions: National Military Establishment Appropriation Bill for 1949*, Hearings, 80. Kongreß, 2. Sitzung, Washington, D. C. 1948, Teil 3, S. 3.
2 General MacArthur im Gespräch mit G. Ward Price, in: ›New York Times‹ vom 2. März 1949, S. 22.
3 Dean Acheson, *Crisis in Asia: An Examination of U.S. Policy*, Bemerkungen vor dem Nationalen Presseklub in Washington am 12. Januar 1950, in: *Department of State Bulletin*, a.a.O., Bd. XXII, Nr. 551 (23. Januar 1950), S. 116.
4 Vgl. Nikita S. Chruschtschow, *Chruschtschow erinnert sich: Die authentischen Memoiren*, Reinbek 1992, S. 372 f.
5 Vgl. die Verlautbarung Präsident Trumans vom 27. Juni 1950, in: Harry S Truman, *Memoiren*, Bd. II: *Jahre der Bewährung und des Hoffens, 1946-1953*, Stuttgart 1956, S. 382 f.
6 Zit. nach Truman, *Memoiren*, Bd. II, a.a.O., S. 383.
7 Zit. nach ebda.
8 Zit. nach ebda.
9 Zit. nach Max Hastings, *The Korean War*, New York 1987, S. 133.
10 Zit. nach *Public Papers of the Presidents of the United States, Harry S. Truman, 1950*, Washington, D. C. 1965, S. 674-675.
11 Erklärung Trumans vom 30. November 1950, zit. nach *Public Papers, Harry S. Truman, 1950*, a.a.O., S. 724.
12 Zit. nach *Public Papers, Harry S. Truman, 1951*, a.a.O., S. 227.
13 U.S. Senate, Committee on Armed Services and Committee on Foreign Relations: *Military Situation in the Far East*, Hearings, 82. Kongreß, 1. Sitzung, Washington, D. C. 1951, Teil 1, S. 75 (im folgenden zit. als *MacArthur Hearings*).

14 Zit. nach *MacArthur Hearings*, a.a.O., S.30.

15 Zit. nach ebda.

16 Zit. nach *Public Papers, Harry S. Truman, 1951*, a.a.O., S.226-227.

17 Zit. nach *Public Papers, Harry S. Truman, 1951*, a.a.O., S.227.

18 Zit. nach *MacArthur Hearings*, a.a.O., Teil 1, S.45.

19 Zit. nach *MacArthur Hearings*, a.a.O., Teil 2, S.938.

20 Zit. nach *MacArthur Hearings*, a.a.O., Teil 3, S.1717.

21 Zit. nach *MacArthur Hearings*, a.a.O., Teil 3, S.1718-1719.

22 Zit. nach Truman, *Memoiren*, Bd. II, a.a.O., S.390.

23 Zit. nach *MacArthur Hearings*, a.a.O., Teil 1, S.593.

24 Zit. nach *MacArthur Hearings*, a.a.O., Teil 2, S.896.

25 Zit. nach *MacArthur Hearings*, a.a.O., Teil 2, S.732.

26 Zit. nach *MacArthur Hearings*, a.a.O., Teil 3, S.1720.

27 General Matthew B. Ridgway, U.S.A., Ret., *Soldier: The Memoirs of Matthew B. Ridgway*, Nachdruck, Westport, Conn. 1974, S.219-220.

28 Zit. nach *MacArthur Hearings*, a.a.O., Teil 1, S.68.

29 Zit. nach Hastings, *Korean War*, a.a.O., S.186ff.

30 Hastings, *Korean War*, a.a.O., S.197.

31 Zit. nach *MacArthur Hearings*, a.a.O., Teil 3, S.1717.

## Kapitel 20

1 Jewgenij S. Varga, *Changes in the Economy of Capitalism as a Result of the Second World War*, Moskau 1946, in: Allen Lynch, *The Soviet Study of International Relations*, Cambridge 1967, S.20-28.

2 Vgl. Hyland, *The Cold War Is Over*, a.a.O., S.63.

3 Stalin, *Economic Problems of Socialism in the U.S.S.R.*, in: Bruce Franklin (Hg.), *The Essential Stalin: Major Theoretical Writings 1905-1952*, New York 1972, S.471.

4 Zit. nach ebda.

5 Zit. nach ebda.

6 *Note from the Soviet Union to the United States Transmitting a Soviet Draft of a Peace Treaty With Germany*, 10. März 1952, in: *Documents on Germany 1944-1985*, Dokumente des amerikanischen Außenministerius, Washington, D.C. ohne Jahr, S.361-364 [=Department of State Publication No. 9446].

7 Ebda.

8 *Note from the United States to the Soviet Union Proposing Creation of a Freely-Elected All-German Government Prior to Negotiation of a Peace Treaty*, 25. März 1952, in: *Documents on Germany 1944-1985*, a.a.O., S.364-365.

9 Vgl. zum Wortlaut der einzelnen Noten *Documents on Germany 1944-1985*, a.a.O., S.365-371, S.374-378, S.385-393, S.395-397

10 Stalins Erklärung auf der Abschlußsitzung des XIX. Parteitags der Kommunistischen Partei der Sowjetunion am 14. Oktober 1952, in: ›Current Digest of the Soviet Press‹, Vol. IV, No. 38 (1. November 1952), S.9-10.

11 Vgl. Bullock, *Hitler und Stalin*, a.a.O., S.1247.

12 Chruschtschow, *Chruschtschow erinnert sich*, a.a.O., S.365f.

13 Vgl. *The United States and World Affairs*, hg. v. Council on Foreign Relations, 1953, S.116.

14 Colville, *The Fringes of Power*, a.a.O., S.654.

15 Martin Gilbert, *Winston S. Churchill: Never Despair, 1945-1965*, Boston 1988, S.510.

16 Äußerung Achesons während eines Gesprächs im Weißen Haus am 16. Februar 1950, in: *Department of State Bulletin*, a.a.O., Bd. XXII, Nr. 559 (20. März 1950), S. 427-429.

17 Colville, *The Fringes of Power*, a.a.O., S. 650.

18 Peter G. Boyle (Hg.), *The Churchill-Eisenhower Correspondence, 1953-1955*, Chapel Hill/London 1990, S. 36.

19 *The Chance for Peace*, Ansprache vom 16. April 1953, gehalten vor der American Society of Newspaper Editors, Washington, D.C., in: *Public Papers of the Presidents of the United States, Dwight D. Eisenhower, 1953*, Washington, D.C. 1960, S. 179-188. Die Geschichte des Entwurfs der Eisenhowerrede wird berichtet in W. W. Rostow, *Europe after Stalin: Eisenhower's Three Decisions of March 11, 1953*, Austin 1982.

20 Churchill an Eisenhower am 4. Mai 1953, zit. nach Boyle, *The Churchill-Eisenhower Correspondence*, a.a.O., S 48.

21 Eisenhower an Churchill am 5. Mai 1953, zit. nach Boyle, *The Churchill-Eisenhower Correspondence*, a.a.O., S. 49.

22 Rede vor dem Unterhaus am 11. Mai 1953, zit. nach James, *His Complete Speeches*, Bd. VIII: 1950-1963, a.a.O., S. 8483.

23 Zit. nach James, *His Complete Speeches*, Bd. VIII, a.a.O., S. 8484.

24 Churchill an Eisenhower am 1. Juli 1953, zit. nach Boyle, *The Churchill-Eisenhower Correspondence*, a.a.O., S. 83.

25 Zit. nach ebda.

26 George F. Kennan, *Disengagement Revisited*, in: ›Foreign Affairs‹, Bd. 37, Nr. 2 (Januar 1959), S. 87-210. Vgl. auch Achesons Sicht, in: Dean Acheson, *The Illusion of Disengagement*, in: ›Foreign Affairs‹, Bd. 36, Nr. 3 (April 1958), S. 371-382.

27 Vgl. ebda.

28 Henry A. Kissinger, *Missiles and the Western Alliance*, in: ›Foreign Affairs‹, Bd. 36, Nr. 3 (April 1958), S. 383-400.

29 Zit. nach Emmet John Hughes, *The Ordeal of Power: a Political Memoir of the Eisenhower Years*, New York 1963, S. 109.

30 Radio- und Fernsehansprache an das amerikanische Volk vor der Abreise zur Genfer Konferenz der Großen Vier am 15. Juli 1955, in: *Public Papers, Dwight D. Eisenhower, 1955*, a.a.O., S. 703.

31 ›New York Times‹, Leitartikel vom 25. Juli 1955

32 Gesprächsmitschrift des Außenministeriums in Washington am 3. Oktober 1955, 10 Uhr 10: Anruf des britischen Außenministers in Sachen Sowjetisch-Ägyptisches Waffenabkommen, zit. nach: *Arab-Israeli Dispute, 1955*, in: *Foreign Relations of the United States*, 1955, a.a.O., Bd. XIV, S. 545.

33 Abschlußerklärung der Genfer Außenministerkonferenz am 16. November 1955, zit. nach, *Documents on International Affairs, 1956*, hg. von Noble Frankland im Auftrag des Royal Institute of International Affairs, London/New York/Toronto 1959, S. 73-77.

34 Zit. nach Chruschtschow, *Chruschtschow erinnert sich*, a.a.O., S. 372

35 Bericht des Genossen N. S. Chruschtschow an den XX. Parteitag der KPdSU, zit. nach ›Prawda‹ vom 15. Februar 1956, in: ›Current Digest of the Soviet Press‹, Bd. VIII, Nr. 4 (7. März 1956), S. 4, 6, 7.

36 Vgl. Andrej Gromyko, *Erinnerungen*, Düsseldorf 1989, S. 151-152.

# Kapitel 21

1 Andrej Schdanow: *The International Situation*, Rede vor der Gründungsversammlung der Kominform im September 1947, abgedruckt in den Sitzungsprotokollen des Kommitees für internationale Angelegenheiten des Repräsentantenhauses des U.S. Kongresses: *Strategy and Tactics of World Communism*, Ergänzungsband I: *One Hundred Years of Communism, 1848-1948*, 80. Kongreß, 2. Sitzung Dokument Nr. 619, Washington D.C. 1948, S. 213-214.

2 Rede Churchills vor dem Unterhaus am 19. April 1951, in: James, *His Complete
Speeches*, Bd. VIII, a.a.O., S. 8193.

3 Vgl. Keith Kyle, *Suez*, New York 1991, S. 70 ff.

4 Vgl. Kyle, *Suez*, a.a.O., S. 85.

5 Vgl. Kyle, *Suez*, a.a.O., S. 89 ff.

6 Zit. nach Kyle, *Suez*, a.a.O., S. 130.

7 Zit. nach ebda.

8 Rede Nassers in Alexandria am 26. Juli 1956, zit. nach *Documents on International
Affairs, 1956*, a.a.O., S. 80.

9 Zit. nach ebda.; vgl auch Kyle, *Suez*, a.a.O., S. 134.

10 Zit. nach Kyle, *Suez*, a.a.O., S. 115.

11 Anthony Eden, *The Memoirs of Anthony Eden*, London 1960, S. 427.

12 *Parliamentary Debates*, Reihe 5, Bd. 557, Sitzungen des Unterhauses 1955-56, London 1956, col. 919.

13 Vgl. Kyle, *Suez*, a.a.O., S. 145.

14 Zit. nach Eden, *Memoirs*, a.a.O., S. 437.

15 Zit. nach Alistair Horne, *Harold Macmillan*, Bd. I: *1894-1956*, New York 1991,
S. 408.

16 Eisenhower an Eden am 1. Juli 1956, zit. nach Dwight D. Eisenhower, *Waging
Peace. The White House Years. A Personal Account 1956-1961*, Garden City, N.Y.
1965, S. 664-665; vgl. auch Kyle, *Suez*, a.a.O., S. 160.

17 Zit. nach Louis L. Gerson, *John Foster Dulles*, in: *The American Secretaries of State
and their Diplomacy*, New York 1967, Bd. XVII, S. xi.

18 Zit. nach Gerson, *John Foster Dulles*, a.a.O., S. 28.

19 Stephen E. Ambrose, *Eisenhower*, Band 2: *The President*, New York 1984, S. 21.

20 Gerson, *John Foster Dulles*, a.a.O., S. xii.

21 Erklärung von Dulles am 3. August 1956, zit. nach *The Suez Canal Problem, July 26
- September 22, 1956, A Documentary Publication*, hg. vom U.S. Department of
State, Washington, D.C. 1956, S. 37

22 Dulles in einer Radio- und Fernsehansprache am 3. August 1956, zit. nach *Suez
Canal Problem*, a.a.O., S. 42

23 Stellungnahme von Dulles, zit. nach ›New York Times‹ vom 3. Oktober 1956, S. 8.

24 Eden, *Memoirs*, a.a.O., S. 498.

25 Zit. nach Eisenhower, *Waging Peace*, a.a.O., S. 667.

26 Zit. nach *Suez Canal Problem*, a.a.O., S. 344.

27 Zit. nach Kyle, *Suez*, a.a.O., S. 185.

28 Eisenhower in der Fernsehsendung *The People Ask the President* vom 12. Oktober
1956, zit. nach *Public Papers, Dwight D. Eisenhower, 1956*, a.a.O., S. 903.

29 Vgl. z. B. Eisenhower, *Waging Peace*, a.a.O., S. 676 f.

30 *Department of State Bulletin*, a.a.O., Bd. XXXV, Nr. 907 vom 12. November 1956,
S. 750.

31 Radio- und Fernsehansprache an das amerikanische Volk bezüglich der Entwick-

lung in Osteuropa und im Nahen Osten, zit. nach *Public Papers, Dwight D. Eisenhower, 1956*, a.a.O., S.1064.

32 Zit. nach *Documents on International Affairs*, a.a.O., S.289.

33 Zit. nach ebda.

34 Zit. nach *Documents on International Affairs*, a.a.O., S.292.

35 Zit. nach *Documents on International Affairs*, a.a.O., S.293.

36 Zit. nach *Public Papers, Dwight D. Eisenhower, 1956*, a.a.O., S.1066.

37 Stellungnahme Dulles' auf der Pressekonferenz vom 18.Dezember. 1956, zit. nach *Department of State Bulletin*, a.a.O., Bd.XXXVI, Nr.915 (7.Januar 1957), S.5.

38 Zit. nach Kyle, *Suez*, a.a.O., S.426.

39 Zit. nach ebda.

40 Zit. nach Herman Finer, *Dulles over Suez: The Theory and Practice of his Diplomacy*, Chicago 1964, S.397.

41 Zit. nach Kyle, *Suez*, a.a.O., S.477.

42 Zit. nach Kyle, *Suez*, a.a.O., S.495.

43 Zit. nach Kyle, *Suez*, a.a.O., S.467.

44 *U.S. Unterstützung für den Bagdadpakt*, Presseverlautbarung Nr.604 des Department of State vom 29. November 1956, zit. nach *Department of State Bulletin*, a.a.O., Bd.XXXV, Nr.911 (10.Dezember 1956), S.918.

45 Sonderbotschaft an den Kongreß über die Situation im Nahen Osten vom 5.Januar 1957, zit. nach *Public Papers, Dwight D. Eisenhower, 1957*, a.a.O., S.6-16.

46 Jahresansprache vor dem Kongreß zur Lage der Nation am 10.Januar 1957, zit. nach *Public Papers, Dwight D. Eisenhower, 1957*, a.a.O., S.29.


## Kapitel 22

1 Zit. nach John Lewis Gaddis, *The Long Peace*, New York 1987, S.157.

2 Zit. nach ›Life‹ vom 19.Mai 1952 [Hervorhebung im Original].

3 Vgl. Tibor Meray, *Dreizehn Tage, die den Kreml erschütterten*, München 1961, S.17.

4 Zit. nach Melvin J. Lasky (Hg.), *The Hungarian Revolution*, New York 1957, S.156.

5 Zit. nach *Department of State Bulletin*, Washington 1956, (12.November 1956) S.757.

6 Zit. nach Meray, *Dreizehn Tage*, a.a.O., S.154.

7 Zit. nach Meray, *Dreizehn Tage*, a.a.O., S.182.

8 John Foster Dulles: *The Task of Waging Peace*, Rede vor dem Dallas Council on World Affairs, zit. nach *Department of State Bulletin*, a.a.O., Bd.XXXV, Nr.906 (5.November 1956), S.697.

9 Dwight D. Eisenhower, Radio- und Fernsehansprache an das amerikanische Volk zu den Entwicklungen in Osteuropa und im Nahen Osten vom 31.Oktober 1956, zit. nach *Public Papers, Dwight D. Eisenhower, 1956*, a.a.O., S.1961 [Hervorhebung v. Verf.].

10 Zit. nach ebda.

11 Zit. nach *Public Papers, Dwight D. Eisenhower, 1956*, a.a.O., S.1062.

12 *Erklärung der Regierung der UdSSR vom 30. Oktober 1956 zur Entwicklung und weiteren Festigung von Freundschaft und Zusammenarbeit zwischen der Sowjetunion und anderen sozialistischen Staaten*, veröffentlicht in den Zeitungen ›Prawda‹ und ›Iswestija‹ vom 31.Oktober 1956, zit. nach ›Current Digest of the Soviet Press‹, Bd.VIII, Nr.40 (14.November 1956), S.11.

13 Zit. nach *Public Papers, Dwight D. Eisenhower, 1956*, a.a.O., S.1062.

14 *Erklärung der Regierung der UdSSR vom 30. Oktober 1956*, a.a.O., S. 11.
15 Nagy, zit. nach Paul E. Zinner (Hg.), *National Communism and Popular Revolt in Eastern Europe*, New York 1956, S. 463.
16 Für einen vollständigen Abdruck der Rede Nehrus siehe *Lok Sabha Debates*, Teil II, Bd. 9, Nr. 3, Spalten 260-267, in: *R.I.I.A.*, Bd. IV, Nr. 7, S. 328 ff.
17 Dulles am 18. Dezember 1956, zit. nach *Department of State Bulletin*, a.a.O., Bd. XXXVI, Nr. 915 (7. Januar 1957), S. 3 f.
18 Dulles in Canberra am 13. März 1957, zit. nach *Department of State Bulletin*, a.a.O., Bd. XXXVI, Nr. 927 (1. April 1957), S. 533.

## Anmerkungen Kapitel 23

1 Nikita S. Chruschtschow, *Khrushchev Remembers: The Last Testament*, Boston 1974, S. 501.
2 John Foster Dulles: *Freedom's New Task*, Rede vor dem Philadelphia Bulletin Forum am 26. Februar 1956, zit. nach *Department of State Bulletin*, Bd. XXXIV, Nr. 871 (5. März 1956), S. 363 f.
3 Zit. nach Hyland, *The Cold War is Over*, a.a.O., S. 97.
4 Zit. nach *Khrushchev on the Shifting Balance of World Forces, A Special Study presented by Senator Hubert H. Humphrey*, 86. Kongreß, 1. Sitzung, Senatsdokument Nr. 57, Washington 1959, S. 8 [=Ausschnitt eines Interviews von W. Sinnbeck, dem Herausgeber der ›Dansk Folkstyre‹ mit Chruschtschow im Januar 1958].
5 Äußerung Chruschtschows vor dem VII. Parteitag der Kommunistischen Partei Bulgariens am 4. Juni 1958, zit. nach *Khrushchev on the Shifting Balance of World Forces*, a.a.O., S. 7.
6 Nikita S. Chruschtschow: *Our Strength Lies in Fraternal Unity*, Rede vor dem Freundschaftstreffen zwischen den Völkern der Sowjetunion und der Volksrepublik Polen am 10. November 1958, abgedruckt in ›Prawda‹ vom 11. November 1958, zit. nach ›Current Digest of the Soviet Press‹, Bd. X, Nr. 45 (17. Dezember 1958), S. 9.
7 Sowjetische Note vom 27. November 1956, zit. nach *Documents on American Foreign Relations*, hg. v. Paul E. Zinner, New York 1959, S. 220-231.
8 Chruschtschows Rede vor dem XXI. Parteitag, abgedruckt in ›Prawda‹ vom 28. Januar 1959, zit. nach ›Current Digest of the Soviet Press‹, Bd. XI, Nr. 4 (4. März 1959), S. 19.
9 Zit. nach Charles de Gaulle, *Memoiren der Hoffnung. Die Wiedergeburt 1958-1962*, Wien/Zürich/München 1971, S. 270.
10 Konrad Adenauer, *Erinnerungen, 1955-1959*, Stuttgart 1967, S. 473 f.
11 Zit. nach Harold Macmillan, *Pointing the Way, 1959-1961*, New York 1972, S. 101.
12 Eisenhower, Pressekonferenz vom 11. März 1959, zit. nach *Public Papers of the Presidents of the United States, Dwight D. Eisenhower, 1959*, Washington, D.C. 1960, S. 244.
13 Eisenhower, Pressekonferenz vom 18. Februar 1959, zit. nach *Public Papers, Dwight D. Eisenhower, 1959*, a.a.O., S. 196.
14 Eisenhower, Pressekonferenz vom 11. März 1959, zit. nach *Public Papers, Dwight D. Eisenhower, 1959*, a.a.O., S. 245.
15 Zit. nach *The Berlin Crisis 1958-1961, Documentary Collection for Oral History Session*, 2 Teile, zusammengestellt von William Burr, David Rosenberg und Georg Schild, o. Ort 1990; Burr, »Select Chronology«, Teil 1, Eintrag »9. März 1959«; im folgenden zitiert als *»Berlin Crisis«-Projekt*.

16 De Gaulle, Pressekonferenz vom 5. September 1961, zit. nach *Documents on International Affairs, 1961*, hg. v. D.C. Watt, John Major, Richard Gott und George Schopflin, London 1965, S. 111.

17 De Gaulle, Pressekonferenz vom 5. September 1960, zit. nach *Documents on International Affairs, 1961*, a.a.O., S. 84 f.

18 De Gaulle, *Memoiren der Hoffnung*, a.a.O., S. 269.

19 Zit. nach *»Berlin Crisis«-Projekt*, a.a.O., Teil 2, Burr, Eintrag »24. November 1958, Dulles an Adenauer.

20 Dulles, Pressekonferenz vom 26. November 1958, zit. nach *Department of State Bulletin*, a.a.O., Bd. XXXIX, Nr. 1016 (15. Dezember 1958), S. 947 ff.

21 Dulles, Pressekonferenz vom 13. Januar 1959, zit. nach *Department of State Bulletin.*, a.a.O., Bd. XL, Nr. 1023 (2. Februar 1959), S. 161.

22 Zit. nach ebda.

23 Zit. nach *»Berlin Crisis«-Projekt*, Teil 1, Burr, Eintrag »27. November 1958« zu Brandts Reaktion am Abend des 26. November 1958 auf Dulles Pressekonferenz vom selben Tage.

24 Zit. nach Marc Trachtenberg, *The Berlin Crisis*, in: *»Berlin Crisis«-Projekt*, a.a.O., Teil 1, S. 39.

25 Zit. nach *»Berlin Crisis«-Projekt*, a.a.O., Burr, Teil 1, Eintrag »13. Januar 1959« zu dem Gespräch zwischen Herbert Dittmann und Livingstone Merchant.

26 Chruschtschow, Rede in Leipzig vom 7. März 1959, zit. nach ›Current Digest of the Soviet Press‹, Bd. XI, Nr. 13 (29. April 1959), S. 5.

27 Zit. nach Trachtenberg, *The Berlin Crisis*, a.a.O., S. 46.

28 Zit. nach Trachtenberg, *The Berlin Crisis.*, a.a.O., S. 47.

29 Zit. nach ebda.

30 Zit. nach Jean Edward Smith, *The Defense of Berlin*, Baltimore 1963, S. 212 f.

31 Zit. nach ›Newsweek‹ vom 5. Oktober 1959, S. 19.

32 Rede Chruschtschows vor 10.000 ungarischen Arbeitern, zit. nach *Khrushchev Cites '56 Kremlin Split on Hungary Move*, in: ›New York Times‹ vom 3. Dezember 1959, S. 1.

33 Gordon Gray, Gesprächsnotiz von einem Treffen mit dem Präsidenten, zit. nach Trachtenberg, *The Berlin Crisis*, a.a.O., S. 47.

34 Vgl. Hyland, *The Cold War Is Over*, a.a.O., S. 119 f.

35 Vgl. ebda.

36 Zit. nach Michael R. Beschloss, *The Crisis Years: Kennedy and Khrushchev 1960-1963*, New York 1991, S. 225.

37 Kennedy an Rusk, Memorandum vom 21. August 1961, zit. nach Trachtenberg, *The Berlin Crisis*, a.a.O., S. 78.

38 Notiz für Bericht, Diskussion beim NSC Treffen vom 29. Juni 1961. NSF/313/NSC Treffen 1961. Nr. 486/JFKL, aus: Trachtenberg, *The Berlin Crisis*, a.a.O., S. 78, Fußnote 200.

39 Zit. nach *U.S. Source Advises Bonn to Talk to East Germany*, in: ›New York Times‹ vom 23. September 1961, S. 1.

40 McGeorge Bundy: *Policy for the Western Alliance – Berlin and After*, Rede vor dem Economic Club of Chicago am 6. Dezember 1961, zit. nach *Department of State Bulletin*, a.a.O., Bd. XLVI, Nr. 1185 (12. März 1962) S. 424.

41 Henry A. Kissinger, *Kernwaffen und auswärtige Politik*, 2. Aufl., München/Wien 1974.

42 Ausschnitte aus Adenauers Pressekonferenz vom 7. Mai 1962, abgedruckt in: ›New York Times‹ vom 13. Mai 1962, Teil IV, S. 5.

43 Zit. nach ›New York Times‹ vom 8. Mai 1962, S. 4.

44 Vgl. Beschloss, *The Crisis Years*, a.a.O., S. 400.

45 Acheson an Truman, Brief vom 21. September 1961, . zit. nach Trachtenberg, *The Berlin Crisis*, a.a.O., S. 82.

46 Acheson an General Lucius D. Clay, Brief vom 4. Januar 1962, zit. nach Trachtenberg, *The Berlin Crisis*, a.a.O., S. 82 f.

47 Zit. nach »*Berlin Crisis«-Projekt*, a.a.O., Teil 2, Burr, Eintrag »26. August 1959, zu dem geheimdienstlichen Bericht des Außenministeriums *Germany and the Western Alliance*.

## Kapitel 24

1 Raymond Aron, zit. nach George F. Kennan, *Memoiren 1950-1963*, Frankfurt 1973, S. 259.

2 Zit. nach ›The London Times‹ vom 28. Mai 1935.

3 Zu der Rede Achesons in West Point am 5. Dezember 1962 siehe Douglas Brinkley, *Dean Acheson: The Cold War Years, 1953-71*, New Haven 1992, S. 175-182.

4 Zit. nach Harold Macmillan, *Riding the Storm. 1956-1959*, New York 1971, S. 586.

5 Zit. nach Macmillan, *Pointing the Way*, a.a.O., S. 101.

6 Zit. nach Macmillan, *Riding the Storm*, a.a.O., S. 577.

7 Zit. nach Macmillan, *Pointing the Way*, a.a.O., S. 82.

8 Zit. nach Harold Macmillan, *At the End of the Day. 1961-1963*, New York 1972, S. 357.

9 Text, Gemeinsames Kommuniqué und anschließende Erklärung über nukleare Verteidigungssysteme, abgegeben am 21. Dezember 1962 von Präsident Kennedy und Premierminister Macmillan, zit. nach *Department of State Bulletin*, a.a.O., Bd. XLVIII, Nr. 1229 (14. Jan. 1963), S. 44.

10 Ein Teil des Materials über Frankreich und de Gaulle stammt aus Henry A. Kissinger, *Was wird aus der westlichen Allianz?*, Wien/Düsseldorf 1965, S. 55 ff.

11 Ansprache de Gaulles zu den Grundsätzen französischer Außenpolitik nach der gescheiterten Gipfelkonferenz am 31. Mai 1960, zit. nach Kissinger, *Westliche Allianz*, a.a.O., S. 62.

12 Pressekonferenz vom 11. April 1961, zit. nach Kissinger, *Westliche Allianz*, a.a.O., S. 69.

13 Pressekonferenz vom 29. Juli 1963, zit. nach Kissinger, *Westliche Allianz*, a.a.O., S. 68 f.

14 Pressekonferenz am 25. März 1959, zit. nach *Major Addresses, Statements and Press Conferences of General Charles de Gaulle, May 19, 1958 – January 31, 1964*, New York 1964, S. 43.

15 Zit. nach Brian Crozier, *De Gaulle*, New York 1973, S. 533 f. Vgl. auch Eisenhower, *Waging Peace*, a.a.O., S. 434 ff.

16 De Gaulle, *Memoiren der Hoffnung*, a.a.O., S. 229 f.

17 Zit. nach Crozier, *De Gaulle*, a.a.O., S. 525.

18 Zit. nach George Ball, *NATO and World Responsibility*, in: ›The Atlantic Community Quarterly‹, Nr. 2 (1964), Heft 2, S. 211.

19 Vgl. hierzu eingehender Kissinger, *Westliche Allianz*, a.a.O., S. 153 ff.

20 Eine deutsche Übersetzung dieser Erklärung findet sich in: John F. Kennedy, *Glanz und Bürde*, Düsseldorf/Wien 1964, S. 242 f.

21 Zit. nach Kennedy, *Glanz und Bürde*, a.a.O., S. 206.

22 Pressekonferenz vom 14. Januar 1963, zit. nach Kissinger, *Westliche Allianz*, a.a.O., S. 70 f.

23 Zit. nach Kissinger, *Westliche Allianz*, a.a.O., S. 108.

24 Pressekonferenz de Gaulles vom 19. April 1963, zit. nach Harold van B. Cleveland, *The Atlantic Idea and Its European Rivals*, New York 1966, S. 143.

25 Text des deutsch-französischen Vertrags vom 22. Januar 1963, in: Curt Gasteyger, *Europa zwischen Spaltung und Einigung 1945-1990*, 2. Auflage, Bonn 1991, S. 230-234; hier S. 231.

## Kapitel 25

1 Truman in seiner Antrittsrede vom 20. Januar 1949, zit. nach *Public Papers, Harry S. Truman, 1949*, a.a.O., S. 112 ff.

2 Eisenhower in seiner Antrittsrede vom 20. Januar 1953, zit. nach *Public Papers, Dwight D. Eisenhower, 1953*, a.a.O., S. 6.

3 Zit. nach *Public Papers, Dwight D. Eisenhower, 1953*, a.a.O., S. 7.

4 Kennedy in seiner Antrittsrede vom 20. Januar 1961 zit. nach *Public Papers of the Presidents of the United States, John F. Kennedy, 1961*, Washington, D.C. 1962, S. 1.

5 Johnson in seiner Antrittsrede am 20. Januar 1965, zit. nach *Public Papers of the Presidents of the United States, Lyndon B. Johnson, 1965*, Washington, D.C. 1966, S. 72.

6 Vgl. Dean Acheson: *The Peace the World Wants*, Rede vor der UN-Vollversammlung am 20. September 1950, zit. nach *Department of State Bulletin*, a.a.O., Bd. XXIII (1950), Nr. 587, S. 524; und Dulles, zit. nach Jeffrey P. Kimball (Hg.), *To Reason Why: The Debate About the Causes of U.S. Involvement in the Vietnam War*, New York 1990, S. 54.

7 Zit. nach Kimball, *To Reason Why*, a.a.O., S. 73.

8 Zit. nach ebda.

9 Zit. nach Thomas J. Schoenbaum, *Waging Peace and War: Dean Rusk in the Truman, Kennedy and Johnson Years*, New York 1988, S. 234.

10 NSC 68 vom 7. April 1950, *United States Objectives and Programs for National Security*, zit. nach *Foreign Relations of the United States, 1950*, Bd. 1, Washington, D. C. 1977, S. 237 f.

11 Hierzu siehe Louis, *Imperialism at Bay*, a.a.O., Kapitel 1 und 2.

12 Zit. nach George C. Herring, *America's Longest War. The United States and Vietnam, 1950-1975*, 2. Auflage, New York 1985, S. 18.

13 Zit. nach ebda.

14 Vgl. Schoenbaum, *Waging Peace and War*, a.a.O., S. 230.

15 Zit. nach Herring, *America's Longest War*, a.a.O., S. 18 f.

16 Zit. nach ebda.

17 Stellungnahme des Nationalen Sicherheitsrats: *United States Objectives and Courses of Action with Respect to Southeast Asia*, zit. nach *The Pentagon Papers*, a.a.O., S. 29.

18 Zit. nach *The Pentagon Papers*, a.a.O., S. 28.

19 Zit. nach *The Pentagon Papers*, a.a.O., S. 29.

20 Zit. nach Herring, *America's Longest War*, a.a.O., S. 22.

21 Zit. nach Herring, *America's Longest War*, a.a.O., S. 26

22 Zit. nach Herring, *America's Longest War*, a.a.O., S. 27.

23 Zit. nach Sir Robert Thompson, *Revolutionary War in World Strategy 1945-1969*, New York 1970, S. 120.

24 Zit. nach Stanley Karnow, *Vietnam. A History*, New York 1984, S. 197 f.
25 Zit. nach William Bragg Ewald, Jr., *Eisenhower the President: Crucial Days. 1951-1960*, Englewood Cliffs, N.J. 1981, S. 119 f.
26 Eisenhower an Churchill am 4. April 1954, zit. nach Boyle, *Churchill-Eisenhower Correspondence*, a.a.O., S. 137-140.
27 Zit. nach Anthony Eden, *Memoirs*, a.a.O., S. 124.
28 Zit. nach Gilbert, *Winston S. Churchill: Never Despair*, a.a.O., S. 973 f.
29 Zit. nach ebda.
30 Zit. nach ebda.
31 Zit. nach Townsend Hoopes, *The Devil and John Foster Dulles*, Boston 1973, S. 239.
32 Zit nach Richard M. Nixon, *No More Vietnam*, New York 1985, S. 41.
33 Dulles, Pressekonferenz am 13. April 1954 in London, zit. nach Hoopes, *The Devil and John Foster Dulles*, a.a.O., S. 209.
34 Zit. nach Hoopes, *The Devil and John Foster Dulles*, a.a.O., S. 222
35 Zit. nach Herring, *America's Longest War*, a.a.O., S. 39.
36 Dulles' Anweisungen an Unterstaatssekretär Walter Bedell Smith vom 12. Mai 1954, zit. nach *The Pentagon Papers*, a.a.O., S. 44.
37 Erklärung der Vereinigten Staaten zu Indochina vom 21. Juli 1954, zit. nach *Department of State Bulletin*, a.a.O., Bd. XXXI, Nr. 788 (2. August 1954), S. 162.
38 Zit. nach Herring, *America's Longest War*, a.a.O., S. 45.
39 Eisenhower, Brief an Diem vom 23. Oktober 1954, zit. nach Marvin E. Gettleman (Hg.), *Viet Nam: History, Documents, and Opinions on a Major World Crisis*, Greenwich, Conn. 1965, S. 204 f.
40 Zit. nach Herring, *America's Longest War*, a.a.O., S. 56.
41 Senator Mike Mansfield, *Reprieve in Vietnam*, zit. nach ›Harper's‹, Januar 1956, S. 50.
42 Senator John F. Kennedy: *America's Stake in Vietnam, the Cornerstone of the Free World in Southeast Asia*, Rede vor den American Friends of Vietnam in Washington, D.C., am 1. Juni 1956, zit. nach *Vital Speeches*, a.a.O., Band 1956, S. 617 ff.
43 Zit. nach Herring, *America's Longest War*, a.a.O., S. 68.
44 Vgl. Eisenhower, *Wagnis für den Frieden. 1956-1961*, Düsseldorf 1966, S. 509.
45 Eisenhower, *Wagnis für den Frieden*, a.a.O., S. 512.
46 Rede vor der Gettysburg College Convocation am 4. April 1959: *The Importance of Understanding*, zit. nach *Public Papers of the President of the United States: Dwight D. Eisenhower, 1959*, Washington, D.C. 1960, S. 313.

## Anmerkungen Kapitel 26

1 Zit. nach John. F. Kennedy, *Dämme gegen die Flut*, Düsseldorf/Wien 1962, S. 42.
2 Lin Piao, *Es lebe der Sieg im Volkskrieg!*, in: ›Peking Rundschau‹, Nr. 37 (14. September 1965), S. 11-33.
3 Zit. nach David Halberstam, *Die Elite*, Reinbek 1974, S. 74.
4 Zit. nach Kennedy, *Dämme gegen die Flut*, a.a.O., S. 61.
5 Zit. nach Kennedy, *Dämme gegen die Flut*, a.a.O., S. 80.
6 Zit. nach *Let the Word Go Forth. The Speeches, Statements, and Writings of John F. Kennedy, 1947-1963*, hg. v. Theodore C. Sorensen, New York 1988, S. 371.
7 Vgl. *Let the Word Go Forth*, a.a.O., S. 370 ff.
8 Senator John F. Kennedy: *America's Stake in Vietnam*, Rede vor den American Friends of Vietnam am 1. Juni 1956 in Washington, D.C., zit. nach *Vital Speeches*, a.a.O., 1. August 1956, S. 617 ff.

9 Vgl. Lyndon B. Johnson, *Meine Jahre im Weißen Haus*, München 1971, S. 63.

10 *National Security Memorandum 52*, unterzeichnet vom Sicherheitsberater des Präsidenten, McGeorge Bundy, mit dem Datum vom 11. Mai 1961, zit. nach: *The Pentagon Papers*, a.a.O., S.131.

11 *Mission to Southeast Asia, India and Pakistan*, Johnson an Kennedy, Memorandum vom 23. Mai 1961, zit. nach *The Pentagon Papers*, a.a.O., S.134.

12 Zit. nach *The Pentagon Papers*, a.a.O., S.103.

13 McNamara an Kennedy, Memorandum vom 8. November 1961, zit. nach *The Pentagon Papers*, a.a.O., S.154.

14 Zit. nach Herring, *America's Longest War*, a.a.O., S.83.

15 Zit. nach Herring, *America's Longest War*, a.a.O., S.86.

16 Präsident Kennedy in einer Sonderbotschaft an den Kongreß vom 28. März 1961 über die Grundsätze der Verteidigungspolitik, zit. nach *Let the Word Go Forth*, a.a.O., S.240.

17 Zit. nach Guenther Lewy, *America in Vietnam*, New York 1978, S.26.

18 Telegram des Außenministeriums an Lodge in Saigon vom 24. August 1963, zit. nach *The Pentagon Papers*, a.a.O., S.200.

19 Zit. nach ebda.

20 Zit. nach ›New York Times‹ vom 3. November 1963.

21 Zit. nach Lewy, *America in Vietnam*, a.a.O., S.28.

22 Zit. nach Lewy, *America in Vietnam*, a.a.O., S.29.

23 Vgl. Harrison E. Salisbury, *Hinter den feindlichen Linien*, Frankfurt/M. 1967, S.208.

24 Edgar Snow, *Interview with Mao*, in: ›The New Republic‹ vom 27. Februar 1965, S.17.

25 Lyndon B. Johnson, Rede vor dem American Alumni Council am 12. Juli 1966, zit. nach James MacGregor Burns (Hg.), *To Heal and to Build: The Programs of President Lyndon B. Johnson*, New York 1968, S.66.

26 Zit. nach ebda.

27 Lyndon B. Johnson, Ansprache an der John Hopkins University am 7. April 1965, zit. nach *Public Papers, Lyndon B. Johnson, 1965*, a.a.O., Bd. I, S. 396f.

28 Zit. nach Johnson, *Meine Jahre im Weißen Haus*, a.a.O., S.225.

29 Walter Lippmann, *On Defeat*, in: ›Newsweek‹ vom 11. März 1968, S.25.

30 Rede Fulbrights vor der John Hopkins Universität, Washington, D.C., am 5. Mai 1966, zit. nach dem Nachdruck in ›U.S. News & World Report‹, Bd. LX, Nr.21 (23. Mai 1966), S.114f.

31 Rede Fulbrights vor dem US-Senat am 25. März 1964: *Old Myths and New Realities*, zit. nach *Vital Speeches*, a.a.O., 16. April 1964, S.393 f.

32 Vgl. Richard L. Renfield, *A Policy for Vietnam*, in: ›Yale Law Review‹, Bd. LVI, Nr.4 (Juni 1967), S.481-505.

33 James Reston, *Washington: The Flies That Captured the Flypaper*, in: ›New York Times‹ vom 7. Februar 1968, S.46.

34 J. William Fulbright, *The Crippled Giant: American Foreign Policy and Its Domestic Consequences*, New York 1972, S.62.

35 Für eine brillante Analyse dieser Gruppe siehe Norman Podhoretz, *Why We are in Vietnam*, New York 1982, S.85 ff.

36 Zit. nach Podhoretz, *Why We are in Vietnam*, a.a.O., S.100.

37 Zit. nach Podhoretz, *Why We are in Vietnam*, a.a.O., S.105.

38 Zit. nach David Halberstam, *Making of a Quagmire*, New York 1965, S. 319.

39 Vgl. hierzu Lewy, *America in Vietnam*, a.a.O., S.76; und Don Oberhofer, *Tet*, Garden City, N.Y. 1971, S.329 ff.

965

40 Vgl. Arthur M. Schlesinger, Jr., *Robert Kennedy and His Times*, Boston 1978, S. 843.
41 Bericht von Walter Cronkite aus Vietnam am 27. Februar 1968, zit. nach Oberhofer, *Tet*, a.a.O., S. 251.
42 Zit. nach *The Logic of the Battlefield*, ›Wall Street Journal‹ vom 23. Februar 1968, S. 14.
43 *Frank Magee Sunday Report*, Sendung der NBC vom 10. März 1968, zit. nach Oberhofer, *Tet*, a.a.O., S. 273.
44 Zit. nach *The War*, in: ›Time‹ vom 15. März 1968, S. 14.
45 Mansfield vor dem Senat am 7. März 1968, zit. nach *Congressional Record*, Washington 1968, Bd. 114, Teil 5, S. 5659.
46 Fulbright vor dem Senat am 7. März 1968, zit. nach *Congressional Record*, a.a.O., Bd. 114, Teil 5, S. 5645.
47 Präsident Johnson in einer Fernsehansprache an das amerikanische Volk am 31. März 1968, zit. nach Burns, *To Heal and to Build*, a.a.O., S. 455 ff.

# Kapitel 27

1 Vgl. Walter Isaacson, *Kissinger: An Autobiography*, New York 1992, S. 484.
2 Vgl. Henry A. Kissinger, *Memoiren 1968-1973*, Bd. 1, München 1979, S. 1575-1578.
3 Ebda.
4 Alle amerikanischen Rückzugspläne wurden von einer Einstellung der Kampfhandlungen und der Freilassung aller Gefangenen abhängig gemacht.
5 Senator J. William Fulbright, *The Crippled Giant: American Foreign Policy and Its Domestic Consequences*, New York 1972, S. 62.
6 Äußerungen McGoverns in der Fernsehshow »The Today Show« des Senders NBC vom 8. Juni 1972.
7 Kissinger, *Memoiren*, Bd. 1., a.a.O., S. 1426.
8 Henry A. Kissinger, *Memoiren 1973-1974*, Bd. 2, München 1982, S. 15.
9 Siehe Kissinger, *Memoiren*, Bd. 1, a.a.O., Kap. VIII und XII; Kissinger, *Memoiren*, Bd. 2, a.a.O., Kap. II und VIII; siehe auch Peter W. Rodmans Debatte mit William Shawcross in ›The American Spectator‹, März und Juli 1981.
10 Vgl. Karl D. Jackson (Hg.), *Cambodia 1975-1978: Rendezvous with Death*, Princeton 1989.
11 Vgl. Kissinger, *Memoiren*, Bd. 1, a.a.O., S. 1442 ff.
12 Vgl. hierzu die verschiedenen amerikanischen Memoranden in Kissinger, *Memoiren*, Bd. 2, a.a.O., S. 1419 ff.
13 Richard Nixon: *Fourth Annual Report to the Congress on United States Foreign Policy*, 3. Mai 1973, zit. nach *Public Papers of the Presidents of the United States, Richrd Nixon, 1973*, Washington 1975, S. 392.
14 Zit. nach *Public Papers, Richard Nixon, 1973*, a.a.O., S. 395.
15 *Second Supplemental Appropriations Bill for FY1973 (HR 9055-PL93-50)*. Vgl. ›Congressional Quarterly‹, Almanach für 1973, 93. Kongreß, 1. Sitzung, Washington 1974, S. 95 und 861 f.
16 Joseph Fitchett, *Saigon Residents Found Intimidated by »Occupation Force«*, in: ›Washington Post‹ vom 6. November 1978; siehe auch Christopher Dickey, *Former Vietnamese Captive Describes Life – and Death – in Saigon Prison*, in: ›Washington Post‹ vom 20. Dezember 1978; Theodore Jacqueney, *They are Us, Were We Vietnamese*, in: ›Worldview‹, April 1977; Carl Gershman, *A Voice from Vietnam*, in: ›The New Leader‹ vom 29. Januar 1979, S. 8 f.

17 International Institute of Strategic Studies, *Strategic Survey, 1975*, London 1975, S. 94.

18 Peter W. Rodmans Buch über den Kalten Krieg in der Dritten Welt wird in Kürze beim Verlag Charles Scribner's Sons in New York erscheinen. Es geht ausführlich auf diese Entwicklung in der sowjetischen Politik ein.

## Kapitel 28

1 Richard Nixon, zit. nach ›Time-Magazine‹ vom 3. Januar 1972, S. 15; vgl. auch Nixons Ausführungen vor den Midwestern News Media Executives in Kansas City, Missouri, am 6. Juli 1971, wiedergegeben in: *Public Papers of the Presidents of the United States, Richard Nixon, 1971*, Washington 1972, S. 806.

2 Richard Nixon, Rede anläßlich des Presidential Prayer Breakfast am 5. Februar 1970, zit. nach *Public Papers, Richard Nixon, 1970*, a.a.O., S. 82 f.

3 Radio- und Fernsehansprache an das sowjetische Volk vom 28. Mai 1972, zit. nach *Public Papers, Richard Nixon, 1972*, a.a.O., S. 630.

4 Informelle Äußerungen Nixons gegenüber Journalisten auf Guam am 25. Juli 1969, wiedergegeben in: *Public Papers, Richard Nixon, 1969*, a.a.O., S. 544 ff.

5 Vgl. Ansprache an die Nation zum Vietnamkrieg vom 3. November 1969, zit. nach *Public Papers, Richard Nixon, 1969*, a.a.O., S. 905 f.; siehe auch den ersten Jahresbericht des Präsidenten zur Außenpolitik der Vereinigten Staaten vor dem Kongreß am 18. Februar 1970, in: *Public Papers, Richard Nixon, 1970*, a.a.O., S. 116 ff.

6 Norman Mailer, *Heere aus der Nacht*, München/Zürich 1968, S. 294 f.

7 Vgl. John Kenneth Galbraith, *Die moderne Industriegesellschaft*, München/Zürich 1968, Kapitel XXXV.

8 Erster Jahresbericht des Präsidenten zur Außenpolitik der Vereinigten Staaten vor dem Kongreß am 18. Februar 1970, in: *Public Papers, Richard Nixon, 1970*, a.a.O., S. 119.

9 Zit. nach *Public Papers, Richard Nixon, 1970*, a.a.O., S. 178.

10 Zit. nach *Public Papers, Richard Nixon, 1970*, a.a.O., S. 179.

11 Zweiter Jahresbericht des Präsidenten zur Außenpolitik der Vereinigten Staaten vor dem Kongreß am 25. Februar 1971, in: *Public Papers, Richard Nixon, 1971*, a.a.O., S. 304.

12 Vgl. Albert Wohlstetter, *The Delicate Balance of Terror*, in: ›Foreign Affairs‹, Bd. 37, Nr. 2 (Januar 1959), S. 211-234.

13 Kissinger, *Memoiren*, Bd. 1, a.a.O., S. 150.

14 Peter Grose, *U.S. Warns Soviet on Use of Force Against Czechs*, in: ›The New York Times‹ vom 18. April 1969.

15 Peter Grose, *A Series of Limited Pacts on Missiles Now U.A. Aim*, in: ›The New York Times‹ vom 22. April 1969.

16 Calmers M. Roberts, *U.S. to Propose Summer talks on Arms Curb*, in: ›The Washington Post‹ vom 13. Mai 1969.

17 *Clear It With Everett*, Leitartikel der ›New York Times‹ vom 3. Juni 1969.

18 *Start the Missile Talks*, Leitartikel der ›Washington Post‹ vom 5. April 1969, zit. nach Kissinger, *Memoiren*, Bd. 1, a.a.O., S. 147.

19 Vgl. Kissinger, *Memoiren*, Bd. 1, a.a.O., S. 288 f.

20 Vgl. Kissinger, *Memoiren*, Bd. 1, a.a.O., S. 182.

21 Richard M. Nixon, *Asia After Viet Nam*, in: ›Foreign Affairs‹, Bd. 46, Nr. 1 (Oktober 1967), S. 121.

22 *Nixon's View of the World – From Informal Talks*, in: ›U.S. News & World Report‹, Bd. LXV, Nr. 12 (16. September 1968), S. 48.

23 Rogers' Rede vor dem nationalen Presseclub in Canberra, Australien, am 8. August 1969, zit. nach *Department of State Bulletin*, a.a.O., Bd. LXI, Nr. 1575 (1. September 1969), S. 179-180.

24 Rede Richardsons: *The Foreign Policy of the Nixon Administration: Its Aims and Strategy*, zit. nach *Department of State Bulletin*, a.a.O., Bd. LXI, Nr. 1578 (22. September 1969), S. 260.

25 Zweiter Jahresbericht des Präsidenten zur Außenpolitik der Vereinigten Staaten vor dem Kongreß am 25. Februar 1971, zit. nach *Public Papers, Richard Nixon, 1971*, a.a.O., S. 277.

26 Zit. nach ebda.

27 Kissinger, *Memoiren*, Bd. 1, a.a.O., S. 1124.

28 Zit. nach ebda.

29 Zit. nach *Public Papers, Richard Nixon, 1971*, a.a.O., S. 1125.

30 Gemeinsames Kommuniqué, abgegeben in Shanghai am 27. Februar 1972, in: *Department of State Bulletin*, a.a.O., Bd. LXVI, Nr. 1708 (20. März 1972), S. 435 ff., hier zit. nach Kissinger, *Memoiren*, Bd. 1, a.a.O., S. 1597.

31 Vgl. Kissinger, *Memoiren*, Bd. 2, a.a.O., S. 351 f. und 1370.

## Kapitel 29

1 Willy Brandt, *Begegnungen und Einsichten*, München/Zürich 1978, S. 142.

2 Vgl. Kissinger, *Memoiren*, Bd. 2, a.a.O., S. 530 f. und 538.

3 Zit. nach *Détente: An Evaluation*, Stellungnahme von Robert Conquest, Brian Crozier, John Erickson, Joseph Godson, Gregory Grossman, Leopold Labedz, Bernard Lewis, Richard Pipes, Leonard Schapiro, Edward Shils und P.J. Vatikiotis, Nachdruck für den Gebrauch des Unterausschusses über Rüstungskontrolle des Ausschusses über die bewaffneten Streitkräfte im US-Senat, 93. Kongreß, 2. Sitzung, Washington 1974, S. 1.

4 Aussage von George Meany, Präsident der American Federation of Labor and Congress of Industrial Organizations, am 1. Oktober 1974, zit. nach *Détente: Hearings on United States Relations with Communist Countries*, Außenpolitischer Ausschuß des US-Senats, 93. Kongreß, 2. Sitzung, Washington 1975, S. 379 f.

5 Henry A. Kissinger: *America's Permanent Interests*, Rede vor dem Boston World Affairs Council am 11. März 1976, zit. nach *Department of State Bulletin*, a.a.O., Bd. LXXIV, Nr. 1919 (5. April 1976), S. 427 f.

6 Zit. nach Kissinger, *Memoiren*, Bd. 1, a.a.O., S. 1568.

7 Zu näheren Einzelheiten dieser Debatte siehe Kissinger, *Memoiren*, Bd. 2, a.a.O., S. 293-327; S. 1164-1191.

8 Vgl. hierzu Coral Bell, *The Diplomacy of Détente*, New York 1977, S. 201 f.

9 Zit. nach *Improving U.S.-Soviet Relations*, Leitartikel der ›New York Times‹ vom 22. Februar 1971, S. 5.

10 Zit. nach *Trade and Freedom*, Leitartikel der ›New York Times‹ vom 18. September 1973, S. 15.

11 Zit. nach *The Requirements of Detente*, Leitartikel der ›Washington Post‹ vom 12. September 1973.

12 Kissinger, *America's Permanent Interests*, a.a.O., 431 f.

13 Zit. nach Timothy Garton Ash, *In Europe's Name: Germany and the Divided Continent*, New York 1993, S. 260.

14 Zit. nach Curt Gasteyger, *Europa zwischen Spaltung und Einigung*, a.a.O., S.320.

15 Zit. nach *European »Security« ...And Real Détente*, Leitartikel der ›New York Times‹ vom 21.Juli 1975, S.20.

16 Henry A. Kissinger: *American Unity and the National Interest*, Rede vor der Southern Commodity Producers Conference in Birmingham, Alabama, am 14.August 1975, zit. nach *Department of State Bulletin*, a.a.O., Bd.LXXIII, Nr.1890 (15.September 1975), S.392.

17 Kissinger, *America's Permanent Interests*, a.a.O., S.428.


# Kapitel 30

1 Ronald Reagan: Bemerkungen während der Jahresversammlung der American Legion am 22.Februar 1983, zit. nach *Public Papers of the Presidents of the United States, Ronald Reagan, 1983*, Washington, D.C. 1982-90, Bd.I, S.270.

2 Zit. nach *Public Papers, Ronald Reagan, 1983*, a.a.O., S.271.

3 Reagan während einer Pressekonferenz am 29.Januar 1981, zit. nach *Public Papers, Ronald Reagan, 1981*, a.a.O., S.57.

4 Reagan in einer Rede vor Mitgliedern des britischen Parlaments am 8.Juni 1982, zit. nach *Public Papers, Ronald Reagan, 1982*, a.a.O., Bd.1., S.744.

5 »TRB« (Richard Strout), *Reagan's Holy War*, in: ›The New Republic‹ vom 11.April 1983, S.6.

6 Anthony Lewis, *Onward, Christian Soldiers*, in: ›New York Times‹ vom 10.März 1983, S.A27.

7 Stanley Hoffmann, *Foreign Policy: What's to Be Done?*, in: ›New York Review of Books‹ vom 30.April 1981, S.33-37, 39.

8 Reagan am 18.November 1981, zit. nach *Public Papers, Ronald Reagan, 1981*, a.a.O., S.1065.

9 Vgl. Ronald Reagan, *Erinnerungen, Ein amerikanisches Leben*, Berlin 1990, S.603.

10 Reagan, *Erinnerungen*, a.a.O., S.623.

11 Vgl. Reagan, *Erinnerungen*, a.a.O., S.634.

12 Reagan, *Erinnerungen*, a.a.O., S.669-670.

13 Zit. nach Lou Cannon, *President Reagan: The Role of a Lifetime*, New York 1990, S.792.

14 Ronald Reagan: Rede vor dem Kongreß zur Lage der Nation am 25.Januar 1984, zit. nach *Public Papers, Ronald Reagan, 1984*, Bd.1., a.a.O., S.92.

15 Ronald Reagan: Rede vor dem britischen Parlament in London am 8.Juni 1982, in: ders., *Der Präsident spricht: Ausgewählte Reden von 1961 bis 1984*, Köln 1984, S.204-205.

16 Zit. nach ›New York Times‹ vom 6.Juni 1982, S.A16.

17 Siehe hierzu Peter W. Rodmans in Kürze bei Charles Scribner's Sons in New York erscheinendes Buch über den Kalten Krieg in der Dritten Welt.

18 Rede von George Shultz: *America and the Struggle for Freedom*, gehalten am 22.Februar 1985, zit. nach ›Current Policy‹, U.S. Department of State, Nr.659 (1985), S.1-5.

19 Zit. nach Leon V. Sigal, *Nuclear Forces in Europe*, Washington, D.C. 1984, S.86.

20 Mitterrands Rede vor dem Deutschen Bundestag am 20.Januar 1983 aus Anlaß des zwanzigsten Jahrestages des deutsch-französischen Freundschaftsvertrags, zit. nach einer Mitteilung des Presse- und Informationsdienstes des französischen Außenministeriums.

21 Äußerungen Reagans vor dem National Press Club am 18. November 1981, vgl. *Public Papers, Ronald Reagan, 1981*, a.a.O., S. 1065.

22 Zit. nach *Reagan Proposes U.S. Seek New Way to Block Missiles*, in: ›New York Times‹ vom 24. März 1983, S. A20.

23 Harold Brown (Hg.), *The Strategic Defense Initiative: Shield or Snare?*, Boulder, Col./London 1987.

24 Vgl. Brown, Einleitung und *Is SDI Technically Feasible?*, in: ders., *Strategic Defense Initiative*, a.a.O., S. 4-7, 131f., 138.

25 Vgl. Richard Betts, *Heavenly Gains or Earthly Losses? Toward a Balance Sheet for Strategic Defense*, in: Brown, *Strategic Defense Initiative*, a.a.O., S. 238f.

26 Vgl. George Liska, *The Challenge of SDI: Preemptive Diplomacy or Preventive War?*, in: Brown, *Strategic Defense Initiative*, a.a.O., S. 107.

27 Vgl. Robert Osgood, *Implications for US-European Relations*, in: Brown, *Strategic Defense Initiative*, a.a.O., S. 266ff., 276ff.

28 Zit. nach Dan Smith, *Pressure: How America Runs NATO*, London 1989, S. 184.

29 Vgl. Reagans Ansprache vor dem japanischen Unterhaus in Tokio vom 11. November 1983, in: *Public Papers, Ronald Reagan, 1983*, a.a.O., Band II, S. 1575.

30 Reagan, *Erinnerungen*, a.a.O., S. 574.

31 Zit. nach Cannon, *President Reagan*, a.a.O., S. 288-289.

32 Äußerungen Reagans während eines Informationsgesprächs im Weißen Haus mit leitenden Verwaltungsbeamten von Wirtschaftsverbänden und Behörden zum Thema »Aufstellung von MX-Raketen« am 16. Mai 1983, zit. nach *Public Papers, Ronald Reagan, 1983*, a.a.O., Band I, S. 715.

33 Ronald Reagan: Ansprache an die Nation über Verteidigung und Nationale Sicherheit vom 23. März 1983, zit. nach *Public Papers, Ronald Reagan, 1983*, a.a.O., S. 443.

34 George P. Shultz: *Nuclear Weapons, Arms Control, and the Future of Deterrence*, Rede vor dem International House of Chicago und dem ›The Chicago Sun-Times‹-Forum an der Universität Chicago am 17. November 1986, in: *Department of State Bulletin*, a.a.O., Bd. LXXXVII, Nr. 2118 (Januar 1987), S. 31-35.

35 Michail Gorbatschow, *Perestroika: Die zweite russische Revolution. Eine neue Politik für Europa und die Welt*, München 1987, S. 176f.

36 Erklärung Gorbatschows während der Pressekonferenz im Sowjetischen Pressezentrum in Genf am 21. November 1985, in: Michail Gorbatschow, *Ausgewählte Reden und Aufsätze*, Bd. 3: *Oktober 1985-1986*, Berlin 1987, S. 74.

37 Gorbatschow anläßlich des 70. Jahrestages der Großen Sozialistischen Oktoberrevolution am 2. November 1987, zit. nach *Foreign Broadcasting Information Service*, [SOV-87-212], 3. November 1987, S. 55.

38 Zit. nach *An Interview with Michael Gorbachev* im Magazin ›Time‹ vom 9. September 1985, S. 23.

39 Zit. nach *Gorbachev Pledges Major Troop Cutback Then Ends Trip, Citing Vast Soviet Quake*, in: ›New York Times‹ vom 8. Dezember 1988, S. A1.

40 Zit. nach *Gorbachev Pledges*, a.a.O., S. A19.

41 Auszüge aus einer Rede Gorbatschows in Wladiwostok am 28. Juni 1986, abgedruckt in: ›New York Times‹ vom 29. Juni 1986, S. A6.

42 Auszüge aus einer Rede Gorbatschows vor dem Europarat in Straßburg am 6. Juli 1989, abgedruckt in: ›New York Times‹ vom 7. Juli 1989, S. A6.

43 Zit. nach *Gorbachev, in Finnland, Disavows Any Right of Regional Intervention*, in: ›New York Times‹ vom 26. Oktober 1989, S. A1.

44 Zit. nach *Gorbachev Lends Honecker a Hand*, in: ›New York Times‹ vom 7. Oktober 1989, S. 5.

45 Zit. nach *Gorbachev Urges Economic Accords*, in: ›New York Times‹ vom 16. Juli 1989, S. 17.

46 Strobe Talbott, *Rethinking the Red Menace*, in: ›Time‹ vom 1. Januar 1990, S. 69.

47 Vgl. Fred Halliday, *From Kabul to Managua: Soviet-American Relations in the 1980s*, New York 1989, S. 17, 108 f., 134 f.

48 Wjatscheslaw Daschitschew, *East-West: Quest for New Relations: On the Priorities of the Soviet State's Foreign Policy*, zit. nach *Foreign Broadcasting Information Service*, [SOV-88-098], 20. Mai 1988, S. 4-8.

49 Zit. nach ebda.

50 Eduard Schewardnadse, *Die XIX. Parteikonferenz der KPdSU: Außenpolitik und Diplomatie*, zit. nach ›International Affairs‹ (Moskau), Oktober 1988.

51 Vgl. »X«, a.a.O., S. 580.

## Kapitel 31

1 Präsident George Bush: *The UN: World Parliament of Peace*, Rede vor der Vollversammlung der Vereinten Nationen, New York, am 1. Oktober 1990, zit. nach ›Dispatch‹, Bd. 1, Nr. 6 (8. Oktober 1990), S. 152.

2 Präsident Bill Clinton: *Confronting the Challenges of a Broader World*, Rede vor der Vollversammlung der Vereinten Nationen, New York, am 27. September 1993, zit. nach ›Dispatch‹, Bd. 4, Nr. 39 (27. September 1993), S. 650.

3 Halford John Mackinder, *Democratic Ideals and Reality*, Westport, Conn. 1962.

4 Alexander Solschenizyn, *How Are We to Restructure Russia? A Modest Contribution*, in: ›Literaturnaya Gazeta‹ vom 18. September 1990, zit. nach *Foreign Broadcast Information Service* (SOC-90-187), 26. September 1990.

5 Bemerkungen Präsident Clintons vor der Multinational Audience of Future Leaders of Europe in Brüssel am 9. Januar 1994, herausgegeben vom Pressebüro des Weißen Hauses, Brüssel 1994, S. 5.

# Bibliographie

Selbständige Publikationen

Viscount d'Abernon: *Ein Botschafter der Zeitwende. Memoiren*, Leipzig 1929.
Anthony Adamthwaite: *France and the Coming of the Second World War, 1936-1939*, London 1977.
Konrad Adenauer: *Erinnerungen, 1955-1959*, Stuttgart 1967.
Selig Adler: *The Isolationist Impulse*, New York/London 1957 u.öfter.
Stephen E. Ambrose, *Eisenhower*, New York 1984.
Terry H. Anderson: *The United States, Great Britain, and the Cold War, 1944-1947*, Columbia, Mo. 1981.
Timothy Garton Ash: *In Europe's Name: Germany and the Divided Continent*, New York 1993.
Louis Auchincloss: *Richelieu*, New York 1972.
Ray Stannard Baker: *Woodrow Wilson – Memoiren und Dokumente*, Leipzig 1923.
Ruhl J. Bartlett (Hg.): *The Record of American Diplomacy*, New York 1956.
Charles A. Beard: *American Foreign Policy in the Making, 1932-1940: A Study in Responsibilities*, New Haven 1946.
Coral Bell: *The Diplomacy of Détente*, New York 1977.
John W. Wheeler Bennett und Anthony Nicholls: *The Semblance of Peace*, London 1972.
Isaiah Berlin: *Personal Impressions*, hg. von Henry Hardy, New York 1981.
Michael R. Beschloss: *The Crisis Years: Kennedy and Khrushchev 1960-1963*, New York 1991.
Paul Birdsall: *Versailles Twenty Years After*, Hamden, Conn. 1962.
Otto v. Bismarck: *Bismarcks Briefe an den General Leopold von Gerlach*, hg. von H. Kohl, Berlin 1896.
ders.: *Gesammelte Werke*, Berlin 1924 ff.
ders.: *Die politischen Reden des Fürsten Bismarck*, hg. von H. Kohl, Stuttgart 1892 ff.
ders.: *Werke in Auswahl*, Darmstadt 1963.
P.M.S. Blackett: *Atomic Weapons and East-West Relations*, New York 1956.
Robert Blake: *Disraeli*, Frankfurt/M. 1980.
John Morton Blum: *The Republican Roosevelt*, Cambridge 1967.
Maurice Bompard: *Mon Ambassade en Russie, 1903-1908*, Paris 1937.
Peter G. Boyle (Hg.): *The Churchill-Eisenhower Correspondence, 1953-1955*, Chapel Hill/London 1990.
Willy Brandt: *Begegnungen und Einsichten. Die Jahre 1960 bis 1975*, München/Zürich 1978.
Henry L. Bretton: *Stresemann and the Revision of Versailles*, Stanford 1953.
Asa Briggs: *The Age of Improvement, 1783-1867*, London 1959.
Douglas Brinkley: *Dean Acheson: The Cold War Years, 1953-71*, New Haven 1992.

Harold Brown (Hg.): *The Strategic Defense Initiative: Shield or Snare?*, Boulder, Col./London 1987.

Alan Bullock: *Hitler and Stalin, Parallele Leben*, Berlin 1991.

Bernhard Heinrich Martin Fürst von Bülow: *Memoirs of Prince von Bülow. From Secretary of State to Imperial Chancellor*, Boston 1931.

Carl J. Burckhardt: *Meine Danziger Mission*, München 1962.

ders.: *Richelieu*, München 1935-1967.

James McGregor Burns: *Roosevelt: The Soldier of Freedom*, New York 1970.

ders. (Hg.): *To Heal and to Build: The Programs of President Lyndon B. Johnson*, New York 1968.

William Burr, David Rosenberg und Georg Schild (Hgg.): *The Berlin Crisis 1958-1961. Documentary Collection for Oral History Session*, o.O. 1990

Lou Cannon: *President Reagan: The Role of a Lifetime*, New York 1990.

Edward Hallett Carr: *Berlin-Moskau. Deutschland und Rußland zwischen den beiden Weltkriegen*, Stuttgart 1954.

ders.: *The Bolshevik Revolution, 1917-1923*, London 1966.

ders.: *The Twenty Years's Crisis, 1919-1939*, New York 1964 (Nachdruck der 2. Aufl. New York 1946).

Malcolm Carroll: *Germany and the Great Powers 1866-1914*, Hamden, Conn. 1966.

Francis L. Carsten: *Britain and the Weimar Republic*, New York 1984.

ders.: *The Reichswehr and Politics, 1918-1933*, Berkley 1973 (dt.: *Reichswehr und Politik, 1918-1933*, Köln 1964).

Viscount Castlereagh [d.i.: Londonderry, Robert Stewart]: *Correspondance, Dispatches and Other Papers*, 12 Bde., hg. von seinem Bruder, dem Marquis von Londonderry, London 1848-52.

Valentin Chirol: *Fifty Years in a Changing World*, London 1927.

Nikita Chruschtschow: *Khrushchev Remembers: The Last Testament*, Boston 1974 (dt.: *Chruschtschow erinnert sich: Die authentischen Memoiren*, Reinbek 1992).

William F. Church: *Richelieu and Reason of State*, Princeton 1972.

Winston S. Churchill: *Große Zeitgenossen*, Frankfurt/M. 1959.

ders.: *His Complete Speeches*, hg. von Robert Rhodes James, New York 1974.

ders.: *The Second World War*, 6 Bde., Boston 1948 ff. (dt.: *Der Zeite Weltkrieg*, 6 Bde., Bern 1948 ff.).

ders.: *The Churchill-Eisenhower Correspondence, 1953-1955*, hg. von Peter G. Boyle, Chapel Hill/London 1990.

ders.: *Churchill & Roosevelt: The Complete Correspondence*, hg. von Warren F. Kimball, Princeton 1984.

Harold van B. Cleveland: *The Atlantic Idea and Its European Rivals*, New York 1966.

John Colville: *The Fringes of Power: 10 Downing Street Diaries, 1939-1955*, New York/London 1985 (dt.: *Downing Street Tagebücher 1939-1945*, Berlin 1988)

John Milton Cooper, Jr.: *Pivotal Decades; The United States, 1900-1920*, New York/London 1990.

Robert Coulondre: *Von Moskau nach Berlin, 1936-1939*, Bonn 1950.

Gordon A. Craig: *Deutsche Geschichte, 1866-1945*, München 1980.

ders. und Alexander L. George: *Zwischen Krieg und Frieden*, München 1984.

Brian Crozier: *De Gaulle*, New York 1973.

Robert Dallek: *Franklin D. Roosevelt and American Foreign Policy, 1932-1945*, New York 1979.

Milovan Djilas: *Conversations with Stalin*, New York 1962.

Robert J. Donovan: *Conflict and Crisis: The Presidency of Harry S. Truman 1945-1948*, New York 1977.

David Dutton: *Austen Chamberlain, Gentleman in Politics*, Bolton 1985.

Edward Mead Earle (Hg.): *The Federalist*, New York o.J.

William Echard: *Napoleon III. and the Concert of Europe*, Baton Rouge 1983.

Anthony Eden: *Angesichts der Diktatoren. Memoiren 1923-1938*, Köln/Berlin 1962.

Dwight D. Eisenhower: *Public Papers of the Presidents of the United States, Dwight D. Eisenhower*, Washington 1952 ff.

ders.: *Waging Peace, The White House Years. A Personal Account 1956-1961*, Garden City, N.Y. 1965 (dt.: *Wagnis für den Frieden. 1956-1961*, Düsseldorf 1966).

Emer[ick] de Vattel: *Le Droit des Gens ou Principes de la Loi Nature*, Tübingen 1959.

William Bragg Ewald, Jr.: *Eisenhower the President: Crucial Days. 1951-1960*, Englewood Cliffs, N.J. 1981.

Keith Feiling: *The Life of Neville Chamberlain*, London 1946.

Herbert Feis: *Churchill, Roosevelt, Stalin: The War They Waged and the Peace They Sought*, Princeton 1967.

Joachim C. Fest: *Hitler. Eine Biographie*, Berlin 1973.

Herman Finer: *Dulles over Suez: The Theory and Practice of his Diplomacy*, Chicago 1964.

C.H. Firth (Hg.): *Stuart Tracts 1603-1693*, London 1903.

André Fontaine: *History of the Cold War*, New York 1969.

Bruce Franklin (Hg.): *The Essential Stalin: Major Theoretical Writings 1905-1952*, New York 1972.

J. William Fulbright: *The Crippled Giant: American Foreign Policy and Its Domestic Consequences*, New York 1972.

John Lewis Gaddis: *The Long Peace*, New York 1987.

ders.: *The United States and the Origins of the Cold War*, New York 1972.

John Kenneth Galbraith: *Die moderne Industriegesellschaft*, München/Zürich 1968.

Raymond L. Garthoff: *Detente and Confrontation: American-Soviet Relations from Nixon to Reagan*, Washington 1985.

Curt Gasteyger: *Europa zwischen Spaltung und Einigung 1945-1990*, 2. Auflage, Bonn 1991.

Hans W. Gatzke: *Stresemann and the Rearmament of Germany*, Baltimore 1954.

Charles de Gaulle: *Major Addresses, Statements and Press Conferences of General Charles de Gaulle, May 19, 1958-January 31, 1964*, New York 1964.

ders.: *Memoiren der Hoffnung: Die Wiedergeburt 1958-1962*, Wien 1971.

Friedrich von Gentz: *Depeches inédites du Chevalier de Gentz, aux hospodars de Valachie*, Paris 1876.

Leopold von Gerlach: *Briefe des Generals Leopold von Gerlach an Otto von Bismarck*, hg. von Horst Kohl, Stuttgart/Berlin 1912.

ders.: *Briefwechsel des Generals Leopold von Gerlach mit dem Bundestags-Gesandten Otto von Bismarck*, Berlin 1893.

Louis L. Gerson: *John Foster Dulles*, in: *The American Secretaries of State and their Diplomacy*, Bd.XVII, New York 1967.

ders.: *Woodrow Wilson und die Wiedergeburt Polens 1914-1920*, Würzburg 1956.

Martin Gilbert: *Churchill, A Life*, New York 1991.

ders.: *Winston S. Churchill: Never Despair, 1945-1965*, Boston 1988.

William Ewart Gladstone: *The Political Correspondence of Mr. Gladstone and Lord Granville, 1868-1876*, hg. von Agatha Ramm, London 1952.

Michail Gorbatschow: *Ausgewählte Reden und Aufsätze*, Berlin 1987.

ders.: *Perestroika: Die zweite russische Revolution. Eine neue Politik für Europa und die Welt*, München 1987.

Hermann Graml: *Europa zwischen den Kriegen*, München 1969.
John Ashley Soames Grenville: *Europe Reshaped, 1848-1878*, Hassocks 1971.
Edward Grey: *Twenty-Five Years 1892-1916*, New York 1925.
Andrej Gromyko: *Erinnerungen*, Düsseldorf 1989
David Halberstam: *Die Elite*, Reinbek 1974.
ders.: *Making of a Quagmire*, New York 1965.
Fred Halliday: *From Kabul to Managua: Soviet-American Relations in the 1980s*, New York 1989.
W. Averell Harriman und Elie Abel: *In geheimer Mission. Als Sonderbeauftragter Roosevelts bei Churchill und Stalin, 1941-1946*, Stuttgart 1979.
Max Hastings: *The Korean War*, New York 1987.
Josef Henke: *England in Hitlers politischem Kalkül*, Schriftenreihe des Deutschen Bundesarchivs, Nr. 20, Koblenz 1973.
George C. Herring: *America's Longest War. The United States and Vietnam, 1950-1975*, 2. Auflage, New York 1985.
F.H. Hinsely: *Power and the Pursuit of Peace*, Cambridge 1963.
Carsten Holbraad: *The Concert of Europe: A Study in German and British International Theory, 1815-1914*, London 1970.
Geoffrey Holmes: *Britain after the Glorious Revolution*, London 1969.
Townsend Hoopes: *The Devil and John Foster Dulles*, Boston 1973.
Alistair Horne: *Harold Macmillan, Bd. I: 1894-1956*, New York 1991.
Joseph Alexander Graf von Hübner: *Neun Jahre der Erinnerungen eines österreichischen Botschafters in Paris unter dem zweiten Kaiserreich, 1851-1859*, Berlin 1904.
Emmet John Hughes: *The Ordeal of Power: A Political Memoir of the Eisenhower Years*, New York 1963.
Cordell Hull: *The Memoirs of Cordell Hull*, New York 1948.
William G. Hyland: *The Cold War is Over*, New York 1990.
Walter Isaacson: *Kissinger: A Biography*, New York 1992 (dt.: *Kissinger. Eine Biographie*, Berlin 1993).
Karl D. Jackson (Hg.): *Cambodia 1975-1978: Rendezvous with Death*, Princeton 1989.
Jon Jacobson: *Locarno Diplomacy*, Princeton 1972.
Thomas Jefferson: *The Writings of Thomas Jefferson*, hg. von Paul Leicester Ford, New York 1892-1899.
Lyndon B. Johnson: *Meine Jahre im Weißen Haus*, München 1971.
ders.: *Public Papers of the Presidents of the United States: Lyndon B. Johnson*, Washington, D.C. 1963 ff.
Paul Johnson: *Modern Times. The World from the Twenties to the Eighties*, New York 1983.
Joseph M. Jones: *The Fifteen Weeks (February 21-June 5, 1947)*, New York 1955.
Stanley Karnow: *Vietnam. A History*, New York 1984.
George F. Kennan: *Bismarcks europäisches System in der Auflösung. Die französisch-russische Annäherung 1875 bis 1890*, Frankfurt/M. 1981.
ders.: *Memoiren 1950-1963*, Frankfurt/M. 1973.
ders.: *Rußland, der Westen und die Atomwaffe*, Frankfurt/M. 1958.
ders.: *Sowjetische Außenpolitik unter Lenin und Stalin*, Stuttgart 1961.
ders.: *The Fateful Alliance: France, Russia and the Coming of the First World War*, New York 1984 (dt.: *Die schicksalhafte Allianz. Frankreich und Rußland am Vorabend des Ersten Weltkrieges*, Köln 1984).
John F. Kennedy: *Dämme gegen die Flut*, Düsseldorf/Wien 1962.
ders.: *Glanz und Bürde*, Düsseldorf/Wien 1964.

ders.: *Let the Word Go Forth. The Speeches, Statements, and Writings of John F. Kennedy, 1947-1963*, hg. von Theodore C. Sorensen, New York 1988.

ders.: *Public Papers of the Presidents of the United States: John F. Kennedy*, Washington, D.C. 1961 ff.

John Maynard Keynes: *Die wirtschaftlichen Folgen des Friedensvertrages*, München 1920.

Jeffrey P. Kimball (Hg.): *To Reason Why: The Debate About the Causes of U.S. Involvement in the Vietnam War*, New York 1990.

Henry A. Kissinger: *Großmachtdiplomatie*, Düsseldorf 1962.

ders.: *Kernwaffen und auswärtige Politik*, 2. Aufl., München/Wien 1974.

ders.: *Memoiren 1968-1973*, München 1979.

ders.: *Memoiren 1973-1974*, München 1982.

ders.: *Was wird aus der westlichen Allianz?*, Wien/Düsseldorf 1965.

V.O. Kliutschewsky: *A Course in Russian History: The Seventeenth Century*, Chicago 1969.

Adrienne Koch und William Peden (Hgg.): *The Life and Selected Writings of Thomas Jefferson*, New York 1944.

Eberhard Kolb (Hg.): *Europa vor dem Krieg von 1870*, München 1983.

Keith Kyle: *Suez*, New York 1991.

Walter Lafeber (Hg.): *John Quincy Adams and American Continental Empire*, Chicago 1965.

ders.: (Hg.): *The Dynamics of World Power: A Documentary History of United States Foreign Policy, 1945-1973*, New York 1973.

William L. Langer: *The Diplomacy of Imperialism*, 2. Auflage, New York 1960.

David Large: *Between Two Fires: Europe's Path in the 1930s*, London 1990.

Eric Larrabee: *Commander in Chief, Franklin Delano Roosevelt, His Lieutenants, and Their War*, New York 1987.

Melvin J. Lasky (Hg.): *The Hungarian Revolution*, New York 1957 (dt.: *Ein Weißbuch: Die Ungarische Revolution*, Berlin 1958).

William D. Leahy: *I Was There. The Personal History of the Chief of Staff to Presidents Roosevelt and Truman Based on His Notes and Diaries Made at the Time*, New York/London/Toronto 1950.

Ludwig Lebzeltern: *Les Rapports Diplomatiques du Lebzeltern*, St. Petersburg 1913.

Ivo J. Lederer (Hg.): *Russian Foreign Policy*, New Haven/London 1962.

Robert Legvold: *After the Soviet Union: From Empire to Nations*, New York 1992.

Nathan Leites: *A Study of Bolshevism*, Glencoe, Ill. 1953.

W.I. Lenin: *Werke*, Berlin 1961.

Johannes Lepsius (Hg.): *Die große Politik der europäischen Kabinette, 1871-1914*, Berlin 1923.

Guenther Lewy: *America in Vietnam*, New York 1978.

D.C.B. Lieven: *Russia and the Origins of the First World War*, London 1983.

Arthur S. Link: *Wilson the Diplomatist*, Baltimore 1957.

Walter Lippmann: *The Cold War: A Study in U.S. Foreign Policy*, New York/London 1947.

Lord Augustus Loftus: *Diplomatic Reminiscences*, London 1892.

Davis Newton Lott (Hg.): *The President Speaks*, New York 1968.

William Roger Louis: *Imperialism at Bay. The United States and the Decolonization of the British Empire, 1941-1945*, New York 1978.

Emil Ludwig: *Bismarck: Geschichte eines Kämpfers*, Berlin 1926.

Allen Lynch: *The Soviet Study of International Relations*, Cambridge 1967.

Halford John Mackinder: *Democratic Ideals and Reality*, Westport, Conn. 1962.
Harold Macmillan: *At the End of the Day. 1961-1963*, New York 1972.
ders.: *Pointing the Way, 1959-1961*, New York 1972.
ders.: *Riding the Storm, 1956-1959*, New York 1971.
Norman Mailer: *Heere aus der Nacht*, München/Zürich 1968.
Werner Maser: *Hindenburg. Eine politische Biographie*, Frankfurt/Berlin 1992.
William Norton Medlicott: *The Congress of Berlin and After*, Hamden, Conn. 1963.
Tibor Meray: *Dreizehn Tage, die den Kreml erschütterten*, München 1961.
Clemens Metternich: *Aus Metternich's nachgelassenen Papieren*, 8 Bde., hg. von Alfons von Klinkowström, Wien 1880.
David Hunter Miller: *The Drafting of the Covenant*, New York 1928.
Ted Morgan: *FDR: A Biography*, New York 1985.
Elting E. Morison (Hg.): *The Letters of Theodore Roosevelt*, Cambridge 1954.
Harold Nicholson: *The Congress of Vienna*, London 1964 u. öfter.
ders.: *Diplomatie*, Bern 1947.
Richard M. Nixon: *No More Vietnam*, New York 1985.
ders.: *Public Papers of the Presidents of the United States, Richard Nixon*, Washington, D.C. 1968 ff.
Don Oberhofer: *Tet*, Garden City, N.Y. 1971.
Hermann Oncken: *Die Rheinpolitik Napoleons III.*, Stuttgart/Berlin 1926.
Wilhelm Oncken: *Österreich und Preussen im Befreiungskriege*, 2 Bde., Berlin 1876 ff.
Robert Endicott Osgood: *Ideals and Self-Interest in America's Foreign Relations*, Chicago 1953.
Thomas Paine: *Die Rechte des Menschen*, Frankfurt/M. 1973.
Alan Palmer: *Glanz und Niedergang der Diplomatie*, Düsseldorf 1986.
Thomas G. Paterson (Hg.): *Cold War Critics. Alternatives to American Foreign Policy in the Truman Years*, Chicago 1971.
ders. mit J. Garry Clifford und Kenneth J. Hagan (Hgg.): *American Foreign Policy: A History*, Lexington 1977 u. öfter.
Frances Perkins: *Roosevelt. Wie ich ihn kannte*, Berlin und München 1949.
Otto Pflanze: *Bismarck and the Development of Germany; the Period of Unification, 1815-1871*, 2. Auflage, Princeton 1990.
Norman Podhoretz: *Why We are in Vietnam*, New York 1982.
Wilfried Radewahn: *Die Pariser Presse und die Deutsche Frage*, Frankfurt/M. 1977.
Anthony Read und David Fischer: *The Deadly Embrace: Hitler, Stalin and the Nazi-Soviet Pact*, New York 1988.
Ronald Reagan: *Erinnerungen. Ein amerikanisches Leben*, Berlin 1990.
ders.: *Public Papers of the Presidents of the United States, Ronald Reagan*, Washington, D.C. 1982-90.
ders.: *Der Präsident spricht: Ausgewählte Reden von 1961 bis 1984*, Köln 1984.
Ludwig Reiners: *In Europa gehen die Lichter aus. Der Untergang des Wilhelminischen Reiches*, München 1981.
Richelieu: *Politisches Testament*, Berlin 1926 [=Klassiker der Politik, Bd. 14].
Matthew B. Ridgway: *Soldier: The Memoirs of Matthew B. Ridgway*, Nachdruck, Westport, Conn. 1974.
Gerhard Ritter: *Der Schlieffen-Plan*, München 1956.
Elliott Roosevelt: *As He Saw It*, New York 1946 (dt.: *Wie er es sah*, Zürich 1947).
Franklin D. Roosevelt: *Complete Presidential Press Conferences of Franklin Delano Roosevelt*, New York 1972.
ders.: *The Public Papers and Adresses of Franklin D. Roosevelt*, New York 1933 ff.

ders.: *Selections from the Correspondence of Theodore Roosevelt and Henry Cabot Lodge 1884-1918*, New York 1925.

W. W. Rostow: *Europe after Stalin: Eisenhower's Three Decisions of March 11, 1953*, Austin 1982.

Alvin Z. Rubinstein (Hg.): *The Foreign Policy of the Soviet Union*, New York 1960.

Harrison E. Salisbury: *Hinter den feindlichen Linien*, Frankfurt/M. 1967.

Sergej Sasonow: *Sechs schwere Jahre*, Berlin 1927.

Arthur M. Schlesinger, Jr.: *Robert Kennedy and His Times*, Boston 1978.

Hans W. Schmalz: *Versuche einer Gesamteuropäischen Organisation 1815-1820*, Aarau 1940.

Thomas J. Schoenbaum: *Waging Peace and War: Dean Rusk in the Truman, Kennedy and Johnson Years*, New York 1988.

Stephen A. Schuker:*The End of French Predominance in Europe*, Chapel Hill 1976.

Wilhelm Schwarz: *Die Heilige Allianz. Tragik eines europäischen Friedensbundes*, Stuttgart 1935.

Hugh Seton-Watson: *The Russian Empire, 1801-1917*, Oxford 1967.

R.W. Seton-Watson: *Britain in Europe, 1789-1914*, Cambridge 1955.

Charles Seymour (Hg.): *Die vertraulichen Dokumente des Obersten House*, Stuttgart 1931.

Robert E. Sherwood: *Roosevelt and Hopkins: An Intimate History*, New York 1948 (dt.: *Roosevelt und Hopkins: Weltpolitik 1933-45 im Weißen Haus*, Hamburg 1950).

Leon V. Sigal: *Nuclear Forces in Europe*, Washington, D.C. 1984.

Dan Smith: *Pressure: How America Runs NATO*, London 1989

Jean Edward Smith: *The Defense of Berlin*, Baltimore 1963.

Raymond J. Sontag: *A Broken World, 1919-1939*, New York 1971.

ders.: *European Diplomatic History, 1871-1932*, New York 1933.

Alfred Stern: *Geschichte Europas seit den Verträgen von 1815 bis zum Frankfurter Frieden von 1871*, 10 Bde., Berlin 1894 ff.

Fritz Stern: *Das Scheitern illiberaler Politik*, Frankfurt/M. 1974.

Edgar Stern-Rubarth: *Drei Männer suchen Europa. Briand – Chaimberlain – Stresemann*, München 1948.

Henry L. Stimson und McGeorge Bundy: *On Active Service in Peace and War*, New York 1948.

Gustav Stresemann: *Vermächtnis. Der Nachlaß in drei Bänden*, Berlin 1932.

Benedict Humphrey Sumner: *Russia and the Balkans, 1870-1880*, London 1962.

T.A. Taracouzio: *War and Peace in Soviet Diplomacy*, New York 1940.

André Tardieu: *The Truth about the Treaty*, Indianapolis 1921.

Alan John Percivale Taylor: *The Struggle for Mastery in Europe, 1848-1918*, Oxford 1954 u. öfter.

ders.: *Die Ursprünge des Zweiten Weltkrieges*, Gütersloh 1962.

Harold Temperley und Lillian M. Penson: *Foundations of British Foreign Policy from Pitt (1792) to Salisbury (1902)*, Cambridge 1938.

Robert Thompson: *Revolutionary War in World Strategy 1945-1969*, New York 1970.

Seth P. Tillman: *Anglo-American Relations at the Paris Peace Conference of 1919*, Princeton 1961.

Marc Trachtenberg: *Reparations in World Politics*, New York 1980.

Harry S. Truman: *Memoiren*, Bd. 1: *Das Jahr der Entscheidungen, 1945*, Stuttgart 1955.

ders.: *Memoiren*, Bd. 2: *Jahre der Bewährung und des Hoffens, 1946-1953*, Stuttgart 1956.

ders.: *Public Papers of the Presidents of the United States, Harry S. Truman*, Washington, D.C. 1963 ff.

N.V. Tscharykow: *Glimpses of High Politics*, London 1931.

*The United States and World Affairs*, hg. vom Council on Foreign Relations, 1953.

*Der Vertrag von Versailles*, München 1978.

Voltaire: *Œuvres Complètes*, Paris 1878.

J. Samuel Walker: *Henry A. Wallace and American Foreign Policy*, Westport, Conn. 1976.

Mack Walker (Hg.): *Metternich's Europe*, New York 1968.

Henry A. Wallace: *Dem Weltfrieden entgegen*, Zürich 1949.

Richard J. Walton: *Henry Wallace, Harry Truman, and the Cold War*, New York 1976.

A.W. Ward u. G.P. Gooch (Hgg.): *Cambridge History of British Foreign Policy*, New York 1923.

Donald Cameron Watt: *How War Came. The Immediate Origins of the Second World War, 1938-1939*, London 1989.

Charles Webster (Hg.): *British Diplomacy, 1813-1815*, London 1921.

ders.: *The Congress of Vienna*, London 1963.

ders.: *The Foreign Policy of Castlereagh*, 2 Bde., London 1925 und 1931.

Gerhard Weinberg: *The Foreign Policy of Hitler's Germany: Diplomatic Revolution in Europe*, Chicago 1970.

Klaus Wernecke: *Der Wille zur Weltgeltung. Außenpolitik und Öffentlichkeit am Vorabend des Ersten Weltkrieges*, Düsseldorf 1970.

Joel H. Wiener (Hg.): *Great Britain: Foreign Policy and the Span of Empire*, 3 Bde., New York 1972.

Martin Wight, *Power Politics*, New York 1978.

William A. Williams (Hg.): *The Shaping of American Diplomacy*, Chicago 1956 u. öfter.

Andrew Norman Wilson: *Eminent Victorians*, New York 1990.

Woodrow Wilson: *The Papers of Woodrow Wilson*, hg. von Arthur S. Link, Princeton 1966.

ders.: *Die Reden Woodrow Wilsons*, hg. vom Committee on Public Information of the United States of America, Bern 1919.

ders.: *Das staatsmännische Werk des Präsidenten in seinen Reden*, hg. von Georg Ahrens, Berlin 1919.

Dimitri Wolkogonow: *Stalin – Triumph und Tragödie. Ein politisches Poträt*, Düsseldorf 1989.

Robert J. Young: *In Command of France. French Foreign Policy and Military Planning 1933-1940*, Cambridge 1978.

Fareed Zakaria: *The Rise of a Great Power*, Diss., Cambridge 1992.

Paul E. Zinner (Hg.): *National Communism and Popular Revolt in Eastern Europe*, New York 1956.


Dokumente und Quellensammlungen

Kenneth Bourne und D. Cameron Watt (Hgg.): *British Documents on Foreign Affairs*, Frederick, Md. 1983.

Eber Malcolm Caroll und Fritz Theodor Epstein (Hgg.): *Das nationalsozialistische Deutschland und die Sowjetunion. Akten aus dem Archiv des deutschen Auswärtigen Amts*, Berlin 1948.

Erklärung der Regierung der UdSSR vom 30. Oktober 1956 zur Entwicklung und weiteren Festigung von Freundschaft und Zusammenarbeit zwischen der Sowjetunion und anderen sozialistischen Staaten, in: ›Current Digest of the Soviet Press‹, Bd. VIII, Nr. 40 (14. November 1956).

Thomas H. Etzold und John Lewis Gaddis (Hgg.): *Containment: Documents on American Policy and Strategy 1945-1950*, New York 1978.

Noble Frankland (Hg.): *Documents on International Affairs. 1956*, London/New York/Toronto 1959.

Frank A. Golder (Hg.): *Documents of Russian History 1914-1917*, New York 1927.

G.P. Gooch und Harold Temperley (Hgg.): *British Documents on the Origins of the War*, London 1927.

John A. Munro (Hg.): *Documents on Canadian External Relations*, Ottawa 1972.

R.G. Neale (Hg.): *Documents on Australian Foreign Policy, 1937-1949*, Canberra o. J.

*Österreich-Ungarns Außenpolitik von der Bosnischen Krise 1908 bis zum Kriegsausbruch 1914*, Wien 1930.

*Origines Diplomatiques de la Guerre de 1870/71*, Paris 1910 ff.

*The Pentagon Papers, as Published by the New York Times*, New York 1971.

*Quellenbuch zur Österreichischen Geschichte*, hg. von Otto Frass, Wien 1956-1959.

*Verhandlungen der Verfassungsgebenden Deutschen Nationalversammlung*, Bd.327, Stenographischer Bericht der 39. Sitzung vom Montag, dem 12.Mai 1919, Berlin 1920.

George Vernadsky (Hg.): *A Source Book for Russian History: From Early Times to 1917*, 3. Bde., New Haven 1972.

D.C. Watt, John Major, Richard Gott und George Schopflin (Hgg.): *Documents on International Affairs: 1961*, London 1965.

Paul E. Zinner (Hg.): *Documents on American Foreign Relations*, New York 1959.


Dokumente der amerikanischen Regierung

Dean Acheson: *Stellungnahme vor dem Außenpolitischen Ausschuß und dem Heeresausschuß des Senats am 8. August 1949*, in: *Department of State Bulletin*, Bd.XXI, Nr.529 (22. August 1949).

Dean Acheson: *Überlegungen zum Atlantikpakt*, Weißes Haus, 16.Februar 1950, in: *Department of State Bulletin*, Band XXII, Nr.559 (20.März 1950).

*Détente: An Evaluation*, Stellungnahme von Robert Conquest, Brian Crozier, John Erickson, Joseph Godson, Gregory Grossman, Leopold Labedz, Bernard Lewis, Richard Pipes, Leonard Schapiro, Edward Shils und P.J. Vatikiotis, Nachdruck für den Gebrauch des Unterausschusses über Rüstungskontrolle des Ausschusses über die bewaffneten Streitkräfte im US-Senat, 93. Kongreß, 2. Sitzung, Washington 1974.

*Détente: Hearings on United States Relations with Communist Countries*, Außenpolitischer Ausschuß des US-Senats, 93. Kongreß, 2. Sitzung, Washington 1975.

Eingabe der Vereinigten Staaten im Sicherheitsrat der Vereinten Nationen am 30. Oktober 1956 in: *Department of State Bulletin*, Bd.XXXV, Nr.907 (12. November 1956).

Eingabe der Vereinigten Staaten im Sicherheitsrat der Vereinten Nationen am 27. Oktober 1956, in: *Department of State Bulletin*, Bd.XXXV, Nr.907 (12. November 1956).

*Gemeinsames Kommuniqué zum Stand der amerikanisch-chinesischen Beziehungen*, abgegeben in Schanghai am 27.Februar 1972, in: *Department of State Bulletin*, Bd.LXVI, Nr.1708 (20. März 1972).

Hubert H. Humphrey: *Khrushchev on the Shifting Balance of World Forces. A Special Study presented by Senator Hubert H. Humphrey*, 86. Kongreß, 1. Sitzung, Senatsdokument Nr.57, Washington 1959.

George F. Kennan: *The Charge in the Soviet Union (Kennan) to the Secretary of State* aus Moskau vom 22. Februar 1946 (»Long Telegram«), in: *Foreign Relations of the United States, 1946*, Washington, D.C. 1969.

H. Freeman Matthews, Memorandum: *Political Estimate of Soviet Policy for Use in Connection with Military Studies* vom 1. April 1946, in: *Foreign Relations of the United States, 1946*, Washington, D.C. 1969.

*Note from the Soviet Union to the United States Proposing Four-Power Rather than United Nations Investigations of Conditions for Free All-German Elections*, 9. April 1952, in: *Documents on Germany 1944 - 1985*, Dokumente des amerikanischen Außenministeriums, Washington, D.C. o. J. [=Department of State Publication No. 9446].

*Note from the Soviet Union to the United States Proposing Simultaneous Four-Power Discussion of a German Peace Treaty, German Reunification, and Formation of an All-German Government*, 24. Mai 1952, in: *Documents on Germany 1944 - 1985*, Dokumente des amerikanischen Außenministeriums, Washington, D.C. o. J. [=Department of State Publication No. 9446].

*Note from the Soviet Union to the United States Proposing a Four Power Meeting to Discuss a German Peace Treaty, Formation of All-German Government, and the Holding of All-German Elections*, 23. August 1952, in: *Documents on Germany 1944 - 1985*, Dokumente des amerikanischen Außenministeriums, Washington, D.C. o. J. [=Department of State Publication No. 9446].

*Note from the Soviet Union to the United States Reasserting the Authority of the United Nations to Investigate Conditions for Free All-German Elections*, 13. Mai 1952, in: *Documents on Germany 1944 - 1985*, Dokumente des amerikanischen Außenministeriums, Washington, D.C. o. J. [=Department of State Publication No. 9446].

*Note from the Soviet Union to the United States Reasserting the Need to Investigate Conditions for Holding Free All-German Elections as a First Step Toward German Reunification*, 10. Juli 1952, in: *Documents on Germany 1944 - 1985*, Dokumente des amerikanischen Außenministeriums, Washington, D.C. o. J. [=Department of State Publication No. 9446].

*Note from the Soviet Union to the United States Transmitting a Soviet Draft of a Peace Treaty With Germany*, 10. März 1952, in: *Documents on Germany 1944 - 1985*, Dokumente des amerikanischen Außenministeriums, Washington, D.C. o. J. [=Department of State Publication No. 9446].

*Note from the Soviet Union to the United States Urging a Single-Minded Effort [...] to Come to Grips with the Problem of Free Elections in Germany*, 23. September 1952, in: *Documents on Germany 1944 - 1985*, Dokumente des amerikanischen Außenministeriums, Washington, D.C. o. J. [=Department of State Publication No. 9446].

*Note from the United States to the Soviet Union Proposing Creation of a Freely-Elected All-German Government Prior to Negotiation of a Peace Treaty*, 25. März 1952, in: *Documents on Germany 1944 - 1985*, Dokumente des amerikanischen Außenministeriums, Washington, D.C. o. J. [=Department of State Publication No. 9446].

NSC 68: National Security Council, Dokument Nr. 68: *United States Objectives and Programs for National Security*, 14. April 1950, in: *Foreign Relations of the United States, 1950*, Washington, D.C. 1977.

*Second Supplemental Appropriations Bill for FY1973 (HR 9055-PL93-50)*, in: ›Congressional Quarterly‹, Almanach für 1973, 93. Kongreß, 1. Sitzung, Washington 1974.

*Text, Gemeinsames Kommuniqué und anschließende Erklärung über nukleare Verteidigungssysteme*, abgegeben am 21. Dezember 1962 von Präsident Kennedy und Premierminister Macmillan, zit. nach *Department of State Bulletin*, Bd. XLVIII, Nr. 1229 (14. Jan. 1963).

U.S. Department of State: *Foreign Relations of the United States: The Conference of Berlin (The Potsdam Conference) 1945*, Washington, D.C. 1945.

U.S. Department of State: *The Suez Canal Problem, July 26 – September 22, 1956. A Documentary Publication*, Washington, D.C. 1956.

U.S. Department of State: *US Support for Baghdad Pact*, Presseverlautbarung Nr. 604 vom 29. November 1956, in: *Department of State Bulletin*, Bd. XXXV, Nr. 911 (10. Dezember 1956).

U.S. House of Representatives, Subcommittee of the Committee on Appropriations: *Military Functions: National Military Establishment Appropriation Bill for 1949*, Hearings, 80. Kongreß, 2. Sitzung, Washington, D.C. 1948.

U.S. Senate, Committee on Armed Services and Committee on Foreign Relations: *Military Situation in the Far East*, Hearings, 82. Kongreß, 1. Sitzung, Washington, D.C. 1951.

U.S. Senate, Committee on Foreign Relations: *Report on the North Atlantic Treaty*, Hearings, 81. Kongreß, 1. Sitzung, Washington, D.C. 1949.

U.S. Senate: *Konferenz über Rüstungsbegrenzungen*, in: *Senate Documents*, Bd. 10, 67. Kongreß, 2. Sitzung, 1921-1922, Washington, D.C. 1922.

George Washington, Abschiedsrede am 17. September 1796, wiederaufgelegt als Senatsdokument Nr. 3, 102. Kongreß, 1. Sitzung, Washington, D.C. 1991.


Reden und Ansprachen

Dean Acheson: Ansprache vor der Handelskammer der Vereinigten Staaten am 30. April 1951, in: *Department of State Bulletin*, Bd. XXIV, Nr. 619 (14. Mai 1951).

ders.: *Achieving a Community Sense Among Free Nations – A Step Toward World Order*, Ansprache am 22. Juni 1950, in: *Department of State Bulletin*, Bd. XXIII, Nr. 574 (3. Juli 1950).

ders.: *Crisis in Asia: An Examination of U.S. Policy*, Rede am 12. Januar 1950, in: *Department of State Bulletin*, Bd. XXII, Nr. 551 (23. Januar 1950).

ders.: *The Peace the World Wants*, Rede vor der UN-Vollversammlung am 20. September 1950, in: *Department of State Bulletin*, Bd. XXIII, Nr. 587 (2. Oktober 1950).

McGeorge Bundy: *Policy for the Western Alliance – Berlin and After*, Rede am 6. Dezember 1961, in: *Department of State Bulletin*, Bd. XLVI, Nr. 1185 (12. März 1962).

George Bush: *The UN: World Parliament of Peace*, Rede vor der Vollversammlung der Vereinten Nationen am 1. Oktober 1990, in: ›Dispatch‹, Bd. 1, Nr. 6 (8. Oktober 1990).

Nikita S. Chruschtschow: *Our Strength Lies in Fraternal Unity*, Rede am 10. November 1958, in: ›Current Digest of the Soviet Press‹, Bd. X, Nr. 45 (17. Dezember 1958).

ders.: Rede in Leipzig vom 7. März 1959, in: ›Current Digest of the Soviet Press‹, Bd. XI, Nr. 13 (29. April 1959).

ders.: Rede vor dem XX. Parteitag der KPdSU, in: ›Current Digest of the Soviet Press‹, Bd. VIII, Nr. 4 (7. März 1956).

ders.: Rede vor dem XXI. Parteitag, in: ›Current Digest of the Soviet Press‹, Bd. XI, Nr. 4 (4. März 1959).

Bill Clinton: *Confronting the Challenges of a Broader World*, Rede vor der Vollversammlung der Vereinten Nationen am 27. September 1993, in: ›Dispatch‹, Bd. 4, Nr. 39 (27. September 1993).

ders.: Rede vor der Multinational Audience of Future Leaders of Europe in Brüssel am 9. Januar 1994, Brüssel 1994.

John Foster Dulles: *Freedom's New Task*, Rede am 26. Februar 1956, in: *Department of State Bulletin*, Bd. XXXIV, Nr. 871 (5. März 1956).

ders.: *The Task of Waging Peace*, Rede vor dem Dallas Council on World Affairs, in: *Department of State Bulletin*, Bd. XXXV, Nr. 906 (5. November 1956).

J. William Fulbright: *Old Myths and New Realities*, Rede vor dem US-Senat am 25. März 1964, in: *Vital Speeches of the Day*, 16. April 1964.

ders.: Rede vor der Johns-Hopkins-Universität, Washington, D.C., am 5. Mai 1966, in: ›U.S. News & World Report‹, Bd. LX, Nr. 21 (23. Mai 1966).

Michail Gorbatschow: Rede vor dem Europarat in Straßburg am 6. Juli 1989, in: ›New York Times‹ vom 7. Juli 1989.

ders.: Rede anläßlich des 70. Jahrestages der Großen Sozialistischen Oktoberrevolution am 2. November 1987, in: *Foreign Broadcasting Information Service*, [SOV-87-212], 3. November 1987.

ders.: Rede in Wladiwostok am 28. Juni 1986, in: ›New York Times‹ vom 29. Juni 1986.

Cordell Hull: Ansprache vor dem Kongreß am 18. November 1934 über die Moskauer Konferenz, in: *Department of State Bulletin*, Bd. IX, Nr. 230 (20. November 1943).

Frank B. Kellogg: *The Settlement of International Controversies by Pacific Means*, Rede am 11. November 1928, Washington, D.C. 1928.

John F. Kennedy: *America's Stake in Vietnam, the Cornerstone of the Free World in Southeast Asia*, Rede am 1. Juni 1956, in: *Vital Speeches of the Day*, Band 1956.

Henry A. Kissinger: *America's Permanent Interests*, Rede am 11. März 1976, in: *Department of State Bulletin*, Bd. LXXIV, Nr. 1919 (5. April 1976).

ders.: *American Unity and the National Interest*, Rede am 14. August 1975, in: *Department of State Bulletin*, Bd. LXXIII, Nr. 1890 (15. September 1975).

George Marshall: *European Initiative Essential to Economic Recovery*, Rede vom 5. Juni 1947, in: *Department of State Bulletin*, Bd. XVI, Nr. 415 (5. Juni 1947).

François Mitterrand: Rede vor dem Deutschen Bundestag am 20. Januar 1983 (Mitteilung des Presse- und Informationsdienstes des französischen Außenministeriums).

Elliot Richardson: *The Foreign Policy of the Nixon Administration: Its Aims and Strategy*, in: *Department of State Bulletin*, Bd. LXI, Nr. 1578 (22. September 1969).

William P. Rogers: Rede am 8. August 1969, in: *Department of State Bulletin*, Bd. LXI, Nr. 1575 (1. September 1969).

Franklin D. Roosevelt: Jahresansprache zur Lage der Nation am 6. Januar 1941, zit. nach *Vital Speeches of the Day*, Bd. VII, Nr. 7 (15. Januar 1941).

Andrej Schdanow: *The International Situation*, Rede vor der Gründungsversammlung der Kominform im September 1947, in: U.S. Senat: *Strategy and Tactics of World Communism*, 80. Kongreß, 2. Sitzung, Dokument Nr. 619, Washington, D.C. 1948.

Arthur Schlesinger, Jr.: *Franklin D. Roosevelt and U.S. Foreign Policy*, Rede am Vassar College, 18. Juni 1992.

George P. Shultz: *America and the Struggle for Freedom*, Rede am 22. Februar 1985, in: ›Current Policy‹, U.S. Department of State, Nr. 659 (1985).

ders.: *Nuclear Weapons, Arms Control, and the Future of Deterrence*, Rede am 17. November 1986, in: *Department of State Bulletin*, Bd. LXXXVII, Nr. 2118 (Januar 1987).

Josef Stalin: Erklärung auf der Abschlußsitzung des XIX. Parteitags der Kommunistischen Partei der Sowjetunion am 14. Oktober 1952, in: ›Current Digest of the Soviet Press‹, Bd. IV, Nr. 38 (1. November 1952).

ders.: Rede zu den neuen Fünfjahresplänen, gesendet am 9. Februar 1946 von Radio Moskau; Nachdruck in der ›New York Times‹ vom 10. Februar 1946.

Arthur Vandenberg: *It Is Not Cowardice to Think of America First*, Rede vor dem U.S. Senat am 27. Februar 1939, in: *Vital Speeches of the Day*, Bd. V, Nr. 12 (1. April 1939).

## Artikel in Zeitschriften

Dean Acheson: *The Illusion of Disengagement*, in: ›Foreign Affairs‹, Bd. 36, Nr. 3 (April 1958).

George Ball: *NATO and World Responsibility*, in: ›The Atlantic Community Quarterly‹, Nr. 2 (1964), Heft 2.

Wjatscheslaw Daschitschew: *East-West: Quest for New Relations: On the Priorities of the Soviet State's Foreign Policy*, in: *Foreign Broadcasting Information Service*, [SOV-88-098], 20. Mai 1988.

Alonzo Hanby: *Henry A. Wallace, the Liberals, and Soviet-American Relations*, in: ›Review of Politics‹, Bd. XXX (April 1968).

Konrad Jarausch: *The Illusion of Limited War: Chancellor Bethmann Hollweg's Calculated Risk, July 1914*, in: ›Central European History‹, März 1969.

George F. Kennan: *Disengagement Revisited*, in: ›Foreign Affairs‹, Bd. 37, Nr. 2 (Januar 1959).

ders.: *The Sources of Soviet Conduct*, in: ›Foreign Affairs‹, Bd. 25, Nr. 4 (Juli 1947).

Henry A. Kissinger: *Missiles and the Western Alliance*, in: ›Foreign Affairs‹, Bd. 36, Nr. 3 (April 1958).

ders.: *The White Revolutionary: Reflections on Bismarck*, in: ›Daedalus‹, Bd. 97, Nr. 3 (Sommer 1968).

Lin Piao: *Es lebe der Sieg im Volkskrieg!!*, in: ›Peking Rundschau‹, Nr. 37 (14. September 1965).

Richard M. Nixon: *Asia After Viet Nam*, in: ›Foreign Affairs‹, Bd. 46, Nr. 1 (Oktober 1967).

Richard L. Renfield: *A Policy for Vietnam*, in: ›Yale Law Review‹, Bd. LVI, Nr. 4 (Juni 1967).

Eduard Schewardnadse: *The 19th All-Union CPSU Conference: Foreign Policy and Diplomacy*, in: ›International Affairs‹ (Moskau), Oktober 1988.

Franz Schnabel: *Das Problem Bismarck*, in: ›Hochland‹, Nr. 42 (1949-50).

Paul Schroeder: *World War I as Galloping Gertie: A Reply to Joachim Remak*, in: ›Journal of Modern History‹, Bd. 44, 1972.

Alexander Solschenizyn: *How Are We to Restructure Russia? A Modest Contribution*, in: ›Literaturnaya Gazeta‹ vom 18. September 1990, Nachdruck in: *Foreign Broadcast Information Service* (SOC-90-187), 26. September 1990.

Robert W. Tucker und David C. Hendrickson: *Thomas Jefferson and American Foreign Policy*, in: ›Foreign Affairs‹, Bd. 69, Nr. 2 (Frühjahr 1990).

L.C.F. Turner: *The Russian Mobilization in 1914*, in: ›Journal of Contemporary History‹, Bd. 3 (1968).

Albert Wohlstetter: *The Delicate Balance of Terror*, in: ›Foreign Affairs‹, Bd. 37, Nr. 2 (Januar 1959).

Konrad Adenauer, Pressekonferenz am 7. Mai 1962, in: ›New York Times‹, 13. Mai 1962.

*Clear It With Everett*, Leitartikel der ›New York Times‹ vom 3. Juni 1969.

Robert Conquest: *The Evil of this Time*, in: ›New York Review of Books‹, Bd. XL, Nr. 15 (23. September 1993).

Christopher Dickey: *Former Vietnamese Captive Describes Life – and Death – in Saigon Prison*, in: ›Washington Post‹ vom 20. Dezember 1978.

John Foster Dulles: *A Policy of Boldness* in: ›Life‹ vom 19. Mai 1952.

*European »Security« ... And Real Détente*, Leitartikel der ›New York Times‹ vom 21. Juli 1975.

Joseph Fitchett: *Saigon Residents Found Intimidated by »Occupation Force«*, in: ›Washington Post‹ vom 6. November 1978.

Carl Gershman: *A Voice from Vietnam*, in: ›The New Leader‹ vom 29. Januar 1979.

*Gorbachev Lends Honecker a Hand*, in: ›New York Times‹ vom 7. Oktober 1989.

*Gorbachev Pledges Major Troop Cutback Then Ends Trip, Citing Vast Soviet Quake*, in: ›New York Times‹ vom 8. Dezember 1988.

*Gorbachev Urges Economic Accords*, in: ›New York Times‹ vom 16. Juli 1989.

*Gorbachev, in Finnland, Disavows Any Right of Regional Intervention*, in: ›New York Times‹ vom 26. Oktober 1989.

Peter Grose: *A Series of Limited Pacts on Misiles Now U.S. Aim*, in: ›New York Times‹ vom 22. April 1969.

Peter Grose: *U.S. Warns Soviet on Use of Force Against Czechs*, in: ›New York Times‹ vom 18. April 1969.

Stanley Hoffmann: *Foreign Policy: What's to Be Done?*, in: ›New York Review of Books‹ vom 30. April 1981.

Bertram D. Hulen: *Washington Hails Reds' Step As Great Gain for the Allies*, in: ›New York Times‹ vom 23. Mai 1943.

*Improving U.S.-Soviet Relations*, Leitartikel der ›New York Times‹ vom 22. Februar 1971.

*An Interview with Michael Gorbachev*, in: ›Time‹ vom 9. September 1985.

Theodore Jacqueney: *They are Us, Were We Vietnamese*, in: ›Worldview‹, April 1977.

*Khrushchev Cites '56 Kremlin Split on Hungary Move*, in: ›New York Times‹ vom 3. Dezember 1959.

Anthony Lewis: *Onward, Christian Soldiers*, in: ›New York Times‹ vom 10. März 1983.

Walter Lippmann: *On Defeat*, in: ›Newsweek‹ vom 11. März 1968.

*The Logic of the Battlefield*, in: ›Wall Street Journal‹ vom 23. Februar 1968.

Mike Mansfield: *Reprieve in Vietnam*, in: ›Harper's‹, Januar 1956.

*Nixon's View of the World – From Informal Talks*, in: ›U.S. News & World Report‹, Bd. LXV, Nr. 12 (16. September 1968).

*Reagan Proposes U.S. Seek New Way to Block Missiles* in: ›New York Times‹ vom 24. März 1983.

*The Requirements of Detente*, Leitartikel der ›Washington Post‹ vom 12. September 1973.

James Reston: *Washington: The Flies That Captured the Flypaper*, in: ›New York Times‹ vom 7. Februar 1968.

Calmers M. Roberts: *U.S. to Propose Summer Talks on Arms Curb*, in: ›Washington Post‹ vom 13. Mai 1969.

Edgar Snow: *Interview with Mao*, in: ›The New Republic‹ vom 27. Februar 1965.

*Start the Missile Talks*, Leitartikel der ›Washington Post‹ vom 5. April 1969.

Richard Strout: *Reagan's Holy War*, in: ›The New Republic‹ vom 11. April 1983.

Strobe Talbott: *Rethinking the Red Menace*, in ›Time‹ vom 1. Januar 1990.

*Trade and Freedom*, Leitartikel der ›New York Times‹ vom 18. September 1973.

*U.S. Source Advises Bonn to Talk to East Germany*, in: ›New York Times‹ vom 23. September 1961.

*The United States in a New World*, in: Beilage zu ›Fortune«, April 1943.

*The War*, in: Time‹ vom 15. März 1968.

# Danksagung

Den größten Beitrag zu diesem Buch hat Gina Goldhammer geleistet: Sie hat das gesamte Manuskript in allen seinen Stadien redigiert. Sie war diejenige, die alle Fäden in der Hand hielt. Mit ihrer außergewöhnlichen Sachkenntnis, ihrem unendlichem Feingefühl und ihrer großen Geduld hat sie sich darum gekümmert, daß zur richtigen Zeit alles am richtigen Ort war.

Unentbehrlich waren Jon Vanden Heuvels Recherchen; zudem hat er mir, während das Buch Gestalt annahm, unzählige hilfreiche Hinweise gegeben.

Mein alter Freund und Kollege Peter Rodman hat viele wissenschaftliche Erkenntnisse beigetragen, vor allem was das Material über Amerika betrifft, und er hat jedes Kapitel aufmerksam gelesen. Ich bin ihm für seine hilfreichen und verständigen Vorschläge sehr dankbar.

Seit vielen Jahren ist mir Rosemary Neaher Niehuss eine unermüdliche Hilfe. Sie hat, insbesondere zu Korea und Vietnam, gründlich geforscht, hat alle anderen Recherchen überprüft und die kompliziertesten Sachverhalte aufgeklärt; ihrem prüfenden Blick ist nichts entgangen. Maureen Minehan und Stephanie Tone haben ihr wertvolle Hilfe geleistet.

Jody Jobst Williams hat aus meiner fast unleserlichen Handschrift ein Manuskript gemacht und dabei manchen zu lang geratenen Satz in seine rechte Form gebracht. Suzanne McFarlane hat es ermöglicht, daß ich mich auf dieses Buch konzentrieren konnte, zudem sie sich mit großer Aufmerksamkeit und Sorgfalt um all meine anderen Aktivitäten gekümmert hat.

Michael Korda von Simon & Schuster hat sich als wunderbarer Lektor erwiesen, und er ist mir ein guter Freund geworden. Mit großer Geduld hat er mich begleitet, während aus meiner ursprünglichen und geradezu einfachen Idee ein kompliziertes und immer ausgedehnteres Unterfangen wurde. Immer dann, wenn eine seiner weltmännischen Bemerkungen mich besonders gereizt, sich bei näherer Überlegung aber als richtig erwiesen hat, habe ich gemerkt, woran sich sein Beitrag bemißt.

Lynn Amato hat alle Vorgänge bei Simon & Schuster koordiniert – mit ihrer unerschöpflich guten Laune und ihrer Tüchtigkeit. Alle Mitarbeiter bei Simon & Schuster – die Redakteure, Graphiker, Hersteller und Verkaufsleute – haben mit großer Hingabe und höchster Sachkenntnis gearbeitet, und das gilt im Fall der deutschen Ausgabe ebenso für die Mitarbeiter des Siedler Verlags.

Meine Frau Nancy war und ist mir seit je her eine zuverlässige Ratgeberin und unerläßliche moralische Stütze. Sie hat das gesamte Manuskript gelesen und außerordentlich kluge Ratschläge erteilt.

Die Fehler in diesem Buch gehen zu meinen Lasten.

*Henry A. Kissinger*

# Namenregister

991

Krüger, Paul, Buren-Führer 195

La Tour d'Auvergne, franz. Diplomat
116
Lafontaine, Oskar 861
Lake, Anthony, Sicherheitsberater
Clintons 751
Lamormaini, Wilhelm, Jesuit 58
Lamsdorff, Vladimir, russ. Politiker
184, 191
Lansdowne, Henry Charles Keith
Petty-Fitzmaurice Lord, brit.
Außenminister 196, 198 f.
Lansing, Robert, US-Außenminister
579
Lattre de Tassigny, Jean-Marie-Gabriel
de, franz. General 711
Laval, Pierre, franz. Politiker 324 ff.
Le Duc Tho, vietnam. Politiker
753-757, 760 f.
Leahy, William D., US-Admiral 460
Lee Kuan Yew, Staatschef von Singa-
pur 686
Legvold, Robert, Politologe 353
Lenin, Wladimir Iljitsch 279-282, 352,
871, 884
Lesseps, Ferdinand de, Kanalerbauer
575
Lewis, Anthony, Journalist 853
Liddell Hart, Basil H., brit. Militärtheo-
retiker 863
Lin Piao, chin. Politiker 707, 726,
800 f.
Lincoln, Abraham, 1861-1865 US-Präsi-
dent 392, 417
Lindbergh, Charles A. 412
Lippmann, Walter, US-Journalist
436, 498 f., 500 f., 503, 506, 515, 591 f.,
682, 732 f.
Liska, George, Rüstungsexperte 865
Litwinow, Maxim, sowj. Außenmini-
ster 353, 363
Lloyd George, David, brit. Premierminister 210, 234, 247, 249, 254,
257 f., 273, 278, 283 ff., 288, 292
Lloyd, Selwyn, brit. Außenminister
653
Lodge, Henry Cabot, US-Diplomat
38, 719, 729
Loftus, Lord Augustus, brit. Diplomat
159

Longworth, Alice 412
Lovett, Robert, US-Diplomat 500
Luce, Henry, US-Verleger 574
Ludwig XIII., König von Frankreich
59-62
Ludwig XIV., König von Frankreich
64, 68 ff., 133
Ludwig XVI. König von Frankreich
151
Ludwig XVIII., König von Frankreich
80
Lynd, Staughton 735

MacArthur, Douglas, US-General
512 f., 517-520, 522 ff., 526, 528, 725,
731, 771
MacDonald, Ramsay, brit. Premiermi-
nister 274 f., 309 f., 317 f.
Machiavelli, ital. Staatsdenker 62
Mackinder, Halford 905
Macmillan, Harold, brit. Premiermini-
ster 299, 559, 578, 612, 623, 625,
627, 629, 648 ff., 652-655, 666 f.
Madison, James, 1809-1817 US-Präsi-
dent 16, 28
Mai Van Bo, nordvietn. Diplomat 730
Mailer, Norman, Schriftsteller 783 f.
Maisky, Iwan, sowj. Diplomat 356,
433
Malenkow, Georgi, sowj. Politiker
544 f., 550 f., 561 f., 603, 876
Maléter, Pál, ungar. General 610
Mansfield, Mike, US-Diplomat 699,
718, 739
Manteuffel, Otto von, preuß. Minister-
präsident 136
Mao Tse-tung 513, 516, 518 ff., 707,
726, 800-803, 805 f.
Marcos, Ferdinand, philipp. Diktator
857
Marcovich, Herbert 729
Maria Theresia, Kaiserin von Öster-
reich 370
Marlborough, John Churchill Duke of,
brit. Staatsmann 101
Marshall, George F., US-General und
US-Außenminister 283, 429,
474 f., 483-486, 525, 529, 911
Marx, Karl 314, 852
Masaryk, Jan, tschech. Politiker 489

# Abbildungsverzeichnis

# Kartenverzeichnis

Karl Schiller

# Der schwierige Weg in die offene Gesellschaft

*Kritische Anmerkungen
zur deutschen Vereinigung*

208 Seiten, Leinen

Das »wirtschaftspolitische Genie der Deutschen« (Ulrich Wickert in den »Tagesthemen«) gibt keine Verheißungen, aber auch keine Katastrophengemälde. Für den einstigen »Superminister« kommt alles darauf an, nun endlich den schöpferischen Elan von neuen Pionieren freizusetzen. Eingefahrene Bürokratie und ein »Arbeitsamtssozialismus«, wie er angesichts der Misere in Deutschlands Osten als Notbehelf betrieben wird, lähme im Grunde nur, was er gerade befördern will: die Marktkräfte.

*»Der legendäre frühere Wirtschafts- und Superminister hätte, dessen darf man sicher sein, den Prozeß der Vereinigung besser gesteuert als geschehen.«*
SÜDDEUTSCHE ZEITUNG

Siedler Verlag

Christian Meier

# Athen

*Ein Neubeginn der Weltgeschichte*

704 Seiten mit Abbildungen, Leinen

In einer kleinen Stadt an der Küste der Ägäis, zur Zeit von Themistokles, Perikles und Sokrates, zur Zeit der großen Tragödien und des Parthenon sammelten sich alle Möglichkeiten einer neuen, ohne Monarchen entstandenen, gänzlich regelwidrigen Kultur und spitzten sich aufs ungeheuerlichste zu. Die Weltgeschichte begann, den Weg nach Europa einzuschlagen. Christian Meier erzählt die Geschichte dieser Stadt, die der persischen Weltmacht Paroli bot, ein großes Seereich begründete, die erste Demokratie der Weltgeschichte hervorbrachte – und zugleich ein hochriskiertes Leben lebte. Er zeigt, warum gerade auch die kleinen Leute – Bauern, Fischer, Handwerker und Händler – ihre Feste, die Tragödien, die Tempel auf der Akropolis nötig hatten; auf dem Weg zur Höhe, zu einer Mobilisierung sondergleichen, zu Verbrechen und Verblendung und schließlich auch zur Vernunft.

*»Ein Sprung zur Weltgeschichte, eine Stadt bricht aus, reißt das Tor zur Zunkunft auf und endet in totaler Erschöpfung. In Attika entstand, was Europa ausmacht: Demokratie und Kultur«*
DIE PRESSE, Wien

Siedler Verlag

Hermann Lübbe

# Abschied vom Superstaat

*Vereinigte Staaten von Europa
wird es nicht geben*

160 Seiten, Leinen

Generationen haben Europa ersehnt, haben aus der Selbstzerfleischung
zweier Weltkriege den Schluß gezogen, daß der Kontinent zu seiner Einheit
finden müsse. Aber immer deutlicher wird heute das Mißbehagen
angesichts der »Eurokratie«, die in Gestalt von supranationalen Behörden
sich über Staaten und Regionen zu legen droht. Die jüngsten Umfragen
haben in allen großen europäischen Ländern ergeben, daß der europäische
Superstaat als Krake empfunden wird. Was früher Fahnen und andere
nationale Symbole waren, sind jetzt die nationalen Währungen geworden:
Niemand will die D-Mark, das Pfund oder den Franc gegen eine Kunst-
währung wie den Ecu eintauschen.
Hermann Lübbe sieht sogar eine Gegenbewegung heraufziehen – die
immer stärkere Selbstbehauptung der Volksgruppen und Minderheiten, die
gegen die einheitsstaatliche Zentralisierung der regionalen Selbstbestimmung ihr Recht läßt. Das Motto der zukünftigen Politik, fern der Maastricht-
Träumereien, hieße: So wenig Einheit wie nötig, so viel Selbständigkeit
kleiner und kleinster Einheiten wie möglich.

Siedler Verlag

Joachim Fest
# Die schwierige Freiheit
*Über die offene Flanke*
*der offenen Gesellschaft*

128 Seiten, Leinen

Bedürfen die demokratischen Gesellschaften nach dem Zusammenbruch
des Sowjetimperiums einer neuen Herausforderung? Entwickeln sie etwa in
gesicherten Verhältnissen Schwächen, die am Ende ihre Existenz in Frage
stellen?
Joachim Fest hat vor zwei Jahren die Debatte über das Ende der Utopien mit
seinem Band »Der zerstörte Traum« eröffnet. Sein neues Buch führt den
Gedankengang fort. Indem die Revolutionen die Fesseln des Totalitarismus
abwarfen, setzten sie die selbstzerstörerischen Kräfte aller Demokratien
frei. Das ist die offene Flanke der offenen Gesellschaft.

*»Kaum je hat man in den zurückliegenden Jahren einen Buchtext gelesen, der*
*mit solcher gedanklichen Schärfe und sprachlichen Meisterschaft direkt auf den*
*Kern einer zentralen Überlebensfrage der westlich liberalen Gesellschaft, ihre*
*Orientierungslosigkeit und inneren Gefährdungen losgeht, wie dieses Werk von*
*Joachim Fest.«*
SÜDDEUTSCHE ZEITUNG

Siedler Verlag

Die Deutsche Bibliothek – CIP-Einheitsaufnahme

*Kissinger, Henry A.:*
Die Vernunft der Nationen:
Über das Wesen der Außenpolitik / Henry A. Kissinger.
[Aus dem Engl. von Matthias Vogel u. a.] – 1. Aufl. –
Berlin: Siedler, 1994
Einheitssacht.: Diplomacy ‹dt.›
ISBN 3-88680-486-0


Titel der englischen Originalausgabe: »Diplomacy«
© Simon & Schuster, New York

Aus dem Englischen von Matthias Vogel,
Lektoratsbüro Bonn,
unter Mitarbeit von Wolfgang Astelbauer,
Klaus Blocher, Ina Breuing, Manfred Knoll,
Udo Rennert und Peter A. Schmidt

Das Register wurde von
Brigitte und Klaus Kochmann erstellt.

© der deutschen Ausgabe
1994 by Wolf Jobst Siedler Verlag GmbH, Berlin

Der Siedler Verlag ist ein Unternehmen
der Verlagsgruppe Bertelsmann.

Alle Rechte vorbehalten,
auch das der fotomechanischen Wiedergabe.
Schutzumschlag: Klaus Renner, München
Satz: Bongé + Partner, Berlin
Karten: Ditta Ahmadi und
Peter Trampusch, Berlin
Druck und Buchbinder: Mohndruck, Gütersloh
Printed in Germany 1994
ISBN 3-88680-486-0